文
景

Horizon

社 科 新 知　文 艺 新 潮

经济与社会

第二卷

[上 册]

[德]马克斯·韦伯 著

阎克文 译

上海人民出版社

目　录

上　册

第十章　支配与正当性　1303

第十一章　官僚制　1321

第十二章　家长制与家产制　1381

第十三章　封建制、等级制与家产制　1465

下　册

缩略语列表

现有的某些译文业经原译者大量作注，这些注释的绝大部分均予保留，某些地方本书编者又做了补充。我们也利用了约翰内斯·温克尔曼的德文第四版《经济与社会》的某些注释。第一部分第一至第三章和第二部分第七至第八章未署名的注释分别为塔尔科特·帕森斯与马克斯·莱因施泰因所作，其余均为每一部分注释开头注明的编者之一所作。以下缩略语系指其他注释的作者:

（GM）即 Hans Gerth 与 C. Wright Mills

（R）即 Guenther Roth

（Rh）即 Max Rheinstein

（W）即 Johannes Winckelmann

（Wi）即 Claus Wittich

编者注释中有诸多缩略语系指马克斯·韦伯原著（或译本），现列表如下。一组更多的文献缩略语仅用于马克斯·莱因施泰因为"法律社会学"所作的注释中，见第二部分第八章，（一），注 1（见 pp.

658—661[*]）。

AfS 或 *Archiv*

Archiv für Sozialwissenschaft und Sozialpolitik. Tübingen: J. C. B. Mohr（Paul Siebeck）.（1904 年开始马克斯·韦伯、埃德加·贾菲与维尔纳·桑巴特合编的学术期刊。）

Agrargeschichte

Die römische Agrargeschichte in ihrer Bedeutung für das Staats- und Privatrecht. Stuttgart: Ferdinand Enke, 1891.（韦伯的第二篇学位论文。）

"Agrarverhältnisse"

"Agrarverhältnisse im Altertum"，收于 *Handwörterbuch der Staats-wissenschaften*, 3rd ed. I（1909）, 52—188。重印于 *GAzSW*, 1—288（页码系指这个重印本）。

Ancient Judaism 或 *AJ*

Ancient Judaism. Translated and edited by Hans H. Gerth and Don Martindale. Glencoe, Ill.: The Free Press, 1952.（"世界性诸宗教的经济伦理"第三部分，1917—1919 年初次发表于 *AfS*，另有韦伯身后发表的研究"法利赛人"，均收于 *GAzRS*，Ⅲ。）

Economic History

General Economic History. Translated by Frank H. Knight. London and New York: Allen & Unwin, 1927; paperback re-issue, New York: Collier

* 本书中所提及页码，若作"本书 ×× 页"，即为中译本页码，即本书页码；此外均为英译本页码，即本书页边码。——编者注

Books, 1961.（《经济通史》的英译本。本书第八章中的页码系指 1927 年版本，其余各章页码均为 1961 年平装本。）

Fischoff

The Sociology of Religion. Translated by Ephraim Fischoff, with an introduction by Talcott Parsons. Boston: Beacon Press, 1963.

GAzRS

Gesammelte Aufsätze zur Religionssoziologie. 3 vols. Tübingen: J. C. B. Mohr（Paul Siebeck），1920—1921；unchanged re-issue, 1922—1923.

GAzSS

Gesammelte Aufsätze zur Soziologie und Soziapolitik. Tübingen: J. C. B. Mohr（Paul Siebeck）, 1924.

GAzSW

Gesammelte Aufsätze zur Sozial- und Wirtschaftsgeschichte. Tübingen: J. C. B. Mohr（Paul Siebeck）, 1924.

GAzW

Gesammelte Aufsätze zur Wissenschaftslehre. 2nd ed. revised and expanded by Johannes Winckelmann. Tübingen: J. C. B. Mohr（Paul Siebeck）, 1951.（1st ed. 1922.）

Gerth and Mills

From Max Weber: Essays in Sociology. Translated and edited by Hans H. Gerth and C. Wright Mills. New York: Oxford University Press, 1946.

GPS

Gesammelte politische Schriften, 2nd ed, revised and expanded by Johannes Winckelmann, with an introduction by Theodor Heuss. Tübingen:

J. C. B. Mohr（Paul Siebeck）, 1958.（1st ed. München: Drei Masken Verlag, 1921.）

Handelsgesellschaften

Zur Geschichte der Handelsgesellschaften in Mittelalter.（*Nach süd-europäischen Quellen.*）Stuttgart: Ferdinand Enke, 1889. 重印于 *GAzSW*, 312—443。（页码系指该重印本。这是韦伯的第一篇学位论文。）

Protestant Ethic

The Protestant Ethic and the Spirit of Capitalism. Translated by Talcott Parsons, with a foreword by R. H. Tawney. New York: Charles Scribner's Sons, 1958（first publ. London, 1930）.（"新教伦理与资本主义精神"的英译本，德文本收于 *GAzRS*，I，1—206; 1904—1905 年首次发表于 *AfS*。）

Rechtssoziologie

Rechtssoziologie. Newly edited from the manuscript with an introduction by Johannes Winckelmann.（"Soziologische Texte," vol. 2.）Neuwied: Hermann Luchterhand Verlag, 1960（2nd rev. ed. 1967）.（这是"法律社会学"的德文版本，本书第二部分第八章据此修订。）

Religion of China

The Religion of China. Confucianism and Taoism, Translated and edited by Hans H. Gerth. New edition, with an introduction by C. K. Yang. New York: Macmillan, 1964（1st ed. Free Press, 1951）.（"世界性诸宗教的经济伦理"第一部分"儒教与道教"英译本，1916 年首次发表于 *AfS*，重印于 *GAzRS*, I, 276—536。）

Religion of India

The Religion of India. The Sociology of Hinduism and Buddhism. Translated and edited by Hans H. Gerth and Don Martindale. Glencoe. Ill.: The Free Press, 1958.（“世界性诸宗教的经济伦理”第二部分“印度教与佛教”英译本，1916—1917 年首次发表于 *AfS,* 重印于 *GAzRS*, Ⅱ。）

Rheinstein and Shils

Max Weber on Law in Economy and Society. Translated by Edward Shils and Max Rheinstein, edited and annotated by Rheinstein. Cambridge, Mass.: Harvard University Press, 1954.

Shils and Finch

The Methodology of the Social Sciences. Translated and edited by Edward A. Shils and Henry A. Finch. Glencoe, Ill.: The Free Press, 1949.（这是三篇方法论论文的英译本，即“Die ‘Objektivität’ sozialwissenschaftlicher und sozialpolitischer Erkenntnis”，见 *AfS*, 1904;“Kritische Studien auf dem Gebiet kulturwissenschaftlicher Logik”，见 *AfS*, 1906;“Der Sinn der ‘Wertfreiheit’ der soziologischen und ökonomischen Wissenschaften”，见 *Logos*, 1917/1918; 均重印于 *GAzW*，分别见 146—214，215—290，475—526。）

Theory

The Theory of Social and Economic Organization. Translated by A. M. Henderson and Talcott Parsons, edited with an introduction by Parsons. New York: The Free Press, 1964（first publ. New York: Oxford University Press, 1947）.

Wirtschaftsgeschiche 或 *Universalgeschichte*

Wirtschaftsgeschichte. Abriss der universalen Sozial- und Wirtschaftsgeschichte. Edited from lecture scripts by Siegmund Hellmann and Melchior Palyi. München: Duncker & Humblot, 1923.（2nd ed. 1924; 3rd rev. ed. by Johannes Winckelmann, 1958.）

WuG 与 *WuG*-Studienausgabe

Wirtschaft und Gesellschaft, Grundriss der verstehenden Soziologie. 4th edition, revised and arranged by Johannes Winckelmann. 2 vols. Tübingen: J. C. B. Mohr（Paul Siebeck）, 1956. *WuG*-Studienausgabe 系指特许平装本（2 vols.; Köln-Berlin: Kiepenheuer & Witsch, 1964），业已吸收了温克尔曼为即将出版的权威性第五版德文本所作的某些修订。

第八章 641

经济与法律（法律社会学）[1]

（一）实体法诸领域

一、公法与私法

现代法律理论和法律实践中的最重要区别之一就是“公”法与“私”法之别。[2]但是，这一区别的确切标准仍然众说纷纭、莫衷一是。

（a）从社会学观点来看，公法可以定义如下：对以国家（Staatsanstalt）为取向的行为进行调整的规范之总和，就是说，这种行为所涉及的活动乃是为了维护、发展和直接追求国家的目标，而这些目标本身是因法律的制定或者因达成共识而有效。相应地，私法就可以定义为由国家颁布的，对并非受国家主导的行为进行调整的规范之总和。这种定义相当非技术性，因而难以适用。但它看来又是任何试图对法律这两大分支加以区分的基础。

（b）上述区分往往与另一区分相交叉。可以认为，公法就等于是
642 “规章制度”（reglementations）的总和，就是说，这些规范仅仅对国家官员说明了他们的职责，但不同于所谓“权利主张规范”，它们并没有确立任何个人“权利”。不过，我们应当正确理解这种区别，因为公法规范也能确立个人权利，比如法律规定的总统选举中的投票权，这样的法律也属于公法领域。

但是今天，这种属于个人的“公权利”并不被认为是与财产权具有同样意义的既得权利，在立法者本身看来，后者原则上是神圣不可侵犯的。从法律观点来看，个人的公权利涉及的行为，仅限于个人作为国家的代理人为了专门界定的目的而从事活动的那些范围。因此，尽管它们形式上表现为一些权利，但仍可以被看作“规章制度”的另一种“反映”，而不是“权利主张规范”的结果。此外，法律制度中存在的以及属于私法的一切权利主张，也绝不像以往被定义的那样统统都是既得权利。[3]

的确，即使在任何特定时代都会得到正式承认的所有权的那些附带条件，都有可能被看作仅仅是一种法律秩序的反映。事实上，一项特定权利是否“既得”，常常只是意味着它应当或不应当被无偿剥夺。因此可以断言，所有的公法从法律意义上说都不过是规章制度，但不能断言规章制度绝对都属于公法领域。然而，即使是这样一个定义也很难说恰如其分，因为在某些法律制度中，统治权本身就被认为是属于君主的家产制权利，而在另一些法律制度中，某些属于公民的宪法权利可能会被认为是不可剥夺的，因而是既得的权利。

（c）最后，私法之不同于公法，一如协调之法有别于服从之法。

因此，私法涉及的是这样一些法律事务：若干当事人彼此相向时，是由法律对他们进行协调，并由立法机关、司法部门或由当事各方自行通过合法交易“适当”确定他们彼此的合法行为界限。但在公法领域，大权在握者就有权对根据规范的法定意义而隶属于他的人们发布命令。然而，并不是国家的任何职能人员都拥有发布命令的权威，受公法调整的国家机关也并非任何活动都是在发布命令。而且，对政府各个机构——同级权力机关——之间关系的调整，也属 643
于公法领域。此外，公法领域不仅包括国家机关和它们的服从者之间的关系，而且还应包括服从者创设并控制国家机关的那些活动。一旦承认了这一点，此处讨论的定义就会把我们带回到上面提出的定义，即并不是对行使权威的权力进行的任何调整，以及对行使权威者与服从权威者之间关系进行的任何调整，都属于公法领域的问题。例如，一个雇主行使的权力显然就应排除在外，因为那种权力产生于具有平等法律地位的若干当事人之间的契约。还有，家长的权威也将被纳入私法领域，原因仅仅在于，公法只是涉及既定法律制度中旨在维护国家存续、实现国家首要关心的目标的那些活动。当然，什么是国家应当关心的特定目标这一问题，答案至今还是人言人殊。最后，某些公共活动可能会被有目的地以如下方式加以调整：使在同一事务上赋予个人的权利和授予国家机构的权力相互依存和竞争。

我们已经看到，对公法和私法领域的划界至今还没有完全摆脱困境，这样的界限在过去甚至更不清晰，有时则根本不进行这样的区分。当所有法律，所有管辖权，特别是所有行使权威的权力成为个人的特权，尤其是成为国家首脑的“独有权利”时，就会出现这种情况。此时，审判的权威、要求某人服兵役或要求在其他方面服从的权威，就是一种既定的权利，其状恰如使用某块土地的权威，而且亦如后者一样能够构成转让或继承的对象。在这种“家产制”条件下，政治权威并不是组织为一种强制性联合体（Anstalt），而是体现在各个权力持有者或要求持有权力者在他们之间通过具体协议达成的具体组合（Vergesellschaftung）与妥协之中。这种政治权威在本质上与家长、领主或奴隶主的权威并无不同。这种事态从来没有作为一种完整的制度存在过，但如果它的确存在过，此时，我们从法律角度描述为属于
644 “公法”领域的一切，都会成为各个权力持有者的私人权利对象；就此而论，它们与私法的“权利”也就毫无二致了。

二、授权法和规章制度

一种法律制度也可能会具有某种与上述制度正相对立的特性，就是说，在如今属于私法领域的范围广泛的社会生活中，前面定义的“私法”可能根本就不存在。哪里不存在授权法（right-granting law）性质的规范，哪里就会出现这种情形。在这种状况下，全部规范就仅仅是由“规章制度”构成。换言之，所有的私人利益都会得到保护，但它们不是作为有保障的权利，而是仅仅作为这些规章之效力得到遵守的表现。这种状况也从来没有以纯粹的形式出现在任何地方，但就它出现的情况而言，所有的法律形式都会被纳入“行政”（administration）范畴，成为“统治”（government）[4]的组成部分。

三、“统治”与“行政”

“行政”并不绝对是个公法概念。我们必须承认私人行政的存在，比如与国家或其他公共机构（即国家本身的制度性机关或他治性机构，后者的权力源自国家）行政活动并存的household*或商业经营的行政活动。

从最广义的角度来说，“公共行政”这一表述不仅包含着立法和裁判，而且包含着我们在这里应当称之为“统治”的其他剩余活动。“统治”可能会受到法律规范的约束和既定权利的限制。在这些方面，统治也类似于立法和裁判。但是这里有两个方面的区别。第一，从积极意义上说，统治必须使自己的管辖权具有合法性基础；一个现代政府是作为“合法”管辖权行使其职能的，这在法律上就意味着，它要依赖于国家的宪法规范授予的权威。第二，从消极意义上说，法律和既定权利对国家权力的限制，给它的行动自由造成了约束，它必须使自己适应这些约束。然而，政府的一个明确特性就在于这一事实：它的目的不光是仅仅由于法律之存在并构成了既定权利的基础而承认并实施法律，而且还要追求政治、伦理、功利等等其他方面的目 645
标。对于政府来说，个人及其利益乃是法律意义上的客体，而不是权利的载体。

事实上，在现代国家，存在着一种裁判与（统治意义上的）“行

* 可理解为“家政”或“家族”，但都很勉强。韦伯使用的“household”一词很难找到完全对应的汉语译名，译者理解为一个管理学概念，指一个以“家长”为首的社会单元，尤其是经济单元，成员不仅包括亲属，还有仆人和奴隶。下文将视具体语境酌译为“家政”或“家族”。（本书脚注均为中译者注。）

政”在形式上的同化趋势。一个法官往往要在实在法或法律理论的指导下，以道德观、衡平法或权宜考虑为基础进行裁决。另一方面，在行政领域，现代国家通过给予公民救济——原则上公民是国家的客体——为他提供了保护其利益的可能性，这在形式上等同于司法审判领域中的救济，就是说，公民有权向行政法庭提起诉讼。[5]但是，这些保障不可能消除裁判与“统治”的基本矛盾。当政府针对一般状态而不是为了仅仅干预特殊情况——在一定程度上政府甚至没有感到必须干预——而颁布普遍规则时，统治也就接近于法律的创制了。至关重要的是，政府遵守规则被认为是正常状态，而完全无视规则一般都会被斥为“专横”行为。

早期的“行政”形式表现为家长权力，即household（家族）中的统治。原初形式的家长权威是无限制的。服从其权力者没有权利反对他，即便有规范调整他针对他们实施的行为，也只是作为对其行为的他治性宗教约束所发挥的间接影响而存在。就源头而论，我们看到的是以下两种情形的并存：一是从理论上说家长不受限制的行政权，一是源于亲属群体之间的安排并与所谓侵害的证据及和解金相关的仲裁程序。只有后者才是一种“权利主张”，即产生争议并通过裁决而给予的权利。只有在亲属群体之间的关系中，我们才能看到建制化的手续、时效限制、证据规则等等，就是说，“司法”程序的开端。这些在家长权力的范围内都是根本不存在的，那里出现的是原始的“统治”形式，同样，群体间的安排则意味着原始的司法裁决形式。两者有着界限分明的运作领域。即使像古罗马司法审判那样相对较晚的现象，也是止步于household（家政）的门槛之外。[6]后面我们将会看到，家族内部的权威（domestic authority）是如何逐渐超出了最初的范围，最终变成了某种形式的政治权力，即家长式的君主制，并由此进入了司法行政的。

只要发生了这种情形，立法、司法裁决和统治之间的区别就会荡 646
然无存，随之出现的便是以下结果之一：

首先，司法裁决在形式上和实际上都会具有“行政”性质，它仅仅通过君主对臣民发布的敕令或命令而运作，其依据乃是纯粹的权宜考虑或者衡平原则，没有固定形式，时间也很随意。然而，除了一些极端情况以外，这种状况决不会达到完全有效的程度，不过近似的情形会出现在“法官审问式”（inquisitorial）程序以及所有那些由法官支配审理和举证活动的程序制度中。[7]家族内部的权威模式扩展到家政以外领域的另一个不同结果则是“行政”采取了司法程序的形式，英格兰在很大程度上就发生过这种情况，而且在某种意义上说至今仍然如此。议会处理“私人提案”，即批准颁发许可证这类纯粹的行政行为，采取的方式却一如处理公共提案。在这两种立法类型之间无法作出区分，乃是旧式议会程序的普遍特征，对于英格兰议会来说，这实际上是确立其地位的一个决定性因素。[8]议会最初就是作为一个司法机构出现的，而在法国，议会除了司法以外根本就不从事其他任何活动。立法与司法功能的这种混淆，都是因为政治环境所致。在德国，像预算这样的纯行政事务，[9]也因为仿效英格兰模式以及出于政治原因而被当作了立法活动。

如果政府机关的官方行为具有个人之间协议那样的形式，“行政”与“私法”的区别就会变得模糊不清。比如官员在履行官方职责时，为交换货物或服务而与某组织成员或其他个人订立契约安排，就会出现这种情况。这种关系往往会撇开私法的规范，而以某种——就其实质和实施方式而言——不同于一般法律规范的方式进行安排，因而被宣称为“行政”领域的事务。[10] 只要以这种方式提出的权利主张能够得到强制执行的保障，它们就不会停止成为“权利”，这时“行政”与“私法”的区别就不过是个技术性区别了。然而，即使如此，这种区别仍然有着重大的实践意义。但是，如果认为只有那些经由正规陪审团审理并以**法律**（Lex）为基础而得到落实的权利主张才属于（古代）罗马的“私法”领域，把所有其他仅仅通过行政官的承认
647 （cognitio）、有时具有突出经济意义的权利都排除在外，那就是对罗马私法整体结构的彻底误解。[11]

四、刑法与私法

巫师与先知的权威，某些条件下还有祭司的权力，就它们乃是得自具体的神启而言，也像原始的家长权力一样不受权利和规范的约束。对巫术的信仰也是刑法的本源之一，这是与“私法”不同之处。[12] 从广义上说，现代刑事司法观认为，公众对道德或自我利益的关切，要求规范遭到违犯时应进行抵偿，这种关切在国家机关对作恶者施加的惩罚中得到了体现，但作恶者也应享有正规程序的保护。另一方面，侵犯了私人权利，则受害方理应得到补偿，后者的行为并不是导致惩罚，而是恢复法律所保障的状态。不过即使在今天，这种区别也并非那么截然分明。原始的司法对此肯定一无所知。即使到了后来相当复杂的法律发展阶段，一切行为也都是仅仅被看作对侵权行为做出的反应，“契约”与“债”（obligatio）的概念仍然根本不为人知。[13] 实际上，中国法律至今仍有这种状况的某些痕

迹，这在文明史的法律发展中一向具有极为重要的意义。[14] 亲属群体成员或其财产遭到局外人的任何侵害，都会要求予以报复或者要求得到和解金，受害方的这一诉求则会得到亲属的支持。

这种获得和解金的程序，要么根本没有体现出要求复仇的重罪和只是要求补偿的侵权行为之间的区别，要么充其量只是有了个开端。此外，对于我们所说的“民事”赔偿行为和旨在进行惩罚的刑事指控之间不加区别，把两者归并到同一个范畴——以补偿来抵过，都与原始法律和程序的两个特殊性有关。它们与犯罪的概念毫不相干，因而也与反映了内在动机和心理态度的犯罪程度观念毫不相干。燃起了报复欲望的人对于动机问题毫无兴趣，他唯一关心的只是，激发了他的报复欲的事件客观上已经发生。他会不加区别地把怒火发泄到无生物上——因为他没有想到这东西会使他受苦，发泄到动物身上——因为
他没有料到这动物会使他受伤，发泄到因为无知、粗心或无意间使他 648
受害的人身上。例如罗马的 actio de pauperie（动物损害之诉）以及 noxae datio（移交侵害者）的本初含义就是这样，前者指的是某动物没有表现出应该表现的样子，后者则是为了报复而放弃该动物。[15] 因此，任何过错都是一种需要作出补偿的“侵权行为”，而侵权行为也只是一种需要作出补偿的过错。

在“判决”被“执行”的方式中也能看到最初对犯罪与侵权不加区别的表现。无论诉讼涉及的是一块土地还是一宗杀人案，程序上都是一成不变的。然而，即使到了公平确定的和解金开始执行的阶段，也仍然不存在执行这些判决的“官方”机器。人们相信，根据对神谕的解释或使用其他巫术手段，或者求助于魔力或神力，就有了足够神奇的权威以落实需要执行的判决，因为拒不服从等于严重的渎神。作

为与军事组织相关的某些发展结果（后面很快就要谈到），[16]在整个共同体的大会上进行的审判，全体成员都参与作出判决（比如早期日耳曼有记载的历史上出现的那种情况），可以预计，作为酝酿判决的过程中进行这种合作的结果，假如判决没有在全体大会上遭到公开挑战，那就没有任何成员会阻挠判决的执行。然而，获胜的诉讼方对于自己亲属之外的人，充其量也只能指望他们保持消极观望态度，他必须以自助的方式并借助自己亲属的力量执行判决。在古罗马和日耳曼部落中，这种自助通常都是抓住被判罪者作为人质，以待和解金得到偿付，其数额或者由判决本身确定，或者由诉讼双方自行确定。这种自助方式并不因为诉讼类型的不同而变化，无论诉讼涉及的是土地纠纷还是杀人案，都是采取自助方式。直到君主或司法行政官出于政治原因或者为了公共秩序的利益，认为有必要运用自身的**统治权**禁止私人干预判决的执行并以法律制裁——特别是剥夺公民权——威胁这种私人行为时，这才开始出现执行判决的官方机器。[17]然而，这一切并没有产生民事与刑事诉讼程序之别。在那些处于某种法律**显贵**[18]影响下的法律制度中，古代的抵偿司法形式仍然保持着一定的连续性，而
649 且“官僚化”的程度也比较低，比如罗马和英格兰的情况，这种最初完全无差别化的状态，继续排斥以强制履行*恢复具体实物的做法。甚至在涉及土地所有权的诉讼中，判决一般也都以金钱来计算。[19]这根本不是由于市场经济高度发达而导致的一切以金钱来计算，毋宁说这是一条古老原则的结果：任何错误，包括错误地占有财产，都需要作

* specific performance，一种衡平法上的救济方式，由法院强制被告履行他所承诺的合同项下的义务。

出补偿，而且仅仅是补偿，这是要求犯有过错者本人承担的责任。在欧洲大陆，由于君主**统治权**的迅速增强，这种强制履行早在中世纪初期就已经出现了。[20]但是，英格兰的程序直到很晚近的时期才在涉及不动产的诉讼中为了引入强制履行而采用了特殊的法律推定。[21]罗马坚持被定罪者以货币形式支付损害赔偿金而不是强制履行，则是把官方活动维持于最低限度这一普遍趋势的结果，而这又要归因于**显贵**统治的制度。

五、侵权与犯罪

诉讼就意味着被告犯下了某种过错，而不是仅仅存在着客观上被认为非法的事态，这种观念也对实体法产生了深刻影响。最初，所有的“债”毫无例外都是产生于侵权行为（ex delicto）的债；因此，正如我们将要看到的[22]，契约债（contractual obligation）一开始就被认为是产生于侵权行为。在中世纪末期的英格兰，契约诉讼正式与推定的侵权行为联系了起来。[23]因债务人死亡而致债务撤销，既是由于这种认识，也是由于根本不存在“继承法”的观念。[24]正如我们将要看到的[25]，继承人对于契约债务（contractual debt）的责任；乃是随着错误行为的连带责任而与各种不同结果一起发展起来的，开始是家属，后来则是家族同类成员或者上下级权力关系的参与者。即使保护诚实买主的原则，这一据称是现代商业不可或缺的原则，[26]也是起源于一个古老观念——所谓**侵权**诉讼，无非就是针对盗贼及其同伙的诉讼。只是到了后来，随着**契约**诉讼的发展以及“不动产”和“动产”诉讼出现区别，这一古老规则在不同的法律制度中才出现了歧异发 650

展。于是，所有者针对任何占有者（rei vindicatio）的诉讼[27]，在古代罗马法[28]、在英格兰法[29]以及在印度法[30]中便逐渐取代了它的位置，而相对于中国法来说，甚至连印度法都已达到了相当高的理性化程度。再往后，对诚实买主的保护在市场条件下再度盛行起来，这在英格兰法[31]与印度法律[32]中显而易见，它们的理性基础就是为商业活动提供安全保障。与日耳曼法律相比，英格兰法和罗马法对诚实买主缺少普遍保护，则是商业利益对千差万别的实体法制度之适应能力的又一例证。另外，这也说明了法律的发展所特有的高度独立性。也许，法定债（legal obligation）这个不法侵害行为概念可以在 malo ordine tenes[33] 这一表述中看到又一范例，它出现在法兰克人的土地补偿诉讼中，尽管对这个短语的准确解释至今仍无定论。

然而，在这样一些法律制度中，比如罗马人的双边 Vindicatio（主张物权之诉），希腊人的 diadikasia[34]，或者日耳曼人的土地之诉，极有可能是完全不同的观念在发挥作用。[35] 所有这些诉讼都可以使人断定，它们最初是被看作 actiones de recursu（回归之诉），即为了确定某人在某个共同体中的正式成员资格提起的诉讼，而这种资格是以对某块土地的所有权为基础的。[36] 至关重要的是，fundus（田产）就意味着“成员资格”，κλῆϱos（份额）就是“成员的份额”。另外，对不法侵权进行常规的官方起诉，最初也像由官方执行判决一样是不存在的。在 household（家政）内部，惩戒措施乃是出自家长对其 household（家族）的权威。亲属成员之间的纠纷由长老裁决。但在所有这些情况下，决定是否给予惩罚，如果给予惩罚将采取什么形式或者惩罚到什么程度，则是一个完全自由裁量的事情，因为那里并不存在“刑法”。刑法的原始形式是在 household（家政）的边界之外，特别是在个人行为危及邻里、亲属或政治联合体的**所有**成员这种状况下发展起来的。出现这种状况可能是两种不当行为所致：宗教上的渎神或者军事上的抗命。如果冒犯了某种神秘的规矩，比如某种禁忌，从而招致魔力、精灵或者神明的愤怒，就可能使整个群体陷入危殆之中，其恶果不仅会降临到渎神（或犯罪）者自身，而且会降临到他生存于其中的整个共同体。在巫师或祭司的鼓动下，共同体成员会宣布被指控者不受保护，甚至以私刑将其处死，比如犹太人当中用石头砸死的刑罚。他们也可能进行赎罪式的宗教审判。因此，渎神行为乃是所谓“群体内部惩罚”，而不 651
是“群体之间报复”的主要根源。这种惩罚的第二个根源是政治上的，或者最初是军事上的。无论何人，如果因背叛或胆怯而危及到集体作战力量的安全，或者在作战开始后拒绝服从命令，那就肯定会招来首领或军队的惩罚性反应。[37]当然，尽管某人在军事上的恶劣行为必须首先被认定为事实确凿，但是查证这种事实的程序其实非常粗陋。

六、统治权*

从占据主导地位的报复到形成高度稳定的正式刑事诉讼程序，可

---

* imperium，源自古罗马的权力概念。在古罗马，最高军事和司法权力先是属于国王，后来归属于执政官、有执政权的军事护民官、军事执政官、独裁官和大司法官。在共和政体下，因存在一些分享权力的司法行政官，并因法律赋予死刑犯向人民上诉的权利，统治权受到了限制。地方总督或省长的统治权仅限于自己省内。特殊情况下，统治权也会被授予私人。在共和末期，曾作出一年以上期限的特殊授权，例如授权庞培惩治海盗。公元前23年，奥古斯都获得了高于其他执政官的统治权。后来的皇帝在即位时均由元老院授予其统治权，但要经库里亚法的正式认可。增设一名军事统帅的“五月统治权”有时并不授予皇帝，而是授予其他人。

以看到一个直线发展过程，其中原因下面将会清晰可见。家长以及宗教或军事权威的惩罚性反应，最初并不受程序形式或规则的约束。事实上，家长的惩罚权在某种程度上会受制于自己亲属长老或者负责处理群体间关系的宗教或军事权威的干预，但在自己的职分内，家长在很大程度上就是法律，只在极特殊的情况下才会受到法律规则的束缚。

不过，原始的非家族内部的权力，即由家产制君主行使的，完全不同于 household（家族）权力的家长式权力，换句话说，即包含在**统治权**（imperium）概念中的那些权力，则出现了一种缓慢的、其结果是不断变化的对规则的服从。我们这里不去讨论使明确的规则得以确立的这个过程的起源。我们目前也不去讨论**统治权**的持有者究竟是在根据自身利益自我授权，还是他发现要服从于事实的限制就必须这样做，抑或他的统治权是由其他权力强加给他的。所有这些问题将会在我们对支配的分析中给予论述。然而，**统治权**始终会包括惩罚权，特别是对违命者进行镇压的权力——不仅通过直接使用暴力，而且通过加害威胁，这在今天依然如此，但在过去尤甚。惩罚权可能会直接针对行使统治权的下属“官员”，也可能针对隶属于**统治权**的那些人。在前一种情况下，我们谈论的就是**处分权**，后一种情况则是**惩罚权**。
652 就这个背景而言，“公法”与刑法便有了直接联系；总之，如果还不存在至少是某些被公认为具有事实约束力的规则的话，那就不可能系统地谈论公法、刑法、刑事诉讼程序以及神圣律法。

七、对权力的限制和权力的分立

上述这些规范始终在统治权所及的范围内制约着**统治权**。但是也并非任何制约都具有“规范”性质。现在这里就有了两种制约：（1）对权力的限制，（2）权力的分立。如果由于神圣传统或者法规而使特定**统治权**受到臣民权利的制约，那里就会存在着对权力的限制。掌权者也许只能发布某种类型的命令，或者可以在某些情况下或以某些条件为前提发布所有类型的命令。这些限制究竟是具有“法律”“惯例”还是单纯的“习惯”地位，端赖具体情况而定，即维持这种限制靠的是某个强制性组织（其强制手段或多或少都是有效的）予以保障，还是仅仅靠惯例的认可来维持，或者干脆就没有什么一致**同意**的限制。另一种制约（权力的分立）则是某一**统治权**与另一**统治权**的冲突，两者要么是平等的，要么在某些方面后者比前者占据优势，但前者的合法效力会被正式承认为对后者权威之行使范围的限制。不过，对权力的限制和三权分立是可以并存的，而这种并存状态是现代国家独有的特性，它在不同的国家机关之间分配权限。的确，这种现代国家实质上是以如下原则为特征的：它是某些受限制的**统治权**之载体的组合（anstaltsmässige Vergesellschaftung）；这些载体是按照既定规则挑选出来的；它们的**统治权**按照权力分立的普遍规则而彼此划出了界限；它们各自都会在主观上认为其命令权具有正当性，这是限制权力的固定规则所规定的。

权力的分立以及对权力的限制可能会具有完全不同于出现在现代国家中的结构形式。权力的分立尤其如此。它的结构在古代罗马的 par majorve potestas[38] 调停法以及在家产制、等级制、封建制政治组织中都是各不相同的。然而，诚如孟德斯鸠所说，只有通过权力分立，公法概念才有可能产生。[39] 但是必须在如下意义上准确理解他的命题：权力分立未必就是孟德斯鸠认为他在英国看到的那种情况。另一 653

方面，也并非凡是权力的分立都会导向公法观念，只有把国家作为理性组织起来的制度这种观念所特有的权力分立才会导向公法观念。为什么只有西方才发展出了系统的公法理论，其原因仅仅在于，只有西方国家的政治组织才有这样的制度形态：它与管辖权和权力分立理性地吻合在一起。早在古代时期，西方就有了系统的国家理论，这正是因为那里存在着理性的权力分立，若干罗马司法行政官的**统治权**学说已经得到了系统的阐发。[40]其他的一切实质上都是政治哲学而不是宪法。在中世纪，权力的分立只是表现为特权、封建性权利以及其他权利之间的竞争，结果就没有把宪法区别对待，所有的一切都包含在封建法和采邑法之中。现代公法中那些决定性的法律概念，其来源要归因于若干要素特有的结合。就历史事实而言，它们的来源要归因于国家（Ständestaat）公共法人社团中的特权人物的组合，这种组合不断把对权力的限制与分立同制度结构结合在一起。就法律理论而言，它们要归因于罗马的法人社团概念、自然法观念，最后有法国的法律理论。我们将在分析支配时专门讨论现代公法的发展。以下各节我们将主要讨论制定法律和发现法律的问题，但仅限于如今属于私法和民事诉讼程序，且与经济领域密切相关的那些问题。

八、实体法与程序

根据我们现在的法律思维模式，政治组织的活动从“法律”上说可以分为两个范畴：制定法律和发现法律，后者还包括作为技术问题的“执行”。今天我们把制定法律理解为普遍规范的确立，它们在法律人[*]眼中具有理性法律规则的性质。我们所理解的发现法律则是这种既定规范的“适用”，以及通过法律思维推导出来的、针对“被纳入”这些规范之下的具体“事实”的法律命题。然而，这种思维模式并非通行于所有的历史阶段。制定法律是创设普遍规范，发现法律则是这些规范对具体案件的适用，这两者之间的区别，在裁判是酌情 654
自由决定意义上的“行政”的情况下是不存在的。在这种状况下，缺少的就不仅是法律规范，而且还有当事人把规范适用于自身个案的权利观念。如果法律表现为“特权”，从而不可能出现法律规范的“适用”乃合法权利的基础这种观念时，情况会同样如此。另外，如果不把发现法律视为将普遍规范适用于具体个案，也是不可能存在制定法律和发现法律的区别。换句话说，在一切无理性的裁判中都不存在这种区别，而无理性裁判不仅包括原始的裁判形式，而且包括——后面我们就能看到［下面（三）］——世界上未接受罗马法的所有地区全部历史中的裁判形式，尽管有的表现为纯粹形式，有的是改头换面的形式。同样，在发现法律过程中得到适用的法律规则和该过程本身的规则，其间的区别也始终不像今天在实体法和程序法之间的区别那么清晰。凡在法律程序依赖于**统治权**对诉讼之影响的地方，比如在早期罗马法或者从技术上说有着完全不同形式的英格兰法那里，就很容易秉持这样的看法：实体法中的权利就等于是利用诉讼的程序形式之

* lawyer，这是韦伯法律社会学中的一个常用词。按照西方法学理论的用法，一般是指有某种资格且专业上适合于从事法律工作的人，包括法官（不是非专业法官）、开业律师和法学教师，但不包括行政官员或办事员，除非他们具备此种资格。该术语有时专指注册的开业律师，不包括法官和法学教师。中译文根据上下文语境酌情译为“法律人”和“律师”。

权利，比如罗马法上的actio[41]（诉讼行为[*]）或者英格兰的writ[42]（令状[**]）。在较早的罗马法学说中，程序法与私法之间并没有像我们今天这样划出界限。出于完全不同的原因，我们分别称之为程序法和实体法的问题也很容易出现类似的混淆，这往往发生在以无理性的举证方式为基础进行裁判的地方，比如根据原来的巫术意义或者根据神谕而发的法律誓言或赌咒。于是，求助或服从这种意义重大的巫术行为的权利或义务，就成了实体法权利的组成部分，甚或就是同一回事。然而，程序法规则与实体法规则之间的区别，本来就已经存在于中世纪对Richtsteige与“法鉴”[43]作出的区别之中了。这种区别并不亚于罗马人在早期的系统化努力中作出的区别，[44]尽管形式上略有不同。

九、法律思想的诸范畴

我们已经指出，使得各个法律领域现行的基本概念彼此有别的那

---

* 根据罗马法，这一术语首先指的是原告的行为，但后来变成了指称整个诉讼过程，尤其是诉讼的第一阶段，它与由法官审理的第二阶段有区别，该词通常与描述诉讼请求种类的词语结合在一起，例如委托契约诉讼之类的词语。有时也不乏实体意义，例如指称诉讼请求或者权利。

** 系指书面形式的命令或批准令，中世纪时主要有三种为法律认可的令状：特许状，通常用于授予永久性土地或自由权；开封许可状，用于王室官员的委任和授予特定期限的批准；密封许可状（密封并加盖印章），用于传达命令或情报。诺曼国王时开始将令状用于司法目的，也产生了一些标准格式以应付一般案件，到13世纪，令状格式的数目增长很快，最为重要的令状包括：开审令状（开始法庭诉讼必需的令状）、回复土地占有诉讼令状（为土地受到非法占有的当事人追索土地的令状）、给予协助令状（为协助财产转移而签发的令状）。其他重要的令状还包括人身保护令状、训令状、调卷令状、诉讼中止令状等等。不过，即使在13世纪，颁布新令状的权力就已受到审查，因而能获得的令状数目寥寥无几。这一点导致了严格的令状登记制度的发展。那时只有取得令状，才能通过诉讼寻求救济，此外别无他途。

种模式，在很大程度上乃是依赖于法律技术因素和政治组织的因素。因此可以说，经济因素只有间接的影响。诚然，经济因素也发挥了自 655
己的影响力，但它仅限于：以市场经济或者契约自由现象为基础的某些行为的理性化，以及由此产生的应当依靠法律机制来解决日益复杂的潜在利益冲突的意识，影响了法律的系统化或者加强了政治实体的制度化。我们将会一再看到这种现象。所有其他纯经济的影响只是作为具体事例出现，难以概括为普遍规则。另一方面，我们还会经常看到，以政治因素和法律思想内在结构为条件的那些法律要素，对经济组织产生了强大的影响。以下各节我们将扼要论及那些影响了法律之形式特征——制定法律和发现法律——的最重要的条件。我们将特别关注法律合理性的程度与性质，尤其是与经济生活密切相关的法律，即私法。

法律体系可以在多种不同意义上是“理性的”，这取决于法律思维采取哪种可能的理性化过程。让我们从表面上看是最基本的思想过程开始着手，即普遍化过程，这里指的是把裁决具体个案时的相关原因化约为一个或者多个“原则”，即法律命题。这个化约过程通常要依赖于对案情进行事前或即时的分析，它们被视为与司法估价密切相关的基本要素。反之，对更多“法律命题”的阐述则会反作用于对案情的潜在相关特性加以具体化和界定。该过程既有赖于，同时又促进了决疑术。然而，并非任何充分发展的决疑术方法都会导致法律命题向着高度逻辑性升华的方向发展或是与这种发展并存。高度综合性的法律决疑术系统是在单纯的并列组合基础上，就是说，在外在要素的类比基础上发展起来的。在我们的法律体系中，不但要分析性地从根据案件推导出“法律命题”，还要对“法律关系”和

“法律制度”进行综合“建构”，即确定典型的社会行为或因同意而
产生的行为的哪些方面应被认为与**法律**密切相关，以及用哪种具有
逻辑一致性的方法把这些相关成分视为应当在**法律上**加以协调，即
656 视为具有“法律关系”。尽管后一过程与前述过程密切相关，但在分
析中的高度升华仍有可能与对法律上有关的社会行为进行较低程度
的建构性概念化结合起来。反过来说，尽管分析程度较低或者有时
只是因为素养有限，也仍然可以按照令人相对满意的方式对“法律
关系”加以综合。这一矛盾源于如下事实：分析过程将会提出进一
步的逻辑任务，它与综合建构并不矛盾，但实际上却往往并不兼容。
我们所说的“系统化”只是出现在法律思维模式的后期阶段，此前
则绝无可能。按照现在的思维模式，系统化就是把所有从分析中得
出的法律命题加以整合，使之构成一个逻辑清晰，具有内在一致性，
至少理论上无漏洞的规则体系，这就意味着该体系从逻辑上说必须
能把所有可以想象到的事态包含进来，以免它们缺失有效的秩序保
障。即使到了今天，也并非任何法律体系（比如英国法）都能宣称
自身具有上述定义的那种体系特征，过去的法律体系当然就更少这
样自诩了，凡是如此宣称的体系，往往只有极低的逻辑抽象程度。
大体上说，“体系”主要就是一个为法律素材建立秩序的外在架构，
它在法律命题的分析推论和法律关系的建构方面只有次要的意义。
尤其是从罗马法发展而来的现代系统化形式，它的出发点是对法律
命题以及社会行为之意义的逻辑分析。[45]另一方面，“法律关系”和
决疑术则往往与这种逻辑分析相抵触，因为它们是从具体事实的属
性中产生出来的。

除了截至目前所讨论的这些差异之外，我们还要考虑法律实践的

技术手段之间存在的种种差异，它们在某种程度上与前者有关，但在某种程度上又与之重合。以下是最简明类型的可能情形：

制定法律和发现法律可能都是理性的或者无理性的。如果在制定法律或发现法律中使用了不可能由理智控制的手段，比如求助于神谕或诸如此类的手段，它们在**形式上**就是无理性的。另一方面，如果影响裁决的不是普遍规范，而是特定案件中的具体因素，是在伦理、情感或政治基础上评价这些因素，那么制定法律或发现法律在**实质上**就是无理性的。“理性的”制定法律和发现法律可能是形式理性，也可能是实质理性。一切形式化的法律至少在形式上都是相对理性的。然而，只有把案情之确凿的一般特性考虑在内时，才能 657
说法律在实质和程序上都是“形式化的”法律。此外，这种形式主义可以表现为两种不同的类型。与法律有关的特征可能就是某种有形的性质，就是说，它们作为感官素材是可以感知的。这有赖于事实的外在特征，例如某些发言、签字或者实施某种具有确定意义的象征性行为，都体现出最严格类型的法律形式主义。另一种类型的形式主义法律则是，通过对意义的逻辑分析，从而使以高度抽象的规则形式明确确定下来的法律概念得到系统表达和应用，以揭示与法律有关的事实特征。这一“逻辑合理性”过程缩减了非本质要素的意义，因此降低了具体形式主义的刚性。但由此却加大了与“实质合理性”的反差，因为实质合理性意味着，裁决法律问题要受规范的左右，而这种规范不同于对意义进行抽象解释，然后加以逻辑概括而得出的规范。实质合理性主要遵循的那些规范包括了道德律令、功利原则和其他权宜性原则以及政治信条，它们全都不同于“外在特征”多样化的形式主义，也不同于利用了逻辑抽象方法的形式主义。然而，只有在法律具有形式特征时，才有可能在现代意义上以特殊的职业方式、法律主义方式和抽象方式看待法律。如果说存在着按照“感官素材特征”进行分类的绝对形式主义，那么它在决疑术方面可谓不遗余力。只有对意义进行逻辑解释的抽象方法，才能完成具有明确系统性的任务，即利用逻辑手段汇集所有各种被公认为具有法律效力的规则并加以理性化，使之成为没有内在矛盾的抽象法律命题综合体。

我们现在的任务就是要探寻介入法律之形成的各种影响力是如何影响了法律的形式特质的。当今的法科学，至少是在方法论和逻辑合理性方面已经达到最高境界的那些形式，即产生于《学说汇纂》派民法的法科学形式，是从以下五项假定入手的：第一，任何具体的法律裁决都是把某个抽象法律命题“适用”于具体的“事态”。第二，在任何具体案件中都必须有可能借助法律逻辑根据抽象的法律命题推导出裁决。第三，法律必须实际或真正地构成一个“无漏洞”的法律命题体系，或者至少能被看作是这样一个无漏洞的体系。第四，凡是不
658 可能使用法律术语加以理性“建构”的，也与法律无关。第五，人的一切社会行动必须始终被具体化为法律命题的“适用”或“实施”，或者被具体化为对法律的“违反”，因为法律体系的“无漏洞性”必定导致对一切社会行为的无漏洞“法律排序”。（施塔姆勒特别得出了这个结论，尽管并不明确。）[46]

然而，我们现在要关心的不是这些理论假定，而是研究法律的某些一般形式特质，因为它们对法律的功能至关重要。

注 释

1 法律社会学由马克斯·莱茵施泰因编辑，是对手稿做了最全面注释的部分。韦伯在其他篇章中利用的文献，在这里也引用了许多。法律社会学的英文版是群体努力的结果。除席尔斯和莱茵施泰因以外，参与翻译的还有伊丽莎白·曼恩·博格斯夫人和萨缪尔·施托尔加先生；施托尔加还与艾利斯·瓦格利斯博士和施托扬·巴伊彻博士共同完成了注释工作。除非另有说明，本章的所有注释均为该群体所作。

以下是对莱茵施泰因在注释中援引书目缩写的还原。标有星号的书目系韦伯广泛利用过的文献。更多关于韦伯利用过以及与本章思想发展密切相关的当代文献，见约翰内斯·温克尔曼在其最新德文版 *Rechtssoziologie*（2nd rev. ed.；Neuwied：Luchterhand，1967）中汇集的文献提要第二部分（404—423）。

ALABASTER	ALABASTER, E., NOTES AND COMMENTARIES ON CHINESE CRIMINAL LAW. 1899.
ALLEN	ALLEN, C. K., LAW IN THE MAKING, 3rd ed. 1939.
*AMIRA	GRUNDRISS DES GERMANISCHEN RECHTS, 3rd ed. 1913.
*BLACKSTONE	BLACKSTONE, W., COMMENTARIES ON THE LAWS OF ENGLAND, 1765—69.
BONNER AND SMITH	BONNER, R. AND SMITH, G., THE ADMINISTRATION OF JUSTICE FROM HOMER TO ARISTOTLE, 2 vols. 1930—38.
*BRUNNER, ABH.	BRUNNER H., ABHANDLUNGEN ZUR RECHTSGESCHICHTE, 2 vols. 1931.（Contains reprints of articles published at earlier times in other places.）
*BRUNNER, RECHTSGE-SCHICHTE	BRUNNER, H., DEUTSCHE RECHTSGESCHICHTE. Vol. 1, 1st ed. 1892, 2nd ed. 1906. Vol. 2, 1st ed. 1892, 2nd ed. 1928 by C. Freiherr von Schwerin.
*BRYCE	BRYCE, J., STUDIES IN HISTORY AND JURISPRUDENCE. 1901.
BUCKLAND	BUCKLAND, W. W., TEXTBOOK OF ROMAN LAW, 2nd ed. 1932.
DIAMOND	DIAMOND, A. S., PRIMITIVE LAW. 1935 659
*EHRLICH	EHRLICH, E., FUNDAMENTAL PRINCIPLES OF THE SOCIOLOGY OF LAW, Transl. by Moll, 1936. Weber used the German original s. t. GRUNDLEGUNG DER SOZIOLOGIE DES RECHTS. 1913.
ENCYC. SOC. SCI.	ENCYCLOPEDIA OF THE SOCIAL SCIENCES, ed. by Seligman, E. R. A., and Johnson, A., 13 vols. 1933.
ENGELMANN	ENGELMANN, W., DIE WIEDERGEBURT DER RECHTSKULTUR IN ITALIEN. 1938.
ENGELMANN AND MILLAR	ENGELMANN, A. AND MILLAR, R. W., HISTORY OF CONTINENTAL CIVIL PROCEDURE. 1927.

*ENNECCERUS	ENNECCERUS, L., LEHRBUCH DES BÜRGERLICHEN RECHTS, 1928 ed.
*GIERKE	VON GIERKE, O., DEVELOPMENT OF POLITICAL THEORY, Transl. by Freyd. 1939.
*GIERKE, GENOSSENSCHAFTSRECHT	VON GIERKE, O., DAS DEUTSCHE GENOSSENSCHAFTSRECHT, 4 vols. 1868—1913
*GIERKE, PRIVATRECHT	VON GIERKE, DEUTSCHES PRIVATRECHT, 3 vols. 1895, 1905, 1917.
*GOLDSCHMIDT	GOLDSCHMIDT, L., UNIVERSALGESCHICHTE DES HANDELSRECHTS. 1891.
*HATSCHEK	HATSCHEK, O., ENGLISCHES STAATSRECHT, 2 vols. 1905.
HEDEMANN	HEDEMANN, J. W., DIE FORTSCHRITTE DES ZIVILRECHTS IM 19. JAHRHUNDERT, 3 vols. 1910, 1920, 1930.
HOLDSWORTH	HOLDSWORTH, SIR W., HISTORY OF ENGLISH LAW, 13 vols. ; vols. 1—3, 3rd ed. 1922—23 ; vols. 4—12, 1924—38 ; Tables and Index by E. Potton, 1932 ; vol. 13, ed. by Goodhart, 1952.
*HUEBNER	HUEBNER, R., HISTORY OF GERMANIC PRIVATE LAW, Transl. by Philbrick, 1918. Weber used the German original s. t. GRUNDZÜGE DES DEUTSCHEN PRIVATRECHTS. 1913.
*JELLINEK	JELLINEK, G., ALLGEMEINE STAATSLEHRE, 3rd ed. 1914.
*JELLINEK, SYSTEM	JELLINEK, G., SYSTEM DER SUBJEKTIVEN ÖFFENTLICHEN RECHTE. 1892.
*JHERING	VON JHERING, R., DER GEIST DES RÖMISCHEN RECHTS AUF DEN VERSCHIEDENEN STUFEN SEINER ENTWICKLUNG, 3 vols., 5th—6th eds. 1906—07.
JÖRS AND KUNKEL	JÖRS, P., RÖMISCHES PRIVATRECHT, 2nd ed. by Kunkel, W., 3rd ed. 1949.
JOLOWICZ	JOLOWICZ, H. F., HISTORICAL INTRODUCTION TO ROMAN LAW. 1932.
660 *KARLOWA	KARLOWA, O., RÖMISCHE RECHTSGESCHICHTE. 1901.
KASER	KASER, M., DAS ALTRÖMISCHE JUS. 1949.
KELSEN	KELSEN, H., GENERAL THEORY OF LAW AND STATE. 1945.
*KOHLER AND WENGER	KOHLER, J., AND WENGER, L., ALLGEMEINE RECHTSGESCHICHTE. 1914.
*LEIST	LEIST, B. W., GRÄCO-ITALISCHE RECHTSGESCHICHTE, 1884.
*MAINE	MAINE, SIR H. S., ANCIENT LAW. 1906.
*MAINE, INSTITUTIONS	MAINE, SIR H. S., LECTURES ON THE EARLY HISTORY OF INSTITUTIONS, 7th ed. 1897.
*MAINE, EARLY LAW	MAINE, SIR H. S., DISSERTATIONS ON EARLY LAW AND CUSTOM. 1907.

*MAITLAND, FORMS	MAITLAND, F. W., THE FORMS OF ACTION AT COMMON LAW. 1936 ed.
*MAITLAND, PAPERS	MAITLAND, F. W., COLLECTED PAPERS, 3 vols. 1911.
*MITTEIS	MITTEIS, L., RÖMISCHES PRIVATRECHT. 1908.
*MITTEIS, REICHSRECHT	MITTEIS, L., REICHSRECHT UND VOLKSRECHT IN DEN ÖSTLICHEN PROVINZEN DES RÖMISCHEN KAISERREICHS. 1891.
*MOMMSEN	MOMMSEN, T., ABRISS DES RÖMISCHEN STAATSRECHTS. 1893, 2nd. ed. 1907.
NOYES	NOYES, R., THE INSTITUTION OF PROPERTY. 1936.
*PAULY AND WISSOWA	PAULY, A. F., AND WISSOWA, G., REALENZYKLOPÄDIE DER KLASSISCHEN ALTERTUMSWISSENSCHAFT. 1894 et s.
PLANITZ	PLANITZ, H., DEUTSCHE RECHTSGESCHICHTE. 1950.
PLUCKNETT	PLUCKNETT, T. F. T., CONCISE HISTORY OF THE COMMON LAW. 1948.
*POLLOCK AND MAITLAND	POLLOCK, SIR F. AND MAITLAND, F. W., THE HISTORY OF ENGLISH LAW BEFORE THE TIME OF EDWARD I, 2 vols., 1st ed. 1899. 2nd ed. 1923.
RADIN	RADIN, M., ANGLO-AMERICAN LEGAL HISTORY 1936.
RHEINSTEIN, DECEDENTS' ESTATES	RHEINSTEIN, M., CASES AND OTHER MATERIALS ON THE LAW OF DECEDENTS' ESTATES. 1947.
RHEINSTEIN, STRUKTUR	RHEINSTEIN, M., DIE STRUKTUR DES VERTRAGLICHEN SCHULDVERHÄLTNISSES IM ANGLO-AMERIKANISCHEN RECHT. 1932.
ROSTOVTZEV	ROSTOVTZEV, M. J., SOCIAL AND ECONOMIC HISTORY OF THE ROMAN EMPIRE. 1926.
SAV. Z. GERM.	ZEITSCHRIFT DER SAVIGNY STIFTUNG FÜR RECHTSGESCHICHTE, GERMANISTISCHE ABTEILUNG.
SAV. Z. ROM.	ZEITSCHRIFT DER SAVIGNY STIFTUNG FÜR RECHTSGESCHICHTE, ROMANISTISCHE ABTEILUNG. 661
*SCHRÖDER	LEHRBUCH DER DEUTSCHEN RECHTSGESCHICHTE, 16th ed. 1922.
SCHULZ, HISTORY	SCHULZ, F., HISTORY OF ROMAN LEGAL SCIENCE. 1946.
SCHULZ, PRINCIPLES	SCHULZ, F., PRINCIPLES OF ROMAN LAW. 1936.
SEAGLE	SEAGLE, W., THE QUEST FOR LAW. 1941.
SMITH	SMITH, M., DEVELOPMENT OF EUROPEAN LAW. 1922.

*SOHM SOHM, R., INSTITUTES OF ROMAN LAW, Transl. by Ledlie, 3rd ed. 1907. Weber used the German original s. t. INSTITUTIONEN DES RÖMISCHEN RECHTS, 15th ed. 1917.

*STOBBE STOBBE, O., GESCHICHTE DER DEUTSCHEN RECHTSQUELLEN. 1864.

STONE STONE, J., THE PROVINCE AND FUNCTION OF LAW, 1946.

THURNWALD THURNWALD, R., WERDEN, WANDEL UND GESTALTUNG DES RECHTS, 1934.

VINOGRADOFF VINOGRADOFF, P., OUTLINES OF HISTORICAL JURISPRUDENCE, 2 vols. 1922.

WENGER WENGER, L., INSTITUTES OF THE ROMAN LAW OF CIVIL PROCEDURE, Transl. by O. H. Fisk. 1940.

Z. F. HANDELSR. ZEITSCHRIFT FÜR DAS GESAMTE HANDELSRECHT.

Z. F. VGL. RW. ZEITSCHRIFT FÜR VERGLEICHENDE RECHTSWISSENSCHAFT.

2 韦伯此处指的是大陆，尤其是德国的法律理论，那里公法与私法的区别特别突出。这种区别类似于罗马法学家，尤其是乌尔皮安（Ulpian）著名定义中的区别（*Digest* I. I. 4）：公法“与罗马国家有关”（quod ad statum rei Romanae spectat），私法则“与个人利益有关”（quod ad singulorum utilitatem pertinet）。如果一个政府，尽管打算要在公民间的私人关系方面保障一种稳定的法律秩序，但又总是不情愿以严格而固定的规则把这种关系确定下来，上述区别就有重大的实践意义。晚期的罗马帝国以及现代的君主专制国家就是这样的典型情形。一旦国家机关变得服从于法律规则了，公法与私法的区别也就失去了重要意义，最终会变得仅仅是为了便于对某些法律规则进行分类，尤其是为了法律著述和教学的目的。

3 参阅（二），一，及以下内容。

4 这是极权主义国家“理想类型”的现代形态出现之前对该类型的表述。这里保留了
662 韦伯使用的术语——“治理”，尽管“行政”（executive）一词可能与美国的用法更加吻合。

5 英美的律师会把这种权利看作是向法庭申诉的寻常“权利”。但作为大陆律师，韦伯认为对这种权利的保护应当委托给专门设立的、法国或德国类型的那种行政法庭。以这种形式保护公民免受政府权力的滥用之害，与普通法国家通行的做法大相径庭，但不应被认为效力低下。参阅 E. Freund，*Administrative Law*，1 Encyc. Soc. Sci（1930）452，Garner，*Anglo-American and Continental European Administrative Law*（1929），7 N. Y. U. L. Q. Rev. 387。

6 M. Kaser，*Zur altrömischen Hausgewalt*（1950），67 Sav. Z. Rom. 474.

7 德国——总的来说也是大陆——的程序理论把审判区分为两种类型：（1）根据 Offizialmaxime 进行审判，（2）根据 Verhandlungsmaxime 进行审判。前者由审判长支配，他的功能是确定实际上发生了什么，因而谁是唯一的或主要的被传唤人，审查证人并要求提供他认为必需的证据。后一种情况下法官仅仅充当仲裁人的角色，审理过程主

要由各方当事人处理，每一方当事人都可以决定传唤他希望传唤的证人、在诘问和反诘问中提出问题并提交他希望提交的证据。实际上，这两种审判从来就不存在纯粹的形式。大陆的民事和刑事诉讼程序至今仍是主要遵循 Verhandlungsmaxime，尽管后者已被修改，特别是在刑事诉讼中向 Offizialmaxime 做了某些让步。参阅 Engelmann and Millar，11；Millar，*Formative Principles of Civil Procedure*（1923）18 ILL. L. Rev. 1，94，150；以及 Millar 论程序的文章，见 12 Encyc. Soc. Sci. 439（附有更多文献目录）。关于现代大陆诉讼程序，另见 Schlesinger，*Compartive Law*（1950）197，510，523，以及 Hamson，*Civil Procedure in France and England*（1950），10 Camb. L. J. 411。

8　参阅 Jellinek，*System* 3；R. Gneist，*History of the English Constitution*（Ashworth's tr. 1891）338；Hatschek，503；J. E. A. Joliffe，*Constitutional History of Mediaeval English*（1937）337；Anson，*Law and Custom and the Constitution*（1892）262；关于当代的实践，见 Wade and Phillips，*Constitutional Law*（1950）111。

9　韦伯把私法法案和预算归类为“纯行政事务”，是从德国法律理论和宪政理论而来的，那里的法律被区分为**形式**意义和**实体**意义上的法律。实体意义上的法律意味着是国家批准对公民的生命、自由或财产进行干预的法规（enactment）。形式意义上的法律只是立法机关颁布的法令（act），不论其内容如何。大陆国家所理解的“法治”，其先决条件之一就是：没有人民或其正当选举产生的代表的同意，国家不得干预公民的生命、自由或财产。因此，任何实体意义上的法律都必定是立法机关颁布的法令，即形式意义上的法律，至少是以这种法令为依据。因此，正是这种法治的政治理论，构成了一个牢牢植根于大陆国家的原则之基础，它要求所有法律均以法典或成文法形式载明，因而拒不承认并非基于成文法而只是基于司法判例的“普通法”具有正当性。无需成文法载明的立法机关批准亦可制定或适用法律，从而可能由司法部门而不是人民正当选举产生的代表进行治理，这种观念显然与大陆国家传统的法治和民主观念格格 663
不入。

另一方面，并不构成对国民生命、自由或财产公开干预的那些法案则属于“行政法”，一般来说并不要求它们具有形式意义上的法律的效力。但是，现代宪法往往会要求，即使“行政法”也要以成文法来体现，就是说，要由立法机关正式通过。就预算而言，从理论上分析，它只是一种公共收支计划，因而属于行政法。当然，这种分析并不适用于税收和关税的规定，它们构成了对财产权的干预。但即使预算本身，实在宪法也要求以立法机关颁布的法案来体现，因此，尽管它是一种行政法，也仍然构成了形式意义上的法律。参阅 Jellinek，*System* 226；Kelsen 123，131；Jellinek，*Verwaltungsrechts*（1949）8，385；Fleiner，*Institutionendes deutschen Verwaltungsrechts*（1922）17；Laband，*Deutsches Reichsstaatsrecht*（1912）130。

10　在这方面可以参考适用于政府契约和落实针对政府提出的契约性权利主张的那些特殊规则。政府契约的特殊地位在法国甚至更为显著，它们在那里从属于一套特殊规则，而这些规则在很大程度上不是由普通法院，而是由参议院和附属于参议院的行政法庭进行司法解释。参阅 Goodnow，*Comparative Administrative Law*（1893）I，86，107；II，217；Waline，*La Notion Judiciare de L'excès du pouvoir* 7—10，76 *et seq.*；F. A. Ogg，*European Government and Politics*（第二版，1943）572，768。另一方面，根据流行于德国与仿效德国制度的其他大陆国家的财政理论，政府契约都被看作像私人当事人之间的契约一样，并且服从普通法院的管辖。公务人员在履行公职过程中所实施的侵权行为也被同样看待。参阅 E. Borchard，*State Liability*，14 Encyc. Soc. Sci. 338 书目提要；另见 2 Goodnow，*op. cit.* 240，258—261；关于英国的政府契约，见 Wade and Phillips 前引书 309 页注 8。

11 根据 *Gaius* IV. 103，105 的说法，习惯上就是把 iudicium legitimum 和 iudicia quae imperio continentur 区别对待。前者是常规的民事诉讼程序，争端由执政官界定，**形式**上以专用诉讼程式陈述，然后交由平民法官（iudex）裁决。后者则包括各种不同的特殊诉讼程序，它们有一个共同特征，即司法行政官不仅亲自或者根据他的授权由代理人（subrogatus）陈述争端，而且还进行审理和裁决。这些程序之一就是所谓的官吏**审理**（cognitio），适用于涉及国家所有的**公地**的诉讼。该程序不同于普通的民事诉讼程序，原因不光是**平民法官**缺席，而且还有这一事实：判决不仅能够规定货币赔偿，同时还能规定具体的强制履行。正如韦伯指出的那样，它的意义在论述罗马法的文献中受到了普遍忽视。关于官吏**审理**，见 Wenger，28，62 及以下各页，239，250，255 及以下各页；关于该程序与**公地**相关的意义，见 Weber，*Römische Agrageschichte*（1891），167 及以下各页；另请参阅 Mommsen，290。

12 关于巫术在法律发展中的作用，见 G. Gurvitch，*Magic and Law*（1942），9，*Social Research* 104，*Essais de Sociologie*（1939）204。就刑法以及私法或民法的独特性质
664 问题而言，关于巫术在原始社会中的作用综论，见 Malinowski，*Crime and Custom in Savage Siciety*（1926），50—59，98—99，119—121。另见 Hogbin，*Law and Order in Polynesia*（1934）及 Malinowski 的导论，尤其是 pp. xvii—lxxii；Lowie，*Primitive Religion*（1925）；Tylor，*Primitive Culture*（6thed，1920）；Radcliffe-Brown，*The Andaman Islanders*（1922）；Westermarck，*Ritual and Belief in Morocco*（1926）。Sir James Frazer，*The Golden Bough*，vols. I and II；*The Magic Art*（3rd ed. 1911，abridged ed. 1925）。关于这个问题的一篇短论，见 Rossen，*Civilisation and the Growth of Law*（1935），74 *et seq*。

13 关于这些问题的综述，见 Engelmann and Millar，118，129，211，652；R. De la Grasserie，*The Evolution of Civil Law*（1918）609；Diamond 301，307；Lowie，*Primitive Society*（1920）397，425. 另见关于：

（a）罗马法：Noyes 201—207；A. Hägerström，*Der römische Obligationsbegriff*（1927）600；Kaser 308—316，322—336。

（b）希腊法：P. Vinogradoff，*Greek Law*，in *Collected Parers* vol. 2（*Jurisprudence*，1928）43，44。

（c）东方法：Ariticles "law" in 9 *Encyc. Soc. Sci.*（1933）以及其中援引的文献，尤见 Seidl 论埃及法律的词条，P. 209；Koschaker 论楔形文字法律，P. 211；Gulak 论犹太律法，p. 219。

（d）斯拉夫法律：L. J. Strachovsky，*A Handbook of Slavio Studies*（1949）；R. Dareste，*Études D'Histoire du droit*（1889）158—222（*L'ancien droit slave*）。

（e）日耳曼法律：Amira 280—282；2 Brunner，*Rechtsgeschichte* 328。

在英国法律中，侵权行为与契约之间的区别是在相当晚的阶段才发展出来的。参阅 Maitland，*Forms* 8，48，53 *et seq.*；Holdsworth Ⅱ，43 *et seq.*，Ⅲ，375 *et seq.*，412 *et seq.*；Plucknett。

14 这里说的中国法律一直存在到 1912 年革命带来的改革之前，见 J. H. Wigmore，*World's Legal Systems*（1928）141；W. S. H. Hung，*Outlines of Modern Chinese Law*（1934）5，249；Alabaster。

15 关于"action de pauperie"和"noxae datio"，见 Sohm 280，331（action de pauperie）；and 191，194，280，331（noxae datio）；Wenger 153，那里援引了更多文献。

16 见下文（三），六，under（c）。

17 关于罗马，见 Wenger 8 *et seq.*；关于日耳曼法律，见 Huebner，427，477，478。另请参阅 Stone and Simpson，*Law and Society*（1948）中搜集的原始素材，132 *et seq.*，284 *et seq*。

18 显贵，即 Honoratiores（拉丁文，意为"身居高位者"）。德文词 Honoratioren 的用法常常略微带有善意嘲笑的味道，意指一个城镇里比较受人敬重的那些公民。在这里的语境中，韦伯所说的"法律显贵"（Rechtshonoratioren）指的是这样一些阶层的人：（1）以某种方式使与法律问题有关的工作成为一种专门的专家知识，（2）在他们的群体中享有这样一种声望：他们能够为各自社会的法律制度带来某些独特的特征。不过从上下文可以看得很清楚，这些人堪称显贵，尽管他们从自己的活动中得到的报酬远不是名义性的。关于法律显贵的综论，见下文（四）。

19 关于 omnis condemnatio est pecuniaria 这一罗马人的规则，见 Wenger 143 *et seq*。

20 参阅 Engelmann and Millar 166—168；另见 M. Esmein，*L'origine et lalogique de la jurisprudence en matière d'astreintes*（1903），2 *Revue trimestrielle de droit civil* 5。 665

21 韦伯这里似乎有误了。他想到的可能是提起诉讼要求收回不动产并要求赔偿损害的推定。参阅 Maitland，*Forms*。关于英国法律中的强制履行理论，见 Maitland，*Equrty*（1936）301—317；H. Hazeltine，*Early History of Specific Performance of Contract in English Law*（Festgabe für Kohler，1913）68—69。

22 见下文（二），二，4。

23 这也是个概括性的说法。它适用于要求赔偿因违约而造成的损害的诉讼，但不适用于违约、债务和请求返还扣留物的诉讼。

24 见 Goudy，*Two Ancient Brocards*，in P. Vinogradoff，*Essays of Legal History*（1913）216—227；Holdsworth，Ⅲ，576 *et seq*。

25 见下文（二）：六。

26 韦伯这里引证了古日耳曼谚语 Hand muss Hand wahren（"hand must warrant hand"），指的是如果受寄托人把动产转让给第三方，寄托人只能针对受寄托人提起诉讼。见 Huebner，407，421，448；2 Brunner，*Rechtsgeschichte* 512；（1928），668；Holmes，*Common Law*（1951），164；2 Pollock and Maitland（1899）155。关于保护诚实买主这一据称是现代商业不可或缺的原则，远不止美国法律中现存的狭窄保护范围，见 3

Motive zu dem Entwurfe eines bürgerlichen Gesetzbuches für das Deutsche Reich（1888）344。

27 韦伯这里说的诉讼，正如他用括号中的（rei vindicatio）所示，系指在所有比较复杂的制度中发展起来的诉讼以及今天美国法律中由追回原物的诉讼构成的诉讼。这是一种救济措施，据此，与任何契约和侵权行为无涉的所有者本身可以获得动产补偿，这里指的是虽然在他的所有权名下，但他发现却被另一人拥有，而他并未特许或授权该人拥有或使用的动产。

28 关于罗马的 rei vindicatio，见 Wenger 127；Sohm 189，248，269；Buckland，*Manual* 139—142；Jolowicz 142—144。

29 参阅 Maitland，*Forms*，22 *et seq.*；Pollock and Maitland，107，137，146—148，166；Holdsworth，Ⅲ318 *et seq*。

30 参阅 Jolly，*Recht und Sitte*，in *Bühlers*，*Grundriss der indo-arischen Philologie*（1896）8。

31 关于英格兰法律中“公开市场原则”（market overt）的历史，见 Holdsworth V，98，105，110—111。

32 见 I Mill and Wilson，*History of British India*（1858）160。

33 拉丁文，字面意为“你非法占有”。

34 Diadikasia 系两个请求人之间的争端，旨在争取一项司法宣告以确定谁是所有权的“真正”所有者。因此，它不是一个所谓的所有权所有者针对一个所谓的侵权人提起的损害赔偿诉讼。参阅 Meier und Schoemann，*Der Attische Process*（1824）367；2 Bonner and Smith 79，101。

35 正如韦伯补充说过的那样，这些都是“根本不同的结构”。关于这些诉讼行为，见 Amira
666 192—199，266；Gierke，*Genossenschaftsrecht* Ⅱ，268—325；R. Sohm，*Fränkisches Recht und römisches Recht*（1880），I Sav. Z. Germ. 27。

36 另见韦伯的 *General Economic History*（1950），C. I.［*Wirtschaftsgeschichte*（1923）17，19 以及那里引用的文献。

37 关于罗马 comitia centariata 实行的军事惩罚，见 Maine 374—382；Lowie，*Origin of the State*（1927）102—108；另见同一作者的 *Primitive Society*（1920）385，394—396。

38 一个同级或上级权力的官员（par maiorve potestas）可以通过他的“干预”（intercessio）而阻止其他官员的活动。参阅 Mommsen 22；L. Homo，*Roman Political Instittutions*（1929）29，45，221—223；Jolowicz Ⅱ，43，45，47，337。

39 Montesquieu，*Spirit of the Laws*（Nugent transl. 1949）151.

40 参阅 Homo，*op. cit*，*sub tit.* “imperum”（index），esp. pp. 206—235；1 Mommsen 76—191；W. Heitland，*Roman Republic*（1909）vol. I，*sub tit.* “imperium”。

41 Kaser 174；Noyes 146.

42 见 Maitand，*Forms* 78。

43 *Richtsteig*，一部指导人们如何着手提起法律诉讼的书籍。*Rechtsbuch*（Spiegel，“法鉴”），一部法律手册，尤其涉及实体法方面。关于这两部书籍，见 Stobbe I，286 *et. seq.*，390 *et seq.*，Ⅱ，143 *et seq*。

44 *Gaius' Instittutes*（ca. 161 a. d.）是我们可以得到的最早按照“人、物、诉讼”三个部分安排素材的著作，这个传统一直延续到 18 世纪。

45 对这种现代“系统化”形式的阐述是 18 世纪“自然法”学者及 19 世纪德国《学说汇纂》学者特别致力的工作，关于他们的工作，见 Ehrlich，c. 14；v. Hippel，Gustav Hugos *Juristischer Arbeitsplan*（1931），*Zur Gesetzmässigkeit Juristischer Sysembildung*（1930）；*Wieacker*，*Vom römischen Recht*（1944）256；更多的参考书目见 20th Century Legal Philosophy Series，*The Jurisprudence of Interests*（1948）200。

46 见 Rudolf Stammler，*Wirtschaft und Recht nach der materialistischen Geschichtsauffassung*（5th ed.，1924），541。

（二）权利的创设形式

一、“法律命题”的逻辑范畴——自由与权力——契约自由

分别产生了自己的法律体系的所有组织融合为一个强制性的国家
联合体，进而宣称自己是所有“正当”法律的唯一来源，这种情况典
型地反映在法律服务于有关各方的利益，特别是经济利益的正式模式
中。我们先前已对权利的存在作出了定义，就是说，它仅仅是人们怀
有的以下期望有了越来越大的可能性：法律为他的权利提供的保障将 667
不会落空。接下来我们应当把权利的创设看作是增大这种可能性的规
范性方法，但必须认识到，在社会学的分析中，这种规范性情况只是
逐渐过渡到了以下状态：法律保护某一方的利益只是一种“规章制度”
的“反映”，该方并不拥有严格意义上的“权利”。[1]

如果一个人发现自己实际拥有了控制某物或某人的权力，那么法律的保障就会使这种权力的牢固性变得特别确定。如果一个人得到了

某种承诺，那么法律的保障就会使践诺具有更高程度的确定性。这些的确是法律和经济生活之间的基本关系，但是并非唯一可能的关系。用社会学术语来说，法律也会以如下方式发挥功能：支配着强制性机构之运转的有效规范所具有的结构，会转而诱导出某些经济关系，它们可能是某种经济支配的秩序，也可能是在经济预期基础上达成的某种协议。如果法律是明确出于特定目的而创设，就会出现这种情况。当然，这种状况是以法律的发展达到特定阶段为前提的，对此应当稍做评论。

从司法角度来看，现代法律是由“法律命题”，即抽象规范构成的，它们的内容断定一定的事态必会产生某种法律后果。对法律命题最常见的分类是将所有规范分别划为规定性、禁止性和容许性规范，它们分别提出了个人的权利，以规定、禁止或容许针对他人的行为。[2]从社会学角度说，这种受到法律保障和限制的针对他人实施行为的权力，与如下预期是相应的：他人也会实施或力避某种行为，或者，一个人可以在没有第三方干预的情况下实施或不实施某种行为。头两种预期构成了一些权利主张，后一种预期则构成了一种特权。[3]因此，任何权利都是权力之源，一个迄今完全没有权力的人也会因此而拥有权力。由此他会成为共同体内部全新局面的来源。不过我们现在关心的并不是这个现象，而是要讨论**某种**类型法律命题的质量效果，因为它们扩大了单个权利人的控制权。我们将要论及的这种类型是由前述
668 具有法律保障的第三种预期——**特权**——构成的。它们在现存经济秩序的发展中具有特别重大的意义。特权主要有两种：**第一种**由所谓自由构成，即在法律允许的行为领域单纯保护人们不受来自第三方的某种类型的干预，特别是国家官员的干预。这种自由包括迁徙自由、良

心自由或者处置财产的自由。**第二种**类型的特权则是允许一种个人**自治**，即通过自己进行的交易**调整**他与**他人之间的关系**，例如契约自由的存在就正是因为这种自发性得到了法律秩序的承认。当然，市场的扩张与契约自由的范围不断扩大之间，换言之，与法律秩序保障其效力的安排的广度之间，再换句话说，与正式承认这种交易倾向的种种规则在整个法律秩序内部的相对意义之间，存在着密切的关联。在自给自足、缺少交换的经济中，法律的功能自然另当别论：它主要是界定人的非经济关系以及与他人有涉的特权，其根据并非经济上的考虑，而是人的出身、受教育状况或者社会身份。

二、契约自由的发展——“身份契约”与“目的契约”——目的契约的历史渊源

1. 法律意义上的“自由”意味着拥有实际的或潜在的权利，然而这在无市场的共同体中自然不是主要依赖于合法交易，而是直接依赖法律本身的规定性和禁止性命题。另一方面，法律秩序架构内的交换是“合法交易”，就是说，是获得、转让、放弃或实现某种权利主张。随着市场的不断扩展，这些合法交易将会变得越来越多、越来越复杂。然而，法律会对一切协议的处置统统加以强制性保障，不管该协议包含什么条款，从这个意义上说，任何法律秩序中都不可能存在不受限制的契约自由。一种法律秩序实际上可以用它予以落实或不予落实的协议加以描述。在这方面发挥决定性影响的则是各种利益集团，
它们因经济结构的差异而变化。在一个不断扩大的市场中，有着市场 669
利益的人们便构成了最重要的群体。他们在决定什么样的合法交易应

当由法律借助于授权（power-granting）规范加以调整的问题上发挥着主导性的影响。

今天人们已经普遍达到的那种广泛的契约自由，当然不是历来就存在的，即使已经存在契约自由，也并非历来就通行于今天所通行的那些领域。契约自由实际上曾经存在其中的领域，如今已不再流行或者远不像以往那样流行契约自由。我们将以如下提纲挈领的方式考察几个主要发展阶段。

与旧时的法律截然不同，现代实体法，尤其是私法，最本质的特征在于，合法**交易**——特别是**契约**——有着不断增强的巨大意义，它是受法律强制力保障的权利主张之源。私法的这一特征极为典型，所以，就私法所达到的通行程度而言，可以不无理由地把当代类型的社会称之为“契约”社会。

a. 从法律观点来看，个人的法律—经济地位，亦即他正当获得的权利和有效义务的总和，是由两个方面决定的，一是法律承认的家庭关系基础上的继承权，一是由他本人或以他的名义订立的契约。继承权法在当代社会中构成了过去的正当权利之获取模式的最重要残余，它曾经是排他的或几乎是排他的获取模式，在经济领域尤其如此。就继承权而言，有法律效力的事实是否出现，一般并不取决于有关个人的自身行为。这些事实构成了他进一步从事法律上相关活动的起点。一个人在既定家庭群体中的成员资格乃是基于一种天然的关系，它在社会上和经济上都被认为是一种特殊的内在品质，是法律赋予他的，与他自身的组合行为无关。

显然，这种差异只是相对的，因为也可以在契约基础上提出继承权要求，[4] 而且，在依遗嘱继承的情况下，获得继承权的法律基础并

不是亲属群体中的成员资格，而是立遗嘱人的单方面意向。不过，遗
让或遗赠财产的契约现在已经很少见了。通常唯一可能的情况是婚姻
授产协议（marriage settlement），许多法律制度下都是如此，比如奥
地利。[5]绝大多数这种协议都是在婚前订立，同时也是为了调整遗产
继承和**死者生前**婚姻期间所获财产的权利继承。换句话说，这种契约
是在调整有待形成的家庭关系所附带的财产权。就今天的遗嘱而言， 670
除了慷慨大度这种被认为是面子上的义务之外，它们多数都是根据特
殊的经济需求以平衡家庭成员之间的利益，这些需求或者产生于不动
产的特殊性质，或者产生于个人的特殊境况。而且，至少在英美法系
之外，遗嘱自由受到了严格限定，某些近亲的一部分权利是不能取消
的。[6]某些古代和现代法律体系中更广泛的遗嘱自由所具有的重大意
义，过去那种契约式家庭协议所具有的更为重大的意义，以及它们之
所以衰落的原因，我们将在另一场合讨论。[7]在现时代，按照当事人
自由物色的对象进行合法交易，自由选择交易内容、自由达成交易协
议，这在家庭法和继承权法领域只有很有限的重要性。

b. 契约交易在**公法**中的作用，从量的角度来说无论如何也绝不是无足轻重的。根据契约任命官员以及立宪政府的某些重要现象，特别是预算的决定，都要以若干国家机关之间未必讲究形式，但却是实质性的自由协议为前提，其中没有任何一个机关可以合法强制其他机关。不过从法律意义上说，官员的法定义务并不像自由订立私法契约时那样，被认为是产生于任命时的契约，而是产生于他作为一个公仆服从国家权威的行为。[8]同样，在预算之前自由达成的协议并不是被看作一种“契约”，协议本身也没有被认为是个法律上绝对必要的事件。原因在于，出于良好的法律理由，“主权”被公认为是现代国家

的本质属性，被构想为一个“统一体”，国家机关的行为则被视作履行公共义务。因此，在公法领域，自由契约的范围本质上属于国际法。然而，这个概念在历史上从来不是个主要概念，它也不可能精确描述过去的政治组织。官员的地位在形式上并不像今天这样依赖于自由契约，实际上正如我们就要看到的，是依赖于对领主个人那种准家族权威的彻底服从。[9]但是其他一些政治行为，比如意在为公共目的提供手段的行为，以及其他许多行政行为，在以社团形式组织起来的政治结构条件下，就只能靠君主与各个等级之间的契约，他们作为自身权力和特权的所有者构成了政治共同体。从法律上说，人们也正是
671 以这种方式看待他们的共同行为的。[10]就其最深层的本质而言，这种封建纽带也是建立在契约基础上的，而且，“*pactus*”[*]的说法所具有的全部严肃性也适用于*leges barbarorum*[**]这样的现行法律总和，放在现时代我们就可以叫作法规汇编：[11]真正的法律“创新”在那时的确只能产生于官方当局和整个共同体在“议会”（thing）的集会中自由订立的协议。

可以适用契约概念的最后一个范例就是原始的政治联合体，无论如何，就其涉及的法律形式而言，这种联合体的基础乃是自发群体——比如易洛魁人的“家”（“house”）[12]——之间自由达成的协议。所谓“男人之家”首先也是一种自发的联合体，不过它本来就

* 拉丁文，君民协定，指日耳曼法律中国王与臣民间的一种协议。

** 拉丁文，蛮族法，自5世纪起进入罗马帝国的主要日耳曼民族之法律的总和，这些民族包括西哥特人、东哥特人、勃艮第人、法兰克人、撒克逊人以及弗里西亚人等。蛮族法虽然有时被称作法典或者法典汇纂，但实际上是当地既存的部落习惯法的汇编，而不是立法，是部落或民族的法律，而不是属地法。

是打算长期存在下去的，在这方面它不同于早期那些为了冒险目的且完全建立在自由协议基础上的自发联合体。[13] 在**司法裁决**领域也曾出现过非常原始水平的自由协议现象。实际上这标志着司法裁决的开端。从亲属群体间的和解金协议发展而来的仲裁协议，即自愿服从判决或神决，不仅成为一切程序法的来源，而且成为私法契约的起点——从非常广义的角度来说，甚至最古老的私法契约也能够追溯到这个起点上。[14] 此外，至少在形式上说，诉讼程序的绝大多数技术进步都是当事各方自愿协议的产物。因此，最高当局——例如英国的大法官（Lord Chancellor）或者罗马的**行政司法官**（praetor）——的干预都会采取如下非常典型的方式：迫使当事人达成某些指定的协议以推动诉讼的进展。[15] 因此他们是"强制契约"（*Rechtszwang zum Kontrahieren*）的范例；强制授予封地在封建法——即政治法——领域也发挥了引人注目的作用。

2. 自发协议这种意义上的"契约"构成了权利主张和义务的法律基础，它甚至在法律史的最初时期、最早阶段就已经广为流布了。更有甚者，在自发协议的重要性已经荡然无存或者极大削弱了的公法、程序法、家庭法和遗产继承法等等领域，也还能看到契约的存在。但是另一方面，我们越是往回追溯法律史，作为经济获利手段的契约在家庭法和继承权法以外的领域就会变得越没有什么重要意义。这与今天的状况截然不同。契约在当代的重要性主要是我们的经济制度达到了高度的市场取向以及货币发挥了重大作用的结果。总起来说，私法 672
契约日趋重要乃是我们的社会以市场为取向的法律反映。但是，由市场社会推广普及的契约，完全不同于以往曾在公法和家庭法领域发挥了远比今天重大的作用的那些契约。鉴于自愿协议的普遍特性发生的这种根本转变，我们应当把较原始类型的契约称为“身份契约”，把交换经济或市场经济特有的契约称为“目的契约”（*Zweck-Kontrakt*）。

这种区别乃是基于如下事实：所有那些较为原始的，据以创设了永久性或临时性政治联合体或其他个人联合体或者确立了家庭关系的契约，都会意味着整个法律环境（普遍状况）和有关个人的社会身份的变化。为了达到这种效果，这些契约最初都是直截了当的巫术行为，至少也是具有巫术意义的行为。长期以来它们的象征意义都保留了这种特性的痕迹，而且多数契约都是“亲善契约”。一个人凭借这种契约就可以成为某人的孩子、父亲、妻子、兄弟、主人、奴隶、亲戚、战友、庇护人、被庇护人、随从、封臣、臣民或者最一般意义上的同伴（*Genosse*）。然而，与他人的“亲善”并不意味着相互间保证或期待在一定程度上履行有助于获得某个特定对象的契约。它也不单是意味着对他人作出承诺就会像我们可能希望的那样在当事各方的关系中开始一种新的取向。毋宁说，契约意味着能够使人的品质（或身份）“变得”与此前稍有不同，因为，除非一个人自愿有了那个新的品质，否则就很难相信他未来的行为有可能符合他这种新的角色。因此，每一方都必定会让一个新的“灵魂”进入自己体内。到了相当晚期的阶段，这种象征意义就需要把血液或唾液混在一起饮下，或者借助某种泛灵论过程或其他巫术仪式创造出一个新的灵魂。[16]

思维深植于巫术中的人们，除了以巫术来保障当事各方的整体行为合乎他们约定的“亲善”目的，不可能想出其他的办法。但是，随着神性概念逐渐取代泛灵论，人们发现，必须把各方置于某种超自然力量的支配之下，这种力量不仅构成了对他们的集体保护，而且在出现反亲善行为时还会连带对他们构成严重威胁。**誓约**最初表现为一个

人有条件地自甘屈从于邪恶的魔力，随后则具有了有条件地自我诅 673
咒、需要招来神的愤怒予以打击的性质。[17]因此，即使到了很晚近的时代，誓约也仍然是一切亲善契约中最普遍的形式之一。但誓约的用途并不仅限于此。

3. 与真正的巫术性亲善形式相反，誓约从技术上也适于用来保证订立“目的”契约，就是说，这种契约既不影响当事各方的身份，也不会产生新的同伴品质，其目的只是为了达成某个具体的（特别是经济的）结果或成果，比如以物易物。然而，这种类型的契约并没有出现在最原始的社会中。在最早期的时代，作为一切单纯工具性契约的原型，**以物易物**似乎只是经济或政治共同体的同伴之间在非经济领域的普遍现象，特别是异族通婚的氏族之间交换妇女，这些氏族的成员都以一种奇特的双重角色彼此相向——既是同伴又是外人。在异族通婚的情况下，以物易物也是一种亲善行为，不管在多大程度上把妇女看作是单纯的物，那也很难忽视一种同时并存的观念：巫术手段可以带来身份的变化。[18]受调节的异族通婚导致了通婚氏族的联盟，这种氏族之间的关系所特有的双重性大概有助于解释一个被广泛谈论的现象，即纳妾有时要经过某些繁文缛节，而娶妻却可能无需任何礼仪。也许，后者一直不讲究形式乃是因为它是前异族通婚阶段的原始婚姻类型，而在前异族通婚时代，以物易物与亲善还没有任何干系。不过更有可能的是，之所以必须履行固定的契约性繁文缛节，是要为妾的经济保障做出特殊安排，因为她没有妻子通常享有的那种固定的经济地位。

经济上的物物交换始终只是限于和非自“家”成员的人，特别是和非亲属、非“兄弟”意义上的外人，简言之，和非同伴进行的交易。正是由于这个原因，在“沉默”交易的形式中，交换也就没有任何巫术形式主义的痕迹。只是通过市场法则它才逐渐获得了宗教性保护。然而，在巫术观念一旁尚未出现对神的信仰时，这种保护并没有形成一套固定的形式，前者只是为直接保障身份契约提供适当的手段。[19]偶尔也有可能通过某种特殊的亲善行为或同类行为
674 把物物交换的交易置于身份契约的保护之下。但是除非与土地有涉，这种情况并非常态。一般来说，物物交换实际上不会享有什么保障，因为，物物交换可能意味着要承担“债务”这种观念根本就不存在，因为一种无所不包的天然或人为的亲善关系不可能产生“债务”。因此，物物交换最初仅仅是作为双方同步相互直接交割财产的行为而有效。然而，财产是由针对窃贼的报复权和被盗补偿加以保护的，因此，为交换提供的那种“法律保护”并非对债的保护，而是对财产的保护。后来，在那些发展出了所有权担保债务的地方，债务也只是受到间接保护，采取的形式是针对没有所有权的卖方提起失窃诉讼。[20]

直到某种货物——特别是金属货物——具有了货币功能之后，就是说，在出现了销售的地方，这才开始有了物物交换的正式法律建构。这项发展并非依赖于国币（chartal）货币甚至国家货币（state money）的存在，[21]而是依赖于单纯的pensatory（称重计量）支付手段，罗马法尤其表明了这一点。*per aes et libram*（用铜和秤）进行交易构成了古罗马**市民法**中两种最初的合法交易形式之一。在罗马城邦法律的影响下，这种现货交易的形式在形形色色的私人合法交易中发挥了一种几乎无所不在的功能，不管它们涉及的是家庭法或继承权法问题还是真正的交换问题。[22]亲善协议以及其他形式的

身份契约，针对的是个人的整体社会身份，旨在把他整合进一个包括了他整体人格的联合体。这种契约形式包含了所有的权利和义务，以及以此为基础的特殊的态度要求，因而不同于货币契约，后者是一种明确规定了数量界限、无质量要求、通常要受经济条件制约的抽象协议，是目的契约[23]的原型。作为一种非伦理性的目的契约，货币契约乃是从合法交易中消除巫术与圣事因素的恰当手段，也是令法律世俗化的恰当手段。比如在罗马法中，与平民的 *coemptio* 婚姻形式相对的就是神圣的 *confarreatio* 婚姻形式。[24] 诚然，货币契约并不是唯一适当的手段，但却是最为适当的手段。的确，作为一种特定的现金交易，它具有相当保守的性质，因为它根本没有任何针对未来的承诺要素，至少最初的时候就是如此。这种交易还有一个独一无二的结果，那就是为财产提供了安全保障，并且保证以得体的方式获得货物。然而，至少最初的时候，这种交易并不保证交易中的相关承诺能够在今后得到兑现。

4. 原始的法律中根本不存在因契约而产生的债[25]的概念，它只 675
知道一种形式的，即因为 *ex delicto*（侵权行为）而产生的债和权利主张。受害方要求的数额是由和解金的惯例及其随之产生的常规严格固定下来的。由法官裁定的**赎罪金**（*wergilt*）债务则是最古老的真正债务，所有其他形式的债都是由此衍生出来的。[26] 反过来也可以说，只有这种由一笔债引起的诉讼才是法庭管辖范围内的诉讼。关于不同亲属群体的成员之间产生的纠纷，在动产的赔偿或不动产的让与方面也不存在正式的程序。任何控告都必定是基于这样的理由：被告亲自针对原告犯下了必须给予补偿的罪错。因此，这里不存在**契约**诉讼、收回动产或一块土地的诉讼，也不存在确定个人身份的诉讼。

a. 一个人是否真正是某个家族、某个亲属群体或者某个政治联合体的成员，作为一个内部事务问题，只能由该群体自行决定。但事情正是在这个方面发生了变化。任何类型的兄弟关系或者效忠关系都会有一个基本规范，即兄弟不应传唤自己的兄弟到庭，也不应对他进行不利举证，亲属对亲属、行会成员对行会成员、庇护人对被庇护人都是如此，反之亦然，同样，在任何上述这样的关系之间也不存在血亲复仇的可能性。对他们当中发生的重罪进行报复，那是精灵或神明的事情，是祭司行使革出教门之权的事情，是家长的事情，或者是该群体的私刑程序问题。但是，当政治联合体终于构成了军事共同体，当军事义务和政治权利同正当婚育缠绕在一起之后，以致那些不自由人或出身低贱者不能享有军事权利，因而无权分享战利品，这时才会出现某种法律程序以确定某人有争议的身份。

土地诉讼的出现就与这种状况密切相关。由于可用土地变得越来越稀缺，对一定面积的土地控制权在任何法人团体——包括政治联合体和家族共同体——的生活中都成了越来越重要的因素。在群体中享有正式成员的权利，就可以要求分享土地，反过来说，只有土地占有者才能成为群体的正式成员。因此，群体之间的土地争端始终意味着，获胜的群体就能得到有争议的土地。随着个人占用土地的发展，充当原告角色的逐渐从群体变成了个体成员，他可能对
676 其他个体成员提出控告，而原被告都有可能依据自己的成员权利对土地提出权利主张。在所有涉及成员权利的土地争端中，这个诉讼对象必然会最终属于此方或彼方，因为这是他整个政治与社会存在的基础。双方只有一方能够作为一个群体的成员获得合法权利，犹如一个人只能是成员或非成员、自由人或非自由人。特别是在古代

城邦那样的军事化联合体中，关于田产（*fundus*）或份地（*kleros*）的讼争就必定会采取双边争执的形式。这里不是一方当事人被一个所谓受害人指控为罪错者，于是不得不尽力证明自己的清白，而是每一方当事人都不得不要求得到正处在缺失风险中的权利。因此，在事关成员权利本身的争端中，就不能适用侵权诉讼的模式。没有人能够偷盗一块**田产**，这不仅是因为有着天然的障碍，而且还因为他不可能盗走一个人的群体成员身份。因此，除了单边的侵权诉讼之外，关于身份和土地的争端还发展出了双边的诉讼，比如希腊的 diadikasia（主张遗产之诉）和罗马的 vindicatio（主张物权之诉），这势必成为被告反对原告之权利主张的交叉诉讼。[27] 这种涉及身份的讼争也包括群体成员在土地份额上的权利冲突，我们从中可以看到**对物**[*]的权利和**对人**[**]的权利产生了分野的根源。这项分野是发展的产物，只是随着旧时的属人群体之瓦解，特别是随着亲属群体对财产权的严格支配日趋衰落才出现的。大体上说，在**公地**联合体[28]与"海得"[***]制的发达阶段或者相应的财产组织阶段，就可以看到这种分野。原始的法律思想并不是以**对物**的权利和**对人**的权利之分野为特征的，而是以两种类型的基本事实为特征。其一是，一个人可以说，由于生长在 X 家，由于婚姻、收养、结拜、军事组合或者入会仪式，我就是 Y 群体的一个成员，因而有权要求使用被称为 Z 的一块地产。

---

* 原文为 in rem，尤指诉讼或判决中专以物为目标，如动产和不动产。

** 原文为 in personam，尤指诉讼或判决中专以要求诉讼一方承担责任或履行债务为目标，而不以财产为目标。

*** hide，古代英格兰赡养自由农民一家所必需的土地，约 60—120 英亩，各地不等。

其二是，一个人可以说，Y 群体的一个成员 X 对我 A 或者我的同族群体成员 B 犯下了一桩 C 类型的罪错，为此，他和他的同伴理应对我们，即对 A 的同族成员进行补偿。（阿拉伯人的法律用语就不是说“A 流血了”，而是说“**我们**流血了”。）随着越来越多的个人对财产权的占用，前一种事实逐渐发展为针对任何人的**对物**的权利要求，特别是 *hereditatis petitio*（要求继承之诉）[29] 类型的诉讼和**主张物权之诉**。后一种事实则逐渐发展为针对特定个人的**对人**的权利，就是
677 说，那个特定个人被认为必须对权利人履行一定义务，且这种义务仅仅是为该权利人而存在的。这种原初的状况可谓一目了然，而且它的发展是直线型的，但是，亲属群体内部以及不同亲属群体间的法律关系二元性却使其变得模糊不清。我们已经知道，亲属成员之间既不可能相互报复，也不可能相互诉讼，只能由群体长老加以仲裁，对那些抗拒不从者适用的制裁办法只有联合抵制或者驱逐。这里没有任何巫术性的程序仪式，对群体内部的争端进行仲裁则是个行政问题。由司法裁决加以保障的权利主张意义上的法律程序和法律，以及由此产生的强制性权力，仅仅存在于不同亲属群体和它们当中属于同一个政治共同体的成员之间。

当亲属群体瓦解并让位于家族共同体、邻里团体和政治联合体之后，这时就出现了一个问题：政治联合体的法律程序能够在多大程度上强加于同一亲属群体甚或同一共同体成员之间的关系上。于是便出现了这样的情况：个人对土地的权利主张甚至在群体成员之间也开始以前面提到的双边争辩方式成了摆在法官面前的讼争目标。另一方面，政治权力可能会表现为家长制的形式，于是裁决争端的方法就在不同程度上普遍成为一种“行政管理”，一种在过去仅仅用于裁决内

部争端的程序。这种类型也会影响到政治联合体之法律程序的特性。结果，无论旧时的还是较新的对两种权利主张的范畴加以区别的观念分野，就这样变得模糊不清了。我们这里需要关心的不是技术上的区别，而是应当探讨个人如何对不法行为产生的契约债承担责任，以及不法过错作为诉讼原因又是如何产生了**契约**债的。衔接的纽带就在于被法律程序所规定或承认的和解金责任之中。

b. 因订立目的契约而承认了一笔**债**，进而不得不成为一种经济上的需要，这种状况的最古老类型之一就是因**借贷**而产生的债务。而且，正是由于这种状况，我们才能理解债务人摆脱原始的人身专属责任阶段这个过程的渐进性。我们已经知道，借贷最初乃是兄弟之间无息的应急救助形式。因此，就像兄弟之间，即亲属群体或行会的成员之间，或者像庇护人与被庇护人之间，乃至任何其他类型的个人效忠关系之间不容发生诉讼一样，这种借贷关系也是不可提起诉讼 678
的。对亲善群体以外的某人借贷，如果出现了这种情况的话，就其本身而言，在法律上并不倾向于禁止收取利息。但在个人责任的范围内，最初也是不可起诉的。受挫的债权人唯一可用的强制手段就是诉诸巫术程序，有时会具有相当怪诞的性质，其残余曾经存续了相当长的时期。中国的债权人可能会威胁要自杀，有时甚至真的会自杀，以期死后去追击债务人。[30] 印度的债权人则会到债务人门前静坐绝食，或者在那里自缢；他采取这种方式就能使他的亲属不得不对债务人进行报复，如果债权人还是个婆罗门，债务人就变成了杀害该婆罗门的凶手，甚至会招来法官的干预。[31] 在罗马，《十二铜表法》中的 *improbitas*（不诚实罪）以及后来的 *infamia*（不名誉罪），就是严重破坏**信用**招来的罪名，它们大概就是社会上联合抵制的余韵，在无以对蔑视信誉、蔑视公平交易规则的行为提起诉讼的情况下，它们倒不失为一种替代做法。

c. 统一的债法（unified law of obligation）之发展无疑是起源于侵权诉讼。例如，整个亲属群体的不法行为责任，后来就普遍发展为所有亲属或者家族共同体成员为其中一人订立的契约承担连带责任。[32] 然而，各种可诉契约（actionable contract）大都走上了自己的发展道路。货币进入经济生活往往发挥着决定性的作用。罗马**市民法**的两种原始契约形式**尼克萨姆借贷合同**[*]（**即用铜和秤约定的债务**）和**要式口头契约**[**]（即通过象征性诺言约定的债务[33]），都是货币契约。这一事实在**尼克萨姆借贷合同**中是显而易见的，在**要式口头契约**中看来也是确凿无疑。两者同前契约阶段的联系是不言而喻的。它们都是有着严格形式的口头交易，并且要求当事各方亲自实施必需的行为。它们有着相同的起源。就**要式口头契约**而言，我们可以同意米泰斯（Mitteis）[33a] 在对日耳曼法律进行类推的基础上提出的看法，他认为它是起源于诉讼程序，而在诉讼程序之外它最初只发挥了十分微弱的作用，实质上仅与某些就附带条件达成的协议有关，比如利息之类的问题。除了交换以外，构成了审判依据的和解金协议也是迈向目的契

---

* nexum，早期罗马法中的贷款合同，财产法规定，须有一位司秤和 5 位证人以及要式买卖之债的相对方在场，才能缔结此类借贷合同。出借人可能一开始就称量出借给借贷人的钱，借贷人就有义务返还，而返还义务是强制性的，可以对其采取立即执行，故借贷人如未返还，债权人可以抓捕债务人并将其杀掉或者作为奴隶出卖。约公元前 326 年的《博埃德里亚法》消除了因债务而沦为奴隶的可能性。

** stipulatio，罗马法中的一种正式契约，通过债权人提问（例如，敢订吗？）和债务人作答（例如，订约！）而订立，故而还有另一名称，承诺（sponsio）。这是罗马法中最古老的制度之一，最初限于固定数额的金钱，后来扩大到任何特定条款，进而扩大到所有的合法交易，且允许非罗马公民使用，因此而成为创设任何债务的最常用的一般形式。

约的重要一步，这种协议是敌人间的契约而不是亲善契约，它要求对争议点，特别是应予查证的某个或某些要点做出精确阐述。随着审判形式变得越来越固定，能够产生契约债的偶然交易机会也与日俱增。 679
一方向另一方给付保证金，就是这些交易中最重要的做法之一。在许多法律制度中，意在消除自助做法的程序必须从某些自助行为开始。原告可以把被告拖上法庭，拿不到保证金就不放他走——如果被告确实有罪，他就不能逃避支付和解金。这种自助方式始终是针对对方本人，因为诉讼的依据就是指控被告对原告犯下了必须由被告亲自答辩的重罪，而不是指控被告的行为构成了客观的犯罪。被告必须给付保证金是为了在判决做出之前免受骚扰，他要通过担保或抵押方式给付这种保证金。[34]

因此，在诉讼程序的发展中，这两种法律制度第一次作为可以强制执行的交易而出现。后来，除了第三方的担保以外，被告本人也被允许为履行判决提供担保。这种法律观点认为，被告就是他自己的担保，一如自由劳动契约最古老的法律形式到处都是临时自卖为奴，而不是像以前常见的那样由父亲或主人出卖。最古老的契约债就在于把某些程序安排逐渐纳入日常的法律生活。在日耳曼法律中，提供抵押或人质乃是最古老的契约债务手段，这不仅与经济问题有关，而且与法律手续有关。罗马法和日耳曼法律中的自我抵押衍生出了保证人资格，但在日耳曼的法律思想中，这种资格无疑是与亲属群体和家族共同体成员休戚与共的个人责任联系在一起的。未来债务保证金的第二种形式，抵押，在罗马法和日耳曼法律[35]中最初就是被扣押财产，或者给付抵押以免个人承担被控告和被执行的责任，因此不像今天这样是一种单独存在的权利主张保证金。给付抵押更多的是构成了一种货物占用权的转移，只要债务尚未清偿，该货物就应被债权人合法占用，如果债务得到了及时偿付，债权人继续占用就会变成非法，从而等于对前债务人实施不法行为。因此，它很容易符合最古老的常见诉讼原因——对人或其财产的实际损害。有条件地自卖为奴以偿还债务
680 这种极为普遍的合法交易，部分地直接附属于可能的执行方式，同时也是部分地属于人质的给付，我们已经看到，这与诉讼程序也有关联。债务人的人身等于是给付债权人的抵押物，如果债务未能适当偿还，就会成为债权人的合法财产。最初，契约债务责任也像它的来源——复仇与和解金责任一样，并不是与资产有关的个人责任，而是与债务人的人身，且仅仅与他的人身有关的责任。最初根本就不存在针对债务人资产的执行。一旦发生不偿债的情况，债权人唯一可用的手段就是执行人身，他可能会杀掉债务人，或者把他囚为人质，或者用作债务奴隶，或者将其出卖为奴；假如存在若干债权人，他们可以像《十二铜表法》所示，把他切割成若干段。[36] 债权人也可能住进债务人家里，后者将不得不服侍款待他（Einleger），[37] 不过这已经是标志着向债务人的资产责任过渡了。但是，这种过渡进行得非常缓慢，在罗马，只是到了身份冲突时期，这种因未偿债而导致的人身责任才归于消失，[38] 在德国则一直拖到 19 世纪才消失。[39] 那些最古老的纯强制性契约，比如**尼克萨姆借贷合同**、**要式口头契约**以及日耳曼人的 *vadiatio*[40]，显然都意味着是在自愿服从一种［有条件的人身责任，以保证］[41] 未来交割货物的承诺，由此而避免了立即承担人身责任。但是，假如承诺最终未能兑现，那么唯一可能的手段仍将是对债务人的人身采取措施。

所有的契约最初都与改变货物所有权相关。因此，所有那些真

正体现了契约责任古老形式的合法交易，尤其是那些普遍要求设立货币债务的、特别严格的正式交易，都会象征性地与所有权转移的法律形式相关联。[42]某些象征性形式无疑是建立在巫术观念基础上的。然而，具有长期影响的则是这一事实：法律思想最初并没有把简单的承诺之类无形的现象看得多么重要，它关心的只是亵渎神明的恶劣行为或对他人生命、肢体或有形财产的侵害。因此，一项具有法律意义的契约，就不能不包括对有形货物的处置权，至少是可以作这样的解释。[43]一旦出现了这种情况，它在发展过程中就会把极为多样化的内容囊括进去。另一方面，一种不是以这样的方式进行的交易，就不可能成为具有法律效力的交易，除非那是现金交易或至少是支付部分保证金的交易，以防承诺人变卦。这样就出现了一条许多法律制度中的基本原则：只有包含了偿付内容的目的契约
才是具有约束力的契约。这种态度的影响力非常之大，到了中世纪 681
末期，甚至英格兰的“对价”*理论也是滥觞于此：如果对价已经实际生效，哪怕它只是微不足道的对价，契约也可以承载法律上并无禁忌的任何内容，哪怕没有既成事实且不存在适合于它的法律分类，它也是有效的。《十二铜表法》中关于**要式买卖**（mancipatio）的规定（尽管其中的含义众说纷纭），[44]大概就是支持处置权自由的比较原始的方法，其发展的可能性比较有限，潜在的形式概念却基本是

* consideration，对另一方的要约或行为对等地给付，完成一定行为或暂不行使权利。在英国的合同法中，要约除非以契约形式作出，否则一般不能通过诉讼强制执行。该规则在18世纪末得到明确确立。对价可能是一个做某事或不做某事的承诺，或者是依要约方的要求承受某些损失或损害，通常是支付货款，运送货物，提供服务或放弃另一合法权利。对价理论系英美普通法所特有，但它在证明合同的存在，确保不轻易履行或阻止效力可疑的交易等方面的功能，在其他法律体系中是通过其他方式体现出来的。

相似的。

除了从讲究形式的货币交易和程序保障中发展起来的模式以外，法律还逐渐为订立具有法律强制力的目的契约提供了第三种可能性：根据对**不法行为的诉讼**而人为地创设新的契约诉讼。甚至已在技术上高度发达的法律制度也会采取这种方法，比如中世纪晚期的英格兰。法律的经济理性化则有利于如下观念的产生——和解金责任并不像最初设想的那样纯粹是为了免受报复，而毋宁说是给予受害人的补偿。因此，不履行契约也可以被看作一种应予补偿的伤害。13 世纪以来，英国王室法院的法律人和法官们便越来越多地把不履行契约宣布为“侵害行为”，并为受害人提供法律保护，特别是采取**赔偿违约所受损失令状**[*]的手段，[45]这是一种在技术上完全不同于罗马司法行政官的实践，后者最初是通过扩大运用不法行为诉讼，后来则通过 dolus（恶意欺诈）概念而扩展了法律保护的范围。[46]

三、对可诉契约的制度辅助：代理、转让、流通契据

即使可诉契约的权利主张产生之后能够承载任何内容，我们也还远未达到发达的纯商业社会的交往所要求的那种法律事态。

任何理性的商业组织都需要这样的可能性：通过临时或常任代理人获得契约权利并承担义务。另外，发达的贸易不仅需要在可能的情况下转让合法权利，而且尤其需要一种方法以使这种转让获得法律

---

* writ of assumpsit，古英格兰普通法违反简式合同的损害赔偿诉讼，为违约造成的损害提供救济。

保障，并消除对转让人资格一再进行核查的需要。现代资本主义社会所必需的那些法律制度是如何发展起来的，我们将另作讨论。[47]就目前的讨论内容而言，我们只需要简单考察一下早期的发展。在义务的创设过程中，希腊法律中有著名的直接代表，与此相比，“代理”（agency）在罗马法中几无可能。[48]这种法律状况与民事诉讼的形式主义有关，它使实际的资本主义经营活动使用奴隶成为可能，经营代表在实践中也获得了广泛承认。而且，作为债务关系具有高度属人性质的结果，在古代罗马法和日耳曼法律中也不存在诉讼上的财产权*转让。[49]到了相当晚的时候，罗马法才借助间接代表创设了一种替代做法，并最终也形成了转让法，不过它对商业交易的功用，却由于晚期帝国立法在实质上的伦理趋势而遭到削弱。[50]事实上，直到现代之初，除了作为常规贸易主题的转让和直接服务于向第三方让与债权这一目的的转让之外，对诉讼上的财产权转让还不存在强烈的实际需求。商业化使这些需求得到了满足，而实现商业化则是通过可向指定受款人或持票人付款的票据，它们既有助于债权，特别是货币债权的让与，也有助于商业经营中商业货物和成员权利处置权的让与。它们完全不见于罗马法，至于戈德施密特（Goldschmidt）认为的希腊契据，或如科勒（Kohler）所说能够追溯到汉谟拉比的巴比伦契据，是否已经就是可向持有人付款的名副其实的流通契据，至今也还没有定论。[51]但是无论如何，它们便利了向第三方和通过第三方的支付，而这在官方的罗马法律中仅仅以间接的方式才有可能做到。如果不把银 682

* “诉讼上的财产权”（chose in action）指可以通过诉讼来请求或强制实施的属人财产权利，它不同于占有物以及能够实际占有的物。它还包括许多无形权利。

行业者签署的 *contractus literalis*，即账面记载也算在内，那就可以说，罗马法中完全看不到真正创设权利的契据。[52] 东方地区使用书面契据甚至在远古时代就已经得到了高度发展，这在希腊化时期和晚期罗马法中则发展为某些交易中的强制性文件，以及某些准流通契据的使用，这大概是因为国家坚持要求进行记录，最初实际上是为财政目的服务的。[53] 在希腊和希腊化城邦中，为使公众知情，提供文件证书的技术由两种官员掌握，即法院的提示人和公证人，[54] 这也是罗马人那里所没有的。公证人制度是帝国的西部地区从东部地区接受过来的，但在西方，晚期罗马人使用书面契据的做法在 7 世纪之前，在与
683 后罗马时代的做法——可能是大量涌入的东方商人，特别是叙利亚商人带来的做法——产生联系之前，并没有得到真正推广。但是此后，作为可向指定受款人或持票人付款的票据，书面契据却发展得极为迅速，[55] 而令人惊讶的是，这个阶段的商业交往强度与中世纪之前的古典时代相比，我们不得不认为是极端有限的。正如其他方面常见的情况一样，在这方面采用特殊的法律技术看来也有自己的发展路线。在法律统一体瓦解之后，决定性的因素大概就是，各项发展要取决于商业中心以及它们纯粹在技术上训练有素的公证人，这些人构成了古代商业传统仅存的唯一载体，因而也是唯一的创造性力量。然而，就契据的使用而言，其发展也受到了日耳曼法律的无理性思维模式的推动。在民间观念中，这种契据似乎成了一种迷信物，通过正式交付最初在证人面前立下的票据就会产生特有的法律效果，一如原来借助其他半巫术象征物产生的效果，比如日耳曼法律中的投掷梭镖或 *festuka*，或者巴比伦法律中类似的 *bukannu*。[56] 最初，人们并不是交付写有文字的契据作为象征物，而是没有文字的羊皮纸，只是到了后

来才在上面记录文字。[57]但在意大利法律中，由于并存着日耳曼的法律象征符号和公证人的实践，文书证据的发展甚至在中世纪初期就得到了大力推动，[58]英格兰法律在很长时间里对此却一无所知，那里是封印*在发挥着决定性的法律建设作用。[59]不过，在中世纪出现的具有现代商业特征的各类商业文件，很大程度上是在阿拉伯人的影响下发展起来的，其中既有行政上的，也有商业上的需要。[60]显然，古罗马的商业没有这些技术手段也能勉强发展，但是今天对我们来说却必不可少。

四、对契约自由的限制

1. **概论**。今天已经基本得到公认的是，一项契约的无论什么内容，只要不是因为契约自由受到限制而被排斥，都会在当事各方中间创设法律，而且，只有在这些内容被规定是为了权宜的原因，特别是为了明确无误地宣示权利，因而也是为了宣示法律保护，契约的特定形式才是必需的。达到这个阶段是相当滞后的：在罗马是由于法律的 684
逐渐国际化，在现代则是由于民法理论和贸易需求的影响。然而，尽管普遍存在着契约自由，但是现代立法并不满足于这个一般规则：订约各方如果没有违反某些特别规定的限制，即可随其所愿达成任何协议。相反，它会根据某些特殊的 *ius dispositivum* 规则[61]去调整各种类型的协议，这些规则只是在当事各方没有其他选择时才会运用。然

* seal，中世纪时对证书、契约及其他书面文件进行认证的范式，将熔化的蜡滴在文件上并用带有印章的印模压盖其上。正式的封印方式是，让与人把一个手指按在封印的地方，说"我以此行为交付契据"，并须签署自己的名字，表示契约正式生效。

而，这种现象大都是出于纯粹权宜的考虑。一般来说，当事各方并不会想到去真正顾及所有可能相关的细节，而且会习惯于使用那些已被证明可靠的、众所周知的类型。如果不是这样，现代商业交往几乎就不可能。但是，授权规范和契约自由的意义绝不是仅止于此。它们还有更根本的意义。

在某些情况下，通过授权规则进行的规范性控制，必然会扩大到仅仅限定当事各方个人自由的领域这个任务之外。作为一项普遍规则，得到允许的合法交易也包括各方有权从事可能会影响到第三方的交易。在某种意义和程度上说，两人之间的几乎所有合法交易，因为将会改变法律保障下的控制权的处置权分配模式，便都会影响到与不确定的大批局外人的关系。这种影响会以不同形式表现出来。从纯粹形式主义观点来看，协议只是在直接当事人之间创设了权利主张和义务，法律所保障的除了将要履行的承诺以外似乎并无其他内容，因而看上去不会产生任何对外的影响。而且，这种交易仅仅涉及从此人向彼人合法让与所有权，一般来说第三方的利益几乎不受影响。被让与的货物对于第三方来说仍是不可企及之物，他们所能做的仅仅是承认彼人为新的所有者。然而事实上，这种对第三方的利益没有影响仅仅是相对的。某人订立了债务契约，其增大了的责任就会影响到他的每一个债权人的利益；每一块土地的出售都会影响到邻人的利益，比如新的土地所有者可能或不能经济地开始改变土地的用途。从经验上说，这些都有可能对法律普遍承认和保障的权利产生影响。法律制度
685 决不会始终忽视这种影响的存在，比如后期的罗马法就禁止向“更强势的债权人”转让债权。[62]

此外，还有另一种利用契约自由的方式也会影响到第三方的利

益。比如某人自卖为奴，某妇女通过契约婚姻而服从丈夫的权力，某块土地被纳入分授财产给家人的协议（即*fidei commissum*[*]），或者若干人组建一个公司，都会以某种方式影响第三方的利益，这种方式与前述他们所受影响的方式有着质的不同，尽管实际的量化影响程度可能较低，且具体情况之间的差异也会极大。在第二组情况下，就会产生为了订约各方的利益而创设的全新的**特别法**（special law[**]），以此约束任何第三者的权利主张和预期——把它们约束在订约各方的安排所享有的法律效力和强制性保障范围内。所以，这种状况不同于第一组情况下的状况，因为新的特别法规则由此便取代了通行的一般规则，比如在协议的效力问题或债权人没收债务人资产的权力问题上的一般规则。特别法的全新规则现在不是仅仅适用于所有新的契约了，而且还适用于某些人业已存在的契约，比如已卖身为奴者、已婚妇女、某个家庭的限定继承之地产的所有人，或者已成为公司股东者，新的特别法至少会适用于他们订立的某些契约。特殊的司法表述技术往往会模糊第三方利益受影响的状况和方式。比如，一个公司必须合法拥有一定的公示资本，而这些资本可以根据股东会议的决定采取某些预防措施加以缩减。在实践中这就意味着，依照法律，合伙组建该公司的人必须公示货物和权益方面共同财产的一定余额，这个余额要多于“债务”额，以使债权人和后来入股的股东长期可得。在计算应予分配的年度利润时，经理人和公司成员就要受其公示的约束，

* 罗马法概念，委托遗赠，指立遗嘱人要求遗嘱受益人或无遗嘱死亡时的受益人将一定财产交付给第三人，即接受遗赠的非继承人。自奥古斯都时代以来，委托遗赠在特别法庭上是可诉的，法官在解释立遗嘱人的赠予意思时享有广泛的自由裁量权。

** 指非普遍适用的法律，包括地方性法规、属人法法令或私法法令以及违宪法规。

如果已被公示为“资本”的基金尚不抵根据适当评估和会计规则计算出来的有形货物或权益的价值，那就不能分配利润，如果违反这项规则，就可能面临刑事起诉的风险。然而，假如遵守某些预防措施，公
686 司成员就可以撤回他们的公示，从而减少对债权人和新入股股东的相应保障。换句话说，他们可以分配利润，尽管没有补足原来公示的数额。显然，这种授权的特殊法律规则提供的开办公司的可能性，就影响着暂时并非该公司成员的第三方——债权人和新股东——的利益。同样，某人因自愿卖身为奴而产生的契约自由的限制，或者像在某些法律制度下出现的那种情况，就丈夫的全部资产创设有利于妻子的抵押权，因而一旦结婚，妻子就会成为抵押权人，甚至对旧有的抵押品拥有优先抵押权，[63]这些都对第三方具有重大意义。显而易见，这种产生于其他有效法律规则并影响第三方法律地位的模式，超出了几乎任何合法交易的直接参与者圈子以外可能出现的那些“影响”。我们这里不去讨论使这两类现象相互关联的各个交易阶段。“契约自由”，从我们这里所讨论的意义上说，就意味着有效参与这样一些合法交易的权力：它们超出了直接参与者的圈子，这不仅是由于一些间接影响，而且还由于特别法的创设。即使在这种参与权要服从某些限制以保护第三方利益的情况下，它也意味着远不只是承认这样一种“自由权”——单纯授权实施或避免实施某些具体行动。

另一方面，对于那些显然根本没有直接影响到局外人利益的协议，或至少并不求助于具有普遍效力的法律以外的任何特别法，甚至看上去能使第三方受益而非受害的协议，法律也能拒绝承认它们的法律效力。**对契约自由的这些限制**，其原因可能是多方面的。因此，古典的罗马法并不容许设立公司或求助任何相当于制定特别法

去影响第三方利益的其他手段；它拒绝承认建立合伙关系时可以通过设立特别合伙基金，或者由合伙人承担连带和单独责任去修改一般法（general law[*]）；它也否定了通过租金购买或永佃权而设立永久租费（rent charge[**]）的有效性，尽管它们可能仅仅会间接影响到第三方。永久租费制度至少是不许私人利用的，因为 *ager vectigalis*（纳税地）制度原来只能由市政当局利用，只是到了后来才允许地产所有人利用。[64] 古典罗马法也不知流通契据为何物，最初甚至不允许转让诉讼 687
上的财产权。现代法律不仅禁止通过契约以创设将使个人陷入奴役关系的特别法，而且像罗马法一样长期排斥以不动产作为永久租费[65]，只是到了很晚近的时候，而且是在受到严格限制的条件下，德国才允许了后一种做法。此外，许多放在古代会被认为完全正常的协议，现代法律则会认为是有违良好道德风尚，因而是无效的，尽管它们既不是通过创设特别法，也不是通过间接影响去损害第三方。现代法律尤其排斥在性关系方面的个人协议，因为合法婚姻乃是今天的唯一形式，而古代埃及曾在性关系方面存在着充分的契约自由。[66] 家庭的其他安排也可以看到同样的变化，比如在古代常见的涉及家长权威和家庭内部权威的大部分协议内容。[67]

限制契约自由的方式之所以存在这些差异，原因是多方面的。缺少某些授权，仅仅是因为那时人们还没有感到从法律上承认特殊的商业制度是一种实际的需要。这大概可以说明古代法律，或者更准确地

* 与特别法相对的普遍适用的法律，非指 common law（普通法）。

** 由制定法、契据或遗嘱规定的一种权利，即有权获得可从土地收益中支付的固定年金；或者，依照合同或遗嘱，土地所有权继承人应向第三人定期给付的租费。

说是罗马帝国的正式法律为什么不存在流通契据；至少外表相似的某些契据在古代并非完全不为人知，例如它们早在古巴比伦时代就已经出现了。[68]这同样可以用来说明为什么古代不存在现代资本主义的联合体形式，而只有各种形式的国家资本主义联合体，因为古代资本主义实质上是依赖国家为生的。但是，不存在经济上的需要绝不是过去缺少某些法律制度的唯一原因。和工业上的工艺方法一样，由法律给予保障的理性的法律技术模式，必定是在它们能够服务于现存经济利益之前被“发明”出来的。因此，一种法律体系中使用的特殊技术类型，或者换句话说，该体系有可能使某种法律制度得以被发明的那种思维模式，其意义远比通常所认为的更为重大。

经济状况不会自动产生新的法律形式，它们只是为法律技术的实际传播提供机会——如果法律技术已被发明出来的话。我们特有的许多资本主义法律制度并不是源自罗马，而是源自中世纪，尽管罗马
688 法在逻辑意义上说比中世纪法律更加理性。这一事实有一些经济上的原因，但是也有许多原因完全是产生于法律技术的差异。西方中世纪的法律思维模式在许多方面是“落后”的，所以才会把书面契据看作是“权利”的有形象征而不是理性的验证方法，这就不是逻辑问题了，而是法律泛灵论或者法律巫术。把群体的一切对外共同责任强加给群体的所有成员，或者愿意在极为多样化的不同领域中承认不同的基金[69]，都不是逻辑的产物，前者是源自法律排他主义的习惯做法，后者像前者一样也是一种只能根据纯政治条件才能解释的现象。在法律的发展过程中，这些逻辑和治理方面的“落后”因素，使得商业能够比罗马法产生出更丰富而有益的实用性法律手段，尽管后者更富逻辑性，技术上也达到了高度的理性化。人们一般完全可以观察到，像

中世纪的商法那样的特殊制度，尤其适合于现代资本主义的产生；一个社会由于政治原因产生了与不同的具体利益集团的需求相应的各种法律体系，在这个背景下就更容易出现那些特殊制度。不过同样重要的是，那里可能不存在对待法律的“科学”态度，就是说，如果一项原则要想具有法律效力，就必须把它从既有的概念体系中“建构”出来，在这种逻辑建构之外甚至不能进行任何法学“想象”。的确，在某些条件下，法律理性主义反而意味着创造性能力的削弱，尽管对这一点不应像近些年时有所见的那样夸大其词［见下文（八）］。居于主导地位的道德或政治关切与考虑，则构成了对契约自由的另一些限制，这是多数现代法律体系的特征，比如在家庭事务上的排斥或约束契约自由，再比如禁止以契约形式陷人于奴役状态。

2. **契约与婚姻的起源。**[70] 性关系中的契约自由并非自然天成。那些技术上最为落后、经济与社会分化程度最低的部落，事实上都是长期生活在家长制的一夫多妻状态下。对同族通婚的强烈反对显然开始于家族共同体这个最狭小的圈子中，这与共同养育导致性冲动相对减弱有关。以自己的姐妹交换他人的姐妹，大概是最古老的性契约形式了，由此逐渐发展到亲属群体用妇女交换货物，最终发展为常规的婚姻形式——买妻，[71] 这在印度和罗马尤其成为平民的婚姻形式，与此 689
并存的则是贵族的抢婚和圣事仪式婚姻。[72] 然而，后两种婚姻都是某种社会组织成形之后的产物。抢婚的出现是军事组合形成的结果，这种组合不仅把年轻男子从家庭中剥离了出来，而且把妇女及其子女合并为一些母系群体。在男人之家，抢婚是英雄式的娶妻形式，但生活在这种共同体中的男子也可以从外面买妻。与抢婚习俗相契合，这些做法导致了交换妇女的卡特尔的形成，显然也导致了异族通婚的出现。在一定的泛灵论观念得到确立的地方，特别是在那些其胞族也是狩猎群体，随后又成为巫术礼拜共同体并奉行神圣礼仪的人们中间，最初都是通过图腾崇拜调节异族通婚的。胞族关系越不发达或者越是松散，家长制婚姻，特别是在首领及显贵中间，就越是占据主导地位。他们的情况很容易产生一夫多妻制，家长能够全权控制家族成员，他可以为了自身的目的随意使用这种支配权。如果亲属群体仍然强大，首领至少可以利用他们进行交换，但必须给予亲属成员一份收益。头人对家族成员的这种利用所受到的限制，最初是来自他妻子的氏族。一个高等地位的家庭不会把女儿当作驮兽或者无限制役使的对象卖出去；只有她们的个人地位得到了再保证，她们的子女相对于其他妻子或女奴的子女享有更好的地位也得到了再保证，她们才会被送给外族人。出于对这种保证的考虑，女儿在被交给新郎时将会得到一份嫁妆。就是在这样一些过程中，合法正室及合法子女的概念出现了，这是合法婚姻的法律特征。于是嫁妆和书面协议便成了区别正式婚姻和一切其他性关系的检验方法，因为这样的协议会包括对妻子的持续供养、寡妇应得的亡夫遗产、休妻时的支付以及她的子女的法律地位等等内容。

然而同时，性契约自由也以种种不同形式在不同程度上出现了。我们可以看到劳役婚姻（*Dienstehe*）[73]、试婚、临时同居婚[74]，贵族
690 之家的女儿们尤其渴望避免成为丈夫的家长权力之附庸。同时存在的还有一切形式的卖淫，即提供性服务以获取有形回报，这不同于由婚姻提供的持续供养。[75] 卖淫与获取卖淫回报的可能性一样古老，无论异性还是同性卖淫。另一方面，几乎任何共同体都会认为这是一种不体面的谋生方式。这种歧视并不完全是因为生育合法子女的重要军

事与宗教目的使得正式婚姻获得了特殊的道德与政治评价所致。介于婚姻和卖淫之间还存在着纳妾制，尤其是在贵族当中。这是一种和侍女、情妇、舞女、*hetaera*[76]以及其他某种类型的妇女（她们或者不过婚姻生活，或者委身于或俗或雅的“自由”婚姻之中）保持长期性关系的制度。这种结合所出的子女，其地位大都由父亲酌处，只是要受制于正室子女的垄断权利。然而，如果公民权带来的政治—经济特权是保留给男女公民之子的，那么能够行使公民资格垄断权的人则能设置更大的限制。古代的民主政体就是以特有的力量遵循着这一原则。先知宗教出于前面讨论过的原因［见第六章（十四）］，还会强加其他一些限制。古代埃及的性契约自由是因为它的平民没有任何政治权利，与此相反，最古老的罗马法认为，婚姻和纳妾之外的所有性契约都是 *causae turpes*（不道德的约因）。纳妾在某些特殊状况下被承认为一种法律地位较低的婚姻[77]，但在西方最终为拉特兰公会议*和宗教改革所禁止。父亲对子女的处置权最初受到了神圣律法的严格限制，后来又受到一些附加限制，最终则出于军事、政治和伦理原因而被废除。

和以往相比，今天恢复性契约自由的机会更是微乎其微。妇女大众会反对为了男性而进行性竞争，我们从埃及的文献中可知，这种竞争会大大增加具有较高性吸引力的妇女的经济机会，受损的则是那些吸引力较低的妇女。一切传统的道德力量——尤其是教会——也会反对这种竞争。不过，尽管绝对自由看上去已不可能，但在合法婚姻的

* Lateran Council，1123—1512 年间天主教在罗马拉特兰宫举行的五次公会议中的任何一次。韦伯这里指的是 1215—1216 年公会议。

框架内，仍会因为十分容易的或者完全自由的离婚制度同妻子的地位因财产权而保持自由与安全的制度结合在一起，而出现类似的事态。
691 从晚期的罗马法、伊斯兰教法、犹太教律法以及现代美国的法律中，都能在不同程度上获得这种相对自由。从 18 世纪的立法中——尽管只是在短时期内——也能看到这种自由，这不仅是因为受到了理性主义自然法契约论的影响，而且还有人口政策的考虑。[78]结果是千差万别的。只有在罗马和美国，合法的离婚自由实际上一度曾伴随着居高不下的离婚率。[79]像罗马一样，美国妇女的家庭地位和社会地位终于有了安全保障，所以也强烈希望获得经济自由和离婚自由。但是多数意大利妇女仍然受到传统的有力束缚，甚至直到最近还是反对离婚自由，大概是因为她们担心女性为男性而竞争会更加激烈，毫无疑问也是因为她们不愿自己的经济安全，特别是进入老年后的经济安全受到损害，正如老年工人害怕失去每天的面包。一般来说，在自己这个性别的成员放荡的性行为被认为是可以容许的地方，男女两性似乎都赞成一种形式上牢固的，甚至不可解除的婚姻类型；在男人由于懦弱或者机会主义而在一定程度上容忍女人放纵的地方，他们也会满足于这种婚姻。中产阶级公众舆论拒绝离婚自由，其关键因素是担心子女的受教育机会遭到实际的或想象的损害；另外，男人的威权主义本能也在发挥着作用，特别是妇女在经济上的解放程度使得他们对自己在家庭中的地位感到了不安，因而刺激了他们的虚荣心。此外还存在着政治和僧侣势力的威权主义关切，而强化了这种关切的则是如下观念：家庭的形式完整性乃是某些不易说清楚的、特殊的、无理性价值观的来源，或者能够为贫困和弱势个人提供超个人的支持。这种观念由于契约社会的生活理性化而变得更加有力。在上一代人当中，所有这些异质的动机都造成了离婚自由的倒退，在某些方面甚至造成了婚内经济自由的倒退。

3. **遗嘱自由**，即经济的、通常是家庭内部的处分权自由，在现时代也遇到了越来越多的限制。不过我们这里不想追溯遗嘱处分法律史的形式进程。完全或几乎完全是实质性的遗嘱自由，其证据在历史上能够看到的仅有两次，即在罗马共和国和英格兰，两者都是具有强烈扩张性并由土地所有者**显贵**阶层统治的民族。今天适用遗嘱自由的主要地区则是 692
拥有最佳经济机会的地区，美国。在罗马，遗嘱自由随着军事扩张政策而不断扩大，因为军事扩张使得被剥夺了继承权的儿子有望在被征服地区获得物质财富，但是随着殖民时代行将结束，从希腊法律中接受下来的“非自然”遗嘱被打破，于是遗嘱自由又遭到了削弱。[80] 在英格兰法律中，遗嘱自由的目的是为了保持大家庭财富的稳定，而正相对立的一些制度也有助于实现这一目的，比如不动产的封建继承制、长子继承制和限定继承财产制（即 *fidei commissum*）。[81] 在现代的民主立法中，限制或消除遗嘱自由一直并仍将决定于政治因素，比如借助大量不能撤出的股份，或如法国民法典那样通过强制分割有形财产阻止长子继承。拿破仑强制分割旧贵族的财产，目的在于摧毁旧贵族，同时想要建立采邑制来培育他试图创造的新贵族。后一种制度源自他的一个著名主张：《民法典》的实施将使政府掌握社会权力的分配。[82]

4. **契约奴隶制**。禁止哪怕是自愿屈从于形式上的奴隶般关系，从而废除**奴隶制**，[83] 是世界的经济统治重心移向这样一些地区的产物，因为有若干因素恰好在这些地区相互重合：高昂的生活费成本使奴隶劳动无利可图；伴随着解雇和失业威胁的工资制度，使劳动成了间接的强迫劳动；为了得到高质量的劳动成果以及从依附性阶层中榨取劳动，同时又无需承担大量投资于奴隶劳动带来的巨大风险，直接强迫的效率被认为低于间接压力。宗教共同体，特别是基督教，在古代发挥的抑制奴隶制的作用，例如与斯多葛派相比，可以说微不足道，在中世纪和现代的作用似有增强，但也绝不是关键作用。毋宁说，随着罗马帝国——它使和平的奴隶贸易成了西方唯一重要的奴隶进口来源——对外关系趋于安定，古代的资本主义奴隶制便最终走向了衰落。自由土地的供应一旦告罄，以及中止奴隶进口导致奴隶价格上升到垄断水平，美国南方的资本主义奴隶制也就在劫难逃了。南北战争中民主派农民和北方的财阀资产阶级同南方种植园贵族的纯粹政治
693 与社会对抗，则加速了奴隶制的消亡。在欧洲，由于中世纪劳工组织的纯经济演变，特别是行会制度的发展，使得手工业者摆脱了奴隶劳动，尽管南欧的奴隶制在中世纪从未完全消失。就农业领域而言，即使在现时代，越是密集型的出口生产，一开始也会越是导致农业劳动力陷入被奴役状态，不过，随着现代生产技术的出现，人们最终会发现不自由的劳动将变得无利可图。但是归根结底，最终完全消除人身奴役，到处都是强大的自然法意识形态观念起着决定性的作用。由于非洲奴隶贸易遭到禁止，近东的宗法奴隶制便走向了灭亡，而近东是这种制度的古老中心，对东亚和印度的传播力度十分有限。它在古代埃及和中世纪晚期曾经具有的重大军事意义一旦被雇佣军的军事技术所淘汰，它那从来就不是非常重大的经济意义也就开始迅速衰退了。事实上，东方的奴隶从没有扮演过迦太基和晚期罗马共和国种植园奴隶那样的角色。在东方如同在希腊和希腊化地区一样，绝大多数奴隶都是家奴。另一方面，某些奴隶会构成一种对产业工人投资的借贷资本，比如在巴比伦、波斯或雅典出现的那种情况。在近东，更

不用说在中非了，这种宗法奴隶制与它的法律形式可能让人产生的感觉相比，更接近于一种自由劳动关系。然而，像斯诺克·胡格隆耶（Snouck Hurgronje）在麦加观察到的那种情况，即除非一个奴隶认可买主的个人品质，否则买主就不能把他从市场上买走，如果最终奴隶对主人感到严重不满，主人可以把他重新卖出，[84] 这好像只是特例而非通则，并且是主人特别依赖于家奴的善意才能产生的结果。在中非地区，一个对主人不满的奴隶知道如何迫使主人以 *noxae datio* 方式[85] 把他送给另一个他更喜欢的主人，[86] 甚至今天还是如此。但毫无疑问这也不是普遍的事实。然而，东方的神权统治权威或家产制权威的性质，以及它们着力塑造所有依附性关系的家长一方的道德形象，至少在近东地区创造了一种高度惯例化的奴隶对付主人的保障，因而实际上排除了晚期罗马奴隶制那种无限制利用奴隶的方式。在古代犹太教律法中就已经能够看到这种趋势的开端了，其决定性的推动力来自如下这种环境因素：对债务人人身和债务奴隶执行扣押的古老制度，使得奴役自己的同胞成为可能。 694

5. **对契约自由的其他限制**。最后，有影响的社会各阶层——特别是“中产阶级”——的社会与经济利益，也是契约自由受到这种限制的一个原因，比如禁止为了当事各方的私人利益对土地加诸封建的或者其他永久性的负担*。罗马共和国的法律就排斥这种交易，普鲁士土地补偿法再次予以禁止。[87] 这两个范例中的关键因素都是中产阶级的利益，以及和他们联系在一起的经济观念。罗马共和国时期的立法不

* 此处的“负担”是 encumbrance，指存在于他人不动产上的一种权利或利益，尤指在土地上设定的抵押权。

承认对**纳税地**以外的公用土地的永佃权，就像现在德国事实上限制在国家或国家批准的殖民社团[88]所拥有的土地上创设类似的保有权一样，都是中产阶级地产利益集团关注土地合法买卖，要求阻止领主权或类似土地义务的发展所带来的结果。

五、契约对当事各方以外的影响之范围——"特别法"

与罗马法一样，由于上述所有因素的综合而产生的、对契约自由严格控制的理性化现代法律类型，一般来说不是靠禁止不法协议而实现的，而只是因为法律秩序不能提供特殊的范式契约或者罗马那样的特殊 *actio*（诉讼行为），只有靠调整与被否决的协议类型不相容的现成的范式契约来实现。另一方面，授权人们以合法有效的方式参与影响到第三方的交易——比如组建商业社团之类——的法律技术形式，是官方规定的某些标准条款，各个当事人必须结合这些条款才能做出此类安排——如果它不仅要在各当事人之间，而且要针对局外人产生法律效力的话；因为，如果不存在否定其效力的其他理由，此类安排本身就能够对参与者具有法律效力，尽管第三方并不受其约束。这种
695 现代技术任由利害关系当事人进行安排，从而不仅为他们自身创设法律，而且也对第三方产生了有效影响，这就给那些利害关系当事人提供了**特别法**这一法律制度的好处，前提是他们要遵守那些标准条款所表明的实质要求，因为他们必须结合那些条款做出自己的安排。这种现代类型的特别法不同于过去曾被允许发展的特别法类型。现代的技术乃是法律的统一和理性化的产物，它的基础是现代政治组织对法律创设的官方垄断，而这种组织对全体成员都具有强制性。

过去的特别法一般都是作为“自愿法”（*gewillkürtes Recht*）出现的，就是说它产生于传统，或者经由共识性身份群体（*Einverständnisgemeinschaften*）或理性联合体一致同意而制定。换句话说，它是以自发创设规范的形式出现的。“个别法”（particularistic law，即上述意义的自愿法）会“打破”（即高于）“当地法律”（即普遍有效的普通法），这一定则几乎已得到了普遍公认，如今甚至仍通行于西方以外的几乎所有法律制度中，在欧洲，某种程度上还通行于俄国的农民中。但是，几乎在任何地方，国家都坚持要求，这些特别法的效力以及它们的适用范围应该得到国家的同意，而且国家一般都会如愿以偿；这种做法恰如国家改变市镇和城市的性质，使之成为一些由国家授予规定权力的他治组织。不过就这两种情况而言，原初的事态并非如此。治理某一特定地方或群体所根据的法律体系，大都是相互独立的共同体擅自创设的，这些共同体之间或者通过相互妥协达成持续的必要调整，或者由特定时期内拥有优势力量的政治或教会当局强行调整。根据这种观察，我们再回到本节早些时候已在不同背景下触及的一些现象。

现代意义上的目的契约和契约自由出现并获胜之前，以及现代国家出现之前，任何代表了某种特定法律秩序，因而可被恰当地称为“法律共同体”（*Rechtsgemeinschaft*）的共识性群体或理性联合体，要么是由具备某些客观特征的成员所构成，比如血统、政治、种族特征，或者宗教教派、生活方式或职业特征，要么就是在建立明确的亲善关系过程中形成的。前面我们已经看到，原始的状况是，任何可能 696
与我们的诉讼程序相对应的诉讼，只能以不同群体（氏族）之间或者不同群体的成员之间的和解金诉讼的形式出现。在群体内部，即在该群体的成员当中，则以家长的仲裁为主。如果从政治权力及其不断增长的力量这一角度来看，一切法律史的源头上通行的都是一种意义重大的二元论，即群体之间自发创设的法律和解决群体成员之间争端的规范并存这样一种二元论。不过同时，在这种似乎简单明了的状况中还有另一个事实需要注意：甚至在我们已知最原始的发展阶段，个人也往往属于若干群体，而不是仅仅属于一个群体。然而，对特别法的服从最初乃是一种不折不扣的属人性质，一种通过侵占或授予而获得的"特权"，因而是其拥有者的一种垄断权。就是因为这一事实，他们成了"法律同伙"（*Rechtsgenossen*）。所以，在那些由一个共同的最高权威（例如波斯帝国、罗马帝国、法兰克王国以及伊斯兰教国家）加以政治整合的群体中，司法官员会根据集成性群体——比如在法律或政治上自治的城邦或宗族——的种族、宗教或政治特性而有区别地适用法律体系。在罗马帝国，罗马法最初甚至仅仅适用于罗马公民，根本不适用于公民和非公民臣民之间的关系。伊斯兰教国家的非穆斯林臣民，乃至伊斯兰教法四大正统流派的信徒，也都是遵照他们自己的法律生活，前者如果向伊斯兰教法官而不是向自己的当局提起诉讼，法官就会适用伊斯兰教法，因为他没有义务去了解任何其他法律，也因为非穆斯林在伊斯兰教国家里不过是些"臣民"而已。

另一方面，在中世纪的帝国（*Imperium*）中，无论在什么地方，任何人都有权接受他在生活中所"尊奉"的部落法的审判。[89] 个人无论身在何处，都会记得自己 *professio iuris*（尊奉的法律）。法律并不是英格兰王室法院的法律在诺曼征服之后很快变成的那种 *lex terrae*（属地法），而是作为特定群体成员的个人的一种特权。然而，这个"属人法"原则在那时并非一贯适用，一如相反的原则在今天也并非一贯适用。

在任何这种制度下都将不可避免的是，服从于不同法律体系的个人之间的冲突会产生一些难题，由此便需要一定尺度的共同法律原则，这种需求会随着越来越密切的相互交往而与日俱增。随后发生的情况则是，要么像罗马那样出现了与每个群体的“市民法”（*ius* 697 *civile*）并存的“万民法”（*ius gentium*）；要么像英格兰那样，政治或僧侣政治者凭借他的**统治权**，把唯一具有约束力的“官方法律”硬塞给他的法院；要么就是一个新的政治群体，通常都是一个地方性群体，把不同法律规则的要旨融合进一个新的法律体系中。最早的意大利城邦制定法都非常明白，市民们“宣布”他们生活在伦巴第法之下，但是全体市民的化身 *civitas*（城邦），却典型地偏离了更早的法律概念，据称它要么是把伦巴第法接受为自己 *confessio iuris*（公示的法），或者把罗马法作为补充源，要么就是采用罗马法而把伦巴第法作为次要制度。[90] 然而，所有自愿形成的联合体，始终都会力求根据自己创设的法律运用**属人**法原则，但在这方面达到的成效却因具体情况而大为不同。无论如何，结果都是众多“法律共同体”的并存，它们的自治性管辖权会有重叠，而强制性政治联合体即使存在，也只是一种这样的自治性管辖权而已。“法律同伙”凭借自己的成员资格能够垄断控制某些有形物或者目标物，比如依官册享有土地保有权 * 的土地，或者封地。然而，一旦这些“法律共同

* copyhold，英格兰的一种土地保有权。1066 年威廉征服英国以后，封建土地所有制被引入英格兰，庄园主成为总土地保有人，在其名下占有土地的自由民成为土地的自由保有人（完全保有人）。没有人身自由的土地保有人被列为佃农（不完全保有人），通常都可以分配到一定的土地，并根据一定的条件进行耕作，这种条件最初完全受制于庄园主的意志和喜好，后来则遵从庄园法庭记载的庄园通行惯例，因此这些保有人便有了自己的地产官册，以此作为占有土地及相关占有条件的证据。此制 1925 年后被废除。

体”在某些利益的压力下不再是封闭的作坊（shop），一旦这些共同体的增加使得任何个别成员都能同时属于若干群体，那么任何“法律共同体”的特别法，几乎都会变得与特定目标物的所有权密切相关，以致从相反的意义上说，这种所有权已经变成了特定的特别法共同体之成员资格的检测标准。[91]这也是向今天已经通行的状态迈出的一步，即从形式上说，那些服从于特别法的关系一般都会对任何个人开放。然而，这一步仅仅是向现代状态的过渡。因为，所有旧式的特别法都会直接向某个群体的某些个人授予永久性合法特权，或者直接赋予某些目标物永久性合法特权意义，拥有这些目标物就拥有了成员资格。在现代社会，某些纯粹技术或经济条件的存在，比如一个工厂或农场的所有权，或者律师、医师、工匠等等的职业活动，也会引起特殊的法律调整。

自然，任何法律体系都会有一些受到技术和经济事实制约的特殊规范。但是，我们刚刚讨论的特别法具有不同的性质。这种类型
698 的特别法，其适用性并非基于经济或技术品质，而是基于身份，就是说，基于以下因素带来的地位——出身、生活方式、群体成员资格（比如“贵族”“骑士”“行会会员”）或者某些与有形物相关的社会关系（比如依官册享有的土地保有权或者一个采邑）。因此，特别法的适用性始终就是以个人的特殊地位或者他与某些有形物的关系为前提的。[92]在某些边缘情况下，这种“特权”甚至会附着在单独的人或物上，而这种情况实际上屡见不鲜。这时，权利和法律便重合在一起。享有特权的个人就会认为他有权利要求按照特别法对待他。不过，即使以下情形也是具有重要意义的：一个属于特殊的法人身份群体或者与某些目标物有着特殊关系的人，自然会把适用特殊法律规范

看作利害关系当事各方的私人权利。事实上，这里并非绝对没有普遍适用规范的观念，但必然会始终处于欠发达状态。所有的法律似乎都是特定个人或目标物的特权，或者一群特定个人或目标物的特权。当然，这种观点必定会受到另一观点的反对，后者认为国家就是一个包罗万象的机构。特别是在古代罗马“中产阶级”刚刚开始崛起的阶段以及现代世界，这种反对意见尤其强烈，以致连“特权”的可能性都会遭到拒绝。在罗马，甚至以民众集会投票来创设特权都被认为不可能，[93]18 世纪革命时期产生的立法类型则力图根除一切形式的联合体自治和法律排他主义。[94] 但是这一目标从未彻底实现，而且我们很快就会看到，现代法律是如何再次产生了更大规模的法律排他主义的。当然，它这样做的基础在许多重要方面已经不同于旧时法人身份群体的特权了。

把所有个人和所有事态日甚一日地整合进一个强制性制度中，至少在今天，原则上说要依赖于形式上的“法律平等”，而这种整合则有赖于两种日趋理性的巨大力量，一是市场经济的扩张，二是共识性群体的机构活动官僚化。它们取代了以私人权力或者被授予垄断化封闭性组织的特权为基础的排他主义法律创设模式，这意味着它们用两种方式减少那些实质上是有组织的身份群体的自治：一是自愿联合体在形式上普遍准入，但受到严格调整的自治，任何有意作为的人都可
以创设这种联合体；二是授权给任何人通过从事某种合法交易创设自 699
己的法律。自治性立法的技术形式发生的这场变革，其政治上的关键因素是，随着国家的力量的增长，其统治者与官员们的权力需求，经济上的关键因素则是那些以市场权力为取向的社会成员的利益，他们凭借自身的财产所有者地位——这是“阶级地位”的标志——在形式

上“自由”的市场竞争中获得了经济特权。根据形式上的法律平等这一原则，如果“没有人望”的任何人都可以建立一家商业公司或者限定继承一份不动产，那么**有产**阶级**本身**就能实现一种事实上的“自治”，因为只有他们能够利用或享用这些权力。

然而，这种变态的自治仅仅在比喻的意义上方能冠以“自治”之名，因为，除非“自治”一词没有任何精确含义，否则它的定义就需要有一个前提：存在着一个人群（a group of persons），尽管其成员可能是流动的，但群体是确定的，它的成员因同意或依照法规而全都服从一种依靠他们才能进行修改的特别法。至于该群体具有什么样的特殊性质，这对定义无关紧要。它可以是一个俱乐部、一个商业公司、一个自治市、一个“社会等级”、一个行会、一个工会或者一个封臣阶层。这个现象本身总是标志着国家的法律霸权之起点。它总是会产生这样一种观念：国家容许或者直接保障它以外的机构创设法律。从性质上说，一个群体通过共识或制定的规范而享有的自治，不同于单纯的契约自由。两者之间的界线与“规范”概念的边界正相吻合，换句话说，这意味着，依赖参与者的共识或理性协议而生效的秩序，不再被认为是强加给一个群体的客观上有效的规则，而是确立了一些主观上的互惠权利主张，比如两个商业伙伴就他们之间的劳动分工和利润分配以及他们在商号内外的法律地位达成协议后出现的情况。在这个节点上，客观的法律和主观的权利之间就不存在一条清晰的分界线了。从我们在制定法方面发展起来的思维模式这一角度[95]来看，即使从理论上说，也只有在以下命题中才能看到某种区别：在私法领域——这是我们此处唯一关心的领域，如果制定的规则来源于一项决议，这里便是在实行自治；如果规则是产生于具体个人之间的协议，我们看到的就是根据契约自由作出的某种特殊调整。这个区别在过去并非毫无意义，但却不是单独发挥决定性作用的。

只要客观规范和主观的权利主张之间的区别还没有完全形成，只要法律还有着受群体成员资格所左右的人的属性，那么我们就只能谈 700
论两种规则。其一是因成员的特殊身份性质而在某个群体或组织中有效的规则，其二是人们因直接参与某项目的契约而自行创设并使之具有效力和约束力的规则。实际上，所有特别法最初都是这种成员资格由身份性质来决定的群体的法律。但是正如我们已经指出的，这种局面会因为若干群体垄断性占用的那些货物日渐分化和经济上短缺而发生变化。实际上，这种变化的深刻程度最终会导致一个几乎完全相反的规则：特别法几乎是排他性地适用于某种社会上或经济上的特殊关系。中世纪就已经能够看到某些与此近似的观念了。在这个问题上我们与霍伊斯勒（Heusler）的看法一致，但是他走得太远了，因为他彻底否定了所有国家法（*Staatsrecht*）的存在。[96]不过，封建法律的确是领主与封臣之间关系的法律，而不是“封臣国家”的法律，原因很简单，即这种国家根本就不存在。在同样的意义上说，采邑法就是适用于采邑劳役关系的法律，劳役法就是有关劳役封地的法律，商人法就是有关商品和商业交易的法律，行会法[97]就是有关手艺人交易和生计的法律。然而，在这些特殊关系以外，封臣、商人、依官册享有土地保有权者、侍臣及自由民等等，都要服从一般的当地法律。一个人可以同时拥有完全保有和不完全保有的土地；在前一种情况下，他要接受当地普通法的辖制，在后一种情况下则受采邑法辖制。同样，一个以 commenda（康门达）或 feonus nauticum（海运贷款）方式放贷的非商人，在这方面，且只是在这方面要服从商法。不过这种客观的处理模式绝非普遍通行。几乎所有适用特别法的那些关系，在某种程度上都是涉及社团身份的结果，就是说，涉及某人的总体法律身份。拥有依官册享有保有权和其他“不完全”保有权的土地就是这种情况。有许多这种情况被认为放在同一个人身上是互不相容的，而打破这种社团身份限制的倾向总是一再受到群体成员的封闭性这一反倾向的抵制。两种倾向孰强孰弱，则完全取决于每个具体情境中的具体利益格局。在德国，甚至霍伊斯勒也承认，城市法（*Stadtrecht*）就是关
701 于市民的社团身份权利而不是关于城市土地保有权或者其他物质关系的法律。[98] 但在英国，自治市几乎已经变成了纯私营的社团。

总起来看，确实可以说，在特别法问题上已经出现了一个主导趋势，就是把它视为针对某些目标和事态的法律。结果，把特别法整合进当地的普通法，即**属地法**，把它们作为实体法性质的特殊规则，便得到了极大促进。然而，实际的决定性整合主要还是依赖于政治条件。在尚未充分实现这种整合的那些领域，就仍要以各种各样的方式去解决各种特别法及其相应的特别法院与当地的普通法及其法院的关系问题。根据当地的普通法，依官册享有保有权的土地（*Gewere*）之依法占有权*，都是属于领主而不属于依官册享有土地保有权者。但是对于采邑占有的土地，局面就不是如此简单了，比如在《萨克森法

---

* setsin，根据英格兰普通法，依法占有权是指完全保有的地产（freehold）所有人的占有权，是土地法的一个主要概念，即某人对土地实际占有并使用，占有的时间越长，权利也就越得到加强。任何物权诉讼、权利令状和占有诉讼决定着谁有权占有该地。中世纪法律保护土地占有，占有者可以行使所有者的一切权利，但是非占有者在通过诉讼恢复其占有之前则不得行使任何此类权利，法律承认土地占有人拥有所有权。因此，虽然多人可以同时占有同一土地上的不同地产，但是两个人不能同时排他性地占有同一块土地。

鉴》中，作者与注释者之间对依法占有权的问题就一直争论不休。[99]

这个特殊问题在罗马法中也有反映。罗马的 *ius civile*（市民法）就是罗马市民的法律，一个人如果既非市民，又没有根据协议被视同市民，他就不能在罗马法庭上作为一方当事人出庭，不能从事市民法规定的特殊交易，[100] 也不能按照市民法的规则对他进行裁决。罗马法在市民圈子以外没有任何效力。从政治上考虑，罗马法对于非市民的不适用性具有重大意义，因为，这样就能为官员们和元老院在整个已被征服但是尚未适用罗马法的地区确立至高无上的权力。不过另一方面，罗马市民却从来不是仅仅受**市民法**的裁决，他也从来不是仅仅服从**市民法**的法庭。各个历史时期的**市民法**在很大程度上都应被定义为特别法，它们无不专门涉及一个人作为市民的性质，就是说，他是一个身份群体的成员。与此同时，我们还能发现某些要么覆盖了市民和非市民，要么仅仅覆盖一部分市民的法律领域，那里的法律要么表现为身份群体的特别法，要么就表现为划分客观界限的特别法。在这个背景下，尤其重要的是所有那些由行政法调整的大量重要情况。到了格拉古兄弟时代，除了因明确表示转让而适用**市民法**的情况以外，根据**市民法**获得土地所有权的情况已经不复存在了。[101] 公地（*ager publicus*）保有权既不受**市民法**调整，也不受**市民法**诉讼的保护，因为市民和非市民都可以获得这些公地。在格拉古兄弟时期，如果平民试图依照**法律**——通过**市民法**的制定——调整这些土地，其盟友便会立即要求也要成为市民。于是，这些保有地就完全成了司法行政官的 702
审理对象，他们在这方面遵循的规则就不同于市民法的规则。后者根本不知道**永佃权**随土地所有权转移的合同以及依官册享有土地保有权为何物，但是，所有这些制度在可适用于公地的行政法之下都是存在的。此外，适用于公共财富与个人之间关系的法律，也包含着市民法中没有出现的一些制度，即使前者的制度与后者相同，它们也会采用不同的名称，比如 *praes*（保人）和 *praedium*（地产）[而不是 *fideiussor*（绝对担保）和 *hypotheca*（抵押）]。[102] 所以，这种确定了客观界限的特别法乃是决定于行政官员的管辖权范围。这里并不存在任何需要个人具备特殊的成员资格才有可能准入的团体。如果非要说有什么群体的话，那也只能说，它的所有成员不过就是那些恰好在某一特定时间就某个问题服从于行政管辖权的人。另一个特别法领域是由负责裁决市民与外邦人之间纠纷的**行政司法官**（praetor）的管辖权构成的，他可能会援用**市民法**的某些规则，但却不是凭借**市民法**的"法"（*lex*），而只是凭借他的司法行政权力。毋宁说，他运用的是**万民法**，一种出自不同来源的法律，它的效力有赖于不同的基础。然而，不应认为这种法律是随着 *praetor peregrinus*[*] 一职的设立而产生的，毋宁说它是在超出记忆所及的时代就被用来解决市场争端的国际商法，最初可能只是由誓约给予神圣保障。庇护人与被庇护人之间实质上的封建关系，在早期阶段有着极大的实践意义，[103] 也不可能是**市民法**的诉讼目标。正如日耳曼法律中的依法占有权一样，**市民法**和封建法在所有权领域——在 *praecarium*[**] 方面——是彼此相关的；市民法也会关注这种关系的其他方面并根据刑法进行处理。但它并不受市民法**调整**。另一方面，**市民法**中真正的特别法领域，是由仅对商人和某些行业的人开放的法律制度——*actio exercitoria*（对船舶所有人的诉讼）[104] 制

* 审理涉外争端的执政官。

** 罗马法概念，可随意取消的租赁。

度和 *receptum*（承保）[105] 制度——以及钱商的特别法形成的。

对于未来法律的发展具有重大意义的一个概念——**信用**，[106] 就包含在一般的商法和庇护人与被庇护人的法律之中。它以特有的方式不仅包括了产生于忠诚关系的各种义务，而且包括了 *fides bona*（善意），703
即纯商业交易中的诚信和公平。市民法本身对此一无所知。不过，尽管从技术上说一无所知，但实际上从一开始就包含了它的一些要素；对于某些欺诈行为，《十二铜表法》就用 *improbus intestabilisque*[107] 的条款发出了威胁。许多法律都列明了 *infamia*（不名誉罪），它在私法中的一般后果就是被禁止举证——不能作证，也不能要他人作证，这实际上等于是商业性的联合抵制。它会导致依遗嘱继承获得财产之路受到限制，进而某些诉讼行为还会遭到**执政官**拒绝。尽管**信用**原则具有非正式的性质，但在庇护人与被庇护人法律领域或者商业交易领域中，它们绝非模棱两可感情用事的产物。罗马商法从根本上说乃是基于整个一系列清晰划定的对比条目，而它们就是在**信用**原则的基础上发展起来的。像帝国时代的 *fiducia*（信托契约）[108] 以及 *fides commissum*（委托遗赠）[109] 这样的古老制度，都是完全靠**信用**发展起来的。因遗赠产有利于非市民和"被禁者"[110] 而发展起来的委托遗赠，在**市民法**中是不可诉的，而且只是受到惯例的保护，但这一事实并不证明**信用**仅仅是对市民法的拾遗补缺，也不证明它是在相当晚的阶段才出现的。*Clientela*（庇护人与被庇护人关系）的法律制度，毫无疑问也像**市民法**本身的法律概念一样古老，然而却始终存在于**市民法**之外。因此，**市民法**的覆盖范围绝不是与"民"法共始终的。当然，**信用**并非调整法律关系的统一原则。某人按照**信用**原则对他人承担什么义务，端赖具体关系的特有性质，而且，即使在这种特有性质中，违反**信用**也并非始终会产生相同的法律后果。**不名誉罪**只是某些特定行为而不是所有破坏**信用**的行为带来的后果。针对无礼行为做出的各种反应，比如监察官的申斥，或者执政官拒绝某人作为官职候选人，都是各有自己的特定前提，这些前提既不等同于**不名誉**，也不等同于**信用**原则，而且是变动不居的，也从来不是仅仅与破坏**信用**本身有关。被庇护人违背义务最初都是在家族法庭上接受庇护人的制裁。后来这些义务得到了神圣的或惯例的保障，最终在纯商业性的自由民受庇护人与庇护人的关系中还得到了**市民法**的保障。

我们对于商业**信用**的最初作用尚不得而知，像其他**万民法**制度一
704 样，我们也不知道**善意**契约在凭借司法行政权威以诉讼形式给予承认之前是靠什么手段得到保障的。也许是有了一些根据誓约达成的个别的或者一般的协议，如果破坏了协议同样也会招致后来各个时期出现的那些**不名誉罪**，因破坏了发誓承诺的契约而接受制裁。但是，为万民法制度创设的诉讼形式，并不意味着消除了**万民法**与**市民法**的区别，**市民法**始终是纯粹社团身份群体的市民的法律。**执政官**有时会根据 *si civis Romanus esset*（假如他是罗马市民）这一公式择定一种可适用于非市民的民事诉讼形式。其他制度是在不知不觉中被纳入了**万民法**的。只是到了帝国时期，两者的区别才与其他的市民特权一起彻底消失了。

关心**信用**的人的任何群体从来都不会构成一个封闭的组织，尽管蒙森（Mommsen）错误地把被庇护人等同于**平民**[*]的组织，[111] 我们随

---

* plebeian（pleb），古罗马指普通公民，以区别于特权贵族阶级。最初平民只能担任军事护民官，不得担任其他公职，公元前 445 年颁布《通婚法》以前甚至不得与贵族通婚。公元前 3 世纪他们发起撤离运动，要求行使公民权，公元前 287 年制定了法律，规定平民会议通过的措施对全体公民都有约束力。

后就能看到这一点。**善意**契约或者**万民法**根本不在乎个人身份，自身利益与它们有关的那些人肯定不会形成这种封闭性组织。执政官的法律本身自然也远远不能与**万民法**相提并论；接受**万民法**也绝不仅仅是执政官法律带来的结果，实际上，这很大程度是通过法学家把**万民法**的基本原则整合进**市民法**的结果。在共和国以及帝国时期，即使真正的身份群体——奴隶、自由民、骑士和元老世家，都没有任何实行真正自治的联合体组织。出于政治和治安上的原因，共和国一再感到不得不对私人组织进行强烈干预，镇压与宽容的时期反复交替出现。君主制时期自然不利于私人组织的存在。民主政体有理由担心强大的社会和经济势力形成联合体；君主政体则有理由害怕任何难以驾驭的组织带来的政治后果。事实上，共和国与帝国两个时期的罗马法，只是像现代意义上的社团（*Vereine*）法或公司法那样承认联合体自治。只有社团和公司被容忍或被授予特权时，自治才会存在。至于这种自治能在多大程度上存在，应当与对另一个问题——组织的**法律人格**——的综合讨论联系起来考察。[112]

六、联合体契约——法律人格 705

属人法时代合法自治的组织向国家的法律创设垄断权的普遍转型及其中介因素，就体现在把这种组织从法律上视为权利载体时所采用的形式的变化上。如果自治性组织最终服从了一套通行的法律体系，而该体系是通过有序的裁判制度在一个强制性政治联合体内部得到应用，此外，如果存在着仅为群体成员（*Rechtgenossen*）本身利用并且仅仅为了某些共同目的而垄断性占用的货物，同时，涉及这些目标物的合法交易已经成为经济上的必需，那就免不了要把自治性组织从法律上视为权利的载体。然而，假如还没有出现这样的变化，问题的解决方式就很简单了：一个组织的成员会认为，另一个组织的全体成员都要对自己任一成员——包括机构——的行为承担连带责任。因此，除了原始的血亲复仇以外，我们还能看到一种普遍现象：报复，即扣押某群体一个成员的人身或财物以迫使他的某个或全体同胞履行义务。[113] 在中世纪，关于报复和相互保证把纠纷诉诸法院以及相互提供司法援助以避免报复的谈判，乃是各城市之间无休止的讨论主题。和解金与血亲复仇有着同样的原始由来。哪个或哪些人能够有效缔结和解金协议并代表群体成员对付局外人，完全决定于局外人的经验，因为这个局外人知道对方群体实际上在服从谁的命令。即使在中世纪早期的法律中，最初的观念也仍然是，某群体的一个成员，如果没有参与村庄、行会、乡村公社或者其他集合体的一项特定决议，就可以不受该决议的束缚，该组织的对外交易必须建立在由一项总决议体现出来的成员一致同意的基础上，这样的交易才能有效。人们可能会同意霍伊斯勒的看法，[114] 就是说，决议及其约束力的必要性，乃是组织法发展中的典型要素。但是显而易见，决议和契约之间的区别，始终像法律的客观规范和一般的主观权利之间的区别一样变动不居。通过决议达成的规范往往被称之为 *pactus*（协定）。不过实际上，这种区别始终是存在的，尤其是存在于一个曾经非常普及的观念中：一项
706 决议只能对那些参与了该决议并与之结合在一起的人具有约束力，因此它应当是一致同意的决议。至少从表面上看，这一观念意味着，一项决议只能作为一个契约而生效。不过实际上，该观念受到了包含在所有法律中的一个神启要素的有力影响，就是说，只有一种法律是正

确的。一旦用于发现那个正确法律的巫术手段和超凡魅力手段归于消失，那就可能并且确实出现了这样的观念：被多数承认的法律就是正确的法律，因此少数便有义务与之结合在一起。但在那个少数——有时是迫于严厉的强制——做到这一点之前，多数的决议并不是法律，而且对任何人都没有约束力。[115] 这就是该观念的实际意义所在。

当然，另一方面，谁也不会被认为有义务和他人缔结一项契约。因此，即使根据这些思维模式——包括最早期的那些观念，作为创设客观法律之手段的法令和作为创设主观权利之手段的契约，其间的区别也是一个常见的区别，尽管两者的过渡是模糊而不确定的。作为决议的一种补充，就需要一个机构去执行决议。用什么模式选择这种机构，就是说，是根据具体情况进行选举，还是长期或世袭地占用执行职能，可能会出现许多不同的形式。由于各种组织之间和组织内部的分化与占用的进展，由于个人会同时成为若干组织的成员，由于官员和成员的权力在群体成员的内部关系方面会不同程度地服从固定而日益理性的规则，最后，由于个人同局外人之间，作为一个整体的组织同局外人之间随着交换经济的发展而越来越多地订立目的契约，这就必须明确规定组织的每个成员、每个官员一切行为的意义，由此便以这样那样的方式出现了在契约性交易和诉讼程序中组织的地位及其机构的合法化问题。

在法人的概念中就可以看到这一问题的技术性法律解决办法。从法律角度来看，法人这个术语是个同义反复，因为人这个概念本身就必定是一个法律上的概念。一个孩子 *en ventre de sa mère*（在娘胎中）就被认为和正式公民一样是个权利和义务的载体，对奴隶却不作如是观，这两种规则都是达到某些效用的技术手段。从这个意义上说，法

律人格的确定也像“物”的法律定义一样是人为的，是专门为了便于
707 选择司法标准而规定的。但是，在确定组织与联合体的法律地位时有
太多的选择可供利用，这就产生了一个特殊问题。

组织的法人资格观念，其最理性的实际体现就在于成员的法律范围与单独建构的组织的法律范围彻底分离。根据各种规则而指定的某些人，从法律观点来看只被视为得到授权对组织承担义务并获得该组织的权利，由此产生的法律关系根本不影响成员个人及其财产，因而不被认为是他们的契约，但是，所有这些关系都被归结为一套不同性质的资产体系。同样，成员本身按照组织的规则向组织提出权利主张或者为它承担义务所涉之物，则属于或者会影响到他们的个人资产，这种资产在法律上也是与组织的资产完全分离的。单独的成员本身不能为组织争得权利和承担义务。从法律上说，这只有官员们以组织的名义采取行动才有可能做得到，也只有合格成员被召集在一起并按照固定规则举行的大会才——但也未必——有权做出具有约束力的决定。法律人格的概念甚至可以进一步扩展，直至包括对经济货物的控制权，从而能使依照规则被确定，但并没有组织成联合体的许多人从这种货物中受益。如果由此建立了一种**募捐机构**（Stiftung）[116]，一个依照固定规则确定下来的单独的权利载体，就会获得承认在法律上代表这些个人的利益。如果一个多人的组合被赋予了法律人格，这种组合有两种可能的建构方式。它可以组织成一个**公司**，这样，全体成员就构成了一个固定的群体。该团体的成分能够以两种方式——要么依照一般的私法规则接替成员的地位，要么根据指定的法人机构的决议——加以改变。以这两种方式之一被指定的人乃是唯一有资格被授予任何权利的人，行政管理则根据他们的委托依法进行。一个多人的

组合确立为法人的另一种可能形式则是**慈善机构**（*Anstalt*）的形式，它基本上类似于募捐机构。（在被用作专业法律术语时，慈善机构的概念和用于社会福利领域的同一概念只有部分重叠。）这种机构没有有组织的成员团体，而只是由一个或者一些机关代表它。成员资格往往是建立在义务基础上，新成员的加入并非取决于原有成员的意志，而是取决于客观标准或者由机构的机关酌情决定。此外，这种机构的 708
“成员”——比如在校学生——对它的管理并无影响。[117]

组织的三种形式，募捐机构、慈善机构和公司，并没有被十分清晰的法律标准划分得一清二楚。它们之间的过渡是逐渐的、不确定的。毫无疑问，正如祁克认为的那样，一个组织是自主的还是他主的，这并不是决定性的标准。[118]一个教会也是一个慈善机构，尽管它可能是自主的。

从技术性法律观点来看，如果一个组织没有以组织名义订立契约时所必需的财产，法律人格的概念就没有必要。那些本质上只能包括极有限的合伙人且存续时间极短的会社，比如某些商业联合体，也不适用法律人格的概念。它们成员的法律范围与该集合体的法律范围完全分离将会有损信誉，因为那种特殊的信用等级评估主要是基于这一事实：所有合伙人都要对该集合体承担债务责任，尽管单独基金的存在也会产生影响。同理，建立一些单独的机关去代表这种集合体也并非总是合算。对于这种组织与联合体来说，最适合于资本主义信贷利益的形式就是“合伙”（*Gesamthand*）原则，[119]过去的绝大多数法律制度至少早已熟悉了它的雏形状态。首先，它意味着所有共同行动的参与者，或者其中的每个人，或者某些人，或者某个以全体的名义行动的特殊参与者，得到了授权以代表该集合体；其次，合伙原则还意味着所有人都以自己的人身和财产承担责任。这种结构产生于家族共同体的连带责任。当继承人共同体的集体财产和参与者的个人财产合法分离使得必须划清集体债务与个人债务的界限时，[120]这种结构就有了它的特殊性质。这个过程是在亲善关系因商业的影响而瓦解时出现的，我们前面已经谈到了这种影响［见第四章，二］。

从继承人共同体扩展开来的慈善机构，成了许多有意创设的共同体的基础，对它们而言，从家族共同体的亲善性质中产生出来的临时群体关系，要么是根本性的，要么就是出于法律—技术上的便利考虑
709 而承继下来的。[121]正如我们已经看到的那样，当代的合伙企业法正是为了资本主义经营的目的而对家族共同体关系的直接理性发展。“两合公司”（société en nom commandite）[122]的各种形式，就是这一原则与**康门达**和海事合伙（societas maris）法的结合，这个现象几乎随处可见。德国的“有限责任公司”[123]是一种理性的发明，它被用来替代一般的合股公司（*Aktiengesellschaft*），后者在法律上并不适合于较小的，特别是共同继承人当中的准家族经营的目的，而且特别的不方便，因为现代立法要求发布许多公告。

商人、船主和水手的兄弟会关系（西班牙法律中的 *agermanament*），就其实质而论，本来就是海运业的联合经营。与家族共同体中出现的商号相对应，它在航运领域发展为**经营者的合伙社团**（*Gesamthandvergesellschaftung*），而另一方面，押船借贷契约以及共同海损的规则又在航运业的所有利害关系当事人中产生了一个统一的风险共同体。在所有这些情况下都有一个典型要素，即商业关系取代了亲善关系，就是说目的契约取代了身份契约，但是保留着法律技术上的便利，仍把整个群体视为一个单独而独立的法律主体和共同财

产的单独所有者。另一方面，这也避免了机构在形式上的官僚化，而对于公司来说这种官僚化可能会变得必不可少。没有任何法律制度像中世纪以及后来的西方法律制度那样使经过理性改造的合伙关系得到了如此具体明确的发展。罗马法中不存在这种关系，更多地是由于**市民法**固有的某些法律技术要素，而不是经济原因；希腊商法的发展详情我们不得而知，不过它的发展，特别是罗得岛海事法*那样的情形，则是借鉴了古代商法的某些特殊制度。罗马法没有发展出任何这种丰富的法律形式，这与古代资本主义的特殊性质有关，因为它是一种奴隶资本主义和主要以国家为依托的政治资本主义。奴隶被用作商业工具，主人通过商业契约能够获得无限制的权利，却只需承担有限的责任。以单独基金的形式处理**特有产****，则至少可能获得一部分像今天各种形式的有限责任带来的那些结果。[124] 当然，事实依然是，与**合伙**（societas）法完全排斥所有合伙形式并要求明示 *sponsio correalis*[125] 710
以创设共同权利主张和连带义务联系在一起的这种限制，是缺乏具有持续信贷需求——此乃罗马经济制度的特征——的稳定的资本主义工业经营的法律征候之一。使私人商业无以立足的那些法律制度，在帝国早期关于收税人（*socii vectigalium publicorum*）[126] 的私法中就已经清晰可见，就是说，国家把税收以及国有矿业、盐业的开发统统包给了收税人这种私商群体，这一事实表明了古代资本主义实质上是建立在政治基础上的重要意义。这种联合体的法律和经济结构，类似于

* 公元600—800年编纂于罗得岛的海事法典，是世界上最早的海事商法，其中的《罗得斯弃货法》成了现代共同海损法的基础。

** 见本章英译者注124。另见本书第一卷第614页中译者注***。

今天的银行在合作发行债券和其他证券时习惯建立的那种辛迪加：一个或多个“主要”银行对发行者负有提供全部相关资本的义务，其他银行加入辛迪加则是承担全额内部责任，还有一些参与者只是有限赞助。在罗马，*interdictum de loco publico fruendo*[127] 以及其他文献中提到的联营首领（*manceps*）的 *socii*（联盟），就是放款银行团的成员，而 *affines*（姻亲）的赞助只是以现代 *commanditista*[128] 方式承担有限责任，从对内和对外两个方面来说，这种法律状况都非常接近于现代的同类现象。

国家本身的制度是否应被看作**私法上的法人**，这要根据不同情况考虑法律—技术和政治两方面的因素。如果将其视为法人，那在实践中基本上就意味着，行使国家权威的机关的法律范围要划分成两个部分，一是人格权利的范围，其中包括像归属于个人一样的权利主张和义务；二是职务的范围，其中的财产关系被认为是单独的机构资产之间的关系；此外它还意味着，国家机关的职务活动范围要被划分为公共的与私人的法律关系两个范围，后者专门涉及财产权问题，可以适用私人交易的一般法律原则。[129] 国家法律人格的常规结果是，国家有能力在普通的民事诉讼程序中起诉和应诉，并与私人当事人处于平等地位，同时可以自由地对国家提起权利主张的诉讼。从严格的法律观点来看，国家的法律人格事实上与后一个问题毫不相干。无疑，**罗马公民团**（*populus Romanus*）有能力获得私权利，比如以遗嘱继承的
711 方式，但是不能被起诉。从实践角度来看，这两个问题也不相同。看上去毫无疑问的是，从有能力获得权利这个意义上说，所有强制性的机构，即政治性的国家机构都有一种法律人格，尽管它们可以免于服从普通的法律程序。同样，国家的法律人格以及它对法律程序的服从

可能会得到承认，但同时政府契约与私人契约又可以适用不同的原则。不过就像在罗马那样，后一种现象通常都会排斥普通法院的介入，而是由行政官员裁决政府契约所引起的争端。不仅法人，而且大量的合伙群体也被承认具有起诉和应诉的能力。但是，法律史上出现的法律人格问题，通常都与各种组织——特别是公共组织——的起诉和应诉能力问题密切相关。

只要政治权威不能像一个主子对待臣仆那样对待个人，而是不得不通过自由契约获得个人的服务，那就必定会出现刚刚讨论过的所有问题。如果政治权威因需要资本家的信贷或他们的经营组织而不得不与资本家进行交易，如果资本在若干相互竞争的组织之间自由流动使得政治权威不可能以公益性派捐方式强制这些商业机构，问题就会变得特别尖锐。如果国家不得不与自由手工业者和劳动者打交道，但又不能或不愿对他们使用公益性派捐的强制力，最终也必然会出现这个问题。如果国家的法律人格与普通法院的管辖权得到了承认，那么私人利益通常都会得到越来越多的保障。但是，拒绝给予这种承认也未必就能损害那些保障，正如采取其他手段也足以保证国家遵守契约义务一样。14 世纪英格兰国王总是被起诉到法庭，这一事实却并不能保护佛罗伦萨银行家们免受国王拒不偿还巨额债务之害。[130] 缺少针对罗马国库的任何程序性强制手段，总的来说也并没有危害债权人的利益，在第二次布匿战争期间终于出现了这种危害时，债权人则能够获得贷款抵押，而没有人试图给他们制造麻烦。即使大革命之后，法国国家也始终免受法院强制管辖权的辖制，但却无损于它的信用贷款。[131] 与公共财政在某种程度上免受普通法律程序的辖制相联系的，是国家同其他组织相分离的原则，这是随着现代主权概念一同发展起 712

来的。法国无疑就是这种情况，普鲁士也同样如此。意识到自己主权在握的腓特烈·威廉一世，就曾使尽浑身解数阻挠那些“顽固的贵族”把他告上帝国枢密法院（Reichskammergericht）。[132] 另一方面，在处理行政申诉时把它视为特权或既得权利拥有者之间的争端，从而把它视为普通诉讼的主题，其中君主并非作为主权者，而是作为有限君权拥有者或者与政治组织中的其他人一样也是特权的一个载体，那么普通法律程序的有效性无疑就会超越政治组织的法人身份结构。这就是英格兰和神圣罗马（日耳曼）帝国的情形。

然而，否定针对国家的诉讼，也有可能是纯技术性法律因素的结果。所以，在罗马，**监察官**就是裁决个人对国家、国家对个人提出的所有权利主张的权威，按照我们的思维模式，它们可能都是私法上的权利主张。但是，如果私人争端引起的法律问题涉及国家财产，**监察官**也有权裁决这种争端。[133] 因此，**公地**上的所有保有权，公有土地利息的资本主义所有人与国家承包人（收税人）之间或者他们与臣民之间的所有争端，都退出了陪审团的高级管辖权范围而交给简易的行政审理。这实际上是拥有巨大实力的国家资本主义拥护者的一种正面而非负面特权。无陪审团的审判和司法行政官既是法官又是当事人代表的双重性质则继续存在，继提比略*统治下的短期动荡之后，自克劳狄**以降，国库越来越

---

* Tiberius（公元前 42—公元 37），长期从事征战，军功显赫，公元 17 年继岳父奥古斯都位成为罗马皇帝，因渐趋暴虐，引起普遍不满，公元 37 年被近卫军长官所杀。

** 指克劳狄一世（Claudius I，公元前 10—公元 54），提比略皇帝之侄，罗马皇帝（41—54），对外扩张疆域，侵占不列颠、色雷斯及北非的毛里塔尼亚；对内实行开明政策。克劳狄还是历史学家，著有 20 卷《伊特鲁里亚史》和 8 卷《迦太基史》等。罗马的传说一致认为克劳狄是被妻子阿格丽品娜毒死的。

具有了国家财产的性质而不再被看作皇帝的私产，[134] 并且实际上已转变为帝国行政的财库。诚然，国家财产和皇帝私产的区别并不彻底，在术语上（尽管像**业主**或**保人**[135] 这样旧时的行政法术语在逐渐被私法术语取而代之），在财库既能起诉也能应诉这一原则中，则仍然能看到它们的残余。帝国财产的概念摇摆于家产性和制度性之间，即摇摆于属于皇帝私人还是属于作为制度的国家之间，加之行政技术和王朝的经济利益考虑，也影响了各种帝国财产的不同演变和分化，而在理论上，这些财产被认为统统具有常规的法庭起诉权。实际上，只是在最初几个皇帝 713
中，作为私人的皇帝和作为司法行政官（统治者）的皇帝才存在区别。最终，皇帝的所有财产都被看作了君主的财产，由此皇帝则习惯于即位之后把他的私产转移给子嗣。如何对待通过征用所得和大量遗产（后者是留给皇帝作为增强遗嘱效力的手段），无论从私法还是宪法法规角度来看，都没有得出明确的阐释。

在中世纪的等级社团制（estate corporatism）结构（对此我们将在后面讨论）中，根本就不可能提出这样的问题：作为统治者的君主应当有别于作为私人的君主，他的用于政治目的的资产也应当有别于服务于私人目的的资产。我们已经看到，缺少这种区别导致起诉英国国王或者德国皇帝的可能性得到了承认。然而，当君权的权利主张导致国家退出了国家机关的管辖权时，就会出现完全相反的结果，尽管在这种情况下各种法律技术也可以相当有效地用来抵制君主的政治野心。日耳曼人接受下来的罗马的国库概念，一直被用作法律技术手段而使起诉国家成为可能。后来，作为国家这一传统的法人等级概念产生的结果，它也不得不成为超越了私法争端范围的真正行政司法的首要基础。中世纪以前的古代时期，国库概念也许本应产生出作为一种制度的国家概念。然而，古典法学家从来没有在概念上迈出这一步，因为古代私法既有的范畴对此一无所知。甚至像现代法律所理解的“*Auflage*”[136] 也没有发展出来以供它用作一种替代。

同样，罗马法对募捐机构概念也始终全然不知。唯一现成的方式是建立法人基金，对基金的实际利用则有碑铭证据。就其实质的与技术的方面来说，真正的募捐机构概念几乎到处都是在宗教影响下发展起来的。大量的募捐机构都是为了源远流长的亡灵崇拜，或者是运作具有宗教价值的慈善事业。因此，界定这种募捐机构的法律地位，主要是受托监督募捐机构活动的僧侣们所关切的事情。所以，只有在僧侣们足以摆
714 脱世俗权威去发展一套神圣律法体系的地方，才能出现一种“募捐机构法”。正是由于这一原因，在埃及，募捐机构的存在时间之久远几乎已无法追溯。[137] 然而，纯世俗的募捐机构，特别是家族募捐机构，实际上并未见之于任何地方，这不仅是由于技术性法律原因，无疑也是由于政治原因，除非那是采取了授予采邑或者类似的形式，从而产生了一些依附于君主的特权家庭。所以，它们在**城邦**中根本就不存在。晚期的罗马法通过 fidei commissum（委托遗赠）朝着这个方向迈出有限步伐后，是把圣事规范用作一种技术手段的拜占庭法律最先发生了变化。出于后面我们将要讨论的原因，在拜占庭，创设永久租金采取的是修道院基金的形式，管理和税收权归基金创始人的家庭所有。这种类型的捐赠基金接下来的发展阶段就是伊斯兰教律法中的卧各夫（wakf）[*]，它在经济上和其他方面都曾扮演了极为重要的角色。在西方，从法律—技术观点来看，

---

* 阿拉伯文 Waqf 的音译，又译瓦各夫，意为“宗教公产”“宗教基金”，指符合教法的公共财物、公益事业、慈善组织、慈善基金等，如寺院土地、房产、用具、典籍等，一般来自穆斯林的捐献、遗产及寺院的有关收入。

圣徒一开始就被视为捐赠基金的所有人。[138] 中世纪的世俗捐赠基金概念则是在教会法打算把它用于宗教目的时才开始得到发展的。[139]

在现代理论的时代到来之前，纯粹法律意义上的**慈善机构**（Anstalt）概念并没有得到充分发展。实质上它也是具有宗教来源的概念，是产生于晚期的罗马宗教法。只要出现了宗教权威载体的超凡魅力观念，以及纯自愿的会众组织最终产生了正式的主教行政系统，而且主教们开始为教会财产权的存在寻求法律—技术上的正当性，那么慈善机构的概念就必定会应运而生。

中世纪以前的古代时期根本就不存在教会慈善机构的概念。因为，**城邦**遵奉的一直是世俗化的礼拜，神殿的资产从法律上被认为是城邦的资产。古代的法律技术以它的法人概念帮助了基督教教会；在中世纪初期，教会基金并没有被看作是教会的私有财产，那时所依据的是这一观念：圣徒才是教会财产的所有者，教会官员则是他的代理人。主教叙任权之争*中对教会私有制宣战之后，[140] 教会法规精心阐发了一种特有的教会公司法，由于教会组织具有的威权主义和制度化要素，它的公司法不得不有别于自愿联合体和法人身份组织的公司法。[141] 然而，正是这种教会公司法，转而突出影响了中世纪世俗公 715

* Investiture Conflict，11 世纪末到 12 世纪初教廷与神圣罗马帝国之间权力斗争的惯称。争议始于对主教及隐修院院长叙任权究竟谁属这一问题。这类高级教士往往既行使宗教权也行使世俗权，世俗封建主对于他们的授职自然深感兴趣。由于教皇格列高利七世谴责了世俗叙任权，立即引起他与德意志国王、神圣罗马帝国皇帝亨利四世的争执。此次争执的政治后果是导致了德意志内战，皇权受损，诸侯权盛，而且形势不可逆转；在意大利北部，伦巴第城邦在罗马教廷支持下纷纷兴起，削弱了帝国在该地区的权力。1106 年，英格兰国王亨利一世废除由国王向高级神职人员授予职位象征物的惯例，教会也做出相应让步，主教在受祝圣之前先向国王致敬（即候选人先成为国王的人，后成为主教）。神圣罗马帝国皇帝亨利五世与教皇加里斯都二世达成的沃尔姆斯宗教协定（1122 年）也包含类似的妥协。

司概念的发展。它实质上是现代的制度化国家行政的技术需要，这导致了无数公立事业作为独立法人的出现，比如学校、济贫院、国家银行、保险基金、储蓄银行等等；这些法人既没有成员，也没有成员权利，只有一些他治和他主的机关，不能组成为公司，因而它们的发展便产生了“慈善机构”的**法律**概念。

比较发达形式的罗马法中的**公司**这一理性概念，乃是帝国时期的产物，特别是自治市公司法的产物。[142]与国家不同的自治市只是在拉丁战争以后才大量出现的，由此那些主权城邦被吸收进了罗马市民的共同体，但是自治权并没有受到损害。这些关系是由最初几个皇帝的法律以规定的方式加以调整的。自治市被中间化，使其丧失了作为政治制度的地位，据说在公元 2 世纪就有了这样的说法：*civitates privatorum loco habentur*（城邦被视同私人）；米泰斯也正确地指出，那时已经开始用 *commune*（公共财产）取代 *publicum*（国家财产）来指称自治市的财产。[143]它们的有些讼争被认为是行政性的，比如版图之争（controver sia de territorio），其他的都被认为是私人争端，特别是那些因契约产生的争端，后者显然适用普通的民事诉讼程序。市政官员的典型形式传到了帝国各地，实际上，市政司法行政官的称号也出现在了帝国时期的私人公司中。这大概就是按照自治市政治制度模式形成的公司概念官僚化的起源，因为市政财产与个人财产的绝对分离就像如下公理一样不言而喻：*quod universitati debetur singulis non debetur*（凡属集体的都不属其成员）[Ulpian in D. 3. 4. 7. 1.]。同时，尤利安*

* 指背教者尤利安（the Apostate Julian，331—363），361 年继罗马皇帝位，宣布与基督教决裂及宗教信仰自由。为在东方重建罗马的霸权，361 年调集大军对波斯开战，363 年从泰西封城下仓皇败退时被投枪刺中，次日不治身亡。

统治时期的自愿联合体要经过特许才能设立，这无疑也是出于政治原因。不过那时的特许究竟是赋予了完全的还是仅仅部分的法律人格，也像后来一个时期一样值得存疑。也许，*corpus collegii habere*（自愿联合体的存在）这一说法——尽管并不确定——指的就是完全的法律行为能力。后来的理论典型地使用的术语则是 universitas（整体）。[144] 米泰斯不无道理地断定，私人公司的内部关系仅仅服从于行政裁判，[145] 如果此说是正确的，它便与贯穿在帝国时期整个法律中的公司的官僚化十分符合，同时也是对先前占支配地位的局面进行的一种世俗化调适，它是整个这项发展的特征。共和国时期的局面则显然不同。像梭伦的法律一样，《十二铜表法》虽然不很确定会承认现有公司的自治权，但也并非不可能。正如后来的禁律所示，共同资金是一种很自然的事情。另一方面，不存在民事诉讼在法律技术上的可能性。甚至帝国时期之前的敕令[*]中有没有这种可能性也都很难说。成员之间涉及成员权利的争端并没有诉讼形式，原因显然在于这一事实：那时的私人公司既服从神圣律法，又服从行政法，就是说，既服从祭司又服从司法行政官的审理；这与古代**城邦**的身份结构有关，它容许 *collegia* [自愿联合体] 中，但不容许市民的政治实体中存在奴隶和 metic[**]。 716

和希腊的胞族一样，[146] 更早期的自发性组织以及所有法律制度的

* Edict，罗马高级行政司法长官（裁判官、总务官、监察官、行省政府以及后来的皇帝）有权在他们各自管辖的领域内发布公告以宣布他们的命令。因大多数敕令均具有司法性质，故常被用于颁布一些他们在行政过程中将要适用的法律规则。后来的继任者逐渐形成了一种惯例，即他们发布的敕令一般都会沿袭或者确认前任的敕令，仅仅做出必要的修正，慢慢使得大部分敕令具有了持续的效力，最终便构成了一套完整的执政官法律体系。

** 享有部分公民权的外侨。

绝大多数其他永久性联合体，比如图腾氏族，比如罗马最古老的著名自发性联合体，都是兄弟会（*sodalicia*，*sodalitates*）性质的群体，[147] 而且都是一些礼拜共同体。一个兄弟不能传唤另一个兄弟上法庭，就像他不能把任何因为忠诚关系和他结合在一起的其他人传唤到法庭上一样。甚至《学说汇纂》也仍然保留着这种事态的痕迹，那里禁止在同一社团中的成员之间提起刑事诉讼。在私法当中，这些亲善关系的重要意义基本上在于它们的否定作用，即它们是一种排斥诉讼的事态。[148] 出于同样的理由，行会和贸易联合体——早期共和制的罗马就明确承认了它们的存在——也是作为 *collegia cultorum*（礼拜共同体）建立起来的。[149] 像中国以及中世纪的这类组织一样，它们都是在各自专有的庇护神保护下的兄弟会式的群体，由于这些 *collegium*（社团）获得了国家的承认，因而它们的庇护神在罗马也被承认为合法，比如墨丘利* 和 *collegium mercatorum*（商团）就是如此，表明这个传统已经极为悠久。[150] 在紧急情况下的互助义务和礼拜时的共餐——这也是后来日耳曼的行会以及所有建立在亲善关系基础上的其他组织的特点——后来则演变成了理性组织起来的互助和丧葬基金。但在罗马帝国时期，却极少看到此类**共同体**被组织成这样的基金。[151] 它们与市民法毫无关系。只要这种圣事组织并非流于单纯的形式，其财产大概就
717 要托付神佑；成员之间的争端通过仲裁解决，对外的冲突则由司法行政官审理解决。对国家的公益性派捐（*munera***）具有重要意义的职业组织，司法行政官的干预权是显而易见的。这一事实可以说明帝国时

---

* Mercury，罗马神话中众神的信使，司商业、手工技艺、智巧、辩才、旅行以至欺诈和盗窃。

** 拉丁文，意为“公役”。

期向官僚化的转变何以会那么容易。这大概也能说明为什么那些农业组织——它们的存续时间只能根据我们目前掌握的文献加以推测——的关系会一直被置于常规的陪审团诉讼程序之外。*ager compascruus*（公共牧地）是一种原始的公地，一些农业问题的作者提到的 *arbitria*（仲裁），[152] 则是受到国家调整但自治性仲裁邻里争端的残余。一旦作为一种类型的 *municipium*（自由市）的兴起对整个公司法产生了越来越大的影响，适用于仍然准许存在的那些公司的法律，在帝国时期便日益走向了统一。兄弟会式的成员权利的残余消失了，如果说还能看到它们的话，那也只有可能存在于罗马帝国法律覆盖范围之外，比如希腊化地区那些小城镇的手艺人宗族。[153] 后者确实没有在帝国法律中被提及。但是，这种忽略并不证明它没有声称要加以调整的某些组织形式不存在。做出这样的结论可能是没有道理的，一如由于古代**市民法**不存在对 *emphyteusis*（永佃权）或者其他保有权的调整，就断定它们在土地上并不存在，而只是存在着构成了 *ager optimo iure privatus*（全权私有土地）因而只是在人口财产调查案卷中登记的土地是没有道理的一样。

中世纪的大陆法受到了在法律实践中被普遍接受的日耳曼会社（sodality）形式、宗教法以及罗马法的三重影响。祁克重新发现了日耳曼的会社形式，并在他的杰作中叙述了它们的丰富内容和发展历程，不过这已属于农业史和经营史的范畴，我们这里无须赘言。在目前的背景下，稍加议论就足以解释那些正式的处置原则了，我们这里关心的仅此而已。我们会发现一系列结构，从简单的合伙关系直到纯粹的政治共同体，这在中世纪就意味着是自治市。从法律技术的观点来看，它们无不具有起诉和应诉的能力，而且拥有自己的财产，然而，实体与个人的关系却表现出了能够想象到的极为多样化的形式。个人可能被拒绝在公共基金中占有任何份额，但也可能被视为一定份额的私人所有者，犹如那是他的自由财产，大概还
718 能以某种商业票据的形式进行转让，但只代表总基金中的一份，而不是任何一宗特殊资产；或者恰恰相反，任何成员都可能被看作任何特殊资产中一定份额的所有者。个人权利的内容会在不同程度上受到共同体的限制和规定，或者相反，共同体的处置权也可能会受到人格权利的限制。共同体的某个官员、某个特殊成员或者至少一定范围内的全体成员，可能会通过不同方式对外代表共同体并对共同体内部进行管理。成员可能必须以实物或通过个人的服务对共同体做出贡献。成员资格可能是开放的，也许只能通过成员们的决议才能获得这种资格，因而是封闭的。它们的行政管理在不同程度上接近于在政治组织中见到的那些形式，而且往往接近到这样的程度：其组织内部或者针对局外人的强制性权力之所以有别于政治组织，仅仅是由于强制手段的不同或者是他治于政治组织。另一方面，这种集合体也被看作是个人权利和义务的载体。它可以像任何个人一样拥有冠名权、身份权（*Ständesrechte*）或者排他性使用某些发明的垄断权；它能对某些不法行为，特别是其代理人的某些作为和不作为承担责任。后一种局面绝非罕见，特别是在英格兰的所有各个时代，集合体人格一直被认为是某些义务的载体，如果未能履行这些义务，将被视为应由国王处以罚金的债务人。[154] 这些集合体可能会采取我们在考察政治组织的过程中将会遇到的几乎任何一种形式：在平等或不平等基础上的直接行政，或以参与者的名义进行的代表管理；有着以轮换或选举方式挑选出的官员；或者，管理可能是领

主的权利，这种权利可能受到规范或传统的限制，否则就是独裁；它要么属于单独的个人，要么属于明确划定了成员界限的某个家族，他们通过定期选举或其他类型的任命方式，或者通过世袭或转让方式获得这种权利，其资格是与某种规模的财产联系在一起的。这种集合体的机关之地位，往往会形成一种专有权力（prerogative），组成这种权力的乃是一些明确规定的权利，是一组具体但受到严格限制的、犹如行使主观权利一样行使某些特殊统治权的特权；或者，它更像是一种治理权，受到了客观规范的限制，但在手段的选择方面却很自由，在这种情况下，该组织要么接近于联合体类型，要么 719
接近于公共机构类型。它的管理权力可能会严格受制于组织的特定目标，也可能享有或大或小的选择自由。后一个因素对于组织本身享有的自治程度也具有重要意义。它可能完全没有自治权，权利和义务的获得都是按照固定规则进行自动调整，比如英格兰的某些公益性派捐组织；或者，此类组织会拥有广泛的自主制定法规权，并受到具有协定性质、成文法性质或他治性质的弹性规范的限制。

在特定情况下这些为数众多的选择之一是如何成为现实的，始终决定于特定组织的具体目标，尤其是决定于它的经济手段，在结社自由的制度下仍将是如此。这种组织可能主要是个经济共同体，如此，它的结构实质上就要决定于经济因素，特别是决定于“资本”及其内部结构的规模与作用，同时还决定于信贷与风险的基础。

在一个谋求资本主义利润的组织中，比如一个商业公司、一个矿业或航运公司、一个为国家需求或殖民经营筹集资金的公司，资本对于整体的效率、对于合乎成员利益的利润分享预期，都具有决定性的意义。因此，至少在通常的情况下，这种组织需要成员准入的封闭性，并以相对稳定的方式固定自己的目标；成员的权利在形式上是不可侵犯的，直到死后才可以转让，而且至少一般都是 *inter vivos*（生前行为）；管理以官僚化方式进行；成员或者亲自或者通过代理人参加大会，表面上以民主方式加以组织，实际上则是财阀统治，决议是在讨论后按照资本份额比例经投票形成的。此外，这种组织的明确目标并不需要成员对外承担个人责任，因为那对经营的信用等级无关紧要。对内也不需要承担个人责任，但矿业公司除外，因为矿业资本有着特殊的结构。[155]

一个旨在自给自足且不使用货币的组织，情况就会截然不同。它的目标越是包罗万象，就越会需要集合体的多数权威，没有确定的成员权利，接近于直接民主制或家长制基础上的共产主义经济，比如家族共同体、*Gemeinderschaft*[155a]、严格的共同耕作制（*Feldgemeinschaft*）
720 那样的情况。随着组织的成员资格变得越来越封闭，并且与固定的占用有着内在联系——比如乡村公社共同体，那么成员权利就会越来越具有最突出的地位，仍然由共同体控制的土地就会变成被个人占用的权利之组成部分；组织的管理要么由成员轮流负责，要么由世袭团体或领族式的权威负责。最后，在为补充个人生产和消费而建立的自发性组织中，比如现代的合作社，成员资格一般都是封闭的，因为成员的权利尽管是明确占用的，但也像成员的义务一样有着明确的界限，一般都是不可自由转让的；虽然个人责任对于组织的信誉等级变得日益重要，但通常都是有限责任，如果能够清楚地确定风险，这时的个人责任就可能是无限的；管理形式可能是官僚化的，但实际上往往操之于显贵之手。[156] 组织越是服务于不确定的多元化利益，尤其是服务于特权者的利益，同时，相对于利害关系当事人因集合体提供的服务而定期做出的贡献或报偿而言，资本的贡献如果变得不那么重要了，个体成员的权利在集体基金中就会越来越丧失结构上的决定性意义。比如纯粹以经济为取向的保险互助会就是这种情况，那些服务于社会保险或慈善事业的机构更其如此。[157]最后，如果组织似乎成了一种主要服务于非经济目的的经济单元，成员有保障的财产权就会变得毫无意义，经济上的考虑在决定该组织的结构时也会丧失其重要性。

然而，总起来看，组织的法律结构的发展根本不是主要决定于经济因素。中世纪和现代英国的发展与大陆，特别是德国的发展之间形成的鲜明对照，基本上可以证明这一事实。在英国的法律中，像祁克界定的那种会社，在诺曼人入侵之后就不复存在了，而且到现代之前一直没有发展出大陆类型的公司概念。[158]除了有一些初露端倪的萌芽之外，不存在被中世纪的日耳曼认为理所当然的那种意义和范围的群体自治，也不存在受到规范性普遍调整的联合体的法律人格。正如梅特兰（Maitland）以及后来哈切克（Hatschek）所示，[159]除了祁克称之为威权主义联合体（*Herrschaftsverbände*）[160]的形式以外，祁克理论中的那种会社在英国的法律生活中几乎毫无地位；然而 721
重要的是，这种威权主义联合体能够——在英国则一直是——被纳入不同于祁克所阐述的那些法律范畴。英国不存在所谓日耳曼的组织法（*Verbandsrecht*）形式，非但是未能接受罗马法所致，而且在一定程度上恰恰就是因为这一事实。缺少罗马的公司概念促进了这样一种局面在英国的发展：通过教会法规，最初只有教会机构拥有有效的法人权利，后来，所有的英国组织都被赋予了类似的性质。“单独法人”理论，[161]即由一系列官员来体现 *dignitas*（尊贵身份）的理论，使得英国法律学说有可能以教会法对待教会权威的同样方式把国家和共同体行政看作法人。17世纪之前，国王一直被视为一个“单独法人”，[162]即使在今天，被认为是政治组织一切权利和义务之载体的，既不是国家和作为法人的国家资产（*Fiskus*），而是王权，[163]这是教会法规影响的结果，也是早期缺少受罗马法影响的那种日耳曼公司概念的结果，而缺少这种概念则是等级制法人国家（*Ständestaat*）的政治结构所致。现代英国的公司一经出现，基本上还是保留了作为一种公共机构而不是自愿联合体的性质，总之，它从来就没有成为日耳曼类型的那种会社。这些事实使我们有理由推测，中世纪会社法在大陆的衰落，并不像人们经常认为的那样都是罗马法的影响所致。事实上，查士丁尼法典对于中世纪的组织根本就一无所知。对查士丁尼法典进行解释的是继承了罗马法传统的法学家们，而他们不得不去适应眼前的需要。所以，他们的理论不得不使用那些往往很成问题的概念工具，不过即使如此，他们也并不足以削弱中世纪组织的存在基础。总之，公司概念取代模糊的日耳曼思维方式并非完全由于他们的努力，尽管他们做出了相当可观的贡献。英国的发展以及大陆——特别是日耳曼——的发展，其真正的原因主要还是政治上的原因。这个论断既适用于中世纪，也适用于现代之初。实质的差异在于，英格兰的王权强大而集中，而且在金雀花王室及其后继者统治下产生出了高度发达的行政技术手段。但在日耳曼却并不存在什么政治中心。另一个因素则
722 是英国不动产法律中某些封建概念的持续影响。

然而，这种极端制度化的独裁式公司结构，在英格兰并不是唯一具有重要意义的形式。作为大陆公司的替代物，我们还可以看到把某些人或者担任官职者当作“受托人”的技术，就是说，他们被授予了某些权利以代表某些特定受益人或者整个公众的利益。自

17世纪末叶以来，不唯国王，甚至某些自治市和行政堂区的官员也都被看作是受托人。实际上，凡是我们今天在使用“专用基金”（*Zweckvermögen*）概念的地方，[164]英国法律都是把托管制作为最可靠的技术手段。这种制度性措施的典型要素是，受托人不仅可以，而且必须做他管辖权的分内之事，这样它就取代了公职（*Amtsbegriff*）的概念。这种意义上的信托恰如罗马**委托遗赠**的类似情况一样，主要也是起源于规避某些禁律的需要，特别是永久管业法以及其他由法律制度强加的限制。[165]第二个原因则是中世纪初期还没有任何公司概念。当英国法律最终发展出这种概念时，信托仍然继续适用于那些不能组成公司的机构，但是类似的制度性趋势在英国的整个公司法中始终发挥着重要作用。

最后提到的这种局面可以用来解释以下事实：在英国法律中，乡村共同体（*Markgenossenschaft*）的结构比在日耳曼法律中具有更多的威权主义性质，地主一般都被认为是公地的所有者，农民则被看作单纯的 *iura in re aliena*［他人土地（或动产）的权利］受让人。按照这种一向得到坚持的理论，农民向王室法院提起诉讼的权利几乎就毫无用处。最后的结果则是以比罗马法 *ager optimo iure privatus*（全权私有土地）［参阅（四）注64］在实际上存在过的远更极端的形式，承认单纯的封地为英国不动产的基本形式。未分割的继承人共同体以及其他一切由此衍生出来的形式，在日耳曼法律中早已通过封建的长嗣继承原则而被排除掉了。把一切土地所有权最终都追溯到王室特许权那里，这一原则必然会产生以下观点：一切组织的决定性权力都不过是某些个人及其继任者通过特权方式获得的专门所有权。梅特兰的研究[166]已经表明，作为根据份额向每个个人纯自动地分配权利义

723 务（这源自古老的海得制并转移给了所有类似组织）的结果，英国的实践几乎不需要把参与某个共同体的个人之总和看作一个独立的法律主体。部分是封建制，部分则是**等级制**的国家强化了上述局面。这首先是永久管业权的法律产生的结果，它们为了国王与贵族的利益而禁止把一切土地转让给包括自治市在内的“永久管业”（dead hand）。[167] 只有通过专门的特权才有可能摆脱这种禁律，而且事实上，15世纪的城市特权——它始于1439年的金斯顿*特权，把具有实在内容的公司权利授予了上述城市——正是这些城市作为规避禁律的手段而努力争取的东西。因此，公司法始终就是一种特权法，并且始终处于等级社会特有的法律发展进程的总体影响之下。从国王和议会以下的所有权威都被认为是特定特权和职权的综合体。无论是谁，凡是要求行使一种并非得自私人契约的权利，都必须合法地得到有效授权，而且只能在明确规定的界限之内行使这种权利。只有在符合极为悠久的惯例的情况下才无需实在的授权证明。即使在出现了公司概念之后，这种理论也一直保持不坠，直到现时代仍然如此，总之，任何组织都必须严格遵守，如果它的法律行动逾越了明确授予它的特权范围，那就是**越权行事**，因而就是滥用特权之罪，结果往往就是遭到解散，实际上这就是都铎王朝和斯图亚特王朝时期大量发生的情况。[168]

结果是，如果没有得到特别许可，那就不可能以任何方式建立公营或私营公司；除非为了有限目的和基于公用事业的理由，也不可能得到这种特许；所有公司都是政治性公司，或是得到政治性授权的有

* Kingston，即泰晤士河畔的金斯顿，英格兰大伦敦的敕许自治市。1200—1685年间先后获颁30个特许状，曾有7个盎格鲁－撒克逊国王在此加冕。

限目的公司，并始终处于监控之下。归根结底，这种法律状况的起源可以追溯到诺曼人行政的公益性派捐性质。国王要确保政府和司法行政所必需的贡赋，因而就要建立一些承担集体义务的强制性组织，它们类似于中国、希腊化地区、晚期罗马、俄国以及其他法律制度下的那些组织。一个**共同体**只能作为对王室行政负有公益性派捐义务的组织才能存在，且只有根据王室特许或特惠才能享有权利，否则这种共同体在法律上就始终是 *bodies non coporate*（非法人实体），即使到了现代也仍然如此。

由于实行严格的家产制中央行政，国内所有联合体的这种整合 724
在英格兰法律史的初期阶段就达到了巅峰，此后则逐渐走向衰弱。但在大陆的法律史上，是现代官僚制君主国家打破了传统公司自治的约束；自治市、行会、乡村共同体、教会、俱乐部以及其他各种联合体都被置于国家监督之下；由国家颁发、调节和控制特许状，并取消了未经特许状正式授予的所有权利；由此，第一次把“法律学家”[169]的理论引进了现实的实践中，他们一直坚持认为，非经**国家元首**授权，任何组织结构都不具有法律人格或者自己的任何权利。[170]

在法国大革命发挥了持久影响的那些领域中，它不仅摧毁了公司的一切形成方式，也摧毁了一切类型未经明确特许，不是为了严格规定的特殊目的而建立的自愿联合体，以及总的来说摧毁了一切联合体自治权。这种毁灭主要是由一切激进民主所特有的政治原因造成的，但是，教条主义的自然法观念以及中产阶级经济取向的考虑也发挥了一定的作用，后者的教条主义往往也会变得冷酷无情。拿破仑法典排除了法人概念，对它根本就只字不提。然而，这种趋势被资本主义的经济需要扭转了过来，对于那些非资本主义阶层来说，一方面这是市场经济的需要，另一方面则是各种政治派别进行鼓动的需要，最后还有与个人中间文化关切的分化联系在一起的文化抱负日益扩大的实质性分化。[171]

英格兰的公司法从未经历过这种与过去的断然决裂。英格兰的法学理论自 16 世纪开始阐发——最初是针对城市——在法律上有别于私人领域的“机关”和“机关行为”概念，并且在此过程中使用了**政治体**（body politic）的概念，即罗马人的 *corpus*（实体）概念。[172] 这种理论把行会带入了公司类型的领域，为自治市提供了程序性和契约性自治的可能性——如果它们拥有封印的话——并允许特许公司在多数原则而不是全体一致的基础上制定自己的内部章程，从而使其享有有限的自治权。17 世纪的英格兰法律否认公司具有不法行为能力，但直到 18 世纪，公司在财产权问题上一直被视为仅仅是个体成员的受
725 托人，成员针对公司提出的权利主张只在衡平法中予以落实。直到 18 世纪末，英格兰法律才允许——而且是很不情愿地允许——股东在转让自己的股份后即可终止对公司债务承担的责任，但是尽管如此，法律依然不容出现公司破产的情况。最终，是布莱克斯通*援引罗马法而首先对法人财产和私人财产做出了区分。

在这项发展中发挥了重要作用的，是资本主义经营者的需要所带来的逐渐增强的影响。在重商主义的都铎与斯图亚特时期，许多大型公司在法律上依然是国家机构，英格兰银行也是如此。[173] 中世纪要求这种公司发出的任何契据都要使用封印，只要法人财产的某一部分与

---

* William Blackstone（1723—1780），著名英国法学家，也是著名法官和议员，著有《英国法释义》传世。

土地有关，这一部分股票就被视为不动产，以及把法人的目的限定为从事公益或者公用事业，这对于商业公司来说都是根本不切实际的，因此在18世纪便逐渐放弃了这种做法。不过只是到了19世纪，商业公司才引入了有限责任制，适用于一切合股公司的普遍性规范调节制度也得以确立，同时得到确立的还有适用于互助会、慈善团体、学术团体、保险公司、储蓄银行以及工会的某些特殊规范。所有这些规范一般来说都类似于大陆的相应规范，[174]但是旧的形式并没有被完全抛弃。即使在今天，对于所有那些公认的自愿联合体（比如互助会[175]）来说，受托人的委任也仍需通过法院；无法人地位的自愿联合体（比如俱乐部）的一切合法交易，则必须经由一致同意为代理人授权。[176]**越权**理论仍在发挥作用，任何不符法定模式之一的公司也仍需订立单独的章程。不过实际上，这种状况与《民法典》生效之后德国存在的局面并无太大差异。

一个十分常见的说法是，罗马法具有个人主义性质，相形之下日耳曼法律则具有社会性质。[177]此说无法解释法律发展过程中的巨大差异——不唯上述简要的比较可资证明，对那些主要法律制度的任何观察都可以证明这一点。

日耳曼中世纪会社的多样化形式，乃是受到了一些非常特殊的主导性政治因素影响所致，这些因素曾经并且仍将是独一无二的。俄国与东方的法律，包括印度的法律，无不承认强制性组织——特别是乡村共同体，但也包括手工业者——公益性派捐的集体责任和相应的 726
集体权利。[178]尽管不是普遍现象，但它们也有家庭共同体的连带责任，而且，像俄国*artel*（工匠合作社）那样的家庭式劳动组织也十分常见。然而，它们从来没有找到机会像中世纪西方那样发展出具有丰富差异的会社法律，也没有形成像罗马法与中世纪法律交汇之后产生出来的那种理性的公司概念。我们已经看到，伊斯兰的捐赠法是以古代东方，特别是埃及——至关重要的是拜占庭——的法律发展为先导的，但是其中根本没有公司理论的萌芽。最后，中国的法律则以典型的方式表明，家产制君主的权威伴之以家庭及亲属群体的存续，对于保障个人的社会地位有着多么重要的意义。国家独立于皇帝个人这种观念根本就不存在，私营公司或者自愿联合体的法律也同样不存在，更不用说还有包含政治动机的禁止一切非家庭、非财政、非特许组织的治安禁令。城镇仅仅被官方法律承认为履行家庭税赋责任的组织。它们以宗族群体的成员资格为基础，对成员行使着可以想象得到的最强有力的权威，把所有经济活动组织成共同的制度，面对局外人时则显示出一定程度的内聚力，从而使代表皇权的官员们不得不将其看作最强大的地方权威。这些现象如同在别处一样，在中国官方的法律概念中也没有得到承认，它们往往会严重阻碍皇权的效用。在宗族群体和市镇——而市镇从未得到官方法律的承认——的族斗（blood feud）中体现出来的表面自治，不可能获得明确界定的内容。宗族群体和家庭之外的私人组织，尤其是高度发达的互助贷款、丧葬互助会和职业组织，部分相当于罗马帝国时期的情形，部分相当于 19 世纪俄国法律中的情形。尽管如此，也还是根本不存在西方古代法律中的法律人格概念，公益性派捐的功能也不见踪影——连它是否存在过都根本无法确定。资本主义的财产共同体（*Vermögensgemeinschaften*）最终像在中世纪的南欧一样摆脱了对家族的形式依附，然而，尽管事实上也使用了诸如商号这样的制度，但它们从未达到 13 世纪的欧洲所达
727 到的程度，即没有成为一些明确的法律类型。与债法的一般状况相对

应，集体责任源自宗族群体的不法行为责任，但至今仍是以不完整的形式存在着。然而，契约责任至今仍是纯粹的个人责任，没有采取连带责任的形式，而是仅限于群体成员有义务交出逃债的同伴。在所有其他方面，共同债务人也只是**按比例**承担责任，而不是承担连带责任。只有财政法才承认家庭及其财产的连带责任，而且像古代罗马一样，私人联合体在法律上根本就不存在集体财产。现代中国的商社像古代罗马的收税人公司一样，在法律上被看作是负有个人责任的董事们的合营或者 *sociétés en commandite*（商会）。中国民间联合体和商业组织的法律这种欠发达状态，恰如中世纪和东方的情况一样，也是因为亲属群体长期具有重要作用所致，所有的经济联合体都是在这种群体中产生的；另外，政治上的家产制统治也阻碍了自治性公司的成长；最后，人们除了财政性经营和贸易之外一般都不愿进行资本投资。

中世纪西方的不同发展历程主要是由以下事实引起的：这里的家长式专制统治具有法人身份性质而不是家长制性质，而这种局面又主要是政治，特别是军事和财政原因所致。此外还发展并保持了与民间共同体联系在一起的司法行政形式。在缺少这些因素的地方，比如在印度，自从婆罗门占据支配地位以来，实际上是多样化的合作与会社形式的联合体从未伴随出现相应的内容丰富的法律发展。那里长期持续地缺少理性而强大的中央权威，它总是在临时中断之后再重新开始，这实际上产生了被法律明确承认的商业、职业和农业共同体的自治。但是并未由此出现日耳曼类型的法律发展。那里的平民共同体的司法行政类型产生的实际结果是，领主无论是政客还是地主，在承受压力做出裁决或者发布习惯法时，不是亲自或通过盟友，而是通过平民集会的成员或至少在他们的决定性影响下，以免被认为不具真正的约束力。如果没有受特定法律影响的群体参与，就不可能做出这种决定。只要涉及到从不完全土地所有权人、农奴和家臣（*Dienstmännern*）的经济与人身依附关系中产生的权利义务，那就必须召集他们到场；只要与封臣或市民的政治与契约依附地位有关的权利义务出现了争议，也同样必须召集他们到场。[179] 这种局面最初产生于公众法庭共同体（public court community）的军事性质，但是随着中央权威的衰落，所有被授予或篡夺了司法行政权的组织依然承袭了此制。显然，这种制度能够为自治性立法以及合作组织或者会社组织提供尽可能强有力的保障。有了这种保障以及在自己的法律形成过程中受法律影响的有关各方组成的群体在事实上的自治，西方的公司与会社法以及特别是资本主义联合体形式才有可能得到发展，这种现象的起源取决于实质上的政治和技术性的行政考虑。领主一般都热衷于军事活动，他几乎很难让一个依附于他，能够被他用来监督下属的理性行政机器任由他随意支配，因此他不得不依赖于他们的善意与合作以满足自己的要求，同时也不得不满足他们针对他而提出的传统性或僭越性的对立要求。这些依附性阶层的权利作为伙伴关系的权利，就是在这种状况下类型化并被占用的。联合体的规范通过习惯而得到了越来越多的保障，这种习惯产生于民众集会的发现法律形式，亦即定期通过口头说明并记录在习惯法汇编中以确认该组合体的现行法律，同时依附者会在适当时机要求领主将该法律认可为他们的特权。[180] 在封建领主的政治与经济组织中出现的这种局面，自然也给自由自愿的联合体增大了保持法人自治的可能性。英格兰不可能出现这种情况，因为拥有强大家产制权力的王室法院压制了古代各郡和自治市等等公众集会式的司法行政。因此，会社法的发展受到了抑制；习惯法汇编

728

和自治特权也罕有所见，纵有零星的存在，也毫无它们大陆对等角色的独特性质。在日耳曼，随着政治与领主权威变得能够创立行政机器，从而使它们能够随意支配民间类型的司法行政，会社自治以及相伴而生的会社法律也迅速衰落了。[181]

这项发展与古罗马法特性渗入政府体制同时发生自非偶然，但
罗马法本身并没有扮演关键角色。在英格兰，会社法的兴起受到了日 729
耳曼式法律技术手段的阻碍。此外，凡是不能划归单独法人、信托机构或者特许组织形式等范畴的联合体，都被认为纯粹是它们成员之间的契约关系，其章程只有在成员公认的合同性要约意义上才被授予效力。这种观点与古罗马类型的拟制解释密切相关。这里的决定性因素是立法组织的政治结构和职业性法律结构载体的特性，对此我们将在后面讨论［见（四）］。

七、自由与强制

受法律调整的关系发展为契约性联合体，以及法律本身发展为契约自由，特别是发展为在约定的交易形式范围内的自由处置制度，通常都认为这表明了限制在减少，个人自由在增加。综上所述，很清楚，这种看法的形式正确性只是相对的。与他人缔结其内容完全取决于个人同意的契约关系，以及根据人们的愿望利用法律为最广义的结社目的所提供的日益增多的现成形式，这方面的可能性在现代法律中已经得到了极大的扩展，至少在货物交换和个人劳务与服务领域已是如此。然而，这种趋势在多大程度上扩展了个人创造自身生活条件的事实上的自由，或者反过来说，尽管有了这种趋势——也许正是因为

有了这种趋势——生活已在多大程度上变得更加刻板，都不可能仅仅取决于研究正式法律制度的发展。可能的契约模式之多样性以及正式授权人们去确定符合他们愿望并独立于所有官方格式的契约内容，这本身并不能保证每个人实际上都可以利用这些形式上的可能性。利用的障碍首先来自受法律保障的财产分配差异。一个工人形式上有权利与任何雇主订立任何内容的契约，但实际上这并不意味着求职者在决定自身劳动条件的问题上享有哪怕最起码的自由，而且不能保证他对
730 这一过程能够发挥任何影响。毋宁说，至少在最初的时候，市场上的较强势一方，即通常是雇主一方，才有可能规定契约条件，提供“要么接受，要么走人”的就业机会，并利用劳动者通常比较紧迫的经济需要而迫使他接受契约条件。于是，契约自由的结果首先就是开放了这样的机会：通过在市场上机敏地利用财产所有权，不受法律约束地把这些资源用作手段，以获得对他人的控制权。因此，对市场权力感兴趣的当事人也会对这种法律秩序感兴趣。“法律授权规则”的确立就特别能够满足他们的关切。这种类型的规则不过是创设了有效协议的框架，在形式自由的条件下，这些协议对任何人都能正式适用。不过实际上，它们只对财产所有人敞开了大门，并有效地支持着他们的自治和权力地位。

必须特别强调事态的这个方面，以免重蹈一个十分常见的错误：在当事各方合法交易中系统界定的现代形式的自治权，体现了“立法过程的权力分散”（这是安德烈亚斯·福格特［Andreas Voigt］的绝佳用语[182]），这与其他共同体相比——例如与遵照“社会主义”路线组织起来的共同体相比，等于是降低了法律共同体内部的**强制**程度。越来越具重要意义的契约自由，特别是把一切都交给“自由”

协议的授权法，意味着相对削弱了强制性和禁止性规范的威慑所产
生的强制力。从形式上看，这当然意味着强制的减少。但也不言而
喻，这种事态非常有利于其经济地位能够利用授权的人。一个特定
法律共同体内的“自由”总量能够达何种程度，实际上在越来越完
全地依赖于具体的经济秩序，特别是依赖于财产的分配，单从法律
的内容是不可能推断出来的。毫无疑问，这里所说的授权法在“社
会主义”共同体中只有微不足道的作用，同样，实行强制时的立场、
强制的类型以及被强制的对象，也不同于私有经济中的情况。在私
有经济中，强制在相当大程度上是来自生产资料与获利手段的私人
所有者，法律保障他们的财产权，因而他们的权力可以在市场竞争
中体现出来。在这种强制类型中，“虽然被迫，但是情愿”[183]这一
说法有着特别强的适用性，因为它小心地避免使用威权主义的方式。
在劳动力市场上，是否接受经济强势者凭借法律对其财产权的保障 731
所强加的条件，全靠当事各方的“自由”酌处。但在社会主义共同
体中，无论何处都可以想象到存在着一种中央经济控制权威，它的
直接强制和禁律将比今天的这种局面发挥远更巨大的作用。如有不
从，它会通过某种“高压统治”而不是市场竞争来制造服从。然而，
仅仅分析目前实际存在的或者可以想象的正式法律制度，并不足以
确定哪种制度拥有更真实的强制力，哪些人们享有更真实的个人自
由。社会学所能做的只是识别各种强制类型的本质差异，以及它们
在法律共同体的参与者当中产生的影响。

一种（当今各种意识形态通用意义上的）（民主）社会主义秩序，不仅否定因拥有私有财产而在市场上实行的强制，而且否定在纯个人的权力主张基础上实行的直接强制。它只承认一致同意的抽

象法律的效力，不管它们是否被称为法律。从形式上说，市场共同体并不承认个人权威基础上的直接强制，而是产生了一种特殊类型的强制态势，作为一个普遍原则，它对工人和经营者、对生产者与消费者全都一视同仁，就是说，从必须适应市场的纯经济“法则”中产生的非个人形式的强制。惩罚的方式是经济权力的丧失或削弱，在某些情况下甚至丧失经济上的存在。私人企业制度甚至把实际存在于资本主义经营中的个人威权主义等级制关系也变成了“劳动力市场的交易”对象。因此，尽管这种威权主义关系渐渐淘汰了一切普通的情感内容，但是威权主义的强制不仅继续存在，至少在某些情况下还在加强。这种以特殊方式依赖于“纪律”——资本主义商业建制的纪律——而存在的结构越是包罗万象，在其中实行的威权主义强制就越是冷酷无情，掌握着权力的人员圈子也就越小，用于实行这种强制的权力会集中在他们手中，而且他们掌握的权力也使他们拥有了法律秩序所保证的这种权威。一种仅仅包含极少强制性和禁止性规范，却包含了众多“自由”与“授权”的法律秩序，在实际运作中却有可能不仅导致一般性强制在量和质上的加强，而且特别会导致威权主义强制的加强。

732 **注 释**

1 见（一），一，（a）。关于权利的规范与规章制度之间的区别，参阅 Jellinek，*System*，尤其是 63—76（*Reflexrecht und subjektives Recht*）；W. Jellinek，*Verwaltungsrecht*（1948）200，305。Laband 的 *Staatsrecht*（1911）认为做出这种区别是无效的，见 I，331；III，207。H. Kelsen 的 *Reine Rechtslehre*（1934）则试图加以综合，见 39；*Theory* 77，78，84。不仅在细节问题上，而且对于韦伯法律社会学的总体研究来说，他在海德

堡的同事和私交格奥尔格·耶利内克都对他都产生了很大影响，尤其是耶利内克的*Allgemeine Staatslehre*，3rd ed. 1914。

2 关于这种三分法的典型论述，见 Enneccerus 56；Austin，*Lectures on Jurisprudence*（1885）39，92，684，710 *et seq*。关于第三种权利，这里没有完全说清楚。它指的不是A可以容许B实施某种行为的情况，而是一如下面句子所示，是这样一种情况：A可以实施某种行为而无须服从一个、多个或者所有他人在法律上具有正当性的干预。

3 韦伯是在格·耶利内克发展出来的意义上使用 Freiheisrecht（“特权”）一词的，见*System* 89。不妨指出，耶利内克和韦伯对“权利主张”与“特权”的用法都类似于霍菲尔德（Hohfeld）的术语；参阅 Hohfeld，*Fundamental Legal Conceptions*（1923）。

4 韦伯这里想到的是遗赠动产或不动产的契约。在美国的法律中，这种契约要求立约人必须立下遗嘱，从而也就产生了受遗赠人或遗产继承人的权利。在德国法律中，如果严格订立了“继承权契约”，那么它就是在立约人死后受益人获得权利的依据，因此无需再由一份遗嘱使其生效，见《德国民法典》，Secs. 2278—2302。

5 见奥地利《民法典》1249 条。

6 参阅 McMurray，*Succession*，*Laws of*，14 Encyc. Soc. Sci，435，440；Nussbaum，*Liberty of Testation*（1937）23 A. B. A. J. 183；Rheinstein，*Decedents' Estates* 403，406。

7 参阅下文（二），四，2—3。

8 凡此种种，都是当时德国行政法理论的内容，尤见 W. Jellinek，352 *et seq*. 以及其中引用的更多文献；A. Lotz，*Geschichte des deutschen Beamtentums*（1914）；W. Sombart，*Beamtenschaft und Wirtschaft*（1927）；F. Winters，*Abriss der Geschichte des Beamtentums*（1929）；Laband，*Das Staatsrecht des Deutschen Reiches*（1911）433 *et seq*。

9 见 Lotz，*op. cit.* 28（*Beamte als Hofbeamte*）；Laband，*op. cit.* 433。

10 见 O. Gierke，91，以及他的 *Genossenschaftsrecht* I，535；Carlyle，*History of Medieval Poltical Theory*（1903），vol. iii，part I；Spagenberg，*Vom Lehensstaat zum Ständestaat*（1912）；Luschin v. Ebengreuth，*Die Anfange der Landstände*（1897）78 Hist. Z. 427。

11 leges barbarorum（蛮族法）就是日耳曼各民族征服罗马帝国西部地区之后着手“汇编”的习惯法，例如萨利克法兰克人的《萨利克法》、西班牙西哥特征服者的《西哥特法》（Lex Visigothorum）；参阅 Amira 15，16；Jenks，*Development of Teutonic Law*（1907）I *Selected Essays in Anglo-American Legal History* 35；Huebner 2。

12 参阅 Lewis H. Morgan，*League of the Iroquois*（1922）；same author，*Ancient Society*（1878）399，446。

13 关于男人之家，见 Lowie，*Primitive Society*（1925）197，299，306，315，368；H. Schurtz， 733
Altersklassen und Männerbünde（1902）；W. Schmidt und W Koppers，*Gesellschaft und Wirtschaft der Völker*（1924）224。另请参阅第九章，二。

14 坚持认为这是程序法来源的还有 Maine，at 385。相反的观点则认为，程序法源起于统治者命令臣民服从仲裁的那种权力，见 F. Oppenheimer，*The State*（1914）78—81，以及 L. Gumplowicz，*Outlines of Sociology*（1899），179；参阅 Seagle 62。如果认为一切程序法都是来源于自愿的或者被迫的服从，这就过于简单化了，因为这里肯定还涉及许多其他因素。在斡旋或仲裁亲属群体之间的争端时，肯定会出现某些额外的环境因素使得自愿服从变成强制服从。因此，比较准确的说法大概是，不同的程序规则有其不同的来源，像 Wenger（at Ⅱ）那样谨慎的学者认为，罗马法的情况就是如此；关于另一种不同的观点，见 Ehrlich 137 *et seq*。关于一般的争论，见 Thurnwald 145 *et seq.*；Diamond，cc. xxx. xxxi。

15 许多人都知道一个例子：本书 1925 年版的用词是“市长大人”（lord mayor）而不是大法官，由此导致英文版用一个长长的脚注解释“市长法院”（Mayor's Court）（R）——关于罗马的**行政司法官**，韦伯似乎主要是想到了程式诉讼程序的**争讼程序**（the litis contestatio of the formulary procedure）。借助财产扣押（missio in bona，财产占取）的威胁，行政司法官可以迫使当事各方同意他所提议的或当面与他合作提出的程式。该程式一经确定，“行政司法官即向原告颁发证明文件。……接下来是当事各方订立正式契约：现在作为原告出现的一方持有被告所承认的证明文件。”（Wenger 139）关于**争讼程序**（litis contestatio）及其作为强制契约的性质，一直存在大量争论，见 Wenger 17，139。其他强制契约亦可见于**行政司法官**迫使一方向另一方作出保险承诺的各种情况之中（cautiones；stipulations in iure）；参阅 Wenger 102。

16 见 Thurnwald 51；R. Schröder 66；Brunner I，132. Schmidt und Koppers，*op. cit.*（in *Völker und Kulturen*）Ⅲ，167，234；Maine，*Early Law* 69 *et seq*。

17 关于誓约，见 Thurnwald 176；Wenger 126，336；Pollock and Maitland I，39；Ⅱ，600；Diamond 52，Ⅲ，336—339，350—390。

18 Schmidt und Koppers，op. cit. I，497；Westermarck，*History of Human Marriage*（1925）233.

19 见 M. Ebert，*Real-Lexikon der Vorgeschichte*（1926）Ⅵ，sub tit. “Kauf，” 246—248；Ⅷ，sub tit. “Markt，” 34。

20 在罗马法中，至少在通过**要式买卖**出售**要式物**（the sale of *res mancipi* by way of *mancipatio*）（见下文注 22）方面，卖方在所有权或质量存在缺陷的情况下产生的义务，其本源就在于他所犯下的错误［见 E. Rabel，*Die Haftung des Verkäufers wegen Mangels in Recht*（1902）8/9］。耶林的观点似乎也对韦伯产生了影响，他认为，这种错误就构成了一桩“盗窃罪”（“theft”），当卖方接受了买方的货币作为出售并不属于卖方的物品所得，这时卖方就构成了盗窃罪（*Geist des römischen Rechts*，I，157；Ⅲ，Part I，138）。但是更有可能，卖方的错误在于，当买方安心地拥有和享受的权利
734 遭到第三方更高权利要求的质疑时，卖方无法使买方得到保护。卖方保护买方免受这种质疑的义务，均可见于希腊、日耳曼、斯拉夫以及其他众多法律的原始阶段，参阅 Rabel，*loc. cit.* 6；Dareste，*op. cit.* 166，184，202，232，263；另请比较 H. Coing，*Die clausula doli im klassischen Recht*（1951）Festschrift Fritz Schulz 97。

21 Chartal 货币：所有类型的压印或铸造货币，有别于天然的交换手段或支付手段。

22 在“用铜和秤”（per aes et libram）进行的交易中，要由 5 名见证人和 1 名司秤（libripens）现场称量货币给接受人，而且必须念叨仪式语句。这种制度主要用于要式买卖（mancipatio）中，就是说，这些货物乃是罗马农户的经济支柱（土地、奴隶和

耕牛），即所谓要式物（res mancipi），经此，货物的所有权便被转让了。其他货物的所有权也可以转让，至少在古典时期，在不那么讲究形式的简单**让渡**（simple traditio）中是可以的。用铜和秤进行的交易还曾与**尼克萨姆合同**（nexum）这种因贷款而产生债务的原始形式一起使用，也曾用于收养、立遗嘱和婚姻的目的，见下面注 24。参阅 Buckland 236；Jolowicz，151。正如韦伯所说，用**铜和秤**进行的交易看来一直是罗马法原始阶段使具有法律约束力的交易能够进行的两种主要方法之一。另一种方法是**拟诉弃权**（in iure cessio），类似于普通法的罚金，实质上似乎是在司法行政官面前进行的模拟审判，旨在形成对这一事实的权威认证：让与人把自己的所有权让与了受让人。

23 1925 年版和 1956 年版中都作“Zwangskontrakt”，在英译本中被译作“强制契约”（coercing contract），但这已被证明不过是“Zweckkontrakt”的误植。这个错误使得旧译本的若干段落变得晦涩难解。（R）

24 coemptio 与 confarreatio 通常被认为是早期罗马法规定的两种婚姻形式。后者是一种详细载明的宗教礼仪，似乎仅仅适用于贵族阶层的成员。前者则是一种用**铜和秤进行的交易**，看来基本上不是为了建立婚姻关系，而是为了丈夫能够获得对妻子的旧式夫权（manus）地位。到共和时代晚期，这两种老套子都已变得过时了，婚姻关系被认为由当事人非正式同意即可有效缔结，通常由新娘进入新郎家门（in domum deductio，妻入夫家）的仪式证婚。在旧式的 coemption 中，新娘娘家的家长似乎要以一种名义价格把对女儿的支配权转让给新郎。古典时代 coemptio 中与新郎的要式买卖，似乎一直是由新娘本人进行的。参阅 I Bonfante，*Corso di diritto romano*（1925）39 et seq.；Kunkel, 14 Pauly-Wissowa, *Realenzyklopadie der klassischen Altertumswissenschaft* 2259；F. Schulz，*Classical Roman Law*（1951）103；Corbett，*Roman Law of Marriage*（1930）；关于更多文献，见 Jörs and Kunkel 271 *et seq.*，416。

25 债（obligation）这个词比较常用于民法而不是普通法范围。在民法的术语中，债（拉丁文为 obligatio）意味着所有种类的个人义务，比如付款、交货、转让土地、提供劳役、克制某种行为等等的义务。债可能产生于一项契约（ex contractu）、一次侵权行为（ex delicto）或者直接产生于法律秩序（ex lege）的一道命令；最后这个范畴的分支包括**准契约**（quasi ex contractu）和**准侵权行为**（quasi ex delicto）的债。

26 Wergilt（wergeld），即赎罪金，为罪错而支付的抵罪金，尤指传统所固定下来的抵罪金。 735
这是个德文词，但这种制度看来几乎是普遍通行的。韦伯这里参照了主要由 Amira，*Nordgermanisches Obligationenrecht*（1882）阐述的理论。

27 **返还所有物之诉**（rei vindicatio）是专门要求重获一宗动产或者一块土地、由自称为合法所有者的人针对占有者提起的诉讼，Gaius（iv，16，17）曾描述如下［L. Mears 英译（1882），518］：

“§ 16：如果是涉及动产或者活物的物权诉讼，可能要打上法庭或者导致法庭上见的，那就要在行政司法官面前提出对它们的权利要求：权利要求人手持一根棍棒，带着该物——比如一个奴隶，并陈述如下：‘我要说，该奴隶为我所有，因为，根据罗马人的法律，我已经证明了所有权。因此，我把我的矛放在他身上。’说话间就把棍棒搭在了奴隶身上。然后对方也做同样陈述和动作，双方对该奴隶提出权利要求之后，行政司法官便说：‘两造放开此奴。’接着双方应声退后。然后第一要求人说：‘我要求你拿出主张的理由。’对方则答道：‘我把矛放在他身上时就宣明了我的权利。’于是第一要求人说：‘你的权利要求不正当，我要求你用 500 镑铜为审判结果打赌。’对手则会提出同样的要求，但如果诉讼标的物的价值低于 1 000 镑铜，他们就会用 50 镑铜作为相互打赌的总额。接下来就会进行对人诉讼的同样程序，然后行政司法官临时把诉讼标的物给予其中一方，指定该方作为临时占有人，并令其为该诉讼标的物和临时占有——为该争议物和产品——给付对方保证金，同时行政司法官本身还要按照罚金总额收取双方的诉讼费用保证金，因为它有可能被罚没充公。实际上，一根棍棒就是代替长矛的，它是合法所有权的象征，因为它被特别看作是一个男人取自敌手的自有财产，所以，一支长矛就要置于百人陪审员（centumvial tribunal）面前。

“§ 17：如果该物是天然之物，不可能便捷地带上法庭，比如一根圆柱、一艘船或者一群牛等等，只能把一部分带上法庭，就要把这一部分当作整体在法庭上提出权利要求。……同样，如果争端涉及一块土地、一座建筑或者一份遗产，也要取一部分带上法庭并据此提出权利主张，一如把整体带到了法庭……。”

Wenger p. 127 另有如下评论：“这是国家建立和平秩序之前，自力救助实际占有物之争的象征性提示物。最后则由行政司法官提出：*cum uterque vindicasset*，*praetor dicebat*：*Mittite ambo hominem* [既然两造皆称有权得到（他），便应放开此人]。对一块 *fundus*（土地）的象征性诉争则更清楚，此时双方都要带来该土地上的一把泥土，以便用它在行政司法官面前进行上述相互主张物权之诉的程序。”关于希腊的 diadikasia（διαδικσία，主张遗产之诉），见 2 Bonner 及 Smith 79，101，163，260，265；Leist 490。另见上文，一，注 27、28。

关于希腊的 diadikasia（διαδικσία，主张遗产之诉），见 2 Bonner 及 Smith 79，101，163，260，265，；Leist 490。另见上文，一，注 27、28。

28 Markgemeinschaft，或者更常用的说法 Markgenossenschaft，是有权共同使用公地，特
736 别是共同使用公有牧场和林地者的共同体。关于各种形式的农业共同体，见 Weber，*Economic History*（trsl. F. Knight，1927）8；参阅 Pollock and Maitland I，560。

29 Hereditatis petitio：要求重获某死者全部财产的诉讼，是要求获得继承权的人针对据说无权占有该项财产的人提起的诉讼。

30 Sternberg，*Der Geist des chinesischen Vermögensrechts*（1911）26 Z. f. vgl. RW. 142/3；cf. Alabaster 317.

31 关于这种“sitting dharma”制度，见 Maine，*Institutions* 38 *et seq.*；297—305；E. S. Hartland，*Primitive Law*（1924）186。据说古代爱尔兰法律也有这种惯例，见 Maine，*op. cit.* 280，296，303：如果债务人是个首领级的人物，债权人就不得不“上门绝食”，就是说，到那个债务人的住处，不吃不喝地等上一段时间。

32 A. Kocourek and J. Wigmore，*Sources of Ancient and Primitive Law*（1915）in I Evolution of Law，28，on Fanti Customary Law；Maine，*Institutions* 187，on Irish law.

33 **尼克萨姆**（nexum）似乎一直就是借贷契约，形式上是用**铜和秤**产生的，即由 5 名见证人和 1 名司秤当场用铜称量，见注 22。它的起源和性质至今不详。韦伯接受了

米泰斯的理论（Mitteis，25 Sav. Z. Rom. 282），后者认为，**尼克萨姆**是债务人象征性地将自身卖给债权人的一种交易。然而，这种理论遭到了来自各个方面的质疑，Jörs and Kunkel 219 列出了大量文献目录；此外还有 Koschaker，*Eheschliessung und Kauf nach alten Rechten*［1951］，Archiv orientalny 210，288；V. Lübtow，*Zum Nexumproblem*（1950）67 Sav. Z. Rom. 112。要式口头契约（stipulatio）是一种必须使用某些仪式语言进行对话而缔结的契约。对于债权人的问题：Sestertios mille dare spondesne（你是否允诺付 1 000 sesterti?）债务人会回答：Sponodoe（我允诺）。后来允许用其他术语来代替“spondesne? spondeo”，特别是“promittisne? promitto”或“dabisne? dabo”。至于这种契约是否像韦伯认为的那样仅仅涉及货币支付，至今还是人言人殊，Jörs and Kunke 97 列举了有关文献。另见 ibid. 218。

33a “Aus römischem und bürgerlichem Recht”（Festschr. F. Becker）109 *et seq*. 米泰斯关于要式口头契约起源的理论引起了一些疑问，见 Segré，108 Archivio ciuridico 179；Luzzatto，*Per una ipotesi sulle origini e la natura delle obbligazioni romane*，8 Foud. Castelli 253；and Weiss，Pauly-Wissowa，*Realenzyklopadie der klass. Altertumswissenschaft*，2. Reihe，Ⅲ，2540；Jörs and Kunkel 96。这些作者认为，要式口头契约的起源至今仍未澄清。

34 韦伯这里指的是**传唤受审**（in ius vocatio），这是早期罗马法创制的一种诉讼，Wenger
96 有如下描述：“In ius vocatio。在《十二铜表法》中它被置于全部法规之首，而且
以本初的原貌传承至今：I，（1）Siin ius vocat，ito. Ni it，antestamino：igitur em capito.
（2）Si calvitur Pedemve struit，manum endo iacito.（3）Si morbus aevitasve vitium escit，
iumentum dato. Si nolet，arceram ne sternito［translation by J：Wigmore，*Sources of
Ancient and Primitive Law*（1915），vol. I. *of Evolution of Law*，by Kocourek and Wigmore，p.
465］。”“如［此人］要求［彼人］出庭，彼人即应到庭。如彼人不到庭，应有人为此
作证，然后可将彼人逮捕；如彼人或逃或避，应予追捕。如彼人患病或因年迈而行动 737
不便，应为其准备车马，如彼人未提出要求，车上可不必铺被褥垫。”

“在这些规定中，大概再加上后来的一些补充宣判，就已经出现了一些基本的法律原则，尤其是一些特殊规则，放在我们今天可能会留给一项强制执行的法令来处理。此外，这种强制执行的法令实际上大部分是由行政司法官发布的。——被告不可亲自抵制传唤受审，但他有可能找到一个适当的推迟应诉**保证人**（vindex），此人能使他摆脱正在使用暴力的原告之手，且以某种并不一定会被公认的方式保证被告将会到庭。如果找不到合适的推迟应诉保证人，根据《十二铜表法》，被告将被强行拖到司法行政官面前。由原告传唤证人，对于被告来说至少就意味着一定程度上可以保证免受非法暴力之害。”

35 关于罗马法，韦伯显然是想到了古代的 legis action per pignoris capionem（扣押财物之诉），但它似乎并非任何情况下都适用，而是仅仅适用于神圣律法和公法，尤其是税法的某些权利主张；参阅 Wenger 228。在日耳曼法律中，扣押财物的适用范围似乎较大。关于罗马法和日耳曼法，韦伯大概参照了 Maine，*Institutions* 257 *et seq*。

36 Gelius XX，48（Bruns，Fontes juris romani antiqui；Tab. Ⅱ. 6）讲述了以下这个著名段落：“Tertiis nundinis parties secanto. Si plus minusve secuerint，se fraude esto. ”［“60 天以

后（即违约债务人被他的若干债权人之一扣押了 60 天以后）就要让他们切成若干部分，即使他们切得大小不等，那也无甚大碍”。］对古拉丁文的这个翻译并不太确切，而且这段话的含义至今仍有争议。韦伯采纳的是这一看法，即认为这一段是说，允许债权人亲自把债务人切成几段。Joseph Kohler 在他论述夏洛克要求得到债务人“一磅肉”的著名文章中也使用了同一解释，他认为这里表现了从前某个时代一种普遍观念的残余，它与已经变化了的道德观念发生了冲突。［*Shakespeare vor dem Forum der Jurisprudenz*（2nd ed. 1919）50.］Max Radin［“Secare parties：The Early Roman Law of Execution against a Debtor”（1922）43 Amer. J. of Philosophy 32］则提出了一个完全不同的观点，他认为古意大利语“切断”（secare）是指的分解转让债务人的财产。关于更多的参考文献，见 Wenger，§21，n. 8。

37 德文版原文如下：“oder der Glaubiger setzte sich in das Haus des Schuldners，und dieser musste ihn bewirten（Einleger）.”这里有个德文词“Einleger”，但它的词义根本与这段文字不符［见 2 *Preussische Akademie der Wissenschaften*，*Deutsches Rechtswörterbuch*（1934）1422］。也许这里出现了抄写错误或者印刷错误，该词的意思是 Einlager。然而，这个术语说的却是一种完全相反的讨债办法，即对债务人施加压力以迫使他或他的担保人离家住到某个同意的地方，直至债务被偿还为止（见 2 *Deutsches Rechtwörterbuch* 1414）。一般来说，在日耳曼法律中，承受这种“寄居”的义务要有专门的协议（Hubbner 482）。Von Schwerin（*op*，*cit.*）对该制度有如下描述：“就术语而言，充当人质一直残存于 Einlager（giselschaft，obstaglum）的制度中，它（在日耳曼）是 12 世纪从法国接受来的，在骑士当中尤其常见，一般都是按照契约从事，但也有
738 一些情况是法律规定的。这是一种监禁形式，担保人带着规定数目的随从听任自己被控制在某个小旅馆中，直到还清债务为止。该制度被 16 世纪的帝国立法所废除，但在某些地区一直存续到当代，比如瑞士。”

在日耳曼法律覆盖地区，债权人“寄居”的唯一事例仅见于 R. His［*Gelobter und gebotener Friede im deutschen Mittelater*（1912）33 Sav. Z. Cerm. 169］的以下所述：“为了防止当事双方滥用暴力，15 世纪德意志和西弗里斯兰的各个城市都要求诉讼当事人——债权人和债务人——采取‘寄居’的做法。”更多参考资料见 M. Rintelen，*Schuldhaft und Einlager im Vollstreckungsverfahren des alt-niederländischen und sächsischen Rechtes*（1908）；I Amira，*op. cit.*（1882）362，392 *et seq*。

因此，没有资料能够表明德文词 Einlager 与债权人住到债务人家中讨债的方式有关，实际上，后一种习俗是在 Kohler 对中国的评论中出现的（见 Koheler and Wenger 143）。

38 传统上认为，颁布于公元前 326 年的《博埃德里亚法》（*lex Poetelia*）是这项发展的一个重要里程碑。据说它禁止拘禁和杀害债务人，并迫使债权人接受债务人用劳役抵债的意愿。几个世纪以后写作的所有历史学家（李维、狄奥尼修斯、西塞罗等等）均持此说，虽然细节上有些可疑，但准确地说，它也许反映了贵族与平民之间斗争的一个方面，即从人身责任到财产责任的过渡。有关这一问题的文献，请见 Wenger，§21，n. 10。

39 美国在 19 世纪普遍废除了债务监禁，许多州宪法都明确载入了这样的禁令。但是，这种做法一直存留在把不服衡平法裁决作为蔑视法庭罪进行惩罚的形式中，在某些州，如果债务人被裁定犯有恶意、大意或任意过失罪，将被依法判决作出赔偿。就支付养家费用的义务而言，因赡养争端而面临被监禁的威胁，仍然构成了强制执行的主要保障之一。

在德国，根据 1868 年 5 月 29 日的联邦法律，大概也像所有西欧和中欧国家一样（例如 Bundesverfassung der Schweizerischen Eidenossenschaft of 29 May 1874，Art. 59），债务监禁被 19 世纪的立法完全彻底地废除了。公众舆论甚至不能容忍它作为一种强制执行养家义务的手段。从理论上说，仍有可能把监禁作为一种手段以迫使某人遵守某些判决去作为或不作为，而不是让他支付货币，但这种手段极少使用。见 German Code of Civil Procedure，§ § 888，890； 参 阅 A. Schonke，*Zwangsvollstreckungsrecht*（1948）168—189。关于废除货币债务监禁，见 Hedemann，I；L. Rosenberg，*Lehrbuch des deutschen Zivilprozessrechts*（1949）806—807。

40 Vadiatio（Wadiation），日耳曼人订立担保契约的做法：债务人将一根棍棒交给债权人，债权人再转交给担保人并要求他为该债务人的债务承担担保义务。可见于众多特别关
注这种象征主义做法的文献。据 Amira [Die Wadiation，*Sitzungsberichte der bayerischen* 739
Akademie der Wissenschaften，*philos. Philol. Klasse*（1911）]，这种棍棒是能够传递巫术咒语者的棍棒，它被认为在日耳曼法律象征主义中发挥着很大的作用，见 Amira，*Der Stab in der germanischen Rechtssymbolik*（1909）。关于对 Vadiatio 的不同看法，见 O. Gierke，*Schuld und Haftung*（1910）；另见 Huebner 497。

41 方括号中的文字系英译者所加。这个插入语似乎是上下文所必需。

42 参阅上文（一），五。

43 这个特征在普通法中直到现在也还是很有影响的，关于它的作用，见 Street，*The Foundations of Legall Liability*（1916）Ⅱ，75；Ⅲ；129；Rheinstein，*Struktur* 55 *et seq.* 61。

44 《十二铜表法》Ⅵ. I："Cum nexum facit mancipiumque，uti lingua nuncupassit，itsa ius esto."（"尼克萨姆合同和要式买卖一经达成，口头约定即有约束力。"）关于对这一段的解释以及就此产生的大量争论，见 Jörs and Kunkel 90 et seq.；Buckland 426；Jolowicz 139，145—150，164；关于一种显得周详完备的新理论，见 Koschaker，*op. cit.* supra n. 33，at 210，288。

45 这方面的大量文献中，尤见 Maitland，*Forms*，2 Pollock and Maitland 196，214，220，348；Holdsworth，I，456；Ⅱ，379，440，442；Ⅲ，281，323，455，457，422，430 *et seq.*。

46 韦伯这里显然是参考了 Mitteis，I，315 *et seq.* 对这项发展所做的著名描述，他发现了后来终被认为是承担违约责任在观念上的主要来源之一：一个人不能践行他已经承诺的某些义务，就不是"绅士般"的作为，此即恶意欺诈罪，如被官方发现，将会导致丧失公民权（infamia，不名誉）。关于对这种理论的讨论，见 Sohm 423；R. Sohm and L. Mitteis，*Institutionen*（1949）190，460（"infamia"）；Jörs and Kunkel 170，222。

47 Viz., by A. Leist in *Grundriss der Sozialökonomik*. IV Abt. "Spezifische Elemente der modernen kapitalistischen Wirtschaft." I. Teil（1925）, p. 27, s. t. *Die moderne Privatrechtsordnung und der Kapitalismus*（ed. By Hans Nipperdey）.

48 从一般意义上说，大陆法律理论在代表或（广义的）代理的两种类型之间做了区分，即（i）直接代表，此时代理人明确以委托人的名义或者代表委托人订立契约或设定一笔债，（ii）间接代表，此时委托人要么不被提及，要么不露面。从技术意义上说，只有前者才能叫作代理。罗马法除了"委托"（mandatum）以外没有从技术意义上表示"代理"（agency）这个行当的术语。的确，根据 Paulus，Dig. 45，I，126，2，"per liberam personam obligationem nullam adquirer possumus"——通过自由人（或代理人）订立契约是不可能的。Gaius I. 2，95 也有同样的作用。但在实践中，罗马法偏离了这种消极主张，罗马的法律人以他们惯用的精妙方式创造了种种例外。见 Wenger，Die Stellvertretung im Rechte der Papyri（1906），尤见 pp. 157—166 及 p. 219 所述通过代理人出售奴隶；另请参阅 Sohm，§45 "Representation"；Buckland 276 et seq.，529。另一方面，在希腊法律中，直接代表则是众所周知，这不仅是因为奴隶在商业中所扮演的角色，而且因为在遗嘱监护（tutela）以及其他制度中都已使用了代理人的概念，见 Wenger 166—172；Beauchet，*Histoire du Droit privé de la République Athénienne*（1897）。

49 关于罗马法，见 Sohm，§87；Buckland 518，550；Jörs and Kounkel 205。实际上，通
740 过债的变更（novation）手段也能达到用新债权人代替旧债权人的效果；如与债务人达成协议，对原债权人的旧债即可取消，而变成了对一个新债权人的新债。

关于日耳曼法律，见 Huebner，§§78，79。

关于转让在普通法中的缓慢发展，见 2 Williston on Contracts 1164 *et seq.* 以及该处引用的文献。

50 根据公元 506 年颁布的《阿那斯塔修法》（*lex Anastasiana*），一个购买了让与人债权的受让人，即可获得对债务人的债权，其价值等同于该受让人向让与人支付的购买价；余额债务即被解除。公元 422 年颁布的一项法律禁止债权人向居于更强势社会地位的人转让债权，Codex 2，13，2 对此又加以重申。参阅 Cf. Mitteis，*über den Ausdruck "potentiores" in den digesten.* 2 Mélanges Girard（1911）。关于普通法因担心唆讼和帮讼（maintenance and champert）而不愿承认诉讼上的财产权的可转让性，见 Williston，*op. cit*。

51 见 L. Goldschmidt 80，82，387，390；另见他的 Vermischte Schriften（1901）II，172；Kohler and Peiser，*Hammurabi's Gesetz*（1904）III，237；可比较 Goldschmidt，*loc. cit.* 167 以及 Koschaker，9 Encyc. Soc. Sci. 211，217/8 提出的疑问。

52 contractus literalis（罗马法的文字合同）是由银行家或诸如此类的人通过分类账目而建立——或者更有可能是重新建立——的契约债；参阅 Buckland 459；另见 Goldschmidt，*Inhaber-，Order- und executorische Urkunden im Classischen Altertum*（1889）10 Sav. Z. Rom. 373，at 393。许多问题至今仍未解决，参阅 Jörs and Kunkel 188，410 列举的文献。

53 关于国家坚持对土地所有权登记注册问题，见 Zachariae v. Lingenthal，zur *Geschichte des römischen Grundeigenthums*（1888），9 Sav. Z. Rom. 263 *et seq.*，270 *et seq.*；H.

Lewald，*Beiträge zur Kenntnis des römisch-ägyptischen Grundbuchwesens in römischer Zeit*（1909）。Mitteis（1909），30 Sav. Z. Rom. 457 对最后两书的评论；另见 Mitteis，*Reichsrecht* 465，480，493，514—517，532。

54 关于公证人的起源及其在古代晚期的作用，见 Mitteis，*Reichsrecht* 52，95，171；Druffel，*Papyrologische Studien zum byzantinischen Urkundenwesen*（1915）；Steinwenter，*Beiträge zum öffentlichen Urkundenwesen der Römer*（1915）。

55 Goldschmidt 390.

56 Festuka（Frankish）——"棍棒"。见上文注 38。关于巴比伦的 bukannu，见 Kohler and Wenger 60。

57 见 Brunner，*Carta und Nothtia*，*Commentationes philologae in honorem Theodori Mommseni*（1877）570，577，repr. 1 Abh. 458，469。

58 Goldschmidt 151；Berunner，*loc. cit.* 458，466 *et seq.*

59 见 Pollock and Maitland II，223 *et seq.*；关于封印，见 Hazeltine，Pollock，and Crane in Ass. Of Amer. Law Schools，Sel. Readings on the Law of Contracts（1931）1，10，598。

60 Goldschmidt 97，99；n. 14a，390.

61 ius dispositivum（"非强制性规则"）与 ius cogens（"强制性规则"）之间的区别在民法理论中是通用的，后者不可能由当事各方订立合同。只有在当事各方不能为已经出现的意外事故预做准备，并且从未想到应该和能够为此预做准备时，才能适用 ius dispositivum（即权宜之法）。因此，它是由那些仅仅在当事各方没有"订立合同"时 741
适用的法律规则构成的。大量合同法与遗嘱法的规则都具有这种性质。比如，销售法关于卖方对质量缺陷"默示"担保的规定，就仅仅在当事各方未就质量缺陷问题做出自己的规定时适用；在遗嘱法中，关于丧失或放弃遗产的规则，仅仅在遗嘱人未就自身处分权的意外事故预做准备时才适用。

自罗马法学家时代以来，民法一直就有这样一个特征，即详细阐述为日常生活中的各种契约类型——诸如销售、捐赠、出租、劳务合同、担保、合伙、委托等等契约类型——确立的权宜性规则。因此，所有的现代法典无不包括分别处理不同契约类型的专章，它们各自涉及的那些权宜之法的规则适用于当事各方的各种违约情事。由于制定法的规则乃是相应于典型的当事人所抱的意图，故需要明确列出少数契约条款。因此，契约文书可能比在契约条款不易采取"默示"形式的国家要简短得多。

62 见上文注 50。

63 按照《查士丁尼法典》的模式（C. 8. 18. 12），《法国民法典》赋予了妻子对丈夫资产的合法抵押权（art. 2121），这成了其他许多国家法典的样板，例如比利时、意大利、西班牙、墨西哥、巴西、魁北克。这等于是在保护妻子可能针对丈夫提出的损害赔偿要求，尤其是因丈夫管理共同体基金和妻子的某些资产造成的损害。这种抵押权是随着婚姻而自动产生的，无需记录，且优先于丈夫的某些其他债权人。参阅 2 Planiol，*Traite élémentaire de droit civil*（3rd ed. 1949）1237 *et. seq.*；T. Rohlfing，Hypothek，4 *Rechtsvergleichendes Handwörterbuch*（1933）274。

64 罗马法的普通租约（locatio conduction rei）是一种属人契约。因此，如果出租人卖掉了土地，与买主相比，承租人便无权继续使用该土地，而是只能向出租人提出损害赔偿要求。相反，永佃权则是一种可继承的土地租用权，这赋予了承租人一种他可以对任何人强制执行的土地财产收益。它源起于古希腊，并在公元 4 世纪以一种实际上的现代方式与 ager vectigalis［即罗马的公有地长期租赁（ius perpetuum）］融合在了一起。参阅 Kohler and Wenger 228；Buckland 275；Weber，*Agrargeschichte* 170 et seq.；Mitteis，Zur *Geschichte der Erbpacht im Altertum*（1901）。

65 永久租费是中世纪法律的一种制度通例。尽管教会法禁止有息贷款，但并不妨碍一个拥有投资资本的人“买进”永久租费，对此提供了保证的是这样一种可能性：在不支付租费的情况下扣押一块土地——多半是城市土地，并随时中止向买主偿还本钱。当古代封建采邑的劳役或实物交获要求变成了货币租金时，终于又产生了其他的永久租费。在法国，所有这些古代的费用都被 1789 年革命一扫而光。在德国以及其他中欧和西欧国家，它们都在所谓的“土地解放”（“Bodenbefreiung”，见注 87）过程中被迅速转让了，这是自由主义在 19 世纪居于支配地位的主要先决条件之一。（参阅
742 Hedemann II，part ii，9，27。）不动产的法律被重新制定，杜绝了新的永久租费的创设。1896 年的《德国民法典》（§ § 1105—1112，1199—1203）以及后来的若干特别法规出于某些社会目的，再次允许创设永久租费，但规定了严格的界限和范围。（见 M. Wolff，*Sachenrecht*，8th ed. 1929，307）

66 关于托勒密—罗马统治下埃及的性契约自由，见 J. Nitzold，*Die Ehe in Agypten zur ptolemaisch-römischen Zeit*（1903）。

67 罗马的这种制度包括 arrogatio（确立对一个先前并未服从任何其他家长父权的成年男子的父权）、adoptio（一个家长把父权转给另一个家长）和 emancipatio（使一个人摆脱父权）。同样的制度在古代也是通例；参阅 Robert H. Lowie，*Adoption*，in 1 Encyc. Soc. Sci，459，463（literature）。关于日耳曼法律，见 Huebner 660；L. Talheim，*Adoption* in 1 Pauly-Wissowa 396。

68 参阅注 51。

69 关于这种“特别基金”，见 Huebner，181。

70 韦伯对于性关系契约的以下论述大概主要取材于 J. Kohler，*Zur Urgeschichte der Ehe*（1879），12 Z. f. vgl. Rw. 186；W. Wundt，*Völkerpsychologie*（1917），vol. vii；尤其是他妻子玛丽安妮·韦伯的著作 *Ehefrau und Mutter in der Rechtsentwicklung*（1907）。韦伯 *Wirtschaftsgeschichte*（1923）的参考书目并未列入 Westermarck，*History of Human Marriage*，3 vols.（5th ed. 1921）。更近的文献书目，见 Robert H. Lowie 论婚姻的文章，载 10 Encyc. Soc. Sci. 146，154，此外还应加上 C. C. Zimmerman，*Family and Civilization*（1944）；Robert Briffault，*The Mothers*（1927）；W. Godsell. *History of Marriage and the Family*（1934）；and P. Koschaker，*Die Eheforman der indogermanen*，II Z. f. ausl. U. internat. *Privatrecht*（1937），Sonderheft 121。

71 买妻是否真的是原始文明或古代文明的“常规婚姻形式”，这个问题不能认为已经一劳永逸地得到了解决。Koschaker（*loc. cit. Archiv Orientálny* 210，211）对最新的研究结果概括如下：“许多古代法律都知道婚姻的二元性。它在罗马法中就已存在，这一点

早已是众所周知，到了比较晚近的时期，人们又发现它还存在于若干其他法律中。这些形式之一的特点是不必花钱买新娘。这种没有规定专门程式的婚姻只是以配偶双方的同意为基础。但另一方面，丈夫也没有获得对妻子的夫权。……常规的婚姻形式则是丈夫出一份‘彩礼’并获得对妻子的夫权。用名字称呼的婚姻类型是一种例外，仅仅出现在某些特殊的情形中，比如诱拐者与被他诱拐的女子之间的婚姻，或者女子为娘家的唯一继承人，因而丈夫入赘妻家；换句话说，在这些情况下，由于这样那样的原因，带有夫权的婚姻并不适宜特殊目的。成熟的罗马法采取了一种特殊的态度，在
那里，没有夫权的婚姻成了常规类型。更早时期的情形也许有所不同，在罗马，没有 743
夫权的婚姻也像其他法律那样服务于同样的功能，这些都是可能的，但仅凭零零碎碎的原始资料却不可能加以证明。……

“[关于买婚]我们在文献中看到的是一种几乎令人绝望的混乱情形。我可以提到若干国家的学者为证，他们人人都坚持认为买婚肯定存在于其他民族当中，但他们自己的民族绝对不可能像野蛮人那样把妇女当作商品买卖。”

另请参阅 R. Köstler，*Die Raub- u. Kaufehe bei den Germanen*（1943），63 Sav. Z. Germ. 62；*Die Raub- u. Kaufehe bei den Hellenen*（1944），64 Sav. Z. Rom. 200；*Die Raub- u. Kaufehe bei den Römern*（1947），65 Sav. Z. Rom. 43。

72 关于印度人的婚姻形式，见 Jolly，*Über die rechtliche Stellung der Frauen bei den alten Indern*（1876），*Recht und Sitte*（1896，transl. By G. Losh，1928）49。关于罗马人的婚姻形式，见注 24。尽管有了 Jolly（*Recht und Sitte* 51）与 Westermarck（*op. cit.* 404）的论述，但不能认为这就证明了买婚是平民特有的婚姻形式；见 1 Howard，*History of Matrimonial Institutions*（1904）cc. 4 and 6，esp. p. 264。

73 劳役婚姻，见 Westermarck，*op. cit.* 41。

74 关于希腊化时期埃及的试婚和临时同居婚，见 Mitteis，*Reichsrecht* 223。

75 关于卖淫，除了注 70 提到的文献以外，另见 Weber，*General Economic History* c. 4 § 2，以及 May，article q. v. in 12 Encyc. Soc. Sci，553 援引的文献。

76 希腊的 Hetaera，女伴，从普通妓女到受过教育的艺妓般高雅女伴，往往与合法婚配之妻常见的粗俗状况形成鲜明对照。她们给了希腊男人不可能在家庭中得到的那种精神激励。如果没有她们，希腊的生活大概是不可想象的。与她们的交往在社会上并不被认为丢脸[Lamer，*Wörterbuch der Antike*（3rd ed. 1950）q. v.，其中还能看到一份历史上著名 hetaerae 的名单，里面包括伯里克利的女伴 Aspasia]；另见 H. Licht，*Liebe und Ehe in Griechenland*（1933）. Bayadère—Hindu dancing girl。

77 参阅 Buckland 128 et. Seq.；Jörs and Kunkel 282 以及该处和 p. 417 引用的文献。

78 这是 1794 年《普鲁士民法典》的影响。

79 关于罗马的离婚，见 1 Friedlander und Wissowa，*Sittengeschichte Roms*（9th ed. 1919）283。

80 见 Jolowicz，125 *et seq.*，248 *et seq.*；Buckland 324；关于更多文献，见 Jörs and Kunkel 307，327，419，421。

81 参阅 Brentano，*Erbrechtspolitik*（1899）198 *et seq*，；Rheinstein，*Decedents' Estates* 11 *et*

seq. 以及此处和 p. 412 引用的文献。即使在英国，遗嘱自由也受到了继承权（赡养家庭）法案的限制以保护那些穷困的被赡养人，这一点意义重大，见该法案 1938，1 & 2 Geo. 6c. 45。

82　1806 年 3 月 8 日和 6 月 5 日拿破仑给他弟弟约瑟夫——那不勒斯国王——的信，12 *Correspondence de Napoléon* 1 167，432；Rheinstein，*Decedents' Estates* 17，n. 30。

83　关于以下论述，见韦伯 *Wirtschaftsgeschichte* 85，n. I 引用的文献：Cairnes，*The Slave Power*（1862）；E. von Halle，*Baumwollproduktion und Pflanzungswirtschaft in den*
744 *nordamerikanischen Südstaaten*（2 vols. 1897，1906）；H. J. Nierboer，*Slavery as an Industrial System*（1900）；B. du Bois，*The Suppression of the African Slave Trade*（1904）；G. Knapp，*Die Landarbeiter in Knechtschaft und Freiheit*（2nd ed. 1909）；另见 14 Encyc. Soc. Sci. 73 的文章以及 p. 90 引用的文献。

84　*Mekka in the Latter Part of the 19th Century*（1888；transl. 1931），p. 14.

85　Noxae datio（拉丁语，损害投偿），指父亲、主人或所有者放弃一个人、动物或无生物，以此避免承担因家子、奴隶或动物的侵害行为或者他的矛、斧及其他物件的“行为”给他带来的损害赔偿责任。首见于罗马法并普及到古代法律。

86　参阅 Girard，*Les actions noxales*（1888）62，以及 Kipp in 10 Sav. Z. Rom. 398 对该书的评论。

87　关于罗马，见 Weber，*Agrargeschichte* 114—117；在普鲁士，旨在废除不利于精耕细作的土地负担的立法，开始于 1717 年腓特烈·威廉一世国王的饬令，然后是 1794 年的《普鲁士民法典》（“Allgemeines Landrecht，” abbrev. ALR），冯·施泰因男爵主政期间普鲁士军队在 1806 年战败之后则使这一过程得到了强有力的推动。最后的调整是 1848 年革命之后由 1850 年 3 月 2 日的《调整法》（*Regulation Law*）开始的。见 F. Gutmann，*Bauernbefreiung in 2 Handwörterbuch der Staatswissenschaften*（4th ed. 1924）378，544；G. F. Knapp，*Die Bauernbefreiung und der Ursprung der Landarbeiter in den alteren Teilen Preussens*（1887；A. Meitzen，*Der Boden und der preussische Staat*（1868）；Skalweit，*Gutsherrschaft und Landarbeiter in Deutschland*（1911），35 Schmollers J. B. 1339；Hedemann Ⅱ，34 以及此处引用的文献。

88　这是一些在 1918 年之前为推动德国农民向东普鲁士各省波兰人占优势的地区移民拓居而形成的组织。

89　这个说法放在加洛林帝国是正确的，但也必须仅限于帝国晚期。“部落”法的重要意义最迟在 13 世纪末就已经在整个帝国丧失殆尽了，如果不是更早的话；参阅 C. Calisse，*History of Italian Law*，8 Continental Legal History Series（1928）18，24，57，97，100；Huebner 2—4；K. Neumeyer，*Die gemeinrechtliche Entwicklung des internationalen Privat- und Strafrechts bis Bartolus*（1901）I，94，155；E. Meijers，*L'histoire des principes fondamentaux du droit international privé à partir du Moyen age*（Recueil des cours，［1934］Ⅲ，558）；Brunner I，part ii，382，399。

90　参阅 Calisse，*op*，*cit.*，127—132，165，177；Neumeyer，*op*，*cit.*，I，159；Engelmann，op，cit.（1938）97；Meijers，*loc. cit.*，547，506。

91 关于“法律共同体”及其发展，见 Planitz 176 以及该处谈到的文献。

92 关于中世纪法律的这个典型特征，见 Pollock and Maitland I，234—240；Ⅱ，182；Holdsworth Ⅱ，35—40，211，379，417，464—466，562；Huebner 4，88—92，96，98，102，189，334—341，A. Esmein，*Cours élémentaire d' histoire du droit Francais*（1925）20，159，174，221，262—263，280—282，344。

93 见 Mommsen 318，322；Jolowicz 25。

94 参阅 Brissaud，*History of French Private Law*（Howell's tr. 1912）900；Brissaud，*History of French Public Law*（Howell's tr. 1912）900；Brissaud，*History of French Public Law*（Gamer's tr. 1915）548；Hedemann I，39，41。

95 韦伯指的是现代大陆法学家的视角，在他们看来，从理论上说，所有法律都包含在法典与法规之中。 745

96 A. Heusler，*Deutsche Verfassungsgeschichte*（1905）138.

97 *Recht der Handwerker*（行会法），在德国以及其他一些国家，习惯上指的是与工商业有关的法规的总和，比如 Gewerberecht、droit industriel、diritto indastriale。德国的这些规则有一部分并入了一部专门法典，即 1869 年的《工商业管理条例》（*Gewerbeordnung*）。

98 Insitutionen des deutschen Privatrechts（1885/86）.

99《萨克森法鉴》（Sachsenspiegel），关于下萨克森法律的一部专著，Eike von Repgow 写作于 1215 到 1235 年间，参阅下文（四），三。14 世纪初期以来不断有人为其作注。关于 Sachsenspiegel 的大量文献，见 Planitz 181。

100 市民法，即奎里蒂法（ius quiritium），它所说的市民系指罗马最早时期构成罗马共同体的那些氏族（gentes）成员；到后来各个时代，《奎里蒂法》往往被用作市民法（ius civile）的同义词而与裁判官法（ius honorarium）和万民法（ius gentium）有别。

101 关于以下内容，见韦伯的 Agrargeschichte 以及他论 Agrargeschichte 的文章 Altertum，载 *Handwörterbuch der Staatswissenschaften*（3rd ed. 1909）52；另见 Rostovizev。

102 关于保人（praes），见 Jörs and Kunkel 213，n. 4 谈到的文献。

103 关于庇护人与被庇护人之间的关系，见 Buckland，89 *et seq.*，375。

104 根据主人的契约义务而对船东提起的诉讼。

105 即 Receptum nautarum，cauponum et stabulariorum——船长、旅店老板和马厩主人承保财物。

106 关于信用（fides），见 Kunkel，*Fides als schöpferisches Element im römischen Schuldrecht*（1939）2 *Festschrift für Koschaker* 1。

107 即丧失某些公民权利，包括立遗嘱的权利。

108 大体上相当于信托，但并不意味着受益人有权从第三方买主手中追索财物。

109 根据某项条款或条件迫使某个遗嘱受遗赠人或遗产继承人把财物转让给第三方受益人而产生的未来权益。

110 这主要指那些独身者与无子女者，出于人口政策的原因，奥古斯都曾宣布，这些人属于完全或部分无资格通过遗嘱接受财产的人。见公元前 18 年《关于嫁娶的尤利法》

(*Lex lulia de maritandis ordinibus*)和公元 9 年《关于婚姻的巴比 · 波培法》(*Lex Papia Poppaea nuptialis*)。

111 Mommsen 15.

112 关于以下内容，见 Gierke，*Genossenschaftsrecht*，这是一部关于联合体与法律人格历史的经典著作。最重要的英文文稿是梅特兰为自己的祁克著作选译本所作的导读 *the Political Theory of the Middle Ages*(1900)以及他在 3 *Papers* 210 *et seq.* 发表的论文(repr. S. t. *Selected Essays*，1936)。对罗马法人的发展所做的最重要讨论是 Mitteis，I，1139。最新的综合论述见 Schnorr v. Carolsfeld，*Geschichte der juristischen Person*(1933)and H. J. Wolf，*Organschaft und juristishe Person*(1933/34)。关于罗马，见 Duff，*Personality in Roman Law*，关于罗马法，见 Daube，1943，33 Journal of Roman
746 Studies 86，and vol. 34，p. 125；关于罗马法的更多文献，见 Jörs and Kunkel 73 *et seq.*，400/401；关于中世纪法律，见 Planrtz 151。关于祁克的理论，另见 Lewis，*The Genossenschaft-Theory of Otto von Gierke*(1935)；关于法律人格"理论"，见 F. Hallis，*Corporate Personality*(1930)。概论性的著作，见 C. S. Lobingier，*The Natural History of the Private Artificial Person*(1939)13 Tulane L. Rev. 41。

113 关于报复，参阅 Jessup and Deak，13 Encyc. Soc. Sc1，15 以及该处提到的文献。

114 Heusler，*op. Cit.*(1885/86).

115 关于多数决定原则的起源和发展，见 Konopczynsky，10 Encyc. Soc. Sc1. 55 以及该处提到的文献。

116 尤其在现代德国法律中，募捐机构(stiftung)被看作是一种特殊的法人形式(参阅 1896 年《民法典》，§ § 80—88)，那里对它的定义如下："Stiftung 系追求某些特定目的，并不构成人员的联合体，而是被赋予了法律人格的组织。"参阅 Enneccerus 274；另见 3 Maitland *Papers* 280，356，那里把"机构"或"基金"与"Anstalt"进行了比较(p. 357)："我认为，与德文法律文献中的'Anstalt'(慈善机构)或'Stiftung'(募捐机构)最接近的英文术语就是'慈善信托'意义上的'慈善团体'(charity)。"

117 这种法律上的"Anstalt"(慈善机构)概念尤为现代德国行政法所惯用。参阅 W. Jellinek，*Verwaltungsrecht*(1928)174。

118 参阅 Gierke，*Privatrecht* I，458。

119 参阅 Huebner 139—146，150，235；3 Maitland，*Papers* 336，361，377。

120 在韦伯写作本文的概述时，继承人共同体在罗马是否存在尚无定论。然而，直到 1933 年被发现之前一直不为人知的《盖尤斯法学阶梯》(*Institutes of Gaius*)部分内容，却更进一步表明了证据并不充分。见 Jörs and Kunkel 34，240；Schulz，*History* 105/106。

121 关于以下内容，见 Weber，*Geschichte der Handelsgesellschaften im Mittelalter*(1891)；Schmoller，*Die geschichtliche Entwicklung der Unternehmung in Schmoller's Jahrbuch*，vol. 14(1890)，p. 1035，vol. 15(1891)，p. 963. vol. 16(1892)，p. 731，and vol. 17(1893)，p. 359。Holdsworth viii，192. C. T. Carr，*General Principles of the Law of Corporations*(1905)，c. ix，repr s. t. *Early Forms of Corporateness in*(1909)2 Sel. Ess. Anglo-Amer. Legal Hist. 160；W. Mitchell，*Essay on the Early History of the Law Merchant*(1904)c. v，repr. S.

t. *Early Forms of Partnership* 3 Sel. Ess. 182；S. Williston，*History of the Law of Buiness Corporations before* 1800（1888），2 Harv. L. Rev. 105，149，repr. 3 Sel. Ess. 195；also A. B. Du Bois，*The English Business Company after the Bubble Act*，1720—1800（1938）；S. Livermore，*Early American Land Companies*（1939）；Goldschmidt；P. Rehme，*Geschichte des Handelsrechts*（1914）；K. Lehmann，*Die geschichtliche Entwicklung des Aktienrechts bis zum Code de Commerce*（1895）.

122 Société en nom commandite（法文），一种商业联合体形式，由一个或多个负有无限个人责任的合伙人与一个或多个负有有限责任的合伙人组合而成;关于现代法律，见《法国商法典》（*French Commercial Code*），art. 23—28（*Code de Commerce*，1807）;《德国商法典》（*German Commercial Code*），§ § 161—177（*Handelsgesetzbuch*）。

123 "有限责任公司"（Gesellschaft mit beschränkter Haftung，德文缩写 G. m. b. H.），一种商业法人，不向公众募集资本，也没有适于在证券市场买卖的股票。首创于德 747
国（Law of 20 March 1898，R. G. Br. 1898，370），后在许多其他国家得到采用。参阅 W. Hallstein，Die *Gesellschaft mit beschränkter Haftung in den auslandsrechen*（1939），12 Zeitschrift f. ausl. U. intern. *Privatrecht* 34；关于德国的 G. m. b. H.，见 *Manual of German Law*（Great Britain，Foreign Office 1950）247。

124 特有产，peculium，一种在法律上属于家长（paterfamilias）的基金，但他可以单独安排给家族的一个成员——比如一个家子或奴隶——管理。如果该成员产生了债务，家长就有责任应外事裁判官（praetor）的特有产之诉（actio de peculio），但他可以获准仅承担与特有产等值的有限责任。见 Micolier，*Pécule et capacité Patrimoniale*（1932）。

125 见 *Institutes* 3. 16 pr. 以及 Papinian in *Digest* 45. 2. 11. 1—2。这项规则仅适用于可分之债的清偿（divisible performance）。对若干债务人的债进行不可分之债的清偿（indivisible performance），这在古典法律中似乎一直就是连带责任之债，即使连带责任的产生并未经过共同承诺。但我们对于细节的了解并不充分。见 Kerr Wylie，*Solidarity and Correality*（1925）；Thayer，*Correality in Roman Law*（1943）1 Seminar 11。

126 参阅 A. Arias Bonet，*Societas publicanorum*（1949），19 *Anuario de historio del derecho español* 218。

127 见 *Digest* 43. 9. 1.，由外事裁判官发布的强制令，以保护公地承租人及其领地上的合伙人。

128 两合公司的合伙人（见注 122），他与"个人责任合伙人"不同，并不对他的股份总值以外的公司债务承担责任。

129 这种国家机构就是一个私法的法人，作为国库的国家被认为与作为主权的国家是分离的。这在德国的理论和实践中尤为突出。与此形成鲜明对照的是法国及英美的制度，它们认为，即使在国家与私人缔结契约关系或者受聘为财产所有者时，国家也是主权者。由于这种态度，在法国的制度下，国家作为订约方或者财产所有者的法律关系就要服从一个至少在理论上不同于普通私法的规则体系。另外，在法国与英美制度下，国家不可能像个人那样被起诉到普通法庭。在法国，对国家的诉讼必须向行政裁判庭提起，它们与普通法庭是分离的，而且有参政院（Conseil d' Etat）作为它们自己的最高法院，不受最高上诉法院（Court of Cassation）这一最高民事与刑事裁判机关的控制。参阅 A. Uhler，*Review of Administrative Acts*（1942）；Goodnow，op, cit.；F. Blachly and M. Oatman，*Administrative Legislation*（1934），and *Introduction to Comparative Government*（1938）；R. D. Watkins，*The State as Party Litigant*（1927）。

关于国家作为国库的理论与实践的历史发展，见 Otto Mayer，*Deutsches Verwaltungsrecht*（1896），1，47；Fleiner，*Verwaltungsrecht*（2nd ed. 1912）34；Hatschek，*Die rechtliche Stellung des Fiscus im bürgerlichen Gesetzbuche*（1899）24；see also S. Bolla，*Die Entwicklung des Fiskus zum Privatrechtssubjekt*（1938）；G. Jellinek 383；Kelsen，*Allegemeine Staatslehre*（1925）240。

国家司法建构史的一般性基础研究，见 Otto v. Gierke：*Political Theories of the*
748 *Middle Ages*（Maitland's tr. 1900），esp. c. viii；*Natural Law and the Theory of Society*（Barber's tr. 1934）；also *The Development of Political Theory*（Freyd's tr. 1939），*passim*. [The former two books are parts of Gierke's *Deutsches Genossenschaftsrecht*（1881 et seq.）；the latter is a translation of *his Johannes Althusius und die Entwicklung der naturrechtlichen Staatstheorien*（1880）.]。

130 这个说法需要加以限定性说明。首先，英国的中世纪法律从来不曾允许向国王发出传票。这是由一个基本理论所决定的，亨利·布雷克顿对此作出了完整的阐述，即国王不可能自己向自己发出传票或者作为被告被传唤到自己的法庭上。但是其次，到 13 世纪时人们已经公认，服从法律并且作为正义和公平之源的国王，不应（或者说，本来就不该）拒绝矫正错误或拒绝满足对他的权利要求。人们是通过向国王或他的顾问班子请愿去追求这种矫正或满足的，但是，请愿即使有效的话，那实际上也是一种恩宠救济而不是权利救济。不过到了 14 世纪，请愿开始出现了区别，一种是要求得到某些红利或者新的救济，一种则是权利主张，由此体现一种明确的，可以通过令状对任何人——国王除外——强制执行的法定权利。一旦做出了这种区别，"权利请愿书"也就成了一种反对王权的有效救济手段，尽管它在 15 世纪之前可能并不完善。14 世纪的情况还是相当不明朗的：尽管权利请愿书——总之，从技术意义上说——尚未变成一种完备的法定救济，但在实践中国王好像差不多始终都在以这样那样的方式偿还债务。这是从对 14 世纪的状况进行的考察中能够得出的唯一结论。见 Ehrlich，*Proceedings against the Crown*，Oxford Studies in Social and Legal History VI，12；Pollock and Maitland 515；Holdsworth IX，11。关于外商，他们在这方面的地位与国王的臣民并无二致，实际上可能还更好，因为他们与国王有着密切亲善的商业关系。诚然，后来也出现了某些债务——且不论外国人能否提起普通法的诉讼，但这并未影响到他们在 14 世纪时向国王、向议会、向大法官要求国王偿还债务，实际上是要求矫正任何其他错误。见 Holdsworth loc. cit.，94—95；Pollock and Amaitland 464—467；Brodhurst，*The Merchants of the Staple*，*Select Essays in Anglo-American Legal History* 16 *et seq*。国王拒绝清偿对佛罗伦萨银行家们欠下的债务发生在 1345 年 1 月。爱德华三世拖欠了佛罗伦萨的巴尔迪和佩鲁兹（Bardi and Peruzzi）两大主要家族 150 万金弗罗林（gold florins，合 50 万英镑）债务，导致它们最终破产——"一场使整个佛罗伦萨陷入穷困的大灾难”。见 Schanz，*Englishe Handelspolitik*（1881）I，113 以及那里引用的权威著作；Ramsy，*A History of the Revenues of the Kings of England*（1925）II，189。

131 但是，关于这一点，应当记住的是，向行政裁判庭起诉国家可以得到的法律安全保证和赔偿保证，其效力决不会低于向民事法庭起诉个人所能得到的保证。前者像后者一样也是真正的法庭，参政院也会像最高上诉法院一样看待自身的司法功能。参阅 Ogg and Zink，*Modern Foreign Governments*（1949）583。

132 虽然无以核实腓特烈·威廉一世国王统治时期（1713—1740）发生过这种事件，但据说约翰侯爵（Margrave Johann）在一次由各等级于 1552 年决定的“休庭”期间说
道，“有人不顾现行成例，对待我们的判决简直放肆，竟然要上诉帝国枢密法院，其 749
结果将是一个家族会经常利用这种诡计完全排挤掉另一个家族，从而用这样的结果束缚我们的手脚。”因此，凡是敢于提出上诉者，均应处以 200 弗罗林罚金并判其败诉。（Stölzel，*Brandenburg-Preussens Rechtsverwaltung*（1888）I，214.）关于帝国枢密法院，见下文 vi，注 51。

133 见 2 Mommsen 461 *et seq*；另见 Wenger 56。

134 在罗马帝政早期，恺撒的金库（Fiscus Caesaris）就是国库，因为它是由皇帝管理的，且与皇帝的私产（res privata）和专有领地（patrimonium Caesaris）区别了开来；参阅 2 Mommsen 998；Mitteis 347，Vassalli，*Concetto e natura del fisco*（1908）；Rostovtzev，55，172，179，186，314，326，343，357。关于现代德国制度中的国库，见注 129。

135 见注 102。

136 Auflage（德文）——德国法律制度，实际上等于一种没有受益人的信托，可以用于让遗嘱处分的受益人承担某种义务，以完成某个慈善目的；参阅《德国民法典》§ 1940。

137 与死后对灵魂的照料这一巨大关切相一致，通过立约以保证死后得到献祭就成了一种普遍做法。“如果为此目的［一个人］把一部分可以转让的财产移交给祭司，法律便允许他为转让物附加一项永久有效的没收条件。因此，一旦祭司或其在职继承人停止履行规定的献祭，他就会被公共权威剥夺本应给予他人的财产。”对于埃及人的这种做法，E. Seidl（*Law*，*Egyptian*，9 Encyc. Soc. Sci. 209，210）补充说：“然而，是否能把诸如此类的财产信托看作法人基金的开端，人们至今还没有把握。”

138 2 Gierke，*Genossenschaftsrecht* 526，962.

139 关于以下内容，见 Pollock and Maitland I，480；R. Sohm，*Kirchenrecht*（1892）75；U. Stutz，*Die Eigenkirche*（1895）；*Geschichte des kirchlichen Benefizial wesens*（1895）；art. *Eigenkirche* in Realenzyklopädie für protest. Theologie，and art. Kirchenrecht in 3 Holtzendorff-Kohler，*Enzyklopädie der Rechtswissenschaft*（1914）301；Werminghoff，*Verfassungsgeschichte der deutschen Kirche im Mittelalter*（1913）；also Torres，M.，*El órigen del sistema de iglesias proprias*（1928），5 *Anuario dehistoria del derecho español* 83；also Lesne，*Histoire de la propriété ecclesiastioue en France*（1910/28/36）。

140 参阅 v. Schwerin，*Grundzuge der deutschen Rechtsgeschichte*（2nd ed. 1941.）§ § 30，54 以及该处提到的文献。

141 见 2 Gierke，*Genossenschaftsrecht* 958。

142 见注 112；另见 Jörs and Kunkel 74 以及该页与 p. 400 提到的文献。

143 Mitteis I，348，n. 2.

144 按照 Mitteis（loc. cit. supra n. 112）的说法，除了通过帝国特许状的授予，私人组织不可能以任何其他方式获得法律人格。这种看法在最近的文献中遭到了普遍反对，它们坚持认为，法律人格问题完全是由组织本身酌情处理的，这端赖它是否希望拥有自
750 己的权利义务，而且不同于成员的权利义务。“明确授予法律人格，这种概念对于罗马法是完全陌生的。”据说 corpus habere 这一术语仅仅意味着“形成了一个俱乐部”。Kunbeo in Jörs and Kunkel，75，另见 Brassloff in 1 *Studi Riccobono* 317。

145 Mitteis 347，n. 21.

146 关于希腊的“胞族”以及类似的自愿联合体，见 B. Leist，103—175；Bonner and Smith 118 n. 3；p. 160；and R. Bonner，*Aspects of Athenian Democracy*（1933）91，134，157。后两部著作韦伯尚不得而知。14 Encyc. Soc. Sci，660 提供了关于图腾和图腾氏族的大量文献，韦伯似乎主要是依赖于 *W. Wundt's Elemente der Völkerpsychologie*（1912）tr. By Schaub，1916，c. II。

147 见 Mommsen，*Zur Lehre von den römischen Korporationen*（1904），25 Sav. Z. Rom. 45；另见他的 *De colleghs et sodalitibus Romanorum*（1843）；Ugo Coli，*Collegia e Sodalitates*（1913）；*Karlowa* II，59。

148 见 Mitteis 391；Karlowa II，62。

149 关于对罗马各种类型的基尔特、礼拜会社、葬礼会社、社交俱乐部等等的研究，见 Kornemann，4 Pauly-Wissowa 381。另见 Mitteis I，390，他试图在公共组织和纯私人性质的组织之间做出区分，但却遭到了 Kunkel 的质疑（Jörs and Kunkel 75，n. 4）。

150 关于 collegium mercatorum［后来被叫作罗马商界（mercuriales）］，见 Mitteis 392。传说的建立时间是公元前 495 年。

151 参阅 Mitteis 393。

152 ager compascuus 与 arbitria，见 Weber，*Agrargeschichte* 56，120。

153 Mitteis 393；另见 E. Szanto，*Die grechischen Phylen*，（1906）*Ausgewählte Abhandlungen* 216。

154 见 J. Hatschek，*Englische Verfassungsgeschichte*（1913）87/88。

155 Weber. *General Economic History* 178.

155a 见第二部分，第三章，注 3。

156 1889 年 5 月 1 日的德国《合作社法》（*Genossenschaftsgesetz*）对于责任的不同需要做了简洁的调整（RCB1. 55），据此，建立一个合作社可以要求成员承担有限责任，也可以要求他们承担无限责任，在后一种情况下，债权人既可以拥有，也可以没有对个别成员诉讼的直接权利。

157 这里指的是作为公共保险基金的国家制度以及完全是德国特有的社会保险制度（疾病、养老、失业以及产业工人人身意外保险的公共基金）。

158 见梅特兰为 Gierke，*Political Theory of the Middle Ages*（1900）所作的“导论”。

关于英格兰法律人格史的基本因素，见注 112 提到的 Maitland，*Studies*，另见

Pollock and Maitland, Bk. II. ch. 2, § § 12, 13；关于更多最近的文献，见 note on p. 239 of the 1936 ed. of *Maitland's Studies Essays*（ed. by Hazeltine, Lapsley, and Winfield）。

159 Maitland, *loc. cit.* supra；also Hatschex, *op*, *cit.*（1913）；Hatschek vol. I.

160 Gierke, *Genossenschaftsrecht* II, 43—46, 557.

161 关于"单独法人"（"corporation sole"），见 3 Maitland, *Papers*（1911）210。

162 见 Blackstone I, 469；Holdsworth IV, 202 *et seq.*。

163 Hatschek I, 75.

164 关于"Zweckvermögen"，见 Maitland, *Papers* III, 359, repr. In *Selected Essays* 179, and German literature cited in the later at p. 180, n. 2。

165 关于遗嘱处分的效力，在罗马实质上指的是立遗嘱人应指定一个或多个继承人，由他（们）继承全部财产并为立遗嘱人的债务承担个人责任。假如已经有效指定了一个 751
或多个继承人，立遗嘱人也可以为遗产承受人做出特别规定。他可以把一份特定资产直接移交给遗产承受人（legatum per vindicationem，直接遗赠），或者遗产承受人被授权要求立遗嘱人的继承人交付一份特殊客体，要么就支付一笔货币总额或者做出某种其他履行（legatum per damnationem，间接遗赠）。在这两种情况下，立遗嘱人都要遵守某些严格规定的程式（5 名证人和 1 名司秤在场），遗产的有效性要由各种高度程式化的规则予以保证。到了共和国晚期，常见的情形则是以不拘形式的恳求性嘱托语（verbis precativis）要求继承人或者某个其他人向第三人进行支付或给予他某个特殊客体。这种要求常常是用一份不拘形式的文书（codicillum，遗嘱附书）进行陈述，只能凭有关人员的良心（fidei commissum，遗产信托）行事，但在法律上是不能强制执行的。这种遗产信托由奥古斯都赋予了强制性，尽管不是进入行政司法官的正规程序，而是纳入执政官的行政裁判。在他的继任者统治时期，这种强制执行的方式被进一步扩展，直至在查士丁尼的法律中 legatum（遗赠）和遗产信托被融入正规的法律制度。参阅 Buckland；Sohm, *Institutiones*（ed. 1949）634。

166 Pollock and Maitland, Bk. II, c. III, § 7, esp. p. 620.

167 关于永久管业法，见 Hazeltine in II Encyc. Soc. Sci. 40 and Rheinstein, *Decedents' Estates* 399。

168 关于**越权**（ultra vires）的历史，见 Holdsworth IX, 59。

169 Legists，中世纪晚期的世俗（罗马）法学者，有别于教会法学者（canonist）。

170 关于法人在重商主义和早期自由主义时期的发展，见 Lehmann, *op*, *cit*, supra n. 121；W. R. Scott, *Constitution and Finance of English*, Scottish, *and Irish Joint-Stock Companies ot* 1720（1910—1912）；J. Cohn, *Die Aktiengesellschaft*（1921）；J. S. Davis, *Essays in the Earlier History of American Corporations*（1917）。

171 关于现代法国法律中的法人，见 Maitland, *Papers* III, 312, repr. in Sel. Ess. 230, and literature listed there at p. 237。

关于当代法律中常见的法人，见 Kunkel, *Juristische Personen*（1933），4 *Rechtsvergleichendes Handwörterbuch* 560。

172 参阅 Blackstone I, 123。"人也被法律划分为自然人与拟制人。自然人即上帝自然塑造的我们这样的人；拟制人则是由人的法律为了社会与治理的目的制造和划分出来的，叫作法人或者 boaies politic（政治实体）。”另请参阅 Bk. I，c. XVⅢ，Blackstone 在 p. 468 谈到法人时说：“这些政治构造的原创之功完全属于罗马人。”

173 关于英格兰银行的历史，见 Anderéadès，*History of the Bank of England*（tr. By Meredith，1909）。

174 关于商法人的现代法律，见 W. Hallstein，*Die Aktienrechte der Gegenwart*（1931）。

175 1896 年的《互助会法令》（Friendly Societies Act）要求建立“互助会”时要设立受托管理人，见 s. 25（1），他可以起诉或被起诉，见 s. 94（I），事实上他就是互助会的正规官员。

752 176 授权一般都是根据俱乐部规则进行；参阅 3 Encyc. Laws of Engl.（3rd ed.）221。

177 在 19 世纪的德国，罗马法与日耳曼法历史学家之间的劳动分工，发展成了一场受到情感的影响但具有重大政治意义的争论。在日耳曼法律史学家看来，罗马法显然是体现了一种僵硬、冷酷而又利己主义的个人主义——日耳曼法律制度自从 15 世纪继受了罗马法以来便受到了它的深刻影响，而日耳曼法律则被赞颂为体现了平民共同体的热烈精神，英国法律就被认为是其中的一个分支。大学者祁克就是这种态度的主要代表人物之一，在他看来，日耳曼合作社（Genossenschaft）形式的丰富多彩，正是日耳曼人独特的友善、情谊和创造性精神最美好的表现之一。他在 *Deutsches Privatrecht* 中阐述了中世纪日耳曼私法的总体状况，希望有助于新的《德国民法典》生效时使国家的法律重新德意志化。该《法典》草案因为所谓的罗马法特征曾遭到了祁克的猛烈抨击。热烈的“社会性”日耳曼法律和冷酷的利己主义罗马法之间的所谓反差，成了这样一些政治群体的老生常谈，它们要竭力阻止现代资本主义潮流，保护其他更富家长制意味的社会结构模式，或者要创造一种新的富有浪漫主义情怀的社会主义或激进主义模式的，或者被德国青年运动狂热分子模糊感觉到的那种共同体。汇集了所有这些思潮的国家社会主义党，以某种含糊其词的方式把罗马法叫作犹太人精神的产物，从而使它显得越来越可憎。所以，该党党纲第 19 条提出的一个基本要求就是用一部新的、真正德意志的法律代替罗马法（见 Hitler，*Mein Kampf*，New York：Reynal and Hitchcock，1940，pp. 686，690）。国家社会主义党当政之后，新建的日耳曼法律研究院立即着手起草一部新的《德意志人民法典》（*Deutsches Volksgesetzbuch*）。如果不是精力被战争引向了歧途，新增的内容本来是有可能编纂出来的，这些内容表明，一旦编纂完成，它将是一部能够充分满足现代生活需要的精制法典，但却很难再看到它有什么独特的“德意志”特色。

178 韦伯的这些观念是在他的《经济通史》中发展起来的。关于俄国的“米尔”，请参阅 pp. 17—21；关于东方法律，请参阅 p. 57；关于印度的乡村，请参阅 pp. 22—23；另见 pp. 371/372 提到的文献。关于工匠们的强制性组织，见 p. 136 以及 p. 375 提到的文献。

179 见 Gierke，*Genossenschaftsrecht* Ⅱ，300ff，457ff，114，93。

180 参阅 Amira 27；Planitz 188，那里有更多文献提示。

181 见 Gierke，*Genossenschaftsrecht* Ⅱ，456。

182 参阅 A. Voigt，*Wirtschaft und Recht*，2 Z. f. Sozialwissenschaft（1911），9—12，99—108，177—182，238—249，311—322，387—397，438—456；以及他的 *Die wirtschaftlichen Güter als Rechte*，4 *Archiv F. Rechte- u. Wirtschaftsphilosophie*（1913），304—316。

183 “Coactus voluit”（虽然被迫，但是情愿），罗马法的短语，指一个人在压力影响下进行一项合法交易的处境，不同于一个人仅仅被另一人用作有形工具的情况——比如后者强行抓着前者的手完成一个具体的签名动作。参阅第二部分，第一章，四，（5）。

（三）法律规范的出现与创设 753

一、新法律规范的出现——习惯法理论解释之不足

新的法律规则是如何产生的？在现时代通常都是以立法形式产生，即按照特定政治社会的正式（习惯法的或“制定”法的）宪法要求，有意识地制定法律。显然，这并非最早的立法形式，甚至在经济或社会已经错综复杂的发达社会中，也不是常规形式。在英国，“普通法”就被认为是“制定”法的对立面。在德国，非制定的法律一般称为“习惯法”。但“习惯法”却是一个相当现代的概念，在罗马是出现在极晚近的时期，在德国则产生于罗马法专家的学说。从学术起源上说，它特指的是这样一种理论：习惯要能成为法律，就必须是得到了实际遵守、被公认为具有约束力，可以进行理性处理的习惯。[1]所有的现代定义也都只是理论上的建构。然而，为了法律教义学的目的，习惯法的概念仍然是不可或缺的，假如以齐特尔曼（Zitelmann）和祁克系统阐述的那么精致的方式使用这一概念的话。[2]否则，我们就只能把法律的概念限定为成文法和判例法。依我之见，法律社会学家，特别是兰贝特（Lambert）与埃尔利希（Ehrlich）所从事的激烈

反对习惯法的斗争，不仅毫无根据，而且还把法律分析方法与社会学分析方法混为了一谈。[3]

然而，我们要谈的问题完全是另一回事，即探寻非成文规范作为习惯法出现的经验过程。关于这个问题，传统理论几乎没有告诉我们任何东西。事实上，它们在打算解释过去，特别是解释几乎或根本没有制定法的时期法律的实际发展过程时甚至是错误的。当然，这些理论的确在晚期罗马和中世纪——包括大陆和英格兰——的概念中，为 *consuetudo*（习惯）乃法律之源的含义和假设找到了某些
754 支持。[4]然而，问题在于，要求具有普遍效力的理性法律体系和众多实际通行或者适用性具有人格限制的地方法律制度之间是如何相互调适的。在罗马帝国后期有帝国法律和各行省民族的法律的冲突，[5]在英格兰有国内法（lex terrae，即普通法）与地方法的冲突，[6]在大陆则是“标准”罗马法与本土法律体系的冲突。[7]只有各种排他性的法律体系才被法学家们归入了“习惯法”的范畴，为了使习惯法得到法律上的承认，法学家们还设计了某些习惯法必须满足的效力检验标准。从普遍性法律要求唯一适用性这一事实来看，这是个必要的步骤。但是，任何人都不可能把英格兰的普通法归入习惯法之列，尽管它毫无疑问不是制定法。同样，伊斯兰教的 *ijmā*[*] 被定义为 *tacitus consensus omnium*（一致默认）[8]也与“普通法”完全无关，因为 *ijmā* 自称是“神圣”法律。

---

* 阿拉伯文，又拼 idshma，意译为“公议”，又译“佥议”，音译为“伊制马尔”，伊斯兰教的立法原则之一。

二、法律规范的出现与发展过程中当事人实践的作用

从理论上说，正如我们已经看到的那样，法律规范的起源可以认为是以如下最简单的方式形成的：某种反复实施的行动产生了心理上的“调适”，它所引发的行为先是构成清晰的习惯，后来被体验到具有约束力；随着意识到这种行为在众多个人间的扩散，它终于作为“共识”融入人们半自觉或完全自觉的“预期”中，即预期他人也会有意义相同的行为。最终，这些“共识性认识”会要求得到强制执行的保证，由此它们便与单纯的“惯例”产生了区别。然而，即使在这种纯假设的结构中，也会出现如下问题：正是由于这种变成了规范的习俗被认为具有约束力，看上去好像不再可能产生任何新生事物，那么在这种惰性中为什么又总是会出现变化呢？法学的历史学派倾向于接受这样的假定：是某种超个人的有机实体产生了“民族精神”的演变动力。[9]比如卡尔·柯尼斯（Karl Knies）就倾向于这种观点。[10]不过从科学的角度来看，这种观念毫无结果。当然，在经验层面有效的行为规则——包括法律规则——曾出现在所有时代，即使今天也仍然层出不穷，这种规则是在无意识中出现的，就是说，并没有被参与者视为新的创造。它的无意识出现主要表现为没有被察觉到的意义变 755
化；它的出现是因为人们相信，事实上的新局面实际上并不代表任何关系到法律评估的新要素。另一种“无意识”出现的形式是，把实际上的新法适用于旧有的环境或者有所不同的新环境，但相信如此应用的该法早已存在，并且一直以那种方式应用着。不过也存在着大量这样的情况：环境以及适用的规则都被认为是“新”的，尽管是不同程度和意义上的“新”。

这种革新的根源何在？有人可能会说：是社会生活的外部条件变化所致，因为随这种变化而至的是经验上通行的“共识性认识”的变化。然而，单纯的**外部条件变化**并不足以，也未必能解释“共识性认识”的变化。实际的决定性要素始终是新的行为路线，它会导致现存法律规则的意义变化，或者导致创设**新的法律规则**。会有若干类型的人参与这些变革。首先应该提到的是那些热衷于某种具体行为的个人。这种个人会改变自己的行为，特别是自己的社会行为，以便在新的外部条件下保护自身利益，或者只是在现有条件下更有效地保护这些利益。结果是产生了“新”的共识性认识，有时还会产生具有全新意义的理性联合体形式，由此则会孕育出新的习惯行为类型。

然而也有可能，并不存在任何这种个人行为的重新取向，是社会行动的整体结构随着外部条件的变化而发生了变化。各种类型的行动可能都已充分适应了现有条件，但是当这些条件发生变化时，其中某种类型可能会证明能够更好地适于促进有关各方的经济与社会利益；在这个选择过程中，它就会成为唯一存在下来，最终成为人皆有之的行动类型，以致没有谁能指出哪个单独的个人“改变”了自己的行为。这种状况的纯粹形式可能只是一种理论构想，但在顽强坚持自己习惯的种族或宗教群体之间发挥了作用的那种选择过程中，也确实实际出现过类似的事情。不过更为常见的则是，个人的创新及其随后因被模仿和选择而扩散，最终使某种新的内容注入了社会行动与理性联合体。这种情况不仅在现时代作为经济上重新取向的来源而具有最为重大的意义，而且在所有其生活模式至少已经达到某种程度理性化的
756 制度中，都具有最为重大的意义。与新的安排有关的当事各方，在尚无法律可以强制实施这个意义上说，其各自的地位是没有保障的，但

他们对此并不关心，他们要么认为由国家强制实施法律并非必需，要么认为那是不言而喻，甚至更常见的情况是，他们仅仅依赖于既得利益，或者依赖于同惯例的力量结合在一起的同伴的忠诚。在尚不存在任何强制机器之前，甚至在通过氏族成员承担复仇义务而调整规范的强制实施存在之前，无疑就已经有普遍的惯例在执行后来由某种规范所承担的“法律”保障功能。被公认为“有理”的人可以寻找能够帮助他的其他人对付侵犯者；而且，如果出现了某种被各方利害关系当事人认为可取的特殊保障，那么巫术性质的自我诅咒——誓约——在很大程度上就会取代先前历史阶段上所有其他的保障形式，甚至会取代现有法律强制的保障。在绝大多数时代，共识性秩序——包括经济事务——的主要部分都是以这种方式运行的，并不关心利用国家法律强制力的可能性，甚至不关心利用任何强制执行的可能性。像南斯拉夫 *zadruga*[11]（家政共同体）那样的制度，经常被用作法律强制可有可无的例证，但实际上它仅仅是无需国家的法律强制力，这种制度大行其道的时期，它无疑是通过乡村权威的强制权力得到了有效的保护。这种形式的共识行为一旦牢固体现在习俗之中，就可能持续存在若干世纪而根本无需求助国家的强制权力。尽管 *zadruga* 没有得到奥地利官方法律的承认，甚至还与它的许多规则背道而驰，但却一直支配着农民的生活。然而，这种事例不应被认为是常规，也不应被当作普遍结论的依据。

如果有若干宗教上正当的法律制度在完全平等的基础上相互并存，个人享有在它们之间进行选择的自由，那么它们其中之一不仅以宗教制裁，而且以国家强制力为后盾这一事实，就很有可能导致它们之间发生对抗，即使是传统主义在支配着国家与经济生活。因此，伊斯兰教的四大正统法律学派全都享有法定的同等地位，[12]它们对个人的适用性由属人原则决定，一如法兰克帝国中的若干部落
757 法也决定于属人原则一样。[13]在开罗大学，[14]所有这四个学派都有代言人。然而，奥斯曼帝国苏丹们采用的清真制，以及随后它的规则得到了世俗官员和法院强制实施的支持，[15]则宣告了以往也曾得到同样支持的马立克制以及其他两个法律学派的慢性死亡，这个过程是自然而然发生的，完全不存在其他负面因素。只有在纯商业事务中，即只有在市场契约的情况下，各方利害关系当事人才会高度关心利用国家的强制力。在这个领域，历来就是并且至今仍是通过精确评估作为政治权威机关的法院可能具有的强制执行能力，才会发展出新的联合体形式。订立契约就要以这种评估为凭，发明新的契约形式也理所当然要进行这种评估。

因此，在当事人或其专业顾问开始改变现行法律的意义时，他们就是在自觉地、理性地适应司法机关的预期反应。事实上，这种活动——罗马人的cavere[16]——构成了“职业化”理性工作的律师最古老类型的活动。对于发展中的市场经济来说，强制机器发挥功能的可计算性乃是必需的技术前提，也是激发技能法学家（*Kautelarjuristen*）创造性才能的因素之一，无论在何处，我们都会发现它是源于个人首创精神的法律革新中的自治因素，但它最高度的发展却是最清晰地体现在罗马法和英格兰法律中。[17]

另一方面，某种共识性的理性协议类型广为传播，自然也会对依法强制实施这种类型的或然性发挥突出影响。在正常情况下，只有极不寻常的个案才会缺少强制执行的保障；业已确立的习俗和协议类型一旦得到普遍传播，它们就不可能遭到持续的忽视，除非另有某些迫

不得已的考虑，或者由于威权主义权力的阻挠，或者法律强制机构在
外来的种族或政治权威逼迫下与商业生活脱离了接触，或者法律强制
机关由于极端的职业专业化而远离了私人商业（这在剧烈的社会分化
条件下会偶有所见）。一项协议的未来意义可能会出现争议，或者协
议的运用仍是一种不稳定的创新。在这种局面下，作为我们所说的法
律强制机构——法官——就是第二种自治性权威。但即使在比较常见 758
的案件中，法官所做的事情也不仅仅是正式批准已经因为共识性认识
或者达成的协议而具有约束力的规范。他就个案所做的判决总要产生
一些在个案范围以外也会起作用的后果，从而影响着那些作为法律而
得以存续的规则的选择。我们将会看到，“司法”判决之源最初并不
是仅仅“适用”于具体个案的一般“判决规范”，除非判决涉及的某
些形式问题是个案本身的判决之预备程序。实际的情况恰恰相反，只
要法官出于某些具体原因而容许对某个特例给予强制保障，那么至
少在某些条件下，他就给某项一般规范带来了作为“法律”的经验效
力，这只是因为他的准则具有超出了那个特例的重要意义。

三、从无理性裁判到制定法的出现

以上所述绝非原始的或者普遍的现象。毫无疑问，在借助于巫术性法律启示手段的原始判决中，根本就不存在这种现象。实际上，在所有尚未以法律方式具备了形式理性的其他裁判中，甚至在度过了神明裁判阶段以后，个案裁判的无理性也仍然有着重要意义。既没有“普遍规范”可供运用，也不会把具体判决的准则——即便存在这种准则并且已被认识到——用作判决未来案件的规范。穆罕默德在《古

兰经》的若干章节里就一再否定了他本人早先的一些指令，尽管它们具有神性来源；甚至耶和华也“后悔”自己作出了某些决定，包括某些具有法律性质的决定。耶和华通过一项神谕宣布了做女儿的享有继承权（见《民数记》，27），但遭到各方利害关系当事人的反对，于是神谕又被改正（见《民数记》，36）。因此，即使具有普适性质的《判例汇编》（*Weistum*）[18] 也是不稳定的，如果是根据抽签（比如犹太人的 Urim 和 Thummim[*]）、决斗、其他神明裁判或者具体的神谕来裁决个案，我们当然不可能看到任何适用规则或者创设规则意义上的“以规则为取向”的判决。世俗法官的判决也同样需要长期的发展，而且需要更艰辛的努力才能形成这样的观念：他们代表着超越了个案的“规范”；例如弗拉迪米尔斯基－布达诺夫[19] 的研究即证明了这一点。
759 事实上，判决越是成为“俗人”（layman）的事务，就越不会沿着纯客观的路线进行，而且会更加顾及相关的人和具体的情势。只要判决成为讨论的主题并试图为判决寻求和设定理性依据，那就不可避免地会出现一定程度的稳定态并沿着形成规范的方向固定下来。换句话说，只要判决最初具有的纯粹神谕性质遭到了削弱，形成规范的过程就出现了。但在一定限度内，正是原始证据法则的巫术性质倾向于更理性地形成规范，因为它要求必须精确阐明需要回答的问题。

另外还有一个内在的因素。显然，一个希望避免被指责怀有偏见的法官，很难且往往不可能在后来的案件中无视他在先前的判决中作为他的准则而自觉运用的规范，也不可能否定他先前已经同意授予的强制执行权力。他的继任者事实上也会抱有同样的考虑。这个传统越

* 见本章第（五）节英译者注 37。

是趋于稳定，法官们就越是依赖于曾经指导过前辈们的那些准则，因为唯其如此，每一项判决——不管它是如何做出的——才会显出它是产生于唯一经久不衰的正确传统，才会显出它是该传统的组成部分或者表现形式。由此它会变成一种具有——至少俗人会要求具有——永久效力的模式。从这个意义上说，只能应用业已生效的规范这种主观信念，实际上乃是一切脱离了先知时代的裁判类型的特点，绝非现代所独有。

因此，新的法律规范有两个基本来源，第一是某些共识性认识，特别是目的性协议的标准化，个人在职业“法律顾问”的帮助下做得越来越仔细，以便界定各自的利益范围；第二就是判例。比如英国的普通法，大部分就是这样发展起来的。[20]富有司法经验和训练有素的专家广泛地参与了这一过程，他们越来越“职业性”地从事于“法律顾问”或法官的任务，因而给这种法律类型打上了“法律人的法律”的烙印。

当然，这并不排除所谓“正义感”等纯粹“情感”因素在法律发展中的作用。但是经验表明，如果没有客观或主观利益等**实用主义**因素的强有力引导，“正义感”就是极不稳定的。直到今天也仍然很容易看到，它在突然之间就能出现波动，而且，除了若干非常一般和纯 760
粹形式的准则以外，它还没有其他的表达形式。[21]具体来说，至少就目前所知，各民族法律所具有的特性，都不是产生于“正义感”发挥作用时的差异。[22]正因为主要是情感作用，“正义感”几乎不足以保持一个稳定的规范体系，毋宁说它构成了无理性裁判的诸多来源之一。只有以此为据才能提出这样的问题：“大众”的态度——法律委托人当中广泛流行的态度——会在多大程度上比持之以恒地创造着新的契约和从事裁判的专家（法律代理人和法官）的“法律人的法律”更占优势。我们将会看到，回答这个问题要取决于特定环境下通行的裁判程序类型。

四、新法律通过从上面强加而发展

除了以上因素的影响以及主要是它们的交互作用之外，法律规则的创新还有一个可能的渠道，即深思熟虑地**从上面**强加。[23] 当然，其最初的方式完全不同于我们现代社会所熟知的方式。具有“法律”性质的行为规则，即得到“法律强制”保障的规则可以有目的地确立为“规范”，这种观念最初是根本不存在的。我们已经知道，法律判决最初根本没有规范性要素。今天我们认为理所当然的是，法律判决就是“实施”那些固定持久的规则。[24] 但在规范对行为是“有效”的、解决争端时是具有约束力的这种观念刚刚开始出现时，人们也并没有把规范看作是人类制定规范的产物，甚至没有看作是可能的题中应有之义。毋宁说，规范的“正当性”乃是依赖于某些惯例本身的绝对神圣性，背离这些规范就会招致灾难性的后果，要么是精灵的骚动，要么是神明的愤怒。至少从理论上说，它们作为“传统”是不可改变的。必须根据公认的惯例对它们进行正确理解和解释，但是它们不可能被创设。对它们进行解释则是有着最长期了解，亦即实际的最年长者或亲属群体长老的任务，更常见的是巫师和祭司的任务，由于掌握了有关巫术力量的专门知识，他们知道如何与超自然力量进行沟通。

然而，新的规范也会通过毫不含糊的强加而出现。不过这种情况
761 的唯一途径是超凡魅力的启示，它可能会采取两种形式。较早的形式

是指明某一个案中什么是正确的，另一种则是为将来的类似个案指出某种一般性规范。这种法律启示构成了最初的革命性因素，动摇了传统的稳定性，是一切类型的法律“制定”之源。这种启示可能是，而且实际上往往就是本来意义上的启示，在具有超凡魅力资格者的实际的或明显的激励或推动下，新的规范应运而生，无需任何新的外部条件。不过启示一般都是一种人为的过程。当经济或社会条件的变化产生了有待解决的新问题时，各种巫术手段就会被用来获取新的规则。一般来说，使用这些原始手段调整旧规则使之适应新局面的人，就是被奉若神明的巫师、先知或祭司。当然，从对旧传统的解释到形成新规范的启示，其间的界限是模糊不清的。但是，只要祭司或长老们的解释智慧明摆着已经不敷应用时，就必定会出现这种过渡。在认定有争议的事实时，也会出现类似的需求。

我们现在关心的是，发明、发现和创设法律的这些模式在以什么方式影响法律的形式特点。解决争端和创设法律规范时的巫术因素的存在，导致了一切原始法律程序中所特有的严格**形式主义**。因为，除非以形式上正确的方式说明有关问题，巫术技术就无法提供正确的答案。此外，如果不加区别地或者任意选择巫术方法，也不可能解决正确与否的问题；每个法律问题都有自己所适用的技术方法。这样，我们就能够理解一切由固定规则调整的原始程序所具有的基本原则特征了：当事人之一在按照仪式惯例进行陈述时哪怕出现极其微小的错误，都将导致丧失法律救济，甚至导致全面败诉，罗马 *legis actio*（诉讼法）规定的程序或者中世纪初期的法律就是例证。[25] 然而，正如我们所知，诉讼乃是最古老的“合法交易”类型，因为它是以契约——和解金契约——为基础的。[26] 因此，我们在中世纪早期庄重的私人交易

和罗马的 *negotia stricti juris*（严格的法律谈判）中就看到了相应的原则。[27] 甚至最轻微地偏离具有巫术效力的程序，都会导致整个交易的无效。然而，尤为重要的是，一种形式主义的“证据法”构成了
762 诉讼中的法律形式主义的开端，这种证据法根本不是在调整现代意义上的程序证据。提供证据不是为了申辩一个特定事实究竟是“真”是“假”，毋宁说，问题在于应当允许或要求哪一方当事人向巫术力量表明自己是正确的，以及可以或应当采取哪种方式这样做。[28] 于是，程序的形式性质与判决技术的完全无理性性质便形成了极为鲜明的反差。因此，如果严格的传统规范没有得到普遍承认，那么体现在这些判决中的“法律”就是完全易变而灵活的。如果不仅是由神性权力作出判决或者通过巫术举证手段发现判决，而且判决就存在于一个具有超凡魅力资格的贤哲，后来则是一个深深植根于传统中的长老、一个亲属长老、一个特选的仲裁人、一个永久当选的法律说明者（*lag saga*）[29]、一个由政治统治者指定的法官的裁定中，那么一项具体判决就会完全缺乏逻辑依据或者理性依据。这样的裁定将不得不声称，这种特殊问题历来就是以这种特殊方式处理的；或者不得不声称，一种神性权力已经有令，这个问题在当下或将来的所有案件中均应依此方式处理。这也是亨利二世国王伟大革新的性质所在，他的这项革新成了一切由陪审团进行的民事审判之源。新近强占之诉（*assisa novae disseisinae*）[30] 是由王室令状授予上诉方的，它在不动产诉讼中 [31] 取代了旧时的宣誓断讼法（wager of law）与决斗断讼法（wager of combat）等等巫术性—无理性举证模式——通常是召集 12 邻人到庭宣誓以说出他们所知有关土地保有权的情况。在当事人自愿地，而后又在强制的压力下 [32] 同意所有类型诉讼 [33] 都接受 12 位陪审员的

裁决，而不是根据法令摘要或者古老的无理性审判模式认定犯罪时，“陪审团”就出现了。[34]事实上，陪审团由此便代替了神谕，而且它和神谕类似，也不陈明裁决的理性依据。这样就出现了主审“法官”和陪审团的职能分工。有个流行的观点认为，陪审团裁决事实问题，法官裁决法律问题，这显然是错误的。律师尊重陪审团制度，特别是尊重民事诉讼陪审团，恰恰是因为它会裁决某些具体的“法律”争端，却不会创造有可能在未来也具有约束力的“先例”，换句话说，这恰恰是因为陪审团在裁决法律问题上的“无理性”。

的确，正是民事诉讼陪审团在这个方面的职能，可以解释为什么英国法律中某些具有长期实践效力的规则会缓慢地发展为得到正式承认的法律规则。由于这种裁决把法律争端与事实问题混合了 763
起来，法官只能适当地把法律问题和事实问题分别加以裁决，并把前者表述为一些法律原则，而且只有这些裁决才能变成不断发展的法律体系的一部分。曼斯菲尔德勋爵在他的法官生涯中就是以这种方式系统阐明了英国商法的主要内容。在此之前，陪审团只是凭着“法律感觉和正义感”，对法律和事实不加区别就去解决法律问题的，曼斯菲尔德则赋予了法律命题以威严。[35]陪审团偶尔也能非常出色地完成这个任务，至少在陪审团包括了富有经验的商人时就会如此。同样，在罗马法中，“答辩律师”的创造性职能就是从他们向民事诉讼陪审员提供咨询的过程中产生出来的，但在这种情况下，法律问题是由具备法定资格的独立代理人在庭外进行分析的。[36]到适当时候这就会产生一种趋势：把陪审员的工作移交给答辩律师，并在罗马推动了这一过程——从模糊感觉到的伦理准则中提取出理性的法律命题，而在英格兰，把法官的工作移交给陪审团这一诱惑，可能会——大概经常会——产生相反的结果。正是由于陪审团的作用，英国的诉讼程序至今仍在判决中，因而在法律本身中保留着某些原始的技术无理性因素。[37]

另外，从私人商业实践和司法先例的相互作用中发展而来的审理典型事态的既定方式，并不具有现代法律科学推动形成的那种"法律命题"的理性性质。与法律有关的事态是用纯粹的经验方法加以区别，所根据的是它们的客观特性，而不是形式法律逻辑揭示出来的它们的意义。有些区别仅仅是在决定特殊情况的背景下做出的：什么样的问题应当诉诸神明或超凡魅力权威，这个问题应当如何提出，以及应当让哪一方当事人承担运用适当举证手段的责任。当原始的法律强制为了这一目的而变得严格遵循形式并且具有了一贯性，它就总是会导致"有条件的审判"。[38] 当事人之一将被宣布有权利或义务以某种方式提供证据，诉讼的成败也将被明确地或含蓄地宣布要取决于他举证的结果。尽管有许多技术方面的差异，但罗马的执政官仪式程序[39]和英格兰的令状与陪审审判程序，其程序的二分法都是与这个基本现象联系在一起的。

764 究竟什么样的争端应当诉诸巫术力量，这个问题构成了技术—法律概念发展的初级阶段。不过此时并不存在事实问题与法律问题之间的区别，不存在客观规范与这些规范所保障的个人的主观"权利主张"之间的区别，不存在要求履行义务和要求报复错误行为之间的区别（因为构成一场诉讼之基础的一切，最初都是一种错误行为），不存在公权与私权之间的区别，不存在法律的制定与适用之间的区别。而且与我们前面所述［见（一），二、三］不同，也始终没有对"法律"和"行政"做出区别——前者指的是为具体的利害关系当事人规定了“权利主张”的那种规范，后者是一些纯技术性安排，为个人提供某些可能的机会使之“照例”受益。

当然，所有这些区别一直以潜在的、最初都是无以言喻的形式存在着，因为按照我们的观点来看，不同的强制力和强制性权威在某种程度上就是与这些区别相对应的。所以，（某共同体因感到其成员之一的行为使该共同体面临神秘危险而使用的）宗教性私刑制裁，与亲属群体之间的和解金诉讼，两者的区别在某种意义上就相当于今天**依职权**提起刑事检控与私人当事人提起民事诉讼之间的区别。同样，在家长不受形式羁绊或原则约束对争端进行的仲裁中，我们也能看到最初的“行政”萌芽，而且这种“行政”类型也不同于有组织的“司法行政”的初级阶段，后者是在亲属群体之间根据刻板的正式和解金诉讼程序及其严格倾向于仅仅适用现有规则解决争端的过程中发展起来的。此外，只是在出现了 *imperium*（统治权，一种其职能特别明确地不同于无限制的家族内部权威的权威）的地方，我们才会发现“正当性”命令和使其具有“正当性”的规范之间开始有了区别。神圣传统和超凡魅力都能赋予某个人的命令以非个人的或者个人的正当性，这要根据具体情况而定，因此也表明了它们“合法性”的限度。[40] 但是，由于**统治权**赋予了它的持有者一种特殊的“法律品质”而不是非个人的管辖权，所以，在正当性命令、正当性权利主张和给予两者以正当性的规范之间长期不存在截然分明的区别。而且，不可改变的传统与**统治权**也始终若即若离。个中原因就在于，无论**统治权**的持有者可以要求多么巨大的权力，如果没有尽可能地诉诸于某种方法以获得法律 765
启示，他就不可能做出任何重大决定。

五、立法手段

（a）即使在传统的框架之内，实际得到应用的法律也并非一成不变。至少，只要传统尚未变成具有专门素养的“保护人”群体的领地，那么它在广泛的社会生活领域中就仍会表现得相当不稳定。通常，这种群体最初都是巫师或祭司，他们根据经验发展出了固定的操作规则。这样得到了“应用”的东西，就是有效的“法律”。非洲人的各种“palaver”[41]决定可以沿袭若干代人并一直被视为“有效法律”。蒙青格尔（Munzinger）的报告表明，东北非洲土著人（*buthas*）当中也有同样的现象。[42]“判例法”是变化中的“习惯法”的最古老形式。就相关主题而言，我们已经看到，这种法律的发展最初仅限于巫术性调查技艺之得到验证的手段。只有在巫师的重要性衰落之后，传统才获得了比如在中世纪时具有的那种性质，由此，法律上有效的习惯之存在，才能像事实一样成为利害关系当事人的举证主题。

（b）最直接的发展路径乃是新的诫命对**统治权**的超凡魅力启示导致了通过合约或强行制定而创设法律。亲属群体的头领和地方首领是这种合约的最早的当事人。除了乡村和亲属群体之外，更大范围的地方性政治联合体或者其他联合体出于某些政治或经济原因逐渐产生了出来，它们通过权威机构的定期或临时集会管理受托的事务。它们达成的合约都是纯粹技术或经济性质的合约，就是说，按照我们的观念来看，它们关心的只是“行政”安排或者严格的私人安排。然而，这些合约会逐渐扩展到极其多样化的领域。特别是，为了对神圣传统进行解释，这种集合性权威可能会倾向于把它们的共同宣言说成是一种特别崇高的权威。在某些条件下，它们甚至敢于通过自己的解释去干预被巫术认可的规范，比如那些处理异族通婚的规范。这种过程最初大都是具有超凡魅力资格的巫师或贤哲发起的，他会在迷醉状态或梦境中获得新原则的神启，然后向大会宣布这种神启，而承认他超凡魅 766
力资格的成员将会接受这种神启，并将其作为应予遵守的新原则传达给自己的群体。然而，技术性公告、通过具体判决对传统做出的解释和新规则的启示，其间的界限是模糊不清的，巫师的威望也是不稳定的。因此，法律的创设——比如在澳大利亚——便越来越世俗化，[43]神启可能会遭到彻底排斥，或者仅仅用作对合约的**事后**认可。结果，以往那些仅仅通过神启就有可能进行立法的广阔领域，逐渐变得服从于集合起来的权威们达成简单共识后进行的调整。因此，即使在非洲的部落当中，往往也能看到已经充分发展的法律“制定”概念，尽管长老们和其他**显贵**并不总是能够把自己同意的新法律强加给部落成员。比如蒙拉德（Monrad）[44]就发现，在几内亚海岸，**显贵们**的协议是通过罚金手段强加给经济弱势者的，但富人和显贵对这些新规范则会视若无睹，除非他们赞成这些规范。这恰恰类似于中世纪“达官贵人”的表现。另一方面，阿罕塔*与达荷美的黑人也会定期地或偶然地修订业已颁布的成文法并制定新的成文法，[45]但这种局面就不能再叫作原始状态了。

（c）一般来说，如果成文法的制定根本不存在，或者即使存在也没有任何发现法律和制定法律之间的那种区别，这通常都会妨碍立法法令乃法官“适用”的通则这种观念的出现。断案不过是因循判例的权威。在日耳曼“习惯法汇编”（*Weistümer*）中仍然能够看到这种类

* Ahanta，非洲国家加纳的一个区。

型的过渡阶段，即对业已通行的法律所做的解释和创设新法律之间的过渡阶段，它们是一些由某个权威所发布的有关具体的或抽象的法律问题的文告，该权威因其个人的超凡魅力、年龄、学识、崇高的家庭地位或官方地位而具有正当性。北欧**法律贤哲**的文告也是一例。这些日耳曼文献并没有在法律和权利之间做出区别，[46]也没有在法令的制定和司法判决之间、私法和公法之间，甚至没有在行政法令和规范性规则之间作出区别。它们完全是根据当下的具体情况起伏变动。即使到了现代之初，英国的议会决议也仍然保留着这种模糊性质。正如 *assisa*（敕令）一词所示，不仅在金雀花王朝时期，即使到了 17 世纪，
767 至少从根本上说，议会的决议也仍然和其他任何判决具有同样的性质。[47]甚至国王也不认为自己应当无条件地受他本人**敕令**的约束。议会试图采取各种手段抵制这种趋势。保存各种诉状和“档案”的目的就是为了给那些得到王室赞成的议会决议授予先例的地位。结果，议会的决议便始终保留着单纯修订现行法律的性质，甚至到今天也仍然如此，这与现代大陆国家立法法规的法典化性质形成了鲜明对照，除非另有说明，后者始终意味着是对相关对象的全面调整。因此，英国至今也没有完全接受以新法彻底取代旧法这一原则。[48]

（d）在英格兰，受到清教徒以及后来辉格党人的理性主义偏爱的成文法概念是从罗马法衍生出来的，而罗马法中这一概念的起源则是**裁判官法**（*ius honorarium*）——最初的司法行政官的军事**统治权**。**民决约法**（*lex rogata*）是司法行政官的政令，由于武装公民的同意而对公民具有了约束力，因而也对司法行政官的继任者具有了约束力。[49]由此可见，现代成文法概念的原始出处就是罗马的军事纪律，以及罗马军事共同体的独特性质。在中世纪的欧洲大陆，霍亨施陶芬

的腓特烈一世是最早利用罗马成文法概念的，[50]但加洛林王朝不在此列，这一概念对它而言只有非常微弱的意义。[51]但是，即便是中世纪初期，特别是英格兰的把成文法作为一种法律修正案的概念，也绝不是很快就形成的。

（e）制定法律和发现法律的超凡魅力时代的特征，到了理性制定和适用法律的时代，在很大程度上还是继续保留在许多制度中，而且至今余韵犹存。晚近如布莱克斯通那样的作者把英国的法官叫作活的神谕，[52]而且事实上，判决就是普通法得以具体化的不可或缺的特殊形式，它所发挥的作用相当于神谕在古代法律中的作用：尚未确定的因素，即特殊法律原则的存在，可以通过判决而变成永久性规则。除非判决是明显的“荒诞不经”或者“违背神意”，因而失去了超凡魅力品质，否则就不可能对它视若无睹却不受惩罚。真正的神谕和英格兰判例之间的唯一区别就在于，神谕并不陈述理性依据，但它的这一特征是与陪审团的裁决一样的。当然，从历史上看，陪审员并非超凡魅力法律先知的后来人，恰恰相反，陪审团等于是取代了平民集会的 768
裁判中——特别是在财产权问题上——由邻人作证这一习用的无理性举证手段。因此，它在王座法庭上就是君主理性主义的产物。另一方面，我们在日耳曼的陪审员（*Schöffen*）[53]与“法官”之间的关系中以及北欧的**法律贤哲**制度中，则可以看到与法律的超凡魅力发布形式一脉相承的实例。

六、法律先知与日耳曼平民大会司法的作用

有一个基本原则十分重要，它对中世纪西方的法人（*genossen-*

schaftlich）自治和等级自治的发展产生了非凡的影响。

（a）由于前面提到的政治原因，这个原则得到了始终如一的遵守，它要求大法官或其副手不能参与案件的判决，只能端坐其位，维护法庭秩序；判决由超凡魅力的法律“发布者”作出，或者像后来那样由共同体指派的权贵作出，而在该共同体内，这种判决就是法律。在某些方面，这个原则与超凡魅力裁判有着同样的性质。以自己的职务身份召集并主持开庭的法官之所以不能参与发现法律，只是因为从超凡魅力观点来看，他的职务本身并没有赋予他超凡魅力的法律智慧品质。只要他使各方当事人选择和解而不是报复，选择庭上解决而不是私下解决，能使他们履行正式手续——这些手续将迫使他们遵守审判协议，同时也是把问题交给神明或具有超凡魅力资格的贤哲的正确有效的方式，他的任务也就完成了。最初，这些法律贤哲都是具有某些综合性巫术资质的人物，他们被招来裁断具体案件，完全是因为他们所具有的超凡魅力；或者，他们是些祭司，比如爱尔兰的 Brehon[54] 或高卢人当中的 Druid[55]，或者是些公认的特殊法律**显贵**，比如北欧部落当中被选出的**法律贤哲**或法兰克人当中的 rachimburgi。[56] 这些超凡魅力的**法律贤哲**后来就变成了一种官员，他们的地位由于定期选举，最后是由于任命而具有了合法性；rachimburgi 最后则变成了权贵，作为王室特许的法律**显贵**而具有合法
769 性。然而，原则还是依然如故：揭示法律的不能是君主本人，只能是拥有超凡魅力资格的人。许多北欧的**法律贤哲**或者日耳曼的权贵，正是由于这种超凡魅力身份而享有至高权威并成为他们所在地区发挥政治影响的代言人，在瑞典则尤其如此。[57] 这些人历来都是名门之后，其官职往往也非常自然地在被认为具有超凡魅力资格的家族中代代相传。10 世纪以来的历史可以证明，这种**法律贤哲**从来就不是法官。他与判决的执行

毫不相干；最初他根本就没有强制性权力，只是后来在挪威才获得了有限的强制性权力。就法律问题上存在的强制性权力而言，它在很大程度上都是掌握在政治官员手中。**法律贤哲**被要求在逐个案件中发现法律，由此发展为一种常设官职；随着人们越来越需要法律具有理性的可计算性和规律性，他开始负责按年度向共同体大会陈述他在逐个案件中发布或“发现”法律时所遵循的所有规则，目的是让整个共同体了解这些规则，同时也让这些规则继续活跃在**法律贤哲**本人的记忆中。尽管存在某些差异，但每年发布的执政官政令有很大的相似性。继任的**法律贤哲**并不受其前任的束缚，因为，凭借自身的超凡魅力，任何**法律贤哲**都可以“创设”新的法律。当然，他可以考虑平民集会的建议和决议，但他并没有被要求这样做，而且，这种决议在未被法律贤哲接受之前都不是法律。法律只能来自神启，这一有关法律创设与发布的原则及其含义，如今肯定已经变得十分清楚了。像在《图林根法》* 中一样，在日耳曼人的绝大多数法律体系中都可以看到类似制度的痕迹，在弗里斯兰人 **（âsega[58]）当中更其如此。《萨利克法》*** 序言[59]中提到的“编者”大概就是一些这样的法律先知，而且，我们也许有理由认为，法兰克 *capitula legibus addenda*[60] 的特殊起源就是与这种法律预言的“民族化”联系在一起的。

---

* Lex Thuringorum，大约编纂于公元 802 年的图林根人法律汇编，由 25 条刑罚事项条款、6 条有关土地和盗窃事项条款及杂项构成。

** Frisian，荷兰北部的古条顿人。

*** Lex Salica，现存最古老的日耳曼法典，大约公元 5 世纪编成，在法兰克人当中具有极高的权威和广泛影响力，并成为其他许多法律编纂的基本组成部分，推动了法兰西和低地国家法律的发展，并且由于诺曼征服而对早期英格兰普通法产生过影响。

（b）任何地方都可以看到类似的发展或者轨迹。诉诸神谕以裁定法律争端的原始方法，在其他具有高度理性化的政治与经济结构的文明中也很常见，比如在埃及（太阳神的神谕）或巴比伦。[61] 毫无疑问，这种实践也给古希腊先知赋予了权力。[62] 古以色列的法律先知也发挥了同样的作用。[63] 实际上，法律预言看上去是个普遍现象。无论
770 在什么地方，祭司的权力在很大程度上都要依赖于他们作为神谕执行者或者神明裁判程序“指导者”的活动。最初是强制，最终是指控和审判越来越多地取代了报复，因而社会越来越趋于安定，他们的权力也随之大为增强。在非洲，“酋长审判”就大大削弱了无理性举证手段的重要性；不过，被奉若神明的祭司们令人生畏的权力，仍然要依赖于残存的旧式神圣巫术审判和神明裁判的实践，这种实践不仅被置于他的监控之下，而且还允许他施展巫术、剥夺任何招惹他发怒和知道如何战胜他的人的生命财产。即使纯世俗形式的司法行政，在某些条件下也仍会保留旧式超凡魅力裁判方法的重要特征。把雅典的 *thesmothetai*（作为法庭的公民大会）[64] 看作这样一个团体也许并无不妥：他们经由形式化过程从一个超凡魅力的法律先知群体变成了选举产生的官员议事机构。但是罗马**大祭司**在多大程度上一开始就是以类似于其他法律预言的形式组织起来参与法律事务的，我们没有任何把握。把形式上指导法律诉讼与法律的发现分离开来，这一原则在罗马同样适用，尽管技术细节上不同于日耳曼法律。就**行政司法官**（praetor）和**市政官**（aedilis）的裁决而言，他们与**法律贤哲**的相似性也明显见于以下事实之中：在这种裁决对各个官员本身具有约束力之前，有一个官员们享有广泛酌处权的阶段。在帝国时期以前，**行政司法官**应当受其自身裁决的约束这一原则始终没有演变为一项法律规

则，而且我们不得不假定，大祭司依靠神秘主义的技术规则揭示法律以及行政司法官对裁判官（*iudex*）的指令，最初都是相当无理性的。历来的解释都是把**平民**要求编纂和颁布法律看作他们反对神秘主义法律、对抗司法行政官的权力所产生的结果。

（c）发现法律和实施法律相分离，往往被断定为日耳曼法律独有的特点以及日耳曼会社（*Genossenschaften*）特殊权力的来源。然而实际上，这绝非日耳曼的特征。日耳曼的权贵会议只是取代了古老的超凡魅力先知而已。在保持这种分离的过程中可以看到日耳曼法律发展的独有特征，即该过程在技术上发挥作用的方式以及它与日耳曼法律某些其他重要特性的联系。其中特别应当提到的是所谓 *Umstand*[65] 771
持续发挥的重要作用。这是法律共同体成员对裁判过程的参与，这些人不是法律**显贵**，但他们的鼓掌通过乃是“法律裁决者”发现的裁决获得批准所不可或缺的，而且他们当中的任何一个人都可以通过 *Urteilsschelte*（裁判权）方式反对所提出的裁决。[66] 以鼓掌通过的方式参与裁判，这种现象在通行日耳曼式诉讼程序以外的地区也能看到，比如人们有充分理由认为，荷马史诗所说的阿喀琉斯盾牌上叙述的审判，[67] 或者耶利米的审判［见《耶利米书》，26: 7—24］以及其他地方记载的审判，都包含着这些实践因素。然而，任何自由民都有权利向“法律裁决者”的裁决提出质疑，亦即所谓 *Urteilsschelte*，这才是日耳曼法律的独有特征。但是，未必就能把它看作远古时代以来的日耳曼传统所固有，毋宁说更像是——主要是军事上——特别发展的产物。

（1）什么应当是有效规范，对这个问题进行世俗化思考以及促使它摆脱具有巫术保障的传统的最重要因素，是战争及其毁灭性的后果。尽管四处征伐的武士首领没有军队的自愿同意就不可能在重大案件中行使他的**统治权**，但这种**统治权**不可避免地会非常巨大。此一情状的性质就在于，这种**统治权**在绝大多数情况下都是以调整各种条件为取向，在和平时期，这些条件仅靠神启规范就能加以调整，但是战争时期就会要求在一致同意或强行制定的基础上创设新的规范。战争首领和军队要处置战俘、战利品，特别是被征服的土地。他们由此创设新的个人权利，在某些情况下还创设新的法律。另一方面，为了保证共同安全、防止纪律涣散和后方秩序在煽动下失控，战争首领就必须比和平时期的“法官”掌握更为广泛的权力。仅仅这些情况就足以牺牲传统以增强**统治权**。但是，战争也会打乱现存的经济与社会秩序，从而使每个人清楚地看到，他们已经习以为常的事情并非绝对神圣。结果，战争和军事扩张在所有历史发展阶段往往都与系统地把新旧法律固定下来联系在一起。而且，防止内忧外患的迫切需要也促使制定法律和发现法律越来越趋于理性化。至关重要的是，那些引导
772 和统辖着法律程序的各种社会要素将在相互之间形成新型关系。如果政治联合体由于战争和备战而具有经久不衰的军事性质，那么军队本身就会对解决联合体成员间的争端，从而对法律的发展产生与日俱增的决定性影响。年事的威望，某种程度上还有巫师的威望则会日趋下降。战争首领、神圣传统的世俗与精神监护人以及可能会相对摆脱传统束缚的军事共同体，在制定新法律时会对如何调整各种权利主张提出许多不同的方案。

从这个观点来看，军事组织的类型就是个极为重要的因素。日耳曼人的地区**议会**（thing），还有盎格鲁－撒克逊政治共同体的**民众立法大会**（gemot），其成员就是那些能够服兵役，随后又成为土地

所有者的人。同样，罗马的 *populus*（平民大会）就是由集合在战术单位中的财产所有者构成的。日耳曼部落迁徙的剧变时期，日耳曼政治共同体的大会似乎都有参与创设新法律的权利以对抗战争首领。佐姆（Sohm）认为所有制定法都是王法（King's law），[68] 这是根本不大可能的事。实际上，在这种类型的法律制定中，**统治权**的体现者似乎并没有扮演主要角色。在比较稳定的定居民族中，超凡魅力法律贤哲的权力依然是不可动摇的；而在东征西略的过程中面临新局面的民族，特别是法兰克人和伦巴第人，其武士阶层的权力意识则会不断增强。他们会要求得到并行使权利去积极果断地参与法律的制定和判决的形成。

另一方面，在中世纪初期的欧洲，天主教会凭借其主教们的权力，到处大力鼓动君主们干预法律的管理与制定。实际上，教会往往是为了自身的利益和它所传播的伦理规范而唆使君主们进行这种干预。法兰克国王们的敕令集就是以半神权统治的巡回法官法庭那样的方式发展出来的。[69] 在俄国，基督教传入之后不久便出现了《东斯拉夫法典》（*Russkaya Pravda*）第二版[70]，这是君主对第一版所缺的裁判和法律制定进行干预的明证，结果是一个以君主为来源的新实体法体系得到了发展。在西方，**统治权**的这种倾向与军事共同体内部稳固的超凡魅力总体裁判结构发生了冲突。相形之下，随着重甲步兵军队的 773
纪律之发展，[71] 罗马的平民大会则只能接受或拒绝**统治权**持有者的提议，就是说，与法律提案无缘，提交给它裁决的只有死刑案件的申诉（provocatio[72]）。在日耳曼，一次有效的审判必须获得听众（Umstand）的鼓掌通过。[73] 另一方面，罗马的**平民大会**最初只是用它的权力以特赦方式撤销司法行政官作出的死刑判决，此外并不关心其他审判。日耳曼**议会**的每一个成员都有权对审议中的判决（Urteilsschelte）提出质疑，这是因为它的军事纪律程度较低。裁判的超凡魅力性质并非一个专门的职业群体所独有，**议会**共同体的每个成员都能在任何时候表达其胜人一筹的知识，并力图以此左右拟议的审判。最初，他们之间只能通过一项神明裁判而达成某个判决，并且往往还会对那些做出了“错误”审判的人们加以刑事制裁，因为那种审判等于是亵渎了法律的监护神。当然，事实上，共同体表示同意与否的咕哝声总是具有不可忽视的分量，从这个意义上说，它的声音就是“神的声音”。罗马人的严格纪律就表现在司法行政官对法律诉讼过程的排他性控制权，以及若干相互竞争的司法行政官的排他性动议权（*agere cum populo*）。

日耳曼人对于发现法律和执行法律的二分法，构成了分割司法行政权力的一种类型，罗马人的体制则代表了另一种类型，即有权在相互之间进行“调停”的若干司法行政官的权力并存，司法行政官和**裁判官**（*iudex*）之间在法律诉讼中又有职能划分。司法行政中的权力分割，也由司法行政官、法律**显贵**和共同体的军事或政治集会之间各种形式的合作予以保障。正是在这一基础上，法律和法律的实施才保留了**形式主义**的性质。

（2）然而，如果“正式的”权威——君主及其官员的**统治权**或者作为法律的正式监护人的祭司的权力——成功地消除了超凡魅力法律知识的独立载体，同时也消除了平民大会或其代表的参与，那么法律的发展很早就会获得神权统治的家产制特性，我们可以看到，这种特性会在法律的形式方面产生独特的结果。尽管会出现不同的发
774 展过程，比如希腊的民主制度以政治万能的平民大会取代了旧时的司法行政官和超凡魅力的裁判官，并确立了自身在创设与发现法律过程

中的唯一至高无上的权威，但是法律的形式特质却大同小异。只要是出现了平民大会，尽管它参与裁判时并不具有至高无上的权威，但却能够接受或拒绝法律知识的超凡魅力拥有人或官方拥有人提议的判决，并以某种方式——比如对拟议的审判提出质疑——去影响判决，我们就应当说那是“平民大会的法律裁决”（*dinggenossenschaftliche Rechtsfindung*）。日耳曼的军事共同体以及经过高度理性改造的罗马军事共同体，就是这种情况的例证。然而，这种类型不能用多哥兰的黑人[74]当中或者前基督教的第一版《东斯拉夫法典》时期俄国人[75]当中的那种平民大会参与裁判的简单事实加以说明。在这两种情况下，我们都可以看到一个与日耳曼权贵会议相对应的小型“判决的发现者”团体——在俄国人那里是 12 名成员。在多哥兰的居民当中，这种团体都是亲属或邻里群体的长老，从更普遍的意义上说，我们可以假定这是判决的发现者会议之起源的一个共同基础。在《东斯拉夫法典》中，君主最初根本就不参与，但在多哥兰的黑人当中，他在与长老们共同秘密协商之后则会主持审议并做出判决。然而，在这两种情况下，民众的参与都不会赋予发现判决的过程以任何超凡魅力性质。在非洲以及其他各地，平民参与而又具有这种性质的情况好像极为罕见。

（3）如果共同体是以**听众**（*Umstand*）的形式参与，那么法律以及法律裁决在很大程度上就会保持形式特性，因为法律裁决乃是法律贤哲启示的产物，而不是受法律影响——法律要去支配，而非服务——的那些人随心所欲或感情用事阐述的结果。另一方面，贤哲的超凡魅力也像其他名副其实的超凡魅力一样，必须“证明”自己拥有打动人心、令人信服的力量。这会间接强化法律共同体成员的公平感和日常经验。**从形式上说**，这里的法律始终也是“法律人的法律”，因为没有特殊的专门知识和技能，它就不可能具有理性规则的形式。但是就它的相关**内容**而言，它同时也是“大众法”。

775 最有可能的是，“法律箴言”制度起源于由平民大会进行司法行政的时期。然而，如果我们是在精确意义上使用平民大会这个概念，用以指称在法律超凡魅力权威和大众军事共同体批准权之间划分权力的若干可能方式中的一种特殊变体，那就应当认识到，它并不是个普遍现象。这种法律箴言的独有特征，通常都是把形式上的法律规范与某个具体的大众化论据结合在一起，比如这样一些说法：“你在哪里失了信，就应在哪里找回它”，或者“手必须证明手的正当”[参阅（一），五，注 26]。一方面，它们源自法律的大众化性质，而这种性质产生于共同体的参与和它对法律的相对较多的认识。另一方面，作为行家或有兴趣的观察者这样一些个人所阐述的某些行为准则，也会成为法律箴言的来源，因为他们会考虑到那些经常反复出现的判决所具有的共同特征。毫无疑问，法律先知们想必就是以这种方式创造了大量行为准则。简言之，法律箴言就是以口号形式表达出来的不完整的法律命题。

七、法律专家的作用

然而，如果没有那些训练有素的专家们的关键性合作，就根本不可能存在经过正式阐述的法律，而正是这些法律，构成了一个被自觉应用于判决的行为准则综合体。他们所属的不同范畴我们已经非常熟悉了。与裁判有关的“法律实践者”阶层，除了官方的司法行政人员以外，还包括各种法律显贵，即 lag saga、rachimburgi、Schöffen（陪

审员）以及——偶尔还有——祭司。由于司法行政要求具备越来越丰
富的经验，最后则是要求具备专业化的知识，我们便看到了一个新兴
的范畴，即私人顾问和律师，他们通过“法律发明”影响着法律的形
成，而这种影响往往都是不可小视的。后面将会讨论这种群体的发展
所需要的条件［见下节］。对专业法律知识不断增长的需求，使得职
业律师应运而生。对经验和专业知识的需求不断增长以及随之而来的
促进法律不断理性化，几乎始终是因为商业和参与商业的人们有着不
断增长的重要性。解决新问题必然会要求专业的——理性的——训
练。我们这里集中关心的是法律“理性化”的方式与结果，即成为当 776
今之特征的那些法律品质的发展。我们将会看到，一种法律体系可以
通过各种方式被理性化，但是未必符合其“法律”品质的发展方向。
然而，这些形式品质的发展方向要直接决定于“intrajuristic”（法律
界内部的）条件，即决定于这样一些个人的特殊性质——他们可以凭
借所处的职业地位去影响法律形成的方式。不过，一般的经济与社会
条件对于这项发展只有间接的影响。通行的法律教育类型，即法律实
践者的训练模式，比任何其他因素都更为重要。

注　释

1　Puchta，*Das Gewohnheitsrecht*，2 vols.（1827/37），可谓德国《学说汇纂》学家对习惯法学说的经典阐述；现代的简明论述，见 I Enneccerus，*Allgemeiner Teil*（1928）31，64，79；　另 见 Maine（1861），c. i；J. C. Gray，*Nature and Sources of Law*（2nd ed. 1927），c. XII；Vinogradoff，*The Problem of Custom*，*Collected Papers*，II，410；此外还有 Allen（5th ed. 1951），cc. i and ii，那里充分讨论了对于习惯在普通法中的法律效力的大不相同的检验标准。

2 E. Zitelmann, *Gewohnheitsrecht und Irrtum* (1883), 66; *Archiv für die civilistische Praxis*, 323; O. Gierke, *Privatrecht*, I, 1569.

3 见 E. Lambert, *La fonction du droit civil comparè* (1903), 172, 216; Ehrlich, 436; 另见 Gray, *op. cit. supra* n. 1, at 297。兰伯特与埃尔利希都认为，习惯的起源并非见之于 Volksrecht（蛮族法），而主要是见之于 Juristenrecht（法官法）之中。更特别的是，他们（尤其是兰伯特）坚持认为，只有在那些利用习惯的人们断定法庭不会偏离法官已经规定好了的行为路线，自己最好还是以同样方式去适应这些规则，犹如一个人必须适应立法机关制定的规则，这时习惯才会变得确定不移。这种对习惯的看法等于是为历史学派敲响了丧钟，后者认为，习惯在获得司法与法律承认之前，首先是产生于 consensus utentium（使用者的共识）。埃尔利希不像兰伯特那么激进，尽管他也特别强调了判例法的创造性力量。他在 Rechtssätze（即裁判规则）与 Rechtsverhältnisse（即社会上现存的法律安排）——比如财产、家庭等等——之间做出了区分。在处理 Rechtsverhältnisse 问题时，法官的功能大概更少原创性且更受限制，因为法官必须始终顾及到社会上现存的私人安排和惯例；但是按照埃尔利希的说法，法官的立法过程仍然清晰可辨。

4 关于 consuetudo 作为法律之源的中世纪学说，见 Brie, *Lehre vom Gewohnheitsrecht* (1899), §§12 *et seq.*; Engelmann (1938) 81; 关于英格兰，见 Pollock and Maitland 183; Allen; Holdsworth, Ⅲ, 167—170。

777 5 对这种冲突的讨论，可见 Mitteis, *Reichsrecht* (1891); Jolowicz, 66—71。

6 参阅 1 Pollock and Maitland 107, 184, 186, 220, 222; Holdsworth I, 1—20; Ⅱ, 3—21; 206—207; Allen, 86—88。

7 参阅注 4，另见 Savigny, *Geschichte des römischen Rechts im Mittelalter* (2nd ed. 1850) esp. I, 115, 178。

8 Ijmā，伊斯兰教法指学者的一致同意，这在对《古兰经》以及其他穆罕默德言行录记述的先知言论做出法律补充时被认为是必须的。

9 关于历史学派，见 Stone, 421 的详论。

10 K. Knies, *Die politische Ökonomie vom geschichtlichen Standpunkte* (1883). Cf. also Weber's *Roscher und Knies und die logischen Probleme der historischen Nationalökonomie*, Schmollers Jahrbücher (1903, 1905, 1906), reprinted in GAzw, 1—145.

11 zadruga（重音在第一音节）是极为常见的家族共同体现象的南斯拉夫变体（参阅 Peake, *Village Community*, 15 Encyc. Soc. Sci, 253, 256）。据 Troyanovitch, *Manners and Customs in Serbia*, ed. Stead, London, 1909, c. xii，这是一种在父系基础上组织起来的大家族或氏族，居住在同一个大宅子中，共同拥有土地、家畜与货币。这些 zadrugas 会连续几代人不分家，往往包括了多达百余人的成员。他们由长老（stareshina）统治，通常是家族中能够行使权威的最年长者。一个 zadruga 解体时，物资储备将在全体成员中间平分，但土地仅分给男性成员。

zadruga 一直被认为是马克思主义的“土著居民”共同财产权理论的证据，或者被认为是未来共产主义社会的一种模式（S. Marcovic, 10 Encyc. Soc. Sci. 144）。特别是，

zadruga 一直被用作主要例证以说明国家法律作为社会调节手段之多余或无效。这种看法似乎是产生于埃尔利希所利用的 Bogišic 对南斯拉夫法律的研究（见 Demelic，*Le droit coutumier des Slaves méridionaux d'après les recherches de v. Bogišic*，6 Rev. législ. *An cienne et moderne*（1876）253）。埃尔利希的那个著名段落如下（p. 371）：

"Bogišic 的研究表明，在《奥地利民法典》有效覆盖的版图范围内，所有南斯拉夫人当中全都存在着一种著名的南斯拉夫家庭共同体，即 Sadruga ；《民法典》对此根本一无所知，而且与它的原则绝对格格不入。"

然而，被韦伯接受下来的这个命题是站不住脚的。

在前奥匈二元君主国中，匈牙利的一个半自治地区，克罗地亚—斯拉沃尼亚王国，是 zadruga 的主要存在地区。1811 年的《奥地利民法典》是在 1852 年引进该地区的（1852 年 11 月 29 日法律，*Austrian Reichs-Gesetz-Blatt* 1852，No. 246）。在《法典》作为克罗地亚—斯拉沃尼亚法律予以实施的过程中，1853 年 4 月 18 日的奥地利司法大臣法令（R. G. Bl. 1853，No. 65）为在该地区引进土地所有权登记制度预做了准备。法令第 29 项明确规定，在土地为"家族公社（house communion）"所有的情况下，登记为所有者的应是家庭本身，而不是任何单独的个人。该法令等于是通过官方法律明确承认了 zadruga。这是延续了一个传统，在奥地利开始对这个所谓 Militär-Grenze（"军事接壤区"，即毗邻土耳其边界的地区）进行统治时，奥地利的正式立法就已经确立了这个 778
传统。建立这个"军事接壤区"的 1754 年法令［*Militär-Grentz-Recht für das Carlstädter und Varasdiner Generalat*，Part IV，§ 37 ； 另 见 Grenz-Grundgesetz of 1807 ； 参 阅 M. Stopfer，*Erläuterungen der Grundgesetze für die Carlstädter* 1，*Varasdiner*，*Banat*，*slavonische und croatische Militärgrenze*（Vienna，1830）；另见 Vanicek，*Geschichte der Militargrenze*，4 vols.（1875）；Hostinek，*Die K. K. Militärgrenze*，2 vols.（1861）］就明确提到了 zadruga。

1850 年的《基本法》（*Kaiserl. Patent v. 7. Mai*，1850，*R. G. Bl.* 1850，*No.* 243）明文规定，"该边界地区居民的家长制生活受本法保护"（§ 31）；根据这项原则进一步做出的许多规定，则厘清了"家庭团体（family houses）"的内部结构及其与外界的关系（§ § 16，22，27，33—45）。后来，根据 1870 年的《克罗地亚条例》，家长和乡村当局对 zadruga 成员的惩戒权力再次得到了明确承认和调整［参阅 Bidermann，*Législation autonome de la Croade*（1876），8 rev. dr. intl. Et legisl. Comp. 215，266］。在奥地利本土，zadruga 仅存于狭小的白卡尔尼奥拉（White Carniola）地区，那里的司法实践同样把 zadruga 的土地看作是被家庭而不是个人所有。所以说，正式的奥地利法律，包括克罗地亚—斯拉沃尼亚法律，都对 zadurga 不抱敌意。大概也很难看出 zadruga 在哪个方面与《奥地利民法典》的任何规定格格不入。像所有现代的法典编纂一样，这部奥地利法典也为私人当事人按照自身意愿调节彼此间事务留出了空间。它在契约问题上的多数规则都是一些权宜性法律（ius dispositivum），仅仅在当事各方不能自行达成安排时适用。它就不动产以及死者财产问题阐述的规则，很容易适应各种形式的共同保有权。因此，很难看出有什么理由能把 zadruga 当作法律调节失效的例证。

关于 zadruga 的更多资料，见 Maine，*Early Law* 232—282 ；Weber，*History*（1950）

12，47；Y. Peritch，*Opposition between communism and bourgeois democracy as typified in the Serbian Zadruga Family*（1922）16Ill. L. Rev. 423；S. H. Cross，*Primitive Civilization of the Eastern Slavs*（1946）. 5 American Slavic and East-Europen Rev. 50；P. E. Moseley，*Adaptation for Survival*；*The Varzic Zadruga*（1942/43）2 Slavonic and East-European Rev. 147—170；关于 zadruga 晚近的发展状况，见 M. Isic，*Les problèmes agraires en Yougoslavie*（1926）32，48，319。

12 伊斯兰教法理学的四大正统学派为哈乃斐（Hanefite）、沙斐仪（Shafite）、马立克（Malekite）和罕百里（Hanbalite），见 Shalute 8 Encyc. Soc. Sci. 344 以及该处援引的文献。

13 关于法兰克帝国的“属人法”制度，见 Maitland，*Prologue to a History of English Law*（1907）*Selected Essays in Anglo-American Legal history* 20；see also 1 Brunner，259；Smith，115 et seq.；K. Schröder，*Die Franken und ihr Recht*（1881）36。

14 这里指的是阿兹哈（El-Azhar）学院，伊斯兰教最著名的学术中心，公元 988 年建于开罗。

15 韦伯这里指的是 1920 年代凯末尔主义改革之前的旧土耳其；参阅 Vesey-Fitzgerald，*Muhammedan law*（1931）36ff。

16 从传统上说，可以列举出古代罗马律师活动的三个主要类型：释疑解答（respondere）、agere 和 cavere。释疑解答就是说明某种法律观点，尤其是回答向法学家（responsa prudentium）提出的问题；agere 是代表委托人到法庭进行诉讼；cavere 指的是起草契
779 约、遗嘱以及其他文件。“法学家”（“jurisconsult”）和“辩护人”（雄辩家、演讲家）之间是有区别的。后者是在法庭上活动，特别是在刑事法庭上，演讲术在那里被认为大有助益。法律训练对于雄辩家来说既非必需也不常见。比如，与受过良好教育的公民和政治家相比，西塞罗的法律知识就显得不如人意。参阅 Schultz，*history*；另见 Wormser，*The Law*（New York，1949），c. ix，其中“罗马法的工厂如何运作”有一番通俗的说明；韦伯的进一步讨论，见下文（四），三。

17 Kautelarjuristen，这种律师包括像英国撰写转让契据的律师（conveyancer）或者现代美国的公司法律顾问（corporation lawyer），他们运用自己的技能起草文书，尤其是发明新的条款以保护委托人的利益并防止未来的诉讼。使用这个术语乃是特指德国 17、18 世纪那些精于此道的专家，也是说明罗马法律早期发展阶段的特征（参阅第十一章注 5）。

18 Weistum（复数形式为 Weistumer），类似于英格兰的 costumals 或者习惯法典（customaries），是一个特定地方法律习惯的汇编。“如果回到加洛林王朝时期，我们就能看到一个采邑官员每年一次对现行习惯追根溯源的做法。这样汇集起来的素材每年都要背诵，后来则发展为书面形式并要当众诵读。这种习惯从采邑共同体又普及到了自由农民以及自由乡村共同体。”[von Schwerin，*Deutsche Rechtsgeschichte*（2nd ed. 1915），with bibliography]。

19 Vladimirski-Budanov，Mikhail Flegontovich，1838—1916，俄国法律史学家；参阅 15 Encyc. Soc. Sci. 274 关于他的传记词条；见他的 *Russian Legal History*（*Obzor istorii russkago prava*，1907）59，88。

20 对英国法律中遵从先例（stare decisis）原则的发展所做的最新、最全面的论述，见 Allen 43，150ff，525ff。

21 关于新近对“正义感”的讨论，见 E. N. Cahn，The Sense of Injustice（1949）；E. Rieziler. *Das Rechtsgefuhl*（2nd ed. 1946）；Hoche，*Das Rechtsgefühl in Justiz und Politik*（1932）；H. Coinc，*Grundzüge der Rechtsphilosophie*（1950）48。

22 韦伯这是在直接反对法理学的历史学派学者，他们把所有法律都看作是每个民族所特有的“民族精神”的产物，尤见 Savigny，*Vom Beruf unserer Zeit für Gesetzgebung und Rechtswissenschaft*（1814），translated by Hayward（*On the Vocation of Our Age for Legislation and Jurisprudence*，1831）；参阅 Stone 421。正义感的民族特性理论被纳粹党人所接受，并被用作他们法律理论的基础之一。

23 关于英格兰通过立法而自觉创新法律的缓慢发展，见 Allen 354，365 *et seq.*；S. Thorne，*Introduction to a Discourse upon the Exposition and Understanding of Statutes*，*with Sir Thomas Egerton's Additions*（1942）。

24 韦伯这里表述的观点是典型的大陆法律思想的观点；美国的现实主义者则抱有完全不同的观点，尤见 Jerome Frank，*Law and the Modern Min*（1930）；for a more realistic description of the American approach，see Edward Levi，*introduction to Legal Reasoning*（1949）；另请参阅 Stone 192 以及本章（八），二。

25 关于这种法律诉讼的程式特征，见 Jolowicz 87，181；Wenger 123；Engelmann and Millar 269，281；2 Jhering，496—695；关于中世纪诉讼程序的形式主义，见 Brunner，*Wort und Form im altfranzösischen Prozess* in Sitzungsber. Der Akad. Der Wiss. Zu Wien，phil-hist。Classe LVII（1867），655；Engelmann and Millar 174，386，649；O. v. 780
Zallinger，*Wesen und Ursprung des Formalismus im altdeutschen Privatrecht*（1898）；Schroeder，§§13，25，37，63。另见（四），一和注 4（fautes volent exploits）。

26 见（一），五。

27 古典罗马法在 negotia stricti iuris 和 negotia bonae fidei 之间做出了区分。在前一种情况下，债务人必须丝毫不爽地严格履行承诺，主要范例就是要式口头契约这样形式化的承诺。后一种情况则是后来发展的产物，债务人必须按照诚信和公平交易的要求，特别是根据当地的或者商业的习惯去做。参阅 Sohm，367；Jörs and Kunkel 165（with bibliography）；另见 Schulz，*principles 223 et seq*。

28 日耳曼法律史学家习惯于把提供证据叫作“权利”，并把它与现代的举证“责任”加以对照。参阅 2 Brunner，*Rechtsgeschichte* §105；Schroeder 84；Amira，130. 161；Maurer，*Geschichte des altgermanischen Gerichtsverfahrens*（1824）；另见 1 Pollock and Maitland 39；2 Holdsworth 107，112。在英格兰，被告在比较古老的诉讼形式中以宣誓断讼法（wager of law）申明案情的权利，至少在形式上一直延续到被 the statute 3 and 4 William 4 c. 42, Sec. 13（1833）正式废除。一般关于原始诉讼程序中的举证问题，见 Declareuil，*Preuves judiciaries dans le droit franc*（1898）22 Nouvelle revue historique de droit 220。

29 “Lag saga”就是诵读法律，有时是以诗歌的形式，在斯堪的纳维亚和冰岛定期举行的平民大会上诵读。该词也适用于指称以这种方式诵读法律的人。见 Bryce，327；另见下面注 57。

30 1166 年由亨利二世发布克莱林登饬令（Assize of Clarendon）设立的诉讼；见 Pollock and Maitland 145—147；Plucknett 339—342；另请参阅 Joüon des Longrais，*La Saisine*（1925），以及同一作者的 *La portée politique des réformes d'Henri* Ⅱ（1936）Revue historique de droit 540。

31 不动产诉讼（real action）即要求收回土地的那些普通法诉讼。当 16 世纪大量发生要求收回不动产的诉讼（action of ejectment）时，它们就成了一种累赘，而且非常拖沓，终至变得不合时宜。参阅 Maitland，Forms 7；Plucknett 336—337，354。

32 这里提到的强制形式即严刑逼供（peine forte et dure）。最早由《威斯敏斯特条例》（1275）规定对不愿接受陪审审判的重罪犯使用。到 16 世纪时已经变成了一种拷打形式：被告被夹在两块特制木板中间，然后用重力挤压，直到他表示接受陪审审判，否则最终就被挤压致死。

33 强制仅用于重罪案件。陪审审判很快就变成了民事诉讼中的常规模式。尤见 Plucknett 125；Brunner，*Schwurgerichte*（1876）；*Holtzendorff's Rechtslexicon* 559，repr. 1 *Abhandlungen zur Rechtsgeschichte*（1931）82。

34 Brunner，*Entstehung der Schwurgerichte*（1872）是关于陪审团起源的经典著作；关于综合论述，见 1 Pollock and Maitland 138；1 Holdsworth 298；Thayer，*The Jury and Its Development*（1892），5 Harv. L. Rev. 249；另见 Radin，204。

35 关于曼斯菲尔德勋爵，见 12 Holdsworth 464—560；另见 C. H. S. Fifoot，Lord Mansfield（1936），esp. 82—117。

36 见下文（四），三，以及注 39。

37 关于这个问题，参阅 Jerome Frank 在以下各处表明的观点：*Law and the Modern Mind*，c. xvi and App. 5；*Courts on Trial*（1949），c. viii。

781 38 日耳曼诉讼程序（即罗马法的继受之前）的有条件审判或举证审判，仅仅是裁决哪些事实陈述是案情的决定性成分，因而哪些事实陈述应予证明，哪一方当事人应当举证。如果不能举证，审判将自动有利于另一方当事人。换句话说，“举证成败的法律后果不言而喻：举证审判的性质在这方面丝毫不容置疑。”（Engelmann and Millar 143—144）这种类型的审判不同于罗马的诉讼程序，在罗马，原告会力求结论性地证明自己的权利主张，从而在判决对他有利时保证当局使他的权利主张得到强制执行。在德国的制度中，权利主张事实上是不确定的，被告一旦在反驳原告的举证时失败，就必须按照他在接受法庭给出的举证结果时做出的许诺，而不是根据审判本身给予赔偿。Engelmann and Millar，*ibid.*

韦伯的文本中接着还有如下说法：“诸如一方当事人被要求进行决案宣誓（decisory oath）这样的情况，就非常类似于我们目前的做法。”这里指的是《德国民事诉讼法》1877 年原版第 445—463 款。根据这些规定，当事人如负有举证责任且非如此就不能证明对方所知范围内的重要事实，便可以要求后者宣誓坚称前者的事实陈述并非实情。这时，法庭即可作出一项有条件的最终判决：如果后者宣了誓，裁决便会有利于他，但如不宣誓，裁决就会有利于前者。根据是否进行了宣誓，这样的取舍便会立即生效。1933 年 10 月 27 日的发令废除了这种诉讼程序（R. G. Bl. 1933 I 779，781）。

39 韦伯这里做出的类比首先是罗马的**争讼程序**（litis contestatio）和日耳曼的 Urteilserfüllungsgelobnis。它们之间的相似性就在于，两者事实上都是当事各方达成的协议以服从可能做出的裁决。第二个类别似乎是罗马的**争讼程序**和日耳曼的有条件审判或举证审判（见上面注 38），后者在英格兰也一直存在，直到陪审审判取代了神明裁判法、决斗断讼法等等其他举证模式。

40 参阅第九章，一；第十章，三。

41 Palaver，"交谈，会谈，商谈，讨论；主要指非洲人或者其他未开化土著人同贸易商或旅行者之间颇费唇舌的交涉"，7 *Oxford English Dictionary*（1933）390；参阅 Letournequ，*L'êvolution juridique*（1891）78，89。

42 W. Munzinger，*Ostafrikanische Studen*（1864）478.

43 见 A. Elkin，*The Australian Aborigines*（1938）28—31，36—37，102 以及该处引用的文献；另见 Spencer，*The Arunta*（1927）I，11—13。

44 Hans Christian Monrad，*Gemälde der Küste von Guinea und der Einwohner derselben*. Trans. From the Danish by H. E. Wolf，1824（describes a journey in 1805—1809）.（W）

45 M. J. Herskovits，*dahomey*，*An Ancient West African Kingdom*（1938）II，5—16；R. Rattray，*Ashanti Law and Constitution*（Oxford，1929）；D. Westermann，*The African To-day and To-morrow*（3rd ed. 1949）72；E. C. Meck，*Law and Authority in a Nigerian Tribe*（1937）247 et seq.

46 在德语中，这种区别由于以下事实而变得模糊不清："Recht" 一词既指"法律"也指"权利"。

47 关于英国"制定法"从专门的王室特许权（royal grant）或王室命令向现代意义上的立法法案的缓慢发展，见 Allen 357；Plucknett，*Statutes and Their Interpretation in the First Half of the 14th Century*（1922）；Thorne，*op. cit. supra* n. 23；Richardson and Sayles，*The Early Statutes*（1934）50 L. Q. Rev. 201，540；另见 Radin 327 *et seq.*。 782

48 "背离普通法的成文法必须严格解释！"

49 罗马司法行政官（magistrate）的政令对他的继任者并无约束力，因此，当一个新的行政司法官（praetor）接任时，行政司法官敕令就要重新颁布。然而，如果司法行政官被质询并获得了平民大会（comitia）的同意，情况就会不同。这时他的法令就会正式升格为一项约法（lex），或者更明确地升格为一项民决约法（lex rogata）。它有别于仅由司法行政官不经平民大会同意而颁布的官定约法（lex data）。后者多被用于临时性或地方性的治理目的以及紧急立法目的。平民大会既不能倡议也不能讨论立法，这是罗马立法程序的一个特征。法律草案由作出动议的司法行政官提交给平民大会，大会只能就此表示同意或拒绝。参阅 3 Mommsen，310 *et seq.*。

50 腓特烈一世（巴巴罗萨）皇帝，1152—1190 年在位。是否能够言之凿凿地认为他"最早"利用了罗马的成文法概念，这至今尚无定论。自公元 800 年查理曼复兴了帝国之后，人们一直认为日耳曼皇帝都是罗马帝国皇帝的继承人，参阅 C. Dawson，*The*

Making of Europe(1935)214 et seq.；P. Koschaker，*Europa und das römische Recht*(1947) 6—54 以及该处引用的文献。

腓特烈一世尤其直言不讳地这样认为，并坚称罗马法构成了帝国的连续性法律，其中他的法规与古代先人的法规具有同等地位。参阅 I Stobbe 617。

51 关于法兰克帝国“成文法”(“written law”)的简要说明，见 Smith 124 *et seq.*。

52 Blackstone I，172，173.

53 关于 Schoffen，见 Brunner I，209；II，296—303；Engelmann and Millar 98 *et seq.*，144 *et seq.*；Smith 135，247，*et seq.*。

54 关于爱尔兰的古代法律以及所谓 Brehon laws，见 Maine，*Institutions* 9，24，279 et seq.；J. H. Wigmore，*Panorama of the World's Legal Systems*(1936) 669—713，and literature cited at 730；E. MacNeill. *Law-Celtic* 9 Encyc. Soc. Sci. 246，266 (bibliography)。[Brehon，爱尔兰语，指古代的法律解释者，大体上等于今天所称的法官，实际上 Brehon 是根据证据解决纷争，严格遵从爱尔兰法律做出裁决的仲裁者。但只有争议双方不用受到监狱和警察的强迫和威吓的情况下，对他的决定完全满意时才会执行他的裁决。现代仲裁只针对商事争端，但是 Brehon 却可以对社会生活各个方面产生的争议——从盗窃母牛案到皇室谋杀案进行裁决。——译注]

55 Maine 662—669；MacNeill，*loc cit.* [Druid，公元前 5 世纪至公元 1 世纪分布于高卢、不列颠、爱尔兰等地的凯尔特人的祭司、法师或预言者。在大多数情况下，这些人都被公认为古代智慧的守护者，有着崇高的道德修养，并对自然科学和神学有很深的造诣。——译注]

56 Brunner，*Rechtsgeschichte* I，240，209；II，295—300，302，472；Smith，134；另见 Haff，*Der germanische Rechtsprecher*(1948) 66 Sav. Z. Germ. 364.

57 瑞典的“法律代言人”即 laghmather；见 E. Künssberg，*Hermanic Law* 9 Encyc. Soc. Sci. 237；v. Amira；*Nordgermanisches Obligationenrecht*(1882) 5，15，20，143；see also Wigmore，*op*，*cit. supra* n. 54，at 818；Bryce 328，329，332；Maurer，*Vorlesungen über altnordische Rechtsgeschichte*(1907/10) IV, 263 *et seq.*，280；v. Amira，op，cit.；R. Schroder，*Gesetzsprecheramt und Priestertum bei den Germanen*(1883) 4 Sav. Z. Germ. 215，and literature there cited；K. Haff，*Der germanische Rechtsprecher als Träger der Kontinuität*(1948) 66 Sav. Z. Germ. 364.

58 选任的审判员(iudex)，即 asega，必须发现适当的法律并提交共同体批准。Brunner I，
783 205；Smith 37；另见 Schräder 221. [关于弗里斯兰人的 âsega 以及加洛林王朝时期其他日耳曼领地内的“法律代言人”，另请参阅 P. Heck，*Die altfriesische Gerichtsverfassung* (Weimar 1894)；*id.*，“Die friesische Gerichtsverfassung u. die mittelfriesischen Richtereide，” *Mitt. D. institutes f. österr. Geschichtsforschung*，Suppl. VII (1907)，741ff.；*id.*，*Übersetzungsprobleme im frühen Mittelalter* (Tubingen 1931)，36—43 and passim.——(Wi)]。

59 韦伯说的是“萨利克法”序言。较早的《萨利克法》版本更准确的说法应该是“萨利克约法”(“Pactus legis Salicae)”，只有该版本才有这里提到的序言，全文如下：

“法兰克人和他们的大人物一致认为并决定，为在他们中间保持和平的热忱，应消除一切失和的原因。正如他们的武力优于所有相邻部落，他们的法律也应当优于它们。应即停止要求按照争端的种类予以修订。故此，从莱茵河东岸，即波多海姆（Bodoheim）、萨利海姆（Saleheim）、维多海姆（Vidoheim）选出若干人士，人称维索加斯（Visogast）、萨利加斯（Salegast）、阿罗加斯（Arogast）、维多加斯（Vidogast），他们召集了三次司法集会，慎重讨论了所有争端的原因，并逐一作出了裁决。”［“萨利克法”前言，译自 K. A. Eckhardt，*Die Gesetze des Merowingerreiches*（1935）481 的拉丁文本。］

60 Capitula legibus addenda，修订那些由官方汇编的通行法律——比如《萨利克法》、《里普利安法》（lex Ribuaria）——的王室法令（capitula）；参阅 Brunner I，543—550；关于法兰克王朝的法规汇编，见 Pollock and Maitland I，16。

61 P. Carus，*Oracle of Yahveh*（1911）22—26，32；S. A. Strong，*On Some Oracles to Esarhaddon and Asurbanipal*（1893）.

62 F. W. H. Myers，*Greek Oracles*（in E. abrott，Hellenica，1880）425，453—465；W. Halliday，*Greek Divination*（1913），cc. iv，x；Bouché-Leclerq，*Historire de la divination dans l'antquité*（1879），4 vols；尤见 Ⅲ，147，149—152，156—161。

63 见 Carus，*op. cit.* 1—21，33，35。关于以色列与埃及的比较，同上，pp. 11—12。

64 thesmothetai 似乎一直是雅典的一个司法机构，设立的目的是为了解脱行政司法官的某些司法职责。见 I Bonner and Smith，85。

65 Umstand 是平民大会（thing 或 gemot）的成员，他们环绕在审判场所周围并对所提议的审判表示同意或反对。

66 关于 Urteilsschelte，见 Brunner Ⅱ，471。

67 这是荷马在《伊利亚特》中的著名叙述（∑ 497—508）；参阅 Maine，385 以及 405—407（F. Pollock 所作）注释“S”；尤见 H. J. Wolff，*The Origin of Judicial Litigation among the Greeks* 4 Traditio（1946）34—49，以及 p. 82 的参考文献。

68 Sohm，*Fränkisches Recht und römisches Recht*（1880）I Sav. Z. Germ. I，9.

69 主教每年一次巡视主教教区大概是个很古老的教会习惯。在法兰克帝国，这种习惯到墨洛温王朝晚期渐被忽略，在 7 世纪加洛林王朝时代又得以恢复，并与一般的巡视有了区别，成了一种特定的制度，目的是发现并惩处教会犯罪，此即所谓巡回法庭（Sendgericht）。它被看作是一种调查，每个堂区都有一群“成熟、正直 784
而诚实的人”（iuratores）被要求宣誓向主教的巡回法官揭发他们所知的一切罪行。参阅 5 Hinschius，*System des katholischen Kirchenrechts*（1895）425。关于教会巡回法庭作为王室调查的样板，因而对于陪审制度的发展所起的作用，见 Brunner，*Schwurgerichte*（1876）。

70 韦伯假定存在着《东斯拉夫法典》的后续译本，其根据似乎是 Goetz 的著作［*Das russische Recht*（1910）24 Z. f. vgl. Rw. 1］以及 Kholer［*Die Russkaja Prawda und das altslawische Recht*（1916）33 Z. f. vgl. Rw. 289］。一些最新的调查（Academy of the U. S. S. R.，*Pravda Russkaya* 1940，I，29，55）对这些研究提出了疑问，调查指出，现

存最早的手稿标明的年代是 1282 年，所有归到后来版本上的早期年代纯粹都是推测。关于《东斯拉夫法典》的性质也存在争议。按照 Kluchevsky [*History of Russia*, trans. Hogarth（1911），cc. ix and x] 的说法，此书既不是一部君主制定的法规，也不是一部私法著作，而是教会编纂的世俗习惯法汇编，在必须对非神职臣民行使一般管辖权时由教会法庭适用。关于《东斯拉夫法典》的英译本，见 Vernadsky，*Medieval Russian Laws*（1947）。

71 Hoplite army（希腊重甲步兵军队）：一种由装备有重型兵器的士兵组成的军队。韦伯将该词用作一个技术术语。

72 Provocatio（申诉）——被判犯有死罪的罗马公民向参加 comitia centuriata（百人团大会）的人上诉的权利。见 Jolowicz 320 *et seq.*。

73 见 Brunner I，204；Smith 38；Engelmann and Millar 96。

74 参阅 L. Asmis，*Die Stammesrechte der Bezirke Misahöhe*，*Anecho und Lomeland*（Schutzgebiet Togo）（1911）26 Z. f. vlg. Rw. 1。

75 见注 70；参阅 J. Kohler，*Die Russkaja Pravda und da altslawische Recht*（1916）33 *Zeitschrift fur offentliches Recht 289*；另见（六），一及注 8。

（四）法律显贵及法律思想类型[1]

职业性法律训练以及由此形成的特殊法律思维模式，可能会有两条不同的发展路线。一是将法律作为一种技艺的经验式训练，这是在现实的法律实践过程中多少像是师徒授受的学习方式。第二种可能
785 性则是在专门的学校中教授法律，那里的重点是法学理论和法律“科学”，就是说，是对法律现象进行理性的系统探讨。

一、经验式法律训练：作为一种“技艺”的法律

由法律人教授法律这种同业公会式的英格兰方法，是第一种类型相当纯粹的例证。在中世纪，辩护人和代理人的区别非常清楚。[2] 对辩

护人的需求是因为民众大会的诉讼程序具有特殊性所致；而在皇室法院的诉讼程序由于陪审审判而开始理性化，并且案卷越来越具有重要的证据意义时，代理人便随之出现了。[3]法兰西的诉讼程序严格应用向民众大会提起控告的原则，从而孕育了口头陈述的形式主义，这就产生了对**代言人**（avant-parlier）的需求。*Fautes volent exploits*[4]这一法律行为准则以及措辞达意的形式主义效果，都在迫使普通人去寻求 avant-rulier 或 prolocutor（代言人）的帮助，这种人可以由法官应当事人之请从法律裁决者[5]当中指定，他们可以为当事人并以当事人的名义“说出”诉讼过程所要求的辩护，因此，这样做的好处之一就是，由于诉讼当事人本人并不发表形式主义的讼词，所以他能“修正”可能出现的口误。[6]最初，辩护人在法庭上是紧挨着当事人参与诉讼，因此他的地位完全不同于那些代理人［avoué（诉讼代理人）、Anwalt（代言人）、procurator（代诉人）和诉状律师］，后者承担的都是准备诉讼以及获取证据等等技术性任务。在诉讼程序尚未达到相当的理性化程度之前，代理人是不可能承担这些职能的。最初根本就不可能存在现代意义上的代理人。在皇家法律的发展使诉讼代表制像在英格兰与法兰西那样成为可能之前，代理人不可能作为当事人的“代表”发挥作用；一般来说，一个代理人被指定承担这样的代表职能，都要依赖于专门的特权。[7]辩护人代理当事人诉讼并不妨碍他参与实际的法律裁决，事实上，如果他不是法律裁决者之一，他就不能发表判决的提议。然而，代理人却只能变成当事人的代表，舍此无他。在英格兰的皇室法院，代理人最初几乎没有例外 786
都是从能够写作的人——僧侣——当中招募，而这种活动则成了他们收入的主要来源。[8]但是，由于教会事务需要全神贯注，同时上层社会中人的法律训练也得到了发展，结果，不仅僧侣被逐渐排挤出了法律职业，而且在四大律师学院*产生了世俗律师组织，并导致了一场引人注目的运动——这些世俗律师组织逐渐垄断了司法职位以及其他需要法律素养的公职，到了15、16世纪，这种律师实际上已经大获全胜。随着诉讼程序逐渐形成了理性模式，旧时的**代言人**便消失了，同时则出现了一个新的法律**显贵**贵族阶层，其中包括法律顾问、高级律师和出庭律师，即代表诉讼当事人在皇室法院进行辩护的那些人。[9]实际上，这种新型律师也继承了旧式“代言人”的许多特征。他要服从一套严格的职业成规。他拒绝从事诉讼所要求的技术性服务，最终不再与当事人发生任何个人接触，甚至不会直接谋面。[10]诉讼的处理操之于“代理人”和“诉状律师”之手，这是一个商人阶层，既没有组织成行会，也不具有行会提供的法律教育资质；他们是当事人与“出庭律师”之间的媒介，他们要做的就是准备“诉状”或**答辩书**以供出庭律师向法庭出示。执业出庭律师都在封闭的法人 guildhouse（会馆）中以共同体方式生活在一起。法官只能从他们当中挑选出来，并且继续和他们共度共同体生活。“争讼”（bar）与“断案”（bench）是这种法人组织的两大职能，后来则成了高度排他性的法律职业；在中世纪，它的成员主要是来自贵族阶层，并以不断增强的自治权对准入条件进行规范。成员要

---

* four Inns of Court，至少从13世纪在伦敦便已存在的自发性社团组织，最早有许多律师学院，其中最好的是至今仍然存在的林肯律师学院、内殿律师学院、中殿律师学院与格雷律师学院，它们与牛津、剑桥大学有许多相似之处，也是从中世纪的同业公会发展而来。学员在取得律师资格后便开始了职业生涯，当一个律师能出席高等法庭审判活动而成为高级律师（serjeant）时，便退出以前参加的学院加入皇家高级律师学院。到1875年，高级律师身份就成了出任普通法法院法官的一个必备条件。这些学院的法律教育由法官控制，仅授予那些满足了一定条件的学员以出庭律师（barrister）资格。因此，今天的四大律师学院仍单独享有批准学员成为律师、监督律师活动乃至取消其出庭律师资格的权力。

有4年的见习期，它与行会学校的训练联系在一起；律师所要求的就是被授予辩护权；其他的训练都是纯实用性的。这项职业始终坚持维护行规，特别是要遵守最低收费的惯例，但所有收费都是自愿的，而且不可起诉。只是作为同大学进行竞争的结果，律师学院才引进了讲义教程。[11]一旦确立了垄断地位，讲义教学便开始衰微，最终则完全停止。此后，训练变成了经验式和实用性的，并且像在手工业行会里一样导致了明显的专业化。

这样的法律训练自然会导致形式主义地对待法律，严格遵循先例并依照先例进行类推。律师的手工业式专业化阻碍了系统而全面地对待整个法律体系，不仅如此，法律实践也根本无意追求一种理性的制度，而是着眼于实用有效的契约与诉讼架构，在反复出现的典型情境中以委托人的利益为取向。结果是产生了罗马法所说的“技能法学”，以及程序拟制之类的实用手段，它们便于根据先例模式处置新情况。[12]这样的实践与态度不可能产生出理性的法律制度，甚至不可能出现法律本身的理性化，因为，由此形成的概念都是根据具体的日常生活事件建构起来的，它们由于外在准则而彼此有别，一旦出现了新的需求，只有凭借刚刚谈到的那些技术手段才能扩大适用范围。它们并不是通过对具体事物的抽象，或是对意义的逻辑解释，或通过概括和包摄而形成的“普适性”概念；这种概念也不能被用于演绎性的规范。纯粹经验式的法律实践和法律训练，始终是从特殊命题到特殊命题，而从不试图从特殊命题到普遍命题，以便随后能够从中推导出适用于新的特殊案例的规范。这种推理靠的是言辞，一套翻来覆去地利用、解释和引申的言辞，以便让它适应变化的需求，如果需要走得更远，那就不得不求助于“类推”或者技术性拟制。[13]

一旦利害关系当事人的实际需要所要求的契约与诉讼模式得以确立并具有足够的灵活性，正式法律就会保持高度的守旧性质，即使在最彻底的经济变革中它也不会发生形式上的变化。比如，古代土地占有法的案例分析就一直存续到今天，它最初是为了适应诺曼时代农民土地保有权以及采邑领主权的条件，在美国中西部至今还能看到它的余韵，不过从理论角度来看往往显得很怪诞。[14] 在这种局面下就不可能出现理性的法律训练或者法学理论。只要法律教育仍然掌握在实践者，特别是掌握在代理人手中，由于他们把执业准入变成了行会的垄断权，这使一种经济因素——他们的金钱利益——产生了强大的影响，不仅影响到正式法律的稳定过程，影响到以纯粹经验方式使法律适应变化中的需要这一过
788 程，而且阻滞了通过立法或法科学使法律理性化的过程。传统形式的诉讼程序受到任何干扰，都会威胁到法律人的物质利益，而且，任何干扰都会威胁到法律实践者的一个专有领地，在那里，只有他们才能让契约与诉讼架构适应那些形式规范和利害关系当事人的需要。比如，英国的法律人就卓有成效地阻滞了系统理性类型的法律制定以及存在于大陆国家大学中的那种理性法律教育；[15] 英语国家“争讼”与“断案”的关系至今仍然根本不同于大陆国家。特别是，对新制定的法律的解释权至今并且仍将操之于律师出身的法官之手。因此，英国的立法者就必须特别费心，要让任何新法案都经得住法律人——像以往常见的那样——与他的意图直接矛盾的一切可能的“解释”。[16] 这种倾向部分是固有的，部分是经济考虑所致，部分是法律职业的传统主义带来的结果，有着极为深远的影响。比如，缺少产权登记制度，因此而缺少理性组织的不动产信贷制度，主要就是因为涉及产权审查的收费这一律师的经济利益，因为所有土地产权的不确定性使得每一笔土地交易都要进行这样的审查。

这对英格兰土地所有权的分配，特别是对“合营”的土地租赁这一独特方式也产生了深刻的影响。[17]

日耳曼就不存在这种具有清晰界定了身份或者行会组织的法律职业，长期以来诉讼当事人甚至根本不需要由某个律师来做他的代表。法国的情况也大体类似。事实上，大众审判程序的形式主义必然会使用**代言人**，对他们的职责加以规范就变成了普遍的需要；1330年，巴伐利亚最早颁布了这种规范。但是日耳曼很早就做到了法律顾问与代理人相分离，这实质上是罗马法的传播带来的结果。[18]对专门的法律训练的需要是在相当晚近的时候才得以确立的，通常都是社会各等级的不满所引起的，同时也是因为以罗马法为取向的大学教育已经规定了上层社会法律实践者的标准。[19]司法行政的分权制阻止了一个强大的行会组织的产生。因此，律师的地位乃是决定于政府的调整，而不是决定于职业自治。[20]

二、学院式法律训练：作为一门“科学”的法律——源自神圣律法 789

大学里的现代法律教育是第二种法律训练方式的最纯粹类型。如果只有法学院的毕业生才能获准从业法律实践，大学就享有了法律教育的垄断权。[21]在现时代，法律实践中的师徒授受方式以及类似的考试是这种教育的补充，如今的法律教育到处都是以这种方式与经验训练结合在一起。在日耳曼，只有在汉萨同盟诸城市可以仅凭学位证书就能获准进入律师界，但即使在那些地方，最近也引入了师徒授受的要求。[22]

学院式法律教育产生的法律概念带有抽象规范的性质，至少从原则上说，它们的形成以及相互有别乃是因为对意义进行了恪守形式的、理性的逻辑解释。它们理性而系统的性质，以及相对来说较少涉及具体内容，很容易使法律思想从公众的日常需求中获得意义深远的解放。纯逻辑性法律学说的力量得到释放，以及在它支配下的法律实践，可以大大削弱实用性需求的考虑在法律形成过程中发挥的作用。比如，有人曾想阻止把“租约因土地买卖而终止”的原则吸收进德国民法典。[23]这项原则起源于古代的社会权力分配。然而，把它吸收进新法典的打算却完全是出于对逻辑一致性的盲目愿望。

神学院对教士们进行的法律教育，或者与神学院有关联的法学院提供的法律教育，以最纯粹的形式体现了一种特别专门的理性法律教育，尽管它并没有采取法学的形式。它的某些独特性应当归因于这一事实：教士研究法律，旨在法律的实质理性化而不是形式理性化。这一点将在稍后部分进行讨论［见（五）］，此处我们只讨论这种法律教育类型的某些一般特点所产生的种种结果。这种学院的法律教育一般都是基于某部神圣经籍或者某种已由稳定的口头或文字传说确定下来的神圣律法，具有非常特殊意义上的理性性质，它的理性性质就在于偏爱建立一种纯理论的决疑术，更多地是针对学者们无拘无束的理
790 智主义需要，而不是相关群体的实用性需要。如果使用“辩证”方法，它也可以创造出抽象概念，从而创造出近乎理性而系统的法律学说。不过像所有的教士智慧一样，这种法律教育类型也受到了传统的束缚。它的决疑术如果是服务于实用性需要而不是理智主义需要，那就是特定意义上的形式主义决疑术，就是说，它必须通过重新解释不可改变的传统规范以保证这些规范能够实际应用于变化中的需要。但是，在有可能创造一种理性的法律体系这个意义上说，它又不是形式

主义的。一般来说，它也具有一些仅仅体现了对人类或法律秩序的理想主义宗教要求或者道德要求，但是并不涉及现行法律秩序的逻辑系统化的要素。

与此类似的情况还有那些虽不受或者不完全受教士直接控制，但却受神圣律法约束的法学院。

从纯粹的外在形式来说，所有的"神圣"律法往往都很接近于印度教律法所体现的那种最纯粹类型。[24] 神圣律法必须被"权威地"，即通过一个封闭的见证人链条传递下来，因为它的诫命不是像在圣典宗教里那样由书面启示或授意记录的启示固定下来的。但在圣典宗教中，对神圣规范的权威解释以及其他传统对它的补充，也必须有书面形式予以保障。这是印度教律法——伊斯兰教律法也同样[25]——拒绝纯圣典传统的最重要原因之一。这样的传统必定是通过口口相传由一位可靠的圣人直接传给下一位圣人。对书面语的信赖意味着人们更加相信羊皮纸加墨水而不是那些拥有超凡魅力资格的人——先知和导师。《古兰经》本身就是一部书面作品，其中有些章节（*suras*）据信是穆罕默德请教真主之后以审慎的书面形式发布的。对此，伊斯兰教教义用如下信条做出了解释：真主本人亲自创作了《古兰经》的某些内容。圣训（hadith）[26] 产生效力要有一个条件，那就是口述。只是到了后来某个阶段，当纯粹的口头转述危害到传统解释的统一性时，圣典文本才受到了欢迎。在这个阶段，新的神启会遭到否定，典型理由就是超凡魅力时代早已完结。在这种局面下便凸显了这样一个命题：保证使传统和教会学说成为真理的，不是圣经，而是教会及其传统的神圣性，上帝把真理托付给了它们，因而保证了圣经的纯正性。
这是宗教共同体"制度"性质的基础，对此，弗赖赫·冯·赫特林[27] 791

最近已有详论。这个命题是一以贯之的，而且是实用性的：早期新教徒所持的对立原则就使圣经受到了文献学和历史学的批评。

《吠陀经》是印度教的神圣经籍，但其中包含的“律法”却微不足道，甚至还不及《古兰经》和《托拉》*。《吠陀经》被认为是 shruti（“神启”），而所有衍生的神圣文献都被看作 smriti（“追忆”或传统）。恰恰相反，从属文献中最为重要的部分，即散文式的《达摩箴言》（Dharma-Sutras）和改造成韵文的《达摩经》（Dharma-Shastras）[28]（后者完全可以归入 smriti，而前者则处于中间地位）乃是与圣人的典范生活和教义传说并立的教义学、伦理学及法律教诲的概论。伊斯兰教的圣训正相当于后者的来源，它们是有关先知及其门徒典范行为的传说，以及没有载入《古兰经》的先知言论。这里的差别在于，伊斯兰教认为，先知时代将随着先知辞世而结束。

在伊斯兰教和基督教那里却看不到与印度教的达摩经籍相对应的文献，它们都是只有唯一一部圣经的经籍宗教。达摩经籍，特别是最后出现的经籍之一，《摩奴法典》，都是长期作为“权威书”在法庭上享有重要地位，它们是法律学者的私人著作，后来在法律实践中则被学院派的系统汇编和注释取而代之。这种取代是如此彻底，以致英国征服时期的法律实践已经处于 Mitakshara** 这一始自 11 世纪的第三个

---

* Torah，犹太教名词，广义泛指上帝启示给以色列人的真道，即上帝启示给人类的教导或指引。狭义专指《旧约》首五卷，又称律法书或摩西五经。诵读律法书是犹太教礼拜仪式的一项重要内容。托拉还指全部希伯来文《圣经》，有时也包括口传律法和成文律法。

** 论述继承权的法律专著，为 12 世纪印度著名法学家、Western Chalukya 宫廷学者 Vijnaneshwara 所著，是印度律法最有影响的文本之一，其中关于财产分配、财产权和继承问题的各项原则，至今仍通行于印度的绝大部分地区。

本源的支配之下。伊斯兰教的 Sunna* 也因为系统的归纳与注释——它们获得了教规地位——而落得类似的命运。《托拉》与古代（《塔木德经》）和中世纪拉比著作的关系也同样如此，尽管程度有所不同。在古代，拉比的法律制定一直掌握在负责释疑解答具体问题的神学家式的法学家手中，某种程度上说，时至今日也依然如此，而伊斯兰教的法律制定更有过之。印度教和基督教则根本就没有这种特征，至少在超凡魅力先知预言和 Didaskalia[29] 寂灭之后就是这样，然而，后者具有的主要是道德性质而不是法律性质。

基督教和印度教为什么没有产生这种法律制定的类型，其中原因大不相同。按照印度教的律法，国王的王室祭司就是王室法院的成员，他以禁食来补错误判决之过。所有重要案件均由王室法院审理。由此而保证了世俗与宗教司法行政的一体化，没有任何机会能够产生 792
出释疑解答的法律显贵这一特许阶层。另一方面，西方的基督教会却创立了自己的理性制定法律的机关，比如教会公会议，比如主教管区和罗马教廷的官僚机构，特别是教皇的管辖权以及教皇无谬误的教义解释。其他各大宗教一概没有这样的制度。因此，西方基督教教会当局的法律意见和教令，与公会议规则和教皇敕令加在一起，才能发挥伊斯兰教教法说明官的**裁决**（fetwa[30]）在伊斯兰教当中、拉比的见解在犹太教当中所发挥的那种作用。印度人的律法学问是相当纯粹的学究式、理论性的系统学问，是哲学家和理论家的事业，引人注目地具有一种极少接触法律实践、背负着神圣义务的理论性的系统化律法思

---

* 逊奈，伊斯兰教前的阿拉比亚人普遍认可与遵循的部落祖先创立的先例。伊斯兰教历 2 世纪以后，先知穆罕默德的逊奈（亦称圣训）成为仅次于《古兰经》的立法基础。

维的那些特征。在所有这些方面它都不同于教会法。所有典型的“神圣”律法都是学界的产物，印度的情况尤其如此。它们的论说总是在展示大量与完全过时的制度有关的决疑术，比如摩奴对四大种姓的论述，或者伊斯兰教学院派著作中对 sharî‘ah（伊斯兰教法）[31] 所有过时部分的陈述。[32] 但是，出于一种压倒一切的教义目的，同时也由于祭司式思维的理性性质，这种律法经籍的系统性结构往往要比与祭司无关的类似创作更加理性。比如，印度教的律法经籍就比《萨克森法鉴》更具系统性。但是，这种系统化并不是法律的系统化，而是与身份群体的地位和人生的实际问题有关的系统化。由于律法要服务于神圣目的，那么这些律法经籍就不是单单论及律法，而且还旁及礼仪、伦理，偶尔也论及社会惯例和成规。结果就是对那些缺乏确定性与实在性的法律素材进行决疑术处理，因而始终在司法上不拘形式但在系统化方面又保持着适度的理性。在所有这些情况下，驱动力既不是执业律师对具体素材和具体需求的商业性关切，也不是法律学教条主义者的逻辑抱负——全神贯注于教义逻辑的需要，而是那些与律法本身无关的实质目的和宗旨。

三、法律显贵。罗马法的影响

如果法律训练操之于法律显贵之手，且他们与法律实践的关系是职业性关系，但又不像英国律师那样明确地形同行会或者以收入
793 为取向，那么法律训练的结果必然又有不同。一般来说，只有在法律实践不受神圣信仰的支配且法律实践尚未变得过度浸淫于城市商业需求的地方，这种特殊的显贵阶层的存在才是可能的。中世纪北

欧大陆的经验主义法学家们就属于这个阶层。当然，在商业活动密集的地方，法律显贵的功能确实会单纯从顾问转变为技能法学家，尽管这种转变只在特定条件下才会出现。罗马帝国衰微之后，**公证人**成了意大利唯一能够使发达的商法传统保持不坠并得到改造的群体。[33]他们在很长时间里都是一个特殊的、居支配地位的法律显贵阶层。他们在急剧发展的城市中形成了自己的行会，构成了**富人**（popolo grasso）的一个重要部分，就是说，他们也是一个具有重要政治意义的显贵阶层。实际上，这里的商业关系从一开始就是通过公证文件发挥作用的。各城市——比如威尼斯——的诉讼法都采用了理性的文书证据而不取古代民众法庭诉讼程序的无理性举证手段。我们已经谈到了公证人对商业票据的发展所产生的影响［见（二），三］，但公证人也是法律发展过程中最具关键作用的阶层之一，而且在意大利，总的来说，在出现了富有法律素养的法官阶层之前，他们大概是唯一最具关键作用的阶层。和古代希腊化东方地区的先驱们一样，他们在促进各地方之间法律的相互吸收，至关重要的是在传承罗马法方面都发挥了关键作用，这在此时和在那时一样，都是首先由文书惯例带来的结果。他们自身的传统，他们与帝国法院的长期联系，以及必须尽快掌握一种理性的法律以满足迅速发展的贸易需求，再加上各个杰出大学的社会权力，都在促使意大利公证人把罗马法完全作为商法接受下来，这特别是因为——与英格兰截然不同——没有法人和封地利益集团之类的阻碍因素。因此，意大利公证人不仅是最古老的法律显贵阶层，而且是其中最重要的阶层之一，他们关注并直接参与创造了罗马法的 *usus modernus*（现代应用）。与英格兰律师不同，他们并没有充当一个全国性法律体系的载体。此外，他们也不可能通过自己的行会制法律教育同大学进行竞争，因为他们——又与英格兰律师不同——根本就没有那种全国范围的组织，后者是因为英格兰把司法行政集中于皇室法院才成为可能。但是，多亏了各大学的存在，罗马法在意大利继续作为一种世
794 俗力量影响着法律及法律教育的形式结构，即使在其最初的政治担保者和偏爱有加的保护人——皇帝——在政治上变得无足轻重之后，情况也依然如故。意大利各城市的**波德斯塔**（podestà）往往都是从这些受过大学教育的显贵中挑选出来的，**僭主政治**（signorie）则完全是以罗马法衍生出来的政治学说为基础。[34]法国和西班牙东部沿海城市公证人的地位也如出一辙。[35]然而，在日耳曼和法国北部地区，法律显贵的地位却有着实质性差异，至少在最初的时候，他们并不像权贵或官员卷入农村采邑的法律事务和司法行政那样卷入城市的法律关系。[36]他们当中最有影响的类型，比如艾克·冯·雷普戈（Eike von Repgow）或博马努瓦（Beaumanoir）[37]，都曾致力于法律的系统化建设，这是以具体的日常实践问题和他们实质上的经验主义概念为基础的系统化，极少进行抽象升华。他们编纂的“法律书”都是为了重申现存的传统，尽管也偶有论证，但几乎没有明确的司法理由。的确，其中最为重要的作品——《萨克森法鉴》——包含了对法律制度的大量解释，但这些解释并非现行法律的组成部分，而是作者抱着力求完善的愿望或者对神圣数字的偏爱，试图弥补漏洞和消除缺陷的空想。[38]从形式上说，它们的系统记录恰如印度、罗马和伊斯兰教法学家们的记录一样，也是一些私人著述。同样，它们作为便利的概论也对法律实践产生了可观的影响，其中一些甚至被法院承认为权威性源头文献。它们的创作者是一种显贵司法行政制度

的代表，但是不同于英格兰的法律人和意大利的公证人，他们并没有构成一个强有力的、有组织的行会，后者是依靠共同的经济利益，通过垄断法官职位和在中央法院里的核心地位，可以给予成员一定的权力，国王和议会都不可能轻易剥夺这种权力。所以，他们不可能像英国的法律人那样承担共同法律教育的任务，因而不可能产生出一种稳定的经验主义传统，也不可能使法律的发展长期抗拒理性的大学教育训练出来的法学家们的介入。从形式上说，中世纪经验主义法律书中的法律，可谓组织得高度有序，但从系统性和决疑术角度来说，它却较少理性，更多地是以具体的鉴别技术而不是以对意义或法律逻辑进行抽象解释为取向。

古代罗马法学家[39]的特殊影响端赖这一事实：罗马的显贵司法行
政制度尽量不去依靠政府官员，因此也把后者对具体法律诉讼的指令 795
性作用降到了最低限度。这一使罗马与——例如——希腊的民主制有别的特定事实，也排除了阿提卡民众法庭实践的那种“**卡迪**司法”。[40]那里既保持着官员对诉讼过程的支配，同时也保持着司法行政官与判决发现者之间的权力分割。这些因素综合在一起，便产生了罗马人特有的审判指令（Prozessinstruktion）惯例，即司法行政官对平民法官（**裁判官**）发布具有严格形式的命令，就法律和事实争端问题进行指导，平民法官则据此批准或否决原告的权利主张。[41]

司法行政官，特别是**民政官**与**行政官**，从他任职之初就在他的“敕令”[42]中记录这些审判指令的摘要。不过只是到了很晚的时候，他才被认为也应当接受这些“敕令”的约束，这与北欧的**法律贤哲**形成了鲜明对照。司法行政官在拟订敕令时，自然会咨询法律实践者的意见，因而这种敕令能够不断适应新出现的需要。但是大体上说，每个司法行政官都只是在沿袭前任的敕令，因此，绝大多数公认的诉讼理由自然就不是根据具体事实，而是用日常语言中的法律概念加以界定。所以，想要提起适当诉讼的当事人，如果使用了不适当的司法表述，结果就会导致败诉。这与我们的事实答辩原则相反，根据这项原则，如果一个事实从某种法律角度证明了权利主张能够成立，那么该事实即可为诉讼提供支持。显然，"事实答辩"的"原则"并不像罗马法的情况那样需要对概念加以清晰的法律界定，因为实践者们必须本着法律的严密性去界定通用的法律术语，并详细阐述它们之间的明确区别。[43] 即使发号施令的司法行政官仅限于对纯事实问题发出审判指令，比如在**概念事实诉讼**（*actiones in factum conceptae*[44]）中所做的那样，其解释也会具有严格的形式性质，这是公认的法律思维方式产生的结果。在这种情况下，法律技术的实际发展，最初大都会托付给"技能法学"，即托付给法律顾问的活动，他们不仅要为各方当事人拟定契约形式，而且还是司法行政官的**顾问团**[*]中的专职顾问——在拟制敕令与法案时召集顾问组成一个审议会，这是所有罗马官员的典型做法。最后，那些人也是平民法官的法律顾问，如果平民法官不得不裁决司法行政官指定的问题并解释他的审判指令的话。

* consilium，古罗马的任何地方官员都可能召集顾问协助处理各种事务。奥古斯都设置顾问团为元老院做筹备工作。后被提比略废除。在帝国时期，皇帝的顾问团具有枢密院的性质，最初是个非官方组织，被召集起来在司法调查中充当助手或在行政事务中充当顾问。亚历山大·塞维鲁皇帝设立了一个 70 人的常设顾问团，其中 20 人是法学家。在戴克里先皇帝时期，该机构被更名为礼仪顾问团，成员享有终身资格。

按照历史传说，法学家的咨询活动最初好像是由**大祭司***署理的，每年都要为此目的选出一个大祭司。在这种祭司的影响下，尽管有了《十二铜表法》这样的法律汇编，但是司法行政可能仍很容易成为一个神圣领域并具有无理性性质，这类似于伊斯兰教教法说明官的咨询活动在伊斯兰教法律中产生的影响。事实上，宗教影响对于早期罗马法的实质内容仅仅发挥了次要的作用，但在纯形式方面（从整个历史的观点来看这也是罗马法最重要的方面），神圣律法的影响显然是不可忽视的，正如德梅利乌斯（Demelius）[45]至少就某些重要范例所表明的那样。比如，像程序拟制这样的法律技术看来就是在“虚拟交易应被视为真实交易”（simulata pro veris accipiuntur）[46]这一神圣律法原则影响下产生的。我们可以回想到虚拟交易在许多民族的亡灵崇拜中所发挥的作用，以及某些礼仪义务以某种绝对方式正式固定下来以后虚拟交易不得不在其中发挥的作用。这种礼仪义务和一个本质上的市民社会是冲突的，它们在经济上也是非常沉重的负担，最终则被单纯从**形式上**履行义务所取代。古罗马生活的实质世俗化，加之祭司群体的政治无能，导致后者成了纯粹形式主义和条文主义地处理宗教问题的一种工具。此外，技能法学技术在世俗事务中的早期发展，也明 796

* pontifex，特指古罗马宗教的大祭司。大祭司团是古罗马最重要的宗教机构，负责实施市民法中有关公众与诸神之间关系的条款，并监督氏族与家庭的拜神事宜。在君主政体下，大祭司团由 3 人组成，他们有权就宗教问题向皇帝提出建议。在共和时期，大祭司人数逐渐增加，到恺撒时期已达 16 人，他们在负责掌握宗教法规的大祭司长领导下居于显位。自第二次布匿战争起，祭司长由民众通过一种特殊形式选出，到共和末期，大祭司团所有成员均由选举产生并终身任职。恺撒的最后 20 年亲任大祭司长。公元前 12 年，奥古斯都取得此职，从此这一职位便与皇权不可分割地联系在一起。公元 4 世纪末，大祭司称号开始属于天主教主教，祭司长称号则属于教皇。现今，这两个称号均属于教皇。

显推动了在礼拜领域应用这种技术。不过我们可以很有把握地认为，最早的技能法学技术一开始大都与神圣律法有关。

冯·耶林的许多观点已经过时，但至少有一个观点仍然确凿可靠——他认为，早期罗马法最重要的特征之一就是它的高度分析性质。一场诉讼可以被归纳为一些相关的基本问题，合法交易可以被简化为一些最基本的逻辑成分：一次诉讼只针对一个特定问题，一次合法交易只针对一个特定目标，一次承诺只针对一个特定行为。[47] 把复杂的生活情境分解为明确规定的要素，这是早期**市民法**的主要成就，它的方法论影响也具有极为深远的意义。另一方面，由此也产生了感受具体法律制度时在某种程度上对推定综合能力的忽视，就像不受逻辑分析的约束进行法律想象时出现的那种情况。然而，
797 这种分析倾向与罗马的全民宗教对待礼仪义务的做法密切相关。我们还能记得，地道的罗马**宗教**有其独特之处，即对神圣的**超自然力**［诸神］的管辖权做出了完全是分析性的概念化抽象划分，结果就是以某种理性的司法形式处理宗教问题。根据传统来看，**大祭司们**早已经发明了可以受理的诉讼之固定模式。这种祭司法律技术似乎一直就是一种被职业化垄断起来的神秘知识。只是到了公元 3 世纪，人们才摆脱了这种神圣的法律裁决方法。当**监察官**克劳狄 * 试图自立为僭主时，他的自由民之一据说便公布了大祭司的诉讼方法大全。[48] 最早的平民**大祭司**提比略·科伦卡尼乌斯 [49]，据称就是公开提供**释疑**

* Appius Claudius（活动时期为公元前 4 世纪末到公元前 3 世纪初），罗马早期杰出的政治家、法学家和作家，罗马历史上最初的著名人物之一。

解答（responsa[*]）的第一人。只是从这个阶段开始，官员的敕令才可能发展出后来的那种意义，且世俗显贵也才能作为法律顾问与代理人弥补法律漏洞。这种咨询意见都是以口头形式传达给各方私人当事人，并以书面形式知会提出要求的官员。在帝国时代以前，这种意见都不包括任何对理由的陈述，类似于超凡魅力**法律贤哲**的启示或者伊斯兰教教法**说明官**的裁决。早在共和国时期，一方面是职业法律活动的不断扩张，一方面则是正式的法律教育产生的对它不断增长的需求，那时学生（*auditores*）已被允许从事法律实践者的咨询活动。

早期罗马法在实体法性质的法规及其运作程序方面已经具备高度的形式与理性性质，其中的另一个原因就是法律在越来越多地介入通过契约从事的**城市**商业活动。就此而论，中世纪的日耳曼法律则呈现出一幅大不相同的画面，因为它主要关心的是与**农村**问题有关的社会等级、土地产权或者家庭法和继承权。

不过，在进入皇帝时代之前，罗马的法律生活尽管具有这种形式主义特征，但是既缺乏综合—推定性质，也缺乏理性—系统性质，而且比人们经常假设的缺乏程度有过之无不及。最终把现存法律加以系统化的乃是拜占庭的官僚制，但就相关法学思想的形式严密性来说，它却远不及共和制与君主制下的法学家们所达到的成就。引人注目的是，在所有法学家的文献中，那部最有助于系统化的文献，即盖尤斯

---

* 在罗马法上，指学识渊博的法学家对提交给他的法律疑难问题做出的解答。他们的观点和看法对法官具有多大的权威性和约束力，史家历来说法不一。奥古斯都给予某些法学家法定解答权，后来的帝王则保持了这一惯例。

的《原理》，*一部法律研究的入门性概论，却是一位无人知其详情者的著作，此人在世时肯定不是一个权威人物，而且身处法律显贵的圈
798 子之外；有人也许会说，盖尤斯与法律显贵的关系类似于现代填鸭式教材和学者学术专著的关系。不过差别在于，那时从业的罗马法学家——盖尤斯不属于这个圈子——的文献，并不具有诸如大学教育所能产生出来的那种理性体系的特质，因为它们主要是把一些个人意见适度理性地组织了起来。[50]

这种法学家始终是一个非常特殊的显贵阶层。对于罗马的有产者阶层来说，他们在所有经济问题上都是全能的“忏悔神甫”。[51]但在早期他们是否像西塞罗的一段文字[52]可能引起我们猜想的那样必须得到正式许可才能提供**释疑解答**，这一点迄无定论。但后来无疑是需要的。这些提供**释疑解答**的法学家摆脱了旧时的技能法学方法以及实际上是议案起草人的实践，因为他们的法律造诣提高了。到共和国末期，他们形成了自己的学派。事实上，在共和国时期，像西塞罗这样的雄辩家已经表现出了雅典人所熟知的那种倾向：情绪化地、“感情用事地”而不是理性地慷慨陈词，因为那些特定的政治性巡回法庭（quaestio repetundarum）越来越具有大众司法的性质。雄辩家们就是这样参与削弱了法律的概念化；不过在罗马，这种情况差不多只是发生在政治案件中。到了帝国时代，司法行政完全变成了一种专门化的职业性事务。由于奥古斯都授予一部分法学家特权以他们的**释疑解答**约束法官，这使他们处在一种与司法行政对等的官方地位上。[53]法学

* 盖尤斯（Gaius，130—180），罗马法学家，他的全名及其大部分个人历史均不为人知，曾被西罗马皇帝瓦伦提尼安指定为五大法学家之一，法官在判案时要遵循这五人的学说。盖尤斯的主要著作《法学原理》，是罗马帝国后期的权威性文献。

家不再是代理人（causidici），更不可能形成一种关注并针对日常实践和委托人之需进行思想训练的律师行会。法学家也不再涉足代理人事务中的技术和商业问题，他们关心的仅仅是就代理人或法官准备做出的事实陈述提供法律意见。[54]因此，他们所处的地位使他们极有可能系统阐述一种严格抽象的法律概念框架。这样，释疑解答的法学家们就足以脱离与法律事务的实际接触，可以专注于使用科学性的技术从各种具体问题上归纳出普遍原则。在罗马，这种脱离的程度尤甚于英格兰，那里的律师始终就是委托人的代表。然而，古罗马的学派之争却推动这些原则走向了更大的抽象。[55]由于法学家们的意见具有约束性，这使他们支配了司法行政；但至少在一段时间内，他们提供的**释疑解答**仍然没有对理由的陈述，类似于法律贤哲的启示或者伊斯兰教 799
教法说明官的裁决。不过，法学家们已经开始汇集这些释疑解答，然后附上陈述法律理由的评注公诸于世。[56]学院中的学生就法律案件的讨论和争议，乃是因为**学生**也出现在了咨询实践的训练中，但只是到了共和国末期，才发展出了固定的训练教程。[57]正如对希腊哲学不断增多的正式研究使法律思想具有了重大意义，希腊哲学各学派在许多方面也成了各派法律人外在组织的楷模。随着法学院的教学与出版活动，罗马法的技术便从强有力的经验主义阶段日益向着理性运作与科学升华的阶段发展。但是，理论性的法律训练始终是从属于法律实践的，这一事实也说明了为什么在法律思维达到了高度抽象的程度时，抽象法律概念的发展却又那么微不足道，因为抽象法律概念实质上是服务于理论兴趣而非实践要求。比如，把大量显然是异质的事态统统归入 *locatio*（租赁）这同一个范畴，就有着重大的实践意义。[58]但是详尽阐述“合法交易”概念就不可能产生直接的实践意义，这种概念本来就是用于组织知识活动这一单纯目的的。因此，在中世纪以前的古代罗马法中，既不存在“合法交易”的概念，也不存在诸如“权利主张”或“处置权”之类的概念，即使到了查士丁尼时代，罗马法的总体系统化也只是达到了相对较低的理性化程度。概念的升华几乎仅仅与某种具体的契约类型或诉讼形式有关。[59]

然而，这样的升华却导致了我们如今所习见的那些结果。其中原因有二。第一个，也是关键性的原因，即司法行政——包括法学家职位——的彻底世俗化。古罗马法学家那种具有约束力的**释疑解答**，显然可与伊斯兰教教法说明官的**裁决**相提并论。后者也是一种官方特许的法律咨询者，然而，他们是在伊斯兰教学院中接受训练的。不错，这些学院都是本着罗马帝国晚期得到官方承认的法学院模式发展起来的，由于受到正式的古代哲学训练的影响，他们至少在某些时期也发展出了类似于古代人的那些方法。但是，他们的指令始终主要是神学性的，而且刚刚提到的这种趋势还受阻于宗教的约束和对传统的遵
800 守，以及受阻于既不能废除又不能实施的神圣律法的模糊性与不确定性，受阻于一切由圣经决定的神权司法的其他典型特征。这样的法律教育会始终限于经验性的机械记忆和脱离生活的理论决疑术。

罗马法和伊斯兰法的差别还有第二个原因，那就是司法组织的性质不同，以及经济领域实现理性化所受到的政治条件的限制不同。罗马法的发展完全不存在神学因素的作用。纯世俗的、日益官僚化的晚期罗马国家，从释疑解答的法学家及其门生的成果中粹取了那部独一无二的《学说汇纂》，这些人的法律思维极其缜密，尽管他们的“体系”可能还不完善。集中在《学说汇纂》里面的罗马法素材又得到了自发性拜占庭观念的补充，为此后数百年间的中世纪大学法律思想

提供了丰富的养分。早在帝国时期，罗马法律概念那种与生俱来、源远流长的**分析**特质，就已经被添加了一个新的要素，即越来越具有**抽象性**特点。某种程度上说，罗马人诉讼形式的本质就已经为这种抽象性质埋下了伏笔。在任何一种诉讼中，都要以法律概念的形式来表述发生了效力的事实。然而，有些这样的概念被阐述得非常简洁，以致技能法学家、代理人或者法律学者等等实践者能够相机把种种极为不同的经济事态统统归入单独一个概念名下。因此，要适应新的经济需求，在很大程度上就要借助于对老概念加以理性解释和扩展。法律—逻辑的推定思维就以这样的方式达到了在纯粹分析方法的范围内所能达到的最高水平。戈德施密特[60]正确地指出了这样一些法律概念出奇的灵活性：locatio-conductio、emptio-venditio、mandatum（特别是actio quod iussu）、depositum，至关重要的是要式口头契约的无限制能量——这是一种由裁判官提出的**协议**（constitutum），[61]以便按照总额偿付绝大多数债务，这就是我们今天使用的汇票或者其他的正式契约。

与英国技能法学的运作模式相比之下，罗马人的法律逻辑在特定条件下发展出来的这种特殊性质就显得格外清晰。它也极为大胆而巧妙地利用许多个别的概念，以便在极为多样化的情境中实现可诉性。但是，我们很容易就能看到这样的差异：罗马法学家使用的*iussum*（授权）概念，可以同时做到受票人受权为出票人付款和出票人提供授
权，[62]但英格兰律师却从“侵害诉讼”这一侵权概念推导出了许多异 801
质契约的可诉性。[63]后者是把**法律上**的异质现象综合起来以便迂回实现可诉性。相反，罗马人的做法则是用单独一个适当的法律概念包摄一些**经济上**——即外表上——不同的新情况。

但是必须指出，许多在今天被认为特别起源于“罗马”的法律概念，其抽象性质在中世纪之前的古代时期是找不到的，某些情况下甚至不是起源于那个时期。比如，人们常常谈到的 *dominium*（主人权）这一罗马概念，就是罗马法非民族化和转变为世界法的产物。在民族的罗马法中，财产权绝不是一种特别抽象安排的制度，总的来说它甚至不是一个统一的制度。[64]是查士丁尼首先消除了一些基本差异，并把它们简化为若干形式，这在土地法中可以观察得到。只是在行政官禁令*的程序条件和社会条件消失之后，中世纪的分析才开始关注《学说汇纂》中的**所有权**和 *possessio*（占有）这两项制度的概念内容，把它们作为完全的抽象概念。其他许多制度也与这种情况大同小异。就其早期的形式而言，多数真正的罗马法律制度实质上并不比日耳曼法律制度更抽象。《学说汇纂》的独特形式是在罗马国家发生的独特转变中出现的。法律思想的升华，就其本身的方向而言，乃是受到了政治条件的影响，但这些条件在共和国及帝国晚期是以不同的方式发挥作用的。我们已经看到，早期司法行政的重要技术特征及法学家，实质上都是共和国时期显贵统治的产物。但是，这种统治完全不利于处在政治上层但又短期任职的司法行政官的职业法律训练。尽管学校里一直在教授《十二铜表法》，但罗马共和国的司法行政官主要是通过实践经验获取**法律**知识。他的法学

---

* interdict，古罗马司法行政官发布的禁止令或阻止令，一般是向某个特别的人发出，旨在对控告者受威胁的利益给予及时保护。相关的利益包括对于维护公共秩序所必需的利益，比如占有、继承权、地役权、抵押权以及一些私权利。如果被告不遵守禁令，案件将以不利于他的方式审理，也可以通过禁令保护公共利益，比如保护道路与河流。行政官发布的保护占有的禁令特别重要。

家则为他照应其他的问题。相比之下，帝国时期通过任命官员及官员群体的理性化与官僚化——特别是在行省机构中——形成的法定行政制，极大促进了系统性法律研究的需要。后面将会在更大背景下看到权威的全面官僚化带来的普遍影响。比如，英格兰法律的系统理性化之所以受到了阻碍，就是因为那里没有出现这种官僚化。
只要是作为法律显贵的法学家支配着罗马的法定司法行政，追求系 802
统化的努力就会很微弱，而且不会出现由政治权威介入法典的编纂并加以系统化的情况。在塞维鲁治下罗马贵族的没落，与释疑解答的法学家作用下降有关，与此同时，皇帝诏书在法院实践中的意义却迅速增强。后来在国家批准的学校中进行的法律教育，都采取了以选自法学家著作的教科书施教的形式。法院也把它们用作权威文献，如果这些教科书之间出现了歧见，皇帝们会通过所谓“援引法”（“Law of Citation”）在它们当中确定某种优先顺序，原则上以多数人认可的作者为先。[65] 因此，释疑解答汇编就具有了普通法中判例汇编的地位。这种局面决定了《学说汇纂》的独特形式，并使其中所吸收的那部分古典法律文献得以保存下来。

注 释

1 关于“法律显贵”，见（一），注 18。实际上本节论述的是法律职业、它的各种类型以及它们对于法律的形式特点的影响。

从古代到现代西方文明中的法律职业史简况，见 Hazeltine，Radin，and Berle in 9 *Encyc. Soc. Sci.* 324 以及该处提到的参考书目。这个书目现在可以补充上 F. Schulz, *History*，and R. Pound，*The Lawyer from Antiouity to Modern Times*（1953）。

2 对中世纪法律职业发展史的最权威说明包括，H. Brunner：（1）*Die Zulässigkeit der*

Anwaltschaft im französischen，*normannischen und englischen Rechte des Mittelalters*（1878）1 Z. f. vgl. R. 321 et seq.，and the partial translation of it in 3 111. L. Rev. 257；（2）*Wort und Form im altfranzösischen Process in 57 Sitzungsberichte der Phlos. -Hist. Classe der Kaiserlichen Akademie der Wissensch. Zu Wien*（1868）655；另见 Weber，*General Economic History* 340；Engelmann and Millar，*op. cit*。

3 关于陪审审判的一般发展过程，见（三），注 33、34 引用的文献。关于**代理人**与“案卷”之间的联系，见 Brunner，*Die Zuläss. Der Anwlt.*，*loc. cit.* 362：**代理人**和案卷都是仅仅被允许出现在 curia Regis（国王议事会）中，早期的英国文献资料就已经清楚显示了两者的关系——同上 373；Glanville，Ⅷ，8，§7；Brunner，*op. cit.* 197。

4 Fautes volent exploits 意为“错误将毁掉诉讼”（一个错误就能使整个程序无效）；关于这个箴言以及总的来说旧时的法国诉讼程序，见 Brunner，*Wort und Form in altfranzösischen Process*，*loc. cit.*，esp. at p. 670。

5 参阅（三），六，c。

803 6 见 Pollock and Maitland I，212：“一个人被允许由另外某人代表他发言，不是为了被某人的言辞所束缚，而是为了有机会纠正形式上的错误和填补漏洞。”（Leg. Henr. 46，§3）这就是 Brunner，*loc. cit.* 754—780 以及他在 *Zuläss. Der Anw.* 322 说明的所谓“droit d'amendement”（修正权）。

7 一个代理人的被指定首先依赖于专门的特权，但到格兰维尔（Glanville）时代已经不再如此，*Zul. D. Anwl.*，*loc. cit.* 363；Holdsworth Ⅱ，315，316。

8 1215 年的拉特兰公会议（Lateran Council）禁止神职人员作为代理人到世俗法庭参与诉讼，除非案件涉及他们自己和穷人。

9 英国的诉讼当事人最早由各自的代表到皇室法院出庭，肯定是在亨利二世时代。职业法律代表似乎初见于 13 世纪，而不是 12 世纪。布雷克顿多次谈到了“代理人”，他们可以完全代表委托人参与诉讼，实际上也完全是这样做的。不过，代理人的工作主要是有关诉讼程序的，随着法律制度日益复杂，诉讼当事人不但需要得到程序上的代表，而且需要律师当庭陈述案情并为他们辩护。这些律师就是“辩护人”（narrators，后来则被称作 serjeants，即在皇家法院享有特权的律师），但有关他们的早期历史，我们仍然知之不多。Plucknett 曾说过，“就我们目前所知，似乎可以有把握地说，爱德华一世统治时期肯定有了职业辩护人和代理人，亨利三世时代可能也已经存在。”（204，206）

以下对普通法的方法所做的说明以及在这方面的总体观点，韦伯在很大程度上显然是依赖于 J. Hatschek 的著述，尤其是 *Englisches Staatsrecht I*，第三章 95 *et seq.*。韦伯在本书中表述的对于法律思想的总体看法，似乎受到了 Hatschek 的强烈影响，尤其是他的题为 *Konventionalregeln*，*oder über die Grenzen der* naturwissenschaftlichen Begriffsbildung im öffentlichen Recht（1909）一文的影响，3 *Jahrbuch des öffentlichen Rechts* 1—67。

10 关于这个历时若干世纪的复杂发展过程，见 Plucknett 212—215 的简要说明以及该处引用的文献。另见一部标准著作，Herman Cohen，*History of the English Bar*（1929）。

11 牛津和剑桥两个大学只教授民法和教会法，四大律师学院（Inns of Court）则集中教授在皇家法院发展起来的“英国”法。参阅 Plucknett 208—209。

12 关于国王的多个法庭使用拟制以扩大管辖权，见 Plucknett 152—155；Holdsworth I, 235。另见 Morris S. Cohen, *Fictions*, 6 *Encyc. Soc. Sci.* 225；Fuller, *Legal Fictions*（1930—31），25 ILL. L. Rev. 363，513，877；Maine，c. II。

13 参阅 Edward H. Levi，*Introduction to Legal Reasoning* 对普通法推理方法的分析；另见 Llewellyn，*Präjudizienrecht und Rechtsprechung in Amerika*（1933）。

14 韦伯显然是想到了土地保有权、地产、世袭土地等等概念以及不确定的剩余地产可消
灭学说（doctrine of destructibility of contingent remainders）、优先所有权学说（doctrine
of worthier title）以及谢利案件规则（Rule in Shelley's Case）在现代美国不动产法律
中的延续。土地保有权概念实际上已经消失了，其他概念的含义和功能也已发生了
彻底的变化；参阅 R. R. Powell，*Law of Real Property*（1950）I，c. iv，关于土地占
有，见 Maitland，*The Mystery of Seisin*（1886），2 L. Q. Rev. 481；Bordwell，*Seisin and* 804
Disseisin（1920/21），34 Harv. L. Rev. 592；Sweet，*Seisin*（1896），12 L. Q. Rev. 239。

一个伊利诺伊州的土地占有案例又复活了英国法律的绝大多数特征，见 *Fort Dearborn v. Kline*（1885），115 Ill. 177，3 N. E. 272。

R. Powell，*op. cit.* 236，n. 70，认为伊利诺伊州的裁决是“时代错置”，是英国古老法律（借助 A. Kales 的博学）的“转世”。Powell 接着说道（p. 237）：“总起来说，可以认为，与我们的多数其他州相比，[关于不动产的] 英国法律在伊利诺伊司法机构的思想中是个更加持久牢固的重要因素。过去的幽灵已经从它们的隐身之处脱逃出来，还没有对它们的实际功效进行更多的审查，它们就成了现代生活体系的一个组成部分。”

15 关于英国律师界竭力阻止法典编纂与法律改革的证据，见 the biography of Lord Birkenhead in *Dictionary of National Biography*（1922—1930）782。边沁对于英国律师界表现出的对法律改革与法典编纂的敌意深感失望，见 J. Dillon，*Laws and Jurisprudence of England and America*（1894）271，316—347，180 *et seq.*，另见 Sunderland，*The English Struggle for Procedural Reform*（1926），39 Harv. L. Rev. 725。美国律师界对法典编纂与法律改革的厌恶，生动地表现在 J. C. Carter 领导纽约律师反对 David Dudley Field 编纂法律的努力那场斗争中。参阅 Dillon，*op. cit.* 225；另见 *Reports of American Bar Association*（1890）217 for Carter，and 1885，1886 for D. D. Field；关于 D. D. Field，参阅 *Centenary Essays of the New York University School of Law*，ed. By A. Reppy（1949），Llewellyn，3 Encyc. Soc. Sci. 243，also Clark，*Code Pleading*（2nd ed. 1947）17—21。

16 关于“司法界对立法的敌意这个深深植根于普通法的传统”的例证与文献，见 J. Stone，198。

17 这个说法的资料出处不得而知，德文文本就是用的英文词“合营”（“joint business”）。

18 参阅 Brunner，*Die Zulässigkeit der Anwaltschaft* 324。

19 关于以罗马法为取向的法律教育，见 P. Koschaker，*Europa und das römische Recht*（1947）45 *et. Seq.*，55—99 以及该处引用的文献。

20 见 Koschaker，*loc. Cit.* 94 *et seq.* 以及该处引用的文献；关于律师在罗马、法国、英国、德国的社会地位以及他们之间的差异，见 pp. 164—180，227—234。在德国从来就没有存在过律师的行业组织，同上 pp. 230，247。

21 大学和 universitas literarum（译者按：拉丁语，字面意思为“学科联合体”，现代大学即源于这一称呼）环境以外的夜校或者其他法律学校并不为大陆欧洲所知，因而没有被韦伯考虑在内。

22 19 世纪在德奥（匈）确立并存在至今的法律教育由两部分构成，即在大学进行 3—4 年的理论研究，然后再到各种法院和行政机关、检察机关及律师事务所在职实习训练，一般是 3 年时间。参阅 Rheinstein，*Law Faculties and Law Schools*，[1938] Wis. L. Rev. 5；另请参阅 E. Schweinburg，*Law Training in Continental Europe*（1945）32，80。

23 见《民法典》Secs. 571，81，2；按照罗马法的规则，租赁是出租人与承租人之间的纯私人契约，因此，承租人无权阻止买家从出租人那里购买土地，见 Sohm，*Institutionen* 434；另见 Buckland 499。

805 24 关于印度的律法，见 S. Vesey Fitzgerald，*Hindu Law*，9 Encyc. Soc. Sci. 261 以及该处提到的文献；另见下文（六），注 19。关于印度早期的“律法”教育，见 Maire，*Early Law* 13。

25 韦伯在他的《宗教社会学文集》中并没有把伊斯兰教律法包括在内，但本书的宗教社会学一章却进行了讨论。关于伊斯兰教律法的主要资料来源，韦伯似乎是利用了 *Goldziher's Vorlesungen über den Islam*（1910，2nd ed. 1925），the pertinent chapter in Kohler and Wenger，82 et seq. 以及 p. 152 列举的文献，尤其是 Josef Kohler 在 *Zeitschrift für vergleichende Rechtswissenschaft* 中的几篇文章。关于伊斯兰教律法的其他文献，请见以下著作：J. Schacht 在 *the Encyclopaedia of Islam*（1927）中的文章；他编辑的 G. *Bergstraesser's Grundzüge des Islamischen Rechts*（1935）；*Islamic Law*，8 Encyc. Soc. Sci. 344，with bibliography at p. 349；and *Origin of Mohammedan Law*（1951）。关于伊斯兰教律法起源的英语书籍和文章，见 Stern's bibliography（1950）43 Law Library J. 16 所列参考书目；另请参阅 G. v. Grunebaum，*Medieval Islam*（1946）。

26 Hadith（圣训），关于那位先知及其同道典范行为的传说，以及未被写入《古兰经》的先知言论，它们构成了“逊奈”（sunna），被伊斯兰教逊尼派认为是权威性的，但遭到什叶派否定。关于对适当的“传统”加以“革新”在伊斯兰教形成与发展中所发挥的作用，见 J. Schacht，*Origins of Mohammedan Law*（1951）。

27 Georg Freiherr v. Hertling，1843—1919，天主教哲学家、德国政治家。见他的 *Recht, Staat und Gesellschaft*，1907。

28 Dharma-Sutras（达摩箴言）“是明确的律法学派的最古老表现形式，或者说，它们（以助记格言的形式）体现了特别是吠陀学派的律法教诲。除了一个声称来自神明的例外，它们每个都标有［吠陀］时期某个大贤的名字。”——Vesey-Fitzgerald，*op. cit.* n. 24。它们大概形成于公元前 600 到 300 年之间。

按照印度理论盛行的说法，所有律法都已包含在了达摩箴言之中。但这仅在广义地使用这个术语时才能说得过去，就是说，要把 arthasastras（《政事论》）和那些法规汇编式的律法书——比如众所周知的《摩奴法典》和加纳瓦西亚（Yajñavalkya，印度公元前9—8世纪的圣人。——译注）——包括在内。后者在后来注解者的著作中占有突出地位，而这些著作对于现代印度法律的发展举足轻重。

29 Didaskalia（希腊文，意为教诲、教义），是耶稣的教诲尚未固定成《十二使徒遗训》那样的权威文本以及基督徒的生活被导入有组织的会众之前，以最早的基督教共同体的圣灵—超凡魅力方式对耶稣教诲的扩展。参阅 Sohm，*Kirchenrecht* 38，41。

30 Fetwa，神学—律法学者穆夫提（mufti）的意见。

31 Sharī'ah，真主为人的行为制定的规则总和。

32 关于伊斯兰教各学派，见（二），五，及（三），注12。

33 美国式**公证人**（notary public）的主要功能是鉴定签名，从而为公证对象的真实性提供官方证据，相比之下，欧洲大陆的公证人也是法律文书，特别是不动产转让文书的拟制专家，但他们还是重要商业文件的拟制专家，因此他们不仅是律师，而且还是受过专业训练、具备专业能力的律师。见 Deak，*Notaries Pubilc*，11 Encyc. Soc. Sci. 399 以 806
及该处引用的文献；另见 Calasso，*Storia e sistsma delle fonti del diritto commune*（1938）I，212，and（1934）111 Aarchivio giuridico 64。萨维尼（Savigny）把博洛尼亚公证人团体的出现时间确定为13世纪中叶，参阅 *Geschichte des römischen Rechts im Mittelalter* 540；另见 Goldschmidt 151—153。

34 **波德斯塔**（podesta），为了减少内部冲突而从其他城镇选任来的意大利城市司法行政官，见第十六章，（三），三；另请参阅 Engelmann 59；Calisse，*op. cit.* 143，169，180。僭主（signoria），中世纪晚期意大利城市的僭主和君主，见第十六章，（四），八、九。

35 参阅 Stouff（1887）11 Nouvelle revue historique 269；Goldschmidt，200 以及该处引用的文献；另见 P. 230（n. 159）；p. 153（n. 32）。关于法国的公证人，请比较 A. Coppin，*Les origines du notariat francais*（1884，Académie do Douai）。

36 关于法国的情况，见 Koschaker，*Europa u. das röm. Recht* 221 以及该处引用的文献；关于德国的情况，见 Brunner I，209，II，296 *et seq.*；另见 G. Schubart—Kikentscher，*Römisches Recht im Brünner Schöffenbuch*（1947），65 Sav. Z. Germ. 86；Engelmann and Millar 98 *et seq.*，114 *et seq.*，114 *et seq.*，199，519。

37 Eike von Repgow（c. 1180-c. 1250），《萨克森法鉴》（*Sachsenspiegel*，1224—1230）作者；参阅 v. Künssberg，13 Encyc. Soc. Sci. 308；E. Wolf，*Grosse Rechtsdenker*（1939）I；Philippe de Beaumanoir（c. 1246—1296），*Coutumes de Beauvoisis*（1283）的作者，该书是中世纪最有影响的法国法律专著；参阅 Meynial，2 Encyc. Soc. sci. 486。

38 见 introduction to the Sachsensplegel by Homeyer in his 3rd ed.（1861）20，105；E. Molitor，*Der Gedankengang des Sachsenspiegels*（1947），65 Sav. Z. Germ. 15 以及该处引用的最新文献。

39 关于古罗马法学家，见 Jolowicz，88，380；H. J. Wolff，*Roman Law*（1951）91；尤见 F. Schulz，*History*，and *W. Kunkel*，*Herkunft und soziale Stellung der römischen Juristen*（1952）。

40 Kadi（卡迪），伊斯兰教法法庭判官；Kadijustiz（卡迪司法），韦伯使用的一个专门术语，指并非以形式理性法律的固定规则为取向，而是以伦理、宗教、政治或者其他权宜性实质理性的法律基本原理为取向的司法行政。

41 见 Millar，*Procedure*，*Legal*，12 Encyc. Soc. Sci. 439，440。

42 关于敕令，见 Jolowicz 95，362；H. J. Wolff，*op. cit.* 81。

43 这相当于普通法答辩与诸如美国法律通行的那种法典答辩之间的区别。参阅 Clark，op. cit. 5；Millar，*Procedure*，*Legal*，12 Encyc. Soc. Sci. 439，446/447。

44 这里使用的诉讼程式（formula）是一种**概念事实的诉讼程式**：它指的不是一种普通法概念，而是法官在发现原告诉讼请求中所述某些事实真实无误，即可简单宣布某人有罪，如果有误即宣布赦免。参阅 Jolowicz 212—213；Wenger 162，164。

45 Gustav Demelius，波恩大学教授［*Schiedseid und Beweiseid im römischen Civilprozess*（1887）］；见 8 Sav. Z. Rom. 269 的评论，作者为 O. Gradenwitz。关于神圣律法在多大程度上影响了（世俗）罗马法发展的问题，见（五），一、二。

46 Simulata pro veris accipiuntur（“虚拟交易应被视为真实交易”；Servius ad Aeneam II，116）。这指的是只用面包或蜡模塑成动物的形态去献祭。关于其他范例，见 Jhering I，326。

807 47 Jhering Ⅲ，27ff.

48 约在公元前 300 年；参阅 F. Schulz，*History* 9。

49 Ti Coruncanius，公元前 280 年任执政官，据说最早通过 Pomponius 提供了释疑解答，载 D. 1，2，2，35：*Primus publice profiteri coepit*；参阅 Schulz 10。

50 见 Buckland 22. On Gaius *ibid.* 29 and Schulz，*History* 159；Jors and Kunkel 33；De Zulueta，*Reflexions on Gaius*［1947］，Tulane L. Rev. 173。

51 Jhering Ⅱ，440.

52 Cicero，*In Verrem* 4. 9. 20.

53 “没有任何法律文本能够表明奥古斯都使释疑解答具有了约束力。很清楚，法学家地位的变化出现在哈德良统治时期。”见 Buckland，Textbook 23。关于就**释疑解答权**（ius respondendi）的性质和起源问题发生的这场著名争论的最新文献，见 Koschaker，*Europa u. Das Röm. Rocht* 962；Siber，*Der Ausgangspunkt des ius respondendi*（1941），61 Sav. Z. Rom. 397；Kunkel *Das Wesen des ius respondendi*（1948），66 Sav. Z. Rom. 423。

54 关于法学学者与代理人之间的区别，见 Jhering ll，436；Buckland，22。

55 关于普罗库鲁斯派和萨宾派（Proculians and Sabinians）这两大“学派”的重要性以及传说的双方之间的争论，见 Buckland 27；Schulz，*History* 119；Jors and Kunlel 32，394。

56 关于这种文献，尤见 Schulz，*History* 91，173，223。

57 见 Kohler and Wenger 172；Jolowicz 469；Schulz，*History* 119。

58 一种“租赁”（locatio-conductio）概念，源出 actions locati 与 conducti，包括（1）物的租赁（locatio-coductio rei），即租赁一块土地或者一头牲畜；（2）雇佣租赁（locatio-conductio operarum），即劳动者通过劳务合同出租劳动力；（3）承揽租赁（locatio-conductio operas），把建造一栋房子或者完成某项其他劳动——比如制作一套服装——

的机会出租给一个独立的承包人。

59　韦伯这里采用了 Jhering II 的内容。另见 Schulz，*Principles* 43；Wieacker，*Vom römischen Recht* 7；Ehrlich 195，312。

60　Universalgeschichte 78，93；in general，71—89，331.

61　locatio-conductio，租赁，见注 58；em［p］tio-venditio，销售；mandatum，委托契约，即无偿劳务契约；如果劳务是有偿的，则为雇佣租赁（locatio-conductio operarum）。

Actio quod iussu［depositum］，即依令行为之诉［寄托］，最初指的是针对向家子或奴隶授权与另一人订约的人提起的诉讼；stipulatio，要式口头契约，以某种程式化措辞达成的授受承诺。

Constitutum，协议，这里是在非技术意义上使用该词的，意指一项可诉承诺的法律基础（原因）；从技术意义上说，constitutum debiti（债务协议）指的是不拘形式地承诺偿付业已存在的订约人或第三方债务，它通过**协议借款之诉**（actio de pecunia constituta）——这是一种**事实之诉**（actio in factum）在行政司法官法律中变成了可诉承诺。见 Jörs and Kunkel 189。

62　参阅 Goldschmidt 78，93。但是必须记住，**依令行为之诉**（action quod iussu）并非普遍适用，而是仅仅适用于订约人是被告的一个**家子**（filius familias）、奴隶或者受抚养人的情况。参阅 Buckland 531，按照他的说法，依令行为之诉的重要性不足称道。韦伯的说法乃是基于 Goldschmidt 78，n. 93，后者谈到了"**委托契约**［mandatum］**或授权**［iussus］的范畴有着令人惊讶的灵活性"（D. 17. 1. 2），对此他认为，这足以适应韦伯在这里说的现代交易之需。关于委托契约和授权知识的现状，见 Jörs and Kunkel 213，267，411，415。 808

63　参阅 Plucknett 601 以及该处引用的文献。

64　这个综合性的罗马**所有权**（dominium，主人权）概念与日耳曼法律形成了鲜明对照，后者不仅缺少一个可以涵盖土地与牲畜完全所有权的通用法律术语，而且没有一个术语用来表示土地占有、利用和处置的完整权利。人从土地上受益的各种方式，从传统上就一直体现在错综复杂、具有普通法特点的保有地（tenures）、不动产（estates）以及未来权益（future interests）之中。只是到了比较晚近的时代，才有了"继承的不动产"（"fee"）这一术语，"所有权"（"title"）出现的就更晚了，含义接近于罗马的**主人权**（dominium），意为有可能得自一块土地（以及一头牲畜）的所有权利和收益的总和。一切受到客观限制或临时限制的权利，要么——比如租赁（lease）——被认为是针对所有者的纯个人权利主张，要么就是针对他人之物的权利（iure in re aliena，他物权），即存在于他人不动产上的权利（encumbrances），比如用益权（usufructus）、地役权（servitus）或抵押权（hypotheca）。只要某一特定物成了他人同一权利的对象，该物所有者的主人权也就受到了相应的限制，然而，一旦他物权被撤销，这种限制还会立即扩大到占有、享用、利用和处置的无限自由权的完整性上。但是，**主人权**概念不应被理解为一个罗马的财产所有者可以毫无限制地自由利用或滥用他的财产。他在各个时代——特别是作为土地所有者——都会受到为公共利益而设立的治安权力的限制。**主人权**概念只是一个便于对财产权进行精神运作的精神工具。当然，它也间接便利了土地交易，从而增强了对土地所有权的保障。

正如韦伯所说，高度抽象的主人权概念是长期司法实践的产物。和日耳曼以及其他法律一样，早期罗马法也在运用对人与物——尤其是人与土地——之间受法律承认的各种关系进行说明的各种概念。在**市民法**（ius civile）中，**要式物**（res mancipi，即严格意义上的公民的土地、奴隶、牲畜和某些农耕工具）与**略式物**（res nec mancipi）是被区别对待的。市民法中的所有权与行政司法官法律中的**善意拥有**（in bonis habere）或者在行政当局管理的公地中的土地保有权并不是同一回事［见（二），五］。对这个综合性的**主人权**概念进行详细阐述是法理学家的工作。按照目前流行的看法，这个精神过程实质上是由古典法理学家完成的。关于这项发展，见 Jörs and Kunkel 120 以及该处和 p. 405 提到的大量文献；另见 Buckland 188，以及 Noyes 131。

65 “援引法”有若干，最早的为公元 321 年君士坦丁所颁布。最著名的是 426 年瓦伦提尼安三世颁布的以及狄奥多西二世颁布的（《狄奥多西法典》I. 4. 3.）。法庭被命令根据一定人数的法学家的著作判案；如果法学家之间出现分歧，法官应服从多数的意见；如果分歧双方人数对等，则从帕比尼安（Papinian，古罗马法学家——译注）。

809 （五）神权统治法律和世俗法律的形式理性化与实质理性化

一、法律形式主义的一般条件

上一节的讨论产生了一个重要问题，这在其他章节中已经有所论及，即政治权威对法律的形式特征的影响。对这个问题的清晰分析需要先对各种类型的权威加以分析，这项工作应当留到后面去做。不过这里可以大概地说说。平民司法的旧形式起源于亲属群体之间的调解程序。在君主或司法行政官（**统治权**、禁令）的冲击下，某些环境中是在有组织的祭司权威冲击下，这些旧的司法形式到处都会抛弃那种原始的形式主义无理性。由于这种冲击，法律的实质也受到了持久的影响，尽管这种影响的性质会因权威类型的不同而不同。君主或等级制的行政机器越是趋于理性，在行使权力时就越是要大范围地使用行政“官员”，而法律程序也越是有可能在形式和实质两个方面趋于“理性”。权威的组织达到了多大程度的合理性，就会在多大程度上消除程序的无理性形式，并使实体法系统化，即法律作为一个整体被理性化。比如古代的**裁判官法**和行政司法官救济[1]、法兰克国王的法典、英国国王和大法官的程序革新[2]或者天主教会的纠问式诉讼程序[3]，都出现了这一过程。然而，这种理性化趋势并非掌权者清晰明确的政策内容，毋宁说是受到了他们自身理性行政之需的驱动，比如教皇国的行政机器；或者是受到了与他们结成同盟的强大利益集团的驱动，而实体法和诉讼程序的合理性对于这些集团是有利的，比如罗马、中世纪晚期或者现代的资产阶级阶层。如果没有这些利益集团，法律的世 810
俗化以及具有严格形式的法律思维模式的发展，就会始终处于原始阶段，甚或遭到断然抵制。一般来说，这也许可以归因于如下事实：教会等级制度以及家产制君主权力具有实质上的合理性，所以它们的目的不是追求最高度的形式上的法律精确性，后者会使正确预测法律后果以及法律和程序的理性系统化的机会最大化。毋宁说，它们的目的在于发现一种最适合于当局的通权达变和道德目标的法律类型。法律发展的这些推动者并没有对法律问题进行自成一体的专门“司法处理”的观念，而且根本不关心对法学和伦理学加以区分。一般来说，神权统治影响下的法律制度尤其如此，它们的特点就是法律规则与道德要求融为一体。然而，在法律思想以及社会关系形式的这种理性化过程中，由祭司产生的法律学说中，其非法学成分可能会产生出极为多样的结果。这些可能的结果之一就是 *fas*（宗教命令）和 *ius*（解决人际冲突但没有宗教启示的既定法律）相分离。[4] 这样，*ius* 就有可能经过一个独立的发展过程而形成理性的正式法律制度，那里所重视的很可能是逻辑或经验要素。这就是罗马和中世纪实际发生的情况。后面[(五)，二;(五)，八]我们将会讨论在这些情况下都是以什么方式决定由宗教固定下来和自由确立下来的法律成分之间关系的。我们将会看到[见(七)]，随着思想变得日益世俗化，神圣律法完全有可能遭遇“自然法”的竞争或者被它取代，后者部分是作为一种理想的假设，部分是作为一种对于立法或法律实践产生各种实际影响的学说，与实体法并行发挥着作用。但是也有可能，宗教规定从来没有同世俗规则产生分化，神权统治特有的对宗教和礼仪规定与法律规则的融合也保持不变。在这种情况下，伦理义务和法律义务、道德劝诫和法律命令就会成为一个毫无特征的聚合体，缺少形式化的明晰性，结果就是一种特别**非形式的**法律类型。这两种可能性的实际出现要依赖于已经提到的那种宗教的诸般特点，依赖于支配着法律制度与国家间
811 关系的那些原则；在一定程度上要依赖于祭司相对于国家的权力地位；最后，还要依赖于国家的结构。几乎所有的亚洲文明都出现过刚刚提到的这些发展过程，并且至今仍在继续，原因就是它们那种特殊的权威结构所致。

尽管不同法律制度的逻辑结构可能会具有某些相似的特征，但它们可能是不同支配类型产生的结果。依赖于个人忠诚的威权主义权力，比如神权统治和家产制君主统治，一般都会产生一种非形式的法律类型。不过某些类型的民主制也会产生非形式的法律类型。对此可用以下事实来解释：不光那些大主教和专制君主——尤其是开明专制君主，甚至连民主制下的民众领袖，也有可能拒绝接受形式规则的约束，即便这些规则可能是他们亲自制定的，但那些被他们认为具有宗

教上的神圣性，从而具有绝对约束力的规范除外。他们都会面对一种不可避免的冲突，即法律的确定性所具有的抽象形式主义与他们想要达到的实体性目标之间的冲突。法律形式主义使得法律制度能够像一部具有技术理性的机器那样运转，因而保证制度内部的个人与群体拥有相对最大的自由度，并使他们得到越来越多的机会去预测自身行为的法律后果。程序变成了一种特殊类型的和平讼争，只服从不可侵犯的固定"游戏规则"。

调整亲属群体之间利益冲突的原始程序，都具有严格形式主义证据规则的特征。*Dinggenossenschaften*（平民大会）的司法程序也同样如此。我们已经知道，这些规则最初受到了巫术信念的影响，它要求以适当方式由适当的当事人回答证据问题。此后经历了很长的时间，法律才发展出了这样的观念：一个事实——正如今天所理解的那样——可以通过理性程序加以"认定"，特别是通过讯问证人，这在今天是最为重要的方法，当然也还需要间接证据。早期的宣誓证明被告无罪者（compurgator），并非宣誓证明对事实的陈述为真，而是断言自己这一方的正确性，否则宁肯遭受神的惩罚。我们可以看到，这与我们今天的做法相比，并不缺少求实的因素，因为至今仍有许多人——也许是大多数人——相信自己一方作为证人的任务不过是"发誓证明"哪一方是"正确的"。因此，在古代法律中，举证并没有被认为是一种"义务"，而是——至少在很大程度上是——当事人应有的"权利"。然而，法官必须严格遵守这些规则以及传统的举证方法。 812
像后来的"普通法"程序理论[5]那样的现代理论，也只有在视举证为义务这一点上不同于古代的程序。它也要求法官以当事人的请求和当事人提供的证据为转移，事实上，整个诉讼行为也适用同一原则：按照对抗制诉讼程序原则，法官必须等待当事人的请求。凡未出现在请求中的事由，法官可以一概视同乌有；同样，对于始终未经公认的举证方法披露的事实，亦复如此，不论这些方法是理性的还是无理性的。因此，法官的目的仅仅是认定在当事人程序行为的界限内可以获得的相对真相。

这正是那种最古老、最著名、最清晰的裁判形式的特性：按照由神启或神明裁判构成的审判程序，在发生讼争的亲属群体之间进行仲裁和调解。像所有求助于巫术或神明力量的活动一样，这种古代法律程序也具有严格的形式，不过它是凭借关键性程序行为的无理性超自然性质，以期做出实质上“正确的”裁决。然而，一旦这些无理性力量的权威以及对它们的信仰不复存在，取而代之的是通过理性举证和逻辑推导做出裁决，那么形式主义的裁判就会变成单纯的诉讼当事人之间的抗辩，对此进行调节的目的则是提供相对来说最大的机会以发现真相。推动诉讼发展过程的是当事人而不是国家的关切。他们不会在法官的强迫下去做他们并不愿意主动去做的任何事情。正是出于这个原因，法官就不可能谋求通过裁判，即通过在具体案件中实施具体的权宜考虑或者衡平法考虑，以尽可能实现那些具有政治、伦理或情感性质的实质要求。形式正义保证了利害关系当事人得享最大限度的自由以表明自己形式上的合法利益。但是，由于形式正义的制度从法律上认可了经济权力的不平等分配，这种自由必定会一再产生一些与宗教伦理或政治权宜考虑的实质要求背道而驰的结果。因此，一切威权主义的权力，不管是神权统治的还是家长制的权力，都会厌恶形式正义，因为它减少了个人对这些权威的恩宠与权力的依赖。[6]然而，民主制也有可能厌恶它，因为它减少了法律实践和个人对于公民同胞的裁决的依赖。[7]此外，审判发展为冲突各方的和平讼争，可能会推动经济与社会权力的进一步集中。在所有这些情况下，由于形式 813
正义必然具有的抽象性质，它都会侵害到实质正义的理想。对于那些在任何时候都掌握着经济权力，因而希望形式正义不受阻碍地发挥作用的人们来说，同时，对于那些出于意识形态原因试图打破威权主义控制或者约束无理性的大众情感以便为个人开辟机会和释放能量的人们来说，构成了形式正义之关键价值的正是这种抽象性质。在所有这种群体看来，非形式的正义仅仅代表着绝对专横和主观上的反复无常。所有认为法律程序的稳定性和可预期性具有极端重要意义的政治与经济利益集团，必定都属于支持形式正义的群体，特别是那些理性的、打算永久存在的经济组织和政治组织。至关重要的是，那些拥有经济权力的人会把形式理性的司法行政看作“自由”的保障，看作一种价值，但这种价值不仅会遭到神权统治群体或者家长—威权主义群体的否定，在某些条件下甚至会遭到民主制群体的否定。实际上，一切对实质正义具有意识形态关切的群体，都会反对形式正义和它所保障的那种“自由”。对这种群体更有用处的是卡迪司法而不是形式类型。比如，阿提卡直接民主的平民司法，无疑就是一种卡迪司法的形式。现代的陪审审判尽管并不遵照成文法行事，在现实的实践中往往也是卡迪司法；即使在这种高度形式化的、有限制的平民司法类型中，人们也能看到一种趋势，即只是在满足程序技术的直接要求时才会接受形式法律规则的约束。总的来说，所有形式的平民司法都是以具体的道德或政治考虑，或者以具有社会正义取向的情感为依据做出裁决的。政治正义在古代雅典就特别盛行，不过它的余韵可以说至今犹存。就这方面而言，大众民主以及神权政治或家长制君主的威权主义权力都表现出了相似的倾向。比如，法国的陪审员一般都会反成文法之道而行之，宣判一个当场撞破奸情并杀死妻子情夫的丈夫无罪，而他们做的也正是腓特烈大帝曾经做过的事情，后者曾为了磨坊主阿诺德的利益而把“皇家司法”抛到了脑后。[8]神权统治下的司法行政甚至有过之无不及，它的突出特点就在于完全把具体的道德考虑置于首位；只有在受到神圣律法规则的明确限制时，它对形式主义的漠视或反感才不至于漫无边际。但是，就神圣律法所适用的规范而言，神
814 权统治的法律类型恰恰会导致一种相反的法律，就是说，为了能够适应变化中的环境，这种法律会发展出一种极端形式主义的决疑术。与神权统治下的司法相比，世俗的家产制—威权主义司法行政要自由一些，尽管它不得不遵循传统行事，但通常都会具有极大的灵活性。

最后，显贵司法行政则会根据相关的法定权益——要么是显贵阶层本身的权益，要么是他们支配下的那个阶层的权益——而表现出两种面貌。比如在英格兰，所有提交给中央法院的案件都要以严格形式主义的方式进行裁判，处理日常纠纷和轻罪的治安法庭却是不拘形式的，可以作为卡迪司法的典型，从一定程度上说，大陆国家对此根本就一无所知。此外，诉讼和法律服务的高昂成本使那些负担不起费用的人们只好拒绝司法，这与罗马共和国司法制度由于其他原因而出现的情况非常类似。[9]这种拒绝司法非常符合有产者阶层，特别是资本主义阶层的利益。但是，对上层阶级内部争端进行正式裁判，同时对经济上的弱势阶层采用带有任意性的司法或者它们事实上拒绝司法，这种双重司法策略并非始终可行。如果它不可行，那么在一种严格讲究形式、适用于对抗制诉讼程序中的所有案件并且行之有效的裁判制度下，资本主义利益集团将最为受益。无论如何，显贵裁判往往都是实质上的经验性裁判，程序复

杂且代价高昂。因此，它会大大妨碍资产阶级各阶层的利益，实际上可以说，英格兰之所以能够在各民族之林中登上资本主义霸主的地位，在很大程度上并不是得益于它的司法制度。正是出于这些原因，资产阶级各阶层一般都会强烈关心一种理性的程序制度，因而也会关心一种系统化、明晰化、专门化的成文法，以此消除过时的传统、消除任意性，仅仅以普遍的客观规范作为权利的来源。英格兰的清教徒、[10]罗马的平民[11]以及 19 世纪的德国资产阶级都曾要求这种系统编纂的法律，但这种制度对于他们来说却是遥不可及的。

在神权统治类型的司法行政中，在世俗显贵（比如法官或者私人或官方特许的法学家）裁判中，在法律和程序以掌握着诉讼方向的司
法行政官、君主或官员的**统治权**（imperium）和傲慢权力为基础的发 815
展过程中，[12]人们最初基本上都会严格秉持这样的观点：法律始终就是现在这个样子，所需要的只是对它的模糊性加以解释并适用于具体案件。然而，正如我们已经看到的那样［见（三）］，即使在相当原始的经济条件下，一旦巫术的程式化束缚被打破，理性构成的规范也会脱颖而出。将无理性的神启技术作为唯一的革新手段，往往意味着规范具有高度的灵活性；如果没有这个手段，又会导致高度的程式化，因为在这种情况下，神圣传统本身仍将是唯一神圣的因素，因而可能被祭司们升华为一种神圣律法体系。

二、神圣律法的实质理性化

神圣律法以及神圣的法律制定曾以相当不同的方式出现在不同的地理区域，并且形成了不同的法律分支;它们的持续性也同样有所不同。

我们这里的分析完全不考虑神圣律法对所有惩罚和赎罪问题给予的特殊关注，这种关注最初是由纯粹的巫术规范引起的；这里也不考虑它对政治性法律（political law）的兴趣；对于最初由巫术条件制约的、对允许进行审判的时间地点加以调整的那些规范或者举证模式，这里也都搁置不论。下面将要讨论的主要是一般所理解的“私法”问题。在这个法律分支中，关于婚姻的可允许性及其附带条件的基本原则、家庭法以及密切相关的继承法，构成了中国、印度的神圣律法以及罗马的**宗教命令**、伊斯兰**教法**和中世纪教会法的主要分支。古代巫术禁止乱伦，就是宗教对婚姻进行调整的最初形式。[13] 另外，专门对祖先及其他家神的祭祀也具有重大意义，这导致神圣律法侵入了家庭法和继承法领域。在基督教地区，家庭法和继承法的影响则丧失了部分重要性，教会对遗嘱效力的财政关切，使它保持了在继承法领域的控制权。[14]

世俗的贸易法往往会与宗教规范发生冲突，因为后者涉及的某些对象和场所要么是专用于宗教目的，要么由于其他原因而被奉为神圣，要么就是规定了一些巫术禁忌。在契约领域，只要使用了宗教形
816 式的承诺，特别是誓约，神圣律法就会出于纯粹形式上的原因进行干预，我们可以推测，这种局面往往从一开始就会成为常例。[15] 一旦涉及具有宗教—伦理性质的重要规范，比如高利贷禁令，神圣律法就会根据实质性理由进入这个画面。

一般来说，世俗法律和神圣律法的关系会因为宗教伦理所依据的特定原则而大为不同。只要宗教伦理仍然处在巫术或仪式化的形式主义阶段，那么在某些条件下，它自身固有的、对巫术决疑术加以精致理性化的手段，就有可能导致它失灵，直至完全失效。在罗马共和国历史上，*fas*（宗教命令）恰恰就经历了这样的命运。几乎对于任何

神圣规范，人们都有可能发明出某种适当的神圣计谋和规避形式去突破它的限制。[16] 古罗马占卜官团体对于有缺陷的宗教形式及恶兆的干预权，在罗马从没有被正式废除，这实际上就是一种可以撤销民众大会决议的权力，同样具有神圣性质的雅典阿雷奥帕古斯*的权力，却曾经被伯里克利和厄菲阿尔特废除。[17] 但在世俗司法行政贵族的绝对支配下，祭司的这种权力只能服务于政治目的，而且它的使用也像实体法性质的 *fas* 一样，最终由于特殊的神圣技术而变得实际上无关紧要。因此，尽管礼仪义务的考虑在罗马人的生活中发挥着非同小可的作用，但是彻底世俗化的 *ius*（法律）却能够保证不受来自这个方向的侵扰，如同晚期的希腊法律一样。古代城邦的祭司从属于世俗权力，加之我们已经谈到过的罗马诸神以及罗马人对待诸神的某些独特态度，都是罗马这种发展路线的决定性因素。[18]

三、印度法律

如果居于支配地位的祭司能够以仪式主义方式调整所有生活领域，从而在相当大程度上控制整个法律制度，这时的局面就会完全不同，比如印度的情况就是这样。[19] 按照通行的印度教理论，所有的法律都已经包含在《达摩箴言》中了。纯世俗的法律发展仅仅限于各种
职业群体——比如商人、工匠等等——建立的特殊法律制度。没有人 817
会怀疑这些职业群体和种姓有权制定自己的法律，以致那里的事态可以一言以蔽之：“特别法高于一般法”。[20] 几乎所有得到实际公认的世

* 见本书第一卷第 476 页中译者注。

俗法律都是来自这些源头。然而，这种几乎囊括了各个日常生活领域的法律类型，却遭到祭司学说与哲学流派的蔑视。由于无人专攻世俗法律的研究和实施，它不仅错过了一切理性化，而且在与神圣律法背道而驰的案件中，它的效力还会缺少可靠的保障，尽管神圣律法在实践中遭到普遍轻视，但在理论上却有着绝对的约束力。

在印度，发现法律也有着同样的特点，即巫术因素和理性因素混合在一起，这与宗教的特殊性和对生活的神权统治—家长制管制相对应。总体上说，程序的形式主义相当微弱。法院也并非大众司法类型的法院。国王要受最高法院裁决的约束，法院成员中必须有非专业成员（早先来自商人和书吏，后来则是行会首领和书吏）的规则，都表现出了理性的倾向。民间仲裁的重大意义与会社的自治性法律创设相对应。不过一般也允许从有组织的会社审判庭向公设法庭上诉。今天的证据法就其性质来说基本上是理性的，使用的手段主要是书面文据和证人证言。对于理性举证手段的结果还不够清楚的案件，仍会保留神明裁判，但在那些情况下，神明裁判仍然保持着完整的巫术意义，誓约的做法尤其如此，就是说，发誓之后要等待一段时间以确定自我诅咒的结果。同样，与巫术性的执行手段，特别是与债权人在债务人门前绝食至死的做法[21]并存的，还有官方对判决的强制执行以及合法的自助执行。实际上，在刑事诉讼程序中，神圣律法与世俗法律是完全并行的。但也存在着把这两种类型的法混合起来的趋势，而且总的来说，神圣律法与世俗法律构成了一个统一体，从而湮没了古代雅利安法律的余韵。这种法律体系转而又在很大程度上被自治性的会社——特别是各个种姓的——司法行政所取代，它们拥有最为有效的强制手段——开革。

在**佛教**成为国教的地方，即锡兰、暹罗、马来亚、印度支那，特
别是柬埔寨和缅甸，佛教伦理对立法的影响非同小可。[22] 在佛教伦理 818
的影响下，比如夫妻之间的平等地位，就体现在母系继承权或者共同体财产制的规则中，体现在恪尽孝道以使父母来世有好运这样的义务中，尤其是要求继承人对死者的债务负责。整个法律都渗透着伦理因素，从中可以看到对奴隶的保护，刑法的宽大为怀（但是政治罪往往都会遭到极为残酷的惩罚），以及允许为维护和平做担保。然而，尽管相对世俗的佛教伦理高度专注于良知和礼仪形式主义，但是神圣“律法”体系却极难发展为一种专门知识的主题。不过，一种印度教风格的法律文献已经得到了发展，因而缅甸才有可能在1875年发布了作为官方法律的“佛法”，意思是源自印度教、按照佛教的指引加以修改的法律。

四、中国法律

但是在中国，[23] 官僚制的权力垄断则把巫术和泛灵论义务严格限制在纯礼仪的范围之内。因此，正如我们已经并将继续看到的那样，这对经济活动产生了深远的影响。中国司法行政的无理性并非神权统治因素，而是家产制因素所致。像一般的先知预言一样，法律先知预言在中国同样不为人知，至少在某些历史时期就是如此，而且那里不存在释疑解答的法学家，也没有专门的法律训练。所有这一切都符合政治联合体的家长制性质，与任何成文法的发展都格格不入。“巫”和“觋”（道家的巫师）都是巫术仪式中的顾问，其中那些通过了测验并受过相应文学教育的成员，则会成为家庭、宗族和乡村的礼法事务顾问。

五、伊斯兰教法律

在**伊斯兰世界**，至少从理论上说，世俗法律在任何一个生活领域
819 都不可能脱离神圣规范的要求而独自发展。事实上，那里也相当广泛地接受了古代希腊罗马的法律影响。[24]但是按照官方的要求，整个私法都应当是对《古兰经》的解释，或者是借助习惯法对《古兰经》作出的阐述。这种情形出现在倭马亚哈里发帝国崩溃和阿拔斯王朝统治建立之后，因为信奉琐罗亚斯德教的萨珊王朝政教合一原则，这时在恢复神圣传统的名义下被引入了伊斯兰世界。[25]在那里，神圣律法的地位可谓一个理想样板，可以说明神圣律法在一种真正由先知创立的圣经宗教中是以何等方式发挥作用的。《古兰经》本身包含了不少实在法规则（比如废除了禁止男人与其义子前妻*结婚的规定，而穆罕默德本人便利用了这种婚姻自由）。但是，大量的法律规定却有一个不同的源头。从形式上说，它们一般都表现为**圣训**，即先知的典范言行，其真实性由一系列公认的传承人予以证实，他们的口口相传可以一直追溯到那位先知的同时代人，这意味着源头就是穆罕默德那些具有特定资格的同伴。依靠这个不间断的个人传承链，这些规定——据说——

---

* 英文为 adoptive daughter-in-law，字面义是“义子之妻”，用在这里的语境中则更为严格，即“义子前妻”。伊斯兰教之前的阿拉伯人尚未形成比较规范的婚姻制度，因而有了一个悠久的传统，就是普遍认领义子。“义子”不同于“养子”，前者只是口约关系，后者一般是法定关系。由于收“义子”在家庭关系、商业交往和财产的继承、分配、转移中造成了长期普遍的混乱状况，伊斯兰教认为这是蒙昧时代的陋习，据传，真主曾要求穆罕默德与义子宰德的前妻宰纳白结婚，但穆罕默德顾忌人言和以往的禁律，迟迟未从，最后在真主的严厉责备下终于从命（事见《古兰经》33 章），由此，收义子的习惯以及相关的一切惯例均被废除。

绝对只是口口相传并且构成了**逊奈**，它不是对《古兰经》的一种解释，而是与《古兰经》并存的传统。它最古老的组成部分主要出自前伊斯兰教时代，特别是出自麦地那的习惯法，由马立克－伊本－艾奈斯*汇纂为**逊奈**。但是，不论《古兰经》还是**逊奈**，其本身都没有被法官们用作法律源头。毋宁说，*fikh***，即各法律学派纯理论劳动的产物，才是法律的源头，那是按照作者（musnad）或主题（musannaf，其中六个构成了传统宗教法规）排列的**圣训**汇编。*fikh* 由道德命令和法律命令组成，由于自此以后法律已经固定化，*fikh* 中越来越多的内容就变得完全过时了。这种由官方实现的固定化乃是出于如下信念：法律解释（伊智提哈德***）的超凡魅力法律先知般的力量自 7、8 世纪以后便已消失。这是类似于基督教纪元 13、14 世纪基督教会和犹太教认为先知时代已经结束的一种观念。这种法律先知，即超凡魅力时代的穆智台希德（mujtahidûn），仍被看作法律启示的代言人，尽管只有被公认为正统的四大法律学派（madhab）的奠基人才获得了绝对承认。**伊智提哈德**消失之后，只有注解者（muqallidin）依然存在，法律则变得极其稳定。四大正统法律学派之间的斗争主要是在正统**逊奈**的成分问题上发 820

* Malik-ibn-Anas（约 715—795），阿拉伯麦地那（今沙特阿拉伯）伊斯兰教法学家，对于早期伊斯兰法学理论的创立发挥了重要作用，精通伊斯兰教法律，门人称之为马立克教法学派。著有《穆瓦塔圣训集》，是现存历史最悠久的伊斯兰教教法汇编。

** 阿拉伯文，意译为“教法学”或“教律学”，音译为“斐洛海”，研究伊斯兰教教法知识的学科，与经注学、圣训学等并称为伊斯兰教的传统学科。

*** Ijtihad，阿拉伯文，又译创制，伊斯兰教法学用语，意为“尽力而为”，指对《古兰经》、圣训和公议都没有论及的问题所提出的独创性解释。在早期穆斯林社团中，凡有资格的教法学家都有权提出意见、类比等独立判断，下文所说穆智台希德就是用此种方法分析案件的人。

生的冲突，但也是关于解释方法的冲突，随着法律的稳定，甚至连这些差异也日益变成了成规。只有较小的罕巴里（Hanbalite）学派一直拒绝所有“比达阿”（bida），即所有新的法律、所有新的圣训、所有理性的解释方法。因此之故，同时也由于它的 coge intrare [26] 前提，它断绝了与其他学派的关系，而其他学派之间原则上是相互宽容的。这些学派的差异表现为对法科学在新法律创设中的作用看法不一。马立克（Malekite）学派在非洲和阿拉伯长期居于支配地位。由于它起源于伊斯兰世界最古老的政治中心麦地那，因而可以想象，它在吸收前伊斯兰教的法律方面就特别不受羁绊。但是，它比哈乃斐（Hanefite）学派更多地受到了传统的束缚，后者源出伊拉克，因此深受拜占庭的影响，[27] 它在哈里发的法院中所起的作用特别重要，至今仍是土耳其的官方学派 [28]，在埃及也是居于支配地位的学派。哈乃斐学派的法理学与宫廷的观念密切相关，它的主要贡献似乎是促进了伊斯兰教法学家的经验主义技术——使用类推（qiyâs）方法——的发展。它也表明了 ra'y* 这样的观念，即精深的理论加上对《古兰经》的标准解释，乃是一个独立的法律渊源。源出巴格达，然后流布于南部阿拉伯地区、埃及和印度尼西亚的沙斐仪（Shafiite）学派，不仅被认为与哈乃斐学派倚重学术观点的作用并借鉴外来法律等等特性格格不入，而且与马立克学派对待传统的灵活态度大相径庭。因此，它被认为更加固守传统，尽管它通过大量吸收其真实性颇有争议的圣训取得了类似的结果。整

* 阿拉伯文，意为“意见”，音译为“拉尔伊”，伊斯兰教法专用词，指从《古兰经》和圣训中未能寻得立法依据时，可由教法学权威提出处理宗教或世俗事务的个人见解。在教法形成过程中曾被广泛使用，尽管没有成为公认的立法原则，但仍是公议和类比之后伊斯兰教教法的第三项补充来源。

个伊斯兰教法律史都贯穿着保守的**传统主义者**（Ashab-al-hadith）与理性主义的**法学家**（Ashab-al-fikh）之间的冲突。

伊斯兰教的神圣律法完全是一种“法学家之法”，其效力依赖于公议［idshmâ，即 idshmâ-al-ammah—tacitus consensus omnium（一致默认）］，它实际上就是法律先知，即大法学家们（fuqaha）达成的一致意见。除了永无谬误的先知以外，只有**公议**才能被官方认为永无谬误。《古兰经》和**逊奈**都只是**公议**的历史源头。法官要请教的不是《古兰经》或**逊奈**，而是**公议**汇编，他们不得擅自解释这些神圣典籍或传统。伊斯兰教法学家所处的地位类似于古罗马的法学家，而他们各学派的组织尤其容易令人联想到罗马的情形。法学家的活动包括法律咨 821
询和教授学生。因此，他很了解委托人的实际需要以及实用性的教学需求，这必然会导致系统的分类。但是，由于必须遵循学派鼻祖确定下来的固定解释方法和权威注解，所以，从**伊智提哈德**时代结束以后，自由解释的可能性就不复存在了。在官办大学中，比如开罗的**爱资哈尔**（Al-Azhar）大学，包括四大正统学派的特许代表，也只能程式化地讲授固定观点。[29]伊斯兰教组织的某些关键特性，比如没有［教会］教法会议，没有教义的永无谬误论，也影响了神圣律法沿着稳固的“法学家之法”的方向进一步发展。不过实际上，神圣律法的直接适用性乃是局限于实体法领域中的某些基本制度，这个领域也只是略大于中世纪教会法的适用范围。然而，神圣传统所要求的普世主义却导致了这一事实：不可避免的革新必须要得到 fetwa[30] 或者若干相互竞争的正统学派争端决疑术的支持，前者几乎始终都是通过具体案件做出的，有时是借助于诚信，有时则是借助于计谋。由于这些原因，加上已经提到过的法学思想的形式理性之不足，结果就是不可能发展出系统化的法律制定，以实现法律的同一性和一贯性。神圣律法不可能被置之不顾，但却不可能在实践中真正得到贯彻落实，尽管它也做出了许多适应性调整。像在罗马的制度下一样，这里由官方特许的法学家（拥有**舍赫**[*]头衔的**伊斯兰教教法说明官**）也会应卡迪或者当事人之请在必要时发表意见。他们的意见都是权威性意见，但是彼此也会见仁见智；像神谕一样，他们不会给出任何理性的理由陈述。因此，他们实际上是增强了神圣律法的无理性，却丝毫无助于它的理性化。

作为身份群体的法律，神圣律法仅仅适用于穆斯林，不适用于臣属的非穆斯林人口。结果，法律排他主义不仅长期存在于若干得到默许的享有部分正面特权和部分负面特权的教派中，而且成了地方或职业的习俗。“特别法高于一般法”的原则尽管在要求具有绝对效力，但在特定法律同神圣规范发生冲突时，该原则的适用范围就难以预料了，因为神圣规范本身很容易出现极不稳定的解释。伊斯兰世界的商
822 法根据古代晚期的法律技术发展出了各种各样的规范，其中只有极少数被西方直接采纳。[31]但在伊斯兰世界本身，这些商业规范的效力并不是来自法律的制定颁布，也不是来自一个理性法律制度的种种稳定原则。其效力的保障仅仅存在于商人的廉耻心和经济影响之中。神圣传统更多的是在威胁，而不是促进绝大多数这些排他主义制度。它们存在于 praeter legem（法律之外）。

只要是在严格接受神圣律法或者一成不变的传统的效力，法律

---

* sheikh，又拼 shaikh 或 shaykh，古代阿拉伯人的尊称，指年高德劭的长者，特别是宗教首领、大学校长、部落酋长、乡村村长和城镇区长等，皆有这一头衔。在奥斯曼帝国时，这一名称仅限于伊斯坦布尔的伊斯兰教教法说明官，其地位与首席大臣相当，是控制法律、司法、宗教、教育的宗教首脑。1924 年土耳其共和国废除了该体制。

的同一和一贯性自然会始终受到严重阻碍，这在中国和印度也像在伊斯兰教地区一样。即使在伊斯兰世界，纯粹的正统派也是运用属人法制度，就像该制度曾作为民间法律的组成部分被运用于加洛林帝国一样。[32] 诺曼征服以后、亨利二世以来，普通法已经正式变成了**属地法**，但要创设这样的属地法却是根本不可能的。在所有当代的大规模伊斯兰教帝国，我们实际上都可以看到宗教与世俗司法行政的二重性：世俗官员与卡迪比肩而立，世俗法律与伊斯兰教教法比肩而立。加洛林王朝的法规汇编也同样如此，从一开始——从倭马亚哈里发那个时代以来——这种世俗法律（qânûn）就在不断扩充，相对于神圣律法的重要性也与日俱增，后来则变得愈加定型。它对世俗法院具有约束力，除了监护权、结婚、继承、离婚，某种程度上还有租赁的土地以及地方法的某些其他方面之外，世俗法院拥有对一切问题的管辖权。这些法院毫不在乎神圣律法的禁令，只是根据地方习俗进行裁决，因为，即使是世俗法律，它的任何系统化进程也会受到宗教规范的持续干预。因此，从 1869 年开始颁布的《土耳其法典》就不是真正意义上的法典，而只是一部哈乃斐规范的汇编。[33] 我们将会看到，这种事态已经在经济组织方面产生了重大后果。

六、波斯法律

在什叶派的伊斯兰教作为国教的**波斯**，神圣律法表现出了更大的无理性，因为它甚至没有**逊奈**给予的相对坚实的基础。官方理论认为无形的师表（伊玛目[34]）永无谬误，但对他的信仰只是一种不敷应用的替代办法。法院新进成员均由国王“钦准”，但是国王在宗教上并

823 非一个具有正当性的统治者，他不得不对地方显贵的愿望给予极大的尊重。他的“钦准”并不是“任命”，而是对毕业于神学院的候选人的 agrégation（考评）。那里也有司法辖区，但是每个法官的管辖权似乎都没有明确界线，因为当事人可以从若干相互竞争的法官当中进行选择。由此也表明了这些法律先知的超凡魅力性质。琐罗亚斯德教的影响加剧了什叶派僵硬的宗派主义，若不是通过许多“拟制”而使神圣律法所要求的封闭性最终几乎被彻底抛弃，它会阻止同异教徒的一切经济交往，将其视为不洁。结果，神圣法律的影响几乎全面退出了能够产生任何重大经济与政治意义的活动领域。在援引《古兰经》作出一系列裁决（fetwas）证明了宪政的合理性之后，神圣律法便从政治领域销声匿迹了。但在经济生活中，神权统治至今仍是一个远不容等闲视之的因素。尽管神权统治要素的影响范围在日益萎缩，但是它在裁判过程中的作用一直并且仍将对经济活动产生重大意义，况且它还带有东方家产制的独特特征——这一点将在后面论及。像在其他地方一样，波斯的这种情形多半也不是由于神圣律法规范的实证内容，而是盛行于司法行政过程中的那种态度所致，就是说，它的目的是实现“实体”正义，而不是调节相互冲突的利益。即使涉及在它管辖权范围内的不动产诉讼，它也会按照衡平法的考虑作出裁决。如果法律尚未法典化，这样的考虑就更有可能。因此，卡迪司法的裁决几乎谈不上可预测性。只要宗教法庭拥有对土地诉讼的管辖权，那么，对土地的资本主义开发利用就毫无可能，比如突尼斯就是如此。[35] 然而，消除这种管辖权随之就会带来资本主义利益。就全局而言，这是神权统治的司法行政干预理性经济制度的运转，并且必将继续进行干预的典型方式，只不过干预的具体内容会因地而异。

七、犹太法律

犹太教神圣律法的背景尽管完全不同于伊斯兰教的神圣律法，但却有着某些形式上的相似性。[36]犹太人的《托拉》和解释与补充性 824
的神圣传统，也是要作为具有普遍效力的规范适用于所有生活领域的，而且神圣律法也同样仅仅适用于同一宗教的人。但是与伊斯兰教不同，这种法律制度的载体不是一个统治阶层，而是一个贱民民族。因此，与外人通商在法律上就是对外贸易，在一定程度上要受不同的道德规范支配。对于周边环境中通行的法律规范，犹太人会尽力在该环境允许的范围内通权达变，并尽可能不违背自己的仪式主义顾忌。早在王政时期，那种古老的地方神谕**乌陵**（Urim）和**土明**（Thummim），[37]就已经被法律先知所取代，他们争夺国王发布法令的权能，其有效性远远大于他们的同类在日耳曼法律中所达到的程度。

我们已经知道，在后巴比伦囚虏时代，Nebiim，即王政时期的占卜者，且完全可能是那时的法律先知，[38]已被法利赛人取而代之。后者最初是上层社会的一个知识分子阶层，有着突出的希腊化禀性；后来也吸纳了少数以解释圣经为乐事的中产阶级成员。[39]所以，最晚到基督纪元之前，便发展出了对礼仪和法律问题的学术研究，从而发展出了《托拉》解释者以及犹太教的两个东方中心——耶路撒冷和巴比伦——的顾问法学家的法律技术。[40]和伊斯兰教与印度教的法律人一样，他们也是一种传统的载体，这种传统在一定程度上依赖于对《托拉》的解释，一定程度上又独立于《托拉》。这是他们在西奈会面的40天里上帝赋予摩西的传统。借助于这个传统，一些公认的制度——比如转房婚[41]——也像在伊斯兰世界和印度那样发生了明显的变化。

此外，像伊斯兰世界和印度的情况一样，这种传统最初也只是一种口述传统。基督纪元开始之后，随着大流散的不断扩展以及希勒尔和沙马伊[*]学院中学术研究的发展，坦拿[42]开始以书面形式固定这一传统。一旦法官接受了这些顾问法律学者释疑解答的约束，从而接受了先例的约束，无疑就会保证传统的统一和一贯性。像在罗马和英格兰一样，这些权威人物的特定法律言说被引用，职业训练、考试和许可制最终取代了以往不拘一格的法律预言。拉比犹大[**]汇编的《密西拿》[43]仍是释疑解答者自身活动的产物。另一方面，对《密西拿》的官方评注革马拉[***]，则是兼任教职的律师——阿摩拉[****]——活动的产物，他们是
825 第一代解释者的继承人，并且把它翻译成阿拉姆语[*****]，为听众解释朗读者诵读的希伯来语段落。在巴勒斯坦，他们拥有**拉比**的头衔，在巴比伦也有相应的头衔（mar）。在巴比伦的彭贝迪塔“学院”中能够看到

* 希勒尔（Hillel，活动期约为公元前 30—公元 10），犹太教圣人和圣经注释家，创办了希勒尔学院。他解经不拘词义，而是使人理解经文和律法的真意；后世大多数学者都根据他所提出的方法讲授《塔木德》。沙马伊（Shammai，约公元前 50—约公元 30），巴勒斯坦犹太教贤哲，与希勒尔齐名并共同主持犹太教公会。他创立沙马伊派，主张严格按照词义解释律法，反对希勒尔所倡根据人的动机判断其行为的“动机原则”。

** 即犹大·哈－纳西（Judah ha-Nasi，约 135—约 220），希勒尔的后裔，继父亲迦马列二世任巴勒斯坦犹太人族长兼犹太教公会首领，是犹太教最晚近的坦拿（tanna，又拼 tana）之一。坦拿是古代一批犹太教学者的称号，共有数百人，在大约 200 年间陆续编纂口传律法，其中犹大用力尤著，他历经 50 年精心选辑并编纂成书。到 3 世纪初，犹太亲王在他们的努力基础上编成犹太教经籍《密西拿》，是为继《圣经》之后历史最悠久的权威性口传律法汇编。

*** Gemara，犹太教名词，指关于《密西拿》的考证和评注。

****Amora，希伯来语，原意为“发言人”，指古代犹太教学者，是坦拿——韦伯此句所说“第一代解释者”——的继承人。在巴勒斯坦，圣职阿摩拉被称作拉比。

*****Aramaic，古代西南亚的通用语言。

沿着西方神学路线发展的“辩证”研究。但是，这种方法在后来的正统时代遭到了根本怀疑，而且至今仍被谴责。从那时以来，就再也不可能对《托拉》进行思辨性神学研究了。这种传统中的教义训导和法律要素——**哈加达和哈拉卡***——无论在文献还是劳动分工中都是彼此分离的，这一点比印度和伊斯兰世界的情况更加显而易见。就外在方面来说，它的学术活动和组织越来越以巴比伦为中心。犹太流亡者首领（Resh galutha**）自哈德良时代直至11世纪都生活在巴比伦。其职由大卫家族世代相传，并且得到帕提亚***、波斯以及后来伊斯兰统治者的正式承认；他有一个大祭司随从，他的管辖权得到了长期公认，甚至在刑事问题上也是如此，而且在阿拉伯人统治下他也拥有革除教籍的权力。法律发展的载体是苏拉和彭贝迪塔的两个相互竞争的学院，前者尤为著名。它们的院长都是加昂****，他们作为犹太教公会成员从事法律活动，同时为所有流散各地的犹太人提供咨询，并且从事学术性的法律教学。加昂既要由公认的教师进行选举，也要由犹太流亡者首

---

* 均为犹太教名词。哈加达（Haggada）的希伯来语原意为“叙事”，这里指《塔木德》文献中不直接论述犹太人日常生活必须遵守的律法的部分；哈拉卡（Halaka）希伯来语原意为“道路”，指《圣经》记事年代以来逐步形成的有关犹太人宗教礼仪、日常生活和行事为人的全部律法和典章，具有法律性质。前者在传统上以受教育较少的一部分人为对象，后者则以有学识者为对象。

** 大约3—10世纪对巴比伦犹太人流亡者享有管辖权的犹太民政和司法长官，各国犹太人向他们缴纳贡金。

*** Parthian，即安息，伊朗北部古国。

****Gaon，希伯来语，意为“卓越”，是犹太教内一部分首脑的称号。7—13世纪断断续续流行于巴比伦和巴勒斯坦地区的犹太教法典学院均由加昂主持，其主要任务是解释和充实《塔木德》，裁定有关律法问题的争论，以保障犹太教律法传统不受歪曲。加昂时代过去以后，这一称号仅是对犹太教中学问渊博者的尊称。

领任命。外部的学术组织则类似于中世纪和东方的学校。学生一般都住校；在卡拉[44]的一个月间，他们与来自各地的大量拉比之职成年候选人一起参与对《塔木德》的学术讨论。在卡拉期间的讨论中或讨论后，或者在与学生的讨论中，加昂会发表自己的释疑解答。

加昂的文字工作大概始于6世纪，形式上仅仅是评注性的。因此，和先驱阿摩拉的工作相比，或者与阿摩拉的继承人萨沃拉*的工作相比——更遑论与坦拿相比——，他们的工作更加平庸，因为阿摩拉对《密西拿》进行了创造性解释，萨沃拉则是以相对自由的方式评注《密西拿》。但在实际上，由于加昂的系统阐述和强大的组织，他们成功地使巴比伦《塔木德》的权威胜过了巴勒斯坦《塔木德》。诚然，这种无上权威主要适用于伊斯兰教国家，但在10世纪之前也得到了西方犹太人的公认。只是到了10世纪之后，随着犹太流亡者首领之职的废
826 除，[45]西方才摆脱了东方的影响。比如，加洛林时代法兰克人的拉比带来了向一夫一妻制的过渡。在迈蒙尼德[46]与亚设[47]——尽管他们作为理性主义者遭到了正统派拒斥**——的学术论著之后，西班牙犹太人

* Savora，又拼 Sabora，6世纪犹太教学者的称号，他们是继阿摩拉之后出现的第三代犹太教学者，也是巴比伦《塔木德》的定稿人。

** Maimonides（1135—1204），犹太哲学家、法学家和医生，中世纪犹太教最杰出的文化名人。23岁时开始撰写对《密西拿》的评注，历时10年完成。之后又用10年以希伯来文编纂了一部划时代的犹太教法典《密西拿律法书》。1178年开始撰写阿拉伯文的《迷途指津》，耗时15年，对他所说的更理性的犹太教哲学进行了深入辩解，对协调科学、哲学和宗教做出了重大贡献。另有大量其他著作。他的医学著作构成了医药科学史的重要一章。Asher（约1250—1327），塔木德文献主要编纂家。德意志当局开始迫害犹太人时，亚设逃往法国，转赴西班牙，靠拉比阿德雷特支持任托莱多拉比，创办犹太教高级学院。阿德雷特死后，亚设被公认为欧洲犹太人的领袖。1307—1314年编纂了法典《依法断案记》。两者的著述时间均据《不列颠百科全书》，与本章英译者注有出入。

约瑟夫·卡洛*最终也有可能在他的《布就筵席》[48]中创建一套指南，与伊斯兰教的法规论说相比，它非常容易操作，而且简明扼要。实际上，这部著作从那时就取代了《塔木德》释疑解答的权威，并像一部真正的法典一样在阿尔及尔以及欧洲大陆许多地方指导着实践。

塔木德法理学发祥于高度学术化的环境中，而且，在出现了对《密西拿》进行评注的那个时期，它与法律实践的关系要比此前和此后的时期都更加松散。由于这两个因素的作用，它的形式外表极为清晰地表现出神圣律法的典型特征，即纯理论建构但却呆板的决疑术特征，它在纯理性主义解释的狭隘局限内不可能发展成一个真正的体系。它对法律的决疑术升华绝不是微不足道。然而，活的法律和死的法律被完全混合在了一起，法律规范和道德规范之间也毫无区分。

就实质问题而言，塔木德时代就已经从近东，特别是从巴比伦、后来又从希腊化地区和拜占庭的环境中吸收了大量内容。但是犹太法律中与近东地区通行的法律相对应的内容，并非全都是借来的。另一方面，现代理论所认为的资本主义商业最为重要的某些法律制度，比如可向持票人付款的票据制，从内在的角度说，不大可能被犹太人根据自己的法律发明出来然后再被他们引进西方。[49]汉谟拉比时代的巴比伦法律中就已经有了包含持票人条款的票据，唯一的问题在于，它们是允许债务人用来向持票人进行支付以清偿债务的手段，还是可向

---

* Karo（1488—1575），又拼 Caro 或 Qaro，犹太教律法编纂家。西班牙于 1492 年驱逐犹太人，卡洛随父母移居土耳其，1536 年前后又迁往巴勒斯坦塞费德，当时这里是修习《塔木德》的中心。犹太人逃离西班牙后，犹太人中间发生分裂，各国《塔木德》学者歧见纷纭，卡洛乃决意寻求犹太教习俗和律法的统一，为此撰写《约瑟之家》。由于《约瑟之家》内容复杂深奥，卡洛又于 1565 年缩写为简明通俗的《布就筵席》，至今仍被正统派奉为范本。

持票人付款的真正的流通手段。[50]前一种类型的票据亦可见于希腊化地区的法律中。[51]不过这种法律解释不同于西方可向持票人支付的可流通票据（Inhaberurkunden），后者受到了日耳曼概念的影响，即契据是权利的“体现”，因而对于商业化目的来说更有效。[52]另外，证券在西方的前身是源自中世纪早期各种形式的**程序**之特殊需要，而这些
827 程序显然都是理性的程序，正是由于这一事实，现代类型的证券也不大可能滥觞于犹太人。实际上，为可流通性铺平了道路的那些条款，最初根本不是出于商业目的，而是为了程序目的，首先是提供一种手段，以便由一个代表去代替真正的利害关系当事人。[53]任何一项法律制度的引入，至今都没有明确证据可以证明是来自犹太人。[54]

不是在西方，而是在东方地区，犹太法律才对其他民族的法律制度发挥了实际影响。摩西律法的一些重要因素随着基督教化而被吸收进了亚美尼亚人的法律，成了后者进一步发展的组成部分之一。[55]在哈扎尔王国，犹太教成了法定宗教，因而犹太法律也在那里适用，甚至连形式都照搬了过来。[56]最后，俄罗斯人的法律史似乎表明，某些最古老的俄罗斯法律成分，可能就是通过哈扎尔人在犹太教—塔木德律法的影响下发展出来的。[57]这与西方的情形毫无相似之处。尽管某些商业经营形式也不无可能是以犹太人为媒介被引进西方的，但这些形式不可能发源于犹太民族。它们更有可能是叙利亚—拜占庭的制度，或者是希腊化地区的制度，最后，或许是源自巴比伦、通行于东方地区的法律制度。应当记住，在把东方的商业技术引进西方的过程中，至少在古代晚期，犹太人的竞争对手就是叙利亚人。[58]就其形式特性而言，真正的犹太法律本身，特别是犹太人的债法，根本没有适当的环境去发展现代资本主义所需要的那些制度。它相对不受阻碍地

发展出了契约类型的交易，也并没有改变这种状况。

在犹太人家庭及会众的内部生活中，犹太教神圣律法自然发挥着强大的影响，尤其在礼仪方面更是意义重大。那些严格的经济规范要么——像豁免年制度[59]——仅限于在圣地[*]实施（由于拉比的变通，即使在圣地如今也已废除了该制度），要么由于经济制度的变迁而过时，要么像在其他宗教中一样，由于形式主义的敷衍做法而变得无关宏旨。即使在犹太人获得解放之前，神圣律法发挥效力的程度和意义也是因地而异，差别极大。从形式上说，犹太教神圣律法并没有显示出独特性。犹太教神圣律法作为一个特殊的法律体系，一个只有不完全
系统化、不完全理性化的法律体系，一个尽管经过了决疑术的详尽阐 828
述，但是仍然没有逻辑一贯性的法律体系，有着在神圣规范以及祭司和神学法律人对它们所做阐述的支配下发展起来的产物所具有的普遍特征。这本身大概就是一个引人入胜的论题，不过此处没有理由给予特殊关注。

八、教会法

和其他神圣律法相比，**基督教**的教会法处于一种相对特殊的地位。[60]就形式而言，它在许多方面要比其他神圣律法更理性、发达程度更高。此外，它与世俗法律的关系从一开始就是一种相对清晰的二元关系，各自的管辖权也相当明确，划分的方式可以说绝无仅有。这种局面首先应当归因于如下事实：早期的教会在若干世纪中都拒绝与国家

* Holy Land，指巴勒斯坦。

和法律发生任何关系。然而，它的相对理性的性质也是多种原因的产物。我们已经知道［见第六章，（十五）］，当教会发现不得不与世俗当局打交道时，它是求助于斯多葛学派的“自然法”观念——一种理性的观念体系——处理这种关系的。另外，罗马法的理性传统靠的是它自身的行政管理。中世纪之初，西方的教会试图建立自己最初的系统化法律体系——**赎罪规则**（penitentials）——时，则是把日耳曼法律的绝大多数形式成分作为借鉴的模式。[61] 此外，在西方中世纪大学的结构中，神学与世俗法律的教学同教会法是分离的，由此而阻止了在其他地方屡见不鲜的神权统治混合结构的发展。通过古代哲学与法理学而发展起来的法律技术有着严格的逻辑性和专业性，这必然也会影响到对待教会法的态度。教会法学家的群体活动所必须关注的，并非在其他地方几乎随处可见的**释疑解答**和先例，而是公会议决议、官方敕令和法令，最终甚至开始通过蓄意托伪去“创造”这种文献，这在任何其他教会中都是从未发生过的现象。[62] 最后，而且至关重要的是，在早期教会的超凡魅力时代结束之后，教会的法律制定之性质又受到了这一事实的影响：教会官员都是理性规定的官僚化职务的任职者。这种概
829 念的形成是教会组织的独特特点，也是与古典时期相联系的结果，虽然由于中世纪初期封建因素的介入而暂时中断，但在教皇格利高里时代［11 世纪末］又得以恢复并达到全盛。因此，西方的教会在这个方向上比任何其他宗教共同体都走得更远，即通过理性制定法律而立法。教会严格理性的等级制组织也使它有可能发布普遍性教令，据此，有些经济上的负担和不切实际的规定，比如高利贷禁令，可以被视为永久或暂时废弃［见第六章，（十二）］。确实，教会法在许多方面很难避免典型的神圣律法的一般模式，即实体法立法目标和道德目标混合在

一起，形式上具有规范的相应要素，同时又缺乏精确性。但是，它却比任何其他神圣律法体系都更加强烈地以严格讲究形式的法律技术为取向。与伊斯兰教和犹太教的法律制度不同，它并不是通过释疑解答的法学家的活动发展起来的。此外，由于《新约》的末世论要求退出尘世生活，因而基督教的圣经也就仅仅包含了具有最低限度形式约束力的礼仪或法律性质的规范，从而为纯理性的制定颁布法律留出了极为宽松的通道。能够同**伊斯兰教教法说明官**、**拉比**、**加昂**相提并论的角色，也只有忏悔神甫、反宗教改革的 directeurs de l'âme[63] 以及老式新教教会的某些牧师。这种决疑术的牧师于是便适时产生出了与塔木德只有极少相似之处的作品，特别是在天主教的领域。[64] 但是，一切都处在罗马教廷中央机构的监督之下，社会伦理的约束性规范一般也只有通过它们极富弹性的教令才能得到阐发。这样，神圣律法和世俗法律之间便出现了一种独一无二的关系：教会法实际上成了世俗法律沿着合理性道路发展的指南之一。这里相当决定性的因素就是那种独一无二的、作为一种理性机构（Anstalt）的天主教教会组织。就法律的内容而言，除了收回恃强占有物诉讼（*actio spolii*）[65] 和占有权诉讼简易程序（*possessorium summariissimum*）[66] 之类的细节以外，教会法最重要的贡献就是对非正式契约的承认，[67] 推动了人们关心通过遗嘱自由而虔诚捐赠，[68] 并且形成了教会法的法人概念。我们已经知道 [见（二），六]，教会实际上就是最早的法律意义上的“公共机构”，由此，作为法人的公共组织也才有了法律建构的出发点。就实体法性质的私法，特别是就商法而言，教会法对世俗法律的直接实践意义，因时代变迁而变 830
化极大，不过大体上说，在中世纪比较微弱。古代教会法即便迟至查士丁尼时代，也无法做到从法律上废除自由离婚，[69] 而且什么样的案件应当提交给宗教法庭也始终是个完全可以自由裁量的问题。教会法和其他神权统治下的所有法律制度一样，理论上也是要求对所有生活行为进行全面的实质性调节，但在西方，它对法律技术相对来说并未产生有害影响，原因在于，教会法在罗马法那里看到了一个世俗竞争者，后者在形式上已经达到了不同寻常的完备程度，而且在历史进程中业已成为通行于尘世的法律。早期的教会曾把罗马帝国及其法律看作最终的、永恒的现象。在教会法试图扩张地盘时，总是会遭遇包括意大利诸城市在内的各地资产阶级经济利益集团的抵制，这种抵制有力而卓有成效，以致教皇本人也不得不和他们结成联盟。我们可以看到，日耳曼和意大利的市政法规，以及意大利的行会法规，都有规定要严厉惩罚向教会法庭提起诉讼的市民；我们还可以看到一些具有讽刺意味的规定几乎会令人惊讶不已，比如由行会总付一笔款项即可免除因“高利贷”而可能招致的宗教制裁。[70] 此外，理性组织起来的律师公会以及各等级的大会有着相同物质的与观念的阶级利益，尤其是律师公会的这种利益，使它们像（在一定程度上）反对罗马法那样反对教会法。除了少数制度以外，教会法主要是在程序领域发挥影响。与建立在对抗制诉讼程序原则基础上的世俗程序的形式主义举证相比，一切神权统治的司法都是在追求实质真相而不是形式真相，这在很早的时候便产生了一种理性但又特别实质性的调查程序技术。[71] 神权统治的司法行政不可能把发现真相留给诉讼当事人的任意自由裁量去做，充其量只能让它去终止某个错误，它必须 ex officio（以官方名义）这样做，并建立一个举证制度，显得能够提供认定事实真相的最大可能性。因此，教会法在西方世界发展出了预审程序，随后即被世俗的刑事法庭所采纳。[72] 有关实体性教会法的冲突后来变成了一个实际上的政治问题。

它至今犹存的权利主张不再涉及具有实际经济意义的领域。

早期拜占庭时代结束之后，**东派**教会的局面开始类似于伊斯兰教
的情形，因为那里既没有一个永无谬误的代理人去解释教义，也没有 831
公会议的立法。差别仅仅在于，与苏丹国家同阿拔斯哈里发统治分离后的东方苏丹们[73]发出的声音相比，甚或与哈里发统治从穆塔瓦基勒转至苏丹谢里姆之后土耳其苏丹[74]有效发出的声音相比，更何况与波斯国王对其什叶派臣民那种不确定的正当性[75]相比，拜占庭君主提出的政教合一要求实际上更加强烈而已。*所以，不论后来的拜占庭人还

* “与苏丹国家同阿拔斯哈里发……更加强烈而已”一段所涉及的有关史实可概述如下：阿拔斯王朝，穆斯林哈里发帝国两大王朝的第二个王朝，从艾布·阿拔斯750年推翻第一个王朝倭马亚王朝成为第一代阿拔斯王朝哈里发始，历四代哈里发、近百年经营，帝国威望与实力大增。但它一开始就不像倭马亚王朝那样集中注意力于西部方向，即北非、地中海和南欧，而是向东方扩展并迁都至巴格达新城，密切关注波斯与河间地带的动向。因而在哈里发帝国中，阿拔斯王朝首次未能囊括伊斯兰教的所有地区，导致埃及、北非、西班牙以及其他一些地方纷纷建立本地王朝，自称哈里发。由于皈依伊斯兰教的波斯人是阿拔斯王朝的主要支柱，王朝自然采用了波斯人（萨珊王朝）的许多传统治理办法；但因同样得到了虔诚的伊斯兰教徒的支持，故而也公开承认初期的伊斯兰法，宣称以伊斯兰宗教为王朝法律的基础。到哈里发穆阿台绥姆招募非穆斯林的柏柏尔人、斯拉夫人，尤其是突厥人等雇佣兵为其亲兵时，新军队的军官很快学会了用暗杀不从他们要求的哈里发以控制帝国，王朝势力开始趋于衰落，通过宗教维系帝国统一的基础不复存在。945年伊朗的白益人进入巴格达，要求哈里发穆斯泰克菲承认他们是所占领土的唯一统治者。此后百年间，帝国大部分领土即为当地非伊斯兰教王朝管辖。其中迦色尼王朝的统治者马哈茂德（998—1030年在位）成为自称“苏丹”的第一个穆斯林统治者。1055年塞尔柱人推翻阿拔斯王朝，在塞尔柱王朝统治下的安纳托利亚和伊朗，苏丹是统治者常用的称号，此后哈里发经常将此称号授予各地统治者。阿拔斯王朝不久又恢复了帝国权威，勉力维持了几代哈里发的统治之后，1258年蒙古人围攻巴格达，王朝覆灭。韦伯这里提到“哈里发统治从穆塔瓦基勒转至苏丹谢里姆”，从行文的语意上看，似代指阿拔斯王朝对伊斯兰世界的统治被奥斯曼帝国所接替。穆塔瓦基勒（Mutawakkil，822—861），阿拔斯王朝哈里发，847年继位，坚持伊斯兰教正统立场，开始迫害所有非正统或非穆斯林派别，拆除巴格达的犹太教会堂和基督教堂，恢复并且更加严厉地执行基督教徒和犹太教徒必须穿着特殊服装的旧法令，夷平什叶派殉教者侯赛因·伊木·阿里祠。其长子穆恩塔西尔因害怕失去继承权，教唆土耳其军人将其暗杀。（转下页）

是俄罗斯人或者其他政教合一的统治者，都没有声称要创设新的神圣律法，故而也根本没有为此目的建立什么机关，甚至没有伊斯兰教类型的法律学派。结果，东派的教会法便一直囿于原初的范围之内，始终保持着极端稳定状态，但同时对经济生活也毫无影响。

注　释

1　ius honoraium，行政司法官创制的法律，是对包含在正式法律或者古代传统中的市民法的增补或修订。

2　参阅 Plucknett，82 *et seq.*；*Association of American Law Schools*，*Select Essays in Anglo-American Legal History*（1908）367。

3　如果确认事实被认为主要是法官的任务，这时的民事或刑事法律程序就被称为纠问式程序；所谓对抗制诉讼程序则是期望真正的事实出现在当事各方的陈述和举证中而无需法官的积极合作。教会在中世纪晚期首先开始抛弃占主导地位的日耳曼法律对抗制诉讼程序，它的榜样影响了整个西欧诉讼程序的发展。

4　关于罗马人对 ius 与 fas 的区分，见 Jolowicz，*op. cit.* 86 *et seq.*；Mitteis 22—30 以及该处列举的文献。关于巴洛克时期这两个术语的用法，见 Blackstone Ⅲ，2。

5　即欧洲大陆的程序理论，指 19、20 世纪法典编纂带来改革之前在大陆通行的诉讼程序。但在这里和以下句子中，韦伯也谈到了当代大陆的诉讼程序，正如将要看到的那样，它与英美的诉讼程序并无根本差异。

6　韦伯曾预见到已经表现出以牺牲对抗制原则为代价强化纠问式程序这一明确趋势的现代极权主义国家会出现诉讼程序改革。参阅 Plosowe，*Purging Italian Criminal Justice*

（接上页）苏丹谢里姆即奥斯曼帝国第十代苏丹，谢里姆一世（Selim I，1470—1520），1512 年继位，之后南征北战，最终控制了除伊朗和美索不达米亚以外的整个阿拉伯世界，帝国领土增加一倍以上，1517 年，麦加的谢里夫向谢里姆奉献了圣城的钥匙，表示承认谢里姆是伊斯兰世界的领袖。奥斯曼土耳其人奉逊尼派教义，本与伊朗人同宗，但自伊朗伊斯梅尔一世起，双方便开始了长达几百年的矛盾纠葛。伊斯梅尔一世（Ismail I，1487—1524），14 岁时继承父职成为克孜勒巴什的什叶派首领，很快在伊朗西北部建立了根据地，1501 年占领大不里士，自立为伊朗国王，是为萨非王朝缔造者，经过一系列征战，终将现伊朗全部和伊拉克一部置于自己统治之下，并将伊朗由逊尼派改宗什叶派，故此韦伯才有“波斯国王对其什叶派臣民那种不确定的正当性”之说。

of Fascism (1945), 45 Col. L. Rev. 240；Berman，*Justice in Russia* 207；Eberhard Schmidt，*Einführung in die Geschichte der deutschen Strafrechtspflege* (1947) 406； 另见 Schoenke，*Zivilprozessrecht* (6th ed. 1949) 25；H. Schroeder，*Die Herrschaft der Parteien im Zivilprozess* (1943)，16 *Annuario didiritto comparato* 168。

7 显然，韦伯这里指的是雅典民主制而不是现代西方类型的民主制。

8 腓特烈大帝试图插手一桩私人诉讼的著名事例。

1779 年，一个卑微的磨坊主阿诺德，因不支付地租而被他的地主、一个男爵赶了出去。阿诺德求助于这位国王，国王命令法庭撤销判决并把磨坊交还阿诺德。法官们拒绝做出"这种有背法律"的判决。在他们继续"顽固"拒绝国王一再愤怒发出的命令之后，国王要求最高法院把他们投入监狱。但最高法院法官宣布，这种做法为法律所不容，于是国王下令把他们和那些下级法院法官一起逮捕并判处他们一年监禁、撤销他们职务，向阿诺德支付损害赔偿。这位国王的继承人腓特烈·威廉二世当政后发布的第一批法令之一，就是恢复这些法官的职务，由国库给予他们损害赔偿。见 W. Jellinek，*Verwaltungsrecht* 85 以及该处引用的文献；英文本的叙事，见 I. Husik of R. Stammler 译，*The Theory of Justice* (1925) 243 *et seq*。 832

9 参阅 A. Mendelssohn-Bartholdy，*Imperium des Richters* (1908)。这里指的是早期情况，那时罗马处于贵族支配之下，他们完全支配着司法行政，直到他们的权力在与平民的长期斗争中被摧毁。参阅 Mommsen，*History of Rome* (Dickson's tr. 1900) 341—369；Jolowicz 7—12。

10 参阅 I. Sanford，*Studies and Illustrations of the Great Rebellion* (1858)；P. A. Gooch，*English Democratic Ideas in the Seventeenth Century* (2nd ed. 1927) 308；Holdsworth 412。

11 在反对贵族支配的斗争中，平民曾迫使贵族同意任命一个委员会把法律形成文字，使之广为传播，这是平民取得的最重要成就之一。该委员会的工作成果就是《十二铜表法》，据李维说（Ⅲ，9 *et seq.*）在公元前 450/449 年颁布，它在若干世纪中都是罗马市民法的基础。

12 Prozessinstruktion 系日耳曼程序理论的一个专门术语，指的是这样一些人的作用与活动：他们控制着民事与刑事诉讼的过程并指导它按照不得不遵循的方向发展。在本文提到的程序类型中，Prozessinstruktion 被授予了某个官员或当权者，由他主持审判，至少是主持阐明争端的那部分审判，但不是由他亲自做出终审判决。主要例证是**罗马行政司法官**的角色，他要主持**法律审**诉讼（proceedings in iure），这是一个在他的积极参与下陈述法律或事实争议的程式，争议必须由行政司法官任命的**审判员**（iudex）在**裁判审**（in iudicio）中做出裁决。

另一个范例是平民大会，尤其是日耳曼类型的平民大会，主持大会的可能是王公或其代表，也可能是另外某个权威人士，最终由大会的全体或某一部分成员做出裁决（见 iii，六）。**罗马行政司法官**或者日耳曼王公等等拥有 Banngewalt（强制权），即有权传唤当事人到庭宣布剥夺公民权或者没收财产。

13 见 Westermarck，*History of Human Marriage* c. XIX；Freud，*Totem and Taboo* (Brill transl. 1927) c. I；Fortune，R.，Incest，7 Encyc. Soc. Sci. 620 以及该处引用的更多文献。

14 关于教会在坚持或恢复遗嘱自由原则中的作用，见 Pollock and Maitland II，349；Holdsworth III，536，541 *et seq.*。

15 韦伯这里显然是采用了 Jhering 263 的说法。相反，Mitteis 23，n. 2 则指出了一个“众
833 所周知”的事实：“在罗马人的私生活中，订约誓言仅仅用于不存在法律强制的场合。”米泰斯直言不讳地谈到了耶林的观点：“对罗马世俗法律中的宗教成分的这种看法一度遭到了严重滥用。”（op. cit. 24，n. 4）但这类看法在后来又再度流行，甚至更有过之，见 Hägerstrom，*Der römische Obligationsbegriff*（1927）以及 *Das magistratische Ius im Zusammenhang mit dem röm. Sakralrecht*（1929）。

16 见 Jhering I，*et seq.*。晚近的一项研究对于把 fas 一词用于指称罗马的神圣律法是否妥当提出了疑问。参阅 Jors and Kunkel 19，n. 2：“在现代文献中，ius 与 fas 的区别一般都被认为就是世俗法律和神圣律法的区别。但这种用法与罗马人的用法不符。最初，fas 指的是诸神随意留下来的领域，其中包括生活中那些十分特殊的方面，世俗法律也能对其发生效力。到西塞罗时代，fas 的用法往往就带上了深刻的伦理含义，它意味着得到了宗教上的**允许**，而 ius 则意味着**被命令**。然而，即使在这个意义上，fas 也并不意味着是一种与 ius 这个人为的秩序相对的宗教道德秩序。这种观念在基督教之前并没有出现。它甚至更不意味着是关于宗教礼仪以及类似问题的复杂规则。这些规则作为神圣律法（ius sacrum）或者祭司法（ius pontificium）都属于 ius。fas 的含义的发展大体上与希腊的 ὅσιον 一词是平行的；参阅 Wilamowitz，*Platon* 1. 61；Latte，*Heiliges Recht* 55 n. 16。”另请参阅注 4。

17 关于占卜官团体（College of Augurs）及其干预权（interventio），见 Jhering I，329 *et seq.*。关于阿雷奥帕古斯的权力被废除，“据亚里士多德说，是在大约公元前 458 年根据一项政令进行的，据此，阿雷奥帕古斯遭到了‘肢解’，它的许多世袭权利被废除”（Arist. Pol. ii 9；Cic.，De Nat. Deor. ii 29；De Rep. i 27），见 W. Smith，*Dictionary of Greek and Roman Antiquities*（1848）128。

18 韦伯对于宗教和法律之间关系的论述，与流行的观点，特别是与米泰斯表达的观点相类似。Hagerstrom，*op. cit. supra* n. 15 认为巫术—宗教观念对于罗马法的发展有着更密切的关系和更深远的影响；关于这个问题的更多文献，见 Jors and Kunkel 4，n. 3，393。

19 关于印度的法律，见 Vesey-Fitzgerald in 9 Encyc. Soc. Sci. 257 以及该处引用的文献；韦伯似乎主要是利用了 Jolly 文章，载 *Bühler's Grundriss der Indoarischen Philologie*（1886；Engl. transl. by Ghosh，Calcutta，1928）及 *the Digest of Hindu Law by West and Bühler*（Bombay，1867/69）。参阅 *Weber's Gesammelte Aufsätze zur Religionssoziologie*（2nd ed. 1923）的脚注，*Hinduismus und Buddhismus* II，2。他似乎也很熟悉 Kohler and Wenger 102—130 的那些段落，以及 Sir Henry Maine：*Ancient Law*；*Village Communities*；*Early History of Institutions*；*Early Law and Custom*。

20 韦伯这里使用了古老的日耳曼箴言：“Willkür bricht Landrecht”（自由裁量高于一般法），正如（二），五所示，它意味着在中世纪晚期和现代之初的若干世纪，某些群体的习惯法或专门创设的法律高于一般的国内法。只有在认为印度的法律不可能按照日耳曼

Landrecht（一般法）的意义被严格称为任何特殊地域的法律而是信徒的法律时，才能与日耳曼的这种事态相提并论，而信徒的法律在并没有与其他法律体系发生竞争时，834
就是说，在伊斯兰教入侵之前的时期，则完全被视为唯一的法律。

21 见（二），二（4b）。

22 关于受佛教影响的国家的法律，见 Vesey-Fitzgerald，*loc. cit.* in sec. iv，n. 24；另见 *Burge's Commentaries on Colonial and Foreign Law*（ed. 1908—1914），6 vols。载于 1 Schlegelberger，*Rechtsvergl. Handwörterbuch*（1929）的以下文章论述了这些国家的现代法律制度，认为佛教传统仍在它们那里发挥着重大影响，尽管程度各有不同：W. Trittel，*Siam* 470；H. Mundell，*Malaiische Staaten* 417；H. Solus，*Die französischen Besitzungen und Kolonien* 535，553（Cambodia）；F. Grobbs，*Britisch Indien* 319—328；324—325（Burma）。锡兰的佛教法律在 18 世纪大都已被罗马—荷兰法律所取代。见 Lee，*Introduction to Roman-Dutch Law*（1925）；Pereira，*Laws of Ceylon*（1913）；J. Kohler，*Rechtsvergleichende Studien*（1889）211 *et seq.*，251。

23 韦伯在他论述儒教与道教伦理的论文导言中列举了他所利用的有关中国的主要文献［1 *Gesammelte Aufsätze zur Religionssoziologie*（3rd ed. 1934）276；tr. By H. Gerth，s. t. *The Religion of China*（1951）］。他在该书 p. 391 *et seq.* 以及 436 *et seq.* 专门讨论了中国的法律。显然，韦伯利用了 Kohler and Wenger（pp. 138 *et seq.*）论中国法律的那一章以及 p. 153 列举的文献。关于中国法律的更进一步取向，见 Escarra，*Chinese law*，9 Encyc. Soc. Sci. 249 以及 p. 266 列举的文献；Betz and Lautenschlager，*China*，in 1 Schlegelberger's Rechtsvergl. *Handwörterbuch* 328 以及 pp. 389—391 列举的文献；另见 Buenger，*Quellen zur Rechtsgeschichte der T'ang Zeit*（1949）；C. H. Peake，*Recent Studies on Chinese Law*（1937）。当然，韦伯对于革命前的中国法律的观察是有局限性的。

24 关于伊斯兰教法律也接受了罗马或希腊化观念与制度的理论，最近受到了言之成理的反对，见 R. Vesey-Fitezgerald，*Alleged Debt of Islamic to Roman Law*（1951）in 67 L. Q. Rev. 81；参阅 Schacht，*Origins of Islamic Jurisprudence*（1951）及 *Foreign Elements in Ancient Islamic Law*（1950），32 Comp. Leg. 9。

25 倭马亚（661—750），继穆罕默德的至交（阿布·伯克尔、奥马尔、奥斯曼和阿里）之后哈里发统治地区的阿拉伯王朝，领导阿拉伯伊斯兰世界扩张到亚美尼亚、伊朗、阿富汗、印度地区、北非和西班牙；革命性的继承者，定都于巴格达的阿拔斯王朝（750—1258），则标志着波斯成分的崛起以及阿拉伯征服者与东方臣民的融合。参阅 H. C. Becker，载 2 *Cambridge Medieval History*（1913）355—364。萨珊王朝（226—641）是阿拉伯征服之前的最后一个波斯王朝。

26 coge intrare（强制入教），要求对异教徒进行正当强制，尤为奥古斯丁反对多纳图派时所强调（Epist. 185，ad Bonifacium，a. d. 417），他认为教会有权利也有义务把成员资格强加于人，甚至强迫不愿入教者服从。作为权威，他引用了大筵席的比喻（见《新约·路加福音》，14：23），在那里，主人吩咐仆人，不管他遇到谁，都要“勉强人进来”（coge intrare）。见 Schaff，*History of the Christian Church*（1886）144。布鲁诺·冯·奎尔福特（Bruno von Querfurt）1009 年鼓动十字军东征，强迫穆斯林和其他异教徒皈依基督教时，似乎也是利用了这个论点，参阅 Erdmann，*Die Entstehung des Kreuzzugsgedankens*（1935）97。

27 存疑，见注 24。

835 28 作于凯末尔的政教分离之前；现状可见 1924 年 4 月 20 日《宪法》和 1926 年 10 月 4 日《民法典》，后者大体上可以说是 1907 年瑞士《民法典》的翻版。

29 韦伯此说已不符现状。关于伊斯兰法律教育改革的近况，见 A. Sekaly，*La réorganisation de l'Université d'El-Azhar*（1936），10，*Révue des etudes Islamiques* 1。

30 Fetwa，法学家就具体案件发表的看法，大体类似于罗马法学家的释疑解答，参阅（四），三。

31 韦伯此说也见于他的 *History* 258，似乎是基于 Josef Kohler 的著作，尤其是 Kohler and Wenger 97 ; *Die Islamlehre vom Rechtsmissbrauch* 29 Z. f. v. R. 432—444，and *Moderne Rechtsfragen bei islamitischen Juristen. Ein Beitrag zu ihrer Lösung*（1885）。但请比较 Goldschmidt 98，99，246，250 的谨慎说法；另见 *Ursprünge des Mäklerrechts, insbesondere sensal*（1882），28 Z. f. ges. Handelsrecht 115。

P. Rehme，*Geschichte des Handelsrechts* in 1 *Ehrenberg Handbuch des gesamten Handelsrechts*（1913）95 则坚决否认了伊斯兰教的任何影响。["Was das Verhältnis des islamitischen Rechtes zu den romanischen anlangt，so ist festzustellen : bisher ist noch für keinen Punkt der Nachweis einer Einwirkung jenes auf dieses erbracht worden."（就伊斯兰法律和罗马法的关系而言，很明显，迄今为止尚无任何证据表明前者对后者产生过影响。）] 另见 pp. 98. 99. 102. 108。除了以上提到的权威著作，也请比较 contractus mohatrae（Arabic khatar），Cohn，*Die Kreditgeschäfte* in 3 Endemann，*Handbuch des deutschen Handels- ; See- und Wechselrechts*（1885）846 ; 2 Windscheid，*Lehrbuch des Pandektenrechts*（1900）73 ；关于可流通票据，参阅 Grasshoff，*Das Wechselrecht der Araber*（1899）; Rehme，loc. cit. 95 ; Kohler，*Islamrecht* in 17 Z. f. v. R. 207。

32 见（二），五，以及（三），二。

33 韦伯利用的主要资料大概是来自 Kohler，见 Kohler and Wenger 130 以及那里和 p. 153 引用的文献。关于现代波斯法律，见 Greenfield 的文章，载 1 Schlegelberger，*op. cit.*，427。

34 imâm（伊玛目）一词一般的用法仅指教师，但在什叶派传统中却有着特殊含义，指的是全体穆斯林的精神与世俗首领。第一个伊玛目是穆罕默德的女婿阿里。只有阿里的后代才能成为他的继任者。阿里被谋杀后接任哈里发的倭马亚被什叶派视为篡位者，但什叶派内部也在阿里后裔的几个分支究竟谁具有真正的超凡魅力问题上产生了分歧。所有人都同意，他们公认的最后一个正统的伊玛目已经超然于尘世之外，已经作为"不可见的伊玛目"而隐遁了，他将在世界末日之前作为**马赫迪**（mahdi）再现于世，把世界从所有罪恶中拯救出来并建立他的和平与正义王国。某些杰出的贤哲被认为与这位不可见的伊玛目有着个人联系并从他那里得到启示。参阅 Goldziher，*op. cit.* 213 *et seq.*。

35 参阅 Solus，载 1 Schlegelberger，*op. cit.* 545。

36 在韦伯论述犹太教的著作中，他并没有讨论到希伯来的律法。韦伯可能很熟悉 Kohler

and Wenger 151/152 以及 p. 264 列举的犹太教律法文献；更多资料可见 Gulak，*Jewish Law*，9 Encyc. Soc. Sci. 219 以及该处引用的文献；另见 D. Daube，*The Civil Law of the Mischanah*（1944），18 Tulane L. Rev. 351。

37 Urim 与 Thummim 似乎是附在祭司长胸铠上的物件（《出埃及记》，28：30），用来就一些对全会众具有重要意义的问题求问神意（《民数记》，27：31）。在王政末期消失不见（《伊斯拉记》，2：63）。 836

38 关于以色列人的占卜和先知预言，见 AJ 112 *et seq.*，179 *et seq.*，281 *et seq*。

39 关于法利赛人的社会学地位与作用，韦伯在 AJ 401 *et seq.* 中表明了自己的看法。

40 巴勒斯坦《塔木德》与巴比伦《塔木德》约成书于公元前 5 世纪末。

41 见《申命记》25：5—10；一个男人死时没有留下男性后代，其未亡人就不得嫁给外人，而是嫁给死者的一个兄弟为妻，他们的长子出生后即可继承死者的姓名与财产。参阅 Cohon,*Levirate Marriage* in Ferm's Encyc. Of Religion（1945）441 以及该处引用的文献。

42 Tannaim（坦拿，阿拉姆语），公元最初两个世纪的犹太教学者。

43 较早层次的塔木德经籍。

44 学者的惯例，每年在巴比伦的学院居留两次；见 2 Levy，*Talmud Wörterbuch* 331。

45 公元 942 年，Exilarch（行政与司法长官）David ben Zakkai 与哲学家 Saadia ben Joseph al-Fayyumi 发生内争之后，David 的两个继任者均为穆斯林暗杀。3 Grabtz，*History of the Jews*（3rd ed.）201。

46 迈蒙尼德，1135（1139？）—1204，中世纪最著名的犹太教哲学家，先后生活于西班牙和北非；见 Guttmann in 10 Encyc. Soc. Sci. 48，迈蒙尼德的法律论著 *Mischnah torah or Yad-hachazakah* 完成于 1180 年；英译本见 Rabinowitz，*The Code of Maimonides*，book 13，*The Book of Civil Laws*（1949）。

47 Jacob ben Asher，生于德意志，死于西班牙托莱多，其法律论著 *Turim* 写作于 1327—1340 年间。参阅 7 Graetz，*loc. cit.*（3rd ed.）298。

48 卡洛，1488—1575；见 Ginzberg in 3 Jew. Encyc. 583；also B. Cohen，*The Shulhan Aruk as Guide for Religious Practice Today*（1941）。

49 韦伯这里的行文似乎是参考了维尔纳·桑巴特（Werner Sombart），后者在 *The Jews and Modern Capitalism* 一书中认为，推动了现代商业生活的这部商业机器中，有许多细部都是犹太人发明的或者是与别人共同完善的，这在赋予资本主义组织以独特特征方面发挥了关键作用（p. 11）。然而，桑巴特在详细讨论这些所谓的犹太人成就时却又明确说道："很难，大概也不可能用文献证据来证明他们的作用。"（p. 63）桑巴特的泛泛假设很容易为纳粹党人的文献所接受。关于犹太教律法的影响问题，另见 Kuntze，*Die Lehre von den Inhaberpapieren*（1857）48，他在那里讨论了古代和后来犹太教律法的某些制度，但对它们是否影响了西方的发展则表示怀疑。

50 参阅 Kohler，*Preiser*，*and Ungnad*，*Hammurabi's Gesetz* I，117，Ⅲ，237；Schorr，*Altbabylonische Rechtsurkunden*（1913）88。

51 参阅 Freundt，*Wertpapiere im antiken und mittelalterlichen Recht*（1910）以及 Joseph Partsch（1911）70 Z. f. Handelsr. 437 对该书的批评讨论。

52 参阅 Brunner，*Carta and Notitia*，*Ein Beitrag zur Geschichte der germanischen Urkunde*，in *Commentationes philologae in honorem Theodori Mommseni*（1877）570，repr. 1 Abh. 458。

53 韦伯这里参照的是 Brunner，*Beiträge zur Geschichte und Dogmatik der Wertpapiere*
837 （1877/78），Z. f. Handelsr. XXII，87，518；XXIII，225；repr. *Forschungen zur Geschichte des deutschen u. französischen Rechts*（1894）；and *Das französische Inhaberpapier des Mittelalters*，in *Festschrift für Thöl*（1879）7；repr，1 Abh. 487。

54 参阅 Goldschmidt III。

55 参阅 Kohler，*Das Recht der Armenier*（1887），7 Z. f. vgl. *Rechtsw.* 385，396，但没有任何证据。

56 哈扎尔人，北高加索草原民族之一，曾在黑海与里海之间建立帝国，8—9 世纪达到鼎盛，拒绝向基督教的拜占庭和伊斯兰教的哈里发让步，约在公元 740 年接受犹太人的宗教，犹太人被赶出拜占庭帝国并在哈扎尔人那里找到了避难所。然而，犹太教律法并没有成为哈扎尔帝国的一般法，而只是那些宣誓接受犹太教信仰者的律法。随着 9 世纪末斯堪的纳维亚统治者（瓦朗吉亚人）到达基辅，哈扎尔帝国的幅员迅速萎缩，最终被基辅的 Svjatoslav（964—972）毁灭。见 Kadlec，载 4 *Cambridge Medieval History* 187。

57 韦伯的资料来源似乎是 S. Eisenstadt，*Über altrussische Rechtsdenkmäler*（1911），26 Z. f. vgl. R. 157，但那里仅止于简要的推测。

58 关于叙利亚人在古代晚期的作用，见 Scheffer-Boychorst，*Zur Geschichte der Syrer im Abendlande*，6 *Mitteilungen für österreichische Geschichtsforschung* 521；Mommsen，*Römische Geschichte* 467。

59 Sabbatical year（豁免年）:《圣经》规定（《利未记》，25：1—25；《申命记》，15：2），每 7 年一次要取消债务、解放奴隶、归还抵押品、土地休耕、把所有非栽培的生长物都留给穷人和外邦人。这些规则在多大程度上得到了践行并无定论，随着法庭代索（Prosbol）的出现——传统上认为这是希勒尔（Hillel，30 B. C. -A. D. 10）的创造，它们全都变得毫无意义了，由此，债务人可以伪称向法庭，而不是向债权人本人还债。根据这种伪造的圣经权威，一笔债务就被认为不受圣经戒律的影响。参阅 Greenstone，10 Jewish Encycl. 219。

60 到目前为止还没有关于教会法的综合性历史著述；至于简明概述，见 Hazeltine，3 Encyc. Soc. Sci，179 以及 p. 185 的参考书目。

61 参阅 J. T. McNeill and H. M. Gamer，*Medieval Handbooks of Penance*（1938）。

62 最著名的事例就是《君士坦丁惠赐书》（Donation of Constantine）和《伪伊西多尔教令集》（Pseudo-Isidorean Decretals）。前者大概伪造于 8 世纪中叶到末期的罗马，据说是君士坦丁大帝为感激教皇西尔维斯特劝化信奉基督教而授予教皇及其历代继任者凌驾于其他所有大牧首之上的精神地位，以及对罗马、意大利和帝国整个西部地区的世俗支配权。*Consitutum Constantini* 一直被中世纪的历任教皇作为要求对罗马城享有普遍的精神霸权和世俗统治权的依据之一，包括在 9 世纪的一部伪造的教令集里面，据说该教令集为塞维利亚的伊西多尔所作，传说他是一部 7 世纪的西班牙教令集的作者。

托伪者的主要目的就是强化主教在教会中的权力和反对国家。《君士坦丁惠赐书》和《伪伊西多尔教令集》都被公认为是6世纪人文主义学者的伪造品。参阅7 Encyc. Brit. 127，524，那里附有众多参考书目。

63 精神顾问，尤指7—8世纪法国王室和贵族的精神顾问。 838

64 这里指的是7—8世纪忏悔实践和道德神学的决疑术手册，多半源出耶稣会和至圣救主会，最著名的是圣阿方索·利古奥里（St. Alfonso dei Liguori）的Homo Apostolicus，出版于1753—1755年。

65 actio spolii，最初见于《伪伊西多尔教令集》，指一个被撤职的主教通过这种诉讼可以要求复职而无需证明他的权利；后来，根据教皇英诺森三世1215年的一项法令，这种诉讼成了迅速恢复占有权的诉讼，被强行驱逐的占有者以及任何因被驱逐而利益受损的其他人等，均可提起诉讼。参阅Engelmann and Millar 581。

66 Summariissimum：极为快速的简易诉讼程序，排斥没有直接证据支持的抗辩。在简易程序中做出的判决都是临时判决，并要服从summarium或ordinaium的复查；参阅Engelmann and Millar。教会法诉讼的简易程序促进了世俗法院简易诉讼程序的发展。

67 Ames，*History of Parol Contracts Prior to Assumpsit*（1895）8 Harv. L. Rev. 252；repr. Ass. Of Amer. Law Schools，*Selected Essays on Anglo-American Legal Hist.*（1909）Ⅲ，304；Pollock and Maitland Ⅱ，184.

68 Pollock and Maitland Ⅱ，331；Holdsworth Ⅲ，534；R. Caillemer，*The Executor in England and on the Continent*，Ass. of Amer. Law Schools，*Selected Essays on Anglo-American Legal History* Ⅲ，746.

69 公元527—565年。在《查士丁尼法典》中，关于离婚的内容主要见于Digest 24. 2。

70 韦伯此说的文献出处不可考。唯一能找到的资料见于1252年意大利布雷西亚的一项法规，见Kohler，*Das Strafrecht der italienischen Statuten*（1897）I，592，另外就是1420年的里雅斯特的一项法规，见Del Giudice in 6 Pertile，Storia del diritto Italiano（1900）Part I，p. 82，n. 35。前者威胁说，任何人若求助于教会法庭干预该城市宣布允许收取的利息，都将遭到严厉惩罚。后者则禁止债务人在偿付已有协议的全部债务——显然也包括利息——之前求助于教会法庭。参阅Lastig，*Entwicklungswege und Quellen des Handelsrechts*（1877）§§14—17；34—37；以及同一作者的*Beiträge zur Geschichte des Handelsrechts*（1848）23 Z. f. Handelsr. 138，142。

71 见v，一。

72 见A. Esmein，*History of Continental Criminal Procedure*（transl. By Simpson，1913）78。

73 1258年，巴格达的末代哈里发穆斯台绥木（Musta'sim）被成吉思汗之孙旭烈兀（Hulagu）击败并废黜。

74 在被蒙古人击败之后，阿拔斯王朝继续在埃及维持着虚弱的统治，直到1517年那个国家被土耳其苏丹谢里姆征服。

75 随着公元637年萨珊王朝的覆灭和阿拉伯人的征服，异族统治下的波斯人直到1405年的什叶派萨非王朝才重建了一个民族国家。根据当时公认的官方教义，波斯国王就是“不可见的伊玛目”的代表。

839 ## （六）统治权与家产制君主的法律制定：法典编纂*

一、统治权

对旧式民间司法行政的形式主义和无理性主义进行干预的第二种威权主义力量，就是诸侯、司法行政官和官员的统治权。诸侯可以为他的私人扈从、他自己的下属官员——特别是他的军队——创设特别法。我们这里并不讨论这种特别法，尽管它们的重大意义至今仍在延续。[1]这些法律创设在过去曾经导致了极为重要的特别法结构，比如庇护人与被庇护人、主人与仆人、领主与封臣的法律，它们在古代及中世纪都不受一般法或普通法以及普通法院管辖权的控制，而且以各种复杂方式与一般法有别。尽管这些现象具有重大的政治意义，但是它们本身并没有自己的形式结构。按照法律制度的一般性质，这些特别法的结构一方面受制于神圣规范，另一方面也受制于惯例规则，比如中世纪的庇护人与被庇护人法；或者它们会具有身份群体的性质，

* 法典编纂（codification）是西方法律发展史上的重要概念，指对具有独特法律制度的某一地域的全部法律或其某些独特分支——如刑法或继承法——逐字进行的系统阐述，以取代法典所涉及的领域中通过判例或制定法而形成的所有现行法律规则与习惯。总的来说，有两个主要因素推动了法典编纂，一是普遍要求使或多或少混乱的大量原有法律合理化，并提供具有新的发展基础的法律制度；二是普遍要求通过创设一个统一的法律制度，为新成立的或发展中的国家提供一个统一的基础。近代以来这种趋势更加普及，法国大革命爆发后，法国迅速形成了一种广泛的愿望，即废除地方习惯法及其变种，并通过国家的法律制度促进国家统一，在数次法典编纂的努力失败之后，拿破仑于 1800 年任命的一个委员会终于结出了成果，1804 年颁布了拿破仑民法典，此后若干年间又相继颁布了《民事诉讼法典》《商法典》《刑法典》和《刑事诉讼法典》，并通过立法进行了修订增补。自从民法典颁布后，各国即纷纷仿效，其中自 19 世纪以来取得国家地位的大多数国家都仿效民法典修改或编纂了自己的法律。

比如中世纪的主仆法或领主与封臣法；或者它们要受到某些特别的行政规范以及其他公法的调整，比如当今的公法与军法；或者仅仅从属于专门的实体法性质的规则与程序性权威。

我们这里主要关心的是统治权对一般（普通）法、对这种法律的修改，以及对具有普遍效力、与普通法并立乃至取代或大相径庭于普通法的新法律的出现所产生的影响。总体而言，我们将特别关心这种局面对法律之形式结构的影响。这里应当指出唯一一个一般性要点：这种特别法类型的结构之发展程度，乃是衡量**统治权**与它必须从中寻求支持的各阶层之间相互权力关系的尺度。英格兰国王们成功地阻止了特别的封建法像在日耳曼那样演变为一种排他性制度，由是它才被吸收进了统一的 *lex terrae*（属地法），即进入了普通法。[2]然而，整个土地法、家庭法和继承法却带有强烈的封建色彩。[3]罗马的国家法已经注意到了某些孤立的规范——多是用咒语来表述——中的**庇护制**（clientela），但它大体上是在自觉地抑制这种制度进入私法的调整范围，尽管该制度对于罗马贵族的社会地位来说意义重大。[4]像英格兰法律一样，中世纪的意大利 statuta（法规汇编）也产生了一种统一的**属地法**。[5]中欧则是直到出现了专制主义君主国之后才产生了这样的成果，但仍然小心翼翼地保留着各种特别法的实质内容，直到它们被现代的制度性国家完全同化。[6] 840

我们后面讨论支配形式的过程中，将会论及诸侯、司法行政官、官员在何种条件下能够正当创设或影响普通法，在何种条件下他们能够拥有如此作为的权力，这种权力在不同地理区域和法律领域中能够扩张到什么程度，以及这种干预背后的动机何在。在现实中，此种权力会具有不同的形态并由此产生诸多不同的结果。一般来说，理性的刑法都是最早创设出来用以维护和平的君权（Banngewalt）之一。[7]军事上的考虑，以及对“法律与秩序”的普遍关切，都会要求对这一特殊领域进行调节。在宗教私刑（religious lynch-law）之后，君权的确是一种单独的“刑事诉讼程序”的第二个主要源头。祭司的影响在这个发展过程中往往也起着直接作用，比如在基督教中就是如此，因为它着意要消除血亲复仇和决斗。早期的俄罗斯 knyaz（君主）只是扮演了一个纯粹仲裁人的角色，但在基督教化之后，随即就在主教们的引导下创制了一部决疑术的刑法，只是到了这时才出现了“刑罚”（prodazha）的概念。[8]同样，在西方、在伊斯兰世界，特别是在印度，祭司的理性倾向都曾发挥了一部分作用。

看来有理由认为，出现在一切古老的法律创制中的**赎罪金**和罚金（wergilt and fines），其具体数额如何确定，都是君主发挥着决定性的影响。一旦发展出了典型的妥协条件，这种制度似乎就会成为一种普遍现象，且会具有存在于日耳曼法律中的那种约束力：[9]在那里我们可以看到两种**赎罪金**，一种是过失杀人和其他需要报复的伤害行为的巨
841 额赔偿；一种是较小额度的赔偿，一体适用于所有其他各种伤害。也许正是在君权的影响下，才发展出了覆盖一切可以想象的犯罪类型、几乎堪称怪诞的损害赔偿费用表，使每个人都能预见到，某种犯罪或诉讼制度是否需要“付费”。[10]以纯粹的经济态度对待罪与罚问题，事实上在所有时代的农民阶层中都是一种普遍的突出倾向。然而，所有的补偿都有固定标准，这其中体现的形式主义，乃是拒绝屈从领主专断的结果。到司法行政变成了完全家长制的司法行政之后，这种严格的形式主义便让位于比较灵活，有时完全是任意的惩罚判决了。

但是，君主的和平权力（Banngewalt）却断无可能以进入刑事司

法——将其视为保障形式秩序和安全的一种手段——那样的方式轻易进入私法领域，在这个领域，**统治权**的介入到处都出现得非常晚，产生的结果与表现形式也千差万别。在某些地方，君主或司法行政官的法律会不同于普通法，而是有着明确的特殊渊源，比如罗马行政司法官敕令中的**裁判官法**、英王的“令状”法、英格兰大法官的“衡平法”等等。此类法律乃是产生于负责司法行政的官员那种特殊的“司法行政权”（Gerichtsbann）；他会得到法律显贵那种自鸣得意的合作，后者作为法律人——比如罗马的法学家和英格兰的出庭律师——热衷于按照委托人的要求行事。凭借这种权力，官员可能有资格像行政司法官那样对法官发布具有约束力的指令，或者像在英格兰那样一旦大法官弗朗西斯·培根与普通法法院发生冲突时，最终由詹姆士一世亲自裁决对各方当事人发布强制令；[11]要么就是自愿或被迫向司法行政官的法院提起诉讼，比如在英格兰向皇室法院，后来则是向衡平法院提起诉讼。[12]

这样，官员们就创造了一些新的救济手段，它们在越来越大的范围内逐渐取代了一般法（**市民法**、普通法）。实体法领域中的这些官僚化革新有一个共同的要素，即它们从一开始就要求得到一种比较理性的程序，而这种要求乃是产生于从事理性经济活动的群体——资产阶级阶层。源远流长的**禁治产**审判（Interdiktionsprozess）[13]和**事实之诉**（actiones in factum）似乎可以证明，古罗马行政司法官就已经获得了程序上的支配地位，就是说，他们在“埃布梯亚法”[*]之前便拥

* lex Aebutia，形成于公元前150年前后，罗马法中批准或正式规定的程式诉讼制度的成文法规，这种程式诉讼制度取代了旧式口头诉讼制度，由此极大地扩展了裁判官准许新诉讼形式的权力。

842 有了对陪审员的指令权。[14]但是，看一下司法行政敕令的实质内容就会清楚，程式诉讼程序是随着商业活动的日趋增强而由资产阶级的商业需求创造出来的。这种需求同时也导致了某些原来受巫术制约的程序销声匿迹。在英法两地，如同在罗马一样，皇室法院的最大吸引力就在于摆脱了口头的形式主义。许多西方国家都能迫使抗辩方宣誓作证。在英格兰，繁琐的传讯程序也被免除，国王可以发出“传票”传讯，且国王的法庭也会利用陪审团而不是司法决斗以及其他为资产阶级无法容忍的无理性举证方法。

在英格兰的“衡平法”中，17 世纪以前没有出现过大范围的实体法革新。[15]路易九世[16]也像亨利二世及其继承人——尤其是爱德华三世——一样，最为重要的就是创造了一种相对理性的举证制度，并且消除了巫术司法或民间司法的形式主义残余。[17]英格兰大法官的“衡平法”转而又在它的范围内废弃了皇室法院的伟大成就——陪审团。“普通法”与“衡平法”的二元制至今仍在英美通行，它往往允许诉讼当事人在不同的救济方法之间进行选择，其间的形式区别仍然在于这一事实：普通法诉讼采用陪审团审判，衡平法诉讼则没有陪审团。

总的来说，司法行政官法律的技术手段有着纯粹经验主义和形式主义的性质，特别是常见的——比如——法律拟制的运用，这在法兰克国王敕令[18]中就已然可见了。当然，直接产生于法律实践的法律制度也有可能具备这个特征。因此，法律的技术性质始终会保持不变。的确，法律的形式主义往往也会得到强化，尽管正如“公平”[*]一词所示，意识形态的基本要求可能也会提供进行干预的动力。实际上，在

* 即 Equity，按照译者对原著上下文的理解，这里似应译作“公平”而不是“衡平法”。

这种情况下，**统治权**就不得不与法律制度进行竞争，因为它必须承认法律制度的正当性不可侵犯，而且它不可能消除法律制度的普遍基础。只有在**统治权**迎合强大压力集团的迫切需求时，比如在举证的口头形式主义和无理性的情况下，它才有可能走得更远。

如果与普通法具有同等效力的君主敕令能够直接改变现行法律，**统治权**的权力就会大为增强，在法兰克的 capitula legibus addenda*、意大利各城市市政议会的法令政令或者罗马帝国晚期的敕令中，都可以看到这种情况，它们与**法律**有着同等效力。我们应当记得，在罗马帝 843
国早期，帝国敕令仅仅对皇帝的官员具有约束力。[19] 当然，总的来说，如果没有法律显贵（元老院、帝国官员大会），甚或民会 ** 共同体的代表同意，就不可能发布这种命令。这种态度——至少在法兰克人当中——持续了很长时期，即认为这种敕令不能创设真正的“法律”，从而使君主立法遇到了相当大的阻碍。[20] 在这种情况与西方军事独裁者事实上对法律的全能操纵和东方家产制君主对法律的操纵之间，我们还可以看到诸多过渡状态。世袭君主的立法通常也能在相当大的程度上尊重传统。然而，它越是成功地排斥了民会共同体的司法行政（一般它都会具有这种趋势），往往就越是能够发展出它自己特有的形式品质并且能够将其加诸法律制度。这些品质可能分属两种不同类型，非此即彼，与家产制君主的权力得以存在的不同政治条件相对应。

君主制定法律所采取的形式之一是，君主的政治权力被认为像其他任何财产权利一样也是一种正当取得的权利，他会放弃这种完整权

* 见本章第（三）节英译者注 60。

** moot，盎格鲁-撒克逊时代英格兰自由民处理司法、行政问题的集会。

力的某些方面，向某个或更多官员、臣民、外来商人，或者任何其他某个人或某些人授予某些特殊权利（特权），这种权利随后则会得到君主司法行政的尊重。一旦出现了这种情况，法律和权利、“规范”和“权利主张”就会重合在一起，甚至这样设想也没有矛盾：整个法律秩序似乎就是仅仅由各种特权构成的。另一种君主制定法律的形式则恰恰相反：君主不会授予任何人有可能约束他或他的司法部门的权利。在这种情况下又会出现两种可能性。君主会根据完全自由的酌处权视具体情况下达命令，这样一来，也就没有“法律”或“权利”的立足之地了；或者，君主会发布一些“条规”，其中包含着对官员们的一般性指令，这些条规意味着官员们是受命按照指定的方式处理臣民的事务并解决他们之间的争端，直到有了新的指令为止。在这种局面下，个人可望从某种有利裁决中得到的并不是一种“权利”，而是一种实际的“回应”，即那些条规的副产品，它们并未向他提供法律
844 上的保障。这就好比一个父亲满足子女们的某些愿望，但并不认为自己由此会受制于任何正式司法原则或固定程序形式的约束。事实上，**父权制**“家长”司法行政的极端结果，不过是把家庭内部解决冲突的模式移植到了政治实体之中。从这种制度的逻辑结果上看，整个法律制度都有可能消融在“行政管理”之中。[21]

我们将把第一种形式称之为“等级制”（ständische）类型的家产制君主司法，把第二种称之为“家长制”司法。在等级制类型的司法行政和法律制定中，法律秩序是严格讲究形式而又十分具体的，在这个意义上说，它是无理性的。那里只能发展出经验类型的法律解释。一切“行政”都是与特权有关的谈判、交易和订约，其内容必定会随之固定下来。这种行政运作就像司法程序，与司法行政并无形式上的

区别。英国国会以及旧时名副其实的王室议事会，就是采取了这种方式的行政程序，它们最初都是行政与司法合而为一的机构。中世纪西方的政治实体乃是最为重要且唯一得到充分发展的“等级”家产制。

纯粹“家长制”司法的情况则恰恰相反，如果说在这种纯粹由“条规”构成的制度下还有“法律”的话，这种法律也是根本不讲究形式的。司法行政追求的是实质真相，因而完全排斥举证的形式规则。它也许会经常与古老的巫术程序发生冲突，但世俗程序和神圣程序的关系也会表现为各种不同的形式。在非洲，原告如果不服君主的判决，可以诉诸神明裁判，或者诉诸偶像祭司（oghanghas）的迷醉裁断，这些偶像祭司则是古老神裁的代理人。另一方面，严厉的家长式司法会拒绝给予权利以形式保障，拒绝严格的对抗制诉讼程序原则，而该原则会有利于解决客观“权利”与衡平法“权利”之间的利益冲突。

家长式司法制度可能会遵守一些固定的原则，从这个意义上说，它很可能是理性的，但这里的意思不是指它的思维模式的逻辑合理性，而是指它对政治、福利—功利或道德内容的实质社会正义原则的追求。这里的法律和行政也是合而为一的，但这不是说全部行政都会采用裁判的形式，而是相反，所有的裁判都具有行政性质。君主的行
政官员同时也是法官，而君主本人则会以“内阁司法”的形式任意干 845
预司法行政，会根据衡平、便利或政治上的考虑行使自由酌处权进行裁决。他在很大程度上会把给予法律救济视作一种根据具体情况而慷慨赐予的恩宠或特权，并根据具体情况决定法律救济的条件和形式，消除无理性的举证形式和手段，以利于一个自主的官员探明真相。这种类型的理性司法行政有一个理想范例，就是传说中的英雄——还

有桑丘·潘萨碰巧当了总督时——进行“所罗门式”判决的“卡迪司法”。[22]一切家产制君主的司法都有沿着这个方向发展的固有趋势。英王的“令状”就是臣民请求获得国王的无边恩宠而产生的。**事实之诉**（actiones in factum）则使我们能够推测到古罗马司法行政官最初在自由受理或者驳回诉讼（denegatio actionis）时可以走得多远。中世纪以后的英格兰治安司法类型也是作为“衡平法”登台亮相的。法王路易九世的改革则表现出了彻头彻尾的家长制性质。在东方，比如印度，只要司法不是神权统治司法，本质上就是家长制司法。中国的司法行政则始终就是家长制类型，不存在司法与行政的界线，皇帝的诏书在内容上既有教育也有指令意义，或者进行普遍干预，或者插手具体个案。判决的作出即使不受巫术条件制约，也是以实质标准而不是形式标准为取向。因此，如果按照形式标准或经济“预期”的标准来衡量，它就是一种犹如在家庭成员之间寻求衡平的高度无理性的具体类型。**统治权**对法律的形成和司法行政进行干预的这种类型，发生在十分不同的“文明层次”上，它并不是经济条件，而主要是政治条件带来的结果。因此，在非洲，凡是酋长权力不断膨胀的情形，都是因为它与巫师祭司、战争的重要性或者贸易垄断结合在一起所致，旧有的形式程序和巫术程序以及绝对遵循传统进行的统治往往就会荡然无存，取而代之的则是以君主的名义公开传唤的诉讼程序（往往是通过被告人的Anschwörung[23]），同时，判决的公开执行以及证人的理性举证也取代了神明裁判；由此发展出了法律制定的实践——或者完全由君主独自制定，或者——像在阿散蒂[*]地区或者南几内亚那样——

* Ashanti，西非加纳的行政区，曾为阿散蒂古王国中心，该王国于1902年被英国吞并。

由君主在共同体一致赞成的情况下制定。[24]但是，君主、酋长或其法官往往会完全根据自己的酌处权和公平感进行裁决，没有任何具有形式约束力的规则。即使在彼此大相径庭的文化区域——比如巴苏陀、 846
巴拉隆、达荷美、穆亚塔·卡赞比王国以及摩洛哥[25]——也能看到同样的情形。只有当君主公然严重违法，特别是破坏统治者本身的正当性所赖以存在的神圣传统规范，从而有可能丧失王位时，君主的酌处权才会受到限制。如果（世俗或宗教）君主自身就为明确的宗教利益服务，特别是他要推行一种宗教信仰，而这种信仰要求人们做到的是表明一种伦理态度而不光是履行宗教仪式的话，那么家长制行政反形式的实体性质就会达到极致。在这种情况下，神权统治的所有反形式倾向甚至会摆脱仪式主义的其他有效限制，由此而进一步摆脱形式上的神圣规范，同时与不拘形式的家长制福利政策相结合，其目的是培育一种正确的态度，这样的行政管理差不多就有了对灵魂进行教牧关怀的性质，这时，法律和道德、法律强制和慈父般的告诫、立法动机和法律技术之间的界限也就荡然无存了。佛教徒阿育王的敕令就最接近于这种"家长制"类型。[26]不过一般来说，家产制君主的司法制度大都是等级制与家长制成分兼备，同时再加上民间司法的形式程序。至于其中哪个因素的分量更重，则要取决于政治条件和权力关系，我们在讨论"支配"时将会看到这一点。在西方，除了这些因素之外，（最初也是受到政治条件影响的）民会司法（moot justice）传统，也对"等级"形式在司法行政中占据优势地位发挥了重要作用，虽然这个传统在原则上是拒绝国王享有判官地位的。

正如现代西方世界出现的情形一样，家产制君主行政的内在需求，特别是消除等级特权，总的来说是消除法律制度和行政制度的

“等级”性质方面的需求，最终牺牲了家产制法律的那些典型特征，带来了理性—形式主义要素的大发展。在这方面，那些关心合理性的增多，就是说，关心形式上的法律平等与客观的形式规范日益取得支配地位的人，他们的需要与君主反对特权阶层的权力利益是吻合的。以“规章制度”取代“特权”同时促进了双方的利益。

然而，如果要求以固定规则限制专制君主的酌处权，同时要求承认臣民针对司法行政提出的明确权利主张，或者换句话说，要求得
847 到有保障的“权利”，那就不会存在这种吻合。我们知道，这两个要素并不是一回事。依靠固定的行政规章解决争端，这种方法绝不意味着存在有保障的“权利”，因为后者——至少在私法领域中——是一种遵守客观规范而产生的切实保障，它的存在不仅需要客观的固定规范，而且需要严格意义上的“法律”规范。追求这种保障的是那些经济上的利益集团，君主愿意支持它们并与之结盟，因为它们有助于增进君主的财政利益和政治权力利益。这种利益集团主要是资产阶级的利益集团，它们必定会需要一种毫不含糊的透明的法律制度，以摆脱无理性的行政专断，摆脱具体特权的无理性侵扰，由此为契约的法定约束力提供稳定的保障，其结果则是，所有这些特征都会以某种可计算的方式发挥作用。因此，君主与资产阶级利益集团的同盟，就成了导致法律形式理性化的主要因素之一。但是，不可把他们的同盟理解为两种力量的直接“合作”一向都是必然的。作为任何一种官僚化行政之特点的功利性理性主义，其本身就已经具有资产阶级阶层私有经济理性化的取向。君主的财政利益也会驱使他在更大程度上为满足资本主义利益集团提出的要求铺平道路，甚至会超出后者本身实际提出的要求。另一方面，保障那些独立于君主及其官员酌处权的权利，绝

不是官僚统治真实的固有倾向，而且也不是资本主义利益集团绝对关
切的问题。对于那种本质上受政治左右的资本主义形式来说，情况恰
恰相反，我们还将有机会把它作为一种特殊类型的资本主义与现代特
有的“资产阶级”类型的资本主义进行比较。即使是早期的资产阶级
资本主义，也根本没有，或者只是十分微弱地显示出对这种有保障的
权利的关切，有时甚至追求完全相反的目的。在重商主义时代，不仅
那些殖民垄断和商业垄断巨头，而且还有那些垄断性大经营者，他们
的地位一般都是依赖于君主赋予的特权，这往往足以破坏通行的普通
法，比如在这种情况下就是破坏行会法，由此便会招来市民中产阶级
的激烈反对，从而导致前者为自己的特权性商业机会付出代价，因为
他们面对君主时的法律地位是不确定的。所以，政治与垄断取向的资 848
本主义，乃至早期的重商主义资本主义，最终都会关心创造并维护家
长制的君主权力以反对各个等级和市民手工业者，一如斯图亚特时代
发生的情形，甚至到了今天，也很有可能在比较广泛的经济生活领域
发生同样的事情。[27]尽管如此，**统治权**——特别是君主统治权——侵
入法律制度，仍然对法律的统一和系统化，乃至对“法典编纂”做出
了贡献，君主的权力越是强大和稳固，它就越会沿着这个方向发展，
因为君主需要“秩序”和“统一”，希望他的王国具有内聚力。这种
目的不仅产生于行政管理的技术要求，而且还产生于他的官员们的个
人利益：法律的统一使得在整个王国范围内一视同仁地任用官员成为
可能，这当然会给所有官员都提供了更多的升迁机会，而在此之前他
们只能待在自己的出生地，因为他对王国其他地区的法律一无所知。
由此可见，资产阶级要的是司法行政的“确定性”，而官员们一般来
说则是关注法律的“透明”和“有序”。

二、法典编纂背后的驱动力

官员的利益、中产阶级的商业利益和君主对财政与行政目标的关切，一般来说都是促进法典编纂的因素，但它们并非仅有的因素。不光是资产阶级，政治上被支配的各个阶层都会关心法律能够明确地固定下来，而且，那些由他们对其提出要求并自愿或在压力下向他们做出让步的统治权，也并非始终操在君主手中。

法律的系统编纂可能是法律生活普遍自觉重新取向的产物，例如作为外部政治革新的结果而必须如此，或者是因为要求政治实体内部实现社会统一的各身份群体或各个阶级之间达成了妥协，或者因为这两方面的环境因素综合在一起所致。因此，编纂法典可能是因为在一个新的地区有计划地建立了一个共同体（Verband），比如古代殖民地的**官定法律**（leges datae）就是这种情况；[28] 或者是因为形成了一个在某些方面希望服从统一的法律制度的政治共同体，比如古代以色列人的联盟；[29] 或者是因为各身份群体或各个阶级之间的妥协带来
849 了革命性的结局，比如《十二铜表法》据说就是这种情况。[30] 社会冲突会使人们关心法律保障，这时也有可能出现系统的法律记录。在这种情况下，关心法律记录的自然是那些因缺乏明确固定下来且能普遍适用——能用以核查司法行政——的规范而深受其苦的有关各方。在古代，这种群体的典型就是反对由贵族或祭司操纵或支配司法行政制度的农民和中产阶级。这时，系统的法律“记录”往往就会包含大量新的法律，同时也会出现一个完全正常的情况，即通过先知或类似先知的仲裁人（Aisymnetai[31]）在神启或神谕的基础上强行实施 *lex data*（官定法律）。参与者很可能会十分清楚地认识到应予保

障的利益何在。由于先前已经出现了争论与鼓动，可能的解决方式这时也会变得清晰可见，就是说，先知或 Aisymnetai 发号施令的时机业已成熟。此外，有关各方更加关心的是正式而明确地解决存在的分歧，而不是确立一套系统的法律。因此，法律规范都是用警句和箴言式短语来表述，具有神谕、习语或者法学家**释疑解答**的特征。我们在《十二铜表法》中就可以看到这种风格，这一事实足以打消人们对它们源于单独一次立法行动的怀疑。十诫和约书也有同样的风格。罗马人与犹太人的命令和禁令汇编都有这种风格，表明它们的确有着法律先知与 Aisymnetai 的渊源。两者也同样体现了兼有世俗与宗教诫命的典型特征。《十二铜表法》称，儿子殴打父亲，庇护人对被庇护人不守信用，就要受神的诅咒（*sacer esto*），没有为这两种情况规定法律后果。显然。这些诫命是必需的，因为家规和虔诚已经日趋衰落。然而，犹太人和罗马人的法典编纂是不同的，因为十诫和约书中的宗教内容很系统，而罗马的**法**（*lex*）只是一些规定，前者的宗教法基础是确定的，没有新的宗教启示。十二“铜表”是罗马城的法律基础，是得自法律先知，据说法律被记录了下来，但铜表却在高卢人的征服中毁于大火，至于它们是否比摩西律法的两块法版*更“具有历史性”，则是个完全不同的，而且是次要的问题。但是，无论从实质上还是从语言上考虑，就罗马人立法的年代和统一性问题
而言，都不需要否定传统；实际上，由于这种传统具有纯粹口口相传 850
的性质，所以语言问题尤其无关紧要。说《十二铜表法》只是汇集了

* 传摩西带领希伯来人出埃及途中蒙上帝召唤成为上帝代理人，并得神启律法，律法镌刻在两块石板上，由摩西带回出示给人民，此即“法版”。

一些法律箴言或者法学家的**释疑解答**，这种看法并不符合固有的证据。这些规范都是普遍规范，而且具有高度抽象的性质，其中不少都是清楚而自觉地针对一个明确的方向，还有不少内容则显然是不同身份群体之间妥协的结果。而且，它能在一个充满了理性表达出来的利益冲突的城市和时代获得如此权威，要说它只是记录了法学家的实践或者出自一位塞克斯图斯·阿利乌斯·帕图斯·加图（Sextus Aelius Paetus Catus）[32]或其他某个案例汇编者的手笔，这是不可能的。显而易见，其他 aisymetai 法律也是类似的情况。诚然，aisymetai 立法以及仅仅在纯粹形式意义上由它来满足需求，这种典型局面也会产生“系统的”法律编纂。一种“系统的”法律编纂既不是为了伦理道德而由十诫构成，也不是为了调整商业活动而由《十二铜表法》或《约书》构成。只有通过执业律师的作用才能引进这种体系和法律“方法”（ratio），但即使如此，程度也依然有限。在这方面，对法律教育的需求发挥了更大的作用，但是，达到充分程度的系统化和理性化则是产生于君主的官员们发挥的作用。他们才是真正的系统编纂者，因为他们对于一个“综合”体系本身有着特殊的关切。正是由于这个原因，就系统化而言，君主的法典编纂甚至比最为综合性的 aisymetic 或先知传播更加理性。

因此，君主的法典编纂是把法律加以系统化的一条主要途径。此外的唯一途径则是教学性质的文字活动，尤其是所谓“法律书”的创造，它们偶尔也会获得教会法规那样的声望，由此几乎可以具有法令般的力量支配法律实践。[33]不过在这两种情况下，系统的法律记录也仅仅是现存消除疑问、平息纷争的法律汇编。遵照家产制君主的命令创造出来，表面上看似法典的大量法律和规章，比如官方的中国律例汇纂，[34]尽管具有一定的“系统”分类成分，但与法典汇编毫无干系，不过是些机械性的整理分类。其他的“法典编纂”也仅仅是按照某种有序的条理形式编排现行法律。《萨利克法》（*Lex Salica*）以及绝大多数其他的蛮族法（*leges barbarorum*），都是这种为民会共同体的实践而编纂的。[35]具有深远影响的《耶路撒冷法令》[36]包括了商业习惯 851
的先例；《七章法典》以及类似的“法典编纂”可以回溯到《蛮族罗马法》，其中汇集了一直有效的那部分罗马法。[37]不过，即使是这种汇编，也必定意味着法律素材在某种程度上的系统化以及这种意义上的理性化，而且关心这种汇编的群体同样也是关心真正的法典编纂，即关心对现存法律的实质内容加以系统修订的群体，两者不可能做出严格的区分。即使撇开所有的其他考虑不谈，一般也会存在一种强烈的政治关切，即关心产生于法典编纂的“法律保障”。因此，在创立一个政治实体时，接踵而至的总是法典编纂。从成吉思汗建立蒙古帝国[38]——那里的《扎撒》*汇编就是初步的法典编纂——以及许多类似的情况，直到拿破仑帝国的建立，我们都可以看到这一点。好像与整个历史顺序相反，在西方，法典编纂的时代出现在从罗马土壤上新建的日耳曼诸王国法律史刚刚起步的时候。为了稳定这些种族成分混杂的政治结构，势必要求把实存的法律确定下来，而军事征服的兴起则促进了贯彻这项任务的形式激进主义。

希望通过确立法律保障以使行政机器精确地发挥功能，加之君主——特别像查士丁尼那样的情况——需要威望，这些动机都促进了

* 即 Yasa 或 Jasagh，《元史》称为“大扎撒”，成吉思汗帝国的第一部成文法律，后世学者称为“蒙古习惯法”。

罗马帝国晚期的汇编，直到《查士丁尼法典》以及中世纪君主们对罗马法的编纂，比如西班牙的《七章法典》。在所有这些情况下，民间的经济关切都不可能发挥直接作用。但是，在所有至今仍然存世的法典中，已知最古老且相对完备的法典，即《汉谟拉比法典》[39]，在这方面是最独特的，它使我们能够较有把握地作出这样的合理推测：它的出现是因为业已存在着相当强大的商业利益，那位国王是为了自己的政治和财政目的而希望为商业提供法律保障。这是一个城邦王国的典型局面。早期法律保留下来的残存内容可以使我们推测，古代城邦那种典型的身份与阶级冲突也在发挥作用，除此之外，则是因为政治结构上的差异，它们导致了不同的结果。关于《汉谟拉比法典》，就目前能够得到的古代文献证据而言，可以说它并没有制定出任何真正

852 的新法律，毋宁说它是编纂了现行的法律，而且并不是第一部这样的法典。[40]从绝大多数其他君主的法典编纂来看，发挥支配作用的是从政治上关注整个王国法律制度本身的统一，另外也还有经济和宗教上的关切，这在严格调整家庭义务，尤其是孝道的义务上表现得十分清楚，是任何地方的家长制君主都念念不忘的事情。出于我们已经知道的同样一些原因，绝大多数其他君主的法典编纂也是为了克服使特别法凌驾于一般法之上的那个古老原则。在官僚制国家崛起的时代，这些动机甚至更有力地影响着越来越常见的君主法典编纂。[41]它们也只是在有限的程度上带来了革新。至少在中欧和西欧，它们成了罗马法与教会法作为普遍性法律而具有效力的前提。作为辅助性法律的罗马法承认地方法与特别法的优先权，教会法的情况实际上也大同小异，尽管它断言自身具有绝对而普遍的效力。

因继受[*]罗马法而在法律思想和现行实体法领域引发的革命具有重大意义，没有任何君主的法典编纂能够与这种意义相提并论。[42]我们这里不可能追溯历史，只能稍事议论。

三、继受罗马法和现代法律逻辑的发展

皇帝们——特别是腓特烈一世［1152—1190］——以及后来的地区君主们之所以参与继受罗马法，实质上是受到了出现在查士丁尼法典中的君主主权地位的激励。至于说继受背后是否有着经济上的关切，这些关切达到了何种程度以及它们在多大程度上得到了它的促进，这至今仍是人言人殊的问题，而且不大可能完全得到解决；还有一个同样悬而未决的问题：是什么原因使得那些博学的，即受过大学训练的法官——他们既是古罗马精神，也是家产制君主司法程序的载体——占据了主导地位。而且，究竟是利害关系人（Rechtsinteressenten）通过仲裁协议诉诸具有法律素养的行政官员而不是诉诸法庭，从而确立了“官员”裁决而不是“法律”裁决的地位
并迫使古代法院陷入困境（参阅施托尔策尔），还是像罗森塔尔尽力 853
详细指出的那样，[43]作为君主首创精神的成果，法院本身越来越普遍地吸收具有法律素养的“技术顾问”而不是非专业的显贵，这个问题

* the reception，系指罗马法以及较低程度上教会法与封建法被吸收进日耳曼国家法律制度中的过程，特别是指1400—1700年间。韦伯将在下一节进行专门论述。在德意志法律史上，法律继受是个决定性的事件，它从根本上改变了德国的私法。“继受”这个术语有时还更一般地用于指非洲、印度、东南亚等等殖民地国家从西方法律制度，尤其是从英国、法国、荷兰法律中大量采用规则与技巧等的做法。

尤其不易回答。

不管这些问题的答案可能是什么，有一点看来是清楚的：正如文献表明的那样，即使那些对罗马法持怀疑态度的身份群体，一般来说也并不反对“博士”们出任法官，而只是反对他们占据优势，特别是反对任命外国人，因此，显而易见，训练有素的法学家之所以占了上风，乃是因为司法行政的内在需求，特别是对理性法律程序的需求，同时也因为这一事实：法学家们拥有得自专门的职业训练的专门能力，就是说，他们有能力清晰而明确地阐述一种复杂局面涉及的法律问题。这样，法律从业者的职业利益与关心法律问题的民间群体——资产阶级与贵族——的利益便吻合了起来。然而，“最现代的”群体，即资产阶级群体，对于继受实体性罗马法却根本没有兴趣，因为中世纪的**商法**和城市不动产法的各项制度倒是更能满足他们的需求。只是罗马法的一般形式特质，随着法律实践不可避免地发展出作为一项职业的性质，才为它带来了这种优势，但像英格兰那样的地方除外，因为那些地方已经存在着受到强大利益集团保护的全国性法律训练制度。这些形式特质也说明了一个事实：西方的家产制君主司法并没有像在其他地方那样按照实质福利与公平的标准走上家长制司法行政之路。在这方面有一个非常重要的因素，那就是对法律人的形式主义训练，君主把他们当作官员来依靠，这在很大程度上导致了如下事实：西方的司法行政获得了它所特有的法律上的形式特征，这与绝大多数其他的家长制司法行政制度形成了鲜明对照。对罗马法的尊重以及富有罗马精神的法律训练也支配了现代之初所有君主的法典编纂，这完全是在大学里训练出来的法律人那种理性主义的产物。

对罗马法的继受产生了一个新的法律显贵阶层，即在法律**文献**

教育基础上形成的法律学者阶层，他们都是从大学毕业并拥有博士头衔。实际上，这个新的阶层正是罗马法的力量基础，它对法律的形式特质具有深远意义。在罗马帝国时期，罗马法就已经开始成为纯书斋 854
活动的对象，由此结出的成果完全不同于中世纪日耳曼或法兰西法律显贵的“法律书”，也不同于英格兰法律人的基础研究，不管那些著述就它们自身来说多么重要。在古代法律人的哲学训练——尽管可能很肤浅——的影响下，法律思想中纯逻辑因素的重要性开始增大。实际上，这对于现实的法律实践尤其重要，因为这里不存在具有任何约束力的神圣律法，心智也不会受到神学关切或者实质上是伦理关切的阻碍，从而被推到纯思辨的决疑术方向上去。事实上，法律人不能“想象”或“解释”的，也就不可能被承认具有法律的现实性——这种观点的最早趋势在罗马的法官当中就已经能看到。像 quod universitati debetur singulis non debetur[44] 或者 quod ab initio vitiosum est，non potest tractu temporis convalescere[45] 等等大量纯逻辑命题也属于这个背景。只不过，这些准则仅仅是抽象法律逻辑不成系统的偶然产物，作为辅助手段用来支持某些受具体动机支配的具体裁决，但在其他裁决中又会完全把它们弃之不顾，甚至同一位法官也会这样做。法律思想这种实质上是归纳式的经验性质很少受到影响，甚至根本不受影响。但是，［中世纪］**继受**罗马法的情形则完全不同。首先，它强化了法律制度本身越来越抽象的趋势，这种趋势在罗马的**市民法**转变为帝国法律的过程中就已经开始了。一如埃尔利希（Ehrlich）正确强调的那样，[46] 为了使罗马的法律制度能被所有人接受，它们就必须除去民族背景的所有残余并升华到逻辑抽象的境界，而罗马法本身则必须绝对成为正确理由的化身。行世六百余年的市民法法理学恰恰产生了这样的结果。同时，法律思维模式也越来越走上了形式逻辑的方向。上面提到的罗马法学家那些偶尔极为出色的见识，已经摆脱了《学说汇纂》中具体个案的背景，上升到了终极性法律原则的层面，由此而产生了演绎论证。这样便创造出了罗马法学家明显缺少的东西——诸如“合法交易”“意思表示”这样完全系统性的范畴，[47]而古代的法理学对此甚至还没有统一的名称。至关重要的是，法学家想
855 不到的也就不会有法律上的存在这一命题，如今获得了重要的实践意义。由于罗马法律思想的分析性质受到了历史条件的制约，在古代法学家当中，真正的“推定”能力尽管并非完全阙如，但也只有微不足道的意义。现在，当罗马法被移入古代人一无所知、完全陌生的事实情境中时，以毫无逻辑漏洞的方式“推定”这种情境几乎就成了唯一的任务。今天依然通行并且把法律带进一个逻辑上一以贯之、不留空白、有待“应用”的“规范”综合体的法律观，就以这种方式成为法律思想的决定性观念。[48]实际的需求，比如资产阶级对于“可计算的”法律的需求，在向形式法律演变的过程中具有决定性意义，但在这个具体过程中却没有任何举足轻重的作用。经验表明，一种形式上是经验性的判例法就完全可以——而且往往还能更好地——满足这种需求。纯粹逻辑推定的结果与商业利益集团的期望之间，往往会产生相当无理性的，甚或是不可预料的关系。正是这一事实才导致了一种不绝于耳的责难，即纯逻辑性的法律“远离生活”（lebensfremd）。对法律加以逻辑系统化，一直就是法学理论家及其门生——法学博士们，一个典型的法律知识界贵族阶层——固有的思想需求。在大陆，遇有疑难案件时，法学院教员的意见有着最终的权威。[49]受过大学教育的法官、公证人以及受过大学教育的辩护人，都是典型的法律显贵。

凡是不存在全国性法律职业组织的地方，罗马法都会取得全面胜利。它已经征服了除英格兰、法国北部和斯堪的纳维亚以外从西班牙到苏格兰与俄罗斯的整个欧洲。在意大利，至少在初期，公证人都是这场运动的领军力量，在北欧的主导力量则是博学的法官，他们的背后几乎到处都有君主的支持。西方的法律制度，甚至英格兰的法律制度，都不可能完全摆脱这种影响。在英国法的系统结构中，在它的诸多制度中以至在它对普通法渊源的定义中，都能看出它们的痕迹：司法先例和“法律原则”，而不管其内在结构有何不同。[50] 当然，意大利始终是罗马法的真正故土，特别是在热那亚和其他法学家法院（rotae）影响下，日耳曼人在16世纪就汇集并印行了它们那些典雅的推定判决书，从而推动德国接受了 Reichskammergericht[51] 以及各地区法学家法院的影响。

四、家产制君主法典编纂的类型 856

直到从18世纪开始进入高度发达的“开明专制”时期，才有了超越市民法及其学院派法律显贵特殊形式的法律逻辑的自觉努力，这在世界上的确构成了一种独一无二的现象。在此首先发挥了决定性作用的，是日益自信并且天真地认为“更有见识”的官僚制发展起来的普遍理性主义。有着家长制内核的政治权威采取了福利国家的形式，并进而无视关注法律的群体所怀有的具体愿望，无视训练有素的法律思想所表现的形式主义。实际上它希望的是最好能彻底压制这种思想。它的理想是除去法律的专业性质，使法律不仅能够指导官员，而且至关重要的是能够教化臣民，使他们无需借助外来的帮助也能全面了解自己的权利和义务。这种司法行政想要追求的是实体正义，不受法学家咬文嚼字和形式主义的影响，我们已经知道，这是一切君主家长制的特征。但是，它在这个方向上的进程不可能始终毫无阻碍。查士丁尼的法典编纂者在把升华了的法学家法律加以系统化时，不可能把他们这部法典的研究者与解释者看作“门外汉”。他们在面对古典法学家的成就及其被《引证法》[52]正式承认的权威时，完全不可能消除对于专业法律训练的需求。他们所能做到的仅仅是要求把他们的著述作为唯一权威的引证汇编以供教学之需，因此，他们是为这种教学提供了一部教科书，它是以法律的形式出现的，此即《法学阶梯》[53]。

在现代“福利国家”的经典杰作——《普鲁士民法典》[54]——中，家长制获得了更加自由的活动空间。与“等级”制度下的“权利”体系截然相反，该法典中的“法律”主要是一种“义务”体系。“该死的责任和义务”（verdammte Pflicht und Schuldigkeit）的普适性成了法律秩序的主要特征，其最突出的特征则是一种系统的理性主义，那不是一种形式理性主义，而始终是典型的实质理性主义。凡是“理性要求统治”的地方，所有的法律，如果它存在的理由仅仅是因为它已经存在，都必定会荡然无存，尤其是习惯法。因此，所有现代的法典编纂，直至第一部德国民法典草案，[55]都是与习惯法格格不入的。不依赖于立法者明文规
857 定的那些法律实践，恰如一切传统模式的法律解释一样，都会被理性主义立法者视为较低级的法律来源，只有在尚无成文法可依的情况下才能得到承认。因此，法典编纂的目的就是要“详尽无遗”，而且人们也相信它能够做到这一步。所以，为了防止可憎的法学家创制新的法律，普鲁士法官在遇到疑难案件时，就会得到指示去求助于为此目的而特设的

委员会。这种普遍倾向的效果在如此创制的法律之形式特性中是显而易见的。从实践者——甚至普鲁士**法典**也不得不考虑到他们的存在，而且他们以罗马法的概念为取向——的固定习惯角度来看，由立法者本身直接启蒙大众以使法律从职业法律人手中解放出来，势必会导致一种高度细致的决疑法，它会因为追求实质正义而变得不精确，而不会在形式上变得清清楚楚。然而，依赖罗马法的诸范畴与方法论始终是不可避免的，尽管还存在着大量具体分歧并在第一次着手制定一部德国法案时还做出了有力尝试要使用一套德国的术语。大量单纯说教式的或者伦理劝诫性质的规定的出现，带来了许多疑问，比如，一条具体规定是否真的就意味着构成了一项具有法律约束力的规范。该法典体系并没有把形式的法律概念，而是把实际的生活关系作为自己的出发点，因而常常不得不把散布各地的碎片糅合成同一个法律制度，这就进一步阻碍了明晰性，尽管它追求的恰恰是明晰性。

确实，立法者在相当大的程度上达到了目的，即排除专业法学家们对他的法律进行阐释，尽管并不是经由预期的方式达到这一目的的。公众几乎不可能通过卷帙浩繁，由数以万计的条款组成的文本去获得真正的法律知识，而如果目的是为了摆脱律师以及其他法律实践者的影响，那么在现代的条件下，事物的本性会阻止这一目的的实现。一旦最高法院（Obertribunal）开始公布一系列半官方的裁决报告，对 stare decisis（遵循先例）的迷信在普鲁士也像在英格兰以外的各个地方那样得到了有力的发展。另一方面，没有人会感觉受到了激励而以学者的方式去对待一种既没有创造出形式上精确的规范，又没有创造出明白易懂的制度的法律，因为这种功利主义立法并没有这两方面的打算。[56] 事实上，家产制的实质理性主义在任何地方都不可能为形式法律思维提供多大的激励。

858 因此，法典编纂有助于产生的是这样一种局面：学者型的法律活动要么更多地着眼于罗马法，要么在民族主义的影响下更多地着眼于旧时日耳曼法的法律制度，目的是借助历史的方法，以两者本来的“纯粹”形式使它们得到体现。结果，在那些被训练为专业历史学家的法学家手中，罗马法不得不摆脱自它被继受以来所经历的那些适应各个时代之需的转变。《当代实用法学汇编》* 这一通过民法学家对查士丁尼法典进行再加工的产物，[57] 渐渐被人忘却并被科学史学家中有语言洁癖的人宣布为不再适用，犹如中世纪的拉丁文被人文主义语文学家宣告为不再适用一样。而且，就像后者导致了拉丁文作为学者的通用语言被淘汰一样，罗马法也丧失了它对现代生活需求的适用性。直到此时，这才完全打开了抽象法律逻辑的通途。学者的理性主义仅仅是由此从一个领域转移到了另一个领域，而不是像许多历史学家认为的那样被压倒了。

当然，历史法学家并没有以任何令人信服的方式实现古代法律的纯逻辑性重新系统化。[58] 众所周知，温德沙伊德 ** 的概论 [59] 问世之前，几乎所有学说汇纂派的文献都是有始无终，这绝非偶然。在对

---

* *Usus modernus Pandectarum*，17 世纪后期由萨缪尔·斯特雷克（Samuel Stryk）创设的术语（1690 年他以此为书名出版了四卷书），指代自 1500 年以来已被北欧人普遍接受，根据当时情况加以修改编纂并经法学家们详细讨论与系统整理的罗马法。到 19 世纪，德国法学家将这一体系发展到一个新的高度，从而为《德国民法典》的制定奠定了基础。

** Bernhard Windscheid（1817—1892），德国法学家、罗马法专家。在 1900 年德国采纳民法典之前，他是最后一位对德国使用的现代罗马法进行系统论述的法学家，韦伯这里说的概论即其经典著作《学说汇纂法教程》（*Lehrbuch des Pandektenrechts*，1862）。温德沙伊德曾任德国民法典委员会成员，该法典的实质内容乃至文字在很大程度上都应归功于他。

并非产生于罗马法的那些制度进行严格形式的升华方面，德国的法律历史学派同样没有获得什么成效。实际上，在这个领域吸引了历史学家的是那些源于古代等级制政体法律秩序的无理性因素和反形式主义的因素。

因此，只有在资产阶级利益集团自发适应其需要，并在特定法院的实践中已经从经验上实现了理性化的特定领域，即商法与流通票据法领域，才有可能既完成系统化和法典编纂而又不至于丧失实践适应性。[60]这种成就是可能的，因为具有强迫性并且明确界定了的经济需要在发挥作用。但是，在历史学家享有霸权地位70年之后，在法律史学的发展达到了其他任何国家从未达到的高度时，德意志**帝国**的建立引人注目地提出了一项全民性的任务，即实现私法的统一，于是德国的法学家便分裂为罗马法学派和日耳曼法学派两大阵营，勉为其难地开始了这项事业，而且并未做好充分准备。[61]

家产制君主的法典编纂类型还有其他法典的范例，特别是奥地利[62]与俄国[63]。不过，后者实质上仅仅创设了少数特权阶层的制定法，并未触及其他等级，特别是绝大多数臣民——农民——的特定制度。它甚至 859
让他们在实际上的极大范围内拥有自己的司法行政。与普鲁士的情况相比，俄国与奥地利法典具有更广泛的综合性，这是以牺牲精确性为代价的，而且，奥地利法典对罗马法的依赖程度更大。在翁格尔[*]的著作[64]面世之前的几十年中，它对学者的思想也没有产生吸引力，即使在这以后，对它的讨论也几乎完全是在罗马法诸范畴的框架内进行的。[65]

---

* Joseph Unger（1828—1913），奥地利法学家和政治家。1881年起任奥匈帝国法院院长。他的《奥国一般私法体系》（*System des Osterreichischen Privatrechts*，1856—1864）一书在协调奥国法与德国法方面作用甚大。

注　释

1 作于第一次世界大战前，韦伯这里暗指君主制德国以及奥匈帝国的某些制度，尤其是诸侯法院和军官团的规章制度。那些地方像联合王国一样仍然存在着君主，类似的现象仍然通行，尽管只是在同样的形式意义上把一艘军舰叫作“国王（或女王）陛下”舰或者把一支军团叫作“皇家”龙骑兵。

2 关于英国国王们的这一成就，见 Maitland，*Constitutional History of England*（1931）23，151；Plucknett 10。总的来说，关于德国及中世纪封建法与普通法之间的关系，见 Mitteis，*Der Staat des hohen Mittelalters*（1944）；另见 Planttz 101 提到的更多文献。

3 参阅 Plucknett 487。

4 参阅（二），五。关于对庇护人与被庇护人关系的地位及其起源的充分讨论，见 Mitteis 42；Mommsen，*Römische Forschungen* I，355 et seq.，以及他的 *Staatsrecht* Ⅲ，I，57，64，76。

5 Engelmann and Millar 452，492.

6 参阅（二），六。关于这些特别法在法国与德国的历史，新近的简要说明可见 Koschaker，*Europa und das römische Recht* 234—245，那里还有关于这个主题的丰富文献。

7 参阅 von Bar，*History of Continental Criminal Law*（1927）73。关于“国王的和平”在英格兰的类似发展，见 Pollock and Maitland Ⅱ，462—464；另见 Pollock，*The King's Peace in the Middle Ages*（1900），13 Harv. L. Rev. 177，repr. 2 *Selected Essays in Anglo-American Legal History* 403；Goebel，*Felony and Misdemeanor*（1937）。关于法国的情况，见 Engelmann and Millar 661。关于德国的情况，见 Brunner，Rechtsgeschichte Ⅱ，47。

8 Prodazha 在现代俄语中意为“销售”“卖”，但它最初的意思却是“刑罚”或“罚金”；参阅 A. G. PreobrazhenskII，*Etomologicheskii slovar' Russkogo iazyka*（1910—1914；reissued 1959）Ⅱ，129。（Wi）

knyaz［“君主”，系德语 kuning（国王）经立陶宛语 kuningas 演化而来］究竟是一个单纯的仲裁人、当事各方可以拒绝他的裁决然后继之以决斗或仇杀，还是他能够行使比较有效的司法权力，历来就是人言人殊。参阅 L. K. Goetz，*Das russische Recht*（1910），24 Z. f. vgl. Rw. 241，417 *et seq.*；G. Vernadsky，*Medieval Russian Law* 10。在弗拉基米尔一世［Vladimir I，972（980）—1015］把基督教强加给基辅王国之前，仇
860 杀仍然是个常见现象，但却有可能通过支付**赎罪金**（wergilt，俄语：víra，vyéra，同样来自于日耳曼语词根，Preobrazhenskii，*op. cit* I，85）达成妥协。

说这位君主在基督教化之后接着就引进了一部决疑术的刑法，并根据主教们的指引在俄罗斯编年史上找到了某些依据，这无论如何也难以成为定论。

公开处以死刑或体罚在所谓“最早版本”的 Russkaya Pravda（《东斯拉夫法典》）中仍很罕见，过去它们被认为是出现在雅罗斯拉夫一世（Yaroslav I，1019—1054）时代，但是，新近的研究对此提出了疑问。见（三），六。一个杀害、损害或者侵害了

他人的人，不仅要向受害人或其亲属支付赎罪金，而且要向诸侯支付一笔罚金。这相当于日耳曼法律的情况，在日耳曼王权不断扩大的时期，一个加害人除了向受害人支付 Busse（赎罪金）之外，还必须向国王支付“求和金”（fredus）。在俄罗斯，这种罚金就叫作 prodazha。在牢固确立了政府的时代之前，好像并未出现表示惩罚之意的通用术语 nakazanie 一词。

9 Karl Binding，*Die Normen und ihre Übertretung*（1890）415.

10 所有的 Volksrechte［蛮族法，参阅（二），二］都包括了各种类型的罪行以及相应的赔偿数额。计算的依据是一个自由民被杀后能够得到的赎罪金。其他行为应当给付的赔偿（bot、Busse）则按照赎罪金的一定比例计算。关于这种类型的典型样板，见 Simpson and Stone，*Law and Society*（1949）I，97。另见 Pollock and Maitland II，451。

11 参阅 Plucknett 183；Maitland，*Equtty* 9。

12 关于王室管辖权卓有成效的扩张以对抗古代的平民法庭和封建法庭，见 Radin，*Anglo-American Legal History*（1936）141；Plucknett 337 以及那里提到的文献。

13 保护所有权的特别诉讼程序。

14 公元前 2 世纪下半叶。

15 参阅 Holdsworth VI，640。

16 在路易九世（Louis IX，the Saint，1226—1270）统治时期，神明裁判被废除，封建领主的司法权要接受国王法院——大理院——的监督，后者的程序免除了旧法院的许多繁文缛节。参阅 Brunner，*Wort und Form im altfranzösischen Prozess* 57 Sitzungsberichte der Phil. Hist. Classe der Kaiserl. Akademie d. Wissensch. In Wien（1868）。

17 亨利二世（Henry II，1154—1189）采取的最重要措施就是在新占土地的审判中以陪审团判决取代决斗断讼。

爱德华三世时期（Edward III，1327—1377）消除了以决斗方式质疑法院记录的可能性（Edw. 3，stat. I，c. 4），也消除了大陪审团成员因指控某个后来被宣告无罪的人而以诽谤罪被告上教会法庭的可能性（I Edw. 3，stat. 2，c. ii）。与王权相对的司法独立由于 Statute of Northampton 而得到了强化（2 Edw. 3，c. 8）；许多法规都在扩大和加强“管理人”“地方长官”或“治安官”的治安与司法功能（见 Plucknett 159）；以剥夺公民权为手段迫使被告服从判决的范围不断扩大（25 Edw. 3，stat. 5，c. 17）；在诉讼程序中允许使用英语（36 Edw. 3，c. 15）。

18 即 Capitularia（加洛林王朝法规汇编）——法兰克国王们的立法性法规，见 v，一。其
中关于拟制的用法，见 Brunner，*Rechtsgeschichte* I，377，379，其中他描述了秃头查 861
理 864 年一项敕令的事例：根据《萨利克法》，送达传票必须 ad domum——在被告家中——执行。但那时有许多住家已被诺曼入侵者所毁，于是国王下令，对于这种情况，送达传票可以在该住家原址以模拟送达方式进行。

19 参阅 Jolowicz 372—374。

20 法兰克国王们的立法权力受到了严格的限制。例如，意欲改变人民习俗的法律，如果未经他们的同意就不可能被通过。这个原则就是 lex fit consensus populi ac constitutione Regis（Edict of Pistoia，864，c. 6）。参阅 Brissaud，*History of French Public Law* 81。

21 请比较韦伯对“私法”和“公法”的讨论［（一），一］。

22 见 Cervantes，*Don Quijote*，c. 45；另请参阅 Max Radin，*Law as Logic and as Experience*（1940）65 阿富汗埃米尔的故事。

23 Anschworung，发誓愿受损害、诅咒、憎恶，例见 J. Kohler and M. Schmidt，*Zur Rechtsgeschichte Afrikas*（1913），30 Z. f. vgl. Rw. 33。关于非洲酋长对贸易的垄断，见 Weber，*History* 197。

24 关于非洲的情况，见（三）注 45 提到的最近的文献。总的来说，请比较（1913）30 Z. f. vgl. Rw. 12 *et seq.*，25 *et seq.*，32，66—68，75，etc。

25 巴苏陀（Basuto）——巴苏陀保护地的班图土著；巴拉隆（Baralong）——博茨瓦纳中部的班图族人；穆亚塔·卡赞比（Muata Cazembe）——世袭酋长，其领地大约从 Mweru 湖以南到 Bangweulu 以北，在南纬 9—11 度之间。到 18 世纪末，卡赞比的权威得到了广泛承认；随着实力减弱，到 19 世纪末卡赞比已经沦为一个小酋长。后来这个领地被北罗得西亚和比属刚果瓜分。参阅 Royal Geograhical Soc. *The Lands of the Cazembe*（1873）；M. Schmidt，*Zur Rechtsgeschichte Afrikas*，31 Z. f. vgl. Rw.（1914）350，and 34 Z. f. vgl. Rw. 441。关于摩洛哥，见 *Quellen zur ethnologischen Rechtsforschung*（1923）40 Z. f. vgl. Rw.（Erganzungsband）125。

26 26. 264—c. 227 B. C.；见 Vincent Smith，*Asoka*（rev. ed. 1920）；V. A. Smith，*Edicts of Asoka*（1909），尤见韦伯在 *GAzRS*（2nd ed. 1923）Ⅱ，253［《印度的宗教》，235f.］中的讨论。

27 韦伯似乎是想到了某些重工业集团与大财团对保守党的支持，这往往与代表德国手工业者及其他中产阶层政治利益的中央党和其他集团的要求形成鲜明对照。

28 Jolowicz 69.

29 这里涉及到的法典包括《约书》（《出埃及记》，21—23）、《出埃及记》20：1—17 和 34：10—27 的《十诫》；Deut. 27：15—26。见 Weber's *GAzRS* Ⅲ，251［《古代犹太教》，235f. ］。还应加上比较晚近的 Deuteronomic Code in Deut. 4：44—26：19. 关于希伯来人的“法典编纂”，参阅 J. M. Powis Smith，*The Origin and History of Hebrew Law*（1931）。

30 根据传说，《十二铜表法》是公元前 451 年任命的一个十人立法委员会（Decemviri Legibus Scribundis）的成果，以满足平民把法律固定下来的要求。这个传说的真实性一直受到质疑，但最近的研究者都倾向于认为它基本上是准确的。参阅 Jolowicz 11 与 Jors and Kunkel 3，392 以及他们给出的文献；另请参阅（五），注 11。关于对希伯来与罗马法典编纂的讨论，见 Diamond 102，134。

862 31 aisymnetes（希腊语，意为“调停人”）指被授予正式治理权，选举出来调停城邦内部相互竞争的各阶级之间关系的世俗统治者，比如雅典的梭伦或卡塔尼亚的查伦达斯（Charondas in Catania）。

32 Sex. Aelius Paetus Catus，他在公元前 2 世纪初掌握着检查机构和司法行政机构，是早期民法权威之一，常被后来的作者（比如西塞罗）引用。据说是他发布了 a Tripertita，一个分为三部分的校勘本，包括《十二铜表法》、当时通行的各种解释以及法律诉讼

(legis actiones)的程式，以 ius Aelianum 闻名于世(见 Pompon. Digest I，2，2，38)。参阅 the art. By Klebs in Pauly-Wissowa，*Realenzyklopädie der klass. Altertumswiss.*，I (1894)，527。(Wi)

33 最著名的范例就是《萨克森法鉴》和《博韦习惯法》；见(二)，五，注 99 以及(四)，二，注 37。

34 这里的中国律例汇编指的是清王朝夺取政权几年之后于 1646 年颁布的《大清律例》，一直实施到帝国结束。关于这部汇编以及其他中国律例汇编，见 Weber，*Religion of China*，101。另见 Escarra，*Law*，*Chinese*，9 Encyc. Soc. Sci. 249，266(bibliography)。

35 关于《萨利克法》与《蛮族法》，见(二)，注 11；另见 Seagle 166。最新的可靠版本是定名为 *Germanenrechte* 的系列文本，见 *Akademie für deutsches Recht*(1935 et seq.)。

36 《耶路撒冷法令》(*The Assizes of Jerusalem*)，1099 年由十字军建立的耶路撒冷王国的法典，见 K. Röhricht，*Geschichte des konigreichs Jerusalem*(1898)。

37 *Siete Partidas*(西班牙的《七章法典》)，莱昂与卡斯蒂利亚国王阿方索十世编成于 1256—1265 年间。它的来源有二，一是《西哥特蛮族法》(*Fuero Juzgo*)，即制定于 1244 年的日耳曼《西哥特法》[*Lex Visigothorum*，参阅(二)，注 11] 的西班牙文译本，二是罗马的传统，尤其是粗略汇集在供罗马居民运用的西哥特"法典"——公元 506 年的《西哥特罗马法》或《阿拉利克罗马法辑要》(*Lex Romana Visigothorum or Breviarium Alarici*)——中的传统。类似的适用于罗马居民的早期罗马法汇编，还有狄奥多利克的东哥特王国制定的《狄奥多利克敕令集》(约在公元 500 年)，以及勃艮第王国的《勃艮第罗马法》(又名 *Papian*)。

38 参阅 H. Lamb，*Genghiz Khan*(1927) c. Ⅶ；Krause，*Cingis Han*，*Heidelberger Akten der von-Portheim Stiftung*(1922)；G. Vernadsky，*The Scope and Content of Chingis Khan's Yasa*(1938)，3 Harv. J. of Aslatic Studies 33。

39 见 *The Code of Hammurabi*，ed. And tr. By R. e. Harper(1904)；Kohler et al.，*Hammurabis Gesetz*；G. R. Driver and John C. Miles，*The Babylonian Laws*(1952)，6 vols.(1904-23)；有关的简要讨论及文献，见 Diamond 22，and W. Seagle，*Men of the Law*(1947) 13。

40 比汉谟拉比法典以及相关的法律里程碑更早的法典，见 Koschaker，*Forschungen und Ergebnisse in den keilschriftlichen Rechtsquellen*(1929)，49 Sav. Z. Rom. 188；P. Landsberger，*Die babylonischen Termini für Gesetz und Recht*(1935) *Symbola Koschaker*。早于《汉谟拉比法典》400 年的苏美尔法典，见 the Note. Ur-Nannu，[1954] Orientalia，fasc. I。早于《汉谟拉比法典》200 年的苏美尔法典，见 F. R. Steel，*The Code of Lipit Ishtar*，[1948] American Journal of Archaeology，No. 52；早于《汉谟拉比法典》80 年的阿卡得人的法典，见 Note. Sumer [1948] 4 American Journal of Archaeology in Iraq，No. 2。

41 这一类的法典编纂包括 1683 年丹麦国王克利斯蒂安五世的《丹麦法》，1736 年的《瑞典王国法》，1751、1753、1756 年的《巴伐利亚法》，1738 年开始酝酿，1794 年颁布 863
的《普鲁士法典》(见注 54—56)，1811 年的《奥地利法典》及其 1766、1786 和 1797 年的先声；另外还有 1539 年以来法国就某些特殊问题陆续制定颁布的各种法令。参阅 Continental Legal History Series I(*General Survey*)，263。

42 在有关中世纪和文艺复兴时期法律对罗马法的复兴和继受的大量文献中，最适合于综合定位的文献包括：Vinogradoff，*Roman Law in Medieval Europe*（2nd ed. 1929）；Smith；E. Jenks，*Law and politics in the Middle Ages*（1905）；Wieacker，*Vom römischen Recht*（1944）195；尤其是 Koschaker，*Europa und das römische Recht*（1947）；G. v. Below，*Die Ursachen der Rezeption des römischen Rechts*（1905）。另请参阅 Maitland，*English Law and the Renaissance*（1901）以及 *Continental Legal History Series* 中的文章，vol. I（*General Survey*，1912）。关于某个特定城市继受罗马法的富有启示意义的个案研究，见 Coing，Die Rezeption des Romischen Rechtes in Frankfurt A. M.（1939）。

43 这里谈到的施托尔策尔的观点见 A. Stolzel，*Die Entwicklung der gelehrten Rechtsprechung*（1910），罗森塔尔对该书的评论见 31 Sav. Z. Germ. 522，尤见 538；另见罗森塔尔自己的著作 *Geschichte des Gerichtswesens und der Verwaltungsorganisation in Bayern*（1889/1906）。

44 “应归集体的就不应归其成员。”Ulpian，Dig. 3. 4. 7. 1.

45 “一开始就无用之物，不可能随着时间的流逝而变得有用。”Dig. 50. 17. 29.

46 Ehrlich 253，297，348，479.

47 这些概念在现行德国法律以及与之有关的国家——特别是瑞典和奥地利——现行法律中都是极为重要的概念。“合法交易”（Rechtsgeschaft）系指一个人有意要使之产生法律结果的任何交易，比如提出或者接受一个要约，比如合同本身，比如一份遗嘱，比如放弃一件动产的所有权；它不同于带来法律结果的自然事件，比如一块土地被洪流撕裂；它也不同于**法律行为**（Rechtshandlungen），即符合或者违背行为者意志而产生了法律结果的人的活动，比如某人粗心大意而致另一人受到人身伤害。《德国民法典》的独特特征之一是，它在同一个地方论及的那些法律问题，对于所有性质的合法交易来说都是共同的，不管它是一项合同、一次财产转让、一场婚姻、一份遗嘱还是发行某种流通票据。例如，该法典第一卷第三部分（104—185 条）便论及了行为能力、意思表示、合同、条件与时限、授权与追认。

“意思表示”（Willenserklärung）指的是特定种类的合法交易，它要求一个人明示自己的意思。提出或者接受一个要约即是意思表示；然而，一项合同却是包含着要约人和受约人意思表示的“合法交易”。第 116—144 条则集中论及了适用于任何意思表示的规则，例如涉及了欺诈、过失、强制、程式、解释或无效力等等问题。关于进一步的说明，见 Schuster，*Principles of German Civil Law*（1907）78；（Brir.）Foreign Office，*Manual of German Law*（1950）42。

48 如果用美国与德国批评家的术语来说，这里概述的方法就是“概念法理学”的方法。
864 关于德国的情况，许多作者都曾撰文进行了详细的分析评论，见 20th Century Legal Philosophy Series：Vol. Ⅱ，*The Jurisprudence of Interests*（1948）。

49 关于法学院的上诉法院功能，见 Engelmann；Stintzing，*Geschichte der deutschen Rechtswissenschaft*（1880）I，65；Stolzel，*op. cit.* I，187；Rheinstein，*Law Faculties and Law Schools*［1938］Wis. L. Rev. 5，7。

50 有关罗马法对普通法的影响的讨论，见 Maitland，*English Law and The Renaissance*（1901）；Scruton，*The Influence of Roman Law on The Law of England*（1885）。

51 帝国枢密法院，建于1495年，是神圣罗马帝国所有组成部分共同的最高法院，它根据“帝国普通法”——罗马法——做出裁决。参阅 Engelmann and Millar 520；R. Smend，*Das Reichskammergericht*（1911）。

52 见（四），三，注65。

53 随着这部全集的颁布，《法典》，尤其是《学说汇纂》以外的法律著述即被禁止使用。重新进行注解也被禁止，否则将被处以流放及没收财产。《法令大全》成了唯一的法律来源。在应用中出现的任何疑问都必须服从皇帝的权威解释。《法学阶梯》则成了法律教育使用的唯一专著。

54 1794年6月颁布实施。参阅注41。

55 该草案第二条规定，“唯［成文法］法定的习惯法规则方为有效。”但此一规定未被吸收进《法典》。

56 不过，Dernburg 用他的三卷本 *Preussisches Privatrecht*（1894）对《法典》进行了富有成效的系统的学术说明。重要的是，这位作者是罗马法学者，他的专著问世于《普鲁士法典》被1896年新颁布的《德国民法典》取代之前不久。

57 见 Ehrlich 319—340。

58 关于历史学派，见 Stone 421。

59 Windscheid, *Lehrbuch des Pandektenrechts*, 3 vols. 1862—1870。参阅 ed. by Kipp, 1906；关于温德沙伊德，见 Jolowicz 撰写的词条，15 Encyc. Sco. Sci. 429。

60 关于汇票和期票的法律早在1848年就汇集成典了，这是德意志联邦所有成员国——包括奥地利——都采纳的法律。随后在1861年便有了一般商法的编纂。

61 见（二），六，注177。

62 1811年的 General Civil Code（*Allgemeines bürgerliches Gesetzbuch*）。

63 1809年开始编纂，1857年修订的 Svod Zakonov，有4万余条，涵盖了包括公法在内的整个法律领域。

64 *System des österreichischen allgemeinen Privatrechts*. 2 vols., 1856.

65 关于法典编纂的总体情况，尤其是美国的情况，见 H. E. Yntema，*The Jurisprudence of Codification*（1949），David Dudley *Field Centenary Essays* 251。

（七）革命法律的形式特性——自然法 865

一、法国民法典

如果把前革命时期的产物与法国大革命的产儿——《民法典》[1] 及

其在整个西欧与南欧的仿制品[2]——比较一下，我们就会看到它们之间有着多么显著的形式差异。这部法典完全摆脱了非法律因素的入侵与掺和，并且摆脱了一切说教和一切单纯的道德劝诫，决疑术因素也彻底销声匿迹了。法典中的许多句子听上去犹如警句一般，又像《十二铜表法》中的句子一样不朽，其中许多已经以古代法律箴言那样的方式成为日常用语的组成部分。[3]毫无疑问，《普鲁士民法典》[4]或者任何其他德国法典中的任何律令都没有获得如此声望。继司法实践的产物（盎格鲁－撒克逊法）和理论—书面法律学说的产物（罗马法）之后，作为理性立法的产物，《法国民法典》已成为世界上第三个伟大的法律体系，也已成为多数东欧和中欧国家法典编纂的基础。它的形式特性可以说明它何以能够获得这种地位，因为，该法典的条文具有不同寻常的清晰性而且明白易懂——至少给人的印象是如此。它的许多法条具有这种可见的清晰性，应当归因于它的许多法律制度都是以 coutumes* 为取向。[5]为了这种清晰性与简明性，便在司法的形式特性和深入透彻的实质考虑方面做出了很多牺牲。[6]然而，由于这一法律体系的抽象的整体结

* 法文，特指习惯法与一般习惯，尤指法国大革命之前在法国北方部分地区实施的有效法律。中世纪法国的地方习惯法以法兰克法、罗马法、教会法、封建法和君主制定的法律为基础。在法国南部，由于罗马法复兴的影响，以罗马法为模式但受习惯法影响的成文法被接受为一般习惯法。在北方，1300 年以后，尽管习惯在诺曼底这样较大的地区变得更加统一，但各个地区间的习惯仍有很大差异，在大革命时期仍然有大约 60 种省习惯和 300 种地方习惯。13 和 14 世纪时，各地学者曾陆续将本省的习惯整理为《习惯法汇编》（*coutumiers*），主要有《诺曼底远古习惯法汇编》《诺曼底习惯法大全》《庞卡底及佛芒地区习惯法汇编》《阿图瓦古代惯例》《司法及诉讼集》《圣路易时代适用法》《法国习惯法大全》等等。1453 年查理七世下令将所有习惯法进行汇编，1459 年还设立了专门委员会以监督计划的实施，最终的版本由各地方议会登记，此后具有了成文法的效力，除非有新的版本，否则不得变更。16 世纪下半叶又提出了对这些习惯法进行重新整理的计划，该工作一直延续到大革命时期。

构以及众多条文的原理性质，法律思想并未受到激励从各项法律制度的实用性相互关系角度对它们进行真正的推定阐述。毋宁说，它发现自己不得不把法典频频作出的公式化表述（这不是表达一些更一般的原则，而仅仅就是一些规则）接受为纯规则，不得不根据具体情况让它们去适应实践的需要。很有可能，现代法国法理学所独有的种种形式特性，在某种程度上就是源自该法典这些略显自相矛盾的特点。但 866
是，这些特点却体现了一种特殊的理性主义，即主权信念在这里第一次创造了一种纯粹理性的法律，按照边沁的理想摆脱了一切历史“偏见”，完全是从升华了的常识中获得它的实质内容，与此相联系的是那个伟大民族特有的国家的理由（*raison d'etat*），它把自己的权力归因于天才而不是正当性。在某些情况下，该法典为求生动的形式而牺牲了法律的升华。这种对待法律逻辑的态度乃是直接来自拿破仑的个人干预，而某些条文的表达之简练生动，则与美国及法国宪法中“人权与公民权”的表述类型相一致。涉及法律规范的实体性内容的某些原理，并不是以事实问题的规则的形式，而是作为一些类似于先决条件的行为准则出现的，并且断言一种法律体系只有在与这些先决条件不矛盾的情况下才算具有正当性。我们现在就来讨论一下形成这种抽象法律命题的特殊方法。

二、作为实在法规范标准的自然法

在一个理性的实在法法律秩序中，“法律的正义性”概念只有在对法律制定者、法律实践者以及关注法律的社会群体的行为带来了实际后果时，它们才算具有了社会学意义。换句话说，只有当实际的法律生活受到了对某些法律行为准则的特殊“正当性”的信念，以及对某些原则的直接约束力的信念的实际影响，而且这些原则不受纯粹的权力对实在法的特许这种干扰时，“法律的正义性”概念才算具有了社会学意义。这种情形在历史进程中曾反复出现过，但在现代之初和大革命期间尤为突出，在美国则一直存在至今。这种行为准则的实体性内容通常就被称为“自然法”。[7]

我们先前遇到的**自然法**（*lex naturae*）[8]从根本上说是斯多葛学派的创造，后被**基督教**接受了下来，目的是在基督教的伦理观与尘世的规范之间搭建一座桥梁。[9]它是由上帝的意志赋予正当性的法则，一
867 体适用于这个充满邪恶与暴行的尘世的所有人等，因而与上帝那些直接启示给信徒，而且显然只是启示给特选子民的命令截然不同。但是，我们这里必须从另一个角度审视**自然法**。凡是有效独立于或高于任何实在法，且并非因为任意制定而是——恰恰相反——为实在法的约束力提供了合法性而获得尊严的所有规范之总和，这就是自然法。因此，自然法是个集合性术语，它所涵盖的那些规范，其正当性并非源于某个具有正当性的立法者，而是源于它们内在的目的论品质。这是宗教启示和威权主义神圣传统及其载体丧失了自身力量之后仍然能够存续下来的特有的，而且是唯一保持不坠的法律秩序正当性类型。因此，自然法乃是一场革命建立的秩序所特有的正当性形式。反对现存秩序的各个阶级总是会诉诸自然法以使他们的抱负获得正当性，因为他们不会——或者说不可能——把自己的权利主张建立在实证性的宗教规范或神启基础上。然而，并非任何自然法都具有“革命性”意向，即为通过暴力或者消极违抗现存秩序以实现某些规范提供正当理由。实际上，自然法也会服务于绝大多数不同类型合法的威权主义权

力。“具有历史真实性的自然法”，在对抗奠基于或产生了抽象规范的自然法时，一向是极有影响力的。一个具有这种渊源的自然法原理可能被认为是——比如——历史学派关于“习惯法”优势的理论之基础，而“习惯法”的概念显然是由该学派首次提出的。[10]这在以下主张中可以看得非常清楚：立法者不可能以任何具有法律效力的方式通过制定法律而限定自然法的效力范围，也不可能阻止制定的法律遭到习惯的破坏。据说，历史的自然进程是不可阻挡的。这个把制定的法律归入“单纯的”实在法之列的同一假设，也包含在所有半历史、半自然主义的浪漫主义理论之中，它们都把 Volksgeist（民族精神）看作产生法律和文化的唯一自然的，因而也是唯一正当的源头，据此，一切“真正的”法律必定都是“有机”生长出来的，必定都是直接建立在正义感基础上的，而不是“人为的”法律，就是说，不是有意制定的法律。[11]这种原理的无理性主义完全不同于法律理性主义的自然法原理，后者可以独自创制属于某种形式类型的规范，而且对它来说，“自然法”这一术语首先就是由于这个原因而被保留下来的。

三、现代自然法的由来 868

现时代对自然法的阐述，部分是基于理性主义各教派提供的宗教动机，部分则是产生于文艺复兴时期的自然观，而文艺复兴处处都在追求的准则就是把握“自然”意志的目的；另外，在一定程度上也是产生于这样的观念，即共同体的每个成员都有某些与生俱来的天赋权利，而这个观念在英格兰尤其根深蒂固。特别是英国人的“长子特权”[*]概念，实际上就是在这样的流行观念影响下产生的：由《大宪章》确认为贵族专有身份权的某些权利，乃是所有英国人自身的国民自由权，因此它们不受国王或者任何政治权威的干涉。[12]不过，向人人都享有某些权利这种观念的过渡，主要是通过17、18世纪的理性主义启蒙运动才完成的，在某些时期则是得助于强有力的宗教影响，特别是再洗礼派的影响。

四、形式自然法向实体自然法的转变

自然法的原理可以分属于非常不同的类别，我们这里考虑的只是那些与经济秩序密切相关的类别。实在法的自然法正当性既可以同形式条件，也可以同实质条件联系在一起。这里的区别并非截然分明，因为根本不可能存在一种纯粹形式的自然法，理由是，这样一种自然法可能没有任何内容而只是徒有一般的法律概念。然而，两者的区别却有着重大意义。前一个范畴的最纯粹类型就是出现在17、18世纪的“自然法”概念，那是前述各种因素的影响带来的结果，主要表现为“契约论”的形式，尤其表现在契约论的个人主义诸方面。所有正当的法律都依赖于制定，而所有制定又要依赖于理性的协议。这种协议首先应是真实的，即产生于自由的个人之间实际的原始契约，它也调整着未来制定新法律时的形式；其次，协议是理想的，意思是说，只有这样的法律才是正当的：它的内容与通过自由协议实施的合理秩

* birthright，意为与生俱来的权利，源出基督教《圣经》。希伯来族长以撒之子以扫，作为长子而享有长子特权，但后因细故把自己的长子名分贱卖给了孪生兄弟雅各，随之也就丧失了相应的特权，等他明白过来之后，又执意要收回名分。

序概念没有抵触。这种自然法的基本要素就是“自由”，尤其是“契约自由”。自愿的理性契约成了自然法结构普遍的形式原则之一，是一切理性组合体——包括国家——的假定为真实的历史基础，至少也是具有调节作用的评价标准。像一切形式的自然法一样，这种类型也被认为是一个权利体系，而这些权利是通过目的契约正当获得的，就与经济货物的关系而言，它所赖以存在的基础就是财产权充分发展所形成的经济协议共同体（Einverständnisgemeinschaft）。它的基本构成成分是财产以及对财产的自由处置权，而这种财产是通过与整个世界或者与某些其他人达成的“原始契约”，经自由契约交易而正当获得的财产。这意味着竞争自由也是构成要素。契约自由的形式限度仅仅在于这个方面：契约——以及总的来说社会行为——不得违背使它们获得了正当性的自然法，也不得损害不可让渡的自由。这个基本原则既适用于个人之间的私人安排，也适用于得到成员服从的社会机构的官方行为。没有人可以有效地陷自己于政治或私人奴役状态。此外，没有任何法规**可以**有效地限制个人对其财产以及自身劳动能力的自由处置权。因此，根据这个解释，例如社会福利立法对自由劳动契约的某些内容加以禁止的每一项法案，都是对契约自由的侵害；但美国最高法院直到最近也仍然认为，任何这样的立法都是无效的，其依据是纯粹形式的理由，即它们与宪法法案的自然法序言*相抵触。[13] 869

从自然法的角度来看，正当性的实质标准就是“自然”和“理

* 序言（preamble）系指向议会提交的法案中陈述立法必要性、目的以及预期效果的那个部分。现在它已不是公法法案的必要组成部分，因而经常被忽略。但序言一直是私法法案的一部分，并须首先提交审议，只有在序言被验证的前提下才能继续审议法案条款的具体细节。

性”。两者被认为是同一的，从它们那里派生出来的规则也是同一的，所以，有关真实事件之规律性的一般命题和普遍的行为规范也被认为是相吻合的。通过人类“理性”获得的知识则被认为合乎“事物的本性”，或如人们现在常说的，合乎“事物的逻辑”。“应然”被视同于“实然”，就是说，应然即是普遍存在的实然。通过对法律和伦理概念进行逻辑分析而得出的那些规范，也像“自然法则”一样属于具有普遍约束力的规则，“连上帝本人也不能改变”，法律秩序不得与之发生冲突。因此，以货币为例，满足“事物本性”之需并符合既得权利正当性原则的唯一货币，是通过自由的货物交易得到货币地位的货币，
870 换言之，就是金属货币。[14] 所以，19 世纪的某些狂热分子才会坚持认为，按照自然法，“人为”创造的纸币没有正当性，被它玷污了的法律不会保持正当稳定性，结果将是国家的土崩瓦解，他们坚称，违背**正当性**法律，这本身就是否定了国家“观念”。

然而，自然法的这种形式主义在若干方面都遭到了削弱。首先，为了建立与现存秩序的关系，自然法不得不承认某些并非通过契约自由而获得的权利同样具有正当理由，特别是那些通过继承而获得的权利。人们做出了大量尝试要把继承法建立在自然法基础上。[15] 这些尝试主要是来自哲学考虑，而不是实在的法律考虑，我们这里姑且搁置不论。当然，归根结底，实质性动机几乎始终会出现在画面上，因而高度人为的结构也是常事。现行体制下的许多其他制度，除非建立在实际的功利主义基础上，不然也难以获得正当性。由于为它们进行“辩护”，自然法的“理性”很容易陷入功利主义思维，这种转变会体现在“合乎理性”（reasonableness）概念的意义变化之中。在纯粹的形式自然法中，合乎理性是可以从永恒的自然与逻辑秩序中推衍出来

的，两者很容易相互交融。但是，英语的“合乎理性”概念从一开始就暗含着“合理的”（rational）意义，指的是“在实践中是合宜的”。由此可以得出结论认为，在实践中导致荒谬结果的，不可能构成自然与理性所要求的法律。这就意味着实质性假定被明确引入了理性概念，其实这也是它始终固有的因素。[16]事实上，正是因为得助于该术语的这种意义嬗变，美国最高法院才能够摆脱形式自然法，承认某些社会立法法案的效力。[17]

不过从原则上说，一旦与既得权利的正当性联系在一起的是实质性的经济因素而不是获得权利的形式模式，形式自然法就会转变为一种实体自然法。拉萨尔在《既得权利体系》[1861]中仍然试图以自然法方式解决一个特殊问题，所采取的形式手段也还是从黑格尔的进化论衍生出来的那些手段。以实在法为基础从形式上正当获得的权利具有不可侵犯性，这被认为是一个先决条件；但是，这种法律实证主义类型，一旦涉及所谓法律追溯效力的问题以及与此相关的废除特权时国家的补偿义务问题，其自然法的局限性也就变得显而易见了。这 871
样设想的解决办法有着完全形式的与自然法的性质，此处不赘。

向实体自然法的决定性转变，主要与一种社会主义理论有关，即唯有靠自身劳动获取财富才具有正当性。这种观点不仅反对一切经由财产继承渠道或者有保障的垄断手段获得的非劳动收益，而且反对契约自由的形式原则，反对通过缔约手段获得的一切权利之正当性所得到的普遍承认。根据这种理论，任何对货物的占用都必须接受实质性检验，即看它们在多大程度上是靠劳动获得的。

五、自然法意识形态中的阶级关系

当然，无论契约自由的形式理性主义自然法还是唯有劳动的产物才具有正当性这种实体自然法，都有着明确的阶级内涵。契约自由以及与由此产生的财产正当性有关的所有命题，显然都属于关注市场交易的群体——关注生产资料最终占用权的群体——的自然法。反之，认为土地并非任何人的劳动产物，因而根本不能被占有的理论，则是在抗议土地所有者阶层的封闭性，因而与无产阶级化的农民的阶级状况有关，他们在土地垄断者的统治下只剩了有限的自力更生机会。[18]同样清楚的是，如果农业生产开发仍然主要依赖于土壤的自然条件，而且土地的占用至少就内部而言还是不完全的，此外，如果农业还不是一种理性组织的大规模经营活动，如果地主的收益或者完全来自佃户的租金，或者来自利用农民的设备与劳力，这样的理论肯定就会特别富有感召力。所有这些条件在很大程度上仍然存在于“黑土”地区［乌克兰与南俄地区］。就其实证意义而言，这种小农的自然法是含混不清的。**首先**，它可能指的是根据自身劳动能力（trudovaya notma）而分享土地的权利；**其次**，可能指的是根据传统的生活标准
872 （potrebityelnaya norma）而占有土地的权利，用常见的术语来说，这里可能指的是“劳动权利”，也可能指的是“保障最低生活标准的权利”；然而**第三**，可能还有一个与两者相结合的要求，即“个人全部劳动成果的所有权”。

10年前［1905—1906］的那场俄国革命，也是由于它的各种意识形态之间无法解决的矛盾而衰亡了，它很可能是世界上最后一场具有自然法取向的土地革命。[19]前两种自然法主张不仅彼此之间互不相

容，而且与各种各样的农民纲领也不相容，不管这些纲领是出自历史的、现实主义的政治考虑、实际上的经济考虑还是最终——因为固有的基本教义之间出现了内在矛盾而在令人绝望的混乱中——出自马克思主义—进化论的考虑。

这三种“社会主义的”个人权利在工业无产阶级的意识形态中也发挥了某种作用。从理论上说，第一和第二种权利对于手工业以及资本主义条件下的工人阶级都是可能的，而第三种权利仅仅在手工业条件下才是可能的。在资本主义条件下，第三种自然法权利要么根本不可能，要么仅仅在一切互换交易中严格而普遍地维持成本价格时才有可能。在农业领域，它可能仅仅适用于非资本主义生产的情形，因为资本主义会把农用土地的产量从归因于进行直接农业生产的地点转而归因于生产农具、人造肥料等等的工场；在工业领域也同样如此。如果收益是决定于自由竞争市场中的产品销售，那么，从个人产品的全部价值中得到个人权利的满足就必然失去意义，这是极为普遍的现象。这里根本不再存在个人的“劳动收获”，如果说这种权利主张还有什么道理的话，也只能是作为自感处于相同阶级境况中的人们的集体权利主张才有些道理。实际上，这种权利主张会降低为要求得到“基本生活工资”，这是“有权得到传统需求所决定的生活标准”的一个特殊翻版。因此，它类似于中世纪教会伦理所要求的那种“正当价格”，在它受到质疑时，则会通过检验（有时是凭经验）看看特定价格是否能够让手工艺人维持合乎他们社会地位的生活标准，然后做出规定。

“正当价格”本身乃是宗教经济学说中至为重要的自然法因素，它也落入了相同的命运。在对“正当价格”的决定因素进行的宗教讨

论中，人们可以看到这种符合“最低生活标准原则”的劳动价值的价
873 格，是如何被竞争性价格逐渐取代的，后者像在市场共同体的发展中那样成为了新的“自然”价格，它在佛罗伦萨的安东尼（Antonin of Florence，1389—1459）的著作中就已经占有了突出地位。当然，在清教徒看来，它应当完全占据支配地位。现在，那种不依赖自由市场竞争的价格，即受到垄断或其他任意的人为干预之影响的价格，则被斥之为“非自然”的价格。在清教主义影响下的整个盎格鲁－撒克逊世界，这个原则至今都在发挥着巨大的影响。由于该原则是从自然法那里获得尊严的，所以，它始终远比那些以巴师夏（Bastiat，1801—1850）的方式在大陆产生的纯功利主义经济理论更强有力地支持着“自由竞争”的理想。

六、自然法的实践意义和蜕变

所有的自然法信条都曾或多或少地影响过制定法律（lawmaking）和发现法律（lawfinding），其中有一些还超越了它们产生时的经济条件而继续存在了下来，并在法律的发展过程中构成了一种独立因素。从形式上说，它们强化了对法律进行逻辑抽象的趋势，特别是增强了法律思想的逻辑力量。从实质上说，它们的影响发生了变化，但这种影响到处都具有重大意义。此处不宜详细追溯各种自然法原理的影响、变化与折中。前革命时期理性主义现代国家的法典编纂以及革命时期的法典编纂，都曾受到了自然法信条的影响，它们所创制的法律最终都是从自然法的“合乎理性”中获得了正当性的。[20] 我们已经看到，在这一概念的基础上，是多么容易就能——并且已经——发生从

伦理和法律形式向功利和技术实质的转变。出于我们已经讨论过的种种原因，这种转变非常有利于前革命时期的家长制权力，而法国大革命时期在资产阶级影响下进行的法典编纂，则是强调并强化了形式自然法，它保障的是个人对抗政治当局的权利。

社会主义的兴起最初是意味着实体自然法学说在大众心目中，甚
至更多地是在脱胎于知识分子阶层的大众理论家心目中越来越占据了
支配地位。然而，这些实体自然法学说却不可能对司法行政产生实际 874
影响，这仅仅是因为，在它们能够做到这一步之前，它们就已经被这
同一些知识分子阶层中迅速发展的实证主义和相对进化论的怀疑主义
所瓦解。在这种反形而上学的激进主义影响下，大众的末世论期望
需要从预言而不是假设中寻求支持。因此，在革命法学领域，自然
法学说就被马克思主义的进化论教条主义摧毁了，同时它还遭到了
来自“官方”学术方面的围歼，参与围歼的部分是孔德派的进化论，
部分是历史主义的有机发展论。在这同一方向上发挥了决定性作用
的，则是在现代权力政治的冲击下对公法研究产生了影响的**现实政治**
(realpolitik)。[21]

一直以来，公法理论家的方法就是指出某些显而易见的实际政治谬误，把它们说成是他们所反对的法学理论导致的后果，然后便一劳永逸地将该理论置诸脑后。这种方法在很大程度上至今仍被他们使用着，它不仅与形式法学的方法直接对立，而且并不包含任何实体自然法的内容。甚至直到最近，大陆法理学基本上仍然是以实证法学的逻辑“严密性”原理为基础的，这个原理至今还没有受到什么严重挑战。[22]看来是边沁第一次明确陈述了这个原理以反对判例法的陈规和普通法的无理性。[23]对此给予间接支持的则是否定一切先验法则——

尤其是否定自然法——的所有倾向，其中甚至包括历史学派。从法律实践中一笔勾销未获公认的自然法原理的一切潜在影响，看来几乎是不可能的，但尽管如此，自然法原理仍然由于种种原因而遭到了深刻怀疑。实体自然法原理和形式自然法原理之间的冲突不可调和。种种进化论学说以不同的形式发挥着作用。所有超法律的原理总的来说都在持续不断地瓦解和相对化。由于司法的理性主义和现代知识分子的怀疑主义，自然法原理已经丧失了为法律制度提供基本依据的所有能力。以往人们坚定信仰的是法律规范那种绝对的宗教启示性质或古老传统不可侵犯的神圣性，相比之下，如今即使通过抽象方法达到的最令人信服的规范，似乎也很难成为法律制度的基础了。于是，法律实证主义的前进步伐便不可抗拒了，至少目前就是这样。旧的自然法观
875 念销声匿迹，也使得通过法律的内在品质为法律提供一种形而上学尊严的任何可能性荡然无存。绝大多数最为重要的法律规定已经再清楚不过地表明，法律实际上已是相互冲突的利益集团之间达成某种妥协的产物或技术手段。

但是，法律的超法律内涵之消亡，乃是意识形态的发展之一种，这些发展尽管加深了具体法律制度特定规则的尊严所遭到的怀疑，不过如今单从一种工具论的角度来看，它们也有效地促进了人们对于坚称自己当下具有正当性的当局之权力的实际服从。这种态度在法律实践者当中尤为突出。[24]

七、法律实证主义和法律职业

维护现行法律制度的职业责任似乎把法律实践者普遍划进了“保

守”势力的行列。事实也的确如此，这里包含着双重意义：不仅对以“社会”理想的名义“自下而上”提出的，而且还有对以家长制权力或者福利政策的名义“自上而下”提出的实质性假设所带来的压力，法律实践者都倾向于保持冷静。当然，不应认为这个说法无条件地反映了全部实情。充当贫困阶层的代表以及鼓吹法律面前的形式平等，特别适合律师的角色，因为他与当事人有着直接联系，也因为他还要作为平民去谋生，所以社会地位飘忽不定。这就是律师——总的来说是法律人——在意大利市镇的**人民**运动，在现代的所有资产阶级革命以及在社会主义政党中扮演了主导角色的原因。它也可以说明为什么在法国、意大利或美国这样纯粹的民主国家中，律师作为法律行业的职业技术专家，作为法律显贵，作为当事人的信托人，会有着从政的天然抱负。

在某些条件下，出于意识形态原因或者出于身份群体休戚与共的考虑，有时则是出于经济原因，法官们也会坚决反对家长制权力。对于他们来说，使所有外在的权利义务具有稳固而规律的确定性，显然具有重大意义，追求这种确定性是有价值的。他们思想中的这种“资
产阶级”成分便决定了他们在限制威权主义家长式专横及裙带关系的 876
政治冲突中的态度。

一旦社会秩序划定了“规则界限”，法律职业究竟是站在威权主义权力还是反威权主义权力一边，那就要取决于是仅仅更看重“秩序”还是更看重为个人提供保障与安全这个意义上的“自由”。用拉德布鲁赫（Radbruch）的术语来说，这种选择要取决于法律被更多地认为是“管制”还是被当作“权利”的来源。[25]但是，完全撇开这种对立不谈，也还有一个前面业已提到的在形式的与实质的法律理想之

间的选择，后一种理想在某些经济条件下的强有力复兴会同时出现在社会等级的上层与下层当中，从而削弱法律人本身的反对派倾向。后面我们将会讨论专断权力是采用什么技术手段来克服司法系统的反抗的。[26]在导致法律人态度发生变化的一般意识形态因素中，对自然法的信仰不复存在这一因素发挥了关键作用。如果说当今的法律职业表现出了与各种权力集团之间典型的意识形态亲和性，那么法律从业者往往会站在“秩序”一边，这在实际上就意味着支持恰好在这个特定时期占据优势地位的“合法的”威权主义政治权力。在这方面，总的来说，他们不同于英法革命时期以及启蒙运动时期的法律人，也不同于那些不得不在家产制专制制度框架内活动或者跻身于［德国19世纪］议会团体、市政委员会乃至19世纪60年代普鲁士“巡回法官议会”[27]的法律人。

注　释

1 《法国民法典》颁布于1804年3月21日，名为Code Civil des Francais。1807年改名为《拿破仑法典》，拿破仑政权垮台后于1816年恢复了原名。在拿破仑三世统治时期（1852—1870）又恢复了与拿破仑的关联。虽然拿破仑是《法典》制定过程的主要推动力和积极参与者，但早在拿破仑时代之前法国人就已经要求并开始了法典编纂。即使在1789年革命之前，地方法律的多样性就已被认为是个大麻烦，它们的不完善性也被看作法律不确定性的一个根源，因此三级会议曾提出请愿要求统一法律。法国大理院的法官也变得不得人心。1790年的制宪会议曾提出要起草一部法典，但直到
877 1793年，国民公会才成立了一个以康巴塞雷斯（Cambacérès）为首的特别起草委员会并开始了实际工作，并且竟然被要求在一个月之内完成起草工作。该委员会事实上用了6个星期便成功地完成了一部草案，共700余条，但却遭到了否定，理由是过于精细和详尽，可能会限制个人自由！另一部短得多的草案在一年后出台（1794年9月），但几乎没有交付讨论。两部修订草案——共500余条的1796年草案和1799年的另一部草案——几乎同样无果而终，因为国民公会正在忙于发动实际上针对整个欧洲的战

争；然而，正如维奥莱（Viollet）指出的那样（*Cambridge Modern History* Ⅷ，710 at 741—742），“即使在国内乱局和对外战争中，国民公会仍在平心静气地详细讨论着遗产、冲积地、非婚生子女以及整个民法的问题……”。执政府以及作为第一执政的拿破仑则相继恢复了这项工作，康巴塞雷斯的大部分劳动都体现在了最后这部《法典》中。

在这部《法典》中，法国北部的习惯法大都保留了下来，同时也兼收并蓄了 18 世纪罗马法的概念技巧。Domat（1625—1696），尤其是 Pothier（1699—1772）的著作被广泛利用，他们的大量著述为法国的普通法奠定了基础。然而，整个法典都渗透了强烈的自由主义和个人主义精神。

尽管许多条款经过了修订，但这部《法典》直到今天［1954］仍然有效。一个委员会曾在 1946 年负责对《法典》的全面修订进行准备。

关于该《法典》，见 Viollet，loc. cit.；Lobingier，*Code civile and Codification* in 3 Encyc. Soc. Sci. 604，606 以及更多文献；关于最近的修订工作，见 J. de la Morandiere，*Reform of the French Civil Code*（1948），97 U. of Pa. L. Rev. 1。

2 《民法典》随着拿破仑的征服而传播到了法国境外，但仅仅在比利时、卢森堡以及（俄国的）波兰部分——作为拿破仑建立的华沙大公国——永久保存了下来。在 1896 年的《德国民法典》于 1900 年生效之前，《法国民法典》一直在莱茵河左岸的日耳曼地区、巴登大公国以及莱茵河东岸莱茵省小片地区有效实施。

在 19 世纪，《法国民法典》经过翻译并稍加改动之后成了尼德兰、意大利（现已被 1942 年《法典》取代）、罗马尼亚、埃及、魁北克、路易斯安那、葡萄牙和西班牙的法律。《西班牙法典》稍加改动之后又在波多黎各、古巴和菲律宾共和国颁布实施，并且成为多数拉丁美洲国家法典的样板。

新的法典编纂模式开始于 1896 年的《德国民法典》和 1912 年的《瑞士民法典》。前者被日本人略加改动接了过去，后者则成了土耳其人的样板。前共产主义的中国，以及泰国、巴西、墨西哥（联邦法）和少数其他拉丁美洲国家，都是以法国、德国、瑞士法典为样板，同时也兼有部分本土的观念。参阅 Fisher，*The Codes*，9 *Cambridge Modern History* 148；Amos，*The Code Napoleon and the Modern World*（1928），10 J. Comp. Legisl. 22；A. Reppy（ed.），*David Dudley Field Centenary Essays*（1949）。

3 例如：

第 2 条：La loi ne dispose que pour l'avenir；elle n'a point d'effet rétroactif（本法仅适用于未来，不具追溯效力）。

第 1134 条：Les conventions légalement formées tiennent lieu de loi àceux qui les ont 878
faites（严格达成的契约，对缔约者具有等同于法律的效力）.

第 1382 条：Tout fait quelconque de l'homme，qui a causé àautrui un dommage，oblige celui par la faute duquel il est arrivé，à le répare（给他人造成损害的行为，行为人因其过错应承担赔偿责任）.

第 2279 条：para. 1. En fait de meubles，la possession vaut titre（关于动产，持有即等于所有权——这意味着一个善意买主从持有人那里获得了完整的所有权）。

据说，像司汤达这位法国大作家对于《法典》的文学风格也有很崇高的评价，他习惯于坐下来写作之前先读一章《法典》。参阅 Seagle 286。

4 参阅（六），四，注 54ff。

5 Coutumes，法国北方地区的习惯法。除了主要是源自罗马法的财产与契约法以外，该法典的几乎所有内容都是以习惯法为基础的。因此，那是由 Pothier 加以系统化的习惯法，可以说，法典的四分之三内容都可以追溯到那里去；见 Ehrlich 415—416。

6 法典的两个条款（第 1382 和 1383 条）提供了这方面的范例，它们声称概括了几乎整个法国侵权法的一般原则。有关的分析见 Walton，*Delictual Responsibility in the Modern Civil Law*（1933），49 L. Q. Rev. 70。请比较《法国民法典》的两个简明条款，the 951 sections of the *Restatement of the Law of Torts* by the American Law insitute（4 vols. 1939）。

7 关于自然法概念的各种形式及其作用和意义的概述及参考书目，见 G. Gurvitch，*Natural Law*，11 Encyc. Soc. Sci. 284 ; Stone 215 ; I. W. Jones，*Historical Introduction to the Theory of Law*（1947）； 另 见 C. G. Haines，*Revival of Natural Law Concepts in America*（1930）及 Rommen，*Natural law*（1947）。

8 见第六章，（十三），三。

9 见 E. Troeltsch，*The Social Teachings of the Christian Churches*（2 vols.，tr. By O. Wyon，London，1931），以及韦伯对特洛尔奇论斯多葛—基督教自然法一文（载 *Verhandlungen des deutschen Soziologentags* [1910]I，196，210）的评论，见 GAzSS 462。

10 参阅（三），二，注 9。

11 历史学派就体现了这种态度，特别是日耳曼文化专家，其中尤为突出的则是祁克。美国的代表人物是詹姆斯·卡特（James C. Carter），大卫·菲尔德（David Dudley Field）法典编纂计划的主要反对者 [见卢埃林（Llewellyn）撰写的卡特词条，载 3 Encyc. Soc. Sci. 243]。

12 所谓辉格党人的英国历史观:参阅 H. Butterfield, *The Englishman and His History*（1944）。关于真实的与想象的《大宪章》，见 W. S. McKechnie, *Magna Carta* 1215—1915, *Magna Carta Commemoration Essays*（1917）I, 18 ; M. Radin, *The Myth of Magna Carta*（1947）60 Harv. L. Rev. 1060.

13 同上。这里指的显然是美国宪法第十四修正案的正当程序条款。

14 见 Weber, *Economic History* 236 以及 p. 377 引用的文献；另见本书第一部分第二章，六，以及Ⅱ: 32—36。

15 例见莱布尼兹，他是从灵魂不朽观推导出继承权的（*Nova Methodus Docendi*
879 *Discendique Juris*，Part Ⅱ，Sec. 20，17）；他的观点亦被 Ahrens 沿用（*Cours de droit naturel* [1838]，Part Ⅱ，Sec. 102）。格劳秀斯在天赋自由中发现了遗嘱继承的基础，在符合死者意志的默示同意中发现了无遗嘱继承的基础（*De iure pacis ac belli* [1625]，Ⅱ，c. vii ; cf. on his theory Maine 190）。

这种自然法理论遭到了普芬道夫（Pufendorf）的抨击，他断言继承权是一种制定法制度 [*De iure naturae et gentium*（1672），4. 10. 2—6]。布莱克斯通也持有这种观点

（Book II，c. xiv）。

16 韦伯指的是从自然法思想向边沁、穆勒、斯宾塞表述的功利主义的转变。

17 见 Knoxville Iron Co. v. Harbison（1901）183 U. S. 13；McLean v. Arkansas（1908）211 U. S. 539；Erie R. R. v. Williams（1914）233 U. S. 685：——规定了工资支付的性质、方法与时间的法令。

Holden v. Hardy（1898）169 U. S. 366；Bunting v. Oregon（1917）243 U. S. 426；Muller v. Oregon（1908）169 U. S. 366；Bunting v. Oregon（1917）243 U. S. 426；Muller v. Oregon（1908）208 U. S. 412；Riley v. Massachusetts（1914）232 U. S. 671；Miller v. Wilson（1915）236 U. S. 373；Bosley v. McLaughlin（1915）236 U. S. 385：——确定了工时的法令。

N. Y. Central R. R. Co. v. White（1917）243 U. S. 188：——劳工补偿法案。

当然，后来的一些裁决，比如 Adkins v. Children's Hospital（1923）261 U. S. 525——合理原则（the rule of reason）——在这里临时失效了，另外还有新政的一些案例，韦伯就不得而知了。

关于美国司法界对待社会立法的态度，见 Ed. Lambert，*Le Gouvernement Des juges et la lutte judiciare contre la législation sociale aux Etats-Unis*（1921），这是从欧洲大陆的视角进行的敏锐观察和分析。

18 关于这一点及以下内容，见韦伯对 1905 年俄国革命的讨论，载 Archiv f. Sozialwissenschaft（1906），XXII，234 and XXIII，165；另见他关于 *Russlands Übergang zur Scheindemokratie*（1917）23 Die Hilfe 272 的文章，收于 *GPS*，192ff。

19 在注 18 提到的两篇文章第二篇中，韦伯预见了一场新的俄国革命正在来临，它可能会以共产主义而不是以自然法为取向，并会产生一种与以往的一切都截然不同的事态。

20 关于自然法意识形态对一部特定法典——奥地利法典——的影响的专题研究，见 Swoboda，*Das allgemeine bürgerliche Gesetzbuch im Lichte Kants*（1924）。

21 这种完全"实证主义"地对待公法的模式，在德国主要是以保罗·拉班（Paul Laband，1938—1918）及其门生为代表。关于拉班，见 8 Encyc. Soc. Sci. 614 处 E. von Hippel 撰写的词条。

22 见（一），九。

23 韦伯这里说的是 Hatschek（*Englisches Staatsrecht* 153）陈述的观点，但与 J. Lucas［*Zur Lehre von dem Willen des Gesetzgebers*，*Festgabe für Laband*（1908）］的观点相左，后者把法律秩序无漏洞的教条追溯到了君主专制制度的自然法趋势中，并且否认边沁在这方面发挥了任何可能的影响。Hatschek 撰写了系列文章进行争论（1909），24 Archiv f. *Öffentliches Recht* 442；（1910）26 *ibid.* 458；另见 Lukas 的文章（1910）26 *ibid.* 67 and 465。

24 关于德国的实证主义，见 G. Radbruch，*Rechtsphilosophie*（1950）115。Radbruch［关于他的早期观点，见 20th Century Legal Philosophy Series，Vol. IV，*The Legal Philosophies* 880
of Lask，*Radbruch*，*and Dabin*（1950）］的最新著作也是二战之后德国自然法思想复

兴的典型体现；对此另请参阅 H. Coing，*Die obersten Grundsätze des Rechts*（1947），以及 *Grundzüge der Rechtsphilosophie*（1950）；关于 Radbruch 思想的变化，见 F. v. Hippel，*Gustav Radbruch als rechtsphilosophischer Denker*（1951）。

25 参阅 *Rechtsphilosophie*（1914 ed.）；但在 1932 和 1950 年修订本中已经不再使用这些术语。

26 韦伯并未完成这项计划中的研究。

27 Kreisrichterparlament——之所以如此称呼，是因为它的许多成员都是 Kreisrichter（巡回法官），其中自由党人曾一度占据了主导地位并与俾斯麦的政策分庭抗礼。

（八）现代法律的形式特性

一、现代法律中的排他主义

我们已经看到，现代西方特有的司法行政类型是在理性而系统的立法基础上出现的。然而，它的基本形式特性却绝不是能够清楚界定的，实际上，这种模糊性乃是较晚近发展态势的直接结果。

那些发挥了决定性作用而使"权利"和"法律"产生了连锁关系的古代原则，特别是只有凭借个人在某个群体中的成员身份才能使个人权利具备"有效"特性——而这种特性为该群体所垄断——的观念，已经不复存在了。个人权利之总和所具有的集团特性或身份群体特性，以及由此赋予这些权利的"排他性"，比如曾在自由联合体、篡夺或者合法特权基础上存在过的"排他性"，如今也都属于过去了。同样已成往事的还有与身份地位等等有关的特别法庭和特别诉讼程序。然而，并非所有的特别法或属人法以及所有的特别管辖权都已彻底消失。恰恰相反，非常晚近的法律发展态势已经在法律体系中产生了日益增强的排他主义。发生了典型变化的只是不同领域的划界原则。商法就是一个典型情况，它实际上是现代排他主义最重要的范例之一。根据《德国商法典》，这部专门法适用于某些类型的契约，[1]其中最重要的就
是以有利可图的转售为目的而获取货物的契约。这种对商业契约的定 881
义与一种理性化的法律体系完全一致；该定义并未涉及形式特性，而是针对具体交易的预期功能意义。另一方面，商法也适用于某些范畴的人，他们的关键特征在于这一事实：契约是由他们在自己的经营过程中订立的。[2]因此，为这个法律类型的范围划定界线，真正关键的就是“经营”（enterprise）概念。如果这种特定性质的交易是一项经营的构成要素，那么该项经营就是一种商业经营。因此，实质上——从意图上说——“属于”商业经营的每一项契约都要接受《商法典》调整，尽管单独来看它也许并不属于通常定义的商业交易范畴，甚至在特殊情况下这种契约可能是由非商人缔结的。所以，这套专门法的适用性要么取决于具体交易——尤其是它的预期意义——的实质特性，要么取决于一项交易和一项经营的理性组织之间的客观联系。然而，它并不取决于个人是否具备一个通过自由协商或者凭借特权而合法构成的身份群体中的成员资格，而这在过去却是适用专门法的关键因素。

由于商法是针对人格划定适用界限的，所以它是与阶层而不是与身份群体有关的法律。然而，这种与过去的对比只是相对的。实际上，就商法以及其他与纯经济“职业”有关的法律而言，管辖权限的原则始终就具有一种纯实体法的性质，尽管外表上多有变化，本质上却完全相同。但是，在构成一种限定身份的法律时，法律制度的那些排他性在数量和质量上都有更为重要的意义。此外，即使是针对职业的特别管辖权，只要管辖权并不取决于诉讼当事人在某个法人团体中的成员身份，通常就是仅仅取决于形式标准，比如获得一项特许或者

一种特权。例如新的《德国商法典》规定，只要某人在一个商行登记注册，即可被视为商人。[3]因此，适用商法的人员范围就是决定于纯形式的标准，而在其他方面则要依据特定交易想要达到的经济目的来划界。专门法对于其他职业群体的适用范围主要也是决定于实体法性
882 质或者功能性的标准，而且只有在某些情况下才会根据形式标准决定它的适用性。许多这样的现代专门法也都兼有自己的特别法庭和特别诉讼程序。[4]

这些排他主义法律的出现主要有两个原因。首先，这是职业分化以及工商界压力集团为自身争取更多利益的结果。他们对这种排他主义安排的期望，就是把自己的法律事务交由专业化的专家去处理。[5]第二个原因在今天则发挥着日益重要的作用，即要求消除普通法律程序的繁文缛节以找到更便捷、更能适应具体情况的解决办法。[6]在实践中这意味着出于实体法性质的权宜考虑而削弱法律形式主义，因此它不过是整个一系列类似的当代现象中的又一个例证。

二、现代法律发展中的反形式主义趋势

从理论角度来看，法律和程序的总体发展可以说经历了以下若干阶段：最早是“法律先知”的超凡魅力法律启示；其次是法律显贵依据经验创制和发现法律，即通过决疑术法理学和遵循先例而创制法律；第三，由世俗权力或神权统治权力强加的法律；第四——最后——是由接受过学术与形式逻辑方式的法律训练的人们对法律和专业化司法行政作出的系统阐述。从这个角度来看，法律的形式特性是这样浮现出来的：受巫术条件决定的形式主义和由神启所决定的无理性结合

在一起，由此产生了原始的法律程序，进而开始有了越来越专门的司法上与逻辑上的合理性和系统化，其间有时也会出现一些曲折，即神权统治或家产制条件下不拘形式的实质性权宜做法。最后，至少从表面来看，它们会得到越来越高度的逻辑升华和演绎的严密性，并在诉讼程序方面发展出一套越来越理性的技术。

事实上，在历史现实中，这些从理论上建构的理性化阶段，并非到处都是按照我们刚刚概括的顺序出现的，即使我们不考虑西方以外的世界，情况也依然如此。不过，由于我们这里关心的仅仅是最一般的发展路径，所以对这一事实可以忽略不计。我们也不考虑某一特定 883
法律——正如我们的简要概括所示——实际表现出的理性化特殊类型与程度有着多么复杂的原因。我们唯需记得的是，发展路径的重大差异实质上是产生于以下诸因素的影响：首先是政治权力关系的差异，由于后面将要讨论的原因，这方面的差异导致了**统治权**的权力相对于亲属群体、平民共同体和身份群体的权力在程度上的极大不同；其次是神权统治权力与世俗权力的关系；第三是对于某一特定法律之发展发挥了重要作用的“法律显贵”［各阶层］的结构差异，而这些差异在很大程度上也是取决于政治因素。

只有在西方才能看到平民共同体（Dinggenossenschaft）司法行政和以身份为准的家产制形式的充分发展；也只有在西方才能看到国民经济体系的兴起，它的代表们先是与君权结盟制伏了各个等级，然后又在革命中反对君权；而且，只有在西方才都知道“自然法”，并由此彻底淘汰了属人法制度和特别法优于一般法这一古老准则。最后，西方以外的其他任何地方都没有出现过类似于罗马法这样的现象以及对它的继受。所有这些事件在相当大程度上都是由具体的政治因素引起的，而这些因素在世界其他地区几乎都不存在。因此，西方以外的任何地区都没有充分达到这样一个阶段：由训练有素的法律专家发挥决定性作用以形成法律。我们已经看到，经济条件到处都在发挥着重要作用，但它们在任何地方都不是单独发挥作用的。就它们对于今天西方法律特有的现代特征之形成所做出的贡献而言，它们发挥作用的方向大体如下：在那些关注商品市场的人们看来，意欲稳定运行的经济经营，特别是资本主义经营得以存在的最重要条件之一，总的来说就是法律的理性化与系统化，尤其是法律程序的运行过程具有越来越大的可计算性——后面将会有条件地论述这一点，而如果没有法律保障，它们的存在是不可能的。特殊交易方式和特别诉讼程序，比如汇票以及事关汇票快速托收的特别诉讼程序，就是服务于这样的需求：法律强制执行的保障要有纯形式的确定性。

另一方面，现代法律，某种程度上说乃至古罗马法律，在发展过
884 程中都包含着有利于冲淡法律形式主义的倾向。初看上去，“自由心证”（free evaluation of proof）取代受形式约束的证据法，似乎仅仅具有技术性质。[7]我们已经看到，受巫术约束的原始举证制度，是被神权统治或家产制的理性主义打破的——它们都要求通过程序揭示事实本相。因此，新的制度显然是作为实质理性化的产物出现的。然而，自由心证的范围和限度在今天主要是决定于商业利益，也就是决定于经济因素。很清楚，由于自由心证制度，一个曾属于形式法律思想的相当重要的领域正在日益脱离形式法律思想。[8]不过，我们这里更多关心的是实体法领域中的相应趋势。这样的趋势存在于法律思想的内在需要之中。法律思想逐步的逻辑升华，意味着对可见的外在形式特征的依赖，到处都在被代之以对有关法律规范本身的以及有关合法交

易的**意义**进行越来越多的逻辑解释。在大陆的“普通法”学说中，这种解释方法断言，它可以使当事人的“真实”意图生效；正是以这种方式，它把一种个体化的、相对实质性的因素引入了法律形式主义。这种解释方法力求从各方当事人行为的“内”核角度，从他们内心“态度”（比如诚意或者恶意）的角度去构建他们的相互关系。[9]因此，它是把法律后果与非形式的环境要素联系了起来，而这种做法为我们前面已经考虑到的宗教伦理的系统化提供了一个有力的同类例证。许多商品交换制度，无论是原始的还是技术上千差万别的贸易模式，只有以深刻信赖他人的忠诚为基础才是可能的。此外，由于商品交换日趋重要，相应地也就越来越需要通过法律实践保障或确认这种可信的行为。但是，就这种情况的性质而言，我们当然不可能赋予法律标准以形式上的确定性并据此控制新的信用和信赖关系。因此，法院始终都会有助于对这种伦理的（gesinnungsethisch）理性化的强有力关切。而且，在商品交换领域之外，这样的法律理性化也会把态度评价作为重要因素，以取代根据外在标准对事件进行的评价。在刑法领域，法律理性化则以伦理或功利性质的理性“惩罚目的”取代了纯粹机械的 885
报复救济，从而把越来越多的非形式因素引入法律实践。在私法领域，法官普遍认为完全应当把当事人的内心态度考虑在内。“诚意和公平交易”或者“良好”贸易惯例，换言之，伦理上的范畴，变成了判断当事人所抱“意图”的标准。[10]然而，诉诸“良好”贸易惯例，实质上也就意味着承认普通当事人在这种情况下所持的态度，即本质上具有事实性质的普遍的纯商业标准，比如特定交易中各方当事人的正常预期。这就是法律最终接受的标准。[11]

现在我们已经看到，各方当事人的预期常常会因为一种严格职业性的法律逻辑而落空。[12]实际上，如果对无可争辩的事实进行法律“解释”是为了让它们符合抽象的法律命题，如果这种解释所秉持的准则是：在法律领域中除了法学家根据法科学启示给他们的“原则”所能够“设想”的东西以外不存在其他的东西，那么当事人的预期落空就是不可避免的。这种预期都是以某个法律命题的经济或功利**意义**为取向的。然而，从法律逻辑的观点来看，这种**意义**是“无理性”的。比如，门外汉就根本不会弄明白，为什么根据传统的偷窃定义就不可能犯下偷窃电力罪。[13]这绝不是导致了此类冲突的现代法理学特别愚蠢。这种冲突在很大程度上乃是以下两者互不兼容的必然结果：一是逻辑上一以贯之的形式法律思想有着自己的内在必然性，一是各方私人当事人具有法律意义的协议和活动都是为了达到经济目的，并且以受到经济决定的预期为取向。正是由于这个原因，我们才会看到专业性的法律思维方式本身遭到了无休止的反对，而这种反对甚至在法律人对自身工作的反思中也能找到支持。但是，“法律人的法律”从来就没有，今后也决不会与普通人的预期达成一致——如果它没有完全放弃自身内在的形式性质的话。我们今天大加赞赏的英国法律就是如此，[14]古罗马法学家的法律以及现代大陆国家的法律思维模式也同样如此。因此，任何试图——像埃里希·容（Erich Jung）[15]那样——以新的“自然法则”取代过时的“自然法”，并根据普通当事人的正常预期去“解
886 决争端”（Streitschlichtung），都会遭遇某些内在的限制。但是不管怎
么说，就法律史上的现实而言，这种观念是具有某些效力的。共和末期以及帝国时期的罗马法便发展出了一种商业伦理，它实际上就是以普通人的预期为取向的。当然，这样一种观点就意味着，只有从事腐败和欺诈勾当的一小撮人才不受法律保护，而法律不应比“道德底线”

走得更远。[16]尽管存在着信誉（这是卖方必须的表现），“购者当心”的格言仍然有效。

现代阶级问题的出现又产生了对“社会法”（“social law”）的新需求，它们是建立在“正义”或“人的尊严”等等富有情感色彩的伦理假设基础上的，而且直接反对由单纯的商业道德占据支配地位。提出这些要求的不仅包括劳工群体和其他利益集团，而且包括法学意识形态专家。[17]由于出现了这些要求，法律形式主义本身也受到了挑战。诸如经济胁迫的概念，[18]或者由于承诺与对价*之间严重的不均衡而试图把某项契约视为不道德的，因而是无效的契约，[19]都是源于一些从法律观点来看完全混乱的规范，这些规范本来就不是法律的、惯例的或者传统的规范，而是一些伦理规范，它们断言，自身的合法化是因为实质正义，而不是形式合法性。

法律人本身的身份意识形态，与社会的民主要求和君主制官僚统治的福利意识形态所带来的那些影响一道，也在法律理论和实践中发挥着作用。现代的法律人由于仅限于解释法规与契约，犹如一部投币自动售货机，人们只需往里投进事实（加费用）即可得出判决（加理由），这似乎让他有些尊严扫地。编纂成典的正式制定法越普及，这个概念就变得越乏味。今天的要求是“司法的创造性”，至少在制定法缄默的地方是如此。“自由法”学派已在着手证明，从生活现实的无理性角度来看，这种缄默是任何制定法都不可避免的命运；在无数情况下，把制定法当作“经过解释”的东西加以适用都是一种错觉，判决实际上是——也应当是——根据具体评估而不是按照形式规范做出的。[20]

---

* 见本书第991页中译者注。

对于制定法未能提供明确规则的那类情况，著名的《瑞士民法典》第一条命令法官，他可以按照假如他是立法者就可能颁布的规则作出判决。[21]这项规定的实际重要性不应被过高估计。然而，它在形式上与康德的公式是一致的。[22]但在现实中，一个践行这些理想的司
887 法制度，从价值折中的不可避免性角度来看，往往会忽略形式规范，而且，至少在出现冲突的情况下，还会被迫承认具体的评价，这就是不但非形式的，而且无理性的法律发现。实际上，法律秩序中的漏洞不可避免论，以及竭力把法律的系统连贯性认为是幻想，都是因为受到了以下这些主张的刺激：司法程序从来不是——或者无论如何也不应该是——把普遍规范“应用”于具体情况，一如语言表达方式不应被认为是在运用语法规则。[23]按照这种观点，“法律命题”被认为是次要的，是通过抽象方法从具体判决中产生出来的，而这些判决——作为司法实践的产物——则被说成是法律的真正体现。人们还会进一步指出，实际决定着人类行为的规则不计其数，相比之下，交由法院审理并进行司法判决的案件却少之又少；根据这种观察，人们会把出现在司法程序中的那些规范蔑称为“单纯的判决规则”，与之形成对照的则是那些在日常生活进程中实际有效的规范，它们并不理会法律程序对它们的重申和宣告，并且最终会提出这样的假设：法律的真正基础完全是“社会学的”。[24]

被加以利用的还有这一历史事实：长期以来，直到我们今天，私人当事人在很大程度上是从具备技术性法律素养的职业律师和法官那里接受指导的，换句话说，所有的习惯法实际上都是法律人的法律。这一事实还伴有如下确凿无疑的观察：司法实践在确立全新的法律原则时，不仅 *praeter legem*，而且 *contra legem*[25]，比如《民法典》生

效之后德国最高法院的做法。所有这些事实便产生了这样的观念：判例法优于理性确立的客观规范，对具体利益的权宜平衡优于创造和承认一般“规范”。[26]由此，现代的法律来源理论既瓦解了历史主义所创造的半神秘主义的“习惯法”概念，也瓦解了同样是历史主义的“立法者意志”概念，这种意志可以通过研究某一制定法的立法史被发现，正如委员会报告和类似文献所揭示的那样。因此，法学家主要关心的据说应当是制定法而不是立法者。于是，“法律”脱离了它的背景，对它的阐述和应用被托付给了法学家，他们当中被指派发挥重 888
大影响的有时是法律实践者，在其他时候则是学者，例如出自学者之手的附有某些现代法典的报告。[27]于是，对一项法律命令的立法决定，其重要意义在某些情况下会贬值为仅仅具有“征兆”作用，即法律命题的效力征兆，甚或仅仅是向往这种效力的征兆，而这种效力在被法律实践接受之前将始终是不确定的。判例法始终与法律现实相联系，这意味着始终与法律人所处的现实相联系，但是，对判例法而不是制定法的偏爱，转而又会被以下论点所颠覆：如果越出了具体事实，任何先例都不应被认为具有约束力。由此便打开了在每个具体个案中对价值观念进行自由平衡的通途。

另外一些尝试则与所有这类价值无理性主义截然相反，即重建一种客观的价值标准。法律人越是感到法律秩序本身仅仅被当作“技术工具”，就越是会强烈反对这种对法律秩序的贬损。把海关税则那样的单纯“技术规则”与涉及婚姻、家长权力、所有权附带条件的法律规范相提并论，总是会伤害法律实践者的感情，从而产生一种对超实证法律的怀旧观念，即只有技术性的实在法才被承认为需要改变。诚然，从历史与实证主义观点来看，旧的自然法已被批驳得名誉扫地。

作为替代，如今出现了天主教学者们那种得到宗教精神激励的自然法，[28]以及要从法律本身的“性质”中推导出客观标准的某些努力。后一种努力采取了两种形式。一是**先验论的**新康德主义学说，在那里，作为“自由人社会”的标准制度，“正义的法律”既是理性制定法的立法标准，也是法律给法官提供一些显然是非形式的准则时进行司法判决的依据。[29]另一个是孔德派的经验主义方法，据此，按照有关他人的义务的通行观念，私人当事人抱有的那些“预期”就是正当的，它们可以作为最终的标准，甚至优于制定法，并且可以取代诸如公平之类令人感到过于模糊的概念。[30]

一如我们的简要概括所示，这些趋势带来了一些完全相互矛盾的答案，对于这些趋势，我们这里不可能进行详细讨论或者充分批评。所有这些运动都是国际性的，但在德国与法国尤为突出。[31]它们
889 唯一一致的地方是，它们都反对曾被普遍接受的，直到目前也仍然盛行的法律秩序的连贯性和“无漏洞性”**原则诉求**。此外，它们的矛头所向还包括各种各样的对手，比如在法国是与民法典解释者学派相对抗，在德国与学说汇纂派的方法论相对抗。由于特定运动的领袖人物各不相同，其结果也许是提高了“科学”——亦即法律学者——的声望，也许是提高了法律实践者的声望。作为正式制定法——特别是系统的法典编纂——不断发展的结果，学院派学者们感到自身的重要性和那种不受妨碍的思想活动机会受到了令人不快的威胁。从历史的角度看，反逻辑、反历史的运动之所以在德国能够急剧发展，可以用这样一种担忧来解释：德国的法科学将会随着法典编纂而走向衰落，即重蹈拿破仑法典颁布之后法国法理学或者《德国民法典》颁布之后普鲁士法理学经历的同样过程。因此，在一定程度上说，这些担忧乃是

思想关切的内在格局所致。所有这些运动，甚至包括各种无理性的变种，其结果都是否定由学说汇纂派学问发展起来的法律的纯逻辑系统化，然而，这些运动却是法律思想自拆台脚的科学理性化以及无休止的自我批判带来的产物。它们本身并不具备理性主义性质，所以很快就呈现出无理性的状态，而这又是法律技术日益理性化的结果。在这方面，它们可与宗教的无理性化相提并论。然而，不容忽视的是，促成了同一些趋势的还有现代法律人的这一渴望：借助把他们有效组织起来的压力集团以加强他们的自大感，增进他们的权力意识。毫无疑问，这就是据说不受任何理性法律约束的英国法官的"优越"地位在德国不断为人津津乐道的原因之一。然而，大陆和英格兰尊贵身份的属性差异，更多的是环境因素所致，与此相关的则是权威的一般结构方面的差异。我们前面已经谈到了这一点，后面还会在另一不同背景下再作论述。

三、当代英美法

大陆法与普通法的法律思维方式之间存在的差异，通常是由多种
因素造成的，它们分别关系到法律职业的内在结构与存在模式，以及 890
与政治发展的差异相关的一些因素。至于经济因素，只有在与这些因素联系在一起的时候，才会产生决定性的作用。我们这里关心的乃是这一事实：不管历史发展中的这些差异如何，现代资本主义都在同样地繁荣昌盛，而且基本上表现出了同样的经济特征，尽管它们背后的各种法律体系所包含的规则与制度——至少从司法角度来看——彼此大相径庭。甚至从表面上看，像 dominium（完全所有权）这样在大

陆法中具有根本意义的概念，在英美法中至今也并不存在。[32]实际上我们可以说，使现代资本主义得以繁荣昌盛的各种法律体系，甚至在它们形式结构的基本原则方面，彼此之间也有着深刻差异。

即使在今天，尽管对学术训练更加严格的要求带来了种种影响，英国的法律思想基本上仍是一种经验主义艺术。先例继续完全保持着悠久的重要意义，除非求助于一个过于陈旧——意思是超过一个世纪——的案例会被认为不公正。人们至今还能看到法律发现的超凡魅力性质，在那些新国家里尤其如此，这在美国特别醒目，尽管并非绝对如此。在实践中，一个判例被赋予不同的重要意义，不仅像在其他地方那样是根据作出判决的法院在等级制度中的地位，而且是根据具体法官的个人权威。一如曼斯菲尔德勋爵的声望所表明的那样，整个普通法领域的情形都是如此。但在美国人看来，判决是具体法官的个人创造，因而习惯于将判决冠以法官的名字，而不是像欧洲大陆公文体那样冠之以非个人的"地区法院"。英国法官也声称享有这种地位。所有这些状况都与这一事实有关：法律的合理性程度实际上低于欧洲大陆国家，并且是一种不同于后者的类型。直到不久以前，至少是在奥斯丁*之前，实际上不存在值得冠以大陆意义上的"学问"之名的英国法科学。仅仅这个事实就足以令边沁所向往的任何这类法典编纂实际上成为不可能。但也正是这个特征使得英国法律具有了"实用的"适应性，以及从公众角度来看的"实用"性质。

另一方面，外行人的法律思维乃是拘泥于字面意义的思维。如果

---

* John Austin（1790—1859），英国法学家，分析法学派创始人，主要著作有《法理学范畴》《法理学讲义》等。

他相信自己正在“依法”进行证明，他往往就会成为一个定义贩子。与这个特征密切相关的是倾向于就事论事地得出结论；“专业”法律人的抽象主义和这种外行人的思维相去甚远。不过在这两个方面，经 891
验主义法理学的艺术都与外行人有着亲缘关系，尽管他可能并不喜欢。的确，没有任何国家产生过比英格兰那里对法律职业更激烈的抱怨和讽刺。还是以英国为例，那里产权转让承办人的言辞程式（the formularies of conveyancers）可能也会让外行人感到完全难以理解。然而，他可以理解英国法律思维方式的基本性质，他可以不知不觉地仿效它，至关重要的是，他可以一劳永逸地雇请一位律师作为自己的法律告解神父，以应付生活中的一切意外事件，正如每一个英国商人实际上都在做的那样。他根本不会向法律提出有可能在“逻辑性”法律解释面前招致破灭的要求或期望。

还有另外一些针对法律形式主义的安全阀。事实上，在私法领域，在实际对待普通法与衡平法时，很大程度上也是“形式主义”的。在法律职业的传统主义精神约束下，也几乎不可能有其他做法。但是，民事陪审团制度会施加合理性限制，这些限制不仅必然会被接受，而且还得到了赞誉，因为先例还有约束力，而且人们担心，在需要对利益进行具体平衡的领域，先例可能会创造出“恶法”。至于 stare decisis（遵循先例）和利益的具体平衡这两个领域的划分在实践中实际发挥功能的方式，我们这里应当忽略不计。它在任何情况下都意味着削弱司法行政中的合理性。除了这一切之外，我们还能看到治安法官那种至今仍然完全是家长式的、程序简易且高度无理性的管辖权。他们处理的都是日常生活中的琐碎诉讼，正如门德尔松（Mendelssohn）的描述[33]很容易就能让人理解的那样，他们代表了一种在德国根本就不为人知的卡迪*司法。总之，普通法所展示的是这样一幅司法行政画面：它在实体法与诉讼程序这两个方面的绝大多数基本形式特征都不同于大陆法，实际上这只有在一种世俗的司法制度，即摆脱了神权统治和家产制权力的制度下才是可能的。显而易见，与大陆不同，英国的法律发现并不是在那里“适用”从法规文本中合乎逻辑地派生出来的“法律命题”。

这些差异在经济与社会方面都产生了某些明显的结果。但是，这些结果全都是孤立的单个现象，而不是触及整个经济制度结构的差异。对于资本主义的发展而言，普通法的两个特征关系重大，而且都
892 有助于支撑资本主义制度。法律教育主要掌握在法律人手中——法官也是从他们当中产生的，就是说，掌握在一个为有产者，特别是为资本主义私人利益集团服务的群体手中，他们由此谋得生计。此外，与这一点密切相关的是，司法行政集中在伦敦的各中央法院，而且极其高昂的费用几乎剥夺了那些财力匮乏者向法院申诉的权利。无论如何，大陆与英国资本主义发展的实质相似性，并不能消除两种法律制度类型之间的强烈反差。而且，没有任何可见的趋势能够表明英国法律制度会在资本主义经济的推动下沿着大陆国家的方向发生转变。恰恰相反，凡是这两种类型的司法行政和法律教育还有机会相互竞争的地方，比如在加拿大，普通法就会最终占据优势地位并迅速淘汰大陆法。由此我们可以得出结论认为，法律的理性化形式乃是中世纪大学的罗马法研究兴起以来西方大陆国家所特有的，资本主义并不是推动这种形式的一个决定性因素。

---

* 见本书第一卷第755页中译者注。

四、现代法律职业中的非专业司法与合作趋势

除了已经谈到的政治动机以及内在的职业动机以外，现代社会发展还产生了某些使得形式上的法律理性主义遭到削弱的其他因素。今天，无理性的卡迪司法仍然显而易见地盛行于涉及刑事案件的陪审团“大众”司法中。[34] 它是在诉诸外行人的情感，他们在具体案件中一碰到形式主义就会觉着苦恼；它也满足了那些吵吵闹闹要求实体正义的贫困阶层的情感需要。

陪审团制度的这种“大众司法”成分受到了来自两个方面的抨击。陪审团受到的抨击是，与专家在技术上的实事求是相比，陪审员有着强烈的利益取向。正如古罗马的陪审员名单是阶级冲突的目标一样，今天对陪审员的遴选也特别遭到了工人阶级的抨击，他们认为这是阶级司法，因为陪审员主要来自那些耗得起时间的人们，尽管这些
人可能也是“平民”。虽然这种遴选标准难以完全避免，但至少在一 893
定程度上也是取决于政治考虑。但是，当陪审员的坐席被工人阶级中人所占据的时候，又会遭到有产阶级的抨击。另外，并不仅仅是“阶级”本身才会成为利害关系当事人。例如在德国，男性陪审员实际上绝不可能被驱使裁定一个男人犯有强奸罪，特别是在他们尚未绝对相信姑娘本来是个处女时。不过就这种情形而言，我们必须考虑到，在德国，女性的贞操根本就没有得到太多的尊重。

从职业法律教育的角度来看，非专业司法受到批评的根据是，外行人的裁决表达的像是一种无理性的神谕，不陈述任何理由，不可能对它进行任何实质批评。于是就会有人出来要求把非专业法官置于法律专家的控制之下。为了回应这种要求，混合审判制被创造了出来，

然而经验表明，在这种制度下，外行人的影响总是低于专家的影响，因而他们出场的意义实际上也仅仅是为职业法官的审议进行某种义务宣传，瑞士的情况在某种程度上就是这样，在那里，法官主持的审议必须让公众看得一清二楚。反过来，职业法官在刑法领域又受到了职业精神病学家过度的权力威胁，特别在最为重大的案件上，后者被赋予了越来越多的责任，由此，理性主义强加给他们一个根本不可能指望能够用纯科学手段解决的任务。

显然，所有这些冲突都是仅仅间接地由技术和经济发展过程所引起的——只要这个过程还支持理智主义的话。从根本上说，这些冲突都是司法的形式原则与实质原则之间的冲突所致，即使这些原则各自的拥护者属于同一个社会阶级，它们也仍有可能发生冲突。此外，今天那些没有特权的阶级，特别是工人阶级，是否能从不讲究形式的司法行政中确凿无疑地盼到法学家的意识形态所断言的那些结果，这一点根本就没有把握。官僚制的司法机关正在有计划地从长期服务于公诉人职责的人员当中征募高级成员，而且他们的升迁完全依赖于政治统治权力，这样的司法机关不可能与瑞士或英国的审判人员，甚至不可能与美国的（联邦）法官同日而语。如果除去这种法官对纯客观的法律形式主义神圣性的信仰，并且仅仅让他们去平衡利害关系，结果
894 将会大不同于我们刚刚提到的那些法律制度。但这个问题不属于此处讨论的范畴。这里唯一的任务仍然只是纠正几个历史错误。

先知是唯一对现行法律抱有真正自觉的“创造性”态度的人，只有通过他们才能自觉地创造出新的法律。此外，正如必须一再强调的那样，甚至那些从客观角度来看一直是最富有创造性的法官，始终，而不光是在现代，也自认为仅仅是现行规范——即使可能只是潜在

的——代言人，是它们的解释者及应用者，而不是创造者。即使最杰出的法官也会持有这种主观信念。由于知识分子的幻灭，这种信念如今正在面对着客观上的不同事实，人们竭力要把这种事态提高到主观的司法行为规范的地位。随着正式立法的官僚化进程，英国法官的传统地位可能也会发生永久性的深刻变化。但是，在一个法典国家中，把“创造者”的桂冠赋予官僚式的法官是否就能真的把他们变成法律先知，这一点是值得怀疑的。但无论如何，假使社会学、经济学或者伦理学的论点取代了法律概念，司法理由的法律精确性将会遭到严重削弱。

总之，这个运动是针对“专业化”和理性主义占据的支配地位所做出的典型反应之一，而它的源头归根结底还是理性主义。法律的形式特性之发展，无疑表明了某些独特的二律背反（antinomial）特征。法律被要求为经商提供保障，这使它成为严格形式主义的法律且必须能被明确理解；但在同时，对各方当事人意图的逻辑解释或者商业交往的“良好习俗”——这被解释为某种“道德底线”，又要求法律为商业信誉着想而变得不讲究形式。

此外，还有各种各样的力量要求法律不能仅仅充当单纯平息利益冲突的手段。这也会把法律拖进二律背反的轨道。这些力量包括某些社会阶级的利益和意识形态提出的实质正义要求；包括某些形式的政治权威——它们在各自适用的法律目标问题上要么是威权主义性质，要么是民主主义性质的政治权威——所固有的倾向；另外还包括“外行”对司法制度的要求，即司法制度应该让他们明白易懂；最后，正如我们已经看到的，法律职业本身植根于意识形态之中的权力抱负，也在为这种反形式趋势推波助澜。

895 不论法律及法律实践在这些影响的冲击下最终会表现出什么样的形态，有一点将是不可避免的：作为技术与经济发展的结果，外行人在法律上的无知将会与日俱增。利用陪审员和类似的非专业法官，并不足以遏制法律中的技术因素持续增长，因而也不足以遏制法律的专业性质。有一个观念肯定会不可避免地扩散开来：法律是一套理性的技术装置，可以不断根据权宜考虑进行改造，而且没有任何神性内容。这种命运可能会因为默认现行法律的倾向而变得模糊不清，且在许多方面会由于若干原因而变得更加模糊，但却不可能真正被阻止。所有的现代社会学与哲学分析——其中许多都具有很高的学术价值——所能做的也只是强化这个印象，不管它们的理论内容涉及的是法律的性质还是司法过程。

注 释

1 1861—1897 年的《德国商法典》列举的这些交易如下：

（a）购买并转售商品或公债之类的有价证券；（b）一个独立订约人利用另一方提供的原料或者货物从事企业生产；（c）保险业；（d）金融业；（e）陆上、海上以及内河客货运输；（f）代理商、经纪商、运输商及货栈主的交易；（g）商业经纪人、股票经纪人和代理人的交易；（h）出版商、图书和艺术品经销商的交易；（i）印刷商的交易。

2 《德国商法典》第二条有如下定义："凡因其规模或者因其经营方式而需要稳定交易的企业，即为商业企业，即使它不属于第一条所述的任一范畴。" 1870 年的《法国民法典》第一条也有类似表述："凡从事商业交易并以此项活动为习和为业者，即为商人。"

3 Handelsregister（商业登记册）：参阅 Commercial Code，Secs. 2，5，8，*et seq*。

4 这种特别法中最为重要的就是劳动法及其特殊的劳资争议法院系统。此外还有一般行政管辖区的行政审判庭，以及分别处理因社会保险法或战时津贴法而出现的权利要求、处理税务问题、处理某些农业管理问题等等的专门法庭。

5 商业法院和劳资争议法院通常都是由选自工商业者的陪审员组建，他们的事务均由特别的分支法庭处理。参阅 *Arbeitsgerichtsgesetz* of 23 December，1926（R. G. Bl. I.，507），Sec. 17。

6 在劳动争议法院的审判阶段，一般不允许律师出庭［*Arbeitsgerichtsgesetz* of 23 896
December，1926（R. G. Bl. I. 507），Sec. Ⅱ］。

7 最终被欧洲大陆法院普遍采纳的罗马法标准程序，其突出特征就是它的“形式举证”制，这在许多方面都类似于英美诉讼程序的证据法则。有些规则要求排除某些类型的证据，尤其是，有些细则还规定要提供独立证据并规定了法官评估相互冲突的证据时应当采取的机械方式。两个可靠证人的证词即可构成充分证据（probation plena）；一个可靠证人的证词只是部分证据（probation semiplena），但一个可疑证人（testis suspectus）的证词还抵不上部分证据（probation semiplena minor），等等。

整个这种形式证据制度被 19 世纪的程序改革一扫而光，取而代之的是自由心证或理性举证，这就废除了绝大多数排他性规则，把法官从算术桎梏中解脱了出来，并授权他根据经验和理智去评估证据。参阅 Engelmann-Millar 39。

8 普通法保留了相当大部分的形式主义证据法则，加之遵照先例（stare decisis）的规则，某种程度上还有陪审团制度，便一起构成了在侵权、损害以及对法律手段的解释与建构方面英美法律比民法体系发展出远更丰富的法律细则的主要原因。例如，比较一下共 951 条的《侵权行为重述》（the Restatement of Torts）与《德国民法典》中涉及侵权行为的 31 个条款（第 823—853 条）或者《法国民法典》的 5 个条款（第 1382—1386 条），这一点就可以看得很清楚，同样，《德国民法典》论及遗嘱解释的条款也比美国法律的详细论述少得多。

关于证据法则本身，在美国则有威格莫尔（Wigmore）的多卷本专著，相比之下，德国根本就没有出现论述证据的著作，法国人论述私法的专著也只是简单论及了少数证据问题，比如 *Josserand's Cours de decit. Vivil positif francais*（1939），其中论“证据”的一章只有 43 页。

9 参阅 Hedmeann I，117。

10 关于对这种法律态度的说明，请见与《德国民法典》第 242 条（诚意和公平交易）或《德国商法典》注解本第 346 条（“良好”贸易常规）有关的案例调查。Hedemann，*Die Flucht in die Generalklauseln*，*Eine Gefahr für Recht und Staat*（1933）一书指出了法官在司法上过度诉诸这种不定标准的法律规定所带来的危险。

11 但是，德国最高法院一直坚持认为，不公平的惯例，特别是导致严重滥用经济权力的惯例，就不应得到尊重，例见 114 *Entscheidungen des Reichsgerichts in Zivilsachen* 97；［1922］*Juristische Wochenschrift* 488；［1932］o. c. 586。

12 尤其是赫克（Heck）及其他“利益法学”的鼓吹者，早就指出了出现这种矛盾现象的可能性。关于这一点，见 *The Jurisprudence of Interests*，vol. Ⅱ of this 20th Century Legal Philosophy Series。

13 这是德国最高法院的裁定，见 29 *Entscheidungen des Reichsgerichts in Strafsachen* 111
and 32 o. c. 165。《德国商法典》第 242 条把盗窃罪定义为非法获得某件动产。电力不 897
是动产，因此不可能成为盗窃罪的主题。这个法律漏洞已被 1900 年 4 月 9 日颁布的《关于非法获取电力的特别法》所弥补（R. G. Bl. 1900，228）。刚刚提到的那些裁定已经成了现代德国严厉指责概念法学的“可怕”原料。

14 在第一次世界大战之前的年代中，英国的司法行政，特别是英国“judicial kings”

（Richterkönige，作为法官的国王）的创造性作用和主导地位，尤为 A. Mendelssohn Bartholdy，*Imperium des Richters*（1908） 和 F. Adickes，*Grundlinien einer durchgreifenden Justizreform*（1906）高度颂扬并力主采纳。

15 Das Prcblem des naturlichen Rechts（1912）.

16 见 G. Jellinek，in *Die sozial-ethische Bedeutung von Recht*，*Unrecht und Strafe*（2nd ed. 1908）。

17 在要求法律体现"社会正义"的运动中，祁克是作为主要法律学者出场的，关于这一点，见 G. Böhmer，*Grundlagen der bürgerlichen Rechtsordnung*（1951）II，155；尤见祁克《论私法的社会任务》的演讲（*Die soziale Aufgabe des Privatrechts*, 1899), repr. E. Wolf，*Deutsches Rechtsdenken*（1948）。

18 关于经济胁迫论在德国实体法中的发展，见 J. Dawson，*Economic Duress and the Fair Exchange in French and German Law*（1937），12 Tulane L. Rev. 42。

19《德国民法典》第 138 条规定如下：

"违反良好风尚的合法交易均为无效交易。

"尤其是，一方利用另一方的紧急事态、轻率行为或经验不足而致其向第三方允诺或给予超出他自身绩效的金钱利益，在此情况下他们之间关系明显不对等的任何交易，均为无效交易。"

20 自由法（Freirecht）学派是美国及斯堪的纳维亚"现实主义"的德国翻版。这三大学派的基本理论观念在 1885 年奥斯卡 · 比洛（Oskar Bülow）的 *Gesetz und Richteramt* 中就已经开了先河，即法律并非由法官"发现"，而是由法官"制定"的。1848 年，v. Kirchmann 轰动一时的小册子 *Über die Wertlosigkeit der Jurisprudenz als Wissenschaft* 首次对学说汇纂派的"Konstruktionsjurisprudenz"（概念法学）——或者韦伯所指的理性形式主义——发出了抨击。甚至耶林后来也加入了抨击，在那之前耶林一直都是传统方法的最卓越说明者之一，但是现在他也突出强调了法律以所谓"社会工程"的方式，或者用韦伯的话来说——以"实质合理性"的方式——作为达到功利主义目的之手段的作用（*Der Zweck im Recht*，1877/83；Husik's tr. S. t. *Law as a Means to an End*，1913），并在 *Scherz und Ernst in der Jurisprudenz*（1855；关于耶林，见 Stone 299）中奚落了法律概念论。到 20 世纪初，这种抨击更趋激烈，并且提出了这样的要求：法庭应当摆脱概念法学的技术（用韦伯的术语来说，就是摆脱理性形式主义），应该抛弃法律秩序无漏洞的虚构，从而把制定法和法典看作仅仅是最狭义的文本词义的规定，并且应该填补"君主般"自由创造过程中大量难题产生的漏洞。这个运动的领导人是执业律师福克斯［E. Fuchs，其主要著作包括：*Die Gemeinschädlichkeit*
898 *der konstruktiven Jurisprudenz*（《概念法学对公共福祉的威胁》，1909）；*Was will die Freirechtsschule.*（《自由法学派的目标何在？》，1929）］，H. Kantorowicz 教授［以 Gnaeus Flavius 的笔名写作：*Der Kampf um die Rechtswissenschaft*（1908）；*Aus der Vorgeschichte der Freirechtslehre*（1925）；另见他与 E. Patterson 合写的文章，*legal Science——a Summary of its Methodology*（1928），28 Col. L. Rev. 679，以及 *Some Rationalizations about Realism*（1934），43 Yale L. J.，1240，在这里，Kantorowicz 背离了他早先的某些命题］，以及法官 J. G. Gmelin［*Quousque？ Beitrag zur soziologischen*

Rechtsfindung（1910），Brucken's transl. In Modern Legal Philosophy Series，Ⅸ，*Science of Legal Method*（1917）]。这些热情洋溢的激进派中还包括 E. Ehrlich，他为这个新兴运动提供了广泛的历史学和社会学基础（*Freie Rechtsfindung und freie Rechtswissenschaft* [1903，Bruncken's transl. In Modern Legal Philosophy Series，Ⅳ，*Science of Legal Method*（1917），47]；*Die juristische Logik* [1918]，115 Archiv für die civilistische praxis，nos. 2 and 3，repr. As a book in 1925；*Grundlegung der Soziologie des Rechts* [1913]，Moll's transl. s. t. *Fundamental Principles of the Sociology of Law* [1936]）。

这个运动引起了激烈的争论［尤见 H. Reichel，*Gesetz und Richterspruch*（1915）；G. Böhmer，*Grundlagen der bürgerlichen Rechtsordnung*（1951），Ⅱ，158］，在美国也引起了一定的关切（见本注释所列译著）。然而，它的夸张表现受到了普遍批评，它的实际发展则受到了所谓利益法学派观念的更有力的影响，该学派的主要文论收集在 20th Century Legal Philosophy Series 这套丛书的第二卷中，题为 *The Jurisprunence of Interests*（1948）。对方法进行了详细阐述的主要是 M. Rümelin、P. Heck 及其蒂宾根大学的同事，另外还有 R. Muller-Erzbach，他一直致力于阐述这个方法所需要的"利益平衡"的具体社会基础［尤见 *Das private Recht der Mitgliedschaft als Prufstein eines kausalen Rechtsdenkens*（1948）以及 *Die Rechtswissenschaft im Umbau*（1950）］。利益法学接近于 Roscoe Pound 的社会学法理学，它的目的在于用实质理性概念取代形式理性概念的体系，并在德国法律实践中牢固扎根［见 Böhmer，*op. cit.* 190，以及非常简明的 W. Friedmann，*Legal Theory*（2nd ed. 1949）225；英国至今还没有见到全面的研究］。

以下诸段落在韦伯的文本中都涉及自由法学派。

21 "凡符合本法规定之文字或精神的所有情况，本法均一体适用。

"如无规定可以适用，法官应据现行习惯法做出裁决，如习惯法亦缺少规定，则应按照一旦他作为立法者行事时可能制定的规则做出裁决。

"于此，法官须由经过验证的学说与传统指导。"

22 参阅 I. Williams，*The Sources of Law in the Swiss Civil Code*（1923）34；另见 V. E. Greaves，*Social-economic Prupose of Private Right*（1934/5，12 N. Y. U. L. Q. Rev. 165，439）对这项规定以及对《苏联民法典》第一条中类似规定的讨论。

23 参阅 H. Isay，*Rechtsnorm und Entscheidung*（1929）。

24 参阅 Ehrlich，esp. chapters 5 and 6。

25 praeter legem，意为与（制定）法并行；contra legem，意为与（制定）法相悖。 899

26 尤其是 Lambert，*op. cit.*（1903）；Ehrlich。

27 在这两个句子中，三种不同的现象被合在一起的这种方式表明，可能有某个联系环节被忽略了。法官在进行法定解释时必须"客观地"把文本看作一个自足的实体，而不应，甚至不许探究立法机构的意图，这种假定并非仅限于德国。它在英国早就是公认的法定解释方法了，而且多数时候也在美国居于支配地位。它在德国的主要代表是 A. Wach［*Handbuch des Zivilprozesses*（1885）］与 K. Binding［*Handbuch des Strafrechts*（1885）］；另见 J. Kohler，*Über die Interpretation von Gesetzen*（1886），13 Grünhut's *Zeitschrift* 1。这种理论对德国的法院产生了某些影响，但从长远来看，却并未阻止它们仔细关注议会听证及其他立法素材。

自由法学派的假定之一是这样的观念：对制定法应当严格解释，以屏弃自由统治，让自由公正的法律创制填补空隙（见注 20）。

《德国民法典草案》所附的案例汇编中一再出现了这样的短语，即应由“法科学与法律学说”解决某些难题。每当起草者们感到过于详细可能会有损法典编纂的目的时，他们就会使用这个短语，很难看出它与文本下文陈述的自由法原则是什么关系。

28 尤见 Victor Cathrein，*Recht*，*Naturrecht und Positives Recht*（2nd ed. 1909）; v. Hertling，*Recht*，*Staat und Gesellschaft*（4th ed. 1917）; Mausbach，*Naturrecht und Völkerrecht*（1918）；比较晚近的还有 H. Rommen，*Die ewige Wiederkehr des Naturrechts*（1936 ; Hanley's transl. s. t. *The Natural Law*，1948），以及最新的天主教文献概述 I. Zeiger in（1952）149 Stimmen der Zeit 468。

29 关于新康德主义，见 Friedmann，op. cit.，91 ；主要代表人物是施塔姆勒（R. Stammler），他的著作 *Leer von dem richtigen Recht*（1902）已由 Husik s. t. 译出，即 *The Theory of Justice*（1925）。另见 E. Kaufmann，*Kritik der neukantischen Rechtsphilosophie*（1921）提出的尖锐批判。

30 这是借助利益法学派扩展阐述耶林的观念，见注 20。

31 关于法国的法学理论，见 vol. Ⅶ of the modern Legal Philosophy Series : *Modern French Legal Philosophy*（1916），其中包括了 A. Fouillée，J. Charmont，L. Duguit，and R. Demogue 的文论。关于综合性的批评史，见 J. Bonnecase，*La pensée juridique francaise de* 1804 *à l'heure présente*（1933）。另请参阅 in the 20th Century Legal Philosophy Series，vol. Ⅳ，*The Legal Philosophies of Lask*，*Radbruch*，*and Dabin*（1950）227 ；关于最近的趋势，见 B. Horváth，*Social Value and Reality in Current French Legal Thought*（1952），1 Am. J. of Compar. Law 243。关于这一趋势的主要代表人物，韦伯提到了 Francois Gény，法国利益法学派的奠基人［*Méthode d'interprétation*（1899）；参阅他在 Modern Legal Philosophy Series 发表的文章，vol. Ⅸ，*Science of Legal Method*（1917）498］；社会学法学家 Edouard Lambert（op. cit.）、Léon Duguit［*Le droit social*，*le droit individual*，*et la transformation de l'état*（1910）; *L'état*，*le droit objectifet la loi positive*
900 （1901）; *Les transformations générales du drorr prive*（1912），transl. in Continental Legal History Series，vol. Ⅺ，s. t. The Progress of Continental Law in the 19th Century（1918）; *Les transformations du droit public*（1913），transl. by Laski s. t. *Law in the Modern State*（1919）］，以及 Raymond Saleilles［*Méthode et codification*（1903）; *Le code civil et la méthode historique*，载 Livar du centenaire du Code Civil（1904）］。

32 显然，韦伯并不熟悉近来普通法对所有权概念的用法。事实上，在不动产法的经典形式中，个人有权使用并处置一块土地的各种方式，在被王室法院及衡平法承认的土地保有权、所有权和其他权利中就已经很清楚了。然而，这里并不存在像罗马的主人权（dominium）那样可能存在于一块土地上的，包括了所有权利、特权、权力和豁免权的综合性术语。不过按照现代的用法，所有权、封地或封地所有权等等术语通常正是在这个意义上被使用的，在美国尤其如此。

33 *Das Imperium des Richters*（1908）.

34 写于 1924 年的德国法律废除陪审团之前；见第十一章，六。

第九章 901

政治共同体

一、领土政治组织的性质与“正当性”

“政治共同体”一词指的是这样一种共同体：其社会行动的目的就是由参与者借助已经准备就绪的物理暴力——包括通常的武装力量——使一定“领土”以及领土之内人员的行为服从有序支配。这种领土必须是在任何时候都能以某种方式确定下来的，但未必有着恒定或明晰的界线。领土内的人员或者是永久的或者是临时的居民。另外，参与者的目的可能是为自己获取额外的领土。[1]

这个意义上的“政治”共同体并非到处也并非历来就存在的。只要是指定由家族、邻里联合体或者某种不同类型且基本上以经济利益为取向的联合体承担武装御敌任务的地方，就不会存在这样一个单独的共同体。即使符合概念上最低标准的政治共同体，也并非存在于任何地方及任何时代，这指的是“以暴力维持对一定领土及其居民的有序支配”被视为该共同体必需的功能。这项功能所包含的任务往往会在若干共同体之间分配，它们的行动部分是互补的，部分是重叠的。例如，亲属群体、邻里联合体或者临时建立的武士组合体都会承担部分“对外”攻防之责。“领土”的“内部”支配以及对社会群体内部关系的控制，则很可能在不同权力之间分配，其中包括宗教权力；即
902 使就暴力的使用而言，也未必会垄断在任何单独一个共同体手中。在某些情况下，“对外”使用暴力甚至会遭到原则反对，比如宾夕法尼亚的贵格会共同体事实上就曾有过这样的态度，至少是根本不存在有组织地使用暴力的准备。不过一般来说，准备就绪以供运用的暴力总是与对一定领土的支配结合在一起的。

除非——并且只要——某个共同体并不是仅仅构成一个“经济群体”，或者换句话说，只要它所具有的价值体系除了事关对货物与服务的直接经济处置以外还关系到其他问题的安排，才能说存在着作为一个单独结构的政治共同体。除了对领土和居民的暴力支配以外，社会行动的具体内容在概念上都不切题。这种内容可能非常广泛，比如我们会谈到“强盗国家”“福利国家”“宪政”或“文化”国家等等。由于控制手段的严厉性质，政治联合体特别能够僭称具有任何可能的、使联合体行为以之为取向的价值观；世界上任何时候的任何东西大概都有可能成为某种政治联合体的社会行动目标。

但是，一个政治共同体的社会行动可能会仅限于不加掩饰地维持对一块领土的支配权，而且事实上它往往会为此不遗余力。即使在履行这项功能时，政治共同体的行动在许多情况下也是间歇性的，不管它在其他方面可能达到了什么样的总体发展水平。这种行动总是突然

爆发的，以便应对外部的威胁或者不管什么动机推动下而突如其来的内部暴力冲动；但在“正常的”和平时期，它会变得悄无声息，因为领土内的居民和平共处，社会行动仅仅表现为在惯常的经济领域中事实上的相互尊重，对外或对内没有使用任何强制力的可能性，以致产生了一种“无政府”状态。

用我们的术语来说，凡是构成了一个单独的“政治”共同体的地方，我们就会看到（1）一块“领土”；（2）使用物理暴力支配领土的可能性；（3）社会行动并非仅限于满足共同体经济框架中的共同经济需求，而是更普遍地调整着领土之内居民的相互关系。

在领土的边界之外或之内，都可以找到可能的暴力社会行动矛头所向的敌对者。由于政治权力已经变成了有组织的行动——今天则是“制度”行动——的垄断物，那么首先在组织的义务性成员中就会发现被强制的对象。较之其他制度化组织起来的共同体，政治共同体的 903
构成更是如此：它把各种义务强加给每个成员，而他们许多人履行义务仅仅是因为意识到了这些义务背后可能存在着物理强制。此外，政治共同体也是这样一些共同体之一种：它们的行动包括——至少在正常情况下——通过威胁并消灭生命及迁徙自由而对局外人以及成员本身进行强制。个人最终会被要求为了群体利益而慷慨赴死。这就给政治共同体带来了特殊的感人力量，为它建立了持久的情感基础。这种政治命运的共同体，即生死与共的政治斗争共同体，会在各个群体当中产生共同的记忆，这种记忆往往比单纯的文化、语言或人种共同体的纽带具有更深远的影响。就是这种“记忆共同体”——正如我们将要看到的那样［见下文，（五）］——构成了“民族意识”最终的决定性要素。

政治共同体绝不是唯一把捐弃生命作为共同义务必要内容的共同体，甚至在今天也不是。其他群体的义务可能也会导致同样极端的结果。这里可以略举几例：亲属群体的血亲复仇、宗教共同体的殉道行为、身份群体的“荣誉准则”（“code of honor”）；提出这种要求的还有许多体育联合会、**克莫拉**[2]那样的群体，尤其是为暴力占用他人经济货物的目的而建立的所有群体。

从社会学角度来看，政治共同体仅仅在一个方面不同于这些群体：作为覆盖一片广大领土——可能还有领海——的牢固权力，它是一种特别持久而公开的存在。因此，越是往前追溯历史，政治共同体与上述群体的分化就越不会清晰可见。在参与者的心目中，政治共同体本来只是其他共同体之一种。随着它的活动由单纯对实际威胁的间歇性反应转变为持续的制度化组合体，参与者便认识到了它在质上的不同性质，它的强制手段严厉而有效，同时也产生了为适用这些手段而建立一个理性决疑秩序的可能性。

政治联合体在现代的地位则依赖于成员的信仰给它们带来的声望，因为信仰的对象是一种特殊圣事：由它们安排并调整的社会行动
904 的“正当性”。凡是——并且只要——社会行动构成了物理强制，包括生杀予夺的权力，这种声望就会特别强大。正是依靠这种声望，才能达成对行动的特殊正当性的共识。

对于明确的政治行动正当性的信仰能够——在现代条件下通常也都会——达到这样的程度：只有某些政治共同体，即只有国家，才被认为能够授权并许可任何其他共同体“获得正当性”去实施物理强制。为了威胁并实施这种强制，那些高度成熟的政治共同体都已发展出一套被输入了特殊“正当性”的决疑规则体系。这种规则体系便构

成了“法律秩序”，而政治共同体则被认为是该秩序唯一正规的创造者，因为这种共同体通常都已夺取了对权力的垄断以借助物理强制迫使人们尊重那些规则。

由政治权力所保障的“法律秩序”只是在一个非常缓慢的发展过程中获得了这种优势地位的。这应当归因于如下事实：曾经实施过自有强制权力的其他群体已经丧失了它们对个人的控制，在经济和结构变迁的压力下，它们要么归于解体，要么屈从于政治共同体，后者也许还会授予它们强制权力，但同时也会削弱之。

得到政治保障的法律秩序上升到这种优势地位，还应归因于不断出现的新兴利益集团的同步发展，它们要求得到一种在旧有的自治共同体内不可能得到的保护。因此，只有在那些理性调整的保障措施中，一个稳步扩大的利益范围，特别是经济利益范围，才能得到充分的保护，而这样的保障措施只有政治共同体才能创造出来。所有“法律规范”已经发生并将继续发生的这个“国有化”过程，在另外的场合已有讨论。[3]

二、政治联合体形成过程的诸阶段

不言而喻，暴力社会行动是绝对的初级阶段现象。任何群体，从家庭到政党，一旦它们不得不出面保护，并且也能够保护自己成员的利益时，就始终都会诉诸物理暴力。然而，由政治—领土联合体垄断正当暴力并把它组合进一个制度化的秩序，这就绝对不是初级阶段 905
了，而是一个进化的产物。

凡是经济条件尚未明确分化的地方，几乎不可能看到一个明确的政治共同体。按照我们今天的看法，“国家”的基本功能是：制定法律（立法功能），保障人身安全和公共秩序（治安），保护既得权利（司法行政），培育卫生、教育、社会福利以及其他文化关切（各个行政分支），最后——但不是最不重要的——则是有组织地武装防御外来攻击（军事行政）。在原始条件下，这些基本功能要么根本就不存在，要么缺乏任何理性秩序的形式。履行这些功能的都是无定型的临时群体，或者由家庭、亲属群体、邻里联合体、乡村村社以及为了某种特定目的而形成的纯自愿联合体等等不同群体分担。此外，私人联合体也会进入我们习惯上认为绝对属于政治联合体范围的行动领域，例如西非的私人秘密会社就在履行治安功能。[4] 因此，维持内部和平甚至不能算作一般政治行动概念的必要成分。

如果说一种具体的暴力正当性观念与什么特殊类型的共识性行动有关联的话，那就是与亲属群体履行血亲复仇的义务有关。但是，如果涉及一种军事类型的有组织行动，即对抗外敌，或者涉及一种治安类型的有组织行动，即对付内部秩序的破坏者，那么这种关联就很微弱了。如果一个地区性联合体在它的传统领地上遭到外敌攻击，其成员以保卫家园的方式参加战斗，这一点就更加清晰可见。针对这种可能事件的预防措施会变得越来越理性，这可能使得某个政治组织被认为享有特殊的正当性。只要这种做法形成了某种稳定性，或者至少存在着一个初步的合作机构，以随时准备防御外来的暴力进犯，就会出现这样的政治组织。不过这已经是一个相当高级的阶段了。

“正当性”最初与不受规范约束这个意义上的暴力并没有什么关系，这一事实在下面的情形中可以看得更加清楚：一个群体中最好战的成员会凭借私人之间的兄弟关系主动结伙以组织掠夺侵袭。这在经

济发展的所有阶段，直至理性国家形成之后，都是在定栖社会中发 906
动侵略战争的典型方式。自由选举的领袖一般都是由于他的个人品质（超凡魅力）而获得了正当性的。我们在别处已经讨论过由此形成的支配结构。然而，至少在最初的时候，暴力仅仅在这样一些情况下才会需要正当性：它的矛头所向是兄弟关系中那些有叛变行为或者因抗命或怯懦而有害于兄弟关系的成员。随着临时组合体发展为一种永久性的结构，这种状态就会逐渐胜出。通过培育军人的勇武精神并把战争作为一种职业，这种结构便发展成一种能够有效要求得到全面服从的强制机器。这些要求既针对被征服地区的居民，也针对产生了这种武士兄弟关系的地区共同体中那些军事上不合格的成员。装备了武器的人只承认有能力服役者是政治上的平等者。所有其他未经武装训练和没有能力服役者，都会被视为娘们儿，许多原始语言中都有这种明确的说法。在这些武士的组合体内部，自由与服役的权利是同一回事。舒尔茨（Schurtz）以高度的敏感仔细研究过的男人之家，就是那些最终产生于某个武士组合体——或者用舒尔茨的术语来说，是某个“男人同盟”——的结构之一，它曾以各种不同的形式出现在世界上的所有地方。它在政治行动领域——比如高度发达的武士职业——几乎完全相当于宗教领域的修道院僧侣组合体。只有那些业已证明骁勇善战并在见习期之后加入了武士兄弟关系的人才是成员，而没有通过考验的人则仍然作为“娘们儿”留在妇女儿童中间，与之为伍的还有那些不再有能力服役的人。男人只有到了一定年龄才能组建一个家庭，这时的身份类似于今天的应征入伍者服役之后转入预备役。在这之前，该男人则属于因其种种生存素质而被接纳其中的武士兄弟会。这种兄弟会过着一种共产主义的联合体生活，其成员要别妻离子、抛家舍业。他们以战利品和向非成员征税，特别是向从事农耕的妇女征税为生。除了战争行为之外，他们唯一被认为值得做的事情就是生产和养护兵器，这往往是他们为自己保留的专有特权。

按照这样的社会调节，武士们会抢夺或购买姑娘以做公用，或者
907 有权要求被支配地区的所有姑娘卖淫。大量所谓婚前杂交的遗迹——它们常常被认为是无差别的原始同族婚配的性习俗残余——似乎就与这种男人之家的政治制度有关。在另一些情况下，比如在斯巴达，武士兄弟会的每个成员都有妻儿家室，但她们是作为母系群体生活在外面。绝大多数情况下这两种形式会相互结合着出现。

为了确保自己建立在持续掠夺局外人财物，特别是掠夺妇女财物基础上的经济地位，组合起来的武士有时还会使用带有宗教色彩的恐吓手段。他们会经常安排队伍戴着面具行进以冒充精灵显现，这不过是为了不受干扰地进行掠夺，而妇女们和所有局外人一听到咚咚的手鼓声就会因为畏惧迫在眉睫的死亡而逃进丛林，于是，那些“精灵”便可以肆无忌惮地从她们家中掠走所有值得劫掠的东西而又不会暴露真面目。众所周知的印度尼西亚 Duk-Duks 队伍 * 就是一个适当范例。

显然，武士们压根儿就不相信自己的行为具有正当性。他们自己知道这是一种粗陋简单的骗局，并且通过巫术禁忌防止局外人进入男人之家，成员则必须承担保持沉默的严格义务。一旦有妇女涉足其中，或者一旦秘密被泄露，或者像有时发生的那样一旦被传教士有意揭穿，男人同盟的威望也就终结了。不言而喻，这种活动也像所有利用宗教达到黑衣警察的目的那样是与民间礼拜联系在一起的。不过，

---

* 见本书第一卷第二部分第四章英译者注 2。

尽管有着巫术迷信的倾向，但武士社会却始终特别具有世俗性，并且始终专以抢掠为取向，因而它的作用始终就是一种与民间虔诚相对立的怀疑主义力量。它在所有演变阶段上都不会敬重神明和精灵，一如荷马时代的武士社会对待奥林匹斯诸神那样。

只有在武士群体超然于日常的生活轮回而自由组合时，就是说，融合进一个永久性的地区共同体，并由此而形成了一个政治组织，这时两者在暴力的使用上才会完成一种特有的合法化。无论什么地方发生了这一过程，都是一个渐进的过程。一个更大规模的共同体，只要能把其中的武士成员结为有组织的掠夺者或者一个永久性的武士同盟，就有可能获得权力把那些自由组合的武士从事的劫掠置于自己的控制之下。通过以下两个过程可能会达到这个成效：武士组织由于长 908
期的绥靖而归于瓦解；或者通过自治或他治方式进行全面的政治组合。这个更大规模的共同体会关心获得这种控制权，因为它的所有成员都有可能因参与武士劫掠而遭受武士劫掠的报复。瑞士禁止年轻人受雇为外国势力当兵的惯例，就是有效获得了这种控制权的例证。[5]

早期日耳曼历史上就已经有区域性的政治共同体（*Landsgemeinde*）对这种掠夺性征战进行控制。如果强制机器变得足够强大，它就会镇压任何形式的私人暴力。随着强制机器发展为一种永久性的结构，并且越来越关心一致对外，这种镇压就会越来越有效。最初它所针对的仅仅是那些直接危害政治共同体军事利益的私人暴力形式。比如13世纪的那位法国君主就在他本人指挥的一场对外战争期间平定了王室封臣之间的世仇。随后则会比较普遍地产生一种持久的公共和平形式，所有争端都被强行交付法官仲裁，法官则把血亲复仇转变为理性有序的惩罚，把世仇和赎罪行动转变为理性有序的法律诉讼程序。

然而，早期的时候，即使针对公认的重罪行为，除非在宗教或军事利益集团的压力下，否则也不会由有组织的共同体进行诉讼，现在，在政治强制机器的保障之下，越来越多的人身与财产伤害被纳入了诉讼范围。由此，政治共同体便为它的强制机器垄断了暴力的正当应用，并且逐渐转变为一种为权利提供保护的制度。在这一过程中，它会得到对于市场共同体有着直接或间接经济关切的所有群体支持，而且是强有力的决定性支持，同时也会得到宗教当局的支持。在越来越安定的环境下，宗教当局的支持能够最有效地控制大众。不过从经济角度来说，对安定环境最为关注的群体则是那些受市场利益摆布的群体，特别是城镇居民，以及所有关心过河费、过路费、过桥费和佃户与臣民纳税能力的人。这些利益集团会随着货币经济的发展而扩张。甚至在政治权威按照自身意愿把公共和平强加于人之前，这些利益集团在中世纪就已经试图与教会合作以限
909 制世仇争端，并为维护公共和平（Landfriedensbünde）建立一些临时的、短期的或长期的同盟。由于市场的扩张瓦解了垄断组织并引导其成员认识到他们的市场利益，这就从根本上消除了使他们的暴力正当性得以发展的利益共同体基础。因此，与普遍安定的局面和市场的扩张沿着平行路线相伴发展的是：（1）由政治组织垄断合法暴力，这在现代的**国家**概念中达到了顶点，它被视为物理暴力的全部正当性的最终来源；（2）暴力的应用规则实现了理性化，它在正当性法律秩序的概念中达到了顶点。

［补论：］我们不可能论及原始政治组织不同发展阶段的类型学，尽管它令人关注，但迄今为止仍欠发达。[6] 即使在相对高级的财产权制度下，也很有可能并不存在一个单独的政治组织及其种种机关。比

如按照韦尔豪森（Wellhausen）的说法，[7]“蒙昧”时代*的阿拉伯人就是这种情况。除了亲属群体的长老（舍赫，sheikh），他们不承认家族以外的任何永久性权威。这种因为安全的需要而相聚在一起，带着帐篷四处漂泊的流浪者自由共同体，根本就没有任何专门的机关，而且实际上是不稳定的，它在与外敌冲突事件中所能接受的权威仅仅是一种间歇性的权威。

这种局面可以在一个很长的时期，而且可以在任何经济组织的类型中持续存在。唯一正常持久的权威就是家长、亲属群体的长老，除了他们以外还有巫师和先知。无论亲属群体之间出现什么样的争端，均由长老借助于巫师进行仲裁。这种情形相当于贝都因人的经济生活形态。不过像后者一样，这也绝非原始形态。一旦定居生活类型产生了经济需求，它们需要持久而连续的供给，但亲属群体和家庭又无力提供的时候，就会出现乡村的族长制度。这种乡村族长往往是从巫师，特别是雨法师当中产生的，或者是一个成就卓著的掠夺袭击领袖。在财产占用达到高级阶段的地方，任何一个凭借财富和相应生活标准而出人头地的男子都可以很容易地获得族长地位。但他不可能行使真正的权威，除非出现了紧急状态，即使这时，也要绝对以某些具有巫术或者类似性质的纯个人品质为基础。否则，特别是在持久和平的条件 910
下，他就不过是个民间的仲裁者，他的指示也不过是作为良好建议的陈述被接受。这种族长在和平时期完全缺席的现象也绝非罕见。这时，邻里之间的共识性行动仅仅由对传统的尊重、对血亲复仇及巫术力量发作的恐惧感加以调整。不过无论如何，族长在和平时期的功能实际

* “pagan” age，指接受伊斯兰教教化之前的阿拉伯人。

上主要是经济上的，比如调整耕作以及偶尔为之的巫术—治疗或者仲裁功能。但是一般来说，这没有固定类型。暴力只有在被族长应用时，而且只有在固定传统所认可的方式和情况下才会具有正当性。一旦使用暴力时，族长就要依赖于群体成员的自愿帮助。他越是拥有巫术超凡魅力和经济上的出众地位，他就越是能够获得这种帮助。

三、权力声望与大国

所有的政治结构都会使用暴力，但在针对其他政治组织使用或威胁使用暴力时的方式却各有不同。这些差异对于决定政治共同体的形式与命运具有特殊的作用。并非所有的政治结构都具有同样的“扩张性”。它们并非全都追求自身权力的对外扩张，也不都是准备随时动用暴力手段合并其他地区和共同体或把它们变成附庸以谋得对它们的政治统治权力。因此，作为权力结构的政治组织在对外扩张的程度上是有差异的。

瑞士的政治结构是由于列强的集体保证而得以“中立化”的。出于各种不同的原因，瑞士没有成为被强烈渴求的兼并对象。其周边若干势均力敌的共同体相互嫉妒使它逃脱了这种命运。瑞士——以及挪威——也很少像拥有殖民地的尼德兰那样遭受威胁，而尼德兰受到的威胁又小于殖民领地已经岌岌可危且一旦强邻之间发生战争就会殃及自身的比利时。瑞典也是完全无遮蔽的。因此，政治结构对外的态度既可能更“孤立主义”，也可能更富“扩张性”，而这些态度都是可能变化的。政治结构的权力有着特殊的内在动力。在这种权力的基础上，其成员可能会要求一种特殊的“声望”，而他们的要求可能会影

响到权力结构的外在表现。经验在在表明，要求获得这种声望总是会 911
成为战争之源。这种要求所发挥的作用难以估计，总起来说不可能测定，但却非常明显。“荣誉”的领域也从属于政治结构之间的相互关系，这类似于社会结构中的“身份秩序”。

封建领主像现代的军官或官僚一样，天然就是这种欲望的主要体现者：为自己的政治结构谋求以权力为取向的声望。他们政治共同体的权力就意味着他们自身的权力，以及这种权力基础上的声望。对于官僚和军官来说，权力的扩张就意味着更多的官职、更优厚的报酬和更大的升迁机会。（对于军官来说，甚至在一场失败的战争中也不会耽误升迁。）对于封建封臣来说，权力的扩张则意味着获得新的赐封采邑并为后代留下更多的财产。教皇乌尔班在发起十字军东征的演说中就是集中谈到了这些机会，而不是像传说的那样出于人口过剩的原因。

除了以行使政治权力为生的各阶层当中天然普遍存在的直接经济关切以外，追求声望也与所有特定的权力结构，因而与所有的政治结构有关。这种追求并非简单等于“民族自豪感”——这一点后面再谈，也不等于为自己的政治共同体实际的或假想的杰出品质而自豪，或者为单纯拥有这样一个实体而自豪。这样的自豪感在瑞士人与挪威人当中高度发达，然而它实际上却是严格孤立主义的自豪感，与对政治声望的要求无关。

权力的声望实际上意味着权力支配其他共同体时带来的荣耀，它意味着权力的扩张，尽管这种扩张并非始终表现为合并或臣服的形式。大型的政治共同体则是要求获得这种声望的天然支持者。

任何政治结构自然都会倾向于削弱而非加强自己的邻居。此外，由于任何大型政治共同体都会怀有获得声望的潜在抱负，这自然就对邻居构成了潜在的威胁；因此，大型政治共同体，仅仅因为它既大又强，也会受到不易觉察的持续威胁。最后，由于不可避免的“权力动力”，一旦对声望的要求爆发出来——而这一般都是和平遭到迫在眉睫的政治危害所致，它们就会挑战所有其他可能的声望要求者并导致他们之间的竞争。最近 10 年间（1900—1910）的历史，特别是德法之间的关系，就表明了这种无理性因素在所有政治对外关系中的突出
912 影响。声望感能够强化一种热诚的信念，即自身的力量确实存在，这对发生冲突时保持积极自信非常重要。因此，政治结构中的所有既得利益集团都会倾向于系统地培育这种声望感。

今天，人们通常都把那些体现了权力声望的实体叫作“大国”。在众多并存的实体中间，某些大国一般都会把某个广大范围的政治与经济进程中的权益划归或抢夺为己有。这样的范围如今已经遍布我们这个星球表面的所有地方。在古希腊时期，那个“王”——即波斯国王——尽管已经遭受失败，但波斯仍是得到最广泛公认的强国。斯巴达求助于它就是为了在它的支持下把国王的和平（安塔西达斯和约）强加给希腊世界［公元前 387 年］。后来，在帝国建立之前，罗马的政体也扮演了这样的角色。然而，出于一般的“权力动力”原因，大国往往都会扩张权力，就是说，它们都是一些旨在使用或威胁使用暴力以扩张各自政治共同体领土的联合体。当然，大国并不一定而且并非始终以扩张为取向。它们在这方面的态度经常有变，其中经济因素发挥着决定性的作用。

例如，英国的政策一度就曾完全深思熟虑地放弃了进一步的政治扩张。它甚至曾放弃了凭借暴力保住殖民地的做法而转向一种“小英格兰”政策，靠的是一种孤立主义限制和一种不可动摇地坚持经济优

先的信心。历次布匿战争之后，罗马贵族统治的权势人物也很乐意推行一种类似的“小罗马”计划，以把罗马的政治征服限制在意大利和邻近群岛的范围之内。斯巴达贵族也曾尽可能审慎地限制自己的政治扩张以保持孤立状态。他们仅限于打击危害他们权力和声望的所有其他政治结构。他们喜欢保持城邦的独立。一般来说，在这些以及许多类似的情况下，贵族统治集团（罗马的公职贵族、英国以及其他地方的自由贵族、斯巴达的霸主们）或多或少都有一种明显的忧虑，即担心无休止的“帝国主义”会产生一个“皇帝”（imperator），就是说，一个超凡魅力战争首领，他可能以牺牲他们为代价谋取统治地位。然而，和罗马人一样，英国人不久也被迫放弃了自我限制的政策，进而推行政治扩张，这在一定程度上也是由于资本主义的扩张利益所致。

四、“帝国主义”的经济基础 913

人们可能会倾向于认为，大国结构的形成与扩张始终并且主要是由经济因素决定的。这里有一个大概很容易普及的假设，即贸易——如果它是密集的而且已经存在于某个地区——是它政治统一的标准前提和原因。关税同盟[8]的例子便是触手可及，况且还有众多其他事例。然而，更切近的观察就会非常清楚地揭示出，这种巧合并非必然，而且这种因果关系也绝非始终表现在一个单独的方向上。

例如德国，它已经形成了一个统一的经济区，但它的居民要想首先在自己的市场上出售自己的产品，却只能通过边界地区的海关要塞，这是受到了纯政治因素的左右。消除了所有关税壁垒，使德国东部谷蛋白胶质含量很低的过剩谷物能够流通的，并不是德国西部市场，而是受经济因素左右的英格兰市场。德国西部的矿产品和滞销的铁产品在东部决不会找到受经济因素左右的市场；而对东部来说，西部基本上也不是由市场因素左右的工业产品供应商。至关重要的是，德国的内陆交通线（铁路）在东西部之间运输大宗货物的途径，在一定程度上——而且至今依然——并非由市场因素决定的。德国东部的经济区位也许适合于发展强大的工业，但它的由经济因素决定的市场和腹地却是俄国的整个西部地区。这样的工业如今已被俄国的关税壁垒阻断并转到了以俄国海关要塞作为直接后盾的波兰。众所周知，由于这一发展，俄国的波兰人与俄罗斯帝国观念的政治**合并**（Anschluss）这种政治上似乎是不可能的事态也就出现了可能性。所以，在这样的情况下，纯粹由经济因素决定的市场关系便有了政治统一的作用。

然而，德国却是**逆着**经济决定因素本身实现了政治统一的。一个政治实体的边界与单纯从地理上给定的经济区位条件相冲突，这样的情况并不罕见;政治边界之内可能会囊括一些——就经济因素而言——追求分离的地区。在这种情况下，几乎总是会出现经济利益之间的紧张关系。不过，政治上的纽带一旦创造了出来，它的强有力程度往往
914 是其他有利条件（例如共同语言的存在）下的纽带无法比拟的，甚至没有人会因为那种经济上的紧张关系而设想政治分离。这也适用于——例如——德国。

［补论：］帝国的形成并非总是循着出口贸易的路径，尽管我们今天常常按照这种帝国主义方式看待事物。一般来说，“大陆”帝国主义——俄国与美国——恰如英国以及仿效英国的“海外帝国主义”一样，都是沿着先前存在的资本主义利益轨道发展的，尤其是在那些政

治上虚弱的海外地区。当然，至少对于过去那种大规模海外领地的形成来说，出口贸易确实发挥了决定性的作用，比如雅典、迦太基和罗马的海外帝国。

然而，即使在这些古代政治实体中，其他的经济利益至少也与商业利润同等重要，而且往往远更重要，例如地租、包税、职务收费以及特别为人向往的类似收益。在对外贸易方面，对产品销售的关切作为扩张的动机反而明显退到了幕后。在现代资本主义时代，关心对外国地区的出口居于支配地位，但古代城邦所关心的，毋宁说是占有那些能够从那里进口货物（原材料）的地区。

在形成于内陆平原上的大国之间，货物交换并不发挥调节作用或者决定性的作用。对于东方的大河沿岸国家来说，即对于在这方面与外向型国家类似的国家来说，货物贸易最有意义，特别是埃及。然而，蒙古“帝国”肯定并不依赖于任何密集的货物贸易，马背统治阶层的流动性弥补了实际的交通工具之不足，并使中央行政成为可能。无论中华帝国、波斯帝国还是从海岸帝国转变为大陆帝国之后的罗马帝国，都不是在先前存在的特别密集的内陆货物运输或者高度发达的交通手段基础上产生和维持的。罗马向大陆的扩张毫无疑问是受到了资本主义利益的强烈影响，其中至关重要的利益就是包税人、猎取官职者以及土地投机商的利益，追求这些利益的根本就不是忙于特别密集的货物贸易的群体。

波斯的扩张无论如何也不是得助于资本主义利益集团。那里并不存在作为动力或先导的这种利益集团，正如中华帝国或者卡洛林王朝的创建者也没有得到过这种集团的效劳一样。

当然，即使在这些情况下，贸易的经济重要性也并非完全阙如。

915 不过，其他动机也在历史上所有横跨大陆的政治扩张——包括十字军东征——中发挥了作用。这些动机包括，关注更多的王室收入，关注封臣、骑士、军官、官员、世袭官员的年轻后代等等的薪俸、采邑、官职及社会荣誉。对贸易港的兴趣当然不会那么关键，尽管它们作为次要因素也有着举足轻重的作用：第一次十字军东征主要还是一次横跨大陆的运动。

贸易绝不是始终都在为政治扩张指引道路。这里的因果关系往往正好相反。在上面提到的帝国当中，那些有了一种其行政管理从技术上说能够建设至少横跨大陆的交通手段的帝国，这样做也是为了行政管理的目的，原则上说这往往也是唯一的目的，不管交通手段是否有利于现有的或者未来的贸易需求。

在今天的条件下，俄国完全可以被认为是一个其交通手段（今天的铁路）主要受政治因素左右的国家。奥地利南方的铁路则是另一个范例。（它的股票至今仍被称作“伦巴第人”股票，一个负载着政治记忆的说法。）几乎没有哪个国家会没有“战略铁路”；然而，许多这样的规划都会伴随着一种为长期赢利提供交通保障的预期，这在过去也是一样：一方面，很难证明古罗马的军用大道是为了服务于商业目的，波斯与罗马的邮递驿站也肯定不是这种情况，它们完全是服务于政治目的的；另一方面，历史上贸易的发展当然也是政治统一的正常结果。政治统一首先就会给贸易提供一个具有可靠保障的法律基础。不过，即使这一规律也并非毫无例外。因为，除了要依赖于安定和从形式上保障法律的实施以外，贸易的发展还要受制于某些经济条件（特别是资本主义的发展）。况且，资本主义的演进可能会遭到统一的政治结构运行方式的扼杀，比如晚期罗马帝国就是这种情况。在那里，统一的结构取代了城邦同盟，它的基础是一种强有力的自然农业经济。这一点越来越有利于把公益性派捐作为给军队和行政培育财源的方式，而这些因素直接窒息了资本主义。[9]［补论完］

尽管贸易本身绝不是政治扩张的决定性因素，那么总的来说经
济结构会共同决定政治扩张的范围与方式。除了妇女、牲畜和奴隶之
外，最早需要凭借暴力获取的首要目标之一就是稀缺的土地。对于四 916
出征战的农民共同体来说，天然的方式就是直接夺取土地并消灭那里
的定居人口。总体上来看，条顿人的迁移就是采取了这样的做法，只
是程度比较温和而已。作为一个紧凑的整体，这个运动可能已经多少
蔓延到了现有的语言边界之外，但只是发生在零星地区。由人口过剩
引起的土地稀缺程度，其他部落的政治压力程度，或者仅仅就是天赐
良机，也都产生了一定作用，这里对此暂不讨论。总之，某些外出征
伐的群体会长期保留他们对故乡的可耕地的权利，因为说不定他们还
会重返故乡。

在非农民的共同体中，或多或少使用暴力手段夺取土地，对于胜利者利用自己权利的方式也有着重要作用。正如弗兰兹·奥本海默正确强调的那样，地租常常也是暴力政治征服的产物。[10]当然，如果在自然经济和封建结构的条件下，这种征服就意味着被吞并地区的农民不会遭到消灭，而是给他们留下生路并向成为地主的征服者进贡。只要军队不再是征召自我装备的自由民组成，或者不是雇佣军或官僚制的大规模军队，而是自我装备的骑士军队，就会出现这种情况，比如波斯人、阿拉伯人、土耳其人、诺曼人以及总的来说西方的封建封臣，都是如此。

对地租的兴趣还意味着富豪的贸易共同体也会热衷于征服。由于

向土地和债务担保人投资更有利于获得商业利润，通常的战争目标就是要获得能够产生地租的肥沃土地，即使在古代也是如此。利兰丁战争［c. 590 B.C. ］标志着早期希腊历史的一个重要时期，它几乎完全是在海上以及各个贸易城邦之间进行的。但是，哈尔基斯和埃雷特里亚主要贵族之间争端的最初目标却是肥沃的利兰丁平原。除了各种贡物之外，阿提卡海上同盟显然还向那个居于统治地位的城邦各居民点提供了最为重要的特权之一：打破臣服城邦对土地的垄断。结果是，雅典人有权随处获得并抵押土地。

各城邦与罗马建立**通商关系**（Commercium）实际上也意味着同一回事。正如我们从［西塞罗］控诉盖尤斯·威勒斯[11]的演讲中了解到的那样，古意大利人在整个罗马势力范围内确立下来的海外利益，毫无疑问——至少在一定程度上——代表了一种实质上是资本主义性质的土地利益。

资本主义的土地利益在扩张过程中可能最终会与农民的土地利益
917 发生冲突。这种冲突在结束于格拉古时代的长期身份之争中产生了重要影响。资金、牲畜和雇工的大所有者自然会希望新获得的土地被当作公地用于租赁（*ager publicus*）。只要不是偏远地带，农民就会要求瓜分土地以供给自己的后代。这两种利益的妥协明显地反映在了传统之中，尽管细节上未必十分可信。

在受经济因素决定这个方面，罗马的海外扩张呈现出一些曾反复再现于基本轮廓中并且至今仍在重复出现的特征。这些特征有史以来第一次以显著方式出现在罗马，而且规模极大。无论向其他类型的过渡可能会多么变动不居，这些“罗马人”的特征都是我们打算称之为**帝国主义资本主义**的现象所特有的，或者说，它们为这种特殊类型的存在提供了一些条件。这些特征植根于包税人、国债债权人、国家供应商、由国家赋予了特权的海外贸易商以及殖民地资本家的资本主义利益之中。所有这些群体的赢利机会都有赖于直接利用谋求扩张的政治权力。

获取海外殖民地、凭借暴力手段奴役当地居民或至少把他们束缚在土地上（*glebae adscriptio*）作为种植园劳动力进行剥削，这给资本主义利益集团带来了巨大的赢利机会。迦太基人似乎是最早大规模筹划这种组织的；后来居上的则是西班牙人在南美、英国人在美国南方各州、荷兰人在印度尼西亚大张旗鼓的作为。获取海外殖民地也便利了强行垄断与殖民地——可能还有与其他地区——之间的贸易。如果政治实体的行政机器还不适应从新占领地区征税（这一点后面再谈），就会给资本主义包税人带来以税收赢利的良机。

战争的物资补给可能是军队自身提供的装备的组成部分，比如纯封建制度下的情况。但是，如果这些装备要由政治实体而不是军队提供的话，那么通过战争进行扩张并获得军备以准备战争，显然就给最大规模的借贷业务提供了最有利可图的时机。那时，资本主义的国债债权人就有了越来越多的盈利机会。甚至在第二次布匿战争期间，资本主义的国债债权人就向罗马国家开出了自己的条件。

凡是最终的国债债权人形成了一个庞大的国债食利者（债券持
有者）阶层的地方，这种债务就会给债券发行银行提供赢利机会，我 918
们今天的情况就是典型。战争物资供应者的利益也体现在同一个方向
上。在所有这种情况下，那些蓄势待发的经济势力所关心的是军事冲
突**本身**的出现，不管它会给自己的共同体带来什么后果。

阿里斯托芬曾在关心战争的行业与关心和平的行业之间作出了区

分，尽管从他的列表中可以明显看出，当时战争的重心仍是自我装备的军队，公民个人要向刀剑制造者与盔甲生产者订货。[12]但即使在那时，就已经有了大型的私人商业货栈，一般都被叫作“工厂”，尤其是被用来储备军需品。今天的国家本身几乎已经成为订购战争物资和武器的唯一代理人，因而更加增强了这一过程的资本主义性质。为战争筹集资金的银行和今天的大部分重工业，不管怎么说，**都是**从经济角度关注战争的，装甲钢板和枪炮的直接供应商并不是唯一抱有这种关切的人。一场输掉的战争和一场打赢了的战争一样，都会给这些银行与产业带来更多的生意。此外，国家的当权者会在政治与经济上关心本国大型战争物资生产厂的生存，这种关切使他们不得不容许这些工厂向全世界提供自己的产品，其中包括供应那些政治对头。

帝国主义的资本主义利益所能达到的平衡程度，尤其要依赖于同和平主义取向的资本主义利益相比帝国主义是否有利可图，而这里发挥直接作用的都是纯粹的资本主义动机。这一点反过来又与私营或公营经济满足经济需求的程度密切相关。两者之间的关系对于政治共同体支持下的经济扩张倾向的性质具有十分重要的意义。

一般来说，无论在什么时代，帝国主义的资本主义，特别是建立在直接暴力和强迫劳动基础上的殖民掠夺式的资本主义，显然都能提供最大的赢利机会。这种机会要比寻找出口途径，致力于同其他政治实体成员进行和平贸易的工业经营活动通常能够获得的机会大得多。因此，无论什么地方，只要实体本身或其分支（自治市）通过公营经济在相当大程度上满足了自己的需求，就始终会存在帝国主义的资本主义。这样的经济越是强大，帝国主义的资本主义就越是意义重大。

今天，越来越多的海外赢利机会再度出现了，特别是在那些打开

了政治与经济门户的地区，就是说，引入了现代特有的国有与私有经 919
营的地区。这些机会来自国家的军火合同，来自国家或被授予垄断权的建筑商进行的铁路建设以及其他建设项目，来自对工商业征税的垄断组织，来自垄断性特许权，来自政府贷款。

这种赢利机会以牺牲普通民间贸易的利润为代价，它的优势越来越大，国有经营作为供给需求的普遍形式就会获得更大的经济重要性。与这种趋势紧紧相伴的则是得到政治支持的经济扩张以及各国之间的竞争，它们的成员能够提供投资资本，目的在于确保自己在公共佣金（public commissions）中的这种垄断地位和份额。于是，有利于民间货物进口的单纯“门户开放”的重要性便逐渐退到了幕后。

为本实体成员垄断与外国领土上的国有经济相关联的赢利机会，最安全的方式就是占领外国领土，至少是以“保护国”形式或某种类似的安排臣服那里的政权。因此，这种“帝国主义”倾向正在日益取代仅仅以贸易自由为目的的“和平主义”扩张倾向。只有在由私人资本主义供应需求的组织把和平主义贸易而不是垄断贸易，至少不是把政治权力垄断的贸易作为资本主义赢利机会的最佳条件，和平主义扩张倾向才会占据上风。

“帝国主义”的资本主义历来就是资本主义利益集团对政治施加影响的寻常方式，它的普遍复活以及追求政治扩张的复活也就并非偶然。就可以预计的未来而言，恐怕不得不认为形势将对它有利。

如果拿出一会儿工夫做个思想实验，从某种角度把一些具体的国家看作是“国家社会主义”共同体，就是说，看作一种尽可能由集体经济供应需求的组织，那么上述局面就不可能发生根本变化。它们会寻求以尽可能低廉的价格购买并非在本土生产，而是由他国天然垄断的必需品（比如棉花之于德国）加以利用。如果使用暴力能够轻易带来有利的交换条件，这时就有可能使用暴力，而弱势一方将不得不履行进贡的义务，即便不是形式上的，至少也是实际上的。在其他方面，人们也会理解，那些强大的国家社会主义共同体不会不屑于在可
920 能的情况下也为了自己同伙的利益而榨取那些弱势共同体，一如早期历史上随处可见的那种情况。即使非国家社会主义的政治实体，公民大众也会像任何单独的阶层一样很少对和平主义感兴趣。阿提卡的平民——不仅仅是他们——在经济上就是以战争为生的。战争给军人带来报酬，胜利后还能从臣服者那里得到贡品。贡品实际上会在全体正式公民当中分配，而分配是在民众大会、庭审和公共庆典上以毫不掩饰的出勤费方式进行。这样，每个正式公民都能直接领会到帝国主义政策与权力所包含的利益。但是如今，从海外流入一个政治实体成员当中的收益，包括帝国主义性质的收益和实际上来自纳“贡”的收益，已经不会导致能够被大众理解的利益格局了。因为，在目前的经济秩序下，向“债权国国民”进贡的表现形式是偿付债务利息或者资本利润，它们都从海外转入了“债权国”的有产阶层之手。人们尽可以想象废除这样的进贡，但这就意味着像英国、法国、德国这样的国家对本国产品的购买力明显下降，而这将以有害无益的方式影响到劳动力市场。

尽管如此，债权国的劳工还是有着强烈的和平主义心态，而且总体上说，并没有对持续强制征收外国债务人共同体拖欠的这种进贡表现出任何兴趣。劳工们也没有表现出暴力参与剥削外国殖民地和公共佣金的兴趣。这是当下阶级状况的自然结果，但另一方面，也是资本主义时代各共同体内部的社会与政治状况的自然结果。有权得享进贡

的那些人属于支配着共同体的对立阶级。任何进行对外强制的富有成效的帝国主义政策，一般——至少在开始时——也会增强那些领导获得了这种成就的阶级、身份群体和政党的国内声望以及随之而来的权力和影响。

除了社会与政治格局所决定的对和平主义的支持以外，大众——尤其是无产阶级——对和平主义的支持还有其经济根源。任何对战争装备与战争物资生产的资本投入，都会带来就业与收入机会；任何国防合同都会成为扩大需求、推动商业经营紧张运转从而直接促进繁荣的一个因素。不仅如此，这还可以间接成为参与其中的产业界增强信心寻找经济机会并导致投机活跃的一个源泉。然而，这种投资却使资
本退出了其他可供选择的用途，并使它更加难以满足其他领域的需 921
求。至关重要的是，通过征税方式支撑战争手段，会完全放弃出于“重商主义”考虑而对严密控制财产所施加的限制，而统治阶层凭借自身的社会与政治权力，一般都知道如何把税负转嫁给大众。

那些几乎没有军费负担的国家（美国），特别是那些小国（比如瑞士），往往会比某些大国体验到更加强烈的经济扩张欲，它们对外国的经济剥削更容易被接受，因为它们并不会引起这样的担忧：经济入侵之后可能就是政治干预。

经验表明，小资产阶级和无产者阶层的和平主义关切往往非常容易失灵。部分原因在于，所有无组织的“大众”都很容易受到情感的影响，部分原因则是他们还抱有一个明确的想法，即战争说不定会带来某些意外的运气。在这个背景下，人口过剩的国家会产生获取移民区的希望，这样的和平主义关切当然也不可小觑。另一个推动因素则是这一事实：与其他利益集团相比，“大众”在主观上冒险投下的赌

注很小。如果输掉了战争，君主当然会担心自己的王位，共和政体的掌权者以及在共和宪法中享有既得利益的群体则不得不担心自己凯旋的将军。多数有产的资产阶级照例会担心生意衰退带来的经济损失。在某些条件下，由于战败带来的混乱，贵族统治阶层会担心权力的暴力转移将有利于无财产者。而“大众”本身——至少在他们的主观意识中并就极端情况而言——除了生命以外没有什么具体的东西可供损失。对这种风险的估价和感受，在他们头脑中是高度波动的，从总体上说，它能够很容易地在情感的影响下化为乌有。

五、民族

总的来看，这种情感影响带来的狂热并非出自某个经济源头。它的基础是声望感，在那些富有权力地位历史成就的国家，这种声望感早已深深植根于小资产阶级大众的心中。对所有这种政治声望的依恋可能还会兼有一种要对今后几代人负责的明确信念。强国结构**本身**就
922 被认为负有一种责任，即对它们自身与外部政治实体之间权力和声望的分配方式负责。不言而喻，所有那些掌握了权力能够操纵一个政治实体内部共同行为的群体，都会极为强烈地怀有这种对权力声望的理想主义狂热。他们始终都会明确而最为可靠地体现着这样的观念：国家就是一个要求无条件奉献的帝国主义权力结构。

上面已经讨论过直接的、实际的帝国主义利益，除此以外，还有政治实体内部以各种方式享有特权，而且实际上正是因为该实体的存在而享有了特权的各个阶层当中间接的实际利益和意识形态关切。构成这些阶层的尤其是这样一些人：他们自认为是在该实体成员当中传

播的一种特殊“文化”的特殊“伙伴”。在这些圈子的影响下，赤裸裸的权力声望不可避免地转变成了其他特殊形式的声望，尤其是转变成了民族的观念。

即便“民族”概念能以任何方式加以明确定义，也肯定不能根据构成了民族成员总和的那些人的经验特性来陈述这个概念。就那些人在特定时间使用该术语的意义而言，这个概念无疑首先意味着，理应期待某些群体在面对其他群体时表现出一种特殊的团结感。因此，这个概念属于价值观的范畴。然而，应当如何界定这些群体或者这种团结一致应当产生出什么样的具体行为，在这些问题上并不存在一致的看法。

在日常用语中，“民族”首先并不等同于“一国之人民”，即并不等同于一个特定政治实体的全体成员。大量的政治实体都是由这样的群体构成的：它们在面对其他群体时会明确坚持独立于自己的“民族”；或者它们仅仅构成了某个群体的一部分，而该群体的成员宣称自己都属于一个同源的“民族”（奥地利在这两方面都是一个范例）。此外，“民族”也不等同于操着相同语言的共同体，塞尔维亚人与克罗地亚人以及北美人、爱尔兰人与英国人就始终没有表明以此为满足。恰恰相反，一个“民族”似乎并非绝对需要一种共同语言。在官方文献中，除了“瑞士人民”以外，还能看到“瑞士民族”的说法。但某些语言群体并不认为自己是个单独的民族，比如至少到最近为止，白俄罗斯人就是如此。不过一般来说，要求被视为一个特殊的民族，总是与作为一种大众文化价值的共同语言相联系的，这在有着语言冲突的典型地区更其如此，比如奥地利，尤其是俄罗斯与东普鲁士。但是，共同语言和“民族”之间的这种联系有着不同的强度，比 923

如在美国与加拿大就非常之低。

即使在操着相同语言的人们当中，“民族”团结也有被承认和遭拒绝这两种可能。团结遭到拒绝可能与其他重大的大众文化价值的差异有关，即与宗教教义有关，比如塞尔维亚和克罗地亚的情况。民族团结可能会与不同的社会结构及风尚，因而与“人种”因素有关，比如说德语的瑞士人和阿尔萨斯人在帝国德国人面前时的情况，或如爱尔兰人在英国人面前时的情况。不过至关重要的是，民族团结可能关系到与其他民族共同政治命运的记忆，比如革命战争以来的阿尔萨斯人与法国人，而那场战争是他们共同的英雄时代，再如波罗的海沿岸各国贵族与俄国人，是他们帮助俄国人驾驭了自己的政治命运。

不言而喻，“民族”归属未必会以共同的血统为基础。实际上，那些特别激进的“民族主义者”往往都是外族的血统。而且，尽管一种特别常见的人类学类型对于民族性并非无关紧要，但它既不足以说明民族的形成，也不是形成民族的前提。然而，“民族”观念往往倾向于包含共同血统的意识和同种意识，尽管后者经常不那么明确。“民族”怀有的这些意识与人种共同体的团结感是一样的，我们已经看到［第五章，四］，后者也是由各种不同来源的成分养育起来的。但是，人种团结感并不能独自构成一个“民族”。毫无疑问，在大俄罗斯人面前，甚至白俄罗斯人也会始终抱有一种人种团结感，但即便时至今日，他们也几乎没有要求成为一个单独的“民族”。上西里西亚的波兰人直到现在也几乎没有产生与“波兰民族”的团结感，他们在德国人面前自认为是一个独立的人种群体，但在其他方面他们却仅仅是普鲁士的臣民。

犹太人是不是能被称为一个“民族”已是个老问题了。绝大多数时候的答案是否定的。无论如何，俄国犹太人、正在被同化的西欧与美国犹太人以及犹太复国主义者的答案在性质与程度上都是各不相同的。尤其是，他们周围的民族对于这个问题的答案也是大相径庭，比如俄国人有一种答案，美国人则有另一种答案——至少那些至今仍然坚持认为美国人和犹太人天性基本相似的美国人会有另一种答案，比如一位美国总统［西奥多·罗斯福］在一份官方文件中宣称的那样。

因此，那些拒绝归属德意志“民族”且培育起同法国政治结盟的
记忆但却操着德语的阿尔萨斯人，也并没有简单地认为自身就是法兰 924
西“民族”的成员。美国黑人——至少在目前——自认为是美国“民
族”的成员，但是南方的白人却从没有这样看待他们。

仅仅 15 年前，那些熟悉远东的人们仍然在否认中国人的“民族”资格，而是仅仅把他们看作一个“种族”。然而今天，不仅是中国的政治领导人，还有那同一些观察家，却可能做出大不相同的判断。因此，一个群体在某些条件下通过特定的表现似乎可以获得民族的特性，或者他们会要求“获得”这种特性——而且是在非常短暂的时间之内。

另一方面，有些社会群体则公开表示毫不在乎，甚至直接放弃对某个单一民族的评价依附。在目前这个时代，现代无产阶级的阶级运动中就有某些领导阶层认为，这种毫不在乎和放弃态度乃是一种成就。他们的论点收到了程度不等的效果，这有赖于政治和语言的归属以及不同的无产者阶层，但总的来说，他们的成果目前正在萎缩。

在那些据认为由于语言习惯而具有了“民族”特性的群体内部，可以看到各个社会阶层当中都存在着对于“民族”观念的态度，这些态度分别有着完整的尺度，可谓形形色色，而且高度可变。这种尺度

从坚决肯定、坚决否定最后到绝对毫不在乎一应俱全，卢森堡的公民和那些作为整个民族“尚未唤醒”的人们都可以看作典型。封建阶层、官员阶层、各个职业范畴的市民阶层，对于这个概念并没有同质的或者具有历史一贯性的态度。

有各种各样的原因可以导致这样的看法，即一个人能代表一个民族，或者经验行为实际上是产生于民族归属或者没有民族归属。德国人、英国人、北美人、西班牙人、法国人或俄国人的“民族情感”——这里仅举一个最简单的例子——在与政治实体的关系问题上并不是以同样方式发挥作用的，因为政治实体的地理边界很可能会与民族“观念”发生冲突。这种对立可能会导致完全不同的后果。无疑，奥地利国家中的意大利人只有在被强制的情况下才会同意大利军队作战。今天，大部分操德语的奥地利人只会极不情愿地与德国作战，他们是靠不住的。然而，德裔美国人，即使那些极为看重自身［过去的］“民族性”的人，尽管不乐意，但在必要时也会无条件地与德国作战。德国
925 的波兰人可能会乐于同俄国的波兰军队作战，但几乎不可能与独立自主的波兰的军队作战。奥地利的塞尔维亚人可能会抱着极为复杂的感情，而且只有在希望获得共同的自治时才会与塞尔维亚作战。俄国的波兰人可能更乐于同德军而不是同奥地利军队作战。

这里有一个众所周知的历史事实：即便在同一个民族内部，对外的团结感也并不存在一成不变的强烈程度，而是可以大起大落的。不过总的来说，这种情感已经日益成熟，甚至在内部利益冲突并未减弱的地方也是如此。仅仅60年前，［普鲁士保守派的］*Kreuzzeitung*（《十字架报》）还在呼吁俄国皇帝干预德国的内部事务，而在今天，这种情况就很难想象了，尽管阶级对抗已经升级。

总之，民族情感的差异既有重大意义，但也易于变化，而且像所有其他领域的情况一样，下面这个问题也会得到各种截然不同的答案：一个民族群体会从他们表现出来的“民族情感”中得出什么样的结论呢？无论他们当中可能会形成多么强烈的、主观上非常真挚的激情，他们会愿意发展出什么样的共同行动呢？民族大迁移过程中作为一种“民族”特征所坚持的某种习俗——更准确地说，某种惯例，总是会发生不同程度的变化，正如某些常见的惯例——它们会使人相信一个单独的“民族”之存在——的重要意义也会发生不同程度的变化一样。面对“民族观念”这个从经验上说极为模糊的价值概念，社会学的类型学也许不得不根据遗传条件以及参与者的社会行动结果，去分析所有具体形式的群体成员情感和团结感。但这里不可能做此尝试。

不过，我们必须稍微贴近地看一下这个事实：对于民族观念的支持者来说，它与“声望”关切有着十分密切的关系。这一观念最早的，也是最富有活力的表现——尽管可能比较含蓄——就是那种天赐“使命”的传说。人们总是热切期待出现这种观念的代表人物以肩负起使命。这种早期观念的另一个要素是这样的意识：只有给开始形成为一个民族的群体培育出自身的独特性，才能有利于完成这种使命。同时，由于要从使命内容的价值中寻求自我辩护，这种使命就只能一以贯之地被认为是一种特殊的“文化”使命。“民族”的重要意义通常都是植根于文化价值观的优越性，至少也是不可替代性之中，只有通过培育群体的独特性才能保存和发展这些价值观。因此，不言而喻，正如在政治实体中操
纵了权力的人会求助于国家观念一样，在一个 Kulturgemeinschaft（文化 926
共同体，即这样一种群体：其成员凭借自身的独特性而有权享用被视为“文化财富”的某些产物）中，知识分子——我们权且这样称呼那些抢

占了文化共同体领导权的人——则尤其注定了要去传播“民族”观念。在这种情况下，那些文化代理人……

［陈述到此中断。手稿的边注表明，韦伯的意图是论述全部历史上民族国家的观念与发展。下面一段评论就是在手稿页边空白处看到的：文化声望和权力声望密切相关。每一次**获胜**的战争都会增进文化上的声望（德国［1871］、日本［1905］等等）。战争是否会**促进**“文化的发展”则是另一个问题，一个不可能以“价值中立”的方式作出解答的问题。**以毫不含糊**的方式肯定**做不到**这一点（看看 1871 年以后的德国吧！）。即使按照纯粹的经验标准似乎也不能这样做，因为纯艺术和具有明确德国特色的文学并**没有**在德国的政治**中心**得到发展。］

六、政治共同体内部的权力分配：阶级、身份、政党[13]

A. **受经济因素决定的权力与身份秩序**。任何法律秩序的结构都会直接影响共同体内部经济权力或者其他方面权力的分配。所有的法律秩序都是如此，而不光是国家才会如此。一般来说，我们所理解的“权力”就是某人或某些人在社会行动中不顾该行动其他参与者的反对而实现自身意志的机会。

当然，“受经济因素决定”的权力并不等于权力本身。恰恰相反，经济权力的出现可能是在其他基础上存在的权力所带来的结果。人追求权力并非仅仅为了在经济上使自己富有。权力——包括经济权力——本身就会受到珍视。追求权力往往也是为了它所需要的社会荣誉。然而，并非所有的权力都需要社会荣誉：那些典型的美国党老大和大投机商还会有意放弃这种社会荣誉。极为常见的是，“纯经济”权力，特别是“赤裸裸的”金钱权力，决不会被承认为社会荣誉的基础。权力也不是社会荣誉的唯一基础。实际上，社会荣誉或声望甚至会成为经济权力的基础，这一点一直就屡见不鲜。权力，还有荣誉，
可能会得到法律秩序的保障，但至少在通常情况下，法律秩序并非它 927
们的主要来源。毋宁说，法律秩序是增加掌权机会和荣誉机会的额外因素，但不可能始终为它们提供保障。

在一个共同体中参与社会荣誉分配的典型群体之间会形成一种社会荣誉分配方式，对此我们称之为“身份秩序”。社会秩序和经济秩序都以同样的方式与法律秩序联系在一起。然而，经济秩序仅仅意味着经济货物与服务的分配和利用方式。当然，身份秩序会受到它的有力影响，并会转而对它产生反作用。

这样，“阶级”“身份群体”和“政党”就是共同体内的权力分配现象。

B. 由市场状况决定的阶级状况。在我们的术语中，“阶级”并不是共同体；它们仅仅是社会行动可能而常见的基础。我们谈到一个“阶级”时，意思是指（1）许多人，他们的生存机遇中共有一种特定的因果成分，（2）这种成分仅仅体现为占用货物或收入机会时的经济利益，就此而言，（3）它是在商品市场或劳动力市场条件下得到体现的。这就是“阶级状况”。

一个最基本的经济事实是，许多人为了交换的目的在市场上进行竞争，而物质财产处置权在他们当中进行分配的方式，本身就创造着特定的生存机遇。按照边际效用法则，这种分配模式将会把没有钱的

人排除出对高价值货物的竞争，它有利于有钱人，并且实际上给了他们获取这种货物的垄断权。如果其他情形都一样，这种分配模式就会给所有那些得到了货物供应但未必用它们进行交换的人提供垄断机会以进行有利可图的交易。至少在总体上说，它会增强他们在与无财产者进行价格斗争时的权力，后者所能提供的只有自己的劳动力或者直接产品，而且为了维持生存还会被迫贱卖这些产品。这种分配模式能使有产者垄断机会以把财产从“财富”的使用领域转移到“资本”领域，就是说，给了他们经营者的功能以及所有直接或间接依靠资本赢利的机会。这一切在纯市场条件占了优势的地方都是行之有效的。因此，“财产”和“无财产”就是所有阶级状况的基本范畴。至于这两个范畴是在消费者还是生产者的竞争性斗争中起作用，这无关紧要。

然而，在这些范畴中，一方面是根据可用于赢利的财产的性质，
928 另一方面则是根据能在市场上提供的服务的性质，阶级状况还会进一步分化。住宅、工场、货栈、商铺、或大或小的农业可耕地——量的差异会带来可能的质的后果——的所有权，矿山、牲畜、人（奴隶）的所有权，对机动的生产工具或者各种资本货物，尤其是货币或者能够很容易兑换成货币的对象的处置权，对自己或他人劳动的产品——按照它们的不同距离而有不同的可消耗性——的处置权，对任何可转让的垄断权的处置权，所有这些方面的区别都会使有产者的阶级状况发生分化，正如他们可能给财产——特别是与货币等效的财产——的用途赋予的“意义”会发生分化一样。因此，有产者可能会属于——例如——食利者阶级，也可能属于经营者阶级。

那些没有财产而只能提供服务的人也会发生分化，因为他们的服务性质不同，正如它们在与某个接受者的连续性或者间歇性的关系中

被利用的方式不同一样。但是，阶级概念的真正含义始终就在于：**市场**机遇的性质是个决定性的因素，它构成了个人命运的共同条件。从这个意义上说，阶级状况最终就是市场状况。那种赤裸裸的占用本身，其结果只是真正的“阶级”形成的前兆，它把牲畜饲养者当中那些非自有的奴隶或农奴置于牲畜所有者的权力之下。然而，这种共同体中第一次为了单纯的“占用”本身而出现的牲畜借贷和极为严峻的债务法则，对于个人的命运具有决定性的意义，这同建立在劳动基础上的稼穑共同体形成了鲜明对照。债权—债务关系第一次在城邦中变成了“阶级状况”的基础，随着贷款缺乏的程度和富豪对贷款的实际垄断程度的发展，那里“信贷市场”——且不论它有多么原始——的利率会越来越高。由此便开始了“阶级斗争”。

然而，那些并非借助市场机遇利用货物或服务以决定自身命运的人们，比如奴隶，从阶级一词的技术意义上说，就不是一个阶级。毋宁说，他们是个身份群体。

C. **阶级利益产生的社会行动**。用我们的术语来说，产生了“阶级”的那个因素显然就是经济利益，而且实际上，仅仅是那些与市场的存在相关的利益。然而，“阶级利益”却是个模糊不清的概念：
只要使用这个概念时并不是为了理解有可能从阶级状况中产生的利 929
益——就处于该状况中的那些人的平均水平而言——的事实走向，那么它甚至在经验上也是个模糊不清的概念。即使阶级状况和其他环境因素是同一回事，具体的劳动者追求自身利益的走向也大为不同，这要取决于他天生的资格条件对于即将开始的工作来说是优、是平还是劣。同样，在那些受到阶级状况共同影响的人们当中，甚至是他们当中的一个联合体，比如在一个工会中，究竟是大量还是少量人的社会行动是产生于阶级状况——个人可以从这种状况中指望自己得到预期的结果——，也会使利益的走向产生很大变化。从某种共同的阶级状况中产生出一个联合体甚或一种纯粹的社会行动，这绝不是一种普遍现象。

阶级状况所能产生的结果可能仅限于促成某些基本**类似的**反应，用我们的术语来说，就是促成“大众行为”。然而，它也有可能连这一点都做不到。况且，它所产生的往往还是一些无定型的社会行动。古代东方伦理中有名的“发牢骚”就是一例：这是对工头品行的道德非难，它的实际意义大概相当于恰恰是最晚近的工业发展过程中那种越来越多的典型现象——工人心照不宣的怠工。一个阶级所属成员的大众行为在多大程度上能够产生“社会行动”以及可能的联合体，这与一般的文化条件，特别是与某种知识条件有关；同时也与已经形成的反差程度有关，特别是与阶级状况产生的因果关系的透明度有关。因为，经验已经在在表明，无论生活机遇可能会有什么样的差异，这一事实本身决不会产生“阶级行动”（阶级成员的社会行动）。那必须在阶级状况的真实条件与结果都是清晰可见的情况下才有可能产生。因为，只有那时，生活机遇的反差才能被感觉到不是一个应予接受的绝对既成事实，而是（1）既有的财产分配产生的结果，或者（2）具体的经济秩序结构产生的结果。也只有那时，人们才有可能针对阶级结构做出反应——不仅通过断断续续的无理性抗议行动，而且通过理性联合体的形式做出反应。古代和中世纪的城市中心就曾出现过第一个范畴的“阶级状况”，而且特别明显和透明，尤其是在凭借事实上垄断地方工业产品与食品的贸易而积累了大量财富的时候；此外，在
930 某些条件下，绝大多数不同时代的乡村经济中也曾出现过这种阶级状

况，因为那时人们越来越以赢利方式进行农业开发。第二个范畴的最重要的历史范例就是现代无产阶级的阶级状况。

D. **阶级斗争的类型**。因此，每个阶级都有可能成为无数可能形式的阶级行动之一的体现者，但也未必尽然。无论如何，阶级本身并不构成一个群体（Gemeinschaft）。从概念上把“阶级”视同为“群体”将会导致畸变。处于相同阶级状况的人，在大众行动中一般都会把这种可见的状况作为经济状况，按照最符合他们平均数的那些利益的走向做出反应，这对于理解历史事件乃是一个既重要也很简单的事实。然而，这一事实不应导致以伪科学的方法使用阶级和阶级利益等等概念，尽管这种做法如今已经屡见不鲜，而且在一位天才作者的断语中可以看到最为经典的表述：个人在自身利益问题上可能会判断错误，但阶级对自身利益的判断却永无谬误。

如果阶级本身不是群体，那么阶级状况就只能在社会行动的基础上显露出来。然而，揭示了阶级状况的社会行动，大体说来并不是同一阶级成员的行动；那是一种各阶级成员的行动。直接决定着工人和经营者阶级状况的社会行动是：劳动力市场、商品市场和资本主义经营。但是反过来说，资本主义经营的存在必须有一个前提，那是一种非常特殊的社会行动，它的存在是为了保护对货物**本身**的占用，特别是为了保护个人对生产资料的——原则上是自由的——处置权：一种法律秩序。任何一种阶级状况，尤其是当它以财产权**本身**为依据时，才会变得最为清晰灵验，这时，所有决定着相互关系的其他因素都被尽可能地消除了重要意义。在市场上对财产权的利用就是以这样的方式获得了它的极端重要性。

这样，身份群体就成了不折不扣实现纯粹的市场原则的障碍。在这里的语境中，它们只是从这个角度来看才是令人感兴趣的。在对它们进行简要考察之前需要指出，比较具体的（我们所说意义上的）阶级之间的对抗有着什么样的普遍性质，这里不再多说。从过去到今天持续不断发生的重大变化，可以用不太精确的说法概括如下：由阶级
931 状况产生的斗争已经逐渐从消费信贷转向了——首先是——商品市场上的竞争性斗争，然后又转向了劳动力市场上的工资纠纷。古代的阶级斗争在某种程度上说是真正的阶级斗争，而不是身份群体之间的斗争，它最初是由农民，大概还有工匠进行的，他们受到了债务奴役状态的威胁并且正在与城市债权人斗争。类似的状况也存在于牲畜饲养者当中。债务关系本身产生的阶级行动一直持续到喀提林时代。与此同时，随着越来越多地从外界运输谷物以供应城邦，还出现了争夺生活资料的斗争。斗争的核心首先集中于食物的供应以及食物价格的确定。它贯穿了整个古代时期以及整个中世纪。无财产者相聚反对那些实际的或假想的与食物供应不足有关的人。这种斗争不断扩展，直至涉及对于生活方式和手工业生产都必不可少的所有商品。古代和中世纪只有关于工资纠纷的初步争论，但它们一直在缓慢地发展，直至进入现时代。在较早时期，它们与奴隶起义和商品市场上的冲突相比绝对处于次要地位。

古代及中世纪的无财产者反对的是垄断权、抢购权、囤积居奇以哄抬物价。今天的核心问题则是劳动力价格的确定。为市场准入和产品价格的确定而斗争就体现了这种过渡。在向现代过渡期间，这种斗争是在家庭手工业的包出制商人与工人之间进行的。由于这完全是个普遍现象，我们这里必须指出，受市场状况制约的阶级对抗，一般来说在作为对手而实际直接参与价格战的人们之间表现得最为尖锐。遭

到工人敌视的并非食利者、股票持有人和金融家，而是在工资冲突中与工人直接对立的工厂主和经营管理者，尽管那些或多或少是不劳而获的收益流入了食利者、股票持有人和金融家的钱柜而不是工厂主和经营管理者的腰包。这种一目了然的事态往往对于阶级状况在政党的形成中扮演角色发挥着决定性的作用。例如，它使得形形色色的家长制社会主义成为可能，也使受到威胁的身份群体——至少在过去—— 932
频频尝试与无产阶级结成同盟以反对资产阶级成为可能。

E. **身份荣誉**。与阶级相比，Stände（**身份群体**）则是标准的群体。不过它们也是一种无定型的群体。和纯粹受经济因素决定的“阶级状况”相比，我们希望能把任何由某种特殊的社会评价——对荣誉的评价，无论是正面还是负面的评价——所决定的典型人生要素称之为**身份状况**。这种**荣誉**可能与多数人的共同特性联系在一起，当然，还可能与阶级状况密切相关：阶级差别是以极为多样的方式与身份差别联系在一起的。财产本身并不会始终被认为是一种身份资格，但从长远来看，它是，而且特别稳定。在邻里联合体的自然经济中，充当“头领”的往往只是最富有者。然而，这常常只是一种荣誉性优先权。例如，在所谓纯粹的现代民主国家，即不向个人明确授予任何身份特权的国家，可能只有那些承担着大体上相同税负的阶级中的家庭才会聚在一起跳舞。据说瑞士的某些小城市就是如此。但是，身份荣誉未必就要与某种阶级状况联系在一起，恰恰相反，一般它都会与纯粹的财产要求完全格格不入。

有产者与无产者可能会同属于一个身份群体，而且他们常常会希望得到一些实际的结果。但是，这种社会评价上的平等终究会变得非常不可靠。比如在美国的绅士当中，身份的平等就在以下事实中体现了出来：除了由不同事功规定的服从以外，即使最富有的老板，如果在俱乐部里打台球或打牌时没有把他的职员看作在任何意义上都和他享有同样与生俱来的权利，而是抱着傲慢的身份意识赐以“恩惠”，他就会遭到严重的鄙视——无论那里是不是还通行着旧的传统，而德国的老板就决不会放弃这种“恩惠”态度。这就是在美国的德国人俱乐部从未获得美国人俱乐部那种魅力的最重要原因之一。

就内容而言，身份荣誉通常都会体现为这一事实：所有那些希望属于某个圈子的人还被要求遵循某种特定的**生活方式**，这一点至关重要。与这种要求相联系的就是对社会交往施加的限制（就是说，不让交往屈从于经济目的或者任何其他目的）。这些限制可能是为了把正常通婚限制在身份圈子之内，并可能导致完全是同族结婚的闭合状态。只要这不是单纯由个人或社会不着边际地模仿另一种生活方式，而是具有这种闭合性质的共识行动，身份的发展也就开始了。

933 在现时代的美国，身份群体在传统生活方式的基础上，从传统的民主制中发展出了典型的分层形式。例如，只有某个街区（“大街”）的居民才被认为属于“社交界”，才有资格参与社交交际，才能受访和受邀。至关重要的是，这种分化是按照这样一种方式演进的：它倾向于严格遵从在特定时代居于支配地位的社交界风尚。这种对风尚的遵从也存在于美国人当中，但却到了德国人闻所未闻的程度，一个男人会声称取得了绅士资格，似乎就表明了这一事实。这种遵从**决定**了——至少在**最初**——他将真的被看作绅士。而获得这种承认对于他在上等机构寻求受雇机遇，特别是对于同“望”族交往和通婚都具有重要意义，正如德国人当中的决斗资格一样。至于其他方面，像某些长期定居，当然相应的也是富有的家族（比如 F. F. V.，即弗吉尼亚第一家族），或者“印第安公主”波卡洪塔斯、清教徒前辈移民*、纽约早期荷兰移民事实上的或所谓的后裔，那些几乎不可接近的教派的成员，以及所有以任何其他特征或标志表明与众不同的圈子，都会僭取身份荣誉。在这种情况下，分层就是个纯粹的惯例了，而且主要是有赖于僭取（正如所有身份荣誉发端时的情形一样）。但是，只要社会秩序的某种分层已经事实上形成并通过经济权力的稳定分配而达到了稳定态，那么通向法定特权——无论正面还是负面特权——的道路也就能够畅行无阻了。

F. **人种隔离与种姓**。凡是这些结果达到了成熟程度的地方，身份群体就会演变为一种封闭的种姓。那时，身份差别就不仅会得到惯例与法律的保障，而且会得到宗教认可的保障。这种情形会以如下方式出现：较高种姓的成员如果与任何被视为较低种姓的成员发生任何肉体接触，都被认为将会导致礼仪的不洁与耻辱，必须通过宗教行动来赎抵。此外，各个种姓还会发展出完全不同的礼拜与神明。

不过一般来说，只有在那些存在着据认为是“人种上的”潜在差异的地方，身份结构才会出现这种极端结果。实际上，种姓乃是人种共同体的常规形式，它们信奉血统关系，排斥异族通婚，社会交往通常都彼此相关。正如前面已经提到的［第六章，（六），六］，这种种姓状况是贱民民族现象的一部分，可见于世界各地。这些人形成了一

---

* 波卡洪塔斯（Pocahontas，1595—1617），弗吉尼亚印第安部落联盟首领波瓦坦之女，曾搭救过该殖民地创建者史密斯之命，后受洗改宗基督教，并与移民罗尔夫结婚。1616 年去英国，受到宫廷接待并被英国社会当作名流。因患天花客死英伦。清教徒前辈移民（Pilgrim Fathers），开辟美洲新英格兰第一个永久殖民地（1620）马萨诸塞普利茅斯的移民；当时搭乘“五月花”号赴美洲的 102 名移民中有 35 名英格兰分离派教徒（清教徒激进派）。1820 年纪念 200 周年庆典上首次使用“清教徒前辈移民”名称。

些共同体，同时也形成了一些手工艺或者其他技艺的特殊职业传统，
934 并且培育出一种对他们人种共同体的信仰。他们生活在严格疏离一切人际交往——除非不得已而为之——的聚居区中，而且他们的处境在法律上也是不确定的。但是，由于他们在经济上的不可或缺性，从而使他们得到了宽容，实际上还会常常得到特权，而且他们散居在各个政治共同体之中。犹太人就是最令人难忘的历史范例。

身份上的隔离会逐渐发展出一个种姓，它的结构不同于单纯的人种隔离：种姓结构会把人种隔离群体那种水平方向的分立共存转变为纵向上下属的社会体系。准确地说就是：一个无所不包的联合体将会把那些划出了人种界线的共同体整合为一个政治单元。它们的差异恰恰在于：以相互憎恶与蔑视为基础的人种共存会容许每个人种共同体将自身的荣誉视为最高荣誉；而种姓结构产生的是一种社会从属关系，它所承认的是有利于特权种姓和特权身份群体的“更高荣誉”。这应当归因于以下事实：在种姓结构中，人种差别本身会变成政治联合体内的“功能”差别（武士、祭司、工匠对于战争和建筑具有政治上的重要意义，如此等等）。但即使最受歧视的贱民民族（比如犹太人），通常也倾向于不断培育对自身特有的“荣誉”的信仰，一种在人种群体和身份群体看来同样独特的信仰。

然而，与负面特权身份群体相伴的尊严感却会出现一种特殊的偏差。尊严感是由正面特权身份群体为其成员的行为培育的社会荣誉和惯例要求在个人身上积淀下来的。正面特权身份群体特有的那种尊严感，自然与他们那种并未超越自我的“存在”有关，就是说，与他们的“美和卓越”（καλοκἀγαθία）有关。他们的王国是“现世的”王国。他们为了当下并依靠伟大的过去而生。负面特权阶层的尊

严感自然会指向超越了当下的那种未来，不管那是今生还是来世。换句话说，培育了它的必定是那种对天赐使命的信仰，是对上帝面前领受特殊荣誉的信仰。培育了特选子民尊严感的，要么是一种对来世的信仰，即“最后者将成为最先者”，要么是一种对今生的信仰，即一位弥赛亚将会给这个驱逐过贱民民族，埋没了他们荣誉的尘世带来光明。贱民身份群体培育起来的那种宗教热忱［见第六章，（六），五］，其源头就是这种一目了然的事态，而不是尼采《道德的谱系》在倍加赞赏的解释中突出强调的那种怨恨；况且，怨恨说仅仅在有限的程度 935
上才是适用的，比如对于尼采的主要例证之一，佛教，就根本不适用怨恨说。

在其他方面，从人种隔离发展出身份群体，这绝非正常现象。事情恰恰相反。因为，并不是人种共同体的任何主观情感后面都隐藏着客观的“种族差异”，身份结构最终的种族基础问题完全是个具体个案问题。身份群体往往有助于产生一种纯粹的人类学类型。无疑，身份群体能够高度有效地产生一些极端类型，因为它们会按照资格条件逐个挑选成员（比如骑士群体就是挑选那些生理和心理上都适应战争的人）。但是，个别挑选绝非身份群体唯一的或主要的形成方式：政治成员资格或者阶级状况在任何时候都会具有——至少会经常具有——决定性的作用。而在今天，阶级状况显然已经成为主导因素。毕竟，身份群体成员所期望的生活方式的可能性一般都要决定于经济条件。

G. **身份特权**。出于种种实际的目的，身份的分层总是会伴之以我们所熟知的那种典型方式的垄断：对观念、实物或机会的垄断。除了特定的、始终以距离感和排他性为基础的身份荣誉之外，荣誉的优先权还包括穿着特定服装的特权，食用不许他人食用的菜肴的特权，佩带武器的特权——这是最为明显的结果——以及成为一个半吊子的权利，比如演奏某些乐器。然而，为身份群体的排他性提供了最有力动机的，则是物质上的垄断权，尽管这种垄断权本身难得充足，但几乎始终在某种程度上发挥着作用。在身份圈子内部还有一个通婚问题：垄断潜在的新郎能给家族带来的利益，至少与垄断女儿带来的利益同样重要，两者并行不悖。成员的女儿必会得到抚养。随着身份群体越来越封闭，成员在惯例上优先专门受雇于特定官职的机会便逐渐被合法垄断了起来。某些货物也变成了身份群体的垄断对象，典型的是限定继承的财产，常见的还有对农奴或奴隶的占用，最后还有专门的贸易。当身份群体绝对拥有了对它们的所有权和经营权时，就会出现正面垄断；如果身份群体不一定拥有和经营它们，而是为了保持自身的特定生活方式，这时出现的则是负面垄断。生活方式对于身份荣
936 誉具有的关键作用，意味着身份群体是所有惯例的特定载体。无论在哪个方面都可以看得很清楚：生活的所有格式化要么起源于身份群体，要么至少也是得到了它们的保护。即使身份惯例的原则大相径庭，它们也会表现出某些典型特征，尤其是在最有特权的阶层当中。非常普遍的是，在特权身份群体中存在着一种如果从事普通体力劳动就会丧失身份资格的现象。这种丧失资格的现象如今在美国也一反旧时对劳动的传统评价而开始“流行”了。任何理性的经济追求，特别是经营者的活动，往往都被认为是丧失了身份资格。艺术与文学活动只要被用来赚取收入，或者至少与艰辛的体力投入有关，就会被看作丢人现眼的工作，比如套着满是灰尘的工作服、状如石匠的雕塑家就是这样，他与泡在沙龙般画室里的画家以及身份群体所能接受的音乐实践

形式形成了鲜明对照。

H. **身份分层的经济条件与结果**。为报酬而工作常常会导致丧失资格，这本身就是身份分层原则的直接结果，当然，也是该原则反对仅由市场调整权力分配的直接结果。与这两个因素一起发挥作用的还有一些不同的具体因素，对此下面将会论及。

前面我们已经看到，市场及其过程并不看人下菜：支配着市场的乃是“功能”利益。它也不知荣誉为何物。身份秩序则意味着恰恰相反：按照身份群体本身特有的荣誉和生活方式分层。如果单纯的经济获取和赤裸裸的经济权力使身份秩序不断蒙受这样一种耻辱，即，非身份出身也能给予赢得这种出身的任何人以同样的，甚或更大的荣誉作为他们有权要求的既得利益，那么身份秩序就会从根本上受到威胁。毕竟，假如身份荣誉是平等的，那么财产**本身**就等于一道加法，尽管一直无人公开承认这一点。因此，所有与身份秩序利害相关的群体，都会对纯粹的经济获利要求做出特别激烈的反应。在绝大多数情况下，它们越是感觉受到了威胁，做出的反应就会越加激烈。例如，卡尔德隆*对农民的敬意与同时的莎士比亚对 *canaille*（乌合之众）的公开蔑视便形成了鲜明对照，说明一个结构稳定的身份秩序相比一个经济上已经变得岌岌可危的身份秩序，做出反应的方式是不同的。这是到处都会反复再现的事态之一例。正因为特权身份群体严厉反对靠财产**本身**说话，所以他们绝不会从人格上无保留地接受“暴发户”，
不管那暴发户已经多么彻底地适应了他们的生活方式。他们只会接受 937

* Calderon de la Barca（1600—1681），西班牙剧作家、诗人，继洛佩·德·维加之后西班牙黄金时代最著名的剧作家，一生共创作一百多部世俗剧。

他的按照身份群体惯例经过熏陶且从没有让自身的经济努力玷污了身份群体荣誉的后代。

就身份秩序的一般**影响**来说，只有一个结果可言，但却是一个至关重要的结果：它阻碍了市场的自由发展。这首先表现为身份群体通过垄断——无论是在法律还是惯例的影响下——直接阻止了某些货物进入自由交换。例如，在“身份时代”的许多希腊城邦，由继承而取得的遗产（一如把挥霍者置于某个监护人控制之下的那个古老常规所示）[14]就是被垄断的，比如骑士、农民、祭司的遗产，尤其是行会与商会的主顾，在罗马原本也是如此。市场受到了限制，单纯财产本身的权力——它标志着阶级的形成——也就被推到了幕后。这一过程可能会产生极为多样的结果。当然，它们并不一定就会淡化经济状况的反差，相反，它们往往还会强化这些反差，总之，一旦身份分层强有力地影响了一个共同体，比如古代和中世纪的所有政治共同体出现的那种情况，那我们今天所理解的真正自由的市场竞争就根本无从谈起了。除了这种直接把特定货物排除出市场之外，还会出现一些更为广泛的结果。上面提到的身份秩序和纯经济秩序之间的冲突，在绝大多数情况下都会导致身份群体表现出一种特有的荣誉感，即绝对憎恶市场的根本要素：赤裸裸的讨价还价。荣誉感会拒绝在贵族之间，有时则会普遍禁止在身份群体的成员之间进行赤裸裸的讨价还价。因此，无论何处，都会有一些身份群体，通常是那些最有影响力的身份群体，总是认为几乎任何公开参与经济获利的行为都是绝对的耻辱。

由此便出现了某种过于简单化的说法：阶级是按照它们与货物的生产及获取的关系分层的，而身份群体则是按照它们体现在生活方式中的货物**消费**原则分层的。

“职业身份群体”也是一种真正的身份群体。因为在正常情况下，只要凭借由它决定的特定生活方式，它就可以有效要求获得社会荣誉。这种阶级与身份群体的差异往往会发生部分重叠。正是那些从荣誉角度实行最严格隔离的身份共同体（即印度的种姓），至今仍表现出了——尽管是在非常刻板的限度内——对于金钱收益相当高度的淡漠。然而，婆罗门却在以众多不同的方式寻求这种收益。

关于导致了身份分层占据优势地位的一般经济条件，只能概括 938
如下。一俟货物的获取和分配基础达到相对稳定的状态，这时就会有利于身份分层。任何工艺技术的冲击和经济变革都会威胁到身份的分层，并进而把阶级状况推到前台。单纯的阶级状况占据了主导地位的时代和国家，通常就是处在了技术与经济变革的时期，而只要延误了经济分层的机遇，迟早还会导致身份结构的发展，并且有利于恢复社会荣誉的重要作用。

I. **政党**。阶级的真正位置是在经济秩序之中，身份群体的位置是在社会秩序之中，即在荣誉的分配领域之中。在这些领域内，阶级和身份群体彼此影响并影响着法律秩序，反过来又被法律秩序所影响。“**政党**”则属于权力的领域，它们的行动都是以获取社会权力为取向，就是说，以影响社会行动为取向，而不论社会行动的内容如何。原则上说，一个社交俱乐部和一个国家一样，都可能存在政党。与阶级和身份群体的行动形成对照的是，政党取向的社会行动始终与联合体密切相关，前者就未必如此。因为，政党始终会瞄准一个按照预定方式去追求的目标。该目标可能是一项事业（即政党可能要实现某项纲领以达到观念的或实际的目的），或者可能是个人性质的（谋份肥差、谋取权力，或者由此为政党领袖和党员谋求荣誉）。一般来说，政党会同时追求所有这一切。因此，只有在具备联合体性质的群体中，才可能形成政党，就是说，该群体有着某种理性秩序，有一帮随时准备使秩序生效的现成人员。因为，政党的目的恰恰就是要影响这帮人，如有可能就把他们招募为党员。

不论在什么具体情况下，政党都可能代表着由阶级状况或身份状况决定的利益集团，并从中招募各自的追随者。然而，它们未必就是纯粹的阶级政党或者身份群体政党，事实上它们更有可能是混合类型的政党，有时则什么类型都不是。它们可能是些转瞬即逝的结构，也有可能经久不衰。它们谋取权力的手段可能会极为多样，从任何一种赤裸裸的暴力手段到或粗俗或精细的拉选票手段：金钱、社会影响、演讲的感召力、暗示、笨拙的骗局诸如此类，直到在议会党团中采取更粗暴或更巧妙的阻挠策略。

政党的社会学结构有着根本的差异，这要看它们以什么样的社会
939 行动去发挥影响，就是说，要看共同体是不是以身份或阶级来分层。至关重要的是，它们还会根据支配的结构而发生变化，因为，政党领袖通常都要争取支配结构的青睐。用我们的一般术语来说，政党并非只是现代支配形式的产物。我们还应把古代和中世纪的同类现象称之为政党，尽管它们与现代政党有着根本差异。由于政党始终是为谋取政治控制（Herrschaft）而斗争，它的组织也就常常是严密的“威权主义”组织。由于支配形式之间存在着这些变量，如果不首先对它们进行讨论，政党的结构也就无从谈起。因此，我们现在就转向一切社会组织的这一核心现象。

在进入这项讨论之前，我们还应更综合地谈谈阶级、身份群体和政党：它们的存在均以某个更大的联合体，特别是以政治实体的框架

为前提，但这一事实并不意味着它们始终会幽闭在这个框架之内。恰恰相反，这种联合体（甚至在它打算使用共同的军事力量时）把手伸出国界，在所有的时代都是一种常规。古希腊寡头政治家和民主政治家、中世纪归尔甫派和吉卜林派、宗教斗争时期加尔文派内部的［地区间］利益团结，直至地主（国际农业大会）、君主（神圣同盟、卡尔斯巴德决议*）、社会主义工人、保守党（普鲁士保守派 1850 年还在巴望着俄国进行干预）的休戚与共，都可以从中看到这种情形。不过，它们的目的未必就是确立新的领土支配权，总的来看，它们的目的是要影响现存的政治实体。

注　释

1　这是对领土政治组织和国家的早期表述，韦伯后来又进行了概括，见第一部分，第一章，十七。（R）

2　Camorra，组织良好、活动于南意大利特别是那不勒斯地区的大规模犯罪帮派，初见于 1820 年，到 1890 年代实现了对那不勒斯市政的有效控制，因“好人政府联盟”的努力，该帮派在 1901 年竞选失败，但随后又多次卷土重来，尤其是在 1911 年。（Rh）

3　参阅本书第八章，（二），一到五，以及（六），一。（W）

4　关于这一点，参阅 K. N. Llewellyn and E. A. Hoebel，*The Cheytnne Way*（1941），esp. c. 5 所描述的北美大平原印第安人当中作为治安机构的“军事会社”的角色。（Rh）

5　参阅 E. Fisher，*Schweizergeschichte*（3rd ed. 1947）150。（Rh）

6　关于综合概括这种研究的近作，见 R. Thurnwald，*Werden*，*Wandel und Gestaltung von Staat und Kultur*（1934）；关于下面句子中提到的那种会社类型，见 R. F. Barton， 940
Ifugao Law（1919）和 *The Kalingas*（1948）。（Rh）

* Carlsbad Decrees，1819 年 6 月 3 日到 31 日奥地利、普鲁士、巴伐利亚等德意志 11 个主要邦的大臣在波希米亚卡尔斯巴德（今捷克共和国卡罗维发利）矿泉集会时通过的一系列决议，旨在联合各邦政府镇压开明的民族主义倾向。该决议绵延执行了数十年，但各邦宽严不一，从长远看未能扼杀德国的民族主义或阻止自由主义思想在各邦的发展。

7 见 *Reste arabischen Heidentums*（sec. Ed.，1897）；另见 *Medina vor dem Islam*（*Skizzen und Vorarbeiten*，vol. IV，1，1889）。（W）

8 日耳曼关税同盟是在普鲁士领导下于 1820—1830 年代逐渐确立的。1834 年 1 月 1 日之后，它包括了除奥地利和两个小邦以外的所有日耳曼邦国，就是说，它实际上成了俾斯麦领导下作为新日耳曼帝国出现于 1871 年的德意志的组成部分。在普鲁士霸权下德国统一的发展过程中，关税同盟成了至关重要的一步，但这种统一也把奥地利排除在外，并通过 1866 年的普奥战争成为定局。（Rh）

9 参阅 Weber，*Agrarverhältnisse*，载 *GAzSW*，271，273f，295f。（W）

10 关于弗兰兹·奥本海默，见第一部分，第二章，注 3 和注 22。（Wi）

11 Gaius Verres（约公元前 120—前 43），罗马司法行政官，任西西里总督时曾无情盘剥当地居民。西塞罗代表西西里人向法庭控告了威勒斯，他的演讲中包含了许多有关罗马各行省农业状况的信息，特别是有利于使用奴隶劳动的资本主义大庄园农耕方式的衰落。另请参阅 Weber，*Agrarverhältnisse*，载 *GAzSW*，252f。（Wi）

12 参阅 Victor Ehrenberg，*The People of Aristophanes*（New York：Schocken paperback，1962），chs. V（esp. 123f.）and XI（esp. 307ff.）。（Wi）

13 所有小标题均为 Gerth 与 Mills 所加。本节中的主要术语变化是消除了“共同体”行动与“社会”行动的二分法，并以“群体”代替了“共同体”。

14 关于罗马不得解放者的常规 bona paterna avitaque，另请参阅第十六章，（五），注 33。（Wi）

第十章 941

支配与正当性

一、经济权力的支配与权威支配[1]

最一般意义上的支配，是社会行动最重要的成分之一。当然，并非任何形式的社会行动都会显示一种支配结构。但在绝大多数社会行动中，支配都在发挥着重大作用，尽管初看上去可能并不明显。因此，比如在若干语言共同体中，通过官方命令把某种方言提升到政治实体的官方语言地位，往往会对发展出一个有着共同书面语言的大规模共同体产生决定性的作用，例如德国就是这样。[2]但是，政治上的分离也会决定相应的语言分化的最终形式，比如荷兰之于德国的情形。[3]此外，在学校中实行的支配将会最持久、最有效地把官方学校语言的形式和优势固定下来。社会行动的所有领域都会毫无例外地受到支配结构的深刻影响。就大多数情况来看，由不定型的社会行动中产生出理性的联合体，原因就是有了支配以及实施支配的方式。即使并非这种情况，也会有一个关键因素决定着社会行动的形式及其“目标”取向，这个因素就是最高权力的结构及其扩展。实际上，在古往今来经济上最为重要的社会结构中，也就是在庄园和大规模资本主义企业中，支配都曾发挥了决定性的作用。

我们就要看到，支配构成了一种特殊的权力状况。正如其他权
942 力形态下的情况那样，实施支配的那些人并非仅仅——甚至一般不是——通过支配去追求比如经济货物的充足供应之类的纯经济目标。不过确凿无疑的是，对经济货物的控制权，即经济权力，常常都是支配带来的结果，而且往往是有意为之的结果，同时也是实施支配的最重要手段之一。然而，任何经济上的权力地位都不可能体现出我们这里的词义所指的支配。建立和保持支配也不是在任何情况下都要利用经济权力。但在绝大多数情况下，实际上是在最为重要的那些情况下，却正是以这样那样的方式利用经济权力建立和保持支配的，并且常常会达到这样的程度：为求保持支配而使用经济手段的模式，反过来又对支配结构产生了决定性的影响。此外，绝大多数经济组织，其中那些最重要、最现代的组织，都显示了某种支配结构。事实上，任何一种支配形式的关键特征，都不会以任何明确的方式与任何特定的经济组织形式联系在一起。不过，在许多情况下，最高权力的结构既是一个有重大经济意义的因素，也是经济条件的一个结果——至少在一定程度上是如此。

我们这里的首要目的只是陈述经济组织形式和支配形式之间关系的一般命题。正是由于这种一般性质，这些命题将不可避免地比较抽象，有时还略显含糊。出于我们这里的目的，我们需要首先比较确切

地定义我们所说的“支配”，以及它与“权力”这一通用术语的关系。权力有一个极为普遍的含义：把自身意志强加于他人行为的可能性，从这个意义上说，支配可能会表现出极为多样的形式。如果像时有所见的那样，把法律授予某人的针对一个或多个他人的权利要求，理解为对债务人或没有被授予这种权利要求的人们发布命令的权力，那就可以这样来设想整个私法体系：它把支配分散到了被授予法定权利的人们手中。从这个角度来看，工人也就有权力在他工资的权利要求范围内命令工厂主，即“支配”工厂主，公务员则有权力在他薪金的权利要求范围内命令国王，即“支配”国王。这样的术语恐怕是相当牵强的，总之，它只有临时的价值，因为必须在两种命令之间作出本质上的区别：一是司法当局对已判决的债务人发出的“命令”，一是权利要求人自身先于判决对债务人发出的“命令”。然而，通常所说的
“支配”地位也会出现在客厅里的以及市场上的社交关系中，出现在 943
演讲大厅的讲台上，出现在一个旅团的指挥所里，出现在性爱关系或慈善关系中，出现在学术讨论或体育运动中。不过，这样一种宽泛的定义，对于科学地使用“支配”一词毫无益处。这里不可能在最宽泛的意义上对“支配”的所有形式、条件和具体内容进行全面分类。我们唯需记住的是，除了大量其他可能的类型之外，有两种直接对立的支配类型：凭借利益格局（特别是凭借垄断地位）进行的支配，和凭借权威——命令权和服从的义务——进行的支配。

前者的最纯粹类型就是市场上的垄断支配，后者的最纯粹类型则是家长的、执政官的或者君主的权力。前者的最纯粹形式乃是建立在一种影响力基础上的，这种影响力完全是因为拥有货物或者市场技巧而产生的，它得到了某种方式的保障并作用于被支配者的行为，但

这些被支配者在形式上始终是自由的，而且仅仅以追求自身利益为动机。后一种支配形式则有赖于所谓绝对的服从义务，不管其间的个人动机或者个人利益是什么。这两种支配类型的界线是变动不居的。例如，任何大型的中央银行或者信贷机构，都会凭借其垄断地位对资本市场发挥“支配性”影响。它可能会把信贷条件强加给潜在的债务人，从而为了它的自有资产的流动而在很大程度上影响他们的经济行为。如果那些潜在的债务人的确需要贷款，为自身利益计，也就必须服从这些条件，甚至以提供辅助担保来保证这种服从。然而，信贷银行并不会声称它们在行使“权威”，就是说，它们不会声称有权要求被支配者“服从”而全然不顾后者自身的利益；它们仅仅是在追求自己的利益，并且只有当被支配者在形式上自由行事，犹如迫于客观环境而理性追求自身利益时，它们的利益才能实现最大化。

即使是不完全垄断权的所有者，尽管存在着竞争，但如果他大体上能够为交易伙伴和竞争者“规定”价格，换句话说，如果他以自己的行为把一种合乎自身利益的行为方式强加给他们，但又并未强加给他们哪怕最轻微的服从这种支配的“义务”，他也会发现自己处在与上述信贷银行同样的地位上。然而，任何凭借利益格局而实现的支
944 配类型，都会逐渐转变为权威支配。这尤其适用于一开始就建立在垄断地位基础上的支配。比如一个银行，为了更有效地控制一家负债公司，可能会要求让本银行的某个董事会成员成为该负债公司的董事会成员，以此作为提供贷款的条件；这样，银行董事会即可利用负债公司管理层的服从义务对其发布决定性的指令。

再如一个中央发行银行，可以促成各信贷机构就统一的信贷条件达成一致，凭借自身的权力地位以这种方式保证对各信贷机构与客户

之间的关系进行控制与监督。然后，它可以利用这种控制达到通货管理或影响商业周期等等目的，甚或达到政治目的，例如为蓄势待发的战争筹备资金——如果中央银行处在政治权力的影响下，这个目的就会尤其突出。从理论上说，实际确立这种控制是完全可以想象的，即实施控制的目的和方式明确体现在规章制度（reglementation）之中，建立专门机构以实施控制并由专门的上诉机构解决有争议的问题，最后，控制会不断变得更加严格。如此，这种支配将会变得完全像官僚制国家机构对下级的权威支配，而下级的地位将会具有这样的性质——对权威的服从关系。

以下情况也可以作如是观：向小酒店业主提供设备的啤酒厂也能实现对前者的支配；如果说不定哪一天某个德国出版业卡特尔有了发放和撤销零售许可证的权力，书店老板们也将不得不服从它的支配；标准石油公司对汽油经销商的支配、德国煤炭生产商通过他们的联合销售处对煤炭经销商的支配，都是如此。所有这些零售商很有可能最终都会变成受雇佣的分销商，与在雇主工厂外面工作的巡线工或者其他私人雇员毫无二致，只管服从某个部门头头的权威即是。古代的债务人对债权人的事实依附便逐渐过渡到了形式上的债务奴役状态，到了中世纪和现时代，手工业者对熟谙市场行情的出口商的依附则超过了家庭工业的各种依附形式，最后过渡到对血汗工厂（sweatshop）工人彻底的威权主义劳动管制。由此还出现了其他一些层级，比如办公室或车间里的文员、技术员或工人的地位，他们对纪律的服从在性质上已经根本无异于公务员或军人，尽管创造了这种地位的是由形式上 945
“平等”的各方当事人在劳动力市场上“自愿”接受雇主提出的条件之后订立的契约。毫无疑问，受雇于私营部门还是公营部门，其间的差异远不如服兵役和其他职业之间的差异重要。其他职业都可以自愿议定和终止，而服兵役则是强制义务——至少在某些国家，比如我们这里，自古代的雇佣兵制被征兵制取代以后，情况就是如此。而且，即使政治效忠关系，也是自愿缔结并且至少在某种程度上可以自愿解除的；历史上那些封建制的，某些情况下甚至还有家产制的依附关系也同样如此。所以，即使在这些情况下，也只是逐渐地过渡到权威关系，比如奴隶是完全非自愿的，而臣民一般却是无期限的。显然，下级会在服从中得到某种最低限度的利益，这通常是必不可少的服从动机之一，甚至在绝对的威权主义义务关系中也是如此。因此，所有这些过渡都是界线模糊而且变动不居的。然而，如果我们毕竟还希望从连绵不断的实际现象中作出有效的区别，那就不应忽略两种权力的对立：一是完全借助所有权并通过市场上的利益妥协而形成的事实权力，一是家长或君主的威权主义权力——他们所要求的是单纯的服从义务。刚刚给出的范例绝没有穷尽权力的变体。单单所有权就可以成为各种权力形态的基础，而不光是市场权力的基础。我们前面已经指出，即使在尚未出现社会分化的地方，财富伴随着相应的生活方式也会创造出相当于一个“举办家庭招待会”的男人或者拥有自己的“沙龙”的贵妇在现代社会所处的地位能够带来的影响力。在某些条件下，这些关系的任何一种都有可能带上威权主义的特征。这种广义的支配不仅会产生于市场上的交换关系，而且会产生于“社交”关系；此类现象涉及的范围可以从“上流社交界名士”直到罗马帝国富有个性的 *arbiter elegantiarum*[4]（典雅美鉴赏权威）或者普罗旺斯贵妇们的爱情法庭[5]。实际上，在民间市场和私人关系之外也能看到这种支配状况。即使没有任何形式上的命令权，一个“帝国邦”，或者更准确地说，其中那些具有决定性作用的个人，借助权威或市场也能够行使广泛的，有时甚至是专制主义的霸权。普鲁士在德意志关税同盟中的地位或是后者在德意志帝国中的地位就是典型范例。在某种程度上说——尽管是在相当低的程度上，纽约在美国的地位则是又一个范 946
例。在德意志关税同盟中，普鲁士官员处于支配地位，因为他们的邦土构成了最大的，因而最具关键意义的市场；在德意志帝国中，他们处于至高无上的地位，因为他们控制着最大的铁路网，最多的大学职位等等；由此，他们能够使其他在形式上平等的各邦相应的行政部门陷于瘫痪。纽约之所以能够行使政治权力，则是因为它是巨大的金融权力所在地。所有这些权力形态都是建立在利益格局基础上的，因此都类似于市场上出现的那些权力，而且在发展过程中很容易转变为受到形式调整的权威关系，或者更准确地说，转变为拥有他主命令权和强制机器的联合体。实际上，相比某种清晰明确地界定了服从义务的权威来说，起源于市场或者其他利益格局中的支配，正是由于缺乏规则，才会令人感到更受压制。不过这个方面的问题不应妨害社会学家的术语。

在以下的讨论中，我们将使用完全是狭义上的支配概念，其中完全不涉及各利害关系当事人之间形式上自由互动而产生的，特别是在市场上出现的那种权力状况，换句话说，在我们的术语中，支配就是**威权主义的命令权**。

因此，更具体地说，**支配**就意味着这样一种状况：一个或多个**统治者**明示的意志（**命令**）就是要以如下方式影响，并且实际影响了一个或多个他人（**被统治者**）的行为——他们发生的行为有着高度的社会意义，仿佛被统治者正是为了自身的利益才把命令的内容当作了自己的行为准则。从被统治者一方来看，这种状况叫作**服从**。

补论： 1. 这个定义听上去有些笨拙，特别是因为使用了“仿佛”的说法。然而这不可避免。秩序得到了服从，这种单纯表面的事实并不足以说明我们所指的支配；我们不能忽略以下事实的意义：命令是被作为“有效”规范接受下来的。但是另一方面，从发布命令到命令确实被遵从，其间的因果链是极为多样的。从心理学角度来说，命令对被统治者产生的效果，或者是通过移情，或者是通过灵感，或者是被理性论证说服，或者是通过某人对另一人兼有这三种主要类型的影响而达到的。[6] 在具体情况下，被统治者执行命令的动机可能是因为
947 他相信该命令是恰当的，或者是由于他的义务感，或者由于恐惧，或者由于“单调的”习俗，或者由于渴望获得某种实惠。对于社会学来说，这些差异却未必切题。另一方面，相应于主要的合法化模式中的基本差异，支配的社会学性质也是有区别的。

2. 我们已经看到，我们已经给出定义的狭义支配概念，和那些我们业已讨论过的在市场上、客厅里、争论中定调子的状况，其间存在着许多过渡状态。这里应当回过头来简要谈谈后者，以便能够更清晰地说明前者。

显而易见，支配的关系可以交互存在。在现代官僚制中，不同部门的官员，每个人都在服从他人的命令权——如果后者拥有管辖权的话。这里并不会陷入概念困境，但是，假如一位顾客向鞋匠定做一双鞋子的话，这时两者是谁在控制谁呢？答案将依据各自的具体情况而定，但人们几乎始终都会看到，在某个局部方面，此人的意志甚至会不顾彼人的不情愿而对他的意志产生影响，结果就是此人在一定程度上支配了彼人。然而，根据这种思路却不可能建构任何精确的支配概

念——此说适用于所有的交换关系，也包括对无形物的交换关系。或者，像在亚洲常见的那种情况，乡村工匠在固定期限内受雇于某乡村，对此我们又该怎么说呢？他在自己的职业管辖权限内是个统治者吗？如果他是个被统治者，他在被谁统治呢？人们也许不会把支配概念用于这种关系，除非要谈论的是该工匠对帮工们行使的权力，或者是凭借官职控制着该工匠的那些人对他行使的权力，而一旦这样谈论问题，我们也就是把支配概念压缩为上面定义的那种技术性概念了。然而，一个村长，就是说，一个拥有官方权威的人物，他的地位可能也像那位乡村工匠一般无二。我们所熟悉的私务与公职的区别乃是发展的结果，它在别处毕竟不像在我们德国一样那么根深蒂固。在普通的美国人看来，一个法官的差事和一个银行家的营生并无二致。法官大人不过是这样一个人：他获准垄断了对某人做出裁决的权力，根据这种裁决，后者可以对另一人实施某种强制履行，或者视具体情况保护自己拒绝他人的权利主张；法官凭借这种垄断权而直接间接地享有了许多合法或非法的实惠，为了享有这些实惠，他会把一定比例的收 948
费付给让他得到了这份差事的党老大。

对于村长、法官、银行家、工匠等等所有这些情况来说，我们都可以说他们在支配，不管他们有没有这样的要求，而且能够看到他们发出或接受的命令本身得到了具有高度社会意义的服从。如果不谈命令权，那就不可能以任何方式定义出可用的支配概念；但是我们决不应忘记，就像生活中的一切那样，这里的一切也是无不处在“过渡中”。不言而喻，社会学家只能以这种命令权的实际存在为准，这与法律人关心某项法律规范的理论内涵截然不同。就社会学关注的范围而言，如果某人要求得到的权威实际上并没有得到具有高度社会意义的听从，那就说明命令权并不存在。此外，社会学家通常还会从这样的观察出发："事实上的"命令权一般都是要求"依法"存在。正是出于这个原因，社会学家也就免不了要去利用法律的概念系统。

二、直接民主与显贵统治[7]

我们这里主要关心的是与"行政"相结合而言的"支配"。任何支配都要通过行政来体现并发挥功能。另一方面，任何行政都需要支配，因为它始终需要某人掌握某些命令权。这种权力很可能会以非常率真的方式出现；被统治者可能会把统治者看作自己的"仆人"，而他对自己也有可能作如是观。这种现象的最纯粹形式就出现在所谓的**"即时民主"行政管理**［"直接民主"］中。

这种行政被称为民主行政乃是出于两个未必会重合的原因。第一，它是基于人人都有同等资格管理公共事务这一假设。第二，它把在行政过程中的命令权限制到了最低程度。行政职务要么轮流担任，要么抽签决定，要么经选举而短期任职。所有重大决定均需全体成员共同议决；行政人员需要做的只是起草并贯彻决议，按照全体大会的指令管理"当前事务"。这种行政类型可见于众多的民间联合体、某些政治共同体（比如瑞士的 Landesgemeinden 或者美国的某些区）、大
949 学（就行政管理操在校长或院长手中而言[8]）以及许多其他类似的组织之中。不管行政功能多么弱，某个官员也必定会拥有某种命令权，因而他的地位也就始终悬在纯粹的仆人和主人之间。对他的地位划出"民主"界限正是为了防范他发展成主人。然而，官员支配权的"平等化"和"最小化"，亦可见之于众多贵族群体，以此防范他们中的

成员成为统治层。威尼斯、斯巴达的贵族或者德国大学的正教授贵族就是这样的范例，他们全都使用同样的“民主”形式：轮流任职、抽签或者短期选举。

这种行政通常会出现在满足了以下条件的组织中：

1）该组织必须是地方性的，或者成员人数有限；2）成员彼此的社会地位必须差别不大；3）行政功能必须相对简单而稳定；4）然而，还必须根据客观条件所决定的方式与手段发展出某种起码的素养。比如瑞士和美国的直接民主行政管理，也像俄国的村社组织**米尔**（mir）在它的传统事务范围界限之内那样提出了最后这项要求。但是，我们不能把这种行政管理看作任何典型发展过程的历史起点，而只能看作一种很有助于开始进行研究的边际类型。轮流任职、抽签或选举，都不是甄选某个组织行政官员的“原始”形式。

无论何处存在的直接民主行政管理，都是不稳定的。经济分化的任何发展都会伴随出现这样的可能性：行政管理将落入富人之手。原因并非在于他们具备优越的个人品质或者更为全面的知识，而是仅仅在于他们有时间且报酬微薄，甚至完全没有报酬地作为兼职去承担行政功能。然而，那些必须为了糊口而工作的人们，就不得不牺牲能够带来收入的时间，劳动越是紧张，这种牺牲就越是变得无法忍受。因此，那些处在优势地位的人并不仅仅是享有高收入者，更是那些无需亲自劳动或者通过间歇性劳动也能获得一份收入的人。所以，在其他条件相同的情况下，相比一个土地所有者或者一个中世纪的商业贵族，一个现代工厂主就更不容易放下自己的工作，相应地也就更难以承担行政职能，因为前两者无需不间断地工作。出于同样的原因，大 950
型的大学医院院长和研究所所长，尽管有着丰富的行政经验，但却最不适于担任大学校长，他们的日常工作占用了他们太多的时间。因此，不得不工作的人越是变得难以从工作中脱身，直接民主的行政管理就越是容易转变为**显贵**（honoratiores）统治。

我们已经看到了那种与生活方式联系在一起的特定社会荣誉载体的类型。[9] 现在我们又遇到了另一个不可或缺的要求，即有能力承担一项因经济地位产生的可敬义务——从事社会行政管理和统治。因此，我们暂时把 honoratiores 定义如下：

首先，他们无需或相对来说极少劳动也能享有一份收入，或者至少，他们除了可能从事的无论什么职业活动以外，还能承担行政管理职能；**其次**，靠这份收入有了一种生活方式，这使他们的身份荣誉获得了社会“声望”，从而适合于奉诏进行统治。

这种**显贵**统治常常是以审议机构的形式发展起来的，提交给共同体的事务总是预先在那里进行讨论，这使它很容易先期形成共同体的决议，甚或把共同体置诸脑后，从而凭借他们的声望确立**显贵**的垄断权。**显贵**统治的发展以这种方式在地方性共同体中存在了相当长的时期，比如特别是在邻里联合体当中。然而，古代显贵的性质却完全不同于出现在理性化的现代直接民主中的那些显贵。起初的资格要求是高龄。凡是社会行为以传统——惯例、习惯法或神圣律法——为取向的共同体，年长者可以说都是天然的**显贵**，这不仅是因为他们见多识广而享有声望，还因为他们熟谙传统。他们的同意、事先认可（προβούλενμα）或者正式批准（*auctoritas*）[10] 保证了针对超自然力量的决定具有正当性，而且在出现争议时也是最有效的裁决。如果共同体的全体成员都处于大致相同的经济地位，那么“长老”也就只能是家庭、氏族或邻里当中的最年长者。

然而，年龄在共同体中带来的相对声望是很容易变化的。凡是食物来源短缺的地方，不再能劳动的人就会成为负担。凡是战争成了常态的地方，年长者的声望也很容易落后于武士们的声望，而且往往会 951
发展出一种年轻人群体反对老年人声望的民主倾向（*sexagenarios de ponte*）[11]。在发生经济或政治革命——无论那是暴力的还是和平的革命——时期，以及在宗教观念的实际能量，从而还有对神圣传统的崇敬几乎没有形成或者日趋衰落的地方，都会出现同样的发展。另一方面，凡是经验的客观实用性或者传统的主观力量仍然得到高度评价的地方，老年人的声望就会经久不衰。

凡是长老遭到废黜的地方，权力通常不会是转移到年轻人手中，而是落入其他社会声望的载体手中。在出现了经济或身份分化的情况下，长老会（*γερουσία*，*senatus*）的名义可能会一仍旧贯，但构成成分**事实**上将会变成上文讨论过的那种**显贵**，即“经济”**显贵**，或者身份荣誉的载体，他们的权力说到底还是以他们的财富为基础的。

另一方面，必须争取或保留“民主”行政这样的战斗口号，可能会变成穷人反对**显贵**统治的强大工具，同时也会变成富有经济实力但却不容获得身份荣誉的群体的有力手段。如此，民主行政就会成为政治党派之间的斗争内容，特别是因为**显贵**凭借身份声望和某些群体对他们的依附，会给自己建立一些由穷人组成的“保安队”[12]。一旦直接民主的行政成为权力斗争的目标，它也就丧失了那种明确的特征——尚未充分发育的支配状态。政党毕竟是为了谋求上述特定意义的支配而存在的，因此必然会倾向于一种严格的等级制结构，不管它会多么谨慎地试图掩盖这一事实。

以实质上同样的方式生活在“纯粹”民主的边缘状态的成员所

经历的这种社会异化，也会出现在这样的群体当中：它们的规模已经超出了某种限度，再由通过轮换、抽签或选举而碰巧指派到的任何人去满足行政管理职能的要求已经变得极为困难。大规模组织的行政条件根本不同于依靠邻里或者私人关系建立起来的小型联合体所能提供的条件。一旦涉及大规模的行政管理，民主的含义也就发生了根本变化——如果社会学家再把刚才讨论过的同一种含义赋予这个术语，那就毫无道理可言了。

行政任务的日益复杂化以及行政范围的急剧扩张，越来越导致
952 那些富有素养和经验者占据了技术上的优势地位，故而必然会有利于至少某些官员的任职保持连续性。由此，也就始终存在着这样的或然性：为了行政目的而产生一种专门的常设机构，以此作为实行统治的必要手段。正如前面提到的，这种机构可能是**显贵**统治的机构，其成员犹如平等的“同僚”那样行事；或者可能最终成为“独断”机构，所有官员均被整合进一个等级制度，位于顶点的是一个单独的首脑。

三、组织结构与正当权威的基础

这样一个支配机构，其成员的主导地位端赖所谓的“少数法则”（law of the small number）。统治的少数会在成员当中迅速得到理解，由此，它在任何时候都能迅速发起对于保持它的权力地位必不可少的理性的组织行动。结果是，它很容易就能粉碎任何对它的权力构成威胁的大众行为（*Massen- oder Gemeinschaftshandeln*）——只要反对派尚未按照谋求支配的预期方向建立起同样的组织。少数的另一个益处就是便于为统治者的意图和决定以及他们的信息状况保密；这个圈子

越大，保守这些秘密就会越困难，甚至会变得不可能。凡是越来越强调保守“官方机密”的地方，我们就可以认为那是统治者打算勒紧统治缰绳或者他们感觉统治受到了威胁的征兆。但是，任何支配，只要确立为一种持续性的支配，必定都会在某个关键环节上成为**秘密统治**。

不过一般来说，为进行支配而做出的这种特殊安排，就像联合体的作为一样，都会表现出以下特点：

一个习惯于服从**领袖**的命令并且因为参与支配及获得了相应的利益而直接关心支配的持续性的人员圈子，分工并持续不断地随时准备行使那些有助于支配保持连续性的职能。（这就是“组织”的含义。）[13] 那些并非经由其他要求并行使命令权者的批准而产生的领袖，我们应当称之为**主宰**（master）；**机器**（apparatus）一词指的是供一个或多个刚刚给出了定义的那种主宰使用的人员圈子。

任何具体的支配结构，其社会学性质都是决定于主宰和机器之间 953
的关系以及两者与被统治者的关系，决定于支配所特有的**组织结构**，即命令权的特殊分配方式。当然，还有许多其他因素也可以考虑在内，它们可能有助于进行各种各样的社会学分类。不过对于我们有限的目的来说，我们应当着重考虑的是那些基本的支配类型。而只要我们追问支配的效力最终的基础何在，那些基本类型就会浮现出来，换句话说，我们研究的是主宰要求“官员们”服从以及两者要求被统治者服从所依据的那些基础。

我们在讨论**法律秩序**时已经碰到了**正当性**问题。现在我们应当说明它的更广泛的重要意义。对于支配来说，进行这种正当性辩护绝不仅仅是个理论或哲学思辨的问题，毋宁说，它构成了支配的经验结构中极为现实的种种差异之基础。这一事实的原因就在于一种可以普遍观察到的需要：任何权力，甚至任何生存的优势地位，都需要给自己找到正当理由。

人的命运并不平等。人际之间的健康状况、财产状况、社会身份状况等等都不可能没有差异。简单的观察即可表明，只要存在这种差异，处在较有利地位的人就始终需要把他的地位看作某种方式的“正当”地位，把他的优势看作“应得”的优势，而他人的不利地位则是“咎”由自取。造成差异的纯偶然因素可能会极为明显地被一笔勾销。

人际的正面特权和负面特权群体之间的关系也会产生同样的需要。任何高等特权群体都会在它的天然优势，特别是血统问题上发展出某种神话。在权力的稳定分配以及随之产生的身份秩序条件下，那种神话就会被负面特权阶层所接受。只要大众继续处于自然状态，即仍然没有发展出对支配秩序的思考时——这意味着只要尚无迫切需要让现状变得“可疑”，那种情形就会一直存在下去。但是，在阶级状况已经变得确凿无疑且人人都会坦承那是决定每个人的个人命运的因素时，高等特权群体的那种神话，即他们每个人的特殊运气都是应得的神话，就会成为遭到最激烈憎恨的攻击目标之一；不仅古代晚期和中世纪的某些斗争，尤其是还有我们时代的阶级斗争，都可以作如
954 是观，在这些斗争中，上述神话以及建立在它们基础上的正当支配要求，便成了遭受最强大、最有效攻击的靶子。

实际上，任何支配（我们所指技术意义上的支配）的持续存在，始终都有着最强烈的需要，即通过诉诸其正当性的原则为自己辩护。这样的终极原则只有三条：

命令权的“效力”首先体现在自觉订立的**理性**规则的体系中，这些规则可能是基于一致同意，也可能是自上而下强加的，只要受命进

行统治的人提出要求，它们就会作为具有普遍约束力的规范而得到服从。在这种情况下，任何一个单独的命令权载体都能被该理性规范体系赋予正当性，而他的权力就是正当权力，因为它符合规范。因此，服从的对象也是规范，而不是人。

然而，命令权的效力也可以建立在**个人权威**的基础上。

这种个人权威的基础可能是相沿成习、历来如此的**传统**所具有的神圣性，它规定了对某个特殊人物的服从。

或者，个人权威可能有着完全相反的来源——对异象的屈服，对**超凡魅力**的信仰，即对某个救世主、先知或英雄之类人物的真实启示或恩宠的信仰。

支配的“纯粹”类型与这三种可能的合法化类型相对应。在历史的现实中出现过的支配形式，都是这些“纯粹”类型结合、混合、适应或调整的结果。

一种支配结构中**受到理性调整的**联合体，在**官僚制**那里可以看到它的典型体现。**由传统**所规定的社会行动，在**家长制**那里有着典型表现。**超凡魅力**支配结构则依赖于个人的权威，而这种权威的基础既非理性规则，亦非传统。这里我们也应当从最为理性，同时也是我们最为熟悉的类型入手：现代官僚行政。

注　释

1　除非另有说明，本章注释均为 Rheinstein 所作。

2　在诸多日耳曼方言以及诗歌、文学和政治辩论使用语言的方式中，被公认为标准的是14世纪末到15世纪先是在布拉格，然后是在维也纳以帝国衡平法院使用的那种形式 955

而成，尤其是在它接近路德《圣经》译本中使用的风格时。

3 尼德兰农民讲的低地德语方言是以南荷兰省使用的形式而成，它在联合省脱离了德国、荷兰方言成为官方语言和《圣经》译本（Statenbijbel，1626—1635）语言之后获得了独立语言的地位。然而，瑞士的任何一种日耳曼方言却都没有获得作为独立语言的地位，因为松散的瑞士联邦不存在中央衡平法院，尽管它比尼德兰早一个世纪从政治上脱离了德国，但高地德语始终还是官方语言。

4 Arbiter elegantiarum，据塔西佗说（Ann. XVI 18），盖尤斯·帕特罗尼乌斯（Gaius Patronius）——大概与讽刺作家、仲裁人帕特罗尼乌斯（Patronius Arbiter）是同一个人——被尼禄称为“典雅美鉴赏权威”，并对他在格调品味问题上的看法言听计从。帕特罗尼乌斯和他的称号经由显克维奇（Adam Alexander Pius Henryk Sienkiewicz，1846—1916）的小说《你往何处去》而广为人知。

5 关于爱情法庭，见第二部分，第一章，注 10。

6 关于移情和灵感作为影响他人态度的因素，见第二部分，第一章，二，B。

7 参阅第一部分，第三章，19f。（R）

8 德国大学的校长（Rektor）和院长均由正教授们选举产生，任期一年，与理事会一起管理大学事务，并对外代表大学，尤其是在对付监管大学的教育部时。

9 见第九章，六，E 和第八章，（四）。（R）

10 Auctoritas，民众大会的某些决议要想生效所必需的罗马元老院的批准；关于这种必需性的重大政治意义的不同阶段，见 Jolowicz，*History Introduction to Roman Law*（1932），30。

11 意为“60 岁的人从桥上滚开！”一个其源不详的罗马谚语，古代作家一般都把它与一个推定的古老做法联系在一起，那就是活人献祭——没用的老年人从一座桥上被抛进台伯河。韦伯这里想到的是一种不那么普及的解释，见于 Varro，*de vita pop. Rom. lib.* Ⅳ（Ⅱ，11）残篇中的记载，说的是超过兵役年龄的人要被排除出以军事队列在战神广场（campus Martius）上举行的选举大会，而进入战神广场要跨过一座桥。参阅 Pauly-Wissowa，*RE*，2nd ser.，Ⅱ（1923），205f.“sexagenarios”词条。（Rh/Wi）

12 韦伯使用的是 Schutztruppe 一词，该词主要是在用来称呼德国海外领地的殖民军队时广为人知的，其中最著名的是驻扎在西南非洲的 Schutztruppe，它曾镇压了 1904—1908 年间的赫雷罗人（Herero）起义。（R）

13 参阅第一部分，第三章，十三。（R）

第十一章 956

官僚制

一、现代官僚制的特征

现代官员是以如下方式发挥功能的：

I. 存在着官职**管辖权限**的原则，该权限一般是由规则，即由法律或行政规章决定的。这意味着：

（1）官僚治理结构所需的常规活动被确定为官职义务。

（2）以某种稳定的方式对保证这些义务得到履行所需的下达命令的权威进行分配，并由与强制手段有关的规则严格划定界限，这些强制手段包括物理的、司铎的或者其他的强制手段，以供官员利用。

（3）为正式而持续地履行这些义务以及为行使相应的权利进行条理化的准备：只有具备普遍规则所要求的资格者才是可用的。

在国家范围内，这三个要素就会产生一个官僚**机构**；在私有经济范围内，则会产生一个官僚制**企业**。这样被理解的官僚制，只有在现代国家的政治与宗教共同体中以及最先进的资本主义制度的私有经济中才得到了充分的发展。拥有固定管辖权的常设机构的出现，并不是历史规律，而是例外。即使像古代东方人、日耳曼人和蒙古人的征服帝国以及众多封建国家那种大规模的政治结构，也同样如此。在所有这些情况下，统治者都是通过亲信、食客或者廷臣去执
957 行最重要的举措，对他们的委任和授权并没有明确界限，而是根据具体情况临时酌处。

Ⅱ. 由**职务等级制**原则与上诉渠道（Instanzenzug）原则确立了一种公认的高级职务监督低级职务的上下级隶属体系。这种体系给被治理者提供了上诉的可能性，即按照严格规定的方式，针对低级官员的决定向有关上级权威提起上诉。随着这种官僚类型的充分发展，职务等级制便**以独断方式**组织了起来，等级制职务权威的原则可见于所有的官僚制结构之中：国家与宗教组织以及大型政党组织和私人企业之中。至于它的权威被叫作“私”权威还是“公”权威，这对官僚制的性质无关宏旨。

当管辖“权限”原则得到充分实现时，等级制的隶属关系——至少就公职而言——不再意味着“高级”权威有权简单地接管“低级”权威的事务；实际上，相反的情况才是常规：某个官职一经设立，假如出缺的话，就总是会有一个新的任职者得到任命。

Ⅲ. 对现代官职的管理是以书面文件（“档案”，以原件或草稿形式保管起来）、一个下属官员班子以及各种文员为基础的。在一个机构中工作的全体官员，加上各自的物资装备和档案，便构成了一个**官署**

（在私人企业中常常叫作“会计室”，即 Kontor[*]）。

原则上说，现代公务员组织的官署与官员的私宅是分离的，而且总的来说，职务活动与私生活领域也是分离的。公款公物与官员的私人财产同样是分离的。这种状况到处都是经过漫长发展的产物。今天，这种状况既可见于政府机构，亦可见于私人企业；而且在私人企业中，这项原则甚至已经扩大应用于处在顶端的企业家本人，大体上已是 Kontor（办公处所）与住所分离、商业交往与私人交往分离、商业资产与私人财产分离。现代类型的商业管理越是持之有恒，这种分离也就越是确定不移，而这一过程的开端早在中世纪就可以看到了。

现代企业家的独特之处就在于，他的作为犹如他的企业中的“首席官员”，而现代特有的官僚制国家的统治者［普鲁士的腓特烈二世］也是以同样的方式自称为国家的“第一仆人”。国家官署的活动在性质上根本不同于私人机构的管理，这种观念乃是大陆欧洲人的见解，958
相比之下，美国人对此是完全陌生的。

Ⅳ. 官职的管理，至少是所有专业官职的管理——而这样的管理显然是现代的——通常都是以某个专业化领域的训练为前提。这在现代的私人企业行政人员和雇员中也越来越常见，一如对国务官员的要求。

Ⅴ. 一旦正式获得官职，职务活动就会要求官员付出**全部工作能力**，不管他在官署中的义务工作时间是否已有规定。在正常情况下，这也只是一个长期发展过程的产物，公家和私家官职都是如此。过去的常规事态则恰恰相反：公务被看作是次要活动。

Ⅵ. 对官职的管理遵循着**普遍规则**，而规则大体上是稳定的，几

* 德文，办公处所。

乎是详尽无遗的，并且能够学会。有关这些规则的知识乃是官员们拥有的特殊技术专长，涉及法理学、行政管理或商业管理。

现代官职管理最终受到了规则约束，从根本上说乃是其性质使然。比如现代公共行政理论认为，通过政令处理某些事务的权威——这是依法授予某个机构的——并未使该机构有权根据具体情况发布具体命令去调整该事务，而只是对该事务进行抽象调整，这与通过个人特权或因为得宠去调整所有关系形成了极端对立，正如我们即将看到的那样，后者在家产制条件下居于绝对的支配地位，至少在调整那些尚未由神圣传统固定下来的关系时就是如此。

二、官僚制内外的官员地位

就官员的内部和外部地位而言，所有这一切便导致了以下情形：

I. 作为一项职业而担任官职

官职是一项“职业”（Beruf），这首先体现在需要经历一个规定
959 的训练过程，它要求具备长期持续的完整的工作能力，并要通过普遍规定的专业考试作为受雇的前提。此外，它还体现为官员的地位具有“义务”（Pflicht）性质。这就决定了他在以下方式中的关系性质：担任官职从法律上和实际上都不被认为是享有了某个收入来源的所有权，一如中世纪直到现代之初都常见的情形那样利用官职提供某些服务以换取租金或报酬；同时，担任官职也不被认为像自由雇佣契约那样是一种普通的服务交易。毋宁说，担任官职——包括担任私

有经济中的官职——被认为是接受了一项特殊义务，即忠于职务目标（Amtstreue），以此报答给予他的那份安全存在。就纯粹类型而言，现代的忠于职务并不是像封建制权威或家产制权威下的封臣或扈从式忠诚那样确立一种对人的关系，而是报效于**非个人的功能性目标**。这一点具有决定性意义。当然，这些目标往往会从文化价值观那里获得某种意识形态光环，比如国家、教会、共同体、政党或企业等等，它们是作为今世或来世的人格化主宰的替代物出现的，并由某个特定群体作为化身。

至少在高度发达的现代国家中，政治官员已不再被认为是某个统治者的私人臣仆。同样，主教、祭司和传教士事实上也不再是纯粹个人超凡魅力的传导者了，而在早期基督教时代，他们都是接受某个主宰的亲自委任，原则上只对那位主宰负责，向所有似乎配得上或者要求得到的人们提供来世的神圣价值观。虽然这种陈旧理论仍在一定程度上存续着，但是主教、祭司和传教士们却已变成了服务于功能性目标的官员，这种目标在今天的“教会”中已经变得非人格化了，同时也获得了意识形态上的神圣性。

II. 官员的社会地位

A. **社会评价与身份惯例**。无论任职于私人机构还是官署，现代官员始终都在追求并且通常也会得到的**社会评价**，都会大大高于被治理者。他的社会地位受到了关于职衔序列之规定的保护，而且，政治官员还会受到刑法典的保护，因为刑法典都会专门禁止“侮辱公职”以及对国家与教会当局的“蔑视”。

官员的社会地位通常都是最高的，比如在那些文明古国，以下条
960 件都是常见的：对训练有素的专家从事行政管理有着牢固的需求；社会分化巨大而稳定，由于社会的权力分配或者规定的素养及身份惯例所需的昂贵支出等原因，官员主要来自享有社会与经济特权的阶层。取得教育文凭或者教育特权——下文将会讨论（十三，A）——通常都是为了获得担任官职的资格；这一点自然提高了官员社会地位中的“身份要素”含量。有时身份因素还会得到明确承认，比如做出规定在接纳谋官者时要有官员团队成员的同意（“举荐”）。德国军队的军官团就是这种情况。类似的现象推动着官员群体像行会那样趋于封闭，这典型地表现在过去的家产制，特别是俸禄制官员群体中。改头换面复活这种做法的愿望，在现代官僚中也绝非罕见，比如［1905 年］俄国革命期间那些大半已经无产阶级化了的［zemstov[*]］官员（tretii element）提出的要求，就是这种愿望在起作用。

一般来说，对专家行政的需求和对身份惯例的维护遭到削弱的地方，对官员的社会评价就会特别低。在巨大经济机会吸引下新开拓的殖民地，以及社会分层极不稳定的地方，往往就会看到这种情况，美国即是一例。

B. **任命与选举：**专业素养的不同结果。官僚制官员典型地是由上级权威任命的。由被治理者选举产生的官员则不再是个纯粹的官僚式人物了。当然，正式的选举背后可能也还有任命——特别是党老大在政治上任命。这并不依赖于法律上的规定，而是依赖于政党机制的运作方式。只要有着稳固的组织，政党就可能把形式上自由的选举变成

* 见本书第一卷第 785 页中译者注。

仅仅鼓掌通过党首指定的候选人，或者充其量变成按照某些规则进行的竞争以在两个被指定的候选人之间做出选择。

在任何情况下，通过选举委任官员，都将缓和等级制隶属关系的僵硬程度。原则上说，一个选举产生的官员在他的上级面前就有了一种自治的地位，因为他的地位并不是“自上而下”，而是“自下而上”产生的，至少不是产生于一个官员等级制的上级权威，而是产生于强有力的政党成员（“党老大”），他们也决定着他的未来前程。当选官员的仕途主要地不是决定于他的行政长官。不是选举产生，而是某个主宰所指派的官员，从技术观点来看，通常会更加精确地履行职能，因为这更有可能由纯粹的功能动机和品质来决定对他的挑选和他的仕 961
途。作为外行的被治理者只有可能根据经验去评估官职候选人的专业资格，因此也只能在他任职之后才能进行评估。此外，政治党派一旦参与官员的选举过程，它们自然会完全倾向于根据一个追随者为党老大效劳的能力，而不是根据技术能力做出最后选择。由党老大指定需经自由选举产生的官员，在党老大确定候选人名单时也会基于同样的考虑，而选举产生的长官在自由任命官员时同样也会如此。这与合法君主及其下属任命官员时坚持的条件实际上是类似的，两者的反差是相对的，因为政党成员的影响更不容易控制。

在越来越需要训练有素的专家从事行政管理，并且党的忠实信徒不得不重视一种思想发达、经验丰富的自由“公众舆论”的地方，任用不称职的官员就会导致执政党在下次选举中失利。如果由首脑任命这样的官员，自然就更有可能如此。美国如今已经出现了对专业化行政管理的需求，但在那些其选民是由移民“杂凑”起来的地方，比如在那些大城市，当然不会存在有效的公众舆论。由此，不仅行政长官，而且还有其下属官员的普选，除了会削弱官员对等级制的依附性之外，通常还会损害官员的专业资格以及官僚机构的精确功能，至少在那些难以监督的大规模行政机构中就是如此。美国总统任命的联邦法官，其资质与廉正无不大大优于选举产生的法官，这是众所周知的，尽管挑选这两种类型的官员主要也是根据党派考虑。改革者要求对各大都会的行政管理进行重大变革，实际上就是受到了那些当选市长们的影响，而市长们都有一个由他们任命的官员班子。由此，这些改革者便形成了一种“恺撒制”风尚。从技术观点来看，作为一种有组织的支配形式，这种常常产生于民主政体的“恺撒制”，其效率一般都要依赖于那位“恺撒”的地位，他是大众（军队或公民）的自由委托人，而且不受传统约束。因此，那位“恺撒”就是一个高素质军官团或官员团队的主宰，一个不受拘束的主宰，因为正是这位“恺撒”不顾传统或者任何其他障碍自由挑选了他们，并且是亲自挑选了
962 他们。然而，这种“个人天赋的统治”与普选产生官员的形式“民主”原则便发生了冲突。

C. 终身任职以及司法独立和社会声望之间的逆反关系。一般来说，官员的地位是终身保有的，至少在政府官僚中是这样，而且在所有类似的结构中也是日益如此。事实上，即使在能够提前解职或者定期重新任职的地方，一般也是把**终身任职**作为前提条件。在私人企业中，终身任职的事实通常也是官员和工人的区别所在。然而，这种法律上的或者事实上的终身任职，并不会被看作历史上许多权威结构的那种情况，即看作官员占用官职的私有权利。凡是发展出了法定保障以防止随意罢免或调离时，比如德国的全体法官以及越来越多的行政官员就已经得到了这样的保障，他们纯粹就是为了服务于这样的目

的：确保以严格的非人格方式履行特定的官职义务。

因此，在官僚制内部，以这种终身任职方式给予法定保障的“独立”程度，对于那些由此获得了安全地位的官员来说，并非始终都是高等身份的源泉。实际上情况往往相反，特别是在那些有着古老文化且高度分化的共同体中。因为，顺从主宰者的专断统治也能保证官员们维持惯常的领主生活方式，而且，越是顺从，就越是能够得到严格保证。所以，恰恰是因为缺乏那样的法定保障，才有可能提高官员的惯例身价，一如中世纪的**侍臣**以牺牲自由民为代价而提高了身价，国王的法官以牺牲平民法官为代价而提高了身价一样。在德国，军官和行政官员可能会随时被撤职，至少远比“独立”的法官更容易被随时撤职，后者即使最粗暴地违反了“荣誉法则”或者**沙龙**惯例，也绝不会付出丢掉官职的代价。正是由于这个原因，如果其他条件都相同的话，法官参与社交就远不如军官或者行政官员那么易于被“上流社会”所接受，因为军官和行政官员对于主宰者有着更大的依附性，这能够更好地保证他们的生活方式符合身份惯例。当然，普通官员渴求的是一部文官法，除了老来能够得到物质保障以外，还能有力保证他们免遭任意撤职之害。然而，这种渴求是有限度的。“职务权利”过度发展，自然就更难以指望行政班子表现出技术效率，而且会阻挡有抱负的候选人的仕途。这一点以及官员们宁肯依靠同侪而不肯依靠在 963
社会上处于劣势的被治理阶层，便导致了这样一个事实：官员们从整体上说并不会因为依附性而吃到“上司”的太多“苦头”。由于对预兆不祥的政教分离感到焦虑不安，这在巴登的神职人员当中引发了目前的保守主义运动，不可否认，其中的决定性因素就是不愿“从堂区的主宰变成堂区的仆人”。[1]

D. **作为固定薪金之基础的职衔**。一般来说，官员都会接受一份通常是固定的**薪金**形式的**货币**报酬，而且还会有一笔养老金作为老年保险。这种薪金并不像工资那样以工作量为标准，而是根据“身份”，即根据职能的性质（“职衔”），可能也会根据服务年限。官员的收入有着相当大的保障，同时又能得到社会评价的回报，这使官职成为热门的求职岗位，特别是在已经不可能提供殖民赢利机会的国家，但在这种情况下，这些国家付给官员们的薪金可能会相当之低。

E. **固定的仕途路线和身份尊严**。官员要从事的是等级制公职序列中的一项“职业”。他会期望从较低、较不重要、较少待遇的地位升至较高级的地位。普通官员自然愿意看到升迁的条件机械地固定下来：即使不能晋升官职，至少也能提高薪金水平。他希望的是按照“资历”，或者可能的话按照在一套考试制度中达到的成绩固定这些条件。这种考绩在各地已经陆续成为官员的一种 *character indelebilis*（不可磨灭的印记），并对他的仕途有着毕生的影响。与此相联系的则是渴望强化职务权利，提高身份群体的封闭性和经济保障。所有这一切都会产生一种趋势——把官职看作那些靠教育文凭取得任职资格者的“俸禄”。在需要考察综合性的人格与知识资格时，这种专业化的学历证书往往只有从属的性质而被忽略不计，结果是，担任最高级的政治官职，尤其是“部长”职位，一般都无需这种文凭。

三、官僚制的货币金融前提

就官员的报酬今天都在采取货币薪金的形式而言，**货币经济**的发展
964 就是现代官僚制的一个前提。货币经济对于官僚制的整体运行可谓至关

重要，但是官僚制得以存在，绝不是货币经济单独发挥了关键作用。

有了相对清晰的发展且数量庞大的官僚包括以下历史范例：（a）新王国时期的埃及，尽管带有突出的家产制成分；（b）晚期的罗马帝国，特别是戴克里先的君主国以及由此产生的拜占庭国家，它们同样包含着突出的封建制和家产制成分；（c）罗马天主教会，13世纪末以后更是如此；（d）从秦始皇到今天的中国，但是带有突出的家产制和俸禄制成分；（e）在君主专制政体时代以来的现代欧洲各国，它有了不断变得更纯粹的形式，而且所有的公共事务机构都是如此；（f）大型的现代资本主义企业，而且与它们的规模及复杂程度成正比。

（a）到（d）项的情况在极大程度上或者主要的是以官员的实物报酬为基础的。不过它们已经显示出官僚制的许多典型特征和效果。所有后来的官僚制的历史楷模——埃及的新王国，同时也是组织自然经济的最壮观的范例之一。官僚制与自然经济的这种契合，只有根据埃及存在的那些完全独一无二的条件来看才是可以理解的，因为，在把这些结构归入官僚制之列时必须要有所保留，而这些非常重要的保留正是基于自然经济的存在。即使不谈纯粹的官僚制行政建立时的情况，至少对于纯粹的官僚制行政一成不变的存续来说，正常的前提条件就是发达到一定程度的货币经济。

根据历史经验来看，如果没有货币经济，官僚制结构很可能无法避免实质性的内在变化，要么就会实际上变成另一种结构。由领主的仓储或者他的经常性进项中以实物形式分配固定收入，曾在埃及和中国通行了几千年，在晚期的罗马帝国以及其他各地也都曾发挥过重要作用，这种形式往往就意味着向利用官职占用税源并将其用作私人财产迈出了第一步。实物收入可以保护官员们不受货币购买力经常大幅波动之害。但是，在领主权力衰落的时候，基于实物税收的实物支付形式常常就变得很不稳定。在这种情况下，官员将会——不管有没有得到授权——直接依靠辖区内的进贡者。一个现成的想法是，通过抵押或转让税收额度，由此也抵押或转让征税权，或者向官员转让有利
965 可图的领主地产使用权，从而保护官员免受这种动荡之苦，而且，任何尚未紧密组织起来的中央权威都会自然而然地有意这样做，不管那是自愿的还是迫于官员们的压力。官员则会满足于利用这些资源以保证他所要求的薪金水平，然后将余额上缴。但是，这种状况包含着一些强烈的诱惑，从而照例会产生一些使领主不满的结果。由此便出现了一个替代的过程：确定官员的货币义务。这经常出现在日耳曼官员的早期历史上，而且最广泛地出现在欧洲的所有总督行政中：官员上缴约定的数额，其余归己。

A. 关于包税的补论

在这种情况下，官员在经济上的地位就类似于那种企业家式的包税人。实际上，出租官职，甚至包括把官职租赁给出价最高的人，乃是一种常规现象。在私有经济中，［卡洛林王朝时期］庄园结构或者 villicatio（徭役农庄）结构转变为一种租赁关系的制度，是大量范例中最为重要的范例之一。通过租赁的安排，领主可以把一个麻烦事交给官员们去做，即他的实物收入转变为货币收入过程中的麻烦，而官员们必须提供一个定额总数。古代东方的某些统治者似乎就是这样做的。至关重要的是，把公共税收承包出去而不是由领主亲自管理税收，就是服务于这个目的。结果是，公共财政史上极为重大的一个进

步——向经常性预算的进步——也就成为可能：对收入以及相应支出的明确估算，取代了那种根据直接但却不可预计的收入而过一天算一天的生活，后者是一切公共财政初期阶段的典型现象。不过另一方面，供领主本身之用的那些财政收入来源，其控制权和最大限度的开发权就要被放弃，并且很可能要依赖于留给官员或出租官职者及包税人的自由度，它们的长期产能甚至会因为无情的榨取而受到危害，因为一个资本家不可能像一个政治领主那样对于保护臣民的能力怀有同样的长期关切。

领主会通过各种规章防止自己控制权的这种流失。因此，包税模式或者税收权的转让就可能变化多端，这要依赖于领主和包税人之间
的权力分配，后者关心的是最大限度榨取臣民的支付能力，领主关心 966
的则是保护这种能力，两者都有可能占据上风。例如在托勒密帝国，包税制的性质就是明显决定于对这些动机产生的共同影响或对立影响进行的平衡：消除收益的波动性，尽可能地编制预算，防止臣民遭受非经济剥削以保护他们的支付能力，由国家控制包税人的收益以防他们最大可能地进行侵吞。正如在希腊罗马那样，包税人始终是一种民间资本家，然而，征税是由托勒密国家按照官僚制方式来执行和控制的，包税人仅仅是从他收费以外的可能剩余额中分得一份利润，而他的收费事实上是［上缴国家的］起码担保；他的风险则在于税源的产出可能会低于这个总数。

B. 买卖官职、俸禄与封建行政

把官职作为官员的个人收入来源，这种纯经济观念也能导致官职

的直接买卖。当领主发现自己的处境使他不仅需要本期收入（current income），而且需要货币资本——比如为了战争或者债务支付——时，就会出现这种情况。作为一种正规制度的买卖官职尤其存在于现代国家，比如教皇国以及法国和英国，那些闲职以及某些比较重要的官职（比如军官委员会）到19世纪已经非常抢手。在具体情况下，买卖官职的经济意义可能会发生变化，就是说，购买官职的出资总额实际上有一部分或者全部都是为确保忠诚服务而预付的担保金，但这不是通例。

领主要求得到的用益权、贡赋和服务，只要被转让给官员以供个人利用，这就总是意味着典型的官僚制组织被放弃了。处在这种地位的官员对他的官职也就享有了财产权利。这种情况在官员的义务和报酬以如下方式联系在一起的时候则会达到更高的程度：官员从留给他的目标那里获得收益，但不是把任何这样的收益上缴领主，而是为自己的私人目的控制着这些目标，并转而向领主提供私人服务或军事、政治、宗教性质的服务。

凡是把产生于实物的租金收入或者把土地或其他租金来源的实际上的**经济**用益权分配给官员终生享有，作为履行实际的或法律推定的
967 官职义务所得的报酬，为此提供经济支持的货物**始终**由领主分派，我们就应当称之为官职的**俸禄**和**俸禄**的组织。

［从这种官职的俸禄组织］向薪金官员的过渡极不稳定。祭司得到的经济捐助也常常被叫作“受俸”，在古代与中世纪都是如此，甚至到了现代也是这样。但在几乎绝大多数时代，其他地方也能看到同样的情况。在中国的司铎法律中，所有官职都有俸禄的性质，它迫使服丧的官员要辞去官职，因为按照规定，在为父亲或者其他家庭权威

守丧期间要回避享用财产，而官职则完全被认为是经济收益的一个来源。（这种规定最初是为了防止引起原来拥有这些财产的已故家长的怨恨。）

如果不仅把经济权利，还有领主的［政治］权利授予官员独立行使，如果与此相联系的还有按照规定向领主提供**个人**服务以作为回报，这就进一步远离了薪金官僚制。被授予的这种特权，其性质可能多有不同，比如说政治官员，他们有可能更偏爱领主权威，也可能更偏爱官职权威。在这两种情况下，最清楚的是在后一种情况下，官僚制组织的特殊性质就会遭到彻底破坏，这时我们面对的就是封建支配组织了。

所有以实物形式转让服务和用益权作为对官员的资助，往往都会导致官僚机制的废弛，尤其是削弱等级制的隶属关系，而这种隶属关系在现代官员的纪律中得到了最严格的发展。只有在极富活力的领导权之下，而且官员对领主的服从又是绝对的个人服从，就是说，用于从事行政管理的是奴隶或者被当作奴隶那样对待的雇员，他们达到的严谨程度才会接近于现代西方以契约方式雇用的官员。

C. 关于身份激励优越于物理强制的补论

在古代世界的自然经济中，埃及的官员就是法老的奴隶，即使不是法律上的奴隶，也是事实上的奴隶。古罗马大领地的所有者则喜欢委任
奴隶直接理财，因为那里存在着使用酷刑让奴隶们俯首帖耳的可能性。 968
在中国也能看到类似的效果，那里普遍以竹笞作为纪律手段。然而，使用这种直接的强制手段保持**稳定**，可能性极为渺茫。根据经验，有保

障的薪金加上不依赖于偶然性和随意性的升迁机会，才能使一部官僚机器的严格机械化运行获得相对来说最大限度的成功并持之有恒。严格的纪律控制，同时体恤官员的荣誉感，加上身份群体声望感的发展以及接受公众批评的可能性，也能在同一方向上发挥作用。由此，官僚机器的运转将比任何处于合法奴役状态的官员群体更加有效。官员当中强烈的身份感不仅可以与全无个人意志地随时准备服从上司相容，而且身份感——比如军官的情况——还是对这种服从的补偿，它有助于保持官员的自尊。官职的纯粹非个人性质，加上私生活与职务活动相分离，便易于把官员们整合进纪律机制下的既定功能状态。

D. 结语

尽管货币经济的充分发展并非官僚化所必不可少的先决条件，但是，作为一种恒定结构的官僚制却必定要有一个前提：有效获得连续性的收入以保持它的运转。如果这种收入不可能像官僚制的现代企业组织那样来自私人利润，或者不可能像采邑那样来自地租，那么一个稳定的**税收**体系就应当是官僚制行政长期存在的先决条件。出于众所周知的普遍原因，只有得到充分发展的货币经济，才能为这种税收体系提供一个可靠的基础。因此，货币经济高度发达的城市共同体，行政官僚化的程度就相对高于同时代那些幅员更为广大的国家。然而，一旦这些国家有序地发展出了税收体系，官僚制就会远比城邦得到更为全面的发展，而城邦的规模只要还维持在有限的范围内，那么最符合需要的往往就是一种财阀与显贵的团契行政。官僚化的基础始终就
969 在于行政任务在量和质上得到一定程度的发展。

四、行政任务的量变

官僚化的第一个这种基础就是行政任务的量化扩展。从政治上说，大国和群众性政党则是官僚化的典型场域。

关于历史上帝国形成过程中官僚化程度的补论

我们的论述并不是要暗示历史上真正形成的任何著名大国都产生了一种官僚制行政。举例来说，一个现有大国的长期存续或者由它孕育的某种文化的同质性，并非始终与官僚制结构联系在一起。然而，两者的联系也有达到很高程度的范例，比如中华帝国。许多大规模的非洲王国以及类似的结构无不转瞬即逝，主要原因就是缺少一个官员机器。卡洛林帝国就是随着行政组织的崩溃而瓦解的，但它的行政组织是家产制而不是官僚制的。另一方面，哈里发帝国及其在亚洲的前驱却持续了相当长的时期，它们的行政组织基本上是家产制和俸禄制的。神圣罗马帝国也同样如此，尽管它几乎不存在官僚制。所有这些王国都展现了一种至少接近于官僚制实体通常所创造的那种强有力的文化统一性。相比之下，古代罗马帝国尽管越来越趋于官僚化，或者更确切地说，就在官僚化的传入过程中，帝国却从内部瓦解了，因为与官僚化相联系的公共负担分派模式在鼓励一种自然经济。不过应当指出，从纯粹的**政治**统一性及其强度这个视角来看，被冠以卡洛林、哈里发、罗马等等大名的帝国，由于政治行动能力逐渐衰弱，其内聚力并不稳定，这使帝国变得有名无实，它们的性质类似于一个跨行业

联合大企业*。它们那种相对的高度**文化**统一性，在一定程度上是产生
970 于已经有力统一起来的教会组织，而西方中世纪的教会本来就在日趋官僚化。这种文化统一性也是它们社会结构悠久同质性的结果，而这种同质性又是先前政治统一的事后影响和嬗变。两者都是根据传统把有利于不稳定平衡继续存在的文化加以定型的现象。这两个因素已经证明有着非常强大的基础，甚至像十字军那样大规模的扩张努力，居然在缺乏政治统一的情况下也能发动起来，可以说，它们是作为“私人事业”进行的。然而，与十字军的失败以及它们屡见不鲜的无理性政治历程息息相关的，就是缺少统一的国家权力作为它们的后盾。毫无疑问，紧密的“现代”国家在中世纪起步时，相伴发展的就是官僚制结构，最发达的各个官僚制国家最终便粉碎了那些实质上依赖于不稳定平衡的跨行业联合大企业。

古代罗马帝国的分崩离析，在一定程度上正是因为它的军队和官员机器的官僚化。这种官僚化只有在同时实行一种必定会导致自然经济的重要性不断上升的公共负担分配方法时才有可能实现。这种类型的具体因素始终都会出现在画面中。此外，我们不可能去设想官僚化与国家对外（扩张）和对内（文化）影响的强度之间的正比例关系如何。无疑，官僚化程度与国家扩张力的正比例关系只能说是“正常”关系，但不能说是必然规律。比如两个最具扩张性的结构，罗马帝国与不列颠世界帝国，在它们最积极扩张的时期却都是仅仅在最低程度上依赖于官僚制基础。诺曼人在英格兰建立的国家以封建等级制为基

* conglomerate，由一家公司吞并与其业务活动互不相关的另外几家公司形成的多种经营公司，是 20 世纪产生的现象，“二战”后曾在欧美大量涌现。

础引进了一种严密的组织。事实上，它在很大程度上是由于皇家税务署（royal exchequer）的官僚化而接受了统一及其推进过程的，而相比封建时代的其他政治结构，皇家税务署的官僚化已经达到了极为先进的程度。后来英国没有加入大陆各国的官僚化发展进程，而是一直保持着显贵行政的状态，这一事实应当归因于——像古罗马的共和行政那样——相对来说不存在大陆那样的地理环境，同时也要归因于某些今天正在消失的独特的先决条件。这些特殊的先决条件包括，一支庞大的常备军对它来说是可有可无的，但是，一个具有同样扩张倾向的大陆国家却需要这样一支常备军以守卫陆地疆界。在罗马，官僚化是随着从海岸向大陆帝国的过渡而推进的。在其他方面，司法行政官的 971
权力那种严厉的军事性质，是罗马政治实体一个不为其他民族所知的特点，它富有技术效率并且——尤其在城邦范围之外——有着精确统一的行政功能，这导致了一部官僚机器付诸阙如。元老院独一无二的地位则保证了行政的连续性。不应忘记，罗马也像英格兰一样，官僚系统这种可有可无性的一个前提是，国家权威在国内发挥功能的范围越来越“最小化”，就是说，仅限于直接的“国家的理由”所绝对需要的范围。

但在大陆国家，进入现代初期的时候，权力一般都集中在那些最无情地推动行政官僚化进程的君主手中。显而易见，从技术角度来说，大规模的现代国家绝对要依赖于一种官僚制基础。国家越大，而且越是要成为一个强国，就越是要无条件依赖这个基础。

美国至今仍然带有至少从技术意义上说并未充分官僚化的政治实体这样的特征。但是，对外摩擦的范围越大，国内行政统一的需求越迫切，这种特征就越会不可避免地逐渐正式让位于官僚制结构。此外，美国国家结构在一定程度上的非官僚制形式，由于某些构成成分有着比较严格的官僚制结构而实际上得到了补偿，因为那些构成成分——组织与选举策略的“内行”或专家领导下的政党——处于事实上的政治支配地位。所有真正的群众性政党都在日益成为官僚制组织，这最为突出地表明了纯粹的数量在社会结构的官僚化进程中发挥的杠杆作用。在德国，尤为重要的范例就是社会民主党，在国外则是美国的两大政党。

五、行政任务的质变：文化、经济和技术发展的影响

然而，与行政任务的广度和量的扩大相比，它的强度和质的发展则更加有力地推动了官僚化进程。不过官僚化的方向和诱因可能多种多样。在官僚制国家行政最悠久的国家，埃及，从技术上必须对整个
972 国家的水利经济进行公共调整，并且自上而下创造了一个书吏和官员的机器，它很早就在军事化组织起来的非凡建设活动中找到了自己的第二个运作领域。在绝大多数情况下，正如前面提到的那样，由权力政治所决定的建立常备军的需要，以及公共财政的相对发展，都会推动官僚化趋势。但在现代国家，文明的日益复杂也产生了越来越大的行政需求。

当然，大国的扩张，特别是海外扩张，一直是由显贵统治下的国家进行的（罗马、英格兰、威尼斯）。但是，相比那些官僚制实体，行政的“强度”，就是说，把国家机器承担的行政任务尽可能多地交给它自己的机构去持续管理和执行，这在显贵统治的大国中只有极其微弱的发展，比如罗马和英格兰；放在适当的背景下就会清楚地看到这一

点。诚然，英格兰与罗马的国家权力结构对文化产生了十分强烈的影响，但只是在很小的程度上表现为国家管理和控制的形式，从司法到教育，莫不如此。日益增长的文化需求转而又受到了国内最有影响的那些阶层日益增长的财富的左右。结果，不断发展的官僚化便承担了这样的功能：越来越多地拥有消费品，以越来越老练的技术——与这些财富提供的机会相称的技术——去塑造外部生活。这对生活标准产生了影响，并导致了一种日益增强且必不可少的主观要求：实现公共的、跨地区的，因而就是官僚化的供应，以满足极为多样化的需求，而这些需求先前要么不为人知，要么是就地满足或者由私有经济满足。

在纯政治因素当中，一个社会越来越需要习惯于秩序的绝对安定，并在所有领域得到保护（“治安”）这个因素，在官僚化的发展方向上有着特别锲而不舍的影响。采用司铎方式或者仲裁手段单纯缓和血仇，到警察获得了今天这种“上帝在尘世的代表”地位，其间的道路是笔直的。前一种手段是直截了当地依靠有义务发誓帮助复仇的氏族成员来保障个人的权利与安全。在官僚化方向上发挥作用的其他因素则包含在社会福利政策的多方面任务中，它们要么是由利益集团强加给现代国家的，要么是国家出于权力的原因或者意识形态动机而抢 973
占的。当然，这些任务在很大程度上都受到了经济因素的左右。

在实质上的技术因素当中，尤其应当考虑的是作为官僚化先导的现代交通手段。从一定程度上说，公共水陆通道、铁路、电报等等，只能由公共机构掌管，而这种管理在技术上是比较合算的。在这方面，现代交通手段常常扮演着类似古代东方美索不达米亚运河与尼罗河的角色。交通手段一定程度的发展则是官僚制行政成为可能的最重要前提之一，尽管它不能独自发挥决定性作用。无疑，就其纯粹的“自然”经济背景来说，如果没有尼罗河这个天然通道，古埃及的官僚制集权绝不可能达到那种完备的程度。为了推进现代波斯的官僚制集权，那里的电报局官员被正式授权可以越过地方当局首脑直接向国王报告各省的一切动态，而且，任何人都有利用电报直接进谏的权利。现代西方国家实际上也能以这种方式进行管理，这仅仅是因为国家控制着电报网，邮政与铁路也由国家支配。（这些交通手段又与地区间大规模物流的发展息息相关，因而也是形成现代国家的起因之一。我们已经知道，这一点并不能无条件地适用于过去。）

六、官僚制组织对显贵行政的技术优越性

官僚制组织的发展有一个决定性的原因——它在纯**技术**层面上始终优越于任何其他形式的组织。高度发达的官僚机器和其他组织相比，犹如一套机械装置和非机械化产生方式的关系。精确、迅速、明晰、档案知识、连续性、酌处权、统一性、严格的隶属关系、减少摩擦、降低物力人力成本，在严谨的——尤其是独断形式的——官僚制行政中都可以达到最佳状态。与任何团契行政、荣誉行政或业余行政
974 方式相比，训练有素的官僚在所有这些方面都处于优势地位。而且，只要涉及错综复杂的任务，那么有薪的官僚劳动不仅会更精确，归根结底，往往还会比形式上无薪的荣誉服务更便宜。

荣誉性的安排往往使得行政工作成了一项次要活动，一项业余活动，单单由于这个原因，荣誉服务的功能一般都会运转得比较迟钝。与官僚制行政相比，它更少受计划约束，更加不拘形式，更不精确，更不统一，因为它还更不依赖上司。由于下属官员和办事员服务机构

的创设及利用几乎不可避免地更不经济，荣誉服务也就比官僚制行政更少连续性，而且成本常常极为高昂。如果不光考虑公共财政的货币成本——官僚制行政相比显贵行政通常都会增加这种成本，而且考虑一下显贵行政的办事拖沓以及缺乏精确性给被治理者造成的经济损失，情况就更其如此。一般来说，只有在仅凭业余爱好就足以完成公务职责的地方，长期的显贵行政才是可行的。随着行政管理不得不面对的任务在质量上的发展，显贵行政也就达到了极限，甚至在今天的英国也是如此。另一方面，团契组织的工作则会引发摩擦与拖沓，且需要在相互冲突的利益和观点之间进行妥协，由此，行政管理将变得更不精确，更不依赖上司，进而更不统一，更加迟钝。例如，普鲁士行政组织取得的所有进步，就一直都是——未来也仍将是——官僚制行政原则，尤其是独断行政原则的进步。

今天，要求公共行政精确、明晰、连续并尽可能迅速履行公务职责的，主要是资本主义的市场经济。一般来说，那些大规模的现代资本主义企业，本身就是无与伦比的严密的官僚制组织楷模。经营管理完全依赖于越来越高度的精确性、持续性以及至关重要的运行速度。这一点反过来又受到了现代交通手段——其中也包括新闻界的新闻服务——独特性质的左右。公告以及经济和政治事态以极大加快了的速度被传播，这就构成了一种持续的强大压力，要求行政管理加快对各种局面做出反应的节奏。通常也只有严密的官僚制组织才能把握做出这种反应的最佳时机。（官僚机器也有可能，而且实际上也的确制造
了某些确凿的障碍，不能针对每个个案采取最佳方式履行职责。这一 975
事实不属于这里讨论的范畴。）

至关重要的是，官僚化提供了一种最大的可能性——按照纯客观

考虑去贯彻行政职能专业化的原则。具体的执行由接受了专业训练并通过不断实践积累了专长的官员分头负责。“客观地”履行职责主要就是意味着按照**可计算的规则**履行职责，而“无需看人下菜”。

不过，“无需看人下菜”也是市场的口号，总的来说还是一切追逐纯经济利益时的口号。持续的官僚制支配就意味着“身份荣誉”的扯平。因此，如果自由市场原则没有在同时受到约束，那就意味着“阶级状况”的普遍支配。官僚制支配的这种结果并非到处都与官僚化的程度成正比，原因就在于满足不同政治实体要求的可能原则之间存在差异。然而，已经提到的第二个要素，可计算的规则，则是现代官僚制最为重要的成分。现代文化，尤其是它的技术和经济基础的独特性，需要的正是结果的这种“可计算性”。官僚制到了高度发达的程度时，也会在特定意义上服从 *sine ira ac studio*（无恨亦无爱）的原则。官僚制发展得越完备，它就越是“非人化”，在成功消除公务职责中那些不可计算的爱、憎和一切纯个人的无理性情感要素方面就越是彻底。这就是它得到资本主义肯定的特殊品性。

现代文化变得越复杂，越专业化，它的外在支撑组织就越是需要不带个人感情，越需要严格客观的**专家**，以取代旧时社会结构中依靠个人投契与宠信，依靠施恩与感恩行事的领主。官僚制以最有利的结合方式提供了现代文化的外在组织所需的这种态度。特别是，只有官僚制为实施依据“规章”加以概念系统化的理性法律确立了基础，比如晚期罗马帝国的创造就首次达到了技术上的高度完备性。在中世纪，［罗马］法的继受是与合法行政的官僚化同时发生的：受过理性训练的专家脱颖而出，取代了束缚于传统或无理性预测的古老审判程序。

A. 关于**卡迪**司法、普通法与罗马法的补论 976

根据严格的形式概念对法律进行“理性”解释，可以同某种主要束缚于神圣传统的裁判并行不悖。不可能依据传统做出明确裁决的个案，可以通过具体的启示（神谕、先知宣言、神明裁判——通过超凡魅力司法）加以解决，或者通过以下两种方式加以解决——它们也正是我们这里关心的：a）根据具体的伦理或实际评价不拘形式做出的判决（一如 R. 施密特恰当称之为的“**卡迪**司法”[2]），或 b）根据“类推”并依赖和解释“先例”，而不是根据理性概念下的归类做出的形式判决。此即“经验式司法”。

卡迪司法并不懂得理性“裁判规则”（Urteilsgründe）之类的东西，也不懂得为纯粹类型的经验式司法给出任何按照我们的理解才能称之为理性的理由。**卡迪**司法对具体情况具体评价的性质，可能会发展到像先知预言那样抛弃所有的传统。另一方面，经验式司法则可能升华为一种理性化的“技术”。由于非官僚制支配形式表现为严格的传统主义和任意性奇特地和谐共存，同时又展示了领主的酌处权，这两个原则的结合与过渡形式也就十分常见了。即使在今天的英国，正如门德尔松生动描述的那样，[3] 大量的基层司法实际上仍是**卡迪**司法，这是大陆国家难以想象的。德国的陪审团司法实际上也经常以同样的方式运作，他们的裁决是不陈述理由的。总的来说，不可轻易相信“民主的”司法原则就等于（形式合理性意义上的）“理性”裁判。实际上，情况恰恰相反。英美最高法院的裁决在很大程度上仍是经验式裁决，尤其是依照先例进行裁决。英国在理性的法典编纂以及罗马法的继受［这在中世纪末期已经出现在欧洲各地］方面做出的所有努力均告失败，原因就在于这种理性化遭到了拥有中枢组织的大型律师行会的有效抵制，这是一个垄断性的显贵阶层，王国高等法院的法官都是从他们当中产生的。他们控制着司法训练，把它作为一种见习阶段以传授高度发达的经验技术，而且，他们卓有成效地抵制了一切——尤其是教会法庭，一度还有大学——追求理性法律的尝试，因为那威胁到了他们的社会与物质地位。

普通法律师反对罗马法和教会法以及反对教会权力的斗争，总的
977 来说在很大程度上是经济因素——法律人的收费利益——引起的，国王干预这场斗争的方式即是明证。法律人从这场斗争中胜出了，但他们的权力地位却是由政治集权所致。在德国，主要是由于政治原因，所以缺少一个具有社会强势地位的显贵身份群体。德国不存在英国法律人那样的身份群体充当实施本国法的传导者，这种群体可以把本国法提升到以见习阶段为基础的技术层面，且能够抵制罗马法法学家具有技术优越性的教育。说罗马法的实质性规定更好地适应了正在崛起的资本主义的需求，这并非实情；并不是这一点决定了它在欧洲大陆的胜利。事实上，现代资本主义特有的一切法律制度都是罗马法一无所知的，它们起源于中世纪。决定性的因素是罗马法的理性形式，至关重要的是一种技术上的必要性：由接受了理性训练的专家——也就是在大学接受过罗马法教育的人——来控制审判程序。这种必要性产生于法律案件的日趋复杂，产生于越来越理性化的经济生活的需求，它需要理性的求证程序，而不是借助具体神启或者司铎担保等等原始举证手段来确定真相。当然，这种局面受到了经济结构变革的强烈影响，但这个因素是随处都会产生作用的，包括英国也是如此，那里的王权介入求证程序主要就是为了商人的利益。实体法在德国和英国的

发展之所以出现差异，主导原因并不在于这个**经济**因素。已经显而易见的是，这些差异乃是产生于各自**支配**结构的独立发展：英国是集权司法和显贵统治，德国则不存在政治集权——尽管它也有了官僚化。因此，现时代最高度发达的头号资本主义国家英国，却保留了一个较少理性、官僚化程度较低的司法系统。然而，英国的资本主义之所以能够轻而易举地做出这种妥协，是因为法院体制和审判程序的性质，它们直到现在实际上仍然等于是大范围地拒绝公平对待经济弱势群体。这一事实，加上不动产转移制度耗费时日且费用高昂——这本身就是法律人阶层经济利益之所在——，对于英国的农业结构产生了深远的影响，这有利于不动产的积累和转变为固定资本。

在共和时代，罗马法本身就是一种独一无二的混合物，其中既 978
包括了理性的与经验的成分，甚至也包括了**卡迪**司法的成分。陪审团法庭本身的任命和最初无疑是“逐个案件”加以阐述的行政司法官的事实之诉（概念）[*actiones in factum*（*conceptae*）][4]，都包含着**卡迪**司法的成分。共和早期的所谓“**技能**法学”[5]以及由此发展出的一切，甚至包括古典法学家的一部分**释疑解答**实践［帝国时期］[6]，则无不带有一种“经验”性质。法律思想走向理性方法的决定性转折，是由建立在行政司法官敕令 *formulae*（程式）基础上的审判指令的技术性质做好了最初的准备——它们为法律概念的形成做好了准备。（今天，在事实答辩原则的支配下，提供事实陈述具有了决定性意义，不论从法律观点来看它们能否使控告站得住脚。现在仍然缺少强制措施以清晰地从形式上确定概念范围，但是，罗马法的技术文明早已在极高的程度上产生了这种强制。）因此，审判程序的技术因素——它们仅仅是间接产生于国家结构的因素——在理性法律的发展中自有其作用。但是，罗马法理性化为一个经过科学处理的封闭的概念体系，只是在罗马政治实体本身经历了官僚化时期之后才臻于完备的。这种理性的系统性品质使得罗马法与东方和希腊产生的所有法律形成了鲜明对照。

拉比的《塔木德》释疑解答是经验司法的典型范例：并不理性，但却是“理性主义”的，同时又受到传统的严格**约束**。纯粹的**卡迪**司法则体现在一切先知宣言中，它们遵循的模式是：“经书有谕……但我要告知尔等”。越是突出强调卡迪（或者某些类似的法官）地位的宗教性质，在不受神圣传统约束的范围内对个案的审判就越是具有任意性，也就越不受规则的羁绊。例如法国人占领突尼斯之后，历时一代人之久了，**宗教法庭**（Chara）仍在像欧洲人说的那样“酌情”裁判地产案件，这极为明显地阻碍了资本主义的发展。我们将在另一场合论及支配结构中这些比较陈旧的司法类型的基础。

B. 官僚制的客观性、存在的理由以及民众意志

“就事论事”与“专业性”未必等于是抽象的普遍规范的统治，
979 这一点确凿无疑。实际上，即使现代司法行政的情况也未必如此。当然，“法律无漏洞”的观念已经遭到了严厉抨击。把现代法官视为机器人，从上面依次投进法律文书和资费，下面就会吐出判决加理由，读上去像是机械引用的法典条文，这种观念也遭到了愤怒的否定，大概是因为这种类型的某种近似现象恰恰包含着一以贯之的司法官僚化。因此，即使在法律发现方面，也会存在这样一些领域：官僚式法官被指示要坚持立法者规定的“个性化”程序。

在严格意义上的行政活动领域，即法律创制和审判程序领域之外的所有国务活动，人们已经习惯于要求具体情势下的自由和主权。普遍规范被认为主要是发挥着消极作用，好像妨碍了官员积极的“创造性”活动，好像这些活动绝不应当被调整。这个话题的意义此处不赘。关键在于，这种“自由的”创造性行政（可能还有创造性司法）不可能构成一个**摆脱**任意行动和酌处权、不以**个人**动机决定好恶和评价的领域，而我们在前官僚形式中就会看到那种情况。规则、对“客观”目标的理性追求以及对这些规则与目标的忠诚，总是会构成行为规范，而正是那些最强烈美化官员“创造性”酌处权的见解，接受了**存在的理由**（raison d'état）这一特别现代而严谨的“客观”观念，作为他公共行政行为的终极性最高指导原则。当然，官僚制对于维护它**自身**在本国国内（以及通过它与其他国家对抗）的权力所需要的条件有着可靠的直觉，与这种直觉水乳交融的则是对“国家的理由”这一抽象“客观”观念的认可。在绝大多数情况下，只有官僚的权力关切才能给这种绝非明明白白的理想赋予可供利用的具体内容；在游移不定的情况下，也只有这些关切才能发挥决定性的作用。我们这里不可能对此展开讨论。对我们来说，关键的一点仅仅在于，一个有可能引起理性争论的“理由”体系，原则上可以为一切官僚制行政行为提供支持，就是说，要么根据规范来归纳，要么对目的和手段进行权衡。

在这个背景下，一切“民主”潮流——最低限度的“支配”这个意义上的潮流——所表现出来的态度也必然是模棱两可的。“法律面前人人平等”和要求法律保障、反对任意专断，需要行政管理具有一
种形式上理性的“客观性”，这与古老的家产制支配所“恩赐”的个 980
人酌处权是格格不入的。然而，如果一种“时代精神”——暂且不谈

其他推动力——在某个具体问题上控制了大众，那么，它以某个具体事件和人物为取向的**实质**正义前提，将会不可避免地与官僚制行政的形式主义、受规则约束的冷静的“就事论事”发生冲突。在这种情况下，情感必定会拒斥理性的要求。

资产阶级利益集团所要求的形式上“法律面前人人平等”以及“可计算的”判决与行政，特别对于无财产的大众来说并无助益。很自然，在后者眼中，司法与行政应当服务于使他们同有产阶级享有平等的经济与社会生存机会。要让司法与行政履行这样的功能，唯一的条件就是，它们因实质内容是“伦理的”（**卡迪**司法）而具有一种不讲究形式的性质。不仅任何一种“大众司法”（通常它们都不问理由，不顾规范），而且还有所谓“公众舆论”对行政的任何密集影响（出于无理性的“情感”，通常由党老大们或新闻界筹划指挥的协调行动），都会强有力地阻挠理性的司法进程，在某些情况下，其强有力的程度甚至不亚于专制统治者竭力使用“星室法院”* 诉讼程序（**内阁司法**）时的程度。

---

* Court of Star Chamber，星室系威斯敏斯特宫之一室，1487 年枢密院在此设立了一个权力很大的委员会，专事处理危及公共安全的犯罪行为，后演变为星室法院，审理普通法法院无法公正处理的刑事及民事案件，到亨利八世统治时期颇得声望。由于得到国王特权的支持，而且不受普通法的约束，它的诉讼程序被大为简化，无论起诉还是定罪都不依靠陪审团，缺少普通法诉讼程序中为臣民的自由权利提供的保障方法。后来，其管辖权的大部分逐步由普通法法院接替，仅保留了刑事管辖权，实际上成了一个“刑事衡平”法院，处理暴乱、唆讼、欺诈、伪证以及特别是具有公共性质的轻罪，到查理一世时期还被用来推行不得人心的政治与宗教政策，遂成为压迫议会和清教徒的象征，常对被告处以巨额罚金、监禁、枷刑、鞭笞和断肢，但从不施用死刑。由于其残酷性和非法扩张权力，该法院终于遭到各阶层普遍反对，1641 年被长期国会废除。

七、行政手段的集中

官僚制结构往往与物质管理手段集中于主宰者手中密不可分。例如，这种集中便以众所周知的典型方式出现在大型资本主义企业的发展过程中，它在这一过程中发现了自己的实质特性。相应的过程也出现在了公共事务组织中。

A. 国家和私人资本主义推动的军队官僚化

法老、罗马共和国晚期以及帝国时期，尤其是现代军人政权国家的官僚制军队，都有一个突出特征：它们的装备和给养无不出自君主的仓廪。这与农业部落的征兵、古代城邦的武装公民、早期中世纪城 981
市的民兵以及所有的封建军队形成了鲜明对照，因为后者在必须投入战斗时通常都是自我装备和自带给养。我们时代的战争是机器的战争，这使集中供应给养在技术上成为必需，犹如机器在工业中的支配地位促进了生产资料和经营管理的集中。不过总的来说，过去那种由君主装备和提供给养的官僚制军队登台亮相时，都是适逢社会与经济发展状况使得经济上有能力自我装备的市民阶层规模绝对或相对缩减，以致他们的人数已经不足以建立作战所需的军队了。这些阶层的相对衰落便足以造成这种局面：就是说，是相对于政治实体的权力要求范围而言。只有官僚制军队结构才能容得下职业常备军的发展，它对于保证广阔领土的长期安定以及对远距离敌人，尤其是对海外之敌作战，都是必需的。此外，军事纪律和军事技术的训练——至少就其现代的高水平而言——通常也只有在官僚制军队中才能得到充分发展。

从历史上看，军队的官僚化到处都是与下面的情形相伴出现的：服兵役的责任从有产者肩头转移到了无产者的肩头上。在出现这种转变之前，服兵役始终是有产者的荣誉特权。后来有的转移给了土生土长的无财产者，比如共和晚期和帝国时期罗马将军的军队，以及直到19世纪的现代军队。也有的把兵役负担转移给了一文不名的外国人，比如所有时代的雇佣军。这个过程是典型地与物质和思想文化的普遍增进相伴出现的。除此以外，随着人口密度越来越大，经济事务也越来越紧张繁重，那些渴望获利的阶层变得越来越不适用于战争的目的。撇开激烈的意识形态狂热时期不谈，一般来说，享受着精致文化，尤其是享受着城市文明的有产者阶层，已经不再适于也不再乐于从事普通士兵那些比较粗野的战争活动了。在其他条件相同的情况下，乡村的有产者阶层倒是更有资格，同时也有更强烈的意愿成为职业军官。城乡有产者阶层之间的这种差异，只有在机械化战争日益迫近的可能性要求军事单位的首长具备“技术员”的素养时才能扯平。

像在任何其他行业一样，以私人资本主义企业的形式也有可能实现有组织的军事活动的官僚化。实际上，由私人资本家征募并管
982 理军队早已是雇佣军的通例，特别是在西方，直到18世纪初还是如此。在30年战争期间的勃兰登堡，士兵仍是他那个行当的物资装备的主要所有者，他可以拥有自己的武器、马匹、军装，尽管在某种程度上作为包出制商人的国家已经供应了这些装备。到后来，在普鲁士的常备军中，是连长拥有了这些战争物资，只是到了提尔西特和约（1807）以后，战争物资才终于明确地集中到了国家手中。也只是随着这种集中，才最终普遍采用了制式军装，而以往采用什么样的制服

在很大程度上都是由团长酌情处置，除非某个部队由国王“授予”了制服［最早是1620年“授予”**皇家近卫军**（Garde du Corps），后来腓特烈二世常有这种做法］。

像“团”“营”这样的术语，在18世纪的含义通常完全不同于我们今天的含义。那时只有“营”才是一个战术作战单元（如今则两者都是），“团”则是一个由上校的企业家地位建立的经济管理单元。半官方的海战企业（比如热那亚的maone*）和陆军就属于私人资本主义最早具有了高度官僚制性质的大型企业。就这方面的情况而言，它们的“国有化”可与现代的铁路国有化相比拟，后者一开始就是由国家控制的。

B. 其他方面资源——包括大学——的集中

其他领域的行政官僚化与军队组织的情况一样，也是和资源的集中平行发展的。由satraps和viceroys**承担的古代行政，恰如承包或租赁官职者，特别是像封建封臣一样，无不分散了运作手段：地方的需求一般都是由地方岁入负担，包括军费和下级官员的费用，只有余额才上缴中央国库。被授予采邑的官员完全是用自己的钱袋负担开支。相反，官僚制国家则是根据预算安排全部行政开支，并以通用的支付手段拨付给下级当局，且支付手段的使用均由国家调整和控制。这对公共行政的经济性来说，与集中管理的大型资本主义企业有着同样的 983

* 见本书第一卷第609页中译者注。

** 两词均为“总督”，前者一般指古波斯帝国各省的总督，后者泛指代表国王行使权力的总督。

意义。

在科学探索领域，大学必然会有的研究机构，其官僚化也是对物质运作手段日益增大的需求产生的一种功能。吉森大学的李比希*实验室就是这个领域大型企业的第一个范例。通过把这些手段集中在享有特权的机构负责人手中，大批的研究者与教师脱离了他们的“生产资料”，一如资本主义企业使工人脱离了他们的生产资料一样。

八、社会差异的扯平

尽管官僚制具有不容置疑的技术优势，但它到处都是很晚才发展起来的。这是许多障碍造成的结果，只有在某些社会与政治条件下，这些障碍才能明确退居幕后。

A. 行政的民主化

官僚制组织通常都是在扯平经济与社会差异的基础上获得权力的。这种扯平至少是相对而言的，并且事关社会与经济差异对于承担行政功能的意义。

与小型同质化单元的民主自治相比，官僚制必然会伴之以现代的**大众民主**。这是产生于它的独特原则：行使权威时的抽象规则性；这是在人身和功能意义上——因而就是在憎恶“特权”意义上——“法

* Justus von Liebig（1803—1873），德国化学家，对有机化学早期的系统分类，对化学应用于生物学（生物化学），对化学教育及农业化学的基本原理都做出了重大贡献，他在吉森建立的第一个实验室迅速闻名于世，学生来自全欧，其中许多人成为新一代著名化学家。该实验室的化学教育方式对于19世纪后期德国化学的巨大发展起了重大作用。

律面前人人平等”的结果，以及原则上反对“逐个”解决问题的结果。这种规则性产生于它的源头上的社会先决条件。一个大规模社会结构的任何非官僚制行政，都要以某种方式依赖于这一事实：现存的社会、物质或荣誉优先权与职衔，都与行政功能和行政义务联系在一起。这通常就意味着，在经济上或社会上利用行政活动提供给行政人员的地位，是承担行政职能得到的报酬。

因此，国家行政的官僚化与民主化就意味着国库现金支出的增
长，尽管事实上官僚制行政一般要比其他形式更为“经济”。直到现 984
在，至少从国库的角度看，以最便宜的方式满足行政需求，还是把几乎全部地方行政和基层司法交给东普鲁士的领主；英国的治安法官行政也同样如此。大众民主彻底扫荡了封建制的、家产制的行政特权，也彻底扫荡了财阀的——至少是打算享有的——行政特权，这就不可避免地由支付薪金的职业劳动取代了历史上传下来的显贵“业余”行政。

B. 群众性政党，兼论民主化的官僚制结果

这并不止于国家的情况。民主的群众性政党在它们自己的组织内部和建立在个人关系以及个人评价基础上的显贵统治传统彻底决裂，这并非偶然。许多老牌保守主义政党乃至老牌的自由主义政党至今仍在坚持这种个人关系的结构，但是民主的群众性政党在党的官员——那些职业性的政党书记和工会秘书长等等——领导下却已经按照官僚制方式组织了起来。比如德国社会民主党以及农村的群众运动中就出现了这种局面；英国 1870 年代最早由格莱斯顿与张伯伦在伯明翰推

开的考科斯会（caucus[*]）民主，以及杰克逊政府以来美国两大政党的官僚制发展，也同样如此。但在法国，以选举制度为基础组织有纪律的政治党派使之成为官僚制组织的尝试却一再归于失败。它遭到了各地方显贵圈子仿佛不可战胜的抵制，否则，不可避免的政党官僚化就可能波及全国并打破他们的影响。例如，像比例代表制那样单单以计数为基础的简单的选举技术的任何进步，都意味着政党会成为一种跨地区的严格官僚制的组织，由此，党的官僚和纪律将会日益占据支配地位，进而把地方显贵圈子淘汰出局——至少在各个大国中就是这样。

国家行政本身的官僚化进程是个与民主的发展并驾齐驱的现象，这在法国、北美和今天的英国尤为显见。当然，必须始终记住，
985 “民主化”一词可能会误人视听。不定形的大众这个意义上的“民”（demos），其本身永远不可能“治理”更大的联合体，毋宁说，它是在被治理。唯一有变化的只是选择行政领导人的方式，以及“民”——或者更确切地说，他们当中的各个社会阶层——通过“公众舆论”对行政活动的内容及方向发挥影响的程度。这里所指的意义上的“民主化”，未必意味着臣民越来越积极地分享治理。这可能是民主化的结

---

* 泛指组织起来促进一种特殊利益或事业的任何政治团体或会议，该词18世纪初叶最早出现于波士顿，当时作为一个政治俱乐部的名称，在那里讨论公共事务，筹备地方选举，挑选候选官员。其后直至今天，该词在美国较狭义地指称党派领袖或责任选举人的会议。在英国，这个术语在1878年首次使用，当时，张伯伦和施奈霍斯特以严格的纪律组织了伯明翰自由党联盟，其特殊用意在于操纵选举和控制选举人。这种类型的组织遂成为全国其他自由党联盟的典范。由于它被设想为模仿美国的政治“机器”，迪斯累里称它为政党地区会议，从此开始使用这一名称。该词在英国不是指美国的那种会议，而是指具有严格纪律的政党组织制度，也常被某一政党成员用来诋毁其反对派控制的组织。

果，但是不会必然如此。

在这一点上我们应当特别记住，从被治理者的“平等权利”衍生出来的民主制政治概念，还包括这些更进一步的先决条件：（1）阻止官员发展为一个封闭的身份群体以利实现官职的普遍准入，（2）使官员的权威最小化以利“公众舆论”尽可能地扩大影响面。因此，只要有可能，政治民主就会通过选举和罢免以求缩短任职期限，并解除对候选人的特殊专业资格限制。由此，民主将会不可避免地同官僚化趋势发生冲突，而这种趋势正是产生于同显贵的斗争。我们这里不能使用宽泛的“民主化”一词，因为它会被理解为把文官的权力压缩到最低限度以利于“民”实行最大可能的“直接”统治，这实际上意味着“民”的政党领袖直接统治。由此就会——实际上可以说绝对会——出现一个决定性的局面：**被治理者**同具有明确表现出官僚制性质的治理者群体**扯平**了，而前者可能接着就会在事实上和形式上占据一种绝对的独裁地位。

C. 补论：“被动民主”的历史范例

在俄国，mestnichestvo（官阶）制度*的规章摧毁了旧式领主贵族的地位，旧贵族随后又通过担任公职渗透进来［彼得大帝时期］，这是官僚制发展中的典型过渡现象。在中国，按照应试获得的名次确定品秩和任职资格，也有着类似的意义，尽管——至少在理论上——带

---

* 1722年，彼得大帝颁布《官阶表》修改了贵族的地位，取消国家机构中按照门第升擢的旧规，代之以按照官员实际表现提升的新制度，无论陆军、海军还是文职，所有官员均划分为14级，14级最低，1级最高，并允许世袭贵族可得8级官爵。工厂主及其他人等升至相应的官阶即可成为贵族，从而结束了大贵族占优势地位的局面。

有甚至更明确的严密性。在法国，大革命——更关键的是波拿巴主义——则使官僚享有了无上权力。在天主教会那里，先是封建的，然

986 后是所有独立的地方中间权力被统统消灭，这个过程始自格列高利七世，由特伦托公会议和梵蒂冈公会议继续，最终是通过庇护十世的敕令完成的。这些地方权力纯粹变成了中央权威的下属官员，与此联系在一起的则是形式上完全依附性的 Kapläne［监督平信徒组织的助理神职人员］有了不断增长的实际意义，而这个过程是以天主教的政治党派为基础的——这一点至关重要。因此，该过程便意味着官僚制，同时还有“被动”民主化的进展，在一定程度上也就意味着被治理者的扯平。同样，官僚制军队取代显贵自我装备的军队，到处都是一个“被动”民主化的过程，就是说，任何专制主义军事君主制取代了封建国家或显贵共和国的地方，都是如此。大体上说，甚至埃及国家的发展也同样如此，尽管那里有着自己的种种独特之处。在罗马帝国时期，行省行政——例如——在税收领域的官僚化，就是与铲除共和国时期无所不能的资本家阶层财阀统治相伴发生的，而古代资本主义本身也就这样完结了。

D. 被动民主化背后的经济与政治动机

显而易见，某种经济条件几乎始终在这种“民主化”的发展中发挥着作用。我们常常会看到在这种发展的基础上形成某个经济上具有决定意义的新阶级，不管那是财阀、小资产阶级还是无产阶级。这些阶级可能会苏醒过来或者得到提醒去要求具有正当性或专制特征的政治权力的帮助，以便通过它的政治援助获得经济或社会利益。另一方

面，历史文献表明，还存在一些同样可能的情况：“由高层”采取纯粹政治性质的主动，在政治格局，特别是在对外事务中获取利益。这时的领导层会把经济与社会对抗和阶级利益单纯用作达到自身目的的手段，加剧对立阶级之间几乎始终是不稳定的平衡，使它们的潜在利益冲突发展成相互搏斗。看来对此加以综述几乎是不可能的。

与经济影响相伴而行的这个过程的发展范围与方向，以及政治权力关系发挥影响的方式，都可谓变化多端。在希腊的古代时期，向训
练有素的重甲步兵战斗队形的过渡，以及后来雅典海军的声威日隆， 987
为在每个特定时期承担军事重任的阶层夺取政治权力奠定了基础。但在罗马，同样的发展却只是在表面上暂时动摇过公职贵族的统治。现代军队尽管到处都是一个被用来打破显贵权力的工具，但说到底，它本身绝不是一个主动民主化的杠杆，毋宁说始终只是被动民主化的一种手段。不过应当指出，造成这些反差的关键因素乃是这一事实：现代军队依靠的是官僚制采购，而古代民军在经济上依靠的是自我装备。

官僚制结构的发展依赖的是“技术”优势。结果我们发现，这种发展最为缓慢的地方，就像在“技巧”方面历来的情况那样，总是旧有的结构形式自行获得了技术上的高度发展且尤其在功能上能够适应当下需求的地方。例如英国的显贵行政就是这种情况，因而英国是所有国家中屈服于官僚化最慢的一个，或者说，实际上只是在一定程度上做到了这一点。这与下面的事例一样是个普遍现象：投入大量固定资本建成了瓦斯照明系统或者蒸汽机车铁路网的地方，往往会比电气化建设的处女地更有力地阻碍电气化建设。

九、官僚制长存的主客观基础

官僚制一旦完全得到确立，就会成为最难以摧毁的社会结构。官僚制是把社会行动改造为理性的有组织行动的特定手段。因此，作为理性组织权威关系的工具，官僚制曾经是，而且至今仍是官僚机器控制者头等重要的权力工具。在其他条件相同的情况下，理性组织与指导下的行动（Gesellschaftshandeln）就总是会优于任何其他类型的集体行为（Massenhandeln），也会优于和它对立的社会行动（Gemeinschaftshandeln）。彻底实现了官僚化行政的地方，随之产生的支配体系实际上就是不可摧毁的。

个体的官僚不可能摆脱那部给他套上了挽具的机器。与“显贵”
988 从事的作为一种荣誉义务或者次要职业（业余）的行政任务相比，职业官僚的整个经济存在和意识形态存在都是拴在他的职业活动上的。在绝大多数情况下，他不过是一部无休止运转的机器上的一个小齿轮，这部机器为他规定了一条实质上是固定的行进路线。官员受托执行专门的任务，通常不可能由他，而是由最高层开动或制动机器。至关重要的是，个体的官僚将在机器的长存和它理性组织起来的持续支配中被融入全体官员的共同利益。

一旦官僚机器实际存在了，被统治者就不可能摈弃，也不可能取代它，因为它依赖的是专门素养、工作职能专业化以及在逐一掌握条理性相互协调的职能时那种惯常的精益求精态度。如果这部机器停止了运转或者遭到暴力阻断，随后产生的混乱将是从被治理者当中临时出现的替代物难以应付的。无论公共行政还是私有经济的管理，概莫能外。大众的实际命运已经越来越依靠私人资本主义不断官僚化的组织持续得体的运转，把它们淘汰出局的念头越来越变得不切实际了。

所有公共与私人组织的秩序都在越来越依靠官员的档案和纪律，就是说，依靠官员群体在日常行为领域勤恳服从的习惯。不论档案在实际上多么重要，但纪律是更加关键的要素。巴枯宁主义天真地认为，销毁官方文件就可以把“既得权利”的基础连同“支配”统统摧毁。这种观念忘记了，人有一种根深蒂固的取向——不依赖文件也仍会服从已经习以为常的规则与调整。战败或溃散的军事单元重整旗鼓，遭到叛乱、恐慌或者其他灾变破坏的秩序恢复原状，都可以通过诉诸官员和臣民已经养成的这种条件反射式顺从［社会与政治］秩序的取向而得以实现。可以说，如果这种诉求获得成功，遭到破坏的机器将会再次“咔”地转动起来。

这部机器一旦实际存在了，加之它所特有的“非人格”性质，它在客观上也就变得不可或缺，这意味着该机器将会很容易为任何懂得如何控制它的人效劳——这与建立在个人忠诚基础上的封建秩序形成了鲜明对照。一个理性安顿下来的官员群体，即使在敌人占领了本国领土之后也会继续平稳地发挥功能，敌人只需更换最高级官员即可。 989
它之所以能够如此，是因为其中涉及每个有关者的根本利益，特别也涉及敌人自身的利益。俾斯麦在他漫长的执政生涯中消灭了所有独立不羁的政治家，把他的内阁同僚们置于无条件的官僚式依附状态，出乎他意料的是，在他辞职时，他们却表现得漠不关心，镇定自若地继续照管着自己的官职，仿佛他们丢弃的不是他们这些工具的足智多谋的主子和创造者，而只是这部官僚机器中可以用其他人物换掉的某个具体人物。尽管第一帝国以来法国的主宰者历经变换，但权力机器却基本上始终如一。

正是这样一部机器，使得依靠暴力创造全新的权威结构这个意义上的“革命”变得越来越不可能了——从技术上说，因为它控制着现代交通工具（电报等等），还因为它的内在结构日趋理性。在这个过程中，“革命”已被“**政变**”（Coups d’état）取而代之，法国再次以经典方式做出了证明，因为那里所有成功的变革都具有这种性质。

十、官僚化的不明经济结果

显然，一种社会结构，尤其是一种政治结构的官僚制组织，可以并且通常也确实会产生广泛的经济结果。但是是哪种结果呢？当然，这在任何情况下都要取决于经济与社会权力的分配，尤其是取决于新兴的官僚机制所占据的作用范围。因此，官僚制的结果就要取决于使用官僚机器的权势人物给它指引的方向。而极为常见的结果就是隐蔽的财阀统治式的权力分配。

在英国，尤其是在美国，官僚制政党组织背后一般都有党的捐助人做后盾，他们为这些政党提供资金并在相当大程度上对政党施加影响。英国的啤酒生产商、德国的所谓“重工业”与汉萨同盟[7]提供的竞选基金就是这方面的著名范例。在政治的，尤其是在国家的架构
990 中，官僚化以及伴生的社会平等打破了与之对立的地方及封建特权，这在现时代往往使资本主义的利益集团大获其利，或者就是与资本主义利益集团直接结盟而实现的。历史上专制君主与资本主义利益集团的大同盟即是明证。总的来说，法律上的平等和摧毁根深蒂固的显贵统治地方结构，一般都会扩大资本主义的活动空间。不过另一方面，其间也有官僚化的影响甚或国家社会主义的影响，前者满足了小资产

阶级对于安定的传统“生活方式”的关切，后者则会扼杀私人赢利的机会。这无疑是历史上——特别是古代时期——具有深远意义的各种事件中的活跃因素；可以预计，在我们这个世界的未来发展中大概也会如此。

至少从原则上说，法老时代的埃及、希腊化时期和罗马时代的政治组织是极为相似的，但是它们的影响却大相径庭，表明了官僚化可能会由于其他因素的发展方向而带来大相径庭的经济结果。仅仅官僚制组织的存在这一事实并不能明确告诉我们它始终以某种方式体现出来的**经济**影响的具体方向，至少不会像它在**社会**影响方面相对扯平的作用那样告诉我们的一样多——即使在这个方面我们也应当记住，官僚系统本身是个精密仪器，它可以任由自己被用于各种各样的利益，从纯粹政治的、纯粹经济的，直至任何其他什么样的利益。因此，不应夸大它与民主化的对应程度，无论这种对应可能会多么典型。在某些条件下，封建领主阶层也会用这部仪器为自己服务。还有一种可能性是，行政的官僚化被审慎地与身份群体的形成联系起来，例如这在罗马帝国以及在某些专制国家结构的形态中就是一个常见的事实；或者由现存社会权力集团通过暴力把两者纠缠在一起。明确地为身份群体保留官职则是极为常见的现象，从经验上看，这种保留甚至更为常见。

十一、官僚制的权力地位

A. 功能的不可或缺性与政治无关

社会在整体上——且在现代意义上——的事实民主化或者也许是

单纯的形式民主化，对于官僚化都是特别有利的基础，但绝不是唯一
991 可能的基础。毕竟，官僚制只是［限于］追求在具体领域——在个别情况下它要占领的领域——扯平那些挡道的权力。我们应当记住一个已经多次碰到并将反复讨论的事实：尽管也许就是因为“民主”不可避免地无意中促进了官僚化，它与官僚制的“统治”是格格不入的。在某些条件下，民主会在官僚制模式中造成明显的裂缝，并给官僚制组织制造障碍。因此，要了解官僚化的特定发展方向，就必须分析每个历史个案。

正是由于这个原因，已在现代国家蔓延的官僚制的**权力**是不是正在日益增强，肯定也还是个悬而未决的问题。从技术上说，官僚制组织乃是它的控制者手中最为发达的权力工具，但这个事实并不能决定官僚制本身在一个特定社会结构中据它自己认为所能够获得的分量。已经膨胀到数以百万计的官员，其“不可或缺性”正在不断增大，但这一点相比无产阶级在经济上的不可或缺性对于增强本阶级社会与政治权力地位的价值（这是无产阶级运动的某些代表人物[8]所持的一个观点）而言，这一点并不能更多地决定官僚制的那种分量。如果“不可或缺性”具有决定性意义，那么在盛行奴隶劳动、自由民一般都会逃避劳动，视之为丢人现眼的任何经济中，同样“不可或缺”的奴隶也应当拥有这种权力地位？官僚制本身的权力是否在增强不可能决定于这个原因。经济利益集团或其他非官员专家的介入，外行代表的介入，地方议会、跨地区议会、中央议会或者其他代表机构以及职业联合体的建立，这些**似乎**都是与官僚化趋势背道而驰的。这种表象究竟在多大程度上是确凿无疑的，则应另辟一章讨论，不宜纳入这个纯粹形式的与类型学的（kasuistisch）讨论框架。总的来说，这里只能简述如下：

在正常情况下，一种充分发展的官僚制，始终会享有特别突出的重要权力地位。政治“主宰者”会发现，与训练有素的官员相比，自己总是处在面对专家时的那种半瓶子醋的地位上，无论官僚制为之服务的这个“主宰者”是以立法创制权、公民复决权和官员罢免权为武器的“人民”，是在一种或者比较贵族，或者比较民主的基础上选举出来，以不信任投票权利或**事实**权力为武器的议会，还是以法律上或 992
事实上的自我代谢为基础的贵族团契机构、一个民选总统或者一个“专制”或“立宪”世袭君主。

B. 行政机密

任何官僚制都在追求的这种职业内部人的优势，都会通过对它的信息和意图的**保密**手段而进一步增大。官僚制行政总是倾向于排斥公众，尽可能隐蔽它的信息和行动不受批评。普鲁士教会当局如今已在威胁那些有可能以任何方式让第三者获知申斥或其他警告措施的牧师，要对他们采取纪律措施，指责他们这样做是“有罪的”，因为这很有可能使教会当局遭到批评。波斯国王的财政官员使他们的预算技术成了一门保密科学，甚至还使用了一种保密书法。普鲁士公开的官方统计资料一般都是那些不可能有损于掌握着权力的官僚之意图的内容。这种保密倾向在某些行政领域乃是它们客观性质的结果：就是说，凡是特定支配结构的**对外**权力利益面临威胁时，都会倾向于保守行政秘密，不管那是私人企业面临经济竞争者的威胁，还是在公共领域面临潜在的外部敌对政治实体的威胁。如果谋求外交事务的成功，就只能把它受到的公共监督限制在极小的范围之内。军事行政则必须坚持对它最重要的措施进行保密，这在纯技术方面有着与日俱增的重要意义。政治党派的情况也并无二致，尽管党代表大会和“天主教会议”（Katholikentage）[9] 全都有着表面上的公开性。随着政党组织的日益官僚化，这种保密做法也将会日甚一日。外贸政策导致了对生产统计资料的保密，例如德国就是如此。一个社会结构的任何对外斗争姿态，往往都是为了有助于增强执政集团的地位。

然而，官僚制的纯权力关切所产生的影响会大大超出这些受功能性保密动机驱使的领域。“公务机密”的概念就是官僚制的特殊发明，在上面提到的那些特殊领域以外，它还会迷恋于使用这一概念对几乎任何事情进行保密，而这种态度按照纯粹的功能性理由来说是不可能站得住脚的。在面对一个议会时，官僚出于一种可靠的权力本能，会想方设法战胜该机构凭借自己的手段（例如所谓的“议会调查权”[10]）
993 获取有关方面内部信息的任何企图。官僚天生就喜欢一个信息闭塞，因而软弱无力的议会——至少是因为议会的这种无知符合官僚自身的利益。

C. 统治者对官僚的倚赖

面对官僚制内行的优势知识，专制君主也是软弱无力的，在某种意义上说要比任何其他政治首脑更软弱无力。腓特烈大帝所有那些怒气冲冲的“废除农奴制”法令都在贯彻过程中出了轨，因为官员的机制完全把它们当作了一个半吊子的心血来潮而置之不理。一个立宪国王只要与社会上举足轻重的那部分被治理者达成了一致，那么他对行政过程的影响往往会大于专制君主，因为他能够更好地控制专家，这是至少相对公开的批评给他提供的条件，而专制君主却只能依赖官僚为他提供的信息。**旧制度下**［1905 年任命了总理之前］的俄国沙皇很少能把得罪官僚并侵犯其权力利益的任何事情贯彻到底。政府各部直接隶属作为专制君主的沙皇，一如勒鲁瓦－博利厄（Leroy-Beaulieu）非常正确地指出的那样，它们就像一群挤在一起的总督府，用尽一切个人阴谋手段彼此争斗，利用连篇累牍的“备忘录”相互攻击，面对这一切，那位一知半解的君主则完全束手无策。[11]

任何向立宪政体的过渡都会不可避免地把中央官僚的权力集中到单独一个人的手中。官员们被置于一个独断式首脑——首相——的控制之下，呈送君主的一切均须首先通过首相之手，这样，君主在很大程度上就被置于这位官僚制首脑的监护之下。威廉二世在与俾斯麦的著名冲突中曾经竭力反对这项原则，但不得不很快放弃了进攻。[12] 在专门知识的统治下，君主的影响只有通过与各级官僚长的不断沟通才能获得稳定性，而这种沟通是在官僚的中央首脑条理性计划与指导下进行的。同时，立宪政体也会把官僚与统治者捆成一个利益共同体，以对付追逐权力的议会党团领袖。但也正是由于这个原因，与官僚**作对**的统治者也就变得软弱无力了，除非他能在议会中获得支持。把普 994
鲁士各部部长和帝国官员这些“帝国大佬”撇在一边，使一个君主在 1918 年 11 月几乎陷入了 1076 年封建国家条件下类似事件所导致的同样境地。[13] 然而，这是一个例外，因为总的来说，君主相对于官僚制官员的权力地位远比在任何封建国家或者“僵硬”的家产制国家要强大得多；渴望升迁者是始终存在的，君主可以很容易用他们取代桀骜不驯的官员。如果其他条件相同的话，只有那些经济独立的官员，即属于有产阶层的官员，才承受得起丢掉官职的风险。今天也像过去一样，从无财产阶层当中招募官员总是会增强统治者的权力。只有那些属于在社会上有影响力的阶层、使君主认为不得不倚重为他个人后盾的官员，比如所谓的 Kanalrebellen（反运河派），才有可能长期彻底地使君主意志的实质陷于瘫痪。[14]

只有私有经济的利益集团在“商业”领域的专门知识才优于官僚的专门知识。之所以如此，是因为在他们的领域中，精确把握事实对于经济生存具有直接的重大意义。官方统计资料的纰漏并不会给责任官员带来直接的经济后果，但是一个资本主义企业的计算错误却会导致亏损，也许还会危及它的生存。此外，作为一种权力手段，隐藏在企业账簿里的“机密”要比政府当局文件中的“机密”更加安全。单单由于这个原因，在资本主义时代，当局影响经济生活的努力就会受到极大限制，它们的措施往往事与愿违、不可预料，或者被既得利益集团更优势的专门知识化作泡影。

十二、关于团契机构和利益集团的补论

由于内行的专业化知识越来越成为官员权力的基础，那么统治者早早就会考虑如何利用内行的专业知识，又不必为了讨好那些内行而放弃权力。随着行政任务的质量扩展以及专门知识的不可或缺，便出现了这样一种典型局面：君主不再满足于偶尔与可靠的亲信商议，甚或不再满足于断断续续地碰到艰难处境时把这些人召集起来
995 开个大会。他开始充分利用通过连续性会期审议解决问题的团契机构（*Conseil d’État*，Privy Council，*Generaldirektorium*，Cabinet，

Divan，*Tsungli Yamen*，*Wai-wu pu*[*]等等）。*Räte von Haus aus*（宫廷外参事）则是这一发展过程中的典型过渡现象。

这些团契机构的地位自然各不相同，这要看它们是否变成了最高行政权威，或者是只有一个中央独断权威还是若干个这样的权威并存。此外还要依赖于它们的程序。一旦团契类型得到了充分发展，这种机构便会得到或者实际上的，或者作为一种法律推定的君主的主持，举凡重大事务，均由负责任的内行以具有正式地位的文件进行说明，并由其他成员进行理由充分的**表决**，然后形成决议加以解决，而君主将以敕令形式批准或否决决议。因此，这种团契机构是越来越成为“半瓶子醋”但同时又在利用内行知识的统治者力图抵挡咄咄逼人的内行支配——这一点往往不被注意——的典型形式。他会利用其他人钳制一个内行，通过这种麻烦的程序力图亲自获得全局情况，并确保无人能够怂恿他随意进行决策。统治者期望的不是通过亲自主持团契机构，而是通过呈送给他的书面备忘录确保发挥最大程度的个人影响。普鲁士的腓特烈·威廉一世对行政的实际影响有着重大意义，但他从未出席过内阁部长们协调组织的定期会议。他做决定的方式是与“内阁”——对这位国王保持个人效忠关系的臣仆——商议之后，在书面呈文的空白处写下他的意见或敕令，再由“内阁”交 Feldjäger（猎骑兵）发还部长们。俄国、普鲁士以及其他国家的内阁由此便发展为统治者寻求庇护的私人堡垒，可以说，这就是为了躲避专门知识和非人格的功能性常规化行政。于是官僚部门的憎恶矛头也就转向了

* 依次为法国的行政法院，英国的枢密院，普鲁士的总务署、内阁，土耳其等东方国家或奥斯曼帝国的枢密院，中国晚清的总理衙门、外务部。

内阁，一如失败时臣民会不信任内阁一样。

根据团契原则，统治者会进一步试图把那些**专业化内行**的综合体塑造成一个集体单元。他在这方面的成效总的来说尚无定论。不过这种现象本身在各种国家形态中都是共有的，从家产制国家、封建制国家到早期的官僚制国家都是如此，早期的君主专制政体尤为典型。团契原则业已证明乃是“就事论事”行政的最强有力的教育手段之一。
996 它也使得与社会上有影响的平民进行协商成为可能，因而有可能按照某种尺度把显贵的权威与民间企业家的实际知识同职业官僚的专业化专长结合在一起。在不以个人为转移的持久结构这个意义上说，团契机构乃是容许现代“政府机构”概念得以发展的最早的制度之一。

只要行政事务的专门知识完全是长期按照**经验**实践的产物，且行政规范并非章程，而是传统要素，那么**长老**委员会——往往还有祭司、“前辈政治家”和显贵参与其中——就是团契机构的恰当形式，最初它只是向统治者提供咨询。但是，与经常更迭的统治者不同，这种机构都是持久性的结构，因此往往会篡夺实际权力。罗马元老院、威尼斯议会以及最终衰落并由**煽动家**取代之前的雅典阿雷奥帕古斯，都是以这种方式行事的。当然，我们必须把这种权威与此处讨论的法人团体严格区别开来。

尽管存在多种多样的过渡形式，但作为一种类型的团契机构，却都是在功能的理性专业化和专门知识统治的基础上出现的。另一方面，它们也肯定不同于那种在现代国家常见的从私人和**关系人**圈子当中挑选组成的，并非以官员或者前官员为核心的咨询机构。从社会学角度来看，还应当把这些团契机构同现代私有经济的官僚制结构（联合股份公司）中实行团契监督的“董事会”（Aufsichtsrat）区别开来。

做出这种区别是必须的，尽管这些法人团体完全从非关系人圈子当中吸收显贵参加以利用他们的专门知识或把他们作为代表与广告的情况事实上并不罕见。这种团体［在德国］通常并不亲近那些拥有特殊知识的内行，毋宁说是更亲近那些最重要的经济利益集团——尤其是为企业提供资金的银行——的代表，而这些人绝不仅仅只有咨询的地位。他们至少有着举足轻重的发言权，甚至往往会占据实际的支配地位。这种团体类似于（尽管不无变形）独立的封建封地和官职的大所有者以及家产制或封建制政治实体中其他社会上强大利益集团的集合。然而，随着行政强度越来越大，有时它们也会成为“委员会”的前驱，甚至更经常地成为特权身份群体法人的前驱。 997

官僚制团契原则会从中央权威传播到极为多样的下级权威之中，这是个相当普遍的规律。我们已经指出［第十一章，三，D］，在地方性的封闭单元，尤其是在城市单元内部，团契行政是显贵统治的原初形式。它最初是通过选举发挥作用，后来一般——至少在一定程度上——是通过指定的顾问、司法行政官选举团、decuriones 和 scabini*。这种团体乃是有组织的“自我治理”的常规要素，即由国家官僚制权威控制下的地方利益集团对行政事务的管理。上面提到的威尼斯议会，尤其是罗马元老院的例子，就体现了通常植根于地方政治联合体的显贵统治向海外大帝国的传播。在官僚制国家，随着交通手段的进步和日益增长的技术需要——行政管理必须迅速明确决断——以及上面讨论过的充分官僚化与独断统治的其他动机越来越占据支配

* decuriones，罗马的地方城市参事会成员，相当于罗马城里的元老院元老。scabini，日耳曼历史上平民大会司法过程中推举产生的审判主持人。

地位，团契行政会再次消失。从统治者的利益角度来看，当一种严格统一的行政领导权显得比仔细周到地准备行政决议更加重要时，团契行政也会随之消失。这就是议会制度日益发展以及——一般都会在同时——外界的批评越来越多、公开性越来越大时出现的情况。

在这些现代条件下，彻底理性化了的专业化部长与［地方］行政长官制，便提供了一些到处排挤旧形式的重大机会，然后也许会由利益集团补充上来，一般都是以智囊团的形式出现，从经济与社会上最有影响的阶层中召集成员。我们上面已经谈到，这种做法正在变得越来越常见，可能会逐渐形成更加正式的安排。

后一项发展——试图把利益集团的具体经验用之于训练有素的专业化官员的理性行政，将来无疑会产生重大意义并进一步增强官僚的权力。众所周知，俾斯麦就曾试图筹建一个“国民经济委员会”用作对抗帝国议会的武器，他指责持反对立场的多数——他从未授予他们英国人惯用的议会调查权——为了议会的权力而力图阻止官员们变得
998 “太聪明”。关于有组织的利益集团未来能够以这种方式获得什么样的行政地位，不可能放在这里进行讨论。

只有随着国家的官僚化以及总的来说法律的官僚化，才会看到这样一种明确的可能性：对“客观”法律秩序和由它保障的个人“主观”权利作出明确的概念划分，并进一步对“公”法和“私”法作出明确划分——前者是调整公共机构之间以及它们与臣民之间的相互关系，后者是调整被治理者当中个人之间的关系。作出这些区别的前提是把最高特权的抽象载体和法律规范的创造者——“国家”——同具体个人的一切个人权威作出概念划分。这些概念上的区别必然同前官僚制的，尤其同家产制与封建制的权威结构相去甚远。它们最早是在城市

共同体中被设想和实现的；只要城市共同体的官员是由定期选举得到任命的，那么个体的掌权者，即使他处在最高地位上，显然也不再等同于“凭借自身权利”拥有权威的个人了。然而，也只有在官僚制行政管理完全实现了客观化以及法律实现了理性系统化之后，才能充分地在实质上把公私领域分离开来。

十三、官僚制与教育

A. 教育的专业化、学位与身份

我们这里不可能分析理性的官僚制支配结构的进展在完全独立于它已扎根的领域之外所产生的深远而普遍的文化影响。很自然，官僚制促进了一种“理性主义”生活方式，但是理性主义的概念却能够包含大相径庭的内容。人们只能极为泛泛地说，所有支配的官僚化都会强有力地推动“理性的就事论事”与个性化职业专家类型的发展。这一点具有深远的派生影响，不过这里只能简要说明一下该过程的一个重要因素：它对教育的性质和个人素养（Erziehung und Bildung）的影响。

欧洲大陆的教育机构，特别是高等教育机构——大学、技术学 999
院、商学院、高级中学以及其他中等学校——，无不受到了对这样一种“教育”的需求的支配和影响：这种教育产生于专业考试或专长测验制度（Fachprüfungswesen），而且越来越为现代官僚制所必需。

现代意义上的“专业考试”曾经并且至今仍可见于严格的官僚制结构之外，比如医学、法律等等所谓“自由”职业中的考试，以及行会组织的同行考试。它也不是官僚化必不可少的伴生物：法国、英国、美国的官僚完全无需或在很大程度上无需这种考试也早已存在了，作为替代标准的是政党组织内的不脱产培训和业绩。

“民主”对待专业考试制度的态度，也像对待由它推动的官僚化现象的态度一样模棱两可。一方面，考试制度意味着——至少看上去是意味着——从所有社会各阶层中选择合乎资格者以取代显贵统治的地位。但另一方面，民主又担心考试和教育特权将会创造一个特权“种姓”，因而又反对这种制度。

最后，专业考试亦可见于前官僚制或半官僚制时代。实际上，它最早的正规历史产地是**俸禄制**组织的支配结构。对俸禄的预期，首先是对教会俸禄的预期——比如伊斯兰教东方地区和西方中世纪时的情况，继而是对世俗俸禄的预期——尤其是中国那样的情况，都是对人们学习和应试的典型奖赏。然而，这些考试仅仅在一定程度上具有测验专业“特长”的性质。

只有现代成熟的官僚化发展才把理性的专业考试制度不可抗拒地推上了突出地位。美国的文官改革运动逐步把专业培训和专门考试引进了美国；考试制度也从它的主要（欧洲）发源地德国推进到了所有其他国家。行政管理的日益官僚化还提高了专门考试在英国的重要地位。在中国，由现代官僚取代半家产制旧官僚的尝试也使专业考试应运而生，并取代了过去那种完全不同的条理性科举考试制度。资本主
1000 义的官僚化随着它对具有专业素养的技术人员、职员等等的需求，也为世界各地带去了这种考试。

至关重要的是，通过这种专业考试获得的“教育专利学历证书”的社会声望又大大推动了这项发展，由于这种声望能够再次有助于带

来经济实惠，情况就更其如此。在旧时代，血统的平等以及获得贵族俸禄和捐赠的前提是有“门第证明”，在贵族仍然保有社会权力的地方，这也是国家官职的任职资格前提，今天已被学历证书取而代之了。大学、商学院、工程学院详尽设计的文凭，以及普遍强烈要求在所有领域进一步授予教育证书，都有助于官署和办公室特权阶层的形成。这种证书有利于持有者要求与贵族联姻（在企业里则有望通过老板的女儿获得提升），有利于他们要求获准进入坚持“荣誉准则”的圈子，要求得到“合乎身份”的薪金而不是按照业绩发放的工资，要求有保障的晋升和老年保险，至关重要的是要求垄断社会与经济优势地位。如果我们从四面八方都听到了引进必修教程，以专业考试为鹄的的要求，其背后的原因当然不是突然觉醒的“对教育的渴求”，毋宁说那是在渴望限制向候补者提供这些地位，由学历证书的获得者垄断它们。为了这种垄断，“考试”已是今天的普遍手段，因此它已经变得势不可挡。由于获得教育专利所需的必修课程要付出高昂费用，要经历漫长的孕育期，这种追求也就意味着压制（“超凡魅力”的）天赋而只看重财产，因为获得学历证书的精神成本总是越来越低而不是相反。满足骑士生活方式的古老要求是能够拥有封地的前提，如今在德国取而代之的是必须在授予学历证书的大学中参加决斗兄弟会，这是骑士生活方式的流韵；在盎格鲁－撒克逊国家发挥同样功能的则是体育和社交俱乐部。

另一方面，官僚则到处都在追求建立正规的纪律程序，消除上司对下属官员随心所欲的处分，以此创造“职务权利”。官僚需要的是确保官位、他的有序晋升和老年时的生活保障。就此而言，其后盾乃是被治理者要求把支配降到最低限度的“民主”情感，而抱有这种态 1001

度的人们无不自信，君主对官员任意处置权的任何削弱都能看作是权威本身的削弱。因此，无论在工商界还是在公共事业中，官僚都在推动着一个身份群体的崛起，就像过去那种完全不同的官员一样。我们已经指出，这些身份特性通常也会被利用来发挥——它们的性质也有助于发挥——官僚在完成其特殊任务时的技术效用。

正是针对官僚这种不可避免的身份特性，“民主”才做出了这样的反应：以选举短期任职的官员代替官员的任命，以公民复决罢免官员代替正规的纪律程序，从而力求排除等级制那种高等级“主宰者”的任意处置权，但取而代之的却是被治理者同样任意的处置权，或者毋宁说，是支配着被治理者的党老大们的任意处置权。

B. 关于“有教养者”的补论

基于学养优势本身的社会声望绝非官僚所特有。实际情况恰恰相反。但在其他社会结构中，教育的声望是建立在——就内容而言——根本不同的基础上的。在封建的、神权统治的以及家产制的支配结构中，在英国的显贵行政、旧中国的家产制官僚中，以及在希腊城邦所谓民主政体时代的煽动家统治下，体现了教育所追求的目标和社会评价所依据的口号，都是“有教养者”，而不是“专家”。此处的“有教养者”是在完全价值中立意义上使用的说法，意思仅仅是指，教育的目标在于追求一种**被认为理应是**“有教养的”人生行为质量，而不是就某种专长进行的专业训练。这种教育可以是骑士类型或者禁欲主义类型的，可以是文学类型（比如中国）或者竞技—人文主义类型的（比如古代希腊），也可以是盎格鲁－撒克逊那种传统“绅士”类型的。在这种意义上“教养”出来的人格所形成的教育理想，无不带有支配结构和这些社会的统治阶层中成员资格条件的烙印。这种统治阶层应有的资格依赖于拥有这种**文化品格**（就这里所指的完全可变且价值中立的意义而言）的“正数”，而不是依赖于专门知识的“正数”。
当然，同时还有军事、神学及法律专门知识的密集熏陶。但是，构成 1002
古希腊、中世纪以及中国教育必修课程着重点的内容，完全不是那些在技术意义上“有用”的成分。

目前围绕教育制度基本问题进行的讨论，背后无不潜藏着“专家”类型的人反对旧式“有教养者”类型的斗争，为这场斗争提供了条件的则是所有公共与私人权威关系领域势不可挡的官僚化，以及内行与专业知识不断增长的重要性。这场斗争将在各个最本质的方面影响到个人的教养。

十四、结语

官僚制组织向前推进的过程中必须克服的并不仅仅是那些前面已经多次谈到的实质上的消极障碍，即必须的扯平过程中横亘在道路上的那些障碍。此外，基于不同原则的行政结构始终都会与官僚制组织发生冲突，其中某些方面的情况已经附带谈到过。这里不可能讨论现实世界中存在的所有类型，否则将使我们离题太远，我们只能以尽可能简明扼要的概述来分析一下某些最重要的**结构原则**，办法主要是提出以下问题，尽管问题并不止于这些：

1. 这些行政结构的发展机遇在多大程度上需要依赖经济的、政治的或者任何其他的外部决定因素？或者说，在多大程度上是依赖它们技术结构中固有的“自发”逻辑？ 2. 如果说这些行政结构发挥了经济影响的话，那是什么样的影响？在考虑这些问题时必须看到，所有的组织原则都会具有波动性并会出现重叠。毕竟，只有对界线分明的情况——而这样的情况具有特殊的、不可或缺的分析价值——才能考虑它们的“纯粹”类型，而且，需要加以分类的历史现实，几乎始终都是以混合形式出现的。

官僚制结构到处都是历史发展的晚期产物。我们越是往回追溯，官僚——总的来说，官员——的缺席就越典型。由于官僚制具有遵守规则、长于手段—目的的计算以及就事论事占优势的“理性”性质，它的兴起和扩张便产生了仍待讨论的特定意义上的“革命性”结果，一如**理性主义**全面推进的情形。相应的，官僚制的挺进也摧毁了并不
1003 具备这里所指的理性意义上的支配结构。因此我们要问的是：这是些什么样的结构呢？

注　释

除非另有说明，本章注释与修订均为 Roth 与 Wittich 所作。

1 巴登大公国是德意志帝国的自由主义中流砥柱。1900 年之后，自由派与社会民主党开始合作。民族自由党、进步党与社会民主党的“大联合”是为了直接对抗强大的天主教中央党和保守的新教集团，试图获得对立法机构的控制权。由于天主教神职人员和新教牧师都是公务员，所以他们反对有可能改变他们地位的一切。

2 理查德·施密特（Richard Schmidt）曾是韦伯在弗赖堡大学的同事（生于 1862 年），对审判程序的发展有广泛研究，对司法裁决的“可计算性”问题非常用心。该词用于他的“Die deutsche Zivilprozessreform und ihr Verhältnis zu den ausländischen Gesetzgebungen”一文中，见 *Zeitschrift für Politik*，I（1908），266；另见他的 *Allgemeine Staatslehre*（3 vols.；Leipzig 1901—1903）。

3 Albrecht Mendelssohn-Bartholdy，*Das Imperium des Richters*，Strassburg 1908.（W）

4 行政司法官向（业余）法官发出的审判指令，允许不按民法（ius）规定，而是按照诉讼请求中陈述的案情事实进行诉讼。这样的案情只有根据行政司法官所赞同的程式提交法庭裁判，因此，他就发挥了一种多少类似于英国衡平法院所发挥的那种革新作用。定了型的程式则由司法行政官的敕令予以公布。参阅 Gerhard Dulckeit，*Römische Rechtsgeschichte*（2d. ed.，Munich 1957），144。

5 德文为 Kautelar-Jurisprudenz。该词在德语中一般用来指称罗马世俗法学的初期阶段，这时的法学主要是用于契约（cautiones）的起草和契约条款（cautelae）的表述。参阅第八章，（四），三，以及“法律社会学”其他各处；Dulckeit，*op. cit.*，164ff。

6 指大法学家们对法律的解释，这些解释对法官具有约束力，古典罗马法的大部分内容事实上都是产生于此。

7 总理比洛的自由党—保守党联盟在 1909 年瓦解之后（参阅第二部分，第二章，注 7），汉萨同盟于次年建立，这是所有产业会社力量——从大企业到劳工——重整旗鼓反对易北河东岸贵族阶层的中心，后者在帝国议会中的保守派代表拒绝为了军备目的开征遗产税。表明了德意志帝国政治组合走向僵化的是这一事实：劳工组织拒绝加入这个联合体，更多的大企业在一年之内就抛弃了它，宁愿保持与大农业利益集团的旧时联盟。这个联合体的主导人物是古斯塔夫·斯特莱斯曼（Gustav Stresemann），后来曾任魏玛共和国外交部长 6 年。参阅 J. Riesser，*Der Hansabund*（Jena：Diederichs，1912）。

8 这里所指的包括罗伯特·米凯尔斯（Robert Michels），1906 年 11 月韦伯曾给他致信说：

“在经济过程中具有不可或缺性，这对一个阶级的权力地位和权力机遇来说可
谓无关紧要，绝对无关紧要。在一个‘公民’并不工作的时代，奴隶之必需乃十倍 1004
于——不，是千倍于——今天的无产阶级。结果如何呢？中世纪的农民、美国南方的黑人，都是绝对‘不可或缺的’。……这个说法包含着一种危险的幻觉……。政治民主化是唯一在可以预见的未来有望实现的事情，而且可能是个很好的成就。我不能阻止你相信的更多，但是我不会让自己那样做。”引自 Wolfgang Mommsen，*Max Weber und die deutsche Politik*. 1890—1920（Tübingen：Mohr，1959），97 and 121。

9 Katholikentag：1858 年开始定期举行的年度会议，在一个中央委员会领导下讨论教会、政治及社会福利问题，并在主要是新教徒构成的公众面前代表德国天主教。纳粹统治期间遭到废止，1950 年以来每年举行两次代表会议。

10 德文为 Enqueterecht。韦伯认为这种议会调查权具有重大意义，而帝国议会根本就没有这种权利。参阅附录二，（三）。

11 见 Anatole Leroy-Beaulieu，*The Empire of the Tsars and the Russians*（New York：Putnam，1894），vol. II，pp. 69—86。韦伯显然是用的 L. Pezold 的德文译本（3 vols.，1884—1890）。

12 韦伯这里说的是君主立宪制，即俾斯麦给予德意志帝国的那种治理形式：首相对国王而不是对议会负责，军队也被置于国王控制之下。实际上，这种安排首先是赋予了俾斯麦，然后又给予了普鲁士和帝国官僚非同寻常的权力以应对君主和议会。韦伯在第一次世界大战期间撰写了一系列轰动一时的文章抨击这种制度，见附录二，“德国重建后的议会与政府”。一位历史学家以最接近韦伯的社会学（但不是政治学）方法

对君主立宪制进行了出色的比较分析，见 Otto Hintze，“Das monarchische Prinzip und die konstitutionelle Verfassung”， 载 *Preussische Jahrbücher*，vol. 144，1911，381—412；reprinted in Hintze's collected writings，ed. by Gerhard Oestreich：*Staat und Verfassung*（Gottingen：Vandenhoeck and Ruprecht，1962），359—89。

13 这一段是在旧手稿上添加的，但是并不清楚韦伯实际上做了多少更动。韦伯写的这一段不仅是在威廉二世垮台和君主官僚制崩溃之后，而且是在他 1917 年借《法兰克福报》对他们发出了抨击（见附录二）之后。因此，尽管韦伯是根据本章早先的内容撰写了“德国重建后的议会与政府”，但他似乎也在本节中利用了那篇文章。

韦伯提到 1076 年，是在比较威廉二世的垮台与亨利四世因被教皇格列高利七世判处绝罚而遭绝大多数大贵族抛弃；亨利四世到卡诺萨戏剧性地向教皇表示屈服，由此挽救了自己的政治命运并开始了格列高利七世的衰落，这个事件乃是教权与王权冲突的高潮之一，它在很大程度上决定了欧洲历史的进程，因为它与理性主义、资本主义和民主有着最终的因果关系（见第十五章韦伯对政教合一与僧侣政治的分析）。韦伯的比较也可以放在俾斯麦与天主教会的冲突达到高潮时发出名言“我们不去卡诺萨”（1872）这一背景中来理解。但几年以后，俾斯麦还是去了，1919 年，韦伯则随同德国议和代表团去了另一个卡诺萨：凡尔赛。

1005 14 1899 年德意志帝国议会讨论有关建设米特兰运河（Mittelland Kanal）的法案时，保守的容克党坚决反对这项工程。议会党团中的保守派成员有不少容克官员，皇帝命令他们投赞成票，但他们毅然表示拒绝。这些拒不从命的官员遂被称为 Kanalrebellen（反运河派）并被临时停职。参阅 Chancellor Bülow's *Denkwürdigkeiten*（Berlin 1930），vol. I，pp. 293ff.；H. Horn，“Der Kampf um die Mittelland-Kanal Vorlage aus dem Jahre 1899”，载 K. E. Born（ed.），*Moderne deutsche Wirtschaftsgeschichte*（Cologne 1966）。（G/M）

第十二章 1006

家长制与家产制[1]

一、家长制支配的性质与起源

在前官僚制的支配类型中，最为重要的显然就是家长制支配。从根本上说，它的基础不是官员服务于非人格的目标，也不是服从于抽象的规范，而是严格的个人忠诚。家长制支配的根源产生于主宰者对其家族的权威。这种个人权威和**非人格**取向的官僚制支配，有着同样的稳定性及“日常性质”。此外，两者都能在服从者对规范的服从中得到内在的支持。但在官僚制支配下，这些规范是诉诸抽象合法性的意识并以技术素养为先决条件而理性确立的；在家长制支配下，规范则是来自传统：相信自古就已存在的传统具有神圣不可侵犯性。

规范在这两种支配形式下的意义是根本不同的。在官僚制支配下，制定的规范承认当权者拥有颁布特定裁决的正当性权威。在家长制支配下，主宰者发布的命令的正当性是在个人的服从中得到保障的，而且只有一个事实以及这种控制权的限度是产生于“规范”，但这些规范并非制定的，而是由传统认可的规范。这个事实就是，实际上成为统治者的那位具体主宰者，在服从者心目中始终就是最高统治者。在不受传统或竞争性权力约束的范围内，主宰者可以随心所欲、
1007 毫无节制地运用他的权力，尤其是可以不受规则约束。相比之下，官僚制官员基本上只能在规则所承认的，他的特定“权限”允许的范围内发布命令。官僚制权力的客观依据是它以专门的职业知识为基础的、在技术上的不可或缺性。家族内部的权威则是建立在被认为是天然的个人关系基础上的权威。这是一种信仰，这种信仰植根于孝道之中，植根于家族的依附者长期亲密的共同生活之中，而这种生活会产生一个外在与内在的“命运共同体”。女人的依附是因为男人通常都在生理和心理两方面占有优势，孩子的依附是因为他们客观上不能自立，成年人的依附是因为习惯、教育的长期影响，牢固扎根于青少年时期以来的记忆影响，仆佣的依附是因为从孩童时候生活现实就教给他知道在主宰者的权力范围之外他将得不到保护，因而必须服从主宰者以得到保护。父母的权力和子女的孝道主要不是以实际的血缘关系为基础的，无论这种关系对于他们来说可能多么正常。毋宁说，原始的家长制坚持把家族权威看作对财产的处置权，即使在后来有了生育和出身密切相关这一（绝非原始的）认识之后也仍然如此。服从一个主宰者权威的所有女人的孩子都会被认为是“他的”孩子——如果他愿意的话，一如他的牲畜的后代就是他的财产一样；不管那女人是妻子还是奴隶，也无论他是不是孩子的生身之父。除了出租（达成**要式买卖**）和抵押儿童妇女以外，买卖儿童至今也仍是一些发达文化中的

常见现象。实际上，这种交易是在不同家族之间调整人力和劳力需求的原始形式。到后来的巴比伦时代，自由民还会签订在有限时间内自卖为奴的“劳动合同”。然而，购买儿童也会服务于其他的，尤其是宗教的目的，比如保证为死者献祭的连续性，这是“收养”的前身。

一旦蓄奴成为一种常规制度，家族就会进一步分化，血缘关系也就变得更实际：作为自由服从者的孩子（liberti）这时便与奴隶有了区别。当然，这种区别对于主宰者的酌处权并无太大的限制，因为让谁成为他的孩子都是他独自决定的。甚至在各个历史时代的罗马法中，主宰者可以在遗嘱中指定某个奴隶做他的继承人（liber et heres esto）却把自己的孩子出卖为奴。但除了这种可能性之外，奴隶还是不同于 1008
主宰者的孩子，因为奴隶不可能变成家长。不过在绝大多数时候，主宰者的这种处置权都会遭到否定，至少也会加以掩饰。此外，凡是由于宗教或政治原因——后者最初乃是出于军事考虑——而对主宰者的处置权加以限制的地方，主要或者完全都是为孩子着想；当然，这些限制都是经过长期发展之后才牢固确立下来的。

在穆罕默德之前的阿拉伯世界，以及根据古希腊各个历史时代的某些法律术语，总的来说根据那些最悠久的家长制法律体系，无论在何地，休戚与共的客观基础都是长期共享住所、食物、水源和日常用具。家族权威是给予一个女人，给予长子还是（像俄国的大家庭那样可能）给予经济上最胜任者，都要依赖于非常不同的安排并决定于形形色色的经济、政治和宗教条件。同样，家长制权力是否受到了他治法律的限制，假如是的话又是以什么形式受到限制的，或者它是否像在罗马和中国那样原则上不受任何限制，也都要取决于上述各种因素。如果存在这种他治的屏障，它们就会像今天的规则那样具有刑法与民法的约束力，或者像在古罗马那样单纯具有神圣律法的约束力，或者像任何地方最早都会出现的那种情况，仅仅是一种习俗的约束力。任意违背习俗将会招致服从者的不满与社会非难。这也是一种有效的保护，因为，这种支配结构中的一切，最终都要决定于传统的力量，就是说，人们相信，历来如此的（des "ewig Gestrigen"*）都是不可侵犯的。《塔木德》的箴言"人决不应改变习俗"之所以在实践中获得了重大意义，并不只是因为习俗有着植根于牢固态度中的内在力量，最初还因为人们担心那些捉摸不定的神秘灾难会降临到冒犯了神灵利益的革新者与赞同者群体的头上。随着神明观念的发展，这种信仰被代之以另一种信仰：诸神会把传统设定为规范，并像神圣之物那样给予保护。

这时的家长制权威就有了两个基本要素，一是对传统的虔敬，一是对主宰者的虔敬。前者的力量也会约束到主宰者，因而有利于尚无形式权利的服从者，比如受传统约束的东方家长制统治下的奴隶，就比迦太基人—罗马人种植园里的奴隶得到了更多的保护，后者都是毫无限制的理性剥削的对象。

1009

二、显贵支配与纯粹的家长制

家长制支配并不是唯一依赖传统神圣性的权威。还有一种，即**显贵支配**，也是通常的传统式权威的重要形式，对此我们已经偶有论及，而且还会再次进行讨论。只要一个群体中的社会荣誉（"声望"）

* 德文，"永恒的昨天"。

成为支配的基础，就会存在这种权威——但绝不是任何社会荣誉都能成为它的基础。**显贵支配**不同于家长制支配，因为它缺少一种特定的个人忠诚——孝道与臣仆的虔敬，这是一种由家族或者由采邑群体、“仆从”（leibherrlich）群体或家产制群体的成员身份激发出来的忠诚。显贵的特殊权威，特别是在邻里之间由于财产、受教育程度或者生活方式而出人头地者的权威，则是来自“荣誉”。尽管两者的界线并不严格，但是仍应做出类型学的区分。**显贵权威**本身在基础、品质和影响方面彼此差别甚大。我们将在更适当的场合［见下文，十六、十七］进行讨论。现在我们关心的是由传统赋予了神圣性，在形式上最一以贯之的那种权威——家长制支配。

家长制支配的纯粹形式并没有法律界线。它在旧的主宰者死亡或退位后被转移给新的主宰者时也无需资格要求。新的主宰者也会获得对前任的女人——甚至有可能是他父亲的女人——的性处置权。有时还会出现多人共同掌握家长权力的情况，当然，这种情况比较罕见。家长权力有时会被分解，比如在通常的上位权威之侧还会出现某个主妇的独立权威——这与最古老的典型的劳动分工，即性别之间的分工有关。美洲印第安人**酋长**当中就有一些女性首领，在有的地方则是副首领，比如Mwata Yamvo王国的lukokesha*，她们在自己的地盘上行使着独立的权威，而她们的存在一般都是为了承担女人最古老的基本经

* 姆瓦塔·雅姆沃（Mwata Yamvo）王国即中非地区的隆达王国，建于17世纪中期，后扩张为隆达帝国，疆域大体包括今刚果西南部、安哥拉东北部和赞比亚北部地区，19世纪趋于衰落。该王国的王后称为“卢孔克莎”（lukokesha），意为“众人之母”，平时的权力一如大酋长，自设一个归她管辖的朝廷，其意志不受丈夫的限制，而且对王位继承具有特殊影响。

济力量的功能，即通过农耕持续供应食物和从事食品加工；或者是因为所有能够当兵的男子都已完全与家庭分离，在某些军事组织中就会出现这种情况。

前面讨论家族时我们已经谈到了以下几点：它最初的性与经济共同体性质会越来越淡；内部的闭合性会越来越稳定，并从具有资本主义市场取向的家族中产生出理性的“经营”，核算及定期分红的原则
1010 变得越来越重要，妇女、儿童及奴隶将会获得自己的人身权利和财产权利。根据定义，这些发展最终会对不受约束的家长制权力形成许多限制。作为资本主义经营的直接对立面，我们看到了家族分化的共同体形式：oikos（**大庄园**）。下面的目的就是考察这种以大庄园为基础、因而也就是以分化了的家长制权力为基础得到发展的支配形式：**家产制支配**。

三、家产制支配

当领主在他占有的大片土地上把依附者（包括被认为是家庭成员的年轻人）固定安置于小块土地，让其拥有自己的房舍与家庭并供给他们牲畜（因而就是 peculium*）和用具时，这在最初还只是家族的权力下放。但是，一个**大庄园**的这种简单发展，却会不可避免地导致成熟的家长制权力的萎缩。由于最初并不存在主宰者与依附者之间通过有约束力的契约形成的组合体——即使在今天的所有文明国家里也仍不可能通过契约去修改父权的法律内涵——，那么主宰者与服从者的

---

* 见本书第一卷第 614 页中译者注 ***。

心理和形式关系，也就只有按照主宰者的利益和对权力的分配加以调整了。

这种依附关系本身会继续以忠诚和孝道为基础。然而，这种关系尽管最初仍会继续表现为一种单方面的支配，但总是会发展出臣民对双向依存关系的要求，而这样的要求“自然”会作为习俗获得社会承认。有形的鞭子能够保证暂住工房里的奴隶卖力干活，工资这条鞭子以及失业的威胁能够保证“自由”劳工努力工作；有销路的奴隶肯定很容易替换下来拿去赢利，只要还有人乐于劳动，更换“自由”劳工也无需什么成本；而分散了家族权力的主宰者在很大程度上却要依赖臣民的服从，并要始终依赖他们交纳实物租金的能力。因此，主宰者也“理应给予”臣民，这不是依照法律，而是根据习俗或者他的自身利益给予：首先是在必要时提供外部的保护与帮助，然后是给予“仁慈”的待遇，特别是“按照惯例”约束经济上的剥削。如果不是为了追求金钱的获取，而是利用主宰者的自有资源满足他的需求，在这样的支配形式下，剥削就可以减轻而又无损于他的利益；这一点之所以 1011
可能，是因为他的需求与臣民的需求只有量的差别，假如需求不存在——原则上说是无限制的——质的扩张的话。实际上，这种约束明确地有利于主宰者，因为不仅他的安全，还有他的生计都要依赖于臣民的基本态度和精神面貌。

习俗会要求臣民以所有可能的手段支持主宰者。在非常情况下，这种义务在经济上是无限的，比如帮助主宰者摆脱债务、为他的女儿提供嫁妆或者把他从囚禁中赎出来。臣民在决斗或战争中效劳的个人义务也是无限的；他会充当侍从、御者、兵器挑夫、随军杂役，比如中世纪骑士军队中的情况，或者充当由主宰者提供全部装备的私人武士。罗马的被庇护人——他们拥有可被随时收回，其功能大概类似于服务封地的 precarium[*]——显然也提供最后这种服务。早在历次内战时期的**科洛尼**[**]，当然还有中世纪采邑领主的家臣和修道院的跟班，都是如此。法老、东方的帝王和大领主的军队，在很大程度上也是以家产制方式从**科洛尼**中征募兵员，并由主宰者家族提供装备和给养。有时——特别是在海军那里——我们还会看到从奴隶中征兵；在古代东方，他们都会带有领主的所有权标志。在其他方面，家臣还要提供义务劳动（Fronden）和服务、纪念性礼物、固定或浮动的税赋，形式上是根据主宰者的需要和酌情决定，但事实上是根据公认的习俗。当然，主宰者始终可以随意剥夺他的所有权，而且习俗本来就理所当然地认为主宰者可以随意处置家臣死后留下的人和物。因此，家产制支配乃是一种特殊的家长制支配——由于给家子或者其他依附者分配土地，有时还分配用具而分散了家族内部的权威。

把家产制关系和对主宰者酌处权的事实限制加以定型的首要因素，是单纯的习惯（mere habituation）。由此便发展出了传统的力量的神圣化。无论在什么地方，不合习惯的一切都会遭到纯粹事实上的强烈抵制，除此以外，主宰者引入的革新也会受到制约，因为他周围的环境可能会发出非难，他自己也会担心受到宗教力量的制裁——这种力量无论在哪里都会保护传统和依附性关系。而且，能够严重影响主宰者的还有一种深刻的忧虑：毫无道理且“不公正”地干预权利和
1012 义务的传统分配，将会导致传统忠诚关系的动摇，而任何这样的动摇

* 见本书第一卷第 585 页中译者注 **。

** 参阅本书第一卷第 285 页中译者注 **。

都可能严重损害他自身的利益，特别是他的经济利益。还有，主宰者对个体依附者拥有无限权力，但在面对群体时就无能为力了。因此，几乎到处都曾出现过一种在法律上看并不稳定，但事实上却非常稳定的秩序，它缩小了主宰者酌处权的范围，有利于传统发挥效力。主宰者可能会希望使这种传统秩序形成采邑和服务的**规章制度**，就像现代工厂规章的那种方式，但差异在于，后者是出于理性目的而理性建构的，前者却是依赖于传统而不是依赖于未来的目的获得强制性权力的。显然，主宰者颁布的规章不会让他承担法定义务。但是，假如他的相当大一部分财产已经分配给了依附者或散布在各地，或者需要全力以赴应对持续的政治或军事事态，由此他要大大依赖能够使他获得收入的那些人的善意，那么这时就会出现休戚与共的法则，从而使主宰者事实上受到他所颁布的规章的强有力约束。因为，任何这种秩序都会把一个纯粹的利益集团变成一个特权群体（Rechtsgenossen）——不管它是不是法律意义上的特权群体，成员会越来越清楚地认识到自身利益的共性，因而会越来越具备照料这些利益的倾向和能力；最终，臣民会作为一个封闭的单元与主宰者对抗——开始还只是偶尔为之，后来则会成为常态。这正是在帝国范围内——尤其是哈德良时代——颁布的那些 leges*（条例，而不是法律）带来的结果，正如中世纪采邑法（Hofrechte）带来的结果一样。如果持续不断地发展下去，采邑依附者也参与其中的采邑法庭所本的习俗志（customal**），就会成为对法律秩序进行权威解释的源头。这样便出现了“宪法”的特

* 罗马法中的法令，指司法行政官建议并由平民大会通过的法令。

** customal（custumal 的变体），西方古代庄园的习惯记录或习惯法汇编。

征，只不过现代宪法的存在是为了持续性的立法和在官僚［与立法机构］之间分配权力，这与理性调整社会关系有关，而习俗志则是为了解释传统。这项发展很少能达到它的逻辑结局，但它却导致了一个结果，即严重瓦解了纯粹的家长制统治，而且在传统对家产制关系加以定型的早期阶段就已经开始了。一个受到传统有力束缚的支配结构出现了，这就是**采邑**（seig neurie），它把领主和依附者紧紧拴在了一起，而这种关系不可能被单方面解除。这种制度极端重要，在世界各地都可以看到，但我们这里不可能讨论它的多样性。

1013 ## 四、家产制国家

作为**政治**结构的基础，家产制的条件曾经有过极不寻常的影响。我们将会看到，古埃及差不多就像法老的家产制统治下单独一个巨大的**大庄园**。埃及人的行政始终保留着**大庄园**经济的特性，而罗马人基本上是把国家看作一个巨大的帝国领地。印加人的国家，尤其是巴拉圭的耶稣会国家，都是建立在强迫劳动（fronhofartige Gebilde）基础上的。事实上，一个君主的政治王国不仅包括他的采邑，而且包括政治附属地；然而，东方的苏丹、中世纪的君主以及远东的统治者，他们的实际政治权力都是以这些巨大的家产制领地为中心的，他们的政治王国总起来看几乎等于是一个巨大的君主采邑。

关于这些领地的行政问题，卡洛林时代的**规章制度**以及现在所能见到的罗马帝国领地的条例提供了一幅生动的画面。近东以及希腊化时代的国家都包括了这样一些广大地区：那里的居民都是君主的采邑依附者与人身依附者，那些地区都是由君主的家族按照采邑方式进行管理的。

如果君主并非便宜行事，亦非通过有形的强制，而是像行使家长制权力那样针对超出家产制领地的地区和政治臣民去组织他的政治权力，我们就应当称之为**家产制国家**。直到现代之初，甚至在这之后，所有大陆性的大帝国，多数都还保留着相当突出的家产制性质。

家产制行政最初都是为了满足主宰者纯粹个人的，主要是私人家族的需要。一种“政治”支配的确立，即一个主宰者对于尚未服从他的家长制权力的**其他主宰者**实现了支配，就意味着把那些仅仅在程度和内容上，而不是结构上不同的权威关系纳入了从属范围。政治权力的实质取决于极为多样的条件。我们这里需要考察的是两种特殊的政治权力：军事与司法权威。这是主宰者家产制权力的组成部分，是可以不受任何限制行使的权力。相比之下，族长对于并非他的家族成员者行使的司法“权力”，仅仅给了他一种任何农民共同体时代都有的那种仲裁人的地位。缺乏能够实施物理强制的专制权威，这是“纯”政治支配与家族内部权威之间最为突出的差别。不过，随着权力的不断增大，司法权威的拥有者往往能够通过抢占 Banngewalten[*] 以巩固他 1014
的地位，直到它实际上成了这位家长的基本不受限制的司法权力。针对并非家族依附者的人们或者针对——氏族仇杀时的——氏族成员行使的特殊军事权威，在早期历史上就已经很常见了，但只是表现为监视或抗御突然袭击时的临时组合，后来则通常表现为服从一个脱颖而出或专门选举的领袖；我们后面将会论及他的权威的结构。然而，一个政治上的家产制统治者的军事权威如果持之有恒的话，最终就会成

* 德文，惩治藐视法庭罪的权力，英文为 contempt power。

为一种针对政治臣民的征兵权，它只是在程度上有别于要求家产制臣民履行兵役义务的权威。

在家产制国家，臣民最基本的义务就是为统治者提供物质生活资料，一如家产制家族的情况那样，其间的差异同样只是程度上的。这种供给最初是采取纪念性礼物或在特殊情况下提供资助的形式，这符合间歇性政治行动的精神。但是，随着政治权威不断增强的连续性和理性化，这种义务变得越来越广泛，越来越类似于家产制义务，以致到了中世纪，往往已很难辨认哪些义务是政治权力创设，哪些义务是家产制权力创设的。在整个古代时期，在亚洲，在中世纪那些依赖自然经济的大规模国家中，统治者都是典型地以如下方式获得供给的：它所需要的粮食、布匹、甲胄及其他用品由王国各地以实物形式分摊，宫廷所需的食品和其他必需品由驻地臣民随时供应。一种依赖实物支付和交割的共同体经济（Gemeinwirtschaft），是满足家产制政治结构需求的基本形式。然而，这里有着经济上的变异：波斯王室成了国王所驻城市的沉重负担，而以货币经济为基础的希腊化地区的王室却是所在城市的一个收入来源。随着贸易和货币经济的发展，家产制统治者可能会不再通过他的**大庄园**，而是通过盈利取向的垄断来满足经济需求。埃及就大范围地出现了这种情况，甚至在自然经济的早期阶段，法老就为了自身利益而从事贸易；在托勒密时期，尤其是在罗马人统治下，名目繁多的专卖权和不计其数的税收种类取代了旧时的公益性派捐方法。因为，在财政理性化的过程中，家产制会不知不觉地转向一种理性的官僚制行政，这就要借助于系统的税收。“自由”
1015 的旧标志是自愿为统治者提供物质支持，不存在任何交纳固定贡赋的家产制义务，而一个强有力的领主则会通过公益性派捐或税收手段迫使臣民——哪怕是“自由”臣民——负担世仇争端的费用和相称的管理费用。两种臣民之间的唯一区别通常就在于，这些贡赋的定义更受限制并为“自由”臣民——这意味着是纯粹的政治臣民——提供一定的法律保障。

五、权力之源：家产制与非家产制军队

君主从政治臣民那里获得贡赋，有赖于他对他们行使的权力，因而也依赖于他的声望和他的机构的效率。然而，贡赋在很大程度上始终是由传统划定界线的。君主只是在很有利的条件下才可能敢于要求不合惯例的新贡赋——特别是他得到了军队支持，而军队可以听任他驱使又不必顾及臣民善意的时候。

组成这些军队的可能是，1）家产制奴隶，以津贴为生的扈从，或者**科洛尼**。法老和美索不达米亚的国王、古代时期（比如**罗马贵族**）以及中世纪（元老）非官职领主，都使用他们的**扈从**作为私人军队；在东方，烙有领主财产标志的农奴也被派作这种用途。不过，至少农业**科洛尼**并不适于作为可持续利用的力量，因为他们必须保证自身及领主的供给，因而一般是不可或缺的；此外，超越传统限度过度索取，还有可能动摇他们完全建立在传统基础上的忠诚。因此，家产制君主通常都是把他统治政治臣民的权力建立在为此目的而专门招募的军队基础上，而这种军队的利益和他自身的利益是完全一致的。

这种军事力量可能由 2）完全脱离了农业生产的**奴隶**组成。以部落为单位组织起来的阿拉伯神权统治的军队——它们“热衷于掠夺”的宗教狂热一直是大规模征服的支撑力量——于 833 年彻底瓦解，在

这之后，哈里发帝国及其分裂后的绝大多数东方地区，若干世纪中实际上都是用买来的奴隶组建军队。阿拔斯家族购买土耳其奴隶加以军事训练，他们是外来部落成员，显然完全处于统治者支配之下，因此
1016 王朝可以不再指望本国军队及其平时松懈的纪律，而是创建了一支纪律严明的军队。汉志[*]的各大家族，特别是彼此争夺麦加控制权的各个家族，它们从何时开始购买黑奴组建军队已不可考，不过看上去可以肯定的是，这些黑人士兵既不同于雇佣兵，也不同于志愿兵，他们实际上是作为主宰者及其家庭的私家军队在麦加服务于特定的目的，那些不时扮演禁卫军角色的其他军事群体则会改换主宰者并在觊觎王位者之间进行选择。黑人军队的数量要看相互竞争的家庭的收入状况，而收入要直接依赖于它们地产的规模，同时也间接依赖于盘剥朝圣者时所占的份额——这是由驻在麦加的各个家庭垄断分摊的一个收入来源。阿拔斯王朝使用土耳其奴隶和埃及使用买来的奴隶马穆鲁克[**]，结果是大不相同的。后者的军官成功获得了对于名义统治者的控制权，特别是在埃及，尽管从官方角度来看他们一直都是奴隶军队并以家产制方式和购买方式补充兵员，但他们实际上并最终在法律上成了食禄者，最后则是得到了整个国家以代替他们的报酬，开始是抵押权人，然后成了所有权人；他们的**统帅**（emirs）控制了全部行政，直到［1811 年］穆罕默德·阿里血洗马穆鲁克，他们才被彻底消灭。这种奴隶军队的前提是统治者开始购买时拥有大量流动资本，而且它的善意要取决于支付给它的报酬，因而也就取决于统治者的货币收入。然

* Hejaz，阿拉伯半岛上最早出现的王国，今为沙特阿拉伯一省。

** 见本书第一卷第 374 页中译者注。

而，当塞尔柱人*的军队和马穆鲁克分得了地产税和臣民的时候，经济的封建化也得到了促进，最终土地被转移到他们手中作为因服役而拥有的财产，于是他们成了地主。纳税人口的纳税能力被抵押给了这种军队，他们面对军队的专横霸道在法律上极不安全，这可能阻碍了商业的发展，进而阻碍了货币经济的发展；实际上，自塞尔柱王朝统治时期以降，东方的市场经济也确实衰落或停滞了。

3）在 14 世纪之前，奥斯曼帝国的统治者基本上仅仅依靠从安纳托利亚人那里征兵获得支持，由于征来的兵员以及统治者的土库曼雇佣兵的纪律不足以应付对欧洲大征服的需要，1330 年第一次开始使用著名的**童子军**（devshirme），从被征服的异族部落或异教徒（保加利亚人、贝都因人、阿尔巴尼亚人、希腊人）中征募儿童以新建职业化的禁卫军（yenicheri，意思是“新军”）。这些孩子的年龄为 10 到 15 岁，每 5 年征募一次，最初是 1000 人，后来不断扩大，最终他们的 1017
定员达到了 13.5 万人。孩子们要接受 5 年的宗教灌输教育（并非直接强迫他们信奉伊斯兰教），然后被编入军队。按照最初的规定，他们被要求立誓不婚，在比克特西教团**庇护下过着军营里的禁欲主义生活，教团的创立者是他们的庇护圣徒，他们被禁止参与商业活动，

* Seljuk，乌古思（古兹）土库曼部族的统治家族，11 世纪侵入西南亚建立了一个强大帝国，包括美索不达米亚、叙利亚、巴勒斯坦和伊朗大部，标志着土耳其权力在中东的开端。

** bektashi order，伊斯兰神秘主义教团，自称由波斯呼罗珊的哈吉·比克特西·吾力开创，原是伊斯兰教正统逊尼派内众多苏菲教团中的一支，16 世纪接受了什叶派教义并在土耳其安纳托利亚最终形成，活动范围遍及奥斯曼帝国巴尔干半岛各国。15 世纪控制了禁卫军，在政治上获得了重要地位；1826 年禁卫军被解散，教团势力也随之衰落，1925 年土耳其解散所有苏菲教团，比克特西领袖们转移到了阿尔巴尼亚；1967 年阿尔巴尼亚取缔宗教后，该派仅限于在欧美个别地方从事祈祷活动。

仅仅服从自己军官的管辖权并享有其他一些重要特权，军官可以按照资历晋升，有老年抚恤金，战时还有每日津贴，因为他们必须自备武器。他们在和平时期则依靠某些共同支配的收入。广泛的特权使他们的地位令人艳羡，土耳其人都希望他们的孩子能获准参加。另一方面，禁卫军则试图由自己的家庭垄断这些位置。总起来说，开始仅限于禁卫军的亲戚能够获准加入，后来是他们的孩子，但**童子军**到17世纪末实际上停止了征募，1703年发布了最后一道征兵令，但没有执行。从征服君士坦丁堡到围困维也纳，禁卫军一直是在欧洲进行大扩张的最重要力量，但他们也是最喜欢滥用暴力的军队，甚至经常危及苏丹自身，到1825年，根据**伊斯兰舍赫的裁决**（fetwa）*，信徒应当接受军事训练，由此征募了一支伊斯兰军队，叛乱的禁卫军在［1826年的］大血洗中被彻底消灭。

4）利用**雇佣兵**。使用这样的军队未必依赖于货币报酬。在古代早期，我们可以看到主要以实物形式支付报酬的雇佣兵。不过以贵金属支付的报酬始终有着真正的吸引力。因此，君主不得不为了雇佣军而设法筹措货币收入，一如为了供得起奴隶军队而不得不筹措金银财宝。他会通过贸易或生产销售以增加收入，或者依靠雇佣兵向臣民征收货币贡赋以支付他们的报酬。对于这两种情况，特别是对于后一种情况来说，货币经济的存在是必不可少的。事实上，在东方国家以及在现代之初的西方，我们都可以看到一种典型现象：随着货币经济的发展，以雇佣军为后盾的暴君实现军事君主制的机会也大大增加。在东方，军事君主制一直就是典型的国家支配形式；在西方，意大利诸

* 见第八章（四）英译者注30及第八章（五）英译者注30。

城市的**执政官**（signori）犹如古代僭主，很大程度上也像“合法”君 1018
主一样是以雇佣军作为权力基础的。很自然，只要受雇的士兵们完全是外族成员（stammfremd），既不可能寻求也不可能发现与当地臣民的联系纽带，他们就只能与君主的支配保持最紧密的休戚与共利益关系。实际上，家产制统治者一般都宁愿招募外族人作为保镖，从大卫王的克里特人和非利士人直到波旁王朝的瑞士人就是例证。几乎任何极端的“暴政”都有这样的基础。

5）家产制统治者也可能依靠被**授予小块土地**的人，比如采邑农民，但他们不是从事经济服务，只需提供军役，而且享有经济或其他方面的特权。古代东方国王的军队有一部分就是以这种方式招募的，尤其是埃及的所谓“武士阶层”、美索不达米亚的封地武士、希腊化地区的cleruch*，以及比较晚近的哥萨克军队。这种建立私人军事力量的手段，当然也会被那些并非君主的家产制统治者所用，后面讨论封建制度的“平民”变体时我们将会看到这一点［第十三章，（一）］。如果这些军队都是来自外族部落，因而与统治者的支配息息相关，他们也会变得特别可靠。职是之故，土地便常常被授予外族人。然而，外族人的身份绝不是一个必需的前提。

因为，6）统治者与他的职业武士［即他的“士兵”（soldier，字面意思是“雇来的兵”）］之间发展出来的那种利益上休戚与共的关

---

* 赐地业主，指古代希腊在附属国中享有雅典当局赐予土地的雅典公民。雅典广泛利用这一制度削弱附属国的力量，赐予的土地都是最好的土地，殖民者是未来的卫戍部队。他们与驻在地人民大不相同，拥有充分的公民权：投票、纳税和服兵役，并按照雅典的模式通过执政官和公民大会管理内部事务。这种制度鼓励了大量雅典人重新定居，既减轻了雅典的人口压力，又加强了国家的财政和军事力量。随着公元前5世纪提洛同盟和公元前4世纪第二次雅典同盟的建立，这批人成了雅典帝国主义的正规军。

系，即使没有部族的异质性，也总会变得足够牢固，而且可以通过挑选成员的模式——比如奥斯曼的亲兵——或者授予他们相对于臣民而言的法定特权地位使之变得更加牢固。只要统治者不是从外族人或贱民种姓，而是从臣民当中招募兵员，亦即通过**强制征兵**组建军队，他就要遵守已经非常普遍确定下来的社会准则。那些掌握着社会与经济权力的阶层几乎总是能够免于到“常备军”服役，或者能够得到花钱免服兵役的良机。这样，家产制统治者一般都会以无财产或至少无特权的大众——尤其是农村大众——为基础建立他的军事力量，由此即可解除谋求支配的潜在竞争者的武装。相比之下，任何**显贵统治**的军队，无论是城市共和国的民军还是部落自由民联合体的军队，一般都把服役的义务和荣誉作为支配者阶层的特权。经济环境和军事技术的相对发展，则推动了从负面特权，尤其是从并不享受经济特权的等
1019 级当中挑选兵员：一方面，是经济上的不可或缺性越来越突出，因为经济获利活动日益密集和理性化；另一方面，军事活动成了一种常规“职业”，因为军事素养越来越重要。在某些经济与社会先决条件下，这两种现象都会促进被训练成武士的显贵身份群体的发展。斯巴达的重甲步兵与中世纪的封建军队都是这样的范例。两者的基础都是农民在经济上的不可或缺性以及适应于支配者阶层军事素养的军事技术。但是，家产制君主的军队乃是以如下事实为基础的：有产阶层也是，或者正在变得在经济上不可或缺，比如古代与中世纪城市的商业及手工业资产阶级；这一事实加上军事技术和统治者对常备军的政治需求，便需要强制征召“士兵”长期服役，而不只是偶尔参加战斗。因此，家产制和军事统治的发展不光是领土扩张以及随之需要永久保护疆界的结果（比如罗马帝国的情况），而且往往还是经济变迁的结果：

经济的日益理性化以及与此密切相关的职业专门化，还有“军人”与“平民”臣民的分化，出现这种情况的既有古代晚期的，也有现代的家产制国家。家产制统治者通过把常备军中的主要位置专门保留给经济与社会特权阶层，照例会把他们吸引到他这一边，而这种军队可以组织成为一支纪律严明、训练有素的永久性单元；今天，这些职位也提供了一种以官僚制官员的方式享有社会与经济机会的专门“职业”，武士们不是成为显贵，而是踏入了职业军官生涯并享有身份特权。

最后，王室军队发展为“家产制”军队，成为君主的纯私人军队，因而也可以用来**对付**他的政治臣民（Stammesgenossen），还有一个决定性的经济条件：由统治者的仓廪和岁入装备军队并提供给养。这方面的条件越充分，军队就越是能够无条件地操之于统治者手中，因为，如果没有这个统治者，如果不彻底依赖于他和他的非军事官员，军队就会丧失行动能力；当然，在这种纯家产制军队和基于自我装备、自我供给的军事组织之间，还存在过许多中间形式。例如，我
们将会看到，土地的授予构成了一种转移形式，就是说，把装备和给 1020
养的负担从领主那里转移给士兵本人，但在某些情况下这将导致前者控制权的严重削弱。

然而，无论何地，家产制君主的政治权威都极少完全建立在人们对他的家产制军事权力的畏惧基础上。只要真正出现了这种畏惧，那实际上就意味着统治者本人已经变得高度依赖于他的军队，一旦出现他死亡或战争失利等等事态，士兵们很容易就会作鸟兽散，或者拒绝执行命令，或者干脆改朝换代，或者只有许以恩惠或更高的报酬才能重新争取他们；当然，他们也有可能以同样的手段抛弃统治者，在罗

马帝国，塞维鲁*家族军国主义的后果就造成了这样的现象，这在东方的苏丹制度下更是一种常例，结果则是家产制制度突如其来的崩溃和新制度同样突如其来的崛起，因而造成巨大的政治不稳定。近东是家产制军队的经典产地，也是“苏丹制”的经典产地，其统治者们的命运堪称极端的范例。

六、家产制支配与传统的正当性

不过一般来说，家产制的政治统治者都是通过一个共识性共同体与被统治者联系在一起的，这种共同体不必依赖他的独立的军事力量也能存在，它的根基在于这一信仰：统治者的权力是正当的，因为它们是**传统的**。因此，处在一位家产制君主就这个意义而言的正当统治下的那些人，应当被称为“政治臣民”。他们不同于司法与军事平民共同体（*Ding- und Heergenossen*）中的自由民，他们纳税和服役是由于政治目的；他们不同于家产制领主的私人扈从，因为他们享有流动的权利，至少原则上享有这种权利，就像那些仅仅在采邑听差但没有人身依附关系的自由家臣。此外，政治臣民不同于私人扈从之处还有，他应该负担的是传统的，因而是固定的劳役和税赋，就像采邑家臣一样。然而，他与两者不同的是，他可以自由处置自己的财产，而且与自由的采邑家臣不同，他还可以自由处置自己的土地，因为现存

---

* Septimius Severus（146—211），罗马皇帝（193—211 年在位），以军事力量而不是以宪法依据为后盾建立了个人王朝。他不断提高军饷并允许军人结婚，以此赢得士兵支持。为防止出现强有力的军事对手，他减少了每个将军指挥的军团士兵数量。他使军队在帝国政权中占据了统治地位。其后代当政到 235 年。

的秩序毕竟对此还有限制；政治臣民可以根据习俗遗赠自己的财产，无需领主同意就可以结婚；在法律事务上，如果他不是通过决斗自己解决问题，他会求助于各种法庭而不是求助于采邑或宫廷官员。只要普遍适用的公共和平法令（*Landfrieden*）尚未禁止决斗，他是有权进 1021
行决斗的，因为原则上他有权，因而也有义务佩带武器。

但是，佩带武器也使政治臣民有义务奉君主之召从军服役。尽管最初是封建军队，后来是雇佣军占据了主导地位，但是英国国王仍然迫使他们的政治臣民按照财产状况分不同级别承担了拥有自己的武器和自我装备的义务。到16世纪，造反的日耳曼农民按照传统拥有武器仍然具有重要意义。不过按理说，这种单纯由政治臣民组成的“民兵”，只能被用于政治目的，用于保卫国家（*Landwehr*），而不能用于家产制君主的各种仇杀。虽然君主的职业军队或家产制军队形式上是雇来的军队，但如果它实际上是从臣民当中招募的，那基本上也就等于是征召民兵了，而这样的民兵有时也会接近于职业军队。百年战争*的历次战役并非都是骑士之间的厮杀，英格兰的自耕农也发挥了突出作用，而且大量的家产制武装都介乎真正的家产制军队和征召的军队之间。征召的兵员越多，他们就越不是那种特指的家产制军队，君主在使用它们时受到的限制就越大，他对臣民行使的政治权力也就越是要符合传统，因为，一支征召的武装力量不可能无条件地支持他践踏传统。因此，从历史上看，英格兰的民兵并不是国王的家产制军队，它的基础是自由民携带武器的权利，这一点具有重要意义。在反对斯

---

* Hundred Years' War，14—15世纪英格兰与法国因合法继承法国王位问题等一系列争执而断续进行的战争。

图亚特家族征税权的大革命中，民兵在很大程度上成了大革命的军事力量，因为斯图亚特家族违背了传统，而查理一世与节节获胜的议会进行谈判，最终就涉及对民兵的控制权——在这一点上，谈判是毫无希望的。

臣民因接受政治支配而承担的税赋和服务义务，总的来说都会由传统定出明确的量化界线，这些界线要比产生于采邑和人身依附关系的义务界线清晰得多，不仅如此，它们在法律上也不同于后者。例如在英格兰，是自由民而不是家臣的财产才被用于 *trinoda necessitas** ：负责 1）修筑城堡，2）修路筑桥，3）服兵役。在德国南方和西部，应当提供给有审判权的领主（Gerichtsherr）的服务，到 18 世纪还是与人身依附（Leibherrschaft）产生的义务相分离的；在人身依附转变
1022 为一种租金权利之后，前者便成了唯一保留下来的个人义务。因此，自由民的义务到处都是由传统加以约束的。违背传统或者凭借特别法令征收税赋，而臣民对此不管是否与统治者达成特殊协议都要服从，这种税赋往往都会因其名声（Ungeld 或 malatolta**）而始终表明来路不正。然而，家产制支配有一个与生俱来的倾向，即迫使家产制统治以外的政治臣民无条件地服从统治者的权威，并把所有权力视同于主宰者家长权力和财产那样的个人财产。总的来说，统治者在多大程度上

---

* 三重负担，约翰·塞尔登（John Selden，1584—1654，英格兰法律文物学家、东方学家和政治家）的用语，指在诺曼征服前的英格兰，附属于土地的——韦伯下文所说——三重负担。后世法律学者认为塞尔登用词有误，应为 trimoda necessitas。完全确立封建土地制度之后，三重负担继续维持，而且所有土地都被强加了附加义务，提供给作为封建君主的国王、从中间土地保有人当中产生的总土地保有人或者由下层租佃人当中产生的中间土地保有人。

** 均为德文词，指中世纪的赋税，带有苛捐杂税的意味。

能够获得成功，要依赖于权力格局，尤其要依赖于——且不论他自己拥有的军事权力——某些宗教影响的模式与作用，这一点我们后面将会谈到。埃及的新王国与托勒密帝国是这方面的边缘情况，在那里，王室**科洛尼**和自由土地所有者之间、王室领地和其他土地之间的区别实际上是不存在的。

七、以家产制方式满足公共需求。公益性派捐与集体责任。强制性联合体

以家产制方式满足公共需求，既有一些独特的特征，也有一些可见于其他支配形式的特征。在家产制国家，以**公益性派捐方式**满足统治者的政治与经济需求达到了最高度的发展。这种满足需求的模式有着不同的形式和结果。我们这里关心的是产生于公益性派捐方法的臣民组合体。对于统治者来说，公益性派捐方法意味着他可以通过他治的，往往也是他主的联合体确保它们应当承担的义务得到履行。正如亲属群体要对自己成员的犯罪行为负有责任一样，这些联合体也要对全体成员的义务承担连带责任。例如在盎格鲁－撒克逊人当中，亲属群体实际上是统治者认为应当负有连带责任的最古老的单元。它们保证了自己成员对统治者的服从。同样，一个村庄的村民也会变得对个别村民的政治经济义务承担连带责任。我们早先已经看到，这一点导致了农民对村庄的世代依附；个人分享土地的权利因此会产生一种参与创造收益的义务，这有利于统治者得到应得的税赋。

最彻底的公益性派捐安排就是让其他的职业群体也能形成这种世代的依附：比如依法或由统治者强制建立的法人团体、行会以及其他 1023

职业群体对自己成员的特定服务或税赋承担连带责任。作为补偿，尤其是为了保持臣民的经济能力，统治者会按照惯例授予他们各自经济活动的垄断权，把他们个人及其继承人的人身与财产同联合体拴在一起。这种义务可能专门由各个有关行业承担，比如生产供应战争物资，但也可能包含其他义务，比如交纳军费或者税赋。有时还会看到这样的说法，即印度的种姓甚至——至少在一定程度上——也源自公益性派捐，不过目前尚无足够的依据支持这种看法。中世纪早期的行会在多大程度上被利用来分摊军事、政治及其他负担，以及行会制度在广泛传播过程中它们的官方机构（Offiziat）在多大程度上是个真正重要的因素，同样是人言人殊的问题。在印度，发挥主要影响的因素显然应当归之于巫术—宗教的差异和身份差异，还有就是种族差异；在行会那里则是自愿联合体扮演了主要角色。但是，公益性派捐的强制性联合体到处都是一种常见现象，而绝非仅见于家产制制度中，尽管它在那里被利用得最为彻底。因为，家产制制度自然会把臣民看作是为统治者而存在的，是为满足统治者的需要而存在的，因而也会把臣民的经济活动对于相应的公益性派捐能力的重要性看作他们**存在的理由**。因此，以公益性派捐方法满足公共需求，在东方——埃及和希腊化世界的部分地区——特别盛行，在罗马帝国晚期和拜占庭帝国同样如此。西方曾断断续续地运用过这些方法，而且发挥了重要作用，比如在英国的行政史上。西方的公益性派捐关系通常并不太多约束个人的人身，但实质上会影响到他的财产，特别是他的地产。然而，它们和东方的公益性派捐一样，都存在一个强制性联合体以保证每个个人的义务由集体承担连带责任，同时也——至少**在事实上**——享有针对其他联合体而言的垄断地位。

在英格兰，保障公共和平与秩序的十户联保制就是一个这样的范例：邻里群体对每个成员的守法行为和政治服从负有强制性的集体连带责任。这种制度亦可见于东亚（中国与日本），情况和英格兰相仿。为了确保公共秩序，日本是每 5 户，中国是每 10 户组织登记为一个邻里群体以承担连带责任。这种组织的萌芽在诺曼征服之前就已经存在 1024
于英格兰，诺曼征服之后则是大大依赖于这种安排。对犯罪行为承担集体连带责任的强制性联合体成员要为刑事被告出庭答辩，要为涉及某个邻居的刑事案件提供有罪或无罪的证据（由这种功能发展出了陪审团制度），要作为“陪审员”出庭，还要提供民兵兵员，要为军事上的**三重负担**（trinoda necessitas）以及后来形形色色的公共负担承担连带责任。这些联合体至少在一定程度上就是专门为这些目的建立的，特别是要由地产承担连带责任［就强制性义务而言］。联合体如果作出**错误裁决**（*pro falso iudicio*），或者违背必须承担连带责任的公共义务，就会遭到国王的惩罚。反过来说，它们也会让自己的成员对自身连同他们的财产负责，因而政治负担也就天经地义地被认为应当与最“实在的”财产——个人的土地——联系在一起。由于这些原因，公益性派捐的强制性组织后来便成了英国市政联合体，因而也就是自治联合体的源头，主要表现为一种双重方式：1）统治者要求在它们内部分摊的义务变成了它们的自治事务；2）只能由有产者成员履行的某些公共义务被委托给了他们，并且由于随之产生的影响，它们又变成了有产者继续垄断这些义务的身份权利。比如治安法官的职务就是这样。

在其他方面，家产制行政内部的任何政治义务都会有一种与生俱来的倾向——把非个人的固定义务变成依靠具体财产，特别是依靠土地，同时也依靠生产工场和销售网点提供税赋。当公益性派捐的集体义务并不同时由个人继承并受其约束，即目标仍是“可征税”目标或者已经变成可以转让的目标时，就必然会出现这种局面。因为，在这种情况下，一般来说，统治者唯一的选择就是指望始终是有形的、并在他触手可及范围内的财产来满足他的需求，即如英国人所说的“有利可图的有形财产”，主要的就是不动产。统治者为了控制住每个有可能控制住的人，本来需要一个十分庞大的强制机器，但是现在就可以把这个难题移交给强制性联合体制度去解决了。然而，如果得不到统治者强制机器的帮助，这些联合体也会面临同样的难题。

因此，以公益性派捐方式满足公共需求可能会发展出两种极为不
1025 同的结构：一种是边缘状况，即具有很大独立性的地方**显贵行政**，这种行政与某种特殊义务的制度密切相关，而承担这些义务的范围与方式都是由传统决定的，并且依赖于特殊的财产权目标。另一种是极端状况，即所有臣民的家产制人身依附，它与个人继承来的土地、职业、行会以及强制性联合体拴在一起，使得臣民面临着非常任意的要求，这些要求极不稳定，其限度完全取决于统治者所认为的臣民持续完成义务的能力。统治者自身的家产制地位，尤其是他还能够据以对付政治臣民的军事权力在技术上越发展，第二种类型，即全面的依附性，就越容易大行其道。大多数情况自然都是处于中间状态。我们已经讨论过统治者军事权力，他的家产制军队的意义。然而，对于可强制执行的要求所能达到的范围和质量来说，除了军队之外，可供统治者利用的强制行政机器也是举足轻重的。如果统治者为了追求个人权力地位最大化而把一切所需的服务都变成以集体连带责任为基础的公益性派捐，这对他来说根本就不可能，而且毫无益处，因为他始终需要一个**官员群体**。

八、家产制官员

就最简单的情况而言，君主的广大领地只是包括他自己的家族和一批采邑附属地，采邑农民的家族就依附在这些采邑之中。即使这种最简单的情况，也已经需要一种有组织的行政管理了，因而需要一套根据领地规模发展出来的适当的职能分工。**家产制官职**就是以这种方式应运而生的。最初产生于家族行政的王室官职在世界各地都大同小异。除了家庭祭司，有时还有统治者的私人医生以外，我们还能看到不同行政分支的监管人：负责领主食品供应和膳务的高级管家，酒窖的司酒或尝酒侍臣，御马总管（*connétable*：*comes stabuli*），负责农民强制徭役的监工（Fronvogt），服装与兵器的主管，负责财政事务的司库，以及负责全面行政的总管。只要是家族行政需要，还会产生出其他分支的监管人。土耳其宫廷直到本世纪都一直保持着这种怪诞的 1026
区分。一切超出了纯粹家族事务的任务，最初都是划归与其最直接相关的家族行政范围。例如，统率骑兵就被交给御马总管，于是他就成了王室骑兵队长。所有官员，除了本职行政任务之外都必须侍奉统治者本人并有代表义务，与官僚制行政相反，这里不存在职业上的专业化，但家产制官员又像官僚制官员一样，一般都会发展为一个不同于被统治者的身份群体。到古代晚期和中世纪，采邑依附者或人身依附者的 *sordida munera*（微贱公役）与 *opera servilia*（卑微劳作），到处都和高级的宫廷行政服务及公益性派捐区别了开来，后者都是交给侍臣料理的，后来——至少在服务于大领主时——被认为自由人也配得上料理这些事务。

统治者一开始总是首先在由于人身依附而成为臣民的那些人

（奴隶和农奴）当中征募官员，因为他感到他们的服从是绝对可靠的。然而，政治行政却极少单纯依靠这些人。政治统治者几乎总是不得不同时以非家产制方式招募官员，这不仅是因为臣民会由于看到非自由人在权力和身份上出人头地而心怀怨恨，还因为这是直接行政的需要和前家产制行政方式的延续。另一方面，自由人因服务于领主而获得了不同寻常的有利地位，是因为接受了开始时不可避免的对统治者个人权力的屈从。只要有可能，统治者就会坚持非家产制出身的官员像在非自由人当中招募的官员那样接受同样的人身依附关系。在整个中世纪的真正家产制国家中，官员们都会被迫成为君主的*familiaris*［家族扈从］（例如一位最熟悉这个问题的人士[2]曾向我证实，南意大利安茹家族的家产制国家也是如此）。在德国，成为**侍臣**的自由人要把自己的土地交给领主，然后再由领主适当扩大之后作为服役保有土地重新授予。关于**侍臣**的出身问题已经有了广泛的讨论，他们最初都是来自非自由人阶层这一点似乎已经没什么疑问，但看来同样可以肯定的是，他们作为一个身份群体的崛起乃是坚持骑士生活方式的自由人大量涌入所致。在西方，尤其是在英格兰，**侍臣**到处都被骑士阶层吸收为同伴，这实际上就意味着他们的地位已经在很大程度上成为定例，因而领主对他们的要求也会
1027 受到稳定的限制；一旦形成了这种局面，统治者也就只能按照骑士身份群体的惯例要求他们提供服务了，他在与他们的关系中将不得不遵守严格的身份惯例。

在统治者颁布规章制度，因而创制了 Dienstrecht（服役法）之后，**侍臣**就变成了法定的自治群体成员（Rechtsgenossen），他们的地位进一步成为定例，比如中世纪的 service laws（服役法）就产生了这样的

结果。随后，这个群体成员便垄断官职，确立固定的规则，尤其是要求须经他们同意才能吸收新成员进入这种法人团体，并划定服务和收费界线，从而在所有方面形成一个封闭的身份群体，统治者对此也不得不做出让步。此后，统治者将不再能够剥夺这种官员的服务封地，除非一项司法裁决判令没收，而这样的司法裁决在西方就意味着是由**侍臣**组成的法庭做出的裁决。最后，当官员们或者其中的某些人——比如最高级的法院官员——要求统治者只能按照他们的建议或强行推荐来选择决策官员时，他们的权力就达到了顶点。不是没有做出过这样的尝试。然而，凡是在统治者的顾问成功地迫使他接受了他们推荐的高级官员时，这些顾问一般都不是官员，尤其不是那些**侍臣**，而是他的那些举足轻重的封臣或者地方**显贵**组成的委员会，特别是各等级的代表。按照古代中国的传统，理想的皇帝都是把宫廷大贵族们推荐的最有能力的那个人任命为他的首辅，但我们不清楚这些大贵族究竟是官员还是自治的**显贵**与封臣；而一再提出同样要求的中世纪英国贵族的情况就一目了然：他们当中只有少数人是官员，而且并不是以官员的身份提出这种要求。

只要有可能，统治者都会尽力防止身份群体对官职的垄断，防止世代依附者或完全依附于他的外族人受命从事的行政服务成为定例。官职与官员义务越是成为定例，君主自然就越是要在提出新的行政任务、设立新的官职时力图摆脱这种垄断，事实上他在这种情况下会尤其着力，而且不时也会卓有成效。然而，统治者始终会遭遇本土的谋官者，有时甚至会遭遇臣民的强烈反对。关于地方**显贵**为垄断地方官职而进行的斗争，后面还会谈到。但是，只要统治者设立了典型有利 1028
可图的官职，他就必须面对某些阶层的垄断企图，而这是一个权力问题，即他能在多大程度上抵御这些强大的利益集团。

侍臣法定的垄断性伙伴关系（Rechtsgenossenschaft），从而还有他们与统治者的伙伴关系联合体，主要是一种西方的法律现象。不过在其他地方也能看到它们的痕迹。按照拉特根（Rathgen）的说法，日本的“han”（“蕃”），即大名（daimyo）及其自由 antrustiones（亲兵）或**侍臣**（侍卫）的共同体，就被认为是领地权利所有者，而这些权利就是供领主利用的。然而，这种伙伴关系在法律上的系统体现，在任何地方都没有像在西方那样一以贯之。

任职者作为这种法定的自治性伙伴关系成员，导致了官职权力的典型化以及垄断性占用，由此便产生了**等级式的**家产制。

由**侍臣**垄断法院官职是法院俸禄的一例；英国律师业成员垄断法院官职则是政治领域的范例。教会行政史上的范例是乌理玛*垄断卡迪、穆夫提和伊玛目的职位，以及西方类似的学位获得者垄断教会受俸牧师职位。但是在西方，**侍臣**地位的典型化能够相对确保个人有权获得专门授予他的官职，而在东方却远非如此。东方的官职的确是高度固定的，但是任职者本人却可以被任意撤换，我们将会看到，个中原因就在于缺少西方的某些等级特征，以及东方统治者的军事权力地位有着不同的政治经济基础。

九、家产制官员与官僚制官员

随着职能分工和理性化的演进，特别是随着文牍工作和权威层

* Ulema，伊斯兰国家有名望的神学家或教法学家。

级——这些都是公务流程必经之路——的扩展，家产制官员可能会发展出一些官僚制特征。但从社会学角度来看，越是清晰地描述家产制官职与官僚制官职的纯粹类型，两者的差异也就越是明显。

至关重要的是，家产制官职不存在“私”务与“公”务的官僚制分离。即使是政治行政，也被认为是统治者的纯个人事务，而政治 1029
权力则被视为他个人财产权的组成部分，可以通过征税和收费加以利用。因此，他行使权力完全是便宜行事，因为至少在一定程度上说，这种权力并不受制于神圣传统的普遍干预。随着由传统固定下来的职能的扩展，在所有真正的政治事务中，统治者的个人酌处权就会标明他的官员的管辖权界限。管辖权——如果我们要在此使用这个官僚制概念的话——至少在开始时都是完全不确定的。当然，每个官职都有实质性的目的和任务，但它的边界往往模糊不清。其他官员在这方面与家产制官员最初也并无不同。开始时，只有相互竞争的权力才会产生出定型的边界，有些还类似于“固定管辖权”。然而，这在家产制官员那里乃是由于把官职看作个人权利，而不是由于在官僚制国家那样把它看作**非个人**利益——职业专业化并尽力为被统治者提供法律保障。因此，对官职权力这种准管辖权施加的限制，主要是产生于各种家产制官员相互竞争的经济利益。在神圣传统对某些职务行为尚无明确规定的范围内，官员即可便宜行事，因而领主和他的官员便要求根据具体情况得到报酬，报酬多少或者随机决定，或者按照固定比率。由此，如何分配这些收入来源便有力推动了他们逐渐划定行政管辖权的界限，这种界限最初在家产制国家的**政治**领域中几乎是不存在的。例如，英国的法律人为了保护自己的收费利益，坚持要求只能从他们当中选任法官，而且只有在法律职务上经过了学徒期训练的人才能获准进入他们的行列，于是，受过罗马法训练的大学毕业生就被排除在外了，这与其他国家形成了鲜明对照。同样是为了收费利益，世俗法院与教会法院、普通法院与大法官法庭一直在相互斗法，三大法院——理财法院、高等民事法院和王座法院[*]——也是彼此之间并且各自都与所有其他法院争斗不已。在绝大多数时候，管辖权都是决定于这些有关各方之间在收费问题上达成的妥协，而不是首先决定于，也从来没有单纯决定于理性的考虑。由于管辖权经常重叠，于是各法院便相互竞争，采取种种诱惑措施吸引当事人，特别是简易程序拟制、低收费等等。

不过，这个例子涉及的官职都是已被永久化和典型化的官职，这个条件即使在大规模的持久性政治结构中也只能逐渐发展出来。总的
1030 来说，开始时我们看到的都是**临时**官员，他们的权力由具体的目的加以规定，他们的遴选则是依赖于个人信任，而不是技术资格。只要一

* 大法官法庭（Chancellery court），在英格兰，大法官古已有之，其最初的职责是发布令状，包括所有开始了普通法诉讼的原始令状。大法官也是掌管国玺的官员。该职务逐渐发展成为大法官法庭或衡平法院，中世纪时期曾享有普通法与衡平法的双重管辖权。根据1873—1875年的《司法制度法》，大法官法庭被撤销，但其管辖权继续由新的高等法院大法官法庭行使。理财法院（court of Exchequer），起源于12世纪，最初兼有财政与司法职能，13世纪末其司法职能才从行政中独立出来，1323年设置理财法院法官，1880年并入大理院，为理财法庭，是王座法庭的组成部分。高等民事法院（Common Pleas），出现于中世纪初期的英格兰普通法法院，对地方法院和庄园法庭行使监督权，17世纪取得了发布停审令和人身保护令的一般管辖权，1875年并入新组建的高等法院，为高等民事法庭，1880年与理财法庭一起并入高等法院的王座法庭。王座法院（King's Bench）是历史悠久的英格兰皇家法院，审理与国王有关的或者只能由国王本人审判的涉及显贵的案件，也有权纠正所有其他法院的错误，14世纪成为一个独设的法院，失去了与国王和王室法律顾问的紧密联系，变成了一个单纯的普通法法院，但仍保留了既是王室法律顾问又是王室法院所具有的准政治权力。1875年该法院被撤销，并入新设立的高等法院，是为王座法庭。

个大规模政治王国的行政还是家产制行政，任何辨认“管辖权”的尝试都将堕入官衔的迷宫之中，因为那些官衔的含义完全可以随意变更，大扩张时期的亚述就是如此。当统治者的政治运作附属于他的纯粹经济关切时，前者就显得像是仅仅根据需要和机会加以利用的后备资源了：政治行政最初是间歇性地托付给视具体情况似乎最有资格者，尤为重要的是最接近统治者的什么人去料理，一般都是宫廷官员或有资格同桌进餐者。统治者的个人酌处权和亲疏好恶具有决定性作用，这不仅是个事实问题，而且是个原则问题，当然，这在任何地方都不例外。这也适用于被统治者与官员之间的关系。无论官员被允许做什么，都要兼顾传统的力量和统治者的关切——保持臣民对统治者的顺从和供养统治者的经济能力。这里没有官僚制行政的那些规范和规章。不仅在新的或者重大问题上，而且在统治者的整个权力范围内，决策都是**临时**做出的，因为任何人都没有牢固的个人权利对它进行约束。因此，通过官员行使的统治者的权力，就会运行在两个常常互不关联的领域中：一个是它会受到牢固的神圣传统或者明确的个人权利限制的领域，一个是统治者个人酌处权通行无阻的领域。这可能给官员们制造出一些冲突。违背古老习俗可能会冒犯到一些大概是危险的力量，而不服从统治者的命令则是藐视他的指令权（*Banngewalt*），并使违令者面临——用英国法的术语来说——统治者的 *misericordia*：他的任意制裁权。凡是传统与统治者司法权（*Herrenbann*）出现重叠的地方，两者的冲突就是不可调和的。即使政治官职的权力早已在固定的区域管辖权范围内达到了标准化程度，统治者大体上也仍会根据自己的酌处权予以中止、免除和开革，比如诺曼征服时期对英国郡长的做法。

因此，与官僚制官员相比，家产制官员的地位乃是来自他对统治者的纯个人服从，而他在臣民面前的地位只不过是这种关系的外在表现。即使政治官员并非私人家族的依附者，统治者也会要求无条件的行政服从，因为，家产制官员对自己官职的忠诚（*Amtstreue*），并
1031 不是对于非个人任务的非个人忠诚（*Diensttreue*）——这样的任务会对这样的忠诚明确规定出范围和内容；毋宁说，它是一种仆人的忠诚，它的基础是与统治者之间严格的私人关系，是原则上不容限制的效忠义务。在日耳曼诸王国，国王甚至会以失宠、致盲和在抗命的情况下予以处死来威胁放任不羁的官员。然而，与其他人相比，官员是在分享统治者的尊严，因为他是从私人角度服从统治者的权威（*Herrengewalt*）。在日耳曼诸王国，只有王室官员，而不是平民共同体（*Volksrichter*）的自由法官才能得到高额**赎罪金**[*]，不论他是什么身份，而奴仆式官员，即使他并不是个自由人，也很容易到处都凌驾于自由臣民之上。所有家产制的服务规章，按照我们的［官僚制］概念可能都是**规章制度**，它们归根结底只是纯粹的主观权利和来自统治者授予或恩宠的特权；事实上，总起来可以说，这就是家产制国家的全部公共规范体系。它没有官僚制国家的客观规范及其以非个人目的为取向的“就事论事”。官职以及行使公共权威都是为统治者服务的，被授予官职的官员并不是服务于非个人的目的。

* 见本书第一卷第 218 页中译者注。

十、家产制官员的生计：实物俸饷与手续费*

家产制官员最初都是典型地在统治者的餐桌上**谋生**，并从他那里得到必需品，犹如任何其他的家庭成员。作为家政的基本构成成分，共餐获得了深远的象征意义并且远远超出了它的边界，其间的发展过程此处不赘。总之，家产制官员，特别是最高等级的官员，长期保留着进宫时在统治者餐桌上进餐的权利，尽管统治者的餐桌早已不再具有维持他们生计的重要性。

当家产制官员脱离了这个亲密的共同体时，自然就是减弱了统治者的直接控制。统治者的确可以使官员们的经济报酬完全依赖于他的酌处权，从而把他们置于一种似乎朝不保夕的地位，但这种做法在一个相对大型的机器中就行不通了，因为一旦制定了规章，统治者违背规章是很危险的。因此，在统治者家中谋生，很早就被代之以向有了 1032
自己家室的家产制官员授予俸饷或封地的做法。我们先来谈谈**俸饷**。这个重要制度有着极为多样的命运，一般来说它意味着一种明确的“职务权利”，因而就是占用的权利。比如在埃及、亚述和中国，俸饷

* 德文 pfrunde（英文 benefice）一词除有津贴、补贴、俸饷之义外，另有两重含义，一是恩惠佃田，一是带俸圣职，两者有一种过渡关系。8 世纪法兰克王国开始实行一种土地租佃制度，即恩惠佃田，封建主以恩惠方式把土地租佃给自由人谋取收益；这种租佃通常是终身的，但有时亦可继承。到了 12 世纪，该词作为土地租佃制术语的意义逐渐消失，越来越多地用于表示教会中享有永久收益权的有俸圣职职位，主教和封建主把每个教堂和对教堂的捐款作为一种已被出租的财产，任命一名牧师之后，把教堂及捐款租借给他，以此方式向他支付担任圣职的报酬，教区的所有职责均由带俸圣职人员行使，所有从教区获得的酬金和薪俸均为该圣职人员所有。从本节行文来看，韦伯使用这一术语除指一般意义上的津贴、补贴、俸饷以外，多数似特指神职人员的“带俸圣职”或世俗官员的“有俸官职”，中译文将根据具体语境分别措辞。手续费（德文 Sportel，英文 fee），欧洲中世纪官员，特别是法官的职务收费，以及出卖、出租、转让官职的收费。

最初都是一种出自统治者（国王或神明）仓廪的实物津贴，一般都是**终生**享有。例如，古代东方寺院祭司的共餐解散之后，就会采用由寺院仓储提供实物津贴的做法。后来这些津贴变成了可以转让的对象，一部分甚至可以流通（比如在每个月的某几天）；因此，作为自然经济的一个阶段，它们有些类似于现代政府基金的前身。我们应当把这种类型叫作**实物俸饷**（*Deputatpfründe*）。

第二种类型是**手续费俸饷**（*Sportelpfründe*）：把统治者或其代表可望以职务行为收取的某些手续费分配给家产制官员。这种类型的有俸官职甚至更进一步使官员脱离了统治者的家族，因为它是以相对非家产制来源的收入为基础的。这种有俸官职在中世纪之前的古代时期就已经成了纯商业交易的对象。比如古代城邦中的大部分祭司职位就是公开出卖的，它们都有着"官职"的性质，而且并不是自由职业的官职，或者反过来说，都是某个家族世代拥有的官职。埃及和古代东方在多大程度上也采取过买卖有俸官职的做法，这一点尚不得而知。但从普遍把官职解释为一种"生计"的角度来看，这种发展在那些地区恐怕也是自然而然的事情。

最后，俸饷也可能采取**地产俸饷**的形式，把官职或服务土地（*Amts- oder Dienstland*）指定给任职者自用。这就很接近于封地了，并使俸饷所有人从领主那里得到了更大的自治权。领主的官员和大乡绅*

* thane，或拼 thegn，诺曼人征服（1066）之前英国的一种自由家臣或领主，按等级的不同相当于征服后的男爵和骑士，具备某些条件时可以成为地方贵族，身份可以世袭，也可以后来获得，地位次于王族但优于下层自由民。早期的大乡绅形成了一个阶级，叫国王的大乡绅，拥有某些特权，只有国王有权管辖；低级大乡绅人数较多，或属于主教，或属于别的大乡绅。

绝非总是乐于脱离他的餐桌共同体，因为那样会被迫承担经济上的风险和家族负担。但是他们也渴望建立家庭并成为独立自主的支配力量。在领主方面，因为随着共餐者的人数不断增加，支出也会日益庞大，最终将无法控制，同时家族也始终面临收入变化无常的局面，所以也需要减轻自己家族的负担。不过显而易见，与领主分离并成为一个有家庭的世俗官员，立即就会产生一种内驱力：不是单纯终生占用俸饷，而是能够继承俸饷。封地的出现就与此有关，我们将在另一场合进行讨论。

占用俸饷尤其发生在现代家产制—官僚制国家的早期阶段。这一
过程随处可见，其势头在罗马教廷、法国最为强劲，在英国稍弱，因 1033
为那里的官员数量较少。成问题的主要是**手续费俸饷**，它们要么被赠与了亲信或宠臣，允其雇一个大约是无产者的人作为代理人从事实际操作，要么按照固定租费或售价总额提供给关系人。俸饷就以这种方式变成了承租人或买主的家产制财产，而且我们可以看到极为多样化的安排，包括继承和转让。最初，官员在关系人支付了报偿之后，就可以放弃自己的俸饷，同时还要求有权向统治者推荐继任者接替他所购买或承租的职位。或者，一个官员群体——比如一个法院的团契机构——可能会要求有权做出这样的推荐，进而按照团契的共同利益规定出向局外人进行转让的条件。当然，领主会希望以这样那样的方式分享这种转让的收益，因为是他授予的这种俸饷，而且最初绝不是终生授予。因此，他也会力求确定这种转让的准则。其间的具体情况会产生大不相同的结果。买卖官职意味着，通过闲职形式大量创造的手续费俸饷，使得手续费收入资本化了，对于教廷和君主来说，买卖官职则变成了一项财政业务，这对满足他们的特殊需求至关重要。在教

皇国，**甥侄们**[*]的财富很大程度上都是得自对手续费俸饷的开发利用。

在法国，有俸官职的转让与买卖开始于最高法院当局**大理院**[**]，后来则囊括了财政与行政官员的所有官衔，包括 prévôt 与 bailli[***]。一个官员辞职时会把他的有俸官职卖给继任者。已故官员的子嗣也会要求得到同样的权利（生存者取得权），因为官职已经变成了一种财产对象。在多次废除惯例的尝试均告夭折之后，王室财政也参与了这种交易，从1567年开始向官员的继任者定额收费（droit de resignation[****]）。在 1604 年，整个这套做法以**波莱税**的形式加以系统化了，这是得名于它的倡议人查理·波莱（Charles Paulet）。**生存者取得权**得到了确认，但国王从**官员的辞职权**得到的收益却大为缩减，官员只须每年向国王交付买价的百分之一又三分之二即可，国王再将这笔收入按年度出租（第一个就租给了波莱）。有俸官职的买价随着收入机会的增加

---

* 见本书第一卷第 421 页中译者注。

** Parlement，法国大革命前在特定地域内行使司法管辖权并拥有政治和行政特权的上诉法院，其前身是法国御前会议的法定成员和高级教士举行的不定期会议，审议针对各个国王法院的判决提出的上诉。巴黎大理院的管辖权覆盖了王国的近一半地区，其他各地有的设有大理院，有的则是设立与大理院职权类似但名称不同的最高评议会。大理院院长均由国王任命，大理院成员一般通过正式选举或增选补充，但从 14 世纪起，一些成员开始了辞职后把职位转给自己的儿子或者卖给愿意购买者的做法，1604 年进而由财政家查理·波莱倡议规定了“年度权”或官职税，官员只要每年交纳一定比例的买官钱，其官职即可世袭。大革命时期大理院被全部取消。

*** Prévôt，法国大革命前的一种低级王室法官，初设于 11 世纪，担任普通的行政官员、军事指挥官和低级法院法官，同时也征收赋税和罚金。他们以封建采邑身份任职，逐渐获得很大程度的独立性。1496 年以后成为领薪水的官员，到 17 世纪成为单纯的司法官员。Bailli，钦命地区司法行政官，中世纪法国王室的受薪官员，是驻在地方的首席王室代表，负责王室司法、指挥地方军队、监督税收等事务，到中世纪末期通常由贵族担任，其军事和治安职权依然保留，但不再享有司法和税收职权。

**** 法文，意为辞职权，指官员离职时有权将有俸官职转让或卖给他人。

而上升，这再次意味着承租人和国王会获得更高的收益。然而，这种 1034
官职的占用实际上使得解除官员职务变得不再可能（尤其是**大理院成员**），因为，要把官员解职，国王就要退还有俸官职的价款，这是国王心有不甘的。只是到了 1789 年 8 月 4 日，才由大革命彻底根除了官职的占用，但也不得不为此支付了超过 3.3 亿里弗赫[*]的补偿。如果国王试图把他的意志强加于各**大理院**，它们在认为必要时就会以总罢工使他受挫——它们的成员会大规模辞职以迫使他退还有俸官职的购买总值，大革命之前就曾一再发生这种情况。

被占用的俸饷是法国的重要身份群体**长袍贵族**（*noblesse de robe*）的支柱之一，该群体构成了反对国王、土地贵族或宫廷贵族的**第三等级**的领导力量。

大体上说，中世纪的基督教神职人员都是通过捐赠的土地或手续费俸饷获取生活资料。教会的供给开始是得自共同体的捐献，这一点此后一直为经济上的未雨绸缪所必需，形成了一种维持宗教服务的"职业"；由此便使得那些职业神职人员变得彻底依赖于主教，因为是主教在处置捐献物。这是城市中旧教会的常态，那时基督教的承载地就是城市。如果我们不考虑其他特性，可以说教会就是经过家长制改造的官僚制系统。不过在西方，宗教的城市性质最终消失了，基督教传遍了仍然深深植根于自然经济之中的乡村。特别是在北欧，某些主教放弃了城市住所。许多教会被农民共同体或者采邑领主等等世俗力量所控制（Eigenkirchen），神职人员往往成为采邑领主的依附者。即使教堂的世俗建造者与庇护人采用比较体贴的形式为教会捐赠固定

* livre，法国旧时流通的货币名，每 1 里弗赫相当于 1 磅（28.35 克）白银。

租金和glebe*，他们也仍会要求有权任命，甚至有权开除教士，这自然会从根本上削弱主教的权威并大大缩减神职人员的宗教利益。早在法兰克王国时期，主教们就曾试图至少在修道院神职人员中建立共同体生活以阻止带俸圣职的主导作用，但是大都无果而终。修道院改革运动不得不一再进行斗争，反对以一种典型的东派教会现象取代修道院共同体，即反对把僧侣——他们往往都住在修道院外面——变成带
1035 俸圣职所有人，反对把修道院本身变成贵族们的“社会保障”机构。主教们无法阻止神职人员职位的俸禄化。北欧的主教管辖区都很大，特别是主教们要养护其城市宅邸的那些管辖区，都要再分区划片，这与南欧形成了鲜明对照，因为南欧的每个城市都有自己的主教。由于许多教会及其收入来源都控制在私人手中，主教不可能把它们看作自己的自由官职财产，尽管在其他方面已经逐渐引入了教会法规的条件。带俸圣职是与堂区（parish）同时产生的，仅仅个别时候由主教授予。在欧洲的传教区，带俸圣职和相应的财产均由强大的世俗创建者提供，他们希望始终保持对大多数地产的控制权。对待主教职位可以说同样如此，他们甚至可以不顾教皇权力至高无上的要求。主教最初几乎都是由世俗统治者按照自己的意志任命的，后者既承认教会，同时又在规制教会，而且把主教作为可靠的顾问授予政治权利。因此，教会等级制的发展就转向了分权，同时也转向了由世俗统治者占用圣职授予权，教会官员往往也就变成了他们的受俸家庭祭司或者封建封臣。

绝不是仅凭封建君主热心于把博学、有教养并切断了家庭纽带的

* 教区牧师任职期间享用的土地。

神职人员作为廉价而称职的劳动力控制在自己手中，就不必担心对官职的世袭占用了。例如威尼斯的海外行政，直到发生世俗叙任权*冲突之前，一直都是控制在教会和修道院手中。这场冲突标志着城市官僚制得以确立的一个重要阶段，因为随后的政教分离取消了神职人员向doge**宣誓效忠的做法，同时也取消了doge对他们的选举动议、监督、确认和授职。在这之前，教会和修道院一直都是直接承租并管理殖民地，或者作为威尼斯利益的国内仲裁者与外交代表在殖民地扮演着事实上的核心角色。

萨利安王朝***诸皇帝的德意志帝国行政及其政治权力，主要就是植根于对教会财产的处置权，尤其是植根于主教们的服从之中。它在格列高利时期做出的著名反应，就是直接针对神职人员带俸圣职被用于世俗目的而发的。这种反应的成果相当可观，但是范围极其有限。教皇越来越多地掌握了安排出缺带俸圣职的控制权，这项发展在14世纪之初达到了顶点。

在14到15世纪教会与世俗权力的文化斗争（Kulturkampf）中，

---

* 见本书第1033页中译者注。

** 中世纪热那亚和威尼斯两共和国的总督。

*** Salian Dynasty，德意志帝王世家。1024年，德意志及神圣罗马帝国的萨克森王朝绝嗣，士瓦本的康拉德（萨利安法兰克人）当选德意志国王（康拉德二世），建立萨利安王朝，1027年加冕为神圣罗马帝国皇帝。其子及继承人亨利三世（1039—1056年在位）建立了中世纪德意志帝国史上最强大的中央政府。亨利之子6岁即位，称亨利四世（1056—1106年在位），他与教皇格列高利七世（1073—1085年在位）的主教叙任权之争开启了教廷与帝国之间将近两个世纪的激烈斗争，1076年教皇开除亨利四世教籍并废其帝位。此后德意志内战使亨利四世穷于应付德意志诸侯的叛乱，而最后一次叛乱（1105）由其子领导。其子即位后称亨利五世（1106—1125），当政期间与教廷和解，死后无嗣，萨利安王朝遂绝。

1036 带俸圣职成了焦点之一。在整个中世纪，神职人员的带俸圣职都是服务于“高等文化”（Geisteskultur）目的的基本资源。特别是在中世纪晚期，到宗教改革与反宗教改革时期，带俸圣职已经发展为当时作为“高等文化”载体的那个阶级的物质基础。教皇把带俸圣职的处置权也授予了各个大学，这使中世纪知识分子阶层的崛起成为可能，由此——除了僧侣以外——知识分子在保存和发展科学成就方面具有了最重要的意义；大量带俸圣职授予个人亲信把他们从官职义务中解脱出来也促进了同一目标，因为他们当中有许多学者。不过同时，由于在授予带俸圣职时完全无视民族差别，教皇也招来了知识分子强烈的民族主义抵抗，特别是招来了北欧各国知识分子与罗马的对立，这成了公会议运动[*]的一个重要特征。

此外，国王和贵族们也不顾教会法规的禁令，继续抢夺神职人员带俸圣职的控制权，13 世纪以来的英国国王们就在相当大的范围内做到了这一点，主要目的是确保获得廉价而可靠的劳动力。使用神职人员让国王摆脱了对侍臣的依赖，后者的服务是与继承占用的服务土地联系在一起的，并且变成了定例，这对于理性的中央行政毫无助益。一个立誓不婚的神职人员比一个不得不供养家庭的官员便宜得多，而且他不可能受到诱惑去追求带俸圣职的继承占用。国王对教会的支配权力在这里有了十分具体的意义，他可以凭借这种权力利用教会财产向神职人员提供养老金（collatio）。终于，神职人员大规模地取代了旧时的官员，以致我们今天一提到一个办公室人员群体时还会联想到那些神职人员，这个

* conciliar movement，中世纪天主教内部因公会议主义（conciliarism）理论引发的运动。该理论认为公会议权威高于教皇，必要时可以废黜教皇。

群体就是：职员*。大贵族们强大得足以保证对大量带俸圣职的控制权，或者迫使国王根据他们的意志安排这些带俸圣职。于是带俸圣职的交易（**经纪业**）变得日益普及。因此，在公会议运动期间争夺带俸圣职的斗争中，教廷、国王和贵族等等参与者的联盟也就变幻不定了。此一时是国王和议会联手对抗教皇以求为国内所有者与候选人垄断带俸圣职，彼一时又是国王和教皇联手互惠互利而牺牲本地的利益集团。教皇并没有改变教职本身的俸禄性质。甚至特伦托公会议的改革也未能改变大量教牧职位，特别是正规堂区教牧职位的俸禄性质，这些教牧人员维持着一种虽然有限但却有效的“职务权利”。现时代的世俗化则把这种俸禄性质固定了下来，当教会及其官员的经济供给被纳入国家预算之后，情况 1037
就更其如此。只有世俗国家与教会的现代斗争，尤其是政教分离，才给［天主教］僧侣政治集团在世界各地提供了废除“职务权利”的机会，这已是俸禄制被取代之后的事情了，取代它的则是这样一种制度：教牧官员可以被 ad nutum［随意］免职；教会体制这种最为重大的变化几乎是在不知不觉中发生的。

俸饷的交易实际上仅限于手续费俸饷，因而也是发达的货币经济的产物。现金手续费日益重要，以及越来越普遍地把财富用于投资作为手续费收入的来源，都要以货币财富的形成为前提。其他时代都未曾经历过中世纪晚期，特别是 16—18 世纪早期现代史上那种性质和规模的有俸官职交易的发展。但是类似的发展却很普遍。我们已经提到了古代时期的重要开端。在中国，官俸是不能占用的，因为那里的官职体制很独特（对此我们将在后面论及），所以它从来没有变得

* 此处指的是 cleric（神职人员）与 clerk（职员）的历史渊源关系。

可以合法买卖。然而，中国的官职在绝大多数时候也可以在金钱的帮助下拿到手——以贿赂的形式。尽管很难说这种有俸官职的交易具有合法性，但俸饷本身却是一个普遍现象。和在西方一样，谋得一份俸饷在中国与东方也是受教育的目标，同时也是学者或其他有身份者的目的，这从以下事实中可以看得尤为清晰：在中国，对政治偏差的典型惩罚就是暂停某个省的科举考试，从而把该省的书生们临时排除在官俸之外。占用有俸官职的倾向也是普遍的，尽管结果多有变化。特别是，那些有资格的候补人的既得利益往往会有效地抵消这种占用倾向。伊斯兰教**乌理玛**是个通过了考试的**卡迪**（法官）、**穆夫提**（借助裁决进行释疑解答的宗教法学家）、**伊玛目**（祭司）官职的候补人身份群体，他们的带俸圣职往往只是短期授予（一年或一年半），为的是便于候补人轮流坐庄，不至于损害 *esprit de corps*（团队精神）而助长个人的占用欲望。

除了实物俸饷，有时还有地租以及手续费等等连续性的正常收入之外，家产制官员还会因为特殊业绩或者领主的一时兴起而得到领主
1038 的额外礼赠，它们来自领主的仓廪、库藏或宝库：贵金属、珠宝、武器，有时还有马匹。其中贵金属尤为重要。由于官员的良愿（good will）要取决于他们的业绩得到回报的可能性，因此，拥有一座宝库就是任何地方的家产制支配所必不可少的基础。在古代北欧吟唱诗人的行话中，国王被叫作“疏财人”（Ringebrecher）。宝库的得与失往往决定着王位觊觎者之间的战争胜负，因为在自然经济占主导地位的时代，一座贵金属宝库有着极端的重要性。我们后面将会论及由这一事实所决定的经济关系。

十一、占用和垄断的结果：分散并典型化的行政

在一个家产制国家，由竞争者之间分配手续费收入来源引起的任何俸饷制行政分权以及任何管辖权划界，尤其是占用有俸官职，都不意味着理性化，而是意味着**典型化**。特别是占用有俸官职，我们已经看到，这使得官员实际上往往不能被撤职，与现代人依法保障司法"独立"有着同样的效果，尽管两者的含义完全不同；它的目的是保护官员的职务权利，而现代的公务员法是为了被统治者的利益，通过官员的"独立性"——亦即非经严格审查并证明有罪不得撤职——以尽力保证官员的公正性。

依法或实际占用了有俸官职的官员，能够极为有效地削减统治者的治理权力；至关重要的是，它也能挫败任何通过引进纪律严明的官僚制和保持已经成为传统主义定例的政治权力分割以实现理性化行政的尝试。法国的**大理院**，这些有俸官员的团契机构，以形式上的合法化钳制国王权力长达几个世纪（在一定程度上也执行王室命令），同时阻止了一切可能有损于他们传统权利的革新。事实上，这里在原则上也接受了家产制的规范：官员不得有悖于统治者。当国王亲自出现在有俸官员的集会（lit de justice*）上时，他在形式上可以坚持把任何命令加以合法化，因为在他面前必须放弃任何反对意见，而且他会试

* 法文，国王立法仪式，旧法兰西法中一项神圣庄严的司法活动：国王由王子、大法官、法兰西贵族及高级官员陪同，坐在王位上，行使作为最高司法法官的权力，并以敕令形式制定法律。国王行使这种权力有时就是为了克服巴黎大理院对登记一项王室敕令的抵制。这种做法的合法性一直未受质疑，直至法国大革命爆发前夕，才被视为一种专权行为受到指责。

图通过直接的书面指示（lettre de justice*）达到同样的结果。但是，与
1039 传统相抵触的敕令生效之后，大理院往往凭借它们的官职财产权立即通过抗辩书（remontrance）发出质疑，并且经常能够证明它们有权成为独立自主的权威载体。这种局面实际上就是对有俸官职的占用，当然，其效果是很容易变化的，而且要取决于有俸官员与统治者之间的权力分配，特别是要取决于后者能否获得财政手段以赎回有俸官员所占用的权利，并用一个完全依附性的官僚系统取代他们。到了 1771 年，因为国王无力退还官职的购买价款，路易十五试图通过**政变**摧毁**大理院**中那些有俸官员们擅长使用的武器——以大规模辞职形式的"总罢工"迫使国王退缩。在这种情况下，官员们的辞职被接受了，但是购买价款并未退还。官员们则因为抗命遭到拘禁，大理院被解散，建立了新的机构取而代之，官职的占用被废除。但这种建立完全专断的家产制统治，据此统治者能够将官员随意免职的尝试失败了。1774 年，面对既得利益集团的激烈反对，路易十六收回了敕令，国王和大理院的冲突旧态复萌，只是到了 1789 年召集的三级会议才打开了一个全新的局面，它很快消弭了两大对抗力量——君主与有俸行政官员——的特权争端。

统治者通过官员们管理那些最初形成于古代平民法庭的行政区（Dingverbände），有时则形成于个别大领地的地方行政区，对于这些官员来说是个特殊局面。这一点我们将在后面进行较为详细的决疑分析。这里也是经常通过购买而占用有俸官职，从而导致了典型化以及地方自治权力与统治者权威的分裂，在法国尤其如此。不过除此以外，

* 法文，国王亲署立法令。

在这方面发挥了分权和定型影响的是不得不重视总体环境——官员会处在一种不受保护的地位上，远没有摆脱统治者的个人权威。一个在经济上与社会上完全依赖统治者恩惠的纯官员，只有在极为有利的条件下才能获得个人权威。至少总的来说，只有在具备了经济与技术前提的现代官僚制那样精确运行的理性机器基础上，这一点才具有长期的可能性，因为在这种制度下，专业化知识本身就会创造出必要的权力。然而，在家产制的总体环境下，行政管理需要的是“经验”和最 1040
为具体的技能（比如书写），而不是理性的专业知识，地方官员的地位决定于在他的地方行政区内他自身社会声望（Autorität）的分量，而这种声望主要是建立在维护与贵族身份群体相称的生活方式的能力基础上的，这在任何地方都不例外。因此，臣民当中拥有财产，特别是拥有地产者就很容易垄断地方官职。我们很快就会详细讨论这一点。只有一个具备了维持强有力自治统治所必需的特殊天赋的统治者，才有可能采取相反的原则：通过经济上与社会上完全依附于他的无财产者进行统治。要做到这一点就必须同地方显贵进行不断的斗争，这种情况在家产制国家历史上随处可见。担任官职的显贵会形成一个富有内聚力的利益集团，从长远来看他们一般都会占据上风。一个领主急需官员们的支持时，官员们总是要设法从他那里得到让他们终身任职且能荫及子孙的承诺，不仅墨洛温王国如此，世界各地莫不如此。

随着占用官职的发展，统治者的权力，特别是他的政治权力，便会分解成一堆由不同个人分别占用的权力，他们凭借专有的特权而占用了这些权力，这是他们分别享有的权利，尽管这些权利有着极为不同的定义，可是一旦定义得到了公认，统治者要想变卦，就不可能不招来既得利益集团的危险的反抗。这种结构是刻板的，无法适应新的任务，不易服从抽象的规章，因此与官僚制结构形成了典型的反差，后者有自己的管辖权范围，有目标抽象的组织，而且在必要的时候可以随时重组。与前者并列的则是领主在那些尚未出现占用官职现象的领域中完全便宜行事的权力，他可以特别指定私人亲信承担行政任务，并占据那些尚未被既得利益集团抢占的权力职位。从整体上说，家产制国家既可能更多地倾向于沿袭定例，也可能更多地倾向于任意专断的模式。前者更常见于西方，后者多出现在东方，那里常有新的征服者篡夺权力，这种权力的神权统治基础和家产制军事基础极为有效地抵消了分权与占用的自然进程。

1041 在这个典型化的过程中，旧时的宫廷官员变成了纯粹代议性的显贵和有俸的闲员，绝大多数强力领主的官员尤其如此，这种领主不再挑选非自由人担任宫廷官员，而是挑选那些天然拒绝处理日常任务的贵族。

占用的现象越盛，家产制国家就越少按照管辖权概念或者现代意义上的“代理人”概念运行。公务与私务的分离、官职财产和权力与私人财产和权力的分离，大体上只是通过任意专断类型的家产制统治实现的，而这种分离又会随着俸饷化和占用的发展而归于消失。的确，中世纪教会曾试图——至少在受俸牧师死亡的情况下——阻止自由处置带俸圣职的收入，世俗权力有时也把 ius spolii（剥夺权）扩大到已故神职人员的私人财产上，但在完全占用的情况下，官职财产与私人财产实际上是一回事。

总的来说，以纯粹的个人从属关系为基础的官职，不会知道**从客观角度定义的**官职义务观念。如果说还能留下一点这种观念的痕迹，也会随着把官职视为俸饷或财产而消失殆尽。行使权力主要是官员的个人权利：在传统的神圣边界之外，他可以像领主一样根据个人酌处权临时决策。因此，家产制国家的一个典型特征就是，在立法领域，不可侵犯的传统规定与完全任意的决策（*Kabinettsjustiz*[*]）是并列的，后者往往会取代理性规则的统治。这里通行的不是官僚制的公正性和不看人下菜的、以对所有人一体适用的客观法则的抽象效力为基础的行政理想，而是相反的原则，实际上一切都要明显依赖于个人考虑：依赖于对待具体申请人及其具体要求的态度，依赖于纯粹的私人联系、偏好、承诺与特权。即使由领主授予的特权和占用权，尤其包括土地的授予，不管那是多么“确定不移”的授予，在定义极为模糊的“忘恩负义”情况下常常也是可以撤销的；它们在授予人死亡后是否还能有效，也因为所有关系都具有个人性质而同样不能确定。因此，这些授予就要听从继任者的确认。由于领主与官员之间的权力分配始终是不稳定的，这种确认可能会被认为是统治者的义务，从而为免于撤销、使占用权成为理所当然的特权铺平了道路，但同时也给继任统治者提供了撤销这种特殊权利以扩大自己酌处权领域的机遇——这种办法在现代西方家产制—官僚制国家兴起之初曾被反复使用。

即使官员在与统治者的关系中享有的权利，以及统治者支配官员 1042
的权力通过伙伴权利（Genossenrechte）和官职的占用成为了定例，它们的实际运用对于双方的相对力量来说也仍然是决定性的因素；因此，中央权威在任何一个时间段里持续遭到的任何偶然削弱（这大概只能归咎于个人因素），都将导致有害于它的新惯例的出现，从而导致它的权力萎缩。所以，在这种行政结构中，统治者坚持个人意志时的纯个

* 德文，内阁司法，多指国家元首或行政首脑非法干预司法。

人能力，对于他的名义权力始终不稳定的内容就有了极为高度的决定性意义。正是从这个角度来说，中世纪才被叫作“个性的时代”。

十二、家产制国家如何防止瓦解

统治者会以各种方式捍卫其支配的完整性，防止官员及其继承人占用官职，以及防止官员采取其他手段获得独立的权力。一开始他都是定期在王国内出巡，尤其是中世纪的日耳曼君主，几乎总是不停地在各地奔走，这不单纯是因为不尽如人意的运输条件在迫使他们前去各个领地就地消费它们提供的必需品。这个动机未必具有支配作用，因为英格兰和法国国王以及他们的中央机构（后者是个举足轻重的环节）很早就有了固定驻地，尽管像 *ubicumque fuerimus in Anglis*［“我们所到之处都是英格兰”］这样的短语表明，在法律上它只是逐步固定下来的；波斯的国王们同样如此。关键的事实在于，他们只有不断地重新亲自到场才能维持住对臣民的权威。一般来说，统治者的个人巡视会由“巡察”（“missatic”）制度作为补充或替代，即领受了特别权力的官员系统地巡察全国，定期主持民众大会以宣示判决或者受理申诉，比如卡洛林王朝的**巡察使**（missi dominici）、英格兰的巡回法院法官。

此外，统治者会坚持要那些无法长期监督的外放官员提供个人担保。最粗暴的形式几乎等于是扣押人质。比较巧妙的手段则一如下
1043 列：a）定期到宫廷朝觐的义务，比如日本的大名就必须每隔一年到幕府将军的宫中小住，且必须把家小留在那里常住。b）官员的儿子必须到宫中服役——侍卫队。c）把亲戚或姻亲安排到重要职位上，我们已经指出，这是个非常靠不住的手段。d）短期任职。事实上，法

兰克王国的法官以及伊斯兰教的许多带俸圣职最初都是这样。e）不安排官员到他们有地产和亲属的行政区任职，比如中国。f）尽最大可能把立誓不婚者用于某些重要职位——这不仅说明了立誓不婚对于教会官僚化的极端重要性，而且至关重要的是把神职人员用于王室行政，特别是在英格兰。g）通过密探或者正式的监察官系统地监视官员，比如中国的"监察御史"，这些人通常都是从统治者的个人依附者或者清贫的有俸官员当中征募。h）在同一行政区设置一个竞争性官职，比如验尸官*就是为了对付郡长而设置的。为了确保忠诚而普遍采取的一个手段就是使用那些并非出身于社会特权阶层的官员，甚或使用外国人，他们原本没有任何社会权力和自己的荣誉，而是为了获得它们才完全依附于领主的。以下事例也表明了统治者的同样关切：克劳狄曾威胁说将不顾奥古斯都身份条规，仅仅借助他的自由民扈从统治帝国，以此恐吓元老院贵族，塞维鲁和他的继承人曾不用罗马贵族而把军队中的普通士兵提升为军官，东方的大维齐**以及近代史上众多宫廷宠臣经常都是从原来完全默默无闻的地位上脱颖而出，特别是成为从技术角度来说最富成效的代理人，因而最受贵族憎恨。

统治者为了保持中央行政对地方官员的控制，会采取各种措施分解管辖权范围，这对于行政法的发展至关重要。这种划分可能会采

---

* coroner，起源于英国的一种古老职务，1194 年正式首见于巡回法院法规，由各郡拥有完全保有权的地产所有人选出，其职责原来是保护国王财产、维护王室利益，以对郡长的实权职位实行制约，同时对所在地区内因暴力死亡、非自然死亡、死因不明、狱中死亡或其他根据法律规定需要验尸的情况进行调查。19 世纪英国立法取消了验尸官早期权力的一切残余，仅保留其验尸的司法功能。

** 见本书第一卷第 412 页中译者注。

取由专职官员受命专门负责财务行政的形式，或者在各个行政区均有民事与军事官员并列——这也是出于技术考虑的一个解决办法。这样，军事官员为了保证军需而不得不依赖独立于他的民事行政，后者为了保持自身权力也不得不求助于军事官员的合作。法老的新王国行政似乎就已经使军械库的管理脱离了军事管辖，这大概也是技术
1044 上的需要。在希腊化时期，尤其是在托勒密王朝，包税制的引进及其官僚化，使得统治者将财政控制权与军事管辖权相互分离成为可能。早期罗马帝国时期，各个行省除了帝国统帅或者元老院管理的总督以外，都要任命一个独立的帝国**财务长官**作为第二把手，由此产生了两套独立的行政运作系统——像埃及这样的地区以及某些边远行省除外，那是出于政治上的原因。戴克里先统治时期进行了重组，把整个帝国行政划为民政和军政两大分支，从作为帝国长官的**行政司法官**（praefecti praetorio）和作为帝国统帅的**大将军**（magistri militum）的并列，**到行省长官**（praesides）和**军事长官**（duces）的并列。在晚近的东方历史上，特别是在伊斯兰世界，军事统帅（emir，埃米尔）与收税官和包税人（amil，阿米尔）的分离也已经成为所有强势政府的固定原则。有人正确地指出，几乎任何把这两种管辖权长期合并在一起的做法，都意味着一个行政区的军事和经济权力将被操于同一个人之手，且很容易鼓励行政长官脱离中央权威。使用奴隶军队时期伊斯兰王国的日益军事化，对臣民的纳税能力提出了越来越高的要求，财政崩溃的局面频频再现，税收管理要么被抵押给军队，要么被军队攫取，最终自然是帝国的分崩离析或者封地制度的出现。

历史上的某些重要范例可以说明家产制行政的运作，尤其可以说明统治者面对官员的占用倾向试图保住自己的权力而采取的手段。

十三、埃及

我们已知的第一次持之有恒的家产制—官僚制行政出现在古代埃
及。看来最初它雇用的只是王室扈从——依附于法老的仆佣。但是，
后来就不得不从外面招募官员了，即从技术上唯一合适的等级——书
吏——当中招募，由此他们也进入了家产制的依附关系。早在古王国
时期，整个民族就被强行纳入了一个被庇护人的等级制度，在这种制
度下，一个无主的男子会被看作有用处的捕获物，一旦被抓获就会直
接编入法老的劳工队。推动了这项发展的是系统的中央集权式水系调 1045
节和空前规模的建设工程，这些工程都是在不适农耕的长季中进行的。
这个国家以强迫劳动为基础，法老把鞭子作为他的标志之一，始于第
三个千年（third millenium）的豁免特权——正如泽特（Sethe）[3] 正确
解释的那样——则与寺院雇员或官员免于强制服务有关。法老通过自
己的经营和贸易垄断、非自由手工业劳动的家庭产品、**科洛尼**的农产
品和税赋维持他的大庄园。那时已经存在萌芽状态的市场经济，特别
是市场交换，因为有了准货币交换手段（Uten，金属棒）。不过总的来
说，一如保存至今的记载所示，法老的经济需求是通过实物储运来满
足的，文献表明，为了那些惊人的建设和运输劳役，法老动辄就会调
集成千上万的臣民。

大规模私有地产与各个省的出现，在中王国产生了一个封建制的过渡时期，它们的起源和意义可由古王国的文献证明，但它们在外族支配时期之后便消失了，正如鞑靼人时代之后也在俄国消失了一样。然而，寺院早在古王国时期就得到了豁免权，并由拉美西斯王朝（Ramessides）授予了大量财产。因此，与大众相比，祭司和［王室］

官员成了唯一的特权阶层。人口的绝大部分都是由政治臣民和家产制臣民构成的，他们彼此之间并没有清晰的区别。那些毫无疑问处于家产制统治下的人们，我们可以看到有许多称呼都表明他们是奴隶和非自由人，他们的经济条件和社会等级明显不同，但我们至今也无法把他们区分开来，也许他们事实上本来就没有出现严格的分化。只要臣民没有被派去强制服劳役，他们的税赋似乎就是按照一定的总额由官员包收。官员以鞭笞或类似的办法强迫他们申报应税财产，所以征税过程都是典型地表现为突然袭击、逃跑和追捕。法老的家产制**科洛尼**和自由的政治臣民之间有着明显的差异，法老拥有的土地和农民的私有财产之间也是如此，但这种差异似乎主要是技术意义上的，大概没有固定的含义，因为显而易见，王室家族在越来越多地通过公益性派
1046 捐方式满足自己的经济需求。个人被永久性地束缚于财政功能上，由此也被永久性地束缚于指定的或因出生、地产及职业而属于的地方行政区。其中详情不得而知。**事实上**职业选择是高度自由的，但我们不能肯定地说，假如王室家族的经济需求似乎提供了保证的话，它不会把子承父业的义务强加于人。这里不存在那种特定意义上的种姓。政治臣民和家产制臣民可能享有**事实上**的流动自由，但只要王室家族需要，要求臣民在他所属的地区履行义务，这种自由在法律上就是不确定的。希腊晚期的术语把这种所属地叫作个人 idia（籍贯），罗马的术语叫作个人 origo（原籍），而这种法律概念在古代末期曾发挥了重要作用。所有的地产及任何手工业经营都要以劳役或供货形式承担某些义务；同时，拥有土地或者一项经营则被认为是履行职能的回报，因而往往接近于俸饷的特征。实物俸饷或土地俸饷都是给予特殊公务职能以及履行军事义务的报酬。

军队也是家产制的，这对于法老的权力地位具有决定性意义。至少在战时，军队的装备和给养概由王室仓廪提供。武士会得到小块土地，他们的后代就是托勒密时期的本土步兵（machimoi）；显然，武士们也被用于承担治安职责。此外还有雇佣兵，他们的费用由王室库藏负担，而法老的贸易经营能够保证库藏充盈。被彻底解除了武装的大众很容易控制；突如其来的反抗不过是表现为强迫劳动的工程建设期间食物供应不足而引起的抗命和罢工。地理条件，特别是舒缓的河道与统一水系调节的客观必要性，则保持了版图的统一，直到大瀑布地带都少有阻断。升迁的机会和对王室仓廪的依赖显然足以防止俸饷被广泛占用，这里居于主导地位的是实物津贴，相比之下，那些把俸饷同手续费和土地揽在一起的地方，从技术上说总是更容易导致官职的占用。统治者在他的家产制权力基础上授予了大量的豁免权，而且反复承诺它们不可侵犯，并威胁要惩罚那些打算侵犯它们的官员，这表明他实际上认为这些特权并不牢靠，所以这里一开始就根本不存在等级制政治实体（Ständestaat），家产制完好无损地保存了下来。大量保留实物俸饷以及私人地产在新王国时期变得相当无足轻重，这一 1047
事实也有助于保存家产官僚制。托勒密时代高度发达的货币经济也没有削弱它，而且成了一个强化因素——提供了使行政趋于理性化的手段。公益性派捐方法，特别是强迫劳动，让位于一个极为复杂的税收制度，尽管统治者从未放弃调集臣民服劳役并把他们束缚于**籍贯地**的权利；的确，当货币经济在公元3世纪瓦解时，这些古老的安排立即重新获得了实际的重要性。整个国家看上去几乎成了一个单一的王室大庄园领地，只有寺院庇护下的家族经济还接近于货币经济的含义。罗马人在对待这个国家时就是以这种体制作为法律基础的。

十四、中华帝国

中华帝国构成了一个完全不同的类型。那里家产制官员的权力也是建立在水系调节，尤其是运河建设——但主要是为了交通运输，特别是在华北与华中——以及大规模军事防御工程基础上的，而这些工程同样也是在使用密集的强迫劳动并利用以实物代付款的仓储手段时才会成为可能，官员们从仓储中领取俸饷，军队则从那里得到装备和给养。此外，由于比埃及更彻底地缺少土地贵族，家产制官僚反而更加受益。各个历史时期都没有公益性派捐纽带，也许过去曾经存在过或者试图推行，这从某些传统痕迹或萌芽中可以推断。无论如何，**事实上**的流动自由与择业自由尽管一直没有得到官方的实际承认，但在以往的历史上似乎从未受到过长期限制。某些低贱的职业实际上是世代相传的。除此之外，并不存在种姓制度、其他身份特权或世袭特权的痕迹，但是有一些尊贵但无足轻重的名义头衔可以授予若干代人。总的来说，除了随处可见的商会和手工业行会之外，家产制官员面对的只是那些作为土著势力的宗族，它们都是通过祖先崇拜在狭隘的家庭范围内以及异族通婚的共同姓氏范围内结成的，宗族的长老在乡村中保持着十分显著的权力地位。

由于帝国的巨大扩展以及相对于人口规模来说官员的数量较少，
1048 中国的行政在一般统治者的治下既不精细也不集权。中央机构的指令均被下属机构拿来便宜行事，而不是当作具有约束力的指令。在这种环境下也像在其他地方一样，官员必须重视宗族长老和职业行会体现出来的传统主义的抵制，只有设法与这些势力达成谅解才有可能履行公务职责。不过另一方面，尽管这些势力的能量极强，但是显而易见，政府不仅成功地创造了一个——就其相关的一般特性而言——统一的官员群体，并且防止了这个群体变成一个区域领主阶层或者封建贵族阶层，而这样的阶层可以把地方显贵作为自己的权力靠山，由此便能独立于帝国的行政。虽然这里的官员也同样喜欢利用合法与非法获得的财富投资于土地，虽然中国的伦理始终要求官职候补者尽忠于师长、官员及其上司，但政府却达到了上述目的。荫庇制度以及官员与宗族的密切联系，尤其容易产生一种趋势，即形成一些拥有一批永久门生的世袭官职领地。这种领地的雏形似曾一再浮现出来；尤其是，传统一直在把封建制度颂扬为历史上的经典制度，古典文献则将官职在**事实上**的可继承性当作一种正常事态，同时也认为最高级官员有权在任命他们的同僚之前发表意见。为了打破一再出现的占用官职趋势，防止形成稳固的门生集团和地方**显贵**对官职的垄断，帝国的家产制统治采取了一些常见的措施：短期任职，任命官员时回避其宗族势力所在的地区，以及派出密探进行监视（所谓监察御史）。

此外，帝国政府还推行了新的举措：历史上首次出现了官员资格考试和官员的品行证明。官衔与官职的资格从理论上说只有依靠成功通过考试时的分数，在实践中也大体如是；批准任职以及或升或降则以官员品行报告为基础，其中包括以往定期公布并直到最近的简历，再加上详细列举的理由，大体上类似于德国**文理中学**的季评报告。从形式角度来看，这可能是最彻底地体现了官僚制的客观性，因此也是最彻底的与仰赖统治者个人亲疏好恶的典型家产制任职办法的决裂。 1049
当然，事实上，有俸官职仍然可以买卖，个人庇护也仍然举足轻重，但封建化、官职的占用以及附着于官职的门生（*Amtsklientel*）却受到了抑制，从消极的方面来说，是因为激烈的竞争和猜疑使得官员们相互疏远，从积极的方面来说，则是因为学历证书所给予的社会声望得到了越来越普遍的承认。结果，官员的身份惯例就带有了早已给中国人的生活打上了突出烙印的科班贵族的种种特征；这些惯例都是特殊的官僚制惯例，有着功利主义取向，是由古典教育塑造出来的，仪态的尊贵和保持“面子”被认为是最高的美德。

然而，中国的官员并未演变成现代的官僚，因为就国土的巨大规模而言，只是在非常有限的程度上实现了管辖权范围的功能分化。从技术上说，这种低度分化是行得通的，因为这个安定的帝国整个行政都是民事行政，此外，相对较少的军队构成了一个独立的群体，而且，我们现在就会看到，管辖权划分之外的一些措施也保证了官员的服从。不过，抑制管辖权分化的正面理由都是一些原则问题。现代特有的功能联合体（*Zweckverband*）和专业官员的概念，在英国行政的逐步现代化过程中是个极为重要的概念，但可能与中国人特有的一切以及中国官员的所有身份倾向背道而驰。因为，中国那种受科举考试左右的教育成绩并不是授予专业资格，毋宁说，情况恰恰相反。要想通过问答题测验，至关重要的是一手漂亮的书法、完美的文体和严格以经籍为取向的信念，那些测验题有时会令人联想到我们中等学校的传统爱国文章和道德文章的题目。考试实际上是对个人教养水平的一种测验，以此确定他是不是君子，而不是确定他有没有专业素养。儒家的准则是，一个有教养的人不是一件工具，这与西方人的特定职业意识完全格格不入，体现了个人全面自我完善的道德理想，因而阻碍了职业教育和专业能力的发展，也阻碍了它们的普遍适用性。这导致了中国式行政特别反官僚制的家产制倾向，而这种倾向又可以用来说明中国式行政的“粗放”性质和技术上的落后性。

但是，中国也是一个身份特权最为排他性地以传统的和具有官方特权的文学教育为取向的国家，以致在形式上堪称安定的现代官僚化 1050
社会最完美的代表，在这样的社会中，对有俸官职的垄断和特殊的身份结构，到处都要依赖于特权教育的声望。的确，在古代埃及的某些文献中已经可以看到官僚精神气质与哲学的萌芽，但只有在中国才出现了一种官僚哲学——经过了系统阐发并在理论上一以贯之的儒学。我们已经谈到了它对宗教与经济的影响。中国文化的统一性，实质上就是身份群体的统一性，后者乃是官僚制古典文学教育和抱有前述君子理想的儒家伦理的载体。这种身份伦理的功利主义理性主义受到了强有力的约束，因为巫术宗教及其礼制被公认为身份惯例的组成部分，特别是因为对祖先和父母恪尽孝道的义务得到了公认。正如家产制源于子女对家长权威的虔敬一样，儒教也是把孝道的基本美德作为官员对统治者、下级官员对上级官员，尤其是臣民对官员和统治者的从属关系的基础。中欧与东欧人那种典型的家产制“国父”（Landesvater）概念，就像孝道概念发挥的作用一样成了严格的家长制路德教全部政治美德的基础，但是儒教远更一以贯之地阐发了这个观念综合体。当然，中国家产制的这种发展，还得益于那里缺少一个拥有土地的领主阶层，因而缺少一个能够行使政治权威的地方显贵群体。不过除此以外，长城的完工在若干世纪中使匈奴人的侵略矛头转向了欧洲，而且自此中国的扩张冲动只是针对那些动用一支相对不大的职业军队即可使之臣服的地区，这让中华帝国保持了一种影响深远的安定局面，由此也使中国式家产制的发展成为可能。儒家伦理发展出了一套对待臣民的福利国家理论，非常类似于西方开明专制时代家产制理论家的学说，也很类似于佛教徒国王阿育王更加强调神权和灵魂的学说，但儒教伦理远更一以贯之。然而，实践起来却是另一回事了：尽管存在某些重商主义的迹象，但家产制统治仅仅出于不得已的原因才会干涉地方上的宗族与乡村世仇。经济上的干预几乎始终都是出于财政动机；
1051 如果不是这种情况，考虑到行政管理不可避免的粗放性，经济干预的努力通常都会由于利益集团的桀骜不驯而归于失败。这在正常年代中似乎会导致对政治当局经济作为的广泛约束，而这种约束很早就在理论上的自由放任原则中找到了支持。在宗族内部，已通过科举考试的官职候补人的教育声望会与长老的传统权威发生重叠，宗族的所有成员都会把前者视为顾问，如果他担任了官职，还会被视为庇护人，而在地方事务中，后者的决定通常仍将发挥关键作用。

十五、分权化的家产制支配：总督与分土封侯

一般来说，王国的各个组成部分距离统治者的驻地越远，就越能逃脱统治者的影响，即使在纯粹的官僚家产制度下，也没有什么行政技术可以阻止这种趋势。最近的区域由统治者的家产制宫廷官员直接管理，构成了他的京畿之地（Hausmacht）。毗邻的地区都是外省，由总督们按照家产制方式管理。因为运输手段的限制，如果没有其他原因，总督们就不会把税赋全部上缴统治者，而只是上缴满足地方需求之后的余额；一般来说，他们只是交付固定的贡税，而且距离越远，他们在支配本省军事与纳税能力方面的独立性就越大。鉴于缺少现代的通讯手段，这也是需要官员在外敌入侵边界地区的情况下迅速决策的结果；他们的总督到处都会被授予巨大的权力。因此，在日耳曼，向统一的领土国家发展的最强劲势头是出现在［两个前边界地区］勃

兰登堡和奥地利。最后，有些非常边远的地区只是在名义上依附于统
治者，只有借助不断重新开始的勒索行动才能迫使它们交纳贡税。亚
述的国王们就是这样干的，许多非洲王国的统治者直到最近也还是这
样干，他们每年都会把矛头指向自己王国的一个边远地区，而他们的
王国大都是他们自己认定的，一般来说并不稳定，有的完全就是虚构
的王国。多数东方及亚洲帝国的“总督”对统治者的依附性实际上始
终都是不稳定的，他们的地位一般都处在两种类型之间，一种是波斯
总督们所代表的类型，他们可以被任意撤换，但必须保证交纳固定的 1052
贡税并维持固定的军事力量；另一种类型是日本的大名，他们几乎就
是一些独立的国君，尽管他们在违背应尽的义务时可以被调离。在那
些大陆型的大帝国中，最普遍的类型始终就是处于两者之间的这种政
治混合体，它的关键特征一直相当稳定，但具体的变种自然也非常多
样。直到现时代，中华帝国的官员尽管具有同质性，帝国也还是表现
出了一个总督管辖区混合体的这些特征，在一定程度上说，这些管辖
区只是名义上的依附者，环绕在那些直辖的核心省份周围。像波斯的
总督管辖区一样，地方当局也是留住本省的税收并首先用于满足地方
行政成本的支出；中央政府只是收到固定的贡税，尽管可以依法加码，
但实际上却困难重重，并会遭到地方利益集团的强烈抵制。当代中国
行政改革至关重要的问题大概就是，究竟在多大程度上应当并且能够
消除这种状况的明显残余，以利于对中央和地方权力进行理性组织，
包括建立一个有能力吸引［外国］贷款的值得信赖的中央政府；当然，
与这个问题密切相关的是中央和省级财政之间的关系，以及经济利益
集团之间的冲突。

仅仅履行进贡和提供兵员的义务，只是分权的一个方面，另一个

方面则是设立亚王国（sub-kingdom）。由于所有的经济和政治权力都被视为统治者的个人财产，因而继承分割也就成了一个正常现象。一般来说，这种分割不会被理解为构成了一些完全独立的权力，不是日耳曼法律意义上的最终分割（Totteilung），开始时主要是在王国范围内分割可供独立使用的收入和领主权份额，但王国至少还保持着假定的统一。这种对君主地位的纯家产制解释，比如在墨洛温王国，便导致了从地理上看极不理性的分割方式：那些富裕的领地或者其他富有充足税源的地区，就不得不按照平衡各分封统治者收入水平的方式进行分割。这样，实际还能保持何种方式与程度的统一也就变化多端了。有时，一个统治者对其他统治者仅仅剩下了荣誉性的优先地位。素有大王爷（Grand Prince）称号并作为宗主国所在地的基辅，在俄国的分土封侯时代所扮演的角色，一如卡洛林帝国被分割之后亚琛和
1053 罗马在帝国称号方面所扮演的同样角色。成吉思汗的帝国被看作是他的家族的共同财产，大汗的称号曾被认为应当由最小的儿子继承，尽管事实上是被指定或选举授予的。无论何地，分封的统治者实际上都会摆脱期望于他们的那种隶属关系。按比例向统治家族成员分配重要官职，不仅不能保持王国的统一，可能还会推波助澜加快解体，或者像在玫瑰战争*期间那样加剧觊觎王位者之间的冲突。一旦家产制官职变成了可继承的财产，继承分割在多大程度上也适用于已被占用的官职权力，这要取决于各种环境因素。一个重要因素无疑就是解体的

* Wars of Roses，英国历史上都铎王朝产生之前王室间的一系列内讧（1455—1485）。以红玫瑰为标记的兰开斯特家族和以白玫瑰为标记的约克家族，都是英格兰国王，领导英格兰进入与法国的百年战争的爱德华三世（1312—1377）后裔，因而都要求继承王位，直至兵戎相向，最后以兰开斯特家族胜利而告终，都铎王朝建立。

程度，或者反过来说，这种财产在多大程度上还保持着官职性质。如果家产制官员群体非常强大，那么在面对分封的统治者时，单独一个中央官员即可代表帝国的实际统一，比如卡洛林家族成员担任 maior domus* 时的情形；把这样一个官员免职就很有可能加快最终分割。但是很自然，这些最高级的家产制官职一旦被完全占用，也很容易变得服从于分割，就像墨洛温国王治下卡洛林家族的“宫相”（mayoralty of the palace）一再出现的情况那样。这个继承分割的原则对于家产制结构的稳定性十分危险，而消除这个原则有着不同的奏效程度，动机也各不相同。

一般来说，在那些容易受到外来政治压力的国家，各种政治上的考虑必然会反对继承分割；此外，为了家族的保全，任何一个君主无疑都会关心防止继承分割。不过，这种权力政治的动机并不总是能够满足需要。部分是纯意识形态性质，部分是技术—政治性质的动机必然也会强化这种倾向。在推行了官僚制秩序后，中国的君主被赋予了一种超自然的尊严，它在概念上就是不可分的。此外，官僚的休戚与共和职业利益也会阻止政治结构的技术可分性。日本的幕府将军和大名在形式上一直都是“官员”，民政与军政合一（我们前面已经谈到的“藩”的概念）特有的封臣性质则有助于保持政治权威（*Herrenstellung*）的统一性。哈里发辖区的宗教统一性未能阻止纯世俗的苏丹统治由于奴隶将军的产生而解体为一些亚帝国。然而，一旦

* 拉丁文，宫相，6—8 世纪西欧各王国的官吏，原为王室内府总管，到墨洛温王朝法兰克人统治时代，其地位上升至摄政或副王。墨洛温王朝（476—750）后期的国王已经变成了傀儡，势力强大的铁腕宫相可以对其任意加冕或废黜；末代国王希尔德里克三世于 750 年被宫相矮子丕平三世废黜，丕平篡位建立卡洛林王朝。

建立了奴隶军队，它们那种纪律严明的统一性转而又会支持这些亚帝
1054 国的不可分性，在一定程度上说，个中原因就是继承分割从来没有在伊斯兰教的东方地区成为惯例。它在古代东方也不存在，国家控制的灌溉经济必须保持统一，这大概是坚持不可分原则的主要技术原因，但最为可能的原因则是它的历史渊源——王权最初作为城市统治权的性质。因为，与对乡村地域的支配不同，城市统治权从技术上说根本就是不可分的，即使可分的话也会面临重重困难。总之，东方的家产君主制不存在继承分割，既有宗教和行政上的原因，也有——特别是——技术和军事上的原因。像在亚历山大大帝的继承人影响下出现的那种分割，是由于并存着若干分立的统帅领导下的常备军，而不是由于一个统治家族分割继承权。

在西方，凡是统治者的权力具有了官职性质的地方，也都会阻止继承分割，比如罗马帝国的皇权。只是随着罗马 princeps（元首）的官职性质被戴克里先新秩序的 dominus（主）取代而最终消失，这才出现了分割的趋势，但它的基础是政治—军事的，而非家产制的，并且很快就因为帝国的两半*都保持了统一性而止步——帝国很早以前就因为征兵的考虑从军事角度进行了分割。因此，直到中世纪之前的

* 戴克里先（Diocletian，245—316）284 年被拥立为罗马帝国皇帝后，因帝国过于辽阔，286 年他选中伊利里亚农民之子马克西米安为同朝皇帝，从此，马克西米安统治西方，驻跸米兰以阻止日耳曼人侵犯，戴克里先驻跸安纳托利亚的尼科梅迪亚，紧靠波斯边界以保持对东方的戒备状态。293 年戴克里先为自己和马克西米安加封“奥古斯都”称号，并增设两位同朝皇帝加莱里乌斯和君士坦提乌斯一世，授予“凯撒”称号，前者辅佐戴克里先，后者辅佐马克西米安；戴克里先统治色雷斯、亚细亚和埃及，加莱里乌斯治理伊利里亚、多瑙河诸行省和亚该亚，马克西米安统治意大利、西西里和阿非利加，君士坦提乌斯治理高卢、西班牙和不列颠。四帝并存的局面消除了帝国内部的长期混乱。

古代晚期，地方行政官和君主制始终都是有效地产生于对公民军队的最高统帅权。后来，凡是被完全视为“官职”的一切，尤其是皇权，以及尚未被占用的官职，也都是不可分的。此外，在西方也像在其他地方一样，君主长远的权力利益也有助于限制或消除继承分割。建立在征服基础上的新王国尤其如此。诺曼人在英格兰和南意大利建立的王国以及西班牙人在**复地运动**[*]中夺回的王国，都像条顿人大迁徙时期最早建立的那些王国一样始终是不可分的。在其他地方，这种不可分割性则是得助于两项背道而驰的发展。日耳曼及法兰西王国——后者至少在形式上——是因为这一事实：它们变成了选帝侯君主国。但在其他家产制国家则是因为出现了一个西方特有的现象：地域性等级制实体（*ständische Territorialkörperschaften*）。由于并且只要每个等级制实体——现代国家的前身——被视为一个单元，地域性统治者（*Landesherr*）的权力也就会被看作是不可分的。然而，我们在这里已经看到了现代“国家”的开端。在家产制结构中，地方权力的独立 1055
性可能大不相同，有的是附属于家产制家族的官员，有的是附庸性君主，有的是仅仅在名义上依附的分封统治者。

十六、家产制统治者与地方领主

当拥有个人权力资源——地产、其他收入来源以及忠于个人的官

* reconquista，中世纪西班牙和葡萄牙境内的基督教国家为从穆斯林（摩尔人）手中夺回被侵占的领土而进行的一系列斗争，据传始于 8 世纪初，到 13 世纪中叶，基督教国家已经统治了伊比利亚半岛大部分地区，只有西班牙南部以格拉纳达为中心还保留着一块穆斯林飞地直至 15 世纪。

员和军队——的家产制统治者面对的不是仅仅按照氏族或职业进行分化的纯粹的臣民大众，而是当他作为一个领主（Grundherr）凌驾于作为地方显贵并行使自己的自治权威的**其他领主**之上时，中央权力同各种离心的地方权力持续不断的斗争，就会给家产制带来一个特殊的问题。古代与中世纪的近东家产制"国家"就是如此，罗马帝国以后的西方则尤为突出，这与中国和新王国以后的埃及形成了鲜明对照。家产制统治者不可能总是敢于摧毁这些自治的地方家产制权力。某些罗马皇帝——比如尼禄——曾花大力气要消灭民间的大土地所有者，特别是在非洲。但是，假如统治者打算铲除自治的**显贵**，他就必须有一个自己的行政组织取代他们，能对各该地方人口行使大体上同样的权威。否则的话，最终还会出现一个抱有同样权利要求的新的**显贵**阶层——一个取代了土著前辈的新的承租人或土地所有者阶层。

在某种程度上说，近东国家创造一部地方行政机器的特殊手段就是兴建一座城市，希腊化地区和罗马帝国一般来说也是如此。我们在中国也能看到类似现象，至少在上个世纪，苗族人的臣服和他们的城市化是一致的。后面我们将会论及在这些不同情况下兴建城市的意义，其间的确存在着巨大差异。总之，从这一事实可以说明，罗马帝国城市建设在时间与空间上的经济限度，也变成了古代文化传统结构的边界。地产天然获得的政治影响越大，帝国就越是会成为一个内陆国家。

在君士坦丁大帝以后的罗马国家，主教的权力成了帝国统一的保障；主教特别会议成了真正的帝国会议。后面我们将会说明由国家进
1056 行普及和政治化的教会何以不能长期胜任这个角色——这恰恰是强化了它的政治性质而使它迅速"地方化"所致。在中世纪早期的家产制

国家，例如在法兰克王国以及各个封建国家，教会就被选中担当类似的角色，尽管表现形式各不相同。特别是在日耳曼，国王试图确立一种与地方和区域性权力相抗衡的权力，最初获得了极大的成功；他在主教中创造了一个神职人员的政治显贵等级以对抗相应的世俗阶层。由于主教职权不能继承，主教不在地方上招募，与地方没有关系，他们似乎会由于普救论关切而与国王结成伙伴关系。此外，国王授予他们的领主与政治权力，甚至在法律上也始终掌握在国王手中。因此，当教皇试图以官僚制方式直接组织教会并由此获得对教会官职的绝对控制权，或者至少有权根据教会法规委任地方神职人员与堂区形成的职位时，他就是在特别挑战日耳曼国王针对地方当局的基本权力资源。后一种选择实质上就意味着通过一个地方神职人员显贵阶层——大教堂的全体教士——控制教会官职，他们由于家庭和私人关系而与地方世俗显贵联系在一起。因此，教会在与国王的斗争中很容易得到世俗显贵的支持。

就我们所知，波斯帝国是通过裁军和神权统治才有可能保持了两个世纪不稳定的统一，犹太人和埃及人也是如此；另外也利用了巨大的民族差异以及地方显贵之间的利益冲突。总之，我们在巴比伦和波斯帝国至少已经看到了地方显贵和中央权力之间那些典型冲突的痕迹，这种冲突后来成了西方中世纪发展过程中最为重要的决定性因素。

地方领主的首要要求就是家产制统治者不要干预他们对自己的隶属民的家产制权力，或者要求他直接保障这种权力。他们尤其希望自己的土地能够免于统治者的行政官员插足。这些要求包括：统治者只能通过领主这个中介与领主的隶属民发生联系；领主应被认为对他们负有刑事和财政上的连带责任；领主应被授权征募兵员和独自代表隶属民向统治者纳税并将税负在他们中间再分配。此外，由于地方领主
1057 渴望由自己利用隶属民的经济能力提供劳役和税赋，他会尽可能减少对家产制统治者承担的义务，或者起码把它们固定下来。早在第三个千年的埃及就可以发现使这些要求得到不同程度满足的豁免特权，它们被授予了寺院和官员；在巴比伦帝国它们还被授予了民间土地所有者。如果这些权利要求一以贯之地坚持下来，就会导致 latifundia[*] 脱离家产制统治者建立的，作为权利和义务载体的平民联合体——乡村公社，有时还包括城市。早在希腊化帝国以及罗马帝国时代我们就看到了这种状况。王室领地本身从一开始就脱离了任何平民联合体，由此可能出现的情况就是，既能行使家产制权利也能行使政治权利的，不仅有君主的官员，而且还有王室领地的承租人。私人 latifundia 也同样如此，它们在罗马帝国已经变得日益重要；除了城市以外，它们的版图最终也取得了易北河以东大庄园区（Gutsbezirke）——这可以追溯到封建时代——那样的地位。[4]然而，在中世纪的西方君主国，地方领主势力的权利要求比古代时期有效得多，因为他们的统治者没有常备军的支持，而且官僚也不是按照既定的传统训练出来的。即使在现代史的初期，凡是未能建立自己的军队与官僚系统并从国库向它们支付报酬的君主国，就不可避免地要和庄园领主做出妥协。古代晚

* 大庄园，古罗马的大地产，由在占领区没收的土地形成，始于公元前 2 世纪初，所有者都是上层人物，他们拥有大量资金能够改良作物与牲畜品种。到公元 3 世纪，大庄园实际上取代了小农庄，成为意大利以及各行省普遍存在的农业单元，庄园建有别墅，奴隶、牲畜、农具及其他动产一并计入家产。在帝国后期，奴隶劳动成本日益昂贵，庄园地产更多由隶农分种。到 5 世纪时，大庄园成了各地方的经济、政治和文化中心。

期的君主国，特别是拜占庭帝国，同样不得不向地方利益集团做出让步。甚至军队征募的兵员，从 4 世纪以后也越来越变得区域化了。城市的**什长**（decurion）*行政和乡村的采邑行政使得所有纯粹的地方事务都落入了地方**显贵**控制之中。但这些阶层毕竟还处于晚期罗马帝国以及拜占庭帝国中央权力的控制之下。这种现象在西方是根本不存在的。与中国的官方行政原则以及西方统治者一再试图强加于人的那些原则形成了鲜明对照的是，庄园领主的坚定要求却能迅速获得成功：统治者的地方官员应当是行政区内的地产所有人，这就是说，他必须出自地方的土地所有者**显贵**阶层。英国的郡长与治安法官以及普鲁士的**县长**（landräte）都是如此。在普鲁士，进入 19 世纪以后，他们仍然保有对地方国家官员的提名权，比如县长的职位，提名委员会都控制在县里的大土地所有者手中。中世纪的大贵族则能在更大规模上成功夺取广大地域内**事实上**的官职任命权。历史的发展到处都会倾向于 1058
把家产制统治者的所有臣民变成“间接”臣民，倾向于楔入地方显贵使之成为所有政治官职的独占者，倾向于切断统治者与普通臣民之间的直接联系并把他们各自的要求——一方是要求得到税赋和兵役，另一方是要求得到法律保护——完全交由地方任职者去满足。这种倾向意味着消除统治者的一切控制，并由某个家庭合法地或事实上继承占用政治官职，至少是由一个垄断性的地方**显贵**群体占用。

家产制君主和地方家产制利益集团那些天然倾向之间的斗争，有着极为多样化的结果。君主对于“间接”臣民主要是有一种财政和军

* 在古罗马，文官的什长指地方议会成员，掌握地方行政、财务和司法权。武官的什长指骑兵分队军官。

事上的关切，他所关心的是要维持他们的数目，即足以维持一户农民家庭生计的小块土地数目，防止他们受到地方家产制权威的过度剥削，以免他们满足君主需求的能力遭到损害，同时保留向他们直接课税和征召他们服兵役的权力。地方家产制领主则希望在任何问题上都能代表农民与君主交涉。*nulle terre sans seigneur*（没有无领主之土地）原则除了后面我们将会论及的对于封建法律的意义之外，在行政法领域也有这种实践意义：对于君主行政来说，一个村庄的农民共同体是不能作为一个拥有自身权力的联合体而存在的，每个农民都应属于一个家产制联合体并由一个家产制领主作为代表，统治者仅仅有权与领主而不是与领主的隶属民打交道，后一种做法仅仅在特殊情况下才能完全实现，而且仅仅是临时的。每当君主增强了自己的地位时，他与全体臣民的联系就会以这样那样的方式变得更加直接。不过一般来说，君主会发现自己不得不与地方家产制权威或者其他**显贵**达成妥协；他会受到种种制约——因为他有可能遭遇往往是危险的反抗，还因为他可能缺少一部能够接管行政的军事与官僚机器，尤其是因为地方**显贵**拥有的权力地位。单纯从财政原因来说，英国中世纪晚期的君主如果没有贵族的帮助就不可能推动地方行政，18 世纪普鲁士的易北河东部地区更其如此。就普鲁士的情况而言，这种局面大概可以说明贵族何以能够垄断军官职位并在担任文官官职方面拥有优先权——特
1059 别是完全免受对其他人等所要求的资格限制，至少是享有非常广泛的特许；另一个结果则是，骑士封地所有人（Rittergutsbesitz）至今仍在所有农村的地方行政机构中占据主导地位。

十七、英国的显贵行政、地主的治安法官、"绅士"的演变

假如君主想要阻止地方家产制领主占用地方的全部国家行政，那么只要他还没有相当可观的自有资源，他就别无选择，只能把行政交给某个在数量和实力上足以钳制家产制大领主的其他**显贵**群体手中。在英格兰，这种局面产生的结果就是**治安法官**的出现，此一制度的典型特征是在与法国的历次大战中形成的。[5]由于经济发展消解了人身依附关系，采邑领主的家产制行政及其司法权力，还有封建贵族支配下的地方官职——郡长，已不能应付纯粹的行政任务。此外，国王也希望撇开家产制的封建权威，这是一个能够得到下议院有力支持的策略。在这里也像在其他地方一样，新的行政任务主要与维持公共和平有关，而经济变革则产生了对于安定环境日益增长的需求。通常都认为是战时的不安全感导致了这些行政变革，此说难以令人信服，因为治安法官已经变成了永久性的职位。公众的不安全感越来越强烈，乃是因为每家每户都在越来越多地卷入市场联系。更为典型的是，随着货币经济的扩张，我们还看到了失业现象和食品价格的上涨。因此，在治安法官日益繁多的任务中，首要的就是维护公共安全，保护贸易与消费。治安法官都是来自从经济上关心自身功能的民间群体。国王试图从每个郡的地方显贵中任命**治安保护官**（conservatores pacis）并赋予他们日益复杂的治安法院和刑事法院的权力，以争取地主[*]阶层

* 本章中所说的"地主"（gentry）尤指拥有大量土地并有资格佩戴盾形纹章的平民，下同。

并使之与最大的家产制领主——贵族*——相抗衡。这些治安法官**事实上**，并且很快就在**法律上**都是从行政区的土地所有者当中任命的，他们凭借地租而具备了资格并保持着骑士生活方式。这些任命在形式上可以撤销，但实际上却是终身的。国王保留使任命生效的权利，并
1060 专门由王室法院监督这些任职者的作为。治安法官之一的郡治安长官（Lord Lieutenant）则成了民兵指挥官。不存在针对治安法官的裁决提起上诉的正规官僚制渠道，或者只不过在王权的要求达到巅峰时以星室法院的形式存在过，但也正是由于这个原因，星室法院才会在17世纪的革命中被地主阶层所摧毁。将某一具体问题提交给中央机构的唯一途径——这实际上是个被日益频繁利用的途径——就是一种特别指令（调取案卷**令状****），而颁发这种特别指令最初也完全是便宜行事之举。国王设法挫败了许多使治安法官的任命直接依赖于地方**显贵**选举的企图，只是通过授予国王的某些顾问以提名权而调整了对任命的控制。因此，这些高级官员——尤其是大法官——就被赋予了一种往往可以用来牟利的庇护权。然而，地主阶层却反对这种庇护权以及国王的合法要求，他们的团结一致强大得足以保证他们长期垄断治安法官的官职，现任者的推荐实际上对于新的任命是个决定性的因素，这

---

* 此处的“贵族”（baron）指国王直接敕封领地的贵族，下同。

** certiorari，中世纪时由大法官颁发的一种特权令，针对的是下级机关在并无管辖权时受理了案件或在法律上处置不当的情况。但是，如果下级机关有管辖权而且从诉讼程序上看是正确的，那么在下级机关适用法律错误或者判决在事实方面存在错误的情况下，这种特权令就不能适用，因此它不是一种上诉。如果做出裁判的人或机关没有遵守自然公正的规则，或者在没有管辖权或超越管辖权的情况下做出裁判，即可通过调取案件令状使该裁判无效。现在这种特权令一般指由英国高等法院签发给下级法院的一种命令，要求将某个案件中的诉讼记录移送高等法院审理以便申诉得到迅速处理。

在伊丽莎白统治时期经常招来抱怨之声。

与所有的王室官员一样，治安法官也收取手续费并领取日常津贴。但是，由于这种收入很低，土地所有者拒绝收取手续费就变成了一种身份惯例。到 18 世纪，出任治安法官的财产资格门槛大为提高，通常的先决条件就是要求拥有一定的土地等价物。越来越多地出租财产是英格兰的典型现象，这使乡村地主有闲暇从事这些公务。就城市资产阶级而言，那些活跃的实业家的参与则面临一些不利因素，因为他们撇不开经济上的事务，这使他们到处都被排除在**显贵**的圈子之外。不过，从商界退休的年长者往往也都成为了治安法官，尤其是那些已经积累了足够的财富之后从经营者变为食利者的行会成员，而这个群体正在不断扩大。城乡食利者阶层典型地融合为一个**绅士**类型，在很大程度上是得助于他们与治安法官一职的共同联系。在这些圈子中，年轻的儿子在完成了人文教育之后即被任命为治安法官则成了一种身份惯例。由此该职就成了一种无薪的职位，对于合乎资格的人来说，承担这种义务从形式上看乃是一种公益性派捐，而且往往只是短期任职。许多治安法官并不作为（但这种趋势在现时代已经发生了逆转）。对于他们来说，该职仅仅是个名义职位，是社会荣誉的一个来 1061
源。社会身份与社会权力也可以说明这个职位何以在所有时代都是被人极力追求的目标——哪怕是为了它的有效占用期，尽管有效履行职责的话将要付出可观的劳动。进行了若干世纪激烈竞争的职业法学家则以失败告终。他们渐渐被迫退出了此职，因为收入太低，且地主们最终又放弃了所有的手续费。个别的非专业治安法官会接受其私人律师的建议，但就整体而言则是在职员们的帮助下按照传统，在很大程度上也是按照实质正义的考虑进行裁判；这就使得治安法官的行政成了大众化行政，并具有了自身的独特特征。这是在和平竞争中职业官员完全被义务官职取而代之的极少数情况之一，尽管行政任务与日俱增。地主们之所以对治安法官一职有兴趣，关键的诱因并非某种明确的“理想主义”，而是这个职位所提供的那种实实在在而且实际上不受约束的影响力；形式上它仅仅受制于这一规则：所有重大问题只能以团契方式——至少要由两名法官联袂——进行裁决，而实质上对它进行约束的乃是一种产生于身份惯例的强烈责任感。

治安法官的行政使得城市以外的所有地方行政机构都变得几乎无足轻重了。这种曾被誉为民族守护神的自治体制达到巅峰状态时，治安法官实际上成了各郡能够有效行政的唯一官员，与之并存的古老的强制性公益性派捐联合体、家产制采邑行政以及各种各样的王室家产制官僚统治都萎缩到了无足轻重的地步。这是在一个大国境内曾经实行过的纯显贵行政的最彻底的类型之一，而且职务行为也与此一致。治安法官的行政时至今日也仍然带有浓厚的“**卡迪**司法”性质，但它对大众来说却是唯一具有重要意义的行政，因为伦敦的王室法院从地理上以及——由于巨额的手续费——从经济上都使他们遥不可及，犹如执政官之于罗马农民、沙皇之于俄国农民。与所有的**显贵**行政一样，其不可避免的特征就是把行政管理减少到最低限度，而且都是**临时的**活动，因而并不等于连续性的系统运作（*Betrieb*）。这种行政所及的范围并不限于保管案卷（比如早期的 *custos rotulorum** 那种情

* 英格兰的郡首席治安法官。大约从 1400 年开始，每个治安陪审团都要任命一名档案保管员，他是首席治安法官，也是郡的主要行政官员。根据 1545 年的法令，首席治安法官被任命为治安书记官，名义上是在治安陪审团的领导下保管档案和记录的人。此职通常由郡的军事长官或其他同等官衔的人担任。

况），它主要是进行强制，而且没有系统性，一般来说仅仅对那些明显的重大违法行为或者某个受害人的申诉做出反应。从技术上说，这种行政并不适于连续集中地应付积极的行政任务，也不适于追求一种 1062
和谐统一的“福利政策”，因为它基本上是绅士的一项兼职工作。的确，在治安法官的季审法庭*上，至少要有一位治安法官必须是受过法律训练的。法定人数条款（*quorum clause*）要求这个人或这些人是列名于委任状上的人，中央行政以这种方式保持了对现任治安法官构成成分的影响力。然而，即使这一规定，18 世纪以后也失去了效力，因为任何有效的参与者最终都被包括进了法定人数之中。

臣民则不得不考虑治安法官的治安权和惩罚权可能会影响到生活的所有方面，从泡酒馆、打牌或着装是否合乎其身份，到谷物价格与工资水平，从游手好闲到离经叛道，都在治安法官的管辖范围内。无数制定法和法令的规定往往都是产生于偶然因素，单就它们的执行而言，都要依赖于治安法官。然而，是否进行干预，何时干预，以什么手段干预并如何彻底地干预，在很大程度上均由他们便宜行事。服务于明确目的的系统的行政活动概念，在他们当中比较罕见，而且实施一种一以贯之的“基督教福利政策”的尝试也只是斯图亚特王朝时期，特别是劳德主政时期的短暂现象，这种尝试正是由于治安法官出身的那些圈子的反对而最终归于失败，这是可以想象的。

治安法官的“粗放式”间歇行政似乎能让人联想到具有某些相同特征的中国式行政，中央当局的干预方式看上去也如出一辙：要么

* 季审法庭（the quarter sessions）是由郡的全体治安法官按季举行的会审，初见于中世纪，1971 年被取消，代之以巡回刑事法庭。

具体干预个案而且经常卓有成效，要么以抽象方式通过极为泛泛的指令进行干预，它们差不多只有建议性的效果。不过差别是巨大的。的确，英国与中国的关键事态是相同的，即家产制官僚行政为了有效运作而不得不设法与地方权威通融。但在中国，受过教育的行政官员面对的是氏族长老与行会联合体，而在英格兰，训练有素的职业法官面对的则是拥有土地的地主当中那些受过教育的**显贵**。中国的**显贵**是为了进入仕途而接受古典文学教育的有教养者，他们是有俸官职的持有人和进取者，因而是站在家产制官僚权力一方的；在英格兰则恰恰相
1063 反，地主的核心乃是一个自由的大地产所有人的身份群体，他们只是根据经验接受了统治隶属民和劳动者的训练，而且最终接受的是人文主义教育。这样一个阶层在中国并不存在，那里存在的是最纯粹类型的家产制官僚，不受任何平衡力量的牵制（就算有这种牵制的话），而且没有升华到现代专业化官员的程度。

英国的治安法官行政达到巅峰状态时，把一种等级式的家产制和纯粹类型的自治性**显贵**行政结合在了一起，但更多地是倾向于后者而非前者。这种行政制度最初在形式上是以公益性派捐义务为基础的——这就是担任官职所要承担的义务。但在现实中，由于实际的权力分配，它并非臣民，而是政治联合体成员——“公民”——的自愿合作，君主要依赖这种联合体行使自身的权威。主要就是因为这个缘故，这种行政才完全不同于君主家产制家族和从属的、拥有自己的臣民的私人家产制统治者那种典型的政治等级制；事实上，它的发展正是与私人依附关系的瓦解相伴而生的。从实质上说，创造了这种制度的英国乡绅阶层当然是个显贵阶层，它有着确凿无疑的采邑特性。如果没有这些特殊的封建采邑前驱，英国地主特有的那种“精神”也就

绝无可能产生。盎格鲁－撒克逊绅士特有的男子汉理想，就显示了这种血统不可磨灭的痕迹。这种特征主要突出表现为惯例的形式严谨性、极为发达的自豪感与尊严感以及体育运动的社会重要性——而体育运动本身就有助于身份群体的形成。不过，在清教渗透之前，这种“精神”就已经由于乡绅阶层与特殊的市民阶层——城市食利者及活跃的商人阶层——的日渐融合而得到了完全有效的改造和理性化；它是沿着类似于意大利贵族与**富人**（popolo grasso）融合之后而出现的那个方向受到影响的，这一点我们将在后面讨论。然而，现代的绅士类型只是在清教的影响下才摆脱了原有类型的，而清教的影响所及已经超越了严格的信徒范围；乡绅的半封建特征被逐渐同化为禁欲主义、道德主义和功利主义的特征，不过迟至 18 世纪，这两种特征还是相互对立的。

面对资本主义力量的冲击，治安法官一职成了保存这种特殊绅士类型的影响——不仅对行政实践和官员的高度廉正，还有对荣誉和道德的一般社会观念的影响——的最重要手段之一。在现代城市生活的条件下，受过教育的非专业无薪治安法官的行政，从技术上说已经不 1064
再可行了。有薪的城市治安法官数目逐渐增多，到 19 世纪中叶，他们在 1.3 万人当中已经占到了 1300 人，有 1 万人仅仅是名义上的。由于理性的官僚制只是在出现了具体的个别需要时才被零零碎碎地引进旧的行政框架，所以那里存在的不是任何系统的行政组织，而是家长制组织与纯理性组织的混合体。有产阶级在管理行政事务方面受到的强化熏陶，以及他们为国家奉献并自视为等同于国家的强烈传统，使得旧式行政在政治上仍然举足轻重。在经济上尤具重要意义的则是行政活动不可避免地被减少到最低限度，这使经济首创精神几乎完全摆脱了管制，尽管它在商业伦理方面还会受到相当有力的惯例约束。如果把治安法官的行政看作家产制的范例，可以说它是一种极端边缘的状况。

在所有其他具有重要历史意义的家产制君主与拥有土地的显贵并存的情况中，后者也都是家产制领主。当现代史初期出现了家产制官僚之时，这两种权力便或明或暗地达成了如下妥协：只要不触犯统治者的税收和征兵利益，地方家产制领主对其隶属民的权威和经济控制即可得到保障；由他们完全控制地方行政，并控制对他们的隶属民拥有管辖权的下级法院；由他们代表隶属民与君主及其官员打交道；所有——或者至少是大部分——国家官职，尤其是所有或几乎所有军官职位都保留给他们；他们不用负担人头税和不动产税，而且作为“贵族”，在哪一级法院才有权审判他们以及在刑罚和取证类型方面都享有广泛的身份特权。他们的特权在多数时候都会规定，只有他们有资格拥有家产制领主权，因而能够拥有包括人身依附或家产制依附农民在内的庄园。在地主行政的英格兰，得以存续下来的也只有一个独立的贵族阶层这种身份特权的残余了。

十八、沙皇家产制

英国地主在地方行政中的这种权力地位，乃是由于接受了一种半公益性派捐的义务，这需要耗费大量时间和高昂成本去承担一项无
1065 薪官职的职责。这种义务在欧陆现代史上已经不复存在。然而，从彼得大帝到叶卡捷琳娜二世时期，俄国的贵族阶层却不得不承担一种服务性公益性派捐。彼得大帝废除了俄国贵族旧有的社会品级和法定权

利，代之以两个简单的原则：1）社会品级（chin，卿）只能通过在一个家产制官僚（文官或武官）职位上的服务才能获得，并要取决于个人在14级官爵序列中的相对地位。由于现存的贵族阶层没有官职垄断权，也由于所要求的不是地产资格而是——至少在理论上——教育资格，这看上去接近于中国的情况。2）贵族特权持有者如果在两代人之后不再担任官职，这些特权即告丧失。这似乎也类似于中国的做法。然而，俄国的贵族权利除了其他特权之外还有一个限定继承的专有权利：拥有定居着农奴的土地。因此，俄国"贵族"是与领主家产制的独有权利结合在一起的，这在中国根本就闻所未闻。彼得三世与叶卡捷琳娜二世统治时期废除了不担任官职就要丧失贵族特权的成例。但是，**社会品级**与官阶表（tabel'o rangakh）仍是社会声望的官方基础，对于年轻贵族来说，至少在短期之内服务于一项国家官职，这始终都是一个身份惯例。贵族土地所有者的家产制支配，几乎也是在"没有无领主之土地"意义上普遍行之于私有地产领域，因为除了"贵族"地产之外，就是君主领地与属地的采邑和神职人员及修道院的采邑，其他人等手中根本就不存在完全保有的地产*，即使有，也只是微不足道的残余（*odnodvortsy*，自耕农）或者是军役封地的形式（为哥萨克所有）。因此，只要不是领地行政，乡村的地方行政就会完全落入土地贵族之手。然而，政治权力本身及社会声望却要完全依赖于官位，或者直接依赖于和宫廷的关系——这与中国的模式如出一辙；一切凭借政治权力的运作谋取经济利益的机会更其如此。保罗一世在点拨一位外国来访者时说，只有他俯允与之交谈者，而且只有在

---

* allodial property，即拥有绝对所有权的地产。

他与之交谈时，那人才算是贵族。这当然是个夸张的说法。不过，俄国君主的确可以冒犯贵族，哪怕他是声名最显赫的望族和最大地产的所有人，而一个西方的统治者，无论权势多么巨大，也不敢任意苛待他的**侍臣**，哪怕后者是最低层级的法律上的非自由人。

沙皇的权力乃是植根于他与个别**社会品级**在利害关系方面牢固的
1066 休戚与共之中，后者掌管着行政和强制征募的军队。同样重要的是，贵族之间却完全没有那种以身份为基础的利害关系的休戚与共。和中国的有俸官员一样，俄国贵族都视彼此为竞争者——竞争**社会品级**以及所有可以借助统治者的恩宠而得到的机会。因此，贵族阶层陷于深刻的分裂之中，在面对统治者时完全无能为力；现代地方行政的重组在一定程度上创造了一个新局面，但贵族阶层极少尝试共同反抗，即使有此举动也总是徒劳无功，尽管叶卡捷琳娜二世明确授予了他们集会和集体请愿的权利。因竞争宫廷恩宠而导致的完全缺少贵族身份的休戚与共，并不仅仅是彼得大帝改制的结果，而且可以追溯到更早的**贵族等级制**，它从莫斯科大公国的家产制国家建立以来就决定着**显贵**的社会品级。从一开始，社会品级就要取决于沙皇这位总土地所有者授予的官阶，其物质报酬就是服务封地——promest'e（源自 mesto：职位）。旧时的**贵族等级制**与彼得大帝的新秩序之间的差异，归根结底只是在于，在贵族等级制度下，指定给第一代获得者的服务封地和官阶，或者后来由于行政职位而拥有的服务封地和官阶，全都可以由子嗣继承，因而贵族之家的品级就有了相对稳定性。年轻贵族都是根据 1）任一祖先在官阶等级制度中获得的最高官衔和 2）这些祖先之一担任的最高官职和他开始服务时这之间已经过去的世代数目而获得最初的官职。按照根深蒂固的身份惯例规定，如果一个官职有可能使一个高等门第的成员隶属于一个出身下等官衔之家的官员，他就不可能接受那个官职，正如在宴席上他不可能接受在一个——根据**贵族等级制**——出身下等门第的官员下首就座一样，不论该官员的个人官位多高，甚至在沙皇的宴席上也是如此，哪怕有可能冒性命之虞。这种制度使得沙皇在选择高级行政官员和军事领导人时受到了严重限制，他要无视这个制度就必定会遭遇极大困难，甚至在战场上也有可能面临不断遭到抗议和抗命的危险。但是，该制度也迫使贵族为了保住社会身份和升迁机会而进宫服务并成为家产制官僚——个人继承的品级越高就越是如此。由此，贵族也就差不多完全变成了“宫廷贵族”（dvorianstvo，源自 dvor：宫廷）。

私人土地所有权作为社会品级的一个基础，便越来越失去了重 1067
要性。那种最初并非因提供服务而被授予，而是作为完全保有的地产从祖上继承来的财产——votchina（祖传庄园）——的所有人，votchinniki（庄园主），已被 pomeshchiki（乡绅）所取代，后者如今已成为称呼“采邑领主”的专用术语。社会品级并非决定于“贵族”财产，而是决定于行政级别，不管那是个人获得的还是继承得来的。沙皇家产制巧妙地利用了这个制度，把所有社会权力都与为统治者服务联系了起来。这种联系的由来就在于如下两个因素的结合：1）王室扈从制度——这一点将在后面分析和 2）氏族的团结——力求为整个氏族占用业已获得的服务品级以及与此相关的机会。面对这种状况，彼得大帝试图删繁就简，焚烧了包含着贵族之家权利要求的门第等级表（razriadnaia pere-pis’），取而代之的是几乎完全以实际担任的官职为基础的社会品级体制。这种做法就是要铲除氏族荣誉而又不致造成与沙皇直接对立的身份团结，而在这之前，氏族荣誉既阻碍着沙皇自由选任官员的利益，也一直阻碍着身份团结的发展。这个政策获得了成功。贵族阶层仍然陷于分裂之中——他们会因为追求社会品级而无情竞争，当他们仍是纯地主贵族时又会厌恶和憎恨 chinovnik（官员的通称）。对农奴所有权的垄断并不会产生一个休戚与共的身份群体，因为对**社会品级**的竞争妨碍了这一点，同时还因为，只有为沙皇效力才能获得附带的致富良机。

这方面的情况一如晚期罗马帝国与拜占庭帝国及其巴比伦、波斯与希腊化地区的前驱和伊斯兰世界的后继者：采邑家产制既没有导致土地所有者与国家官员的明确关联，也没有导致一个同质性采邑贵族阶层的兴起——且不论存在过多少萌芽现象；而采邑家产制在中国根本就没有存在过。在晚期罗马帝国，越来越举足轻重的土地**占有人**阶级，遭遇了一个完全不同的社会阶层——按照俸饷收入水平划分品级的官员群体。在早期东方与希腊化地区的诸帝国中，也能看到土地贵族与家产制官员同样不相关联的并列现象。在伊斯兰诸帝国，相应于它们的神权统治性质，获得社会品级首先要立誓信仰伊斯兰教义，担
1068 任官职的机会要取决于是否接受了宗教控制下的教育以及统治者的个人好恶，因而不可能出现长期持续有效的贵族垄断权。

十九、家产制与身份荣誉

在这种基础上，中世纪的西方贵族就绝无可能发展出一个基本特征：以一种被教育所强化了的特殊传统伦理的形式对社会行为进行集中指导；这种伦理把人际关系集中于生活方式上，使每个个人都能牢记为共同的身份荣誉所应尽的义务，从而给予作为整体的身份群体一

个统一的纽带。在俄国以及上述诸帝国的**显贵**阶层中也发展出了大量身份惯例，但是，这些惯例没有发挥一种对“荣誉”行为进行统一伦理指导的作用，却不能说是完全因为上述社会品级的基础模糊不清。它们不过是为保护经济利益或者公开追求社会声望提供了一个框架，但却不能为贵族提供一种根本性的内在化标准以使他们自我断言并证明自身的荣誉。个人的社会荣誉和他与领主的关系，要么没有任何内在关联，比如那些自治的**显贵**，要么仅仅等于是飞黄腾达的机会，只求借此填充欲壑，比如那些宫廷贵族、**社会品级**、中国的官员以及所有单纯仰赖统治者恩宠的职位。另一方面，被占用的所有类型有俸官职，也的确能够成为——比如像**长袍贵族**那种——官职与身份尊严感的适当基础，但却不可能成为个人与领主的“荣誉”关系和相应的精神气质的适当基础。

西方的**侍臣**，其社会荣誉端赖于领主的恩宠；英国乡绅阶层的绅士，其社会荣誉则是决定于自治的贵族阶层；尽管表现方式不同，但他们都是一种独特的个人尊严感的体现者，这种尊严感的根基是个人荣誉，而不是仅凭官职的声望。就**侍臣**的情况而言，他们的基本态度显然受到了西方**骑士精神**的影响，不难看出，英国绅士的情况也是如此。前一种群体与骑士阶层是完全融合在一起的。英国绅士则是越来越多地把资产阶级的秉性吸收进了自身的男子汉理想和生活方式之中，从而随着贵族阶层的逐渐非军事化而改变了自身的中世纪骑士风
貌，最终在清教徒绅士中形成了一种堪与旧乡绅的品级相媲美，但却 1069
有着非常异质的起源的类型，其结果是极为多样化的相互调适。不过实际上，对于侍臣与英国绅士这两个阶层来说，封建骑士精神始终是原有的、特别中世纪取向的核心。

骑士行为是由封建的荣誉观念塑造出来的，后者则是产生于封臣对封建主的忠诚意识。这是唯一一种同时受到以下两种因素影响的身份荣誉类型：一个是共同的内在化精神气质，另一个是与领主的外在关系。由于这种特殊的封臣关系始终是家产制以外的关系，就此而论，它也就超越了家产制支配结构的界线。但是不难看出，这种封臣关系最好还是被系统地视为一个极端边缘的家产制范例，因为它主要产生于和领主有关的纯个人效忠，还因为它似乎“解决”了一个特殊的实践问题，即家产制君主针对并借助地方家产制领主进行政治支配的问题。

注　释

1　以下四章除了论述超凡魅力的几节之外，均未收入先前的译本。编者的主要努力是翻译文本并核实一些不明确的史实出处，这需要进行大量的背景研究。不过，注释就被控制在了一个最低限度上，因为韦伯关于以下各章的许多文献均可见于《法律社会学》（第八章）和《城市》（第十六章）的注释中。除非另有说明，所有注释均为罗特所作。

关于家产制概念的由来以及德国历史上是否实际存在家产制国家的争论，见奥托·布伦纳，*Land und Herrschaft*（Vienna：Rohrer，1959），4th ed.，146—64。关于布伦纳对社会学与历史学之间关系的论述，见他的 *Neue Wege der Sozialgeschichte*（Göttingen：Vandenhoeck，1956）。布伦纳在这两部著作中都谈到了韦伯。

2　韦伯大概指的是埃伯哈德·格特因，他自 1904 年以后即生活在海德堡，*Die Kulturentwicklung Süditaliens in Einzelderstellungen*（1886）和 *Die Renaissance in Süditalien*（1924 年第二版）的作者。（W）

3　见库尔特·泽特，*Die altägyptischen Pyramidentexte*（Leipzig 1908—22），第四卷。此书至今仍是一部标准著作。

4　关于普鲁士的 Gutsbezirk（大庄园区），一种脱离了普通乡村联合体并由**容克**管理的农村行政区，见第十六章，（五），注释 9。

5　韦伯关于英国宪政史的主要资料来源之一是尤利乌斯·哈切克的著述。见哈切克的 *Englisches Staatsrecht*（Tubingen 1905/6）二卷本以及 *Englische Verfassungsgeschichte*（Munich 1913）。韦伯也很熟悉自由主义学者、国会议员鲁道夫·冯·格奈斯特的第一部全面论述英国宪政史的著作，*The English Constitution*（1891）。

第十三章 1070

封建制、等级制与家产制

一、封地的性质与封建关系的类型[1]

封建关系的结构与纯家产制下的广泛酌处权以及权力地位的相对不稳定性形成了鲜明对照。[西方]封建制（*Lehensfeudalitat*）是家产制的一种边缘情况，它倾向于把领主和封臣的关系常规化并固定下来。正如资本主义资产阶级时代的家长制家庭共产主义家族在契约和明确的个人权利基础上逐渐发展出联合经营一样，大型的家产制庄园在骑士的尚武时代也会导致同样是契约性的对藩属关系的忠诚。个人的效忠义务在这里便与家族忠诚分离开来，在此基础上最终产生了权利和义务体系，正如纯粹的物质关系也会随着经营的发展而分离出来一样。后面我们将会看到，领主与封臣之间的封建忠诚关系也应当被解释为一种超凡魅力关系的程式化。从这个角度看，封建忠诚关系的某些独特特征便找到了自身真正系统性的定位。然而，我们这里的目的是要理解封建关系本质上最始终如一的形式，因为“封建制”——还有“封地”——可以给出各种各样的定义。

如果我们把封建制定义为土地军事贵族的统治，那么可以说波兰就是“封建的”，而且是从最极端意义上说。但从技术意义上说，波兰却不同于一个“封建”王国，因为她缺少一个决定性的要素：藩属
1071 关系。就波兰王国的结构发展——或者说没有这种发展——而言，最为重要的是波兰贵族均为完全保有土地的贵族。由此产生的“贵族共和国”与诺曼人的中央集权封建制完全格格不入。

前古典时期的希腊**城邦**，甚至克利斯提尼时代的早期民主阶段，都可以叫作“封建的”，因为公民权始终等于是服兵役的权利和义务，公民一般来说都是土地所有者，**显贵**支配阶层的权力则依赖于各种各样对平民的忠诚关系。这种情况直到罗马共和国的最后阶段也依然如故。在几乎整个古代时期，土地的授予和对一个私人主宰者，对一个家产制君主或者对一个公民联合体承担军事义务之间的联系，始终有着根本的重要性。

如果把“封地”定义为因交换军事或行政服务而授予的权利，特别是授予土地使用权或政治领土权，那么该术语就可以适用于［中世纪的日耳曼］**侍臣**服务封地，也许还可以适用于早期罗马的precarium[*]，无疑还能适用于马科曼尼战争[**]时期给予定居在罗马帝国的

---

* 见本书第一卷第585页中译者注**。

** Marcomannic Wars，马科曼尼人为公元前100年后定居美因河流域的日耳曼部落，为逃避罗马人侵略，公元前9年东迁波希米亚，在国王马罗博杜斯领导下建立了强大的部落联盟。该联盟与日耳曼人领袖阿米尼乌斯的军队作战失败后，马罗博杜斯于公元19年流亡罗马，此后马科曼尼人一直处在罗马人保护之下。167年左右，马科曼尼人与同盟各部落侵入罗马疆界，马可·奥勒留皇帝驱逐了他们，但此后直到180年奥勒留去世为止，双方几乎处于连年战争之中。

laeti[*]的土地，以及后来根据军事服役条件直接授予异族部落的土地。该术语尤其能够适用于哥萨克人的土地，以及见之于整个古代东方和托勒密王朝的埃及授予士兵的土地，还有所有时代在世界各地的类似现象。

绝大多数这种情况都意味着创造了一种可以继承的生计，它确立了一种直接的家产制依附关系，或至少是一种公益性派捐义务的约束，由此而被束缚在土地上。另外，专制统治者可能会确立一些相对于其他“自由”阶层的特权社会地位，使之豁免税赋并享有特殊的土地权利（Bodenrecht）。反过来，处在这些地位上的人则必须接受军事训练，并遵照领主任意的或有限的处置权服务于军事或行政目的。特别是对武士的安置，就是在不可能维持一支雇佣军的自然经济条件下，确保拥有经济上并不重要但可以随时投入使用的军事力量的典型形式；只要生活标准、农业与非农业劳动的强度使得大部分人口难以脱离劳动，以及战争技术的发展导致他们的军事能力低下，最终就会出现这样的武装力量。许多政治联合体都会诉诸这样的安排。希腊**重甲步兵**城邦最初那种不可转让的小块土地（κλήρος）即是这样的类型，它们的所有者都对公民联合体负有义务；第二种类型是埃及的“武士等级”（μάχιμοι），他们必须对家产制君主尽义务；第三种类型就是授予“平民”的土地，他们必须对私人主宰者尽义务。古代东方的所有专制统治以及希腊化时期的赐地业主[**]，都是使用这种类型的军 1072

* Laetus 的复数形式，指罗马帝国晚期在帝国版图内定居的蛮族人共同体，可以获得土地，但条件是须为帝国军队提供兵员。

** 见本书第 1397 页中译者注。

事人力，尽管采取的形式多种多样。后面我们将会看到，罗马贵族偶尔也在使用这种类型的军事人力。

最后提到的这些情况，无论从功能上还是从法律上说都类似于封地，但实际上并不相同，因为，即使是有特权的农民，在社会上也仍然还是农民，或者说，无论如何也还是“平民百姓”，而且这是一种平民法层面上的封建关系。相比之下，**侍臣**与领主的关系本来就具有家产制基础，因而不同于封地所有者与领主的关系。

从纯粹的技术意义上说，真正的藩属关系 a）始终存在于这样一个阶层的成员之间——它有等级层次之分但又形成了一个与自由民大众相对立并高居他们之上的单元；b）根据这种藩属关系，个人之间乃是通过自由契约而不是通过家产制依附彼此相关。封臣的地位并不会贬低封臣的荣誉和身份，恰恰相反，这会增进封臣的荣誉；而且，作为领主附庸也并不是屈从于家长制权威，尽管它借用了后者的形式。

现在我们可以从广义角度把“封建”关系分类如下：（1）“公益性派捐”封建制：屯田、戍边的士兵，承担特殊军事义务的农民（赐地业主、laeti、limitanei*、哥萨克）；（2）“家产制”封建制，a）“采邑”封建制：**科洛尼**军队（比如直到内战时期罗马贵族以及古代埃及法老的科洛尼军队）；b）“仆从”封建制：奴隶（古巴比伦和古埃及的军队、中世纪的阿拉伯私人军队、马穆鲁克）；c）部族封建制：作为亲兵的世袭被庇护人（罗马贵族）；（3）“自由”封建制，a）“封臣”封建制：仅仅依靠个人忠诚而不授予采邑权利［绝大多数日本的武士、墨洛温王朝的**扈从**（trustis）］；b）“俸禄”封建制：无需个人忠诚，仅仅依

* 罗马帝国晚期以及随后拜占庭帝国的戍边军队。

靠被授予的采邑权利和税收收入（中东、包括土耳其的封地）；c）“藩属”封建制（lehensmässig）：个人忠诚与封地相结合（西方）；d）“城市支配”（stadtherrschaftlich）封建制：在分配给个人的采邑土地基础上形成的武士公社联合体（典型的是斯巴达类型的希腊城邦）。在此我们将主要讨论“自由”封建制的各个类型，其中主要是影响最为重大的西方封建制（Lehensfeudalismus）；我们将只是为了比较的目的才会论及其他类型。

完整的封地始终是个**产生地租**的权利综合体，它的所有权可以也应当负担一个领主得体的生活方式。领主权利和创收的政治权力——也就是产生地租的权利——主要是授予了武士。在封建的中世纪，一块土地的gewere[*]属于地租的收取人。凡是对封地的继承进行了严格组 1073
织的地方，这些封建的地租之源都会按照它们的产能进行登记造册。按照萨桑王朝和塞尔柱王朝的模式进行分类的土耳其“封地”，就是根据以**阿斯珀**[**]计算的产能进行登记的，日本封臣（武士）的供给则是以 kokudaka(稻租）计。英国的“末日裁判书”[***]所包含的内容并不像后来说的那样等于是封建的封地登记，但这种登记注册的由来也应归因于英国封建行政特别严格的中央集权。

由于采邑是封地的常规目标，因此一切真正的封建结构都有着家产制基础。此外，只要官职本身并未被看作封地，那么家产制秩序通常就会持续存在下去，至少在封建体制被吸收进家产制或俸禄制国家

* 日耳曼习惯法概念，意即占有的权利，或者说，物权。

** asper，旧时土耳其和埃及的小银币，后作为记账货币，值 piaster 的 1/120。

*** Doomsday Book，1085—1086 年英国钦定土地调查清册。

作为其行政组成部分的地方就是如此，这种情况很常见。拥有准封地俸禄的土耳其骑兵则与家产制新军和部分是俸禄制的官职组织并存，因而本身始终有着半俸禄制性质。

除了中国法律之外，在绝大多数不同的法律领域都可以看到源自国王地产的领主权利的授予。印度的拉吉普特王国，尤其是在乌代布尔（Udaipur），统治者直到最近还会向处于支配地位的部族的成员授予领土和司法权利，以此换取军事服务；后者则会向他报之以臣服并在他死亡的情况下重新确定手续费，如果违背义务则会面临丧失权利的危险。对土地和政治权利也经常出现同样的处置办法，最早是产生于统治的武士对被征服土地的共同控制，这大概曾是日本政治体制的基础。另一方面，我们可以看到像墨洛温王朝的王室土地授予以及各种**俸禄**形式那样的大量典型现象：它们几乎始终都是以提供军事援助为前提的，在未履行义务的情况下可能会被撤销，尽管什么情况才算未履行义务往往并没有明确定义。实际上，大量类似于继承租赁的东方土地授予类型还有其政治目的；不过，只要它们与特定的封臣效忠无关，就不能适用“封地”概念。

二、封地与俸饷

封地也能够从法律上与俸饷区别开来，尽管我们很快就能看到其间的过渡是变动不居的。俸饷是终生的，作为对所有者实际的或假定
1074 的服务的酬报，是不能继承的；这种酬报属于官职而不属于任职者。因此，一如乌·施图茨强调指出的那样[2]，在中世纪早期的西方，俸饷并不像封地那样在统治者死亡的情况下会失去，但它在俸饷所有人

死亡时要退还统治者；在西方的中世纪全盛时期，不可继承的封地是被低看一眼的。俸饷收入乃是给予官职而非给予个人，它只能被使用而不能被个人占为己有——比如到中世纪时教会就从这一点得出了某些结论——，而封地则是藩属关系存续期间封臣的个人财产，但它始终是不可转让的，因为它涉及一种紧密的私人关系；而且它也是不可分割的，因为它的作用就是要保持封臣的服务能力。俸饷所有人往往——有时则是普遍地——不必负担行政成本或者拨出俸饷收入的一定比例用于这个目的。但封臣却始终都要用他自己的收入为授予他的官职负担所需的成本。

然而，这种差异并非真正的普遍性差异。例如，在土耳其和日本的法律中就不存在这种差异；不过稍后我们就会看到，土耳其和日本并非真正的藩属法事例。另一方面，我们已经看到，俸饷的非继承性质往往并不真实，对俸饷——特别是法国的许多俸饷——的占用会达到这样的程度：继承人在丧失俸饷收入时将得到补偿。关键的差异应当在别处寻找：凡是俸饷丧失了一切家产制渊源之痕迹的地方，俸饷所有人也就只是一个承担了某些官职义务的用益权所有人或者食利者，就此而言，他类似于官僚制官员。

与此相反，置身于一切家产制隶属关系之外的自由封臣，则是服从于一种非常苛刻的义务和荣誉法则。藩属关系在其最为发达的形式中以一种独特的方式融合了一些看上去极为矛盾的要素：一方面是严格的个人忠诚，另一方面则是契约性的权利和义务规定，它们因为地租的关系而变得非人格化，最终则是对所有权的继承控制。只要这种关系的本初含义保持不变，“可继承性”（hereditariness）就不是普通的“继承”（inheritance）。首先，觊觎者在能够提出封地要求之前，本人必须具备封臣资格。此外，他必须亲自缔结效忠关系。正如一个土耳其封臣之子必须在适当时候请求**省长**（beglerbeg）——如有必要尚需通过省长向高门[*]请求——给予新的bérat[**]一样，西方的候补者则
1075 必须退出封地并在成为领主附庸和宣誓效忠之后再请求领主授予封地。事实上，如果候补者的资格得到确认，领主就必须承认这种臣属关系，但它具有一种契约性质，封臣可以在放弃封地后随时终止这种关系。此外，领主不能任意向封臣强加义务，毋宁说，它们的内容依赖于由荣誉法则规定的契约性效忠和忠诚义务，而这种法则对于双方均有约束力。因此，义务的典型化和封臣利益的实质保障，都涉及到与某个具体统治者高度私人性质的关系。这在西方的封建制度中发展到了最高程度，而土耳其的封建制在继承权问题上却始终具有更多的俸禄性质，因为苏丹和**省长**的权力始终具有相当大的任意性，尽管那里的规则与章程也应有尽有。

日本的封建制也不是一种完全的藩属制。[3]日本的**大名**并不是一种藩属封臣，而是一种必须提供规定的作战力量、提供警卫力量并缴纳固定贡税的封臣；他在自己的行政区内实际上就像国君那样以自己的名义行使行政、司法和军事权威。他可能会由于惩戒性原因被调换到另外的行政区。以下事实也可以证明他本身并不是封臣：幕府将军的实际封臣（谱代[***]）如果被授予了大名行政区，由于他们的人身依附性，即使他们本身没有任何过失，也有可能出于政治上的权宜考虑被

---

* Sublime Porte，见本书第一卷第412页中译者注。

** 近东地区旧时由君主颁发的赐予特权或授予显职的正式委任。

*** fudai，德川将军的“同族”，由将军册封。

调换（国替*）。这一事实还证明，授予他们行政区是一种官职，而不是封地。这些**大名**被禁止相互结盟，禁止彼此建立封臣关系，禁止与外国缔约，禁止相互仇杀和构筑堡垒要塞，并通过**参觐交代****制度——要求他们定期在京都居住——以确保他们效忠。

另一方面，**武士**则是各个大名（乃至幕府将军）的私家士兵，他们人身是自由的，领取稻米津贴，极少被授予土地；最初他们一部分是来自自愿的武士扈从，一部分来自有资格入宫服务的官员，他们也像中世纪的日耳曼**侍臣**那样发展出了一种实际上的自由契约关系；他们的社会身份差异极大，既有因在领主采邑中服务而获取稻米津贴、五人同寝一室的小食利者，也有实际上世袭任职的宫廷官员。**武士**是个自由食利者阶级，他们有一部分是平民，也有一部分是侍臣，他们不是封臣，而是俸饷所有者，他们的地位更接近于法兰克王国的 1076
antrustiones（亲兵）而不是中世纪封建的俸饷所有者。与领主的关系具有一种骑士的忠诚色彩，类似于西方的效忠，但更加强烈。这种强烈的忠诚是扈从的忠诚转变为一种荣耀的自由封臣关系而产生的，同时也产生于武士的身份荣誉观念。

最后，伊斯兰武士封地的独特特征，正如卡尔·海因里希·贝克尔最近指出的，可以根据它们的雇佣军和包税制渊源加以解释。[4] 家产制统治者无力向其雇佣军支付军饷时，就只好让他们直接享用臣民

---

* kunigaye，“国”（kuni）原系古代日本地方酋长统辖区，645 年以后，这种地区被归并为较大的“国”，共有 66 个。16 世纪末，丰臣秀吉为制止各“国”大名与武士间的争斗，采取了重新分配领地的重大措施，谓之“国替”。

** sankinkotai，意为“交替侍从”，德川时代的一种制度，要求大名每年有一半时间在江户侍从将军。

的税赋。他也不得不把领取固定报酬的税务官（阿米尔）的职位转让给那些军官（埃米尔），这种职位最初是按照我们所熟悉的典型的家产制权力分割而独立于军事官员的。有三个不同的要素融入了采邑（*iktàh*，即拉丁文的 *beneficium*，恩赐）概念：1）Takbil，把一个村庄或者行政区的税收承包给一个 muktah（包税人）；2）Kata'i'，即封地，在美索不达米亚叫作 sawafi，把土地授予有功绩的或者不可缺少的支持者；最后，3）由**埃米尔**与士兵们——特别是马穆鲁克——控制，或分派他们占有臣民的税赋作为保证金，以弥补他们的军饷之不足。领受采邑（*iktàh*）者必须作为士兵去服役，且被认为应该将超过其军饷的税收余额上缴，但他很少会这么做。这种控制类型所固有的任意盘剥，很早就促使维齐*尼札姆·穆尔克**——11 世纪末在美索不达米亚的塞尔柱王朝统治下——把土地明确作为俸饷分给士兵和埃米尔，并放弃了所有上缴税收余额的要求，以此换取他们的军事服役。埃及的马穆鲁克在 14 世纪也采用了同样的制度。这样，从包税人或抵押权人转变为土地所有人的士兵，便对善待他们臣民的土地产生了个人关切，同时也消除了军事与财政当局之间的摩擦。奥斯曼帝国的**西帕希*****俸饷就是这种军事俸饷制的一个变体。它的源头就是一个建立在货币经济基础上，但以古代模式加以组织的国家那种正在瓦解的税制和雇佣军，这根本不同于西方封建制的军事俸饷，后者是在自然经济和

---

* 见本书第一卷第 412 页中译者注。

** Nizam al-Mulk（1018—1092），真名叫阿布·阿里·哈桑·伊本·阿里。“尼札姆·穆尔克”意为“全国行政长官”。突厥塞尔柱苏丹的波斯族首席大臣（1063—1092），有论述王权的巨著《王术》传世。

*** 见本书第一卷第 423 页中译者注。

首领扈从的基础上发展起来的。东方的封建制必定缺少由扈从的忠诚
衍生出来的一切特征，尤其是缺少封臣那种特殊的个人效忠规范；相
反，日本的封建制倒是体现了专一不贰的个人忠诚，但又缺少那种**恩**
赐（*beneficium*）的采邑成分。因此，这两种类型与西方封建制把源
自扈从的忠诚的个人效忠与俸饷结合在一起是完全背道而驰的，而这 1077
种结合恰恰说明了西方封建制的独特性。

三、封建制的军事渊源

封地这一普遍现象最初都产生于军事渊源。土耳其的封地俸饷就是要让所有者以土地为生，在帝国大扩张期间，如果一个所有者连续7年不在军中服役，则会丧失封地俸饷；继承人的继承要求在一定程度上也要依赖于积极服军役的证明。不管在东方还是西方，封地俸饷一般都是用来建立一支有着同样装备且不断接受训练的**骑兵部队**。这些武士对他们的领主都会抱有个人忠诚，他们的**荣誉**观念则会增强他们的军事效能。这种骑兵取代了征召自由民组成的军队，有时还会取代国王的超凡魅力扈从（trustis）。法兰克王国的封地最初就是为了抵御阿拉伯骑兵而在还俗的教会土地上产生的。土耳其封地俸饷也不是集中在奥斯曼帝国原来的农民村落（在安纳托利亚），绝大部分都是后来被征服地区（特别是鲁米利亚）由非穆斯林臣民经营的地产。在一个自然经济的内陆国家，只要封建军队取代了自由民军队，它就会承担大量从事经济活动和扩张边界的职能。沿海或内陆货币经济国家的雇佣军也同样如此。对于广大土地所有者来说，越来越安定的环境和集约化的农业使他们越来越不熟悉军旅任务，接受军事训练的机会

也越来越少，这就使小所有者们在经济上变得越来越不是可有可无了。男人承担了越来越多本来由女人承担的劳作，从而把他们束缚在了土地上，而且，由于土地的分割或积累导致了财产日益分化，这就打破了统一军事装备的可能性；越来越多的小所有者不再能自我装备，而这是任何自由民军队的先决条件。特别是大帝国对周边地区的远程作战，已经不可能指望农民军队了，正像一支城市民兵不可能控制大片海外扩张区域一样。一如雇佣军取代市民军，职业军人取代民兵的情形，向封建军队的过渡一开始就带来了一个结果，即高质量的统一装备。在它初现于西方时，马匹和武器都是封地的组成部分；自我装备是后来的事情，此时这种制度已经成了普遍现象。

1078 在高度发达的封建制度下，左右着封臣行为的那些特殊要素，不仅在于诉诸他的效忠义务，还有他的高等身份感——它产生于一种崇高的荣誉概念。武士的荣誉感和仆人的忠诚都与统治阶层的尊严和惯例不可分割地联系在一起，并以它们为后盾。因此，西方高度发达的封建制这一独特性，在很大程度上乃是决定于如下事实：它构成了一支骑兵部队的基础，这与被庇护人、赐地业主、埃及武士（μάχτμοι）以及古代东方领有封地的士兵那种平民步兵封地形成了鲜明对照。我们将会经常遇到这个因素的派生影响。

四、封建立法

封建制塑造出来的男人可以自我装备，可以职业性习武，他们战时则会把领主的荣誉视同自己的荣誉，会把领主权力的扩张看作为他们的后代确保封地的机遇，至关重要的是，他们会认为**自己封地的**

唯一正当性基础就是维护领主的个人权威。最后这个要素对于向封建制的过渡，特别是对于封建制从它原初的领域——军事服役——向公职领域的扩展，有着极为重要的意义。日本统治者就试图以这种方式摆脱家族超凡魅力直系群体的支配。在法兰克帝国，家产制国家通过限制官职任期和密使制度以维护最高统治者权力的尝试却一再遭到挫折；墨洛温帝国跌宕起伏的贵族派系权力斗争最后被一个中央官员[*]的铁腕所终结，但结果却是合法王朝被推翻，此人胜出。卡洛林王朝时期把官职作为封地授予，这带来了相对的稳定性；这项政策从 9 世纪开始明确实施，在此之前，卡洛林家族最初是利用封臣作为抗衡墨洛温王朝“扈从”（trustis）的力量，随后，在国王们争夺被瓜分的帝国的斗争中，所有官员严格的个人效忠便成了王座的唯一支柱。相反，作为祖宗们建立的真正神圣的秩序而被长期缅怀的中国封建制，则被俸禄官僚制秩序所摧毁，后者携带着自身的动力一以贯之地发展了起来，它是根据同样典型的动机消灭了封建官职的：使最高统治者恢复全权。借助封臣的骑士荣誉观念，统治者的地位能够得到极大的保 1079
障，不过，付出的代价则是他对封臣的权力大为衰落。高度发达的封建制乃是系统的分权化支配的最极端类型。

首先，领主对封臣只能实施有限的“惩戒”。收回封地的唯一理由是不能履行藩属义务而背弃了对领主的效忠，这就是“重罪”了。然而，“重罪”概念却非常模糊，一般来说反而不利于领主的任意专断，而是有利于封臣的地位。因为，即使不存在（比如像西方那样）由封臣组成的封建法庭、封臣也没有组织成为一种自治的法人团体，

---

* 指矮子丕平三世。

如下规律也是完全有效的：领主在对付个别封臣时强大有力，但却无力对付全体封臣这个利益集团；他在能够万无一失地开始对付任何一个封臣之前，必须确保得到其他封臣的支持，起码也要得到他们的容忍，因为藩属关系是建立在相互忠诚基础上的，领主的专横行为乃是一种“背信弃义”，对于他和全体封臣的关系具有天然的破坏性影响。而且，统治者对自己封臣的属臣往往没有直接的控制权，这一事实更加清楚地表明了他对自己封臣的惩戒权力受到了相当严格的限制。

高度发达的封建制在两个方面存在着一种“等级制度”：首先，只有那些领主权利，特别是只有那些不动产（它们的所有权可能得自作为一切权力之源的最高统治者），才能作为正式的封地进行转让；其次，存在着一种按照各个封地所有者相对于最高统治者而言的领地分封*等级而划分的社会品级［比如《萨克森法鉴》的 Heerschild（授权令）］。但是，统治者在多大程度上能够直接控制自己封臣的属臣，始终都是有争议的，因为，像在所有的藩属关系中一样，封臣与其属臣的关系也是一种严格的个人关系，从而不可能因为上级封臣对领主犯有重罪而被轻易废止。古典时期的土耳其封建制度，通过半俸禄式地界定封地和**省长**相对于高门的地位而实现了比较强大的中央集权。但是，西方人在效忠誓言中的保留态度 *salva fide debita domino regi*［应为最高领主效忠时除外］，并不排除一个属臣在其领主明显犯有重罪时至少产生良心的冲突，因为他面临的是双重的忠诚义务。总之，

---

* sub-infeudation，西方封建采邑法中的一种做法，借此，一个人以封臣身份占有他人土地为自己役使，然后将较小的分封地授予为其控制和受其指挥的另一个人。这种过程可以重复若干次，以创设采邑链上的大量联结，每一个人都占有比他地位更高者的土地，最高者是国王。

他会始终认为自己有权审视自己的领主是否对最高领主履行了义务。

就英格兰中央集权的发展而言，征服者威廉从诺曼底接受来的一 1080
项安排变得至关重要：所有属臣都要直接宣誓服从国王并被视为国王的下属；此外，没有从领主那里获得法定赔偿的属臣不必被迫（像在法国那样）按照封建等级制度逐级上诉，而是可以直接向王室法院上诉。因此，就封建法方面的情况而言，英格兰的封建等级制度不像多数其他国家那样与司法等级制度相一致。在诺曼底和英格兰，正如土耳其的封建制一样，领主与封臣之间的紧密组织与牢固纽带都是由于这一事实：这种封建实体是在被征服地区建立起来的，类似于教会在传教区建立自己最严密的等级制组织。然而，即便如此，属臣的良心冲突也不会完全缺失。因此，领主往往会限制领地分封，至少是限制向下分封的次数；相比之下，日耳曼人对 Heerschilde（授权令）的限制则是源自官职等级制度的一些普遍原则。

另一方面，高度发达的封建法规定，所有已被封地包含之物，在土地归复*的情况下都必须重新授予，而且由此确立了一个原则：**没有无领主之土地**（nulle terre sans seigneur）。所有传统的封建单元都应由国王授予封臣，从表面上看，这一封建规则与官僚制原则相当，但是含义却根本不同。在官僚制体制下，强制任职意在为被统治者提供一种法律保护；而强制授予封地则切断了封臣的绝大多数臣民与最高统治者的直接联系，此外，这种封建惯例是作为封臣的集体权利得到确立的，它意味着领主不可能无视封建性的权力分配，不可能为了自

* escheat，按照西方封建土地法，若封臣犯有重罪或死后无继承人，其封地将归还领主，谓之土地归复。

身利益把权力收回到自己手中，毋宁说，他必须一再把现存的封地用于供给封臣后裔的目的。根据众所周知的模式，一旦封臣组织成一个合法自治的集团，尤其是在他们作为封建法庭（Lehen skurie）成员参与的法律诉讼程序涉及强制承认封地的继承、归复和更新等方面的争端与法律事务时，他们就会特别有力地坚持自身的要求。在这种情况下，除了用来保护封地供给所需的手段之外，对封地的需求也会被垄断起来。

由于对候补者个人的封地受封资格提出了越来越多的要求，于是
1081 便开始了垄断进程，一如官僚制共同体中的候补者要求越来越多的专业考试乃至越来越多的文凭作为任职条件而开始了垄断进程一样。然而，封地受封资格与建立在专业知识基础上的官僚任职资格是对立的两极。官僚制官员和家产制官员都是以扯平社会层次为基础的，这指的是他们作为纯粹类型仅仅涉及个人资格，一个涉及基本的专门知识，另一个涉及纯个人的特性；两种类型都不理会身份的差异，事实上还构成了打破身份差异的特殊手段——且不论我们前面已经讨论过的环境因素，即官僚制阶层与家产制阶层很容易成为明确的身份荣誉以及相伴而生的所有逻辑结果的载体。此处所说的社会荣誉乃是产生于这些阶层的权力地位。但是，封建制的本质就在于身份意识，而且使这种特性越来越完善。无论何处的封臣（就该词的特定意义而言）都须是自由人，并不从属于领主的家产制权力。甚至日本的武士亦可随意改换领主门庭。当然，封臣的独特资格最初主要只是他的职业能力，即他的武艺，比如土耳其的封建制就始终如此，甚至那里的非穆斯林臣民也能得到封地，条件是他要提供必需的军事服役。然而，最成熟构建的藩属关系只能是一个统治阶层的属性，因为它是依赖于牢

固的身份荣誉观念作为效忠的基础，也是军事上合格的基础。因此，无论何处，都会格外要求表现出贵族（“骑士”）的作为，特别是禁止任何有可能降低军事素养和辱没身份的有偿劳动。

当供养子嗣的机会开始萎缩时，对封地和官职的垄断——特别是后来为了供养没有适当生计的亲属而对受俸圣职（Stiftspfründen）的垄断——也就势不可挡了。身份惯例主义的影响逐步增强到了登峰造极的程度，最终便出现了这样的要求：封地和受俸圣职的候补者不仅必须像骑士那样生活，而且还应当是骑士的后裔。这意味着他必须有最低限度的骑士祖先，开始是骑士父母，后来是骑士祖父母，亦即“四个祖先”。最后，在中世纪末期的骑士比武和女隐修会章程中，垄断达到了这样的程度：须有 16 个骑士祖先，而且城市贵族还被排除在外，因为它与各个行会共享权威并和它们在同一些地方议会中共事。

五、封建制的权力划分及其典型化 1082

与各个封臣严格依法自治（Eigenrecht）平行发生的情况是，所有具备资格的候补者都在要求封地的所有权，这个要求并非到处都获得了承认，但却到处都以这样那样的方式被提了出来。在典型的封建制地区，封臣的权利都是契约性权利，而且可以重新缔约，同时也可以按照公认的规范进行继承，这一事实对于权力的划分所产生的定型作用，远远超出了俸禄制结构下所能达到的程度，而且使它非常缺乏弹性。这一点由于一种双边契约保障了封地所有者的地位而渗透进了整个制度，对封建制的发展至关重要。这种保障远不只是由领主单纯授予特权，而且与占用俸饷形成鲜明对照的是，它已经不是个单纯的经济问题了。它使封建制逐渐变得接近于**法治国**（Rechtsstaat）[立宪政体]，至少相比纯粹的家产制就是如此，因为后者既包括传统的规定和被占用的权利，也包括了任意性和酌处权。封建制是一种“三权分立”，但不同于孟德斯鸠设计的那种构成了质的劳动分工的方案，它不过是对权威进行量的划分。导致了立宪制的社会契约（Staatsvertrag）观念，作为分配政治权力的依据已经呼之欲出。当然，这不是表现为统治者与被统治者或其代表订约的形式——在这种形式下被统治者的服从被认为是统治者权利的来源——，而是表现为根本不同的形式：统治者与那些从他那里获得权威的人订立契约。权力的类型与分配通过这种契约固定了下来，但是并不存在普遍的**规章制度**，也不存在对具体管辖权的理性区分。职务权力乃是个人权利，这与官僚制的情况形成了鲜明对照；它们的范围决定于正反**两个方面**的因素，正面是决定于官员的个人授权，反面则是决定于臣民的赦免权、豁免权和特权——不管它们是被授予的还是被传统认可的。只有**一个**掌权者的主观权利与另一个掌权者对立的主观权利这种并列与相互限制（这非常类似于定型的、被占用的家产制官职），才能产生出在某种程度上与官僚制的官员管辖权概念相应的权力分配。就其纯正的意义而言，这个概念在封建制度下并不存在，因而那里也不存在“行政机关”（Behörde）的概念。

最初只有部分封臣被授予政治权力，这主要是司法权力。在法
1083 国就是所谓**庄园司法官**。统治者可能会通过以下方式划分自己的司法权：一部分授予此一封臣，另一部分授予彼一封臣。典型的做法是划分为高级司法权——包括死刑裁判权（Blutbann）——和下级司法权，并在不同的封臣中间进行分配。这并不意味着被授予了原始

官职等级制度中高级领主权力的封臣，在封地等级制度中也拥有了高级地位，后者是根据和最高领主的距离来确定的。至少从原则上说，封地等级与被授予的权力等级根本无涉，它仅仅与相距第一级领主的远近有关。不过事实上，拥有最高司法权——特别是死刑裁判权——到处都有可能使得这种权力的拥有者形成一个特殊的王侯身份（Fürstenstand）群体。这种倾向不得不与同时并行的一种倾向进行竞争：后者乃是把与国王的直接藩属关系看作是属于最高身份群体的标志。这种竞争的跌宕起伏在日耳曼尤为典型，但在这里不可能述及。竞争的结果是，由于领主权力被授予了形形色色的拥有者而支离破碎，所以到处都出现了一种极为错综复杂的领主权力综合体。以授予政治权力为基础的西方领主的领土管辖权，原则上是与他对自己封臣的藩属管辖权相分离的，同时也是与他的家产制［**庄园法**（hofrechtliche）］管辖权相分离的。所有这一切便导致了权力被分解为众多的具体权利，在不同的法律基础上被占用，并且根据传统彼此制约。不存在个人与职业、私人财产与官方行政手段的分离，而这种分离则是一切官僚制的典型表现，在俸禄制度下也依然清晰可辨。由于封地的收入并非官职收入，在土地归复和继承的情况下，完全保有的财产和封建财产的区分，也就不同于俸禄制情况下表面相似的区分，而只是财产继承的一种分层。

此外，不仅一个封臣的所有官职权力和收入都是他个人权利与自己家政的组成部分，而且至关重要的是，行政**成本**也是个人开支，与他的家政开支毫无区别。正如个人——不论是领主还是拥有了封地的官员——会在个人权利基础上追求实质上的个人利益一样，所有的行政开支也都是靠他的个人服务和资源来负担，或者——尤其是——靠家产制隶属民或“臣民”的服务来负担，这些人是因为他被授予的政治权利而隶属于他的。因此，这种开支的需求既不是通过一种理性的税制来满足——比如官僚制的情况，也不像家产制的情况那样由统治
1084 者家族或者特定的俸禄收入来满足。由于“臣民”的贡税和服务一般都是根据传统进行调整，这部机器在财政上也就没有弹性可言了，并且还会由于一种典型做法——至少也是一种普遍趋势——而加剧：利用封建联合体作为政治行政的载体（Träger）；这就极大地限制了统治者以及所有其他领主的个人权力手段和实体性权力手段。

一开始，无论何处的封臣，都会试图通过固定的规范调整他们绝大多数基本义务的最高年限，为此而产生了封建联合体：提供军事服役的义务。他们多数时候都会如愿以偿。此外，同一领主的封臣之间也存在着进行仇杀的权利。领主的权力只能保障封臣的封地，仅此而已。封臣彼此间的私斗当然会严重损害封建领主的权力利益，但除了这一规定——至少在领主发起的军事行动期间不得进行私斗——之外，直到教会和城市与国王一起颁布和平敕令［**“禁止复仇条例”**（Landfrieden）］的时代，欧洲大陆从未有效地遏制住这种私斗。

统治者的财政权利面临的限制因素尤为严格。除了领主对封地的监护利用之外，这些权利大都存在于封臣在某些必要的情况下向领主提供财政帮助的义务之中。领主很乐于把这些义务变成一种综合性征税权，但封臣们却要力争把它们变成明确固定下来的临时贡税。为了补偿日渐增多的虚拟军事义务，骑士封地获得的免税权在中世纪以后最终变成了标准模式。总的来说，至少在领主仍需依赖封建军队时，封臣都会成功地使他们的隶属民免缴领主的税赋，仅在特殊情况下才不予豁免。一般来说，领主只能从他的采邑隶属民和私人扈从那

里直接征收**地租**[*]。土地归复的权利变得越来越不可行，把遗产继承权扩展到旁系亲属的做法则日益盛行。封地的转让——这当然需要领主乐于接受新的封臣才行——越来越变成了常规，购买他的同意则成了最为重要的封建财源之一。然而，这种购买等于是对封地的完全占用，因为转让费已由传统或法律固定了下来。所以，在效忠关系变得越来越定型且越来越商业化的同时，它也丧失了作为权力手段的确定 1085
性和实际功效。作为自由人的封臣后来甚至可以从若干领主那里获得封地，这使他在领主之间发生冲突时对任何一方的支持都会变得令人生疑。法国的封建法对 *homagium simplex*（简单效忠）与 *homagium ligium*（忠诚效忠）作出了区分，前者是对其他义务附有内心保留（mental reservations）的封建宣誓，后者则是无条件宣誓，可以说是第一级约束性效忠义务，它优先于所有其他义务，因此只能给予唯一的统治者。法国君主的权力日隆，一个很重要的原因就是那些大封建领主不得不向君主进行后一种宣誓。不过总的来看，多边义务的这种可能性却导致了这些义务的大贬值，最终使得在封臣帮助下进行持续的行政管理几乎成为不可能的事情。抽象地说，封臣不仅有义务在其领主需要时提供援助，而且还有进言的义务。那些主要封臣便由这种义务引申出一种“权利”，即做出重要决策之前应当听取他们的意见；通常他们也都会达到目的，因为封建领主要指望封建军队的士气。但是作为一种义务，封臣的进言活动犹如他的军事义务一样也会逐渐萎缩，因为它完全是不连续的，因而不可能被用作一个具体行政机关

* 此处地租（tallagia）系指中世纪欧洲领主对其非自由佃户征收的税款，最初是由领主自由决定征收的次数和税额，到 13 世纪开始对许多地产征收固定费用。

（Behörde）的组织。

由此，封建联合体为地方官员的庄园主权利提供了一种世袭占用的保障；但是就中央行政来说，它却无法为领主提供可以持续利用的人员，且很容易迫使他按照他的封臣当中最强大者的“进言”修改行动，而不是帮助他控制那些封臣。在这种环境下，所有强大的封臣都会受到强烈诱惑以图彻底摆脱封建束缚；唯一需要解释的事实是，为什么这种情况实际上并没有频频出现。原因就在于我们前面谈到的**正当性**提供了保障，封臣们则会发现他们的土地和庄园主权利可以在封建联合体中得到这种保障。封建领主也会关心这种保障，因为他的权利——即便那是一些虚拟的权利——会带来种种好处，无论这些好处多么不确定。

六、等级制以及从封建制向官僚制的过渡

“代理人”制度一般都会服从成文的规则，有着受到同样调整的
1086 管辖权范围，与此相反，家产制的俸禄制变体和封建制变体则是领主、官员及被统治者的具体主观权利和义务的笼统体系，在某些情况下还是一团混沌；这些权利和义务相互重叠，彼此牵制，它们交相作用所产生的行动模式不可能用我们当代通行的政治范畴进行解释，把现代意义上的“国家”称号用之于它，比用之于纯粹的家产制政治实体甚至更不恰当。封建制乃是等级式家产制，是相对于家长家产制的一个边缘情况。

封建制不仅以传统、特权、习俗志和先例等等典型的家产制特征为取向，而且以不同掌权者之间的**临时同盟**为取向，这是西方**等级制**

政治实体（Ständestaat）的典型现象，事实上也是它们的本质所在。正如每个封地和俸饷所有者以及其他被占用权力的所有者都要凭借由君主给予保障的特权行使权威一样，君主本身的权力也被认为是一种个人特权，是他的“君主特权”，应当得到封地所有者及其他掌权者的承认与保护。这些特权所有者为了某种必须进行协作否则就不可能达到的具体行动目的而相互组合。一个**等级制政治实体**的存在仅仅表明，这种同盟制是不可避免的，因为所有的权利和义务都有契约保障，还因为随之而来的缺乏弹性，这使它逐渐发展成为一种常态，在某些情况下还会借助一种明确的联合体合法长存。一旦封地所有者构成了一个自治的合法群体，**等级制政治实体**就会应运而生，其中原因多多，但主要是因为定了型的刚性封地与特权不得不去适应异常的或者新的行政需要。这些需求在很大程度上是由经济因素决定的，尽管表面上来看多数情况并非如此。经济上的影响大都是间接的，突出的需求集中于政治，尤其是军事行政领域。变化中的经济结构，特别是在先进的货币经济中，它所发挥的影响就是使人们有可能，因而必须从与其他政治实体进行斗争和竞争的角度，以优于定了型的封建—家产制行政常规手段的方式去满足这些需求，在需要立刻筹集大量货币时尤其如此。那些常规手段之所以大都已不再适用，恰恰是因为附属于这种支配结构的一个原则：每个人都必须自掏腰包支付他的——而且仅仅是他的——行政成本，不管他是统治者还是其他任何掌权者。
不存在筹集这些特别收入的规定，因此，频繁缔结新的协议也就不可 1087
避免，最终则是需要各个掌权者以社团议会的形式联合起来。这种联合体或者是把君主包括在内，或者是把特权者转变为各个“等级”，从而改变了不同掌权者的单纯协议行为，临时性联合体则变成了永久性的政治结构。

但在这种结构内，不断新生而又迫切的行政任务会产生出一种君主官僚制，它注定将瓦解**等级制政治实体**。对这个过程不应过于机械地理解，好像到处的统治者都会为了扩张自己的权力范围而热衷于通过发展官僚制以摧毁各等级的竞争性权力。无疑，这一点自然是个极为常见的主要决定因素，但并非始终都是真正关键的决定因素。各等级会频繁请求统治者满足利害关系人对行政服务的需要，会请求他建立适当的代理机关提供这些服务；而这些持续出现的请求就是普遍的经济与文化发展的结果，因而可以认为是一些客观的发展因素。但是统治者依从这种请求，也就意味着是在扩大官员群体的规模，因而一般也就等于是增强了他的权力。最初这会导致家产制的复兴，这种趋势直到法国大革命之前始终都在欧洲大陆占据支配地位，但这种家产制持续的时间越长，它就越是接近于纯粹的官僚制。新的行政任务的性质到处都会产生一种压力，迫使人们去创造常设的代理机关、固定的管辖权以及程序性和职业性资格。

封建联合体与**等级制政治实体**绝不是从家产制向官僚制发展过程中一个必不可少的中间环节，恰恰相反，在某些情况下，它们还会成为向官僚制发展的重大障碍。真正的官僚制萌芽到处都可见于相对不太复杂的家产制行政形式中，其中从家产制官职向官僚制官职的过渡是没有明确界线的，其类型学属性并不太多地取决于具体官职的性质，而是取决于设立和管理官职的普遍方式。然而，高度发达的**等级制政治实体**以及高度发达的官僚制，只有在欧洲的土壤上才能成长起来，个中原因将在后面论及。同时我们还将讨论封建制与家产制结构中先于纯官僚制出现的某些中间形态与过渡形式。

七、家产制官员 1088

为求简明扼要，我们迄今一直都在假定，政治统治者的中央行政事务都是通过我们前面讨论过的家政官员和宫廷官员，或者通过有着自己的家产制行政的封地所有者，以纯粹家产制方式进行经营的。但在现实中，家产制和封建制的统治结构并非如此简单。只要家族行政度过了借助共餐者与亲信实施“不连贯”行政的阶段，纯政治任务的扩展一般都会随之确立一些专门的中央官职，而且多数时候都会出现一个单独的中央官员，此人可能会具有各种各样的特性。由于本性使然，家产制成了产生宠幸政治的特殊园地——伴随统治者左右的那些人拥有巨大权力，但却始终处于因为纯个人原因而突然身败名裂的危险之中。虽然特定的结构各有不同，但最为典型的家产制情形是，一个宫廷官员的职位就意味着那是最亲密的纯个人宠信地位，同时也就在形式上或事实上掌握了中央的政治行政；这可能是哈来姆*的管理者，或者类似的随身料理统治者私人事务的雇员。由此还会进一步获得特殊的政治亲信地位。在某些非洲王国，引人注目的死刑裁判权体现者——行刑官——就是不离统治者前后的最有影响的随员。同样，随着惩治藐视法庭罪的权力（Banngewalt）之发展，统治者的司法职

* 在伊斯兰教国家，哈来姆（harem）指家庭中的妇女住房，亦指女眷本身。尽管一般都把哈来姆和伊斯兰教习俗联系在一起，但中东地区在伊斯兰教文化之前就已存在哈来姆，比如亚述、波斯、埃及等国的王宫，大都设有哈来姆，供统治者的妻、妾、女侍、宦官等居住，并设有专人管理。这类宫廷哈来姆在政治上和社会上都有其重要作用，由于这些妇女多来自名门望族，哈来姆阴谋事件常常影响深远，甚至导致王朝兴替。

能也获得了重要意义，于是，一个相当于法兰克人巴拉丁伯爵*的官员往往就会升到显要地位。在军事活动活跃的国家，王室军队统帅就是这种情况，在封建制国家则是往往相当于军事统帅但又控制着封地恩赐权的官员（日本的幕府将军、**伊斯兰国家的宫相**）。在东方，我们经常看到的则是大维齐这样的人物，后面我们还会看到何以他能像现代国家责任内阁的首相那样成为“立宪”之必需。

总而言之，我们只能说，一方面，如果该官员热衷于控制封臣及下属官员的经济供给，以致能把他们和他本人紧密结合在一起抗衡统治者，比如日本与墨洛温王国那样的著名范例，那么这样一种独断统一的地位之存在，对于君主的权威可能会变得特别危险；另一方面，完全不存在这样一个中央官员则往往会导致王国的瓦解——卡洛林王
1089 朝堪称样板，它自身的经验使它唯恐产生出一个中央集权的官职。由此出现的难题是以何种方式解决的，我们稍后将会论及。

目前我们首要关心的乃是以下现象：由于行政工作越来越具有连续性且日趋复杂，特别是由于家产制与封建制结构特有的财产授予**和特权的发展，最后，由于财政的不断理性化，**文书与会计官员**开始发挥日益重要的作用。如果没有这些人，统治者的家政就会陷于不稳定

---

* Count Palatine（德文为 Pfalzgraf）。巴拉丁最早是护卫古罗马皇帝宫殿的侍从和卫队的名称，在君士坦丁时期（4 世纪初）又被用于称谓随同皇帝出征的高级野战部队。进入中世纪以后，巴拉丁成为日耳曼民族的一些官职名称，其中最重要的是巴拉丁伯爵，这种伯爵在墨洛温和卡洛林王朝时期（5—10 世纪）是宫廷事务官，特别是王室法庭的法官，除了担负司法职能外，还有处理宫廷事务的行政职能。

** grant，指普通法中的财产授予，最初局限于无形遗产的授予，不允许让予终身或世袭地产占有权，19 世纪以后逐渐由法律规定有形与无形遗产一样应被视为可以授予的。此术语也经常适用于国王创设的权利，比如豁免权以及为指定目的给予地方当局或其他团体一定额度的公共资金。

和无能力状态。文书与会计制度越是发达，中央权力就越是强大，甚至纯粹的封建国家也是如此（比如诺曼人统治下的英格兰和权力鼎盛时期的奥斯曼帝国）。在古代埃及是书吏控制了行政。在现代波斯帝国则是会计官员凭借他们的“秘”术——一种由传统认可的秘密——而僭取了相当重要的地位。西方的 Kanzler*——秘书处首脑——在多数时候都是政治行政的核心人物。中央行政也可能源自会计机构，比如诺曼底以及后来英格兰的财政部**。同时，这种机构一般也都是官僚化的开端，因为实务官员——在中世纪多由神职人员充任——会从担任正式官职的高级廷臣那里获得实际控制权。

我们前面［第十一章，十二］已经谈到，伴随着行政任务的质的扩展，大型**团契式**中央行政机关应运而生；它们是官僚制的前身，在专业化知识日趋重要的背景下，它们推动了官僚化进程。当然，并非所有前官僚制国家统治者的顾问团体都是现代官僚制的初级阶段。中央官员的顾问会议可以见之于世界各地形形色色的家产制和封建制结构中。他们往往是作为一种制衡力量为统治者效劳，但他们不是像在早期官僚制结构中那样制衡专门知识的权力，而只是制衡最高级官员的权力。此外，他们还是确立行政连续性的一种手段。就此而言，他们到处都是行政任务在质的发展过程中某个阶段上的产物；然而，随

* 德文，长官，掌玺官（英文为 chancellor）。在罗马帝国时代原指一种低级的法律官员，帝国崩溃后逐渐成为欧洲许多国家对各种官员的称呼，通常带有行政管理、秘书或法律的特征，后来普遍成为世俗或宗教高职的办公机构首脑。到中世纪时则普遍成为掌玺官，掌管用于认证王室文书的国玺，遂成为各王国最有权势的官员。进入 19 世纪以后，欧洲各国相继废除了该职务。现代德国与奥地利以该词称呼总理，许多国家用该词称谓档案局长和大学校长，在英国则指主管财政和兰开斯特公爵郡的内阁成员。

** 在 12 世纪，英格兰财政部从国王会议中独立了出来，成为最早的一个国家机构。

着这项发展的不断推进，顾问会议因为按照明确的程序运作而逐渐具有团契“代理人”的性质，于是也就越来越类似于早期官僚制的那些现象了；他们采取的这种形式会更加接近官僚制模式的官职组织和行
1090 政程序；不过其间的界线非常模糊，一如中国与埃及的范例所示。从类型学上说，尽管其间的过渡有着天然的连续性，但还是应当把这些代理人与那些并非依赖统治者授权，而是（“长老会”或某种**显贵**团体形成之后）凭借自身的权利而共享权威的团契机构区别开来。下面将会简要谈到后者，因为它们并未参与从家产制向官僚制的过渡，而是成了统治者与其他掌权者之间进行权力划分的一个阶段，不论它们具有的是超凡魅力还是等级式特性。

我们这里不可能讨论家产制或封建制政治实体对一般**文化**发展的影响。家产制——尤其是非定型的专断式家产制——和封建制在下面这个领域中的**区别**是确凿无疑的，而这个领域无论在什么地方都会给支配结构对文化的影响提供最为重要的机遇，这就是**教育**领域。前面已经简要谈到了教育和支配之间的关系，这里仅稍事概括以作补充。举凡封建制发展出了一个具有身份取向的“骑士”阶层的地方，都会出现为相应的生活方式做准备的系统教育，典型的是某些**艺术**创作（文学、音乐、造型艺术）——此处难以详论——成了支配阶层面对被统治者时一种自我炫耀和营造并保持光环的手段。因此，最初的纯军事—体操训练被进一步“精炼”，结果产生了那种极为综合性的“教养”类型——与官僚制度下的专业化教育完全背道而驰的类型。举凡以俸禄制方式组织支配的地方，教育都会具有理智主义的文学倾向，因而本质上就接近于传授专业化知识的官僚制理想。这在中国以及神权统治接管了教育——后面将会论及［第十五章，四］——的地

方有着特别典型的形式；后一种发展趋势在那种并未产生出自己的教育体系的专断家产制类型的世俗国家，都会达到极致。

八、家产制与封建制不确定的经济前提

家产制和封建制的产生需要什么样的纯经济前提，这几乎无法断言。王室与贵族采邑的存在及其主导地位，的确可以说是一切封建组织形式的一般基础，不管那是发达的还是欠发达的组织。中国的官员国家，就其自身而言乃是家产制最始终如一的政治形式，它并非建 1091
立在土地产权的基础上，但是我们已经知道，它的家产制之所以始终如一，恰恰就是因为不存在土地产权。家产制可与家政经济和市场经济、小资产阶级农业和采邑农业相互兼容，不管是否存在资本主义经济。手工磨坊需要封建主义而蒸汽磨坊需要资本主义这一马克思主义的著名论断，充其量也只有后半截是正确的，而且只是部分正确。[5]蒸汽磨坊可以毫无困难地嵌入一种国家社会主义经济之中。该论断的前半截则是完全错误的：手工磨坊可以存在于一切能够想象到的经济结构与政治“上层建筑”之中。关于资本主义，总起来看我们只能说，由于它在封建制和家产制那里的扩张机会有限，它的拥护者一般都会试图以官僚制或者财阀的显贵支配取而代之。不过，这种说法也仅仅适用于以生产为取向，以理性经营、劳动分工和固定资本为基础的现代资本主义，而政治取向的资本主义则与资本主义的批发贸易一样，完全可以同家产制相互兼容。实际上我们已经看到，向市场经济的强劲发展，为购买奴隶士兵，从而为家产制的纯家长制变体提供了充足的税收收入，这正是东方苏丹制的生长基础，与我们西方的法治

国（Rechtsstaat）相比，它和现代国家形态相去最远。

市场经济和封建制的关系则极为不同。但是，什么因素在决定着将要通行的是家产制结构**还是**封建制结构，这并不存在普遍适用的经济公式，当然，这里有一个例外：采邑制以各种不同的形式有力推动了封建制的发展。一如我们所知，古代东方灌溉经济的理性化——有组织地征发劳动力把荒漠之地系统地改造为耕作区——促成了半官僚制的政治家产制，中国的大规模工程就是如此。但在这两种情况下，必须先有家产制的存在，这些大规模工程才有可能。相比之下，北欧人开垦森林以获得新的土地则推动了采邑制和封建制的发展。但封建制也曾存在于东方地区，尽管其形态很少始终如一。至于其他方面，我们只能概括如下：交通技术手段，从而还有政治控制手段的低度发展，加上通行的自然经济，都会推动分权式的家产制，这是一种朝贡
1092 总督制，因为那里很难产生理性的税制，所以也很难产生家产制官员中央集权行政的前提条件。这些弱项反而提供了一个强有力的刺激：只要有可能，就是说，只要是以采邑制决定社会分层，就会利用个人效忠和封建的荣誉法则作为形成政治内聚力的手段。

九、贸易对家产制发展的影响

学者们往往会忽略一个常数：**贸易**。这是强大的中央集权家产官僚制发展过程中一个具有历史意义的重要因素。我们前面已经看到，一切超越了原始村落头人层面的统治者，都是在拥有贵金属——不管是原料还是成品形式——的基础上获得了权力地位的。他们需要这种财富首先是为了给扈从、侍卫、家产制军队、雇佣兵，尤其是官员提

供给养。获取这种财富的途径包括，与其他统治者交换赠礼（这实际上往往就是以物易物），统治者本身的正常贸易，特别是沿海地区的转口贸易（这有可能导致直接垄断对外贸易），最后还有其他途径的对外贸易。为此可以采取直接或间接的手段，前者包括征收关税、通行费以及其他贡税，后者包括市场特权和创建城市——这是君主特权，能够带来高额地租和有能力缴纳高额税赋的臣民。最后这种对贸易的利用类型，在全部历史上都不乏系统的表现，直到现代之初，波兰领主仍在建立众多城镇以安置从西方移民而来的犹太人。尽管家产制政治结构的贸易相比它们的幅员及人口而言相对平平甚至十分脆弱，但仍能坚持不辍并进行领土扩张，这是一种很典型的现象，比如中国及卡洛林帝国的情况；但是，没有贸易发挥重要作用也能产生家产制政治统治权，这种情况却并不常见，像蒙古帝国与条顿人大迁徙时期的各王国都是偶然现象，而且几乎总是遵循这一模式：那些毗邻货币经济高度发达地区的部落大举入侵这些地区，控制它们的贵金属并建立新的政治实体。王室的贸易垄断在世界各地都随处可见，不管是波利尼西亚还是非洲和古代东方。例如，就在不久之前，西非海岸
的所有大型政治实体纷纷土崩瓦解，原因就是欧洲人摧毁了各个酋长 1093
对转口贸易的垄断。绝大多数最古老的大型家产制政治实体发祥地，都与这种贸易功能密切相关。

统治者作为领主土地所有者的特殊权力地位往往只是次要的。当然，王室和贵族的权力大都是源自土地的占有；在那些仍有富余土地的地区，比如刚果与赞比西河之间的地区，更确切地说，这种权力地位就依赖于对人畜的所有权，它促进了能够产生地租的农耕活动。来自租金财产权的收入，对于社会上公认的王侯生活方式当然必不可

少。但是，随后向垄断“地租”的发展却往往是由贸易收益共同决定的。当一个统治者被视为整个国家的地主而不光是封建制的最高领主时（这在文化发展的各个阶段都可以看得到），这通常不是他的政治地位的起点，而是那种地位带来的结果，是那种地位使他能够优先获取有形动产——在卡菲尔人*那里就是对人（女人）畜的所有权——带来的结果，一般来说也是具备经济能力，特别是因为拥有贵金属而能够维持家产制军队或雇佣军带来的结果。这种情形与沿海国家贵族对土地的垄断控制几无差异：中世纪之前的希腊古代时期，大概也包括古代东方，债务奴隶就是农业劳动力的重要组成部分，他们为城市贵族耕种土地并分享一份收成。直接间接的贸易收益则为城市贵族提供了积累土地和人口的手段。在自然经济时代，即使中等水平的贵金属拥有量，对于一个国家的崛起和权力地位也具有非同寻常的重要意义。当然，这一点并不会改变以下事实：大量需求可能都是——多数时候实际上就是——通过自然经济来满足的。两者不应被混为一谈，尽管有人在谈论贸易对原始时代的影响时经常出现这种混淆。

贸易对政治联合体的形成具有什么样的因果关系影响，肯定不是一清二楚的。我们已经指出，家产制权威不一定全都来源于贸易，存在贸易的地方也未必就会出现家产制国家。**显贵**支配往往也是贸易的主要产物。然而，从一个纯粹的酋长转化为一个君主，却与贸易有着相当密切的关系。相比之下，从整体上说，贸易同严格的藩属制度及严密的封建等级制结构是严重对立的。事实上，贸易的典型结果是产
1094 生了领主贵族的“城市封建制”，这在地中海地区尤其如此。不过，

* 见本书第一卷第 601 页中译者注 **。

在日本、印度、西方以及伊斯兰教的东方地区，与封建化密切相关的却是市场经济的进展缓慢乃至衰退，但两者往往也是互为因果。西方封建制乃是自然经济的结果，并且提供了建立一支军队的唯一可能的手段；但中世纪日本和近东地区的局面却完全相反。那么，后者发展的源头又是什么呢?

十、家产制与封建制对经济的稳定作用

封建制与家产制的支配形式都可能对经济产生强有力的稳定作用，但是前者比后者更加有力。家产制可能具有这种影响，盖因在家产制统治下，一般来说只有各级主管官员有机会迅速致富，因为统治者不可能对他们进行不间断的控制，比如中国的官员。财富的积累并非得之于交换中的获利，而是盘剥臣民的纳税能力，以及迫使臣民购买统治者与官员的一切职务行动，这就给开恩与专断提供了广泛的回旋余地。另一方面，家产制官员的权力基本上只受传统的限制，而违背传统甚至对于最有权势的官员来说也是危险的。因此，对物对人的革新，未经传统认可的新阶级，与传统背道而驰的新的获利与经营方式，都会处于岌岌可危的境地，至少也是很容易遭到统治者及其官员的任意留难。传统主义和任意性都会极为深刻地影响到资本主义的发展机会。要么是统治者本身或他的官员抢占新的获利机会并加以垄断，从而剥夺了私有经济的资本形成所需的养分；要么是他们支持传统主义的普遍抵制以阻挠有可能危及社会平衡或遭到了宗教与道德非难的经济革新。后一种做法是不可避免的，因为家产制统治者本身的权威就来自传统的认可。另一方面，统治者不受限制的酌处权

有着广泛的回旋余地，在特定情况下也有可能增强资本主义的反传统力量，比如君主专制时期的欧洲所出现的那种情形。但是我们必须补充指出，撇开这种特权资本主义的其他特异之处不谈，此时的王权统治已经是官僚—理性的统治了。一般来说，这种任意性的消极面是主
1095 要的，因为家产制国家不存在政治上和程序上的**可预测性**，这就是症结所在，而这种可预测性是现代官僚制行政的理性规则所提供的，对于资本主义的发展实属不可或缺。相反，我们在宫廷和地方官员那里看到的却是不可预测性和反复无常，以及统治者及其仆从变幻莫测的宠幸和失宠。私人老练地利用特定环境和人际关系谋取能给他带来几乎是无限获利机会的特权地位，这是完全有可能的事情。但是显而易见，这些因素都给一种资本主义的经济制度造成了极大障碍，因为资本主义的具体版本对于这些不可预测的因素有着不同的敏感度。批发贸易相对来说对这些因素最能逆来顺受，并且能够适应一切变化中的条件。此外，即使统治者并不像在简单透明的条件下那样亲自垄断贸易，他的既得利益也会要求他允许财富的积累，以便他能利用包税人、官方物资承包人以及信贷资源。“金融家”在汉谟拉比时代就已经出现，而贸易资本的形成在任何支配条件下都是有可能的，在家产制支配下则尤其可能。

工业资本主义却不同。如果它变成了典型的工业经营形式，它就需要一种着眼于大规模市场并依赖于准确计算之可能性的劳动力组织。越是资本密集型的工业资本主义，特别是，固定资本比重越高的工业资本主义，就越是如此。工业资本主义必须能够指望的因素是，法律秩序的连续性、可靠性与客观性，以及法定行政机关理性履行可以预测的职能。否则，大规模工业经营所不可或缺的可预测性保障就

会荡然无存。在定型程度较低的家产制国家，这些保障尤其脆弱，现代官僚制却能使它们的存在达到最大化。作为个人宗教的伊斯兰教并没有阻碍工业化，比如俄国高加索地区的鞑靼人往往就是一些非常“现代”的经营者，但阻碍了工业化的是被宗教所决定的伊斯兰**国家**结构以及它们的官员和法律体系。

家产制的任意性带来的这种消极的反资本主义影响，可能会因为一个积极结果而加剧，特别在发达的货币经济中，如果其他适当的条件相同的话，任意专断的家产制就会产生这个积极的结果，但它迄今为止几乎一直被彻底忽略了。家产制司法与行政之下所有法律保障的不稳定性，可能会产生出一种把财富人为转化为固定资本的独特类型。显然， 1096
最重要的范例就是拜占庭类型的修道院基金，以及明显是借鉴了这种法律形式的伊斯兰教的**卧各夫**[*]。拜占庭的基金类型可以概括如下：捐给一块土地作为君士坦丁堡的建筑用地，其价值与收益将随着规划的港口建设而不断增加。因此，受捐的修道院必须以固定的俸禄供养一定数目的僧侣，并向一定数目的贫民施舍，另外还有行政成本。然而，修道院的收入在用于支出之后的全部剩余，都要交给创建者家庭。很清楚，后面这项规定表明了基金的实际目的：托名修道院的基金实际上是不能让与的家庭财产，或许还能不断增值；它享有神圣的保护，**尤其**是能够防止**世俗权威**——这意味着家产—官僚制权威——的侵占。（此外，创建者还能达到取悦神和人的目的，在某些情况下还能确保他的家庭对递补有俸圣职的影响，因为许多有俸圣职是给君士坦丁堡的**仆人们**保留的闲差，他们无需隐居，也不必住在修道院。另一个目的是确保对家庭礼拜

---

* 见本书第 1032 页中译者注。

堂的行政管理。）整个这种安排在货币经济中乃是一种替代做法，相当于封建的西方那种自有教堂（Eigenkirchen）。

十分类似的捐赠形式看来很有可能在古代埃及的家产制下就已经存在了。无论如何，有记载可以证明，在中世纪的伊斯兰教世界能够看到同样的现象，即**卧各夫**，一种对清真寺的捐献或类似的基金。那时捐献的也是具有金融增值能力之物：建筑用地、可出租的工场（ergasteria）等等，毫无疑问也是为了同样的目的，且出于同样的原因。这种圣化虽然并非绝对安全，但可以最大限度地阻止世俗官员的任意插手。因此，家产制支配的任意性和不可预测性却产生了这样的影响——巩固了对神圣律法的服从这一领域。另一方面，由于法官们通过主观的且往往根本不可预测的解释“纠正”了**沙里亚**[*]在理论上的僵硬和一成不变性，家产制那两个同样敌视资本主义的要素却得到了相互加强。贝克尔认为，以**卧各夫**形式积累起来的财富持续不断地转化为固定资本，对于东方的经济发展具有极大的重要意义。大概他是
1097 正确的。[6]这种转化完全符合古代经济的精神——把积累的财富用作租金之源，而不是用作赢利资本。（世俗的**委托遗赠**[**]制度大概就是对**卧各夫**的世俗化模仿并首先出现在西班牙，17 世纪经西班牙引入了日耳曼。）

---

* 阿拉伯文 sharî‘ah 的音译，又译沙里阿，原意为“道路”，具有指明道路之意，后以此称伊斯兰教教法。

** 见第八章（二）英译者注 109。

十一、垄断主义和重商主义

在相对发达的货币经济中，以及在十分接近理性官僚制的时期，家产制对于经济发展还有另一种影响，这种影响来自它的“公共财政”模式。犹如家产制国家很容易分解为一大堆特权一样，通过垄断主义—资本主义手段以及通过前面讨论过的意义上的正面和负面特权来满足需求，也是一种特别常见的现象。它在充分发挥功能的家产制官员群体帮助下，可以很容易开办各种财政性经营和垄断经营。在埃及，在晚期罗马帝国，在近东和远东，都曾出现过相当大规模的国家经营和垄断经营，与此类似的还有现代之初各国统治者的国有经营（Regiegewerbe）。通过赢利活动筹集国家财政资金绝不是仅限于家产制。在中世纪和现代之初，各个城市也参与了具有纯粹赢利性质，但有时风险极大的工业与贸易活动，往往蒙受巨大损失（比如美因河地区的法兰克福）。不过一般来说，垄断经营对国家商业经营的影响范围在家产制国家中会更为广泛，因而那里的国有垄断经营总的来说更为常见，更为普遍。但是，通过特权来满足需求，往往对经济有着更为强烈的影响。

负面特权性质的（即通过**强加**给某些身份群体的职能）筹措财政资金，即公益性派捐制，在古代时期那些最理性的家产—官僚制帝国都曾最为广泛地实行过，比如埃及和以此为样板的晚期罗马帝国，还有拜占庭君主国。法老时代的埃及经济由此开始形成了一种独特的“国家社会主义”谱系，同时还有与行会——有时还有不动产——那种偶尔极为广泛的世代相传的联系。它把这种特点又传给了晚期罗马帝国的经济。显而易见，这一点大大限制了私人资本的形成和资本主义获利活动的空间。

1098 除了这种窒息资本的形成，因而也窒息了私人资本主义的财政类型之外，家产制还有一种**正面**特权类型，其表现形式为特许私人贸易或行业垄断以换取高额手续费、利润分红或者固定年金。这种正面特权可见于以往世界各地的许多家产制国家，它们在重商主义时代发挥了最后的，也是最重要的作用，此时，早期的资本主义贸易组织，家产制统治权的官僚制理性化，以及军事行政和外交内政事务不断增长的财政需求，使得欧洲各国的财政技术发生了革命性的变化。君主权力到处都在以极为多样化的形式建立垄断性工业企业，借此创造货币岁入，斯图亚特家族、波旁家族、玛丽亚·特蕾西亚*、叶卡捷琳娜、腓特烈大帝，莫不如此；这种岁入并不需要王国三等级的批准，在**等级制**和议会制国家往往被直接用作一种政治武器。这里也出现了家产制资本主义的典型特征，而“开明专制”的官僚制也仍然像它赖以立足的基本“国家”观一样是家产制的。最近赫尔曼·莱维以斯图亚特家族治下的英国作为令人印象最为深刻的范例，再清楚不过地表明了这一点。[7] 在君主与新兴市民阶级之间的斗争中，“专卖权”问题一直是主要争端之一；君主追求的是从议会那里争取财政独立，按照政教合一的“福利国家”模式对整个国家和经济加以理性—官僚制组织，而市民阶级的利益在议会中却变得日益举足轻重。王室家族的成员与亲信、廷臣、发了财的军人和官员、像约翰·劳**那样的大投机家和政

---

* Maria Theresia（1717—1780），奥地利女大公、匈牙利和波希米亚女王、神圣罗马帝国皇帝弗兰茨一世的皇后、神圣罗马帝国皇帝约瑟夫二世之母。

** John Law（1617—1729），苏格兰货币改革家，开发美洲法属领地的“密西西比计划”制定者。

治经济学“体系”的冒险发明家（在英国以外往往还有犹太人），当时也都形成了一些经济上的利益集团，他们的后盾就是王室特许权和以此为基础引进、创办或受到保护的工业。这是一种把现代工业转变为家产制资本主义的努力，而这种资本主义在古代和中世纪的东西方可谓无处不在，并且极少中断。它常常能促进或者唤醒“经营精神”，至少暂时能够如此。但这种努力本身总体上说却是失败的，斯图亚特王朝、波旁王朝、彼得大帝、腓特烈大帝的制造业，除了极少数特殊部门以外，在过了保护期之后都没有存活下来。在英格兰，强制性垄断工业也都随着斯图亚特王朝的专制主义福利国家一起土崩瓦解了。不论柯尔贝尔*时期还是腓特烈与彼得时期，都没有成功地把他们的国 1099
家变成工业化国家。这种失败的经济根源就在于无视区位经济因素，在英国以及其他国家，受保护的产品往往质量低劣，由市场条件引导的资本流动受到阻碍；由于总是可能出现新的特权，垄断期始终不明确而导致了法律上的不安全感，则是这种失败的**政治**原因——阻碍因素仍是家产制统治权的任意性。

十二、封建制条件下财富的形成与分配

封建秩序对经济有着不同于家产制的影响，后者既能促进也能扭曲现代资本主义。家产制国家为统治者的整个酌处权范围提供了一个积累财富的狩猎场。只要传统的或定了型的规定并没有施加严格限制，家产制就会放开缰绳让统治者本身、廷臣、亲信、总督、官员、

* Jean-Baptiste Colbert（1619—1683），法国国王路易十四的财政总监和海军国务大臣。

收税人、权力贩子[*]、巨商大贾以及承担了包税人、征发官[**]和放贷人职能的金融家发财致富。统治者的恩宠和冷遇、授权和褫夺授权，不断创造着新的财富，然后又毁灭着财富。相比之下，封建制则详细划出了权利和义务的界线，不仅对整个经济，而且对个人财富的分配发挥着稳定性影响。[8]它从一开始就是通过法律秩序发挥影响的。封建联合体以及相关的、有着定型的身份结构的家产制形式，则构成了纯粹具体的权利和义务综合体。我们已经指出，它们接近于立足“主观”权利，而非“客观”法律基础上的“立宪国家”（Rechtsstaat）。那里存在的不是抽象规则体系，而是一大堆既得权利；前者会允许任何服从者自由利用自己的经济资源，后者却会阻挠获利的自由，仅仅通过进一步授予具体的特权提供资本主义的获利机会，那些最古老的制造业一般都是建立在这种特权基础上的。当然，资本主义获利活动以这种方式得到的支持，要比家长家产制变化无常的个人恩宠给予的支持更加稳定，但这种被授予的特权也会始终面临遭到抵制的危险，因为旧有的既得权利仍然原封未动。

封建制的经济基础与结果甚至更加阻碍资本主义的发展。作为
1100 封地而被授予的土地变成了固定资产，因为一般它是不能转让、不可
分割的；封臣承担义务的能力、按照骑士方式生活的能力以及教养子

---

* influence peddler，向商人等出卖手中权力者，或有门路及自称有门路而专替商人等与官方拉关系者。

** purveyor，旧时英格兰王室拥有王室征发权的官员。王室征发权指君主和王族巡游各地时低价强购所需物品的特权，从中世纪到 17 世纪，这种做法经常引起民愤。国王驾到之前，他的官员就在商场或市集上强行购物，同时还征用马匹、车辆和人工，乘机牟利。《大宪章》（1215）首次限制了这种特权，1660 年王政复辟后将其废除。

女的能力，实际上都要依赖于把他的财产连结为一体。有时封臣甚至不得转让自己的私有土地，或者会受到严格限制，比如禁止他们把土地卖给并非同等身份的人——日本**幕府将军**的封臣（御家人*）就是如此。封臣一般并不亲自经营，至少不是以资本主义方式经营被授予的土地，由于来自这种土地的收入要依赖农民提供货物与服务的能力，因而在领主制度下，对财产和经济管理的约束就会一直延伸到底层。封建制在日本普及的同时，土地也被禁止再分封和出售以防出现**大规模领地**，同时还禁止土地抛荒，凡此种种都是为了保护农民既有的生计以维持他们的经济能力。众所周知，同样的发展也出现在东方。这些约束和封建结构总的来说未必像人们有时认为的那样是敌视**货币**经济的。海关税、手续费、能产生收入的领土权利——特别是司法权——也是作为封地被授予的。只要看来经济上行得通，采邑领主总是会强烈倾向于把农民的服务转变为税收，这种情况在英格兰早就出现了；如果农民在经济上无力缴税，地主就会采用徭役经营（Fronbetrieb）形式直接从事资本主义获利活动；如果有可能，封建的采邑领主或政治统治者就会出售他们的剩余物资以换取货币。按照拉特根（Rathgen）的说法，日本**大名**在大阪常设的代理机构，主要就是为了销售他们剩余的稻谷。条顿骑士团则是通过他们在布鲁日的代销机构以更大的规模参与贸易，他们是一个过着集体生活的僧侣骑士共同体，是个经济上很理性的共同体，他们的封臣都是农村的地主。骑士团与普鲁士各城市——尤其是与但泽、托伦——的对立，实质上就是骑士团的共同体经济与市民之间的竞争。经营内地谷物和城市间

---

* gokenin，日语音译，意为“家臣”，通常指将军亲近的陪臣。

接贸易的波兰贵族联手对抗骑士团的垄断要求，结果是这些城市倒向了波兰，对于德意志文化（Deutschtum）来说，西普鲁士丢失了。

当然，采邑的出口贸易并不只是出售实物地租，而且还有其他产品。封建领主或政治统治者也可能成为一个资本主义生产者或放贷
1101 人，**大名**就是一例。得助于农奴劳动，封建领主往往会开办商业经营、采邑家庭工业以及特别是俄国那样的工厂。因此，封建制的家产制基础绝不意味着必定与自然经济联系在一起。但在一定程度上也正是由于这个原因，现代资本主义才受到了阻碍，因为它依赖于大众对工业产品的购买力的发展，但农民向地主或封建司法行政官频繁提供超常税赋和服务，却吞噬了他们的大部分这种购买力，而这种购买力本来是有可能为创造一个工业产品市场发挥作用的。领主得自这种聚敛的购买力并没有给现代工业资本主义赖以立足的大规模生产的商品带来市场，而是创造了奢侈性需求，特别是消费取向的维持私人仆役的生计。此外，由于采邑的营利性经营是靠强迫劳动运转，也由于采邑家族与手工业经营普遍利用无偿劳动因而浪费了人力资源，它们阻止了劳动力进入自由市场，而且它们使用劳动力的方式大都不能创造资本，有时仅仅是消耗劳动力。这种经营之所以还能与城市工商业竞争，是因为它们的劳动力得到的报酬极低，或者根本没有报酬，而这样的工资水平不可能创造出大规模的购买力；尽管具有这样的优势，但这些经营活动因为技术“落后”，而且采邑领主一般都会试图通过政治压力阻挠城市工商业的资本主义发展，所以也还是没有竞争力。总起来看，封建阶层往往都会倾向于限制资产阶级积累财富，至少会倾向于贬抑那些“暴发户”（nou veaux riches）的社会地位。这在封建的日本尤其突出，那里的整个对外贸易最终受到了极大的限制，其主

要目的就是为了稳定社会秩序。其他各地也能在不同程度上看到类似现象。采邑领主的社会声望则会刺激“暴发户”利用已经获得的财富向土地，而不是向资本主义冒险活动进行投资，以图有可能的话进入贵族行列。所有这些因素都会阻碍生产性资本的形成，这在中世纪有着非常典型的表现，特别是在日耳曼。

封建制或多或少都会阻碍或扭曲资本主义的发展；此外，它的强大的传统主义还会增强对一切新社会的形成都抱有怀疑态度的威权主义权力。但是，它的法律秩序的连续性毕竟要比非定型的家产制国家大得多，这可能有利于资本主义的发展。如果资产阶级的财富积累不像在日本那样受到诸多限制，尽管它将会放慢速度，无论这将造成什么样的损失，但相比家产制国家那种难以捉摸的经济机会，最终却可 1102
能通过比较渐进的持续发展而形成一种理性的资本主义**制度**，并推动它在封建制度的夹缝中向前挺进。在西方中世纪时的北方各国，个人获利的机会要大大少于亚述帝国、哈里发帝国及土耳其的官员和政府采购官、中国的达官显贵、西班牙及俄国的政府采购官与国家债权人。然而，恰恰是因为缺少这些机会，资本才会通过包出制工业及制造业流入了纯粹的资产阶级获利渠道。封建结构越是成功地阻止了**暴发户**的渗透，把他们排除在官职与政治权力之外，贬抑他们的社会地位并禁止他们获得贵族的不动产，就越是会把这种财富导向纯粹的资产阶级资本主义用途上去。

十三、家产制垄断与资本主义特权

家长家产制远比封建制更能容忍社会流动和获取财富。家产制统治者并不喜欢独立的经济与社会权力，因而不会支持劳动分工基础上——这意味着贸易基础上——的理性经营。但是他也并不支持自由获利与自由贸易领域中的身份壁垒，除非存在着公益性派捐约束，否则他会认为这种壁垒对他自身的权力构成了一些很麻烦的限制。因此，在托勒密帝国，完全的贸易自由和高度发达的货币经济，一直延续到最后一个家族统治的时期，尽管事实上国王的全部家产制权力及其个人的神圣性像在法老的国家社会主义时代那样一直发挥着广泛的影响。至于其他方面，家产制统治究竟更倾向于自身把持垄断权，因而对私人资本主义抱着敌视态度，还是更倾向于为资本提供特权，这要决定于各种各样的环境因素，其中两个最为重要的是政治因素：

1）这就是家产制的支配结构，不管它是等级式的还是家长式的。在头一种情况下，**如果其他条件相同的话**，统治者本身垄断权的自由发展当然会受到较多限制。然而事实上，现代的西方人很熟悉家产制统治者的许多垄断权，至少远比同时代的中国人熟悉得多，不过还有一个事实是，这些垄断权的绝大多数只是表现为向资本家出租或发放
1103 许可证，这意味着是以私人资本主义方式被利用的。况且，统治者的垄断权会引起被统治者十分有力的反应。这种强烈反应在严厉的家长制支配下却极为罕见；诚然，国家垄断——比如中国的文献也似乎进一步证实了——到处都会招来怨恨，但多数时候都是遭到消费者的憎恶，而不是像在西方那样遭到（资产阶级）生产者的憎恶。

2）第二个因素我们已经在不同场合多次谈到了：若干国家间的权力竞争越是使它们必须设法得到流动货币资本，那么私人资本在家产制国家中的特权就越是发达。享有政治特权的资本主义在古代时期的繁荣，就是因为若干国家为谋取优势地位和生存机会进行着长期斗

争；它在中国的相应历史时期似乎也很发达。后来它在西方的重商主义时代又获得了繁荣，因为现代列强开始了它们之间的政治竞争。它在罗马帝国消失了，因为罗马帝国变成了一个世界帝国，需要做的只是必须保卫边界；它在中华帝国几乎根本不存在，在东方和希腊化国家也比较微弱——这些国家越是“世界的”，它就越是微弱，在哈里发帝国同样如此。当然，并不是任何权力竞争都会导致资本的特权，只有当资本已经开始了形成过程时才会出现这种情况。反过来说，大规模世界性国家的安定环境以及随后对资本的政治需求趋于平淡，则会消除资本的这种特权地位。

政府垄断的最重要对象就是**铸币**，家产制统治者主要是为了纯粹的财政目的而实行垄断。在西方中世纪，为达到这些目的而采取的常规手段就是确立自行铸币的垄断权，以此压低金银的价值，而铸币的变质则是非常规手段。但这种做法表明，铸币的普遍使用已经到了非常发达的程度。不论是埃及和巴比伦的古代时期还是腓尼基和前希腊化时代的印度文明，都还没有使用铸币；波斯帝国和迦太基人使用铸币也仅仅是为了用贵金属支付习惯于接受这种报酬的军队和外国雇佣军（在迦太基，这些雇佣军都是希腊人）；而且铸币也不是一种经济交换手段，因为在商业交换中是采取称重的办法，在零售交易中则使用惯例上承认的货币形式。因此，铸币在波斯仅限于金块。相反，中国统治者的铸币直到现在也只是**零售**贸易的交换手段，而**商业**则不得不依赖称重办法。最后这两个表面上似乎背道而驰的现象可能有助于告诫我们，不能把铸币状态视为货币经济发达的征候——对中国来说 1104
尤其如此，因为那里早就知道使用纸币了。毋宁说，两个征候涉及的是同一个事实：家产制行政的粗放性及其结果——它无力把它的铸币强加给商人们。但是毫无疑问，国家铸币的理性化及其日益广泛的使用，大大推动了商业的技术发展。一则是公元前6世纪到威尼斯、热那亚取得霸主地位这一又四分之三个千年期间古希腊人在贸易技术上的优越性，一则是撒拉逊人*的贸易优势，在一定程度上都是由于他们率先利用了这项进展。亚历山大征服后的东方地区——包括印度——密集的货币经济的发展，至少在技术上就是由它共同决定的。不过，经济的命运从此也就与发行铸币的列强在财政状况上的盛衰起伏紧紧拴在一起了。由于越来越多地向军队授权以及随之出现的货币紊乱，罗马财政在公元3世纪陷入了灾难性的境地，这种灾变绝非古代晚期向自然经济倒退的原因，但却是个推波助澜的因素。不过总的来说，政府币制的有序化，更多的是决定于经济对国家的特定要求（这产生于长期稳定的商业交易惯例），而不是决定于经济发展状况。古代时期和中世纪的城邦涌现出了理性铸币的要求，而西方意义上的城市发展，尤其是独立的行会和本土零售贸易——不是批发贸易——的蓬勃兴起，就反映在了铸币理性化之中。

十四、精神气质与生活方式

支配结构不仅通过这些商业技术手段的创造，更多的是借助于它所确立的**精神气质**影响着各民族的普遍习性。在这方面，封建制和家长家产制大为不同。两者有力塑造出来的政治与社会意识形态大相歧异，由此也塑造了非常不同的生活方式。

---

* Saracen，希腊人和罗马人对十字军东征时的阿拉伯人或伊斯兰教徒的称呼。

特别是在自由封臣与封地制度的形式中，封建制乃是诉诸自愿接受并保持的荣誉观和个人效忠作为基本的行动动机。忠诚与个人效忠也是许多平民形式的家产封建制或公益性派捐封建制（奴隶军队、赐 1105
地业主那样的殖民士兵、农民或卫戍部队，尤其是隶属民和**科洛尼**军队）的根基。然而，他们缺少作为整合要素的身份荣誉。另一方面，身份荣誉对于“城市封建制”的军队却关系重大。斯巴达人的身份荣誉就是依赖于武士的骑士荣誉和礼仪；它对那些逃避战斗、违反礼仪者会待之以“涤罪决斗”；早期的希腊**重甲步兵**军队一般也都以弱化的形式表现出了这些特征。但是他们都没有个人的效忠关系。十字军东征时期，东方的俸禄封建制曾保持了一种骑士身份意识，但总的来说，它始终是由统治权的家长制性质塑造出来的。一如我们看到的那样，荣誉和效忠相结合仅见于西方的封建制和日本的“家臣”封建制。两者与希腊的城市封建制一样都重视一种特殊的身份教育，旨在熏陶以身份荣誉为基础的**精神气质**。但与希腊的封建制形成鲜明对照的是，它们都把封臣的效忠看作人生观的核心，从这种观点去理解形形色色的社会关系，包括与救世主和亲人的关系。封建的组合体由此把极为个人化的联系渗透到了最为重要的各种关系之中，它们的独特性也就促使骑士的尊严感集中到了对个人的崇拜上。这与一切非个人的商业关系都形成了强烈的对比，因为在封建伦理看来，一切非个人的商业关系必定都是没有尊严的，是粗鄙的。

然而，这种与商业理性的对立也还有其他根源。首先是封建制度特殊的军事性质，它最终影响到了政治结构。典型的封建军队乃是一种骑士军队，这意味着决定性的因素是个人的英勇战斗，而不是大规模军队的纪律。军事教育的目标不是像大规模军队那样为了适应有组织的作战行动进行训练，而是为了各自完善自身的武艺。因此，有一个要素就在训练和一般行为中找到了固定位置，这个要素就是**竞技**，它是发展对人生有益的各项品质的一种形式，属于男人之家和动物的创造性活力，但是随着生活的理性化进程，它被逐渐淘汰了。在封建制条件下，它和有机体的生命一样不是一种“消遣”，而是保持有机体心理生理活力和应变能力的天然形式；竞技是一种“训练”形式，源于自发的、不间断的动物本能，至今仍超然存在于“精神”与“物质”、“肉体”与“灵魂”的一切分野之外，不论从惯例上看它已升华到了什么程度。竞技达到了特别唯美的完善性而又堪称真正的朴实无
1106 华，只有唯一的一次：封建或半封建的希腊武士社会，首先是在斯巴达。相比**重甲步兵**公民的（相对）民主而言，在西方封建骑士和日本的家臣中，贵族的身份惯例由于有着更严格的距离感和尊严意识，便对这种自由施加了更大的限制。但是不可避免，竞技在这些骑士阶层的生活中也占有一种极为严肃而重要的地位，它构成了一切经济上的理性行为的对立面。然而，居于支配地位的封建阶层的“贵族”精神气质，也在直接维护着与唯美生活方式——它产生于竞技的唯美一面——的这种密切联系。需要“炫耀”、迷人和堂皇壮丽，需要种种谈不上功效，用奥斯卡·王尔德的话说有“美的”意义但并无用处的器物修饰生活，这主要是封建身份的需要，也是一种重要的权力手段，目的在于通过大量暗示以维护自身的支配地位。从拒绝目的理性地控制消费这个意义上而言的“奢侈”，对于支配的封建阶层来说绝非多余：这是在社会上自我肯定的一种手段。

最后，正面特权封建阶层并不是从功能角度把自身的存在看作一种手段以服务于一种使命、一种理应有目的地加以实现的观念。他们

的典型神话就是他们的“存在”所具有的价值。只有为真正的信仰而战的骑士才会抱有不同的取向，而且，只要他长期占据了支配地位，自由的唯美竞技就只有一种有限的重要性了，这在伊斯兰教世界尤其突出。总之，封建制天生就鄙视资产阶级的商业功利主义，认为那是肮脏的贪欲，是对它特别不利的生活力量。封建的行为方式与理性的经济精神气质背道而驰，而且导致了对商业事务的漫不经心，这是所有封建阶层的典型表现，不仅与资产阶级形成了鲜明对照，而且与农民那种无人不知的精明也判然有别。封建社会的这种休戚与共乃是以灌输骑士惯例、身份自尊和荣誉感的共同教育为基础的。这种教育因其世俗取向而与先知和英雄的超凡魅力巫术禁欲主义格格不入，因其好战的英雄气概而与文学教育格格不入，因其游戏特征和唯美特征而与理性的专业训练格格不入。

在几乎所有这些方面，**家长**家产制则对生活方式产生了不同的影响。封建制始终是由掌握了军事技能的少数人进行支配的。家长家产制则是由单独一个人进行大规模支配，一般来说它都需要官员，而封建制对官员的需求则会降到最低限度。如果家长家产制不依赖外族人构成的家产制军队，它就要紧紧依靠臣民的良愿，但封建制在很大程度上可以不去顾忌这一点。为了对付特权身份群体危险的野心，家产 1107
制会不遗余力地动员大众，而大众到处都是它的天然追随者。被大众传说加以美化的理想人物并不是英雄，而是“明君”。因此，家长家产制就必须赋予自身作为臣民福利监护者的正当性，无论从它自身还是从臣民的角度来看都是这样。“福利国家”就是家产制的传奇，它不是产生于庄严承诺相互忠诚的自由伙伴关系，而是产生于威权主义的父子关系。“万民之父”（Landesvater）就是家产制国家的理想。因此，家长制可能会成为一种特殊福利政策的载体，而且只要它有足够的理由确信大众抱有良愿，它也确实会发展这样的福利政策。现代史上已经出现过这样的情况，比如在斯图亚特家族统治时期的英格兰，当该家族与清教徒资产阶级和半封建**显贵阶层**的反威权主义势力进行斗争时，劳德推行的基督教福利政策就带有部分是教会的，部分是家产制的根由。封建制的行政功能最小化与家产制的行政利益最大化形成了鲜明对照，前者只有在领主的经济供给所必需时才会顾及到隶属民的福利。家产制统治者占用的一切新的行政功能，都意味着他的权力和意识形态重要性的上升，并为他的官员创造新的俸饷。家产制统治者根本不会关心财富，特别是土地的定型分配；他只有在以公益性派捐方式满足了自身需求的情况下才会规定经济上的限制；他会通过集体责任机构实现这一目的，在那些机构内部可能会出现财富的剖分。如果他借助货币经济满足自身需求，那么小块的土地占有和集约式农业，再加上可以自由转让的土地所有权，则是非常符合他的自身利益的。家产制统治者丝毫不会厌恶通过理性的获利活动形成新的财富，事实上他还会支持这个进程，但条件是不能出现新的权力且未经他的认可而获得权威。

从卑贱地位，从奴隶地位和统治者的下层仆役地位一跃而至并不可靠的全权宠臣地位，这是家产制的典型现象。家产制统治者为了自身支配的利益，必定会反对封建贵族的身份自治和资产阶级的经济独立。归根结底，“臣民”任何独立自主的尊严乃至单纯的荣誉感，都肯定会被怀疑为是敌视权威的表现；从相应的历史斗争的结果来看，在精神上忠实于最高统治者的权威，实际上是个随处可见的现象。英国
1108 **显贵**的有效行政最小化和统治者依赖于他们的自愿参与，法国及其他

拉丁国家的革命成功，俄国社会革命精神气质的独立不羁，都曾阻碍或摧毁了那种对权威的内在忠诚，但它始终是德国不受约束的家产制统治一份难以根除的遗产，并且在局外人看来显得毫无尊严。从政治角度来看，德国人的确是典型的 Untertan（臣民），该词用在他们身上可以说最为恰当，因而路德教才会成为他们特有的宗教。

家长家产制唯一专门的教育体系就是行政训练，它仅仅为某个阶层提供基础，就其最始终如一的形式而言，这个阶层是个有教养的身份群体，最著名的就是中国的类型。然而，教育也可能始终掌握在神职人员手中，他们拥有的各种技能有助于家产制行政，比如会计和文书工作，封建制对此还一无所知。中世纪的近东和西方就是这种情况。那样的教育带有特殊的文学性质。教育也可能是一种世俗的法律职业训练，比如中世纪大学的情况，但即使那里也始终是一种文学教育，而且它的日益理性化带来了专业化心态和“职业”理想，这都是现代官僚制的典型表现。家产制教育始终缺少以下特征——游戏和对艺术的选择性亲和，英雄般的禁欲主义和英雄崇拜，英雄的荣誉感和对商务与官职功利主义的英雄般敌视，而这些特征都是封建制着力培育和保持的特征。实际上，行政“组织”（amtliche Betrieb）就是一种非人格的“商务”（sachliches Geschäft）：家产制官员并不是以他的“存在”，而是以他的“功能”作为自身荣誉的基础，他期望的是以他的“服务”获得利益和升迁；在他看来，骑士的闲散、竞技和商业冷漠肯定都是慵懒和缺乏活力的表现。与家产制官员相适应的身份精神气质，在这里倒是与资产阶级的商业精神气质灵犀贯通了。我们从古埃及书吏和官员的诫子书中可以看到，那时的为官之道就已经有了清晰的功利主义资产阶级性质。原则上说，自那时以来，除了从家产制官员向现代官僚的发展过程中越来越理性化和职业性的专业化以外，一切都没有变化。

官员的功利主义和资产阶级特有的精神气质始终存在着一个主要差别：前者憎恶获利的冲动，对于一个领取固定薪金或收取固定手续费的人来说，产生这种憎恶是很自然的，从理想角度来说，他应当是廉洁的，他的业绩之所以能带来尊严恰恰就在于这一事实：那不是经
1109 商致富的源泉。在公共和平领域，家产制行政关心的是保护臣民传统的谋生手段和满足，因此，它对有可能颠覆既定社会条件的资本主义的发展是格格不入且疑虑重重的；我们已经知道，儒家的精神气质尤其如此，其他各地也都有一定程度的表现，这其中还有一个特别的因素在起作用，即对新兴的独立经济力量的愤恨。现代特有的资本主义首先在英国得到发展，这绝非偶然，因为那里的官员统治被降到了最低限度，一如在类似条件下古代资本主义也曾达到过巅峰一样。这种愤恨和官僚以传统的身份取向态度对待理性的经济赢利，变成了可资现代国家福利政策依靠的动机，尤其是在官僚制国家推行福利政策的动机。然而，这些动机也决定了福利政策的限度和特性。

注　释

除非另有说明，所有注释与校订均为 Roth 所作。

1　韦伯利用了大量有关封建制的德文文献，其中有一些已在《法律社会学》及其他各处引用过（G. v. Below，H. Mitteis，etc.）。韦伯的同时代人 Otto Hintze 对韦伯的比较研究影响尤深。他是历史学家，但对比较研究方法却有着罕见的敏感，撰有“Wesen und Verbreitung des Feudalismus”（1929）、“Typologie der ständischen Verfassungen des Abendlandes”（1930）、“Weltgeschichtliche Bedingungen der Repräsentativverfassung”

（1931）、“Das monarchische Prinzip und die konstitutionelle Verfassung”（1911）等文，见 *Staat und Verfassung*（Göttingen：Vandenhoeck，1962）。Hintze 还评论了韦伯的《宗教社会学文集》（1922）和《经济与社会》（1926）；见 *Soziologie und Geschichte*（Göttingen：Vandenhoeck，1964）。

关于 Otto Brunner 对有关封建制的文献的综述，见“Feudalismus. Ein Beitrag zur Begriffsgeschichte”，*Akademie der Wissenschaften und der Literatur. Abh. Der Geistes-und sozialwissenschaftlichen Klass*，1958，vol. 10，3—39。

除了 Marc Bloch 与 Francois Ganshof 关于欧洲封建制的标准书以外，英语读者还应参阅 John Whitney，“Feufalism in Japan”（*Comparative Studies in Society and History*，V，Oct. 1962），因为日本是封建制的另一主要个案。另见 Vatro Murvar，“Some Reflection on Weber's Typology of *Herrschaft*”，以及 Norman Jacobs，“The Patrimonial Thesis and Pre-Modern Japanese Herrschaft”，两文均载 *The Sociological Quarterly*，V：4，1964，374—395。

2 见 Ulrich Stutz，*Geschichte des kirchlichen Benefizialwesens*（Scientia Alen，1961），sec. ed.（第一版为 1895 年）；id.，*Die Eigenkirche*（Berlin，1895），以及论“Eigenkirche”的文章，载 *Realenzyklopadie für protestantische Theologie und Kirche*，XXIII，1913，364—377。（R and W）

3 参阅韦伯在“印度教与佛教”一文中的论述，见 *GAzRS* II，295ff；英文版《印度的宗 1110
教》（*Religion of India*），270ff。（W）

4 参阅 C. H. Becker，*Islam-Studien*，I（1924）。（W）

5 见 Karl Marx，“Das Elend der Philosophie”，载 Marx/Engles，*Werke*（Berlin，1959），IV，130。

6 参阅 C. H. Becker 上引书，62f.，263ff。（W）

7 见 Herman Levy，*Monopoly and Competition*（London，1911）和 *Economic Liberalism*（London，1913），ch. III；德文版分别为 1909 和 1902 年。

8 此说遭到了一项批评，见 Alfons Dopsch，*Herrschaft und Bauer in der deutschen Kaiserzeit*（Sttugart：Fischer，1964；第一版为 1939），199ff。Dopsch 是韦伯的同时代人，他对韦伯的论断——封建制稳定了个人财富的分配——提出了批评，并指出 12 到 13 世纪贵族和君主在封地上的繁忙贸易。然而，他忘记了韦伯论断的比较性质——这是在比较家产制结构时得出的论断，他也忘记了韦伯是在评估阻碍和促进资本主义发展过程中的力量平衡。Dopsch 坚持认为，韦伯估计不足的是，封地的转租促进了经济增长，而激励了封建领主的并不是传统主义的经济标准（p. 210），而是一种“进行理性计算的经济精神”（p. 207）。但是，韦伯随后便指出，封建限制未必就会敌视货币经济。Dopsch 固执地要抹杀韦伯在那种无处不在的获利精神和在现代资本主义形成过程中发挥作用的特殊动机与活动之间作出的区分。在韦伯写作《经济与社会》期间，Dopsch 曾试图证明早在加洛林王朝时期就已经存在资本主义企业和市场生产了（*Die Wirtschaftsentwicklung der Karolingerzeit*，1912）。

文
景

Horizon

社 科 新 知　文 艺 新 潮

经济与社会

第二卷

[下　册]

[德]马克斯·韦伯 著

阎克文 译

上海人民出版社

目　录（下册）

第十五章　政治支配与僧侣支配　1582

第十六章　城市（非正当性支配）　1654

第十四章 1111

超凡魅力及其变形

（一）超凡魅力的性质及作用

一、超凡魅力权威的社会学性质[1]

官僚制与家长制在许多方面都是对立的，但是，它们最重要的特性之一，就是同样具有**连续性**。在这个意义上说，两者都是日常生活的结构。特别是家长制，它的根基就在于必须满足不间断的日常需求，因此，它的首要立足点就是**经济领域**，确切地说，是那些与满足日常需求有关的部门。家长在日常生活事务中是天然的领袖。在这方面，官僚制仅仅是家长制的理性对应物。官僚制也是一种恒定结构，它有自己的理性规则体系，它的取向是以普通的寻常手段满足可以计算的需求。

一切**超常的**需求，即**超越**了日常经济轨道的需求，始终都要以一种完全异质的方式——在**超凡魅力**基础上——加以满足。我们越是回
1112 溯历史，这一点就越是突出，其中的含义如下：只要出现危难局面，不论那是生理的、心理的、经济的、伦理的、宗教的还是政治的危难局面，此时的“天然”领袖就既不是被任命的官员，也不是现代意义上的“职业人”（即在训练有素的特殊专长基础上从事一种“职业”以获取报酬的人），而是肉体与灵魂都具有特殊天赋，被认为是“超自然”的人（意思是这些天赋并非人人可以企及）。

这个背景下的“超凡魅力”一词应当具有完全价值中立的用意。北欧的狂暴武士（berserker），传奇般的爱尔兰平民英雄库秋兰，或者荷马史诗中的阿喀琉斯，他们的英雄迷醉就是一种疯狂大发作。比如狂暴武士，他会像条疯狗一样咬进自己的盾牌，咬向他周围的一切，直至进入嗜血狂的状态。长期以来，据说这种状态都是借助药物人为所致。拜占庭就曾豢养了许多这种“blondbeast”*，一如古代的战象。萨满教僧的迷醉则是与体质性癫痫联系在一起的，得了癫痫并通过考验即可证明超凡魅力资格。在我们看来，以上两种迷醉形式都没有什么教化作用，见于摩门教圣经中的神启也同样如此。如果我们不得不对这种神启进行评价的话，也许只能把它叫作十足的骗术。但社会学并不关心价值判断。重要的是，摩门教教主和那些“英雄”与“巫师”，在他们的信徒眼中已经证明了自身的超凡魅力，他们就是利用这种天赋（“超凡魅力”）——在神的观念已经明

---

* 字面义为“金发白肤兽”，指金发白肤原始人，北欧的白肤型原始人，通常被认为是一种杰出的动物，一种高级的或理想的体形，或一种掠夺成性的生物，后泛指任何具有攻击掠夺秉性的人。

确成型的地方还会利用他们自身能力中的内在神性使命——作法并行使权威。医生如此，先知如此，法官、军事统帅或者大规模狩猎探险的头人也同样如此。

鲁道夫·佐姆之功就在于厘清了这种支配结构（*Gewaltstruktur*）的社会学性质；然而，由于他是从一个具有重要历史意义的个案——基督教会宗教权威的崛起——展开这个范畴，故从历史多样性的角度来看，他的论述不免失之片面。[2]原则上说，这些现象是普遍性的，尽管它们往往在宗教领域最为突出。

与官僚制组织完全相反，超凡魅力不计正式和正规的任免，不计升迁或薪金，没有监察或上诉机构，没有地方性或纯技术性的管辖权，没有官僚制代理机关那样独立于任职者及其个人超凡魅力的常设机构。超凡魅力都是自主确定自身的限度。它的承载者会领悟到注定要由他承担的任务，并要求他人根据他的使命服从和追随他。他自信 1113
是受命降临到人们中间的，但如果那些人不承认他，他的要求瞬间就会变得毫无价值；如果他们承认了他，只要他能“证明”自己，他就会成为主宰者。然而，他的要求并非以选举的方式产生于追随者的意志，毋宁说，是追随者**有义务**承认他的超凡魅力。中国人的理论认为，皇帝的统治权利要依赖于人民的同意，但这就像早期基督教会众的先知必须得到信徒的“承认”一样，根本不是人民主权的范例。就中国的情况而言，这只是承认王位的超凡魅力性质，它需要皇帝具备**个人资格**与效能。一般来说，超凡魅力是一种高度个性化的品质。这意味着超凡魅力传导者的使命与权力不会接受外部秩序划定的界限，其质的界限是内生的。通常，这种使命乃是针对一个地方的、伦理的、社会的、政治的、职业的或者某个其他的群体，而这就意味着它也会在这些群体的边缘看到自己的界限。

像在所有其他方面一样，超凡魅力支配在经济基础方面也是官僚制的对立面。官僚制要依赖连续性的收入，至少要**特别**依赖货币经济和税金，而超凡魅力虽生于此世却不以此世为生。这一点应当正确理解。超凡魅力往往厌恶拥有和赚取货币，例如圣方济各以及许多他的同类。但这并非定例。从我们赋予超凡魅力一词的价值中立意义上说，一个足智多谋的海盗也有可能成为一个超凡魅力统治者，而那些超凡魅力政治英雄却会热衷于掠取战利品，特别是货币。关键在于，超凡魅力拒斥一切条理化的理性获利活动，事实上是拒斥一切理性的经济行为，认为那有辱尊严。这也说明了它与建立在有序的家政基础上的家长制结构存在着根本差异。就其纯粹形式而言，超凡魅力绝不是私人收入的一种来源，它既不会被利用来交换服务，也不会被运用去获得报酬，且不知通过有序的税收以满足使命的物质需要；毋宁说，如果它有着和平的目的，它会通过赞助人或者通过自己的追随者的敬赠、献金或其他自愿供奉而接受必要的资产。像超凡魅力武士那样的情况，则战利品既是使命的手段也是使命的目的。与所有家长制支配形式相反，纯粹的超凡魅力和一切系统的经济活动都是背道而驰的，事实上，它是**真正**最强大的反经济力量，即使在它追求物质财富时也是如此，比如超凡魅力武士的情况。超凡魅力本质上就不是一种连续性的制度，其纯粹类型更是完全相反。为了完成使命，主宰者及其信徒和直接追随者就必须摆脱日常的世俗羁绊以及职业与家庭生活的义
1114 务。那些分享（κλῆρος）超凡魅力的人不可避免地都要拒绝尘世：比如耶稣会的章程就禁止成员担任教会官职；其他教团则禁止成员或者教团本身拥有财产，比如圣方济各起初的教规；修道会教士和骑士团

骑士的立誓不婚；许多先知超凡魅力或者艺术超凡魅力秉持者实际上遵行的独身规则。按照超凡魅力的类型和与其相应的行为来看，参与者的经济条件可能彼此有别。具有艺术渊源的现代超凡魅力运动始终把“独立财产人”——用大白话来说就是**食利者**——看作超凡魅力领袖最有资格的追随者，但中世纪的修道院却始终要求在经济上反其道而行之，即要求修士们发誓守贫。[3]

二、超凡魅力权威的基础和不稳定性

超凡魅力权威天生就是不稳定的。秉持者可能会丧失他的超凡魅力，他可能会像十字架上的耶稣一样感到“被他的神离弃了”[参阅《诗篇》22：1，《马太福音》27：46，《马可福音》15：34]；或者被他的追随者认为“他的力量已经耗尽”。此时他的使命即告终结，希望在于期待和寻找一位新的超凡魅力承载者；他的追随者将会抛弃他，因为，除了由个人的力量一再加以证明的正当性以外，纯粹的超凡魅力不承认还有任何其他的正当性。超凡魅力英雄的权威并不像官职权限那样来自既定的秩序和法规，也不像家产制那样来自习俗和封建效忠。他仅仅凭借在实践中证明他的力量，以此获得并保持权威。如果他想成为一个先知，他就必须创造一些奇迹。如果他想成为一个战争头领（Furst），他就必须表现出一些英雄业绩。至关重要的是，他的神圣使命必须通过为忠实追随者们**带来幸福**进行自我证明，如果他们并没有活得更好，他显然就不是个神遣的主宰者。很清楚，这是真正的超凡魅力所具有的极为重大的含义，它根本不同于今天那种“君权神授”的方便托词，后者又回到了“不可测知的”神意，“只有君主才能对神意负责”。[4]真正的超凡魅力统治者实际上恰恰相反，他要对被统治者负责，就是说，他要负责证明自己的确是神遣的主宰者。

因此，像中国皇帝（他的权力至今仍然——在理论上——包含着重要的超凡魅力遗风）那样的统治者，如果他的行政未能消除被统治者遭受的苦难，他就可能公开谴责自己的罪过与低能，不管那是洪灾
1115 还是战败带来的苦难；我们甚至在最近几十年间还曾见证了这一点。如果这种悔罪未能使诸神息怒，统治者就会面临废黜与死亡，并且常常以此作为赎罪的祭品。这就是孟子所说天听自我民听（按照孟子的说法，这是神发言的唯一方式）的具体含义：如果民撤回了承认，君不过就是一介平民（这有毫不含糊的表述），如果他另有所求，他就是一个应受惩罚的篡夺者。在原始条件下也可以看到这种事态，尽管那时尚无这些高度革命性言论的鼓动。由于所有的原始权威都具有内在的超凡魅力品质，除了最严格意义上的家长制以外，头领只要不再可能获得成功，往往就会被立即抛弃。

三、超凡魅力的革命性质

一俟超凡魅力主宰者的个人使命获得了承认，仅仅这一事实就足以确立他的权力地位。不管这种承认是比较主动的还是被动的，都是源于忠实信徒对那些非凡的、闻所未闻的、乖离一切规章和传统，因而被视为神性的现象的服膺，一种因苦难或激情而产生的服膺。正是由于这种合法化模式，真正的超凡魅力支配也就不知有什么抽象法则与规章，不知有什么正规裁判。它的“客观”法则乃是产生于对神赐

恩宠和神祇般英雄力量的高度个人化的经验，并且仅仅为了崇尚纯正的先知与英雄精神气质而拒斥一切外部秩序。因此，超凡魅力支配无不以一种革命性的极端方式改造一切价值观，并与一切传统规范和理性规范决裂：“虽明文有载……但**我**要告诉你们……”

超凡魅力裁判的特殊形式就是先知启示、神谕或者一个超凡魅力圣贤的所罗门式裁判（这是以具体的个别考虑为基础做出的裁判，但也要求绝对效力）。此即谚语意义而非历史意义上的“**卡迪**司法”的真正领地。（历史上的）伊斯兰**卡迪裁判**乃是决定于神圣传统以及对它的往往极为形式主义的解释，只有在那些裁判手段失灵的情况下才会放弃规则。真正的超凡魅力司法并不求助于规则，它的纯粹类型与讲究形式的传统规定是极端对立的，并且始终独立于传统的神圣性，独立于从抽象规范中进行的理性主义演绎。我们这里不能把诉诸罗马法的 *aequum et bonum*（公允善良）原则以及诉诸英国法中“衡平”的原 1116
初意义比作通常的超凡魅力司法，也不能比作特殊的伊斯兰教神权统治的**卡迪**司法。[5] 前两者在一定程度上是一种已经相当理性化的法律的产物，一定程度上则是抽象自然法的产物，总之，*exfidebona*（根据诚信）原则，指的是商业关系中的公平标准，因而与我们的“司法酌处权”一样，严格地说并不是非理性司法。但是，由于这种裁判以正规程序——从形式上确定神的意志——取代了个人超凡魅力权威，它已经属于超凡魅力的去个性化领域了，对此我们稍后就要谈到。

正如我们看到的那样，对传统来说，官僚制的理性化往往也是一种主要的革命性力量，但从原则上说，它和一切经济组织一样，也是以**技术手段**“从外部”进行革命：**首先**是变革物质与社会秩序，再**通过**它们去改变人，即变革适应条件，也许还会变革适应机会，通过理性确定手段和目的以改变人。相比之下，超凡魅力则是依赖于对神启和英雄的信仰，依赖于人们相信某些现象是重要而宝贵的，不管那是宗教的、伦理的、艺术的、科学的还是政治的现象，依赖于某种禁欲主义的、军事的、司法的、巫术的或者不论什么样的“英雄品质”。超凡魅力的信仰是“从内部”对人进行革命，并根据自己的革命意志塑造物质与社会条件。当然，应当正确理解这里的对比。虽然“观念”之间差异巨大，但实质上却有着相同的心理基础，不管它们是宗教的、艺术的、伦理的、科学的还是其他的什么观念。这也适用于有关政治与社会组织的各种观念。至于其中的某些观念被认为是“理性”，另一些被认为是“直觉”（或者不管使用其他什么区分法），则是一种受时代局限的主观价值判断。例如，维尔斯特拉斯[*]的数学想象恰如任何艺术家、先知或煽动家的想象一样，也是相同意义上的“直觉”。[6]但是差异并不在此。（附带说明一下，在价值领域，所有这些观念——包括艺术直觉——都有一个共同点，即为了把自身客观化，为了证明自己的实在性，它们必须表明把握了“作品”的要求，如果你愿意，也可以说是被这些要求所支配；它们并不仅仅是一种主观的感受或体验。我们这里并不关心价值领域的问题。）决定性的差异并不是观念或“作品”的**创造者**所固有的，也不是他的内在体验所固有的，毋宁说，这种差异乃是植根于被统治者与被领导者体验这些观念
1117 并内在化的方式——这对于认识“理性主义”的意义至关重要。我们先前已经指出，[7]理性化进程是以如下方式开始的：被领导的大众只是接受或适应那些对于他们的利益具有实际意义的外在技术结果（一

---

* Karl Theodor Wilhem Weierstrass（1815—1897），德国数学家，现代函数论创立人之一。

如我们“学习”乘法表以及不可胜数的法官“学习”法律技巧），至于创造者的“观念”之精髓，对他们来说无关紧要。这就是我们所说的理性化与理性组织“从外部”进行革命，而超凡魅力——如果它终究要产生特殊效果的话——则是从内部，从追随者态度的核心**变化**（metanoia）上展示其革命性力量。官僚制秩序只是由于遵从理性确定的规则以及由于这样的认识——如果一个人拥有必要的权力，这些规则可以被其他规则所接替，因此没有神圣性可言——而取代了对传统规范神圣性的信仰。但是，就其最强有力的形式而言，超凡魅力却会同时打破理性规则与传统、颠覆一切神圣性概念；它不是要人们崇敬悠久而神圣的习俗，而是迫使人们由衷地服从那些史无前例、绝对独一无二，因此是神性的事物。从这种纯粹经验的与价值中立的意义上说，超凡魅力的确是历史上特别富有创造性的革命力量。

四、超凡魅力的效力范围

超凡魅力权力和家长制权力都要依赖于对“天然”领袖——而不是官僚制秩序中被任命的领袖——的个人忠诚和这种领袖的个人权威，但这个基础在这两种情况下却大不相同。像官员一样，家长也是作为规范的载体享有忠诚和权威的好处，差别在于，这些规范并非像官僚制的法律和规章那样是有目的地确立的，而是亘古以来就已不可侵犯了。超凡魅力的载体则是凭借一种据信由他体现的使命而享有忠诚和权威；这种使命未必，也不总是革命性的，但在绝大多数超凡魅力形式中，它都会颠倒一切价值等级系统并推翻习俗、律法和传统。与非常状态下的焦虑和激情所产生出来的超凡魅力结构形成了鲜明对照的是，家长制权力乃是服务于日常生活的需求，而且在功能上也像日常生活一样持之有恒，尽管它的具体秉持者及其环境会变动不居。这两种结构可见于生活的所有领域。许多古代条顿军队就是以家长制方式作战的，每个家族群体都是由其家长率领；古代东方君主的**科洛尼**军队和法兰克王国的隶属民军队则是家产制的，率领他们作战的是
1118 他们的**长老**。家长的宗教职能和祖先崇拜能够始终与官方的共同体礼拜并行不悖，同时也能始终与大规模的超凡魅力先知预言运动——它们几乎总是一些革命性的运动——并行不悖。无论在条顿人还是美洲印第安人的部落，我们都可以看到那种率领着一批自愿追随者的超凡魅力英雄，其地位接近于平时负责共同体日常经济事务的酋长，追随者则接近于部落战争时动员起来的民兵。在全部落的正式战争中，平时的正常权威往往会被一个战争领导人取而代之，后者会因为以军事业绩证明了自己是个英雄而被**临时**拥戴为“军头”（Herzog）。

与超凡魅力的革命性作用不同，政治与宗教的传统日常需求都是由基于习惯，基于对传统的尊重，基于对父母和祖先的虔敬，基于仆从的个人忠诚的家长制结构来满足的。在经济领域也同样如此。经济作为获取物质手段以满足需求的有序循环活动，乃是家长制统治权的特殊立足点，随着经营在理性化进程中的兴起，也成了官僚制支配的特殊立足点。然而，超凡魅力绝非不见容于经济。在原始条件下，超凡魅力的特征即可频频见之于一个经济部门——狩猎，那时的狩猎就像组织军事行动一样，即使到了后来的阶段也还是如此，比如亚述帝国的王室铭文所示。随着物质文化的进步，这个部门的重要性才趋于衰落。不过，资本主义经济中也会出现超凡魅力与日常生活的对立，但差别在于，这时超凡魅力遭遇的不是家族，而是理性的经营活动。

亨利·维拉德[*]的开发活动就堪称巧取豪夺式资本主义和掠夺取向的追随者之一例。他［在1889年］组织了有名的“盲金”[**]以对北太平洋铁路公司的股票进行一场证券交易所掠夺战：他向公众约集5000万镑借款而又不说明目的，凭借他的声望——此外没有任何担保——便得到了这笔款项。这种强盗式资本主义的结构和精神完全不同于正常的大规模资本主义经营活动的理性管理，倒是极为接近某些古已有之的现象：财政和殖民领域中的大规模掠夺性经营，以及兼有海盗和猎奴性质的“临时贸易”。只有对这两种到处都在相互交错但终究彼此有别的结构要素作出概念上的区分，才能够理解可以称之为“资本主义精神”这一现象的两重性，以及伴有职业官僚制的现代常规资本主义的特殊性质。

五、超凡魅力支配的社会结构 1119

事实上，我们所指意义上的超凡魅力权威“越纯粹”，就越不能把它理解为一种寻常意义上的组织，就是说，不能把它理解为一种按照目的—手段图式发挥功能的人与物的秩序。然而，超凡魅力权威并不等于一种无定形的状况，毋宁说，它指的是一种明确的社会结构，

---

* Henry Willard（1835—1900），原名菲迪南·亨利希·古斯塔夫·希尔加德，生于德国巴伐利亚，1853年移居美国，长期从事新闻工作，1881年买下了《民族》和《纽约晚邮报》。此前即作为德国债券持有者的代理人卷入铁路组织工作，1875年帮助改组俄勒冈和加利福尼亚铁路公司及俄勒冈轮船公司，次年成为两公司的总经理。1881年获得北太平洋铁路公司控股权成为总经理，领导完成了该公司横贯北美大陆的铁路建设。1889年组建爱迪生通用电气公司，任总经理至1893年该公司改组为通用电气公司时止。

** blind pool，经营者自行决定筹集，用以操纵证券或商品市场等的集合基金。

有一个班子和一套适应领袖使命的服务与物资机构。这种私人班子构成了一个超凡魅力贵族群体，其成员都是从追随者当中挑选出来的，门徒关系和忠诚把他们结合在一起，他们的入选也是因为个人的超凡魅力资格。适当的物质贡献被认为是超凡魅力臣民的良心义务，尽管这种根据需要和经济能力提供的贡献在形式上是自愿的、无管制的、非正规的。超凡魅力结构越典型，追随者或门徒以俸饷、薪金及其他有序的报酬、头衔或官阶形式获得的物质生活资料与社会地位就越少。如果追随者的个人生计尚无保障，他们就会共同利用威权主义领袖得到的馈赠、战利品或捐献等等货物，他会在他们当中进行分配，但既无核算也不会用契约固定下来。因此，追随者可能有权要求与领袖同桌共餐，从他那里得到衣物和礼赠，与他共享他本人赢得的社会、政治或宗教评价及荣誉。对这种模式的任何偏离都会影响到超凡魅力结构的“纯度”，并使它沿着其他结构的方向发生变化。

六、超凡魅力共同体满足需求的共产主义方式

因此，除了家族以外，超凡魅力是**共产主义**的第二个重要历史代表，这里对共产主义的定义是，在**消费**领域没有形式上的可计算性，在**生产**领域不是（像在社会主义条件下那样）进行共同核算的理性组织。这个意义上的共产主义的任何历史范例，要么有着传统的——家长制的——基础，要么有着不同寻常的超凡魅力信仰基础：前一种情况即家族共产主义，只有表现为这种形式，它才会成为一种日常现象；在后一种情况下，如果它得到了充分发展，那要么是掠夺性的军营共产主义，要么就是修道院的仁爱共产主义及其博爱与施舍的变体

和蜕化形式。不同纯度的掠夺性军营共产主义可见于一切超凡魅力武 1120
士组织，从利古里亚群岛的海盗国家到欧麦尔哈里发的伊斯兰教国家以及基督教和日本佛教的军事会社，都是如此。仁爱共产主义在所有宗教中都曾以这样那样的形式达到过极致，它在神的职业信徒——僧侣——中仍然持续着。我们在无数虔敬派组织——比如拉巴迪的信徒——以及其他高度敏感的排他性宗教群体中也能看到。在信徒们看来，保持真正的英雄品质和神圣性就要依赖于保持一种共产主义的基础，不存求取个人财产之心。准确地说，由于超凡魅力基本上是一种非同寻常的，因而必然是一种非经济的力量，那么，一俟日常的经济关切占了主导地位，其生命力即刻就会受到威胁，这种情况可谓屡见不鲜。在这个方向上迈出的第一步就是俸禄，一种取代旧时出自共同储备的共产主义生活资料的津贴，这里是俸禄的真正来源。超凡魅力领袖会使用一切可用的手段力求遏制这种瓦解趋势。所有的武士国家都会保留着超凡魅力共产主义的残余（斯巴达最为典型），并力求防止英雄们因对财产、理性获利和家庭负责而受到“诱惑”，一如宗教教团的作为。这些超凡魅力残余和随着俸禄化而生成并且此后即绵绵不绝的个人经济关切之间，可能会以极为多样的形式进行相互调节。不过这里有个一定之规：只要不再能阻挡无条件允许建立家庭和从事经济活动，超凡魅力统治也就走到尽头了。只有军事生活的共同危难或者超尘拔俗的门徒关系那种仁爱精神气质，才能维系这种共产主义，反过来说，也唯有这种共产主义，才能保证超凡魅力在面对日常关切时的纯度。

从一种不计经济合理性的汹涌澎湃的情绪化生活，直到在物质关切的重压下慢慢窒息而死，这是一切超凡魅力的必由之路——它的存在过程时刻都在推动它更接近这个终点。

1121 ## （二）超凡魅力权威的生成及变形

一、超凡魅力的程式化

前述典型意义上的超凡魅力统治权，始终都是产生于非常情势，特别是非常的政治或经济情势；或者产生于异常的心理状态，特别是宗教状态；或者是两者兼备所致。非常事件导致的集体亢奋以及对任何英雄品质的屈从，都会生成这种统治权。仅此一点就足以使我们得出这样的结论：领袖本人及其门徒对他的超凡魅力（不论是先知性质还是其他任何性质的超凡魅力）的信仰，只有在statu nascendi（初生状态）时才会势不可当、一以贯之且行之有效，他自认为是天降他于其中的那些人对他和他的使命的忠诚奉献也同样如此。一俟那种使超凡魅力领导群体从日常生活中脱颖而出的非常事态又返回了日常程式的轨道，那么至少超凡魅力支配的“纯粹”形式就会遭到削弱并转变为一种“制度”；然后它要么事实上被程式化，要么不知不觉地被其他结构取而代之，要么以各种各样的形式与其他结构相融合，由此也就完全变成了某种具体历史结构的组成部分。它在这种情况下往往会变得无法识别，只有在分析的层面上才能辨认出来。

因此，正是在某种特殊意义上说，超凡魅力统治权的纯粹类型是不稳定的，它的一切改变基本上都是出自同一个原因：渴望把超凡魅力及超凡魅力降福从一种非常时刻、非常人物独一无二的临时恩赐转变为持久的日常生活财富。主宰者一般都有这种渴望，他的门徒则始终会抱有这种渴望，他的超凡魅力臣民尤其会抱有这种渴望。但是，这将不可避免地改变超凡魅力结构的性质。一个战争领袖的超凡魅力追随者可能会变成一个国家，一个先知、艺术家、哲学家、道德或科学革新家的超凡魅力共同体可能会变成一个教会、教派、学院或学派，而信奉某些文化理想的超凡魅力群体可能会发展为一个政党或者仅仅成为报纸期刊的雇
员。无论是哪种情况，超凡魅力此后都将受到日常生活条件的左右，以 1122
及支配着日常生活的各种力量，特别是经济利益集团的左右。只要超凡魅力追随者与门徒变成了享有特权的同桌共餐者（比如法兰克国王的扈从），随后又成为希望以超凡魅力运动为生的封地所有者、祭司、国家官员、政党官员、军官、秘书、编辑、出版人，或者成为雇员、教师或其他职业的既得利益者，或者成为俸饷和家产制官职所有者，此时也就来到了转折点；超凡魅力支配下的大众则会变成纳税的臣民，缴费的教会、教派、政党或社团（Verein）成员，被系统地强征入伍、接受训练并服从纪律的士兵，或者遵纪守法的“良民”。尽管那位使徒会告诫追随者保持精神的纯洁性，但超凡魅力的要旨却会不可避免地变成教义、教条、理论、规章制度、法律或僵硬的传统。

在此过程中，超凡魅力和传统这两种根本对立的力量经常会彼此融合。不言而喻，它们的权力都不是来自目的—理性的规章，也不是遵守规章的结果，而是来自对个人权威之神圣性的信仰，不管这种权威是否实际要求成为绝对权威，它对被统治者——儿童、门徒、扈从或封臣——都是有效的。超凡魅力和传统所依赖的都是一种始终包裹在宗教气氛中的忠诚感和义务感。

这两种支配结构的外在形式往往也极为相似，甚至难以分辨。一

个战争领袖与追随者同桌共餐，究竟具有家产制性质还是超凡魅力性质，并不是一目了然的事情，这要取决于浸透在共同体中的精神，就是说，取决于统治者要求获得正当性时的基础：是由传统认可的权威还是对英雄个人的信仰。其间的过渡是变动不居的。只要超凡魅力支配丧失了个人基础和强烈的情绪化信仰（这种信仰使它有别于传统的日常生活模式），它与传统的联姻就会变得极为明显，而且往往是唯一的选择，特别是组织技术（Lebenstechnik）的理性化仍然处在初期阶段的时候。超凡魅力的精髓在这种联姻中似乎会被明确抛弃，实际上它的突出的革命性质尤其会遭到明确抛弃。这种不断再现的发展有一个基本特征：所有经济与社会权力的所有者都会关心把他们凭借超凡魅力——因而是神圣的——权威来源而获得的所有权加以**合法化**，于是超凡魅力便成了这种关切的俘虏。超凡魅力不再像初生状态下那样打破传统的一切，或者打破以（现代意义上的）合法获利为基础的一切，而是变成了“既得权利”的合法化。这种与其实质精神发生了
1123 异化的功能，使得超凡魅力变成了日常生活的一部分，因为它要以这种方式去满足的需求乃是一些普遍的需求，特别是因为有一个普遍的原因［即领导权与继承的合法化］。

二、选择领袖和指定继承人

我们先前对官僚制、家长制和封建制支配的分析，仅仅涉及这些日常权力**发挥功能**的方式，尚未论及选择最高级官僚制或家长制掌权者的标准问题。可以想象，即使官僚制的首脑，也有可能是个按照普遍规则升到该地位的高级官员。但常见的情况并非如此，至少他

并非按照等级制度中低于他的官员所遵循的相同规范被选择的，这并非偶然。官僚制的纯粹类型，一个由**被任命的**官员组成的等级制度，必然需要一个并非像任命其他官员的同样方式被任命的主管当局（Instanz）。家长制权力的所有者在由父母子女组成的小家庭中是天然既定的，在大家庭中则是通过明确的传统规定确立的。但是，一个家长制国家或者封建等级制度的首脑就不是同一种情形了。

对于超凡魅力领导权来说，如果它还打算变成一种长期制度的话，首要的基本问题也是寻找一个继承人作为先知、英雄、导师或者政党领袖。这个问题必然会将超凡魅力导入法律调整和传统的方向。

超凡魅力的性质决定了不可能一开始就对继承人进行自由选举，而只是承认递补者实际上拥有超凡魅力。因此，追随者不得不等待一个亲自证明具备了资格的继承人、临时代表或者先知的显现。佛陀的化身与马赫迪就是特殊范例。但常见的情况是并不存在这种化身，或者因为教义的考虑而使它不可能出现，比如基督和最初的佛陀。只有纯正的（南方）佛教才从这种观念得出了根本性的结论：佛陀死后，他的信徒继续作为一个托钵僧共同体存在，始终是个最低限度的组织和组合体，并且尽可能保持无定形和周期性状态。凡是还在遵奉巴利文文献*古老规定的地方，比如在印度和锡兰，往往就既没有教长，也

---

* Pali texts，用巴利文写成的佛教上座部经藏和论藏。巴利语系起源于北印度的中古印度—雅利安语，与古印度—雅利安吠陀语和梵语诸方言有密切关系，但并非直接由上述语言派生。释迦牟尼不愿使用梵语布道，鼓励其徒众使用本地语言，其后佛教教义口耳相传，由印度至锡兰（约公元前3世纪），用巴利语记载下来（公元前1世纪），遂使巴利语成为标准的佛教国际语言，与上座部佛典即《三藏》一起传入缅甸、泰国、柬埔寨、老挝和越南。巴利语作为文学语言于14世纪在印度本土已不使用，但在其他地区延续使用至18世纪。

1124 没有个人与某个僧侣组合体的牢固结合。“教区”不过是方便僧侣们相聚举行为数不多的共同典礼的区域地理界线，而且这些典礼没有任何复杂的仪规。“官员”只是一些僧用衣物的保管人以及少数类似的执事。在日常生活的条件下，只要有可能，个人和共同体都会弃绝财产，靠捐助制度（馈赠与施舍）满足需求。集会时的座次和发言的先后顺序决定于资历和师徒之间的关系（徒弟都是师傅的助手，即famulus*）。退出是随时都可能做到的，准入的要求则非常之低，包括见习期、师傅的推荐与声明以及简单的仪式。既没有教义，也没有职业讲学和布道。最初几个世纪中的两次半传奇式**宗教大会**后来也无以为继。

毫无疑问，僧侣共同体这种高度不定型的性质，对于佛教在印度的消失起了很大作用。总之，只有在那种个人的得救完全是个人问题的纯僧侣共同体中，这种性质才是可能的。因为，在任何其他群体中，这种行为方式和完全被动地等待新的（超凡魅力）显现，都会危及渴望主和主宰者实际存在的超凡魅力共同体的内聚力。如果为这种强烈愿望——一直有一位超凡魅力领袖存在着——提供了空间，那就是沿着程式化方向迈出了重要一步。再现的化身会导致超凡魅力的去个性化（Versachlichung）。寻找精选的超凡魅力秉持者，肯定会以某些显著的特征，因而是以某些起码的“规则”为依据，比如选择新的达赖喇嘛时的情形，大体上与选择埃皮斯神牛毫无二致；要么肯定会采取某些其他明确而正规的手段。在后一种情况下，我们就会看到这样一种很容易浮现出来的信念：超凡魅力秉持者本人就有资

* 中世纪学者、术士的助手、随从。

格指定他的继承人，或者，如果他像基督那样被认为是独一无二的化身，他就有资格指定一个尘世的代表。所有原创的超凡魅力组织，不论是先知的还是战争的组织，确保支配连续性的典型手段都是指定继承人或代表。不过，这当然就意味着从个人超凡魅力权力基础上的自主领导权，迈出了走向正当性的一步，即来自一个“源头”权威的正当性。相关的宗教范例早已是众所周知了。此外我们还可以提到罗马的司法行政官，他们从合格者当中指定了继承人之后，再由集合起来的军队欢呼通过。尽管后来该职的任期受到了限制并且形式上要得到公民军队的**事先**同意（“选举”）以求约束职务权力，但在典礼层面 1125
上一直保留着这种选择模式的超凡魅力特征。在战场上，在军事危急关头召唤某个非凡人物指定为**独裁官**，很长时期中都是那种古老的纯粹类型超凡魅力选择模式的典型遗风。胜利的英雄作为**凯旋大将军**（imperator）在军队的欢呼中成为**首席公民**（princeps）；lex de imperio（权力约法）并没有使他成为统治者，毋宁说是承认他为适当的候补人。因此，在最典型的帝国君主政体时期，唯一“合法的”帝位继承办法就是指定一位同僚兼继承人。这种指定一般都会采取收为养子的形式。这些习俗毫无疑问又对罗马的家庭产生了强有力的影响，最终在与诸神的关系和 familia pecuniaque［家庭与财产］方面接受了由完全自由指定的**继承人**接替已故 pater familias（男性家长）的地位。尽管收养继承的做法得助于超凡魅力遗传力的观念——顺便说说，它在军事皇权（Heerkaisertum）时期从未被承认为明确的原则——，但只要军事皇权仍然保持着罗马的特性，那么最高权力本身就始终是一种官职，**首席公民**也始终是一个有着明确的官僚制管辖权的官员。把最高权力确定为一种官职乃是奥古斯都的成就，在当时人看来，他的改革是保存与恢复罗马的传统和自由，这与希腊化时期的君主国观念——它大概也曾出现在恺撒的脑际——形成了鲜明对照。

三、对超凡魅力的欢呼赞同

如果超凡魅力领袖没有指定继承人，且不存在化身出现时通常都便于识别的那些明显外在特征，被统治者可能很容易就会想到，他行使权威时的参与者（clerici），即门徒和追随者，最适合确认谁是合格的继承人。总之，由于门徒已经事实上控制了权力手段，他们把占用这个角色视为一种“权利”并不会遇到什么困难。然而，由于超凡魅力的效力端赖被统治者的信仰，所以，他们是否认可被指定的继承人也至关重要。事实上，被统治者的承认在最初的时候具有决定性的作用。例如，即使在［中世纪日耳曼］选帝侯群体——这犹如一个甄选委员会——的成员资格已经有了明确规定之后，也始终存在一个具有实际重要意义的问题：由哪个选帝侯向集合起来的军队提出动议，因
1126 为原则上说，他能够不顾其他选帝侯的意志为他个人提出的候选人赢得欢呼赞同。

因此，这种继承人选拔模式的最终结果，一般都是由最亲密、最强大的封臣指定并由被统治者欢呼通过。在“寻常的”家产制或封建制国家，我们可以看到，这种以超凡魅力方式产生的指定权都是那些最为重要的家产制官员或封臣的提名权（Vorwahlrecht）。就此而论，日耳曼国王的选举就是仿效的主教选举。因此，通过（1）门徒和追随者（选帝侯、红衣主教、教区牧师、全体教士、长老）的指定和（2）随后的民众欢呼赞同以“选举”一个国王、教皇、主教或司铎，

并不是现代总统或议会选举这个意义上的“选举”，它在本质上完全是另一回事，那是认可或承认一种在选举之前就已存在的资格，即超凡魅力，而超凡魅力的承载者事实上也有权要求获得承认。因此，原则上说，最初根本不可能以多数决定为准，因为在认可真正的超凡魅力时，少数也有可能是正确的——不论这个少数少到什么程度，一如再大的多数也有可能出错一样。只有唯一的一个人可以成为超凡魅力的真正承载者，因此，持有异议的投票者就会犯下渎圣罪。教皇选举的所有规则都是为了达成全体一致的目的，一个对立国王的选举也和教会的分裂一样会模糊对“当选”统治者的正确认定。原则上说，这种局面只能由物理或巫术竞争的结果所揭示的神明裁判加以纠正，在非洲部落以及其他各地都可以看到觊觎王位者——特别是兄弟之间——建立的这种制度。

一旦多数原则最终成为通行的原则，服从已被选举证明为正确的目标并在事后加入那个多数，就会被认为是少数的道德义务。而且，一旦继承的问题要由多数原则来决定的时候，超凡魅力支配也就开始服从一种名副其实的选举制度了。不过，超凡魅力并非与所有现代的——包括所有民主的——选举形式都格格不入。当然，像法国君主专制主义官方理论所谓平民表决统治权的民主制度，本质上就有着超凡魅力特征，其支持者的论点也无不强调这一品质。公民表决并不是一种“选举”，而是首次或者像 1870 年的法国公民表决那样重新承认一个觊觎者具备充当超凡魅力统治者的个人资格。公民表决的民主，按其创造者的本意，乃是**煽动家**（demagogos）凭借精神与舌头的超凡魅力进行的支配，它由于**将军**（strategoi）之一（如果爱德华·迈尔的假设没错的话，其他人则是由抽签决定[8]）当选而获得了典型的 1127

超凡魅力特征。只要原初的超凡魅力共同体开始走上选举统治者的道路，久而久之，选举程序就会受到规范的约束。这首先是因为，随着超凡魅力的真正根源逐渐消失，传统的日常力量以及对传统之神圣性的信仰又会重获优势，由此，只有遵循传统才能保障正确的选择。被统治者欢呼赞同的重要性越来越退居神职人员、宫廷官员或大封臣以超凡魅力方式决定的预选权（Vorwahlrecht）之后，最后则是形成了排他性的寡头选举机构，比如天主教会和神圣罗马帝国的情形。实际上，举凡由富有程序经验的群体拥有提名权或预选权的地方，就必然会出现这种情形。在城市的全部历史上，这种特有的权利到处都变成了统治家族增选成员的权利，它们以这种方式使领主降到了一种primus inter pares（archon, consul, doge）* 的地位上，而共同体的选举参与则变得无足轻重。今天我们在汉堡参议院选举的发展中还能看到类似的情况。从形式角度来看，这种转变显然是走向寡头统治最为常见的“合法”途径。

---

* primus inter pares，同级或同辈中居于首位者。archon，古希腊诸城邦中最高职位持有者享有的头衔，即执政官。雅典原有三位执政官，公元487年后，以抽签方式选任执政官，约在公元680年增至九位。consul，领事，在古罗马共和国，领事由每年选出的两个首席行政官担任。到中世纪晚期，西欧商业市镇的商人常常在自己中间选出一人或数人担任商业纠纷的仲裁者，称之为“领事法官”或“商人领事”。随着这些国家的商人向各地迁徙定居，这种制度也传播开来。领事的权力因本国与贸易国之间的条约而得以扩张，逐渐扩大到所有民事与刑事管辖权，包括对本国人生命、特权和财产的保护。现代的领事主要是代表派遣国商业与海事利益的国家代理人，不是外交代表，因此不享有外交特权，除非他们同时也被任命为临时代办。doge，中世纪热那亚和威尼斯两共和国的总督。

四、向民主选举权的过渡

然而，也有可能出现相反的情形：被统治者的欢呼赞同可能会发展为一种正规的选举制度，包括标准的选举权、直接或间接选举、多数决定或比例决定法、选举阶级和选区等等。走向这种制度是一条漫长的道路。就最高统治者的选举而言，只有美国走完了这个全程，当然，那里两党各自的内部提名运动乃是选举事务中最为重要的环节之一。在其他各国，充其量也只是达到了选举议会代表这一步，然后再由他们决定总理及其阁僚的人选。从欢呼通过超凡魅力领袖就位到民众选举，这项发展会出现在极为多样的文化阶段上，其中任何理性的、摆脱情绪化影响的进步都必定会促进这种转变。然而，只有在西方，对统治者的选举才逐渐发展成为代议制度。在古代，**比奥塔克**［在比奥蒂亚同盟中］* 代表着各自的共同体（最初也像英国的下议院成员），而不是代表选民本身，只要官员真正是民众的委托人和代表者， 1128
民（demos）又被再分为阶层的地方，比如阿提卡民主制的情况，那里通行的就会是轮换制而不是代表制原则［每个阶层都有一次轮换机会］。但是，如果轮换制原则被彻底应用的话，当选者就会成为选民的代理人，因此也就成了他们的公仆，而不再是他们选出的主宰者，比如直接民主制就是这种情况。这意味着从结构上说，超凡魅力的基础被彻底抛弃了。但在有了大规模行政机构的国家，彻底应用直接民

* 比奥蒂亚（Boeotia），亦即维奥蒂亚（Voiotia），希腊中东部一个地区，公元前 550 年左右，该地区的主权国家在第比斯领导下组成比奥蒂亚同盟，几经起落，发展为一个组织严密的同盟，到公元前 431 年已拥有 11 个成员地区，每个地区向同盟政府选派一名将领（即比奥塔克）、几名法官和 60 名议员。

主原则的可能性极为有限。

五、选举和代表的意义

出于纯粹的技术原因，由于情况总是变幻不定，不可预见的问题层出不穷，因此把对代表的授权与选民的意志联系在一起是行不通的。通过不信任投票罢免代表很少被尝试，通过公民复决批准议会决议则会从根本上强化一切非理性的惯性力量，因为总的来说，公民复决将会阻碍有关各方的讨价还价与相互妥协。最后，越来越高昂的成本使频繁的选举变得不可能。从长远来看，一切使代表服从选民意志的努力只能产生唯一一个结果：增强政党组织对代表的控制力，因为唯有组织能够动员人民。议会机构对于灵活性的实用主义关切和代表及党务人员的权力关切，在以下这一点上是不谋而合的：他们都倾向于把代表看作选民的当选“主宰者”而不是公仆。绝大多数宪法都有这样的表述：代表像君主一样可以自由选择做出决定，他“代表着全体人民的利益”。他的实际权力可能十分不同。在法国，众议员个人一般不仅控制着他的选区所有官职的任命权，而且从严格意义上说也是该选区的“主宰者”——这可以说明法国为什么会抵制比例代表制，为什么不存在政党的中央集权；在美国则是参议院的优势从中作梗，参议员也占据着类似的地位；英国的众议院议员——由于非常不同的原因——更多的是他那个选区经济利益的代理人而不是主宰者，官职任命权则是操之于有影响的党魁手中，在德国更是如此。

1129 我们这里不可能进一步论述选举制度对权力进行分配的方式；它取决于历史给定的支配模式，而且很大程度上取决于自治的因素，亦即从技术角度所决定的因素。我们只能关注一下它的各项原则。任何选举都有可能成为纯粹形式上的选举而毫无实际意义。只要是一个寡头集团或者专制君主设法操纵了政治权力并实际上可以指定候选人当选任职，情况就会如此，比如早期罗马帝国以及许多希腊化地区和中世纪城市的comitia*。即使在形式上并非如此的地方，我们也应当十分注意，举凡历史文献一般地谈论共同体对君主或者任何其他掌权者的“选举”时（比如日耳曼各部落的情况），都不是现代意义上所说的那种意思，而只是对一个由其他权威指定的，并且也只是从一个或若干个有资格的家族中选举出来的候选人表示赞同。当然，一旦对某个政治统治者的选举有了公民复决，因而有了超凡魅力性质时，就是说，一旦不是在若干候选人之间进行选择，而只是承认一个觊觎者的权力要求时，我们谈论的也就根本不是选举了。

正常的“选举”也只能是在若干这样的候选人之间进行抉择：他们是被选定之后才去面对选民的。这种抉择是在选举鼓动的舞台上，由于个人影响并诉诸物质或观念利益而做出的。有关选举的规定，事实上就构成了这种“和平”竞争的游戏规则。指定这些候选人是在政党内部进行的，因为不言而喻，组织竞争以赢得选票，从而赢得官职任命权的，是政党领袖及其追随者而不是无定形的选民活动。在今天的美国，四年一次的竞选运动，其成本已经等于一场殖民战争的耗费；在德国，所有那些不可能利用廉价人力资源——比如天主教会助理神职人员、显贵或高官、带薪工会会员及其他秘书人员——的政

* 古罗马的民众大会，由执政官召集的罗马人大会，对执政官的提案投票表决，但只能表决，不能修改。民众大会名义上一直存在到公元3世纪，但早在罗马帝国时期就丧失了立法与司法功能。

党，其竞选费用也是不断攀升。

在这些环境中，除了资金实力以外，“雄辩术的超凡魅力”也获得了巨大的影响，它的冲击力未必要依赖什么特殊的文化水平，印第安人的酋长大会和非洲人的palaver* 对此也很老到。在古希腊的民主制度下，它经历了第一次质的全盛期，带来了难以估量的语言和思想发展成果。然而，从纯粹量的角度来看，伴以“巡回演说”的现代民主制竞选活动，已经大大超过了以往所见的一切。越是打算造成群众
1130 性影响，而且政党的官僚制组织越是紧密，雄辩的内容也就越是无关紧要，因为，只要不是必须加以理性计算和操纵的简单明了的阶级状况和其他经济利益占上风，那么雄辩术的影响就是纯粹的情绪化影响。它与街头的游行和庆典有着同样的意义：向大众灌输对政党实力的认识和必胜的信念，尤其是要让大众确信领袖的超凡魅力资格。

由于情绪化的大众诉求无不具有某些超凡魅力特征，所以，政党和竞选活动的官僚化可能会在达到高潮的时候突然被迫服务于超凡魅力英雄崇拜。在这种情况下，超凡魅力英雄的原则与政党组织的世俗权力之间就会出现冲突，一如罗斯福［1912年］竞选运动表明的那样。

六、补论：超凡魅力领袖、显贵、官僚对政党的控制

几乎所有政党都是作为合法的或恺撒式的候补者以及伯里克利、克莱昂或拉萨尔式煽动家的超凡魅力追随者起家的。如果它们最终发

---

* 这里特指历史上非洲土人与欧洲商人之间的长时间交涉与谈判。

展为一种程式化的永久性组织，一般就会转变成由**显贵**控制的结构。直到 18 世纪末，这几乎始终都意味着一种贵族联盟。在中世纪的意大利各城市，一个人可能会被提高**贵族**等级以作为政治惩罚（因为城市的大封臣几乎始终都是吉卜林派）；这等于是剥夺担任官职的资格及政治权利。然而，即使在 popolani（人民）统治下，一个平民担任重要官职的机会也是绝无仅有，尽管这时市民阶层必须为各党派提供资金。决定性的因素是由贵族提供给各党派——它们常常诉诸直接暴力——的军事力量，比如归尔甫派就是根据固定税赋提供军事力量。胡格诺派和天主教同盟，包括圆颅党在内的英国各党派，实际上还有法国大革命之前的所有党派，在经历了一个打破阶级与身份壁垒、有利于某个或若干个英雄崛起的超凡魅力亢奋期之后，无不典型地发展成了多由贵族领导的显贵联合体。19 世纪的所谓“资产阶级”政党——即使那些最激进的政党——也同样如此，它们全都落入了**显贵**的控制之中，因为只有他们能够治理一个政党或国家而又无需报酬，
当然，他们还拥有身份或经济影响力的优势。一旦大地产所有者改变 1131
了党派隶属关系，不仅他的家产制臣民，而且还有农民也会追随他改换门庭，直到 1870 年代，这在英格兰或东普鲁士或多或少仍被认为是理所当然的事情，但革命亢奋时代除外。至少在那些较小的市镇，市长、法官、公证人、律师、牧师、教师，也都扮演着相当类似的角色，工厂主在工人组织成一个阶级之前往往也是如此。我们将在其他场合讨论工厂主——即使不论他们的阶级状况——为什么通常并不适于这个角色。在德国，教师因其特殊身份地位所固有的原因而构成了一个向所谓“资产阶级”政党提供无偿选举经纪人的阶层，正如神职人员通常都是威权主义政党的经纪人一样。在法国，律师一向都是资

产阶级政党所利用的力量，部分是由于他们的技术资格，部分是——在大革命期间和之后——由于他们的身份地位。

在法国大革命期间，某些政党组织开始以官僚制方式发生演变，但它们的存活期都过于短暂，没有形成一种明确的结构，只是到19世纪的后几十年间，官僚制组织才获得了普遍的优势地位。以往在从属于超凡魅力还是服从于**显贵**统治之间发生的摇摆，如今已代之以官僚制组织与超凡魅力领导权的斗争。官僚化越是向前推进，有俸官职和其他机会带来的利益越是充足，政党组织越是肯定会落入专家的股掌之中，不管他们是直接以党的官员面目出现还是最初以独立经营者的面目出现——比如美国的党老大。这些专家系统地保持着与接受资助的领导人、煽动家、管理者以及其他不可或缺的人员的私人关系，并保存着选民名单、档案以及运作政党机器所需的其他一切素材。此后，唯有控制了这样一套系统，才可能有效地影响党的政策，并在必要的时候抽身而退。正是因为帝国议会议员李希特掌握着接受资助的领导人名单，他［在1880年］的**退出**［德国民族自由党］才成为可能；由此发端，自由党后来的分裂就显得像是因为欧根·李希特与里克特各自掌握着自己的系统；**前分离派**设法夺取了党的执行委员会控制权这一事实，则比先前的所有花言巧语都更严重地预示了即将到来的分裂。[9]反过来说，政党的合并尝试如果失败，远比任何实际分歧更为重要的原因则是两个对立的组织不可能达成人事上的融合，德国的经验再次证明了这一点。

1132 在正常时候，这样一部或多或少是首尾一贯发展起来的官僚机器就会左右党的目标，包括候选人提名这样至关重要的问题。然而，在大规模的公众亢奋时期，即使纯官僚化的政党也会出现超凡魅力领袖，1912 年罗斯福的竞选即是明证。如果有了一位“英雄”，他就会强行以公民投票方式指定人选，可能的话还会改造整个提名机制，以竭力打破技术专家对党的控制。当然，这种突如其来的超凡魅力始终会面临通常占据优势地位的支持者的抵制，特别是控制和资助政党并维持政党日常运作的党老大的抵制，而候选人通常不过是这些党老大的傀儡。不仅谋职者的物质利益要依赖于对党的候选人的挑选，党的赞助人——银行家、承包商和托拉斯——更其如此。自克拉苏*时代以来，大赞助人始终就是一种典型人物，他们有时为超凡魅力领袖筹集资金，指望从后者的选举胜利中获得政府合同、包税机会、专卖权或其他特权，尤其是预支赞助费的利息回报。但是，正规的政党组织也会靠赞助人为生。日常的收入往往不敷应用，比如党费以及从那些借助政党之力谋得政府职位的官员薪金中抽取的回扣（像美国的情况）。直接利用党的权力地位可以使参与者发财致富，但却未必能充实党的金库。出于宣传上的原因，党费往往会完全取消，或者全凭党员的自行斟酌，党的财政控制权由此便会落入大赞助人之手，甚至在形式上也是如此。正规的当家人和政治内行——党老大或党的书记——只有在牢牢控制了党的机器时，才能有望得到赞助人的财政支持。因此，超凡魅力的任何突然迸发也都会给正规的组织带来财政威胁。敌对的党老大或者相互竞争的政党的其他当家人，常常会团结起来阻止独立于正规党机器之外的超凡魅力领袖崛起，以保护共同的经济利益。一般来说，党组织这样阉割超凡魅力很容易获得成功，在美国也会始终

---

* Crassus（公元前 115—前 53），古罗马政治家、军事统帅，与恺撒、庞培结为“前三头同盟”，率军出征安息时战败被杀。

如此，尽管那里会出现公民投票的总统初选，但是从长远来看，职业化运作的连续性在策略上总是优于情绪化的偶像崇拜。只有非同寻常的条件才能帮助超凡魅力获得对组织的胜利。导致英国自由党在第一次地方自治法案问题上发生分裂的超凡魅力与官僚制之间的独特关系
1133 是众所周知的：格莱斯顿极富个性的超凡魅力是清教徒的理性主义难以抗拒的，尽管遭遇了极为严重的不满，而且不利的选举结果也预兆不祥，但它仍然迫使考科斯会（caucus*）官僚彻底转变了立场站到他这一边；这导致了张伯伦建立的组织系统陷入分裂，并导致选战败北。去年［1912］在美国又出现了同样的事态。

自不待言，超凡魅力能不能得到机会同党的官僚制进行斗争，党的总体性质具有重要意义。这些机会因为党的性质而极为不同，也许那是一个为特定的竞选运动制定**临时**纲领以追求官职任命权的实用主义群体，也许主要是一个显贵或阶级的政党，也许更主要的是一个秉持某种**世界观**（Weltanschauung）的意识形态政党。当然，这些区别都是相对而言的。就某些方面来说，超凡魅力在第一种情况下能够获得的机会最大。如果其他条件相同的话，一个拥有**官职任命权**的党能使那些富有感召力的个人比德国各政党的小资产阶级显贵组织——特别是比自由派组织——更容易赢得必要的追随者，因为这些组织的纲领和**世界观**几乎一成不变，不难预料，让它们适应随时都有可能出现的煽动机会无异于一场灾难。然而，在这一点上大概也不可泛泛而论。政党组织的内在动力与具体情况下的社会和经济条件，在任何局面下都是密切交织在一起的。

* 见本书第 1356 页中译者注。

七、超凡魅力与持续的支配形式

正如这些范例所示，超凡魅力支配绝不是仅限于原始发展阶段，那三种基本的支配类型也不可能被纳入同一条简单的发展路线，它们事实上都是以极为多样的组合形式出现的。然而，随着永久性制度结构的发展而消退，这就是超凡魅力的命运。就我们所知的各个早期阶段社会生活而言，举凡超越了满足经济需求的传统家政模式的协同行动，都有一种超凡魅力结构。原始人类把一切塑造了他生活的外来影响因素都看作是一些特殊力量的作为，认为这些力量都是物和人——不管是有生命还是无生命——所固有的，使它（他）们有能力行善和作恶。原始部落的整个观念体系，包括他们的自然—动物寓言，都是开始于这些假设。诸如 mana、orenda[*] 之类的概念（人种志可以向我们说明其意义）都是在指称这种特殊力量，它们的超自然性质全然在于 1134
这一事实：它们并非人人可以企及，而是与某种限定的载体——人或物——有关。巫术品质与英雄品质不过是这种特殊能力的特别重要的范例。任何超越了日常生活轨道的事件都在显示某些超凡魅力力量，任何非凡的能力都在创造着超凡魅力信仰，而这种信仰随后又会被日常生活冲淡。在正常时候，村落头人的权力极为有限，差不多等于是仲裁人和代表者。一般来说，共同体成员不会要求有权罢免他，因为他的权力是超凡魅力权力而不是选举产生的权力；然而，如果必要的话，他们会毫不犹豫地抛弃他并迁居别处。日耳曼部落的首领始终都是以这种方式遭到摈弃的——如果他缺少超凡魅力资格的话。我们大

* 见本书第一卷第 636 页中译者注 ***。

体上可以说，原始共同体的常态就是无政府状态，节制这种状态的途径是遵守习俗，而遵守习俗都是不假思索的，或者是因为担忧革新会带来不确定的后果。巫师的社会影响在日常生活中也同样很微弱。

但是，只要出现了非同寻常的事件，比如重大的狩猎探险活动，魔鬼的愤怒造成的干旱或其他危险，特别是面临某种军事威胁时，英雄或巫师的超凡魅力就会立即发挥作用。超凡魅力狩猎领袖或战争领袖与平时主要负责经济和调解职能的酋长往往不是一回事。如果对诸神与魔鬼的操纵变成了永久性礼拜的对象，超凡魅力先知与巫师也就变成了祭司。如果战争变成了长期状态，而且技术上的发展使得系统训练和征召所有体格健全者入伍成为必需，超凡魅力战争领袖就会变成国王。法兰克王国的王室官员——Graf 和 sakebaro——最初都是军事和财政官员；所有其他的任务，特别是司法职能，都是后来增加上去的，最初则是掌握在古代的超凡魅力公共仲裁人手中。平时的首领所承担的主要职能有时更多地是经济上的（调整乡村或市场共同体的日常经济关系），有时更多地是巫术方面的（宗教的或医术的），有时更多地是司法方面的（最初仅限于仲裁），相比之下，一个拥有常设班子的战争领袖的确立，则是迈出了与“王权”和“国家”概念联系在一起的决定性一步。如果像尼采那样认为，一个部落臣服于另一个部落，后者由此建立常设机构以保持支配地位并勒索贡赋，于是便产生了王权与国家，[9a] 这种看法未免武断了。因为，豁免税赋的武装战
1135 士与提供服务的非武装平民之间同样的分化，也能够很容易地在任何遭受长期战争威胁的部落内部发展出来；顺便说说，这种平民的依附性往往并不是家产制的。首领的追随者可能会形成一种军事性的兄弟会并行使政治权利，由此便会出现一个封建贵族群体。或者，首领可

能会越来越多地雇用他的追随者，起初是为了发动掠夺征讨，后来则是为了支配自己的人民，这种范例也是所在多有。[这种征服论]只有在如下情形中才是正确的：王权就是通常的超凡魅力战争领导权，它已经变成了永久性的，并且已经发展出了一部驯服非武装臣民的镇压机器。这部机器在被征服地区自然会变得最为强大，因为统治阶层面临着持续的威胁。诺曼人的国家——特别是英格兰——是西方仅有的真正中央集权并且行政高度发达的封建国家，这并非偶然；阿拉伯人、萨珊王朝及土耳其的军人国家也同样如此，它们在被征服地区组织得最为严密。僧侣政治权力的发展也是遵循着同样的模式。天主教会严格的中央集权就是发源于西方的传教区，并在[法国]大革命之后得到了完善，因为大革命摧毁了地方僧侣的权力：教会作为**战斗教会**（ecclesia militans）创造了自己的技术性组织。但是，如果我们把官僚制、家产制或封建制支配结构的持续性视为决定性特征的话，那么即使没有征服与传教活动，王权和大祭司权威也会存在。

八、超凡魅力的去个性化：家族超凡魅力、“氏族国家”与长嗣继承权

到目前为止，我们谈到的都是超凡魅力程式化的可能结果，尚未涉及它的严格意义上的个人品质。不过现在我们就要转而讨论这样一些现象，它们有一个共同特征，那就是独具一格的超凡魅力去个性化。超凡魅力从一种独一无二的天赐禀赋可能被改造成一种品质，即a）可以传递的品质，b）可以亲身获得的品质，或者c）附着于某种官职的在职者或某种制度结构——而不论所涉何人——的品质。我们

之所以还有理由在这种非个人意义上谈论超凡魅力，仅仅是因为这里始终存在着一种并非人人可以企及的非凡品质，并且典型地使超凡魅力臣民变得无足轻重。正是出于这个原因，超凡魅力才能履行它的社会功能。然而，由于超凡魅力以这种方式变成了日常生活的组成部分
1136 并演变为一种持久性的结构，它的实质和运作模式也就发生了深刻的变异。

最为常见的超凡魅力去个性化情形，就是相信它可以通过血缘关系得到传递。由此，门徒或追随者以及超凡魅力臣民永葆超凡魅力的愿望，也就以最简单的方式得到了满足。然而，这里也像家族最初的情况一样还不存在真正的个人继承权概念。我们能看到的不是个人继承权，而是相对于世代传人来说作为财产所有者的不朽的家族。最初，超凡魅力也仅仅在这种意义上才是可以继承的：家族和家系群体被认为得到了巫术之赐，因此只有它们才能提供超凡魅力的传导者。这种观念几乎唾手可得，很少需要对它的起源加以说明。一个得到它的超自然匡助的家族就会高居于所有其他家族之上；这种资格是不可能凭借自然手段获得的，因而是超凡魅力的资格，事实上，对这种资格的信仰到处都是王室与贵族权力的发展基础。因为，就像统治者的超凡魅力是他家族的组成部分一样，他的门徒与追随者的超凡魅力也是他们家族的组成部分。（传说是）出自日本超凡魅力统治者神武天皇之家（氏[*]）的那些家族——kobetsu（国族）——就被认为获得了永久赐福，并始终居于对其他**氏**的优势地位，它们当中的 shinbetsu（神族）则构成了超凡魅力贵族阶层，其中包括（据传是）与神武天皇

---

* 日文 uji 的音译，包括一个主要家族和若干旁支的贵族家系。

一起迁入的追随者氏族，以及被他吸收进追随者群体的那些土著氏族。这个贵族阶层向它的成员分派行政职位。**连与臣*** 这两大氏族居于最高的超凡魅力等级。这里也像在其他氏族中一样，每当共同家族瓦解时都会出现同样的现象：只有一家被视为大家（Great House'ō = Oho）。**大连**（O Muraji）和**大臣**（O Omi）家都是它们氏族特有的超凡魅力的载体，因此它们的头领有权要求在宫廷和政治共同体中占有相应的地位。举凡超凡魅力血缘关系原则完全适用的地方，所有的职业身份，直到最下等的营生，至少从理论上说，都要依赖于一种特有的超凡魅力和一个特定家系群体之间的联系，依赖于这样一个群体内部领导权的天赋优势和具有超凡魅力资格的大家之间的联系。国家的政治组织则依赖于家系群体、它们的隶属民和领土所有权。应当把这种“氏族国家”（Geschlechterstaat）类型与任何封建制或家产制国家以及家产制官职的国家（Amtsstaat）明确区别开来，不管其间的历史过渡界线多么模糊。因为，具体的家系群体履行职能的权利，都是因其家所固有的超凡魅力而获得正当性的，而不是由于授予财产或官职 1137
所产生的任何个人效忠。正如前面提到的那样，从这种条件向封建制国家的过渡，一般都是由于统治者一心要摧毁这些家系群体的自治正当性，并代之以从他本人那里产生的封建正当性。

我们这里并不关心历史现实与超凡魅力血缘关系纯粹类型之间的对应程度；就我们的目的而言，知道这个原则曾以不同的发达形式存在于形形色色的人们中间，也就足够了。它的残余亦可见于日耳曼以

* 连（Muraji），685 年以前贵族的高级称号；臣（Omi），早期的贵族称号，表示与皇家有亲属关系，685 年以后渐失重要性。

及希腊古代的历史时期（例如雅典的Eteobutadai因其血统而占据了优势，相反，Alkmaionidai则因杀人罪而丧失资格）。

但在各个历史时期，王朝与家系超凡魅力的原则一般来说远不是那么持之有恒。无论在文化的最原始阶段还是最高级阶段，人们熟知的也只有统治王朝，也许还有其他权势家族极个别成员的超凡魅力特权。在原始条件下，巫师、求雨法师、巫医和祭司的超凡魅力，只要没有与政治权威融合在一起，也就极少牵扯到某个家族的超凡魅力；只有一种正规礼拜的发展，才会给某些祭司职位与贵族家系群体之间带来超凡魅力血缘关系，这一点屡见不鲜，并转而影响了其他超凡魅力类型的遗传性。随着生理上的血缘关系变得日益重要，最初对祖先的神化也就开始了，如果这一过程不被打断的话，最后就是对现任统治者的神化。我们将会谈到它的某些后果。

然而，家系超凡魅力并不能保证继承人得到毫不含糊的认同。这需要一套明确的继承规则，因此，除了信仰血缘关系的超凡魅力具有重要性以外，尚须补充以对长嗣身份之超凡魅力的信仰。所有其他的制度，包括东方地区常见的“资历”提升制，都会导致宫廷阴谋与变乱，特别是在通行一夫多妻制的地区，除了统治者一心要铲除潜在的觊觎者以利自己的后代之外，妻妾之间也会为了自己孩子的继承权而相互倾轧。在封建制国家，长嗣继承权原则一般都是首先为封地所有者规定的，因为世袭封地的分割必须受到限制以保证它们的服务能力。可以说，该原则随后就会应用到封建金字塔的塔顶，比如西方封建化过程中发生的情形。在家产制国家，无论是东方地区还是墨洛温王朝，长嗣继承权原则的效力都远不是那么确
1138 定。该原则阙如时的替代办法要么是分割政治权力，犹如分割任何

其他家产制财产一样，要么是按照某种正规程序挑选继承人，比如按照神明裁判（原始部落中的做法是在儿子之间进行决斗）、神谕抽签（这实际上就意味着由祭司挑选，比如约书亚以来的犹太人中的情形），或者最后，是正规的超凡魅力挑选形式，即提名之后由民众欢呼通过——但在这种情况下甚至比其他形式更容易带来双重选举和继承人斗争的危险。总之，作为唯一正当婚姻形式的一夫一妻制的支配，是君主权力能够保持连续性的最为重要的原因之一，它使西方的君主受益匪浅，而在东方的条件下，只要一想到迫在眉睫的或者可能的继承问题，就会使整个行政系统提心吊胆，而且实际的继承也总是令国家有灾变之虞。

总的来说，在政治实体的结构与存续问题上，特别是由于继承的原则不得不与其他指定继承人的形式进行竞争，那么相信超凡魅力具有遗传性就成了导致最大的历史“偶然性”的条件之一。穆罕默德死时没有男性子嗣，其追随者也没有把哈里发的地位建立在遗传性超凡魅力的基础上，实际上在倭马亚王朝期间还是以直接反神权统治的方式发展哈里发地位的。这一事实对伊斯兰教世界产生了决定性的影响。它在很大程度上应当归因于认定统治者资格时的分歧，因为什叶派承认了阿里家族的遗传超凡魅力，并接受了一个**伊玛目**永无谬误的教义权威，这与秉持传统和**公议**[*]（**宗教公社全体一致的意见**）的正统

---

* “公议”是阿拉伯文 Ijma 的意译，一译“佥议”，英文音译 idshmâ，伊斯兰教立法的四项基本原则之一，穆罕默德逝世后的初期哈里发国家为司法需要而确立的一项原则，意为宗教公社全体一致的意见（consensus ecclesiae）。不过据伊斯兰教史，各教派对公议原则有不同理解，其中逊尼派认为四大教法学派（哈乃斐、马立克、沙斐仪和罕百里）建立后，公议原则已无必要也不可能贯彻了。这与韦伯的说法似有出入。

逊尼派是尖锐对立的。显然，取代耶稣家族最初在共同体中的重要地位更加容易。当遗传性超凡魅力强大得足以压倒王公们的选举权要求时，日耳曼的卡洛林家族以及随后的诸王族便寿终正寝了，这一事实对于王权在日耳曼的衰落具有重大意义，相反，法国与英国王权的上升却得到了遗传性超凡魅力的强力推动。这大概比亚历山大家族的命运产生了更为深远的影响。与此形成鲜明对照的是，最初三个世纪中几乎所有强大的罗马皇帝，都不是凭借血缘关系，而是通过指定收养登上帝位的，凭借血缘关系成为皇帝者，权力大都遭到了削弱。显
1139 然，之所以产生了这些不同的结果，关系到封建制国家与日益官僚化的国家在政治结构上的差异，后者乃是依赖于一支常备军及其军官。关于这种差异，此处不再详论。

九、官职超凡魅力

一旦确立了这样的信仰，即超凡魅力与血缘关系密不可分，那么超凡魅力的意义也就完全颠倒了。如果说一个人原来还要指望自身的作为获得贵族资格，现在则仅凭先祖的业绩就能使他的贵族资格具有正当性。因此，一个人成为罗马贵族的一员，并不是因为担任了一份高贵的官职，而是因为其祖先曾经担任过这样的官职，于是，以这种方式界定的官职贵族也就一心要垄断这些官职。真正的超凡魅力由此发生颠倒而走向它的反面，这在任何地方都是以同样模式出现的。纯正的美国人（清教徒）心态是推崇白手起家的人，把他看作超凡魅力的体现者，对于遗产继承人却不屑一顾，但我们已经亲眼看到，这种态度正在发生颠倒；今天受到重视的只是清教徒前辈移民、波卡洪

塔斯*或纽约早期荷兰移民后裔的出身，或者公认为“老”财主家族的成员身份。封闭贵族名录、验证祖先谱系、准入的新富仅仅被当作gentes minores（二流家族），以及所有类似的现象，同样都是努力使它成为稀有物而提高身份的表现。不仅垄断有薪官职或其他与国家的关系，而且还有垄断**通婚**，背后都有着经济上的动机；贵族的地位提供了向富有的女继承人求婚的优先权，同时也提高了自己女儿的身价。

超凡魅力的去个性化除了表现为继承权的形式以外，还有其他一些具有重要历史意义的形式。尤其是，可能会通过人为的巫术手段而不再通过血缘关系传承超凡魅力：通过主教的授圣职礼保证使徒的承前启后，通过祭司的授圣职礼获得永久的超凡魅力资格，国王的加冕礼和涂油仪式，以及原始与文明民族中的无数类似做法，都是来自这种传承模式。这种象征在多数时候都会变成单纯的形式，实际上远不如经常与其相关的以下观念来得重要：超凡魅力与担任某种**官职**联系在一起，而官职本身是通过按手礼、涂油礼等等获得的。这样我们就看到了超凡魅力转变为一种制度的独特过程：它作为永久性结构和传统取代了对超凡魅力人格启示和英雄品质的信仰，超凡魅力变成了一种既定社会结构的组成部分。

早期基督教会的罗马主教（最初与罗马教会一起）居于一种实质 1140
上的超凡魅力地位：罗马教会很早就获得了一种特殊权威，并一再坚持抗拒希腊化东方地区的思想优势，而那个地区产生了几乎所有伟大的教会奠基人和公认的教义，所有世界性宗教会议也都是在那里举行的；只要教会还能在这一牢固信仰——上帝不容这个世界首都的教会

---

* 见本书第1293页中译者注。

犯错误（尽管它的思想资源比较贫乏）——的基础上保持统一，罗马教会的优势就会持续下去。这是一种不折不扣的超凡魅力权威；它绝不是一种现代的规定性教义权威（Lehramt）意义上的教皇权力，也不能比作上诉职能意义上的普遍管辖权，甚至不能比作与地方权力竞争的主教管辖权。这种观念那时尚未发展出来。此外，像任何其他的超凡魅力一样，它最初也被认为是一种不可靠的天赐禀赋，而且至少曾有一位罗马主教被公会议宣布革出教门。但总体上说，人们相信这种超凡魅力是神允给罗马教会的。即使是教皇英诺森三世，在他的权力达到巅峰时也没有更多的奢求，无非是安于对这种神允的相当普遍而模糊的信仰。只是进入现代历史之后，官僚化和理智化了的教会才把它变成了一种官职超凡魅力，并像任何官僚制一样在官职（**权威**）与任职者之间做出了区分。

官职超凡魅力——信仰一种社会制度的特殊恩宠状态——绝不是仅限于教会，更不是仅限于原始条件。在现代条件下，在臣民对待国家的态度上也能看到它的重要政治表现。这些态度可能差异极大，端赖它们对官职超凡魅力是友善还是敌视。清教主义对世俗事务特别缺少敬意，拒斥一切偶像崇拜，清教徒占优势的地方则会杜绝一切对尘世权力的超凡魅力敬重。官职行为与其他一切行为一样也被看作一种事务，统治者及其官员也像其他任何人一样都是罪人（克伊波*曾特别强调了这一点），而且并不比任何人更有智慧。他们是由于上帝谜一样的意志才被偶然放到了官员的位置上，因而获得了炮制法律、法规、判决和法令的权力。凡是带有罚入地狱的标志者，当然都应革除

* 见本书第一卷第 862 页中译者注。

教会官职，但这项原则却不能适用于国家官职，而且没有必要。只要世俗的掌权者没有直接违背良知和上帝的荣耀，那就应当得到宽容，因为任何人事更动都可能仅仅是换上来一些同样有罪，说不定也同样愚蠢的人。但是，他们没有任何令人从内心归服的权威，因为他们不 1141
过是一种人为创造并用之于人的秩序的组成部分。官职在功能上是必要的，但它并非超然存在于任职者之上，也不会给他带来任何尊严，比如初级王室法庭（königliches Amtsgericht）享有的那种符合普通日耳曼人感情的尊严。这种对待国家的自然主义理性态度，在特定条件下曾经有过极为保守或极为革命的影响，是清教影响下的各个国家许多重要特征的基础。普通日耳曼人对待官职，对待“超个人的”权威及其“光环”则抱着根本不同的态度，这在一定程度上当然是路德教的特质所决定的，但也符合一个非常普遍的类型：掌权者具有“神授权威”赐予的官职超凡魅力。在此基础上生长起来的纯情绪化的国家形而上学，已经产生了深远的政治影响。

教士的**不可磨灭性**（*character indelebilis*）这一天主教理论在官职超凡魅力与个人价值之间做出了严格区分，这与清教徒拒斥官职超凡魅力形成了极端的对立。这里我们遇到了超凡魅力去个性化并转变为一种资格的最激进形式，举凡通过巫术行为摇身成为官职等级制度之一员的人，也就天然地具备了这种资格，并把官职行动神圣化。这种去个性化是一种手段，借此手段，僧侣政治组织便被移入了一个随处都能识别巫术资格的世界。只有在教士可能会绝对腐化但又不致因此危及他的超凡魅力资格时，教会的官僚化才是可能的；只有这样，教会的制度性超凡魅力才能免受一切个人意外事件之害。由于前资产阶级的人们并不喜欢对自然和超自然世界进行道德评价，由于他们认为诸神并不是善的，而只是强大的，由于他们相信一切动物、人类和超人都具有巫术能力，那么人与事的这种分化也就符合被普遍接受的种种看法；教会只不过是深思熟虑地利用它们服务于一个伟大的组织观念：官僚化。

十、超凡魅力王权[10]

制度的超凡魅力合法化有一个特别重要的情形，即政治超凡魅力，它是随着王权的兴起而出现的。

无论何地，最初的王（König）都是战争首领（Fürst）。王权则是
1142 产生于超凡魅力英雄品质。在文明民族的历史上，王权并非最古老的政治支配形式，它是一种超越了家长制权威并与之有别的权力，因为它主要不是指导人与自然的和平斗争，而是指导一个共同体与其他共同体的暴力斗争。所有那些能够确保人们面对外部或内部的非常危难时得到救助，或者能够保证人们在冒险事业中获得成功的超凡魅力形式，都是王权的前身。在早期历史上，王的前驱——酋长——往往都担负着双重职能：他是家族或氏族的家长，但也是狩猎或战争的超凡魅力领袖、巫师、求雨法师、巫医——因而就是祭司兼医师，最后，他还是一个仲裁人。凡此种种超凡魅力，往往都是分别有一个专门的体现者。平时的酋长（氏族头领），其权力来源于家政，他主要承担经济职能，仅次于他的则是狩猎与战争领袖，后者已在夺取胜利和战利品的成功袭击中证明了自己的英雄品质。（亚述帝国各个历史时期的王室碑文中，除了杀敌的数字以及用敌人的人皮覆盖了多大面积被征服城市的城墙以外，甚至列举了从黎巴嫩搜取的战利品和用于建筑

目的而砍伐的雪松数量。）这种情况下获得的超凡魅力，与它的体现者在氏族或家族中的地位无关，实际上还与任何规则无关。超凡魅力与日常生活的这种二元性，至今仍可常见于美洲印第安人当中，比如易洛魁联盟，在非洲以及其他各地也屡见不鲜。

凡是没有出现战争与大规模竞猎的地方，我们都不会看到这种超凡魅力酋长：为了避免与平时的酋长那种常见的混淆，我们应当把他称之为“战争首领”（“Fürst”）。在这种情况下，特别是在自然灾害（干旱或流行病）频仍时，一个超凡魅力魔法师就可能拥有基本类似的权力并成为一个“祭司统治者”。战争首领的超凡魅力会随着它的效力以及对它的需求变化而或盛或衰；如果出现了长期的战争状态，战争首领就会变成一个固定角色。至于是否能说异族臣民被合并吸纳进共同体之后便开始有了王权与国家［见上文，七］，这主要是个术语问题。对于我们的目的来说，合宜的做法就是始终以比较狭义的方式使用“国家”一词。

总起来看，“战争首领”这一现象并不涉及一个部落对另一个部落的支配，也不涉及是否存在个人的奴隶，而是仅与长期的战争状态和一个综合性军事组织有关。然而，王权也确实会经常发展为一种正规的王室行政，但那只是在他的军事集团控制了劳动大众或纳税人大众之后的事情。不过，异族部落的臣服并非一个必要的中间环节。超凡魅力武士向统治阶层发展的过程中也会产生内部的分层，这也具有 1143
同样的分化效果。总之，一旦他们的支配稳定了下来，王室权力和那些从中享有了既得利益者——王室的追随者——便会谋求正当性，即谋求合格的超凡魅力统治者应当具备的标志。[11]

十一、超凡魅力教育

一俟超凡魅力资格成为一种非个人的品质，即能够通过各种手段——最初都是纯巫术手段——进行传承时，它就开始不再是一种虽可验证但不能传承与习得的个人禀赋，而是转变为一种原则上可以教授和习得的能力。由此，超凡魅力资格便成了一个**教育**目标，尽管最初还没有理性的或经验的手段，因为英雄与巫术能力被认为是天生的；只要它们是潜在的，就能通过整体人格的重生而被激活。因此，超凡魅力教育的真正目的是重生，亦即超凡魅力品质的发展和对有资格者的验证、确认与遴选。[超凡魅力教育的要素包括：]脱离以往熟悉的环境以及所有家庭纽带（在原始部落中，见习者——epheboi*——要住到森林中去）；一律进入一个排他性的教育共同体；彻底改造个人行为；苦行；各种形式的心理生理训练以唤醒迷醉与重生的能力；通过震颤、折磨和致伤残（割礼大概最初主要就是这种苦行实践的一部分）而持续验证超凡魅力的完善程度；最后，通过毕业典礼被接纳进那些证明了自身超凡魅力者的圈子。

在某些范围内，超凡魅力训练与理性的专门化训练之间的过渡当然是不确定的。任何超凡魅力教育都包括了某种专门化训练，这取决于见习者要被训练成武士、巫医、求雨法师、魔法师、祭司还是法律圣贤。这种经验式的职业门类往往会出于声望和垄断考虑而被看作是奥秘学问，其数量和理性品质随着专门知识的分化和积累也与日俱增；最后，在一个专门化教育训练占据主导地位的世界上，只有常见

* 古希腊 18—20 岁刚成为公民或刚成年的男子。

的少年人军营生活及学生生活现象仍然一如既往，是为唤醒和验证超
凡魅力能力的古老禁欲主义手段的余韵。然而，真正的超凡魅力教育 1144
是与官僚制奉行的专门化职业训练完全对立的。在这两种教育形式之间，我们可以看到与“教养”（按照前面的定义，即改造基本态度与个人行为）有关并且仅仅保留了原本非理性的超凡魅力教育手段之残余的所有形式。最重要的范例就是武士与祭司的训练，这在以往主要是为了选择具备超凡魅力资格的人。凡是未能通过英勇的武士训练考验者，就仍然还是一个“娘们儿”，同样，一个未能焕发出超自然力量的人，就仍然还是一个“俗人”。为了追随者的实际利益，还会以众所周知的模式坚持并提高资格标准，这就迫使主宰者只能与那些经受住了同样考验的人分享他的统治权的声望与物质机会。

在这些变形过程中，超凡魅力教育可能会变成一个国家或教会的制度，或者交给有组织的利益集团进行形式上的自由创制。实际的发展则取决于极为多样的环境，尤其是取决于相互竞争的各种超凡魅力之间的权力分配。如果军事—骑士训练或者宗教教育在共同体中占据了主导地位，情况更其如此。与骑士训练形成鲜明对照的是，宗教教育的**唯灵论**恰恰促进了它向**理性**教育的发展。祭司、求雨法师、巫医、萨满教僧、苦行僧、修道士、宗教歌手与舞者、书吏与法官的训练，以及骑士和武士的训练，所采取的形式不一而足，但从根本上说则是大同小异。差别仅仅在于不同教育群体的相对影响。这不仅取决于**统治权**与**司铎权**（稍后再论）之间的权力分配，而且尤其取决于军事服务在多大程度上是个社会荣誉问题，是某个阶层由此而特别有资格承担义务的问题。只有存在这种义务的地方，军国主义才会建立自己的教育体系；相反，宗教教育的发展通常都是统治权——最初是宗

教支配——官僚化的一个职能。

古希腊 epheboi[*] 的基本制度——个人的体育—艺术造诣的一个组成部分——仅仅是普遍的军事训练类型的一个特例，其中特别包括为入会仪式（亦即为作为一个英雄而获得新生）预做准备，然后被接纳进男性兄弟会（Männerbund）和武士的共同体之家。这就是原始的军营。（此即“男人之家”的起源，舒尔茨曾乐此不疲地四处考证。）[11a]
1145 这些都是世俗教育的范例：武士集团支配下的教育。一俟政治共同体的成员主要不再由武士构成且战争也不再是一种常态，这种制度也就随之解体了。古埃及祭司控制官员和书吏的训练，则为这种典型的官僚制国家提供了一个影响深远的教育“教权化”范例。在众多其他的东方事例中，也是由祭司控制官员的训练，而这就意味着他们总体上也控制了教育，因为只有他们发展了一套理性的教育体系，并为国家提供了具有理性思维素养的官员和书吏。在西方的中世纪，由教会和修道院（这是一切理性教育的媒介）提供的教育也极为重要。神职人员的理性教育和骑士的教育并存，彼此既竞争又合作，乃是由于统治阶层的封建与身份特性所致，并赋予了西方的巫医和西方的大学以特殊的性质。相比之下，纯官僚制的埃及国家就不存在对应的教育教权化现象；其他的东方家产制国家也未能发展出一种特殊的骑士教育，因为它们缺乏必要的等级结构；最后，彻底去政治化的犹太人却发展出了一种严格的教权化教育的重要类型，他们的内聚力是依赖于犹太教和拉比。

希腊城邦和罗马并不存在有可能创造出一个教权化教育体系的

* 古希腊对 18 到 20 岁的男性进行军事—体育训练的组织，类似于青少年训练营。

国家官僚制或者祭司官僚制。荷马乃是极不敬神的世俗贵族的文学产物，始终是文学教育的主要媒介（这可以说明柏拉图为什么对荷马深恶痛绝），并且阻碍了宗教权力的神学理性化，在一定程度上说，这只是一个具有决定性意义的历史偶然。关键的事实在于，那里完全不存在教权主义的教育体系。

最后，在中国，儒家理性主义的性质、它的因循性以及它作为教育的基础被接受下来，都是世俗家产制官员群体的官僚制理性化以及缺少封建权力所致。

十二、财阀统治是如何获得超凡魅力的

任何巫术超凡魅力或英雄品质的训练，都可能变成一个小圈子职业同道的事务，他们当中可能会形成一些秘密的祭司兄弟会或者排他性的贵族集团。其中的变体，从系统的支配到政治或巫术兄弟会——尤其是在西非常见的秘密会社——的偶然劫掠，难以胜数。 1146
所有那些发展为会社或兄弟会的群体，无论他们是来自自愿的军事扈从还是来自征发的精良壮丁，都会日益倾向于注重以纯粹的经济资格取代超凡魅力能力。一个年轻人在能够接受既费时又不可能在经济上直接获利的超凡魅力训练之前，必定在家政中是个可有可无的角色；然而，经济事务越密集，这种可有可无性也就越不常见。结果是有钱人垄断了超凡魅力教育，他们会有目的地强化这一趋势，随着原初的巫术或军事职能逐渐丧失重要性，经济方面的职能便获得了前所未有的主导地位。

在这项发展的最后，一个人可能只需在不同的政治“俱乐部”里

购买自己的地位，比如印度尼西亚的情况；在早期的条件下，组织一场丰盛的宴会可能就足够了。只要军事和巫术超凡魅力的实际重要性走向了衰落，除了原始民族以外，超凡魅力统治阶层转变为纯粹的财阀统治阶层就是一个典型现象。到了这个时候，使一个人成为贵人的就未必是财产本身了，毋宁说，是唯有在财产基础上才有可能形成的那种生活方式。在中世纪，如果其他条件相同的话，那么骑士生活方式就意味着凡有来客无不款待，这一点至关重要。在许多部落中，仅仅举办一些宴席就能获得头人的称号，而且还能以同样方式保持这个称号。这是一种**贵族的义务**（noblesse oblige），而这种义务总是轻易能够令那些不堪此种负担的贵族沦入穷困境地。

十三、现存秩序的超凡魅力合法化

随着支配固定为一种常态结构，作为一种创造性力量的超凡魅力就会逐渐淡出，只有在短命的大众骚动中才会喷发出来，而且结果不可逆料，比如在选举期间或者类似的事件中。然而，尽管超凡魅力会大大变形，但它始终都是非常重要的社会结构要素。我们现在必须回到上面［（二），一］提到的经济动机，它们可以在很大程度上说明超凡魅力何以走向程式化：特权阶层需要赋予自身的社会与经济状况以正当性，就是说，需要把它们从一种单纯的权力关系之果转变为一些既得权利，从而使它们神圣化。显然，这些关切乃是以去个性化形式保存超凡魅力要素的最强大动机。由于真正的超凡魅力既不是以规定的或传统的秩序，也不是以既得权利为基础，而是以借助英雄品质和神启获得的合法化为基础，因此它与这种动机就是根本对立的。但在

它走向程式化之后，正是它作为非凡的超自然神性力量的这种品质， 1147
使它成为超凡魅力英雄的继承人获得正当权威的一个恰当来源；另外，以此形式，它也有利于一切指望这种权威——也就是仰赖它的长存——保障自身权力和财产的人。不过，超凡魅力合法化的形式不一而足，这取决于它和使它得以立足的超自然力量之间的关系。

如果借助遗传超凡魅力尚不能使统治者的正当性清晰可辨，那就需要另一种超凡魅力权力：通常这只能是僧侣政治权力。即使一个统治者是一个神性化身且由此具备了最高程度的个人超凡魅力，情况也依然如此。如果他不能以自身的业绩证明自己，他的超凡魅力要求就必须由熟稔神性的行家予以证实。于是，神性统治者便会奇特地屈从于这样一些群体的限制：宫廷官员和祭司，他们的正当性对于他们获得物质上和观念上的回报，关系至为重大。这种限制可能会导致神—王被长期幽闭在宫中，甚至导致他在进入成年时遭到谋杀，以使他不可能损害自己的神性，或者不可能摆脱监护。一般来说，超凡魅力统治者都背负着对被统治者负责的重担，正是这一事实，往往会产生以某种形式对他加以控制的迫切需要。

由于这样一个统治者有着尊贵的超凡魅力品质，因此他就需要一个能为统治行动，特别是为那些失误和不得人心的措施承担责任的人；东方的哈里发、苏丹和沙*至今仍然如此，他们需要大维齐这样一个传统角色。就在一代人之前，波斯还曾试图废除大维齐一职，以便由国王亲自监督官僚制内阁，但这项努力以失败告终，因为它有可能导致由国王本人对民族的一切不幸以及所有的行政弊端负责，同时还

* shah，伊朗国王的称号。

可能不仅危及统治者自身，而且危及他的超凡魅力正当性；于是，大维齐的地位不得不予以恢复，以便它能保护国王及其超凡魅力。

这就是西方，特别是西方议会制国家责任**内阁首辅**（chef ducabinet）的东方对应角色。在西方，我们看到的是 le roi règne，mais ilne gouverne pas（国王君临但不统治）之类的公式以及这样的理论：为了国王的尊严，他“不着官服就不应出现在公众面前”，[12] 更有甚者，为了同样的理由，他应当完全回避插手正规的官僚制行政，而是把它托付给担任内阁职务的政治党派领导人。这等于是让熟稔传统与礼制的行家——祭司、宫廷官员和高层显要——把神化了的家产制统治者隔离开来。
1148 在所有这些情况下，超凡魅力的社会学性质与宫廷官员或政党领袖及其追随者的利益，都在同样程度上导致了这些限制因素。议会制君主尽管没有权力，但仍然得以保留，因为，正是由于他的存在，同时也由于权力“以他的名义”行使，所以，是他通过他的超凡魅力保障了现存的社会与财产秩序的正当性，如果国王被废除，所有与这个秩序有关的人必定都会担心对该秩序正当性的信仰遭到颠覆。一个按照固定规则当选的总统也能实现这样的功能——把获胜政党的施政决策作为合法行动而赋予正当性。但是，议会制君主却能实现一个当选总统不可能实现的另一项功能：他居于规定的国家最高地位上，形式上可以约束政客之间的权力斗争。从纯粹的政治观点来看，这基本上是一种消极功能，它依赖于一位合法国王的绝对存在，这实际上大概是最为重要的功能。从比较积极的意义上说，在最为典型的情况下，这项功能意味着国王只能以他的个人能力或他的社会影响（**影响力王国**），而不是凭借他的权利（**特权王国**）对施政发挥积极作用。最近的一些事件和人物表明，尽管存在着议会制度，一个国王仍然可以发挥这种影响。英国的“议会”君主制使得限制政治上胜任的君主染指实际权力成为可能，因为，国王一旦在对外对内政策上走了一步臭棋，或者提出了与他个人资质或声望不符的要求，他就可能丧失王位。就此而论，英国的议会君主制比大陆的君主制有着更纯正的超凡魅力，后者鼓励统治者行使权力仅仅因为那是他与生俱来的权利，不管他是个白痴还是个政治天才。[13]

（三）纪律与超凡魅力

一、纪律的意义

超凡魅力一旦进入了恒定的社会行动结构，它在面对传统势力
或者理性联合体的势力时就会逐渐淡出，这就是它的命运。超凡魅力
的这种衰落，一般都表明了个人行动的重要性在趋于萎缩。在这个方 1149
面，最不可抗拒的力量就是**理性的纪律**，它不仅根除了个人的超凡魅
力，而且根除了身份群体的分层，至少也会沿着理性化方向对它们进
行改造。

纪律的要旨不过就是对公认的秩序进行一以贯之的理性化，做出条理性的准备并加以准确实施，在这其中，一切个人异议都将被无条件中止，行动者将被要求不折不扣地执行命令。此外，这种秩序下的行为是统一的。这种统一性的作用来自它作为某种大规模结构内部社会行动的特质。服从者未必是同步服从，或者未必是一个特别庞大的人群，他们也未必是在某个特定地区才能团结在一起。纪律的关键之

处在于，多数人的服从即可达到理性的统一。

纪律本身并不敌视超凡魅力或身份荣誉。恰恰相反，试图统治广大领土或大规模组织的身份群体，只有借助严格的内部纪律才能保持对臣民的显著优势，比如威尼斯的议会贵族、斯巴达人、巴拉圭的耶稣会士等等。臣民的盲从也只有通过训练他们绝对服从纪律规范才能做得到。如果一个身份群体仅仅为了纪律的原因而保持一种刻板的声望与生活方式，这种深思熟虑的理性成分就会始终居于突出地位，并会转而作用于受这样一个群体影响的所有文化。我们无须在此讨论这些作用。一个超凡魅力英雄可能会以同样的方式利用纪律手段，实际上，如果他要扩张自己的支配范围，他就必须这样做。例如拿破仑就为法国创造了一个纪律性的组织，而且至今仍在发挥作用。

一般来说，纪律像它最理性的产物官僚制一样都是非人格的。它永远都会保持中立，任由一切要求它服务并熟知如何促进纪律性的权力对它加以利用。这并不妨碍它在本质上与超凡魅力以及身份荣誉，特别是与封建的身份荣誉格格不入。因极度亢奋而躁狂大发作的狂暴武士，以及为赢得个人荣誉而与某个势均力敌者一决雌雄的封建骑士，也同样和纪律格格不入，前者是因为个人行为的无理性，后者是因为缺乏就事论事的态度。纪律是为了训练人们的习惯性程式化能力，而不是训练对某个领袖的英雄式迷醉、忠诚、饱满的热忱以及对他的个人奉献，也不是训练对荣誉的崇拜或者培养作为一种诀窍的个人合格性。如果说纪律也会诉诸明确的道德动机，那么它是以责任
1150 感和良心为先决条件的——克伦威尔所说以“良心之师”对“荣誉之师”。所有这一切都有助于对统一条件影响下的大众所能达到的最佳程度的生理心理预备状态进行理性计算。当然，满腔热忱以及无保留

的奉献精神也在纪律中占有一席之地；一切现代的战争行为恰恰都会考虑军队战斗力中的士气因素，而且往往都是优先考虑。军事领导人会利用一切可能的情感手段，一如最老到的宗教纪律手段——罗耀拉的伊纳爵*编撰的《神操训练》——以它们的方式所表现的那样。它力求通过“激励”，甚至发展士兵对首长意志的共鸣而影响战斗。然而，从社会学角度来看，这里的决定性要点首先在于，一切都经过了理性的计算，特别是那些似乎难以把握的无理性情感因素，至少原则上都像煤矿或铁矿储量一样是可以计算的。其次，奉献精神一般都是非人格的，是以某种目的、某项共同事业、某个理性筹划的目标而不是以某个人本身为取向的，尽管一个迷人的领袖可能会激发出具有个人色彩的奉献精神。

只有在奴隶所有者的特殊权利所创造的纪律环境下，情况才会有所不同，比如古代东方的种植园或奴隶军队，比如古代和中世纪以奴隶或囚徒为兵员的战舰。在这些情况下，唯一有效的因素实际上就是机械性的操练并把个人整合进一个迫使成员通力协作并且无处可逃、不可阻挡的机器中去。然而，这种强制整合的形式始终都是任何纪律中的一个强大要素，在一场系统进行的战争中就更是如此，而在责任与良心的道德品质均告失灵的所有环境中，它都会作为一种不可削弱的后遗症浮现出来。

---

* Ignatius of Loyola（约1491—1556），天主教耶稣会创始人，1534年与6名同道组成耶稣会，1540年获教皇保罗三世正式批准，1541年当选为第一任总会长。他在任期内将耶稣会办成了军队与教会的结合体，为该会编撰了《神操训练》（*exercitia spiritualia*），并制定了“谦逊守则”。

二、纪律源起于战争

纪律和超凡魅力之间的冲突一直就充满了无常的变化。这种冲突在战争结构的发展中有着自己的经典位置，在这个领域，从某种程度上说，冲突纯粹是由技术决定的。然而，武器的种类未必具有决定性影响，比如矛、剑、弓，因为它们全都既适用于有纪律的战斗，也适用于个人之间的搏斗；在已知的近东和西方历史之初，马的输入以及——在某种不确定的程度上——划时代的铁制工具的出现，都发挥了决定性的作用。马匹引来了双轮战车，驾御战车投入战斗的英雄有
1151 可能在战车上进行厮杀了；这是东方、印度和古代中国的君王以及整个西方（包括后来的凯尔特人地区和爱尔兰）战争场面中的主导形象。随战车而至但持续时间更久的是骑兵；由此便出现了**骑士**——波斯人、塞萨利人*、雅典人、罗马人、凯尔特人和日耳曼人都有了骑士。在纪律的早期发展中无疑产生了一定作用的步兵，其重要性在某些时候往往就隐而不彰了。铁制兵器取代青铜标枪用于近战，大概是再次推动了反方向发展的因素之一。然而，就像火药在中世纪可以说几乎没有带来从无纪律作战向有纪律作战的过渡一样，铁本身也没有带来这种变化，远程的骑士兵器毕竟也是铁制的。带来了这种变化的是以重装甲武装起来的希腊罗马步兵（**重甲步兵**）的**纪律**。一段常被引用的文字表明，荷马那时就已经看到了纪律的开端：禁止脱离队列作战。罗马行政官之子按照古代英雄的方式在单独格斗中杀死了敌军统帅而被处以死刑，这一传说便象征着罗马人的转折点。我们还会接连看到

---

* 塞萨利，Thessaly，希腊东部一地区。

训练有素的斯巴达职业军队、比奥蒂亚的圣殿**小分队**、装备长矛训练有素的马其顿方阵（sarissae）、比较机动但同样训练有素的罗马军团步兵中队。这些军队逐一赢得了对波斯骑士、希腊和意大利民兵以及普通的非基督徒军队的优势。希腊重甲步兵出现不久，人们还曾试图通过“国际法”禁止使用缺乏侠义之风的远程武器，犹如中世纪曾试图禁止使用石弓一样。

显然，武器的种类乃是纪律之果，而非纪律之因。专门使用步兵团采取近战战术，在古代时期导致了骑兵的衰落，而罗马的骑士身份实际上成了豁免军事服务的同义语。到了中世纪末期，瑞士出现了密集队形大军，与之平行而至的发展则是首次打破了以往由骑士垄断的开战权。即使这时，瑞士也仍然允许持戟者自告奋勇进行英雄格斗，身后是以密集队形前进的主力，长矛手则占据外围阵地。这在最初只是导致了骑士单打独斗的频率降低。在16、17世纪的战斗中，骑兵作为一支越来越有纪律性的力量仍然发挥着关键作用。如果没有骑 1152
兵，那就不可能发起攻击性战斗，实际上也不可能取得对敌优势，英国内战的进程就证明了这一点。

开启了战争变革过程的并不是火药，而是纪律。奥兰治家族的莫里斯*统帅的荷兰军队就是最富有现代纪律性的军队之一。它被剥夺了一切身份特权，例如，雇佣军就再也不能认为有辱尊严（opera servilia）而拒绝筑垒工作。尽管保皇党人凶悍勇猛，但严肃理性的

* Maurice of the House of Arange（1567—1625），荷兰独立之父威廉一世（沉默者）的次子，因生于拿骚，又称拿骚的莫里斯。后任共和国执政（1585—1625），1618年成为奥兰治亲王。他发展了军事战略、战术和军事工程学，曾任联省军队总司令，使荷兰军队成为当时欧洲最现代化的军事力量。

清教纪律使得克伦威尔的胜利成为可能。他的铁甲军——“良心之师”——都是以密集队形疾步前进，冷静瞄准并在拔出军刀的同时开枪射击。发起攻击之后他们仍能保持或者立即恢复密集队形。这种纪律从技术上说要优于保皇党的élan（锐气）。保皇党军队的习惯是热衷于快速发起攻击然后分散队伍，要么去洗劫敌营，要么是草率地追击单个敌人以求抓获俘虏索取赎金。这种习惯葬送了一切成功的可能性，在古代和中世纪是一种常见的典型现象，比如在塔格利亚卡佐［指安茹的查理在1268年击败霍亨斯陶芬王室的末代君主康拉德］。只有出现了纪律之后，简而言之，只有运用以纪律为先决条件的战争机器时，火药和一切与火药相关的战争技术才具有重大意义。

奠定了军队组织赖以存在的经济基础，并不是决定纪律发展的唯一使然力，但却是非常重要的因素。不过，纪律对战争行为产生的各种作用，甚至对政治与社会秩序有着更大的影响，尽管这种影响并非一目了然。纪律作为战争的基础，催生了祖鲁人的家长制王权，但是那里的君主却受到了军队统帅——他们类似于斯巴达的五执政*——权力的合宪制约。[14] 同样，纪律也催生了带有**运动场**的希腊**城邦**。当步兵的操练完善到精湛的程度时，**城邦**不可避免地就产生了贵族统治结构（比如斯巴达）；当城邦采用了海军的纪律时，它们就有了民主制结构（比如雅典）。军事纪律也是瑞士民主制的基础，它在瑞士雇佣军的兴盛时期大不同于雅典人，但却——用希腊术语来说——利用只

---

* ephor，古代斯巴达每年民选的五名最高政务官，有权左右国王。

有有限权利的人（**珀里俄基人**[*]）或者毫无权利的人（希洛人[**]）控制了各个地区。军事纪律也是建立罗马贵族统治的手段，最后，还是建立埃及、亚述以及现代欧洲官僚制国家的手段。

这些范例表明，战争纪律可以和完全不同的各种经济条件并行 1153
不悖。但它始终在以某种形式影响着国家、经济、大概还有家庭的结构。在历史上，一支高度纪律性的军队必然就是一支职业化军队，因此，如何为军队供应给养就始终是个基本问题。我们前面已经谈到，创建训练有素、随时待命出击的军队，最初的途径就是**武士共产主义**。它可能会采取男人之家的形式，一如职业武士的军营或俱乐部，而且这种形式在世界各地传播极为广泛；武士共产主义也可能采取利古里亚海盗的共产主义共同体模式、斯巴达的野餐（syssitia）原则、哈里发欧麦尔或者中世纪宗教骑士团的组织。我们前面已经提到，武士共同体可能会形成一个完全自治的封闭性联合体，或者一般来说可能被吸收进一个地区性政治联合体。因此，补充新的成员可能要由更大的秩序来决定，当然，它也可能转而对这种秩序产生决定性的影响。这种关联性多数时候都是相对的。比如即使在斯巴达，也并非始终坚持“血统的纯正性”，因为获得成员资格的关键因素是军事教育。

与共产主义武士绝对对应的则是修道士，他们以修道院为立足之地的共产主义生活，有助于达到训练他们为来世主宰者（由此大概也会为今世主宰者）服务的目的。随着武士共同体坚持不懈的发展，在直接仿照修会建立的立誓不婚的骑士团以外，也可以看到脱离家庭及

* perioeci，古代斯巴达城邦中没有政治权利但享有个人自由并受法律保护的一个阶级。

** helot，古代斯巴达的国有奴隶。

一切私人经济利益的现象。男人之家的成员会购买或掳掠姑娘，或者要求臣民共同体把尚未被出卖成婚的姑娘交由他们处置。波利尼西亚居于支配地位的身份群体——Areoi——的孩子一律被杀掉。男人只是在完成了对男人之家的服务之后，才能结成永久的两性关系并享有经济独立，但这时往往已届高龄。以下若干现象，即按照年龄分群——这对于调整两性关系有时也很重要，所谓原始“同族混交”或者所有男性武士对所有无主女性享有“原始权利”的遗风，或者所谓最早的婚姻形式——抢婚，特别是“母系家庭”（Mutterrecht）[15]的存在，都是在长期战争状态下大行其道并要求武士离弃家室的共产主义军事组织残留的反映。

1154 很有可能，共产主义的武士共同体到处都是超凡魅力战争首领追随者的残余现象。一旦追随者建立了能在平时保持不坠的固定联合体，这些领袖也就风光不再了。但在有利的条件下，武士头领仍能获得对有纪律的武士队伍的绝对控制权。这种武士以战利品以及从妇女、不适于行伍的人，大概还有农奴那里获取贡赋为生，相应的，与他们的共产主义形成了极端反差的则是以“**大庄园**”为基础的军事组织：从主宰者仓储中获得给养装备的家产制军队，我们知道，埃及尤其是这种情况，但它的特征往往也是其他军事组织的组成部分，因而成为君主专制制度的基础。相反的现象，即武士共同体摆脱头领的无限制权力，比如斯巴达通过五执政官形式做到的那样，仅仅可能出现在纪律所允许的范围内。因此，在城邦中，只有和平时期并且只有在本土（按照罗马行政法的技术意义，domi 与 militiae* 截然不同），国

* 拉丁语，意为“平时”与“战时”。

王的权力才会遭到削弱，而这就意味着纪律的削弱。斯巴达国王的特权只有在和平时期才会跌至零点，但在战场上，出于纪律的考虑，国王的权力仍是无限制的。

纪律的全面松弛——但程度大不相同——通常都会相伴出现分散权力的军事体制，不管那是俸禄制的还是封建制的。训练有素的斯巴达军队、其他希腊的与马其顿的以及若干东方军事建制的**份地**（κλῆροι），土耳其的半俸禄制封地，以及最后，日本和西方中世纪的封建制封地，所有这一切都是一些经济上分散权力的阶段，与它们相伴出现的通常都是纪律的削弱及个人英雄品质的盛行。与经济面貌一样，领主的封臣从纪律面貌上也体现了与家产制或官僚制军人的极端反差。纪律面貌是经济面貌的一个结果。封建封臣不仅要操心自己的装备给养并管理自己的辎重，而且要负责召集并领导他的属臣，后者也是要自我装备。中世纪末期到现代之初，利用**雇佣兵首领**以半资本主义方式招募雇佣军，以及利用公共财政手段组建和装备常备军，突出表明了在战争手段日益集中于战争首领之手的基础上，纪律得到了强化。我们此处无须详论军队是如何日益实现理性化的；它开始于奥兰治的莫里斯，进而是华伦斯坦、古斯塔夫·阿道弗斯*、克伦威尔的 1155
军队，以及法国、腓特烈大帝和玛丽亚·特蕾西亚的军队。我们这里也不可能详论从职业军队向法国大革命的人民军队——拿破仑把它改组为一支半职业化军队——以及向 19 世纪到处都在引进的普遍征兵

* A. W. E. Wallenstein（1583—1634），神圣罗马帝国统帅，三十年战争时统率帝国军队，战绩卓著，后在吕岑战役中（1632）被瑞典军队击败，因谋反被撤职（1634），后被刺杀。Gustavus Adolphus（1594—1632），瑞典国王，在吕岑战役中大败华伦斯坦统率的德军，但于是役阵亡。

制的过渡。这项发展实际上表明了纪律的日益重要，与此同时出现的进步则是以公共财政，而不再以私人资本主义作为军事组织的基础。

普遍征兵制的绝对优势在机械化战争时代是否已经一劳永逸，这一点仍然有待观察。例如，英国海军的最佳射击纪录似乎就是决定于职业射击队保持常年的连续性。特别是，如果缩短服役期的过程——该过程目前在欧洲已经停顿下来——还要继续的话，对职业军人在某些兵种里的技术优越性的看法，几乎可以肯定会稳处上风。某些军官圈子已经暗中抱有这种观点了。法国军队在 1913 年实行了三年义务兵役制，乃是受到“职业军队”这一口号的激励而使然，但这稍嫌不当，因为没有在各兵种之间做出区分。这仍然是一些模糊的可能性，而且还可能产生一些政治后果，此处不赘。总之，它们都没有改变纪律的极端重要性。我们这里想要表明的是，武士与战争手段的分离，以及战争手段集中于战争首领之手，到处都是这种群众纪律的基础，不管这一过程是出现在家产制、资本主义还是官僚制的背景之下。

三、大规模经济组织的纪律

军事纪律催生了一切纪律。**大规模经济组织**就是训练人们服从纪律的第二大力量。法老时代的工场和建筑工程（尽管对它们组织细节的了解至今都是那么贫乏）与迦太基—罗马种植园、中世纪晚期的矿山、殖民地经济的奴隶种植园以及——最后——现代的工厂，并没有直接的历史过渡联系。然而，它们全都有一个共同的要素：**纪律**。

古代种植园的奴隶睡在工棚里，无家无业。只有管理人——特
1156 别是**管事**（villicus）——拥有个人住处，大概类似于军士的［私人］

宿舍或者提供给现代不动产有薪管理人的住房。一般来说，唯有管事才享有准财产权（**特有产**[*]，即最初以牲畜作为财产）和准婚姻权（contubernium[**]）。早晨起来奴隶们以"班"（**十人队**）为单位整好队形，由"鞭子"（班长）带领去劳动；他们的日用品（用军营术语来说）储存在兵站里，按需领取。没有医务所和禁闭室。中世纪和现时代庄园的纪律则远没有那么严格，因为它已被传统定了型，所以也多少限制了领主的权力。

无需特殊的证据亦可表明，军事纪律也像在古代种植园那样是现代资本主义工厂的理想模式。然而，工厂中的组织纪律有着绝对的理性基础。借助于适当的度量手段，个人劳动的最佳获利性可以像任何物质生产资料的获利性一样被计算出来。在此基础上，美国的"科学管理"体系随着它对劳动技能的理性训练和教育，从而随着由工厂的机械化和纪律得出的最终结论而突飞猛进。人的生理—心理官能完全适应了外部世界、工具和机器的需要，简言之，它被功能化了，个人被剪除了由他的机体所决定的天然节奏；按照劳动程序的要求，通过肌肉的功能专业性并创造了体能的最佳经济性，他适应了一种新的节奏。[16]在工厂也像在其他地方一样，特别是在官僚制的国家机器中，与整个这一理性化过程并驾齐驱的则是组织的物质手段集中到了主宰者手中。因此，随着政治与经济需求的满足日益理性化，纪律也无情地接管了越来越广泛的领域。这种普遍现象越来越多地限制了超凡魅力，也限制了构成个体差别的行为的重要性。

---

* 见本书第一卷第 614 页中译者注 ***。

** 罗马法指奴隶之间的婚姻；被允许的同居。

注　释

除非另有说明，所有注释与校订均为 Roth 所作。

1　一、二两节另有译文，见 Gerth and Mills，*From Max Weber*，*op. cit.*，245—50。

2　见 Rudolf Sohm，*Kirchenrecht* I（1892），6，26，；II（1923），176ff. and *Outlines of Church History*（Boston 1958；first publ. in 1887），33。

1157　3　这里说的是艺术超凡魅力保持者的独身生活以及拥有独立财产的追随者，暗指超凡魅力诗人斯特凡·格奥尔格和他那个圈子；参阅第一部分，第三章，十。

4　这是直接抨击威廉二世，他不顾自己的诸多政治失误而以近代的君权神授说要求人们效忠。

5　参阅《法律社会学》（三），以及（五），五。（W）

6　Karl Weierstrass（1815—1897），a mathematician known for his theory of analytical functions.

7　参阅 *GAzW*，471ff。（W）

8　Eduard Meyer，*Geschichte des Altertums*（Stuttgart 1944），Ⅳ，695.

9　1880 年，德国最大的自由主义政党——民族自由党——的一部分因拒绝和党一起接受俾斯麦提高关税的政策而退出该党。分离派主要是支持自由放任政策，他们在 1884 年与左翼自由派，即进步党合并为自由民主党。合并的动机是要建立一个强大的新党，为相对自由主义的王储弗里德里克提供支持，他被认为有望在不久的将来继承王位。事实上，俾斯麦从剪除该党在帝国议会中的 100 多名议员开始，最终设法消灭这个党，而弗里德里克也仅仅统治了 3 个月。他的继承人威廉二世在 1890 年用卡普里维（Caprivi）取代了俾斯麦，前分离派希望出现一个更加自由主义的政府，试图改变老进步党及统一后的党那位专横跋扈的领导人欧根·李希特毫不妥协的政策。在随后的斗争中，海因里希·里克特领导的前分离派设法在党的执行委员会中获得了多数，但李希特的基层组织和他的报纸却拥有足够强大的力量击败这种挑战。不稳定的统一被摧毁了，该党在 1893 年终告分裂。参阅 Thomas Nipperdey，*Die Organisation der deutschen Parteien vor* 1918（Düsseldorf：Droste，1961），206—17。

9a　大概这是指的 Ludwig Gumplowicz 的"社会学国家观"，见他的 *The Outlines of Sociology*（Philadelphia 1899；German ed. 1885），*Die soziologische Staatsidee*（1892），以及其他著作。（Wi）

10　这一节还有另一篇译文，见 Gerth and Mills，*From Max Weber*，*op*，*cit.*，251f。关于超凡魅力王权的另一个方面，见 Marc Bloch，*Les Rois thaumaturges*：*Étude sur le caractère surnaturel attribué à la puissance royale*，*particulièrement en France et en Angleterre*（Strabourg 1924）。

11　手稿在此中断。这里的思路由下文十三节以及第十五章第一节接续。（W）

11a　参阅 Heinrich Schurtz，*Altersklassen und Mannerbünde*（Berlin 1902）。

12　俾斯麦的双关语之一，其中关于着装（Bekleidung）的用词意指扈从（Begleitung）。

13　这是对威廉二世与爱德华七世及乔治五世进行的不公正比较。

14　五执政即五名选举产生的司法行政官以钳制两国王的权力。他们当中会有人伴随国王出征，但没有任何指挥权。然而，如果国王无视他们的意见，他们可以把国王送上法庭。

15 关于 Mutterrecht，参阅 Weber，*General Economic History*，38—45，以及第 271 页引用的文献。

16 参阅韦伯的心理学研究概论以及他本人的调查报告和调查建议“Zur Psychophysik der industriellen Arbeit”（1908—09），重印于 *GAzSS*，61—255。

1158 # 第十五章

政治支配与僧侣支配

一、超凡魅力正当化：统治者与祭司

正如议会制君主的无权无势使得政党领袖的统治成为可能一样，作为一个化身而“被隔离”的君主的无权无势，要么会导致祭司的支配，要么会导致某个并不承担君主的超凡魅力义务，因而能够提供实际统治者（比如**宫相**、**将军**）的家族把持权力。这里也必定会保留那位形式上的统治者，因为只有他的特殊超凡魅力能够保证与神的恰当关系，这对于整个政治结构的正当性——包括实际统治者的地位——都是必不可少的。如果正式的统治者拥有真正的超凡魅力，就是说，如果这种超凡魅力是自身固有而非后天获得的，他就不可能像墨洛温王朝的国王那样被驱除，进而再由教皇提供合乎超凡魅力资格的权力以使新的统治家族具有合法性。如果一个转世的神或者一个神的子嗣

（比如天皇）行使着真正的超凡魅力权威，那么不仅废黜他本人——以暴力或和平手段当然有可能做到这一点——而且废除整个超凡魅力家族的企图，都将危及所有权力的正当性，并削弱臣民顺从意识的所有传统支柱。因此，即使在最为恶劣的条件下，从现存秩序中获益的所有群体也都会渴望避免这种废黜；即使统治王朝被视为异族政权的代表，这种废黜是否长期可行也仍然有待观察，比如现在的中国［1911/13］。

教皇对卡洛林王朝统治的确认，乃是所有这种情况的典型表现，在这里，统治者本人并不是一个神，或者无论如何，他不可能借助超 1159
凡魅力使自身获得足够的正当性，因为这种正当性不是通过遗传继承或者某种其他规则得到明确保障的。因此，他要依赖另一种权力——最天经地义的就是祭司权力——获得合法性。通常在宗教超凡魅力长足地发展出一种祭司属性，而且它的体现者并不等于政治权力持有者时，往往就会出现这种情况。于是，有资格的王室超凡魅力体现者便由上帝——这就意味着由祭司——赋予了正当性，或者至少，他的正当性得到了他们的肯定，他们熟谙神赐的一切事物，他们是作为这方面的专家承认统治者是神的化身的。在犹太王国，国王［的正当性］要由祭司求问神签（Losorakel）；阿蒙—瑞*的祭司在击败了离经叛道的法老阿肯纳顿的子孙后，便实际控制了国王的废立；巴比伦国王要拍击帝国之神［马尔杜克］的双手；还有许多其他的范例，直到神圣罗马帝国这一代表性范例。在所有这些情况下，原则上说，

* Amon-Ra，阿蒙原是中埃及赫蒙的一个地方神，对他的崇拜传到底比斯，在公元前2008年—前1957年间成为法老的保护神，大约在同时，他又被认为与赫利奥波利斯的太阳神瑞是同一位神，由是阿蒙—瑞被承认为国家之神。

任何超凡魅力体现者的合法性都是不容否认的。中世纪时期的帝冠（Imperial Crown）也同样如此，而且选帝侯的莱恩斯决议（resolution at Rhense）还重申了这项原则（他们 1338 年在此形成了一个联盟，反对教皇对德意志国王选举给予确认的要求），因为是否存在超凡魅力资格，这是个判认问题，而不是自由酌处的问题。但在同时，人们也相信，只有在祭司的操作下才能确保超凡魅力充分发挥效力，由此也就开始了超凡魅力的去个性化过程。在极端情况下，祭司对君主的控制可能会导致一种祭司王权，祭司首领本人则会行使世俗权威。这种情况实际上可见于若干时代。

相反的情况则是高级祭司臣服于世俗权威，比如罗马帝国、中华帝国、哈里发帝国，大概还有阿里乌派统治者，当然还有安立甘宗、路德宗、俄国和希腊天主教统治者，都是如此，在一定程度上至今仍然如此。世俗权威对教会的控制有着很大差异，从行使单纯的行政与司法特权（Vogteirechte）到拜占庭君主对阐述教会教义发挥影响，乃至统治者——像哈里发那样——扮演传教士角色，可谓不一而足。

二、僧侣政治、神权统治与政教合一

总之，世俗权力与教会权力之间的关系有着很大差异，这取决于我们面对的是（1）一个由祭司作为神的化身或以神的名义赋予了正当性的统治者，或是（2）一个同时也兼任国王的高级祭司——以
1160 上是僧侣政治的两种情况，还是最后（3）一个凭借自主的正当性对教会事务行使最高权威的政教合一世俗统治者。举凡出现了这种意义上的僧侣政治的地方（真正的神权统治是第二种情况），都会对

行政结构产生深远的影响。僧侣政治必定会阻挠有可能与它分道扬镳的世俗权力的崛起。举凡存在一种并立或从属的王室地位的地方，僧侣政治都会竭力防止国王获得独立的资源，即阻止国王积累财宝（thesaurus*）——它对早期历史上的所有国王都是不可或缺的，并阻止国王的侍卫坐大以防建立一支独立的王室军队——犹大王约西亚**的情况就是这样。此外，僧侣政治也会尽可能地遏制独立的世俗军事贵族崛起，以防自身的优势地位受到威胁，因而它往往会支持（相对）爱好和平的“资产阶级”。资产者与宗教力量之间的选择性亲和，是它们在一定发展阶段上的典型现象，由此可能正式结成一种反对封建力量的联盟。这在东方相当常见，在［11世纪］争夺主教叙任权***期间的意大利也是如此。这种与政治超凡魅力的对立，使得僧侣政治到处都能成为令征服者感到可取的手段以驯化被征服的人民。例如，西藏人、犹太人以及后来埃及人的僧侣政治，有的是得到了外来统治者的支持，有的则是直接由外来统治者建立的，而且根据全部可以得到的历史线索来看，古希腊的神殿祭司，尤其是特尔斐****的祭司，大概也很乐于在波斯人获胜之时扮演类似的角色。显然，希腊文化和犹太教最重要的特征分别是抵抗波斯人的支配和臣服于这种支配的产物。僧侣政治权力究竟能够发挥多么有效的驯化作用，蒙古人的命运即是明

* 罗马法中的“埋藏物”，指很早以前被埋藏起来并已被所有主遗忘的珍贵物品，对于该物品，任何人都不能声称拥有权利。但发现埋藏物则使发现者、埋藏地的土地所有主或者国库取得相应权利。

** Josiah，《圣经》人物，公元前7世纪的犹大王国国王。

*** 见本书第1033页中译者注。

****Delphi，古希腊城邦，因阿波罗神殿而著名。

证，他们在1500年间一再侵入那个平和的邻邦文明并危及它的文化存续，但喇嘛教却使他们几乎彻底平静了下来。[1]

军事贵族和神殿贵族之间、王室扈从和祭司扈从之间的斗争，到处都在对国家与社会产生着巨大影响。这种斗争并不总是导致公开冲突，但它会产生一些独特的特征和差异，不管我们涉及的是印度祭司种姓与武士种姓之间的关系，是美索不达米亚、埃及和巴勒斯坦最古老城邦中的军事贵族与祭司之间或公开或潜在的冲突，还是希腊城邦，特别是罗马世俗贵族完全占据了祭司的地位。在中世纪欧洲以及
1161 在伊斯兰教世界，这两种力量的冲突更导致了东西方文化发展的极大差异。

政教合一则与任何僧侣政治都是极端对立的，它使祭司完全屈从于世俗权力，不过在任何地方都看不到它的纯粹类型。不仅中国、俄国、土耳其和波斯统治者操纵着政教合一的权力，充当教会首脑（summus episcopus）的英国与日耳曼统治者也是如此，但这些权力到处都受到了自主性教会超凡魅力的制约。拜占庭basileus（皇帝）也像法老、印度与中国的君主，还有新教的**教会首脑**一样，一再企图把宗教信仰和自己创造的规范强加于人，但是大都无果而终。这种企图始终都让他们处于极端危险的境地。一般来说，当宗教资格仍然作为合格者的巫术超凡魅力在发挥功能，但尚未根据自己的教义体系理性化为一种官僚制系统时（两者通常都是息息相关的现象），宗教权威就能最有效地屈从于王室权威；当伦理观或救赎论尚未在宗教思想中占据支配地位或者被再次放弃时，这种屈从就特别顺理成章。但是，举凡它们占了上风的地方，僧侣政治往往就是不可战胜的，世俗权威就不得不与之竞争。相比之下，巫术—礼仪的力量在古代城邦中却受

到了最彻底的控制，日本的封建制权力和中国的家产制权力也实行了相当高度的控制，拜占庭与俄国至少实现了还算说得过去的控制。然而，举凡宗教超凡魅力发展出一个教义体系和组织系统的地方，那么政教合一的国家也会包含一种突出的僧侣政治成分。

总的来说，祭司的超凡魅力都会与世俗权力达成妥协，多数时候都是心照不宣的妥协，但有时也采取宗教协定的形式。由此，控制范围就得到了相互的保证，每一方的权力都可以在其他领域发挥某些影响以把利益冲突降到最低限度，比如世俗当局插手某些教会官员的任命，祭司则影响着国家的教育制度。这些妥协也使得这两种权力有可能相互援助。具有显著政教合一性质的卡洛林帝国教会与世俗组织，奥托家族和早期的萨利克统治者治下具有类似特征的神圣罗马帝国，以及许多高度政教合一的新教国家，都是这方面的范例。这种妥协也出现在反宗教改革的地区，出现在宗教协定和教皇划界诏书中，尽管权力的分配有所不同。[2]世俗统治者使祭司们可以得到外在的强制手段以维护自己的权力，至少能够征收教会税和其他贡赋。祭司则提供 1162
宗教认可，以支持该统治者的正当性并驯化臣民。强有力的宗教改革运动——比如格列高利——有时就会试图彻底否定政治权力的自主性超凡魅力，但总是没有持久成效。时至今日，任何政府，只要是无可争辩地掌握着事实权力，而且，只要这种统治不对教会进行剥夺，天主教会就会把接受并服从它当作一项宗教义务；正是由于这一事实，天主教会才承认了政治超凡魅力的自主性。

任何正当性政治权力往往都会存在某些神权统治或者政教合一的成分，因为归根结底，任何超凡魅力都有类似于宗教权力之处，就是说，它至少会声称接续了某种超自然渊源的余韵；因此，正当性政治权力总是会以这样那样的方式声称得自“神授”。

应当清楚地认识到，这些体系之中哪一种会居于支配地位，并非依赖于宗教对一个民族的生活发挥的普遍影响。希腊人、罗马人或日本人的生活像任何僧侣政治共同体的生活一样浸润在宗教之中；古代城邦甚至一直被正确但略嫌夸张地解释为主要是一种宗教联合体；像塔西佗那样的历史学家在叙述异兆和奇迹时并不亚于中世纪的民间文学，俄国农民受到宗教熏染的程度与任何一个犹太人或埃及人也都不相上下。唯有组织社会支配时的方式大相径庭，这对宗教的发展过程关系重大。

政教合一的统治仅仅把教会事务看作是政治行政的一个分支。这在西方古代的城邦中可以看到相当纯粹的类型，拜占庭帝国、东方地区各个国家、东派教会各国以及欧洲“开明专制”时代的统治也是如此，尽管纯粹程度较低。神与圣徒都是国家的神明，对他们的崇拜乃是一项国家事务，承认还是拒绝新的神明、教义或礼拜，均由统治者酌处。如果政治官员并非亲自，而只是在职业祭司帮助下履行这些宗教义务，那么种种技术事务就会操之于受到政治控制的祭司之手。由国家供养的祭司没有经济自主性、财产权和独立的行政机构。所有官方的祭司行动均由国家监督。除了某种技术训练和礼仪功能之外，没
1163 有特殊的神职人员生活方式，因而没有特殊的祭司教育。在这些条件下不可能发展出真正的神学理论，而这一点又会阻碍僧侣政治对俗人的生活方式进行自主调整：僧侣政治的超凡魅力被贬低到了单纯的行政技术的层面。此外，政教合一制度的贵族还会把高级祭司的职位改造成世袭家产，可以用作收入、声望和权力的来源，下级祭司的职位则会成为有俸圣职，充任这种职位一如充任采邑属地上的职位；修道

院基金以及类似的基金则成为抚养未婚女儿和年轻儿子的“福利”收入，遵守传统的礼仪规定会变成贵族身份礼节与身份惯例的组成部分。一旦政教合一体制以这种方式占据了优势，从纯粹技术性的对超自然力量进行仪式主义操纵的方面来看，宗教的本质也就不可避免地被定型了，这样也就阻碍了向救赎宗教的任何发展。

三、教会

举凡僧侣政治的超凡魅力比政治权威强大的地方，假如它还没有直接攫取政治权威，它就会贬抑这种权威。既然政治权力会断言自身具备一种竞争性的超凡魅力，那么它显然就有可能成为撒旦的勾当；基督教中那些最持之以恒的伦理—僧侣政治倾向，就曾一再试图把这种观点强加于人。或者，既然上帝允许政治权力的存在，它也可能被视为一种不可避免地向尘世罪孽做出的让步，信徒应当顺从政治权力，但应尽可能避免与它发生关系；至于它表现为什么样的具体形态，这在伦理上无关紧要。基督教早期的末世论就是秉持这种态度。最后，政治权威可能被视为一种用以制服反教会力量的神赐工具，这时就可以指望它任由僧侣政治权威随意摆布。因此，僧侣政治在实践中会谋求把政治统治者变成一个封臣并剥夺其独立的权力手段——假如这与它自身从政治结构的存续中获取利益能够兼容的话。如果祭司并不直接掌握政治权力，他们会通过神谕（比如犹大王国的情况）或者通过为国王施坚信礼、涂油和加冕而赋予他正当性。他们可能会阻止他积累财宝，这样他就不可能罗致私人扈从和维持自己的雇佣军（仍以犹大王国的约西亚为典型范例）。僧侣政治会创设自主的行政系统、

1164 税制（什一税）和保护教会地产的合法形式（捐赠）。以超凡魅力方式管理巫术赐福，最初乃是一项自由选择的职业与生计，后来则发展成王室或领主俸饷所有者的家产制官职，为了保住这种官职，某个神殿会确定一份俸饷——作为一种捐赠，这在一定程度上可以免受邪恶力量之害。埃及、东方及东亚地区神殿祭司的共餐制，以及由此衍生的实物俸禄，便是属于这样的情况。

由僧侣政治而形成一个**教会**，这有四个特征可以作为标志：（1）出现了一个在薪金、晋升、职业义务和特殊生活方式等方面脱离了“尘世”的职业祭司群体；（2）要求有权实行普遍支配；这意味着僧侣政治至少应当克服家族、氏族与部落的束缚，并且只有在消除了种族与民族界线，从而扯平了一切非宗教差别之后，我们才能谈论完整意义上的教会；（3）教理和仪规（**礼拜**）应是理性化的，是载于圣经，加以注疏的，并成为一种系统教育的目的，它不同于单纯训练技术能力；（4）所有这些特征应当出现在某种强制性组织中。因为，关键的事实是超凡魅力与**人**相分离而与制度，特别是与**官职**联系在一起：正是这一事实产生了上述所有特征，尽管它们的发展过程有着不同程度的典型性。从社会学角度来说，教会不同于教派，因为教会自认为是永恒神恩——它是给予每个人的——这一“信托基金”的受托管理人；一般来说，加入教会不像加入一个联合体那样是自愿的，其成员是生来就在其中的，因此，即使那些没有宗教资格的人——他们是异端分子——也要服从教会的纪律。一言以蔽之，教会乃是官职超凡魅力的体现者与受托人，而不像教派那样是由自身具备超凡魅力资格的个人所组成的共同体。就其完整意义而言，除了基督教以外，教会仅仅出现在伊斯兰教和喇嘛教中；在比较局限的意义上说——因为存在着民族界线——，马赫迪教、犹太教，显然还有古代埃及的僧侣政治，也都创立了各自的教会。

四、僧侣政治的行为规范以及与个人超凡魅力的对立

在官职超凡魅力要求的基础上，教会还会进一步提出政治权力的要求。这种超凡魅力被用来从根本上提高其体现者的尊贵程度。教会可以确保自己的官员免受世俗管辖权的辖制、豁免税赋以及免于承担 1165
所有其他公共义务，并借助严厉处罚以保护他们免遭任何不敬。特别是，教会为自己的官员规定了一种特殊的生活方式。这需要一个特殊的训练过程，因而需要一种正规的僧侣政治教育。一旦教会开创了这种教育，它也就获得了对世俗教育的控制权，并由此向政治当局提供受到僧侣政治精神严格熏陶的官员和臣民。

僧侣政治的教会还会凭借它的权力而规定一套包罗万象，涉及所有行为领域的伦理—宗教规章制度，原则上说，这种体系绝不会容忍受到任何实质约束，比如天主教教义今天就不可能承认它提出的disciplina morum（风纪）要求受到的任何限制。即使得不到政治当局的支持，僧侣政治也会利用不同寻常的权力手段贯彻自己的要求。开除教籍、禁止参加礼拜，都与最严厉的社会联合抵制（social boycott）有着同样的效果，而且，所有的僧侣政治都会以这样那样的方式采取经济上的联合抵制措施，办法是禁止与被革除者发生社会交往。只要这种行为规范是由僧侣政治的权力利益所决定——很大程度上也的确如此——，它就会抵制竞争性权力的出现。这往往会带来若干结果：臣服于非僧侣政治权力的“弱者”会受到保护；奴隶、农奴、妇女和

儿童会得到支持以反对他（她）们主人的任意专断，小市民阶层和农民则会得到支持以反对高利贷；僧侣政治手段不可能控制的经济力量的崛起，特别像资本主义这种与传统格格不入的新兴力量的崛起，则会受到阻碍；总之，传统以及对传统神圣性的信仰是僧侣政治权力的内在基础，对这种基础的任何威胁都会遭到抵制；因此，既定的传统权威则会得到强有力的支持。

僧侣政治恰恰就是以这种方式走上了和它的对立面同样的类型化之路，特别是在它最为典型的特征方面。通过理性的组织以管理神恩成了一种制度（Anstalt），超凡魅力的神圣性就被传给了制度本身，这是任何教会的典型表现。因此，高度发达的官职超凡魅力也就不可避免地变成了一切真正的个人超凡魅力的不共戴天之敌，后者鼓吹并力主独辟蹊径走向上帝，是先知的神秘主义迷醉式超凡魅力，官职超凡魅力肯定会与之势不两立，以求维护组织的尊严。举凡没有官职而自行创造奇迹者，都会被疑为异端或巫蛊。（在《吠陀经》箴言集形成时
1166 期的碑文中即可发现早期的范例，而且，声称个人具有超自然力量乃是佛教僧团的四大死罪之一。）奇迹被纳入了正规的组织，比如圣事奇迹。超凡魅力资格被祛除了个人色彩，并附着于授圣职礼本身，原则上是与官员的个人价值（**不可磨灭性**）相分离的——这就是多纳图派争论的主题。按照一般的模式，任职者与官职都要被区别开来，否则他的不配就可能损害到官职超凡魅力。按照同样的去个性化模式，随着教会的行政管理在主教与长老们控制下走向官僚化，古代教会中的超凡魅力先知与导师的地位也就趋于衰落了。组织结构则在技术和经济方面适应了日常运作的条件。这就导致了一种官职等级制度，其中含有明确的管辖权限、正规程序、规章制度、手续费、俸饷、惩戒制

度、教义理性化以及作为一项“职业”而任职的理性化。事实上，这些特征首先就是由教会作为古代传统的继承人而发展出来的，至少在西方就是如此，在某些方面大概也发轫于埃及。这一点并不出人意料，因为，一旦开始了官职超凡魅力的发展进程，把不配的任职者与神圣官职区别开来的官僚制方针也就不得不始终如一地贯彻下去。

五、僧侣政治在禁欲主义和隐修主义之间的摇摆

这样就出现了僧侣政治的最大难题之一：官方组织如何应对神的超凡魅力追随者——修道士——的出现呢？因为他们坚持超凡魅力奠基人的要求，从而拒绝对世俗的关切做出任何妥协。修道士的禁欲主义可能会有两种不同的意义：（1）通过探寻个性化的直达上帝之路获得个人救赎。这在救赎宗教中有着头等的重要性，比如对于印度教、佛教、伊斯兰教和基督教的遁世修道者来说就是如此。在那些坚持要与经济和其他世俗权力关切达成妥协的宗教组织中，绝无可能实现几乎始终是末世论的革命性超凡魅力提出的激进要求，而退出尘世——摆脱婚姻、职业、官职、财产、政治及任何其他共同体——不过是这种事态的结果。在所有宗教中，实现非凡业绩的成功的遁世修道者，最初都需要具备强迫神明表态和创造奇迹的超凡魅力能力。当然，这 1167
种个人超凡魅力最终与救赎机构（Heilsanstalt）的超凡魅力要求是不可调和的，后者会竭力垄断通向上帝之路——**“教会之外无救赎”**乃是所有教会的信条。当圣徒们形成了排他性共同体时，这种冲突就会进一步加剧；它会否定教会与任何官僚制一样普遍扯平的支配要求，否定教会官职超凡魅力的排他性意义。但是，任何大教会都会被迫

与隐修主义达成妥协。对隐修院修会不解其意的只有马赫迪教和犹太教，它们原则上不承认其他的救赎之路，而只是忠诚地遵守律法。晚期的埃及教会大概也有了隐修的萌芽。特别是基督教教会，它不可能反对始终如一地应用圣经原则，但它把禁欲主义重新解释为它内部的一种特殊“天职”。**福音劝谕**（consilia evangelica*）既是最高理想，也被认为是对普通信徒的要求。因此，对它们信守不渝就被看作是一种非凡的成就，可以利用来储藏神恩，以使那些超凡魅力禀赋不足的人获益。

（2）最终，禁欲主义完全被重新解释为一种手段，这种手段主要不是为了以个人方式获得个人救赎，而是为修道士代表僧侣政治权威行事——在国内外传教并与竞争性权威进行斗争——做准备。这种入世的禁欲主义以自身的超凡魅力作为支柱，对于仅仅依赖官职超凡魅力的教会权威始终抱有怀疑态度。但是这种有利地位却获得了成功。禁欲主义由此走出了修道院的斗室并试图支配尘世；它通过竞争而在不同程度上把自己的生活方式强加给了担任官职的祭司群体，并参与了官职超凡魅力对臣民（平信徒）的行政管理。然而，紧张关系始终是存在的。迷醉式禁欲主义通过教团与伊斯兰教教会的结合，很难说做到了持之以恒，尽管加扎利**确立的正统教理发挥了神学上的促进作用。佛教则有着最为平稳的解决办法，因为佛教从一开始就是由僧侣所创，也是为僧侣而创，并且是由僧侣传播的：教会完全由僧侣支

* 拉丁文，意指基督于福音圣训中，除命令世人严格遵守十诫（precepts）外，也奉劝世人更进一步修炼守贫、贞洁、服从三美德。

** al-Ghazali（1058—1111），又译安萨里，伊斯兰教义学家和神秘主义者，一生著述甚多，最杰出的著作是《宗教科学的复兴》。

配，他们构成了一个超凡魅力贵族群体。从神学角度来说，这种解决之道在佛教那里特别自如。东派基督教会则是把越来越多的高级官职留给僧侣担任，从而找到了一条实质上是机械性的解决之道。非理性的个人禁欲主义会得到颂扬，但同时也存在着由国家加以官僚化的制度化教会，俄国的教会甚至没有自己的独断式领袖。与这种不协调现象相应的，是僧侣政治的发展受到了外来支配与政教合一的扭曲。在 1168
俄国，政教合一是最强大的权力，因而也是唯一有效的改革工具，所以约瑟夫派的改革运动才会为它效劳，正如克吕尼教会的改革者们到亨利三世［1039—1056 年在位］那里寻求支持一样。

在西派教会中可以极为清楚地看到各种摩擦与妥协，它的内部历史在很大程度上就是由这些摩擦与妥协构成的。最终则是找到了一条各得其所的出路：把僧侣们整合进一个官僚制组织，服从一套特殊的纪律，通过立誓守贫和禁欲而脱离日常生活，由此变成了独断式教会首脑的士兵。这项发展的表现形式就是不断有新建的教团涌现出来。爱尔兰的隐修主义一度曾是古代文化传统一个重要组成部分的守护者，如果没有与罗马教廷结成那么密切的关系，本来是完全有可能在西方传教区建立起一个与众不同的隐修主义教会的。与此形成对照的是，本笃会在它的超凡魅力时期结束之后便开辟了修道院采邑。克吕尼的本笃会修士甚至成了显贵们的领地教团（普雷蒙特雷会会士*更是

* Premonstratensian，天主教普雷蒙特雷会（Order of the Canons Regular of Premontre）成员，因着全白衣，俗称白衣修士。该会由（克桑滕的）诺贝尔于 1120 年会同 13 名同道在法国普雷蒙特雷创立，遵循奥古斯丁隐修规则，后根据西多会关于生活方式和组织制度的理想加以补充，在易北河地区的传教活动中发挥了重大作用。该会的现代活动中心是比利时。

如此），他们非常温和的禁欲主义仅仅保持在能和他们的身份相容的限度内，这从他们宽松的着装规定上就能看出来。这里的地区间组织也只是以分支的形式存在。这些教团的重要意义实质上就在于，隐修主义作为僧侣政治的一种控制手段而重新出现了。西多会就是第一个强大的地区间组织，同时又是一个禁欲主义的农业劳动组织，由此才使它有可能取得众所周知的殖民成就。

六、隐修主义的宗教—超凡魅力成就和理性成就

处于超凡魅力阶段时的隐修主义是反经济的，而遁世修道者则是从事获利活动的资产阶级和铺张享受财富的封建领主的对立类型。他要么离群索居，要么自由合"群"；他不结婚，因而摆脱了家庭责任，不关心政治权力和其他权力，靠采集植物果实和施舍为生，没有"尘世"的居所。佛教僧侣最初的规则就是要求一种周游四方的生活方式（雨季除外），并且限制一个僧侣在任一特定地方逗留的时间——为了一种在目标和手段方面都是完全无理性的禁欲主义，就是说，以摆脱尘世生存的经济和肉体羁绊，达到与神的合一为取向。
1169 这种形式的隐修主义的确是真正的超凡魅力特有的非经济力量的组成部分。这种僧侣是古已有之的超凡魅力门徒和追随者，但他们的领袖是无形的，他并非一个可见的英雄，而是一个隐入来世的先知。不过，这个阶段不是最后的阶段。理性的经济考虑和奢侈性需求不可能与宗教超凡魅力的成就相媲美，后者像超凡魅力本身一样也是"非凡的"。僧侣政治权力的成就总的来说同样如此。除非我们把金字塔理解为是源于臣民坚信国王乃神的化身，否则它就显得荒谬无

稽。摩门教徒在犹他州盐湖荒漠上的成就则有违一切理性定居的规则。修道院的成就尤其典型，它们几乎总是能够实现在经济上看似不可能实现的成就。在西藏的雪原与沙漠上，喇嘛教的隐修主义也创造了经济上和建筑学上的奇迹，其规模之浩大、质量之精湛，堪与最宏伟的著名人工造物并驾齐驱，布达拉宫就是一例。从经济观点来看，西方的修道院共同体是最早进行理性管理的采邑，后来又成了最早的理性农业劳动和手工业劳动共同体。佛教僧侣的艺术成就在远东地区产生了巨大影响；同样非凡的是以下这个几乎令人难以置信的事实：地处偏远的爱尔兰，一个在今天看来注定会永久性边缘化的地方，却在几百年间担当着古代文化传统的载体，它的传教士对于塑造西派教会曾产生过决定性的作用，而西派教会的独特发展进程有着无法估量的历史重要性。此外，唯有西方才发展出了和声音乐[3]以及科学思想的独特性，这一事实在很大程度上也应当归因于本笃会、方济各会及多明我会的隐修主义。

我们这里集中关注的是隐修主义的理性成就，它与它的反理性，特别是反经济的超凡魅力基础似乎是不可调和的。然而，这个现象总的来说也类似于超凡魅力的程式化现象：通过迷醉或默祷与神达成的合一，一旦从一种唯有某些个人凭借超凡魅力天赋才能进入的状态，转变为一种许多人借助相同的禁欲主义手段（一如巫术祭司行会的超凡魅力训练手段）都能实现的目标，禁欲主义也就变成了条理性实践的内容。无论在什么地方，这种条理最初都与最古老的隐修主义——印度人的隐修主义——发展起来的最一以贯之且最多样化的条理是基本相同的。就其基本规章而言，印度僧侣的条理非常类似于基督教的修道士，尽管前者从生理学角度来说（瑜伽修行

1170 者及其他行家里手的运气和类似技巧）更为精致，后者则是从心理学角度来说（耶稣会会士的告解、顺从考验、**精神操练**）更为精致。此外，把劳动视为一种禁欲主义手段（这一点至关重要）虽然并非仅限于西方，但它在西方的发展却远更彻底和普及。不过，无论何处的僧侣，其核心关切都是要实现对自我及其本能冲动的彻底控制，否则这些都会阻碍与神的合一。仅仅这个目标就必然会不断促进行为的理性化，而举凡隐修主义建立了强大组织的地方，事实上就总会出现这种理性化。作为这项发展的结果，我们看到了超凡魅力与社团见习的惯常形式，授圣职礼和其他职位的等级制度，修道院院长，最后还有修道院被合并为会众或教团，至关重要的是控制着一切行为细节的修道院本身以及隐修规则。

不过这样一来，隐修主义就必定要在经济生活领域之内运作了。僧侣们不再可能长期凭借反经济手段——特别是行乞——维持自身的生计，尽管这项原则还会作为一种推定继续保持；恰恰相反，条理性的理性自我控制必然会强烈影响到经济行为，对此后面将要论及。正是僧侣们结成了禁欲主义共同体这一事实，说明了那些惊人的成就为什么能够超越一般经济活动所能达到的水平。僧侣是由信徒当中的宗教**高人**组成的精英部队。和封建主义一样，隐修主义也有过自己的英雄时代，并在敌对地区——国内外的传教区——形成了最持之以恒的组织：佛教不是在印度，而是在西藏和蒙古，在世间最不开化的野蛮民族持续威胁下发展出了喇嘛教的等级制度，甚至在礼仪细节上都类似于西方的罗马**教廷机构**，这并非偶然。同样，西方的传教团在蛮族人的国家也产生了最典型的拉丁民族隐修主义形式。

我们不再就此进一步探讨这个现象。下面将论及隐修主义同政治权力和僧侣政治权力的关系。

七、隐修主义对政教合一制度及僧侣政治的助益

出于各种政治上的原因，政教合一制度一直支持隐修主义，尤其
是出于它自身合法化的需要以及驯化臣民的需要，下面一节［八］将
会讨论这些需求。成吉思汗在其权力达到巅峰时，也像西藏和中国统 1171
治者那样确立了与佛教僧侣的关系。这些关系大概与日耳曼、俄国以
及其他地方的统治者同隐修运动建立的关系有着同样的动因；普鲁士
的腓特烈二世与耶稣会的友好关系为这个教团的存续提供了帮助，尽
管教皇［1773 年］发布了 Dominus ac redemptor noster 诏书。*作为
禁欲主义者，僧侣们乃是最富条理性和政治上最少危险性的教师，至
少在最初的时候，他们还是最廉价的教师，在农业国家他们实际上也
是唯一可以得到的教师。如果政治统治者打算创立一个官员组织以抗
衡家产制或官僚制理性化的天然对头——贵族，他能得到的最可靠支
持就是僧侣对大众的影响了。只要这种影响持之有恒，僧侣对行为的
控制通常就会像真正的僧侣政治的支配那样富有成效。然而，政治当
局也必定要为得到这种支持付出高昂的代价。僧侣们乐于被统治者利
用来进行理性的教会改革，不管那个统治者是亨利三世皇帝还是阿育
王，但僧侣的超凡魅力宗教热忱会比任何普通的祭司群体更加激烈地
反对一切对宗教事务的政教合一式干预，而且，他们严格的禁欲主义

* 教皇克雷芒十四世（Clement XIV，1705—1774）担心西班牙和法兰西公开脱离罗马教廷控制，于 1773 年被迫发表通谕解散耶稣会，此句为通谕首句。

纪律能使他们获得非常强大的权力地位。一旦隐修主义羽翼丰满，就迟早要与政教合一的要求发生冲突。那时，要么世俗权力被铲除，比如西藏的情况，要么隐修主义被彻底消灭，比如在中国屡屡出现的那种大迫害。

更加令人困惑的则是隐修主义和僧侣政治的官职超凡魅力之间的关系。表面上看，如果不存在牧首的话，两者的关系还是相对平和的，在纯正的佛教那里就是如此；古代印度的佛教显要人物的确曾被称为教长，但是他的地位好像一直很弱，因为统治者夺占了一个类似于拜占庭皇帝那样的角色并实行政教合一的政策。如果牧首像喇嘛教那样是经选举产生并且主要由僧侣控制，且治理活动几乎绝对操之于僧侣官员之手，那么隐修主义和僧侣政治的关系就会相对比较宽松。但即使这样，也仍会出现固有的紧张关系，因为坚持或者恢复比较纯正的隐修主义，就是为了彻底履行神的信徒的义务，它鄙视与权力和财富做出的任何妥协，并且因其自身的超凡魅力与神直接相通而独立于制度超凡魅力。

平信徒弟兄会的制度是为了把修道士们解脱出来以履行纯粹的精神义务，这种制度把贵族的分层带进了修道院，但同时也进一步削弱
1172 了后者的封建基础。与农村地区的西多会相反，中央集权的托钵僧修会则是局限于城市驻地，这符合它们最初的纯超凡魅力生存形式，它们的活动——布道、灵魂关怀和慈善劳动——主要也是以满足城市各阶层的需要为取向。就是这些修会最早在俗人当中进行系统的传教努力，从而把禁欲主义从修道院里带上街头的。（至少在形式上）严格遵行守贫原则，废除 stabilitas loci（定居）形式，从而把慈善事业变成巡回活动，这就提高了绝对可资利用的修道士在直接控制城市各阶

层方面的效用；后者通过第三会*而系统地各有归属，则使隐修的精神气质扩散到了隐修生活之外。嘉布遣会**以及后来出现的其他类似修会也是越来越以教化大众为取向，虽然曾有加尔都西会及特拉普派***做出了最后的重大努力，以求回归原来那种非社会的禁欲主义观念，即回归个人救赎，但却再也不可能扭转一个普遍的发展趋势了：隐修主义越来越着眼于社会目标，这意味着越来越着眼于为教会服务。

禁欲主义逐渐理性化为一种唯纪律是瞻的方法，这在耶稣会中达到了极致。以个人超凡魅力方式传播与分配救赎已经成为过去，因为教会必然会把它视为对官职超凡魅力的威胁，将其清除出旧时的修会——特别是方济各会——曾使教会费尽了周折。任何寻求个人救赎的非理性禁欲主义手段也已成为过去，它是另一个从官职超凡魅力角度看来令人生疑的观念。一切无理性的手段，就是说，其结果无法计算的一切做法，也都成为了过去。理性的目的占据了支配地位（并且使手段具有"神圣性"，这不仅是耶稣会的原则，也是一切相对论或

---

* 1209年获教皇英诺森三世批准正式成立方济各托钵修会；1212年圣方济各协助贵族妇女克拉雷成立方济各第二会，即克拉雷安贫会；1221年又成立方济各第三会（tertiary order），收容在俗男女教徒。

** Capuchin，正式名称为嘉布遣小兄弟会，天主教方济各会的独立分支，1525年由玛窦·巴西创立。嘉布遣是意大利文Capuccio音译，原意为"尖顶帽"，因该会会服带有尖顶风帽，故名。该会1528年获教皇克雷芒七世认可，次年通过的会规强调守贫与简朴，主要从事福利工作。后成为罗马教廷反宗教改革的一支重要力量。

*** Carthusian Order，天主教隐修修会之一，科隆的布鲁诺1084年在法国加尔都西山创立，故名。该会持守简朴清苦生活，禁食肉类，严守静默，修士各自独居一室，只允许在周六聚谈一次，有"苦修会"之称。Les Trappistes，天主教隐修修会之一，1664年由诺曼第特拉普隐修院院长阿门德创立，故名。该会对西多会会规进行了改革，又称"重整西多会"，是纪律最严苛的修会之一，强调默祷，要求绝对静默，禁止言谈，过团体生活，修士主要从事神学研究和体力劳动。

目的论道德观的原则；在这里，该原则的引人注目只是因为它强化了理性的生活规范）。就是在这支专门立誓无条件服从罗马教廷的卫队帮助下，教会实现了官僚制的理性化。更早时候采行的立誓不婚就已经意味着接受了隐修形式，这是在克吕尼运动的坚决要求下被接受的，该运动在主教叙任权之争期间的主要目的之一，就是要阻止教会的封建化以及捍卫神职人员职位的官职性质。更重要的则是隐修精神对普遍行为准则的影响。作为富有代表性的宗教个体，修道士乃是最早的职业人，至少在那些践行理性化禁欲主义的修会中就是如此，特别是耶稣会。修道士以条理性方式生活，时间的利用都有预先安排，
1173 践行持续的自我控制，反对一切自发享乐，拒绝一切无助于自身天职目的的个人义务。因此，他注定会成为教会的官僚制中央集权和理性化的主要工具，并且通过他作为祭司和教师的影响在宗教平信徒当中传播相应的态度。地方教会当局（主教和堂区牧师）与这种势不可挡的隐修主义竞争者之间的对立曾持续了几百年之久，修道士作为外来的，因而广受欢迎的告解神父，与当地神职人员相比，能够很容易提出一些较低的伦理要求，正如在自由竞争条件下这种立誓不婚的禁欲主义者比那些必须供养家庭的世俗教师出价更低一样。同时，地方教会当局的这种斗争矛头还指向了教会的官僚制中央集权。

隐修主义在任何其他教会中都没有这种影响——除了佛教以外，但佛教也只是在喇嘛教那里有一个等级制首脑。东派教会的隐修主义在形式上控制着局面，因为所有高级职位均由修道士担任，但是，教会对政教合一体制的臣服却消解了隐修主义的力量。伊斯兰教的修会只是在末世论（墨守成规）运动中扮演过领导角色。犹太教则根本不存在隐修主义。总之，没有任何教会像西派教会那样——其中尤以耶

稣会最为始终如一地——把禁欲主义理性化并将其服务于僧侣政治的目的。

八、政治权力与僧侣政治权力的妥协

政治超凡魅力与巫术超凡魅力的对抗古已有之。“政教合一”统治者以及“僧侣政治”的统治者既可见之于各个大国，亦可见之于非洲乡村。即使在最为原始的条件下，或者毋宁说，特别是在原始的条件下，神或圣徒在一定程度上都是区域性的，在一定程度上又是地方性的。尤其到了永久定居的阶段——城市，地方神便登上了突出地位，这导致了宗教——更准确地说是礼拜对象——与政治区域在相当大程度上的重合。城市的神或庇护圣徒对于任何政治共同体的建立和生存都是不可或缺的，只要城市的权力还是个人在政治与经济上的生存基础，所有大规模的一神论宗教向多神教做出让步就是不可避免的。在这个阶段，任何一个大国的建立必然都会伴随着这样的现象：已归顺或被征服城市与政府驻地的神和圣徒，都将汇集（synoikism）
到新首都。比如在俄国，直到把其他城市大教堂的圣物迁移到莫斯 1174
科之后，莫斯科大公国的统一才告完成；此外还有其他一些众所周知的事例。古罗马国家的“宽容”也具有同样的性质：国家承认已归顺的国家对所有神明的崇拜，如果这一点终究还有（质的）合理性并且——在帝国时期——如果它们又愿意出于政治动机而表示崇拜皇帝的话。抵制仅仅来自犹太教和基督教，而前者由于经济上的原因得到了宽容。只要达到了这个阶段，一种宗教的政治边界和地理范围往往就会趋于重合。这既是政治权力也是僧侣政治权力带来的结果：自己的神明获胜也就是明确肯定了统治者的胜利，这是政治服从的一种有效保障，也是防止效忠其他统治者的一个手段。此外，一个自主性祭司群体的宗教在政治臣民中能够找到天然的传教对象，并且会急于开始“**强迫入教**”*，假如它是一种救赎宗教的话，情况就更其如此。伊斯兰教的确允许横向划界，把宗教用作身份秩序的一种标志，但这与信徒的经济特权化有关。至少从观念角度来说，西方的基督教则是一种政治共同体，而这就带来了某些实际结果。

政治权力的要求与僧侣政治权力的要求之间的对抗，极少能够通过一种简单的解决办法而导致一方或另一方的彻底胜利。所有教会的历史都已经表明，即使最强有力的僧侣政治，也不得不持续地向经济与政治现实做出妥协，另一方面，政教合一统治者则难以承受插足教理问题带来的风险，更不用说插足神圣礼仪问题了，因为，对礼仪的任何变动都可能危及它的巫术效力，从而刺激臣民全力以赴反对统治者。从这个角度来看，应当用两个还是三个手指表示十字符号以及类似争执导致了俄国教会的大分裂，也就显得很容易理解了。[4]

政治权力和僧侣政治权力之间的具体妥协究竟会更倾向于政教合一还是僧侣政治，当然要依赖于有关身份群体的权力格局，同时也要间接依赖于经济上的决定因素。不过，在这个问题上不可能做出有意义的概括。此外，妥协也会受到宗教特殊性质的强烈影响，一种宗教有无一个神定的教会制度并与世俗权力相分离，这一点尤其重要。这在佛教中——除了喇嘛教（那里规定了唯一正确的救赎之路）以外——只有间接的表现，伊斯兰教和东派教会只有有限程度的表现，

---

* 见第六章（五）英译者注 4。

路德教则完全没有，但是天主教会和加尔文教却表现得毫不含糊。由 1175
于伊斯兰教从一开始就与阿拉伯人的扩张欲息息相关并鼓吹暴力制服异教徒，于是哈里发的威望与日俱增，以致没有人做出严肃的尝试要让他服从僧侣政治的控制。尽管波斯的什叶派反对哈里发的这种作用，并且把末世论希望寄托于先知的合法继承人的**再现**，但国王的地位仍然占据优势，甚至任命祭司时需要考虑地方民众的情绪也无法改变这种局面。天主教会一直在顽强抵制政教合一的趋势，尽管有时会作出必要的让步，但它最终获得了成功，因为它有自己的行政组织，这种组织以罗马传统为基础并被信徒视为 divini iuris（神法之物）。路德的态度则是，只要《圣经》能得到纯正的传播，他对有无教会组织根本就漠不关心。这种态度源于他的宗教虔诚的个人主义性质以及他个人信仰的末世论特征，结果是他的教会屈服于世俗权力的政教合一制度。路德教发源地的政治与经济条件也对这种局面起了推波助澜的作用。对于加尔文教来说，表现为长老制形式的圣经神权统治乃是神定的。然而，它建立的神权统治仅限于一个短暂时期和有限的地方：在日内瓦与新英格兰，在胡格诺教徒当中（但是并不彻底），以及在尼德兰。

系统的神学思想之产生，通常需要具备一个先决条件，即僧侣政治发展到了相当程度，特别是存在一个自主性的官职等级制度和教育制度；反过来说，神学及神学教育的出现则是僧侣政治权力的强大支柱之一，它甚至能迫使政教合一国家允许僧侣政治对臣民发挥影响。一个高度发达的教会等级制度，如果伴有公认的教义体系和组织完善的教育体系，那就不可能被连根拔除。它的权力乃是仰仗这一原则：为了此岸与彼岸的精神福祉，“必须更多地服从上帝而不是服从人”。

这是对一切政治权力最古老的制约，直到清教大革命和《人权宣言》之前，也是最有效的制约。

一般来说，妥协都是在来世权力和今世权力之间达成的，这实际上符合它们的相互利益。政治权力可以使用 brachium saeculare（世俗手腕）剪除异教徒和征收税赋，向僧侣政治提供极有价值的支持。僧侣政治的两大特性则会使政治当局感到与之结盟甚为可取。首先，作
1176 为一种能够提供正当性的权力，僧侣政治甚至（而且尤其是）对于政教合一统治者乃是不可或缺的，对于个人超凡魅力（比如平民表决）统治者以及所有依赖政治制度的“正当性”获得特权的阶层，也同样是不可或缺的。其次，凡事不论巨细，僧侣政治都是驯化臣民方面无可比拟的手段。即使意大利最坚决反教权主义的激进派议员，也不希望消除女隐修院学校对妇女的教化影响，同样，希腊的僭主也曾促进了对酒神狄俄尼索斯的崇拜；最重要的是，僧侣政治一直用于控制被征服的民族。喇嘛教使蒙古人平静了下来，从而永远制止了曾经持续不断来自大草原的野蛮侵略，把那个大草原变成了宁静的开化地区。波斯皇帝则向犹太人强加了“律法”和僧侣支配，目的是使他们无以为害。波斯人似乎还推动了埃及的准教会的发展。希腊俄耳浦斯教先知或者其他先知的所有神示所都曾期待并盼望波斯人的胜利，以便自身能被用于同样的目的。马拉松和布拉底两大战役则对希腊文明的世俗性质发挥了决定性的作用。

在对内控制方面，僧侣政治的驯化作用甚至更为巨大。事实上，军事或商业望族只是以严格传统主义的方式利用宗教，因为它会在大众的情感需求基础上产生一种危险的竞争性权力；总之，他们使宗教摆脱了任何超凡魅力—情感性质。例如，希腊贵族——至少在

最初——是反对狄俄尼索斯崇拜的，罗马元老院若干世纪的统治曾经系统地清除任何迷醉形式，把它贬低为 superstitio（迷信，希腊文 ἔκστασιζ 的意译），并且压制一切迷醉手段，尤其是舞蹈，甚至在礼仪中也是如此：参与**崇拜战神马耳斯礼仪**的祭司的舞蹈是一种游行活动，但引人注目的是，**阿尔瓦尔弟兄会**[*]却要在紧闭的门后跳那种源远流长的舞蹈。这在极大程度上造成了罗马和希腊文化（例如在音乐方面）的典型差异。与这种望族统治形成鲜明对照的是，无论何处的个人统治者都会寻求宗教的支持。由此产生的世俗权力与宗教权力的妥协可能会极为多样，而实际的权力分配可能无须对妥协作出任何形式上的变动。发挥巨大作用的是那些决定性的事件：一个强大的世袭君主制也许能够把西派教会推上类似东派教会那样的发展道路，而如果没有大分裂，僧侣政治权力的衰落也很可能不会以实际发生的那种方式出现。

九、僧侣支配与宗教虔诚的社会前提 1177

由于政治权力和僧侣政治权力的斗争结局在很大程度上要依赖于历史的“偶然性”，因而也就不易概括其中的决定性因素。特别是，这些斗争并不决定于宗教虔诚在人民当中的普及程度。宗教渗透了罗马人，尤其是希腊人的生活，但僧侣政治并没有接踵而至。如果我们想要强调这是超验主义的二元发展——但是希腊罗马并没有出现这项

---

* Arval Brother，拉丁语作 Fratres Arvales，古罗马祭司团，原来的职责主要是每年主持献祭以祈祷土地肥沃，历史十分悠久，其成员 12 人，从最高阶层选出，当选后终身任职，元首政治时期，皇帝也包括在内。

发展，那么我们就不得不说，犹太教在出现了僧侣政治的时代也根本不存在这项发展，相反，可以说，超验主义思辨的出现至少在一定程度上是产生于僧侣政治制度的理性发展，埃及和印度无疑就是如此。

某些其他被假设的决定因素也不具有关键作用。不管是对自然条件还是对个人劳动的依赖程度，都不能提供一种普遍性的解释。尼罗河的泛滥对于僧侣政治的发展确实具有重大意义，但也只是有助于把国家和祭司群体并驾齐驱的理性发展与天文观测和超验主义思辨结合了起来。异族的希克索斯王朝对埃及的统治［约公元前 1650—前 1550］显然是保留了祭司作为内部统一的唯一保证人，犹如西方条顿民族大迁徙时期的部落保留了主教一样。日本经常不断的地震并没有阻碍封建家系防止任何僧侣政治的扩张。“自然”或经济因素对于犹太教僧侣政治的崛起根本就无足轻重，萨珊王朝封建制与琐罗亚斯德教僧侣政治的关系以及历史偶然性为阿拉伯人的扩张主义提供了一个伟大先知，也同样如此。

当然，僧侣政治结构的历史和它们必须在其中运行的具体社会—经济条件之间，存在着许多不同的因果关系。在这方面，我们可以冒险作出若干概括，谈谈僧侣政治与“资产阶级”和封建权力的关系。资产阶级阶层保护僧侣政治以防帝国主义和封建主义之害，不仅可见于中世纪的意大利——归尔甫派的支持大概要归因于独一无二的历史格局——，而且我们在最早的美索不达米亚碑铭中也能看到类似的条件。在古希腊，资产阶级阶层是狄俄尼索斯崇拜的主要支持者；古代
1178 基督教教会则是一种城市特有的制度。［在罗马帝国时期，**异教徒**一词既指“平民”，也指“外邦人”：它是对社会上受鄙视者的总称，相当于我们 Pisang（乡巴佬）一词的用法，该词源自 paysan（农民）。］鄙视

农民的托马斯·阿奎那同样认为教会是城市的教会。最后，清教徒的僧侣政治以及差不多所有中世纪的教派，正如它们那个时代最狂热的教皇支持者一样，无不是源自城市——引人注目的例外是多纳图派。

这与古代贵族，尤其是与早期希腊城市贵族形成了鲜明对比，在荷马史诗中可以看到，他们对诸神毫无敬意，这是希腊宗教整个发展过程命中注定的一种态度；形成鲜明对比的还有清教时期的骑士和中世纪早期的封建贵族。毕竟，封建国家是在铁锤查理*近乎抢劫掠夺的世俗化基础上兴起的。事实上，十字军是法兰西骑士的功业，但这并不能说明得到了僧侣政治的赞同；十字军东征的主要着眼点是要确保子孙后代的封地，这是教皇乌尔班在他的著名演说中公开提出的利益诉求。显然，我们这里涉及的并不是虔诚与不虔诚的对比，而是宗教虔诚的**类型**和与此相关的技术意义上的“教会”的出现。

资产阶级在经济上依赖于持续的理性劳动（至少在经验上是理性化的）；这种劳动不同于经常受到不可逆料的非常因素影响的季节性农业劳动，它使得手段与目的、成与败之间的关联变得相对明晰了。陶工、织工、镟工和木工的生产更少受到意外自然事件的影响，特别是更少受到有机性再生产的影响，后者包含的“创造”之谜只有靠想象才能提供某种解释。结果，与理性化和理智化并行的则是与活生生可以感知的自然现实失去了直接联系，因为大部分劳动是在室内进行的，而且免除了被有机决定的觅食活动，同样重要的是，人体的大部分肌肉也不再被用于劳动。一旦自然力不再是直观环境的一部分，它

* Charles Martel（约 688—741），矮子丕平的私生子，法兰克王国东部奥斯特拉西亚的宫相，719 年成为全国的宫相，后重新统一法兰克王国。

们也就变成了一个知识问题。这将激发人们对存在的超验意义进行理性主义的探索，而这种探索又总是会导向宗教思辨。迷醉式幻觉或梦境将被代之以淡化了的默祷式神秘主义形式和常识性默祷形式。与此同时，工匠为消费者付出的劳动会带有稳定的职业性质，这就很容易产生义务和报酬的观念以作为行为依据，而且，由于他的劳动的社会
1179 背景需要一个相对理性的秩序，宗教虔诚往往就会受到道德主义考虑的深刻影响。

相比之下，从旧时的礼仪纯洁观发展而来的一种罪感，则与封建领主的尊严意识格格不入，而对于农民来说，“罪”甚至直到今天也仍是难以理解的。这些农业阶层并不寻求救赎，事实上，他们也根本不明白应该从什么那里得到救赎。他们的神是强有力的存在，有着与人类相似的激情，或勇敢或狡诈，彼此之间以及对于人类或友善或敌视，总之，和人类一样也是完全去道德的，可以被献祭收买并服从巫术的影响，凡此种种，使得人类操纵者甚至比它们还强大。在这个阶段尚不存在诠释“神正论”的动机，也不存在追求任何有关宇宙秩序的伦理思辨类型的动机。祭司以及对礼仪规定的严格遵守，都是以直接功利主义的方式被用作对自然进行巫术控制，特别是防备魔鬼的手段，因为魔鬼的恶意可能会带来恶劣气候、猛兽的攻击、虫灾、疾病和牲畜的瘟疫。宗教虔诚的内在化（Verinnerlichung）和理性化往往是与某种程度的手工业生产，多半是与城市行业平行发展的。这就意味着要提出伦理标准和诫命，以及把诸神理想化为能够惩恶扬善的道德力量；这样一来，神本身必定是符合道德预期的，于是个人的罪感和得救的渴望也就有可能产生了。把这种平行发展简化为一种直截了当的因果关系是不可能的：宗教的理性化有它自己的动力，经济条件

不过是一个途径，至关重要的是，它与祭司教育的出现密切相关。尽管我们对于马赫迪教知之不详，但是显而易见，它并没有任何经济基础。说它是古代伊斯兰宗教结出的僧侣政治之果，是被逐出边界而迫居一隅的某个教派奠基人之功，也是大可怀疑的。不过，似乎可以肯定，耶和华宗教的理性—道德主义演进受到了各大文明中心的影响；但是先知预言——尤其是更早的道德主义——出现时，城市和贸易还远不发达，无论如何与当时的美索不达米亚和埃及相比还差得远。然而，僧侣政治是耶路撒冷的城市祭司在与农村的斗争中确立下来的，详尽阐述并实施“律法”也是生活在巴比伦城的流放者之功。另一方面，古代地中海沿岸城邦却并未使宗教理性化，部分是因为荷马的影响被作为公认的文学教育手段，但主要还是因为缺少一个按照僧侣政 1180
治方式组织起来并接受神职教育的祭司群体。

尽管存在这些差异，但十分显见，祭司群体和城市小资产阶级各阶层之间有一种选择性亲和力。尤其典型的是，无论在古代还是中世纪，它们的对头都是相同的：控制着政治权力和高利贷生意的封建大家族。因此，僧侣政治在自主性和理性化方向上的任何进展，往往都会得到资产阶级各阶层的支持。比如，苏美尔、巴比伦、腓尼基和耶路撒冷的城市人口全都支持僧侣政治的要求，法利赛人（也就是清教徒）同样从城市中吸收追随者以对抗撒都该贵族，一如古代地中海沿岸的所有情感型礼拜都有一种城市基础。早期基督教教会是由小资产阶级会众构成的；教皇的自治要求——和清教各教派一样——也是在城市中找到了最强有力的支持；某些行业则产生了异端运动和宗教教团，例如**卑微者**（Humiliati）就兼有这两种倾向。历经沧桑之后，最广义上的禁欲主义新教（加尔文宗和浸礼宗清教徒、门诺派、循道宗和虔敬派）在中下层资产阶级当中找到了追随者的中坚力量，而犹太教也只是立足于城市并以此为靠山之后，才开始有了不可动摇的宗教律法观念。

这并不意味着宗教运动一般都是阶级运动。出于令人信服的政治和文化原因，基督教肯定不能见容于古代统治阶层，但要说它是一个“无产阶级”运动却大谬不然。创立佛教的是一位王子，它被引进日本时则得到了贵族的大力支持。路德看重的是“基督徒贵族”（即最高级的贵族，王族）。法国胡格诺教徒和苏格兰加尔文教徒的大抗争，都是在贵族领导下达到高潮的，但清教革命的成功却是因为乡绅提供了骑兵。这些范例表明，一般来说，宗教分裂都是纵向贯穿于所有阶层的。这在热忱献身于超验关切的时代尤其如此，而这种献身几乎始终会具有末世论取向。

不过从长远来看，随着末世论预期的消退和新的宗教信仰被程式化，各个身份群体与各阶级受到宗教制约的行为和由社会条件所决定的生活方式之间的选择性亲和就会坚持显现出来。横向分层越来越被纵向分化所取代。因此，胡格诺派与苏格兰贵族后来就不再为加尔文
1181 主义进行斗争，禁欲主义新教的进一步发展到处都在成为市民中产阶级关心的事情。我们不可能详细讨论这些问题，但至少可以肯定，僧侣政治演变为一种理性的支配手段，以及与此息息相关的宗教思想沿着理性—伦理方向发展，通常都会在资产阶级各个阶层——特别是下层——找到强大支持，尽管僧侣政治与资产阶级也有冲突［对此我们将在另一场合论及（下文，十）］。

在采邑—封建支配时代，这种理性的（官僚制）机器始终都会受到威胁。教会的高级行政人员（主教）凭借授予他们的土地和政治权

利而变成了大封臣，普通祭司则从他们的采邑领主那里获取俸饷，因而变成了家产制官员的组成部分。只有在城市以及在货币经济中，祭司才可能从主教管理、信徒捐赠的教会财富中获取生活资料。在采邑制的自然经济中，只有修道院的共同体生活才能保证教士组织的独立性，而这就意味着，把采邑体制和完全或近乎共产主义的方式生活结合在一起的修道士，将会变成僧侣政治的卫队。正是修道院的共同体生活，才使得爱尔兰和本笃会的修道士以及半隐修主义团体（遵循克罗得干规则*）有可能对于西派教会的发展，总的来说对于西方文明的发展具有了非同寻常的重要意义。西藏的喇嘛教隐修主义教会和封建制日本的佛教隐修主义也同样如此。

十、僧侣政治对经济发展的影响

A. 教会土地的积累和世俗力量的反对

关于僧侣政治的经济前提，我们很难加以概括，这里只能稍做议论。当然，它们始终都是一些共同发挥决定作用的因素，但是，比较容易的做法是讨论一下僧侣政治的支配对于经济发展的重要意义。

本来，僧侣政治的经济需要会典型地导致与某些阶级的经济利益发生冲突。教会主要是力求通过大量捐助，更可取的是通过不动产来确保自身的经济独立。由于教会并不关心迅速盈利，而是关心长期稳

---

* 克罗得干（Chrodegang，约 703—766），中世纪早期基督教法国梅斯城主教，出身于布拉邦特显贵家庭，后任墨洛温王朝宫相查理·马太尔的司法大臣和内阁大臣，742 年升任主教兼矮子丕平的内阁大臣，755 年制定神职人员守则，史称“克罗得干规则”。后在朝圣途中被反对派谋杀，9 世纪起被法国教会尊为圣徒。

定的收入，并且希望尽可能减少与其隶属民的摩擦，所以总的来说，
1182 它会对农民采取保护政策，在这方面，它倒类似于和私人采邑领主相对立的君主。现代史上的大量教会财产并没有积极参与牺牲农民土地、扩张采邑地产的活动，同样，在古代，永佃权*以及其他类似于世袭租赁权的教士土地所有权，大概也是源自神殿土地。由于禁欲主义的理性性质，修道院采邑——特别是西多会的采邑——在它们自己的农业活动中很自然就成了最早的理性经营。

然而，不可转让的不动产（**永久管业****）的增多限制了土地的供应，这引起了各种利益集团，首先是世俗贵族的抵制，他们认为这会威胁到他们子孙后代获得土地的可能性。铁锤查理的大规模世俗化是一次掠夺教会以利贵族的行动；在中世纪，扮演教会地产封臣或保护人（Vögte）角色的贵族一直都在力图获得对教会土地的控制权；而现代国家制定所谓永久管业法***以限制教会拥有的不动产继续扩大，也是由贵族们发起的。众所周知，资产阶级的土地投机最终打的就是教会土地的主意，法国大革命期间大规模没收教会土地也主要是资产阶级

---

* 罗马法中出于农耕目的长期租赁或永久租赁土地的权利，该权利涵盖了所有权的大部分权能，但须以每年定期向出租人交纳租金为前提。永佃权源于罗马帝国早期，最初只有国家才能授予此项权利，但很快，私有土地所有权人也拥有了授予该权利的资格。永佃权可以继承、转让并受法律承认和保护。

** mortmain，英国法律指土地归法人“死手”（法语 mort main）保有的状态。在封建时代，把土地转让给修道院或其他法人就剥夺了领主许多有利可图的附随权益，因为法人无所谓成不成年，也永远不会死亡，永远不会犯重罪或结婚。13 到 16 世纪通过了若干法律，禁止不经王室许可而将土地转让给死手保有，即禁止转让给法人。

*** 指有关向社团尤其是向教会转让财产的制定法，最有代表性的是英国 1888 年《死手保有法》、1891 年《公益团体用地法》等。不经批准而将土地转让给法人保有，土地将被没收归王室所有。1960 年英国废除了有关的法律，但在英联邦内的一些地区和美国，死手保有的立法至今犹存。

从中获益。最后，王室权力反对教会和修道院的土地扩张，部分原因是它要与僧侣政治进行竞争，部分则是出于重商主义的原因，在这方面它并不抱有与贵族同样的关切；只是在中世纪早期，国王曾把教会土地的扩张看作是巩固他的权力的一种手段，但那是因为教会显贵们事实上是他最可靠的封臣，因为他们并不存在从世袭继承中获益的问题。中国政治权力的反对态度最为严厉，也最有成效，那里给出的理由是，僧侣在误导人民厌恶劳动并引导他们进行闲散而又毫无经济收益的默祷，由此，隐修主义被铲除，大量僧侣土地被没收。

凡是僧侣政治能够自由积累土地的地方，那就可能导致土地被广泛排除出公开市场（open market），特别是在拜占庭和伊斯兰教统治时期的东方地区，这种积累往往是为了向私人地产提供神圣庇护。前面提到的一个事例［第十章，十］表明，11 或 12 世纪典型的拜占庭修道院捐建活动可能会以如下方式进行：一个创建人提供一大片土
地——将会不断升值的君士坦丁堡建筑用地——给修道院；固定数目 1183
的修道士将从中获得俸禄，这些俸禄有时甚至可以在修道院之外使用；修道士则须按照规定方式供养一定数目的穷人并履行某些宗教义务。但在某些时候，不仅对修道院的非宗教行政管理要交给创建者家族处置，远更重要的是，越来越多的超出固定开支的收入余额也是如此。由此便产生了限嗣继承的财产（**委托遗赠**），但它作为教会财产也就不再可能被世俗权力攫夺，除非后者甘冒渎圣罪的风险。显然，许多伊斯兰的**卧各夫**财产*归根结底也是产生于同样的原因，它们仅仅凭着自身的规模，就在所有东方国家发挥了举足轻重的作用。

---

* 见本书第 1032 页中译者注。

在西方，修道院以及其他基金会也总是很容易被贵族利用来为年轻贵族提供生活资料，而且无数的修道院改革也几乎都是为了消除这种贵族垄断和对僧侣政治目的的偏离。

B. 僧侣政治与资产阶级的贸易及行业利益

僧侣政治是由于修道院的贸易及行业活动而与“资产阶级”发生直接冲突的。特别是在自然经济中，除了各种农产品之外，神殿和修道院还会积累大量的贵金属。在埃及和美索不达米亚，神殿的谷物贮备似乎是用来抵消上涨的物价的，类似于王室仓储。只要自然经济仍占优势，贵金属就会被聚藏（比如在俄国的修道院）。但是，因畏惧神的报复而受到保护的神殿与修道院的神圣和平，始终都是国际贸易和地区间贸易免受侵害的基础，税收和信徒的捐献一起不断充实着库存。常被谈论的神殿卖淫制度显然与行销商的需求有关（他们一直就是妓院最主要的常客）。无论何处的神殿和修道院都在参与金融交易，东方地区的规模最为巨大，包括吸储、放贷、提供各种实物与货币预付款并收取利息。它们似乎还有商业交易媒介的作用。希腊神殿的功能部分像是中央银行（比如雅典娜神殿的宝库——它的好处是在民主政体时期至少可以对攫取国库的行为施加某些限制），部分像是保管
1184 所和储蓄银行。[5]特尔斐的阿波罗神殿则是解放奴隶的典型范例：神殿能使奴隶从主人那里获得自由，当然，不是用阿波罗的钱，而是用奴隶的存款，他们相对于主人来说没有任何财产权，但是他们的储蓄押在神殿里却会安然无恙。古代神殿和中世纪的修道院乃是最值得信赖，也最安全的保管所。一如舒尔特正确强调的那样，教会作为债务

人的口碑在中世纪也包括了主教本人，因为革出教门的制裁对他的威胁丝毫不亚于今天一个负债的少尉受到的被撤职威胁。[5a] 世俗商人有时也会把神殿与修道院的这些货币交易看作一种竞争。但是，教会，尤其是教皇及其收税官非同寻常的财政权力，也确实为民间商业提供了赚取巨额利润的机会，而且往往毫无风险。

在修道院的工商业方面，情况就截然不同了。尽管较早的本笃会规则把体力劳动主要看作对神操训练的保健补偿，但是，始终如一地把体力劳动当作禁欲主义手段，并调度大量平信徒弟兄和农奴参与，往往会创造出一个世俗工商业的重要竞争者。修道院工商业必然会处于优势地位，因为它们依靠的劳动力都是立誓不婚的禁欲主义者，并且把劳动视为一项获得救赎的天职（Beruf）；它们还有着理性的劳动分工，同时还得益于能够保证产品稳定销售的关系网和顾客群。因此，在宗教改革之前，它们也就像今天的监狱劳动和消费合作社一样，成了小资产阶级阶层在经济上的主要怨恨目标之一。

与私人资本主义相比，教会制度的经济运作——无论是直接经营还是通过代理人或以参股形式进行经营，其重要性都已大不如前。它们对于教会财政还有多大的重要意义，目前我们还不可能作出评估，因为这种参股经营一般都被小心掩盖了起来。今天的修道院生产仅限于某些特产品。据传，罗马教廷参与建筑用地投机（在罗马）造成了严重的资金损失，流产的银行基金会（在波尔多）的无意损失更加惨重。即使在今天，只要积聚永久管业仍被允许，教会和修道院也还是愿意获取不动产。然而，假如得不到国家预算、国家捐款、税收和外快的话，它们的绝大多数资金就不是通过工商业活动筹措的，而是通 1185

过卢尔德*那样的经营活动，通过赞助、资助和大众的捐献。

C. 僧侣政治伦理与超凡魅力伦理对非伦理的资本主义

僧侣政治的支配结构及其独特的对行为的伦理调整，远比它本身的经济活动对经济领域的影响要大。事实上，各大教会宗教的支配结构及其体现在行为规则中的基本伦理观极为不同，特别是在早期阶段。比如，伊斯兰教发展出了一种由好战的先知及其继承人领导的超凡魅力武士共同体，它接受了以暴力征服异端的诫命、推崇英雄主义并允诺带给为真正的信仰而斗争的战士今生与来世的感官享乐。相反，佛教则发展出了一种圣徒和禁欲主义者的共同体，他们不仅从有罪的社会秩序以及个人罪孽中寻求个人的救赎，而且从生命本身寻求救赎。犹太教发展出一种相继由先知、祭司，最后则是受过神学训练的知识分子领导下的僧侣政治和资产阶级共同体，它完全不在乎来世，追求的是重建它在尘世上的民族国家以及符合决疑法则的资产阶级福祉。最后，基督教发展出了最后的晚餐那种神秘主义基督崇拜的参与者共同体，由先知们以超凡魅力方式和官员们以僧侣政治方式引导着它；起初，这个共同体满怀末世论希望，期待着一个神性普世王国的出现，拒斥一切暴力，对于末日似乎迫在眉睫的社会秩序无动于衷。这些大相径庭的开端必然会导致对经济秩序各不相同的态度，但

---

* Lourdes，法国普罗旺斯—阿尔卑斯—蓝岸大区上比利牛斯省的天主教朝圣城镇。1858 年 2 月 11 日到 7 月 16 日，一名 14 岁女孩在城镇附近一洞穴中多次幻见圣母马利亚。1862 年教皇宣布这种异象真实可信，遂批准对卢尔德圣母的膜拜仪式，洞穴中的地下水被视为神水。从此卢尔德成为一主要朝圣中心，每年吸引数百万朝圣者来此，1958 年建成一巨大混凝土地下教堂，可容纳 2 万人。

是，这些开端以及这些宗教同样大相径庭的历史命运，并没有妨碍僧侣政治对社会与经济生活发挥类似的影响。这些影响与僧侣政治普遍类似的先决条件是相应的，只要一种宗教的超凡魅力英雄时代成为过去并适应了日常生活，它们就会坚持显现出来。不过我们将会看到，其中也有某些例外。

僧侣政治乃是生活中最为重要的典型化力量。神圣律法（ius divinum）、伊斯兰教法（sharíah）、犹太人的摩西五经（Torah）都是不可亵渎的。另一方面，在那些并不受**神圣律法**调整的地区，僧侣政治从理性角度来说却是最不可预测的力量：神谕、**神明裁判**、**穆夫提裁决**或者伊斯兰教教会法庭司法权等形式的超凡魅力司法，都是无理性的，充其量也只是按照衡平考虑裁决特定案件。我们前面已经多次 1186
谈到，这些裁判的形式要素都有一种反资本主义的影响，更何况僧侣政治必然会对非传统的资本主义力量抱有深刻的反感，虽然有时它也会与资本主义暗通款曲。这种反感乃是植根于同一切被传统神化的权威形成的天然利益共同体，而资本的支配似乎总是在威胁着这些权威的垄断地位。

但是，这种反感还有另一个原因，是资本主义的本质所致。事实上，只有西方的僧侣政治——它比任何其他僧侣政治都理性化——在一套理性的教会法之外还发展出了一种理性的审判程序（这固然是为了它自身的利益），此外，它还不遗余力地继受*了一套理性的法律：罗马法。然而，资本主义的资产阶级却极少能够容忍，而是尽可能规避甚或公开反对教会法庭的干预。[这种相互反感的原因应当在以下

* 参阅本书第 1195 及以下各页。

事实中寻找，即］资本的支配是唯一因其非人格性质而不可能加以伦理调整的支配。这种支配多半都会表现为间接的形式，就是说，你不可能找出任何具体的主宰者，因而也不可能对他提出任何伦理要求。在家长与仆役、师傅与徒弟、采邑领主与依附者或官员、主子与奴隶、家长制统治者与臣民的关系方面，是有可能提出伦理假设并强加以实体规范的，因为他们之间的关系是个人关系，也因为预期的服务就是由此产生的。这里在相当广泛的范围内都是弹性的个人利益在起作用，而且纯个人的意图和行动可以决定性地改变有关的人际关系和个人状况。但是，一个有义务代表股东——他们是真正的主宰者——利益的合股公司经理，却很难以这种方式与工厂工人相处；为该合股公司融资的银行经理，或者与该银行为之提供贷款的财产所有者有关的抵押权人，就更难以这种方式与工厂工人相处。这里的决定性因素是在竞争中生存的需要，是劳动力市场、金融市场和商品市场的条件；因此，完全非伦理的就事论事考虑便决定了个人的行为，并在有关个人之间插入了非人格的力量。从伦理学角度来看，资本主义迫使工人或抵押权人俯首帖耳的这种“无主奴隶制”，仅仅作为一种制度是有问题的。但在原则上说，任何个人的行为都不可能从这个角度加以质疑，因为它在一切有关方面都是受客观情势所决定的。不遵从客
1187 观情势遭到的惩罚就是被淘汰出局，这无论如何都没有好处。更重要的是，这种经济行为有一种特性：它**服务于一种非人格**的目的。

在一切从伦理上理性化了的宗教中，这些因素都会与僧侣政治最基本的社会要求发生长期冲突。任何具有伦理取向的宗教虔诚都会以末世论期望开始，因而都会拒斥尘世。这些开端都是直接反经济的，其中还有另一层意思：它不认为劳动具有特殊的尊严。然而，只

要一个宗教共同体的信徒不可能以赞助或行乞为生，又不是生活在好战的伊斯兰教徒那样的武士共同体中，其模范成员都要以自己的劳动为生，比如保罗和圣阿基狄乌斯（Saint Aegidius）。这是出于早期基督教会以及圣方济各的告诫，但不是因为劳动本身得到了尊重。说劳动在《新约》中获得了更大的尊严，这不过是个神话。“守住这身份”的告诫［见《新约·哥林多前书》，7：20］纯粹是表达了一种末世论的冷淡态度，一如“恺撒的物当归给恺撒”的规定［《路加福音》，20：25］。这并不像今天人们常说的那样是在灌输对国家的义务，而是一种对于发生在政治领域中的一切所表示的绝对冷漠——这恰恰构成了与犹太教各派别的差异。劳动获得了尊严已经是大后来的事情了，那是因为隐修院修会把它作为了一种禁欲主义手段。在一种宗教的超凡魅力时期，对理想门徒的要求是必须拒斥地产，对信众的要求则是漠视地产。明显存在于早期耶路撒冷基督教共同体中的超凡魅力仁爱共产主义，就是这种冷漠态度弱化了的表现形式，在那里，共同体成员拥有了财产“要像无有所得”［《哥林多前书》，7：30］。这种无限制、无理性地和穷弟兄们共享财产，曾迫使传教士——特别是保罗——奔走于各地为这个核心共同体募集施舍，这大概才是那个脍炙人口的传说背后的实际情况，而不是任何所谓的“社会主义”组织或者共产主义“集体所有制”。随着末世论期望渐渐消逝，所有形式的超凡魅力共产主义都会颓然隐入修道院的圈子中去，成为上帝模范信徒（Gottesgefolgschaft）的特有关切。但即使在那里，我们也总是能够看到俸禄化的趋势。于是，劝止放弃自己的天职并反对传教士做寄生虫也就成为必需——保罗的名言“不劳动者不得食”［《新约·帖撒罗尼迦前书》，3：10］就只是针对他们而发的。供养穷苦无业的弟兄

则变成了常任官员——助祭（deacon）——的任务。教会要为此拨出
1188 部分收入（伊斯兰教和基督教都是如此）。到后来，济贫则变成了僧侣的事务。作为超凡魅力仁爱共产主义的残余，伊斯兰教、佛教和基督教同样都认为布施会令神愉悦，尽管它们的起源大不相同。

然而，教会始终都会对经济秩序保持一种或多或少明确无误的独特态度。由于它们必须利用经济秩序并与之发生联系，事实上也就不再可能将其斥之为撒旦的造物。正如国家一样，经济秩序看来也是对尘世罪孽做出的让步，因为是上帝允许它出现的，故只有把它作为不可避免的事物接受下来，甚至把它作为一种神定的、抑制罪孽的手段，这样一来，重要的就是赋予经济秩序的体现者一种伦理观，使他们能够为此目的而运用自己的力量。但是，这种努力在所有资本主义——甚至在最原始形式的资本主义——的关系中都遇到了种种困难，因为，博爱（caritas），即兄弟般的爱，以及充满伦理意味的主仆之间的个人关系，始终是一切教会伦理观的基础，也是超凡魅力博爱精神气质的余韵，从伊斯兰教、佛教到基督教，莫不如此。在经济领域，资本主义的兴起使得这些观念变得毫无意义，正如早期基督教内在的和平主义理想在政治领域毫无意义一样，因为政治领域中的一切支配最终都要依赖于暴力。在资本主义条件下，一切家长制关系都将失去本来的性质，直到成为一种非人格关系；原则上说，一个人只能到这种职业生活以外践行博爱和兄弟之爱了。

D. 高利贷禁令，公平价格，以及世俗职业伦理的滑坡[6]

所有教会都对这种异己的非人格力量抱着深刻的怀疑态度，

并且大都与之格格不入。反对高利贷并以“公平价格”（*iustum pretium*）供求商品与劳动的诫命［参阅第六章，（十二），四］，乃是两个主要的道德要求，但我们这里不可能详细追溯它们的历史。它们都是来自同一个源头，即原始的邻里共同体伦理，那里所熟知的物物交换仅仅是偶尔交换剩余物资或者个人的劳动产品，为他人劳动仅仅是邻里相助，贷款仅仅是救急之需。如果说毕竟还会发生交换的话，“弟兄”之间也不能讨价还价而只求保本（包括“最低生活费”）；相互帮工要么是无偿提供，要么是仅求一餐之报；出借并非急需之物则不求收益，但望必要时的互惠。统治者会要求利息，外邦人会要求利润，但一个弟兄却不会提出这种要求。债务人就是 1189
一个（实际的或潜在的）奴隶或者——**言重一些**——“撒谎者”[7]。宗教的弟兄关系需要把这种原始的邻里共同体伦理改造成同一个宗教群体成员之间的经济关系（因为这样的诫命最初就是仅限于在他们之间适用，特别是在《旧约·申命记》和早期的基督教中）。早期的贸易仅仅是在部落之间进行的货物交易，而且商人就是一个异己，按照宗教伦理来说，他会始终因其职业具有不道德的特性而背负着恶名：*Deo placere non potest*（商人令神不悦）。然而，尽管有这些明显的前因后果，但也不应以过于唯物主义的方式把反对高利贷理解为是一种特殊经济形势——消费信贷占据了优势——的“反映”。现存最早的契约文献表明，无息生产信贷早已为东方的法律所熟知（比如出借谷种以待来日分享收成）。

基督教绝对禁止高利贷，体现在通俗拉丁文本《圣经》的 *mutuum date nihil inde sperantes* 一说中，此句大概是源于误读误译（按照莫克斯的说法，应是 *μηδὲν ἀπελπ ίζοντες* 而非 *μηδένα ἀπελπιζοντες*）。[7a]

从历史上看，它最初仅仅适用于神职人员，甚至仅仅适用于弟兄之间的关系，而不适用于和外邦人的关系。在中世纪初期，当自然经济和消费信贷占据了优势之后，神职人员本身就在屡屡漠视这项禁令。但几乎就在同一时期，当资本主义生产信贷（更准确地说是商业信贷）——最初是在海外贸易方面——变得举足轻重之时，高利贷禁令反而又得到了重视。这种禁令并非经济形势的产物或反映，而是僧侣政治与日俱增的内在力量和自主性产生的结果，它开始把自己的伦理观应用于经济制度了，神学的鼎盛则为这一目的提供了包罗万象的决疑法。这里不可能详述高利贷禁令的影响，而且无论如何也不易作出概括。最初，商业对该禁令还可以忍受，因为在绝大多数重要情况下，鉴于面临巨大风险，只有共负盈亏才能得到信贷，在经历了很长时期之后，固定的——有时是国家调节的——比率才变成了惯例（例如比萨的 dare ad proficuum maris）。总之，组成合伙企业乃是获取生产资本的惯常形式，买卖年金或永久租金（Rentenkauf）则是提供抵押信贷的惯常形式。然而，高利贷禁令强烈影响了经商的法律形式，往往极大地阻碍着经济交易。商人们会开列黑名单以提防被人诉上宗教法庭［犹如今天（德国）的交易所开列黑名单以提防拒付差额（Differenzeinwand）类型的申诉（即通过向法庭控告而使非法投机合同无效）］；某些行会［比如（佛罗伦萨的）**卡利马拉行会**］定期为不
1190 可避免的 usuratioe pravitatis（不当暴利）购买普遍赦罪；商人自己则会在临终时——或者立下遗嘱载明——支付一笔“良心钱”，律师们绞尽脑汁发明为资本主义利息规避高利贷禁令的合法形式。反过来，教会则建立 montes pietatis（当铺）为小市民提供应急贷款。

然而，高利贷禁令从未在任何地方真正如愿以偿地阻止了资本

主义的发展；它越来越成为商业生活的一种纯粹障碍。加尔文主义产生了最早为利息进行的理论辩护，即萨尔马修斯*[的《论高利贷》(1638)]。面对加尔文主义的竞争，耶稣会的伦理观做出了一切可以想象到的让步，到 18 世纪教会正式表示投降，到 19 世纪则全面投降，尽管通俗拉丁文本《圣经》的条文和教皇们的**权威**裁决犹在。这种投降是在如下场合出现的：维罗纳市**询问能否允许计息贷款，Holy Office***告知，**告解神父**不要再追问教友是否违背了高利贷禁令，并准予赦罪，条件是，假如日后圣座有可能决定恢复该禁令，教友必须服从。对于“公平价格”理论，中世纪晚期的教义已经做出了极大的让步。

总的来看，似乎很难说教会有什么经济纲领。它对各种基本制度也没有什么决定性的影响。例如在古代和中世纪，像奴隶制那样重要的制度，教会在推动它走向衰落方面就乏善可陈。就教会在近代史上所表明的立场而言，它既落后于经济事实，也落后于启蒙运动的抗议。如果说宗教影响发挥了重要作用，那也是来自各个教派，特别是来自贵格会，尽管在实践中它们往往顾不上对奴隶制表示敌意。[8]在所有其他方面，如果说教会还有所干预的话，它也是支持城市和君主的传统主义“最低生存需要”措施的。不过，中世纪教会的影响并非

* Claudius Salmasius (1588—1653)，法国古典学者。英王查理一世被处决时，萨尔马修斯为查理一世写了一篇辩护文章(1649 年匿名发表)，由此闻名于世，该文招致弥尔顿在 1651 年写了《为英国人民声辩》作答。萨尔马修斯曾在 1638 年作文为高利贷辩护，劝说荷兰教会允许高利贷者参加圣礼。

** Verona，意大利北部城市。

*** 中世纪的异端裁判所，1908 年教皇庇护十世将其改称圣职部。

无足轻重，而是非常巨大。但这种影响并不像它塑造心态那样在于创造或改造制度，甚至在那方面，它的影响实质上也是消极的影响。面对资本主义力量，教会始终都在增强一切个人的家长制权威和一切农民与小资产阶级的传统主义关切——这完全合乎一切僧侣政治的逻辑原因。教会所助长的乃是一种非资本主义，在某种程度上还是反资本主义的心态。教会并不谴责获利欲望（即 Erwerbstrieb，顺便说说，
1191 这个概念根本就不精确，最好弃之不用），相反，教会是宽容这种欲望的，因为它是那些并不具备坚持**遵行福音劝谕**所必需的超凡魅力者的欲望，是它造就了一切尘世之物。然而，教会不可能填平最高道德理想和一种理性条理化取向的资本主义经营之间的鸿沟，因为后者把赢利看作一种职业的最终目标，更重要的是，把赢利看作衡量个人德行的标准。教会在婚姻、国家、职业、经营方面都超越了世俗心态，把隐修主义伦理作为更高的原则，从而在伦理上把日常生活——特别是经济领域中的日常生活——贬到了次等地位。教会只是为僧侣创造了一种以统一目标为取向的条理化禁欲主义生活方式。西方的教会如此，佛教同样如此——它从一开始就纯粹是一种僧侣的宗教。只要俗人服从教会的权威，教会就能给予一定程度的宽容，对佛教则是有所施赠即可。最重要的是，教会给俗人提供了定期通过秘密忏悔解脱罪过的机会，这是神职人员最令人敬畏的权力手段，它只是在西方的基督教会中得到了最始终如一的发展。但是，通过这种忏悔，并且由于对俗人强调它自身作为一个超凡魅力救赎机构的作用，教会不可避免地就削弱了信徒井井有条、完全独立负责地安排自己尘世和职业生活的动力：他无论如何不可能以世俗方式去遵行最高宗教理想，因为这些理想并非此岸的理想。

事实上，总的来说，中世纪天主教徒在其世俗职业中的作为，远不如犹太教徒——后面［第十三节］将会更多谈到他们——那么受传统和律法的约束，在某些方面甚至不如伊斯兰教徒与佛教徒。然而，由于缺少条理化践行世俗职业的激励——在商业领域尤其如此，资本主义可能获得的发展机会便得而复失了。这里没有对世俗职业劳动的心理奖励。“商人令神不悦”尽管大打了折扣，但在信徒面对他的经济行为应当服务于一个以赢利为取向的非人格理性经营这种观念时，却始终具有权威作用。因此，在“尘世”和禁欲主义理想之间也就始终存在着二元性，理想只能在抛弃尘世之后才能实现。佛教甚至更不喜欢世俗的职业伦理，因为它是一种隐修主义宗教，还因为它那种救赎观的整个倾向。伊斯兰教则是朴实地赞美尘世财富与享乐，这是它原本作为武士宗教的遗风，根本无益于我们所说的职业伦理，从中甚至看不到职业伦理的发展萌芽。政教合一的东派教会则根本没有表现出任何明确的立场。

E. 僧侣政治的理性化与西方文化的独特性 1192

西方的天主教为资本主义发展提供的（与东方宗教相比）最有利的条件，应当说，主要是僧侣政治的支配在保持古罗马传统过程中达到的理性化。这尤其与科学和法理学的发展方式有关。与西方教会相比，东方宗教在宗教虔诚中保留了更多的非理性超凡魅力性质，这在一定程度上说，至少是以下纯历史事实造成的一个结果：精神与社会文化的载体并不是它们，而是与它们相互交错的世俗权力，并且它们一直屈从于政教合一的控制（佛教是个例外）。东派教会则缺少一个有自己的独断式首脑的僧侣政治机器。自牧首尼康*惨败和彼得大帝统治时期废除牧首职位以后，Oberprokuror**一直就是俄国圣会议（Holy Synod）的主导人物，而圣会议则是一个由国家任命教会显贵的纯官僚制组织。拜占庭的牧首则从来就不可能要求得到独断地位。伊斯兰教教长的地位虽然从理论上说高于身为俗人的哈里发，但却仍需由哈里发任命；此外，像拜占庭的巴西利乌斯***一样，哈里发也有自己的宗教权威，尽管它并不稳定。佛教只是在喇嘛教那里有一个独断式首脑，但他却是中国的一个封臣，而且还被作为上文［第十五章，一；第十四章，（二），二］讨论过的那种意义上的化身受到“隔离”。因此，在伊斯兰教、佛教和东派教会中，新知的唯一来源就是“公议”****，不存在永无谬误的教义权威;这给伊斯兰教和佛教带来了相当大的灵活性及发展潜力，但同时也极大地阻碍了理性的哲学思想脱离神学而演进的过程。最后，它们也不存在像西方教会组织建立的那种理性司法体系；西方教会主要是为了自己的目的而创造了一种审判程序——异端裁判所，以便通过理性方式获得证据；这也反过来有力地影响了世俗司法的发展。它们也没有理性法理学基础上的持续立法，比如西方教会按照罗马法模式或者由自身榜样激励而发展起来的

---

* Nikon（1605—1681），1646 年被沙皇阿·米哈伊洛维奇任命为莫斯科新救主修道院大司祭，1648 年升任诺夫哥罗德都主教，1652 年被选为牧首，在位期间推行宗教礼仪改革并积极参与政治，认为神权高于皇权，遭到沙皇和教会内部守旧派反对，1658 年被迫辞去牧首之职，1664 年曾擅自复职，但 1666 年被莫斯科宗教会议罢免，随后遭到流放，1681 年卒于返回莫斯科途中。

** 俄国东正教教会的非神职首脑，沙皇内阁的成员，字面义为“总检察长”。

*** basileus，东罗马帝国统治者称号。

**** 见本书第 1156 页中译者注。

那种立法。

总之，西方文化特有的根基，必须到官职超凡魅力和隐修主义
之间以及封建国家的契约性质和自主性官僚制僧侣政治之间的张力和
独特平衡中去寻找。至少从社会学角度来看，僧侣政治获胜之后的埃 1193
及、西藏和犹太文化，独尊儒术以来的中国文化，封建制获胜之后的
日本文化（如果我们忽略不计佛教的话），政教合一制和国家官僚制
兴起之后的俄国文化，哈里发体制和支配的俸禄化最终确立以后的伊
斯兰教文化，都形成了一种统一的文化，而西方的中世纪就远没有形
成这种**统一的文化**（Einheitskultur），最后，甚至希腊罗马文化也比
中世纪的欧洲文化更加统一。这种概括看起来相当正确，尽管所有这
些文化都是在一种不同的意义上达成统一的。政治权力和僧侣政治权
力结盟，在西方曾经达到过两个顶点：第一次是卡洛林帝国时期和权
力臻于鼎盛的神圣罗马帝国某些时期，第二次是少数几个事例，包括
加尔文宗的神权统治，以及强有力的政教合一形式的路德宗和安立甘
宗宗教改革国家及反宗教改革的统一大国：西班牙与波舒哀*的法国。
但即使在这些合作时期，西方的僧侣政治也处于同政治权力的紧张状
态之中，并构成了对它的主要约束，这与古代和东方的纯政教合一制
或者纯神权统治结构形成了鲜明对照。西方是用权威抗衡权威，用正
当性抗衡正当性，用此一官职超凡魅力抗衡彼一官职超凡魅力，但统
治者与被统治者念念不忘的理想却始终都是政治权力和僧侣政治权力
的统一。然而，除了氏族国家中独立的家族超凡魅力或者契约保障下

* J. B. Bossuet（1627—1704），法国天主教神学家、教会政治家，力倡天主教统治，反对基督教新教，竭力扩大法国教会的权势，反对罗马教廷对法国政教的干预，著有《根据经文论政治》等。

的封臣直接自治或派生的自治以外，个人并没有任何自己的正当领域以抗衡这两种正当支配类型。古代的国家、僧侣政治、家产制国家或者政教合一制度能在多大程度上表明它们对个人的统治权力，我们前面已有讨论或者后面仍需讨论；总之，这是个纯事实问题，对这个问题的答案主要取决于统治群体及其组织形式的生存利益。关键在于，为了每个个人本身的利益而对权威加以合法限制，这种事情根本就不存在。

十一、资本主义时代和资产阶级民主时代的僧侣政治

现代资产阶级民主和资本主义的兴起，极大地改变了僧侣政治支
1194 配的前提。乍看上去，僧侣政治似乎并未从这项发展中获益。尽管遭到神职人员的抗议直至屡见不鲜的直接抵制，但资本主义仍在高歌猛进。**大资产阶级**成长得越来越不再囿于资产阶级和僧侣政治的历史关联了。天赐巫术禀赋的载体，尤其是那些僧侣政治的权利主张——最威权主义并充当传统权威之后盾的那些权利主张，则越来越苦于无力调整社会行为、无力反对资本主义的技术基础——现代科学；它们还受到了日益增强的理性主义的逆向影响，而理性主义使得社会生活更少模糊性且更易于重建。有人认为，新兴资产阶级各阶层的反伦理或者非伦理自由放任倾向在这一过程中发挥了主要作用，但事实并非如此；毕竟，教会凭借忏悔制度曾向道德弛懈做出了广泛的妥协，而道德上的弛懈始终就是处于稳固地位的封建各阶层的特性。毋宁说，发挥了主要作用的乃是严格主义的资产阶级理性主义伦理观，它最终必然会

与僧侣政治的要求发生冲突，因为它将危及教会的最终裁定权*和分配恩宠与赦罪的价值。因此，如果这种严格主义的伦理观不能加强教权主义控制下的禁欲主义，教会就总是会把它视为走向异端的垫脚石。

随着资本主义和资产阶级的挺进，在安如磐石的君主与资本主义结盟的时代成为过去、资产阶级的政治抱负变得咄咄逼人之后，所有的传统主义阶层——小资产阶级、贵族，甚至君主——便纷纷到教会那里寻求保护了。资产阶级在自身地位受到工人阶级的攻击时也会同样如此。但是，教会也在适应已经牢牢立足的资本主义，这在德国中央党从克特勒主教时期［1811—1877］到目前的发展中可以很容易得到证明。事实上，僧侣政治一度曾把经济上的末世论期望寄托于"基督教社会主义"，也就是僧侣政治支配下的"社会主义"，它让人见识了各种各样的——多半是小资产阶级的——乌托邦；同时，僧侣政治也确实有助于瓦解对资产阶级经济体系的信仰，但是，改变了它的态度的却是劳工运动那种典型的，几乎不可避免的对待权威的敌意。现代无产者并不是一个小资产阶级，他受到的威胁并非来自必须以巫术加以钳制的撒旦或自然力量，而是来自可以理性认识的社会条件。工人阶级当中在经济上最强有力的各个阶层往往会拒绝任何僧侣政治的引导，或者仅仅承认它是一个无偿的利益代表——假如僧侣政治实际上代表了他们的利益的话。资本主义秩序的牢不可破越是变得确凿无

* Power of the Keys，典出《新约·马太福音》第十五章，指允许某人加入教会或将某人逐出教会的权力。耶稣答应将"天国的钥匙"交给彼得，并说："凡你在地上所捆绑的，在天上也要捆绑；凡你在地上所释放的，在天上也要释放。"因此彼得具有这种权力。由于彼得是罗马的第一位主教，故这种权力又被传至罗马教皇。新教则认为最终裁定权是基督给予全体成员而不是给予哪个神职人员的权力。

1195 疑，僧侣政治的利益也就越是需要与这种新兴权威达成妥协。僧侣政治会按照自身天然的伦理关切，尽力把工人阶级对资本主义的依附关系改造成一种类似于博爱（caritas）的威权主义个人从属关系；特别是，僧侣政治会鼓吹“福利制度”以约束工人反威权主义的自由流动；它还会尽可能促进家庭工业以阻止工人都集中到工厂中去，前者似乎有利于增强家庭纽带与家长制劳动关系，后者却会增进反威权主义的阶级意识。僧侣政治对于罢工这种反威权主义的武器以及所有为反威权主义推波助澜的组织，无不抱着深刻的怀疑态度，当它们有可能威胁到教派间的团结时，它的对立态度尤为激烈。

民主制本身也改变了僧侣政治的条件。面对政治权力和敌对社会势力，僧侣政治的实力最终要依赖于服从其意志的议员数目。僧侣政治的唯一选择就是建立一个政党组织，并像所有其他政党那样利用煽动手段。这种必要性会增强它的官僚化趋势，因为这样的僧侣政治机器势必同样面对政党官僚制的任务。政治斗争和大众操纵所必需的中央权威及行政机构的力量会不断增强，其代价则是牺牲旧时的地方权力（即主教与堂区教士）；这在任何一个投入斗争的大规模群体中都是典型现象。至于所使用的手段，除了反宗教改革运动为鼓惑大众而创造的高度情绪化的礼拜手段以外，与其他群众性政党也并无不同，其中包括建立由僧侣控制的合作社，以及全凭书面的告解证明提供贷款，或至少根据宗教表现评定信贷资格。其他还有工人联合会、青年团，以及特别是对教育的控制。如果教育是公立的，僧侣政治就会要求控制教学，或者以收费低廉的女隐修院学校与公立学校竞争。只要有可能，也总会保持与国家达成的传统妥协，以保障在刑法与民法方面享有的特权，保证教会及其传教活动得到经济上的补助。在由教会调整的一切生活领域，国家处于从属地位始终是真正的神意。然而，在民主政体下，权力被赋予当选议员之手，僧侣政治也能容忍“政教分离”。这一公式含有多种意思，比如，国家控制下产生的弹性和自由给了僧侣政治相当大的权力，适足以抵消它在形式特权方面的损失。人们可能会揣测，取消宗教事务预算将严重削弱僧侣政治，但 1196
是，在对政教分离有着最严格宪法规定的国家——美国，天主教徒占多数的市政委员会可以资助教会学校，因而可以重新获得一种潜在的津贴，这对僧侣政治来说要比官方津贴更便利。[9]此外，如果取消了对积聚不动产和财富施加的限制，不可让与的教会财产大概就会缓慢但却不可抗拒地日趋增长，这在今天也像早先一样是确凿无疑的。

在那些人口中混杂着各种教派的国家，僧侣政治的内聚力自然最为强大，比如夙敌环伺的德国；在比利时那样的国家也是如此，那里的农民和小资产阶级各阶层在地理上就是与工业人口分离的。在这样的国家，僧侣政治一般都会竭力抵制两大“资本主义”阶级——资产阶级和（尤其是）工人阶级——占据任何优势。

十二、宗教改革及其对经济生活的影响

A. 宗教分裂的政治与宗教原因

宗教改革无疑受到了各种经济因素的共同作用，它极大地改变了僧侣政治的地位。但在总体上看，经济因素的影响都是间接的。诚然，农民对新的教义感兴趣，主要是因为他们渴望自己的土地能摆脱不符《圣经》义理的实物支付和地役，今天的俄国农民就是如此。但

资产阶级的眼前利益仅仅与修道院从事的行业有冲突，其他一切都在其次。没见任何地方出现过有关高利贷禁令的争议。转变的关键是教皇权威的削弱，而削弱的原因则是［1378—1417年间的］大分裂（这其中也有政治原因）以及随之产生的公会议运动，后者在偏远的北方国家进一步削弱了原本就不如在南方强大的教皇权威。各国君主及各个等级坚持不懈且卓有成效地反对教皇插手任命本国有俸圣职，反对教廷税费制度的斗争，也使教皇的权威遭到了削弱；各国君主通过行政的理性化极大地增强了权力，由于他们的政教合一倾向和世俗化趋势，也由于教会传统在知识界以及贵族和资产阶级各阶层心目中名声扫地，教皇的权威便每况愈下了。

1197 然而，这些解放趋势几乎与任何摆脱宗教生活方式的愿望都毫不相干，只是在非常微弱的程度上表现出一种减少僧侣政治约束的愿望。如果认为一个渴望肯定尘世生活，肯定“个人自由”甚至肯定美与感官享受的社会，是因为教会对这些强烈愿望的敌视而感到被套上了桎梏，这就大错特错了。实际上，在这方面，教会根本就无所作为。事实恰恰相反：宗教改革者们相信，经由僧侣政治对尘世生活进行宗教渗透是**远远不够的**，资产阶级群体尤其这样认为。教会从来不敢像教皇的意识形态大敌——再洗礼派及相关教派——那样提出自我控制、禁欲主义和教会纪律的要求，而这些教派对自己的要求之严格，是我们今天绝对难以想象的。恰恰是僧侣政治与世俗权力及罪孽不可避免的妥协激发了这种严格要求。举凡资产阶级成为一种社会力量之处，新教的禁欲主义各教派都会畅行无阻，而在贵族和君主占上风的地方，宗教改革的教会——安立甘宗和路德教——都是最少禁欲主义的教会。具有强烈宗教热忱的资产阶级各阶层那种独特的虔诚，使他们站到了改革派布道士一边反对传统的教会机构，正如先前他们站在僧侣政治一边反对神圣罗马帝国，站在托钵僧修会一边反对世俗教士*一样;他们的虔诚是以相对理性的伦理观，以资产阶级的职业观，以相对强烈地专心致志于在神的面前自我辩解为特征，这种特征符合他们的生活模式，即很少像农民的生活那样决定于有机的自然事件。如果教会内部的改革能够满足这些阶层的伦理要求的话，他们也许会更乐于支持这种改革而不是支持一场教会革命。然而，僧侣政治却遭遇了某些不可能及时解决的难题，因为这些难题都是深深植根于它的组织的历史遗产之中，植根于和具体权力利益的关系之中。宗教分裂过程中特殊的经济格局——尤其是政治格局——带来的广泛影响是众所周知的，但最终的宗教动机的巨大重要性也不容忽视。

B. 路德教

宗教改革转而对经济发展产生了强烈影响，但它的影响由于各种新信纲的独特性而多有变化。路德宗的教会对于两大资本主义阶
级——资产阶级和无产阶级——的态度仅仅在程度上不同于天主教 1198
会。路德在经济事务上的观点是严格恪守传统的，远远不如佛罗伦萨的理论家们“现代”。[10] 他的教会显而易见是建立在牧师的官职超凡魅力基础上的，而牧师的天职就是传播福音。他的教会毫不隐讳地敌视对神定权威的任何反抗。最重要的革新是摈弃了凌驾于世俗道德与社

* Secular Clergy，或译在俗教士，即在教会中担任教职的专职人员，用以区别在修会中修道或工作的“宗教教士”（修道士）。该词最早见于 12 世纪。世俗教士不必像修道士那样发修会愿，但要根据教会法规服从主教，可以持有财产，必须持守独身。在同样品级情况下他们排在宗教教士之前。

会秩序标准之上的**福音劝谕**，这在经济方面也同样重要，因此，修道院和隐修禁欲主义作为一种通过善举寻求救赎的既无用又危险的表现被废除了，对于这一举措，路德最初根本就没有明确表态。此后，人们就只能在世俗社会秩序之内，在婚姻、国家与职业中追求基督教美德了。由于僧侣政治以及塑造自治的宗教公社的尝试归于失败——当然，后者在一定程度上是政治和经济上的原因所致——，同时也由于有义务传播圣经的救赎机构——教会——的官职超凡魅力得以保留，为纯福音的普及这一基本任务提供保护的义务，就从路德教那里转到了政治权力手中。由此产生的政教合一制，通过宗教改革时期的大规模世俗化而得到了惊人的强化。

C. 加尔文宗的伦理观与教会

反资本主义精神气质和福利取向，实际上是一切允诺救赎的宗教所共有的特性。但是有两个彼此大异其趣的例外：**清教**和**犹太教**。清教徒共同体（广义而言，包括所有实质上的禁欲主义新教群体）当中只有一个不是教派，而是我们这里所说的社会学意义上的教会，这意味着，它是一个僧侣政治机构：此即**加尔文教**。

加尔文主义教会的性质不同于天主教、路德教、伊斯兰教等等所有其他教会。由于这里的篇幅所限，我们只能有的放矢地总结一下加尔文教的理论。[11] 严格的加尔文教有一个基本教理，即得救预定论，它使得教会不再可能管理对于永恒得救具有任何重大意义的圣事。此外，信徒的实际表现与他的命运无关，因为他的命运已被上帝不可测知也不可改变的意志永恒确定。蒙上帝挑选者不需要教会为自己的利益操心。教会仅仅是根据上帝的诫命而存在，教会的组织基本上也是如此，这与所有其他政治和社会机构并无二致，与信徒的所有社会义 1199
务也并无不同。因此，诫命是信徒无从得知的，但它在《圣经》中已有明确启示，它的细节可由人的理性加以补充和解释，因为人的理性就是为此目的而存在的。教会的存在绝不是为了灵魂得救和罪人的仁爱共同体，它的唯一目的就是为了增加上帝的荣耀，因此是为了一种冷峻而神性的 *raison d'état*（国家的理由）。教会不仅为蒙召进入天堂者，也为被罚入地狱者存在，因此，为了上帝更大的荣耀，它可以镇压全体人类所共有并使人类不可挽回地与上帝相分离的罪孽，这意味着教会是一条鞭子而非得救的媒介。任何诉诸巫术圣事的企图都是在愚蠢地违逆上帝确立的秩序；教会并不提供这种手段。因此，教会在这里被彻底消除了超凡魅力性质，变成了一个单纯的社会机构。然而，它的建立却是**神圣律法**规定的义务，它的尊严高于所有其他机构，它的组织形式则是上帝规定的唯一形式。不过，撇开这一特征不谈，说到底，支持教会也是一种义务，与支持同样是体现了上帝意志的国家这一社会义务，与在尘世天职中履行的义务并无不同。相比其他所有教会而言，履行这些义务并不在于努力以修道士的方式，通过超越世俗道德而获得一种特殊的恩宠状态，因为这种努力在得救预定论面前毫无意义，毋宁说，这些义务是为了在既定的秩序和一项"天职"中服务于上帝的荣耀。

在所有新教国家，"天职"概念都是来自对《圣经》的翻译，而且，在加尔文教徒中还明确意味着从资本主义经营中获得合法利润。尽管加尔文主义并不等同于加尔文本人的态度，但是，随着加尔文主义持之以恒的发展，这种利润以及实现这种利润的理性手段便获得了越来越多的正面评价。无论获得拯救还是罚入地狱，得救预定论的不可测知性对于信徒来说自然是无法忍受的；他要寻求 certitudo salutis（得救的确定性），寻求他已蒙上帝挑选的标志。由于苦修来世的禁欲主义被否定，那么他要想找到这种确定性，一方面需要坚信自己在严格按照法律和理性行事，压制一切动物性冲动，另一方面还要寻找可见的证据以证明上帝嘉许他的劳动。在上帝不可改变的圣旨面前，天主教的种种“善举”是毫无意义的；然而，对于信徒及其共同体来说，他自身的道德行为和在世俗社会秩序中的命运，作为他的恩宠状态的标志就会变得极端重要。个人是作为一个实体被判定蒙上帝挑选或被
1200 罚入地狱的，忏悔与赦罪都不可能使他得到解脱，也不可能改变他在上帝面前的地位，与天主教教义不同，个人的“善行”也不可能抵补他的罪孽。因此，如果个人认为有理由相信自己正在遵照条理性行为原则沿着唯一正确的道路安排自己的全部行动——为上帝的荣耀而工作，那么只有这样，才有可能把握自己的恩宠状态。条理性的行为，理性的禁欲主义形式，便由此而从修道院进入了尘世。禁欲的手段在原则上都是相同的：否定一切对自我及所有其他众生的毫无意义的美化，否定封建的傲慢，否定对艺术和生活的自发享乐，否定“轻浮”，否定金钱与时间的任何浪费，否定肉欲，否定在私人职业与体现了上帝意志的社会秩序中偏离理性劳动的一切活动。抑制一切封建式的炫耀和非理性消费则促进了资本的积累，有利于把财产不断重新用于生产性目的；作为一个整体的今世禁欲主义则有助于培养资本主义和官僚制所需的职业精神。生活并不是聚焦于人，而是聚焦于非人格的理性目标。慈善事业变成了一种非个人的济贫事业以光大上帝的荣耀。由于劳动的成就乃是令上帝愉悦的最可靠象征，资本主义利润也就成

了证明上帝已经赐福于经营的最重要尺度之一。

显然，这种生活方式与资产阶级获利活动所习惯的自我辩解有着极为密切的关系：利润与财产并非目的本身，而是个人能力的表现。宗教前提与推动了资本主义发展的资产阶级生活方式在这里实现了统一。当然，这并不是清教伦理的目的，鼓励赚钱尤其不是清教伦理的目的；恰恰相反，与所有基督教教派一样，财富也被认为是危险的，并且充满了诱惑。但是，正如修道院因为禁欲主义的理性劳动和修道士们的操行而一再给自己带来这种诱惑一样，如今给自己带来这种诱惑的则是虔诚的资产阶级了，因为他们也是按照禁欲主义要求生活与劳动的。

十三、犹太教的僧侣政治和经济气质

从形式上说，犹太教应当归类为教会，因为它是一个人生来就会身在其中的机构，而不是具备特殊宗教资格者的联合体。然而，它比加尔文教更不同于其他的僧侣政治。和加尔文教一样，它也不知巫术
超凡魅力、制度性恩宠赐予和隐修主义为何物。有多种宗教活动能够 1201
令上帝愉悦并使信徒更接近上帝，个人神秘主义不过是其中之一，因此，犹太教与官职超凡魅力的关系并未产生像基督教中出现的那种巨大张力。自耶路撒冷神殿被毁以后，犹太教就不存在祭司和真正意义上的崇拜（Kultus）了，后者曾是古代犹太教与其他宗教共有的：一种［为信徒提供宗教服务的］制度性**礼拜仪式**；毋宁说，仅存的不过是一些为了布道、祈祷、歌唱和解读《圣经》而举行的集会。必须严格按照摩西律法去实践决定性宗教行动的，是个人，而不是机构，其

他一切都是次要的。与清教徒不同，遵守律法并不是获得上帝赐福的认识基础，而是它们的直接原因，由此，个人的今世生活、他的子孙后代以至他的人民都将受益。然而，犹太教只是后来才接受了个人不朽的信仰，而且它的末世论期待也是今世性质的。

对于经济气质来说，因其受到了宗教因素的共同决定，这些今世性质的得救期待就具有了极为重要的意义，和清教主义一样，上帝的赐福是在个人的经济成就中体现出来的。同样重要的是行为的高度理性性质，它至少是受到了宗教教育之性质的有力影响。在这方面，犹太教也类似于清教主义。对天主教徒来说，熟知教理和圣经文本并无必要，因为教会作为一个救赎机构在为他代劳，只要他全盘接受教会的规定（即盲信），信赖教会的权威就足够了。这里的信仰是对教会的一种服从形式，而教会的权威并不依赖于圣经文本，毋宁说，教会是在保证文本的神圣性，而信徒本身是不可能验证这种神圣性的。相反，对犹太教徒和清教徒来说，《圣经》则是具有约束力的律法，每个人都应熟知并正确解释。结果是，犹太教的教育以惊人的程度集中于《摩西五经》以及对它的决疑法解释上，新教徒则是热衷于到处建立小学；新教的虔敬派更是特别偏爱传授“实用”知识（Realien）。随之而来的思想训练无疑是有助于培育理性的经济气质的，在犹太人当中则是有助于培育他们那种典型的辩证理性主义。与此相比，第二诫*却导致了造型艺术的彻底萎缩，压抑了感官享受的艺术升华，并促进了以自然主义的理性态度看待感官享受。禁欲主义的新教也有同样情形，它对感官享受的现实做出的让步甚至更少。犹太教和禁欲主

---

* 指犹太教的“十诫”第二诫“不可敬拜偶像”。

义新教严厉否定情欲的一切产物，这产生了一种理性化的影响，即推动了资产阶级的生活方式，反对向封建“靡费”做出任何让步。对资产阶级获利活动的正面评价已经在《密西拿》[*]中得到承认。犹太教具有特殊的城市性质，但是还有一种不可同化的性质以及国际化性质，无论在古代还是后来莫不如此，这其中有两大原因。一是有着礼仪动机：在不行割礼的环境中一直保留着割礼，而且由于饮食方面的戒律，犹太教的屠夫也是不可或缺的；甚至直到今天，这种动机仍能防止正统犹太人单独散居；二是僧侣政治已被彻底摧毁，但对弥赛亚的期待却一如既往。 1202

就此而论，犹太人的宗教虔诚可能塑造了他们的经济气质。很难说它的影响是否还能更进一步。至于其他方面，则应主要根据这个独一无二的贱民民族的历史遗产及其特殊境遇去说明它的特质，因为，在这里共同发挥决定性作用的“种族”因素，也像在其他地方一样难以证明，尽管它们可能在这样那样的意义上存在着。

（A）**关于阐释犹太人经济气质的补论**。然而，进行历史说明也必须谨慎。以色列人大概从来就不是个“沙漠民族”——这里的“沙漠民族”指的是莫克斯所说其律法有着贝都因人的渊源，或者像桑巴特认为的那样他们是在沙漠环境中形成的。[12]在他们可能还是一个流浪民族的时代，阿拉伯沙漠上还既无骆驼也没有马匹。他们最古老的历史文献——《底波拉之歌》[**]——以及后来的传说都表明，他们是由山

* 见本书第 1162 页中译者注 ***。

** the Song of the Deborah，以色列人打败迦南人后，以色列女先知兼士师作凯歌庆祝胜利，此即《底波拉之歌》（见《旧约·士师记》第五章），被认为是早期希伯来文学作品之一。

地部落形成的一个歃血之盟，他们曾一再抗击迦南和非利士诸城邦的城市贵族，用步兵与其战车厮杀以捍卫自己的独立；他们像瑞士人和萨谟奈人*一样最终也曾臣服了临近的若干城邦，因此他们获得了从埃及到美索不达米亚的贸易通道控制权，一如瑞士人控制了阿尔卑斯山通道和萨谟奈人控制了亚平宁山脉通道。对于耶和华这样一位被敬奉在山上的神来说，西奈山似乎是最合适不过的地方了，因为它在那个地区海拔最高。如果出埃及记并非史实（我认为很有可能并非史实），那么摆脱“埃及农奴制”大概就是指的从耶路撒冷君主制那里获得了“解放”，它曾仿效埃及实施强迫劳役并遭到了祭司的诅咒。特别是在异族支配期间，僧侣政治的兴起推动了事态的进一步发展，尤其是导致了与所有不是共同血统者的绝对隔离。犹太人大流散的一个早期结
1203 果就是越来越专注于金融交易，其次是商业；同样古老的现象是，这在异族环境中是不可或缺的。就所有实质问题而言，犹太人在罗马帝国中的地位已经类似于他们在中世纪时期的地位——请注意，他们是免于皇帝膜拜仪式的，而基督徒却要被迫行礼如仪。犹太人从事的行业既存在于阿拉伯人统治下的西班牙，也存在于东方，另外还有俄国（这是绝对必然的）。在十字军东征时期，犹太人骑士团一度还曾存在于叙利亚。因此，随着与周围环境的日益分化，犹太人的经济专业化程度似乎也日趋提高；尽管如此，所有这些情况毕竟都是例外。像桑巴特认为的那样，说犹太教律法大大有助于现代证券形式的发展，[13]在我看来是无法证明的，毋宁说，似乎更有可能的是，犹太人的商法

---

* Samnite，古代居住在意大利中部操奥斯卡语的部落，公元前350—前200年间曾三次卷入反抗罗马人的战争。

受到了拜占庭法律（大概是以东方通行的方式接受了它）的强烈影响。

（B）**犹太教与资本主义**。举凡犹太人所到之处，他们都会成为货币经济的推动者，特别是中世纪鼎盛时期，在贷款业务上更是犹太人一枝独秀，但他们也广泛从事商业活动。在城市的发展方面，他们对于日耳曼的主教和波兰的贵族来说都是不可或缺的。在现代国家初期阶段的征发与贷款事务方面，在创办殖民公司方面，在殖民地贸易和奴隶贸易方面，在牲畜和农产品贸易方面，尤其是在现代股票市场的证券交易和新发行证券的流动方面，他们引人注目的参与——且往往是支配性的参与——都是公认的。

至于犹太人是否能被认定为现代资本主义发展中的主角，则是一个不同的问题。必须考虑到的是，以借出高利贷、向国家提供信贷和供给需求及殖民开发为生的资本主义，根本不是现代特有的资本主义。这些特征都是现代西方资本主义和古代、中世纪乃至现代东方的资本主义所共有的。与古代（以及近东和远东）相比，现代资本主义是以资本主义**生产**组织为突出特征的，犹太人在这方面未曾发挥任何决定性的影响。况且，肆无忌惮的大金融家与大投机商心态，不但可见于古代和中世纪，亦可见于先知时代。那些决定性的现代贸易制度——有价证券以及股票市场等法定的经济形式——则有着罗马与日耳曼的渊源。但是，交易所有了今天这样的重要地位，犹太人的贡献也自不待言。

最后，典型的犹太人商业精神——如果能够具体而论的话——有着东方人的一般特点，一定程度上甚至有着前资本主义时代特有的小资产阶级特征。和清教徒一样，犹太人也是有目的地赋予了形式上的 1204
合法盈利以正当化，认为那是上帝赐福的标志；而且，犹太人和清教徒有着同样的天职观，尽管它没有清教主义那样强大的宗教基础。犹太教律法对现代资本主义伦理产生的最重要影响大概就是这一事实：它的法律原则至上的伦理观被吸收进了清教伦理，从而被纳入了现代资产阶级经济道德观的背景。

十四、教派、教会与民主[14]

从社会学意义上说，教派一词并不是指的一个**小**集团，比如最典型的教派之一浸礼会，就是世界上最大的新教教派之一。此外，教派也不是从另一个集团中分裂出来、不被承认或遭受迫害并被谴责为异端的集团。毋宁说，教派乃是这样一种集团：它的性质和目的恰恰阻止了普适性，并要求成员达成自由的共识，因为它的宗旨就是要成为一个贵族性群体，一个具有正式宗教资格者的联合体。教派不求成为一个像教会那样分配恩宠的机构——后者既包括义人也包括不义之人，并且特别关心要让罪人服从神法。教派所坚持的是 ecclesia pura（纯洁教会）的理想（故有“清教徒”之称），是**可见**的圣徒共同体，要清除害群之马，以免他们玷污上帝的目光。典型的教派拒绝制度化救赎和官职超凡魅力。（当然，必须把“教派”一词同教会恶意中伤的含义仔细区别开来。）

个人可以通过各种途径成为合格的成员：凭借神圣的得救预定论，比如浸礼宗特选派及克伦威尔的独立派精英部队；凭借“内在之光”或者体验迷醉的通灵能力（pneumatic ability*）；凭借“忏悔斗争”

---

* 见本书第一卷第 739 页中译者注。

（Busskampf）以及随后的“顿悟”（Durchbruch），比如老虔信派的情
况；总之，这种资格或者产生于特殊的通灵能力［即感悟圣灵（Holy
Spirit）］，比如贵格会信徒的先驱、贵格会信徒本身以及多数“通灵”
教派的情况，或者是产生于其他被赋予的或者习得的超凡魅力。建立
一个教派的形而上学原因可能会极为多样。从社会学角度来说，重要
的是这一事实：这种共同体是作为一个筛选机器发挥功能的，以便甄
别合格者与不合格者。至少就纯粹情形而言，入选者或合格者必须避
免接触被罚入地狱者。任何教会，包括路德教，当然还有犹太教，在
其严格主义时期都曾利用革出教门的权力以排斥那些顽固的不从者与 1205
背教者。革出教门通常就意味着经济上的联合抵制，尤其是在一个教
会的初期阶段。某些教会可能还会禁止与任何局外人的肢体接触、性
关系和经济交往，比如琐罗亚斯德教和什叶派教会，但多半只是那些
种姓宗教才会走得这么远，比如婆罗门教。绝大多数教派并不如此激
进，但它们也像隐修主义那样一以贯之地坚持这种措施。至少那些因
缺乏资格而被驱逐的人将不得不遭受最严厉的联合抵制，让他们参加
礼拜，尤其是参加圣餐可能会招致上帝的愤怒，是对上帝的侮辱。把
那些明显被上帝罚入地狱者排除在外是每个成员的任务，这种观念有
力地强化了会众而不是任何官职的重要性。这一点已经可见于加尔文
教，它由于贵族式的得救预定论超凡魅力原则，同时还由于官职超凡
魅力的衰落而类似于那些教派。一个范例就是诚笃的加尔文教徒 1880
年代在尼德兰进行的教会革命，这场革命是由克伊波[15]领导的，并且
带来了巨大的政治后果，它的起因是国家教会的高层机构要求各会众
准许那些由不检点的传道者施了坚信礼的人参加圣餐礼。坚定的教派
都赞成会众享有绝对主权的原则，因为只有那些亲身在日常生活中彼

此熟稔者，才能判断每个他者是否具备宗教资格。出于这个原因，一旦持守共同信经的各会众统一起来形成一个更大的共同体，他们就会建立一个单纯的工具主义联合体并为自己保留最终决定权。每个会众群体基本上不可避免地都会拥有“主权”——如果我们毕竟还可以应用“主权”一词的话。出于同样的原因［即按照亲身彼此熟稔的要求］，会众始终都是一些小群体，比如虔信派 ecclesiola[*]，它们最适合于这些功能。这是会众原则的消极一面，它在反对扩展普救论的官职超凡魅力时达到了极致。通过筛选准入而形成的会众，它的这种基本性质对于个人来说具有重大的实际意义——使他的个人资格获得了正当性。作为成员而准入的任何人都可以因此向世人表明，他已经通过考验，达到了该会众的宗教和道德标准。这一点可能对他具有极大的重要意义，在经济方面也是如此——如果这种考验被公认为是严格的并且包括了对相关经济品质的考验的话。这里可以略举几例：在大约 200 年前的贵格会与浸礼会文献中，我们可以看到为以下事实发出的欢呼——那些不信神的人不是把资金存到或投资于同类手中，而是存
1206 到或投资于虔诚的教友弟兄手中，因为这些弟兄的诚实与可靠看来比担保金更有价值；文献还提到，弟兄们经营的零售店顾客与日俱增，因为不信神的人也知道，即使打发孩子或仆人去那里购物也照例会享受固定的公平价格，而且完全货真价实。贵格会与浸礼会教友是在为了声誉而竞争——以零售业的固定价格制取代了“东方式的”讨价还价，而这种零售价格制对于在所有领域进行资本主义的计算都具有重要意义。事情直到今天也仍无不同，特别是在各教派的主要家园——

* 拉丁文，意为教会中的小教会。

美国。一个典型的教派成员，比如共济会成员，如果是个行销商，他能够在任何竞争中稳操胜券，即使在他自己的群体之外也是如此，因为消费者会坚信他的价格是公平的。一个打算开办银行的人就会加入浸礼会或者循道宗，因为人人都知道，在受洗加入这些教派之前要接受**严格的考察**，这是为了调查此人过去有无操行上的污点，包括泡酒馆、性生活、打牌、负债、其他轻浮行为、不诚实行为等等；如果调查结论是正面的，他的信誉就有了保障，而在美国那样的国家，在任何其他什么基础上建立个人信誉几乎都是无法想象的。对真正的基督徒提出的这种禁欲主义要求，恰好又是资本主义塑造新进者时提出的同一些要求，至少在“诚实即为上策”的箴言行之有效的地方就是如此。一个这种教派的成员，在资本主义组织的所有负责任的岗位上都更受欢迎，不论他是董事会成员、经理人、发起人还是工头。这样的成员所到之处，只要能找到一个教友的小会众，他们就会根据他先前所在会众的推荐信接受他为自己的弟兄，给予他正当名分并推荐他谋事，这在美国至今仍是通行的做法，也是所有移民宗教——比如犹太教——共有的一个优势。他很快就会以局外人不得其门而入的方式获得经济立足点。他的声誉在很大程度上与他的实际品质是一致的，因为信仰灌输的强度和遭受排斥的威慑力比任何威权主义教会纪律的作用都更有成效。

老循道宗专门成立小组举行的忏悔周会，虔信派与贵格会教友的班会和相互监督与劝诫，与天主教的秘密忏悔形成了鲜明对照，从这个意义上说，后者是不受监督的，而且是服务于罪人的解脱，很少着眼于使其洗心革面。以下事实则比任何其他因素更为重要：一个人的操守必须经得住教友们警觉的监督。随着日益普及的世俗化，这种自

尊的基础又通过无数社团和俱乐部从教派传播到了美国人的所有生活
1207 领域，这些社团和俱乐部都是以投票方式招收成员，它们的存在涉及一切可以想象的目的，而且一直延伸到学校中的少年俱乐部。即使在今天，中产阶级“绅士”也是因为有资格佩带某个社团的徽章才获得这个正当名分的。尽管这些传统如今有不少正在瓦解，但事实上，美国的民主并不是互不相干的个人形成的一片沙滩，而是高度排他但又绝对自愿组成的教派、社团和俱乐部的迷宫，它们为个人的社会生活提供了主心骨。美国的大学生如果没有入选一个排他性的俱乐部，甚至很可能会考虑把这作为自杀的原因。当然，类似现象亦可见于众多自愿组成的社团，因为，在非经济社团占绝大多数的情况下，期望被其他个人所接纳，往往不是单纯从群体的明确目的之功能角度做出的考虑，毋宁说，排他性俱乐部的成员资格到处都被认为是身份的提高。事实上，教派及其渊源在任何地方都没有像在美国的古典时代那样成为宪政要素之一，这一点虽不成文，但却至关重要，因为它们在塑造个人方面比任何其他影响力的作用都大。

凭借“顺从神，不顺从人，是应当的”［《新约·使徒行传》，5：29］这一名言，僧侣政治要求行使一种自主性超凡魅力和它自己的法律，以确保人们的顺从并牢牢约束政治权力。僧侣政治会凭借官职超凡魅力保护那些它声称有权加以支配的人们，以反抗来自其他权威的侵害，不论侵害者是政治统治者还是一个丈夫或父亲。由于成熟的政治权力和僧侣政治权力都会提出普适性要求，就是说，由于两者都希望确定对个人的控制范围，那么它们的适当关系就是为了共同支配而妥协或结盟，相互划定势力范围。只有这两种权力事实上都放弃了对那些原则上唾手可得的生活领域进行绝对控制的要求，政教分离的准则才是可行的。

与僧侣政治形成鲜明对照的是，教派反对官职超凡魅力。个人只能凭借自身的超凡魅力行使僧侣政治权，一如他只能凭借得到公认的资格才能成为教派成员，浸礼会的“再洗礼”——实际上是合格的成年人受洗——就是一种最明确无误的象征。贵格会教徒做礼拜时都是默默等待着，看看今天神是否会降灵于某个成员，而且只有这样一个成员才能开口布道或祈祷。如果那些证明自己有资格宣讲福音的人被置于专门的席位上，现在又必须准备布道文以帮助圣灵降临，这已经是对规则与秩序的需求做出的让步了；绝大多数贵格会会众都是这样做的。然而，与所有坚持不懈的教会形成鲜明对照的是，所有严格主 1208
义的教派都会坚持平信徒布道及每个成员皆是祭司的原则，尽管它们也会出于经济与教学原因而设置一些固定官职。

此外，纯粹的教派还会坚持由会众“直接民主行政”，并将神职官员看作会众的公仆。正是这些结构性特征，证明了教派与政治民主之间的选择性亲和力，同时也说明了教派与政治权力何以具有那么高度重要的独特关系。教派是一种特别反政治，至少也是去政治的群体。因为它不必提出普适性要求，并尽力作为一个合格信徒的自愿共同体而存在，所以它不可能与政治权力结盟。假如它缔结了这样一种联盟，比如新英格兰的独立派所为，结果就是一种被教会认定为合格者的贵族统治，这将导致损害乃至丧失教派的性质——［1662 年公理会的］所谓半约（Halfway Covenant*）就是一例，流产的克伦威尔圣

* 北美洲新英格兰地区清教徒 17 世纪开始实行的政治宗教制度。许多人被教派承认为教友，但不能参加圣餐，因为他们与基督所立的约尚不完全，这些教友称为“半约”教友。教派成员在各殖民地本来就只占少数，而且仍在继续减少，1662 年教会大会承认了半约，教派成员因此开始增加，故韦伯认为教派的性质由此发生了变化。

徒国会的统治，则是这方面的最大一场实验。纯粹的教派必定会力倡“宗教宽容”和“政教分离”，这有几个方面的原因：因为它事实上不是一个普适性的救赎机构以镇压罪孽，也不可能忍受政治与僧侣政治的规章制度；因为没有什么官方权力能够向无资格者分配恩宠，所以在宗教事务上使用任何政治暴力，必定都会显得毫无道理或者绝对凶残；因为教派对局外人完全没有兴趣；因为总而言之，如果教派还希望保持自己的宗教认同及其效力，它就只能是个绝对自愿的联合体。因此，一以贯之的教派始终会坚持“宗教宽容”与“政教分离”的立场，而且是“良心自由”最纯正的倡导者。

其他共同体也会支持良心自由，但其中的含义不同。在罗马、中国、印度和日本的政教合一制度下，谈论这种自由与宽容也是可能的，因为臣服或附属国家极为多样的礼拜都能得到允许，而且不存在任何宗教强制；但在原则上说，这一点要受制于政治权力的官方礼拜，在罗马是皇帝崇拜，在日本是对天皇的宗教膜拜，在中国大概还有皇帝的祭天。此外，这种宽容有着政治的而非宗教的原因，比如沉默者威廉，更早的腓特烈二世皇帝，或者把教派成员用作熟练工人的采邑领主，阿姆斯特丹城的情况也是如此，那里的教派成员乃是商业生活中的主角，所以，发挥重要作用的是经济动机。但是，真正的教派必
1209 定会出于特殊的宗教原因而要求政治权力不干涉，以及要求良心自由，这其间有一些过渡形式，但我们这里有意搁置不论。

充分发展的教会都会提出普适性要求，不可能容许良心自由，如果它在为良心自由进行辩护，那都是因为它发觉自己处在了少数的地位，并要求得到某些在原则上说它不可能给予他人的东西。马林克罗特曾在帝国议会说道：“天主教徒的良心自由就在于自由地服从教皇”，

这指的是教徒凭**自己的**良心行事。然而，一旦变得足够强大，不管是天主教会还是（老）路德教教会，就都不会承认**别人的**良心自由了，加尔文宗和浸礼宗的老教会更其如此。这些教会的制度义务就是保卫灵魂的救赎，加尔文教徒的制度义务则是捍卫上帝的荣耀，从这个角度来说，它们不可能有别的做法。相比之下，一个坚定的贵格会教徒却不仅对自己，也对他人适用良心自由的原则，而且反对任何这样的企图——强迫那些并非贵格会或浸礼会教友的人要像他的群体成员那样作为。因此，坚定的教派便会衍生出被统治者不可剥夺的个人权利以对抗任何权力，无论它们是政治权力、僧侣政治权力还是家长制权力。耶利内克已经令人信服地证明，这种良心自由可能就是最古老的人权，[16]总之，它是最基本的人权，因为它包括了合乎伦理要求的行动，并为免于强制——特别是免于国家权力的强制——提供了保障。从这个意义上说，良心自由的概念尚不为古代和中世纪所知，也为卢梭的社会契约论所不知——因为它包含着宗教强制的权力。其他的人权或公民权也都与这项基本权利密切相关，特别是追求个人经济利益的权利，其中包括个人财产不可侵犯、契约自由和职业选择自由。这种经济权利存在于一个有保障的、对人人都一体适用的抽象规则体系的范围内。所有这些权利都能在启蒙运动的信仰中找到终极辩护，即信仰个人理性的作用，而个人理性如果没有受到阻碍的话，它就会产生出至少相对而言是最好的世界，因为它靠的是神意，还因为个人最有资格了解自己的利益究竟何在。这种对“理性”的超凡魅力式美化，在罗伯斯庇尔对它的赞颂声中得到了极富特色的表现，这是超凡魅力在其命定的历史进程中所采取的最后形式。显而易见，形式上的法律平等和经济上的流动所需的这些先决条件，为摧毁一切家产制与封建制法律铺平了道路，有利于抽象规范的形成，因而间接有利于官僚化进程。同样显而易见的是，它们也推动了资本主义的扩张。这
1210 些基本人权使得资本家自由利用物力人力成为可能，正如根据某些教义变体而被采纳的今世禁欲主义和教派的特殊纪律培育了资本主义精神，也培育了资本主义所需的理性“职业人”（Berufsmensch）一样。

注 释

除非另有说明，所有注释与校订均为 Roth 所作。

1 参阅下文，八。喇嘛教在驯化蒙古人方面发挥了效力的观点遭到了一项断然否定，见 Owen Lattimore，*Inner Asian Frontiers of China*，New York：American Geographical Society，1951（第一版为 1940 年），86f。在西藏，佛教是公元 7 世纪被承认的，但喇嘛教会在确立了自己的至高无上地位之前，最初却是世俗国王的工具。那位伟大的蒙古征服者忽必烈汗（13 世纪）支持喇嘛教，但是随着中国的复生，它在蒙古却销声匿迹了。到 16 世纪，喇嘛教再次被阿勒坦可汗（Altan Khan）采用为世俗统治的整合工具。然而随后，满洲帝国却在蒙古制造了政教之间的僵局，尽管西藏的教会凭借与满洲利益集团的结盟而保持了自身的至高无上地位（参阅 Lattimore，216—221）。因此，喇嘛教—佛教似乎至少证明了韦伯的概括：在与世俗权威的竞争中，僧侣政治可以寻求外来权力的支持或者成为它的工具。关于喇嘛教的统治及其封建制与官僚制的混合特征以及它对中国的影响，有一项比较晚近的讨论，见 Pedro Carrasco，*Land and Polity in Tibet*（Seattle：University of Washington Press，1959），esp. 207，217，224—8。

2 划界诏书（Bulls of Circumscription）：教皇在与非天主教国家世俗当局达成协议之后建立教会管辖区的敕令。

3 见 Weber，*The Rational and Social Foundations of Music*，Don Martindale，trans.（Carbondale：The Southern Illinois Press，1958）。

4 这里指的是 1650 年代牧首尼康（Patriarch Nikon）领导的“希腊化”改革运动（见十，E），它试图让俄罗斯的公益性派捐符合旧时的希腊惯例。运动并不涉及教义争端，但是，大部分神职人员和居民——他们被叫作旧信徒——却往往根据传统俄罗斯礼仪的巫术功效观点不顾危险，甚至以毁灭的代价抵制改革。旧信徒坚持以两个手指表示十字，改革者的法令要求用三个手指。尼康开始改革后的 15 年间，自焚曾经风靡俄罗斯。见 *Herbert Ellison*，*History of Russia*（New York：Holt，Rinehart and Winston，1964），78。

5 参阅 Weber，*Economic History*，193。

5a 参阅 Aloys Schulte，*Geschichte des mittelalterlichen Handels und Verkehrs zwischen Westdeutschland und Italien mit Ausschluss Veneigs*（Leipzig：Duncker & Humblot，1900），I，263—272。

6 关于高利贷，见第六章《宗教社会学》，（十二），四。

7 “撒谎者”——因为他没有守信；参阅第六章，（十二），四，注 2。

7a 见第六章，（七），注 1。

8 见 Stephen Beauregard Weeks，*Southern Quakers and Slavery*. A study in institutional History.（Baltimor：Johns Hopkins，1896）242ff。参阅 Weber，*Economic History*，275。

9 关于这一重要但相对而言不为人熟知的现象，见 John W. Pratt，“Boss Tweed's Public
Welfare Program”，载 *The New York Historical Society Quarterly*，XLV：4，Oct. 1961， 1211
396—411。

10 关于佛罗伦萨的 St. Antoninus，见 Carl Ilgner，*Die volkswirtschaftlichen Anschauungen Antonins von Florenz*（1384—1459）（Pader born：Schoningh，1904）；Bede Harret，S. *Antonino and Medieval Economics*（London 1914）。另请参阅 Weber，*Protestant Ethic*，83，197，201ff。

11 尤请参阅第六章，（十），一；（十一），三和（十五），四。另请参阅韦伯的《新教伦理与资本主义精神》各处。

12 见 Adalbert Merx，*Die Bücher Moses und Josua*（Tübingen 1907），以及 Wemer Sombart，*The Jews and Modern Capitalism*（London 1913；first German ed. 1911），324。另请参阅韦伯在他的“Agrarverhältnisse im Altertum”（1909）一文中更广泛的讨论，该文重印于 *GAzSW*，esp. 83—93。

13 见 Sombart，*op. cit.*，ch. 6。

14 这一节包含的某些素材韦伯已在《新教伦理与资本主义精神》中进行了详细阐发。

15 关于亚伯拉罕·克伊波这位后来的荷兰内政部长，见韦伯的“新教教派”一文，载 Gerth and Mills，op. cit.，452f。

16 参阅 Georg Jelinek，*Die Erklärung der Menschen- und Bürgerrechte*（Leipzig：Duncker und Humblot，1904），2nd ed。

1212 # 第十六章

城市（非正当性支配）[1]

（一）城市的概念与种类

一、城市的经济概念：市场社区

定义“城市”概念可以有多种不同的方式。下面则是所有定义共有的唯一要素：城市是个相对封闭的聚落，而不光是一定数量单门独户住宅的集合。一般来说，城市——但不光是城市——中的房屋都是非常紧密地比邻而建，这在今天可谓无处不是。与“城市”一词进一步联系在一起的常用概念是个纯数量方面的概念：它是个**大**地域。实际上，这一点并非不确切。从社会学角度来说，这意味着城市是个由紧密间隔的住宅形成了一个范围广大的定居区的聚落，以致没有了其他地方的那种邻里特性——居民个人之间彼此相熟。但是，按照这个定义，只有非常大的地域才有资格叫作城市，而多大的规模才能使缺乏个人之间的熟识成为一个特性，这要决定于不同文化的特殊条件。
过去的许多地域都有城市的**法律**性质，但并不是以此特征为标志。相 1213
反，今天俄国的许多“村庄”都有成千上万的居民，规模远大于许多老“城市”——比如德国东部的那些波兰人聚落区，它们的居民往往只有数百人。毫无疑问，单纯的规模不能作为决定性因素。

如果我们试图从纯经济角度进行定义，城市就可以说是其居民主要以商贸而不是农耕为生的聚落。然而，把所有这种类型的地域都叫作“城市”也并不恰当，因为这将把那些从事单一行当，实际上是祖传行当的亲属群体的聚落——比如亚洲及俄国的“手艺村”——包括进城市概念。因此，这里也许有必要包括一个更进一步的特性，即居民所从事的行当在一定程度上的多样性。但即使这一点，也不见得适合单独作为一个关键特性。经济多样性可能会通过两个途径得以产生：一是王宫的存在，一是市场的存在。封建宫廷，特别是君主的宫廷会构成一个中心，它的经济或政治需求会刺激手工业生产的专业化与货物的交换。然而，一个附有工匠与小商人聚落，由他们承担贡赋与劳役义务的领主或君主**大庄园**（oikos），即使规模很大，我们通常也不会把它称之为“城市”，虽然有相当多的重要城市从历史上说确实发源于这种聚落，而且为王宫提供产品在相当长时期内一直是这种“王城”居民的重要收入来源——如果不是主要来源的话。我们谈到城市时还需要一个更进一步的特性：在这种聚落本身范围内存在着规律性的而非临时的货物交换，而这种交换构成了当地居民的生计和需求满足的实质内容，换言之，存在着一个市场。但话说回来，并非任何“市场”都会把它的所在地转变为一个“城市”。为了远距离贸易而形成的定期集市和市场，往往都是出现在我们叫作“村庄”的地域内，行销商们在固定的时间聚到那里，以便相互或者对消费者出售大宗或小宗货物。

因此，只有在当地居民通过当地市场即可满足大部分经济上的日常之需，而且购买的大部分产品都可以由当地或邻近地区居民专为拿到该市场销售而获取或生产，这时我们才能就其经济意义谈论一个“城市”。这样看来，一个城市始终就是一个市场中心。它有一个形成了该聚落经济中心的当地市场，在那里，城镇居民和非城市人口
1214 都可以通过现有专业化生产基础上的交换手段，满足他们对手工业产品或贸易品的需求。最初的城市——只要它在结构上与乡村产生了分化——通常既是领主或君主的驻地，**又是**一个商贸之地，从而具有了**大庄园**与市场这两个类型的经济中心。除了固定的当地市场以外，往往还有一些行销商进行远距离贸易的定期集市。但是，就我们这里使用的意义而言，城市本质上就是一个“市场聚落”。

市场的存在往往都是基于领主或君主的贸易保护政策提供的特许和担保。一方面，这些政治主宰者会关心外来商品与手工业产品对远距离市场的正常供应，同时还会关心通行费、护送费及其他保护费、市场税以及从交易引起的法律诉讼中收取的费用。另一方面，他们也希望从当地的应纳税匠人与商人聚落中获利，而且，一旦围绕市场出现了一个聚落，还会希望获取由此产生的地租之利。获得这些机会可谓意义重大，因为这些都是货币收入，能够增加领主的贵金属储备。

还会出现这样的情形，即城市并不附着于领主或君主的驻地，甚至在地理上也不接近。这种城市可能是作为一个纯市场聚落形成于某个适宜的中转点，它的基础要么是一个不在那里定居的领主或君主颁

授的特许状，要么就是有关各方本身对城市权利的侵占。一个移民承包商可能被授予特许状以建立一个市场并招募移民，这种情况在中世纪频频可见，特别是在东欧、北欧和中欧地区，那里的城镇都是产生于特意的创办行动，在许多其他地方和时期也时有所见。但是，即便并不附着于君主的宫廷或者君主并没有授予特许状，城市也仍会产生于某个联合体之手，比如外来入侵者、航海武士、商业移民，最后还有对中间人地位感兴趣的原住民群体，这种情况早已频频见于古代时期的地中海沿岸，中世纪初期也时有所见。这种城市可能就是一种纯粹的市场。然而，更常见的则是君主或领主的大规模家产制家政与市场这两种建制的并存。在这种情况下，宏大的宫廷作为城市的经济中心，主要是以自然经济方式，即通过向当地的附庸工匠和商人摊派**徭
役**、实物税收和服务义务满足自己的需求，或者作为最重要的顾客在 1215
大小不等的程度上与城市市场进行交换以供给自己的需求。后一种关系越是显著，城市的市场面貌就会变得越发突出，由此，它就不再是**大庄园**的纯粹附属物（尽管还有市场），而是转变为一个市场城市了。一般来说，宫廷越是以市场为取向满足自身需求，封臣与高级官员的大量城居家族越是依附于宫廷，作为“王城”而诞生的城市也就越发会得到量的扩张，其经济上的重要性也会不断提高。

二、三种类型：“消费城市”“生产性城市”及“商业城市”

“王城”就是其居民直接或间接依赖宫廷及其他大户人家购买力的城市，与这种类型相似的还有其他城市，在那些城市定居的工匠与

商人的经济机会乃是决定于其他主体消费者——**食利者**——的购买力。这些主体消费者的类型可能因其收入的性质和来源而十分不同。他们可能是靠合法或非法收入开销的官员，也可能是靠非城市地租或其他较多由政治因素决定的收入在城市进行消费的采邑领主和政治权力持有者。这两种情况的城市都和“王城”的类型一样，即主体消费者依靠家产制收入或政治收入获得购买力。北京大概就是官员城市的范例，而废除农奴制之前的莫斯科则是地租消费者的城市。

我们必须把这些情况与下面这种仅仅表面相似的情况区分开来：在对城市地块“位置垄断”基础上产生的城市地租被集中于城市贵族之手。这种城市类型一直都是随处可见，特别是从开始到拜占庭时期的古代，在中世纪也是如此。这种情况下的城市在经济上并非**食利者**类型的城市，而是根据不同情况或者是商业城市，或者是生产性城市，那些租金则是不动产所有者从积极从事经济活动的人口中索取的贡金。不过，把这种情况与从城市以外的来源获取租金的情况加以概念上的区分，不应使我们忽略这两种形式在历史上的相互联系。

1216 最后，主体消费者也可能是在城市中消费其商业收入的**食利者**——今天主要是从债券、专利费和股息中获利的人；他们的购买力主要依靠（资本主义）货币经济基础上的收入来源。荷兰阿纳姆市即是一例。或者是依靠国家养老金以及公债利息，比如威斯巴登那样的“养老城”。诸如此类的情况都可以叫作“消费城市”，因为这些不同类型的主体定居消费者，对于当地生产者与商人获得经济机会至关重要。

反过来说，城市也可能是个“生产性城市”。人口的膨胀以及他们的购买力，要取决于建在当地并向外地供应产品的工厂、制造业或包出制工业，比如埃森或波鸿[*]。这是现代的类型。就亚洲、古代和中世纪的类型而言，则要取决于向外地市场输出货物的当地手工业的存在，当地市场的主体消费者就是那里的经营者——如果他们在当地定居的话（但情况并非总是如此），大众消费者则是工人和手工业者。另一类主体消费者是由城市的生产活动间接滋养起来的商人和当地地主构成的。

除了“消费城市”和“生产性城市”以外，我们还能区分出一种“商业城市”，在这种类型的城市中，主体消费者以利润为生，他们的利润要么是来自在当地市场零售舶来产品（比如中世纪的毛纺织品），要么来自对外销售当地产品或至少是当地生产者能够得到的产品（比如汉萨同盟各城市的鲱鱼），还有就是来自购买并对外转售外国产品，不论该地是否大宗出产（“**转口城市**”）。所有这些活动往往都会交织在一起：地中海沿岸国家的**康门达**及**合伙海运契约**，[2] 实质上就是一个**行商合伙人**（*travelling partner*）受托用当地资本家的全部或部分资金购买本地产品运往黎凡特[**]各国市场（尽管他也往往只装压舱物上路），卖掉这些产品后再换取东方的货品带回本地市场销售，然后按照契约规定的比例在这位**行商**和出资人之间分配利润。因此，和生产性城市一样，商业城市的购买力和税收也要依赖于当地的经济经营，这与消费城市的情况形成了鲜明对照。海运、运输业以及无数或大或小中介活动的经济机会，都与这些商人的经济机会息息相关，尽管当 1217

* Essen、Bochum，均为德国西部工业城市。埃森位于莱茵—黑尔讷运河与鲁尔河之间，原为贵族隐修院所在地，19 世纪钢铁厂和煤矿的发展使之迅速成为德国最大工业城市。波鸿是鲁尔工业区的中心。

** Levantine，地中海东部地区。

地零售业获得这些利益只能完全依靠当地市场来实现，但是远程贸易有相当大一部分是在海外完成的。同样的事态也多见于全国性或者国际性金融中心及大银行所在地的现代城市（伦敦、巴黎、柏林），以及大规模股份公司与卡特尔所在的城市（杜塞尔多夫）。当然，今天比过去更常见的是，经营活动的大部分利润会流入并非生产厂所在的地方；此外，获利者也在把越来越多的收益消费在乡间的避暑胜地和国际饭店，而不是大都会的商业中心驻地。与这些发展相伴而行，市中心往往会逐渐萎缩成一个单纯的商业区，即“The City”（市）。

我们这里无意进一步提出概念的决疑术区分和专门化，因为这需要一种严格的城市经济理论。现实中的城市几乎总是融合了各种类型，因而只能按照它们各自突出的经济要素加以分类，这一点也无需强调。

三、城市与农业的关系

从历史上看，城市与农业的关系绝非那么简单清晰。以往有过的“农业城市”（*Ackerbürgerstädte*）今天依然可见，它们作为市场中心和典型的城市行业所在地，往往与普通乡村截然有别，但那里的广大居民阶层要生产食物供自己消费，甚至还会供应市场。当然，一般情况下确实是，一个城市越大，它的居民就越不可能拥有足以供应他们食物之需的农田，也不可能拥有典型的“乡村”那种牧场和森林利用权。中世纪最大的日耳曼城市科隆，显然从一开始就根本没有 *Allmende*（公地），而公地在当时却是任何普通乡村的一个组成部分。但是，其他日耳曼的以及外国的中世纪城市，至少都拥有可观的牧场与森林以供居民利用，而且越是往南或者越是往古代回溯，市区（*Weichbild*）内拥有大片农田的情形就越是常见。如果我们今天说典型的“城里人”就是一个无需自己种植粮食的人是完全正确的，那么绝大多数典型的古代城市（*poleis*）最初的情况却恰恰相反。我们将 1218
会看到，与中世纪不同，享有全部权利的古代城市“公民”，其身份恰恰就是由于以下事实：他拥有一块 *kleros*（份地）或 *fundus*（役地），在古代以色列是 *helek*（份地），即一块完整的可耕地，以此供应自己所需的粮食。[3] 古代的“公民”就是“农耕市民”[*]。

大商人控制农耕用地在古代和中世纪更为常见（南欧尤盛于北欧）。无论在古代城邦还是中世纪的城邦，都可以看到大量拥有土地的情形，有的规模极为庞大，或者是强势城邦的市政当局以官方名义对它们实行政治统治，甚至成为领地财产，或者成为个别上层公民的领主财产。米太亚德在切尔松尼斯的领地，[**] 或者中世纪城市贵族世家的政治领地财产（比如热那亚的格里马尔迪家族 [***] 在普罗旺斯及海外的领地），就是这方面的范例。[4] 然而，一般来说，个别公民的这些海外地产和领主权利并

---

* 本章中的“市民”一词，德文为 Bürger，英文为 burgher，即西方古代到中世纪在自治市镇定居的自由民，这在汉语中显然没有任何对应词，但译文又不宜繁冗，故一律译为“市民”祈读者明鉴。

** Miltiades（公元前 554？—前 489？），希腊名将，在马拉松战役（前 490）击败波斯军队。切尔松尼斯（Chersonese）位于今达达尼尔海峡土耳其欧洲一边，包括加利波利半岛。至公元前 7 世纪，爱奥尼亚希腊人在半岛上已建立了 12 个城市。后米太亚德在半岛上建立了一个移民地，当地的多隆西人拥立他为王，继而成为希腊人诸城市的僭主，并建立了一个王朝，一直延续到前 493 年其侄子小米太亚德把切尔松尼斯让给波斯大流士一世为止。

*** Grimaldi Family，意大利热那亚世家，中世纪时与菲耶斯基家族一起领导归尔甫派。14—16 世纪该家族出过众多海军将领和驻外使节。

不是城邦经济政策的目标，但在它们的所有者属于最强大的贵族集团并实际获得了财产权且只有在城邦政治权力的间接支持下才能保住这种财产权时，就必然会出现一种奇特的混合局面，即个人**事实上**是以城邦为后盾获得了这些财产的。在这种情况下，统治集团就有可能分享这种财产的经济和政治用益权。此类情况历史上极为常见。

四、作为经济发展阶段之一的“城市经济”

作为手工业与贸易活动载体的城市和作为食物供应者的乡村，两者之间的关系构成了被叫作“城市经济”这一复杂现象的一个方面，而“城市经济”作为一个特殊经济阶段，一方面与“自给经济”（Eigenwirtschaft）并列，另一方面则与“国民经济”（Volkswirtschaft）并列（或者与多种多样类似概念上的“阶段”并列）。[5] 然而，在这一概念中，与经济**政策**措施相关的范畴被并入了纯粹的经济范畴。其中
1219 原因在于，仅仅有大批商人和手艺人汇集在一起并且固定地以市场为基础满足日常需求这一事实，并不能穷尽“城市”概念的含义。如果封闭的聚落［与乡村的］差异**仅仅**在于它们自我供应农产品的程度，或者由于——这并非同一回事——农业生产与非农收益的关系以及由于市场的存在，那么我们就应该说，这是工商业者的聚居地和市场村（market hamlet），而非“城市”。如果说除了大片的住房以外还有一个经济组织（*Wirtschaftsverband*）有自己的不动产和收支预算，这一事实也不足以把城市与乡村区别开来，因为乡村也有同样的情形，不管其间质的差异可能多么巨大。最后，一个经济组织和一个调整经济的组织（*wirtschaftsregulierender Verband*）——至少在过去——也

不是独独为城市所特有的典型特征，因为我们在乡村也能看到经济调整，比如强制性共同规则（*Flurzang*）下的耕作，牧场的调整，禁止输出木材和干草，凡此种种便构成了组织本身的经济**政策**。

使得过去的城市与其他聚落类型产生了区别的，并非单纯的调整，而是调整的性质：调整性经济政策的目标，以及该政策特有的措施范围。大量的“城市经济政策”（*Stadtwirtschaftspolitik*）措施都是基于这一事实：在过去的运输条件下，多数内陆城市都要依赖于邻近腹地的农业资源（这当然不包括沿海城市——正如雅典和罗马的粮食政策所表明的那样），而这种腹地为大多数城市贸易提供了天然销地，最后，城市市场则为这种天然的当地交易过程——特别是粮食交易过程——提供了至少是正规的场所，如果不是唯一场所的话。这种政策还会进一步考虑以下事实：非农业生产大都依靠手工工艺进行，由小作坊加以组织，它们没有或极少资本，使用的是受到严格数量限制、经过了长期学徒训练的熟练工，而且，用经济学术语来说，这种生产采取的形式是为顾客从事“工资劳动”或“计价劳动”，[6]一如当地零售商主要是根据顾客的订购从事销售一样。具体的“城市”经济政策就是要通过经济调整手段巩固这些天然给定的城市经济条件，以求长期保证价格低廉的粮食供应，并稳定工匠与商人的经济机会。然而，正如我们将要看到的那样，经济调整并非城市经济政策的唯一目 1220
标，即使我们看到了它在某些历史时期的某些地方存在过，也并非始终存在于那些地方。它的充分发展仅仅出现在由行会进行政治支配的那些时期。最后，它也不可能被证明是所有城市都会经历的一个过渡阶段。总之，这种经济**政策**并不代表**经济**发展的一个普遍阶段。我们所能说的仅仅是：城市的当地市场包括了农业及非农业生产者与当地商人之间进行的交换，包括了与顾客的私人关系，包括了小额资本的小作坊，体现了“交换经济”的性质，与其对应的则是**大庄园**“无交换”的内部经济，后者依靠的是系统分派依附性专门生产单元交付劳役地租和产品，并由采邑对这些活动加以整合。在城市中是对交换与生产条件进行**调整**，在**大庄园**经济中则是对各单元的活动进行**协调**。

五、城市的政治—行政概念

在这些观察中我们不得不使用“城市经济政策”“城市地区”“城市当局”等等范畴，而正是这一事实表明，“城市”概念可以，也必须从截至目前所讨论的纯经济范畴以外的角度——从政治范畴的角度——进行分析。毫无疑问，城市经济政策的发起人可以说就是君主，而城市及其居民就在他的政治版图之内。在这种情况下，只要存在具体的城市经济政策，它就是**为**城市及其居民制定，而不是**由**城市制定的。然而，情况也并非必然如此，即便就是如此，城市也必定还会在某种程度上是个部分自治的组织，一个拥有专门的行政与政治制度的“共同体”(Gemeinde)。

总之，前文所说城市的经济概念，必须明确有别于政治—行政概念。只有在后一种意义上才能把它与一个特殊的城市**地域**联系在一起。一个地方从政治—行政意义上说可以被认为是城市，但从经济意义上就未必能够配得上这个称谓。某些中世纪聚落具有法定的“城市”地位，但其居民的九成甚至更多却是以农业为生，比例远远高
1221 于许多在法律上处于“乡村”地位的地方。很自然，“农业城市”与“消费城市”“生产性城市”“商业城市”的这种分界线是根本不确定

的。但是，一切在行政上有别于乡村并被视为“城市”的聚落，一般来说都有一个不同于乡村的关键点，这就是土地所有权的性质。从经济上说，这应当归因于城市不动产收益能力的特殊基础：房宅所有权，而土地所有权仅仅是它的附件。不过从行政角度来看，城市不动产的特殊地位首先是与多样化税收原则有关，但同时还与另一个特征息息相关，它对城市的政治—行政概念来说具有决定性意义，而且与纯粹的经济分析完全无涉：历史上的城市，不论在古代还是在中世纪，也不论是在欧洲地区或是欧洲以外的地区，都还是一种特殊性质的**堡垒**和**要塞**。城市的这一特征如今已经完全消失了，不过即使在过去，它也并非放之四海而皆准，比如日本就没有这种特征，因此，人们可以和拉特根[7]一样怀疑那里存在行政意义上的“城市”。相比之下，中国的每一个城市都环绕着巨大的城墙；不过同样确凿的是，许多农村地方一直也有城墙，但它们并非行政意义上的城市（这在中国就意味着它们不是官府所在地，我们后面将会讨论这一点）。在某些地中海沿岸地区，比如在西西里，我们可以看到几乎没有任何人住在城市的围墙外面，甚至农业工人也是如此，这种现象应当归因于持续百年之久的不安全感。相反，古希腊的斯巴达城邦却引人注目地没有城墙，但它又是最明确意义上的“要塞城”，它之所以鄙视城墙，恰恰因为它是斯巴达人的永久性开放式军营。尽管难以确定雅典在多长的时期中没有城墙，但它的卫城却像除斯巴达以外的所有希腊城邦一样筑有岩石城堡。同样，埃克巴塔纳和波斯波利斯*都是环绕着一些聚落的王室

* Ekbatana，Persepolis，古波斯帝国都城之一，公元前 330 年被亚历山大大帝焚毁。其废墟在今伊朗西南部设拉子（Shiraz）附近。

宫堡。总之，东方以及古代地中海沿岸和中世纪的城市，城堡或城墙一般都是不可或缺的组成部分。

六、堡垒和要塞

城市既不是唯一的，也不是最古老的堡垒。在有争议的边界地区，或者在长期的战争状态下，每个乡村都会自筑防御工事。易北河与奥德河流域的斯拉夫人聚落，早先似乎还具有沿着一条大道扩展一
1222 个村庄的民族形式，但在遭受长期侵袭威胁的情况下，它们纷纷环绕村庄筑起了树篱，只留下一个在夜晚能够锁闭的出入口，牲畜则都被赶到村子中央。另一种形式在世界各地也很常见，即四周绕有壕沟和土堆的山地，比如以色列约旦河东岸地区和日耳曼的情形，没有武装的人们和他们的牲畜汇到那里避难。亨利一世在日耳曼东部的所谓“城市”[8]就不过是系统建造的这种堡垒。在盎格鲁－撒克逊人统治时期的英格兰，每个郡都有一个 burh（筑堡设防的市镇），镇名即为郡名，防卫及守备服务由某些人或土地承担，此即最古老的“公民”负担。如果这种堡垒在平时并非空置，而是由常设的卫戍部队或者酬之以货币或实物的“市民”驻守，我们看到的就是类似于梅特兰[*]把“市民”视为常住居民的理论中那种盎格鲁－撒克逊“要塞城”的现象。市民的名分得自他的政治与法律地位，这种地位就像特指的“资产阶级”（bourgeois）土地及房产的法律性质一样，要决定于维护和守卫要塞的义务。[9]

---

* Frederic William Maitland（1850—1906），英国法学家和英国法律史学家。

然而，从历史上看，城市堡垒的主要前身并不是筑有围栅的村庄和应急的要塞，而是领主的城堡，在里面常住的是领主及其武士，武士们作为官员或者私人扈从附属于领主，另外还有他们的家人及仆役。

军事堡垒的建设极为古老，无疑比战车和把马匹用于军事目的古老得多。战车在一定时期到处都影响了骑士及王室交战方式的发展，在《诗经》时期的古代中国，在《吠陀》时期的印度，在古代埃及和美索不达米亚，在《底波拉之歌》时代的迦南和以色列，在《荷马史诗》时代的希腊，以及在伊特鲁里亚人、凯尔特人和爱尔兰人当中，都是如此。同样，城堡建筑和以城堡为基地的君主也是遍及世界各地。早期的埃及文献就已有城堡和城堡统帅的记载，而且我们几乎可以肯定，这些城堡最初都是住着许多小诸侯。由最古老的文献可知，在美索不达米亚，在后来的领土王国得到发展之前，曾经存在过以城堡为基地的诸侯国，比如《吠陀》时代的西印度，最古老的［琐罗亚斯德教］《迦泰》时代的波斯大概也是如此。在恒河流域的北印度，政治分裂时期普遍支配着城堡的似乎就是那些
源远流长的刹帝利，文献表明，他们在国王和贵族之间处于一种独 1223
特的媒介地位，显然就是一种以城堡为基地的诸侯。基督教化时代［A.D. 988］的俄国、图特摩斯王朝*时期[10]的叙利亚以及以色列人联盟（亚比米勒）时代，都曾存在过这种诸侯国，甚至古代中国的文献也有相当确凿的证据表明，它们最初在中国也是普遍存在的。古希腊和安纳托利亚那样的海岸城堡也像海盗一样遍及各地，而克里

* the dynasty of the Thutmose，公元前第二个千年期的古埃及第 18 王朝。

特岛上无城堡防卫的宫殿，几乎可以肯定是由于一个极为少见的过渡绥靖时期才得以存在的。在伯罗奔尼撒战争中发挥了重大作用的德斯利亚（Decelea）那样的城堡[11]，最初都是贵族世家的堡垒。中世纪政治自主的贵族就是随着**城堡**的兴建在意大利开始得到发展的，北欧封臣的独立地位也是开始于他们大规模兴建城堡的年代；冯·贝洛曾提醒我们注意这一事实：甚至到了相当晚近的时期，在日耳曼的地方贵族阶层中，个人成员资格还要取决于是否拥有一个家族城堡，哪怕只是个极为破败的遗址也行。[12]当然，拥有一个城堡也就意味着对周围乡村的军事支配。唯一的问题是谁在掌握城堡——那可能是领主本身，可能是骑士联盟，也可能是一个统治者依靠心腹封臣、**侍臣**或军官去负责守卫堡垒。

七、作为堡垒与市场混合物的城市

在发展为一种特殊政治形式的最初阶段，要塞城市要么本身就是一个城堡，要么包含或毗邻一个城堡，即一个国王、贵族或者一个骑士联合体的城堡。这种领主或者就住在城堡中，或者派驻雇佣军、封臣或农奴戍守。在盎格鲁－撒克逊时期的英格兰，burh 附近乡村的土地所有者凭借特许状可以有权在 burh 中拥有一座 haw*，就像古代和中世纪的意大利贵族除了乡间城堡以外还可以拥有城市房宅一样。作为“市民”，住在城墙外侧的城堡居民或定居者——有时是全体，有时仅为某个特殊阶层——要对城市的军事领主承担明确的军事义

* 古英语，指筑有防御工事的住宅。

务，其中可能包括建造和修缮城墙、卫戍防御以及其他军事义务（比如传令送信、为要塞提供给养）。这种情况下的市民仅仅由于（在某 1224
种程度上）参与了城市的军事联合体就能成为身份群体的一个成员。梅特兰特别明确地就这个方面揭示了英格兰的情况：在 burh 中拥有房宅的人，其主要义务就是维持防务，**这**构成了与村庄的不同之处。王室或领主保证"市场的和平"，城市市场由此而得益，与之并行的则是从军事角度所说"市镇的和平"。[13] 这种和平的城堡兼城市的军事政治中心，一方面是军队的操练场和集会地（因而也是公民的集会地），另一方面则是和平的城市经济市场，两者往往以灵活的二元方式并存。确实，它们在空间上并非始终相互分离，比如阿提卡的**普尼克斯**（pnyx[14]）的历史就比**阿格拉**（agora）短得多，后者原先［大概］是经济交易场所**兼**政治**与**宗教活动场所。但在罗马，comitium 和 campus Martius[15] 却始终是与经济广场（fora）分离的，中世纪锡耶纳市政厅前面的 piazza del campo（骑士竞技广场，至今仍被用于城内各区之间的年度体育比赛）也是与市政厅后面的**市场**（mercato）互不相干。伊斯兰城市也有类似情形，武士的营垒（kasbeh）在空间上是与**集市**（bazaar）相互分离的；在印度南部，除了经济城市以外还有政治上的"**显贵**城市"。[15a]

一方面是卫戍部队，即要塞的政治公民，另一方面是平民，即积极从事经济活动的人口，两者之间的关系问题往往极为复杂，但是对于城市宪政史来说却始终是个极为关键的问题。以下情形是确凿无疑的：只要有城堡存在，就会有工匠前往或被引进以满足领主家族或武士们的需求；军事宫廷的购买力和它所提供的保护始终对商人具有吸引力，而且领主本身也始终会有兴趣吸引这些阶层，因为他们能使他有机会对贸易和手工业征税或者通过预付资本参与贸易和手工业、亲自经营贸易甚至垄断贸易而获得货币收入。沿海城堡的领主还能始终作为船东或港口统治者从暴力或和平的"海运"利润中分红。很清楚，由于他要依靠他的定居扈从和封臣的善意，如果他自愿或被迫允许他们利用这些机会，他们也会处在同样的地位上。在早期希腊城市昔兰尼（Cyrene）的一只花瓶图案上，我们可以看到国王在帮忙称量
1225 当地的出口货物 silphion[16]，最早的埃及文献则有记录提到了属于下埃及法老的一支商船队。

有一个过程可见于世界各地，在沿海地区（不光是"城市"）尤其常见，因为那里的贸易中间商很容易被控制。这一过程就是，定居的武士家族会越来越关心从贸易中获利，而他们维护这种利益的权力也会日益强大，直到最后他们粉碎当地城堡首领或王公的垄断权（假如存在这种垄断的话）。一旦出现这种局面，君主通常都会降到 primus inter pares* 的地位上，最终也许会降为城市 gentes** 中几乎与他人平等的一个成员，只能经选举短期任职，而且权力还会受到严格限制，于是他不得不与那些贵族"世家"共同拥有城市土地，和它们共同——亲自或者仅仅投入资本（在中世纪往往以**康门达**的形式投资）——参与和平贸易，或者共同参与海盗式掠夺以及海上战争。自荷马时代以来的古代沿海城市都可以看到这一过程，即逐渐出现了职务任期为一年的形式，在中世纪早期也曾数度出现过非常类似的形

* 见本书第 1540 页中译者注。

** gens 的复数形式，罗马氏族，古罗马的亲缘群体，来自共同的男性祖先。gens 一词 1877 年被美国人类学家 L. H. 摩根引入人类学领域，用以替代被认为仅仅表示母系群体的 clan（氏族）一词。

式。例如威尼斯总督制的演变以及其他典型的贸易城市（不过这些地方对立党派的构成成分变化极大）类似的发展，都要取决于城市领主是个王室伯爵、子爵还是一个主教或者其他贵族。在这种背景下，城市资本主义贸易的“利益集团”（即古代早期和中世纪初期的商业金融家及典型的显贵）与持续从事贸易活动的实际“经营者”（即本地或归化的真正的商人）之间，必定会始终判然有别。即使这两大阶层事实上常常彼此融合，我们也必须看到它们在概念上的区别。不过这使我们提前进入了应在后面讨论的问题。

内陆地区的河道或商旅起始点与交叉口——例如巴比伦——也有可能出现类似的发展。神殿祭司或城市的祭司长有时会与城堡或城市的世俗王公进行竞争。广为人知的诸神的神殿管区能够为各种族间——因而不受政治保护——的贸易提供庇护，在它们的荫庇下也有可能形成类似于城市的聚落，而这种聚落能够从神殿所得收入形成的购买力中获得经济支持，一如王城靠王公获得的贡税为生。

王公可以授予工匠和商人特权以从事独立于宫廷的应纳税职业，
由此从他们那里获取货币收入，但他的这种兴趣是否以及在多大程度 1226
上能够超过以下兴趣，即最大限度地利用他拥有的劳动力从事生产来满足他的需求，并且把贸易垄断在自己手中，则端赖具体情况而定；如果他要以提供上述特权吸引外邦人，他还必须考虑他的本地政治与采邑依附者的利益及其重要的纳税与提供服务的经济能力。在这些发展变数之外还有另一些变数，即“统治组织”的政治—军事结构，而城市的营建与发展就是在这种结构中出现的。我们现在必须考虑由此产生的某些现象。

八、“公社”与“市民”概述

A. 西方公社的特征

在历史上，并不是任何经济意义上的“城市”，也不是任何其居民具有政治—行政意义上的特殊身份这样的要塞都会构成一个“公社”（Gemeinde）。完整意义上的城市—公社作为一种大规模现象仅仅出现在西方；近东（叙利亚、腓尼基，或许还有美索不达米亚）也有，但只是作为一种转瞬即逝的结构存在过。在其他地方所能看到的则仅仅是一些萌芽。一个聚落要发展为一种城市—公社类型，至少在相当大的程度上必须具备以下特征：1. 一个要塞；2. 一个市场；3. 一个自己的法院和至少具有一定程度自主性的法律；4. 一个联合体结构（Verbandscharakter）以及与此相关的；5. 至少一定程度上的自治和独立，这包括当局的行政管理，且市民能够以某种方式参与对行政当局的任命。在历史上，这些权利几乎始终表现为“**等级**”（Stand）特权的形式，因此，从政治上定义的城市，其特征就是一个明显的“资产阶级”等级的出现。

B. 公社特征在东方的缺失

应当指出，如果严格适用以上定义，即使西方中世纪的城市，大
1227 概也只是一定程度上——18 世纪的城市只有极少一部分——有资格称得上真正的“城市—公社”。但是，就我们所知，可能除了极个别的例外，亚洲的城市根本就不适于进行这样的分类。确实，它们都有市场，也都有堡垒。在中国，所有大型的以及多数小规模的商贸之地

都筑有堡垒，但在日本却没有。埃及、近东和印度的这种城镇与中国的情况一样。单独的司法管辖区在这些国家的大型贸易和手工业城镇也极为常见。这些城镇也始终是大规模政治联合体的行政当局所在地，中国、埃及、近东和印度莫不如此，但这种说法却完全不适用于绝大多数中世纪早期典型的西方城市，特别是北欧城市。然而，亚洲的城市对于专门适用于“市民”——因为他们具有城市—公社成员资格——的实体法和诉讼法或者由他们自主任命的法庭却一无所知。唯一大体类似的情况是行会或（印度的）种姓，如果它们的成员基本上或者排他性地居住在单独一个城市中，那就有可能发展出一套专门的法律以及他们自己的法庭。但从法律观点来看，这些组织设在城市纯属偶然，而且没有重大意义。这种城市并不知道什么自主行政，或者只有发育不全的意识。最重要的是，城市的联合体性质和“**市民**”（与乡下人比较而言）的概念根本就没有得到发展或者仅仅处于萌芽状态。中国的城镇居民从法律上说乃是宗族的成员，因而也就是原籍乡村的成员，那里有供奉祖先的祠堂，他会由此而细心地维护他所在的联合体。同样，在城市中谋生的俄国乡村共同体成员也始终是法律意义上的“农民”。另外，印度的城镇居民还是种姓成员。

事实上，一般来说，城镇居民也是当地职业联合体、行会或同业公会的成员，他们在城市里有专门的居住地，是城市行政区划——城区和街区——的成员，地方当局就是以此为据对城市进行分割的，居民则以此身份承担某些义务，有时甚至享有某些权利。城区或街区作为一种集合体，尤其可能采取公益性派捐形式以保障人身安全并承担其他治安职责。因此，它们就可能被组织成公社，有民选官员或者世袭长老，比如在日本，我们就可以看到在城市街区自我管理之上还有

一个或多个民政机构（町，machi-bugyo）。[17] 但是，这里并不存在城
1228 镇居民作为［西方］古代和中世纪意义上的“公民”那种特殊身份，对于城市的法人性质也一无所知。当然，城市作为一个整体可能会形成一个独立的行政区，比如墨洛温和加洛林王朝统治时期的那种情形。然而，与中世纪和古代西方形成强烈对照的是，我们在东方却从未看到过居民在城市——相对大范围的非农业—商业地域——当地行政事务方面的自治和参与比在乡村有更大的发展。事实上，情况往往正好相反。比如在中国，长老会议在乡村实际上有着无上权力，因而连**道台**[18] 都要与它合作，尽管它在法律上并无地位。印度的乡村共同体也有十分广泛的管辖权，俄国的米尔（mir）直到亚历山大三世治下的官僚化时期之前，几乎始终都是在它的辖区内实行自主统治。在整个近东世界，长老（在以色列称为 zekenim）[19] 都是［**非城市**］地方和当地法庭的代表与行政管理者，他们起先是宗族长老，后来则是贵族氏族长老。亚洲的**城市**从未出现过这种情况，因为它一般都是高级官员或者王公本人的驻地，因而直接处在他们军事卫队的控制之下。［亚洲的］城市就是一个王公城堡，所以都是由王公的官员（在以色列是 sarim）[20] 和军官负责行政管理，并控制着所有司法权力。官员与长老的二元结构在以色列的王政时代就已清晰可见了。王室官员在官僚制君主国始终占据着优势。诚然，他并没有无限权力，事实上他对舆论的重视往往到了令人惊讶的程度。中国的官员尤其无力对付地方组织、宗族及职业联合体——如果它们在某个特定问题上形成了统一阵线的话；一旦它们真正联手进行抵制，官员就会丢掉官职。设置障碍、联合抵制、罢工罢市等等，都是手工业者与商人采取对抗行动时经常做出的反应，这就构成了对官员权力的限制。然而，这些限

制都是完全不确定的。另一方面，行会或者其他职业联合体——比如在中国和印度——也拥有某些管辖权，或至少以官员们不得不重视的方式断言拥有管辖权。这些联合体的首脑有时甚至会对非成员行使广泛的强制权力。但在正常情况下，这仅仅是某个**特殊**联合体在与其具体的群体利益有关的**特殊**问题上拥有的管辖权或实际权力。不过一般来说，并不存在能够代表市民公社本身的那种联合体。那里缺少的正是城市市民的概念，尤其是一种市民的特殊身份资格，无论中国、日 1229
本还是印度，莫不如此，在近东则只有发育不全的开端。

日本的身份结构是纯封建的：与**武士**（骑马的）和**家士**（不骑马的侍从）并列的一方面是农民，另一方面是商人及手工业者，其中某些人被组织成了职业联合体。但“**资产阶级**”等级的概念也像“城市公社”概念一样并不存在。中国在封建时代也是同样的情形。然而，自从开始出现官僚制支配以后，我们看到了通过考试而获得不同功名的、与“庶民”阶层相对的**士人**（literati）；享有经济特权的商人行会和手工业者职业联合体也在这时出现了。但这里同样没有“市民”和“城市公社”的概念。在中国也像在日本一样，“自我管理”是职业联合体与乡村，但却不是城市的一个特征。中国的城市乃是帝国行政机构的堡垒和官员驻地，但日本就根本不存在这种意义上的“城市”。印度的城市除了作为堡垒和市场中心之外，还是王室驻地或者正式的王国行政中心。我们还能看到商人的行会以及在很大程度上与职业联合体重叠的种姓，它们都享有高度的自治，尤其是在立法和司法行政领域。但是，印度社会的世袭种姓结构因其礼制上的职业隔离而阻碍了“资产阶级”和“城市公社”的出现。尽管曾经存在过若干商人种姓以及许多手工业种姓并附有大量亚种姓（且至今犹存），但它们作为一种群体却并不等于西方的市民等级，它们本身也不可能聚合在一起形成西方中世纪手工业者统治的城市，因为种姓的藩篱阻碍了种姓间的一切亲善关系。不过应当指出，在伟大的救赎宗教时代，我们在印度的许多城市确实能够看到由世袭长老（shreshtha）领导的行会结合成为一种联合体；这种联合体的残余在某些城市（比如埃哈默达巴德*）至今犹存，由一位共同的城市**长老**领导，他相当于西方的市长。在大规模官僚制王国出现之前的一段时期，也曾存在过某些政治上自治的城市，统治这种城市的是一个地方贵族，他出自那些带着大象在军中服役的世家。[20a] 但是后来，所有这一切几乎全都消失不见了。礼制上的种姓隔离大获全胜摧毁了行会联合体，王室官僚与婆罗
1230 门结盟则扫荡了一切这种初露端倪的发展，只是在西北印度还残存着一些遗迹。

在近东和埃及的古代时期，城市乃是享有王室市场特权的堡垒或官方的行政中心。然而，在巨大的领土王国支配时期，它们没有了自治、市政组织和特权市民等级。在埃及的中王国时期，我们看到了官职封建制，在新王国时期则能看到书吏的官僚制行政。“城市特权”在这些地方被授予了封建制或俸禄制的官职权力持有者（类似于中世纪日耳曼主教被授予的特权），而不是授予自治的“资产阶级”等级。这时甚至还看不到“城市贵族”的雏形。

相反，在美索不达米亚和叙利亚，尤其是在腓尼基，我们能够看到很早的时期就有了以船运和商旅市场为基础的典型的城市王国，有时具有宗教性质，但更多时候则具有世俗性质，后来，到了双轮

---

* Ahmedabad，印度西部城市，位于恒河中游，水陆交通要冲，古印度教圣地。

战车作战的时代，贵族世家在“市政厅”（特勒—埃尔—阿马尔纳文书*中称为 bitu）的权力便越来越大，这也是很典型的现象。[21] 迦南的城市同盟就是一种骑士联合体，他们是住在城镇的战车御者；这个阶层控制着身陷债务奴隶状态的农民，早期的希腊城邦时代也是如此。美索不达米亚看来也有类似的关系，那里的“贵族”，即享有正式权利并拥有土地的公民，他们控制着服军役的经济资源，而且从农民中分化了出来，各个都城则凭借王室特许被授予了豁免权和自由权。然而，随着军事王国的权力不断扩大，这种情形也消失了。到后来，美索不达米亚既看不到西方类型的政治上自治的城市和市民阶层，也看不到与王室法律并驾齐驱的专门的城市法律。只有腓尼基人在土地贵族的支配下利用贸易资本保存了城邦。带有 am Sôr 和 am Karthadašt 铭记的腓尼基铸币也很难用来证明提尔**和迦太基是“民”（demos）在支配；[22] 即便曾经有过这种情况，那也可能是很晚以后的事情了。

在以色列，犹大王国变成了一个城邦，但在国王的统治下，早先作为贵族氏族首领负责城市行政的**长老**（zekenim）被推到了次要地位；**骑士**（gibborim）变成了王室侍从和士兵，而且正是在大城市里——与农村相反——最终成了由王室 sarim（官员）负责行政管理。[23] 只是到了 1231
被掳人巴比伦之后，才在礼制隔离的基础上出现了作为一种制度的“会众”和“兄弟会”，但这时已经被置于祭司氏族的僧侣政治之下了。[24]

---

* 见本书第一卷第 211 页中译者注 **。

** Tyre，今名苏尔，黎巴嫩南部沿海城镇。公元前 2000 年至罗马时期为腓尼基主要海港。

C. 前公社时期的贵族城市——麦加

然而，在这个地区，在地中海沿岸及幼发拉底河流域，我们在一个大致相当于克劳迪亚氏族迁移进入罗马的发展阶段［公元前5世纪］，第一次看到了与古代城邦类似的现象。权威始终掌握在一个城市贵族阶级手中，它的权力依赖于从贸易和地产投资中获得的货币财富以及奴役债务人、买卖奴隶和在骑士战争中对他们进行军事训练。贵族常常为内部的争斗所苦，但另一方面，它的氏族可能会同时分布在若干城市并形成地区间的联盟。领导这种贵族群体的要么是一个作为primus inter pares（同侪之首）的国王，要么是一个shofetim[25]或**长老**，其地位类似于身为罗马贵族首领的执政官，而这种贵族群体始终都受到一个得到雇佣兵支持的超凡魅力战争英雄（比如亚比米勒、耶弗他和大卫）夺取权力并实行**僭主**统治的威胁。[26]在希腊化时代以前，任何地方都没有越过这个发展阶段，至少没有一劳永逸地越过这个阶段。

穆罕默德时代的阿拉伯沿海城市看来也曾达到过这个阶段，凡是城市及其贵族的自治没有像在大规模领土国家中那样被君主制彻底摧毁，这个阶段都会继续下去。然而，古代和东方的条件在伊斯兰教统治下似乎大都保存了下来，于是我们便看到了城市贵族世家在面对王公的官员时保持着一种不稳定的自治。贵族权力地位的支柱就是他们参与城市经济活动——通常是投资于土地和奴隶买卖——获得的财富。即便贵族的这种权力没有得到正式的法律认可，王公及其官员也不得不认真对待，一如中国的**道台**不得不认真对待乡村氏族长老、城市的商人行会及其他联合体设置的障碍。不过，贵族氏族的力量一般未必会导致城市被统合成一个分离而独立的联合体，事实上，相反的情形倒是极为常见。

我们可以举例说明这一点。比如麦加那样的阿拉伯城市，在整
个中世纪都是一些典型的氏族城镇，直到今天差不多依然如此。斯努 1232
克·胡格隆耶（Snouck Hurgronje）的生动叙述[27]，展示了麦加城由bilads［属地］环绕的情形，那是各个**望族**（dèwi）——Hasanid氏族及其他出自［穆罕默德之婿］阿里家系的贵族氏族——的领主地产。不同氏族的各种地产彼此交错，有农民、扈从和受保护的贝都因人定居。任何一个能够证明有着“谢里夫”祖先的氏族都是一个**望族**。[28]［麦加的］谢里夫本人自公元1200年以来始终就是夸塔达［Qatadah，1201—1221年间统治麦加］后裔阿里一支的成员，他从法律上说应当由哈里发的总督任命［而总督往往是个不自由家庭出身的人，在哈伦·赖世德*统治时期还是一个（解放了的）柏柏尔**奴隶］；不过事实上，他是从驻在麦加的各个**望族**首领那里获得了他的职位的，他们会从有资格的家族中挑选一位成员出任此职。因此，同时也因为驻在麦加提供了参与盘剥朝圣者的机会，氏族首脑（埃米尔）都是生活在这个城市里。他们之间通常都会存在某些“联系”，即达成某些维持和平及分赃的协议。但这些“联系”可能随时都会破裂，这时就会开始城内的争斗，直至动用奴隶军队在城外厮杀。战败者会被逐出城市。然而，为了对付局外人，敌对家族之间的利益共同体在争斗中仍会保存下来，胜利者除非遭到内部成员叛乱的威胁，否则就必须遵守仪规，宽恕战败被逐者家族及扈从的生命财产。

---

* Harun al Rashid（766—809），阿拔斯王朝第五代哈里发。

** Berber，北非的柏柏尔人。

在比较晚近的时代，麦加存在着以下官方权威：1. 由土耳其人设立的团契式行政委员会（mejlis），不过基本上是徒具形式；2. 土耳其总督，这是一个实际有效的权威，他接替了早先“护城主”（以往通常都是埃及统治者）的地位；3. 四个正统派**卡迪**，[29]他们始终出自麦加的望族，其中最显赫的**沙斐仪**[*]学派的卡迪若干世纪以来均出自同一家族；卡迪由谢里夫任命或由护城主提名；4. 谢里夫本人，他同时也是城市贵族社团的首领；5. 行会，其中最重要的是朝圣导游“行会”，其次是肉商、粮商及其他商人行会；6. 各个城区及其长老。这些权威以诸多方式彼此竞争，没有明确固定的管辖范围。法律诉讼中的原告会选择求助于看来最有利于他或者似乎能对被告施以最大压力的权
1233 威。总督绝无可能阻止向卡迪提出的上诉，因为**卡迪**会在一切涉及宗教法的问题上与他进行竞争。谢里夫则是本地人口公认的真正权威，特别是在涉及贝都因人和朝圣旅队的一切事务上，总督都要完全依赖于他的善意。最后，像在其他阿拉伯地区一样，这里的贵族社团在城市里也具有决定性的重要作用。

9世纪图伦与萨法尔两个王朝[**]在麦加街头混战时，那些最富有的

---

* Shafi'i（767—821），穆斯林法学家，他创立的沙斐仪教法学派成为伊斯兰教逊尼派四大教法学派之一，临终前5年间写成的《雷沙来》使他获得了伊斯兰教法之父的称号。

** 图伦（Tulunid）王朝是第一个脱离巴格达阿拔斯王朝而独立存在的地方王朝（868—905），创立者艾哈迈德·伊本·图伦为突厥人，868年被派至埃及任副总督，到任不久即组织独立的埃及军队，控制了埃及和叙利亚的财源。877年击败哈里发的军队，翌年占领叙利亚。他统治时期（868—884）当地农工商各业获得大发展，但继位者都是无能之辈，到905年，埃及和叙利亚复归阿拔斯王朝。萨法尔（Saffarid）王朝是9世纪的伊朗人王朝，统治伊朗东部地区，创立者耶古卜·伊本·莱斯·萨法尔（“铜匠”），约866年控制了故乡锡斯坦省，几年后势力便扩张到印度东北部并占有喀布尔、信德等地。其弟阿姆尔继任后于900年企图攻占河间地带，但在巴尔赫惨败，此后该王朝维持残局到16世纪。

行会（肉商与粮商行会）采取的立场对于冲突的结局可谓举足轻重，这使我们想到了西方的发展。[30] 相比之下，在穆罕默德时代，只有高贵的古莱什[*]诸家族的态度才具有重要的军事和政治意义。然而，麦加从来没有成为行会统治的地方。城市贵族世家用他们［得自朝圣贸易］的利润分成维持的奴隶军队必定会一再保证这些氏族的支配地位，一如中世纪意大利城市的权力往往集中于军事力量的操纵者骑士家族手中。麦加不存在任何一个有可能把该城市统一成一个法人单元的联合体，这是与古代 synoikized **城邦**[31] 乃至与最早的中世纪意大利**公社**的典型差异。不过除此之外，撇开那些特殊的伊斯兰特征不谈或者把它们转换为相应的基督教特征，我们大可认为这些阿拉伯条件在西方城市，尤其是在公社联合体兴起**之前**的海上贸易城市也是十分典型的。

关于亚洲和东方具有“城市”经济特征的聚落，所有确凿无疑的信息似乎都能表明，正常情况下只有氏族联合体——有时还包括职业联合体——才是有组织行动（Verbandshandeln）的载体，而绝不是城市平民这个集体本身。当然，这里的过渡也是不稳定的。但是这种说法对于那些最大的聚落——它们的居民有时多达数十万乃至数百万——还是适用的。在中世纪基督教时期的君士坦丁堡，**各城区**（它们还为竞技提供资金，一如今天为锡耶纳的赛马提供资金）的代表都是政党形成过程的推动者——查士丁尼统治时期的“**尼卡**”之乱[32]

---

* Quraysh，又译古来氏，伊斯兰教创始人穆罕默德出生时在麦加居于统治地位的部落，主要有 10 个氏族，其中一些因其成员在早期伊斯兰教中居于显要地位而著名，如穆罕默德所属的哈希姆（Hashimite）氏族以及艾卜·伯克尔、欧麦尔和奥斯曼三任哈里发分别所属的台姆氏族、阿迪氏族和伍麦叶氏族。

就是这种地方党争类型的产物。在中世纪伊斯兰教时期——直到19世
纪为止——的君士坦丁堡，商人行会和法人社团则是资产阶级利益的
1234 唯一代表。除此之外，我们还能看到禁卫军和非正规骑兵的纯军事联
合体以及乌理玛和德尔维希[*]的宗教组织，但却不存在一般的市民法人
社团。到拜占庭帝国晚期，亚历山大城的局面也与此类似，因为除了
彼此竞争的两大支配性权力（依赖于坚定不移的僧侣力量的教长和得
助于一支小规模卫戍部队支持的总督）以外，有组织的资产阶级力量
似乎唯有城内各区的民兵了。在各区之内，主要的组织则是相互竞争
的“绿党”和“蓝党”。

注　释

除非另有说明，第十六章的所有注释均为Wittich所作。

1 本章在韦伯去世后首次单独发表于*AfS*，vol. 47（11921），621—772，题为“城市社会学研究”。在《经济与社会》的德文第四版中，本章题为“非正当性支配：城市类型学”，这是出现在韦伯最早的著作提纲中的标题。我们这里使用的是一个折中的题目，因为以“城市”为题的此文早期译本已经变得众所周知。“非正当性支配”（nichtlegitime Herrschaft）在韦伯看来乃是西方城市的关键特征，这在古代时期就已清晰可见了：它结束了统治者的传统正当性，代之以被统治者（**民**、**平民**、**公社**、**人民**、coniuratio等等）各种类型篡夺组合体基础上的权威（Herrschaft）。尤请参阅下文1250f.，以及“以政治为业”，见Gerth and Mills，*From Max Weber*，84。

2 关于中世纪的合伙形式——**康门达**、海上合伙以及“航海借贷”，参阅Weber，*Handelsgesellschaften*，323—44；id.，*Economic History*，158f；*Cambridee Economic History of Europe*，Ⅲ，49—59。

3 参阅*Economic History*．243；*Ancient Judaism*（henceforth *AJ*），73。

---

* 乌理玛为阿拉伯文Ulama的音译，指伊斯兰国家有名望的教法学家和教义学家或由他们组成的机构。德尔维希为波斯文Dervish的音译，伊斯兰教的托钵僧、苦行僧，苏菲派教团高级成员。

4 米太亚德是庇西特拉图时期（公元前 6 世纪）的雅典贵族，色雷斯半岛（达达尼尔海峡加利波利半岛）的"受邀僭主"，关于他的领地的离奇故事，见希罗多德《历史》，vi：34ff。菲拉德家族（Philaid family）把持那里的支配权——对此韦伯经常提到——直到公元前 5 世纪的波斯战争时后来马拉松的胜利者小米太亚德被入侵者驱逐。格里马尔迪的海外领地在南意大利和西西里，那不勒斯王国的安茹统治者授予该家族大片地产。当然，在普罗旺斯，它们还统治着摩纳哥。

5 参阅第一部分，第二章，注 24。

6 关于"工资劳动"和"计价劳动"的定义，见第一部分，第二章，十九。前者是由消费者提供原材料，后者则是由生产者提供原材料和生产工具。这是 Karl Bücher 使用的术语。

7 见 Karl Rathgen，*Japans Volkswirtschaft und Staatshaushaft*（Leipzig：Duncer & Humblot，1891），47—49。（W）

8 关于捕鸟者亨利一世国王（King Henry the Fowler，919—936 年在位）在萨克森建立的各"城市"的性质，参阅 Fredenc William Maitland，*Domesday Book and Beyond*（Cambridge：The University Press，1897），189，以及那里给出的参考书目；C. Rodenberg，"Die Städtegründungen Heinrichs I"，*Mitteilungen dss Instituts für österreichische Geschichtsforschung*，XVII（1896），161—67。 1235

9 见 Maitland，op，cit.，172—219，以及同一位作者的 *Township and Borough*（Cambridge：The University Press，1898），36—52，209—211；Julius Hatschek，*Englische Verfassungsgeschichte*（Munich：Oldenbourg，1913），104ff。

10 埃及第十八王朝，约为公元前 1540—前 1300 年。尤其是图特摩斯二世（Thutmose II，1479—1427）和四世（约 1400 年前后），曾对叙利亚进行了长期战争。

11 位于通向帕尼斯山（Mt. Parnes）东麓的山口处。因其扼制着阿提卡平原的入口，斯巴达人在伯罗奔尼撒战争后期（公元前 413—前 404 年）占领并加强了这一堡垒，作为袭掠阿提卡平原的基地。关于德斯利亚氏族，见下文（三），注 39。

12 见 Georg von Below，"Zur Entstehung der Rittergüter"，该文收于他的 *Territorium und Stadt*（Munich：Oldenbourg，1900），95—162。

13 见 Maitland，*Domesday Book and Beyond*，189—195；关于"市场的和平"与"市镇的和平"，见该书 193 页。

14 雅典卫城下面的平顶山岗，约从公元前 5 世纪开始成为政治集会的场所，由此也成为民众大会的代称。

15 罗马人民分别以平民—部落（comitia curiata，库里亚民众会议）队形和军事（comitia centuriata，百人团民众会议）队形举行的大会。

15a 关于印度的情况，参阅韦伯在"印度教与佛教"中的论述，见 *GAzRS* II，85n. 1（英文版 *Religion of India*，87f）。

16 这是（北非）昔兰尼的著名出口货物，一种植物，其汁液早在古代时期就是一种享有盛誉的香料和药物。一个 6 世纪酒器的复制品展示了昔兰尼国王阿克西劳斯二世（Arkesilaos II，约公元前 560 年）在王座上记录将 silphion 过秤和打包的场面，见 Victor

Ehrenberg, *The People of Aristophanes*: *A Sociology of Old Attic Comedy* (New York: Schocken Books, 1962), plate V (a)。

17 参阅 Rathgen, *Japans Volkswirtschaft*, *op*, *cit.*, 45f., 51。

18 道台(Taotai),巡回行政长官——负责一个介于县和省之间的区域单元的巡回行政官。

19 Zekenim:见 *AJ*, 16ff。

20 Sarim:见 AJ, 18ff, 那里比较详细地叙述了早期以色列的这种王室官员以及王室行政与贵族行政之间的冲突。

20a 关于印度古吉拉特邦埃哈默达巴德行会长老(或 sheth)的情况,见 E. Washbum Hopkins, "Ancient and Modem Hindu Guilds", 收于他的 *India Old and New* (New York: Scrbner's, 1901), 169ff., esp. 178f.; 另见 *GAzRS* II, 53, 86, 89, 105(《印度的宗教》, 51, 87, 90, 107)。关于 On the council of the elephantsupplying notables in Vaicali(?),请参阅 *GAzRS* II, 88(《印度的宗教》89)。

21 关于特勒—埃尔—阿马尔纳文书中的 bitu, 另见 *AJ*, 14f. 及 430f., 注 12、13。

22 关于这种铸币的传说,可以译为"提尔人(民)"和"迦太基人(民)"。(W)

23 关于 zekenim、gibborim 和 sarim 在早期以色列城市中的地位,参阅 *AJ*, 16—20。

24 关于礼制上排斥《以斯拉记》和《尼希米记》的 kahal(公元前 5 世纪中叶),参阅 *AJ*, 358ff, 关于法利赛人的 heber, 参阅 *AJ*, 385—91。

25 Shofetim,"士师",提尔、迦太基和马赛的腓尼基资深司法行政官。

1236 26 关于亚比米勒与耶弗他雇人帮助夺权事,参阅《士师记》, 9、11;关于大卫作为一个军事领导人起而向国王发出挑战事,参阅《撒姆尔记》19—31。

27 Christiaan Snouck Hurgronje, *Mekka*, Vol. I: *Die Stadt und ihre Herren* (den Haag: Nijhoff, 1888), ch. 3, *passim* and esp. 112—118.

28 谢里夫一词最初的意思为"贵族",后来变成了仅限于指称众多阿里的后裔,此即用在这里的含义。参阅 Snouck Hurgronje, *op*, *cit.*, 56f。这个意思不同于麦加的谢里夫(或王公)。

29 关于**马立克**、**哈乃斐**、**沙斐仪**和**罕百里**四个基本教法学派及其在伊斯兰教中的意义,参阅 *Selected Works of C. Snouck Hurgronje*, ed. G. H. Bousquet and J. Schacht (Leiden: Brrill, 1957), 52ff。

30 公元 883 年,为了谁在宗教庆典上居于优先地位的问题,埃及与波斯的统治王朝图伦与萨法尔的军队和代表在麦加街头发生了混战,这两个王朝都是日渐衰落的阿拔斯哈里发的名义封臣。前面提到的那些行会"为了把钱花在正当处"而偏袒埃及人、帮助平息了冲突。参阅 Snouck Hurgronje, *Mekka*, 1, 46。

31 关于 synoikismos, 见下文(二),二,以及(二),注 9。

32 "蓝党"和"绿党"在公元 532 年的叛乱,它们是共用一个赛马场的政治党派,这从名字上也能表现出来:尼卡(nika)的意思就是赛马的"第一名"。叛乱遭到了贝利萨(Belisar)的血腥镇压。

（二）西方的城市

一、城市土地所有制的性质及人的法律地位

中世纪西方的城市，尤其是阿尔卑斯山北麓那些以接近于理想类型的形式发展起来的城市，则与亚洲的情况形成了强烈的反差。

和亚洲及东方的城市一样，西方的城市也是一个市场中心，是贸
易和手工业辐辏之地，也是一个堡垒。不论东方还是西方的城市，都
有商人与工匠的行会，甚至在世界各地都能看到由这种行会制定的自
治章程，其间的差别仅仅是个程度问题。和亚洲的城市一样，西方古
代及中世纪的城市也相当于贵族世家的领主地盘，他们在城外拥有采 1237
邑，此外还有城市地产，往往还是很庞大的地产，贵族参与城市经济
活动所得利润迟早还会使这些地产更进一步扩大。多数中世纪的西方
城市也有“护城主”以及政治领主之外的官员，他们在城墙之内行使
着不同程度的权威。

最后，和世界多数地区一样，适用于城市宅基地的法律也很不同于农耕土地适用的法律。但是，在西方中世纪的城市，不动产法律方面的这种差异却构成了一个实质特征，除了某些过渡阶段，这个特征几乎始终没有消失过。城市地产可以不受限制地进行转让，可以继承，不受封建义务的妨碍，或者仅仅交纳固定的租金，而农民的土地则始终以多种方式受制于村庄、采邑的所有权，或同时受到两者的约束。在亚洲与古代世界，却不可能看到以同样的规律性区别对待城市的不动产。

如果说土地法方面的这种反差只是相对的，那么东方与古代世界

在人的法律地位方面和中世纪西方的反差就是绝对的了。无论在中世纪早期还是古代，也无论是在近东还是远东，都是由于外来人口的汇集和定居而产生了城市，而且，因为下层阶级恶劣的卫生条件，它只能靠着不断从乡村来的新移民维持自身，因此，它到处都包含着极为多样的社会成分。在东亚，通过了考试的官职候补者以及达官显贵，都是和那些被蔑称为“纯做工的”（mere mechanicks）庶民以及从事（极少数）不洁职业的人一起生活在城墙之内。印度的城市里则共同生活着诸多种姓，近东和地中海沿岸古代时期的城市里共同生活着贵族氏族和无土地的工匠，中世纪早期的城市里除了采邑领主及其法院官员和侍从、**侍臣**和雇佣兵、祭司和僧侣之外，还有自由民、农奴和奴隶。所有的领主法院都可能设在城内，或者城市本身及其整个领地都属于某个领主的采邑，城墙的整修和守卫可能会委托给一个城堡封臣群体，或者一个享有“城堡封地”特权或其他特殊权利的阶层。地中海沿岸古代时期城镇居民的分层有着极为突出的身份差异。中世纪
1238 早期的城镇居民以及现代之初的俄国——即使在废除农奴制以后——都是如此，只是程度要低得多。来自乡村的俄国移民在法律上继续束缚于原籍的村庄，且**米尔**可以吊销他的国内通行证以迫使他返回原籍。诚然，非城市身份秩序在城市中都会以某些方式发生变化，任何地方几乎都不例外。这在印度的表现就是出现了一些特殊的城市活动，并导致了事实上——尽管不是法律上——为该城市特有的新种姓的形成。在古代和中世纪早期的近东以及废除农奴制之前的俄国，以下发展就产生了重要的影响：住在城镇的广大奴隶或农奴阶层，事实上——尽管能够再次看到这在法律上并未获得直接承认——仅仅向领主支付货币贡赋，但除此之外也许会结合为一个经济上独立的市民阶

级，与其他在法律上自由的人平起平坐。城市成为一个能够通过商业或贸易获得相对长期的赚钱机会的市场，这种环境会促使许多领主不是把他们的奴隶或农奴用作自己家中或经营活动中的工人，而是用作年金的来源，领主把他们训练成工匠或者小商人，允许他们在城市里谋生，进而交纳入身租金（Leibzins），有时（比如在古代时期）还会给他们提供周转资金。因此，在雅典的公共建筑工程中我们可以看到奴隶和自由民被用于同样范畴的计件工资劳动。在罗马各地，可以看到不自由人（作为主人的 institores[1]，或者与任何小市民一样独立地利用 merx peculiaris[2] 从事奴隶劳动）和自由民一起从事手工业与零售业，并且两者会属于同一些秘密宗教共同体（秘密仪式）。为自己赎买自由的可能性特别使不自由的小市民增强了经济上的努力，因此，在古代以及在俄国，可以看到最早通过持续理性的工商业经营获得的大部分财富都掌握在自由民手中，这并非偶然。西方的城市早已像俄国那样成为有可能借助货币盈利**从奴役上升到自由**的地方了，中世纪的城市——特别是内陆城市——更其如此。与所有已知其他地方的城市发展相比，西方城市的市民订立具有身份意识的保险契约都是直接为了这个目标。

在充分利用大量经济机会的早期阶段，城市居民有着共同的利益。移民造成的人口增长被看作是一种给每个人带来扩大销售与赢利 1239
机会的渠道。出于同样的原因，市民也会共同关心消除这样的可能性，即一个不自由人一旦在城市里变得富足起来，就会被他的领主征用为家仆与马夫，尽管领主可能只是为了从他那里勒索一笔赎金。西里西亚贵族迟至 18 世纪晚期还在屡屡重复这种做法，俄国人直到 19 世纪还是如此。于是，城市平民篡夺权利以打破领主支配的束缚，这是使中世纪西方城市不同于所有其他城市的巨大变革，事实上是一种**革命性的**变革。中欧与北欧的城市出现了一个众所周知的原则——Stadtluft macht frei，[3]这意味着经过长短不一但总是相对短暂的时间之后，奴隶或农奴的主人便会丧失把他重新收回的权利。这个原则在极为不同的程度上变成了事实。的确，城市往往会被迫拒绝不自由人的准入，由于经济机会趋于逼仄，这种限制往往并非不受城市欢迎。但是总的来说，这个原则占了上风。在城市里，身份差异消失了——至少就它们意味着“自由”人和“不自由”人之间的分化而言。

另一方面，许多北欧的城市聚落居民一开始就获得了内部的政治平等，且能够自由选举市政官员，那里逐渐形成了一个**显贵**阶层，他们都是根深蒂固的政务世家（Ratsgeschlechter），凭借自己的经济独立和实力垄断着市政官职，从而与其他市民发生了分化。此外，我们可以看到，甚至像古代时期那样，在许多南欧的城市——但是还有某些富裕的北欧（包括日耳曼）城市，从一开始就出现了**特权阶层**（equites）——他们的成员都养着一个马厩（犹如我们今天所说的为了竞赛目的而设的“赛马养育训练站”）——或 Konstaffeln[4] 与普通市民的分化。前一个群体构成了一个特殊的城市贵族阶层，因而这显然是一种**身份**（ständische）分化。

然而，这项发展却被另一项发展抵消了——城市市民（不论是否贵族）在面对非城市贵族时的身份统一性日益增强。到了中世纪末期，至少在北欧，城市贵族因为参与经济获利活动，特别被强调的是因为他们与行会共同署理市政，其“高贵性”已不再为乡村骑士贵
1240 族所承认。结果，城市贵族被否定了竞技资格，被拒绝参与贵族捐赠（Stiftsfähigkeit），不能与贵族通婚，不能缔结封建关系并占有封地

（在日耳曼，只是享有特权的各“自由帝国直辖市”*的市民曾一度能够持有封地）。

在城市里，身份差异被相对扯平和内部分化进一步加剧这两种趋势中，后者终究会普遍居于支配地位。到中世纪末叶及现代之初，意大利、英国、法国和德国的几乎所有城市，只要没有变成像意大利那里的城邦，就都是由市议会贵族或者排斥局外人的市民法人社团进行统治，而且本质上都是一种**显贵**统治；即使在走向行会支配，这种贵族必须保持行会之一的成员资格时期，情况也依然如此。

只有在北欧的市自治体（municipal corporation）中，才完全彻底地切断了与乡村贵族的身份联系；南欧的情形却相反，特别是在意大利，随着市政当局的权力不断扩大，几乎全体贵族都迁入了城市，这个特征在古代时期甚至更为典型，那时的城市几乎从一开始就是贵族聚居地。因此，在这方面，古代的城市，在较低程度上还有中世纪南欧的城市，从某种意义上说便构成了亚洲城市和北欧城市类型之间的一个过渡阶段。

除了这些差异之外，古代西方城市和典型的中世纪城市决定性的共同特质就在于，它们都是制度化的“市民”联合体，拥有具备专门特性的机构，人们服从一种仅仅适用于他们自己的**特别法**，因而形成了一个法律上自治的身份群体。**城邦**或**公社**作为一种特殊身份群体的

* Free Imperial City，又称帝国直辖市，神圣罗马帝国时代只属于皇帝（即德意志国王）的城市和市镇，源出于皇帝领地（个人地产）。自由帝国直辖市有时可与帝国直辖市互换使用，但仅适用于巴塞尔、斯特拉斯堡、施派尔、沃尔姆斯、美因茨、科隆和雷根斯堡 7 个城市，它们从教会领主手中赢得了独立，因此其地位与帝国直辖市就难以区分。欧洲中世纪时期又有许多其他市镇通过赠与、购买、武力或趁乱篡夺获得了这种地位。

这个特质，就目前所知，在地中海沿岸和西方以外的所有法律体系中只能看到极微弱的萌芽形式。最有可能的地方［进一步的研究可能会表明它的存在］是美索不达米亚、腓尼基和以色列联盟与迦南城市贵族战争时代的巴勒斯坦，在其他地区和时代的某些沿海城市也有可能看到，例如黄金海岸芳蒂部落的城市，按照克鲁克香克[5]以及随后波斯特[6]的描述，一个城市大王作为成员中的primus inter pares（同侪之首）主持着“市议会”，法院和行政都控制在他们手中，这些成员
1241 包括：1. cabboceers——以富有和相称于社会地位的生活方式（好客与炫耀性消费）著称的望族的族长；2. 城市街区当选的头人，这种街区被组织成了由长老和当选头人管理的军事联合体，彼此完全独立，事实上还常常彼此争斗；3. pynins——城市街区的世袭治安官。在亚洲或非洲其他各地似乎也曾出现过类似的城邦或公社体制的雏形，但是根本不存在法人社团的“市民权利”。

二、作为兄弟会而兴起的城市

至关重要的是，充分发展的古代和中世纪城市都是一种——或者至少可以解释为——兄弟联合体，一般都具有某种适用于市民共同礼拜的宗教象征：一个仅能为该市市民接近的城市神或城市圣徒。诚然，许多中国城市也有自己专门的神（常常是一个被顶礼膜拜的大人物），但他始终具有神庙里的功能神性质。

在西方，城市共同体这一联合体本身就拥有并控制着财产权。阿里的后裔就“斐得克绿洲”（“Gardens of Fadak”）与共同体发生的著名争端——此为**什叶派**分裂的首要经济原因——就是王朝财产

权与共同体财产权的冲突，哈里发的代表们以“共同体”的名义声称拥有那块土地，但这个“共同体”是伊斯兰的宗教共同体，而非事实上并不存在的麦加政治“共同体”。[7]无论何地的城市聚落，可能也曾像乡村共同体一样拥有“公地”。王公们有时也会掌握着特殊的城市税源。但像古代和中世纪城市所熟知的那种市政财政，在这里却只是初露端倪。

有很多因素使得地中海沿岸所有各个时代的城市不同于亚洲的城市而具有自己的独特之处，最重要的因素之一就是，自由的城镇居民当中不存在巫术的与泛灵论的种姓约束和宗族约束以及相应的禁忌。中国一直存在着由异族通婚和血缘纽带形成的宗族，在家产制国王和婆罗门获胜以后的印度，还有同族通婚形成的排他性种姓，而种姓的禁忌阻止了城市居民以任何方式融合为一个在宗教与世俗领域法律面前人人平等基础上的市民联合体，阻止了与非成员的**通婚**、共餐和休戚与共。由于受到禁忌的保护，种姓封闭性在印度比中国甚至更为突 1242
出；这至少在一定程度上应当归因于如下因素：印度的人口从法律角度来看有 90% 是农村人口，而城市在中国发挥的作用更为重大。印度的城市居民不可能有共同的礼拜餐，而中国人则不需要这种礼拜餐——因为他们有宗族组织，而且祖先崇拜具有莫大的重要性。然而，只有像印度人和（在更低程度上的）犹太人那样受禁忌束缚的民族，才会连私人共餐也有排他性。这一点在印度甚至到了如此程度：外种姓的人只是瞥上一眼就足以玷污厨房。[8]

事实上在古代也是如此：**氏族**的宗教仪式也像中国的祖先崇拜一样不许非成员参与。另一方面，对于古代城邦来说，参与城市创建的各共同体自己的会堂（prytaneia）——这是它们举行礼拜餐的地方——

被共同的城市大会堂（prytaneion*）所取代，就已经是合乎希腊传统的（实际或虚拟）“聚合”（synoikismos）行动的组成部分了。[9]这在最初乃是城市不可或缺的一个特征，它象征着城市各氏族在结成兄弟团契之后形成的共餐习惯。然而，古代城市最初还是继续在氏族和高等群体中加以正式组织的，它们属于（至少是虚拟的）共同世系，并形成了严格排他性的礼拜联合体。成员资格是纯个人的［即不是地域性或职业性的］。古代城镇居民相信，他们的城市发端于作为自由意志联合体和部分具有氏族性质，部分（可能像胞族**那样）具有军事性质的群体联盟，这些联合体与联盟在城市后来的改组中又沿着技术—行政路线进行了系统组合。这种信念并非没有实际意义。出于这个原因，古代城市的宗教排他性不仅会针对局外人，而且会针对并不属于加盟氏族的任何人——就是说，针对平民，因此，它们始终分隔为一些从开始就非常排他的礼拜联合体。

就这种贵族世家的联盟特征而言，中世纪早期的南欧城市——尤其是沿海城市——十分类似于古代城市。每个贵族世家在城墙之内都有自己的堡垒，否则就是与其他家族共有一个堡垒——这时则会详细规定出堡垒的用法（比如锡耶纳的文献所载）。[10]贵族世家之间的争斗在城内也曾像在城外一样激烈，某些最古老的城区制度（例如划分为
1243 Alberghi***），大概就是封建权力划分界线的要求所致。然而，最重要的

* 古希腊城市中的公共建筑物或大厦，包括供神会堂，并用作官员或议员的聚餐场所，有时官方用以接待尊贵的市民和来访者。

** 见本书第一卷第 479 页中译者注 **。

*** Albergo 的复数形式，文艺复兴时期在意大利城市中逐步形成的一种组织结构，分别由若干家族构成。

是，这里没有那种一直存在于古代时期各个氏族彼此之间以及对外的宗教排他性残余。这是那个令人难忘的历史事件带来的一个结果，保罗在《新约·加拉太书》中理所当然地把该事件放在了突出位置：彼得在安提阿参与了未行割礼的弟兄们的（礼仪）共餐。礼仪的排他性在古代城市里就已经开始弱化了；非氏族的平民至少在原则上获得了礼仪的平等。在中世纪欧洲，特别是在中欧与北欧城市，礼仪的排他性从来就没有那么强烈，各个氏族很快就失去了作为城市选区的所有实际重要性。城市变成了**单个**市民（家长）的联盟，对于城市公社本身来说，市民在非城市联合体中的成员资格也失去了所有的实际重要性。因此，古代城邦在它的居民心目中就已经处于变成制度化“公社”（Gemeinde）的过程中了。但在古代，只是随着城市被融入了大规模的希腊或罗马领土国家，且城市被剥夺了政治独立，“公社”的概念才与“国家”概念完全区别了开来。相比之下，中世纪的城市从一开始就是一种“公社”，尽管法律上的“法人”这一概念本身只是逐渐形成的。

三、结为兄弟团契的前提：氏族纽带的瓦解

西方并不存在印度和赤道地区那样的禁忌障碍，比如氏族组织的巫术性图腾崇拜、祖先崇拜或种姓制度，这些因素在亚洲阻碍了兄弟团契转变成为一种城市法人。大概是在相对较晚的时候，正是在那些从没有发展出大规模政治—军事联合体，尤其是没有发展出城市联合体的地方，才会出现十足的图腾崇拜和按照决疑法坚持异族通婚的现象。我们在西方古代时期的宗教中只能看到这种现象的一些痕迹——

要么是残余，要么是萌芽。至于个中原因，则只能进行不确定的推测了，因为它们并没有特殊的宗教性质。早期阶段的雇佣兵和海盗生活、军事冒险以及大量的内陆与海外殖民地开拓，不可避免地会导致
1244 部落之间，或至少是氏族新成员之间形成紧密的永久性联合体，而且看来同样不可避免的是，这将破除排他性氏族巫术纽带的效力。即使在古代，人为重建的氏族纽带也会随处可见，新建的共同体会由于传统而划分为“外邦人”联合体和胞族，这不是氏族联合体，而是城邦的军事联合体，这时它便成了基本单元。大迁徙（Vökerwanderung）之前和期间日耳曼部落武士联合体长达一个世纪的四处征战，他们的雇佣兵生活以及在当选领袖率领下的战争历险，必定也在同样程度上阻止了禁忌和图腾纽带的产生。尽管他们——据传——只要有可能就会按照实际的或者虚拟的氏族关系定居下来，但其他联合体形式却更为重要。立法—司法和军事的“百户”联合体，作为分摊公共负担之基础的“海得”制*，后来那种与王公的关系即扈从与封臣制，这些才是决定性的要素，而非巫术性的氏族纽带——大概正是由于这些环境因素，巫术纽带才根本没有真正发展起来。当基督教成为那些所有传统均受到彻底动摇的民族的宗教时，它便最终消除了氏族纽带的宗教意义；实际上，也许正是因为这种巫术与禁忌障碍的微弱和阙如，才使它们有可能皈依基督教。堂区共同体在中世纪城市的行政组织中往

* “百户”（hundred）一词最早见于英国爱德蒙一世国王（939—946年在位）的法律，原意系指100海得的区域。英国原以海得为土地划分单位，在中世纪，1海得（约120英亩，即50公顷）可耕地是一户自由农民生计所需的土地面积，征税和征召民兵都以此为基础。百户设有法院，根据习惯法排解私人纠纷、处理刑事案件，每月开庭一次，一般在露天举行，起诉人通常就是法官；郡长每年前来视察两次，其时便由他亲自进行审判。这一做法在19世纪被废除。

往发挥着极为重要的作用，这只是表明了基督教具有这种特性——即瓦解氏族纽带，重要的是塑造中世纪城市——的诸多征兆之一。相反，伊斯兰教从未真正克服阿拉伯部落的分裂及氏族纽带，早期哈里发王朝的内部冲突史便证明了这一点，那时它仍是一支四处征战的部落与氏族军队的宗教。

四、古代与中世纪城市中的超城市联合体

我们来概括一下基本区别。世界上所有城市的一个共同特征是，它们都是以往曾疏离于这种特定地方的人们的大范围聚落。中国、美索不达米亚、埃及，有时甚至还有希腊的军事领袖都曾兴建、迁建城市并往里移民——不仅是自愿的移民，还有视需要和机会强行赶拢到一起的人和家畜。这在美索不达米亚最为突出，被驱迫来的定居者 1245
首先必须开挖运河以便有可能在沙漠上建设城市。由于王公及其官方行政机器在这种情况下始终是绝对主宰者，因而不可能发展出市政联合体，或者只有极其微弱的萌芽。城市人口往往都会保持着互不通婚的部落身份，即使不是这样，至少也会保持着从前地方与氏族联合体的成员身份。不仅中国的城镇居民一般仍是原籍乡村共同体的成员，希腊化东方地区的非希腊人口各阶层同样如此。所以，《新约》的传说在证明耶稣诞生在伯利恒时解释说，他父亲所属的氏族在那里有土地［用（9世纪）德文译本《救世主》（*Heliand*）的说法，是有Hantgemal[11]］，因此，这个传说认为，该氏族也必定经历了那里的人口调查统计。移民进城的俄国农民的状况直到相当晚近的时候还是依然如故：他保有对土地的权利并且按照乡村共同体的要求履行义务——

分摊原籍村庄的公共负担。在这种情况下产生的就不可能是法定的城市市民地位（Stadtbürgerrecht），而只是那些在任何特定时间碰巧栖居于城市中的人们分摊负担和分享特权的联合体。

希伯来人的**聚合过程**（synoikismos）也是以氏族联合体为基础的。根据传说，以斯拉和尼希米就是按照氏族，即每个享有正式政治权利的乡村氏族的代表汇聚在一起实现了耶路撒冷城邦重建的*；只有无政治权利的非氏族**平民**才被按照原籍地加以组织。[12] 即便一个人是古代希腊与罗马城市的个人那样的公民，最初也只是作为他氏族的一个成员［而获得这种身份的］。在古代早期，希腊与罗马的每一个**聚合地**以及每一次殖民征服——至少根据传说——都是采取类似于耶路撒冷重建的方式，即便是民主政体，最初也不可能废除把市民组织为氏族（gentes）以及高等胞族与宗族的做法，而不得不依靠间接手段使那些由贵族世家支配的纯私人礼拜联合体在政治上变得无关宏旨。

在雅典，只有那些拥有一个礼拜中心（一个 *Ζεὺςἕρκειος*）的氏族的成员才有资格担任“合法”官职。罗马的传说表明，有许多城
1246 市都是原住民和外邦人汇聚在一起创建的；礼仪活动则会进一步确认由不同要素构成的兄弟会式的宗教共同体，有一个公社中心和一个被安置在神庙里的地方神，但同时，居民也会被组织为各个 gentes（氏族）、curiae（库里亚）和 tribus（部落），后两者相当于希腊的胞族和宗族。这些分界是每个古代城市都少不了的特征，在很早就已有了人为的创造（比如以这种单元的约整数来表示，典型的是 3、30 或 12）以便分摊公共负担。然而，成为这些联合体之一的成员，始终是具有

---

* 参阅《旧约·以斯拉记》和《尼希米记》。

正式权利的公民的突出标志，他有权参与宗教礼拜，并有资格担任需要与诸神沟通的一切官职（在罗马就是参与 auspicia*）。这需要有资格参与宗教仪式，而这就使成员身份变得不可或缺，因为，一个要求正当性的联合体只能建立在以礼仪为取向的传统组织形式基础上，比如氏族、军事联合体（胞族）和政治性的部落联合体（宗族），至少也必须根据虚拟以创造出这样一个基础。

在中世纪“建成”的城市里，特别是在北欧，情况则完全不同。在这里，至少在新建的城市，市民是作为个人而成为公民的，并且是作为个人进行公民资格的宣誓。他在当地城市联合体中的个人成员身份保证了他作为一个市民的法律地位，而不是由他的部落或氏族提供这种保证。在这里，城市的兴建往往还包括最初并不属于这个特定地方的人，有时甚至包括完全是外邦血统的商人。至少在新建城市中，如果创建者们扩大公民特权时对所有来者一视同仁，就会出现那种情况；当然，在旧有的聚落被改造为城市时，也会出现同样情况，尽管是在更低的程度上。很自然，从整个西方范围吸引来的（亦即来自从罗马到波兰的）外国商人——科隆的文件即可证明——并没有摇身一变而成为［1112年的］城市 coniuratio** 成员，毋宁说，它的创立恰恰是本地有产者阶层发挥的作用。然而，有时甚至纯粹的外国人也会得到公民权。

---

* 一般译为“占卜”，古罗马一种与宗教有关的行政权力，即当权者征询神的意愿，研究神是否赞同公共生活中的某些活动。占卜有不同形式，aupicia 由国王或其他高级执法官主持并作出解释，auguria 则由占卜官（augures）主持并作出解释。

** 意大利文，指带有阴谋意味的相互宣誓，由此结为“同盟会”之类的关系。下文的 coniurationes 系复数形式。韦伯在下一节有专门述评。

在中世纪的城市中，只有犹太人处于亚洲“客家人”（“guest peoples”）那样的特殊地位，这是一个意味深长的事实。诚然，在一份上莱茵地区的文献中，一位主教曾强调说，他邀请犹太人来他的城镇就是“为了增大城市的荣耀”，[13] 而且［12 世纪］登记了不动产交易情况的科隆堂区文件集 *Schreinsurkunden* 表明，犹太人都是街区地块的所有者，这些地块与基督教徒拥有的地块混杂在一起。[14] 但是，犹太人与非犹太人之间在礼仪上对**通婚**的排斥——西方人对此并不陌生
1247 生——以及对餐桌共同体的实际阻碍，至关重要的是不存在共享圣餐的礼仪，事实上都妨碍了兄弟亲善。毕竟，中世纪的城市仍然是个礼拜联合体。城市的教会、城市的圣徒、市民参与圣餐以及教会宗教节日的官方庆典，所有这一切都是中世纪城市的显著特征。然而，**氏族**的礼仪重要性却被基督教彻底消除了，因为基督教会众本质上乃是信徒个人的宗教联合体，而非氏族的礼仪联合体，因此，犹太人从一开始就置身于市民联合体之外。

尽管如此，中世纪城市——像古代城市一样——还是一种世俗之地，虽然它仍然需要一种共同礼拜作为纽带，且教会堂区常常（或许始终）是城市的选区之一。堂区并不是作为教会联合体，也不是借助教会代表，毋宁说，是通过堂区共同体的世俗长老——他们与纯世俗的**陪审官**（Schöffen）委员会，有时还与商人行会联手——代表市民参与在法律上具有关键意义的活动。教会共同体的正式成员资格才是获得城市公民资格的前提，而不是像在古代那样出身于一个满足某些礼拜要求的氏族。中世纪和亚洲城市之间一开始并没有这种根本性的差异。与中世纪城市地方圣徒相当的地方神以及市民的礼拜共同体，也是古代近东所有早期城市不可或缺的要素。然而，东征西战

的大王们采取的移民政策显然打破了礼拜共同体与城市之间的这种纽带，并把城市变成了一种纯粹的行政区，其中的所有居民，不论属于哪个部落或者礼拜共同体，都被纳入了同样的生活方式，都有着同样的机会。犹太人被流放巴比伦的命运可以给这个结论提供证据：只有那些需要文书知识，显然也需要礼仪资格的国家官职才是对他们封闭的。在［近东的］城市中好像并不存在城市“公社”或市政当局本身的官员。各种外国人群体也像被流放的犹太人一样都有自己的长老和祭司，换句话说，他们始终是些“客家人”。在巴比伦囚虏之前的以色列，享有部分公民权的外侨（gerim[15]）都是被挡在礼仪共同体之外的（他们最初并不需要行割礼），在这些人当中，我们几乎可以看到从事所有行当的手艺人。他们都是客居群落，就像印度的客居群落一样。在印度，种姓禁忌排除了城市居民结成礼仪兄弟团契的任何可能性。在中国，每个城市都有自己的神明（往往是变成了礼拜对象的该城市从前的一个达官显贵）。但在所有的亚洲——包括近东——城市 1248
中，“公社”现象要么根本就不存在，要么仅仅是一种萌芽——而且始终表现为延伸到城市之外的亲属联合体的形式。巴比伦囚虏之后的犹太人宗教公社，［作为一个明显的例外，］则是纯粹的神权政治方式的统治。

五、西方的歃盟兄弟团契：法律和政治结果

西方的城市，尤其是眼下我们唯一关心的中世纪城市，并非仅仅是经济上的贸易和手工业荟萃之地，正常情况下政治上的堡垒或者可能的要塞、行政上的法院管辖区，至关重要的它还是一个歃盟

兄弟会。在古代时期，一个兄弟会的象征就是共同选举 prytaneis[16]。在中世纪，城市则是一个具有法定法人地位的歃盟公社，尽管这只是逐渐实现的。哈切克指出，直到 1313 年，英国的城市还没有获得“特许权”，因为它们——用现代术语来说——没有“法人资格”；只是到了爱德华一世时期［1273—1307］才首次出现了作为法人的城市。[17]

不唯在英格兰，而且无论在何处，新兴城市的市民联合体都会在开始时被政治权力——城市领主——看作城市土地所有者们被动的公益性派捐联合体，这些土地所有者共同承担某些特殊任务和义务并分享特权：市场垄断权与大宗出口权，某些行业的诉讼程序执行权和控制权，城市法院的参与权，以及特殊的军事和税收待遇。此外，在经济上至关重要的是，这些特权最初并非市民联合体在形式合法意义上的获利，而是城市的政治或采邑领主的财产权。是他，而非市民，正式获得了这些重要权利，从而给市民带来了直接的经济实惠；领主的间接财政利益在于，他由此发展出了各种税源。比如在日耳曼，从一些最古老的情况来看，这些权利被王室授予了某个主教，在此基础上他可以把他住在城镇的臣民视为享有特权的人，而且实际上也是这样对待他们的。在盎格鲁-撒克逊时期的英格兰，相邻领主的一项排他性特权，就是只允许自己的农奴（而不是任何其他领主）在集市城镇
1249 定居，进而从他们的收入中征税。城市法院要么是王室法院，要么是领主法院；Schöffen[18] 以及其他法院官员并非市民的代表，尽管他们是由市民选举产生的；作为领主的官员，他们要按照领主的成文法进行审判。因此，**市民集合体**（universitas civium）——这一术语很快就出现在各地——最初都是他治和他主的，它被吸收进了政治联合体，而

且往往还被吸收进采邑联合体。不过这种局面并没有长期地一成不变。

城市变成了一种自治且自主（尽管程度大为不同）的制度化联合体（anstaltsmässige Vergesellschaftung），一个能动的“地方法人”，城市官员则全部或部分变成了这种制度（Anstalt）的官员。对于中世纪城市的发展至关重要的是，市民的特权地位从一开始也是一种针对外部各方的个人权利。这不仅是古代和中世纪常见的对待法律的“人格主义”态度产生的结果，[19]根据那种态度，一个群体的成员被认为享有共同的“客观”法律所赋予的“主观”权利——这是个群体特权问题。市民这种地位的另一个来源则见之于日耳曼司法制度的存续，特别是日耳曼部落的**审判大会**共同体（*Ding*-community）概念，拜尔勒已经完全正确地强调指出了这一点。[20]一个市民兼一个合法自治的群体之成员，作为该共同体的一个能动的成员——这意味着作为**审判大会**法庭的一个法官——亲自创制了他必须服从的“客观”法律。我们先前已经谈到了这种制度对于法律的形成所具有的重要意义。[21]在世界上几乎所有的城市中，对于服从其法律的人们来说，这种类型的权利并不存在。（只有在以色列能够发现它的痕迹，我们将会看到是什么样的特殊环境导致了这个例外。）

就中世纪的城市发展成了一种市民联合体而言，有两个环境因素具有核心意义：一方面是这一事实，即市民的经济利益使他们迫切需要制度化联合体（anstaltsmässige Vergesellschaftung）时，那项发展就不会受阻于巫术或宗教屏障的存在，另一方面则是不存在一种能够强化更大规模政治联合体利益的理性行政。即便只是这些条件之一受到了妨碍，比如亚洲那样的情况，那么城市居民最强大的共同经济利益也只能使他们达成短暂的统一。中世纪自治与自主的城市联合体，都

1250 是由**执政官**或**市长**领导它的行政委员会，它的兴起从根本上就是个不仅不同于亚洲城市的发展，而且不同于古代城邦的发展的过程。我们后面将会详细讨论这一点［第十六章,（三），六到八］，不过现在就应当指出，在**显贵**——他们出自军事上胜任的氏族——的支配下，古代特有的城市体制始终是一方面反映了城市首脑的权力变迁，另一方面则反映了氏族长老的权力变迁，这在最典型的范例中表现得最为深刻。尤其是当时最典型的那些中世纪城市，情况完全不同。

然而，在分析这个过程时，不可避免要把形式法律的一面与社会学及政治学的相关方面分开来说，可惜，有关各种“城市理论”的争论却始终没有遵守这一做法。就形式合法的意义而言，市民法人及其当局在被政治权力以及有时被采邑权力授予的（实际或虚拟）特权中自有其“合法”来源。确实，在某种程度上说，实际的过程是符合这一形式样板的。但从形式上合法的观点来看，实际的来源往往——特别在那些极为重要的个案中——都是对权利的革命性篡夺。当然，不能说所有的情况都是如此。我们可以把中世纪的城市联合体区分为“自发的”与“派生的”两种形式。在“自发的”情况下，公社就是市民的政治联合体蔑视或者反抗“合法”权力产生的结果，更准确地说，是一系列这种行动的结果。合法当局只是到后来才给予正式承认——如果不得不给予承认的话。一个“派生的”市民联合体则是由于城市创建者或他的继承人订立契约或制定法律授予了多少是有限的自治与自主权而形成的；这种情况常见于向定居者及其后裔授权的新建城市。

通过理性联合体的行动实现了“自发”篡夺，这种市民的歃盟兄弟团契（Eidverbrüderung：coniuratio），尤其常见于较大较老的

城市，比如热那亚和科隆。不过一般来说，这两种事态都会相伴出
现。城市史的文献资料当然会着重突出正当性的连续性，对于这种
篡夺来的兄弟团契通常都是只字不提，一般只能偶然见诸文献证据。
结果，文献资料中“派生”来源出现的频率几乎可以肯定会多得不
成比例，至少在与公社形成时期已经产生的城市有关的文献中就是
如此。只有一条简明的注解提到了 1112 年科隆的 coniuratio。科隆
Altstadt（旧城）的 Schöffenbank* 以及特别是新兴商业聚落圣马丁近 1251
郊的堂区代表，大概正因为它们是“合法”当局，所以才出现在有
文献证明的议事录上。[22] 市民联合体的对头——城市领主——自然
也总是会随时挑起形式正当性［比如（科隆的）某些高级市政官没
有宣誓（服从）］问题的争端，[23] 或者利用类似的托词进行控告。毕
竟，在这些问题上，篡夺式的革新能够看到形式上的表现。霍亨斯
陶芬王室反对城市自治的皇帝敕令则采取了一条不同的路线：它们
不是禁止这样那样的法律革新形式，而是禁止 coniurationes 本身。[24]
这就完全表明了哪些阶层是以下这种篡夺行为背后的驱动力量：在
科隆，甚至到了相当晚近的时候，Richerzeche（富人基尔特，从正
当性角度来看仅仅是个富裕公民的私人俱乐部）仍然可以卓有成效
地坚持有权带来公民身份——这种身份在法律上完全独立于该俱乐
部成员的身份。多数法国大城市都是以类似的方式，通过市民的歃
盟兄弟团契实现了它们的城市体制。

---

* 现代德语指陪审团，旧时指世俗法官委员会（board of lay judges），见本章第（二）节英译者注 22。

六、意大利的 coniurationes

然而，coniuratio 的真正故乡显然是在意大利。[25] 在绝大多数情况下，这里的城市体制都是以“自发”方式通过 coniuratio 形成的。因此，正是在意大利，尽管对许多文献可以做出多种解释，但市民联合体的社会学意义却能够得到最好的说明。它的总体先决条件是对支配权的半是封建制半是俸禄制的占用，这是典型的西方现象。我们已经描述了 coniuratio 之前的城市条件，它们尽管在细节上以及在城市之间存在差异，但在整体上却相当近似于麦加那种奇特的无政府状态，正因如此，前面才进行了较为详细的叙述。许多人都在要求获得权威，这些要求并驾齐驱、相互重叠，而且往往彼此冲突。具有领主和政治性质的主教权力，部分依赖于特许的特权，部分依赖于篡夺而占用的子爵官职以及其他政治官职的权力，国王或主教的城市大藩臣或自由侍臣（capitanei）的权力，capitanei 的城乡属臣（valvassores）的权力，[26] 来源极为多样的完全保有的氏族财产，无数根据自身权威或
1252 者其他权力构筑的城堡的所有者（一个对广大被**庇护人阶层**——包括自由人和不自由人——行使权威的特权等级），城市各经济阶层的职业联盟，以采邑法、封建法、属地法、教会法为基础的司法权力——所有这一切都存在于同一个城市之中。类似于麦加各望族之间那种“联系”的临时条约，中止了城墙内外各个武装利益集团之间的仇杀。城市的正式合法领主要么是一个皇帝封臣，要么——大多数情况下——是一个地方主教；凭借兼而有之的世俗与宗教权力手段，主教一般都能获得最有利的机会行使有效统治。

被称为 compagna communis[27] 或者冠以某些类似名称的 coniuratio 类型，为后来的“城市”政治联合体铺平了道路，它很可能是出于某个具体目的而缔结的，通常都会规定明确时限或者直到发布新的事先声明，因此它可以再次解散。在早期阶段，有时可能会在城墙之内建立若干这样的“行会”，但只有在“整个”共同体——所有那些在特定时期有效要求并掌握了城内军事权力的群体——形成了歃盟联合体之后才会具有长期的重要意义。在热那亚，这种联合体最初是每 4 年重新缔结一次，视当地的具体情况而针对不同的敌手。在米兰，980 年的武装市民 coniuratio，其矛头所向就是主教，而在热那亚，主教与各子爵世家（它们占用了世俗领主权利，后来变成了税收权）似乎一开始就是城市 coniuratio 的成员。[28] 但在米兰，compagna communis 后来也把矛头对准了主教和维斯孔蒂家族 * 的权力要求。

歃盟兄弟团契的直接实际目的是团结当地的土地所有者以防御外敌、和平解决内部争端以及确保符合市民利益的司法行政。但是此外还有更进一步的目标，其中之一就是垄断城市提供的经济机会：只有歃盟联合体的成员才能获准参与城市的商业活动。例如在热那亚，获准在**康门达**合伙海外贸易中投资的前提就是具备成员资格。另一个目标则是明确划定对城市领主应尽的义务界线：以固定的一次性支付税金或高额［但明确的］年度支付税金取代任意的征税。最后，城市联合体还要照管军事组织以谋求对外扩大公社的政治与经济势力范围。 1253
因此，我们可以看到，coniurationes 一经形成，公社之间的战争也就

* the Viconti，原为米兰的小贵族之家，约在 11 世纪初取得米兰子爵的世袭官职，后以职称为姓。约 13 世纪末，该家族成为皇帝代表和米兰执政官，统治权扩大到意大利北部的许多城镇，14 世纪中叶一度兼并波洛尼亚和热那亚，15 世纪初该家族权力达到顶峰，成为米兰公爵和帕维亚伯爵，控制了意大利北方大部地区，其统治一直延续到 18 世纪。

开始了，这在11世纪就已经成为一种长期的现象。

在城市内部，市民大众则必须加入这种歃盟兄弟团契。建立了联合体的那些贵胄家族会主持因拥有土地而具备资格的居民进行宣誓，拒绝宣誓者将被驱逐。这种情况并非总是立即伴随着现存官职组织的形式变化。主教或世俗城市领主会保住作为某个城区首脑的地位，并继续通过其**侍臣**进行管理；只有在存在市民大会的情况下才会看到重大变化。

但这并没有持续很长时间。11世纪下半叶便到处都出现了**执政官**的年度选举，人数往往多至十几个，由市民正式进行直接选举，或者由一个**显贵**选举团进行选举，选举团本身从理论上说是由市民选出，但实际上仅仅是欢呼通过，这大概能够无例外地篡夺官员提名权。通过攫取全部或大部司法权以及战时最高统帅权，有薪并有权收取手续费的执政官们便完成了革命性的篡夺，管理公社的全部事务。最早的执政官好像大都出自主教或领主的贵族司法官，现在则是通过市民歃盟兄弟会的选举获得官职，而不再由城市领主任命。

常被称作credenza*的**智囊**团体严格控制着执政官，构成这个团体的有时是原来的［即主教或领主的］**助理法官**，有时是执政官自行指定或者一个选举团指派的**显贵**。实际上它的成员一般都是那些经济上和政治上最有势力的家族的首脑，他们在自己圈子中分配这些职位。

最初的coniurationes还是奉行身份的分离，划为capitanei（封臣）、属臣、**侍臣**、castellani（城堡主）和cives meliores——经济上有资格服军役的人；官职和执政官职位按比例在这些群体当中分配。然而，这个运动的反封建性质很快就凸显了出来。执政官被禁止接受封

* 文艺复兴时期的供桌式餐具架或书架，用在这里似为比喻意。

地或“自许”为领主的封臣。皇帝、主教、领主们在城内的堡垒被拆
毁，把它们迁到城墙之外（这种情况尤见于萨利克诸皇帝授予的城市 1254
特权中），并且确立了这样的原则——城堡不能建在城市周围的规定地区之内，皇帝或者其他城市领主不应享有驻在城墙之内的权利。这些都是新制度的首批**政治**成就，而这些成就要么是通过暴力，要么是接受皇帝或主教的勒索或者从他们那里购买而得到承认的。

这些城市革命的主要**法律**成就是产生了一种特殊的审判程序，它排除了无理性的举证手段，特别是排除了决斗考验（这在 11 世纪的许多特权中都被提到）。因此，这里也像英国与法国王室对市民做出的让步一样，是同样的利益集团显示了自己的威力。这项法律成果还包括禁止市民诉诸非城市法院，并且为城市公民编纂了专门的理性法律以供执政官法院应用。

纯私人的临时 coniurationes 便以这种方式发展成为永久性的政治联合体，其成员作为城市公民共同服从一种专门的自治性法律。从形式上说，新的城市法律意味着旧时法律的属人原则被废除。从实质上说，它意味着破除了封建联合体和家产制，但并不支持给予特定区域全体居民以普遍强制性成员资格的原则。毋宁说，“城市公民”法律乃是市民歃盟兄弟成员的一种身份权利；一个人是由于身份群体中的成员资格而服从这种法律的，构成身份群体的则是正式公民及其依附性被庇护人。甚至到了 16 世纪，我们在贵族世家继续支配城市的地方——比如荷兰的绝大部分共同体那里——仍然能够看到，各省议会和三级会议的城市代表团并不代表城市本身，而只是代表城市贵族，这一点可由以下事实证明：议会里除了贵族代表团以外，往往还有同一城市的行会或者其他非贵族阶层的代表，他们单独投票，肯定不会

与他们城市的贵族代表团融合成一个共同的城市代表团。这种特殊现象并没有出现在意大利，但局面往往大体类似。尽管正常情况下城市贵族阶层至少会切断它与封建联合体的纽带，但情况绝非始终如此。贵族除了拥有城市住宅，一般都会同时在城墙以外拥有城堡和采邑地
1255 产，因而作为封建领主和地主，他们还是城市公社联合体之外的政治联合体的成员。在意大利**公社**的早期阶段，不管结社行动在形式上是否规定了不同的安排，也不管非贵族阶层过去是否有效获得了对管辖权的临时分享，市政管辖权实际上都是牢牢控制在坚持骑士生活方式的望族手中。骑士的军事重要性给了它优势地位。

在北欧，特别是在日耳曼，旧时的陪审官望族（Schöffengeschlechter）发挥的决定性作用甚至比在南欧更强有力，早期的时候甚至在形式上也保持着行政控制权，至少是非正式地一人身兼数职。有时，根据权力的分配，城市领主，特别是主教们过去的代理人，即依附性的领主侍臣，也会重新获得行政参与权。尤其是在篡夺并不完全有效的情况下（这种情况并不罕见），领主，通常是主教，就会为他的**侍臣**在市政会中谋得成员资格。在科隆和马格德堡那样的大城市，主教会全部或部分雇用自由"城市公民"**陪审官**从事行政管理；这些人如今已从城市领主的歃盟官员变成了公社的歃盟代表，要么与 coniuratio 的代表融为一体，要么和他们共同承担行政任务。在佛兰德、布拉班特和低地国家的各个城市，由伯爵任命的城镇助理长官（échevins）在 13 世纪开始成为城镇议员或陪审员（jurati，即歃盟代表，他们的名称就表明了是来自篡夺性 coniuratio）以及"burghermasters"（"市长"）。市民阶层的这些行政代表一般都会组织为单独的"团体"，尽管有时他们也与城镇助理长官共同集会。他们是市民兄弟会（在荷兰一直存在，

后来成为 Vroedschap* 社团）的代表。[29]

人们肯定会认为这种早期的状况是极不稳定的，因为权力和权限的分配并没有正式的规章。由于每个人都集多种类型的职能于一身，个人的影响与关系网便具有了关键作用。以专门的办公建筑做出形式上分离的市政行政和市政厅并不存在。像在科隆一样，意大利市民一般也是在大教堂里集会，行政会议大概是在私宅或俱乐部里举行。在俱乐部里举行的会议专门有文献可以证明。在［12 世纪初］科隆的
革命性篡夺时代，“富人之家”（domus divitum）似乎就等于“市民之 1256
家”（domus civium）了，就是说，成了行政中心，恰如富人俱乐部（Richerzeche）的首脑们当时以及日后肯定会在很大程度上等于陪审员及其他重要官员一样。拜尔勒提出的这两个假说几乎可以肯定是正确的。[30] 科隆并不存在一个像在意大利那样具有重要意义的骑士阶层。在英国与法国则是商业“公司”发挥了主导作用。[31] 在巴黎，水商的行会会长们甚至正式组织成为市民的代表。[32] 在绝大多数古老的法国大城市中，市民、商人和城市食利者联合体，或者与定居的骑士联手（比如在南方），或者与手工业者的**兄弟会**及行会联手（比如在北方），通过革命性篡夺而产生了城市公社并夺取了政治权力。

七、北日耳曼的兄弟团契

上述那些联合体本身并不等于 coniuratio，但是对于它的产生——尤其在北日耳曼——却发挥了重大作用。由于缺少一个城市骑士阶

* 荷兰语，指法人或公司。

层，北日耳曼的歃盟兄弟团契表现出一种在南欧国家多半并不存在的无政府特征。当然，创立兄弟团契可能是为了政治联合体的目的并从城市领主那里篡夺权力。但是，北日耳曼和英国的革命运动可以从大量涌现的互保行会（Schutzgilden）那里找到出发点。这些行会的创立绝不是为了影响政治条件，它们最初是为了替补其成员在中世纪早期城市中极为缺少的东西：氏族及其保护作用。它们提供了本应由氏族提供的服务：在人身受到伤害或威胁时给予援助，对经济困境给予扶助，以和平协商方式消弭成员之间的仇隙，支付成员的赎罪金*债务（比如在英国[33]）。行会还通过举办定期筵宴（一种可以追溯到多神教礼仪聚餐的做法）以满足成员的社交需求，并邀集弟兄们参加成员的葬礼；它们会通过善举保证成员灵魂的得救，动用公帑为他购买赎罪券和强有力圣徒的关怀。不言而喻，这种保护性联合体也代表了共同利益，包括经济利益。

1257 法国北部的城市会社主要是歃盟的和平会社，没有其他的行会属性，而斯堪的纳维亚和英国的城市会社一般都带有行会性质。在英国，城市会社的典型形式就是那种垄断了城内零售业的商人基尔特。[34] 日耳曼的商人行会在多数情况下都是按照具体的行业分支加以专业化的，比如往往很有势力的布料商行会和零售商行会。这种分支的变异使得行会被用作了远程贸易的组织形式（对于这种功能此处不赘）。

城市并不像许多人认为[35]的那样是源自基尔特。反过来说才始终是正确的：基尔特源自城市。此外，基尔特实际上仅仅在一些小城市才获得了支配权（主要是在北欧以及——尤其是——英国，作为

---

* wergild，见本书第一卷第 218 页中译者注。

summa convivia）；[36] 毋宁说，一开始就在城市里攫取了权力的是那些
贵族“世家”，它们与基尔特根本不是一回事。因为，基尔特不等于
coniuratio，就是说，不等于歃盟城市会社。最后还应指出，基尔特从
来就不是城市中唯一的联合体类型。除了它们以外，我们还能看到包
括了若干或全部职业代表的宗教联合体，以及纯粹在经济上产生了职
业分化的联合体——同业公会（Zünfte）。[37] 在整个中世纪，宗教性会
社的创立，即兄弟团契，是与各种具有政治、基尔特和同业公会性质
的联合体并驾齐驱的，这两种类型的运动在许多方面都会相互重叠，
相互交叉。特别在手工业者当中，宗教联合体更是发挥了因时因地而
异的重要作用。有文献证明最早的日耳曼手工业者宗教会社——1149
年科隆的床单织工（Bettziechen-Weber）**兄弟会**，比相应的职业联合
体[38] 出现得更晚，但这一事实本身并不能证明职业会社——或者说具
有特定职业目的的会社——到处都是更早的原生态组织形式。然而，
这对同业公会来说却是规律。对此可以做出以下推测给予说明：至少
在意大利之外，自由手艺人联合体都是按照领主的依附性工匠组织作
为样板而形成的，每个单元都有一个师傅为首。但在其他情况下，宗
教**兄弟会**就是后来职业联合体的结晶点。因此，直到最近这一代人，
俄国犹太人工会的形成还是开始于购置对于正统犹太人至关重要的物
品:《托拉》经卷*。同样，许多基本上具有职业取向的中世纪联合体， 1258
都会把社会与宗教关切置于突出地位，如果它们主要是职业性的，就
会尽力争取某种宗教承认。这是中世纪绝大多数基尔特——事实上也
是所有类型联合体——的必由之路。这绝不是仅仅为了掩饰强烈的物

* 见本书第 1120 页中译者注 *。

质关切。后来几个世纪出现的最早的雇工联合体的冲突都不是为了劳动条件，而是为了宗教礼仪的问题，诸如列队行进祈祷时的排列顺序之类，这一事实再次证明，无氏族的市民在身份演变过程中会多么强烈地受到宗教因素的影响。但在同时，另一个要点也变得十分清晰了：这种类型的社会状况与禁忌封闭的种姓社会状况之间形成了巨大反差，后者能够阻止任何性质的兄弟团契关系转化为一个公社。

总的来说，这种宗教与社交兄弟会，不论它们的由来被认为是更早还是更晚，其成员都基本接近于商业公司或同业公会的成员，对此后面还会详述。职业群体本身并不像人们经常认为的那样都是一些从某个原先统一的全体市民行会中分裂出来的组织（尽管事实上间或也会出现这种情况），因为，某些同业公会要比最古老的 coniurationes 都悠久。职业会社也不是 coniurationes 的初级阶段或者前身，因为它们在世界各地随处可见，即使在从未出现过市民公社的地方也是如此。所有这些联合体的影响实际上都是间接的。它们推动市民逐渐习惯于在追求共同利益时结成联盟，并提供了这样的示范，即逐渐把领导职位合并到在这种联合体方向上获得了经验与社会影响的人们手中，由此推动了城市会社的发展。

非常自然，进一步的发展已经证实，在北欧以及其他各地，关注城市贸易政策独立性的富裕市民，会与贵族一起积极参与 coniuratio 的形成，为它筹集资金，保持运动的发展势头并迫使市民大众宣誓支持——科隆**富人俱乐部**（Richerzeche）授予公社成员资格的权利继续保留了下来。举凡市民经济联合体与贵族“世家”一起参与 coniuratio 运动的地方，在正常情况下，牵涉其中的唯有商业行会。在英国，我们可以看到，在那个厌恶商人的时代，迟至爱德华二世统治时期［1307—1327］，小市民仍在指控有权有势者要求他们及同业公会宣誓服从，并且凭借这种篡夺来的权力向他们征税。[39] 在绝大多数“自发的”篡夺性城市团契中大概都能看到类似的现象。 1259

一旦革命性篡夺在一些大城市获得成功，创建新城市或者向现有城市重新颁发特许状的政治领主，就会出于竞争的原因，没等会社正式形成便匆忙授予其市民大小不等的、其他地方已经获得的权利。由此，城市会社的成就便形成了燎原之势。更进一步推动了这种趋势的则是以下事实：管理聚落运作的经营者或者未来的居民本身，只要他们凭借财富或者社会地位足以抗衡城市创建者，就能确保得到特许、获准利用旧有城市之一的市政法，例如弗赖堡市民得到特许利用科隆的市政法，诸多南德城市获准颁行弗赖堡的市政法，东部各城市则得到了马格德堡的市政法。在发生争端的情况下，被授予了法律的城市的法院就要受理申诉作出权威解释。城市创建者渴求的定居者越富有，他会发现自己被迫做出的让步就越大。例如弗赖堡的24名coniuratores fori就扮演了相当于科隆富人俱乐部的角色，康拉德·冯·策林根曾对他们立誓保护新城市的市民享有各项自由。[40] 他们被授予了相当可观的个人特权，而且作为公社的执政官，他们一开始就控制了城市的统治权。

如果王公或采邑领主创建了城市或者授予其特权，这时所产生的最重要成果之一，就是市民被组织成了一个拥有自己的行政机构的“公社”（Gemeinde）。在日耳曼，这些行政机构都是以一个“市议会”（Rat）为首，这被认为是一个“城市”及其自由所不可或缺的方面。市民会要求得到自主任命市议会成员的权利，而获得这项权利不会没有斗争。1232年，腓特烈二世皇帝曾下令禁止所有城市的市民不经主教同意就设立市议会和市长，沃尔姆斯*的主教还为自己或其代表争得了市议会议长的职位以及任命市议会成员的权利。[41] 在12世纪末的斯特拉斯堡，一个包括了市民代表和5名主教**侍臣**的市议会取代了主教的行政机构。在巴塞尔，主教设法弄到了一项废除市议会的皇帝敕
1260 令，尽管——像黑格尔推测的那样[42]——当初恰恰是皇帝本人批准建立的市议会。但在南德的许多城市，其首脑却始终是由领主任命或认可的市议长（Schultheiss），市民只有从城市领主那里买得官职才有可能摆脱这种控制。在南德几乎所有城市的文献中，我们都能越来越频繁地发现，除了**议长**之外还有一位市长，而市长最终普遍都会坐上第一把交椅。与**市议长**相反，市长始终都是城市行会的代表，因此他的职务就是源自篡夺，而不是源自领主行政。但是，由于许多日耳曼城市有着不同的社会构成成分，这种14世纪的市长一般都不再像意大利的执政官那样是贵族世家的代表，而是职业联合体的代表。因此他属于后来的发展阶段，与意大利司法行政官相当的日耳曼角色是较早时期的scabini non jurati和执政官。[43]

最初，市民联合体中的积极成员必须拥有可以继承和转让的城市土地，豁免强制服役，免除领主负担（贡赋）或者仅仅负担固定数额。然而，城市土地必须为了城市的目的负担市政税（Schoss）；事实上，这在日耳曼已经成为资产阶级土地保有权的明确特征。后来，其他财产也变得必须负担市政税，特别是货币和贵金属。不拥有这种

---

* Worms，德国西南部莱茵兰—普法尔茨州城市，莱茵河左岸港口。最初是凯尔特人的居民点，公元413年成为勃艮第首府，20多年后该城和勃艮第王国遭受匈奴人浩劫，由此产生史诗《尼伯龙根之歌》中的许多传说。约600年时成为主教管区和加洛林、萨利克王朝皇帝们最喜欢的驻地。1156年成为神圣罗马帝国的自由城直到1801年。

土地的城镇居民，最初只是受保护的城市客居者，不论他们的社会地位如何。

八、西方城市军事自主权的意义

分享城市官职和参与市政会，这种权利曾屡经变化，对此下一节将会谈到。但我们必须首先提出这样一个问题：究竟是什么原因最终引起了城市在地中海周围以及后来在欧洲的发展，同时却又妨碍了它在亚洲的发展？对此，前面已经给出了一个答案，即氏族联合体以及印度种姓的巫术纽带，到处都会阻碍城市**兄弟团契**，从而还有城市**公社**的发展。在中国，氏族乃是核心宗教关切——祖先崇拜——的载
体，因而是牢不可破的。在印度，种姓是一种特殊人生行为的载体， 1261
个人在来世的命运要取决于对这种行为方式的遵守程度，因此各个种姓在礼仪上是相互排斥的。兄弟团契的礼仪障碍在印度的确是绝对的，但中国并非如此，甚至在近东也不完全如此，那里的氏族纽带仅仅构成了一种相对的障碍。观察这些地区需要考虑一个完全不同的要素：军事体制的差异，尤其是它在经济与社会学基础上的差异。

在近东和埃及，较低程度上也包括中国，河流调节的必要性和灌溉政策导致了王室官僚制的发展，最初这仅仅是为了应付建设任务，但接踵而至的是整个行政的官僚化，它使国王能够通过行政机器和这部机器提供的收入，把军事行政置于他自己的官僚制管理之下；强制征召并由仓廪提供装备和给养的“军官”与“士兵”组成的军队成了军事权力的基础。结果则是军人与战争手段［所有权］的分离，以及臣民毫无军事自卫能力。在这种基础上，市民中就不可能出现任何独

立于王权的政治公社。这里的市民完全是非军人。西方的情况则完全不同，在西方，直到罗马皇帝时代，通行的仍是军队**自我装备**的原则，无论那是农民军队、骑士军队还是市民的民兵。不过，这就意味着必须服军役的个人在军事上的**自主性**。克洛维国王相对于他的军事扈从的地位，便说明了一个对于任何自我装备的军队都具有基本意义的原则：领主在很大程度上要依赖于军人的良愿，而军人的服从是他政治权力的唯一基础。[44] 他比任何一个单独的军人都更有力量，也比任何一个小集团都更强大，但是，如果他的军人形成了任何一个更大的联合体反对他，那就会让他变得完全无能为力。在这种政治结构中，领主缺少一个官僚制的行政机器，即缺少一个因为完全的依附性而盲从的强制工具；如果他赖以进行统治的各个阶层合力反对他，除非他向军事和经济上独立的**显贵**阶层——他们担任着行政职位并为他提供了高级官员和地方官员——做出让步，否则他就没有出路。但在西方，只要领主向军事上独立的臣民提出新的**经济**要求，特别是**货
1262 币**支付的要求，就几乎总是会形成这种联合体。西方——且只有在西方——出现的各个“等级”就可以从这些关系中得到说明，自治性法人城市公社的发展同样如此。城市臣民当中蕴藏的财政力量会迫使领主在不得已的情况下屈尊求助并进行谈判。诚然，印度和中国的行会以及巴比伦的“财主”也拥有财政实力，可以迫使国王不得不有所收敛以免把他们吓跑。但这并不能使城市居民——不管他们可能多么富有——团结起来对城市领主形成一种**军事上**的制约。相比之下，从古代早期开始，西方的所有 coniurationes 与城市组合，就一直是各个**武装的**城市阶层的同盟。这就是决定性的差异。

注 释

1 在罗马法中，institor（代理人）是被商业企业所有人指定代理他经营企业的人，可以缔结由主债务人承担连带责任的契约。**父权**（patria potestas）支配下的奴隶或人一般都被用于这个目的。参阅 *Paulys Realencyclopädie der classischen Althertumswissenschaft* 中的“institor”词条，newly edited by Georg Wissowa（Stuttgart 1894—1965；henceforth cited as；Pauly-Wissowa，RE），vol. IX（1916），cols. 1564—65。

2 即构成了他们特有产（peculium）一部分的商品（merx），见第八章，（二）注 124。

3 “城镇的空气带来自由”。关于这个众所周知的原则的实质内容，见 Hans Strahm，“Stadtluft macht frei”，载 *Das Problem der Freiheit in der deutschen und schweizerischen Geschichte*（Institut fur geschichtliche Landesforschung des Bodenseege biets，“Vorträge und Forschungen”，ed. Th. Mayer，vol. Ⅱ：Konstanz：Thorbeke，1955），102—121。

4 关于 14 世纪苏黎世的军事团契，见下文（四），注 1。

5 Brodie Cruickshank，*Eighteen Years on the Gold Coart of Africa.*（London：Hurst & Blackett，1853），1，240—52（*Cabboceers*，242；*pynins*，250）.（W）

6 Albert Hermann Post，*Afrikanische Jurisprudenz：Ethnologisch-juristische Beiträge zur Kenntniss der einheimischen Rechte Afrikas*（Oldenburg：Schulze，1887）.（W）

7 “［穆罕默德之婿］阿里的后裔对［第一任哈里发］阿布·伯克尔不满的主要原因，是后者不愿商谈先知穆罕默德作为共同体首领而拥有的某些土地，那是穆罕默德家族的遗产；特别是在‘斐得克绿洲’（‘gardens of Fadak’）问题上的冲突，导致阿里建立了自己的党。”（Snouck Hurgronje，*Mekka*，1，32）**什叶**的意思就是“党”，该词一度曾变成了专指穆斯林运动的一部分，它认为只有阿里的后裔才是先知穆罕默德的当然继承人。

8 关于中国的氏族和印度的种姓与城市的关系，参阅韦伯更广泛的论述，见“儒教与 1263
道教”和“印度教与佛教”，*GAzRS* 1，290ff.，353f.，375ff.；Ⅱ，36ff.（*Religion of China*，13ff.，66ff.，86ff..；*Religion of India*，34ff.）。

9 一种单独创建活动的传统，叫作 synoikismos（聚合，即共栖或共屯，housing or settling together），存在于许多希腊**城邦**中。在某些地方这可能反映了一个实际的事实；在其他地方，传统则把单独创建活动解释为一个合并与臣服的过程，某个包括了大概若干城邦以及其他政治共同体的区域围绕一个单独的中心逐渐达成了统一。这无疑就是阿提卡 synoikismos 的情形，它被认为始于神话英雄特修斯（Theseus）。参阅 Victor Ehrenberg，*The Greek State*（New York：Norton，1964），26ff。

10 关于锡耶纳贵族的合伙关系，参阅 Ferdinand Schevill，*Siena. The History of a Medieval Commune*（New York：Harper Torchbooks，1964），278—280。关于城堡联合体的地位，详情可参阅 Casimir Chledowski，*Siena*（Berlin：Cassirer，1913），I，68ff。

11 Hantgemal 是中世纪日耳曼自由人，尤其是骑士家族可继承的家族不动产。在古萨克森的**赫利兰**（Old—Sexon Heliand），这位救世主及其使徒着装的“当代”状貌，犹如一个日耳曼武士国王率领着他的军事扈从。

12 约公元前 450 年巴比伦囚虏之后。因为氏族代表与聚合组织的名册把那些“不能指明其宗族和谱系”者排除了出去。参阅《以斯拉记》，8；《尼希米记》，7 和 11。

13 Speier 的 Rüdiger 主教在 1084 年称，“putavi milies amplificare honorem loci nostri，si et Judeos colligerem”。参阅 Karl Hegel，*Die Entstehung des deutschen Städtewesens*（Leipzig：Hirzel，1898），113。

14 *Kölner Schreinsurkunden des zwölften Jahrhunderts*，ed . Robert Hoeniger（Gesellschaft fur rheinische Geschichtskunde，“Publikationen，”1/1—2；Bonn：Weber，1884—1892）。一份 1149 年的科隆基尔特文件甚至证明“市政厅”——domus civium——就是 inter Judeos sita。参阅 Hegel，*Städtewesen*，*op. sit.*，115。

15 关于 gerim，参阅 *AJ*，32ff。

16 城市议员。韦伯这里（再次）希望证明一个论点，即在古代时期，传统的或者人为的城市“部落”分支都是一些兄弟会，但城市作为一个整体却不是，因为阿提卡的五百人会议就是各个宗族（部落）的代表。在克利斯提尼的政体下，10 个宗族各自向五百人会议派出抽签选出的 50 名**议员**，这些代表团分别在当年的十分之一时间里充任城市的执行委员会，这段时间就被叫作“prytanies”。关于这个制度的运作情况，见 Ehrenberg，*The Greek State*，31，63ff.；A. H. M . Jones，*Athenian Democracy*（Oxford：Blackwell，1964），ch . V。

17 J. Hatschek，*Englische Verfassungsgeschichte*，113（“communa non est capax libertatis”），269（first appearance as corporations）.（W）

18 世俗法官；加洛林王朝建立的制度，作为 schepen，échevins，scabini 通行于欧洲大陆。关于他们的重要意义，见第八章，（三），注 53。

19 关于“属人法”与“人格原则”，参阅第八章，（二），五。

20 Konrad Beyerle，“Die Entstehung der Stadtgemeinde Köln”，*Zeitschrift der Savigny-Stiftung für Rechtsgeschichte*，Germ. Abteilung，XXXI（1910），1—67.（W）

21 关于 Ding（或 thing：日耳曼人的司法大会）和 *Dinggemeinschaft*，参阅第八章，（三），六。

1264 22 就是说，有相当多的新机构大概是在 1112 年由 coniuratio 建立的，后者却是直至半个世纪到一个世纪之后才变得引人注目的。Schöffenbank（世俗法官委员会）在城市领主（这里则是大主教）的统治下也承担了许多行政功能，并且与堂区共同体的祭司一起构成了旧时的行政系统。Altstadt 是古罗马的聚落，为科隆市唯一有城墙环绕的那部分，直到 1106 年临时驱逐了大主教之后，若干郊区才圈进了新的城墙之内；圣马丁郊区位于河滩老城墙以外，是个市场聚落。见 Beyerle，“Die Entstehung der Stadtgemeinde Köln”，*loc. cit.*，67。

23 大主教康拉德（Archbishop Konrad of Hochstaden）在 1258 年的仲裁判决书（Schiedsspruch）中发出的抱怨。参阅 Hegel，*Städtewesen*，*op. cit.*，185；id.，*Städte und Gilden der germanischen Völker im Mittelater*（Leipzig：Duncker & Humblot，1891），II，335—40。

24 关于腓特烈二世皇帝1232年的敕令，参阅下文注40。

25 关于下文的许多内容，请参阅 Cairl Hegel，*Geschichte der Städteverfassung in Italien*（Leipzig：Weidmann，1847），Ⅱ，chs. 4—6，韦伯在写作这一节时似乎参考了这几章。

26 关于 capitanei、valvassores 和 cives 的地位，参阅 Hegel，*Städteverfassung*，*op. cit.*，Ⅱ，144ff. and 161f。

27 compagna communis 系热那亚联合体的名称，大概始于1099年。参阅 Hegel，*Städteverfassung*，*op. cit.*，Ⅱ，178ff。

28 主教与10世纪 Ydo 子爵的后裔——热那亚的维斯孔蒂——在1099年以及后来年代的 compagna 中的联盟，都是为了直接对付帝国总督的。由各个子爵世家占用的官职收入，包括进城费、港口费、市场及护照费。参阅 Erik Back，*La cité de Gênes au* XIIe *Siècle*（Kopenhagen：Nordisk Forlag，1955），34，37，43。

29 关于低地国家的发展，参阅 Hegel，*Städtewesen*，*op. cit.*，190ff。关于荷兰各城市一直存在到15世纪的 Vroedschap（即智囊，拉丁术语为 sapientes）团体，详见 Hegel，*Städte und Gilden*，*op. cit.*，Ⅱ，267—72。

30 见 Beyerle，"Die Entstehung der Stadtgemeinde Köln"，*loc. cit.*，64—67。这些假设实际上最早是由 H. Keussen 提出的，见他的"Die Entwicklung der älteren Kölner Verfassungsgeschichte und ihre topographische Grundlage"，载 *Westdeutsche Zeitschrift*，XXVIII（1910），503ff。

31 关于英国商业公司及其在地方政府中的角色，参阅 Sylvia Thrupp. *The Merchant Class of Medieval London* 1300—1500（Ann Arbor：The University of Michigan Press，1962），chs. I—II。

32 关于巴黎的**水商行会**（hanse des marchands de l'eau），参阅 Henri Pirenne，*Economic and Socicl History of Medieval Europe*（new York：Harcourt，Brace Harvest ed.，n. d.），94，以及脚注14给出的原始资料；另见 Hegel，*Städte und Gilden*，*op. cit.*，Ⅱ，86—110。

33 参阅 Hegel，*Städte und Gilden*，*op. cit.*，1，20。

34 关于英国的商人基尔特，参阅 *Cambridge Economic History of Europe*，Ⅲ，190ff。

35 暗指19世纪末、20世纪初德国史学界发生的那场激烈争论。参阅 Edith Ennen，*Frühgeschichte der europäischen Stadt*（Bonn：Rohrscheid，1953），165—179（"Gilde und coniuratio"）。

36 丹麦语的基尔特为 gelag，意思是狂欢宴饮。在拉丁文献中这被理解为 convivium，一
种 summum convivium，或者大约1200年石勒苏益格《城市法》（Schleswig *Stadtrecht*） 1265
提到的最高城市基尔特。参阅 Hegel，*Städte und Gilden*，*op. cit.*，I，6，149，163。

37 韦伯根据标准的德国术语对**基尔特与同业公会**（Gilden 与 Zünfte）作出了区分，前一种联合体往往是由"全城"构成的单一联合体，其中发挥支配作用的乃是商业利益集团；后者则是生产者的作用更为重要。然而，这个分界线并不那么严格［见韦伯本人的提示，下文（三），五］。在中世纪英国，后一种组合往往被称作"craft"或"mistery"，但是现代英语的"基尔特"却用于指称这两种群体。我们这里把德语的 Zunft 交替译作同业公会或"行会"，以保留德语 Gilde 一词的本意。

38 参阅 Hegel，*Städtewesen*，*op. cit.*，120f。

39 参阅 Hatschek，*Englische Verfassungsgeschichte*，267f。

40 载于 1120 年的基金会章程。见 Hegel，*Städtewesen*，*op. cit.*，38ff.，再版的文件部分。

41 应沃尔姆斯主教海因里希以及某些其他主教和诸侯的要求在 1231—1232 年拉文纳会议上发布的 Statutum in favorem principum。海因里希主教在获得了一项对付顽抗的臣民的帝国禁令之后，于次年通过与该城市签订的一项条约而确立了他的权利。参阅 Hegel，*Städtewesen*，*op. cit.*，177f。

42 见 Hegel，*Städtewesen*，*op. cit.*，182。（1218 年）的这项禁令似乎并未真正生效，因为几年之后巴塞尔议会仍然存在，或者说恢复了存在。关于斯特拉斯堡的发展，见前引书，178—180。

43 例如 1258 年未经宣誓的科隆**陪审官**（参阅注 23）以及先前提到的 1112 年科隆 coniuratio 的**富人俱乐部**成员。

44 克洛维，墨洛温国王，统治时期为 481—511 年。毫无疑问，韦伯这里是想到了图尔的格列高里（*Historia Francorum*，ii：27）讲述的著名的苏瓦松封臣事变。克洛维想要把一件被夺走的圣器归还教堂，他不得不乞求集合起来的军队让他 extra partem（多有所得），就是说，这超出了由抽签决定的他的战利品份额。单独一个武士的拒绝就阻止了这位国王的意图。但是，故事的结局表明，即使在这样的条件下，早期的封建国王也不是没有某些惩罚权力：在接下来的例行验枪时，克洛维国王就像任何一个老练的军士长一样找到了理由责难这个武士的武器，并且合法地猛击了他的脑袋。

1266

（三）中世纪和古代的贵族城市

一、贵族城市统治的性质

由于城市的土地所有者（而不光是主要的**显贵**）一般都会参与 coniuratio，于是市民大会——在意大利称为 parlamentum（民众大会）——就被正式看作是公社的最高主权机构。这种人民主权的概念往往都在形式上得到保留，尽管事实上显贵们会完全占据支配地位，在早期阶段尤其如此。担任官职和参与市议会的资格很快在形式上也仅限于少数贵族“世家”，而且在许多情况下从一开始就产生了一个共识，即只有他们才有资格占据市议会席位，尽管这只是未言明的共识。如果不是这种情况，也会极为自然地从以下事实中发育出一个人数有限的统治阶层：只有那些经济上负担得起的人才能做到规律性地参与市民大会的集会，更重要的是能够有时间彼此商议公共事务的管理。这一点在英国可以看得特别清楚。参与城市行政管理，这在任何地方最初都被感到是一种负担，因此，接受这种负担只是因为存在着一种明确的义务。在中世纪早期，市民必须每年出席三次定期的集会（echte Dinge），但那些没有直接政治兴趣的人就不会出席非强制性的“邀请”集会（gebotene Dinge）。对公共事务的**指导**非常自然就落入了因其财富和——不应忽略的是——以财富为基础的军事实力而受到敬重的人们手中。

因此，正如后来有关意大利**民众大会**程序的文献所示，这种大型集会所代表的不过是要么鼓掌欢呼被动通过显贵们的提案，要么群起鼓噪发出一片反对之声的听众。众所周知，在早期阶段，这种大会从 1267
来没有以任何持续性的关键方式决定过选举结果或者影响过城市行政举措。形成多数的往往是那些在经济上依附于显贵的人们。因此，合乎逻辑的是，后来**人民**（popolo）登上权力舞台总是会伴随着一个现象，即喧嚣骚乱的全体市民大会被一种较小型的、由合格市民的代表或者明确限定资格的群体构成的集会取而代之。同样合乎逻辑的是，僭主政治的开端和**人民**（popolo）的失势也都是以复活旧时的平民“议会”为标志［比如 1513 年佛罗伦萨的情形］，吉罗拉莫·萨沃纳罗拉早［在将近 40 年前］就告诫佛罗伦萨人民要对此保持警惕。

事实上，即便没有成文法的依据，城市也会作为规模不等的**显贵**群体所领导的身份联合体而出现，或者很快就会变成这种联合体。我们已在别处讨论过这个阶层的独特性。这种**事实上**的支配要么会转变成得到法律认可的对市政的垄断，要么会由于一系列进一步的革命而被削弱甚至彻底消除。垄断了城市行政的显贵们一般称之为“贵族”（“die Geschlechter”，字面意思为“世家”），他们居于行政支配地位的时期，我们称之为“贵族支配”（Geschlechterherrschaft）。

这些贵族“世家”并不完全同质。它们的共同之处在于，其权力地位乃是依赖于土地财产和并非出于自有生产单位的收入。但除此之外，它们可能会表现出极为多样的特性。在中世纪，外在生活行为的独特特征对于身份群体的形成具有特殊的意义，此即一种骑士生活方式。由此衍生出了参与马上比武的资格，接受封地的资格以及与非城市小贵族平起平坐的所有其他身份属性。至少在意大利，只有城市各阶层才会具有这些能被算作贵族的特性，但在北欧，绝大多数情况下也是如此。以下谈论贵族“世家”时，如果没有专门另做说明，我们始终就是首先指的这种特征——当然，需要记住，其间总是存在着界线模糊的过渡阶段。

在某些极端情况下，贵族的支配总是会导致一个特殊的城市贵族群体的出现。在这项发展——例如古代时期——受到贸易城市海外政策强烈影响的地方，情况尤其如此。威尼斯即是典型范例。

1268 ## 二、威尼斯贵族的垄断性封闭统治[1]

一般行政，尤其是军队的征募日益地方化，决定了威尼斯的早期发展方向，而军队的地方化在哈德良统治时期［117—138］就已经开始了，罗马与拜占庭国家的公益性派捐性质则进一步推动了这一过程。地方要塞的士兵越来越多地从当地人口中征募，这实际上就意味着由当地的地产所有人提供依附性科洛尼作为兵员。[军事单元] numerus 由一个**长官**（dux）及其副手**护民官**（tribuni）统帅。护民官职位在形式上也变成了一种公益性派捐负担，但在同时，它实际上又是当地拥有地产并提供军官的**家族**的一种特权。像在其他地方一样，这个职位实际上变成了某些家族的世袭职位。然而，直至进入 8 世纪时，**长官**（dux）始终都是由拜占庭任命的。

这个由护民官世家构成的军事贵族群体，乃是最古老的城市贵族的核心。随着货币经济的萎缩及拜占庭帝国日益军事化，护民官贵族的权力使得罗马时期的地方民政当局**库里亚**（curiae）和**护民官**（defensores）变得完全无足轻重了。[2] 启动了威尼斯城市形成过程的那场革命，像在公元 726 年意大利的所有城市一样，矛头所向是那个时期破坏圣像的政府及其官员，并且产生了一个永久性的结果，即由护民官贵族和神职人员一起选举**长官**（总督）。但是很快，一心要成为家产制城市君主的总督便开始了与贵族和牧首等对头的斗争 [牧首的利益由于君主要建立家产制控制的教会（Eigenkirche）而遭到了侵害]，这场冲突持续了 3 个世纪之久。总督得到了东西 [拜占庭和德意志] 两个帝国宫廷的支持。拜占庭支持他任命自己的儿子为副摄政，以此为手段完全按照古代传统确立该职的世袭性。德意志皇帝的一位外甥女瓦尔德拉达的嫁妆，则给那位末代坎迪亚诺 [3] 提供了再次扩充外国扈从，尤其是扩充私人卫队的财力——那里的公爵统治自 811 年以来就是建立在这支私人卫队基础上的。

那个时期的总督统治，作为家产制城市君主统治的性质，极为引
人注目地表现在以下细节中：总督同时还是一个采邑大领主兼大商人； 1269
他（部分是出于政治原因）垄断了东西方之间的邮路，因为威尼斯乃

是必由之路，并且自 960 年以后利用教会的抗议还垄断了奴隶贸易；[4]他不顾教会的反对而自行任免牧首、修道院院长和神职人员；他是法院院长（Gerichtsherr），可以任命法官并撤销有争议的判决，尽管在这方面多少受到了由于法兰克人的影响而传播到威尼斯的日耳曼部落人民审判大会共同体社团原则的约束。公爵的行政是通过家产制官员和封臣进行的，尤其在威尼斯的外国人聚居区，还要借助于教会。在一份遗嘱声明中可以看到那种世袭王朝的倾向：里面不仅提名了一个副摄政，而且具体谈到了对统治权的安排。总督自己的财产并未与公共财产加以区分。他用私产装备舰队，维持雇佣军，支配工匠们应为公爵宫殿提供的劳役，有时还会任意加派劳役。这种任意加派显然是不断增长的对外政策之需所致，为 1032 年一次成功的反叛提供了决定性的刺激，也为心怀敌意的贵族削弱总督的权力提供了手段。如果始终处在军事上自我装备那样的条件下，总督就远比任何单个的贵族世家都强大，他甚至可以抗衡绝大多数临时结成的联盟，但是，他不可能对付所有贵族世家形成的联合体；正如至今还能看到的那样，一旦他向贵族阶层提出**财政**要求，这种联合体就肯定会出现。

在相当民主的法律形式下发生了这些事件之后，居住在丽都[5]的城市贵族的支配便开始了。新政权的第一个法案就是禁止任命副摄政，这项举措直接反对按照罗马模式确立的世袭继承，被［克雷奇迈尔］恰如其分地称作“共和国的第一部宪法性法律”。[6]经过一个半封建的过渡期之后（在这个过渡期间，总督与**公社**之间也像其他地方的区域诸侯与各封建等级之间那样划分了权利和负担），［每个新总督的］选举承认都要顾及他人的意愿；他们在形式上把总督贬到了被严格控制的有薪官员的地位上，受到了种种留难性的宫廷礼仪的羁绊，在社会上则把他贬为贵族社团中的**同侪之首**。

莱纳尔非常准确地观察到，总督的权力地位过去是凭借他与外国列强的关系得到巩固的，现在的削弱也是开始于对外政策领域，**智囊**委员会（首见记载于 1141 年）把它置于了自己的控制之下。[7]不过应当更突 1270
出地强调指出，也像在其他地方一样，这主要是因为迫于好战的殖民和贸易政策带来的**财政**压力，而这种压力使得贵族阶层参与公共行政变得不可避免；后来在货币经济条件下，诸侯战争的财政需求以同样方式导致了欧洲大陆各等级的崛起。阿历克塞皇帝[*]的 Chrysobullon[8] 标志着希腊商业霸权的终结，并确立了威尼斯人在东方的贸易垄断，以此换取后者为拜占庭帝国提供海上保护和频繁的财政援助。越来越多的威尼斯公共、教会及私人财富被投入了东罗马帝国的贸易、各种类型的 ergasteria（可租赁作坊）、政府税收的承包以及不动产。为了保护这些投资而发展起来的军事力量导致威尼斯参与了拉丁骑士的征服战争，这使她在拉丁帝国获得了著名的八分之三份额（quarta pars et dimidia）。[9]在丹多洛[**]的法典编纂之后，[10]所有殖民征服的成果都被细心地看作应当依法属于公社及其官员，而不是属于总督，这使总督的权力最终一蹶不振。**公社**的公债及持续的货币支出，显然就是这种对外政策的伴生现象。要想满足这种财政需求，只能转而借助于贵族的财力，就是说，求助于旧时的护

---

* 指阿历克塞一世（Alexius I，1048—1118），拜占庭皇帝，康尼努斯王朝创建者，1081—1118 年在位。

** Enrico Dandolo（1107—1205），名门之后，曾任威尼斯驻君士坦丁堡、西西里和费拉拉使节，以鼓动进行第四次十字军东征，一度推翻拜占庭帝国，扩大了威尼斯疆土而知名。85 岁时当选为威尼斯共和国总督（1192—1205），任职期间曾制定法律限制总督权力。

民官贵族阶层，这个无疑由于补充进某些新贵而壮大了的阶层，因其在城市定居而能通过投资于**康门达**及其他契约类型的贸易、投资于其他盈利行业，以分享城市提供的积累财富的机会，货币财富和政治权力最终便集中到了这个群体手中。

因此，在总督遭到剥夺的同时，所有的政治权力都集中到了贵族统治下的威尼斯城，而这个公爵领地的农村地区却在日益丧失一切政治权利，直到 12 世纪，总督 placita[11] 才有了乡村（护民官出身的）**显贵**的代表，至少名义上是如此。但是，随着**威尼斯公社**（comune Venetiarum，首见记载于 1143 年）的形成，这种情况就不复存在了。此后便出现了由市民选举产生的“**智囊**委员会”，总督要手按宪法向它宣誓。该委员会的成员似乎完全限于住在里亚尔托的大地主，他们的主要经济关切就是资本的海外利用。[12]

1271 几乎所有的贵族城市都存在一个“大的”（立法）和一个“小的”（行政）显贵委员会，两者的分野 1187 年于威尼斯首见记载。全体土地所有者**事实上**被剥夺了参加集会的权利（他们的欢呼通过在形式上一直保留到 14 世纪末）由一个小型的**贵族**选举团提名总督；官员**事实上**仅从被认为有资格担任委员会成员的家族中遴选，以及他们的名单最终在形式上也限定了范围［1297—1315 年实行了 Serrata del Gran Consiglio（大委员会封闭制）；这种名单成了后来《金玺诏书》[*] 的前

---

* 指 1356 年神圣罗马帝国皇帝查理四世颁布的帝国大法《查理四世皇帝金玺诏书》（*Golden Bull of Emperor Charles IV*）。因钤以金玺，故名。该诏书的目的是要把德意志统治者的选举牢牢置于 7 名选帝侯的控制之下，并保证候选人得到多数票即可继承皇位。这样就可以不理睬教皇提出的对竞选者进行考察和对选举进行批准的要求。诏书还规定，皇帝空位时由萨克森公爵和巴拉丁伯爵摄政，这又否定了教皇的摄政要求。理论上这些特权仅限于 7 名选帝侯，但实际上很快就包括了所有诸侯。

身］；所有这一切都不过是上述发展的继续，其中细节此处不赘。

贵族世家分享海外政治与经济机遇的巨大经济优势，促进了权力在它们手中的垄断化。城市贵族发展了对广大陆海区域的家产制专制统治，同时却又保持了贵族世家之间极为严格的相互控制，这使威尼斯的宪法与行政技术闻名遐迩。贵族的纪律从未受到动摇，因为和斯巴达人一样，他们也想方设法牢牢控制一切权力手段并坚持一套比任何其他地方都更严格的公务保密制度。这一点之所以成为可能，首先是因为分享联合体巨大垄断利润的所有成员在国内外的利益是休戚与共的，这对每个个人来说都不言而喻。利益上的这种休戚与共把每个贵族都强行整合进了这个实行专制统治的集体。从行政技术的角度来说，这种休戚与共的实现乃是：1. 凭借竞争性的诸权力分立；中央各机构的官方权威相互重叠，不同的专业行政部门几乎始终都被赋予了司法与行政权力且在管辖范围上彼此冲突；2. 凭借管理属地的官员之间相互监督的职能分工；司法、军事和财政等方面的行政始终掌握在全部是贵族出身的不同官员手中；3. 凭借短期任职和巡回监督官员的制度；4. 自 14 世纪以后还凭借一种政治调查法庭，即“十人委员会”，最初形成［于 1310 年］时乃是为了调查具体的煽动叛乱罪，后来成
了一个裁判政治犯罪的常设机构，最终还对贵族的全部政治与私人行 1272
为进行监督，而且撤销“大委员会”决议的情况也并不罕见，基本上获得了一种护民官式的权力，并以快捷的保密程序行使这种权力，以确保它在公社享有最高权威。只有贵族对它心怀畏惧，但在臣民当中显然是最得人心的机构，因为臣民被排斥在政治权力之外，发现它是能够成功控告贵族官员的唯一有效的手段。在这方面，它比罗马的 quaestio repetundarum[13]（敲诈勒索罪刑事法庭）更有效。

覆盖了更大内陆版图、越来越依靠雇佣军支持的威尼斯帝国，可以作为一个特别纯粹的极端事例用来说明贵族城市的发展过程。统治广大版图的权力被集中到了一个城市公社的手中，在公社内部又被集中到了一个贵族阶层手中，但从一开始，伴随权力的集中就出现了一个极为不同的现象。公社的巨大支出——这使公社必须依赖于提供资金的贵族阶层——并不仅仅是由于对军饷、海军建设以及战争物资的需求，而且还由于行政制度的深刻变革。贵族阶层在与总督的斗争中找到了一个援军，这是西方所独有的一种力量，即日益壮大的教会官僚制。公爵权力不断遭到削弱的同时，随着主教叙任权之争[*]又出现了政教分离，这并非偶然；事实上，意大利各城市一般都从打破这种束缚中获得了实惠，其渊源就在于诸侯们有权建立并控制自己的教会（Eigenkirchenrecht），它构成了家产制和封建制权力迄今为止最强大的后盾之一。到 12 世纪，教会和修道院通过出租威尼斯的海外殖民地行政权而取代了世俗的权力机构并使之成为多余。它们被淘汰出世俗行政则是它们与政治权威相分离的必然结果，但这就必须——最初是在海外殖民地——创造一个有薪的世俗官员阶层。[14]这项发展在恩里科·丹多洛时代也暂告停止。基于政治上的考虑，但也是为了让尽可能多的人轮流任职的短期任职制度，任职资格被限定于贵族世家，居于统治地位的都城那种严格的非官僚制团契行政，所有这一切都构成了一个真正职业性官员群体的发展障碍，一般来说，这是显贵统治的性质所固有的障碍。

---

* 见本书第 1033 页中译者注。

三、其他意大利公社的贵族统治：开放性及波德斯塔* 制度 1273

在这方面，其他意大利公社却走上了一条不同的发展路径，即使在贵族统治时期也是如此。在威尼斯，城市贵族的行会有效地保持了对一切局外人的长期封闭性：接纳新家族进入有资格在“大委员会”任职者的圈子，这种情况只有在政治业绩的基础上并根据贵族社团的决议才会出现，后来连这种做法也完全停止了。威尼斯贵族也曾设法制止成员之间的所有世仇，他们成功了，这得益于认识到集体的地位受到了长期威胁。其他意大利公社的贵族统治时期却谈不到这一点。在这个关键时期，没有任何其他地方能像威尼斯那样十分明确地以垄断海外贸易为取向，并且每个人都能意识到它作为整个贵族阶层的存在基础具有多么不言而喻的重要性。盛行于所有其他城市的各等级城市贵族之间的世仇都会导致一个后果：即便在贵族阶层的统治不受妨碍的时期，它也不得不对那些非贵族的显贵阶层给予一定程度的重视。最后，大贵族世家之间的世仇和深刻的互不信任，也妨碍了按照威尼斯模式建立一个理性的行政制度。其他地方几乎随处可见的是，若干特别富有的大家族，它们拥有土地及大量被庇护人扈从，并与众多不太富有的家族结成联盟，彼此切齿相向长达数百年之久，都在竭

* podestà，中世纪意大利城邦最高地方司法和军事长官，系神圣罗马帝国皇帝红胡子腓特烈一世为治理反叛的各伦巴第城邦而设。自 12 世纪末起，各城邦纷纷独立，开始选举自己的波德斯塔，逐渐取代了执政官的团契政府。波德斯塔任期 1 年（后来改为 6 个月），通常从另一个城邦或遥远异地的封建家族中选出（韦伯在下文中称其为“旅行巡视”），以保证其在地方纠纷中采取中立态度。到 19、20 世纪，波德斯塔成了意大利城市市长的称谓。

力把其他家族（及其盟友）排斥在城市行政的官职和经济机会之外，如果可能的话，甚至会把对方完全扫地出城。像在麦加一样，几乎任何特定时候都有一部分贵族被裁定丧失了担任市政职务的资格，大概还会遭到流放，甚至常常——与阿拉伯人的相互“礼遇”不同——被剥夺法律保护，在这种情况下，获胜方可能会没收失败方的财产；只有政治机运的逆转才能带来角色的调换。

这种状况的一个天然结果就是形成了一些跨地区的利益集团。但是，归尔甫和吉卜林两派的产生，也是帝国政治和种种社会因素的影响所致：在绝大多数情况下，吉卜林派成员都属于帝国王室的封臣家
1274 族，或者是以这种家族为首。[14a] 然而，始终更为持久的因素是，这些派系都是源自相互竞争的城市之间的利益冲突，在城市内部则是源自跨地区组织起来的贵族群体之间相互竞争的利益。这些联合体——尤其是归尔甫派联合体——都是一些常设组织，订有章程并编制了战时捐款名录，以类似于日耳曼 Römanzug roll[15] 的形式规定了在征募兵员时各城市的骑士阶层必须提供的人力资源。

尽管训练有素的骑士在所有军事方面的服务都具有关键作用，但在贵族统治时代，非骑士的市民在战争**筹款**方面的作用已经不容忽视了。这个阶级对理性司法行政的关切，以及贵族朋党之间的相互嫉忌，在意大利及其周边某些地区推动了一个贵族职业官员群体的独特制度的发展，此即**波德斯塔制度**，这个群体可以说是在旅行巡视中发挥职能的。他们取代了早期的**执政官**行政，后者都是出自当地贵族的行政官员，在形式上经选举产生，但实际上仅限于由少数家族提名，并且只是在它们之间进行争夺。

波德斯塔制度源于公社和霍亨斯陶芬王室诸皇帝之间的紧张斗争

时期，其间尤其越来越需要增强内部团结，提高城市财政负担能力。这项发展在13世纪上半叶达到了顶点。**波德斯塔**是个选举产生的官员，多数情况下都是来自另一个共同体，被选出后短期任职，拥有最高司法权力，通常还会付给一笔固定薪金［而不光是收费］，这使他的报酬相对高于**执政官**。他通常是个贵族，但是受过大学法律专业教育的贵族会优先入选。**波德斯塔**由市议会选举，或者由一个专门为此目的任命的显贵委员会进行选举（这在意大利绝大多数其他选举中也是一种典型做法）。这种选任往往会成为与候选人原籍公社之间的谈判议题，后者不得不予以批准，有时也会要求另外提名一个候选人。同意这种要求被认为是一种政治友善行为，表示拒绝则是一种不友好的对外政策。间或还能看到两个公社直接交换**波德斯塔**。被选任者本人往往会坚持要求对方提供人质作为能够得到善待的保障，他们会像现代的教授一样就任职条件讨价还价，如果条件没有足够的吸引力就
会拒绝奉召赴任。**波德斯塔**要带来一队骑士扈从，尤其要带来他的助 1275
手——不仅包括部下，还有法官、司法助理和代理人，往往是他的整个班子，他用自己的基金为他们支付报酬。他的基本任务是维护公共安全与秩序，尤其是维护城市内部的和平——这就是需要一个外来官员的目的；此外，他往往还担任军事统帅，并且始终控制着法院。所有这些职责都是在市议会监督下履行的。他对立法的影响到处都非常有限。不仅**波德斯塔**的人选——作为一个原则问题——要频频变换，而且还有意频频变换人选的来源地。另一方面，派出这种官员的公社似乎很重视它们的公民尽可能多地到外地任职。哈瑙尔的看法无疑是正确的：这除了政治动机之外还有经济上的动机——外地付给的高薪构成了本地贵族一个重要的俸禄收入来源。[16]

这种制度最重要的方面就在于一个贵族职业官员阶层的形成，以及**波德斯塔制度**对法律发展的影响。我们先来谈谈前者。哈瑙尔根据文献仅对60个城市中的16个所做的研究显示，13世纪40年代，有70人曾两次任职，20人曾有6次或6次以上在不同地方担任**波德斯塔**。[17] 终生担任此职的也不乏其人。据哈瑙尔估计，在该制度臻于鼎盛的那个世纪，［帝国的意大利北部］大约60个［大］公社提供了5400次**波德斯塔**任期。[18] 有些贵族世家会连续若干代提供候选人。此外，大量受过法律训练的辅助官员也是必需的。这种贵族的一项本分就是接受公正行政作为的训练，很自然，他们的作为会受到任用地共同体舆论特别严格的监督。除了这一事实之外，还有一个次要方面也必须考虑到。为了使外籍**波德斯塔**的司法行政成为可能，就必须编纂适用的法律，并给予理性阐述和在某种程度上实现跨地区的标准化。在其他地方是诸侯及其官员们关心标准化的推广，这导致了理性的法律编纂，尤其是罗马法的传播，但意大利做到这一步却是得助于**波德斯塔制度**。

这种制度最典型的形态，实际上只是地中海沿岸地区的一种现象。但在北欧也能看到某些类似的现象——比如在雷根斯堡，那里从1334年开始就不再让本地人担任**市长**，而是从城外选任一位骑士，此
1276 后整整一个世纪都是由“外籍”市长继任。于是这个城市得到了一个内部相对和平的时期，而以往它曾被贵族世家之间的世仇以及和流放贵族之间的战争折磨得苦不堪言。[19]

四、英国城市的寡头统治及王室行政对它的约束

在威尼斯，城市贵族的形成并不是产生于一种非常明显的显贵统治，而在其他意大利公社，城市的发展从一开始就是以贵族统治为特征。相比之下，在北欧，一个封闭的贵族阶层是在不同的基础上形成的，而且一定程度上还是由于完全相反的诱因。英国城市寡头统治的发展就是一个极端而“典型”的范例。

推动英国城市发展的一个决定性因素，是王室的权力，尽管它在早期阶段——甚至在诺曼征服以后——并不像后来那样处在一种能够对城市发号施令的牢固地位上。征服者威廉在黑斯廷斯战役之后并未试图以武力夺取伦敦，他知道，拥有这个城市对于获得英国王位始终具有决定性意义，因而通过签订条约得到了市民的臣服。在盎格鲁－撒克逊时期，尽管国王任命的主教和市长一直是该城的“合法”权威——征服者威廉后来也向他们颁发了特许状，但是，伦敦贵族的选票几乎在每一次盎格鲁－撒克逊国王的选举中都具有关键性的作用。市民甚至认为，如果没有他们的自愿同意，英国的王权就不包括对他们这个城市的统治权，就像后来的斯蒂芬国王时代一样，[20]他们的同意的确举足轻重。然而，在得到了市民的效忠誓言之后，征服者威廉随即就建造了伦敦塔，此后，这个城市就像任何其他城市一样，基本上服从了国王在税收问题上的酌处权。

在诺曼人统治时期，由于王国的统一、外来威胁的消失以及封建大贵族的崛起，各城市的军事重要性也随之下降。于是封建领主们在城市以外构筑要塞城堡，市民开始与封建军事力量分离开来，后面我们将会看到，这成了意大利之外的西方地区一大特征。与意大利城镇

1277 相反，英国城市那时几乎完全失去了对乡村的支配权，而过去它们似乎是以扩展了的城市"边境地区"*的形式控制着乡村；它们变成了基本上以经济追求为取向的法人。像在其他地方一样，贵族们开始兴建自己的城市，并在极为不同的程度上被赋予了对城市的特权。但是，我们看不到英格兰任何地方的市民曾对国王或其他城市领主进行暴力反抗，也看不到有篡夺行为，以致王室或庄园的城堡可能被破坏，或者像在意大利那样领主被迫把城堡迁出城市。我们也看不到有市民建立民兵与城市领主作战，通过暴力手段获得自治管辖权、以民选官员取代国王任命的法官并坚持应用特殊的城市法。诚然，王室特许权在英格兰也产生了特殊的城市法院，它享有特权可以向市民提供无须决斗的理性审判程序，且享有足够的自主权可以否决对王室审判程序，尤其是陪审审判的某些革新。但是，法律本身的创制仍然牢牢掌握在国王及王室法院手中。国王准予城市设立特别法庭乃是为了让它们站在自己一方对付封建贵族，如此，它们也从封建时期的典型冲突中得到了好处。

然而，比这些法院特权更为重要的，则是城市不失时机地设法获得了财政自主权。这一事实本身即证明了王权的优势地位。直到都铎王朝时期，在国王看来，城市主要就是一个税收对象。市民的特权——gratia emendi et vendendi［买卖权］和贸易垄断权——也就意

---

* Marches，英格兰和威尔士及苏格兰和威尔士的边界地区。中世纪时期，英格兰和苏格兰贵族获得国王许可后可在力所能及的范围内征服和占有威尔士土地，征服者称为边境领主，随即被赋予统治权。这种状况一直持续到 1282 年威尔士被征服。边境领主的领地于 1354 年根据成文法归附国王，领主统治权于 1535 年被成文法废除。该术语在苏格兰至今仍指两个庄园的分界线。

味着城市市民要承担专门的税负。不过税收是承包出去的，而最重要的包税申请人，除了富有的市民之外就是那些更加富有的王室官员。市民在排斥竞争者以及从国王那里获得总额征税权（firma burgi[21]）* 方面越来越富有成效；通过特别支付和赠礼，它们还确保了一些额外的特权，其中最重要的就是有权选举郡长。

尽管城市市民中存在着享有明显是庄园利益的群体，但是，对于英国城市的体制来说，至关重要的还是纯粹的经济与财政利益。英国的城市中也能看到大陆国家的 coniuratio，但这里的典型形式却是一种［单一的］垄断性城市行会。诚然，并非到处都是这种情况，例如伦敦就不是。但在大量的其他城市中，行会作为城市财政义务的担 1278
保人，则变成了城市的关键会社。像科隆的**富人俱乐部**一样，它也常常授人以公民权利。在采邑城市，通常都是城市行会在保护独立的法庭，但它是把居民当作行会成员而不是当作市民行使管辖权的。事实上，尽管法无明文，但几乎到处都是城市行会在治理城市联合体。因为，在法律上，所有那些应与其他居民一起向国王提供“城市公民”负担（卫戍和军事义务、法院勤役、纳税）的人，确实都是市民。因此，市民不仅包括定居者，而且一般还包括邻近的土地所有者，即“乡绅”**。尤其是伦敦的公社，它的成员在 12 世纪几乎包括了全国所

* 指国王或自治市市长授予自治市市民收取固定数额租金、税款及其他自治市收入的特权，为此，自治市市民必须向国王或市长交纳一笔确定数额的款项。

** 该词没有对应的德文词，故韦伯这里直接使用了英文词 gentry，指的是拥有大量土地并有资格佩戴盾形纹章的非贵族阶层及其成员，但这个阶层成分复杂，成员的社会地位和财富多寡不一，尤其是他们对于中世纪后期以降英国城市的发展具有重要影响，故中译为“乡绅”也不尽达意，唯一比较有利的依据就是他们的一个共同特征，即采用资本主义雇佣方式经营农牧业。

有的大贵族主教和官员，因为他们全都在这个城市——国王驻地和行政机构中心——拥有自己的市内住所，这个现象也曾见之于罗马共和国，但却远更意味深长，因为它的条件完全不同于罗马。凡是不能分摊共同纳税担保，且只是按照临时估定交纳王室税款的个人，因此主要是那些无财产的人，**自然**就被排斥在积极市民阶层之外了。

城市的所有特权都依赖于王室或领主的颁授，但这往往会被随意解释。当然，在意大利也同样如此。但在英格兰城市的发展历程中，有一个方面却完全不同于意大利的情况：城市在等级制度中变成了享有特权的法人，它的机构拥有一些确定的具体权利，这些权利是因为获得了特殊的法定所有权而衍生出来的，一如具体的贵族或贸易公司根据具体授权而获得了自己的专有权利。这项发展是在**法人**概念最终进入英国法之后开始的。从特权“公司”[22]到一个城市行会再到法人城市，其间的过渡并不固定。因此，英国市民的特殊法律地位是由一系列得自半封建制、半家产制王国联合体内部的特权组成的，而不是产生于一个组织了自己的政治支配体系的自治联合体的成员资格。

现在总结一下它的发展概况。英国的城市最初都是一些被国王加诸公益性派捐义务的强制性联合体，只不过它们不同于村庄承担的义务。后来，在大规模兴建由国王或采邑领主授予经济或法律特权的新城市阶段，实现了全体市民与城市土地所有者在权利上的基本平等，以及某种
1279 限度内的城市自治。最初的民间行会最终被接受为城市财政义务的担保人，并由王室特许状给予承认。最后，城市被授予法人权利。

伦敦则发展为一个大陆意义上的“公社”。亨利一世时期［1100—1135］曾准予定居者有权选举郡长，12世纪末以降，我们看到了作为一个市民联合体并获得约翰国王［拉克兰，1199—1216年在位］承认

的公社，有一个选举产生、郡长一样的市长，还有一些高级市政官[23]，13世纪末以后，这些高级市政官与同样人数的当选政务会委员组成了一个市议会。公社承包了米德尔塞克斯*郡长一职，这就开始了它对周边地区的支配。到14世纪，伦敦市长被授予"勋爵"称号。

不过，其他大部分城市却始终是——或者更准确地说，在试图组成政治公社的短暂努力夭折之后即变成了——单纯的强制性联合体，享有某些专门的特权以及受到严格控制的法人自治权。后面将会讨论到"行会"章程的发展，[24]但是此处已经可以指出，它并没有改变城市的基本性质。还是国王在调停"行会"与**显贵**之间关于主导地位的争端。城市继续有义务满足国王的税收需求，直至各等级的力量壮大到能够在议会中形成一种**集体**保护以对抗任意征税，而这一点并不是任何单个城市能够独力做到的，甚至所有城市采取联合行动也做不到。然而，积极公民的权利始终是法人成员的世袭权利，有可能通过购买某个联合体的成员资格而获得。英国与大陆之间在发展过程上的差异，尽管某种意义上说只是程度的差异，但却具有根本的重要性：由于英国的社团法采取的那种特殊形式，所以英国从未出现过作为一种属地制度的公社概念。

形成这种反差的原因就在于，王室行政权始终没有被中断，在都铎王朝即位后甚至还得到了进一步扩大，这构成了国家政治统一及其法律统一的基础。诚然，王室行政始终受到了各等级的严格监督，而且必须依赖于**显贵**阶层的合作。但这一事实产生的结果是，[显贵们

* Middelsex，英格兰一旧郡，704年特许状上首见记载。早期由伦敦市统辖，作为伦敦富商的乡间别墅区达数百年之久。1965年大部划入大伦敦。

1280 的］政治与经济利益不是以各个封闭的城市公社为取向，而是以中央行政为取向，这样他们才有望获得经济机会和社会优势，保障垄断地位，并防止他们自身的特权受到侵害。王国政府若在财政和行政上完全依赖特权阶层，它对这些群体就会心怀忧惧。但英国国王的政治方略实质上是通过中央议会进行统治。他们基本上只是为了自己的议会选举策略而试图影响城市体制和市议会的构成，因此他们会支持显贵们的寡头统治。城市显贵本身在面对非特权阶层时，则会发现自己的垄断地位能在中央行政，且只能在中央行政那里得到保障。

由于国王们没有自己的官僚机器，事实上也正是由于行政的中央集权，他们才不得不依赖于显贵的合作。英格兰市民的实力并非依仗自己的军事力量，而主要是依赖这样的“消极”基础：封建行政虽然达到了相对先进的技术发展水平，但若没有经济上强有力的**显贵**阶层的支持，就无力对国家实行真正长期有效的支配。比较来说，在中世纪，英国绝大多数城市的军事力量都是无足轻重的。然而，城镇居民的财政力量却相当可观，但它是有特权的城市利益集团这个**等级**的力量，是在议会中平民代表的身份联盟内部集体发挥作用的。所有不再囿于纯地方垄断之利的利益集团都在围绕这个群体旋转。因此，我们在这里第一次看到了一个跨地区的**民族**资产阶级。通过治安法官，就是说，通过他们在全国性显贵组织中的权力，市民在议会和王室行政中的力量日益壮大，这就阻止了**单个**公社对政治独立的追求发展成一种强大的运动。并非市政当局本身的地方利益，而是城市居民的跨地区利益，构成了资产阶级政治统一的基础。同一发展进程也有利于英国城市寡头统治形成资产阶级重商主义的性质。因此，英国城市的发展直到13世纪仍然类似于日耳曼的情形。但从那以后，它就越来越转向了“乡绅”的支配，而且再也没有中断过，这与大陆城市不断发展的至少是相对的民主制形成了鲜明对照。原先以年度选举为基础的官职——尤
其是高级行政官——越来越成了终身的任职，且往往是由邻近的采邑 1281
领主指定人选或者提供庇护。由于已经指出的原因，王室行政支持这种发展，犹如古罗马行政支持依附性城市中土地贵族的寡头统治。

五、北欧市议会贵族及行会的统治

北欧大陆城市的发展条件既不同于英国，也不同于意大利。在某些情况下，这个地区的贵族是在市民联合体的产生时期就已经出现的身份与经济差异的基础上崛起的，事实上，即使新建城市也是如此：弗赖堡的 24 名 coniuratores fori 一开始就在税务方面享有特权，并被任命为这个新城市的议员。但在绝大多数新建城市，有资格占据市议会席位的家族群体，只是逐渐走向形式上的封闭性的，甚至天然倾向于商业财阀统治的许多北欧沿海城市也是如此。典型的情形是，当政的市议会常见的那种推荐继承人的正式权利，或者单纯遵从市议会推荐建议的那种习惯，或者也许仅仅是上述那个圈子的社会影响，加上把经验丰富者留在议会中的客观需要，最终导致了一个**实际的**做法，即通过指定人选以充实议会，因此使城市的行政委员会落入了一个封闭的特权家族圈子之手。人们想必不会忘记，甚至在现代条件下也很容易出现类似的发展：例如在汉堡，直到最近，上议院的补选有时还会出现同一倾向，尽管下议院有权选举上院议员。我们这里不可能详述细节，总之，这种倾向到处都有顽强表现，唯一不同之处仅仅在于，它们能在多大程度上找到正式的法律表现方式。

只要垄断着议会席位的贵族世家与遭到排斥的市民之间没有出现激烈的利益冲突，它们随处都能很容易地保持这种封闭性。然而，一旦出现了那种冲突，或者，一旦在野者由于财富积累和受教育程度提高而产生的自尊，以及对于行政工作来说他们在经济上的不可或缺性达到了一个临界点，使他们不可能再容忍被排除在权力之外，新的革
1282 命也就迫在眉睫了。革命的力量还是歃盟市民会社，但这些新型会社的后盾却是同业公会（Zünfte），有时两者就是同一回事。对于这个时期，必须注意不能把行会（Zunft）一词基本甚或绝对等同于手工业工人的工匠行会。这种反对贵族世家的运动在其最初阶段绝不是工匠们的运动。只有随着事件进程的发展，工匠们才会扮演一种自主性的角色，这一点我们将在后面讨论［见（四）］。在最初阶段，他们几乎始终是由非工匠“行会”领导的。我们将会看到，在极端情况下，这种“行会”革命会导致市议会完全由行会代表组成，或者把正式的公民权与“行会”之一的成员资格联系在一起。

只有这种“行会”的兴起，才意味着经济意义上的“资产阶级”各阶层真正夺取了权力，或者至少是普遍参与了统治。举凡有效确立了“行会”统治（Zunftherrschaft）的地方，城市的外在力量及其最大程度的内部政治独立也就同时达到了顶点。

这些“民主”发展与古代城市的命运有着极为惊人的相似性。大约从公元前 7 世纪开始，古代的绝大多数城市也都经历了一个作为“贵族城市”的早期发展阶段，后来也是伴随着民主制的发展或者至少是沿着民主制的方向，经济与政治实力迅速上升。尽管古代城邦的兴起有着完全不同的历史背景，这些相似性也依然存在。我们应当首先对古代与中世纪的贵族城市做一番比较。

六、古代的家族超凡魅力王国

希腊大陆的迈锡尼文化，至少在梯林斯和迈锡尼两地，肯定是在家产制王权基础上发展起来的，这种王权具有东方特性，也是靠强迫劳动支撑的，尽管其规模较小。[25]它的建筑成就在古典时代以前可谓无与伦比，但若没有臣民的强迫劳动则是不可想象的。在那个时代，在靠近东方的希腊文化边界地区——塞浦路斯，看来还曾存在过一个完全以埃及人的方式，为了记账和存档而利用一套书写文字的国家：一种官僚家产制的仓廪行政。相比之下，即使在古典时期的雅典，差
不多还是完全以口头方式进行行政管理，根本没有文书。这套书写文 1283
字——事实上是整个那种文化——后来却消失得无影无踪了。

《伊利亚特》的“舰船目录”列举了一些统治着大片领土的国王，这些领土各自都包括了若干——有的甚至是众多——日后成为著名城市的地方，但在当时大概仅仅是些城堡；[26]像阿伽门农那样的伟大统治者，还曾给阿喀琉斯准备好了若干这样的封地。在特洛伊，我们还能看到一些出身望族，因年事已高而免除军役的老人在充当国王的顾问。赫克托耳被认为是特洛伊的战争之王，而普里阿摩斯本人却不得不出面缔结条约。只有一次提到了书面文件，但这实际上可能是些符号［而不是正规的书写文字］。[27]但是，这部史诗描绘的所有其他关系，使得那里不可能存在一种基于强迫劳动和家产制王权的正规行政。荷马笔下的王权靠的是家族超凡魅力。不过史诗也让外邦人埃涅阿斯看到了一个希望：如果他能杀死阿喀琉斯，就可以得到普里阿摩斯的王位，因为王权被认为是官职一样的“尊贵”，而不是一种财产。国王是军队统帅，并和贵族们一起参与法院开庭；他在神明和外人面

前代表这个群体，并能得到专用的王室领地。但他的权力——尤其是在《奥德赛》中——基本上是一种酋长的权力，它的基础是个人影响，而不是受到调整的权威。在各个望族看来，军事（通常是海上）远征的性质更多地是一个领袖带领同袍们而不是统帅一支军队进行骑士冒险。奥德修斯的同袍被称作hetairoi*，就像后来马其顿国王的追随者。国王长期外出并不被看作是严重忧患的一个根源。奥德修斯外出期间，伊萨卡根本就没有国王；他把家室托付给了门特，并没有分享国王的“尊贵”。军队就是一支骑士军队，个人的格斗就能决定战役的胜负，而且普通步兵扮演着非常重要的角色。

荷马史诗的某些篇章也曾提到过一种城市的**政治**“集市”[agora]。如果把伊斯马罗斯叫作**城邦**的话，那也可能指的是“城堡”，但绝不是某个个人的城堡，而是基科涅斯人的城堡。[28] 在阿喀琉斯的巨大盾牌上所描绘的场景中，那些富足而又兵强马壮的氏族的长老们围坐在集市[agora]上主持审判，民众则像日耳曼部落人民审判大会上的情形一样站立在周围，随着诉讼双方的对辩而发出呐喊。[29] 忒勒马科斯的控告就是由军事显贵们在集市上按照传令官的指导进行讨论的。

贵族，包括国王，都是驾着双轮战车作战的地主和船东，但只有
1284 住在城市里才能分享权力。累尔提斯国王到乡下田庄里生活，这就意味着他已经引退。贵族子弟也像日耳曼部落的贵族子弟一样作为扈从（hetairoi）加入某个英雄——在《奥德赛》中就是那位国王之子——的**冒险事业**。费埃克斯人的贵族坚称有权从民众那里敛集待客礼品的花费。[30] 荷马史诗根本就没有说到乡村居民全都被看作依附性农民或

* 希腊语原意为“朋友”，后用来指“扈从”。

者城市贵族的仆人，但也没有提到自由的农民。对瑟塞蒂斯这个人物的处理表明，即使一个并非驾车作战的普通应征士兵，有时也会大胆顶撞领主，但此时他会被认为是极端造次。[31] 然而，甚至国王也要处理家务，整理自己的床铺，为自己的园圃挖沟开渠。他的战友都要亲自驾船。另一方面，买来的奴隶则有望获得一块属于自己的**份地**（kleros）；[32] 当时并不存在买来的奴隶和授予了一块土地的"被庇护人"之间的差别——这一点是到罗马后期才变得十分突出的。那里通行的是家长制关系；家庭经济可以满足一切正常用项。希腊人利用自己的舰船是为了从事海上掠夺，他们参与贸易完全是被动的，从事主动贸易的仍是腓尼基人。

除了这种"集市"以及贵族的城市生活习惯以外，另外两个现象也极为重要。一个是后来支配了整个生活方式的 agon［竞技］制度。很自然，它产生于骑士的荣誉观念以及年轻人在操场上的军事训练。它的有组织的形式首先出现在那些战争英雄（帕特罗克洛斯）的葬礼上。[33] 即使在荷马时代，它也已经支配了贵族的生活方式。另一个重要现象则是人对诸神那种完全没有约束的关系——尽管也会怀有某种敬畏（deisidaimonia），而诸神在史诗中受到的那种待遇，后来曾使柏拉图极为不快［例如《理想国》第二卷 376E 到 385B］。英雄社会缺少宗教敬意，大概只是漂泊迁徙——尤其是海外漂泊——的结果，这些地方的民族不会伴着古老的神殿和祖坟生活。

荷马史诗中并未出现具有重大历史意义的贵族城邦所属的那种贵族骑兵，但确实引人注目地提到了重甲步兵的战斗序列，这只是在很靠后的地方随着纪律严明的普通步兵组织而出现的，证明许多不同的时期都在史诗中留下了它们的痕迹。

在僭主政治得以发展之前的那个历史时期，我们只能从一些制度
1285 残余或者传说中知道，除了斯巴达及少数其他范例（比如昔兰尼）之外，许多希腊城市以及伊特鲁里亚、拉丁姆和罗马那里也曾存在过家族超凡魅力王权。它始终是一种统治着某一单个城邦的王权，拥有家族超凡魅力和宗教权威，但正常情况下（除了斯巴达和罗马的传说以外）仅仅拥有名誉上高于贵族的特权，后者事实上有时也被称为"国王"。昔兰尼的例子就表明，国王也要指望中间贸易积累他的权力来源，即他的财富，不论他是为了本身的利益亲自贸易，还是从他强加的控制或者他给予的保护中收取费用。[34] 大概正是骑士战争的兴起削弱了国王的垄断权，因为相伴产生的是望族的军事独立，它们负担着自己的战车与扈从，并且自己拥有舰船。这种情况尤其突出地表现在埃及以及赫梯*等东方大帝国——迈锡尼诸王国一直与它们保持着联系——土崩瓦解之后，吕底亚等大规模君主国尚未发展起来的时期，就是说，在**很少**受到迈锡尼文化影响的东方国王们实行的贸易垄断和强迫劳动土崩瓦解之后的时期。大概也正是王室权力的经济基础土崩瓦解，才使得所谓多里安人**的大迁徙［约公元前 1100—前 900］成为可能。航海为生的骑士们向小亚细亚沿海地区的大迁徙就开始于这个时期，但荷马只字未提那里的希腊移民，而且当时那里并不存在强

---

* Hittite，公元前 17 世纪左右在小亚细亚及叙利亚建立的强大古国，约公元前 1200 年为亚述人征服。

** Dorian，古希腊一主要民族，传统上被认为是伯罗奔尼撒的征服者（公元前 1100—前 1000），然后继续移居，推进到爱琴海区域南部。他们向东最远达到过安纳托利亚。公元前 8 世纪开始的新移民潮把多里安拓居者带到了意大利、北非、克里米亚及黑海沿岸。多里安人最初创建的最重要城市有斯巴达、科林斯和阿尔戈斯。

大的政治联合体。希腊人主动参与贸易也是开始于同一个时期。

七、作为一种沿海武士聚落的古代贵族城市

在已知的历史之初，我们就看到了典型的古代贵族城市。[35]它始终是一种沿海城市。直到亚历山大时代和意大利的萨谟奈*战争期间，没有任何一个城邦离海边超过一天的行程。在城邦以外的地区我们只能看到结成不稳定的“部落”（κῶμαι）政治联合体的村庄（ἔυνη）。一个自行解散或被敌人解散的城邦就可能“dioikized”（解体）为村庄。另一方面，一种实际的或虚拟的聚合（synoikismos）行动则被看作是城市的缘起：各氏族根据国王的命令或者自由协议“共屯”一个筑垒的城堡或者它的周围地区。这种行动在中世纪也并非完全不为人 1286
知，因此，我们就有了格赛因所描述的阿奎拉**聚合过程，以及亚历山大城基础上的聚合过程。[36]不过，这种行动的基本性质在古代比在中世纪看得更加清晰。实际上的长期共同生活并不是基本的方面：像中世纪的望族一样，古代望族有一部分也是长期住在乡村城堡里（比如伊利斯***），或者至少是除了城市住所以外还拥有乡下别宅。例如，德斯利亚（Decelea）就是一个贵族群体的城堡，阿提卡的许多村庄

* Samnite，意大利中部的古代部落，公元前350—前200年曾三次卷入反抗罗马人的战争。

** 即拉奎拉（L'Aquila），意大利中部城市，现为拉奎拉省省会，位于罗马东北阿泰尔诺河滨丘陵上。原由古代萨比人拓居，约1240年建立城市，1257年成为主教区，中世纪为重要地区中心。

*** Elis，又作Elea，现称Illiä（伊利亚），伯罗奔尼撒西北角的古希腊地区和城市，以养马和奥林匹亚赛会而知名。

以及罗马的某些**部落**就是得名于这种城堡。蒂奥斯（Teos）地区则被分割为一些“塔楼”区。[37]尽管如此，贵族权力的重心仍在城市。乡村的政治与经济主宰者——采邑领主、商业金融家以及农民的债权人——全都是astoi，即“住在城镇”的望族，[38]而且乡村贵族向城市的实际移民也一直持续不断。到了古典时期，乡村的城堡便逐渐毁弃了，贵族的墓地（nekropoleis）也始终设在城市中。

然而，各个氏族结为一个**礼拜**共同体，这在城邦的形成过程中一直被认为是真正基本的要素，即城市的公共会堂——prytans*举行共餐的地方——取代了各个家族的会堂。在古代时期，这种“兄弟会”的形成不仅像中世纪时期那样意味着在变成一个**公社**时的市民coniuratio，而且意味着接受了一个城市圣徒。古代的歃盟关系则更有深意：它是一个新的共餐与礼拜共同体的基础，因为那里还没有共同的教会，而在中世纪，在形成一个城市兄弟会之前，每个人就已经是教会成员了。诚然，古代人除了对地方神的礼拜之外也始终知道跨地区的礼拜。但是，对于日常生活来说，宗教活动最核心的形式却是各个氏族的礼拜，这种情形在中世纪是不存在的，它始终对局外人保持严格的封闭性，因而阻碍了相互之间的兄弟关系。这种家族礼拜几乎像印度的礼拜一样严格限于成员范围，只有不存在巫术禁忌障碍时，才有可能形成歃盟兄弟关系。即便如此，也仍会保持这样的原则：氏族所崇敬的神灵仅仅接受本氏族成员的献祭；所有其他联合体也是如此。

---

* 此词有两义，一指古代雅典的五百人会议成员，一指古代希腊废除君主政体后若干城邦的主要长官。

在礼拜性城市联合体中结成兄弟会关系的那些联合体，我们能够
从中看到宗族和胞族，其中每个人都必须是它们的一个成员才能被认
为是一个公民——这在很早的阶段就已经具有了重大意义，直到很久
以后的时期也仍然如此。关于胞族，我们可以很有把握地说，早在有 1287
了城邦以前它们就已存在了。后来它们主要变成了一些礼拜联合体，
但也行使某些其他职能，比如在雅典，它们要对年轻人的军事能力以
及相关的遗产继承资格进行鉴定。因此，它们最初肯定是些军事联
合体，相当于我们已经讨论过的“男人之家”［见第九章，二，及其
他各处］；不仅多里安人的武士国家保留了这个名称（andreion），罗
马（**库里亚**就是来自 coviria）也把它保留下来称呼已经歃盟为城邦的
军事联合体的分支。在斯巴达正式公民的聚餐共同体（syssitia），兵
役年龄组的男子在履行综合服务的责任期间要脱离家庭，和男孩子
们共同接受军事禁欲主义的训练——所有这一切都属于和部落年轻人
的原始武士联合体联系在一起的普通教育类型的要素。但是，除了某
些多里安人的联合体之外，在各个历史时期并没有任何地方的武士联
合体发展出这种彻底的军事化半共产主义，即使斯巴达本身，也只是
在斯巴达**平民**的军事扩张期间，在摧毁了贵族阶层之后，为了维持纪
律和保证全体武士的地位平等，这种共产主义才达到了绝对无情的程
度。相比之下，在其他城市的一般胞族中，唯有高贵的世家或家族
（γένη, οἶκοι）成员才能成为统治的显贵，**德摩蒂奥尼泰***的碑文就表
明了在德斯利亚拥有城堡的那个古老氏族的地位。[39]这在雅典的德拉

* Demotionidai，阿提卡胞族之一，德斯利亚即为其祭祀中心。考古学家曾在此发现一块石碑，碑文中节录有关于申请加入胞族的程序。

古法典中仍有反映，例如［谋杀罪］要由胞族的“十杰”——因其财富而最有势力的人——决定是进行调解还是血亲复仇。[40]

在后来一些时期的城市体制中，胞族又被视为宗族（在罗马则是三个古老的属人**部落**）的分支，一般的希腊城市都是按宗族分片。从技术意义上说，**宗族**（部落）是与城邦连在一起的；至于非城市的“部落”，应当使用的措辞是 ἔυνος 而不是 φυλὴ。在这个历史时期，宗族到处都变成了城邦的人为分支，目的是为了安排定期轮摊的公共负担、投票顺序、担任官职、组织军队，以及分配国家经营所得、战利品和被征服地区的物产［比如（史前多里安人征服之后）对罗得岛土地的分配］。[41] 当然，它们同时也是一些礼拜共同体，就像早期阶段始终存在的所有——甚至是理性形成的——联合体一样。多里安
1288 人典型的三大宗族也是人为的创造，第三个宗族的名称就已经表明了这一点：潘菲利亚［Pamphylae，即“全部落”］，这在关于卢克列斯（Luceres）**部落**的罗马传说中可以看到同样的情形。[42] 宗族的由来大概常常源自定居的武士阶层与某个新来的征服者群体达成的妥协，这也可以说明为什么斯巴达会有两个平起平坐的王族，并且再次与最初的二王并立这一罗马传说相吻合。在这个历史时期，所有情况下的宗族都是以一个“**宗族王**”（phylobasileus）为首的属人联合体，而不是区域联合体，这个王最初都是世袭的家族超凡魅力首领，后来才成为选举产生的官员。

宗族和胞族以及部落和库里亚的成员，就像“**积极**”或“**消极**”公民一样，全部都要加入城邦军队，但只有望族成员才是“积极”公民，就是说，只有他们才能担任城邦的官职。因此，“公民”一词有时就是直接指的贵族“世家”成员。毫无疑问，在这里也像在别处一

样，一个属于贵族阶层的家族，最初都是与地区首领的家族超凡魅力高位息息相关；然而，随着双轮战车作战方式的出现和城堡的建设，与之息息相关的似乎又变成了城堡所有权。在城邦君主制时期，新贵族的形成肯定很容易，就像中世纪初期那样，任何遵守骑士生活方式的家族都可以跻身于封地所有者圈子。但是，在各个历史时期，只有贵族（patricius、eupatrides）成员才能作为祭司或官员，通过主持献祭或解读神谕（auspicia），和城邦的神明进行有效交流。一般来说，每个贵族世家还会有自己的、与城邦神不同的神明，以及在它们祖籍地的礼拜——这是它们前城市渊源的标志。另一方面，虽然除了某些贵族世家专有的家族超凡魅力祭司以外还存在着公职祭司，但从不存在像亚洲那样几乎随处可见的普遍由祭司垄断与诸神交流的现象，因为城市的司法行政官有权履行这些职能。除了像特尔斐这样少数跨地区的大型圣所以外，也不存在独立于城邦的祭司；祭司均由城市任命，即便像特尔斐那样的圣地，也不是由一个自治的僧侣组织进行统治。最初它们都是受一个邻近的城邦管辖，如该城邦在圣战中被毁，若干毗邻的公社就会形成一个邻邦联盟（amphictyony）实施非常严密的控制。大型神庙作为采邑领主、**可租赁作坊**所有人以及向平民——尤其是向国家（它们控制着国家战争物资的储备）——放债的债主，其政
治与经济权力并不能改变这一事实：在希腊大陆，城邦一直保持着并 1289
且不断扩大了对诸神的财富和祭司俸禄的控制权，在海外殖民地更其如此。这在希腊产生的最终结果就是通过公开拍卖以填补出缺的祭司职位。这项发展在**平民**统治时期达到了极致，其间军事贵族的统治看来发挥了决定性的作用。那时的圣所、神圣律法以及各种巫术规范变成了由贵族控制的权力手段。

城邦的贵族阶层并不是绝对封闭的；古代时期也像威尼斯那样有过接受个别外来领主带着被庇护人［比如克劳蒂亚（Claudia）**氏族**的情形］一起从城堡迁入城市以及像罗马各个**小氏族**那样大量“晋级”的情况，[43] 尽管这种情况在早期比后来更常见。这种贵族阶层也不是受地域限制的纯地方性共同体。像米太亚德*那样的阿提卡贵族就控制着城市以外地区的大量领地，而且像在中世纪一样到处可见跨地区的姻亲关系，这在贵族阶层当中尤其普遍。

就其经济性质而言，贵族的财产主要是庄园财产。奴隶、农奴和被庇护人的实物地租或劳役地租——后面将会讨论它们的分类——可供家用之需。即使在旧时的奴役和庇护类型消失之后，绝大多数财富也仍然是来自地产和农业。因此，我们在巴比伦贵族中也可以看到同样的现象：长达几代人的时间里频频见诸文献的那个巴比伦商业家族——埃吉贝（Egibi）家族，在分割资产时看来就是把城乡不动产、奴隶和牲畜作为主要财产的。[44] 然而，典型的城市贵族这种经济实力的来源，在希腊也像在巴比伦和中世纪一样，都是直接间接地参与贸易和航运。这一点直到很晚的时期仍被公认为合乎贵族的身份，只有罗马彻底禁止了元老们参与这些活动。像在中世纪的东方和欧洲一样，在古代世界，设法到城市去定居恰恰也是为了寻求这些赢利机会。以这种方式积累起来的财富多被用来对农民放高利贷，后者作为乡村居民被排斥在政治权力之外。由此便产生了大量的债务奴隶，最好的生租之地（在阿提卡叫作 $\pi\varepsilon\beta\acute{\iota}\alpha$，即平原耕地）逐渐集中到了 astoi 手中，留在农民手中的到处都是不能生租的山坡地（Diacrii 之地）。[45] 因此，

---

* 见本书第 1661 页中译者注 **。

城市贵族的庄园主权力，很大程度上都是源于在城市的盈利。负债的
农民要么进一步成为佃农，要么被直接驱使从事**苦役**——其状犹如产 1290
生于庄园关系的真正的旧式农奴。买来的奴隶开始具有了一定重要性。然而，无论何地，即便在贵族罗马，自由的农民也从未彻底消失过，不唯古代如此，在中世纪大概更其如此。罗马贵族与平民之间的斗争传统清楚地表明，造成这些冲突的原因并非采邑社会结构的问题，而是完全不同类者——实际上是对立者——的不相容。

如果不属于城市里通过氏族联系在一起并具有军事素养的武士群体——这意味着尤其是所有那些自由的乡村居民：agroikos、perioikos、plebeius，任何人都会在经济上遭受城市贵族的任意摆布。这种局面是由若干因素所致：他们被排斥在政治权力之外，这也就意味着在法律裁判尚未采取由固定规则严格约束的形式的时代，他们被拒绝积极参与一切司法活动；由此就必然要行贿送礼或者与某个城市贵族结成被庇护的关系，以获得对自己有利的法庭判决；最后还有一个不无关系的因素，即债务法的严苛。然而，在贵族统治时期，农民显然有着相当大的空间流动性和在新地方购买土地的可能性，赫西奥德[*]家族的情况即可证明。[46]这与后来的各个时期，与“重甲步兵城市”形成了鲜明对照，甚至与激进民主时期的情况形成了更大的反差。相比之下，自由的城市工匠和非贵族的小商人，大概就处于和中世纪Muntmannen（被监护人）类似的地位。[47]在早期罗马，国王似乎已经对这个群体拥有了某种监护权，类似于庇护人与被庇护人之间的关

* Hesiod，活动时期约为公元前8世纪，古希腊最早的诗人之一，常被称为“希腊教诲诗之父”，有两部完整的史诗存世：记述诸神世系的《神谱》和描述农夫生活的《工作与时日》。

系，一如中世纪早期的城市领主。有时我们还能看到工匠的公益性派捐组织的痕迹，例如，罗马的兵役工匠百人队也许就是由此发端的。[48]这些工匠是否像在亚洲或者巴比伦囚虏之前的以色列那样被组织成为客居部落，我们尚不得而知，但无论如何，这里没有出现印度种姓那样的礼仪隔离迹象。

八、古代与中世纪贵族城市的差别与相似性

古代贵族城市组织中的宗族、胞族或氏族的数目都是固定的，这一点构成了与中世纪贵族城市的一个显著差别。这一事实反映了它们
1291 乃是源自一些军事和宗教单元。古代的城市是作为共同拓居的武士共同体而出现的，这就说明了这些分群的原因，正如日耳曼部落的“百人队”也可以从军事集群的拓居角度加以解释一样。这就是古代城市的由来，后面我们将会更多地了解到这一点［见（五），六及以下］，它造成了这里的贵族统治时期与中世纪的结构差异。当然，在不同的环境中还可以发现其他的原因。中世纪城市是在大规模的家产制大陆王国中，而且是在与这些王国的政治权威对立的背景下出现的，古代的城市却是依海岸而建，与农业及野蛮民族毗邻；后者源于城市君主制，前者则源于同封建制或主教制城市领主的冲突。

尽管存在这些差异，但只要政治条件相似，也能看到城市发展的形式特征表现出的相似性。我们已经看到一度曾是真正王朝家产制的威尼斯城市君主的地位是如何发生了形式变化的：先是禁止任命副摄政，最终是把总督变成了贵族社团的一个主持人，由此而变成了一个官员。在古代与此相应的则是城市王权变成了任期一年的司法行政

官。蒙森已经特别强调指出，[49] 古代任命副摄政在早期阶段也曾具有相当重要的意义，这从以下现象中即可看出：罗马 interrex* 的作用；[50] 现任者指定继承人或团契的早期惯例（如**执政官**指定**独裁官**，资深官员同意新官员的候选人资格并进行选举——这被认为是合法任职的前提）的余风；罗马共同体的选举最初仅限于单纯的欢呼通过，后来是仅在司法行政官提议或同意的候选人之间进行选择。但在希腊，从城市君主发展到贵族阶层控制下的一年制地方执政官，在形式方面比罗马的发展进程更突出地不同于威尼斯模式。而且，威尼斯以外的欧洲中世纪城市体制的发展，也表现出了与威尼斯类型的重大差异。

高度发达的贵族统治到处都在以望族的市议会取代荷马时代那种不再适于承担军役的长老会。它可能是家族首领们的一种议事机构，比如罗马的贵族元老院，斯巴达的 γερῶχοι［即理应接受（被庇护人）礼赠的那些人］组成的议会，以及古代阿提卡的 prytans——他们由组织为 naucraries 的各氏族选举产生——的会议。[51] 中世纪也经历了这 1292
个阶段，但没有如此完全一以贯之地进行系统组合（这在古代应当归因于氏族的宗教重要性）。或者，它也可能是离任官员的会议，比如后来阿提卡的阿雷奥帕古斯以及各个历史时期的罗马元老院。[52] 这种类型在中世纪只有勉强可比的形式，即准许卸任的市长和议员参加市议会：与中世纪的官职相比，古代司法行政官职位的军事和宗教性质赋予了卸任官员远更持久的重要性。但是，无论古代还是中世纪，始终只是少数相互竞争的望族把持着权力并交替任职，有时仅仅是单独一个家族，比如科林斯的巴契亚德家族。[53] 像一切显贵支配的制度一

* 王位空位时期的最高当局（摄政）或临时执政的元老。

样，贵族城邦中担任官职的人数总是少之又少，包括中世纪时期也是如此。凡是至少实际维持着贵族统治的地方，这种局面就总是一成不变，比如罗马的情形。

贵族统治在中世纪和古代还表现出了其他一些相似性。望族之间的世仇，失败者遭到流放，然后凭借武力卷土重来，不同城市之间的骑士战争（例如古代的“利兰丁”战争[54]），凡此种种，同样可见于这两个时期。不论古代还是中世纪，乡村也都是法外之地。只要有可能，古代城市也像中世纪的城市一样会强迫其他城市接受庇护与被庇护的关系：斯巴达 perioikoi[55] 的城市，后来由 harmosts[56] 统治的城市以及大量臣服于雅典与罗马的共同体，都能在威尼斯的陆地领土（the *terra ferma*）内以及诸多由佛罗伦萨、热那亚及其他城市征服并由它们的官员管理的城镇中找到同类。

九、古代与中世纪贵族的经济特性

从经济角度来看，古代与中世纪城市贵族世家的特性尤其体现在这一事实中：它们都是食利者。在这两个时期，贵族身份都是决定于一种骑士生活方式，而不是单纯决定于出身。中世纪的贵族包括从前诸侯侍从的家族（**侍臣**），连同自由的封臣和骑士家族（尤其在意大利），以及拥有一定财富之后遵行骑士生活方式的土地所有者家族。在日耳曼和意大利，某些贵族世家一直在城市以外保留着自己的城
1293 堡，它们在与同业公会的斗争期间就撤退到那里，并从那里开始与驱逐了它们的城市进行长期斗争。在日耳曼，最著名的范例大概就是雷根斯堡的奥尔（Auer）家族。[57] 这些与封建联合体结合在一起的骑士

阶层，就是意大利术语所说的真正的 magnati（大贵族）和 nobili（贵族）。那些没有自己城堡的骑士家族，在后来同业公会夺取了权力时，则发现不得不留在城市里并服从新政府和提供军事服务以对抗大贵族。接下来可能会在两个方向上进一步发展。并非贵族后裔的家族会购买一份贵族家产——通常是一座城堡——而跻身于贵族阶层，然后迁到城市外面定居；另一方面，生活在城市里的贵族世家，则有可能从只是偶尔投资参与贸易进一步转向自己的常规商业经营，从而放弃了作为食利者的特性。两种趋势都出现过，但总的来说，第一种趋势占主导地位，因为它意味着在社会等级体系中的向上运动。

在中世纪政治或采邑领主新建的城市里，定居者当中往往看不到骑士家族的踪迹。有时他们是遭到了明确的排斥，在同业公会开始了反对贵族的斗争之后尤其如此。我们越是往东和往北看看那些（从经济角度说的）"新兴"地区，这种现象就越是常见。在瑞典，侨居的日耳曼商人参与了新城市的创建和统治，诺夫格罗德*也是如此，总的来说，这在东欧极为常见。在这些地区，"贵族"和商人阶层实际上是一回事，至少在这些城市的初期就是如此。后面将会讨论这种现象的重大意义［见（五），六及以下］。老城市的情况则不同。但无论何地，我们都可以看到一个**食利者**阶层的发展趋势，它构成了真正的贵族阶层并在贵族社团中行使领导权。在古代也能看到真正的商业贵族，这主要是在殖民地区，例如埃皮丹诺斯的各个城市。[58]

因此，贵族阶层的经济特性是完全摇摆不定的，只有核心特性能

* Novgorod，俄国最古老的城市之一，859 年首见记载，882 年诺夫格罗德大公奥列格占领基辅后迁都于此，1019 年基辅大公雅罗斯拉夫一世准许该城自治。曾为东欧最大的贸易中心之一。

够确定下来，毫无疑问，那就是食利性。我们应当再次突出强调，贵族到城市定居自有其经济上的原因，即看中了城市的经济机会，因此，在任何情况下，城市贵族的经济权力都是产生于对这种收入来源的开发利用。无论是古代的贵族（eupatrides 或 patricius）还是中世纪的贵族，他们都不是商人，甚至不是坐在办公室里经商这种现代经营
1294 者概念的商人。诚然，他们会经常参与商业活动，但那是作为船东或者有限责任合伙人提供**康门达**资本或“航海借贷”，而出海航行以及商贸业务等等实际工作均由他人操办，贵族本人只是分担风险、分享利润，尽管有时他们也会参与对经营活动的知识性管理。古代早期和中世纪早期的所有重要商业形式，特别是**康门达**与“航海借贷”，都适应于这种财东的生存需要，他们把财富投资于具体的单项经营，每一项都是单独进行核算，通常都是投资于众多这样的经营活动以分散风险。当然，不可否认，在贵族生活方式与个人商业行为之间可以看到所有能够想象到的过渡状态。通过**康门达**在个人商业冒险中赚了钱的行商，可能会变成一个大商行的所有者，借助长期投入的有限责任资本进行经营，并利用海外代表处理实际商务。一个本人像骑士一样生活的贵族，可以很容易地经营货币兑换和银行业务，同样也很容易经营航运和批发，而且，从一个利用临时闲置的部分财富向**康门达**放贷的资本所有者，过渡到作为经营者从事持续经营的人，其间的界线当然也是完全不固定的。

毫无疑问，这种不固定性乃是城市发展过程中一个极为重要的典型方面，但它本身只是其他发展过程的产物。这种界线的模糊性常常只是出现在同业公会统治时期，这时贵族甚至会被迫加入行会——如果想要参与市政的话，另一方面，这时的市民即便不再是

个能动的经营者，他也仍然是个行会成员。意大利的一些大商会被称之为“**闲人**”会（scioperati）就证明了这一点。这项发展在英国的一些大城市尤为典型，特别是伦敦。经济上活跃的市民群体组织为同业公会，它们的权力斗争体现在关于基本选区的争端中，其焦点是议会和官员应由城市的各街区（拥有土地的城市贵族在各街区都有强大势力）或它们的代表进行选举还是由同业公会（liveries*）进行选举。同业公会的权力越来越大，这表现在要想获得城市公民权就越来越需要获得职业联合体之一的成员资格。爱德华二世很早就为伦敦市规定了这个原则，尽管按照城区选举伦敦“市议会”（直到1351年始终是一般程序）的做法后来又多次被强行实施（1384年），
但后来被1463年“行会”支持的选举永久放弃了。[59]行会成员资 1295
格对每个市民都是强制性的，甚至国王爱德华三世也加入了亚麻商（定制服装裁缝）商会，但是，真正活跃的商人与店主在“行会”内部的重要性却不断下降，这有利于提高**食利者**的重要性。尽管同业公会的成员资格在理论上说只有经过见习和准许才能获得，但实际上可以得自继承和购买，“行会”与名义职业的联系已经残存无几（比如金器商的情况）。“行会”在一定程度上会因为成员当中的经济与社会反差而分裂，但在一定程度上也会为了选举公社官员这个唯一的目的而变成绅士联合体。

正如我们看到的那样，在现实中，各种“类型”之间的界线并不固定。不过，所有的社会学现象都是如此，这不应妨碍对典型特征的讨论。总之，无论在古代还是中世纪，典型的贵族都不是职业性的经

* 该词专指伦敦市的同业公会会员。

营者，毋宁说都是一种**食利者**与“临时性的”经营者。在上莱茵地区各城市的法令中可以看到，“荣誉闲人”（ehrsame Müssiggänger）这种说法被当作贵族院成员的官方称谓，与同业公会的称谓形成了鲜明对照。在佛罗伦萨，卡利马拉行会（Arte di Calimala）的大商人和银行家则属于“行会”而不是贵族。

在古代世界，把经营者阶层排斥在贵族之外更是理所当然的事情。这并不意味着例如罗马的元老院贵族中不包括“资本家”——我们看到的根本不是这个层面上的差异。“资本主义”**放债人**指的是与农民相对而言的早期罗马贵族，以及后来与政治臣民相对而言的罗马元老家族，我们将会看到，其范围非同小可。只不过古代与中世纪的身份成规——有时在不同程度上还有法律的支持——禁止贵族世家扮演**经营者**的角色。当然，在不同的时代，典型的贵族会把财富投资于大不相同的目标。然而，特征始终是相同的：谁要是过于明显地逾越了以财富投资和靠资本盈利[60]这两种经济活动形式之间的界线，在古代就会被认为是个 banausos（只顾赚钱的庸人），在中世纪则是个“为骑士所不齿”的家伙。到中世纪晚期，乡村贵族已不再承认古老的城市骑士家族为同类，因为后者与同业公会的成员——因此也就是与经营者——并肩坐到了议会的席位上。为人禁忌的并非那种作为**心理**动
1296 机的“贪得无厌”；在实际生活中，罗马的达官贵族和中世纪沿海大城市的贵族也像历史上的任何其他阶级那样 auri sacra fames（财迷心窍）。毋宁说，遭到蔑视的乃是一切**理性的**、持续组织起来的，就这个意义而言特指的“资产阶级”获利活动的形式，即一切系统的经济活动。[在 1293 年] 打破了**贵族**统治的佛罗伦萨 *Ordinamenti della giustizia*（司法条例），就把那些过去有成员是骑士的家族确定为应

予剥夺政治权利的家族——因为这些家族保持着骑士生活方式。在古代，同样的标准——生活方式标准——则被用来剥夺一切积极从事贸易者的官职候选人资格。[61] 按照马基雅维里的说法，佛罗伦萨的**这个条例**产生的结果是，任何想要留在城市的贵族都不得不让自己的生活方式适应资产阶级各阶层的习俗。[62]

这样就产生了贵族的一些基本特征，不难看出，它们属于“身份”特征的范畴。当然，除此之外，还应指出一切超凡魅力贵族的一个典型政治特征：出身于一个曾占有某些官职与封号的家庭，因此而被认为有资格担任官职。这个特征既可见于麦加的谢里夫家族，亦可见于罗马的贵族和威尼斯的护民官家族。这种群体的封闭性在严格程度上各不相同，在威尼斯就不如在罗马那么灵活，罗马在形式上并不排斥 homo novus（暴发户）担任官职。然而，不论在何地，当一个家族在议会任职或者担任城市官职的资格遭到质疑时，就总是需要查清楚该家族以往是否有成员进入过议会或担任过能够带来议员头衔的官职，要么就像佛罗伦萨**条例**规定的那样查清其祖先中有无骑士。一般来说，人口规模及垄断官职的重要性越大，身份封闭性的原则也就会变得越有刚性。

本节的某些内容再次预先讨论了后来的一个时期——古老的家族超凡魅力贵族彼时已经完全或部分丧失了特殊的法定地位，并且被迫与希腊城市的 demos（民）、罗马的 plebs（平民）、意大利的 popolo（人民）、英格兰的 liveries（同业公会会员）以及日耳曼的 Zünfte（行会会员）分享权力，因而给予了这些联合体以平等地位。我们现在就应更详细地讨论这一过程。

注　释

1 第二、三两节在德文版中是小号字体，意为这是补论。韦伯对早期威尼斯历史的说明，总的来说是参照了 Heinrich Kretschmayr，*Geschichte von Venedig*（3 vols.，Gotha：
1297 Perthes，1905—1934），VoI. I：*Bis zum Tode Enrico Dandolos*。另请参阅 Bernhard Schmeidler，*Der dux und dee comune Venetiarum von* 1141—1229（“Historische Studien”，Vol. 35；Berlin：Ebering，1902）；Ernst Mayer，*Italienische Verfassungsgeschichte*（Leipzig：Deichert & Böhme，1909）。（W）

2 **库里亚**（curia）是由因公益性派捐而挑选的官员构成并负责税收的地方行政管理委员会，**护民官**（defensor）是晚期罗马城市最高司法行政官的称号。**民事**派捐官和**军事**护民官之间的差别自 6 世纪开始就变得格外突出了。参阅 Cf. Kretschmayr，*op. cit.*，I，38ff。

3 总督坎迪亚诺四世（Pietro Candiano IV，r. 959—79），奥托一世皇帝外甥女，托斯卡纳的瓦尔德拉达之夫。参阅 Kretschmayr，*op. cit.*，I，113ff，436ff。（W）

4 参阅 Kreschmayr，*op. cit.*，I，111。

5 Rialto，岛屿社区，811 年成为总督的官邸驻地——那时它的地位与威尼西亚大公国的某些其他大陆和泻湖城市相比还非常之低。丽都长期保持着原有的城名，只是到了 13 世纪才作为领土单元之名而广为人知，此时它已成为首府。丽都区的旧名保持至今，同名桥的周围是旧时的商业广场。参阅 Kretschmayr，*op. cit.*，I，60，83f。

6 Kretschmayr，*op. cit.*，I，148.

7 Walter Lenel，*Die Entstehung der Vorherrschaft Venedigs an der Adria*（Strassburg：Trubner，1897），124ff.（W）.

8 Chrysobullon，1082 年 5 月第一任康尼努斯皇帝阿历克塞一世的金玺诏书，他在诏书中同意全部免除威尼斯对拜占庭帝国贸易时的税收，以此换取威尼斯帮助他与罗伯特·圭斯卡德（Robert Guiscard）统治下的西西里诺曼人进行斗争。参阅 Kretschmayr，*op. cit.*，I，161ff，168，178f。

9 事涉第四次十字军东征（1202—04），其间威尼斯人掉头进攻君士坦丁堡，部分原因是为了赶走一个怀有敌意的皇帝，代之以愿意根据有利条款更换金玺诏书的皇帝。攻陷君士坦丁堡并建立了拉丁帝国（1204 年）之后，quartae et dimidiae partis totius Romanie imperii dominator 这一短语便加在了总督的称号上。

10 Enrico Dandolo，1192—1205 年任总督。他的就职宣誓似乎是第一次详细明确地说明要限制总督权力。参阅 Kretschmayr，*op. cit.*，I，331，341。

11 即 Publicum placitum 或 curia ducis：公开的宫室集会，有时也是欢呼通过式的半立法集会，从 9 世纪末开始在公爵宫室举行，由总督主持。参阅 Kretschmayr，*op. cit.*，I，191ff，197。

12 参阅 Schmeidler，*op. cit.*，13ff.；Kretschmayr，*op. Cit.*，I，327ff。

13 Quaestio repetundarum：根据公元前 149 年的《坎布尔尼亚法》（*lex Calpurnia*）创立

的常设陪审审判法庭（quaestio，刑事法庭），审理殖民地及各行省总督对臣民的敲诈勒索与盘剥罪。Pauly-Wissowa，RE，vol. 48（Stuttgart，1963），cols. 763ff。

14 参阅 Lenel，*op. cit.*，143f.；Schmeidler，*op. cit.*，43—48，67ff。

14a 关于这些党派形成的源起以及它们逐渐达成跨地区的联合，见 Robert Davidsohn，"Die Entstehung der Guelfen- und der Ghibelinen-Partei"，收于他的 *Forschungen zur Geschichte von Florenz IV*（Berlin：Mittler，1908），29—66。

15 一个中世纪日耳曼国王即位时日耳曼各等级应当交纳的贡赋（兵员，后来则是货币税金）详细清单，用于支持他向罗马（Römezug）的武装进军以获得教皇加冕为神圣罗马帝国皇帝。 1298

16 G. Hanauer，"Das Berufspodestat im dreizehnten Jahrhundert"，*Mitteilungen des Instituts für österreichische Geschichtsforschung*，XXIII（1902），377—426，*passim*.（W）

17 同上，395。

18 同上，426。

19 参阅下文注 57 关于雷根斯堡的"奥尔之乱"。

20 布卢瓦的斯蒂芬国王（King Stephen of Blois，1135—54 年在位），他继承王位的要求曾遭到金雀花王朝成员的反对。他的继任者是金雀花王朝的亨利二世，即第一任安茹王朝国王。（W）

21 关于 firma burgi，参阅（四），十，D；J. Hatschek，*Englische Verfassungsgeschichte*，109ff。（W）

22 这里说的"公司"即各种职业或行业的基尔特，比如布料商或渔商的（商人）公司，或者制桶、刀具、造船等等（行业）公司，见 S. Thrupp，*The Merchant Class of Medieval London*，passim。

23 在德文版中是"Scivini"（陪审官）。然而，韦伯显然指的是 24 个行政区的区长，他们由选举产生，长期任职或直到被免职，这些高级市政官（aldermen，在拉丁语文献中是 aldermanni）与每年选举的市长和市议会一起构成了伦敦市政府。Scivini 实际上是伦敦同业公会的下属官员（参阅 Hegel，*Städte und Gilden*，*op. cit.*，I，70，78，n. 2）。议员的数量实际上远远多于高级市政官（参阅 Thrupp，*The Merchant Class of Medieval London*，79）；韦伯大概是受到了黑格尔一个说法（见上引书 78f）的误导，即市议员也像高级市政官一样由各行政区选举产生。

24 见下文（三），九。

25 关于部落贵族统治的希腊，参阅 M. I. Finley，*The World of Odysseus*（New York：Merdian Books，1959）。

26 同上 bk. II，494—759。

27 同上 bk. VI，168—171。

28 *Odyssey*，bk . IX，40.

29 同上 bk. XVIII，478—608，尤见 503f。

30 *Odyssey*，bk. VI，259，293.

31 同上 bk，II，212—77。另请参阅 Finley，*The World of Odysseus*，117ff。

32 例如猪倌欧迈奥斯就是奥德修斯买来的奴隶。参阅 *Odyssey*，bk. XIV，61—66 以及 Weber，*GAzSW*，101，n. 1。

33 同上 bk. XXIII，257—897。

34 关于昔兰尼的 silphion 贸易，参阅第十四章，(一)，注 16。

35 关于早期的希腊城邦，参阅 Ehrenberg，*The Greek State*，Part I and the bibliographical essay，*ibid.*，243—56。

36 参阅 Eberhard Gothein，*Die Culturentwickhung Süd-Italiens in Einzel-Darstellungen*（Breslau：Koebner，1886），162—242 for Aquila。在这里，incasamento 就是强制性的，因此这个意大利术语在字面上说几乎等于 synoikismos；腓特烈二世皇帝试图控制阿布鲁齐山区（Abruzzi mountains）的诺曼人封建贵族，于是下令阿特尔诺河流域的村民迁入新城，该地区范围的所有城堡在两个月内均被夷为平地。Gothein，*Wirtschaftsgeschichte des Schwarzwaldes und der angrenzenden Landschaften*（Strassburg：Trübner，1892），63 提到了亚利山德里亚城的兴建（在都灵附近，建于 1168）。

1299 37 关于德斯利亚，参阅注 39；小亚细亚蒂奥斯的 pyrgoi 可能是领土内的城堡管区，也可能是为城镇本身的城楼配备人员的民兵管区，关于这个问题的争论，见 Pauly-Wissowa，*RE*，2d series，V（1934），col. 554ff。

38 参阅 Weber，*GAzSW*，116，122，217。

39 Demotionidai 系阿提卡的胞族之一。在它的礼拜中心德斯利亚附近发现的一块石碑上刻有铭文，文中概述了关于联合体准入程序的解决办法。第一篇铭文标明的时间为公元前 496—前 495 年，那时德斯利亚城堡的贵胄氏族仍然发挥着相当大的作用，但第二篇铭文作于 5 世纪晚期，里面就没再提到他们。由此可以得出结论认为，胞族中的贵族在这两个时间段之间的作用衰落了。参阅 Pauly-Wissowa，*RE*，V（1905），cols. 194—202“Demotionidai”词条，以及 Weber，*GAzSW*，136。

40 参阅 Pauly-Wissowa，*RE*，V（1905），col. 1653“Drakon”词条。

41 关于罗得岛的土地分配，参阅 Webr，*GAzSw*，152。

42 传说 Ramnes 与 Tities 两大“部落”分别源自二王罗慕路斯和提图斯·塔蒂奥斯，但与它们不同，早期罗马的第三大部落却不可能与这些神话中的王族名号有关，在传说中它被解释为一个“归化”的军事联盟集团。

43 据说，另一个神话国王塔奎尼乌斯·普里斯库斯（Tarquinius Priscus）把代表贵族世家圈子的元老院从 100 人扩大到了 300 人；在后来的各个时代，**旧世家“元老”**之后的新成员（patres minorum gentium）只能由投票选举。古典作家们对于那些小氏族有没有贵族渊源（西塞罗）或者是不是从平民晋级而来（苏埃托尼乌斯）一直是有分歧的。参阅 Pauly-Wissowa，*RE*，VII（1912），col. 1192f“氏族（gens）”词条。

44 “埃吉贝之孙”的银行在巴比伦从公元前 7 世纪一直存在到公元前 4 世纪，见 Fritz M. Heichelheim，*An Ancient Economic History*，II（Leiden：Sijthoff，1964），72ff。

45 意指 6 世纪之初在梭伦改革以后很快就震动了阿提卡的党争，即平原（pediakoi）地主、沿海（parálioi）的贸易和航海利益集团与 Diákria 山区激进的民主派小农之间的纷争。参阅 Weber，*GAzSw*，134，152；A. Andrewes，*The Greek Tyrants*（New York：

Harper Torchbook, 1963), 102ff (on the three parties); Ehrenberg, *The Greek State*, 30f.; R. von Pöhlmann, *Griechische Geschichte und Quellenkunde*, 5th ed. (Munich: Beck, 1914), 88—97。

46 关于赫西奥德家族，参阅下文（五），注 32。

47 日耳曼中世纪城市的小商人和工匠处在一种与监护人加洛林王朝国王、城市领主、后来则是有权势的贵族的特殊关系之中，他们必须提供某些劳役并可在法庭上得到保护、帮助以及其他资助。参阅 Hans Planitz, *Die deutsche Stadt im Mittelater* (Graz: Boehlau, 1954), 268f。

48 所谓 "Servian" 军事组织包括五个非武装的单元，其中有两个由兵役木匠和铁匠组成，即 centuriae fabrum tignariorum 和 fabrum aerariorum；另有两个乐工单元和一个替补单元。关于他们在罗马政治制度以及百人队中的地位，见 Theodor Mommsen, *Römisches Staatsrecht*, Ⅲ (first ed., Leipzig: Hirzel, 1887), 281—90。

49 例见 Mommsen, *op. cit.*, I (2nd ed., 1876), 204—212。

50 罗马共和国时期的一种临时官员，在执政官职位因某种原因空缺时署理政务，任职 5 1300
天。参阅 Mommsen, *op. cit.*, I, 633ff。

51 关于早期希腊议会的总体情况以及斯巴达的 gerousia，参阅 Ehrenberg, *The Greek State*, 59, 250: naucraries 的 prytaneis 肯定不同于后来克利斯提尼时期的议会 prytans，后者是重组后的十大宗族的代表［参阅第十四章，（二），注 16］。Naucraries 是前梭伦时代的制度，为四个最初的爱奥尼亚宗族的最小分支——每个部落有 12 个，因此总共 48 个。它们最初大概都是一些财政单元，负责维持一定数量的战船，但后来却变成了由一个 prytanis 为首的综合性行政区。相对来说人们对于由这些管区首领组成的议会知之不多，请参阅 Ehrenberg, *op. cit.*, 20f。

52 后期的阿雷奥帕古斯成员均由前执政官充任，罗马元老院则由担任过显贵凳官职（curule office）者充任。

53 科林斯的统治家族，公元前 926（？）—前 657，后被早期僭主之一 Kypselos 推翻，参阅 Andrewes, *The Greek Tyrants*, 12, 43—49。

54 公元前 7 世纪埃维亚岛上的哈尔基斯与埃雷特里亚两城为争夺利兰丁平原的所有权而进行的战争。

55 意为"周边居民"，即依附性共同体的居民，他们应为斯巴达国家提供军役服务，但作为非公民并不享有积极的政治权利。

56 大扩张晚期斯巴达在被征服城市的军事统治者。

57 14 世纪初，奥尔家族曾（得助于 Muntmannen 扈从）在雷根斯堡执政多年，1334 年被驱逐，此后，10 年任期的市长（Burgermeister）职位只能由外邦人担任，完全是意大利**波德斯塔**的方式。参阅 J. Langoth, *Skizze einer Entwicklungsgeschichte der freistädtischen Verfassung Regensburgs im Mittelater* (Stadtamhof, 1866)。

58 Corinthian-Corcyrean 聚落，位于今阿尔巴尼亚沿海地区，它的寡头统治通过共同账户的"代理人"经营内部贸易。参阅 *GAzSW*, 101, 107。

59 参阅 Hegel, *Städte und Gilden*, *op. cit.* I, 78f.; Thrupp, *The Merchant Class of Medieval London*, 73—83。韦伯大概是误解了 1463 年以后由同业公会进行的市议会选举：黑

格尔与斯拉普都指出，1384年恢复由各城区进行选举是最终的结果。也许韦伯误解了黑格尔的这一说法（前引书第79页）：同业公会会员（高等基尔特）获得了与伦敦市议会一起参与选举市长、郡长（1468）和下议院成员（1476）的权利。文本中给出的时间是1463年，大概是排印时把手写原稿中的1468看错了。

60 德文为Vermögensanlage和Kapitalgewinn。韦伯在“财富”（vermögen）和“资本”的利用之间作出了区分，这两个范畴分别是与“预算管理”（hausnalt）和“获利活动”（Erwerb）概念联系在一起的，见第一部分，第二章，十、十一，尤见p. 98ff（中译本第196页）。

61 参阅Mommsen，*Römisches Staatsrecht*；I（2nd ed.，1876），470f。

62 Niccolo Machiavelli，*History of Florence*，bk. Ⅲ，ch. 1（New York：Harper Torchbook，1960），109.

1301

（四）平民城市

一、歃盟兄弟团契摧毁了贵族统治

中世纪和古代的贵族统治被打破，其表现形式有着突出的“外在”相似性，如果看看中世纪的大城市，就会发现情况尤其如此，它们——特别是意大利各城市——像古代的城市一样，基本上都是沿着自治的方向不断发展的，就是说，没有遭遇城市外部权力的干预。

在意大利，波德斯塔出现之后，接踵而至的一个决定性发展阶段就是**人民**（popolo）的形成。像日耳曼的手工行会（Zünfte）一样，意大利的人民也是由经济上的多种成分构成的，至关重要的是，它既包括了经营者，也包括了手工业工人。在反对骑士家族的斗争中，经营者最初发挥了主导作用，他们鼓动各“行会”结为歃盟团契并为之筹集资金，各工匠行会则提供了斗争所必需的人力资源。同业公会的歃盟联合体往往任命单独一个人领导运动，以捍卫在与贵族的斗争中获得的成果。例如，苏黎世在1336年驱逐了顽抗的贵族世家之后，由骑士鲁道夫·布龙（Rudolf Brun）和一个议会进行统治，组成议会的是留在城市里的骑士团体——“警察”——和布商、盐商、金器商的商人经营者“行会”以及小工匠的次要“行会”相等比例的代表；该城市在这样的领导下居然也能抵抗帝国军队的围攻。[1]在德意志，各“行会”的歃盟团契在多数情况下只是从公社分离出来的临时联合体；如果“行会”代表获准进入市议会，或者全体公民——包括贵族——被吸收进同业公会，这种互不相干的存在状态才会结束。只有
下德意志及波罗的海地区某些城市的“行会”兄弟会以城市公会的形 1302
式，作为永久性组织保存了下来，它作为一种派生组织的性质则表现在管理机构的构成上——其成员都是各“行会”的“会长”。在15世纪的明斯特，未经公会同意，任何人不得受逮捕。因此，城市公会还具有保护性联合体的功能以对付议会的司法活动。在行政事务方面，议会也要在长期的基础上或者仅仅在重大问题上与公会代表合作，否则就不可能被指望作出任何决策。在意大利，公民这种对付贵族阶层的保护性联合体还具有更大得多的重要性。

二、人民作为一种非正当性政治联合体的革命性

意大利的**人民**不仅是个经济现象，而且是个政治现象。它是城市公社内部一种独立的政治共同体，有自己的官员、自己的财政和自己的军事组织，是一种最真实意义上的“国中之国”——是最早出现的**有意不求正当性的革命性**政治联合体。产生这一现象的原因应在以下事实中寻找：在意大利，由于城市贵族的经济和政治权力手段得到了

更强有力的发展，因而定居城市本身的骑士家族远远多于其他地方。这一事实在后面的分析中将会不断吸引我们的注意力。

与骑士家族相对立的**人民**联合体，是在各个职业联合体（arti或paratici[2]）的兄弟团契关系基础上形成的。由这些联合体产生的独立的政治共同体，最早正式为人所知的是这样一些名称：societas、credenza、mercadanza、comunanza，或者干脆叫作popolo（1198年首见于米兰，1203年首见于卢卡，1206年首见于洛迪，1208年首见于帕维亚，1210年首见于锡耶纳，1227年首见于维罗纳，1228年首见于波洛尼亚）。各平民公社的最高级官员一般叫作capitano del popolo（人民领袖），当选之后短期任职，通常是一年，有一份薪金，像公社的波德斯塔一样常常是从其他市镇奉召而来，这时他就必须带着自己的班子赴任。人民会向他提供一支民兵队伍，多数情况下民兵是以城市街区为基础组织起来的，有的则是依靠arti。像公社的**波德斯塔**一
1303 样，他一般都驻在专门的"人民之家"，那里附有一座塔楼，此即人民的堡垒。领袖会得到各同业公会代表（anziani或priori*）组成的独立机构的辅佐，这些代表均从城市各街区选举产生并短期任职，他们有权在法庭上保护**平民**，有权质疑公社当局的决策，有权向当局提出动议，且常常在立法中直接发挥作用。但至关重要的是，他们参与制定**人民**自身的决策。

到了**人民**充分发展的时代，它又有了自己的成文法和税制，有时它甚至会确立这样的原则：公社的决议只有**人民**同意后才能生效。这

* 均为意大利文，前者为长老或元老，后者为男修道院院长、修会等组织的会长或曾短期任职的执政官。

样一来，公社的新法律就必须成为双方法律汇编的一部分。只要有可能，**人民**就会强使它的决定进入公社的成文法，少数情况下**人民**的决定甚至会高于所有其他——包括公社的——成文法（在布雷西亚，abrogent statutis omnibus et semper ultima intelligantur[3]）。**波德斯塔**的管辖权受到了 mercanzia 或 domus mercatorum [4]管辖权的挑战，后者坚持认为有权处理——特别是——所有市场与贸易的事务，因而自封为商人和手工业生产者的特别法庭。除此之外，它往往还能获得对于平民而言的普遍重要性。在 14 世纪的比萨，**波德斯塔**就不得不宣誓，他和他的法官不再介入该城市**平民**之间的争端。

有时**领袖**还能获得一种堪与**波德斯塔**管辖权竞争的普遍管辖权，少数情况下甚至能获得一种上诉管辖权。他常常能够有权依据监督职能和解散集会的权力参与公社管理机构的会议；偶尔他还有权召集公社的全体公民大会，执行议会决议——如果**波德斯塔**不能执行的话，宣布和撤销放逐令，监督或协助管理公社财政，最重要的是管理被放逐公民的财产。就官衔来说，**领袖**低于**波德斯塔**，但在刚刚谈到的这种情况下，[5]他事实上就变成了一个公社官员，一个**人民领袖兼公社官员**；即便他在形式上——用罗马人的术语来说——是个 collega minor*，但实际上他在两者当中更有权势。**领袖**往往还会拥有对公社军事力量的权威，如果那是由雇佣兵组成的军队，只能靠富裕**平民**的纳税来维持，情况更其如此。

---

* 拉丁文，两执政团契的第二把手。

1304 三、中世纪意大利城市身份群体之间的权力分配

举凡**人民**大获全胜的地方，从纯粹形式的观点来看，贵族阶层就只剩下了负面特权。这时的公社官职是对**平民**开放的，但**人民**的官职却不对贵族开放。如果受到了某个**贵族**的侮辱，**人民**则享有审判程序中的专门特权。**领袖**与**长老**可以监督公社的行政，但却不存在对**人民**的类似控制。有时只有**人民**的决议才与全体公民有关。在许多情况下，贵族被明确地临时或永久排斥在公社行政之外，最著名的范例就是 1293 年佛罗伦萨吉亚诺·德拉·贝拉（Giano della Bella）的 *Ordinamenti della giustizia*（司法条例）。佛罗伦萨的领袖还是同业公会市民军队的首长，并辅之以一个不多见的纯政治官员——gonfaloniere della giustizia（正义旗手），后者任期很短，受权指挥一支特殊的民兵，这支队伍由抽签选出的 1000 人组成，而且招之即来。他要保护**平民**、起诉贵族并执行对他们的判决、监督《条例》的遵守状况。这种政治化的司法制度有一个官方的密探网，鼓励匿名告发，对权贵们实行纠问式速决审判程序，而且（通过使人"声名狼藉"）大大简化了举证方法，这是威尼斯十人委员会审判的民主制对立做法。实际上，对付贵族阶层的最敏锐的措施包括：把所有坚持骑士生活方式的家族排斥在城市官职之外，强迫贵族发誓忠诚且整个家族要为自己每个成员的行为承担连带责任，通过刑法对付**大贵族**（magnati）的政治犯罪（包括侮辱**人民**的某个成员），禁止贵族未经**人民**的某个成员同意购买与之毗邻的不动产。

人民的统治由跨地区的**归尔甫派**提供了保障，它的规章被看作市政法律的一部分。只有被吸收为该派成员才能当选市政官员。前面已

经讨论过该派的权力手段。它的组织实际上是以骑士军队为基础的，正是它能提供保障这一事实才使它有理由认为，《条例》并没有真正摧毁贵族的社会与经济权力。我们实际上看到的是，在这些被众多其他托斯卡纳城市采纳的佛罗伦萨阶级法律颁布后的10年间，望族之 1305
间的世仇再次进入活跃期；财阀小集团的统治从来就没有被打断过；甚至**人民**的官职也几乎总是由贵族充任，因为一项明确的法令使得望族可以被吸收进**平民**当中。强迫放弃骑士生活方式仅仅在一定程度上是奏效的，实际上无非就是承诺政治上的服从并加入某个同业公会。一个重要的社会效果是，城市**贵族**与“阔人”（“fat people”）在一定程度上融合在了一起——后者用来指称受过大学教育或掌握着资本财富的**平民**阶层，他们被组织为法官与公证人、银行家、进口纺织品经销商、佛罗伦萨羊毛制品经销商、丝绸商、医生与药商、皮货商等7个“上流”行会（**大行会**）。最初，所有的城市官员都必须从这些吸收贵族为成员的行会中选举产生。只是在经历了另外几次暴动之后，**小民**（popolo minuto）的14个“下等”行会（**小行会**）——即小经营者的行会——才获得了正式分享权力的机会。不属于这14个下等行会的工匠阶层只是在1378年梳毛工起义（Revolt of the Ciompi）之后才获得了临时参政权——事实上他们只是从那以后才有了独立的行会组织。[6] 只是个别地方的小市民统治曾一度按照法律不仅把贵族，而且把**阔人**（popolo grasso）排斥在**执政官**会议之外，比如1378年佩鲁贾的情况。很典型的是，这些下层的城市无产者阶层在反抗**阔人**的统治时，一般都会得到**贵族**阶层的支持，恰如后来那些年头**暴政**得到了大众的支持一样。甚至在较早时期，比如在13世纪，贵族阶层与下层民众就曾频频联手抵抗市民的攻击。是否会出现这种联盟以及它们的力量能强大到什么程度，则端赖各种经济因素。凡是包出制工业高度发达的地方，小手工业者的利益就会与经营者行会的利益发生尖锐冲突。比如在佩鲁贾，包出制工业的发展速度便十分迅猛，一如布罗格里奥·达基亚诺伯爵所述，到 1437 年，单独一个经营者不仅可以给 28 部**织机**，而且可以给 176 名**织工**［即男女纺纱工］安排工作。[7]在包出制工业制度下，小手工业者的境况往往很不稳定，一般都是断断续续受雇。非本地工人也会竞争工作机会，惯常的做法是按日雇用。经营者行会总是试图单方面调整包出制合同的条件，而为他们工
1306 作的手工业生产者行会——比如佩鲁贾的**剪毛工**——则会阻止压低既定的工资等级。[8]

这些阶层显然不可能指望从“上流”行会的统治中得到任何好处。然而，他们在任何地方都没有获得持久的政治权力。四处流动打短工的无产者阶层最终在任何地方都没有分享到城市的参政权。“下等”行会的参与第一次为城市议会带来了至少相对民主的要素，但它们的实际影响却始终微乎其微。意大利各公社有一个通行的惯例，即任命一个特别委员会负责官员的选举，目的是消除鼓惑煽动，为选举经纪人的政治责任确定一条界线——这些人在现代欧洲民主国家往往都是匿名行事，且不被认为应当承担什么责任。这种制度使得谨慎挑选并有序组织行使指定职务的议会成员和官员成为可能，但它必须在具有社会影响的家族之间——且只能在这些家族之间——达成相互妥协，至关重要的是，它决不能无视在财政上举足轻重的各阶层的愿望。只有在若干势均力敌的家族竞争权力的时期或者宗教亢奋时期，“公众舆论”才有可能对市政官员的构成发挥积极影响。比如美第奇家族就不是通过家族成员亲自担任官职，而只是利用家族的影响和系

统操纵选举程序实现了对佛罗伦萨的支配。

人民的胜利无不是通过暴力手段乃至旷日持久的斗争实现的。贵族可能会退出城市并从自己的城堡中继续进行反对城市的斗争，而城市军队可能会进而摧毁城堡，有时城市还会通过立法性法规宣布解放农民而粉碎传统的乡村庄园体制。**人民**在公认的同业公会组织中找到了制服贵族所必需的权力手段。公社从一开始就为了行政目的而利用“行会”组织，而且以行会为基础征召手艺人履行要塞卫戍义务，乃至越来越多地作为步兵执行作战任务。从财政角度来说，随着军事技术的进步，经营者“行会”的帮助变得越来越不可或缺。法学家，尤其是公证人，往往还有法官们以及医生和药师等等其他训练有素的职业人，都给**人民**提供了思想与行政上的支持。这些知识阶层一般都组 1307
织成了自己的“行会”，他们始终属于**人民**，并且发挥了类似于法国**第三等级**中的律师及其他法学家那样的主导作用。最早的**人民**领袖以前大都是同业公会之一或者某个行业联合体的首领。尤其是**商团**，最初就是商人和手工业生产者的非政治联合体［一如恩斯特·札尔策正确强调的那样，mercatores（生意人）一词在意大利也包括这两种群体而不光包括商人］，[9] 通常这就是**人民**的政治组织的初级阶段，它的主事官员 potestas mercatorum（商团行政官）往往就会变成最初的**人民领袖**。

人民的整个发展从一开始就具有这样的取向：在法庭、法人以及公社机构面前有组织地保护**平民**利益。一般来说，这种运动往往都是由于平民的合法权利遭到广泛否定而引起的。供应商和工匠们得到的常常不是所需的铸币，而是棍棒，然后在法庭上还得不到救助（比如斯特拉斯堡的一个案例报道），而这种情况并非仅仅出现在德意志。更有甚者，占据军事优势的贵族似乎还经常实施对**平民**的人身伤害及威胁，这种情况甚至在独立的**人民**政治联合体形成了一个世纪之后还一再出现。骑士的身份傲慢和资产阶级的天然怨恨不断地产生着摩擦。

因此，**人民**领袖的发展就是开始于一种援助与管理的权利以反对公社当局，在类型上近似于罗马平民护民官的权利；由此发展出了一种否决权，最终则发展出了一种具有综合权能的并列官职。贵族世家的世仇也促进了**人民**的崛起，它损害了市民的经济利益，往往给**平民**官员的干预提供了首要理由。另外还应提到一个有利因素，即个别贵族怀有利用**人民**以建立个人专制统治的野心。无论何地的贵族群体都是生活在对这种野心的持续忧虑之中，而且无论在什么地方，贵族各等级内部的分裂都会给**人民**提供机会吸收骑士阶层的军事力量为己所用。从纯粹的军事角度来说，步兵相对于骑士的骑兵越来越具有重要作用，对这些事件产生了最初的重大影响，因为其中包括了理性军事技术的开端：在 14 世纪的佛罗伦萨军队中，我们第一次知道那里有了“臼炮”——现代大炮的前身。

1308 四、古代的先例：罗马的平民与护民官

古代的**民**（demos）与**平民**（plebs）的发展表现出了与上述发展的诸多外在相似性。罗马的情况尤其如此，那里拥有自己的官员且是独立的**平民**政治共同体的崛起，完全类似于**人民**（popolo）的崛起。**平民护民**官最初就是四个城区非贵族公民的当选首领，在爱德华·麦耶看来，市政官（aedile）就是共同礼拜圣所的行政管理者，由于圣所同时又是群体的金库，所以他们也就是**平民**的司库。[10] **平民**本身构

成了一种歃盟兄弟关系，旨在击败任何阻挠护民官捍卫平民利益的人，此即平民护民官所谓 sacrosanctus（神圣不可侵犯）的含义，与全罗马共同体的官员的“正当性”形成了鲜明对照。[11] 与此类似，意大利的**人民领袖**一般也都缺少 dei gratia* 的含义，这种含义通常都是附着在拥有合法权力的官员——执政官——的头衔上。

因此，**平民护民官**并不具有合法的官职权威及其相关特性，即并不具有与城市诸神进行沟通的权利——**占卜**（auspicia），也不具有合法**统治权**的最重要属性——实施合法惩治的权利。[12] 在后一种场合，他作为**平民**首领，有权针对任何阻挠他的公务行为者实施一种私刑：无需审判即可将其逮捕并抛下塔尔皮亚岩石 ** 处死。与**领袖**和**元老**（anziani）非常近似的是，护民官也有权利否决和约束司法行政官针对平民的职务行为，他后来拥有的官职权力即是由此发展而来。这种否决权最初乃是护民官的主要权利，它是所有罗马官员共有的对付同级或下级权威的一种消极权力。像**人民领袖**一样，护民官把这种权利发展成了一种复审与否决的权力，由此发展成了城市治安区范围内**事实上**的最高权力。然而，一旦发生战事，护民官就没有任何发言权了，这时畅行无阻的则是军事统帅的命令。这种地域限制并不适用于旧时的权威，它是护民官明确的“市民”出身的典型反映。

单靠护民官的否决权就很有可能实现**平民**的这种政治成就。由此，平民获得了 provocatio（申诉）的权利，即［在平民大会上］对刑事裁决发出质疑，按照法律减轻债务人的负担，（为农村人口着 1309

---

* 拉丁文，意为“受神的恩典”“蒙上帝宠爱”。

** Tarpeian rock，古罗马朱庇特神庙所在地卡匹托尔山的悬崖，叛国犯由此处被抛下处死。

想）把开庭期安排在集市日，平等分享国家官职，乃至包括祭司官职和议会官职。最后，**平民**正是借助于护民官的否决权才设法使它的决议（**平民投票**）被承认为对整个共同体具有约束力。正如我们看到的那样，意大利的公社有时也能获得这种成就，在罗马则是从［公元前 287 年开始的］**平民**分离时代就已通过《霍滕西亚法》（*lex Hortensia*）而见效了。当然，从形式上看，这就意味着和在中世纪一样是对贵族权力的剥夺。

旧时的**身份**之争在这个事件中达到了顶点，此后护民官就不再是政治上被公众注意的中心了。和**人民领袖**一样，护民官现在也变成了一个公社官员，他的地位变成了发展中的自治市行政官职业序列的一个阶段，这个官职不同于其他官职之处仅仅在于，任职者只能经由**平民**选举产生。总之，由于新贵族在担任官职和掌握财富（**贵族与骑士团**）的基础上得到了发展，历史上平民与贵族的分化正在变得几乎毫无意义。在这场刚刚开始的阶级斗争中，**平民护民官**旧有的政治权利直到格拉古兄弟时代才再次得到了强有力的重申，此时它们被用作服务于政治改革者，以及服务于在与官职贵族的冲突中受到政治戕害的“资产阶级”推进经济上的阶级运动的手段。[13] 这种复兴的最终结果就是，除了军事**统治权**以外，还有护民官的权力后来也变成了**首席公民**终身任职的特性之一。[14]

中世纪意大利和早期罗马发展过程的这些相似之处极为突出，特别是因为两者之间表现出了根本性的政治、社会与经济差异，这一点很快就会谈到。毕竟，各种行政技术事实上仅仅发生了有限的变化，可以现成地用于一个城市内部的身份群体之间达成有效妥协。因此，政治行政的形式相似性不能被解释为是在一模一样的经济基础之上产生了一模一样的上层建筑。这些现象服从的是自身的规律。

五、古代的先例：斯巴达的民与五长官

我们现在可以问的是，罗马的这项发展在古代有没有同类现象？就我们所知，斯巴达的政治联合体也像罗马**平民**或意大利**人民**的联合体一样，并不见于古代世界的其他地方。但却存在着一些性质上多少 1310
相近的现象。即使在古代，斯巴达的五长官就已被某些人（见西塞罗，*de Republica* ii. 59；*de Legibus* iii. 16）视为这样的同类现象。然而，必须对此作出正确解释。

与“合法的”［斯巴达两］国王不同，五长官（“监督人”）的任期只有一年；与罗马的护民官一样，他们不是由三大［初始的多利斯］克兰宗族（clan phylae），而是由斯巴达的五大区域性宗族选出来的。五长官负责召集公民大会，拥有民事与刑事问题上的管辖权（尽管在刑事领域也许并非毫无限制），甚至要求国王出席大会，迫使官员对自己的行动做出说明并予以罢免。他们控制着行政权，并与当选的**长老会**（gerousia）一起，有效构成了斯巴达领地内的最高政治权力。国王在城区仅仅享有荣誉特权和纯个人的影响，不过一旦发生战事，在斯巴达极为严厉的惩戒权力就会全部掌握在国王手中。五长官在战时也与国王比肩而立，这大概只是后来的时期才发生的现象。他们最初可能就是由国王任命的——有人认为甚或在第一次麦西尼亚战争[15]之后还是如此，这与五长官权力的护民官性质并不矛盾，事实上最早的罗马**部落**首领可能同样如此。五长官缺少典型的护民官的否决权（中世纪的**人民领袖**也拥有这种权力），这一更加重要的事实同

样无法否定他们权力的护民官性质。当然，传统上认为，这些官员最初的职能就是保护公民不受国王的侵害。该职能后来的缺失，可以说是因为斯巴达的**民**（demos）取得了对它的敌手的绝对胜利，随后**民**本身则变成了一个统治阶级，最初是平民统治阶级，但后来事实上成了寡头统治阶级，对整个国家实现了绝对控制。在这个历史时期，斯巴达并不存在贵族。城邦小心守护着对希洛人*的统治地位——每年都要举行仪式向他们“宣战”以便为他们不受法律保护的地位提供宗教理由，同时，城邦还保持着对于不是斯巴达军事联合体成员的珀里俄基人**的政治垄断地位。[16]但是同样，城邦也——至少在原则上——小心守护着正式公民的内部社会平等。一个往往会令人联想到威尼斯krypteria[17]的密探体系为这两个原则提供了支持。根据传说，拉塞达埃蒙人***是最早废除作为贵族生活方式组成部分的特殊着装习惯的希腊
1311 人，说明以前肯定存在过这种生活方式。[18]禁止奢侈浪费和对王权的严格限制，几乎可以肯定都是斗争与随后达成妥协的结果。国王与五长官［每隔一个月］相互交换的誓约——此为一种定期更新的宪政契约——即可提供这方面令人信服的证据。然而，五长官似乎还承担某些宗教职能，这一事实引起了［对于五长官的理性起源或者革命性起源的］某些疑惑。对此可以这样解释：他们与罗马护民官相比已经在

---

* Helot，古代斯巴达的国有奴隶，系被征服的原住民和束缚在土地上的奴隶群，不能被出卖，只能由国家释放，被迫把生产品的固定份额交纳给斯巴达奴隶主，而且必须在军中服役。

** Perioeci，古代斯巴达没有政治权利的自由市民，他们构成社会的从属阶级，经营国家的工商业并服兵役。

*** Lacedaemonian，斯巴达人的旧称。

更大程度上变成了“合法的”公社官员。总之，斯巴达城邦的这些关键特征突出表明了是一种理性设计的产物，不应被看作仅仅是古代制度的余风。[19]

六、希腊民主化的各个阶段与结果

A. 差别选举权

在希腊的其他共同体中我们不可能看到罗马这项发展的对应现象。然而，我们到处都能看到非贵族公民反对贵族的民主运动，这在多数情况下都会导致暂时或长期排除贵族的支配。像在中世纪一样，这既不意味着全体公民在投票权和担任官职或参加议会的资格方面一律平等，甚至也不意味着有权居住在城镇的所有自由家庭都能获准进入公民联合体。与罗马相反，在希腊，解放了的奴隶绝不属于公民联合体。由于投票权和任职资格最初是按照交纳地租与服役的能力，后来是按照财富多寡被划分为不同等级，生来自由的公民在政治上的平等也归于无效。这种把权利划分为不同等级的做法，即使在雅典也从没有被彻底消除，恰如中世纪城市的无财产阶层在任何地方都不可能长期获得与中产阶级一样的平等地位。

全体公民大会上的投票权被授予了全体依附于居民点（demes[20]）并加入一个胞族军事联合体的土地所有者——这是“**民主**”的初级阶段，或者也授予其他类型财产的所有者。最初的决定性资格标准是在重甲步兵中服役的自我装备能力，这种变化就是与重甲步兵的出现联系在一起的。我们很快就会看到，单纯划分投票权等级绝不是保持有

1312 产者阶层优势的最重要手段。像在中世纪一样，市民大会的正式构成总有可能以诸多方式进行调整，它的正式权限也总有可能得到大量扩张，但是，这对财产所有者的社会权力并没有带来严重的破坏性影响。

民（demos）的演进在不同地方产生了不同的结果。直接结果就是民主的发展——这在某些情况下则是永久性的结果，表面上看，则类似于诸多意大利公社的情形：按照某些人口财产调查加以分类的最富有的非贵族公民阶层，与贵族世家一样获得了议会席位和官职，前者多半是货币、奴隶、**可租赁作坊**、船舶或商业与信贷资本的所有者，后者的地位则主要是基于地产。大量的小商人、小店主和小有财产者，一般都会在法律上或者由于他们拿不出足够的时间而在实际上始终被排除在官职之外，否则，民主化就可能继续推进，**权力最终将落入**这些阶层之手。然而，为了走到这一步，就必须找到办法以减轻他们参与公共事务的经济负担，比如按日给他们支付津贴，而且必须降低人口财产调查对于任职资格的要求。但是，这一点以及**事实上**并不按照财产状况把民正式划分为各个阶级，只是到了公元 4 世纪作为阿提卡民主的最终形式才实现的，而且只是发生于重甲步兵的军事重要性荡然无存之后。

非贵族阶层的彻底胜利或者局部胜利，给古代政治联合体的结构及其行政管理带来了两个特别重要的结果：[首先是强制性区域组织和区域性立法的兴起；其次是行政机构中的显贵被**民**的官员取而代之。]

B. 强制性区域组织和区域性立法的兴起

我们先来看看政治联合体日益转变为一个强制性组织（Anstalt）

的情况。这项发展的一个方面就是确立了政治分支的区域原则。像在中世纪一样，大多数公民都是在地方城市街区的基础上组织起来的，在贵族统治时期就已经如此了，而且后来至少一部分**人民**官员是由城区选举产生的，在古代的贵族城市，平民也是按照区域原则加以组织的，这尤其是为了分摊**徭役**及其他公共负担的目的。在罗马，除了由 1313
氏族和**库里亚**构成的三大古老的属人**部落**之外，还出现了也被称为**部落**的四大纯区域性市区，**平民**获胜之后又加入了［31 个］农村**部落**。在斯巴达，除了三个古老的属人宗族之外还出现了四个——后来是五个——区域性宗族。在那些特殊的希腊“民主”城邦中，民主政体的胜利也就等于是［从氏族分支］过渡到了“居民点”（**民**），一种区域性管区，是城邦的次级单元和在城邦中分配权利义务的基础。我们很快就会论及这种变化的实践意义。总之，它的结果就是城邦不再被认为是一种歃盟防御团契和氏族联合体，而是一种强制性的区域组织（anstaltsmässige Gebietskörperschaft）。

这项发展中的另一个因素就是在思考法律的性质时出现的变化。法律变成了强制性组织（Anstaltsrecht）的法律，对于城市区域本身的公民和居民一体有效（尽管一如我们先前看到的那样还留存着过去事态的残余）。同时，它也越来越变成了理性创制的法律。无理性的超凡魅力式**临时**判定对与错，最终被成文法取而代之。与消除贵族统治并行的是开始了立法。最初它依然具有**调停人**（aisymnetes）进行超凡魅力立法的形式。但很久以前我们就看到了**公民大会**（ekklesia）在持续地（最终是不间断地）制定新法律，看到了一种受制定法约束的纯世俗的司法行政，比如在罗马就要受到执政官敕令的约束。在雅典，最后发展到每年都要征求民意来决定现行法律应予保留还是修订。这表明提案获得了多么广泛的承认，它意味着有效的法律是人为创制的，而且在一定程度上必定是人为创制的，应当以它要适用的人们所达成的共识为基础。诚然，在古典民主时期，比如在公元前 5 和前 4 世纪的雅典，这种观念尚未普及。并不是**民**的任何决议（psephisma）都会成为**法律**（nomos），甚至确立了普遍规范的决议也并非都能成为法律。**民**的决议也有可能被视为非法，然后可能会在阿提卡的**陪审法庭**（heliaia）面前遭到任何市民的质疑。至少在那时，**民**的决议本身还不能创制法律。实际的法律制定过程采取的是法律辩论的形式，开始是由某个公民针对旧有的或者新提出的规则应否视为有效而倡言一项新
1314 的法律提案，然后在一个专门的陪审团 nomothetai（立法者）面前进行辩论；这显然是旧时法律性质观的一种相当古怪的余风，它只是到了很晚的时候才消失的。[21] 但是，雅典人通过厄菲阿尔特的法律［公元前 462 年］，废除了一直由阿雷奥帕古斯代理行使的宗教和贵族的否决权，从而迈出了最早的关键一步——开始接受理性创制法律的观念。

C. 民主制官员取代显贵

应当指出，“民主化”的另一个结果就是接踵而至的行政革命。凭借家族或官职超凡魅力进行统治的显贵被**民**的公务员取而代之，后者都是选举产生或者经抽签选取短期任职，他们对全体大会负责，有时还可以罢免，甚或完全从属于**民**本身。这种新型官员都是“公务员”，但不是现代意义上的公务员。他们的开销仅能得到适当的补偿，或者像同样经抽签选取的陪审员一样按日领受津贴。如此一来，再加上短期任职以及往往还禁止重新当选，便阻止了现代官员那种职业

特性的发展。公务员不存在职业性的职位序列，也没有特殊的身份荣誉。履行公务都是一种间歇性活动，多数任职者都无需全力以赴，即使对于无财产者来说，官职收入也仅仅是一笔附带收入，尽管那是值得向往的收入。诚然，最高的政治职位，尤其是军事职位，都会要求任职者具有全力工作的能力，因此也只能由富人充任。担任雅典的财政官员则需要高额财富担保，类似于我们的债券保证金（**职务担保金**）。实际上，这些高级官职都是荣誉性的（无薪）职位。

伯里克利时代雅典高度发达的民主制所产生的实际的政治领袖，即煽动家，形式上一般都担任着主要的军事职位。不过事实上，他的权力不是依赖于法律或官职，而是完全依赖于个人影响和**民**的信任。因此，他的职位既不是“正当的”，甚至也不是“合法的”，尽管整个民主制政体都在适应他的存在，一如现代的英国政体在适应内阁的存在，而内阁并非凭借由成文法调整的权限进行统治。还可以进一步加以比较，例如，**除了细节上的差异之外**，由于煽动家领导无方而对他提出的指控，就相当于对英国国会的不信任投票，而英国国会在形式上同样不是通过立法创设的。其成员均由抽签选任的雅典议会，如今 1315
变成了仅仅是**民**的执行委员会；它丧失了司法权限，但却获得了对于全体大会议事日程（通过 probouleuma）以及对于财政问题的控制权。[22]

在中世纪各城市，**人民**夺取权力也产生了类似的结果：一方面是大量修订城市的法律书籍，编纂民事与诉讼法典，各种各样的制定法确实数不胜数，另一方面则是官员的规模达到了高潮，典型的是在日耳曼的一些小城市里，有时居然能看到五六十个种类的官员。除了襄理市长的辅助职员和执达官以外，我们还能看到大量的专业化官员，他们只是间歇性地行使职务，其官职收入主要是得自手续费，这只是一种附带收入，尽管也是一种值得向往的收入。古代与中世纪城市——至少是那些大城市——的另一个共同特征是，大量放在今天一般都由定期举行的代表大会处理的事务，可能会交由经投票或抽签选出的专门委员会处理。比如在希腊的古代时期，立法就是以这种方式组织的，但是还有其他政治功能，比如在雅典还包括批准盟约誓言和分配同盟交纳的贡金。在中世纪，官员（特别是比较重要的官员）和立法机构主要成员的选举，往往也是采取这样的方式。这是一种代议制的替代做法，那时并不存在现代形式的代议制。如果说存在这样的"代表"，也仅仅是代表联合体，这与当时的发展状态相适应，因为那里的所有政治权利都具有传统身份荣誉的性质或者特权性质。在古代民主制度中，被如此代表的单元可能是一些加入礼拜共同体或政治共同体（城邦）的联合体，或者是一个同盟的组成部分；在中世纪，它们可能是一些同业公会以及其他团体。被代表的只是联合体的**专有权利**，而不是像现代议会那样代表区域范围内不同"选民"的权利。

七、非正当统治权：古代僭主

古代与中世纪城市的另一个共同特征就是城市**僭主**的出现，或者至少是试图建立僭主统治。它在这两个时期都是一种地方特有的现象。公元前7到6世纪的希腊本土，诸多大城市——其中也包括
1316 雅典——的政府都把持在僭主手中，但它们的存续只有几代人的时间。[23]那里的城市特权一般只是在被某种优势的军事力量征服之后才归于消亡的。与此相反，在殖民地区，比如在小亚细亚，尤其是在西西里，城市的**僭主**统治要持久得多，而且在一定程度上为城邦提供

了决定性的体制，直到城邦崩溃为止。

僭主统治到处都是身份群体斗争的产物。在少数情况下，比如在叙拉古，似乎是被**民**排挤到一隅的贵族群体帮助一个僭主确立了统治的。但总的来说，僭主统治的基础都是中产阶级以及贵族的债户，他们的敌人就是遭到他们驱逐，财产被他们没收并图谋反击的贵族世家。从这里的表述中可以看到的是古代世界典型的阶级反差，即作为债权人的城市军事贵族和作为债务人的农民之间的反差，从以色列和美索不达米亚到希腊和意大利世界，这种反差随处可见。在巴比伦，乡村地区几乎完全为贵族所有，农民变成了他们的**科洛尼**。在以色列，债奴是“约书”（“Book of Covenant”）[见《出埃及记》21：1—6；《尼希米记》，10：31]进行调整的主题之一，从亚比米勒到马加比的所有篡夺者都是在逃亡的债务奴隶当中寻求支持。《申命记》的允诺是有效的，即以色列将“借（钱）给许多国民”[见《申命记》，15：6]，这就意味着耶路撒冷的市民将成为债主和贵族，而所有其他人都是以色列人的债奴和农民。希腊与罗马的阶级反差与此类似。僭主统治一旦确立，通常都会得到小农、与小农结盟的贵族朋党以及城市中产阶级的支持。僭主统治一般都要依靠一支卫队，而希腊的民众领袖，比如庇西特拉图*，得到市民的这种护卫通常恰恰就是迈出了确立**僭主**统治的第一步，犹如后来中世纪意大利**人民领袖**的情形。僭主也会利用雇佣兵。他们的根本方略往往就是力图消除阶级和身份冲突，完全类似于查隆达斯和梭伦等等**调停人**的方略。[24] 表面上看，指

* Peisistratus（公元前6世纪—前527），古雅典僭主，统一阿提卡，使雅典的繁荣得以巩固和迅速发展。

定一个**调停人**以重整城邦与法律还是推举出一个**僭主**，对于解决同一些问题往往都是可供选择的办法。至少在希腊本土，调停人和僭主的社会与经济政策都在试图阻止农民的土地被卖给城市贵族，阻止农民流入城市。在某些地方他们还力图限制奴隶买卖、奢侈品消费、中间贸易和谷物输出——所有这些举措都表明了一种实质上的小资产阶级经济政策的特性，相当于后面就要讨论的中世纪“城市经济”政策[见下文十，E]。

1317 僭主们都会自认为，而且在任何地方也都会被认为是明确的“非正当”统治者。这使他们的整个地位——无论在宗教还是政治方面——都不同于古老的城邦王权。非常自然，他们都是新兴的情感型礼拜，特别是酒神狄俄尼索斯礼拜的支持者。一般来说，他们都会尽力保持公社体制的外在形式，由此保持他们权利要求的合法性。僭主统治垮台后，僭主的政权一般都会落入大为削弱了的贵族阶层手中，因此他们将不得不对**民**做出广泛的让步以争取非贵族的合作，这是驱逐僭主所必需的。在雅典，庇西特拉图家族被驱逐后，接踵而至的便是克利斯提尼的中产阶级民主。事实上，在某些地方，接替了僭主的是商人的财阀统治。这种以**经济**上的阶级冲突为基础的早期**僭主**统治类型，常常作为先驱，至少在希腊本土有效地促进了以金钱政治或民主政治消解身份斗争。相反，在晚期的希腊化时代，不论建立僭主统治的尝试成败与否，都是**民**的扩张政策的产物，其源就在于民的**军事**利益，对此后面将会论及。像亚西比德与来山德*那样获胜的军事

* Alcibiades（约公元前450—前404），雅典政治家与军事统帅，曾在雅典挑起尖锐的政治对立，导致雅典在伯罗奔尼撒战争中被斯巴达击败。Lysander（？—前395），希腊军事和政治领袖，在伯罗奔尼撒战争中为斯巴达夺得最后胜利。

领袖，[25] 都会试图建立这种类型的僭主统治。在希腊本土，这样的尝试直到希腊化时代之前始终毫无成效，**民**的军事帝国结构再次土崩瓦解，其中原因将在下面讨论［见下文（五），七］。相比之下，在西西里，早期对第勒尼安海的海上扩张以及后来的全民抵御迦太基，都是在僭主领导下进行的，他们借助市民军和雇佣军的支持，并采取极端无情的东方式手段——比如强迫大量雇佣军人籍和重新安置被征服城邦的人口，建立了一个跨地区的军事君主国。最后，罗马早期共和时代有可能导致**僭主统治**的各项发展同样无果而终，在进行大规模征服之后，由于内部的社会与经济原因——后面将会单独讨论——而终于成为一个军事君主国的牺牲品。

八、非正当统治权：中世纪的僭主政治

中世纪的城市僭主统治基本上局限于意大利范围内，尽管不是绝对如此。爱德华·麦耶把意大利僭主**政治**（signoria）比作古代的**僭主统治**，[26] 而两者的确具有某些共同特征：前者也是主要由与身份群体 1318
其他成员对立的富有家族建立的；这是西欧最早的利用（越来越多）**被任命的**官员，以理性行政为基础进行统治的政治权力；它在绝大多数情况下仍然保留了传统公社体制的某些形式。但除此以外，也必须看到一些重大差异。首先，尽管我们的确能够发现**僭主政治**往往是直接产生于身份斗争，但它多半只是在**人民**获胜之后，某些情况下只是在很久以后才第一次出现。此外，**僭主政治**多数是从合法的**人民**官职直接发展而来，而希腊古代时期的城邦**僭主统治**一般只是贵族统治与金钱政治或民主政治之间的过渡现象。

特别是，一如厄·札尔策非常清楚地表明的那样，各种意大利**僭主政治**在形式上的发展都经历了若干不同的过程。[27] 一个**僭主**群体，一个完整的系列，乃是**人民**起义的直接产物，是从它的新官职发展出来的。**人民领袖**、**商团行政官**或者还有公社**波德斯塔**，最终都是由**人民**选举产生的，任期越来越长，有的甚至终身任职。早在13世纪中叶的皮亚琴察、帕尔马、洛迪和米兰就已经能够看到这种长期任职的最高官员了。到13世纪末，维斯孔蒂家族*在米兰的统治实际上已经变成了世袭统治，一如斯卡拉家族**在维罗纳和埃斯特家族***在摩德纳的统治。除了向终身任职的发展以及最初是**实际的**，后来则成为法定的官职可继承性以外，还有一个并行的现象，即最高官员的管辖权范围不断扩大。开始是作为一种“仲裁权”[28]，是纯粹的政治惩罚权，进而发展为一种普遍授权（arbitrium generale****）、可以颁布所有命令以抗衡议会和公社，最终则发展为一种统治权（dominium），有权以**自由酌处权**治理城市，有权选任官员，有权发布具有法律效力的饬令。

权力的这种归属有两个不同的政治原因，但两者实际上往往是重合的。一个就是政党政治造成的问题，尤其是败方对邦国的生存，因而还有对经济**现状**，特别是对土地所有权带来的不断威胁。贵族习惯于在战争中求存以及对阴谋怀有的长期恐惧，尤其需要任用权力不受

---

* 见本书第1705页中译者注。

** Scala，13世纪晚期到14世纪统治意大利维罗纳的著名家族。1387年维斯孔蒂家族兼并维罗纳城，斯卡拉家族统治宣告结束。

*** Este，古代伦巴第贵族后裔，意大利王公世家，归尔甫派领袖，13—16世纪末统治费拉拉，中世纪后期至18世纪末统治摩德纳和雷焦。

**** 拉丁文，意为普遍裁断权。

限制的党魁。第二个原因可见于对外的战争中，即被相邻公社或诸侯
征服的威胁，一旦这个因素占了主导地位，通常就会产生一个专门的
军事统帅（capitano della guerra），而不是产生**人民领袖**的政党领导权， 1319
前者要么是一个外来的诸侯，要么就是一个**佣兵首领**，这为**僭主政治**
提供了源泉。在这种情况下，一个城市自愿屈从于诸侯的统治以确保
他能帮助抵御外来威胁，往往都是采取严格限制**统治权**的方式。在城
市内部，广大下层手工业者对行政管理的积极参与总是会遭到排斥，
一个谋求权力者通常都能获得来自他们的支持，其中部分原因是，对
于这些群体来说，一次权力更迭并不会带来任何损失，而一个王室的
出现还有可能带来经济实惠；还有一部分原因则是大众在情感上很容
易为个人力量的夸示而倾倒。一般来说，怀有**僭主政治**抱负的人总是
要利用“议会”去影响权力的转移。[29]但在受到政治或经济对头的威
胁时，贵族世家或商人阶层有时也会利用**僭主政治**手段，而在开始时
谁也不会认为这是在永久性地建立一个君主国。有些城市本身——比
如热那亚——曾一再对那些由它们自身托付了**统治权**的强大君主施加
非常苛刻的限制条件，尤其是包括对君主的军权限制，并且明确固定
了货币支付量，有时甚至还会抛弃这种“护国公”。如果**统治者**是个外
来的君主，这种做法一般都能奏效，比如热那亚就曾解雇了法国国王。
不过，一旦僭主在城内定居下来，要想和他作对就难乎其难了。

九、市民的平定与僭主的合法化

值得注意的是，随着时间的推移，市民的抵抗力量和抵抗倾向都会趋于衰落。僭主会以雇佣军为基础，而且会越来越多地以联手合法

权威为基础进行统治。在意大利，除了威尼斯和热那亚以外，借助西班牙军队制服了佛罗伦萨［1530 年］之后，世袭**僭主**便构成了一种由于帝国与教皇的承认而最终得以合法化的城市统治形式。然而，市民的抵抗之所以越来越微弱，还应当由其他一些独立因素加以说明。这里也像别处一样，一个王室的存在也会产生自己的支持力量，其表现形式是由于它的存续而享有了社会与经济既得利益的新兴贵族阶层与资产阶级。需求的日益精致和经济扩张的逐渐减弱，加之上层资产阶
1320 级的经济利益越来越不易承受好战的骚乱；由于竞争日益加剧以及经济与社会日趋稳定，经济上活跃的群体在政治上的抱负普遍衰减，结果是这些群体越来越专心致志于有利可图的经济活动，或者安静地享受**租息**收入；最后，诸侯们普遍实行的政策也是推动这两个方面的发展以巩固自身的优势地位——所有这一切都会导致对城市政治命运的关切迅速衰退。不论是法国那样的大规模君主国还是各个城市的**僭主**，都要指靠下层民众对城市平定局面的关切，并调整声称保护小市民“生计”的经济管理方式。法国王室借助小资产阶级利益集团而制服了各个城市，在意大利，同样的趋势则为**僭主**提供了支持。

然而，最重要的因素则是一项必不可少的政治发展：市民的平定——使它专心致志于经济关切，使它越来越不习惯军事服务，最后是诸侯们从容不迫地解除城市人口的武装。诚然，他们并不总是一开始就采取这样的政策，事实上，某些诸侯还发展出了最早的理性征兵制。但是，这些很快就发展为仅仅征召穷人服役，尽管初衷并非如此；它符合家产制军队组织的一般类型，对共和制市民军队的精神根本就一无所知。逐渐过渡到使用雇佣军，并过渡到利用经营者（**佣兵首领**）去组建和领导军队这样的资本主义方法，已经在

很大程度上为诸侯们提供了便利条件，而市民在经济上的日益不可或缺，以及军事事务上越来越需要职业训练，则必然会带来这样的变化。这些因素早在自由公社时代就已经为平定市民和解除他们的武装发挥作用了。还有一个因素就是城市诸侯与那些大王朝的个人及政治关系，与这些力量作对的任何市民起义根本就没有成功的希望。因此，同一些因素最终也为**僭主政治**提供了发展为世袭家产制王权的机会，这些因素的普遍意义我们已经讨论过了：市民在经济上越来越专心致志，资产阶级当中受过教育的阶层越来越不适应军旅生活，军事技术在职业军队方向上的不断理性化，另外还有贵族、
食利者、受俸者等等身份群体的发展——他们由于一个王室的存在 1321
而享有了经济或社会上的既得利益。只要是利用了这些机会，**僭主政治**也就由此进入了正当权力的领域。

这里格外意味深长的是，**僭主**政治的政策与古代**僭主统治**的政策有一个共同的趋势，即打破城市对于乡村的政治与经济垄断地位。像在古代一样，觊觎权力者常常借助于农村人口强求统治权的转让——比如在1328年的帕杜阿。[30]为了自身的经济优势并出于政治上的原因，自由的城市公民往往在取得对贵族的胜利之后便摧毁乡村的采邑制度，解放农民并推动土地向出价最高者自由转让。市民从封建领主那里大量获得不动产，都是在**富人**的统治下发生的，在托斯卡纳，以农民的强迫劳役为基础的采邑制度则被代之以 mezzadria（分益耕种）租赁制，后者特别适合于主要居住在城市的土地所有者与其农村租户的关系，因为这些土地所有者只是把乡村当作 villegiatura（度假地）。[31]然而，农村人口——即使是农民土地所有者——仍然根本不得参与政治权力。正如**分益耕种**租赁制适合城市土地所有者的经济利益一样，

城市对乡村的政策也是为了城市消费者的利益，在行会获胜之后还是为了城市生产者的利益。任何地方诸侯的政策都不可能立即改变这种状况，有些地方从来就毫无改变。18 世纪托斯卡纳的利奥波德大公著名的重农主义政策乃是受到了某些自然法观念的影响，而不是——至少主要不是——为了农民的利益。[32] 但是无论如何，诸侯们的政策就总体而言都是为了平衡利益和避免尖锐的冲突，无疑已经不再是城市公民单纯把乡村用作达到自身目的的手段的政策了。

城市诸侯的支配范围往往包括若干城市，最后在多数情况下都是如此。但他们并没有使这些一直保持了独立的城市区域产生出现代意义上的统一国家。恰恰相反，一个诸侯统治下的各个城市，常常继续有权并有机会通过各自的代表相互交往。它们的宪法无疑并不合乎标准，它们也没有变成［下级］市政当局，单凭国家的授权而行使某些
1322 国家职能。这种发展只是逐步出现的，与此同时出现的则是现代家产制大国的类似转变。早在中世纪的西西里王国，但还有其他一些古老的家产制君主国那里就已众所周知的各等级代表，在由城市地区发展而来的公国中却根本就不存在。**僭主政治**的重要组织创新在于这样一些发展之中：（1）除了选举产生并短期任职的公社官员之外还出现了受雇不定期任职的诸侯官员，（2）尤其是为了承担财政与军事职能而发展出了中央团契机构。这些实际上都是迈向行政理性化的重要步骤。城市**僭主政治**能够确立理性的诸侯行政，在技术上还得助于这一事实：许多公社已经为了自身的财政与军事利益而产生出了在那个时代来说殊非寻常的大量统计学记录，记账和存档方法在城市银行中得到了技术发展。然而，在不容置疑的行政理性化过程中发挥了更大作用的，恐怕一是来自威尼斯，一是来自西西里王国这样两个榜样的影

响——大概更多的是通过刺激作用而不是通过直接照搬。

十、城市自治、资本主义以及家产官僚制：概述

意大利各城市先是经历了作为家产制或封建制结构的组成部分这样一个阶段，然后经历了通过革命而获得独立并由地方显贵，继而由行会执政的时期，接下来是通过**僭主政治**，最后是作为一种相对理性的家产制联合体的组成部分再次获得独立地位，这种迂回道路在西方范围内并没有完全相同的现象，尤其是没有与其相同的**僭主政治**，充其量只能看到与**僭主**的直接前驱——**人民领袖**——相类似的现象，即阿尔卑斯山以北地区某些强有力的市长。但唯独在一个方面，这种迂回发展的类型却是普遍现象：在加洛林王朝时期，城市无非是——或者说几乎只是——仅仅因为身份结构的某些特殊性而不同于其他行政单元的行政区，并且在现代家产制国家，它们只是因为某些法人特权 1323
而再次非常接近于这种地位。在这个过渡时期，它们在某种程度上到处都是享有自治政治权利并实施自主经济政策的“公社”。

古代的发展与此类似。然而，正如我们所知，现代资本主义和“国家”都不是在古代城市基础上发展起来的，而中世纪的城市却是作为关键因素之一与这两种现象的产生不可分割地联系在一起的，虽然它不是唯一重要的预备性发展阶段，且无疑也不是这些发展的载体。因此，尽管存在种种外表的相似性，我们在古代与中世纪的城市发展之间应该能发现某些极为深刻的**差异**。接下来我们就要讨论这个问题。

如果把这两个时期最具典型形式的城市类型并列在一起，我们就

能极为容易地看出这些差异。不过，在进行这种比较之前，我们应该强调指出，在中世纪城市当中也存在着重大的结构差异，到目前为止我们只是**附带**讨论过这些差异。但是，我们暂时只应扼要叙述一下中世纪城市在享有最大程度独立性时代的**总体**情况，从中我们也许有望找出它们最高度发达的明确特征。

在城市自治的极盛时期，中世纪城市的成就体现出了极为多样的形式，可以概述为以下几个方面。

A. 政治自治

中世纪城市获得了政治独立，在某些情况下还会实施扩张主义对外政策，维持一支常备军事力量，缔结联盟，进行长期战争，控制大片农村地区，有时还完全臣服其他城市并获取海外殖民地。在获取海外殖民地方面只有两个意大利沿海城市［威尼斯与热那亚］获得了长期的成功；北部与中部意大利以及瑞士的某些公社在某些时期获得了对大片领土的支配权和国际政治的重要地位，佛兰芒和北德意志汉萨同盟某些城市以及少数其他城市的所获就少得多。但是，绝大多数城市从来没有在直接邻近的周边农村地区和若干小城镇以外实施过区域统治；南意大利和西西里各城市就是如此，西班牙各城市也是如此（有一个短时期除外），法国各城市同样如此（除了一个较长时期的区
1324 域扩张插曲之外），英国与日耳曼各城市从一开始就是如此［但也有例外，比如已经提到的北德意志和佛兰芒各城市，某些南德意志和瑞士城市，以及（13 世纪）短期的城市同盟期间那些西德意志城市］。事实上，这些城市很多都维持着一支常备的城防力量（比如法国直到

很晚的时期还是这样），要不然就是维持一支强制征召的民兵以守卫城池，有时还会强大到足以和其他城市结盟以实现 Landfrieden（区域“和平”），摧毁强盗贵族*的城堡并干预国内仇杀。但它们无一试图以意大利和汉萨同盟各城市的方式长期卷入国际政治。

这些城市大都会派出代表常驻王国或者地方性的等级会议，尽管它们在这些机构中被置于从属的地位，但由于它们的财政实力，却往往能够获得决定性的发言权。英国的下院议员就是最重要的范例，尽管他们既不是城市公社的代表，也不是各种身份群体的法人代表。但许多城市甚至没有行使过这样的权利（在此谈论法律史的细节会令我们离题太远）。在欧洲大陆，现代家产制官僚国家最终剥夺了绝大多数城市的政治自治，也剥夺了它们用于治安目的之外的军事力量。只有那些以小型结构的形式发展起来的家产制国家，才不得不允许某些城邦继续保持独立的政治存在，比如德国的情况就是这样。

我们应当再次指出英国的特殊发展历程，因为那里不存在一种家产官僚制。在中央行政的严密组织下，英国的各城市从未发展出各自为政的政治野心，因为它们都是作为一个群体在议会中捍卫自身的利益。它们也曾形成过贸易卡特尔，但从未像在大陆那样产生过政治上的城市同盟。它们是一个特权显贵阶层的法人团体，它们的善意对于国家来说在财政上是不可或缺的。在都铎王朝统治时期，王室曾试图消灭它们的特权，但斯图亚特家族的垮台使这种努力无果而终。从那时起，它们一直就是有权选举议会代表的法人团体，“影响力王国”与贵族派系都在利

* robber baron，中世纪时在自己的领地对过往旅客进行抢劫勒索的英格兰强盗贵族。

用那些往往小得可怜而且很容易收买的选举团［“rotten borough”*］——它们有许多都是被人代表的——以获得顺从的议会多数。

1325 **B. 自主的法律创制**

城市——在城市内部还是由［旧时的］基尔特及［后来的］“行会”——自主的法律创制，乃是政治独立的意大利各城市得以充分行使的一种权利，西班牙、英国以及相当一部分法国与日耳曼城市有时也享有这种权利，尽管它并非始终都是由特许状明确授予的。针对城市土地所有权、市场关系和贸易等等问题，由市民担任陪审员（Schöffen）的城市法院会适用一套专门用于特定城市全体市民的统一法律。法律本身可能是基于习惯或自主的立法，也有可能是基于模仿、借鉴或者把另一个城市的法律体系强加在建城特许状中。城市法院在审判程序中越来越排斥决斗、神明裁判、氏族誓言等等无理性与巫术性举证手段，并支持理性的举证程序。然而，不应认为这是一个直线发展过程，城市法院坚持一种特殊的审判程序有时则意味着保留更古老的法律形式而不顾王室法院的理性革新——比如英国的情况（那里没有陪审团），或者是保存中世纪的法律，反对罗马法的渗透——比如欧洲大陆的情况。在欧洲大陆，对资本主义有很强适应性的法律制度，恰恰是来源于城市法律体系，而不是来源于罗马（或日耳曼）的“国内法”（Landrecht），因为早期的资本主义利益集团正是在城市中享有了某些自治权。

---

* 居民比其他选区少得多但却享有同等选举权力的选区。

城市方面则会力图确立这样的规则：基尔特与“行会”未经司法行政官同意不得［为自己的法庭］立法，或者至少是力求把这种立法限制在指定给基尔特的管辖区域之内。所有那些不得不应付一个政治领主或采邑制城市领主的城市——这意味着就是意大利以外的所有城市——在城市自治的范围以及议会和同业公会之间立法权的分配上从来都是不稳定的，而且从来都是一个权力的问题。

发展中的家产官僚制国家到处都会逐渐剥夺城市的自治权。在英国，都铎王朝第一次系统地提出要坚持这样的原则：城市以及“行会”应该是按照明确目的以法人方式组织起来的国家制度，其享有的权利不得超出特许状规定的特权范围，立法权仅对作为法人团体成员的公民具有约束力。对这些限制的任何逾越都将被用作通过 quo warranto（责问令状）撤销特许状的一种机会（詹姆士二世时期伦敦还曾有此遭遇）。照此看来，正如我们知道的那样，该城市并非一个“区域实体”， 1326
而是地方身份群体的特权联合体（ständischer Verband），它的行政受到了枢密院的持续干预。在法国，各个城市到16世纪都被剥夺了治安事务以外的全部司法权，一切财政方面的重要法令均需国家当局的批准。在中欧，城市的自治在区域诸侯统治下一般都被彻底打破了。

C. 独立状态

除了意大利的城市以外，只有极少数城市达到了充分的独立状态，即只有它们才拥有自己的司法与行政机构。非意大利城市往往只能在较低级［非首都］管辖权方面获得这种独立状态，通常都会保留向王室法院或者最高区域法院上诉的权利。凡是由来自市民的陪审员

（Schöffen）决定是否通过判决的地方，司法首脑的身份也就主要成了一个财政利益的问题，城市往往并不认为有必要专擅或购买正式的管辖权。在它们看来，重要的是城市应当是一个独立的司法辖区，任用选自本区的陪审员。至少对于较低级的管辖权来说，这种权利在相对较早的时代就已经实现了，首都的管辖权在一定程度上也是如此。绝大多数城市还实现了由现职陪审团不受领主干预地独立选举或补选陪审员。同样重要的还有获得了这样的特权：市民只需对本城法院负责。

关于城市行政机构——市议会——的发展，我们不可能放在这里研究。这样一个拥有广泛行政权力的机构的存在，乃是中世纪鼎盛时期每一个西欧与北欧城市公社的共同标志。它的构成方式可谓数不胜数，这在很大程度上要取决于各种身份群体的实际权力地位，它们包括贵族世家（地租与货币财富的所有者、金融家与偶尔为之的商人），多被吸收进“行会”的资产阶级商人（远程贸易商、大型零售商以及工业生产的包出制经营者），最后还有那些名副其实的纯工匠“行会”。另一方面，城市市民与城市的政治或采邑领主之间**经济**实力的平衡，则要决定于后者持续参与市议会提名的程度，因而决定于城市在多大程度上仍然是不完全他主的城市。一个直接相关的因素是领主
1327 对货币的需求，因为这将使购买他的城市权利成为可能，当然，这一点的主要一面就是城市的财政力量。然而，城市领主的财政需求与城市的财政实力［对于两者的相对力量来说］并非唯一关键的因素——如果城市领主拥有**政治上的**权力手段的话。在法国，腓力·奥古斯都［1180—1223年在位］统治时期仍与城市结为同盟的王室政府以及在较低程度上还有其他封建领主，在13世纪就已经因为大量的货币需

求而以 pariage 契约*的形式获得了参与填补行政职位的权利，以及对于城市司法行政官的职务行为，尤其是对国王所特别关注的财政领域的监控权利，还有批准当选执政官任职的权利。[33] 到 15 世纪，王室地方**法官**（Prévot）还在主持市民全体大会。最后，到黎塞留和路易十四时代，城市的官职已经完全控制在王室**监督官****手中，国家的财政困境导致了城市与国家官职成了出售供应的对象。

家产官僚制国家把城市的行政机构改造成为特权身份群体的法人代表，其管辖权仅仅适用于他们的共同利益范围，但是对于国家行政职能却没有任何重大意义。英国国家不得不保留了城市法人的独立状态，因为它们都是议会的选举主体，当国家希望地方联合体履行那些由我们今天的市政当局履行的职能时，它会干脆绕开城市并利用堂区或者某些新建的其他联合体来执行这些任务，而属于堂区的不仅包括享有特权的法人成员，还包括所有合格的居民。但在多数时候，家产官僚制会干脆把城市司法行政官变成君主的代理人，与所有其他代理人一般无二。

D. 税务自主

接下来我们看看城市对其市民的征税权力以及由外部权力豁免城市税赋的问题。城市获得的前一种权力在范围上变化极大，而城市领

---

* 自愿或被迫签订以换取国王或领主所承诺的保护或减税待遇的契约。

** Intendant，最早在 16 世纪以非常委员会形式出现的法国王室职务，该世纪末成为常设机构，主要为了中央政府的利益处理省际司法、财政和治安事务。黎塞留通过监督官抗衡各省贵族的权力，使之逐渐成为王室权力的地方代表。到法国大革命时期该官职不复存在。

主的控制权往往会在某种程度上得以保留，尽管有时也会被彻底废除。英国的城市从来就没有获得正式的征税自主权，并且开征任何新税始终都需要王室同意。全部免除对外的租（zins）税义务极为罕见。政治上没有获得自治的城市只有在承担了包税义务之后才能得到这种豁免，
1328 这需要一劳永逸地清偿城市领主的债务，或者——更常见的是——定期支付一笔总额费用，然后才能自行管理王税的征收（英国的 firma burgi）。解除这种对外的义务到处都会继之以最彻底地解除市民原先对法律领主或采邑领主的个人服从义务所产生的种种个人义务。

典型的家产官僚制国家获胜之后，往往都会出于税收目的将城市和乡村加以区别对待，试图通过一种专门的城市税——即货物税——平等地对待生产与消费，同时剥夺城市的几乎全部自主征税权。在英国，强加给作为法人团体的城市的税负几乎无足轻重，因为新的行政任务大都交给了其他类型的共同体。自马萨林*内阁统治时期以来，法国王室占用了货物税（入市税）的一半，而所有城市的财政活动与内部税收早就被置于国家控制之下了。就这方面而言，中欧的城市机构也变成了几乎是纯粹的国家机关。

E. 市场权利和自主的城市经济政策

有权控制市场；自主的贸易与行业调整以及专营垄断权。——市场乃是任何一个中世纪城市的组成部分，市议会到处都在很大程度上从城市领主手中取得了市场监督权。到后来的各个时期，对贸易和生

* Jules Cardinal Mazarin（1602—1661），法国首相，枢机主教，原籍意大利，受宠于摄政王安娜，巩固专制王权，加强了法国在欧洲的地位。

产的调整要么集中在市政当局手中，要么集中在以地方权力结构为靠山的行业联合体手中，城市领主继续被大大排除在外。

城市的经济调整政策包括了［相当广泛的活动与动因］。[34] 对产品实施质量控制，部分是为了提高行业声誉，从而增加出口收益，部分则是为了城市消费者的利益。实施价格控制基本上是为了消费者的利益。另一个目标是为了保护小市民的“生计”，办法是限制学徒工和雇佣工的数量，有时也限制师傅的数量；随着维持生存的空间逐渐逼仄，本地子弟，尤其是师傅的儿子们对师傅地位的垄断也日趋强化。凡是同业公会控制了经济调整的地方，它们都会禁止包出制、控制资本借贷，调整与组织原材料供应，有时还销售制成品，以此尽力 1329
抵制对局外人和大经营者的资本主义依赖。不过尤其重要的是，城市会力求阻止来自它所支配的乡村地区的竞争，因此它会尽力遏制开办农村工业经营，迫使农民（为了城市生产者的利益）在城市市场上购买必需品，并（为了城市消费者的利益）在城市市场，且只能在城市市场上出售自己的产品。还是为了城市消费者（有时也为了原材料的工业用户）的利益，城市还会试图阻止在城市市场以外“囤积垄断”商品。最后，为了城市商人的利益，城市会力求对过境货物实施“大宗”垄断与经纪垄断，同时却又力图获取对外的自由贸易特权。

所谓“城市经济”之经济政策（*Stadtwirtschaftspolitik*）的这些核心要点，虽然因为相互冲突的利益集团有着各种妥协的可能性而多有变化，但几乎在任何地方都能看到它们的主要特征。任何特定城市的政策发展方向都不仅取决于城市内部有关各方的权力关系，而且还取决于他们能够获得经济机遇的空间有多大。扩张经济机遇的空间在定居初期就促使各项政策以扩大市场为目标，中世纪结束以后，这种空间的局促便带来了垄断化的趋势。不过，除了这些通则以外，每个城市都有与竞争者的利益相冲突的自身利益，特别是在南方那些远程贸易城市之间，一直就盛行着生死攸关的斗争。

在制服了城市以后的发展阶段，家产官僚制国家根本不会有意和“城市经济”政策彻底决裂，恰恰相反，为了自身的财政利益，国家会更加关心城市的经济繁荣和它们的工业，关心对城市“生计”的保护以维持人口规模，正如它从重商主义贸易政策角度关心鼓励对外贸易一样；它的对外贸易举措至少在一定程度上会照搬城市的远程贸易政策。家产制国家会尽力平衡城市与其他群体相互冲突的利益，尤其是力求把小资产阶级保护“生计”的态度与善待资本主义活动的政策协调起来。差不多直到法国大革命前夜，只是在地方垄断和市民特权阻碍了家产制国家本身更具资本主义取向的垄断政策与特权的时候，
1330 国家才打破了传统经济政策的各项原则。毫无疑问，这在具体情况下甚至会导致对市民经济特权的极大破坏，但只是在一些特殊的地区才意味着与传统态度的有意决裂。不过由此，城市经济政策与经济调整的自主权也就荡然无存了，这一点当然具有间接的重大意义。

然而，更为关键的是，城市不能再像家产官僚制君主那样利用军事—政治权力手段为自身的利益服务了。甚至家产制国家的政策所提供的新的经济机遇，作为公共实体的城市也只能偶尔像君主们可能和实际上所做的那样加以利用。个中原因从本质上说就在于，这些机遇仅仅是对个人，尤其是对享有社会特权的个人开放的；因此我们发现，英国与法国家产制那些典型的享有垄断主义特权的国内及海外经营事业，其参与者除了国王以外大多都是土地贵族和高级官员，相对来说市民的成分很少。诚然，偶尔也能看到某些城市——比如法兰克

福——不顾这些障碍，为了城市的利益而参与投机性的对外经营，有时规模还会非常巨大，但多数情况下最终都会使它们大受其害，因为，哪怕有一次失败，也必然会给予它们沉重的打击，程度会远甚于对一个更大的政治单元的打击。

许多城市的经济衰退，特别是在16世纪以后，某种程度上只能以贸易路径的变化（同一时期的英国恰恰也出现了这种变化），某种程度上也只能以非城市劳动力基础上的大型家庭工业的产生来说明。要从最大程度上加以说明，就必须考虑到其他一些更为普遍的条件，其中首先是这一事实：被整合进“城市经济”的传统经营形式已经不再是能够产生真正巨额利润的形式了，而且，一如早先封建军事技术的情况那样，政治取向的经营以及工商业资本主义的经营也根本无法在“城市经济”类型的政策中找到有力支持了。即使固定在城市里从事这样的经营，从事经营的也不再是与当地具体的市民联合体拴在一起的经营者了。新的资本主义企业落户在适合于它们发展的新地方，为了寻求帮助——因为毕竟还需要这种帮助——以保护自身利益，经营者如今要诉诸当地市民联合体以外的力量。英国的不奉国教者在资本主义发展过程中扮演了十分重要的角色，《宗教宣誓法》[35]颁布以后，他们始终被排斥在统治的城市法人团体之外，所以，英国的大型 1331
现代工商业城市全都是在古老的特权法人团体管辖区域——亦即在它们的垄断权范围——之外出现的。正是由于此种原因，这些城市往往都会展示出一种完全拟古的司法结构：旧式的采邑法庭，即“采邑民事法庭”和“庄园刑事法庭”，它们在利物浦一直存在［到17世纪］，在曼彻斯特一直存在到现代改革，仅仅出一笔钱就可以让采邑领主放弃法院主人的地位。[36]

F. 对待非市民阶层的态度

中世纪城市特有的政治与经济特点也决定于它对待非市民阶层的态度，这种态度在不同的城市有着非常不同的表现。它们最初有一个共同的成分，即在经济上与那些特殊的非城市政治结构和封建采邑结构形成了对照，这可以概括为市场与**大庄园**的对立。不应简单地认为这种对立就是政治或采邑领主与城市之间的经济“斗争”。当然，如果城市为了扩大自身实力而允许那些政治或采邑的人身依附者违逆他们主人的愿望住到城内，甚至更糟的是允许那些非定居成员加入市民联合体，那就会出现这样的斗争。随着诸侯们结为同盟或者由于王室的禁令，后一种做法——至少在北欧城市中——很快就变得不可能了。但是大体来说，城市本身的**经济**发展在任何地方都没有遭到反对，毋宁说，遭到反对的是城市的**政治**独立，以及特殊情况下的经济问题——因为封建贵族的特殊经济利益和城市的商业政策及垄断趋势发生冲突，这种情况并非罕见。以国王为首的封建军事利益集团，当然会怀着极大的疑虑看待他们政治领地之内那些自治堡垒的发展。总的来说，除了一些极短的时期以外，日耳曼国王从未放弃过这种疑虑。相比之下，法国和英国国王有时却会十分友善地对待城市，部分是出于政治原因——这与他们同贵族的斗争有关，部分则是由于城市财政实力的重要作用。

城市的市场经济的确在不同程度上有效瓦解了采邑结构，间接地也瓦解了封建结构，但这种趋势未必会表现为城市与其他利益集团进行“斗争”的形式。恰恰相反，它们在相当广泛的领域都有着突出的
1332 共同利益。政治和采邑领主极为关心他们有可能从农民那里获得的货

币收入，而城市则能向农民的产品提供一个当地市场，从而为农民提供了以货币形式而不是以劳役或产品形式交纳税费的可能性，而且，城市还能向领主提供机会通过在当地市场的销售或者通过不断扩大的资本主义远程贸易在海外的销售，把实物收入变成货币收入而不是自己消费掉。政治和采邑领主会积极利用这些可能性，或者是要求农民交纳货币租金，或者是利用农民被市场激发出来的利己心，通过建立更大的耕作单元提高产量，从而提供更多的产品作为适销的实物租金。另外，地方及远程贸易越是强劲发展，封建贵族从这种交易中征收极为多样的贡金时获得的货币收入就会越多，德国西部地区甚至在中世纪就提供了一个突出范例。[37]

出于所有这些原因，从创建者的角度来看，创建城市主要就是一种商业经营活动，是为了创造机会谋取货币收入。这种经济利益刺激东欧的贵族，尤其是波兰贵族创建了不可胜数的“城市”，甚至在犹太人遭受大迫害时期也是如此——但往往从一开始就是失败的，它们常常只有数百市民，有的直到19世纪百分之九十也还是犹太人。我们将会看到，这种特殊的中世纪和北欧建城类型，作为一种“商业”经营活动，乃是以古代城邦为代表的军事要塞城镇建设的直接对立物。采邑和司法领主的所有人力物力要求都变成了租金要求，接踵而至的则是（部分是**法律**正式赋予的，部分是**事实上的**，而且范围广泛的）农民的经济自由——这在城市发展薄弱的地方并不显著。这个结果来自以下事实：在城市强劲发展的地区，领主的政治与采邑收入越来越多地得自把农民的产品或者农民交付的实物拿到市场上销售，此外还会得自市场经济这个来源，所有这些都会取代直接剥削臣民的个人劳役或者以古代**大庄园**经济方式摊派负担以满足家政需求。领主以及较低程度上还有他的依附者都在越来越多地通过市场经济来满足需求。领主—农民关系的这种变化还有另一个重要因素，即城市市民通过赎买而使农村贵族放弃产权，从而把地产转变为理性的经济经营
1333 形式。然而，这一过程会遇到一些障碍：有的封建联合体要求必须具备领有封地的资格（Lehenfähigkeit）才能获得“贵族”土地所有权，这是阿尔卑斯山以北地区几乎所有地方的城市贵族都无法满足的一个条件。

总之，“货币经济”本身的存在并不会产生政治或采邑领主与城市之间经济利益的冲突，正如我们已经看到的那样，它在某种程度上还会产生一个利益共同体。只有在领主为了增加自己的收入而力图自行生产以进入非农业市场时，才会出现纯粹的经济冲突，毫无疑问，只要能找到现成可用的劳动力，他们就会进行这种尝试。凡是出现这种情况的地方，实际上就会爆发城市反对农村领主这种工业生产活动的斗争，只有在现代史的家产官僚制阶段，这种斗争才常常以特殊的强度爆发出来。相比之下，它在中世纪根本就不是个重大问题，而且旧式采邑联合体以及农民依附状态的实际瓦解，往往都是货币经济向前推进的结果，根本无需任何斗争。英国的情况就是如此。当然，在其他地方，城市都在有意识地直接推动这项发展，正如我们所知，这就是佛罗伦萨势力范围内发生的事情。

家产官僚制国家都会尽力协调贵族与城市之间的利益冲突。但是，由于它需要利用贵族充当军官和文官，故此它会禁止非贵族——包括城市市民——购买贵族的不动产。

G. 城市与教会

就最后这个问题而言，教会，尤其是中世纪的修道院领地，往往比世俗领主更多地处于和城市的冲突过程之中。一般来说，除了犹太人之外，神职人员就是城市内部主要的特殊另类群体了，在主教叙任权之争导致了政教分离以后，情况就更其如此。因为，它们要求自己的不动产作为教会财产能够广泛免除公共负担并享有“豁免权”，亦即摆脱一切官员——包括城市司法行政官——的管辖权范围。作为一个等级，神职人员本身并不分担市民的军事义务以及其他个人义务。与此同时，这些免除了公共负担的财产，因而还有摆脱了城市当局管辖权范围的人数，都会由于虔诚市民的捐助而不断增加。此外，修道院的平信徒弟兄也是一支劳动力大军，他们不必承担供养家庭的义务，因此，只要他们为了修道院的利益被用来进行商业化的工
业生产——而这是屡见不鲜的情况，那就可以很容易地击败任何非修 1334
道院的竞争。另外，中世纪的修道院和宗教基金也像中世纪伊斯兰教的**卧各夫***一样，最终拥有了永久性的货币租金来源：市场大厅、各种各样的市场货摊、屠宰场等等，由此不仅不在税册上登记，而且摆脱了城市的经济调整，此外，它们甚至还常常要求享有对这些设置的垄断权。即使在军事方面，围墙之内的修道院享有的豁免权对于城市来说也有可能是危险的。最后，要求坚持高利贷禁令的教会法庭到处都是对资产阶级经营的一种威胁。市民总是试图借助禁令反对**永久管业**地产的积累以保护自身利益，正如诸侯和贵族们借助“转让法”

* 见本书第 1032 页中译者注。

(amortization laws)保护自身利益一样。

不过另一方面，宗教节庆也为城市贸易提供了一部分重要的赢利机会，特别是如果城市里拥有的圣所成为朝圣者朝拜的目标且获准免税的话。而且，宗教捐赠一旦对市民开放布施，也就为老年人和未婚女子提供了生计。因此，到中世纪结束的时候，神职人员和修道院与市民之间尽管存在种种冲突，但双方的关系绝非势不两立，仅此一点就足以为宗教改革提供一个“经济说明”。事实上，在城市公社看来，教会与修道院制度根本不像教会法规定的那样神圣不可侵犯。已经有人完全正确地指出，主教叙任权之争以后，随着国王权力的收缩，宗教捐赠和修道院在日耳曼便丧失了对它们最为偏爱、能使它们免受俗人侵害的保护人，而且，如果它们试图有力参与经济活动的话，被它们摈弃的 avourrie[38] 也极容易复活（尽管形式会略有变化）。在许多情况下，城市议会会设法以各种借口和名目迫使它们接受“保护人”和“公证人”，这些人会按照市民的利益管理教会财产，从而使它们屈从于一种监护权力，它与旧时 avoué（诉讼代理人）的监护权非常类似。

相对于市民来说，神职人员联合体作为一个身份群体的地位有着极大变化。在某些情况下，神职人员完全置身于城市法人以外，但即使情况并非如此，它也会依仗根深蒂固的身份特权而形成一个使人不安但又不可同化的另类群体。宗教改革在它的影响范围内结束了这种事态，但城市在被家产官僚制国家制服以后，很快就不再享有从这种局面中获利的地位了。

1335 就最后这个方面而言，古代的发展却经历了一个完全不同的过程。我们越是往前追溯，就越会发现寺院的经济地位类似于中世纪早期的教会，特别是类似于那时修道院的地位，它们的独特之处在威尼斯的殖民地看得特别清楚［参阅上文，（三），二］。但是，进一步的发展却没有像在中世纪那样走向政教分离和教会领地日益独立，而是恰恰走向了反面。城市贵族世家占据了祭司的职位作为收费收入和权力的来源，民的统治则把它们统统变成了国家官职，变成了通常是拍卖出售的俸禄。因此，民主政体打破了祭司的政治影响，把对圣所的经济管理转给了公社。伟大的特尔斐阿波罗神殿和雅典的雅典娜神庙就是希腊城邦的国库和奴隶们的储蓄银行，[39] 其中有些神殿始终都是大土地所有者。但是，古代城市中并未出现神殿与市民行会的经济竞争。古代世界一直没有，也不可能出现圣所财产的世俗化，但是，古代时期曾经集中于神殿手中的贸易在实际上（尽管并非始终在形式上）达到的“世俗化”，其激进程度却是中世纪远远不可比拟的。之所以出现这种差异，总的来说，实质原因就是古代时期没有修道院和一种自治的跨地区教会组织。

古代城市市民与领主权力的冲突也像中世纪和现代初期那么普遍；古代城市也有导致了封建制度毁灭的农民政策与农业政策，但是，这些政策的［空间］范围在古代要大得多，它们对于城市的内部发展所具有的意义也大不同于中世纪，两个时期的差异在这里可谓一目了然。我们现在就要在一个总体背景中讨论这种差异。

注　释

1　布龙的改革把贵族和上流“行会”合并成了“警察”（Konstaffel）社团，在战时提供骑兵力量。Konstaffel 在议会有 13 名代表，一如小手工业者有 13 个次要“行会”。参阅 A. Largiadèr，*Geschichte von Stadt und Landschaft Zürich*（2 vols.；Zürich：Rentsch

1945), I, 133f。

1336 2 Paratici,“列队行进者”，系 arti——“行会”——的代名词，大概源出基尔特列队行进的惯例。参阅 *Dizionario Enciclopedico Italiano*，IX(1958)，40。

3 “它们［即人民的决议］应使一切成文法归于无效并应得到极端的尊重。”语出 1250 年告知波德斯塔的一项布雷西亚法令;“Statuti Bresciani del secolo XIII”，载 *Historiae Patriae Monumenta*，XVI 2(Torino，1876)，1584。

4 Mercanzia 系佛罗伦萨人的用语，domus mercatorum 或意大利语对应词 casa dei mercanti 在维罗纳系指“商业法庭”。参阅 A. Doren，*Italienische Wirtschaftsgeschichte*(Jena : G. Fischer，1934)，412ff。

5 这里的叙述似乎是本于 1253 年帕尔马 Ghiberto di Gente 的情况。参阅 Ernst Salzer，*Über die Anfänge der Signorie in Oberitalien*(“Historische Studien”，vol. 14 ; Berlin : Ebering，1900)，150—157。

6 梳毛工一般来说都是佛罗伦萨各行会的依附性工匠，更严格地说，是毛纺织业基尔特——Arte della Lana——的不熟练劳动力。在 1378 年 7 月的起义中，这些下等工匠阶层终于建立了 3 个行会以代表他们的利益：两个是毛纺织业及某些其他行业的熟练工行会，一个是梳毛工本身的行会。这些新的基尔特在政府中得到了三分之一的席位，但是，随着骚乱在“漫长的酷暑”中继续扩大，新的熟练工基尔特联合企业家基尔特打垮了一个月以后举行第二次起义的梳毛工，他们的行会被取缔，人员被重新并入了 Lana。另外两个新的基尔特则存续了下来，并在城市政权中获得了一席之地，直到 1384 年它们也被取缔，成员被迫重返原来的联合体。关于对这个“第一次无产者革命”的早期叙述，见 Machiaveli's *Florentine Histories*，bk. III；另请参阅 A. Doren，*Das Florentiner Zunftwesen vom 14. bis zum 16. Jahrhundert*(Stuttgart : Cotta，1908)，221—236，关于起义高潮时的种种事件，见 Gene A. Brucker，*Florentine Politics and Society 1343—1378*(Princeton : Princeton University Press，1962)，chs. VII—VIII。

7 见 Conte Romolo Broglio d'Ajano，“Lotte sociali a Perugia nel secolo XIV”，载 *Vierteljahrschrift für Social-und Wirtschaftsgeschichte*，VIII(1910)，337—349。这个情形见于 p. 334，下等行会 1378 年夺权事见于 p. 347。

8 见 Broglio d'Ajano，op. cit.，340f。cimatori 即布料剪裁工。

9 Salzer，*Über die Anfänge der Signtorie*，*op. cit.*，97，fn. 3.

10 见 Eduard Meyer，*Klein Schriften*(first ed. ; halle : Niemeyer，1910)，373。护民官与市政官均为平民官员，与之相对的是“贵人凳”司法行政官(“curule” magistrates)——执政官与行政司法官，他们是全共同体的官员。

11 关于护民官的神圣权力(potestas sacrosancta)与共同体司法行政官的合法权力(potestas legitima)的鲜明对照，见 Mommsen，*Römisches Staatsrecht*，II(2nd ed.，1877)，276f. : 至少从名义上说，宗教可以代替“合法的”司法行政官的法律基础而赋予护民官以不可侵犯性。当然，实际的代替物还是平民的暴力自助。

12 按照蒙森的说法，Auspicium imperiumque，或者“作为共同体的代表处理共同体与神和人的关系的权威”，是共同体官职全权的两个方面。平民护民官不过是这种共同体一个组成部分的代表，所以也仅仅是拥有这些权力的一部分。参阅 Mommsen，*Römisches Staatsrecht*，I，73；II，269ff.，272。

13 即从公元前 2 世纪下半叶以后。提比略·格拉古在公元前 133 年成为平民护民官，其弟盖伊是在公元前 123 年。关于韦伯对格拉古兄弟时期的解读，见 *GAzSW*，238ff.，253。

14 奥古斯都以及后来的首席公民在他们的整个统治时期都获取了护民官的权力（但不 1337
是借助护民官职务本身）；共和国时期的其他官职他们只是间歇性地短期担任。参阅 Mommsen，*Römisches Staatsrecht*，II，84 and fn. 4。

15 公元前 8 世纪下半叶。这次战争以斯巴达人征服麦西尼亚平原而告终，平原的绝大部分变成了希洛人（Helot）的土地。

16 按照普鲁塔克的说法（*Lycurgus*，ch. 28），五长官每年都要对希洛人宣战，"所以他们被［krypteia——见下注］谋杀并不违背神圣律法"。现在一般都认为这个故事系伪托。关于希洛人——被指定耕作武士土地的斯巴达国有奴隶——与享有一定程度自治的政治臣民珀里俄基人各自的地位，参阅 Ehrenberg，*The Greek State*，29，36f。

17 普鲁塔克说（loc. cit.），五长官定期向农村派出由最机敏的年轻人组成的武装集团，他们昼伏夜出并杀掉所遇到的任何希洛人，此即著名的 krypteia（秘密特工）。这个故事曾被说成是在谈论一支镇压希洛人的特别警察部队，但如今一般都认为不太可信；其他一些古代文献也曾提到 krypteia，现在它被认为是斯巴达年轻人受教育期间一个特殊的强化入门期，见 Pauly—Wissowa，*RE*，XI（1922），cols 2031—32"Krypteia"词条。韦伯把这种制度视同一个"密探体系"，大概是源于对 Eduard Meyer，*Geschichte des Altertums*（Stuttgart：Cotta，1893），II，563（III，518 in the postwar 3rd edition，Basel：Schwabe，1954）一个段落的误读，那里几乎在提到这个暗示性名称的同时，对威尼斯和斯巴达的总体警察国家性质进行了比较。

18 Thucydides，*History of the Peloponnesian War*，bk. I，ch. 6.

19 韦伯这里是在表示赞同当时颇有争议的五长官的合法起源或者革命性起源，而这一点迟早会与斯巴达莱克格斯政体的问题联系在一起。尤其是，整个这一节似乎逐一再现了 Pauly—Wissowa，RE，V（1905），cols. 2860—64 由 Szanto 撰写的"Ephoroi"词条中的观点，并与 Eduard Meyer"Lykurgos von Sparta"（见 *Forschungen zur alten Geschiche*［Halle：Niemeyer，1892］，I，244—261）采取的立场格格不入。一定程度上支持同一观点，同样强调历史上的五长官革命性质（但总体上看不是理性确立的性质）的，还有 Victor Meyer，"Spartiaten und Lakedaimonier"，载 *Hermes*，LiX（1924）35ff.（now reprinted in *Polis und Imperium*，Zruich：Artemis，1965）以及 id.，*Neugründer des Staates*（Munchen：Beck，1925），44ff。

20 即城乡行政区，阿提卡的 demoi。Ehrenberg 把它们叫作"城乡市镇"（见 *The Greek State*，31）。

21 关于决议（psephismata）和法律（nomoi）的区别，以及关于立法者（nomothetai）的角色，参阅 Ehrenberg，*The Greek State*，56f. 和第 250 页的参考书目；关于陪审法庭（heliaia），参阅该书 72 页。

22 关于雅典五百人会议（boule）和全体大会（ekklesia）的关系，参阅 A. H . M . Jones, *Athenian Democracy*，105—122。在绝大多数情况下，全体大会决定一个问题之前都需要五百人会议的 probouleuma 或者“pre-consultation”。

23 关于对希腊僭主的简要分析，见 A. Andrewes，*The Greek Tyrants*（new York：Harper Torchbooks，1963）。

24 西西里卡塔尼亚的查隆达斯（Charondas），生卒日期不详，约公元前 7 或 6 世纪；他
1338 为卡塔尼亚编纂的法典被广泛用于后来的城市建设。雅典的梭仑，约公元前 638—
559，关于他的改革及其背景，尤其是经济方面，参阅 A. French，*The Growth of the Athenian Economy*（London：Rouledge & Kegan Paul，1964），10—29；另见 Andrewes，*op. cit.*，ch. Ⅶ.

25 伯罗奔尼撒战争最后阶段雅典与斯巴达两军对垒的统帅，战争以来山德在伊格斯波塔米（Aigospotamoi）获胜（公元前 405 年）并夺取了雅典（公元前 404 年）告终。亚西比德在反复无常地交替效力于雅典及其敌人以后，于公元前 407 年自封为享有无限权力的统帅（strategos autokrator），但在同年一次战役中败给来山德之后即被免职并流放。后者军功卓著，并利用自己的斯巴达海军统帅地位在各被征服城市建立了个人权力，但最终未能由此实现在本土的长期统治，公元前 403 年被免职。

26 Eduard Meyer，*Geschichte des Altertums*，Ii，613（in the postwar reissue：Ⅲ，566 fn. 1）.

27 Salzer，*Die Anfänge der Signorie*，*op. cit.*，*passim*。该书 26ff 并列了四个可以作为通向僭主政治的跳板的主要官职——公社的**波德斯塔**、**人民**领袖、密切相关的商业法庭**庭长**以及军事统帅（capitano della guerra）。

28 一种不受城市成文法限制的司法权力，无需通常所必需的一般当局的合作（sine illis de curia et collegio），但它仅限于处理某些类型的事件，一般都是政治事件，比如谋反。参阅 Salzer，*op. cit.*，76（**波德斯塔**）与 171（**人民领袖**）。

29 parlamentum，contio 或者 arengum，都是公民的全体大会（直接民主制），而不是这个名称可能暗示的现代类型的“市议会”。后者的对应现象是中世纪晚期城市议会的“代表”大会。

30 指帕杜阿臣服于维罗纳的执政官康兰德·德拉·斯卡拉（Cangrande della Scala）。经过了差不多 20 年的斗争之后，斯卡拉在城郊农民的帮助下迫使帕杜阿“执政”家族首脑马斯利奥·德·卡拉拉（Marsilio de Carrara）领导的城内抵抗派投降。参阅 Robert Davidsohn，“Beitrage zur Geschichte des Reiches und Oberitaliens”，*Mitteilungen des Instituts fur österreichische Geschichtsforschung*. XXXⅦ（1917），402；另见 J. K. Hyde，*Padua in the Age of Dante*（Manchester University Press，1966），280 and *passim*。

31 托斯卡纳的分益耕种所有权（mezzadria tenure）系土地产出物的 métayage（分成）形式，参阅 Robert Davidsohn，*Geschichte von Florenz*，I（Berlin：Mittler，1896），777ff。

32 美第奇的哈布斯堡继任者，托斯卡纳大公利奥波德一世（765—1790），后来的利奥波德二世皇帝（1790—1792）。他和他的哥哥约瑟夫二世皇帝一样深受重农主义学说影响，并据此在托斯卡纳大公国进行了重大改革。参阅 Hermann Buchi，*Finanzen und Finanzpolitik Toskanas im Zeitalter der Aufklärung*（1737—1790）*im Rahmen der*

Wirtschaftspolitik（“Historische Studien”，vol. 124；Berlin：Ebering，1915）。

33 pariage 的权利，或者共同支配（codominion）的权利，即修道院或小城市的领主自愿或被迫与众多城市签订契约，以换取保护的承诺或减税的要求。法国王室的财政虚弱 1339
与军事实力结合在一起，成了获得这种权利的便当因素，在把沉重的税负转嫁给违约的城市时，便使国王得到了断然要求控制权的借口。腓力二世在与安茹王朝的长期战争中；已经通过 pariage 契约大大扩张了王室领地，但路易九世（1226—1270 年在位）更有甚之。参阅 Robert Holtzmann，*Französische Verfassungsgeschichte*（Munich：Oldenbourg，1910），280ff.；*Grande Encyclopédie*，XII，1129f 的“Coseigneurie”词条。

34 关于这些政策的较为详细的概述，参阅 A. B . Hibbert，“The Economic Policies of Towns”，见 *Cambridge Economic History of Europe*，III（Cambridge，1963），157—229。

35 1661 年的“自治市法”（Corporation Act）和 1672 年的“宗教宣誓法”（Test Act）要求法人的所有成员以及其他官员在当选或任命后的规定时间内按照英国国教的仪式参加圣餐礼，并签署声明反对圣餐变体论（transubstantiation）。

36 利物浦在 1672 年买下了尚存的全部采邑权利，此后不久便开始了生机勃勃的经济发展，而曼彻斯特的“庄园刑事法庭”（court leet）——该城市的理事会——却始终保留着一个男爵家族的财产权，直到 1845 年市政当局才耗费 20 万英镑巨资收买下来。“参阅 J. Hatschek，*Englische Verfassungsgeschichte*，700f.；*Encyclopedia Britannica* 的“Liverpool”与“Manchester”词条。

37 例如 13 世纪时那种荒诞的莱茵河通行费：the furiosa Teutonicorum insania。

38 在中世纪欧洲，Vogt 或 avoué（即诉讼代理人）是教堂或修道院的在俗法律事务官员，由王室任命，从教堂基金中支付报酬。随着王权的逐渐衰落，城镇以外的这种官职越来越多地被贵族专擅，职能和报酬都在以牺牲教堂利益为代价而不断膨胀。关于这种诉讼代理人的发展，见 Marc Bloch，*Feudal Society*，trans. L. A . Manyon（Chicago：University of Chicago Press，1961），404ff。

39 关于希腊神殿的银行角色，参阅第十五章，十 b；另见 F. M. Heichelheim，*An Ancient Economic History*，II，70—74；Ehrenberg，*The Greek State*，84f . 以及第 252 页的参考书目。

（五）古代与中世纪的民主[1]

中世纪城市在政治发展史上的特殊地位，归根结底并不是产生于城市市民与非城市阶层及其生活方式之间根本的经济对立，毋宁说，
决定性的因素乃是城市在中世纪政治与身份联合体总体架构中的普遍 1340

地位。就是这个方面使典型的中世纪城市极为突出地与古代城市产生了差异，但是我们也可以根据这个尺度对中世纪时期的两种类型加以区分，尽管其间的过渡形式多少有些变动不居，不过它们的最纯粹范例之间却有着极为清晰的差异：一种是南欧类型，尤见于意大利和法国南方，虽然它们之间存在种种差异，但却比另一个类型远更接近于古代城邦，这另一个类型就是法国北方、德意志和英国，虽然按照刚刚提到的尺度，它们是在很大的形式差异中体现了一种统一性的。因此，我们必须再次对中世纪城市类型和古代的类型进行比较，适当情况下还要与其他时期的类型进行比较，以便条理清楚地描绘出这些差异的基本原因。

南欧城市的骑士贵族也像古代骑士贵族一样在城外拥有城堡和地产，对于后者，我们已经多次引用了米太亚德［在切尔松尼斯］* 的事例。［热那亚］格里马尔迪家族 ** 的产业和城堡在普罗旺斯沿海地区几乎随处可见。越往北这种情况就越少见了，后来各个时期典型的中欧与北欧城市则根本没有这种情形。另一方面，中世纪城市也几乎不知道这样的现象，比如一个平民可以像阿提卡的民那样有望获得完全基于城邦政治实力的市政赏金和抚恤金［即来自海外的贡金以及类似的收入］。不过，就像给雅典市民分配 Laureion[2] 矿产利润一样，中世纪城市以及现代共同体也存在直接分配市政财产的经济收益这样的情况。

---

* 见本书第 1661 页中译者注 **。

** 见本书第 1661 页中译者注 ***。

一、古代下等阶层的产生：债务人与奴隶

［古代与中世纪］最下等阶层之间的对比十分突出。古代城市经历的主要危险都是产生于经济分化，因此，所有各方都在力图采取各种手段反对一个正式公民阶层的出现，那些经济上已经破产的享有正式公民权的家族后裔，债务缠身，没有财产，已经无力为了服军役而自我装备，期望通过一场革命或者一位僭主要求重新分配土地、取消债务，或者得到公产的资助——包括粮食配给，获准免费参加节 1341
庆、戏剧演出和竞技比赛，或者由公共基金给予直接救济以使他们有可能参加这样的演出。事实上，这些阶层在中世纪也并非完全不为人知；在更晚近的时代也能看到，比如在美国南方，那里蓄奴的财阀统治就遇到了无财产的“穷白鬼”的对抗。在中世纪，比如在威尼斯，负债累累的**没落**贵族阶层，就是一个像在喀提林时代的罗马那样令人非常担忧的对象。但总的来说，这个问题在中世纪，尤其在那些民主制的城市里只有非常微不足道的影响。毫无疑问，它并不像在古代那样是典型的阶级斗争的起点，因为，古代早期的阶级斗争都是发生在作为**债权人**的城市贵族与作为**债务人**的农民或丧失了财产的债务奴隶之间。**无产者市民**（civis proletarius），亦即正式公民的“后代”，都是典型的**没落阶层**。[3]后来的时期沦入这种境地的则是喀提林那样负债累累的容克**地主**，他们与有产阶层对峙并且变成了激进革命派的领袖。古代城邦负面特权阶层的利益基本上就是**债务人**的利益，但同时也是**消费者**的利益。另一方面，这些在中世纪民主政治时期构成了城市政治核心的利益，即手工业**生产者**的利益，在古代晚期越来越退居次要地位，尽管古代民主兴起的早期阶段同样具有关系到“体面生

存”的手工业类型的政策特征。希腊城市民主制的高度发达，但同时还有罗马**显贵**统治的高度发达，几乎并不考虑贸易和消费者的利益，至少在涉及城市人口时就是这样。古代城邦和中世纪城市及重商主义国家同样都有粮食出口禁令，但在古代并不能满足需要，因此，那个时期经济政策的支配因素是管理公共储备以保证粮食供应。友好的诸侯们馈赠粮食成了雅典修订公民名册的主要刺激因素，目的是把无权参与分配的人排除在外。[4]本都*粮食产区谷物歉收迫使雅典减免了同盟成员的进贡，这表明了经济能力在多大程度上是由面包价格左右的。由城邦管理谷物采购亦可见于古代希腊，但是，向各个行省大规模强行摊派粮食进贡以免费分配给城市市民，却仅仅出现在罗马共和国晚期。

在中世纪，典型的穷人是贫困的工匠，一个失业的手工业者。在

1342 古代则是“无产者”，一个由于不再拥有不动产而在政治上**落魄**的前地主。古代也看到了工匠的“失业”问题，而典型的救济措施照例是大量兴建公共建设项目，比如伯里克利那样的做法。

在各行各业中大量使用奴隶劳动影响了他们的社会地位。诚然，奴隶的存在也是许多中世纪城市的长期特征。在地中海沿岸城市，真正的奴隶贸易甚至一直存在到中世纪末期，另一方面，中世纪结束时的欧洲大陆城市，比如废除农奴制［1861年］以前的莫斯科，可以说一直极具戴克里先时代一个大型东方城市的特征：那是来自土地与人身所有权的租金以及官职收入的消费地。但在典型的中世纪西方城

---

* Pontus，古代安纳托利亚东北部与黑海毗邻的地区，公元前4世纪末亚历山大征服此地区后建立本都王国，首都阿马塞亚（今土耳其阿马西亚）。当时在表面上希腊化，但仍保持波斯的社会结构。公元前63年前后并入罗马帝国。

市，奴隶劳动发挥的经济作用却是迅速下降的，最后就变得毫无作用了。无论何地，势力强大的同业公会都不可能容忍发展出一个向主人交纳“人身租金”的手工业奴隶阶层而成为自由行会的竞争者——而这恰恰就是古代发生的情形，在那时，任何财富的积累始终都意味着是奴隶的积累，任何战争都会带来被投入奴隶市场的大量俘虏。

一部分这样的奴隶被用于**消费**目的，就是说，为所有者提供私人劳役。在古代，拥有奴隶乃是与正式公民社会地位相称的生活行为的基本前提之一。在重甲步兵时期，一个长期战争的时代，正式公民不可能不使用奴隶劳动，一如中世纪骑士不可能不使用农民的劳动。一个男人如果不得不在没有任何奴隶的情况下生活，那肯定就是一个“无产者”（就这个词的古代含义而言）。罗马贵族中的望族“消费”了大量奴隶的劳役，奴隶们按照非常详细的职能性劳动分工从事大量的家政事务，而且以**大庄园**经济方式产生了可观的家政需求。但是，奴隶的衣食供给在极大程度上都是得自货币经济。雅典人的家政一般都是完全通过货币经济自我满足，在希腊化东方地区更其如此。不过，为了博取工匠们的欢心，伯里克利［在公元前5世纪］始终认为值得强调的是，他要尽可能通过市场采购，而不是在他的家族经济中满足他的需求。

与此同时，古代城市的商业化生产在很大程度上也是掌握在奴隶
手中。先前我们已经讨论了可租赁作坊，此外似乎还有独立经营的不 1343
自由工匠和小商人。显而易见，同时使用奴隶和自由公民，正如我们在从事埃瑞克提翁神庙*工程建设的混合计件劳动群体中看到的那样，[5]

* Erechtheion，公元前421—前405年建于希腊雅典卫城上的爱奥尼亚式雅典娜神庙。

必定会在社会上产生劳动丢人现眼这样的评价，另外，奴隶的经济竞争力也是不言而喻的。因此，正是在民主制时期，古希腊对奴隶的利用达到了最大化。

二、城市选区：古代的区域单元和中世纪的行会联合体

在古代，奴隶劳动力与自由劳动力的并存显然还会把发展同业公会的任何可能性扼杀在萌芽状态。尽管不可能加以确切证明，但是可以料想，城邦的早期阶段是存在过职业联合体萌芽的。从表象来看，那时已经出现了具有重要军事意义的旧式战争行会组织，比如罗马的centuriae fabrum（工匠百人队）和身份斗争时代雅典的demiourgoi*。但正是在民主制时期，这些政治组织的萌芽却消失得无影无踪，而且，那时行会特定的社会结构也不大可能有别的结果。古代的小市民可能会与奴隶同属于一个神秘主义会众（比如在希腊）或者一个collegium[6]（比如在罗马晚期），但却不可能同属于一个像中世纪同业公会那样要求政治权利的联合体。

中世纪的**人民**（popolo）与贵族相反，是按照同业公会原则组织起来的。但恰恰是在古代的古典时期，在**民**的统治下却不存在行会组织的任何踪迹，尽管较早时期也能看到初步的发展。相反，古代“民主”城市是由“区”（demoi）或“部落”（tribus）组织起来的，就是说，是按照区域性管区，且事实上（形式上）主要是按照农村管区加

---

* 希腊文，最初的所指比较广泛，在荷马史诗里，祭司、医者、木匠和诗人都属于demiourgoi的范畴（《奥德赛》17：383—85），即用自己的技能或本领为民众服务的人。后来又有了“手工业者”的意思，韦伯认为他们成了城邦军事组织的一部分。

以组织的。这是一个在中世纪城市根本不存在的特征。诚然，在城市**内部**划分城区，不仅是古代与中世纪城市的共同现象，也是东方和远东城市的共同现象。但是，所有政治组织一律建立在区域性共同体基础上，特别是把这个原则扩大到由城市进行政治统治的整个**乡村地区**，以致**乡村**在形式上变成了**城市**的直接分支，这种现象却并未见之于中世纪，也未见之于所有其他地区的城市。“区”的分界基本上与 1344
历史地形成的或者**特别**建立的乡村管区是重合的，而且像农村一样，这种“区”也有公地和地方当局。这种类型的**城市**体制在古代城邦的民主制时期尤为盛行，它在历史上的独一无二性是再怎么强调也不会过分的。

相比之下，作为城市选区的行会组织在古代却只能见之于早期阶段，而且只是和其他身份团体并列。它们主要是被用于选举的目的，比如在罗马旧式的军事等级组织中与 equites［骑士］**百人队**并列的 fabri［工匠］**百人队**，大概早期雅典的前梭伦时代各身份群体之间的折中物 demiourgoi 也是如此——尽管这完全是推测。[7] 这种组织的渊源可能是一些有着自己的职业神墨丘利的自愿联合体，那些源远流长的 collegium mercatorum（商团）肯定就是如此，罗马的政治体制就已经考虑到了这一点。或者，它们也是源于为了军事目的而形成的公益性派捐联合体，因为古代城市本来就是依靠市民的非自愿服务以满足公共需求的。

的确，在古代也能看到“城市基尔特”类型的个别现象。例如，米利都阿波罗神殿的舞者礼拜联合体，就享有市政管理性质的官方地位（尽管它的特殊权力至今仍不得而知），这一点可见于以下事实：它的主持人的名字一直被用于命名年份。一方面在中世纪北欧的城市基尔特中，另一方面则是在美洲印第安部落巫术舞者、印度的巫师（婆罗门）和以色列利未人的同业公会中，都可以看到极为近似的现象。但是，这种礼拜联合体不应被想象为一个客居的职业迷醉者部落。在各个历史时期大概都是一种有资格参与阿波罗祭典游行的**显贵**俱乐部；因此，与它最接近的中世纪现象就是科隆的**富人俱乐部**（Richerzeche），差异在于，它是以典型的古代方式（而不是中世纪方式）等同于一个独立的礼拜共同体。如果说在古代晚期，在吕底亚，也有了以**世袭**头领为首的工匠团体并且看上去取代了宗族［这一政治—部落单元］地位的话，那么我们就几乎能够肯定地说，它们一定是产生于从事专门职业的古老的客居部落，因此代表了一种令人更多地想到印度而不是西方的发展。在西方，职业性的工匠组织最早是
1345 在罗马晚期和中世纪初期采邑手工业 officia 与 artificia（作坊与工场）中重新出现的。后来在向中世纪过渡的时期，我们就看到了城市手工业工人的联合体，它们为市场而生产，但人身却依附于主人，要向主人交纳“人身租金”；然而，这些联合体似乎仅仅是为了征收应缴款，可能是产生于由领主建立的公益性派捐组织。除了这些迟早会消失的集群以外，我们还能看到那些大概与它们同样古老的**自由**手工业者的自发性会社，它们是为了垄断经济机遇而组织起来的，在后来资产阶级反对望族的运动中发挥了关键作用。

在古代的古典民主政体中却根本看不到类似的现象。公益性派捐同业公会也许曾在城市发展的早期阶段存在过（尽管文献证据没有任何把握能够证明除了那些罗马的军事和选举联合体以外也存在这种单元），但它只是到了古代晚期的公益性派捐君主国才重新出现的。尤其在古典民主制时期，自由与自发性的会社曾活跃在所有可

能的生活领域之中，但就目前所知，它们在任何地方都没有获得，也并不渴望获得同业公会的性质，因此它们与这里的讨论毫不相干。如果它们要在什么地方谋求同业公会的经济性质，那就必须不顾大量不自由的手工业者的存在，像中世纪城市后来的做法一样无视自由成员和非自由成员之间的区别。但这样一来，它们就必须放弃一切**政治**抱负，而这将在经济领域产生重大危害，我们很快就会讨论这种危害的性质。古代民主制只是**自由**市民的一种“基尔特”，这就决定了它在所有方面的政治功能。因此，正如今天所知道的那样，恰恰是在古代城邦的政治作用明显结束的时候，才第一次开始形成自由的同业公会或者类似的会社。但是，压制、驱逐或者以某种其他方式有效限制不自由的以及虽然自由但并不享有正式公民权的行业工人（自由民、外侨）成员，这样的观念甚至连古代民主制也不再当回事了，因为它已经明显行不通了。这种政策的萌芽在身份斗争时期，尤其是在**调停人**（aisymnetai）与**僭主统治**时期曾以非常典型的形式表现了出来，但后来恰恰是在民主制获胜之后彻底消失了。在**民**的绝对统治时期，公共建筑工程与国家必需品生产在使用自由公民与外侨的同时也大量使用
私人奴隶，似乎表明了如果没有他们就不可能进行这些活动，当然， 1346
这也意味着他们的所有者不想放弃可以利用他们从公共工程中获取的利润，而且有能力阻止他们被排除在外，否则的话，至少公共工程就肯定不会使用奴隶，由此可见，正式公民从事的自由职业，其生产能力并不足以供应大量的国家需求。

就是在这个方面［忽视手工业生产者的利益］，古代的**民**和中世纪的**人民**统治时期高度发达的城市之间表现出了巨大的结构差异。古代早期民主制的城市都是由重甲步兵支配的，一个住在城内的工匠就

是一个并不垦殖“公民田产”（**份地**）且没有经济能力自我装备服军役的男人，他在政治上发挥的作用可以忽略不计。而领导中世纪城市的则是**富人**（popolo grasso）和小资本家，前者是大经营者构成的**大资产阶级**，后者是由**小民**（popolo minuto）构成的小商人。但这些阶层在古代的市民中却没有权力，至少没有意义重大的权力。如果说古代资本主义具有**政治**取向，那就是指的古代民主制。古代资本主义关心的是直接瞄准国家供货合同、国家建筑和军备、国家贷款（早在布匿战争期间这就是罗马的一个政治因素了），以及国家扩张与掠夺奴隶、土地和贡金，并在臣服城市享有购买土地和放贷于土地、贸易及供货方面的特权。古代民主政体的政治取向决定于农民和城市**小资产阶级**（petite bourgeoisie）——只要农民还是重甲步兵军队的核心力量的话，因为他们的利益就在于为了拓居目的而使用军事手段获取土地，小资产阶级关心的则是在属地公社那里获取直接与间接的收入，比如国家建筑规划、参加演剧和出席**赫利亚**[*]开庭期的补贴，国家分配的由被征服民族负担的粮食及其他物品。中世纪那样的限制性同业公会政策是绝无可能产生的，因为它们的消费者关心的是行业产品的廉价供应，而提供这些产品的是土地所有者阶层，它在雅典的克利斯提尼时期和罗马的**十人团**（decemviri）[8]时期身份群体之间达成的妥协中大获全胜，并且构成了庞大的重甲步兵军队。后来在希腊处于主宰地位的**民**，由于受到更加明确的城市利益集团的影响，对这样的政策也同样毫无兴趣，而且正如我们已经指出的那样，大概它也没有机会

* Heliaea，又拼 Heliaia，指古代雅典时期 30 岁以上雅典公民定期参加的司法大会，据传由抽签选出的 6000 名公民组成。另外也指该大会会所的名称。

制定这样的政策了。

因此，古代民主制和中世纪**资产阶级**的政治目标与手段是根本不同的。这一点亦可见于这两个时期的城市政治区划表现出来的差异， 1347
对此我们已经多次提及。

在中世纪，贵族世家并不是直接消失，而是多被强制吸收进同业公会这一新的市民选区。这就意味着他们可能会在这样的单元中被中产阶级的多数票击败，因而在形式上失去一部分影响。当然，这样做的结果往往就是迫使同业公会走上一条变成**食利者**财阀团体的道路，伦敦的“同业公会”（livery）就是如此。不过，这样的发展总是意味着一个特殊的**城市**阶层由于直接参与或者间接关注商业和贸易而越来越有实力，这个阶层就是现代意义上的**资产阶级**。

另一方面，在古代，旧时的**属人**贵族世家联合体（**氏族**、宗族和胞族）则是被城邦的［区域性］分支——**区**（demoi）和**部落**（tribus）——所取代或吸收，这些实体或者它们的代表掌握了全部政治权力。由此便产生了两个结果。首先，这意味着贵族世家的影响烟消云散，因为他们的财产，比如土地，自然都是通过抵押放贷和债务期满取消抵押回赎权而获得的，它们典型地散布在城邦领地的各处，不再可能被用来在单独一个选区内集中发挥政治作用，而是在各个地块碰巧所在的各个**区**分散发挥影响。这些土地在“区”里要登记注册并交纳税赋，而这就意味着大土地所有者的政治权力比今天德国东部采邑管区（Gutebezirke）被并入农村公社时遭到了更大的剥夺。[9]此外，最重要的是，整个城邦领地被划分为“区”，就意味着今后所有的市议会席位和官职都将由这些单元的代表来充任，比如希腊那样的情形，或者至少也将按照部落来组织表决团体，比如罗马就是如此，那里的**部落民众会议**（comitia tributa[10]）就包括 31 个农村**部落**和 4 个城市**部落**。至少就最初的意图来看，这是为了保证农村各阶层，而不是城镇居民对城市的支配与统治。因此，这种革命性的重组**并不**意味着经济上活跃的城市市民像中世纪的**人民**一样提高了政治权力，而是恰恰相反，这是农民的政治崛起。可以说，中世纪“民主”的载体从一开始就是城市的商人阶层，在古代的克利斯提尼时代却是农民。

1348 三、关于雅典与罗马选区的补论

然而，只是在罗马，这一点从长远来看也才有了实际上的重要意义。因为在雅典，“区”的成员资格具有永久性的可继承性质，并不依赖于居住地、土地所有权和职业，一个人在“区”里出生，就像出生在胞族和氏族中一样。派阿尼亚“区”（Paianian “deme”）一个成员的后代——比如狄摩西尼的后代——在所有世纪中都始终与这个管区有着法定联系，为它纳税并通过抽签担任它的官职，不管他们是否与它还有任何居住或土地所有权的关系。当然，一旦移民进入雅典，只消经过**几代人**，他们也就失去了地方农民联合体的性质。各种各样的城市商人这时都被算作农“**民**”（rural “demos”）的成员。事实上，“区”就像宗族一样会变成纯粹属人的市民分支，结果，能够始终出席**平民全体大会**（ekklesia）的雅典市民不仅因此而得益，并且随着城市的发展，在形式上的农“**民**”中越来越构成了多数。

罗马的发展则不同，尽管类似的原则一度也曾适用于 4 个古老的城市部落。然而，后来的每一个农村**部落**，都是仅仅包括那些在任何特定时间实际拥有土地的公民。如果放弃此地的财产而到别处购置

了新的财产，一个人也就改换了**部落**的门庭。比如克劳狄**氏族**在后来的各个时代就不再属于那个曾经冠以它的大名的**部落**了。这种安排有利于那些能够出席**民众会议**（comitia）——这就意味着是生活在罗马——的部落成员，因此很像雅典的情形，而且实际上比雅典更有过之，因为罗马的领土扩张规模要大得多。但是与雅典不同，这些好处仅仅属于在农村**部落**拥有土地的人，而且他们的财产必须达到这样的规模，即能够供给他们在城市里的生活，但实际上是把土地交给别人耕种——换句话说，这些受惠者是拥有土地的**食利者**。因此，在**平民**获胜之后，支配着罗马**民众会议**的乃是大大小小的食利者地主。在罗马拥有优势力量的是城居的土地贵族，而在雅典则是城市的**民众领袖**，从而使两个城市产生了这种永久性的差异。

罗马的**平民**（plebs）并非**人民**（popolo），不是手工业者与商人
同业公会的联盟，毋宁说，它是一个有能力全副武装从军服役的农村
土地所有者身份联合体，通常只是他们当中居住在城内的人支配着政
治事务。平民最初根本不是现代意义上的小农，甚至更不是中世纪意 1349
义上的农民，毋宁说，这是一个经济上有能力正式服军役的乡村土地
所有者阶层，尽管它在社会上不是一个“绅士”（gentry）阶层，但在
平民崛起的时代，就其拥有土地的规模以及生活方式而言，它至少是
一个“自耕农”（yoemanry）阶层。换言之，一个“农耕市民”阶层。

在罗马国家的扩张过程中，城居的农耕**食利者**产生了与日俱增的影响。相比之下，整个城市手工业人口却始终被组织为4个城市**部落**，因而没有任何政治影响。罗马的官职贵族始终坚持着这个组织原则，甚至格拉古兄弟的改革也从没打算改变这种状况以偏向希腊式的“民主”。罗马军队的这种“农耕”性质使得大的城居元老家族有

可能长期保持支配地位。阿提卡的民主制通过抽签任命它的执行委员会（boule），并打破了由前官员组成、相当于罗马元老院的阿雷奥帕古斯这一古老的贵族会议的否决权，而在罗马，元老院始终就是城市的监督机构，从没有人试图改变这一点。在大扩张时期，军队的统帅权始终掌握在城市贵族世家出身的军官手中。共和晚期的格拉古改革派也像所有典型的古代社会改革运动一样尤其关注使城邦的军事能力得到保证，力图遏制农村土地所有者由于大地主的土地并购而沦为无产阶级，同时还力图增加他们的数量，以此让自我装备的市民军队保持实力。所以，它也是一个天生的农村派——事实上格拉古兄弟更其如此，他们为了沿着这条路线有所收获，认为必须寻找一个同盟对付官职贵族，而这个同盟就是“骑士”（equites）阶层，[11] 一个由于从事商业活动而不得担任官职的资本家阶层，它始终关心的是承包国家税收及国家供货合同。[12]

四、经济政策与军事利益

一直有人坚持认为，伯里克利的建设政策也有助于为雅典的手工业者提供就业机会，这大概是正确的。[13] 由于建设计划所需资金都是筹自同盟成员向这个霸权城市交纳的贡赋，所以它们就是这种赚钱机会的最终源泉。然而，这些实惠绝不仅仅属于享有正式公民权的工
1350 匠，因为当时的碑铭显示，外侨和奴隶在这些工程中也能找到就业机会。毋宁说，在伯里克利时期，下等阶层真正的“失业救济”是当水手的工钱和战利品——尤其是来自海战的战利品。这就是民总是那么容易被争取来投入战争的原因所在。这些落魄的市民在经济上无足轻

重，已经没有任何东西可以损失。但是，在整个古代民主制的发展过程中，围绕独立的行业生产者为取向的就业与生产政策，从来就没有作为一个重大因素出现过。

如果由此认为古代城市的经济政策主要是在追求城市消费者的利益，那么毫无疑问也可以这样谈论中世纪城市。但是，古代采取的措施更加严厉，这显然是因为像雅典和罗马这样的城市似乎不可能让私商来控制粮食供应。有时我们也能看到古代的一些举措有利于某些特别重要的出口商品的生产，但它们从来不是主要针对手工业生产部门的。没有任何地方的这种生产者利益曾经支配过古代城市的政治事务。毋宁说，对那些古老的沿海城市的政策发挥了决定性影响的利益集团，在早期是那些城居的领主和骑士贵族，到处的海上贸易和海盗行为中都可以看到他们的踪影，他们的财富就是由此而来；后来到了民主制早期阶段，则是农村重甲步兵的业主在发挥影响，一个以这种形式出现的阶层仅仅可见于地中海沿岸的古代时期。再往后，城市政策就是决定于两个方面的利益集团了，一个是货币及奴隶的所有者，另一个是城市**小资产阶级**。两者尽管有着不同的性质，但要么作为大大小小的经营者，要么作为国家施舍的受益者，再就是作为武士或水手，在获得国家合同及军事战利品方面却是利益攸关。

在这些方面，中世纪城市的民主制却表现为一种根本不同的方式。造成这种差异的原因在中世纪城市兴建之初就已经存在并发挥作用了，它们与总体文化发展基础上的地理环境和军事因素有关。古代地中海沿岸城市出现的时候，并没有遭遇任何不容忽视的，最重要的是具有高度技术水平的非城市政治与军事权力结构，事实上，这些城市本身在当时就已经体现了最高度发达的军事技术。贵族城市的骑士

方阵就是如此，后来那种纪律严明的重甲步兵队形更其如此。凡是在中世纪出现了类似于这一军事方面情形的地方，比如中世纪早期的南
1351 欧沿海城市和意大利的城市贵族共和国，其发展过程也会与古代的发展具有相当广泛的相似性。在中世纪早期的南欧城邦中，军事技术的贵族性质已经预先决定了城市组织的贵族统治结构，沿海城市尤其如此——但也包括那些相对贫穷的内陆城市，比如伯尔尼，它们拥有大片被城市食利者贵族阶层统治的臣服地区，向民主制发展的倾向极其微弱。

相比之下，那些内陆的工业城市，尤其是北欧大陆的城市，在中世纪却迎面遭遇到国王们及其分布在广大内陆地区，以城堡为立足之地的骑士封臣的军事与行政组织。从建城伊始，这些城市就有很大比例要取决于被整合进封建军事及官职结构的政治和领主权力持有者的认可，而且越是往北欧内陆就越是如此。随着时间的推移，它们被给予“城市”身份就不再是为了地方防御联合体的任何政治或军事利益，而只是出于创建者自身的纯**经济**动机，他们作为掌权者期望从通行费及其他交通费和税收中获取收入。建一座城市对于一个领主来说主要变成了一种经济活动、一项商务事业而不是一个军事举措，至少，如果说军事方面的因素还在发挥作用的话，也是在日益退居幕后。不同程度的城市自治乃是中世纪西方城市的明确特征，它的发展仅仅是因为那些非城市掌权者尚未拥有一部训练有素的官员机器，哪怕是在城市经济发展中他们**自身**利益所要求的有限程度上满足城市行政管理之需。这是唯一**到处**都在发挥决定性作用的因素。中世纪早期诸侯的行政与法院还没有专业化的知识，没有连续性，也没有理性的客观性训练以便能够安排和管理城市行业与商业利益集团的事务——

而这些事务与这些团体中骑士成员的社会习惯和耗费大量时间专注的事情几乎毫不搭界。掌权者在初期阶段关心的仅仅是货币收入。一旦市民设法满足了这些利益要求，非城市掌权者就极有可能不再干预市民的事务。这尤其是因为，这种干预可能会有损于自己在与其他掌权者竞争中建立的城市的吸引力，从而会有损于自己的收入。非城市权 1352
力之间的竞争，特别是中央权力与大封臣及教会的僧侣政治权之间的冲突，最终却为城市提供了帮助，其中特别是因为，相互竞争的权力之间任何一方与市民的货币权力结成联盟，都能由此获得关键的优势地位。因此，大规模的政治联合体组织越是趋于统一，城市的政治自治就越不可能得到发展，因为，从国王开始的所有封建权力，无一例外都会抱着极端怀疑的态度看待城市的发展。只是因为缺少一部官僚机器，因为对货币的需求，才迫使腓力·奥古斯特以来的法国国王和爱德华二世以后的英国国王去寻求城市的支持，正像同一些因素早已诱使日耳曼国王们寻求主教的支持和教会财产的支持一样。主教叙任权之争使得日耳曼国王丧失了这种支持，斗争开始以后，我们在日耳曼也能看到萨利克国王们曾在一个短时期内向城市讨好。但是，只要政治或财政资源使得王室或外省家产制权力能够发展必需的行政机器，它们就会再次试图摧毁城市的自治。

因此，城市自治的历史插曲在中世纪的发展是由完全不同于古代时期的条件所引起的。典型的古代城市，它的统治阶层，它的资本主义，它的民主关切，所有这些无不具有政治与军事取向，而且它们的古代面貌越突出，这种取向就越明显。贵族的衰落以及向民主制的过渡则是由于军事技术的变革所致。自我装备、纪律严明的重甲步兵军队投入了反对贵族的斗争，从军事上，然后又从政治上赶走了贵族。它带来的成果是多方面的。有时会导致贵族被彻底消灭，比如在斯巴达。有时则会导致消除形式上的身份差别，满足了对于理性的、更容易企及的司法的需求，保护了个人的法律地位，消除了债法的严酷性，同时又在事实上——尽管是以变化了的形式——保持了贵族的卓尔不凡，罗马就是这样的情况。或者，它也可能导致贵族被吸收进各“区”并参与城邦的财权政治，比如克利斯提尼的雅典。在多数情况下，只要农村重甲步兵成分的影响还在占据主导地位，贵族城邦的某些威权主义制度就会保留下来。制度的军事化强度也大为不同。斯巴达的重甲步兵共同体把所有属于武士的土地和以此为生的不自由
1353 人口一律看作共同财产，并赋予每个证明了自身军事资格的武士收取土地租金的权利。没有任何其他城邦走得这么远，但是，对于武士田产（kleroi）——即城市基尔特成员通过继承所得土地——的可转让性，却似乎施加了相当广泛的限制，以致它到后来的时期也仍是一些雏形。然而，即使这种做法，大概也从未得到普及，后来在各地都遭到了淘汰。所有其他土地也只不过受到了儿子继承权[14]的羁绊，否则都是可以自由转让的。在斯巴达，虽然禁止男性斯巴达人控制土地的积累，但却允许集中在妇女手中，这最终改变了当初大概由 8000 名正式公民——homoioi（“同侪”）——组成的武士联合体的经济基础，以致最后只有数百人能够负担得起正式的军事训练和成员的共餐费用，而正式的公民权就是取决于此。雅典的发展历程则完全相反：那里的法律允许土地自由转让，这与“区”体制一起，促进了土地被分解成一些小地块，适应了不断扩大的商品蔬菜栽培经营的需要。在罗马，《十二铜表法》时代以来就一直存在的土地自由转让，却再次产生了不同的结果，因为它导致了村庄式农村聚落的毁灭。[15]在希腊，

凡是军事实力转而主要以海军力量为基础的地方，重甲步兵式的民主制无不走向了衰落，比如公元前 447 年比奥蒂亚同盟 * 最终在科罗尼亚战败后雅典的情形。[16] 自那时以后，严格的军事训练被弃置，古老的威权主义制度残余被清除，城邦的政策与制度完全落入了**城**居之**民**（*town*-dwelling *demos*）**的支配之下**。

这种纯粹以军事因素为基础的转变在中世纪城市并不存在。**人民**主要是依仗经济基础获得胜利的。中世纪特有的那种城市类型，即内陆手工业城市，完全是以经济为取向的。中世纪的封建权力并非来自城邦国王和城市贵族。与古代贵族不同，他们并没有兴趣利用那些仅由城市提供给他们的特殊军事技术手段。因为，撇开拥有战舰的沿海城市不论，中世纪城市本身并非特殊军事权力手段的载体。恰恰相反，中世纪的市民特权大都是开始于把市民的军事义务局限在卫戍服务上，而古代的重甲步兵军队及其训练——从而就是军事关切——则越来越成为一切城市组织的轴心。中世纪城镇居民的经济关切在于通过经商与贸易而和平获利，这在城市市民的下等阶层中表现得最为明 1354
显，意大利**小民**（popolo minuto ）的政策与上等阶层的政策之间存在的反差就特别表明了这一点。中世纪城镇居民的政治地位决定了他的道路：一个**经济人**（homo oeconomicus）的道路；而古代城邦在其鼎盛时期也仍然保持着技术上最先进的军事联合体性质：古代的城镇居民是个**政治人**（homo politicus）。

我们已经知道，在北欧的城市，作为一个身份群体的**侍臣**与骑士阶层往往都被直接排斥在城市之外。非骑士阶层的土地所有者要么

---

* 见本书第 1541 页中译者注。

仅仅是城市臣民，要么——有时——就是受城市保护的被动的客居市民，有时则是由基尔特组织起来的菜农和酿酒人，但他们在政治上与社会上几乎从来就无足轻重。一般来说，乡村仅仅是中世纪城市经济政策的对象，根本就没有自己的发言权，时间越久越是如此。典型的中世纪城市根本没有殖民扩张政策的意识。[17]

五、农奴、被庇护人及自由民的政治与经济作用

至此，我们来到了一个非常重要的阶段：对古代与中世纪城市的身份结构加以比较。除了我们已经讨论过的奴隶以外，古代城邦还有一些身份阶层，它们在中世纪要么仅可见于早期阶段，要么根本就不存在，要么仅仅出现在城市以外。其中包括：1. 农奴；2. 债务奴隶和债务仆役；3. 被庇护人；4. 自由民。前三个群体一般都属于重甲步兵民主制之前的时期，其重要性后来便急剧下降，仅有一些残余可见。相反，自由民（解放了的奴隶）却在后来的时期发挥了越来越重要的作用。

1. **农奴**。在各个历史时期，古代城邦范围内的家产农奴制（Hörigkeit）主要见于被征服领地。但在城市发展的早期封建阶段，它肯定曾非常普遍。世界各地的农奴尽管在细节上多有变化，但在某些基本方面始终都是彼此雷同的，和他们一样，古代农奴的地位大体上与中世纪农奴的地位并无不同。任何地方的农奴都是主要被用于经济目的。
1355 在希腊地区，凡是城邦组织没有完全成型的地方，农奴制都保留得最为完整，比如［南］意大利，还有那些极为严格地构成了武士组织的城市，那里的农奴都被认为是国家财产而非农奴主的个人财产。除了这些地区以外，农奴制在重甲步兵民主制时代几乎到处都已销声匿迹。它在

希腊化时期的东方西部地区又得到了复苏，当时那里正在组织为城邦形式。保留了部落体制的广大区域被划归各个城市领有，城市市民则形成了希腊（或希腊化）的卫戍部队，这符合后亚历山大时代领地国王们的利益。然而，对于非希腊农村人口（ἐφun 或者“部落”）的这种束缚，从一开始就是纯粹的政治束缚，因而完全不同于早期时代的家产制依附，故此不再属于对自治城市的叙述范围。[18]

2. **债奴**[19] 作为劳动力曾在古代时期发挥了十分重要的作用。他们在经济上是“降低了社会地位”的市民，在城市贵族与农村重甲步兵之间的早期身份斗争中，他们的地位成了一个特殊的社会问题。在希腊的调停人法律，[20] 在罗马的《十二铜表法》，在对负债者实施人身拘押的法律[21] 以及在僭主的政策中，都曾提出过种种妥协办法以解决这些每况愈下的农民阶层的问题。但是结果大不相同。债务仆役并不是产生于农奴阶层，而是一些有家有地的自由的土地所有者，他们或者被判长期为奴或为私人提供债务劳役，或者自愿委身于债务劳役以免为奴。他们都是被用于经济目的，通常是耕作自己的土地向债权人还账。这个阶层面临的危险处境体现在以下事实中:《十二铜表法》规定，被判为奴的债务人不得留在本土，必须卖到海外［“trans Tiberim”*］。

3. **被庇护人**[22] 应当是有别于债务仆役和农奴的。与农奴不同，他们并没有被蔑视为受他人权力支配的人下人，毋宁说是某个庇护人的随从，这种关系是一种彼此“忠诚”的关系，由此，就连庇护人与被庇护人之间的法律诉讼，也要接受某种宗教禁忌的约束。它与债务劳

* 拉丁文，意为“台伯河以外”。

役的不同则表现为以下事实：庇护人从经济上利用与被庇护人的关系被认为是不成体统。被庇护人是庇护人的私人及政治权力手段，而不是经济权力手段，他们与领主的关系由**信用**（fides）调整，是否遵守信用并非由某个法官，而是由道德准则加以约束，背弃信用则会产生
1356 严重后果（背弃者将变得**声名狼藉**）。被庇护人与庇护人的这种关系产生于骑士战争和贵族统治时代，他们最初都是跟随领主作战的侍从，有义务在需要时提供赠品和给养，大概有时还提供劳役，领主则给他们提供小块土地并代表他们进行法律诉讼。他们不是领主的仆役，而是——按照中世纪的说法——**领主的侍臣**，但差别在于，他们不是拥有骑士称号和骑士地位的人，而是一些拥有农民土地的小人物，一个平民的军事封地所有者阶层。

因此，被庇护人并不分享土地财产，不参与地方共同体，因而不参与军事联合体，他会（在罗马是通过applicatio[*]）与贵族世家的首脑（pater[**]）或者与国王结成一种监护关系，然后由这种庇护人分配（在罗马，从技术意义上说是adtribuere[***]）军事装备和土地。这种关系在多数情况下都是从祖先那里继承而来。这就是被庇护人与庇护人关系的古老含义所在。像中世纪贵族统治产生了Muntmannen（被监护人）一样，在古代的同样环境下，大量小农也发现需要缔结这种关系，以保证贵族能代表他们进行法律诉讼。这在罗马大概就是后来那个时期被庇护人与庇护人关系采取了更自由形式的根源，但至少在罗马，这

---

* 拉丁文，意为依附。

** 拉丁文，古罗马贵族的元老。

*** 拉丁文，意为分发。

种古老的关系却把被庇护人完全置于庇护人的控制之下，迟至公元前134年，作为军事统帅的小西庇阿仍能召集他的被庇护人服军役。[23]到内战时期，［私人军事随从］的这种作用便为**科洛尼**（大土地所有者的小承租人）所取代。

罗马的被庇护人在军事大会上有投票权，而且据（李维）说还构成了贵族的重要支持力量。被庇护人与庇护人关系这种制度大概从没有在法律上被正式废除，但重甲步兵技术的胜利也在罗马破除了它原来的军事重要性，在后来的各个时期则仅仅是作为保证庇护人享有一定社会影响的制度而存在。相比之下，希腊的民主制则是彻底消灭了这种关系。中世纪城市的这种制度仅仅表现为正式公民对于适合受他保护的客居公民享有监护权（Muntwaltschaft）。随着贵族支配的确立，为这种关系代理司法诉讼的情况便不复存在了。

4. **最后是自由民**，这是一个在数量上非同小可的阶层，曾在古代城市中发挥过相当重大的作用。他们主要也是被用于经济目的。根据意大利研究人员仔细考察过的［希腊］碑铭材料，大约半数的被解放者是妇 1357
女。[24]在这些情况下，解放奴隶通常好像是为了让有效婚姻成为可能，因此，也许是通过由**订了婚**的新郎购买而获得解放。另外，我们在碑铭中还能看到数量特别庞大的自由民成了家仆，故而他们获得自由应当是归因于私人恩惠。这样的人所占比例如此之大，看上去好像不怎么可信，因为，正是这种类型的自由民，在碑铭中被提到的机会自然会远远大于其他群体。另一方面，按照加尔德里尼的说法，[25]似乎也完全有理由认为，获得解放的家奴数量在政治与经济衰退期会不断增加，在经济繁荣期则会不断减少：赢利空间的收缩会导致主人削减家口规模，同时把艰难时期的风险转嫁给奴隶，这时奴隶就要被迫自己设法图存，而且还要向主人支付解放的费用。一些农业问题的作者[26]提到，解放是对在种植园出色劳作的一种奖赏。正如施特拉克指出的那样，主人往往会解放一个家奴而不再利用他提供劳役，因为这样就可以不必为该家奴的行为承担法律责任，哪怕只是有限的责任。[27]

不过，其他奴隶阶层［作为自由民阶级的一个来源］肯定有着至少同样的重要性。为了支付费用而获得主人准许去从事独立的商业经营，这样的奴隶就处在积累货币以购买自由的最佳地位上，俄国的农奴就是这种情况。无论如何，对于主人来说，在决定同意解放奴隶时肯定发挥了关键作用的，是自由民必须订约承担的劳役和费用。自由民及其后代仍将与前所有者家族保持一种家产制关系，只有经历几代人之后才会解除。他不仅应向主人提供已订约的劳役和费用——而这往往是非常沉重的负担，并且在他死后，他的可继承的财产在很大程度上要由庇护人任意支配，一如中世纪不自由人的情况那样。另外，他还要履行**忠顺**义务，就是说，必须以各种形式表现个人的服从，以此提高主人的社会地位，直接增强主人的政治权力。结果，在**民**的统治时期，比如在雅典，自由民根本得不到公民权并被算作外侨。但在
1358 官职贵族的权力从未被真正摧毁的罗马，自由民却被视为公民，尽管在平民的坚持下他们被限制在四个城市**部落**中——这一要求得到了官职贵族的支持，因为他们担心，不这样的话自由民就可能在有人企图建立**僭主统治**时成为它的基本力量。关于古代人的这种企图，至少可以想到**监察官**阿皮乌斯·克劳狄的作为，他把自由民分配到了所有的**部落**中，给予他们和其他公民同等的选举权。但是，我们不能像爱德华·麦耶[28]那样把这种典型的做法解释为试图建立一种“伯里克利式的”煽动家统治，因为伯里克利的统治不是以自由民——他们恰恰是

被雅典的民主制剥夺了全部公民权——而是以**正式**公民的基尔特在城市的**政治**扩张中的利益为基础。相比之下，自由民则是一种经济人，一个和平的商人阶层，他们比古代民主制的任何正式公民都更接近于中世纪和现代的经济**资产阶级**。因此，毋宁说，罗马的问题是，在自由民的帮助下是否就能产生一个中世纪类型的“人民领袖”，以及摈弃阿皮乌斯·克劳狄的企图是否就意味着农民军队和通常居于支配地位的城市官职贵族仍像过去一样是一些决定性因素。

我们来稍微详细地谈谈自由民的地位，它在某些方面乃是古代社会阶层中最“现代”的阶层，一个最接近于**资产阶级**的阶层。自由民从未在任何地方获准担任城市官职和祭司，从未在任何地方享有正式**婚姻**，从未在任何地方获准参加军事训练（**竞技运动**的成员资格）——尽管在极端需要时他们也会被征召服役，也从未在任何地方获准参与司法行政。在罗马，他们不可能成为“骑士”，与正式的自由公民**相比**，他们几乎在任何地方的某些审判程序中都处于不利地位。他们的特殊法律地位产生的经济后果是，他们不仅不可能获得国家发放的，或者基于政治身份的公民津贴，而且不可能获得土地，因而不可能拥有抵押权。因此，正是在民主制中，**土地**租金的收入始终处于正式公民的典型垄断中。自由民在罗马享有正式公民权，但却是二等公民，他们被排除在**骑士**的人口财产调查之外，这意味着他们不可能（至少不可能作为独立的经营者）参与大规模税收承包以及由身份群体垄断的国家合同。因此，与**骑士**［**大资产阶级**］相比，他们只是某种性质的平民**资产阶级**。被排斥在土地所有权和税收承包经营之外，这实际上就意味着自由民无缘参与典型的政治取向类型的古代资本主义，同时被迫走上了一条以相对现代的资产阶级方式谋生的道 1359

路。于是我们看到，他们成了这些带有“现代”特征的经济活动形式的最重要载体。作为一个群体，自由民大概最接近于我们今天的小资本家中产阶级（有时他们也能积累起相当可观的财富），与希腊的正式公民——典型的**民**——形成了强烈对比，后者垄断着由政治条件规定的各种**食利者**收入：国家津贴、**按日**计发的出席费、抵押利息和地租。奴隶制的劳动训练，加上赎买个人自由的可能性，始终都在强烈刺激着古代不自由人的获利欲望，一如比较晚近的俄国的情况。相比之下，一个古代的**民**所关心的却是军事和政治。自由民作为一个抱着纯经济关切的阶层，为“和平使者”奥古斯都崇拜提供了理想的土壤。由这位第一公民创造的“**奥古斯塔**”封号，大体上相当于我们时代的“国王陛下的征发官”头衔。[29]

在中世纪，一个独立的自由民身份群体仅可见于早期的前城市阶段。在城市内部，农奴的继承权又部分或完全归到了主人手中，根据“城市空气适合自由人”（Stadtluft macht frei）[30]这一原则，也根据皇帝们的城市特权——即禁止领主侵犯城镇居民的继承权，农奴这个阶层在城市发展的最初阶段就被控制在逼仄的角落中。在同业公会的支配下，城市农奴便彻底消失了。对于古代城市这种实质上的军事联合体来说，一种建立在基尔特组织基础上的体制大概是不可想象的，因为后者不得不包括生而自由的人、被解放的奴隶和不自由的工匠，中世纪的同业公会体制恰恰是以否定城市之外的身份差异为基础的。

六、作为武士基尔特的城邦与中世纪的内陆商业城市

概括起来说，我们可以把纪律严明的重甲步兵队形产生以来的古

代城邦叫作**武士基尔特**。只要一个城市希望贯彻一种以地面为基地的积极对外政策，它就必须在或大或小的程度上仿效斯巴达人的榜样，就是说，把市民组织成训练有素的重甲步兵军队。阿尔戈斯和第比斯在其扩张时期也曾建立了**武士**的精英部队，它在第比斯［比奥蒂亚的 1360
“神圣家族”］还通过私人情谊的纽带而得到了加强。[31] 没有这种军队而不得不依靠市民重甲步兵军队的城市，比如雅典，在陆上就只能采取防御战略。不过无论何地，在贵族衰落之后，市民重甲步兵都形成了居于主导地位的正式公民阶级。中世纪欧洲或者任何其他地方都没有这样一个类似的阶层。

如果说斯巴达是个永久性军营，那么可以说，在某种程度上绝大多数其他希腊城市同样如此。在重甲步兵城邦的早期阶段，城市变得越来越对外封闭，这与盛行于赫西奥德时代［约公元前 8 世纪］的广泛的流动自由形成了鲜明对照，[32] 而且往往还对武士土地的可转让性施加诸多限制。不过，这种制度在多数城市中很早就走向了衰败，然后因为有偿的雇佣军，在沿海城市则是因为海军力量获得了重要地位，它就变得完全多余了。然而，即使如此，服兵役对于［参与］城市的政治统治仍然具有最终的关键意义，这就使城市保持着一种军国主义基尔特的性质。在雅典，支持扩张政策的恰恰是激进民主制，就靠它人口中并不起眼的有生力量，在海外竟不可思议地一直扩张到埃及和西西里。作为一个军国主义联合体的城邦，对内是绝对的主宰。全体公民可以在任何方面处置它想处置的每个个人。经济经营不善，特别是浪费继承所得的武士土地［罗马的不解放诉讼程式的 bona paterna avitaque（父祖之财）］[33]，通奸，教子无方，虐待父母，渎神（asebeia），滥用暴力（hybris），简言之，任何有可能危害军事与政治道德和纪律，或者招致神明的愤怒而给城邦带来损失的行为，都会受到严厉惩罚，尽管伯里克利的葬礼演说曾经做出了著名的保证（据修昔底德记载）：在雅典，每个人都可以按照自己的愿望生活。[34]在罗马，类似的罪过将会导致**监察官**的干预。因此，从原则上说，那里肯定不存在个人行为的自由，如果**事实上**存在这样的自由，那就是以削弱市民民兵的功效为代价换来的，比如雅典就是如此。在经济上，希腊城市对于个人财产也拥有绝对的处置权：在希腊化时期，市民如果借了债，城市可以把他的财产乃至人身抵押给国内债权人。

一个市民基本上始终就是一个士兵。一个真正的城市，除了水
1361 井、市场（agora）、市政厅（archeion）和剧场以外，根据保萨尼阿斯*的记载，还必须有一个［军事操场，即］**竞技场**（gymnasion），[35]这是任何地方都少不了的。公民要在市场和竞技场上消磨自己的绝大部分时间，在古典时期的雅典，要求占用他时间的活动包括，参加**公民大会**、陪审法庭服务、市议会服务、轮流担任公职的服务，尤其是参加军事竞技——数十年间每个夏天都是如此，这些都是历史上其他不同文化闻所未闻的内容，不管在此前还是此后。

市民积累任何不同寻常的财富都要服从民主制城邦的要求。“三层划桨战舰”的公益性派捐义务，包括装备、供给和指挥战舰；“等级制度”的公益性派捐义务，包括经办大型庆典和剧场演出、紧急状态期间的强制贷款、阿提卡的 antidosis 制度[36]，所有这一切都使资产阶级的财富积累变得极不稳定。人民法庭司法行政的绝对任意性——民

* Pausanias（活动时期约为公元 143—176），希腊旅行家和地理学家，有 10 卷本《希腊志》传世。

事审判竟要在数百名未受过法律训练的陪审员面前进行——严重危及成文法的保护作用，在这种情况下，仅仅是财富的不间断存在，就比每一次政治灾难之后出现的时运剧变更令人惊讶。对于富人来说，政治灾难则更具威胁性，因为他们最重要的财产要素——奴隶——在这种情况下通常都会由于大量逃亡而缩减。[37] 同时，城邦民主制则需要与资本家订立供货合同及建筑合同，需要他们去承包税收。但是，像在罗马骑士团中产生的那种纯粹本民族的资本家阶级，却从未在希腊城市里发展出来，各个城邦都过于狭小，无法提供足够的赢利机会，而且与罗马不同，希腊的多数城市都允许并吸引外来申请者进入，尽力在承包商和包税人中间鼓励竞争。

不动产，奴隶［通常都是比较适中的数量，他们向所有者（尼基亚斯[38]）支付贡赋或者作为劳动力被出租］，船舶所有权，以及参与贸易的资本，这些就是市民财产的典型投资形式。霸权城市的公民还有机会投资于海外抵押和不动产。只有当居于统治地位的市民基尔特对当地的土地垄断被打破之后，这种海外土地投资才是可能的。城邦获取海外土地是雅典海上统治的基本政策目的之一，然后这些土地会被租给雅典人或者分配给阿提卡的cleruch*，并允许雅典人在被征服城市拥有土地所有权。因此，在民主制中，土地和人身财产对于市民的 1362
经济状况也同样具有决定性意义。能够推翻所有这些财产关系的战争连绵不断，而且与贵族统治时期的骑士战争行为不同，这时的战争已经变得异乎寻常地残酷无情，几乎每一场获胜的战役之后接着就是大

* 古代希腊的一种公民，在被征服国家领受一份土地，通常都是移居该地，但仍保有希腊公民身份。

量杀戮战俘，几乎对每一个城市的征服都是以屠杀或奴役全部人口而告终。每一次胜利都会带来奴隶供应量的突然增长。这种类型的民不可能以持续的理性经济活动基础上的和平经济获利为取向。

就这方面而言，中世纪城市市民的表现则根本不同，即使在初期发展阶段上也是如此。与上述现象最为接近的中世纪现象可见于沿海城市，比如威尼斯，特别是热那亚，它们的财富都是依靠海外殖民权力获得的。但即使在这些情况下，我们所看到的也主要是种植园和采邑不动产，以及贸易特权和行业移民，而不是像古代那样的 cleruch、军饷收入或者用索取的海外贡金分给市民大众。最后，中世纪的内陆工业城市也完全不同于古代的类型。当然，事实上，在人民获胜之后，上等基尔特的经营者阶层往往也会非常渴望战争。但这里的关键诱因是为了淘汰那些令人厌烦的竞争对手，支配贸易通道或者免缴通行费，以及谋取贸易垄断权和某些重要商品的经营权。诚然，中世纪城市也熟悉不动产的大规模重新分配，它要么是对外胜利的结果，要么是导致了城市执政党更替的内乱所产生的结果。尤其在意大利，即使暂时获胜的一方，也会通过管理敌产的国家机关直接出租或收购落败一方的不动产，而每制服一个外邦公社，都会被利用来增加获胜方市民购买土地的机会。但是，这些所有权变更的激进程度都不可能比得上那种巨大的财产权革命，甚至到了古代城市的晚期阶段，每一场内部革命以及每一场胜利的对外战争或内战，还都会伴随着那样的革命。至关重要的是，土地的获取已经不再是中世纪城市政治扩张所追求的首要经济利益了。

同业公会支配下的中世纪城市，乃是一种以借助理性经济活动而获利为取向的结构，这是古代——至少是独立城邦时代——的任何城

市都根本无法比拟的。可以说，只有希腊化时期和罗马晚期城市自治 1363
的消失，才略为缩小了这种差异，因为它使城市市民不可能再凭借城市的军事政策创造经济机会了。诚然，中世纪城市有时也会成为地面战争中技术进步的载体，比如佛罗伦萨，最早使用炮兵的就是它的军队。甚至［12 世纪］伦巴第人为对抗腓特烈一世而征召市民军，也代表了军事技术的一项重大革新。但总的来说，骑士军队仍然与城市军队至少是平起平坐的，而且它们一般都占有明显的优势，特别是在平原地区。[39] 军事实力对于城市市民的经济活动可能是一种支持，但在内陆地区却不可能成为这些活动的基础，因为绝大多数兵力的驻地都在城外，追求经济利益的中世纪市民只有依靠理性的经济手段。

七、古代城邦。帝国形成过程中的障碍

古代城邦曾产生了四大列强：狄奥尼修斯 * 的西西里帝国，阿提卡同盟，迦太基帝国以及罗马—意大利帝国。伯罗奔尼撒和比奥蒂亚同盟我们可以忽略不计，因为它们作为大国的地位可谓转瞬即逝。这四大列强赖以立足的基础各不相同。狄奥尼修斯的帝国是个纯粹的军事君主国，它依靠的是雇佣军，只是以次要方式依靠市民军。因此它并不典型，无需我们特别关注。阿提卡同盟则是民主制，因而也就是市民基尔特的一个创造，这一事实必然会导致一种排他性的公民权政策，并导致同盟各城市相互结盟的民主制市民基尔特完全屈从于那个

* 指 Dionysius（大），生卒年代约为公元前 430—前 367，叙拉古僭主（公元前 405—前 367），曾征服西西里和南意大利，使叙拉古成为希腊本土以西最强大的城邦。

霸权城市的市民基尔特。由于同盟成员的贡金水平并没有事先立约固定下来，而是在雅典单方面决定的——尽管不是**民**本身，而是一个选举产生的、在一种抗辩式诉讼程序中讨价还价的委员会决定的，另外还由于同盟的所有法律诉讼都要提交给雅典法院裁决，于是，雅典那个小小的市民基尔特便成了这个辽阔帝国不受限制的统治者。当同盟成员不再贡献自己的舰船和兵力而是——除了少数例外——代之以货
1364 币捐助，因而整个海军兵役都由那个霸权城市的市民包揽之后，情况就更其如此。[40] 这种**民**的舰队只需遭到一次决定性的打击，就必定会导致它对同盟的统治土崩瓦解。

迦太基城以雇佣军为基础确立了大国地位，而城邦本身则处于大贵族世家纯粹的财阀政治模式的统治之下，他们以典型的古代方式既从贸易和海战中获利，又从大地产中获利，构成这些大地产的则是使用奴隶劳动，以资本主义方式经营的种植园。（这个城市采用铸币仅仅与扩张政策有关。）军队及其获得战利品的机会全都系于军队领导人一身及其命运，而这些领导人与迦太基城望族的关系不可能不处于紧张状态，直到［30年战争中的神圣罗马帝国将军］华伦斯坦，自募兵员的军队领导人和他们的雇用者之间始终就处在这种紧张关系中。永无休止的互不信任削弱了职业雇佣军的军事效力，一旦意大利市民军也用一个常设统帅指挥军队并且把士官和士兵的军事技能提高到雇佣军的水准，雇佣军就不可能长期保持对这种市民军的战术优势。

不光迦太基财阀和斯巴达五长官对获胜的战地统帅疑虑重重，阿提卡的**民**也如出一辙，而且由此还创造了贝壳流放制度。统治阶层担心，军事君主制的发展会令他们像被征服的外邦民族一样处于被奴役状态，这种担忧导致了古代城邦扩张能力的瘫痪。此外，在经济上有利可

图的强势政治垄断带来的自我利益基础上，所有的重甲步兵共同体无不
厌恶放宽成员资格的限制，厌恶把他们的市民权利和其他各个城邦共同
体的权利一起融合为一种普遍的帝国公民权以开放公民联合体。所有向
着城际共同体结构和公民权的发展，在刚刚起步时都不可能克服这种基
本倾向。因为，公民所有的权利、声望，他作为市民的意识形态自豪感
以及他的经济机会，无不依赖于他在具体的军事化市民基尔特中的成员
资格。礼拜共同体那种严格的相互排他性，则进一步有力地遏制了任何
统一国家的形成。比奥蒂亚同盟倒是显得克服了这些因素，它发展出了
一种共同的比奥蒂亚公民权，共同的官员，一个由各地公民代表组成的
立法大会，一种共同的货币和一支共同的军队，但同时又保持了各个城 1365
市的自治。然而，这几乎是希腊世界中一个绝对孤立的个案。伯罗奔尼
撒联盟与此毫无共同之处，所有其他同盟的成员间关系则完全是背道而
驰。[41] 罗马公社在这方面得以实行一种与古代标准类型大相径庭的政策，
完全是一系列特殊的社会条件所致。

在罗马，一个带有强烈封建特征的**显贵**阶层在仅仅受到一些转瞬即逝的挑战之后，总是能够再次恢复作为统治权担纲者的地位，这是任何其他古代城邦都远远不可比拟的。这一点也非常清晰地反映在制度的发展过程中。**平民**的胜利并没有产生希腊意义上的“区”体制，从形式上看，它给了生活在**部落**中的农民以支配地位，但事实上统治权是落入了农村地租所有者之手，他们长期居住在城市，因而能够持续不断地参与城市的政治生活。只有他们在经济上是“可有可无”的，因而能够充任政治官职。在作为高级官员大会的元老院，他们是发展中的官职贵族的核心，此外，封建与半封建的依附关系仍然具有不同寻常的效力和意义。作为一种制度的被庇护人与庇护人的关

系，一直到相当晚的时期仍在罗马发挥着重要作用，尽管它越来越失去了原先的军事性质。而且正如我们所知，自由民实质上仍然处于前所有者近乎奴隶制一样的司法权威之下：恺撒可以处死他的一个自由民而不会招来任何异议。随着时间的推移，罗马的官职贵族越来越明显地变成了一个只有早期希腊的跨地区贵族——比如米太亚德那样当时被谴责为“僭主”的人物——勉强可比的阶层。加图时代［公元前2世纪］仍然还要测算适当规模的地产，尽管它们远远大于亚西比德继承所得的地产或者色诺芬认为属于正常规模的地产。[42] 但是毫无疑问，各个贵族世家那时已经积聚了大量这样的财产，此外，他们还直接参与他们的身份地位所允许的商业经营活动，同时也通过他们的奴隶和自由民在世界各地间接参与不符他们身份的工商业事务。与共和国晚期罗马贵族达到的经济与社会水平相比，希腊的贵族阶层哪怕是
1366 遥遥望其项背都不可得。在不断扩大的罗马贵族地产上，被安置的小佃农（**科洛尼**）也越来越多，领主给他们提供装备并严密监督对他们的经济管理，他们在每一次危机之后都会发现自己更深地陷入了债务泥沼，直到他们在土地上的地位和他们对领主的完全依附**事实上**变成了世袭状态。内战中他们会被党派领袖征召以提供军事支持——军事领导人的被庇护人奉召参加努曼提亚*战争就是这种情况。

然而，处于被庇护关系中的不光是大量个人，获胜的战地统帅还会把结盟的城市和国家置于自己的保护之下，而且这种庇护权始

---

* Numantia，西班牙古镇，位于今索里亚省附近杜罗河上游。约公元前300年侵入凯尔特高原的伊比利亚人在早期聚居的遗址上重建，后来成为凯尔特伊比利亚人抵御罗马的中心，经受住多次进攻，最后在公元前133年被罗马军队围攻8个月后陷落。

终把持在他的家族手中，比如克劳狄家族与斯巴达和帕加马[*]的庇护与被庇护关系，以及其他家族与其他城市建立的这种关系，他们接受这些城市的使节并在元老院里代表它们的意愿。世界各地都没有出现过这种政治庇护权牢牢掌握在形式上是个别私人家族手中的情形。在君主制出现之前很久，这里就存在着一般只有君主才拥有的这种私人统治权。

民主制从来没有能够打破官职贵族这种基于形形色色庇护人与被庇护人关系的权力。罗马人从未想到试图以阿提卡的方式制服贵族世家的权力，亦即从未把这些氏族合并进“区”那样的区域性单元，并把这些单元提高到政治联合体选区的地位。也从未试图像阿雷奥帕古斯的权力被摧毁之后阿提卡民主制那样组成一个**民**的委员会作为行政机关，从全体公民中抽签选出一个陪审团作为司法权威。在罗马，是元老院牢牢控制着行政权，它作为官职贵族的代表极为接近阿雷奥帕古斯。作为一个常设机构，它总是处于比每年都要变更的选任官员更有利的地位，甚至获胜的军事君主制也没有立即试图把这些贵族世家推到一旁，而只是解除了他们的武装并仅限于让他们负责已被平定的各个行省的行政管理。

罗马统治阶层的家产制结构也反映在公务行为方式中。最初的公务班子大概是由官员本身提供的。在文职行政中，下属官员的任命后来就不再由他们控制了，但军事统帅仍在相当大程度上需要他的被庇护人、自由民以及自由的私人随从和贵族世家的政治盟友帮助他行使

---

* Pergamum，古代希腊城市，距爱琴海不到30公里，现为土耳其伊兹密尔省贝尔加马镇，至少在公元前5世纪就已存在，到希腊化时代成为最重要和最美丽的希腊城市之一，也是当时城市规划最优秀的样板。

1367 职责，因为在战场上服役时把公务职责委托给个人指定的受托人被认为是可以容许的。军事君主国早期的**第一公民**在很大程度上也还是要借助他的自由民去处理行政事务，他们在那个时期确实达到了权力的顶峰。这种做法后来便受到了越来越多的限制。但尤其是在始终拥有大量被庇护人的克劳狄家族统治时期，私人扈从的使用已经达到如此比例：一个克劳狄皇帝可以有计划地威胁元老院，在形式上也要把全部行政管理交给他的私家臣民。像共和国晚期的贵族一样，**第一公民**也是在他的采邑不动产那里获得了他的经济权力的支柱，特别在尼禄统治时期，这已经到了相当巨大的规模，而且像埃及这样一些地区，尽管在法律上不是他（一直坚称）的私人领地，但事实上却是以家产制方式管理的。罗马共和国及其**显贵**行政机器的这些家产制和封建制特征，是一个很久以来几乎从未中断的传统所特有的，直到晚期仍在发挥着影响，尽管这时已经局限在很小的范围内。这就是罗马和希腊世界之间那些重大差异的根源。

典型的差异还出现在生活方式之中。我们已经知道，在希腊，贵族男子从双轮战车作战的时代就开始在圆形竞技场上操练。agon*（对抗赛）是个人之间骑士格斗和颂扬骑士英雄主义的产物，是希腊教育那些最重要特征的源泉。中世纪也有马上比武大会，尽管这两个时期具有某些相似性，比如战车和战马都处于重要地位，但仍然存在重大差异——希腊的某些正式庆典始终是以 agon 这种形式举行的。重甲步兵军事技术的进步不过是引起了 agon 内容的扩展：所有在**竞技场**

---

* 本书第 1743 页已有英译者的方括号注释，此处需再稍做说明。该词系指古希腊节庆集会时举行的有奖竞技、赛车、赛马或音乐诗歌比赛，韦伯用圆括号注释强调了其中的对抗含义。

上操练的项目——长矛格斗、摔跤、拳击，尤其是赛跑——如今都采取这种形式，因而能够在社会上得到普及。敬神的礼仪歌咏则增加了音乐诗歌比赛。诚然，贵族会在比赛中展示他们拥有的战马战车品质不凡而引人注目。但至少从形式上看，这些平民项目不得不被承认为是平等参与的项目。agon 组织得井井有条，有奖金、裁判和比赛规则，它渗透了生活的各个领域。除了荷马时代的史诗以外，最终发展成为希腊世界最重要民族纽带的就是 agon 了，这与“蛮族人”的情形截然不同。最早出现的希腊雕塑艺术作品似乎就已经表明，裸体造
型——除了武器以外一丝不挂——是希腊人的一个独特特征，它从斯 1368
巴达这个把军事训练强化到极致的地方普及到了整个希腊世界，甚至连缠腰布也不要了。

世界上没有任何其他的共同体曾把 agon 这样的制度发展到如此重要的程度，以致让它支配了所有的利益集团、艺术实践乃至柏拉图式“辩证法”舌战那样的对话活动。到拜占庭帝国末期，竞技各方成了大众的有组织争论的形式和君士坦丁堡及亚历山大革命的载体。

古意大利民族对于这种制度一无所知，至少没有希腊古典时期的那种形式。在伊特鲁里亚，是 Lucumones[43] 城市贵族统治着被蔑视的平民，他们向运动员支付报酬在庆典上表演。在罗马，居于统治地位的贵族同样拒绝这种“与民同乐”，他们的威望感绝不可能忍受像“希腊佬”那样完全无距离、无尊严地跻身于裸体体操大会，也决不会屈尊参加希腊人那样的礼拜歌舞、酒神节狂欢礼拜或者迷醉的 abalienatio mentis（癫狂）。在罗马政治生活中，agon 与**公民大会**上的雄辩和平等交锋已经像**竞技场**上的竞赛一样几乎没有任何作用了。演讲只是很晚才出现的，而且多数仅限于在元老院，性质上已经完全

不同于阿提卡平民领袖的雄辩术了。在政治上发挥决定性作用的是元老们，尤其是前官员的传统和经验。为社交形式和尊严的性质定调子的是老年人而不是年轻人。能够打破罗马政治平衡的是理性的深思熟虑，而不是利用雄辩术激发民对战利品的贪欲或年轻武士的情绪亢奋。指导着罗马的始终是显贵的经验、审慎和封建权力。

注　释

1 本节标题未见于1921年出版的单行本“城市”，该单行本只有四节，本文只是接在第四节后。

2 阿提卡东南部的国有银矿。公元前483年停止了收益分配，地米斯托克利（Themistocles）说服市民把它们用于建造舰队。参阅 Ehrenberg，*The Greek State*，85；*GAzSW*，18。

3 韦伯在把这种无产者解释为仅仅是正式公民的后代（proles）但不是继承人之一时，有意颠倒了这个术语在古代就已经流行的“词源说明”——古代人对无产者的解释是，
1369 对国家毫无贡献而只为自己的子孙后代着想的人。另请参阅 *GAzSW*，194，215。在评价韦伯对史学研究方法的贡献时，一位德国古代史学家曾把这一点称为“独到的解释……历史科学严重忽略了［这一点］，因而自食其果”。见 Alfred Heuss，“Max Webers Bedeutung für die Geschichte”，*Historische Zeitschrift*，vol. 201（1965），552。

4 公元前444年，一大批来自利比亚国王萨姆提克（Libyan king Psammetichos）的粮食引发了一系列根据公元前451年伯里克利法律而提起的检举控告，因为该法律规定，任何市民，如果母亲系在国外出生，该市民即不得享有公民身份。按照普鲁塔克的说法（*Pericles*，ch. 37），这一次约有5 000人被拒绝给予公民身份并被出卖为奴，14 040名居民被承认为有资格参与粮食分配的公民。其他的粮食馈赠似乎也曾引发过类似的事件。参阅 Ed. Meyer，*Geschichte des Altertums*，Ⅳ/1（5th ed.；Basel：Schwabe，1954），665。

5 由于在雅典卫城建造这座神殿时有一个建筑进展滞后，公元前409年任命了一个调查委员会报告工程进度，报告的一些片段（加上工程报销单）镌刻在一块大理石板上存留至今，其中还有工资率的情况，这份罕见的文献表明，正式公民甚至在奴隶工头带领下劳动。关于韦伯对希腊奴隶制问题的总体看法（以及对这份文献的进一步讨论），参阅 *GAzSW*，139—140；在英国比较晚近的讨论，见 A. H. M. Jones，*Athenian Democracy*，10—20 and ch. Ⅳ，*passim*，以及 Victor Ehrenberg，*The People*

of Aristophanes：*A Sociology of Old Attic Comedy*（New York：Schocken Books，1962），ch. Ⅶ。

6 希腊的“神秘主义会众”：例如对得墨忒耳与狄俄尼索斯的狂欢礼拜；关于奴隶的参与，见 Ehrenberg，*The People of Aristophanes*，*op. cit.*，174，189f。罗马的 collegia 是小资产阶级礼拜与殡葬会社，有时则是纯粹的社交俱乐部，见 Pauly-Wissowa，*RE*，Ⅳ（1901），cols. 380—480，esp，385ff 的“Collegium”词条。

7 **百人队**（centuriae）最初只是军事单元，是罗马人以军事编队举行大会时的投票单位。除了 5 个非战斗单元**百人队**和 16 个骑兵**百人队**以外，还包括根据财产状况确定的 5 个“阶级”组成的 172 个步兵**百人队**。各个单元不平衡的兵员实力使得较贫穷阶级处于不利地位。工匠百人队可能是源于 Mommsen，*Römisches Staatsrecht*，Ⅲ，287 提到的那些行业旧时的 collegia，但此说遭到了其他史学家的质疑［参阅 Kornemann in Pauly-Wissowa，*RE*，Ⅵ（1901），442］。普鲁塔克（Theseus，ch. 25）认为，前梭伦时代的身份群体 demiourgoi 产生于神话英雄特修斯，但它是否确曾存在，至今仍有争议，关于这一点，另见 *GAzSW*，107，116f.，122f。

8 **十人立法委员会**（decemviri legibus scribendis），大概就是传说中的两个十人团，他们在公元前 450 年起草了《十二铜表法》。

9 在韦伯那个时代的普鲁士（以及德国的其他某些邦），单独的或者若干相邻的大地产的最基层［农村公社或 Gemeinden（乡镇）］往往不受地方行政组织的辖制，并且形成了一些独立的“地产管区”（estate districts），由容克所有者或其成员之一代行公社的公法职能。这种采邑管区（Gutsbezirke）挺过了 1918 年革命，直到 1927 年被废除，当时尚存的约有 12 000 个。

10 罗马人按部落编队的大会（comitia tributa），比军事编队的大会（comitia centuriata，
百人团民众会议）出现的晚，最初是为了选举下级官员，后来又具有了越来越大的 1370
立法功能。关于这两种大会的功能划分，见 Mommsen，*Römisches Staatsrecht*，Ⅲ，300—368；G. W. Botsford，*The Roman Assemblies*（New York：Macmillan，1909），chs. Ⅹ—ⅩⅣ。

11 拉丁文 eques 的标准译法“骑士”（knight）令人多少有些遗憾，因为用它指称英文术语的封建联合体并不恰当。**骑士团**（equites）指的是那些上流商业阶层，他们的称号以及他们的政治、经济与社会特权都是源自这一事实：他们的财富使他们足以负担得起在马背上服军役。

12 盖伊·格拉古为了获得商业中产阶级的支持而采取的措施之一就是限定敲诈勒索罪刑事法庭［参阅上文（三），注 13］的陪审团——每次审判都要从中选出 50 名世俗法官——仅由骑士团成员担任。这一举措在苏拉的宪政改革中被废除，法官的席位再次归还给了元老贵族。

13 例见 Plutarch，*Pericles*，chs. 13—14，那里列举了受益的各个行业；另请参阅 French，*The Growth of the Althenian Economy*，153ff. 的讨论，该处引用了普鲁塔克的这个段落。

14 德文版原文是“Erbanwartschaften der Sippen”（氏族继承权），但韦伯曾在别处明确指出，如果购买的土地不是复归氏族或者没有给予氏族补充继承权，大概就会对有利于

儿子的遗嘱处分施加某种限制（参阅 *GAzSW*，128—133，另见 110f 关于份地的论述），因此，我们认为原文错把"der Söhne"（儿子的）当成了"氏族的"。

15 正如韦伯在别处所说，村庄被毁有利于把"一种——如果可以这么说的话——美洲特性"分散加诸个人田产上（*GAzSW*，203）。最初的村庄式聚落结构话题，好像是基于韦伯早期对罗马乡村体制的研究而提出的一个论辩性主张。参阅 *GAzSW*，195f. 222f. 229f.，那里有更细致的明确论述。

16 海军力量与城市无财产阶层的出现有关，韦伯曾在别处强调指出了其中一个因素，即：与在重甲步兵中服役相比，在海军服役的公民"只需承担微不足道的自我装备开销"，见 *GAzSW*，40。

17 韦伯联想到了古代的"殖民地化"特征：通过公民群体的拓居在外国海岸建起的"女儿城"。中世纪的殖民地化和殖民城市的建立，尤其是在东日耳曼的斯拉夫地区，一般来说都是有地贵族和骑士团的功业。

18 关于塞琉古帝国建立的城邦以及它们与"部落"地区的关系，另见 *GAzSW*，160ff.；Ehrenberg，*The Greek State*，ch . Ⅲ：3，*passim*。

19 德文为 Schuldknechte。韦伯显然是用这个词指称正式的债务奴隶和以劳役抵债的 nexus（因债受役者）这两种情况。关于 nexum（债务奴役）契约，见第八章，（二），注 33；另见 *GAzSW*，192，210，220。

20 例如梭伦的取消债务和赎回被卖到国外的公民，见 *GAzSW* 117f.，133ff. 的讨论；另请参阅 French，*The Growth of the Athenian Economy*，10—18。

21 例如第八章，（二），注 38 提到的《博埃德里亚法》。

22 关于罗马的被庇护人，请参阅 *GAzSW*，202—209。

23 指小西庇阿（younger Scipio Africanus）对西班牙努曼提亚作战时；另见 *GAzSW*，206。

1371 24 见 Aristide Calderni，*La manomissione e la condizione dei liberti in Grecia*（Milano：Ulrico Hoepli Ed.，1908），200ff。

25 见 Calderin，*op. cit.*，49 and *passim*。

26 指罗马的 scriptores rei rasticae，即地产管理指南的作者：公元前 2 世纪中叶的大加图（Cato Major）、与西塞罗和恺撒同时的瓦罗（Varro）、帝国早期的科卢梅拉（Columella），以及公元 4 世纪的帕拉狄乌斯（Palladius）。韦伯在他的早期著作中曾仔细研究过这些作者，见 *Die römische Agrargeschichte ihrer Bedeutung für das Staats- und Privatrecht*（Stuttgart：Enke，1891）。韦伯上面的说法大概是取材于科卢梅拉的《论农村》（*de re rusica*，bk . I，ch. viii）。

27 见 Max L. Strack，"Die Freigelassenen in ihrer Bedeutung für die Gesellschaft der Alten"，载 *Historische Zeitschrift*，vol. 112（1914），1—28，esp，26。关于英国人对奴隶所有者法律连带责任的讨论，见 W. W. Buckland，*The Roman Law of Slavery. The condition of the Slave in Private Law from Augustus to justinian*（Cambridge：The University Press，1908）。

28 Ed. Meyer，*Kleine Schriften*，I（1st ed.，1910），264，372f.

29 指的"奥古斯塔祭司团"（*seviri Augustales*），给予外省市民的一种封号，主要授予富裕的自由民，这要看他是否"为荣誉付酬"（summa pro honore）。除了充实国库之外，受封者还必须安排竞技并为此筹集资金。他们所得到的酬报就是这个头衔和在当地竞技场里保留一个前排座席。佩特罗尼乌斯的《萨蒂利孔》（Petron's Satyricon）粗鲁描绘的那个喜欢自吹自擂的暴发户特里马尔齐奥（Trimalchio）就是典型的奥古斯塔。蒙森说这种机构是“一种虚假的市政当局……那里除了糜费虚夸之外没有任何东西是真实的”；它给这些阶层一种分享市政官职的表象，否则它们就会被排斥在外。参阅 Mommsen，*Römisches Staatsrecht*，Ⅲ，452—457；另见 Pauly-Wissowa，*RE*，Ⅱ（1896），2350ff，的“Augustales”词条。

30 参阅（二），一，注 3。

31 由 300 名武士组成的 *ἱερὸςλόχος*，一支著名的精英部队，长期卫戍第比斯卫城，据说是由一对恋人组建；见 Plutarch，*Pelopidas*，ch. 18ff。

32 赫西奥德说，他的父亲就是作为一个小地主从小亚细亚移民到比奥蒂亚定居的（*Works and Days*，633—40）；这常常被作为早期土地可以自由转让以及个人可以自由流动的证据。另见 *GAzSW*，110。

33 “父祖之财”，在对一个明显处于监护下的成年人进行审判时所用的诉讼程式会提到这些浪费以作为这种诉讼的原因之一。参阅 *GAzSW*，198。

34 Thucydides，*Peloponnesian War*，bk. Ⅱ，ch. 37.

35 Pausanias，*Description of Greece*，bk. X，ch. 4：1.

36 雅典人保护税额评定或强加某种公益性派捐义务的古怪程序。在为此目的而特别选定的一个日子里，未来的纳税人或者**负责装备三层划桨战船的公民**有权按照自己的看法指出另一公民更有责任或者在资金上更有能力承受这种负担。后者的选择是要么接受这种负担，要么用他的全部财产交换提出抗议的公民的财产，从而使该公民成为应纳税人，或者最后把问题提交法庭裁决——这时双方就会彼此扣押财产直到问题获得解决。参阅 Pauly-Wissowa，*RE*，I（1894），2396—2398 的“Antidosis”词条。

37 按照修昔底德的说法（《伯罗奔尼撒战争史》，bk. Ⅶ，ch. 27），德斯利亚在公元前 413
年被斯巴达人占领之后有 2 万名奴隶——“绝大部分工匠”——逃亡。现代的权威著 1372
作对于这个数字是否包括了 9 年占领期间的全部逃亡人数持有不同看法，参阅 Ehrenberg，*The People of Aristophanes*，185f.；French，*The Growth of the Athenian Economy*，138f。

38 Nikis，伯罗奔尼撒战争中期雅典富有的政治家兼军事统帅，据说拥有 1 000 名奴隶，见 *GAzSW*，137，178；Plutarch，*Nikias*，ch. 4；Xenophon，*Vectigalia*，Ⅳ. 14—15。

39 指与瑞士那样的山区相比，那里的市民和农民军队最早获得了抗击骑士军队的某些成功（比如瑞士人 1315、1386、1388 年在摩加尔顿、曾帕赫、内费尔斯各州击败哈布斯堡军队）。另请参阅 *GAzSW*，259，n. 3。

40 关于公元前 478—前 404 年第一次阿提卡联盟的经济状况与进贡安排，见 French，*The Growth of the Athenian Economy*，82—106，以及 186f 引用的文献。

41 关于对希腊各个同盟与联盟的分析，参阅 Ehrenberg，*The Greek State*，112—131。顺便说说，这位作者否认比奥蒂亚同盟存在一种联邦制的公民权（同上，123）。

42 亚西比德（Alcibiades，生于约公元前 450 年）被认为是当时极为富有的年轻人，他继承的地产估计有75英亩左右（*GAzSW*，137），约为加图所论及的地产规模的--半（*GAzSW*，210）。色诺芬（约公元前430—前360）和老加图（公元前234—前149）都有地产管理的专著。不过韦伯认为（*GAzSW*，148），色诺芬对农业的了解并不“比一个定居在Rittergut［德文，封建主赐封的贵族地产——译注］上的退休普鲁士官员”更多，这个比较并非有意发出的赞词。

43 拉丁化的伊特鲁里亚人给国王或地方贵族的称号，含义不详［见Pauly-Wissowa，*RE*，XIII（1927），1706的“Lucumo”词条］。他们的运动员“在行家看来表面上与专业运动员毫无二致，他们……靠报酬在作为观众的领主面前表演”。（*GAzSW*，125）

附录一 1375

社会行动类型与群体类型

《经济与社会》第二部分成书较早，它使用的术语已见于 1913 年发表的“解释性社会学的若干范畴”一文（载《逻各斯》，Ⅳ，收于 *GAzW*）。在较早的手稿中，“社会行动”是 Gemeinschaftshandeln 一词，在晚近的第一部分中则是 soziales Handeln；早先的第二部分中使用的 Gemeinschaft 是指称“社会群体”的一个通用术语。以下是译自《逻各斯》的定义，包括 Gemeinschaftshandeln、Gesellschaftshandeln（受理性调整的行动）、Vergesellschaftung（联合体）、Zweckverein（自愿联合体）、Gelegenheitsvergesellschaftung（临时的协定或联合体）、Massenhandeln（集体行为）、Einverständnishandeln（共识性行动）、Anstalt（强制性联合体或机构）以及 Verband（组织）。节选段落后面的数字系 *GAzW* 的页码。

如果人的行动是有意涉及他人的行为，我们就应当称之为 Gemeinschaftshandeln（社会行动）。例如，两个骑自行车的人意外相撞，这时并没有出现社会行动；但若他们曾试图避免碰撞，或者在相撞之后谩骂、殴打或友好协商，这时出现的就是社会行动。社会行动并非与因果说明有关的唯一类型，然而，它是解释性社会学的主要对象。社会行动的一个重要（但并非必不可少的）成分，就是以如下**预期**作为意义取向，即他人将会以某种方式采取行动，而自身行动的假定的成功机会就是产生于此。如果存在某种客观机会（也就是“对客观可能
1376 性的判断”这个说法所表示的或多或少的可能性）使得这些预期确实有根有据，那么行动就可以相当清晰地被理解——这是一个重要的说明类型。……工具理性的行动则尤其是以这些预期为取向。一个人有没有施加有意的干预，某些自然事件都会发生，或者人类都将以某种方式采取行动，而此人的行动是否会受到这一预期的引导，原则上说，初看上去似乎无关紧要。但是，如果一个人的行动在主观上是理性的，那么他对他人行为的预期也会建立在这样的假设基础上：他可以预见到他们主观上有意义的行为。换句话说，他会相信，他可以从某些有意义的关系中根据不同程度的可能性预知他们的表现。具体来说，他可以在主观上基于对另一个（或者另一些）行动者的“理解”而做出预期；这时他会相信，他有理由预计人们将按照他本人所赋予的那种意义遵守“协议”。这就给予社会行动一种特有的品质，因为它扩大了预期的范围，在这个范围之内，行动者认为可以使他自身的行动具有理性取向。然而，以假定的他人行动为取向，并没有道尽社会行动可能的（主观）意义。就这个特定情况而言，行动可能会以某种行为的“价值”（作为一个义务问题）为取向；此时，它就不是以

预期，而是以价值观为取向。同样，预期未必会涉及行动，但也可能涉及情感状态（比如使某人愉悦）。根据经验，从某人自身的行动与他人的行动之间有意义的关系的理想类型，到另一人仅仅作为一个对象（比如婴儿）的情况，其间的过渡是变动不居的。在我们看来，以有意义的行动为取向的行为，只是一种受理性制约的情况。

然而，对我们来说，“社会行动”（Gemeinschaftshandeln）始终是一种个人行为，它要么是历史上可以观察到的，要么是理论上可能的，要么是可能关系到其他个人的实际行为或者可以预见的潜在行为。……（pp. 441—442）

社会行动乃是一种 Gesellschaftshandeln（受理性调整的行动），因为它是（1）有意以规则为取向的行动，而规则又是（2）根据“同类”（Vergesellschafte）的预期行为而理性确立的，（3）就行动者而言，这种有意义的取向实际上是工具理性的。既定的规则（就这里所指的纯粹经验意义而言）暂时可以定义如下：它们是（a）某些人对其他人的单方面要求，在受理性制约的情况下则是一些明确的命令；或者是（b）一种相互的声明，其结果是某种行动将要发生或者可以预期；在此特定情况下，这意味着一种明确的协议……（pp. 442—443）
在我们看来，理性的 Vergesellschaftung（联合体或组合体）理想类型 1377
乃是这样的“自愿联合体”（Zweckverein）：一种 Gesellschaftshandeln（受理性调整的行动），其中的全体参与者都会理性同意规定了该联合体目的与手段的章程……（p. 447）

一致同意基础上的理性行动（Vergesellschaftung），其结果并非总是某种自愿联合体的建立，按照我们的定义，这种联合体必须具有（1）一般规则和（2）它自己的一个班子。一致同意基础上的理性行动也许是**临时的**：Gelegenheitsvergesellschaftung（临时的协定或联合体）。例如，它可能仅仅意味着迅速执行一次报复性杀戮；此时，自愿联合体的所有特征均告阙如，剩下的只有一项理性的计划（Ordnung），这在我们看来就是一个关键尺度。从Gelegenheitsvergesellschaftung到Zweckverein［即从临时的协定或联合体到持久性联合体］的进步，这在欧洲大陆有一个现成的事例，工业卡特尔，它既包括不同竞争者达成的一次性简单协议以使价格不低于某个水平以下，也包括拥有庞大资产、自己的销售组织和复杂的组织结构的“辛迪加”……（p. 450）

用“有机体”或者其他类似的生物学概念进行的所有类比，都应被认为是无的放矢。另外，表面上“仿佛”是由共识性秩序决定的行动，也绝不是**唯**一的社会行动（Gemeinschaftshandeln）；毋宁说，那些并非社会行动组成部分的各种形式的“相似”行为或“集体”行为，同样能够，甚至更有力地产生这种结果。

用我们的术语来说，“社会行动”就意味着个人的行动是在有目的（sinnhafte）地以他人的行动为取向。因此，若干人有同样方式的表现，并不足以构成社会行动；也不是任何一种相互作用的方式——包括纯粹的模仿——都能构成社会行动。同一个“种族”的成员之行为无论可能会以某种方式表现得多么相似，但在我们看来，也只有成员的行动在有目的地彼此相关时，才能说存在着一个“种族共同体”；就最基本的情况而言，我们需要的是成员与“种族异化”的环境相隔离，因为其他成员也会这样做（不论隔离的确切方式和程度如何）。如果大批行人为避雨淋而打开了伞，我们就不能认为这是社会行动，而只是“相似的大众行为”。同样，仅仅在别人“影响”下产生的行

为，比如在恐慌中或大批行人在突然的拥挤中接受“大众暗示”时的
情况，也是如此。在这些情况下，个人的行为仅仅受到了如下事实的
影响：他人正在以某种方式实施行为。对此，我们应当称之为“大众 1378
性条件反射”行为或者集体行为（massenbedingtes Sichverhalten）。毫
无疑问，单是自发行动的大众这一事实，就能够影响到全体个人的行
为，尽管他们在地理上可能相互隔离且仅仅通过新闻媒介被联系在一
起。分析这些现象不是我们目前的任务，毋宁说它是大众心理学的主
题……（pp. 454—455）

Herrschaft（支配）并不意味着一种上级元素力量以这样那样的方式迫使人们承认自己的权利，而是指的发布命令和服从命令者之间有意义的相互关系，意思是可以估计到双方的行动都会以这种预期为取向……（p. 456）

如果对他人行为的预期是实际可行的，那就需要存在着这样一种客观上的或然性，即他人也会认为这些预期对于自己是“有效的”，尽管并没有订立明确的协议。也只有这时，才会存在“共识”（Einverständnis）。至于他人的这种行为原因何在，对于这个概念是无关紧要的。依赖于这种可能的共识的社会行动，应被称为“共识性行动”（Einverständnishandeln）。

当然，实际的共识程度——就可以计算的或然性而言——不能被混同于某个个人在主观上相信别人会把他的预期视为有效。同样，某种一致同意基础上的秩序，其经验效力也不能被混同于这样的主观预期，即他人将会遵守该秩序的预定意义。然而，在这两种情况下，一般的客观效力（根据“客观的或然性”所理解的）与一般的主观预期之间，就会达成一种可以理解的适当因果关系。

在任何情况下，一个人的行动都只是有可能接近于共识，或者只是貌似接近共识，正如在明确的协议下所出现的情况那样。这将影响到共识的经验效力之程度和确切性。通过共识而结合在一起的人们有可能蓄意地破坏这种共识，正如“合伙人”可能会无视他们之间的协议。我们先前举过一例，即窃贼的行动是在隐蔽方式下以法律秩序为取向的，同样，一个不肯服从的人也会使用托词表示“接受”权力的事实。因此，共识不能被认为就是支持权力的人们得到了“满足”。对于不祥后果的恐惧，可能会使人“适应”压迫性统治的常规意义，也可能使人虽然心有不甘但形式上却“自由”地表示同意。当然，持续的不满会威胁到一个强制性政权的稳定性，不过，只要掌权者在客观上还能指望他的命令得到（适当）的执行，那么共识就不会失效……（pp. 457—458）

1379 并非任何社会行动都可以纳入共识性行动的范畴，除非在通常情况下它确实以某种共识的存在这一或然性为取向。种族隔离就是一个范例，如果一个人能够或多或少理所当然地认为参与者将会典型地把它视为一种义务，那就是**共识性行动**，否则就只是一种没有共识的大众行为或者简单的社会行动。……当然，并非若干人的任何表面上的“共同行动”都是社会行动，更非任何这样的行动都是共识性行动。合作（collaboration）绝不是共识性行动的实质。例如，凡是某人以陌生人的行动为取向的情况，都不存在共识性行动……（pp. 458—459）

从共识性行动到一致同意基础上的理性行动，其间的过渡都是变动不居的，毕竟，后者仅仅构成了受调整的行动的特例。在某个乘客与有轨电车售票员的争吵中，如果偏袒该乘客的其他乘客随后决定进行联合抗议，这时的共识性行动就会成为一致同意基础上的理性行动。联合体（Vergesellschaftung）的情况更其如此，只要以某种目的理性的方式做出了安排，就会出现这种联合体，尽管它的内容和意义可能会极为多样。因此，只要为一个激进群体开办一份报纸（有一个出版商、一个编辑部和一个订户群），该群体根据共识而自我隔离，尽管没有正式的协议，这时就会存在一个联合体（或者组合体），以往那种无定型的共识性行动就会**着眼**于不同程度的实效性。同样的情形还有，比如［托斯卡纳］**秕糠学会***形式的“学院”，为某个语言群体开办的教授语法规则的“学校”，或者为进行**支配**而设立的遵循理性规则的机构和一个班子。反过来说，几乎每一个联合体都可能产生出超越它的理性目的范围的共识性行动（这应称之为“由联合体决定的共识性行动”）。每一个保龄球俱乐部都会产生出一些惯例，这就是以共识为取向的、超越了**“联合体”**（Vergesellschaftung）的社会行动……（pp. 460—461）

绝不能把社会行动、共识及联合体等同于彼此相投或相斥的观念。对我们来说，共识并不等于排斥他人，当然也不等于无定型的社会行动。这要取决于具体情况，即共识性行动是否对他人“开放”，或者它是否以及在多大程度上由于参与者不可能通过单纯的共识或某种协议（Vergesellschaftung）联合在一起而“封闭”。一个语言群体或者一个市场就是以这样那样的方式（模模糊糊）划定界线的。一般来说，并不是每一个活人都能被视为共识预期的实际或潜在参与者，能被视为这种参与者的只是一个数量不确定的人群。然而，一个语言群 1380

* la Crusca，或译克鲁斯卡学会，1582 年成立于佛罗伦萨，研究和捍卫意大利语的文学团体。

体的成员通常并不会有意把他人排斥在共识之外（尽管在特定的对话中可能要排斥他们），而市场所关心的往往就是市场的“扩张”。但是也有可能，一种语言（如果它对一个身份群体来说是神圣的、机密的或者特有的语言的话）或者一个市场，会通过共识或联合体而被垄断性“封闭”起来。另一方面，即使借助联合体而正规存在着一种封闭性，比如像一个政治共同体那样的情况，当局可能仍有兴趣扩大开放性（以便吸引外来移民）……（pp. 462—463）

像“强制性联合体”或“机构”（Anstalten）这样的群体，（1）成员身份要取决于客观标准，而不管那些被囊括在内者公开申明的意志如何（这与“自愿联合体”形成了鲜明对照）；（2）要由理性确立的规则和一个强制性机器共同决定个人的行动（这与缺乏一种理性建立的秩序的无定型共识群体形成了鲜明对照）。因此，并非某人被生养其中的任何群体都是一个机构；比如语言共同体或者家族，它们就无需这种理性规则。然而，比较恰当的范例是那种叫作“国家”的政治共同体结构，以及从技术上说叫作“教会”的宗教结构。

受理性调整的行动与共识性行动有关联，正如强制性联合体与“组织”（Verband）有关联一样。“组织”以共识（而不是以理性规则）为取向，就是说，其共识性行动的依据是，（1）成员身份是根据共识获得的，无需参与者的理性同意，（2）有效的共识秩序是由某些人（掌权者）强加的，尽管它缺乏理性确立的规则，（3）这些人或者其他人随时准备使用物理或心理强制去对付那些破坏共识者……（p. 466）

附录二 1381

德国重建后的议会与政府

（对官员和政党政治的政治评论）

序　言

这篇政论文是对1917年夏季发表于《法兰克福报》上的若干文章的修订与扩充。[1]在宪法专家看来，本文并没有提供任何新鲜信息，而且也不会托庇于任何科学的权威。在终极承诺之间进行的选择不可能利用科学的工具做出。本文提出的论点不可能影响到认为德意志民族的历史任务莫过于宪政形式问题的那些人，也不可能影响到以完全不同的方式看待这些任务的人。我们的论点包含了某些预测，其矛头所向是这样一些人：他们认为，即使在现时代，不相信议会而支持其他政治力量也是合乎时宜的。不幸的是，这种论调在大学内外相当广泛的文人圈子里已经流行了将近40年，到这次世界大战期间依然如故。它的表现形式常常显得极为自大、放肆且透着倨傲的怨恨，根本不愿去理解有效议会的前提。确实，德国议会的政治成就并非无可指摘。但是，如果**德国国会**（Reichstag）确实应当予以抨击，那么其他一些政治制度也同样如此，而文人们对于这些制度却始终是非常尊重且常常奉承有加的。如果说这些半吊子们抨击议会制度是开了一个平
1382 庸的玩笑，那么看来就确实需要审视一下他们政治聪敏度了，因为以往没有太多考虑到他们的感受。与不抱偏见的对手——无疑也确实有些这样的对手——进行诚挚的交锋也许是令人愉快的，但是，对于一再给笔者以及其他人贴上“煽动家”“非德国人”或者“外国代理人”标签的那些圈子表示尊重，则有违德国人的正直感。毫无疑问，这些文人的绝大多数都很容易上当受骗，但也许这恰恰就是此类过分行径最可耻的一面。

据说，现在并不是处理国内问题的时候，因为我们正在忙于更重要的事情。“我们”？谁呢？肯定是指待在国内的那些人。是什么事情让他们如此忙碌？咒骂敌人？战争不是用那种方式打赢的。前线的士兵不是靠发表演说对付敌人，这种离战壕越远就越增多的叫骂声配不上一个骄傲的民族。或者，我们应该在“我们”能够缔结和约之前就“我们”必须兼并的东西发表演说并通过决议？应该说，在这个特殊问题上要遵循的原则是：如果为德国的胜利而战的军队采取的立场是“**我们**用鲜血赢来的一切必须置于德国控制之下”，那么待在国内的**我们**就有权利说：“从政治上考虑这可能并不慎重”，然而，如果军队坚持那种立场，**我们**就只好保持沉默。但是，如果“我们”像一再发生的那样无所顾忌地对士兵们喊叫说，“要是我们设想的这样那样的战争目标没有实现，你们的血就白流了”，以此败坏他们对自己成就的自豪感，那么依我之见，这从纯粹人性的角度来说就是完全不可

容忍的，而且只会有害于抵抗的意志。相反，仅仅重复这样一个问题也许更好：德国正在为自己的生存而战，她在对付一支大军，那里面的非洲人、廓尔喀人以及所有来自世界各个最荒僻角落的野蛮人已经站在了边境上准备蹂躏我们的国家。这恰恰就是事实，是人人都明白的事实，而且是能够保持住团结的事实。但是，文人墨客们却在忙于制造各种“观念”，据认为，士兵们流血牺牲就是为了这些观念。我不相信这些徒劳的勾当能够让我们的士兵更轻松地履行他们艰难的职责，而且肯定极大地损害了进行严肃的政治讨论的可能性。

在我看来，**我们**在国内的主要任务就是，让回来的士兵用他们手中的选票并通过他们的当选代表使重建他们所拯救的德国**成为可能**。因此，我们必须排除现状造成的那些障碍，以使士兵们能够在战后立
即开始重建，而不是接着卷入无聊的争论。任何诡辩都不可能魔法般 1383
驱走这一事实：[平等]普选和议会政体是达到这个目的的唯一手段。当事实上只有改革才能给予士兵们对政治事务的决定性参与机会时，却抱怨说对改革的考虑“没有征求士兵的意见”，这是虚伪加无耻。

还有，据说对我们政体形式的任何批评都有可能给敌人提供进攻的炮弹。这个论点被用来让我们闭嘴已经有 20 年了，直到最近仍是如此。这种批评现在能让我们在国外失去什么呢？如果我们的沉疴依旧，敌人自有理由额手称庆。尤其是现在，世界大战到了再次开始外交运作的阶段，正是尽一切努力防止重蹈覆辙的好时机。不幸的是，眼下看来这个前景非常有限。但是敌人知道，或者最终将会知道，德国的民主制如果还有未来的话，它就不可能缔结一个糟糕的和约。

抱有把**任何**威权主义统治形式置于民族的**全部**政治利益之上这种终极信念的人，就让他公开地行其所信吧。他不可能被说服。然而，

我们不想听到愚蠢地谈论“西欧”国家观和“德国”国家观之间的比较。我们这里讨论的是就制定国家政策而言的单纯的［宪政］技术问题。这对于一个大规模国家来说，只有有限的取舍余地。对于一个理性的政治家来说，适合于既定时代的政体形式问题是一个技术问题，这要决定于国家的政治任务。有人断言，如果我们和其他民族一样也采用那些有效的施政技术和制度，日耳曼精神就会遭到戕害。这是对德国人的潜力丧失了信心，实在可悲可叹。此外，日耳曼历史对于议会制并不陌生，而且没有什么与它截然不同的制度仅为德国人所特有。引人注目的环境因素将会证明，采用议会政体的日耳曼国家将不同于任何其他国家。如果这个问题变成了民族虚荣心的目标，那就不可能是严肃的政治学，而是文人墨客式的政治学。我们并不知道今天是否能在德国出现有效的议会制重建过程。它可以因右派而受阻，也可以因左派而丧失。后一种情况是极有可能的。当然，生死攸关的民族利益高于民主制和议会制。但是，如果议会制失败，旧制度复辟，也的确会产生影响深远的后果。尽管到了那一步仍然可以因为生为一
1384 个德国人而对命运心存感激，但是人们将不得不永远放弃对于德国未来的任何重大希望，**不论**我们可能得到什么样的和平。

笔者在差不多30年前曾投票支持保守派，后来又投票支持民主派，彼时曾给［极端保守的］《十字架日报》撰稿，现在则为自由派报纸写作，一直不是个积极的党派人物，将来也不可能是。为了慎重起见还应该补充说，笔者与德国的政治家没有任何瓜葛，而且有充分的理由相信，任何党派都不会认同笔者不得不说的一切，甚至左派也不会，这一点尤其适用于对笔者个人来说最为重要的那些内容（见下文第四节），而且碰巧这是一个各党派**不会**产生歧见的问题。笔者坚

持自己的政治观点，因为最近几十年的各种事件很早以前就使笔者确信，德国的任何政策，不论其目标何在，只要宣告失败，都是由于既定的宪政结构以及我们政治机器的性质所致，而且只要环境不变，情况将会依然如故。此外，笔者认为，由军事领袖通过军事业绩，以巨大的流血牺牲为代价使这个民族摆脱政治灾变，始终就是最不可能的事情。

政体形式的技术变革本身并不能使一个民族变得生气勃勃、幸福欢乐或受人敬重，它们只能消除一些技术障碍，因而不过是达到既定目标的一些手段。也许令人遗憾的是，我们以审慎的自我限制，撇开我们面临的所有重大**实质性**文化问题就要在这里讨论的这些资产阶级平凡事务，居然能变得如此重要。近几十年的政治发展，但也包括最近那位不同凡响的正派官僚［格奥尔格·米夏埃利斯[*]］政治领导的彻底失败，事无巨细都已证明了这一点。这对于此处发表的文章中所述种种事件发生之前不久提出的分析是一种考验。[2] 凡是没有被这些事件说服的人，也就没有任何证据能让他满意了。如果一个政治家变革政体形式，他要考虑的是未来几代人。不过，这个偶然写就的小篇什仅仅打算涉及对当代问题的争论。

以这种形式发表是由于接受了一些志趣相投的朋友的建议，耽搁已久则是因为还有其他一些需要专注的事务，以及 11 月以来那些常见的技术性印刷难题。

* Georg Michaelis（1857—1936），德国政治家，第一次世界大战期间曾任帝国首相，在位仅 15 个星期（1917 年 7 月 14 日—10 月 31 日）。

1385 （一）俾斯麦的遗产

我们议会制生活的现状乃是俾斯麦亲王的长期支配留下的一笔遗产，也是他担任首相的后10年间这个民族对他所抱的态度留下的一笔遗产。任何其他伟大民族对于这种境界的政治家都没有表现出类似的态度。对一个政治家最无拘无束的谄媚使得一个骄傲的民族彻底牺牲了自己的本质信念，这在世界上的任何其他地方都是闻所未闻的。另一方面，与这种分量的政治家产生的政策分歧也极少触发那么汹涌的仇恨，比如当时极左派和［天主教］中央党那样的情况。原因何在呢？

像1866年和1870年发生的那种划时代事件，往往在它们发生之前就已经对一代人造成了极大影响，获胜的战争是那一代人年轻时候不可磨灭的经历，但他们对于相伴而来的严重的国内紧张局势并无清晰的了解。等到这一代人成长起来时，俾斯麦就变成了一个传奇。大约从1878年开始进入公共生活的这一代政治文人则分化为两个不同的群体。较大的那个群体并不欣赏俾斯麦非同寻常的老谋深算和统率之才，只是钦佩他的暴力加狡诈，以及他的政治手腕在表面上或实际上的残酷无情。另一个群体的反应则是有气无力的怨恨。后者在他死后很快就烟消云散了，而前者却更加有增无已。长期以来，这种支配性的态度不仅塑造出了保守派政治家的历史神话，而且塑造出了真正满腔热情的文人墨客的历史神话，当然，还有那些知识分子平民的历史神话——他们模仿的是俾斯麦的仪态，以求表明他们正当地分享了俾斯麦的精神。我们知道，俾斯麦极为蔑视这个很有影响力的群体，尽管他并不反感利用这些谄媚者，例如布施（Busch）先生及其同类。[3] 俾斯麦曾在一份我们今天可以叫作泛日耳曼主义（Alldeutsch）的备忘录页边写道："内容浮夸，形式愚蠢。"这指的是他曾要求作为样本的一份手稿，其作者不同于今天这种类型的代表——后者是在勇敢地服务于这个民族而不光是夸夸其谈。俾斯麦在回忆录中记录了他对保守派同类的看法。 1386

俾斯麦有充分的理由轻视他的同类。1890 年他被迫辞职时发生了什么？平心而论，他不可能指望得到中央党的同情，因为他曾试图把中央党与刺客库尔曼牵扯到一起；[4] 他不可能得到社会民主党的同情，因为他曾借助［地方］反社会党人立法的放逐条款对他们进行迫害；他也不可能得到进步党人（**自由思想党**）的同情，因为他曾把他们斥为"**帝国**大敌"。但是，为他的这些行动高声喝彩的其他人又做了什么？保守派谄媚者们占据了普鲁士各部部长的交椅并担任了联邦官职，他们做了什么？他们袖手旁观。"且等着来个新上司"——这就是事情的结局。保守派政治家坐上了帝国及普鲁士议会的头把交椅。对于这位失势的**帝国**缔造者他们有没有说句安慰话？他们未置一词。构成了他的追随者的各大政党，有哪个曾要求对他遭到罢免的理由做出说明？它们无所事事，它们只是转向了新的太阳。这个事件是在任何一个高傲民族的编年史上都看不到类似现象的事件。同样是这些政党，后来又相继表现得像是始终不渝地保持了对俾斯麦的热情，这使它们遭到的蔑视更加显得理所当然。普鲁士的保守派半个世纪以来从未在他们实现伟大政治目标或任何其他理想方面表现出任何"特性"，比如施塔尔（Stahl）、格拉赫（Gerlach）之类人物，还有老牌基督教社会党运动的成员以各自方式拥有的那些目标和理想。[5] 只有在他们的财政利益、他们对官职俸饷的垄断、他们的官职庇护权或者——这是同一回事——他们的选举特权受到威胁时，他们的政治表决机器才会无情地转动起来，甚至会把矛头对准国王，这时，整个令人悲哀的“基督教的”“君主制的”“民族的”空谈机器也会跟着开动起来，而同样是这些夸夸其谈，如今却被那些先生们谴责为盎格鲁－撒克逊人的“套话”。俾斯麦去职多年之后，他们的物质利益——尤其是——受到了关税问题的困扰，这时，也仅仅是这时，他们才想起来俾斯麦是他们的人，也仅仅是从那以后，他们才非常严肃地自称是俾斯麦之道的捍卫者。人们有充分的理由认为，对于这些把戏，俾斯麦唯有嗤之以鼻，这有他的私下言论为证。谁能为此而责怪他？不过，对1890年这个民族给出的那幅政治成熟的漫画感到羞愧难当，不应模糊我们对这一事实的认识：他的党徒这种有辱尊严的表现，可叹正是俾斯麦种瓜得瓜、种豆得豆——因为他企望并且深思熟虑地要达到的目的，就是让议会和政党领袖在政治上无能为力。

1387 没有任何掌握了权力而又无需对议会负责的政治家曾经有过俾斯麦在1867—1878年间拥有的那么富于政治禀赋并乐于合作的议会盟友［民族自由党］。人们完全可以对那时民族自由党领袖们的政治观点提出异议。当然，在外交手腕和思想活力方面不可能把他们与俾斯麦相提并论；和他相比，他们看上去最多也就是中等水平，但所有其他的德国政治家和绝大多数外国政治家同样如此。往最乐观处说，也要几百年才能出现一个天才。不过，假如我们的政府现在和未来都能掌握在民族自由党领袖们那样水准的政治家手中，我们也可以感谢命运了。如果政治文人们非要让这个民族相信，直到现在为止德国议会仍然毫无办法产生出伟大的政治禀赋，则无疑是对事实最厚颜无耻的歪曲之一。用现在这种俯首帖耳的作派去贬斥本尼希森（Bennigsen）、施陶芬贝格（Stauffenberg）与弗尔克（Völk）这样的议会领袖或者普鲁士爱国者瓦尔德克（Waldeck）这样的民主派[6]不配“日耳曼**精神**”的代表地位，这是令人无法容忍的，毕竟，“日耳曼精神”在［1848年法兰克福的］圣保罗教堂[*]中至少也像在官僚当中一样强烈，而且肯定比这些先生们的墨水瓶里的更多。**德国国会**全盛时期的这些人物有一个很大的长处：他们知道自身的局限性，并且认识到了他们过去的错误和俾斯麦非凡的思想优势。他在任何其他地方——即使后来的［左翼自由主义］脱离派当中——都不曾有过像这个圈子那么热情洋溢的个人仰慕者。有一个事实尤其能够说明他们的人格境界：他们彻底摆脱了对俾斯麦的优势产生的怨恨。了解他们的人肯定完全不相信他们当中的所有主要人物会与这种指控沾边。对于所有熟悉事件进程的人来说，俾斯麦猜疑这些人曾想颠覆他，肯定显得像是妄想狂。我从他们的领袖那里一再听到，[7]他们认为，如果总是能够再现一个新的俾斯麦，那么君主专制——即由一位天才进行统治——对于德国来说就是最好的政治组织。这是他们的真诚信念。当然，他们过去曾与俾斯麦进行了有力的斗争。正是出于这个原因，他们也了解他的局限性，而且并不准备做出任何卑怯的思想献祭。诚然，他们愿意自我克制和他达成妥协以免决裂；针对那些威胁要放弃对他们的支持的选民，他们做出了一些策略性的考虑，但实际上他们比选民可能容许的程度走得更远。民族自由党领袖们不想争取更大的议会权利，并不仅仅是因为他们预料到其中的受益者将是中央党，还因为他们认识到，和俾
斯麦的冲突既可能导致议会的作用长期失效，也可能导致俾斯麦的政 1388
策长期失效。“那将再也一事无成”——这是19世纪80年代众所周

* 韦伯指的是1848年在法兰克福圣保罗教堂举行的全德制宪大会。

知的牢骚话。这些领袖们经常在内部人圈子中表达的最终意图，就是要挽救这位大人物统治期间的那些制度，而帝国领导权在适应了资质比较寻常的政治家之后就要依靠那些制度保持连续性。他们所看重的这些制度就包括了议会，一个有能力积极参政，有能力吸引不同凡响的政治干才和强有力政党的议会。

这些民族自由党的领袖们知道，实现这个目标不能单靠他们自身。1878 年俾斯麦大变卦时，我曾多次听到他们当中有人说过，"无需什么了不起的政治手腕就可以摧毁或者重创一个处在我们这种脆弱地位上的党。但如果发生了这种事情，却不可能接着产生出另一个愿意进行理性合作的大党。诉诸利益集团并借助于零星政治庇护的制度进行统治也许是必要的，尽管可能会由此出现最严重的政治动荡。"正如我们前面所说，人们可以对这个党的某些政策持有异议，但正是由于它的首倡，宪法中才设立了首相职位（本尼希森的动议），民法典才获得了全国性的统一（拉斯克的动议），**德意志国家银行**才得以建立（班贝格的动议），实际上，我们应该把帝国的多数伟大制度归功于这个党，它们至今仍在证明着自己的价值。在事后批评该党的策略很容易，但必须始终考虑到它在面对俾斯麦时的困难处境。可以用来说明它的衰落的一个因素，就是这种纯粹政治取向的政党的天然困境，但它也因在当时的经济与福利问题上固守过时的经济信条而受到困扰——不过在所有这些方面各个保守派政党并没有干得更好。1866 年之后民族自由党的宪政改革观念与俾斯麦的目标发生冲突，并不是因为常被人指摘的什么目光短浅，而是因为一些实际上是特赖奇克（Treitschke）所指意义上的"统一的"理想，这是一些当时出于非政治原因已被我们抛弃的理想。[8] 总之，后来的发展已经**完全验证了**民族自由党人的基本政治假设。

民族自由党人未能完成他们所选择的政治任务并四分五裂，归根结蒂并不是因为有什么本质原因，而是因为俾斯麦无法容忍任何自治性权力——不管是在内阁中还是在议会中。确实，他向各个议会领袖
提供了内阁职位，但他们发现，他从一开始就做出的精心准备使他能 1389
够根据纯粹个人的理由随时掀翻他所怀疑的任何一个新同事。总之，这是本尼希森［在 1877 年］拒绝接受这种任命的唯一动机。俾斯麦的内政唯有一个目标，就是要阻止任何强大而独立的政党的巩固。他的主要手段是［1878—1890 年的］军事预算和反社会党人立法。此外，他还极为审慎而老练地操纵了经济利益集团在关税政策问题上的冲突。

据我所知，在军事问题上，民族自由党政治家的基本立场是这样的：他们愿意保持似乎是必须那么大的额定军队规模，而且正是出于这个原因，他们认为这是一个单纯的**技术**问题。由此，［1862—1866 年间］普鲁士宪法冲突的旧争端即可被置诸脑后，至少可以为了**帝国**的利益而消除这个煽惑骚动的根源。[9] 唯一需要做的就是在年度拨款法案中简要确定核准的兵员。这些领袖相信，以这种方式进行必要的扩军就不会引起国内骚动和国际上的反响；特别是，军队能够以更不引人注目的方式要求得到更多的拨款，而如果把这个技术问题与国内官僚统治的权力利益搅和在一起，情况就不会这样，结果将是，军队问题每七年就会爆发成为一场给全国稳定带来灾难性后果的政治轰动，并将爆发“帝国的军队还是议会的军队？”这种口号下的激烈选战。这是一个高度欺骗性的口号，因为军队可能会仅仅成为一支得到一年拨款而不是七年拨款的议会军队。由于七年拨款不管怎么说在很大程度上始终都是一种虚构，情况就更其如此。**德国国会**在 1887 年

被解散，仅仅是因为这一争端：额定军队兵员——而保持额定兵员是所有**资产阶级**政党都同意的——应当每三年还是每七年决定一次；三年拨款案则被宣布为是“攻击君主特权”。但不过三年之后的1890年，一个有关额定军队兵员的新法案被提交给了议会，温特霍斯特[10]没有忘记轻蔑而理由十足地指责其对手的这种反复无常。已被掩盖起来的普鲁士宪法冲突时期关于军队问题的旧争端，就这样转到了联邦的层面上，军队的角色成了政党政治的主题。必须认识到，这恰恰是俾斯麦的意图所在，他把那个煽动性口号看作一个赢得皇帝的手段，
1390 他度过了宪法冲突，对德国国会和敌视军队的自由主义政党满腹狐疑，同时又对民族自由党自己的选民败坏他们的名声，说他们是议会预算权的叛徒，因为他们接受了七年拨款法案（Septennat）。反社会党人立法可以说也是同样情况。民族自由党人愿意长期迎合俾斯麦，甚至进步党人也支持那些使他们所说的“煽动阶级仇恨”成为一种**普通**刑事罪的规定。但俾斯麦想要的却是紧急事态立法本身。在第二次刺杀皇帝企图引起的轰动期间［1878年］，俾斯麦甚至没有做出任何努力去调停他与**德国国会**的分歧就解散了它，这只是因为他看到了一个机会去摧毁那个当时唯一强有力的政党。[11]

俾斯麦成功了。但是结果呢？俾斯麦本应与某个不顾一切反对声音和他保持密切关系，而且从帝国建立之初就与他合作的**议会**政党达成妥协，但他没有，而是一劳永逸地依靠着那个直到他生命尽头都对他抱有刻骨仇恨的天主教中央党，该党在议会**之外**的权力基础是俾斯麦无法动摇的。后来当他发表关于民族的青春期（Vöcker frühling）正在逝去的著名演讲时，温特霍斯特冷嘲热讽但再次正确地回应道，是他本人毁了这个一直支持他的伟大政党。当民族自由党提出特别议

案保卫**德国国会**提高税收的权利时，俾斯麦一口回绝说，这将导致“议会统治”，但最后，他却在同一问题上向中央党做出了让步——以可能是最糟糕的形式，即根据所谓弗兰肯斯坦条款的“报酬”段落做出的让步，普鲁士甚至更糟糕，还附加了赫恩（Huene）**法案**（尽管后来只是因为面临巨大困难而被撤销）。[12] 此外，俾斯麦还不得不吞下在反对天主教会的斗争中——即文化斗争中——国家权威遭到了重创这一苦果［作为这些税收的一部分代价］，因为他在这场斗争中采取了完全不当的手段，而且既徒劳又极不诚实地拒绝为此承担责任。另一方面，他的反社会党人法令却给社会民主党人提供了极为丰富的竞选口实。帝国的社会福利立法在俾斯麦手中也变成了鼓惑宣传，而且是非常拙劣的鼓惑宣传，不管这种立法本身被认为多么宝贵。保护劳工的立法对于保存民族的人力资源毕竟是不可或缺的，但他认为这是干预主人的权利而予以拒绝，有些论据琐碎得令人难以置信。出于同样的原因，他利用反社会党人立法的规定，采取警察措施摧毁了工会 1391
这个唯一可能的工人阶级现实利益的代表机构。由此，他驱使它们的成员转向了最极端的纯粹政党政治的激进主义。另一方面，俾斯麦又仿效美国的某些做法，自信能够通过由公共基金或强制性私人基金提供福利待遇而培养一种对国家的积极态度和政治感恩。这是一个严重的政治错误：因为任何指望博得政治感恩的政策都会以失败告终。对于政治善举而言，《圣经》的这一说法也同样适用：“他们已经失去了他们的报酬。”* 我们已经优抚了病人、伤残人、退伍军人和老年人。这

* 此句英译本为“They have forfeited their wages”，与本文的剑桥版英译本有出入，后者译为“They have their reward”（他们已经得了他们的赏赐）并注明出处为《新约·马太福音》第六章第 5 节，与德文原文“Sie haben ihren Lohn dahin”相符。

无疑令人感佩。但我们却没有提供**维持**身心健康所必需的那些保障，而且不能保障那些**身心健康者**冷静而自尊地捍卫他们的利益，换句话说，恰恰是劳动人口中那些**政治上举足轻重**的人们被忽略了。

就像在**文化斗争**中一样，俾斯麦在这里也毫不顾及所有重要的心理考虑，尤其在对待工会的问题上，他忽视了一个关键之处，这让一些政治家至今仍然感到无法理解：一个希望把大规模军队的精神奠定在荣誉感和团结一致基础上的国家，就不应忘记工人在日常生活与经济斗争中的荣誉感和团结感乃是大众教育唯一决定性的道德力量，因此，必须为这种情操松开缰绳。在一个必将长期存在的资本主义时代，这就是“社会民主”的政治含义，舍此无他。但我们至今仍在品尝着反其道而行之的后果。俾斯麦已经给他自己造成了这样一种政治气氛，如果 1890 年他仍然在职，这种气氛留给他的唯一取舍就是，要么无条件屈从于温特霍斯特，要么**发动政变**。因此，这个民族在他去职时做出了完全漠然的反应就并非偶然。

考虑到通常对俾斯麦那种不加批评的，尤其是怯懦的赞美，提醒人们注意问题的这个方面发生的一个变化就恰逢其时，因为谈论俾斯麦的通俗文学中，最有影响的就是为平庸之辈的圣诞餐桌提供谈资的那些东西，这些平庸之辈喜欢的是在我们这里已经变成寻常事的完全非政治化的英雄崇拜。此类俾斯麦文学迎合了这种多愁善感，并且认为掩饰他的局限性和诽谤他的对手有利于这位英雄。但是，以这种方式不可能教育这个民族发展出政治上独立思考的习惯。公正地对待俾斯麦的敌手，毫不遮掩地指出俾斯麦厌恶人类所带来的后果，甚至指出 1878 年以来这个民族已经不再习惯于通过它的当选代表共同决定
1392 自己的政治事务这一事实（毕竟，这种参与乃是发展政治判断的一个

前提条件），都不会缩小俾斯麦的巨人身影。

那么，就我们这里所关心的问题而言，俾斯麦的遗产何在呢？他留下了一个**没有任何政治素养**的民族，它在这方面的表现远远不及它在20年前就已经达到的那个水平。尤其是，他留下了一个**没有任何自身政治意志**的民族，它已经习惯于认为掌舵的大政治家能够做出必需的政治决策。更有甚者，他留下了一个习惯于逆来顺受地容忍所有以"君主之治"名义做出的决策的民族，因为他滥用了君主制情感来保护他在各政党之间的斗争中谋取的权力利益；这个民族并没有准备好用批评的眼光看待俾斯麦去职后填补空缺、在攫取统治权时令人吃惊地不乏自信的那些人的资格。显然，在这方面已经付出了最为沉重的代价。这位大政治家**没有**留下任何意义上的政治传统。他既没有吸引来，甚至也不能忍受独立的政治头脑，更不用说强有力的政治人物了。除此之外，他不仅对那些可能的继承人——甚至是非常不确定的继承人——抱有强烈的猜疑心，而且还把他一个儿子实际上极为平庸的政治才具高估到了惊人的程度，这真是民族的不幸。[13]一个**完全没有权力的议**会，这就是他的巨大声望带来的纯粹消极的结果。众所周知，俾斯麦去职并亲自品尝了现状的苦果之后，他曾自责铸成了一个大错。然而，议会没有权力还意味着，它的思想水准大大降低了。我们那些非政治化的文人墨客营造的天真的道德传奇颠倒了其中的因果关系，而且还坚持认为，正是**因为**议会制生活的水准低下，所以只能无权无势。但是，简单的事实和思考就能揭示实际的事态，这对任何一个严肃反省的人来说，无论如何都是不言而喻的事情。议会的水准不仅取决于它是否在讨论大问题，而且取决于它是否对这些大问题具有决定性的影响力，换句话说，它的品质取决于它那里究竟发生了什么，或者它是否在仅仅充当一个统治的官僚系统不大情愿地加以容忍的橡皮图章。

1393 （二）官僚统治与政治领导权

一、官僚统治与政治

在现代国家，实际的统治者必然且不可避免地就是官僚系统，因为权力的行使并非通过议会的演说，也不是通过君主的文告，而是通过日常的行政管理，实际上就是通过军事和民事官员。即便现代的高级军官，也是根据“职务”指挥作战的。正如所谓向资本主义进步就是衡量中世纪以来经济现代化的确凿标准一样，向官僚制官员进步则是同样确凿的衡量国家现代化的标准，不论那是君主制国家还是民主制国家，而这种官员的特征包括，正式的雇用、薪金、养老金、升迁、专业训练、功能化的劳动分工、清晰界定的管辖权范围、文牍程序、等级制的上下级隶属关系，至少在那种并非实行轮流行政的小型政区，而是由大规模人口组成的国家中就是这样。民主国家与专制国家一样，也会消除封建制行政、家产制行政、家长制行政或者由其他显贵担任的名誉或世袭官职，而代之以雇用的公务员。他们就是对我们的日常需求和问题做出决定的人。在这方面，掌握军事权力的人，即军官，与文官并无不同。现代的大规模军队也是一种官僚制军队，军官则是一种特殊类型的官员，他们有别于骑士、**酋长**、佣兵队长或者荷马时代的英雄。军事效能依赖于官僚制的纪律。官僚制在自治市行政中的推进与那种普遍的发展几乎没有什么不同；共同体越是庞大，这种发展就越是迅速，或者地方自治就越是让位于技术与经济联合体。在教会方面，1870 年［梵蒂冈会议］的最重要结果并不是被广泛争论的教皇永无谬误的教义，而是［教皇］的普遍委任主教制，它产生了教会官僚制（*Kaplanokratie*）并把主教和教区教士单纯变成了罗马**教廷**中央权力的官员，这与中世纪形成了鲜明对照。同样的官僚制趋势在我们时代的大规模私人经营活动中也占据了优势，经营规模越大，情况就越是如此。从统计数据来看，私人企业带薪雇员的数量比 1394
体力劳动者增长得更快。

如果我们的文人墨客相信，私人企业办公室里的非体力劳动者与政府办公室里的脑力劳动者有着最起码的差别，那就非常可笑了。从根本上说，两者是同一回事。就社会学意义而言，现代国家犹如工厂一样也是一种“经营”（Betrieb）：这恰恰是它的历史特性。两者的权威关系有着同样的根源。手工业者、包出制下的生产者、自由的庄园农民、**康门达**关系中的外出合伙人、骑士和家臣，他们的相对独立性都是依赖于他们对承担经济、政治和军事功能及维持生计所需的工具、补给品、资金和武器的所有权。相比之下，工资劳动者、行政和技术雇员、学术机构中的助手**以及**公务员和军人的等级制依附性则是由于如下事实：他们从事经营和维持生计所不可或缺的手段，全都控制在经营者与政治统治者手中。例如，俄国的多数军人［到 1917 年］已经不愿继续把战争打下去了，但他们别无选择，因为毁灭和生存的手段全都控制在利用它们把士兵赶进战壕的那些人手中，正如生产资料的资本主义所有者把劳动者赶进了工矿企业。一个至关重要的经济事实是：劳动者与物质的生产手段、毁灭手段、行政手段、学术研究手段以及总的来说与财政手段的“分离”，乃是现代国家——就其政治、文化和军事领域而言——与私人资本主义经济的共同基础。在这两种情况下，对这些手段的处置权都掌握在这样一种权力手中：它得到了（由法官、文官、军官、工头、职员和军士组成的）**官僚制机器**的直接服从，或者只要它需要，这部机器可招之即来。今天的一切组织都有这样一部同样典型的机器，它的存在和功能是操作手段集权化带来的不可分离的因与果，事实上，这部机器正是集权化所采取的形式。经济领域日益增强的公共所有权，在今天就不可避免地意味着日益增强的官僚化。

向官僚制国家的“进步”，即按照理性制定的法律和规章进行司法裁判和行政管理，在今天是与现代资本主义的发展极为紧密地联系在一起的。现代资本主义的经营主要依靠的是**计算**，并以一个合法的行政系统为前提，这个系统的功能至少原则上可以根据固定的普遍规
1395 范被理性预测，就像一个机械装置的预期性能。现代资本主义经营不可能接受通常所说的“**卡迪**司法”，那是按照法官的公平感逐案进行裁判或者按照其他无理性的发现法律的手段进行裁判的司法，这在过去可谓随处可见，至今仍存在于东方地区。现代资本主义经营与亚洲地区以及我们自己过去的神权政治统治或家产制统治同样格格不入，这种行政是以家长制方式随意操作的，或者是按照神圣不可侵犯但却无理性的传统进行操作。**卡迪**司法以及相应的行政往往非常腐败，但也正是由于它们的无理性特点，才有可能使贸易商、政府供应商的资本主义以及四千年来人们熟知的所有前理性类型的资本主义得到发展，而且常常十分繁荣，以政治、战争和行政为生的冒险家与掠夺者资本主义则尤其如此。然而，与这些古代的资本主义获利形式截然不

同，现代资本主义的独有特征是以理性技术为基础的严格理性的劳动组织，这在任何无理性构造的国家中都没有得到发展，而且在它们那里也绝不可能出现这项发展，因为这种投入固定资本并依赖精确计算的现代组织，一旦遇到法律和行政的无理性就太容易遭到摧残。它们只能出现在这样的环境下：1）比如英国，那里法律的发展实际上是控制在法律人手中，他们在服务于资本主义委托人的过程中发明了适用的商业交易形式，而且严格遵循判例——这意味着严格遵循可计算的模式——的法官也是从他们当中产生的；或者 2）有着理性法律的官僚制国家，那里的法官多多少少像是一台自动造句机，从它的顶端投进法律文书再加上成本和手续费，就可以指望从它的底部吐出大体上言之成理的判决——这就是说，它是一部其功能大体上是**可以计算**或者可以预期的机器。[14]

二、政党政治的现实与社团国家的荒谬

政党内部的官僚化也是以经济和公共行政领域中的同样方式向前推进的。

政党的存在并没有得到任何宪法的承认，至少在德国，也没有得到任何法律的承认，尽管如今它们对于官僚制下的被统治者——公民——来说已是最重要的政治载体。政党实质上是一些自愿建立的组织，它们的基础就在于不断招募新的成员，不管它们有多少手段可以 1396
用来长期约束自己的门徒。这使它们有别于那些根据法律或契约以规定明确的成员资格的组织。今天，政党的目标始终是在谋取政治职位的选举中或者在一个表决机构中吸引选票。一个领袖或者一个显贵群

体指挥着一个由既得利益成员组成的坚定核心层，这种核心层的等级制组织程度大为不同，但如今多半都实现了官僚化；政党的资金来自富有的发起人、经济利益集团、谋求官职者以及缴费成员的支持。通常都会有多种这样的资源可供利用。这个核心层还会定出党的纲领与策略并推举候选人。即使在一个构成形式非常民主的大规模政党中，选举人和绝大多数普通党员也并不（或者仅在形式上）参与规划纲领和推举候选人，因为非常自然，这种政党会发展出一个带薪官员群体。选举人所能发挥的影响仅仅在于，纲领的修改和候选人的推举要取决于能否赢得他们的选票。

从道德上抱怨竞选的性质，抱怨不可避免的少数人对纲领和候选人的控制，这不可能消除政党本身，充其量只能非常有限地改变它们的结构和运作方法。构成一个活跃的政党核心层的条件（比如建立工会的那些条件）以及竞选战场上的“战法”，可能要受到法律的调整，比如像在美国反复发生的那样。但是，如果存在着一种活跃的议会制代表权，那就不可能消除政党之间的斗争本身。然而，某些文人墨客却翻来覆去、头脑错乱地坚称，这是可能的，或者是应该做到的。自觉不自觉地，这种看法成了许多如下建议的依据，即用职业界别的选举团体取代（平等或渐进）普选基础上的议会，或者让这些彼此熟悉且拥有社团性职业群体的团体同时发挥议会选举集会的作用。但是，只要形式上的职业身份——它在选举法中将不得不依赖某些外在标准——不能接着告诉我们它的经济与社会功能，这就是一种根本站不住脚的主张，何况任何技术发现、任何经济变迁以及任何新的领域都会改变这些功能，从而改变形式上同一职业的含义和它们之间的数字关系。毫无疑问，这种观念也不适用于它所声称的目标。如果说有可能通过商会或农会之类的职业团体来代表全体选民并由这些团体构成议会，那么显而易见就会产生如下结果：

1）除了这些因法律上的束缚而凝聚起来的组织以外，还会继续存 1397
在那种自愿结成的利益集团，比如与**农民协会**（Bund der Landwirte）及各种雇主联合会并存的还有商会和农会。此外，同样是自由招募基础上的政党也无法想象会消失，只能是让自己的策略适应新局面。这种变化未必更有益处，因为资金赞助人以及对资本主义依附关系的利用，还会继续像过去那样至少是不受控制地影响这些社团性职业组织中的选举。

2）只要这些职业组织的构成成分开始影响议会选举和职位庇护权，它们的实质任务的题解就会淹没在政党政治的权力斗争骚乱之中，因此，它们所汇集起来的将不是有能力的专家，而是政党的代表。

3）议会将变成纯经济利益集团之间单纯进行妥协的市场，没有任何针对总体利益的政治取向。对于官僚系统来说，这将增大挑动经济利益集团彼此对立以从中牟利的机会和诱惑，以及扩张根据职位和契约彼此庇护的制度以维护自身权力的机会和诱惑。任何对行政的公共控制都将归于无效，因为利益集团之间的关键动作与妥协都将在非公共的联合体紧闭的大门后面做出，甚至会比以前更不可控制。在议会中，从这种局面下获得优势的将是精明的商人而不是政治领袖；这种性质的“代表”机构是可以想象到的最不适于按照真正的政治准则解决政治问题的地方。凡此种种，对于理解这些问题的人们来说都是显而易见的，同样显而易见的是，这种安排不可能削弱资本家对政党和议会的影响，更不可能消除或至少净化政党机器。相反的事态倒是可能发生的。政党根据自由招募原则运作，这一事实便阻止了国家对它们的调整，无法理解这一事实的那些文人墨客大概只愿意承认按照公法建立的组织，不愿承认在今天的社会秩序战场上出现的自发组织。

现代国家中的政党主要是基于两个不同的原则。它们实质上可能是**谋求职位庇护权的**组织，比如宪法解释的巨大分歧结束以来美国出现的情况。在这种情况下，它们所关心的仅仅是把它们的领袖推到最高位
1398 置上，以使他能向追随者——党的固定竞选班子的成员——分配国家官职。由于政党并没有根本性的原则，它们主要是靠写进纲领中的那些要求相互竞争，指望用那些要求对选民产生最大的影响。这种政党类型在美国非常清晰，因为那里尚不存在议会制度。民选的美国总统和他的参议员们控制着大量联邦职位的庇护权。尽管由此而产生了腐败，但这种制度却深得民心，因为它阻止了一个官僚集团的崛起。只要这种哪怕是由半吊子进行的最糟糕的管理由于经济机会无限丰富而得到容忍，它在技术上就是可行的。如果越来越需要用受过技术训练的、把担任官职作为一种生涯的官员取代党的被庇护人与临时性官员，党的俸禄就会逐渐贬值并且不可避免地产生出一个欧洲式的官僚系统。

政党的第二种类型基本上是意识形态性质的政党（Weltanschauungspartei），它们的目标在于实现**根本性**的政治理想。19 世纪 70 年代的德国天主教中央党与官僚化之前的社会民主党，就是这种类型的相对纯粹形式的代表。总的来说，政党都会兼有这两种类型的表现：它们既有传统上形成的、仅在程度上可以改变的根本目标，也渴望控制职位庇护权。尤其是，它们渴望把自己的领袖推上主要的**政治**官职。如果它们在竞选斗争中获胜，其领袖和党内要员就能在本党执政时期向他们的追随者提供有保证的国家官职。这是议会制国家的通例，因此，意识形态政党也会循此途径。在非议会制国家［比如德意

志帝国］，政党并不控制最高官职的庇护权，但那些最有影响的政党通常可以迫使支配性的官僚系统向本党的被庇护人，以及向那些通过自身与官员的关系网得到推荐的合格候选人让出一些非政治职位，就是说，这些政党可以运用“次级”庇护权。

最近几十年间，在竞选技术的理性化过程中，所有政党都采用了官僚制的组织形式。不同的政党在这项发展中处于不同的阶段，但至少在那些大规模的国家中，这个总的方向是一清二楚的。约瑟夫·张伯伦在英格兰的“考科斯会”，大名鼎鼎的政党“机器”在美国的发展，以及各地——包括德国——政党官员与日俱增的重要性，都是这个过程中的类似阶段；很自然，它在德国社会民主党那里进展最为迅速，因为该党是最民主的政党。中央党是教士的组织（Kaplanokratie）
发挥着政党官僚系统的功能，普特卡默（Puttkamer）内阁［1881— 1399
1888］以来的普鲁士保守党则是由**县**和**地方**的国家统治机构或隐或显地发挥着这种功能。政党的权力主要依赖于这些官僚系统的组织效能，政党合并遭遇的困难更多的是来自政党机器之间的相互敌视，而不是纲领之间的分歧。欧根·李希特（Eugen Richter）与海因里希·李克特（Heinrich Rickert）分别保留了自己在进步党内的地方组织，这一事实就预示着**该党**的最终分裂。[15]

三、官僚化与文人的幼稚

当然，不同类的官僚系统之间存在着许多差异，比如民政和军政官僚系统之间，国家和政党官僚系统之间，共同体、教会、银行、卡特尔、生产合作社、工厂以及利益集团（比如雇主联合会或**农民协**

会）的官僚系统之间。无薪的显贵和利益集团的参与程度也大不相同。党老大并不是个官僚，股份公司的董事会成员也不是官僚。在所谓“自治”（self-government）的不同形式下，无论是显贵，也无论是被统治者或纳税人的当选代表，都可能作为一种合作群体或者作为单独的机关与官僚系统共事，或凌驾于或从属于这个系统，并具有共同决策、监督、顾问，有时还有执行的功能。最后这个现象尤其会出现在自治市的行政中。然而，我们这里并不关心这些制度，尽管它们不无实践的重要性。（因此，我们在这里并不讨论我们可以为德国感到骄傲的许多制度以及某些的确堪称典范的制度。但是，如果文人们想象治理一个大国与任何中等规模的城市自治基本上是同一回事，那就是非常可怕的错误了。政治就意味着冲突。）就我们的讨论范围而言，决定性的问题在于，在**大规模联合体**的行政中，训练有素的职业官员始终会构成这个行政机器的核心，他们的纪律性是获得成功的绝对前提。联合体的规模越大，它的任务越是复杂，特别是，它的存在越是依靠权力（不管它卷入的是市场上的、竞选中的还是战场上的权力斗争），情况就越是如此。政党的情况尤其如此。由地方显贵担纲的政党行政制度注定会消失，尽管它仍存在于法国（那里议会的**惨状**应该
1400 归因于缺少官僚化的政党）和德国的一些地方。中世纪时地方的贵族行政曾经支配了所有类型的联合体，至今仍然通行于某些中小规模的共同体中，但是，现在的那些“受尊敬的公民”“科学带头人”或者被贴上诸如此类标签的人，却只是被用作广告招牌，而不是关键性日常程式的执行者。出于同样的原因，各种装饰性的显贵人物也出现在股份公司的董事会上，教会巨头出现在天主教大会上，真真假假的贵族出现在**农民协会**的集会上，那些在政治事务上一般都没什么头脑的

知名历史学家、生物学家以及诸如此类的专家们，则被卷入了发战争财和追求选举特权的泛日耳曼鼓吹者的骚动之中。在所有的组织中，越来越多的实际工作都是由带薪雇员和各种官员经办。其他的一切都变成了橱窗展示。

正如意大利人和在他们之后英国人发展出了现代资本主义经济的组织形式一样，拜占庭人和在他们之后的意大利人，然后是专制主义时代的领土国家、法国的革命性集权主义以及最后——超越了所有这些之上的——德国人，则完善了对所有支配形式的理性的、功能性的专业化及官僚化组织，从工厂到军队与公共行政，莫不如此。就目前来说，德国人只是在政党组织的技术上不及别人，尤其是不如美国人。现在的世界大战意味着这种生活形态在世界范围内的胜利，它无论如何都会向前推进的。大学、工商学院、职业学校、军事学院以及所有可以想象到的各种专门学校（甚至还有新闻学院），在战前就已经回荡着学校对招生的关切以及毕业生对薪俸的追求所激发出来的迫切呼声：专业考试应当成为在公私官僚系统中所有高薪和——尤其是——稳定的岗位上任职的前提，文凭应当成为一切获得社会声望（与自认为所属的“上流社会”圈子**通婚**及**社交**）的要求之基础，报酬形式应当是合乎社会体统的、有保障的“薪金”[而不是“工资”]以及养老金，最后，薪金应当随着资历而增加和提高。由此产生的结果在政府机构内外都可以看到。但是，我们这里关心的只是对于政治生活的重要性。在所谓“1914年的德国观念”背后，在文人们委婉地叫作“未来的社会主义”背后，在“有组织的社会”“合作经济”等口号以及种种类似的当代话语背后，都有一个确凿的事实，那就是普遍的官僚化。即便它们的目标背道而驰，也会始终推动官僚制的崛

1401 起。确实，官僚制显然不是唯一的现代组织形式，正如工厂显然不是商业经营的唯一类型一样，但是，两者都决定着现时代以及可以预见的未来时代的性质。未来属于官僚化，并且显而易见的是，对此，文人们还会履行他们的天职——为正在积极进取的权力发出一片喝彩声，正如自由放任主义时代他们在同样的时机，以同样的幼稚所表现的那样。

官僚制不同于现代理性生活秩序的其他历史性力量，因为它远更持之有恒，且令人无可逃避。历史表明，举凡官僚制占了上风的地方，例如在中国、埃及和较低程度上的晚期罗马帝国与拜占庭帝国，只要支撑着官僚制的那种文化没有陷入总体崩溃的过程，它就不可能再次消失。不过相对而言，这些还都是高度无理性的官僚制形式，即“家产制官僚制”。与这些较古老的形式相比，现代官僚制有一个使它的“无可逃避”性质更加明确的特征：理性的专业化及训练。中国的官员不是专家，而是受过文学与古典文化教育的“君子”。埃及、罗马晚期和拜占庭的官员更接近我们所指意义上的官僚，但是，与现代的任务相比，他的任务极为简单和有限，他的态度部分是受传统约束的，部分是具有家长制的，因而是无理性的取向。与过去的商人一样，他是个纯粹的经验主义者。现代的官员接受了一种必然会日益符合现代生活理性技术的专业训练。一切当今世界的官僚制都是在这条道路上运行的。我们在这方面的优势应当归因于这一事实：其他的官僚制在战前都没有我们走得远。比如，旧时美国的受庇官员是个具有相关“技能”的竞选“专家”，但他绝不是一个受过专门训练的官员。腐败的根源并不像文人们声称的那样是在于民主制本身，而是在于缺少专业素养，如今崭露头角的受过大学训练的文职官员就没有这种现象，比如现代英国官僚系统就是这种情况，它正在越来越多地取代显贵（“绅士”）的自治。凡是现代专业化官员占据主导地位的地方，他的权力都被证明实际上是不可摧毁的，因为满足了他最基本需求的整个组织都要依靠他的运作模式。逐步消灭私人资本主义在理论上是可以想象的，尽管肯定不如某些并不了解实际情况的文人所梦想的那么轻而易举，而且肯定不是这次世界大战的结果。不过我们可以假设，未来的某个时候私人资本主义将被消灭。那么实际结果将是什么？摧毁现代工业劳动的钢铁构架？不！废除私人资本主义仅仅意味着，国 1402
有化或社会化经营活动的**高层管理**也变成了官僚制管理。普鲁士国有矿山与铁路的带薪雇员及工人的日常劳动条件，与大规模私人资本主义工商业经营中的条件相比，真的能看出什么差别吗？确实，前者甚至更少自由，因为与一个国家官僚系统的任何权力斗争都是没有希望的，还因为没有向一个原则上可以限制雇主权力的机关申诉的希望，而这在私人经营中却是可能的。**这**大概就是全部差别了。

如果私人资本主义被消灭，进行统治的就**只有**国家官僚系统了。那时，私人和公共官僚系统就会融合为一个单一的等级体系，而不会像现在这样并驾齐驱并有潜在的彼此对立，从而在一定程度上相互牵制——这类似于古代埃及的情况，但形式上表现得更为理性，因而更加无可逃避。

一部无生命的机器就是头脑被客观化了。只有这一点才能完全像在工厂中实际发生的那样给这部机器提供权力，迫使人们为它服务并支配他们日常的劳动生活。客观化的心智也是有生命的机器——官僚制组织，其特征是它的经过训练的技能的专业化，它的管辖权的分工，它的规则以及等级制的权威关系。它和无生命的机器一起专注于建构奴役之壳，人们有朝一日也许将不得不住进去，就像古代埃及的农夫（fellah）一样无力逃避。这种情况是可能发生的——**如果**一种具有技术优势的行政在安排他们的事务时**成了终极性的唯一价值**的话，而那就意味着一种能够带来相应的福利利益的理性官僚制行政，因为这种官僚制能比任何其他支配结构干得更好。我们的幼稚文人们赞不绝口的这个奴役之壳，会由于把每个个人束缚于他的工作（请注意，开端就在于附加福利的制度），束缚于他的阶级（通过越来越刻板的财产分配），大概还会束缚于他的职业（通过满足国家需求的公益性派捐方法，这就意味着让职业联合体承担国家功能）而得到强化。如果像过去那些实行强迫劳动的国家一样，在社会范围内把一种与官僚系统挂钩的，实际上是从属于官僚系统的身份秩序强加给被统治者，这个奴役之壳将会变得更加坚不可摧。那时就会出现一种“有机的”社会分层，近似于东方—埃及的类型，但与后者相比可能更像一部机
1403 器那样严格理性。有谁想否认这种可能性正在孕育着未来？事实上，这已经是老生常谈了，对它进行的非常模糊的预测也给我们那些文人的作品投上了阴影。如果我们现在假定，这种可能性是我们无可逃避的命运，那就没有谁还会嘲笑我们那些文人的如下忧虑了，即政治与社会发展可能带给我们**太滥的**“个人主义”“民主”或者其他类似的东西，而且，如果不消除我们现在经济生产的“无政府状态”和我们议会中的“政党阴谋”以维护社会的“秩序”及“有机分层”（而这就意味着维护在唯一真正无可逃避的权力——国家与经济中的官僚系统——监管下因社会无能为力而实现的和平主义），我们就不可能看到“真正的自由”。

四、官僚统治的政治局限[16]

鉴于官僚化的推进已经不可阻挡这一基本事实，关于未来政治组织的形式问题，就只能以如下方式提问了：

1）如何才有可能挽救任何意义上的“个人主义”自由的**一切残余**？毕竟，如果相信即使没有人权时代的成就，我们所有人——包括最保守的人士——也能继续生活下去，这是十足的自欺欺人。但这个问题与我们这里的讨论无关，因为有关的是另一个问题：

2）鉴于国家官僚系统的日益不可或缺以及它的相应权力不断膨胀，如何才能保证那些能够牵制并有效控制这个阶层巨大影响的力量继续存在下去？即使这种有限意义上的民主，**究竟如何才会成为可能**？然而，这也不是我们这里关心的唯一问题。

3）第三个，也是最重要的问题，在思考官僚系统本身的内在局限性时就会浮现出来。显而易见，它在公共与政治领域的效能也像在私人经济中一样有着明确的局限性。经营者的“管理头脑”和政治家的“能动精神”实质上不同于官员的文官心态。确实，同样在办公室工作的经营者也像军队领袖一样，在形式上与其他官员并无不同。如果从事一项大规模经营的总裁是一个股份公司的带薪雇员，那么他**在法律上**就与其他许多官员无异。在政治生活中，一个政治机关的首脑也是同样情形。政府部长**在形式上**就是一个有权领取养老金的带薪官 1404
员。不管根据什么宪法，他都可以被随时解职或者辞职，这一事实使他的地位不同于绝大多数，但不是所有其他官员的地位。远更引人注目的事实是，他——而且只有他——无需提供正式的专业训练资格证明。这就意味着他的地位的含义就像私人经济中经营者与公司总裁一样根本不同于其他官员。实际上，更准确地说，他**被假定为**一个另类。事实的确如此。倘若一个处在领导地位上的人是个抱着功能精神的"官员"，即使他非常称职，就是说，如果他只是按照条例和指令尽职尽忠地工作，那么无论让他掌管私人经营还是掌管一个政府，都将毫无用处。不幸的是，我们自己的政府就为这一点提供了证明。

这种差异仅仅是部分产生于预期功能的性质。在具体事务上独立决策和富于想象的组织能力，通常也是对官僚的要求，甚至在更大的事务上经常也有这样的预期。认为官僚就是要专心致志于作为部下的例行公事，唯有"主管"才能执行那些令人关注并提出了智力要求的任务，这是文人墨客的先入之见，而且仅仅在一个不知道如何管理自己事务和官员业绩的国家才会成为可能。毋宁说，差异在于**责任**的性质，这一点实际上决定了对这两种地位提出的不同要求。官员接到一项指令，如果他认为该指令是错误的，他可以而且被认为应该表示异议。如果他的上司坚决要求执行该指令，他的责任——甚至荣誉——就是要像遵守内在的信念一样去执行，并以这种方式证明他的责任感高于他的个人好恶。至于该指令是来自一个"机关"、一家"公司"，还是一次"集会"，这都无关紧要。此即**官职**的精神气质。一个以这种方式行事的政治领袖理所当然会遭到蔑视。他往往要被迫做出妥协，这就意味着舍小局顾大局。不管他的主人是君主还是人民，如果他不能有效地提出这样的要求："或者给我授权，或者容我辞职"，那么他就不是一个领袖，而是俾斯麦说的那种类型，一个可悲的**恋栈者**（Kleber）。"置身政党之外"——事实上是置身权力斗争之外，这才是官员的角色；为个人权力而斗争以及为之承担个人责任，则是政治家和经营者的生命线。

自俾斯麦亲王辞职以来，德国一直是被“官僚”治理着，这是他剪除一切政治禀赋造成的后果。从廉正、教养、良知和心智角度来 1405
说，德国继续维持着一个优于世界上所有其他国家的军事与民政官僚系统。世界大战期间德国的军事业绩——以及总的来说还有内政业绩——已被证明就是依靠这些手段实现的。但是，最近几十年间德国的［对内对外］政策**走向**如何呢？我们不妨给它一个最宽厚的评价：“德国军队的胜利弥补了它的失败”。为此付出了多大的牺牲我们暂且不谈，我们要问的是，什么原因导致了这些失败？

外界认为，罪在德国的“独裁统治”。但在德国国内，拜我们那些文人墨客愚蠢的历史想象之赐，则会频频听到相反的说法，即国际性的“民主”阴谋形成了与我们作对的反常同盟。外界使用的伪善说辞是把德国从独裁统治下“解放”出来，国内的既得利益集团——我们就要认识到它们——使用的是同样伪善的口号，即保护“日耳曼精神”免遭“民主”的污染或者免受它们所指的其他替罪羊之害。

例如，抨击德国的外交已经变成了一种习惯，这大概是不公正的。显然，一般来说它与其他国家的外交没什么两样。这里出现了一个混淆。我们缺少的是一个**政治家**对国家的引导——不是一个政治天才，那只能在少数国家才有指望，甚至不是一个伟大的政治干才，而只是一个政治家。

五、君主的有限作用

这就使我们直接来到了对两种权力的讨论，只有它们，即**君主**和**议会**，才能与全体官员一起成为现代宪政国家中的控制与引导力量。

除非一再鲁莽行事，除非从过去的错误中没有接受任何教训，否则日耳曼各王朝的地位在战后将会毫发无损。不论是谁，只要抓住机会与德国社会民主党人联合起来，在深入细致的讨论之后就总是能够促使他们承认，就德国面临的特殊国际形势来说，“实际上”君主立宪是最适于她的统治形式。1914 年 8 月 4 日之前的很长时间内，情况就是如此。我在这里谈论的不是“修正主义者”、议会议员或者工会会员，而是党的常任官员，其中包括一些非常激进的官员。只需瞥一眼
1406 俄国的情况即可明白，向议会君主制的过渡——正如自由派政治家期望的那样——可以保存王朝，摧毁赤裸裸的官僚统治，其最终结果将会大大增强那个国家，而现在它却被文人“共和国”大大削弱了，不管它的领袖抱有什么样的理想主义。[17]在英国可以看得更加清楚，英国议会的强固与这一事实有关：国家的最高职位已被永久性占据。我们这里不可能讨论仅仅一个君主的存在何以那么重要，也不可能讨论是否只能由君主来发挥这种作用。无论如何，至少对于德国来说，我们必须考虑君主的地位问题。我们不能寄望于一个王位觊觎者之间相互厮杀的时代和一个反革命的时代，因为我们的国际地位已经过于脆弱了。

然而，在现代国家，君主根本不可能抗衡无处不在的官僚权力。他不可能控制行政，因为那是一部具有专业素养的机器，而现代君主——可能除了军事事务以外——绝不可能是个专家。尤其是，君主绝不可能成为在政党机制内接受训练或者外交领域的**政治家**。他受到的教育，特别是他的宪法地位，全都与此格格不入。他不是在政党竞争中获得王位的，权力斗争也不是他的，而是政治家的天然环境。他并不登上政治舞台去亲身经验政党生活的严峻现实，毋宁说是借助他的特权以脱离这种现实。君主当中也有些天生的政治家，但却十分罕

见。一个并非天生政治家的君主，一旦试图像沙皇那样亲自进行治理，或者借助政治手段、口笔并用进行最广义上的“鼓惑”去发挥影响，以图推广他本人的观念，表现他的个性，那就会危及他自身的利益和国家的利益。那时受到威胁的就不仅是他的王冠（这也许是他的个人事务），还有国家的存续。然而，这种诱惑对于一个现代君主来说是必然会出现的，甚至是不可避免的——如果他面对的只是官僚的话，那就意味着议会无权无势，比如最近几十年来德国的情况。即使从纯粹的工具观点来看，这也是一个严重的欠缺。如果没有一个强大的议会，今天的君主就要依赖官员的报告以监督其他官员的工作。这是一种恶性循环。各部之间持续不断的彼此争斗，就是**政治**领袖缺席的这种所谓“君主”之治带来的天然后果，俄国就是个典型，在某种程度上说，德国至今也是如此。“主管”们的这种冲突多半并不涉及 1407
观点的分歧，而是个人的角力；各部之间的冲突可以被主管们利用来竞争部长职位。如果这些仅仅被看作官僚的利益，那么决定谁将任职的就是宫廷阴谋，而不是实质理由或政治领导权的性质。众所周知，个人之间的权力斗争在议会制国家很常见。但要认为在君主制那里情况会不同，则实属谬见。实际上，君主制有一个额外的难题。君主认为是他本人在亲自治理，但事实却是，官僚系统在他的荫庇下享有了不受控制且不必对任何人负责的特权。君主身旁围绕着谄媚者，头上罩着浪漫的权力光环，因为他可以根据自己的心血来潮撤换当朝的大臣。然而，像英国的爱德华七世和比利时的利奥波德二世那样的君主，毫无疑问并没有杰出的人格，但却掌握了更大的权力，尽管——**并且正因为**——他们是按照严格的议会制方式进行统治的，且从来没有扮演引人注目的公共角色，至少从来没有公开出现在议会之外的场合。如果文人墨客们把这种君主叫作“影子君主”，那是纯粹的无知；如果他们把有关这些君主品行的庸俗议论变成了一种政治判断标准，则堪称愚蠢。历史将会作出不同的评价，尽管他们的政策以失败告终，一如许多伟大的规划也以失败告终。这两位君主之一甚至被迫按照议会的权力格局更换了他的宫廷官员，但却聚集起一个世界性的联盟；另一位只是统治着一个小国，但却聚集起一个庞大的殖民帝国（至少与我们的殖民地碎片相比）。不论是一个君主还是一个大臣，只要他想取得政治领导权，就必须懂得如何把玩现代的权力手段。议会制度不过是排斥了政治上**无力胜任**的君主——这是为了国家的利益。尽管人口规模非常之小，但却设法把各个大陆最好的地方变成了它的附庸，这是一个“守夜人国家”[18]吗？这种陈词滥调透出了 Untertan* 的满腔怨恨，实在是俗不可耐。

现在就让我们转向议会。

六、议会的强与弱，消极政治与积极政治

现代议会基本上是官僚制手段统治下的人们的代表机构。毕竟，被统治者——至少是在社会上具有重要地位的各个阶层——某种最低
1408 限度的同意，才是任何支配能够持续下去的先决条件，哪怕它是组织得最出色的支配。今天的议会就是显示这种最低限度同意的手段。公权力要采取某些行动，必须先经议会审议之后才能颁布法令，这尤其

* 英译者保留了这个德文词，没有直译为最贴切但仍嫌勉强的“subject”（臣民），因为前者比后者的屈从含义更为强烈。

包括预算。控制提高税收——预算权利——是议会的决定性权力手段，自从各个等级的共同特权产生以来就是如此。然而，只要议会仅仅是通过拒绝拨款案和其他立法法案，或者通过非强制性的议案支持公民对行政当局的抱怨，它就被排除出对政治事务之**走向**的积极参与了。这时它就只能参与“消极政治”，这意味着它要像看待一种敌对权力一样面对行政首脑，它只能得到必不可少的最低限度信息，并被认为是个纯粹的障碍物，是没什么作用的吹毛求疵者以及自认为无所不知者的集会。这样，官僚系统又很容易被议会及其选民看作野心家和走狗一族，只顾让人民服从它那些讨厌又多余的活动。

如果议会实现了以下目的，局面就会不同：行政首脑必须从议会成员中产生——即真正意义上的**议会制**，或者他们需要议会多数表示信任才能任职，至少也必须在失去议会信任时辞职——即**由议会选择**领袖；因此，他们必须详尽无遗地对议会说明自己的行动，服从议会或其委员会的核查——即领袖**对议会负责**；进而，他们必须按照议会认可的指导方针施政——即行政**由议会控制**。这时，支配性政党的领袖就是在积极参政了，议会则变成了一个积极政治的因素；同时，君主也不再——至少不再完全——凭借他的正式王权进行治理，而是凭借他的个人影响，一种无论如何都很巨大的影响，但这种影响会随着他有多么审慎以及他对自己的目标有多大把握而变化。这就是**人民国家**（Volksstaat）的含义，不管这个术语是否恰当。相反，一个只能诉诸消极政治并面对一个支配性官僚系统的被统治者的议会，则是**威权主义国家**（Obrigkeitsstaat）的变种。我们这里关心的就是议会的地位带来的具体后果。

不论我们对议会政治是爱是憎，我们都不可能消除这种政治，充

其量也就是在政治上把议会变得无权无势，一如俾斯麦之于德国国
1409 会。除了“消极政治”的一般后果之外，议会的虚弱还会带来其他一些结果［如果我们首先想想一个强大议会的作用，对此就能理解得更加充分］：议会中的任何冲突，不仅包含着实质问题上的斗争，而且包含着个人权力的斗争。如果议会非常强大，一般来说，君主就会把政府委托给一个决定性多数的代言人，各政党之间的权力斗争则会围绕这个最高行政职位进行。由此，投入这种战斗的将是那些具有十足的政治权力本能和高度发达的政治领导品质的人，所以他们便有了接掌这个最高职位的机会；党在议会之外的存续，以及无数与党捆绑在一起的理想关切，一定程度上还有一些非常实际的关切，都需要有能力的领袖得到那个最高职位。只有在这些条件下，才能激励那些具有政治气质与禀赋的人服从这种竞争基础上的选择。

假如在“君主之治”的标签下任命这种最高职位乃是官僚升迁或者有机会与宫廷相熟的结果，假如一个无权无势的议会必须服从于这种政府组成方式，那么情况就完全不同了。这时，除了实质问题以外，个人抱负自然也在发挥作用，但却表现为十分不同的次要形式和方向，正如1890年以来在德国看到的那样。各政党除了代表有影响的选民的地方经济利益之外，主要关心的就是次要的下级职位庇护权。比洛首相与中央党［1906年］的冲突并不是由于政治上的分歧，实质上是因为这位首相试图屏弃中央党的庇护权利，而这种权利直到今天甚至仍在对帝国某些中央机构的人员组成成分发挥着作用。在这方面，中央党并非独此一家。各保守派政党继续保持着对普鲁士官职的垄断，只要这些利益似乎受到了威胁，就竭力用“革命”的幽灵恐吓君主。遭到长期排斥的各个政党则尽力通过经营自治市行政和公共卫生保险基金来补偿自己，并

在议会中追求那些敌视政府、与国家离心离德的政策，比如社会民主党的习惯做法。这是非常自然的，因为**任何**政党都会追逐**权力**，这意味着可以参与行政，因而也就是提供任职机会。就与后者有关的问题而言，我们的统治阶层并不比其他任何地方的统治阶层干得差，但他们不可能被认为应当**负有责任**，因为求职与庇护都是在幕后进行，而且涉及的都是不必计较文职官员人事构成成分的低级职位。我们的官僚系统又由于 1410
摆脱了个人监督而从这种事态中受益；它向各支配性政党支付的唯一代价，就是那些次要收益形式的“小费”。这一天然结果就产生于以下事实：实际上为支持或反对政府提供了多数的政党（或政党联盟），其本身并不正式负责提供最高政治职位。

另一方面，这种制度允许那些虽然是合格的官僚但却没有政治家禀赋的人待在政治领袖地位上，直到出现什么阴谋诡计迫使他们出局，并给类似的其他人物提供机会。因此，我们与任何其他国家一样有着政党庇护制，但我们却采取了不诚实地遮遮掩掩的形式，其运作方式总是有利于某些合宫廷之意的党见。不过，这种偏好远非事情最糟糕的一面。如果它至少还能提供一种机会——从这些合宫廷之意的政党中找出有能力指引这个国家的领袖，那么它在政治上也还是可以容忍的。但情况却并非如此。大概只有在议会制条件下，至少也是把最高职位置于议会庇护之下，那才是有可能的。我们这里遇到的是一个体现在现行宪法中的纯形式上的障碍。

七、德国国会的宪法缺陷和领导权问题

帝国宪法第九条有言，“任何人不得同时兼任**联邦参议院**和**德国**

国会成员”。因此，尽管在议会制度下，政府领袖又是议会成员被认为是绝对必要的，但这种可能性在德国却从法律上被消除了。帝国首相，或者一个在**联邦参议院**（Bundesrat）中代表自己所属邦的大臣，或者一个帝国国务大臣，可以是某个邦议会的成员——比如普鲁士议会议员——而且可以在那里影响甚或领导他的党，但他不可能坐上**德国国会**的席位。这种限制不过是在机械模仿英国下院对贵族的排斥（大概是从普鲁士宪法搬过来的）。因此，这是一种欠考虑的做法，现在理应予以废除。这本身并不等于引进了议会制或者议会庇护权，但能创造机会使一个政治上胜任的议员同时担任帝国政府的一个重要职位。一个证明适合担任最高职位的议员，在他可以得到这个职位之前却要被迫放弃他的政治基础，着实令人看不出理由何在。

1411 如果贝尼希森当时［1877—1878］进入政府并离开**德国国会**，一个重要的政治领袖也就被俾斯麦变成了一个没有议会支持的行政官员，这时［民族自由］党就可能被左翼接管并陷入分裂——大概这就是俾斯麦的意图。如今，该党议员席弗尔（Schiffer）因加入政府而丧失了在党内的影响，使该党倒向了它的大财团一翼。[19]各政党就是以这种方式被“斩首”的，政府得到的不是有用的政治家，而是官员，他们既没有官僚生涯所需的专业素养，也没有议会议员那样的影响力。这样一来，结果就是以能够想象的最廉价的形式“收买”各个政党。议会变成了有才干的未来国务大臣的一个晋身之阶。这种典型的官僚观点得到了那些政治与法律文人们的拥护，他们认为德国的议会制问题由此就能以特殊的“德国”方式加以解决！同样是这些人，把谋职看作是纯粹的“西欧”和“民主”现象而冷嘲热讽。他们从来没有认识到，议会制领袖谋求官职并不是为了薪金和职衔，而是为了**权**

力以及随之而来的**责任**；他们也从未认识到，这些领袖只有在议会拥有大批追随者时才能做到这一点。这些人也决不会明白，把议会变成一个筛选领袖的基地还是招募官迷的基地，两者是存在区别的。几十年来，这同一些人一直在嘲笑德国议会及各政党把政府看作天敌。但他们丝毫没有受到这一事实的困扰：因为宪法第九条——仅仅针对**德国国会**——的限制，**联邦参议院**和**德国国会**被法律视为相互敌对的权力，它们只能通过前者论坛上和后者会议桌上的声明彼此关联。一个受权进行统治**并且是**经选举当选的政治家，能否把他的官职和某种议会委托——政党领导权或者无论如何也是参与党的活动——结合起来，他在**联邦参议院**投票时所根据的指示与他在**德国国会**坚持的个人信念能否相容，这应当留给他的良心去考虑。[20]受命在**联邦参议院**“主持”［即普鲁士］投票的人——帝国首相兼普鲁士外交大臣，除了在其他各邦代表的监督下掌管**联邦参议院**之外，还应当作为**德国国会**中的一个党员自由发挥他的影响。当然，在今天，如果一个政治家与各个政党保持距离，会被认为是“高尚的”。波萨多夫斯基伯爵（count Posadowsky）甚至认为，他**先前**担任的那个职务［1897—1907 年任内 1412
务大臣］理应始终独立于任何政党，这意味着理应扮演一个无效的学究式雄辩家角色滥用**德国国会**。为什么无效？原因就在于议会处理自身事务的方式。

议员的演说如今已不再是个人的信仰表达，也很少是为了把反对派争取过来。它们是（“通过这个窗口”）为国家准备的官方声明。所有政党的代表轮流发表一两次演说之后，**德国国会**的辩论即告结束。演说内容都在事先提交给党的会议，或者至少要在所有实质问题上达成一致。这种会议还要决定谁将代表本党发言。各政党都像官僚系统一样拥有每个方面问题的专家。确实，它们除了有自己的工蜂以外也还有雄蜂，如果谨慎利用，很有助于雄辩的煽情。不过总的来说，干这种工作的那些人也有影响。他们的工作都是在幕后进行——在委员会和议会党团的会议上，尤其是在最活跃的议员私人办公室里。比如欧根·李希特（Eugen Richter），尽管他甚至在自己的［进步］党内也很不知名，但他的地位却堪称不可动摇，原因就在于他的巨大工作能量和出色的预算知识。大概他是能够把陆军部长直至最底层的军人俱乐部对每一个硬币的用途核实清楚的最晚近的一位议员。尽管陆军部的官员们啧有烦言，但曾多次向笔者表示，他们佩服李希特对这些问题的把握。马蒂亚斯·埃茨贝格尔（Matthias Erzberger）目前的地位就是凭着那种蜜蜂般的惊人勤奋，否则，这位政治禀赋非常有限的政治家何以会产生影响，就很令人费解了。[21]

然而，勤奋既不能证明某人是个合格的政府领袖，也不能证明他是个合格的政党领袖——这两者绝非我们的浪漫主义文人墨客相信的那样是彼此有别的两回事。据我所知，德国的所有政党过去都曾有过具备政治领袖禀赋的人：民族自由党的冯·贝尼希森（von Bennigsen）、冯·米克尔（von Miquel）、冯·施陶芬贝格（von Stauffenberg）、福尔克（Völk）以及其他一些人，中央党的冯·马林克罗特（von Mallinckrodt）与温特霍斯特（Windthorst），保守党的冯·明尼格罗德（von Minnigerode）、冯·曼陀菲尔（von Manteuffel），进步党的冯·塔普琛（von Saucken-Tarputschen），以及社会民主党的冯·沃尔玛（von Vollmar）。他们全都从议会消失了或者离开了议会，比如19世纪80年代的贝尼希森，因为他们不能作为政党领袖进入政府。如果议员变成了部长，例如冯·米克尔和默勒（Möller），他们就必须放弃先前的政治承诺以适应纯粹的

官僚内阁。（默勒当时曾说过，他早先作为一个议员在演说中发表的个
人观点已是众所周知，所以现在处于一种**不讨人喜欢**的地位！）然而， 1413
有许多**天生的领袖**留在了德国。但他们在哪里呢？答案现在很容易得出。我要提到一个人，他的政治观点以及对社会改革的态度与笔者完全格格不入：有谁能相信以前曾是公务员并积极从事德国东部地区殖民化政治的克虏伯现任董事，就注定了只是管理德国最大的工业企业，而不是管理一个关键的政府部门或者一个强有力的议会政党？[22]那为什么他正在做的是前者，而在现有条件下可能会拒绝后者？为了赚更多的钱？不，我认为是出于另一个非常简单的原因，就是说，一个怀有强烈权力欲望并具有相应品质的人，只要他的禀赋和能力使他可以在大规模工业企业、卡特尔、银行和批发商业中施展身手，那么由于议会的无权无势以及随之产生的部长职位的官僚特征，他要置身其中，大概就不得不成为一个冒险进入这种可怜巴巴相互怨恨的网络并在滑溜溜的宫廷阴谋地板上打转的傻瓜。这种类型的人会宁愿出钱资助泛日耳曼的报纸让文人墨客们在那里胡言乱语。如果抛开一切虚饰之词，我们的所谓君主之治就不过是这种**消极选择**的过程，它使所有不同凡响的干才转而效力于资本主义利益，因为只有在私人资本主义领域，今天的情况才接近于对具有领袖禀赋的人进行选择。为什么？因为只要和亿万马克有关的经济利益以及千千万万工人的生计受到影响，文人墨客们空谈的**舒适安逸**（Gemütlichkeit）也就到头了。[23]为什么在政府中却没有这种选择？因为俾斯麦统治留下的最糟糕的遗产之一就在于这一事实：他认为必须尽力把他的威权主义统治隐藏在君主的**正当性**背后。他的后继者忠实地仿效了他的做法，但他们不是恺撒，而是持重的官僚。这个政治教养不良的民族只从表面价值上接

受了俾斯麦的夸夸其谈，而文人墨客照例都是喝彩捧场。这倒是合乎情理，因为是他们在考察未来的官员，而他们自认为就是官员和官员之父。他们的怨恨乃是针对任何没有通过文凭获得正当性就追求并掌握了权力的人。由于俾斯麦使这个民族戒除了关注公共事务，尤其是关注外交政策的习惯，它喜欢津津乐道于接受了某种“君主之治”，但实际上却是不受制约的官僚之治。在这种制度下绝不可能产生政治领袖的品质，也不可能使它在世界任何地方取得成果。我们的公务员当中肯定蕴藏着具有领袖品质的人物，我们当然不想在此否定这一
1414 点。然而，官僚等级制的惯例和内在特性，严重阻碍的恰恰就是这些干才的发展机会，而现代官员的整体性质最不利于**政治**自治的发展（必须将这一点与个人的内在自由区别开来）。我们已经一再强调，政治的本质就是**斗争**，就是吸收**盟友**和**自愿的**追随者；**威权主义国家**的为官之道不可能获得这种深奥艺术的素养。众所周知，俾斯麦上过的学校就是法兰克福联邦议会。[24] 在军队中，训练的目的就是为了作战，从中可以产生军事领袖。但是对于现代政治家而言，真正的角力场却是议会和普通公众面前的政党竞争——既不是为了竞争官僚的升迁，也不是为了其他什么适当的替代物。当然，只有存在一个议会和一个其领袖能够接管政府的政党，这一点才是确凿的。

一个充其量只能根据选民的利益改变某些预算项目并为党魁的被庇护人提供某些小恩小惠的政党，凭什么吸引那些具有领袖品质的人物呢？它能向这些潜在的领袖提供什么样的机会呢？我们议会那种单纯消极政治的倾向，至今仍反映在**德国国会**及各个政党议事日程和惯例的多数琐碎细节中。我知道有一些事例，年轻的政治干才完全是被资深的地方显贵和党内大佬压制住了。每个行会都有这种情况，而

在一个仅仅囿于消极政治并且无权无势的议会中，这是非常自然的事情，因为在这种机构中发挥主导作用的是行会的本能。一个旨在分享统治权力和责任的政党绝不可能忍受这种状况，每个党员都会知道，党以及把他与党拴在一起的所有利益的存续，都要取决于党对合格领袖的服从。在今天的任何地方，甚至包括英国，都不可能是议会本身在治理和决策。大批议员只是作为领袖的追随者或构成了政府的某些领袖的追随者发挥作用，**只要**这些领袖干得富有成效，议员们就只管盲目追随。**这就是议会的行事方式**。政治行动始终是决定于“少数原则”，这意味着决定于少数人构成的领导群体的高度政治灵活性。这种恺撒制要素在大规模国家都是根深蒂固的。

然而，也只有这种要素，才能保证借助于清晰可辨的具体个人对公众**负责**，而在一个进行笼统治理的议会中它就可能消失殆尽。在真
正的民主制那里，情况尤其如此。直接民选的官员已经在两种环境下 1415
证明了这一点：首先是在地方小行政区，那里的常住居民彼此直接熟稔，选举可能会决定于一个人在邻里共同体中的声望。其次是大规模国家中最高政治官职的选举，尽管它得到的确实只是相当保留态度下的支持。以这种方式获得最高权力的虽然很少是最杰出的人，但一般至少也是合格的领袖。然而，大批中层官员，尤其是那些需要某种专业素养的官员，实行民选一般都会彻底失败，原因也不难理解。在美国，由总统任命的法官在能力与廉洁方面远远胜于民选法官。任命他们的人毕竟要对官员的资格承担责任，一旦出现严重失误，执政党以后的日子就很难过。在美国，平等选举权反复产生的结果是公众受托人——市长大人——的当选，他可以相当自由地设立他自己的市政行政班子。英国的议会制同样很有利于这种恺撒制特征的发展。首相出

自议会，但却获得了对议会越来越具有支配性的地位。

正如任何其他人类组织一样，通过政党选择领袖也有其缺陷，但在最近几十年间，德国的文人却**令人厌恶地**夸大了这些缺陷。当然，议会制也会要求个人服从某个人，而他可能往往只是把此人作为“较小的罪恶”接受下来。但是，**威权主义国家**却根本不给他选择的机会，并且强加给他的是官僚而不是领袖，这无疑会导致相当大的区别。此外，财阀政治在德国也像在其他国家一样蒸蒸日上，尽管形式上略有不同。应当指出，文人墨客们用最黑暗的色调描绘这种巨大的资本主义势力，乃是出于完全的无知。财阀政治的崛起背后有着坚实的原因：正是这些势力，远比那些空想理论家更了解自身的利益所在，而且步调一致地站到了官僚制的**威权主义国家**一边反对民主和议会制，尤其是重工业界这一最无情的资本主义势力。然而，这些原因是文学庸人们无法理解的，他们以道德化的方式强调了这样的事实：政党领袖是受权力意志驱使的，他们的追随者怀抱的动机则是谋求官职的自我利益——好像官僚的抱负并非同样充满了升迁和薪金念头，而是由最无私的动机激发出来的。围绕谁应当担任外交部长的问题，最
1416 近（1918 年 1 月）出现了一场受到某些官方来源怂恿的报端大战，而鼓惑宣传在权力斗争中的作用，在这场大战中已经表露无遗。[25]这证明了一种所谓的君主之治为极端恶劣地滥用新闻舆论谋求官职和制造部门之间的冲突提供了便利。任何包容了强大政党的议会制度都不可能加剧这种事态。

与官僚们竞争升迁和薪俸这种常见的庸俗关切相比，党员的动机绝不会更多理想主义成分，一般来说，两者都会去争夺个人利益（即使在文人们展望的那种被吹嘘成同心同德团结一致的状态中，情况也

不会有什么两样）。然而，最为重要的是，这些普遍的人性弱点至少不会阻止对有能力的领袖的选择。但在一个政党内部，唯有当领袖知道获胜时将会拥有政府的权力与责任，这才是可能的。唯有那时，这种选择才是**有可能的**，但即使那时也未必就是有保证的。因为，只有一个**实际有效的**，而不是夸夸其谈的议会，才能提供使真正的领袖，而不是纯粹的煽动天才脱颖而出的土壤。然而，一个实际有效的议会乃是持续分担行政工作并监督行政的议会，这在战前的德国是不可能的，但在今后却必须使之成为可能，否则我们就将**重蹈覆辙**。这就是我们下面的话题。

（三）议会质询的权利和政治领袖的产生

德国议会的整个结构都是以**消极政治**为取向的：发出批评和抱怨，审议、修改和通过政府的议案。全部的议会惯例都是这种状态。由于缺少公共关切，很不幸，我们对**德国国会**的实际运作就拿不出任何像外国议会存在的那种政治分析；我们只有对程序规则的扎实研究。然而，如果你打算对一个议员谈论你想得到的议会组织，你立刻就会遭
遇众多的惯例，它们仅仅是为过时的议会显贵们的舒适、虚荣、索求 1417
和成见以及为了阻碍议会的任何政治效能而存在的。因此，甚至议会对官僚系统的持续监督这种简单的任务也受到了妨碍。这种监督是多余的吗？

在面对明确规定的专业性任务而必须证明自己的责任感、不偏不倚以及对组织问题的熟练程度时，我们的官员堪称出类拔萃。凡

是像笔者一样出身于公务员家庭的人，大概都不会使这个传统受到玷污。但是，我们这里关心的是政治业绩，而不是官僚业绩，且事实本身即可唤醒以下这种没有人能够坦然否认的认识：不论何时，要想指望官僚系统处理**政治**问题，就只能以**彻底**失败告终。这并非偶然，毋宁说，如果天生就互不相容的能力居然会出现在同一个政治结构中，那反而令人吃惊。我们已经指出，登上政治舞台为自身的信念而奋斗，并在这个意义上投入政治斗争，这不是公务员的任务。恰恰相反，他引以为自豪的地方就在于保持不偏不倚，而不管他本人抱有什么倾向和观点，为的是以有良知、有意义的方式既遵守具体指令又坚持普遍规则，哪怕——特别是——在它们不合自己的政治态度时。但是，官僚系统的首脑却必须不断解决政治问题——包括**文化政治**（Kulturpolitik）问题和**权力政治**（Machtpolitik）问题。议会的首要任务就是监督这些决策者。然而，不光是指定给最高级官僚的那些任务，还有较低行政层面所有技术上的具体任务，都有可能变成政治上的重要任务并需根据政治尺度加以解决。政治家必须成为抵消官僚支配的力量。然而，这会遭到行政决策者权力利益的抗拒，他们渴望最大限度地摆脱监督并确立对内阁职位的垄断。

一、对官僚系统的有效监督与官僚系统的权力基础

对官员的有效监督要依赖于某些前提。

撇开行政事务固有的劳动分工不谈，所有官僚的权力都是依赖于
1418 两种**知识**：首先是最广义上而言的，通过专业训练获得的技术知识。这种知识在议会中是否也要体现出来，或者议员能否在既定情况下亲

自咨询专家，则是偶然的问题和私人事务。没有什么能够替代专家在议会委员会面前召唤有关政府官员到场进行系统的（口头）盘问，这是公共监督和全面质询的唯一保障。当今的**德国国会**根本没有这样做的权利：宪法判定那是**外行的无知**。

然而，仅有专业知识并不能说明官僚系统的权力。除此以外，官僚还拥有**职务信息**，这种信息只能通过行政渠道获得，并为他提供能使他据以采取行动的事实。只有一个不靠官员的善意也能接近这些事实的人，他才能有效地监督行政。根据具体情况可以采取的适当手段包括，查阅档案文件、当场质询，直至在议会委员会面前对官员进行口头盘问。这种权利也没有给予**德国国会**，它被蓄意安排得无法获得必需的档案文件，因此，除了被说成是半吊子以外，**德国国会**还被认为**无知**——这显然不是出于技术原因，完全是由于官僚系统最精湛的权力手段所致：它利用那个臭名昭著的“公务机密”概念把公务信息变成了保密材料。归根结底，这不过是让行政当局免于监督的一种手段。官僚等级制的每个下级都会受到上级的监督和批评，但同时，对决策者的所有控制——不管是技术控制还是政治控制——却统统归于无效。行政首脑在**德国国会**回答质疑和批评的那种方式，对于一个充满自信的人来说往往是很不光彩的，这一点之所以可能，仅仅是因为议会无法借助“调查权”（Enqueterecht）利用那些具体事实和技术观点，而这样的知识唯有通过持续参与并影响行政才有可能获得。这是必须首先进行的变革。当然，没有人会认为**德国国会**的各个委员会应该沉浸在包罗万象的研究中，然后发表卷帙浩繁的调查结果——这无论如何是不可能发生的，因为**德国国会**还要忙于大量其他的事务。议会的质询权应当是一种辅助手段，此外它还是一条鞭子，单纯有它的存在，即可迫使行政首脑为了不让鞭子必须被运用起来而对自己的行动作出说明。英国议会无与伦比的成就始终是源自明智地运用这种权
1419 利。英国官员的廉正和英国公众高水准的政治教养，在很大程度上就是奠基于此；常有人强调指出，从英国新闻界及其读者跟踪关注议会各委员会议程的那种方式，即可看出政治成熟的最佳尺度。这种成熟不仅反映在对大臣的不信任投票、指控以及法国—意大利式**杂乱无章的**议会制那种类似的景观上，而且反映在这一事实上：国民始终都很了解官僚系统在如何处理它的事务并持续对它进行监督。只有一个强有力的议会的各个委员会，才能成为发挥这种有益的教育影响的手段。说到底，官僚系统只能从这项发展中受益。公众与官僚系统的关系，至少在那些具有议会制传统的国家，很少表现得像在德国这样缺乏相互理解。这并不足怪。在我们国家，无论到了哪里，官员们必须处理的各种问题都令人不得而知。他们的业绩从来就不被理解也不被赞赏，只要不受控制的官僚支配现状继续存在，那就不可能消除对“官大人”毫无结果的抱怨而代之以积极的批评。此外，只要官员的权力待在它的适当位置，它就不会遭到削弱。在部门事务中，专于特定领域的常任次长（Geheimrat）就比他的部长更有优势，即便部长是个职业官员；英国如此，德国也不例外。这就是适得其所，因为在今天，要想了解实现政治目标所必需的技术手段，专业素养乃是一个必不可少的前提。但是，决策并非一项技术事务，因而不是职业公务员的本分。

二、作为政治领袖检验场的议会

貌不惊人的议会质询权将会产生持续的监督，这是未来旨在加

大议会参政程度的一切改革的基本前提。这种变革也是把议会转变成
政治领袖筛选基地所不可或缺的先决条件。德国的文学时尚喜欢把
议会贬低为“单纯的清谈”场所。三代人以前，卡莱尔（Carlyle）也
曾以类似但远更诙谐的语调大声疾呼反对英国议会，但它却变成了
英国的世界权力中的决定性力量。今天的政治（与军事）领袖已经
不再挥舞刀剑了，而是诉诸平淡无奇的声波与墨水：写出和说出的**文** 1420
字。重要的是思想和知识、坚定的意志及清醒的经验在决定着这些文
字，无论它们是命令还是竞选演说，是外交备忘录还是议会的官方声
明。然而，如果一个议会只能发出批评却无法获知具体事实，而且它
的领袖从来没有处在一种必须证明自身内在气质的地位上，那么它能
表现出来的不是无知的煽动就是惯常的无能，或者两者兼备。这是我
国完全非政治化时代产生的政治发育不良的可怜历程的一部分，在那
个时代，德国的庸人是用已被自身环境所蒙蔽的双眼去看待英国议会
那样的政治制度的，他们相信，他们可以从自身政治无能的高度得意
洋洋地俯瞰这种制度，而且无法认识到英国议会毕竟变成了这样一些
政治领袖的检验场：他们勉力使人类的四分之一接受了政治上深谋远
虑的极少数人的统治。关键在于，对这种统治的服从很大程度上是自
愿的。被大肆吹嘘的德国**威权主义国家**又有什么可以相提并论的成就
呢？当然，为这种成就进行的政治准备，并不是得自在议会面前发表
的那些铺张扬厉装点门面的演说，只能是得自议会生涯中的扎实艰苦
的工作。杰出的英国领袖无一例外都具有议会委员会，且往往还有不
同政府机构的工作经历，然后才上升到领袖地位；只有这种强化训练
（这是政治家在一个实际有效的强大议会的各委员会必须经历的强化
训练），才能把这种集会变成不是单纯的煽动家，而是积极参与的政

治家的筛选基地。直到今天，英国议会在这方面仍是无与伦比的（对此实在无人能够否认）。只有公务员和政治家的这种合作，才能保障对行政的持续监督，从而保障对领导者与被领导者的政治教育。有效的议会监督所促成的行政公开性，必须成为一切有效的议会工作及政治教育的先决条件。我们也已经开始踏上了这条道路。

三、议会各委员会在战时与平时的无能

战时的紧急状态扫除了许多守旧的口号，进而产生了**德国国会**的大委员会（Hauptausschuss），[26]它的运作虽然还不能尽如人意，但至少是迈出了走向有效议会的一步。它从政治角度而言的不足之处，应
1421 当归因于在敏感问题上那种恶劣而杂乱无章的公开性形式，讨论都是在过于庞大的议员圈子里进行，因此他们必定会情绪用事。军事和外交（比如潜艇战问题）机密材料竟为数百人所知，这绝对是危险的胡闹，结果，这种信息就在私下里不准确地传播开来，或者以制造轰动效果的暗示形式见诸报端。对外交和军事政策的现时审议应当局限于各政党的受托代表这个小圈子内。因为政治始终是由少数人从事的，那么政党在面对生死攸关的政治问题时也必须按照追随者的方式，而不是按照行会的方式加以组织。它们的代言人必须是“领袖”，这意味着他们必须拥有做出重要决定的无限制权威（或者至少在有些时候能够从随时召集在一起的委员会那里获得这种权威）。为了特定的具体目的而召集的**德国国会**“七人委员会”，表面上看就是在这个方向迈出的一步。[27]把这种机构叫作“临时”机构并企图不把国会议员看作他们政党的代表，是在迎合行政首脑的自负——这种企图有可能毁

了七人委员会的政治意义，但所幸的是并没有奏效。使这七个党代表与政府代表坐到一起有着充分的技术理由，但是联邦参议院的七个全权代表最好还是代之以较大的非普鲁士邦的三四名代表，此外再召集四五名最高级的军方人员或者他们的代表。总之，只有一个言行谨慎的小群体才能在非常紧张的政治局势中筹划政治决定。在战时条件下恐怕就很适于成立这样一个把政府代表与**所有**主要政党代表团结在一起的混合委员会。和平时期在类似基础上安排吸收各政党代表，大概同样有益于对敏感政治问题的审议，特别是在外交政策问题上。但在其他方面，这种制度的效用就有限了，它既不能代替真正的议会改革，也不是产生协调一致的政府政策的手段。如果这些政策需要得到若干政党的支持，那么在政府领袖和议会**多数**的代表之间进行慎重的会商，是有可能达成共识的。如果让独立社会党人和保守党人联席组成一个委员会，大概就不可能履行构想某种政治意志的功能。沿着这个路线做出的任何预期，在政治上都是不现实的，因为这种结构无助于追求一以贯之的政策。

相比之下，就和平时期对官僚系统的监督而言，随着**大委员会** 1422
的建立，如果使公众保持消息灵通，并规定出面对由**联邦参议院**和内阁代表组成的各个小组委员会处理的专业问题时能够保持一致意见的有效程序，那么专门的混合委员会可能就是非常适当的形式。当然，这种安排可能产生的政治效能，完全依赖于今后**德国国会**及其政党结构的作用。如果局面一仍旧贯，如果宪法第九条的机械阻碍一如既往，如果议会继续囿于“消极政治”（官僚系统显然希望把这一点永久化），那么各个政党大概就只能给它们在议会中的代表一些无关宏旨的授权，肯定不会授予他们决策权，此外，每个政党都将各行其是为自己的被庇护人谋求一些蝇头小利。由此，整个这种安排将会变成一种对行政的既无用又浪费时间的骚扰，而不是政治训练及有效合作的手段。在这种情况下要说还有什么积极结果，充其量也就是类似于瑞士某些州实行的那种比例庇护权：各个政党和平划分对行政的影响，这就缓和了它们之间的冲突。（然而，即使这种相对消极的结果，对于一个面临重大政治任务的大国来说是否能够如愿以偿，也是非常可疑的。据我所知，即便是瑞士人，对于这种做法的积极成效也是见仁见智，放在一个大国当然就更会引出大不相同的评价。）像这种田园诗般的前景是不确定的，对此，把消除党争作为最高价值的人会满心欢喜，官僚系统则会期待着由此延续小恩小惠的制度而使自身的权力永世长存。另外，如果官僚的职位在合宫廷之意的各个政党之间按比例分配，甚至会更容易做到“皆大欢喜”。然而，在普鲁士的内部行政中对有俸官职进行和平的再分配却是根本不可能的，因为保守党垄断着那里的**县长**（Landräte）、**行政区长**（Regierungs）和**省长**（Oberpräsidenten）的职位，此外，从纯政治角度来说，其结果可能仅仅是党的官僚获得了有俸官职，而不是党的领袖获得了政治权力和责任。这肯定不是提高议会政治水准的恰当手段。至于由此能否增强对行政的公共监督，能否增进公众必需的成熟程度，则肯定是个完全无法确定的问题。

总之，即便是最简单的行政事务，也不可能在这种官僚化的委员
1423 会中得到充分讨论，除非它获取技术与行政信息的权利在任何时候都能得到充分保障。这个要求甚至并不意味着实行议会政体，它仅仅是议会政体的技术前提之一，而满足这个要求的唯一障碍就是官僚系统的身份利益，或者更直率地说，是它的自负和永远摆脱控制的愿望。

通常，宪法专家反对质询权而提出的唯一实质性的重大异议就是，德国国会在议事日程方面是完全自治的，因而既定的多数可以单方面拒绝某项调查，或者以这样的方式对调查产生影响：使不受欢迎的调查结论成为不可能。毫无疑问，不加批评地从英国理论接受过来的这种酌处权（**帝国**宪法第 27 条）用在这里就不合适。质询权必须得到新的立法保障，尤其是，必须无条件地把它规定为一项**少数**的权利——比如说，100 名议员即可要求进行一项质询，而这样一个少数当然也必须有权在各委员会拥有代表、提出问题并发表异见。首先，这对于提供公开性的抗衡力量以对付滥用议会多数及其众所周知的危险乃是必不可少，这种平衡在其他国家并不存在，迄今在英国也只是借助各政党的相互善意而有效。然而，其他保障也是必需的。只要工业界——尤其是不同国家的工业界——还在彼此竞争，那么保护它们的工艺机密以免有争议的公开性就是极为重要的。同样的保护也必须扩大到军事工艺、未决的对外政策问题，在做出最后决定之前应当仅限于在一个小群体中讨论。某些文人，特别是某些俄国文人的一个错误在于，他们认为对外政策——比如交战各民族之间缔结和约——可以按照彼此竞相公开声明的普遍“原则”顺利达成，不必诉诸对隐藏在这些所谓的“原则”背后不可避免是对立的民族利益之间最有可能达成的妥协进行冷静审视。[28] 在此非常时刻，事实让这种观念变成了一个笑柄。无疑，必须用来纠正**我们**过去所犯错误的手段，大不相同于政治文人们的幼稚观念。民主派圈子就是以这种概括方式产生了一种误解：他们当中广泛流行的观点认为，**公开**外交是一剂万应灵药，而且始终有助于谋求和平。这对于表达通盘考虑后的最终立场还有一定道理，但是，只要还存在相互竞争的国家，这就不适合于慎重思考

1424 的过程；当然，在相互竞争的工业界同样如此。与公共行政领域的公共监督功效正相反，在对外政策的审议阶段，这种公开性可能会极为严重地干扰决策的合理性与清醒程度，因而甚至会危及或者阻挠和平。目前这场世界大战的种种事件已经非常清楚地表明了这一点。不过我们将在单独一节中讨论对外政治（参阅下文第四节）。

四、国内危机与议会领袖的缺失

在此当口，我们大概只能补充评论一下今天议会领袖的缺失在国内危机中是如何体现出来的。埃茨贝格尔［1917年］7月的［和谈］动议以及由此产生的后来两次危机等等事件，在这方面很有启发意义。[29]这三个场合清楚表明了某种局势带来的后果，其中包括，1）政府和议会作为分立的机构面面相觑，后者成了“单纯的”被统治者的代表，因而以“消极政治”为取向，2）由于政治领袖在议会中找不到自己的天职，因而在政党内部也没有地位，政党变成了一种准行会团体，3）行政掌握在既非政党领袖，也不和政党领袖保持接触的官僚手中，用惯常的身份意识的术语来说，他们“高居政党之上”，故而不可能领导这些政党。一旦某个强有力的议会多数坚持政府做出的积极决策，这种制度即刻就会归于无效。惊愕不已的政府将不得不让这条缰绳拖着走，因为它在政党组织中没有基础。**德国国会**呈现出一幅完全无政府状态的景象，就是因为（所谓）政党领袖从来没有担任过行政职位，同时也没有被看作是未来的政府首脑。各个政党面对的是一个全新的任务——组成一个政府，对此，它们的组织和成员大概都不符合要求。无疑，它们在这方面绝对不可能成功，也不会真正进行尝试，因为它们当中——不论是极右还是极左派——根本没有人是个公认的领袖，官僚系统本身的情况也同样如此。

40 年来，所有的政党都是根据这样的假设在经营：**德国国会**具有的不过是“消极政治”的功能。俾斯麦谴责过这些政党“无能的意志”，这一点［在 1917 年 7 月］之显而易见令人震惊。它们甚至不去参与选择新的领袖；官僚系统的自负在此关键时刻甚至不会容忍它们的参与，尽管最起码的审慎态度会要求它那样做。官僚系统并不是 1425
交给各个政党一个吹毛求疵的问题，即它们会提出谁做候选人，或者更实际的，它们会如何看待各种可能的候选人，而是不肯放弃它那顽固的声望观：政府的组成与**德国国会**无涉。议会之外的力量［尤其是鲁登道夫将军］进行干预并建立了新政府，但它并没有向德国国会提出一项明确的议案和清楚答以是或否的绝对要求。众所周知，新首相［格奥尔格·米夏埃利斯（Georg Michaelis）博士］曾被迫就最重要的问题［多数党的和谈决议］发表了若干自相矛盾的声明，并且不得不在一个外交事务问题上［德国对 1917 年 8 月教皇和谈照会的答复］接受七人委员会的监督，仅仅都是因为他没有得到议会的**信任**。不言而喻，这种令人沮丧的景象必然会削弱德国的声望，增强文人墨客们那种惬意的信念：议会制在德国是“不可能的”。他们在喋喋不休地谈论议会的“失败”，但实际上，遭受失败的另有其事：官僚系统操纵议会的企图，以及数十年来在文人墨客的喝彩声中有效阻止议会做出任何积极的政治贡献、完全有助于官僚们自行其是的同一个制度。如果是在明确由政党领袖肩负责任，至少是肩负重大责任的任何其他政府模式下，局面大概就会完全不同，那将给政治干才提供机会从议会内部帮助塑造国家的未来；各个政党也不会像今天在德国国会中通行的那样任由自身成为一种小资产阶级的行会式组织，它们将被迫跟从于领袖而不是——尤其像在中央党内常见的那样——跟从一些勤勤恳恳，但在关键时刻却惊慌失措的公务员。在这种危机中，领袖就有义务组成同盟，它能向君主提出建设性纲领并提名能够贯彻纲领的人选。然而，在目前这种环境下，唯一可能的大概就是纯粹的消极政治。

新首相［米夏埃利斯］是［1917 年 7 月］从议会之外选择出来的，他面对的是一种很快就会导致故态复萌的混乱局势。确确实实，不少非常能干的议员担任了政府高级职务，但因碍于宪法第九条，他们在自己党内已经失去了影响力，以致这些政党变得没头没脑、不知所措。[30] 同样的情形亦可见于［1917 年］8 月和 10 月的危机中。政
1426 府再次完全失灵，因为在位者冥顽不化地认为，他们不该继续与政党领袖保持接触，甚至不该与他们渴望或希望得到其支持的那些政党的代表举行预备性会谈。单纯这一事实，即［1917 年］11 月任命的新首相［赫特林伯爵］在就职之前与多数党进行了接触，以及更进一步的事实，即所有纯政治部门如今已被经验丰富的议会议员接管，终于有可能使国内政治机制的运转变得比较自在了，尽管宪法第九条第二个句子仍在发挥着有害的影响。[31]［1918 年］1 月危机甚至使那些最愚昧的头脑也能意识到，议会不是我们的内忧之源，毋宁说，国内的忧患来自两个源头：（1）抛弃了俾斯麦的绝对原则，即将军们按照**军事**原理指挥战争而政府首脑根据**政治**考虑缔结和约（其中战略需求是唯一一个要素）；（2）以下事实甚至更为重要：某些低级谄媚者发现，把政策审议情况泄露给新闻界以使某些政治党派获益，与所谓的“君

主”之治是相容的。[32]

我们的状况可以使人人都明白，职业官员的统治并不等于政党统治的缺席。在普鲁士，一个**县长**肯定是个保守党成员，自德国议会最富有成效的 11 个年头结束时的 1878 年以来，我们的伪议会制一直就是靠的这一党派原则：任何政府及其代表都必须是“保守派”，其间只向普鲁士资产阶级和中央党的庇护权做过不多的让步。这就是官僚系统“不偏不倚”的含义，舍此无他。战争给所有其他国家都上了一课：所有参政的政党都会变成“爱国”政党，但这一课并没有改变德国的事态。保守的官僚系统及其利益集团盟友的党派利益支配着政府。我们现在面临的就是这种“倾斜”带来的必然后果，在和平时期仍将继续面对它们，不仅是议会，还有整个政治制度，都将为此付出代价。

五、议会的职业精神与既得利益者

关于德国政治秩序的未来，关键问题必定在于：如何才能使议会变得适合于进行统治？谈论这个问题的任何其他方式都是完全错误的，而且其他的任何事情都是次要的。

必须清楚地认识到，议会改革不仅取决于议会管辖权这些表面上
琐碎但实际上甚为重要的扩张，取决于消除宪法第九条体现的机械障 1427
碍，以及对**德国国会**的议事程序和现行惯例进行某些重大变革，而且特别取决于一种职业议员团队的发展。

一个作为职业议会议员的人，德国国会对他的授权不是一种业余差事，而是他的重要志业，因此，他需要一个配有必需的人手并且

消息灵通的高效率事务所。我们可以对这种人物或爱或恨，但他在技术上是不可或缺的，因此我们已经和他同在。然而，即便是最有影响的这类人物，［在德国］也是地位相当低下的一类人，一般都是在幕后活动，因为议会就处于一种从属地位并且限制了职业机会。职业政治家可能会靠政治及其蝇营狗苟为生，也可能是**为**政治而生。只有在后一种情况下，他才能成为一个具有崇高境界的政治家。当然，他在资金上越是独立，因而多有闲暇——不是一个经营者而是一个**食利者**，他就越是容易获得成功。靠一份差事生活的那些人当中，只有律师能够从容地脱离工作并适于成为职业政治家。纯粹的律师支配肯定是不受欢迎的，但像我们的文人那样常常诋毁政治领袖需要运用法律素养，这就荒唐可笑了。在一个法官统治的时代，伟大的律师乃是唯一一种接受了训练为既定诉讼斗争并有效代理的人物，这与受过法律训练的公务员截然不同，我们希望我们政府的公开声明表现出更多这种（就其最上乘意义而言的）法律人的技能。然而，除非议会能够提供实现政治领导的机会，否则任何独立不羁的人物——不光是有天赋有能力的法律人——都不会打算为政治而生。如此一来，只有带薪的党务官员和利益集团的代表才会有此愿望。

典型的党务官员对真正的政治领袖的怨恨，强烈影响着某些政党对于实行议会政体，从而在议会中选择领袖的态度。当然，这种倾向与公务员之间同气相求的利益是非常一致的，因为，职业议员要是成为一个让人烦恼的监督者或是要求分享一定权力，行政首脑就会感到如刺在喉，如果议员作为政府最高职位的可能竞争者而出现，则会加剧这种状况（一种并非由特殊利益集团的代表制造的威胁）。由此我们也可以说明官僚系统何以力求让议会保持无知，因为只有从那些

经历过深入细致的委员会工作熏陶的老练的职业议员当中，才能产生 1428
出负责任的领袖，而不是纯粹的煽动家或者半吊子。议会必须彻底重组以便产生出这样的领袖并保障他们的效能；英国议会及议会党团以它们自己的方式在这方面早已大获成效。确实，英国的惯例不可能简单照搬，但基本结构却完全可以采用。我们这里关心的不是**德国国会**议事程序和现行惯例所需的变革细节，只要各个政党被迫追求责任政治，这些细节就会变得清晰可见。然而，我们应当考虑的是议会政体面临的一个更加严重的障碍，它植根于德国的政党制度中，是一个经常被谈论，但往往以扭曲的方式被谈论的难题。

毫无疑问，议会政体的功能，在一直延续到最近的英国两党制中发挥得最为平稳（尽管它的混乱有时也显而易见）。然而，这种制度并非必不可少，在所有国家，包括在英国，迫使政党结成联盟的压力正在日益增强。更重要的是另一个难题：只有在那些最大的政党**原则**上乐于承担施政责任时，议会政体才是可行的。在德国还没有出现这种情况。最大的政党，社会民主党，并不乐于加入任何条件下的任何联盟，因为它信奉某些进化理论，固守从反社会党人立法时期传下来的伪革命惯例——比如它拒绝派人出席宫廷礼仪。即使在它凭借临时的多数能够在小公国之一接管政府时，它也拒绝结盟。然而，比这些受到理论刺激的焦虑远更重要的则是一种实际的担忧，即如果它加入一个不可避免受到社会与经济条件——在可以预见的未来仍将是资本主义条件——限制的政府，它将被自己富有阶级意识的成员抛弃掉。这种状况推动该党领袖把党变成了一个几十年如一日的政治聚居集团，为的是避免与资产阶级国家的运转产生任何有害的接触。不管表面上如何，他们甚至在今天还是这么做的。非政治与反政治的英雄式兄弟之爱的呼声——工团主义——正在不断高涨，领袖担心阶级团结出现破裂，那将损害日后劳动者在经济斗争中的战斗力。此外，领袖也无法确信官僚系统的传统态度在战后不会再次复活。我们的未来很
1429 大程度上要取决于该党在以后岁月中的立场：是它获取统治权力的意志将占上风还是战后必将日益响亮的无产阶级兄弟之爱与工团主义的非政治呼声占上风。

出于略有不同的原因，德国的第二大政党，［天主教］中央党，至今也仍是议会制的怀疑派。它自身的威权主义心态与**威权主义国家**的某种选择性亲和，一直就很有助于增进官僚系统的利益。但是另一个因素更为重要。由于中央党是个天生的少数党，它担心在议会制度下它也仍是议会少数，担心它的权力地位以及代表它现有门徒的能力受到危害。它的权力主要依赖于议会之外的手段：神职人员对信徒政治态度的控制。在**德国国会**中，消极政治的制度为该党提供了服务于成员物质利益的机会。该党在至少实现了能够在德国长期保持不坠的宗教目标之后，便越来越从一个意识形态政党变成了一个为天主教徒官职候选人以及其他天主教徒利益集团提供庇护的组织，后者自**文化斗争时代**［1870年到19世纪80年代］以来就一直感觉自己遭到了歧视——至于这种感觉是否言之有理，在这里无关紧要。今天，该党的权力主要就是依赖于这种功能。它对议会中权力平衡的控制使它能够促进被庇护人的私人利益。官僚系统在给予默认的同时又能够保住面子，因为这种庇护权是“非正式的”。然而，党内的既得利益者并不是仅仅担心议会化与民主化将削减他们在中央党作为少数党时期的机会，他们还另有忧虑。在现行制度下，中央党能够回避一旦它的领袖加入政府就要承担起来的**责任**，而这种责任并非始终都是令人惬

意的。即使今天中央党拥有一批政治干才，它所推举的官员也会包括一些没有任何负责任的执政党愿意任命的不称职者。这种人**只有**在他们的保证人无需对他们承担责任时才能得到晋升。如果该党成为执政党，它就必须推出一些更有能力的候选人。

由此可见，非正式的庇护权乃是最恶劣的议会庇护权形式：一种偏爱庸人的形式，因为无需任何人承担责任。这就是我们的**保守派公务员统治**的后果，一种依靠这种施舍制度（Trinkgeldersystem）而保持不坠的统治。在这种状况下保守党以及大财团势力在民族自由党内
的代表们感到非常惬意，也就不足为奇了。因为，这种制度下的庇护 1430
权毕竟不是掌握在政治家和政党手中，他们本可以公开承担责任，但却要通过私人渠道发挥作用，这些渠道从非常重要的兄弟会网络直到或俗或雅的资本主义“推荐”形式，不一而足。我们的意识形态专家愚昧无知地怀疑大财团正在与可怕的议会制结盟，但是大财团却非常明白自己为什么要同心同德支持保留一个不受监督的官僚系统。

这就是一边给予热情激烈的辩护，一边又使用文学口号抨击公开的政党庇护权具有“腐败”和“非德国”性质的事态。实际上，被利用来反对将庇护权移交给议会的，并不是“日耳曼精神”，而是对有俸官职的强烈物质关切，再加上对“关系网”的资本主义利用。毫无疑问，只有绝对令人信服的政治环境的存在，才能在这方面根本改变德国的一切。议会政体不可能自行产生。唯一可以肯定的是，那些最强大的集团会反对变革。诚然，上述所有政党除了充斥着低级的谋官者与墨守成规的议员之外，也还拥有一些意识形态专家和政治家，但是占上风的却始终是前者，如果小庇护权制度再扩展到其他政党，这种普遍趋势只能是有增无已。

最后，现状的受益者以及那些不假思索滥用术语的天真文人，总是喜欢得意洋洋地指出德国政体的**联邦**性质，为的是根据纯形式上的理由结论性地证明议会政体的不可能性。我们首先在成文宪法的范围内看看这个问题的**法律**方面，由此我们可以了解这种结论是多么不足凭信。根据宪法第十八条，皇帝可以**独自**任免首相和帝国官员，不受**联邦参议院**干预，他们在联邦法律的范围内只服从皇帝。只要情况确实如此，任何“联邦”基础上的宪政目标都是毫无根据的。在宪政条件下，没有任何人能够阻止皇帝把**帝国**政府移交给议会多数的一个或多个领袖，没有任何人能够阻止皇帝派遣他们进入**联邦参议院**，或者，没有任何人能够在**德国国会**的明确多数对他们投了反对票时阻止皇帝解除他们的职务，也没有任何人能够完全阻止皇帝与各政党商议政府的组成问题。**联邦参议院**的任何多数都无权推翻首相，也无权仅仅坚决要求他对自己的政策做出说明，比如现行宪法第十七条第二段
1431 要求他在**德国国会**面前做的那样。最近有人提议，首相不仅要对**德国国会**，而且要对**联邦参议院**负责，这种提议的政治可行性应当仔细审视（后面将会讨论），但它与我们上面废除第九条第二段的提议同样是一项宪法革新。后面我们必须讨论的是这一事实：议会政体——总的来说是帝国宪政——的实际问题，根源并不在于联邦其他成员的宪法权利，而是在于它们和普鲁士这个霸主邦的关系。然而，我们在讨论这一点之前，应当考察一下现存制度在对外政策领域发挥功能的方式。恰恰是在这个领域，官僚统治暴露了其效能的固有局限，以及我们容忍这种统治而不得不支付的可怕代价。

（四）官僚统治与对外政策

一、政府在抑止有害的君主声明方面的败笔

德国的**国内**行政是受那个特有的官僚制行政保密概念——“公务机密”（Dienstgeheimnis）概念——支配的。令人吃惊的是，在**对外**政策领域却能看到不同的景象：那里采取的某些极为多变的措施有着引人注目的公开性，而且是非常奇特的公开性。

十几年来，从克吕格尔电报到摩洛哥危机，[33]我们不得不忍受着这样的事实：君主在对外政策问题上的纯私人声明，都是在政府的允许甚至参与下由孜孜不倦的宫廷官员或电报局公之于众的。我们这里讨论的事件，对于我们全球政策的形成，尤其是对于和我们作对的世界性联盟的巩固，都是极端重要的事件。我们应当明白，我们这里关心的不是君主声明的对错以及为之辩护的问题，而仅仅是官员们的表现。笔者当然坚信君主制度在大国中的效用，并不屑于偷偷摸摸地辩驳君主，正如不屑于伪君主制的谄媚或者既得利益集团和庸人们那种 1432
感情用事的陈词滥调一样。然而，一个君主公开发表有时极富挑衅性的个人声明，就必须准备好忍受同样具有挑衅性的公开批评。因为我们必须面对的事实是，通过**发表**君主声明处理我们的政策，这种方法已经被一再容忍。如果这种方法（我们相信）是一种严重的政治错误，那么容忍这种反复再现的程序便证明，在君主亲自为它负责的范围内，他必须被迫接受**仅仅**来自政治领袖的忠告，排除所有其他群体——廷臣、军队或者无论什么人——对重大政治问题的干预。然而，如果对这种程序的具体保障并非唾手可得，那么对君主本人进行

绝对坦诚的批评就是一种政治责任。当然，这种对君主的公开批评在政治上是令人不快的。它并不是一道过时的景观，而是古老的政治智慧，是为他的公开露面规定一些礼制和条件，以防像在德国一再发生的那样鼓惑性地把君主拖到公众面前，从而有可能使他本人脱离公开的政党政治争端。正因为如此，他才能在全国性危机时刻进行远更有效的干预。这样就应该看得很清楚了：我们这里讨论的不是君主可能犯下的大错，而是一个完全不同的事实——政府利用他的公开露面或者公开他的观点作为一种外交手段（至少有一次是不顾他的疑虑这样做的[34]），以及政府领袖容许不承担责任的人员越过他们将君主的观点公之于众，但却没有立即辞职。当然，君主可以自由采取他愿意采取的任何政治立场。但这必须由承担政治责任的领袖决定君主的观点是否——或者以何种实质或正式的方式——**应予公开**，并估量它们可能带来的影响。因此，君主的任何重要政治表态，在公之于众之前都必须征询首相的意见，只要首相仍然执政，他的意见就必须接受。如果这个规则哪怕被打破一次之后首相和他的阁员仍在其位，那就是他们玩忽职守。如果他们不能辞职而又大谈“国民不想要一个影子国王”以及类似的说辞，背后隐藏着的就不过是他们恋栈的欲望。这与议会政体的问题毫无干系，仅仅是个政治上诚实与否的问题。在这方面，我们的政府已经以最可悲的方式屡屡留下了败笔。这些败笔应当
1433 归因于我们不健全的政治结构，就是它，把一些满腹官僚心态的人推上了政治领导地位。议会政体的问题之所以变得非常重要，仅仅是因为现有条件下不存在其他手段以影响和保障必需的变革。为了避免我们的立场遭到任何误解，我们应当补充指出，几乎在所有情况下，君主的声明不仅在主观上都是可以理解的，而且就人们对当时的事态判

断来说，有时也是政治上需要的；此外，在某些情况下，大概还有助于通过**外交**渠道向有关国家的政府传达他强有力的个人反应。但是，政治上不负责任的做法是将这些声明**公之于众**，而在德国，政治领袖就应当为此负责，因为是他们在容忍或唆使这样的做法。一个**政治家**（共和国总理甚或总统）是否发表一项声明，不论它可能多么刺耳，与该政治家是否公开**君主**的一项个人声明，然后以戏剧性但却廉价的姿态表示对此"承担责任"，两者之间有着巨大差异，但这一点在德国一直被忽略不计。君主的公开言论实际上在国内是不可能被自由批评的，因此，它实际上在掩护滥用这种公开言论的政治家应付对他**自身**行动的直接批评。但对国外就不存在这种约束，而且批评会集中在君主身上。如果形势发生了变化且政治家曾表态反对的新政策成为必需，他就可以也应该辞职，但君主却可以原地不动，这就意味着君主的言论将与君主同在。一旦他公开发出言论，即使他在新形势下企图收回，也将不再可能。激情和荣誉感已被唤起，因为支持君主这时成了一种国家荣誉，而像泛日耳曼主义者那样的无知文人（及其出版商）便做了一笔成功的生意。君主的言论在国内外都被认为具有约束力，政治态度则变成了坚冰。这实际上成了所有此类事例的模式。我们不妨冷静地观察几例，由此了解政治错误是如何铸成的。

首先是克吕格尔电报。对詹姆森袭击事件（Jameson raid）的愤慨是理所当然的，而且遍及世界各地，甚至包括英国。极有可能的是，向伦敦提出紧急外交抗议（其中可以提到君主的强烈反应）能够促使英国内阁发表一些日后它不可轻易漠然置之的正式声明。此外，就双方在非洲的利益达成一项总体协议也会变得比较顺理成章。比如塞西尔·罗得斯（Cecil Rhodes）就非常愿意接受这样的协议，[35] 而且，如

果我们还想在东方从容行事并维持和意大利的联盟，这样的协议也是
1434 必不可少的。但是，电报的公开无疑造成了侮辱性的效果，因而妨碍了一切合理的会谈。[36]这时，问题变成了为国家荣誉而争，理性的政治利益却被推到了一旁。因此，当布尔战争之前、期间和之后的理性政治利益最终变成了需要在非洲问题以及英德之间全面关系问题上达成谅解时，已被激发出国家荣誉感的两国公众实际上却不再欢迎这些努力了，尽管双方通过外交谅解可以实现各自的实际目标。这些做法的结果是，德国在布尔战争之后看上去就像个傻瓜。毕竟，1895 年时我们根本就没有足够的军事资源去有效支持任何抗议。至于拒绝接受那位被流放的总统，一个丢人现眼的结局，我们就不必再提了，因为关键问题在于，尽管君主有诺在先，布尔人却未能得到帮助。这使博塔将军（General Botha）1914 年在南非议会宣布，正是德国的表现导致布尔人丧失了独立。

日本在 1914 年 8 月宣战以及中国在 1917 年 8 月照着做，更是令德国大吃一惊。前者始终被解释为与众所周知的 1895 年对旅顺港的干涉有关，[37]后者则与美国的压力有关，并且两者也都被指斥为机会主义。不论真相究竟如何，另一个重要因素也必须补充说明：毕竟，文字中和图像上的德国君主曾公开告诫要警惕“黄祸”，并呼吁［欧洲各民族］“保卫最神圣的财富”——我们当中有谁能真正相信，受过教育的中国人和日本人会忘掉这些事情？[38]在国际政治中，种族问题属于那种最最棘手的问题，因为它们被白人民族之间的利益冲突复杂化了。这位君主努力要在这个问题上形成一种看法，对此人们只能表示赞赏。但是，以这种方式公开他的观点能够服务于德国的什么利益呢？这与德国在远东的利益能协调一致吗？这种声明背后有什么权

力资源呢？它们最终必将服务于谁的利益呢？此外，公开瓦德西伯爵（Count Waldersee）出使时皇帝的谈话，或者公开皇帝对海军的讲话，而这些讲话大概仅仅适于在某个军官圈子里发表，又是服务于什么政治目标呢？[39]德国对华政策的结果令人尴尬地适得其反，而且——必须补充说明的是——绝非碰巧与这种虚夸表现有关，这已被证明严重损害了我们的声望。我们应当再次搁置不论一个丢人现眼的插曲，即给予［1901 年醇亲王为拳乱期间冯·科特勒公使被杀而赴德国道歉的］ 1435
“赔罪之使”的待遇以及再次公开围绕这一问题进行的讨论。想象比洛首相容忍这种不必要地冒犯了中国人荣誉感的政治浪漫主义究竟要达到什么样的具体政治目的，这已经完全不可能了。如果他的头脑足够敏锐地意识到了所有这些事件的有害无益，但又感到不得不顾及要求容忍它们的环境，那么他就应当辞职，这既是为了国家利益，也是为了君主的利益。

公开皇帝［1898 年 11 月 8 日在撒拉丁陵墓前］的大马士革演说是否有助于我们与俄国的关系，已经有人表达过严重的疑虑。我们对伊斯兰教文化的同情，以及我们对土耳其领土完整的政治关切，在国外是众所周知的，根本不需要这种渲染夸示。然而，权且完全不论当时的政治格局，也还是以避免这种公开动作给人造成的印象为好。这里可以再次轻易地看出其间必将有利于什么人的图谋。

如果说在这个事例中有根有据的疑虑仍是可能的，那么摩洛哥危机之初皇帝在丹吉尔发表的公开演说就使问题变得完全清楚了。即便是中立各方，对于德国的立场也是赞同的，但是，利用君主卷入一次公开行动，却再次犯下了一个严重错误。尽管我们并不知道［法国外交部长］德尔卡塞（Delcassé）下台后法国有什么意图，但非常清楚的是，要么德国必须严肃考虑为了摩洛哥的独立而开战，要么以双方的利益和荣誉感为重，由法国提供某些补偿而迅速平息事态。这将对我们与法国的关系带来深远的影响。为什么不做？据说君主有诺，要以国家的荣誉保证支持摩洛哥苏丹，因此我们现在不能弃他“于危难之中”。然而，政府却并未真的打算开战。结果就是在阿尔赫西拉斯的惨败，接着是“美洲豹”事件，最后是放弃摩洛哥，与此同时，无休止的紧张局势点燃了法国的战争欲望，因而助长了英国的孤立政策。与这种事态发展并行的是给人留下了这样的印象：尽管德皇有诺在先，但德国始终在退却。所有这一切都没有给德国带来任何政治补偿。

与其他国家相比，德国对外政策的目标——尤其是在海外——受
1436 到了极大限制，其成效完全乏善可陈。然而，它却产生了各种紧张局势以及在其他任何国家都见不到的十足的噪音，而且公开皇帝的声明又一再制造出有百害无一利的轰动效应。这种方法不仅在敌对国家，甚至在中立国家都已证明是对我们不利的。阿尔赫西拉斯会议之后，皇帝感到必须向戈武霍夫斯基伯爵（Count Goluchowski）表达他的谢意，但没有使用常规渠道，那封著名的电报被公开了。收件人的下台既迅速又让我们难堪：没有哪个政府会允许它的政治领袖被另一个政府**公开**批给一个“优异成绩”，即使一个亲密盟友批的也不行——等我们看出这一点时已经太晚了。[40]

在国内舞台上也有同样的错误。威廉［1898 年］在一个怒火中烧的气头上发表了所谓“监禁演说”，它真的适合公之于众，让它显得像是一份政治纲领吗？仅仅是因为威廉谈到了应当严厉监禁罢工者作为惩罚，官僚系统就认为现在必须构想一个相应的段落塞进审议中的反罢工法案，对此人们应该做何解释呢？只有像 1914 年和目前

［1917 年复活节］发生的、预示着能够［在普鲁士］带来平等选举权的重大事件，才能抵消这种毫无意义的公开性给怀有自尊心的工人造成的影响。这是王朝的利益所在吗？这种公开性还能达到其他可以接受的政治目标吗？

然而，我们这里的讨论只想限于对外政策领域，因而可以提出一个相关的问题：能够对政府的政策发挥关键影响，但后来却偏要指责冯·贝特曼·霍尔韦格首相的政策失败而把“全世界变成了我们的敌人”，或者指控他以君主做盾牌的那些**德国国会**党团，在所有这些事件中都去了哪里？它们在这些时刻都做了什么？**它们在利用极左派的抨击以便痛斥它的“反君主制”态度！**必须强调指出，等它们提出**公开的**目标时，已经为时太晚。即便这时，它们的所作所为也仅仅是不让自己的既得利益受到影响。我们不必追述 1908 年那些著名事件［“每日电报”事件］的细节了，不过我们应当记得，保守党领袖曾在君主面前发出过无疑是令人难忘的抗议，与此形成鲜明对照的是，该党后来却公开抛弃了比洛亲王；照例，我们也不该忘记这个党在自身**物质**利益受到影响时就会祭起它的伪君主制理论。顺便说说，这位首相曾不顾君主的异议至少在一个场合建议君主进行引人注目的个人干预，[41] 但在亢奋的舆论压力下突然又转而反对君主，大概君主本人对 1437
此也是震惊不已。最后，在所有这些事件中，我们的文人墨客又做了什么？他们**公开欢呼**或者呶呶不休地谈论德国没有出现英国那种类型的君主制——正如右翼报业仍在做的那样。他们向最令人生厌的庸人本能献媚，把失败归咎于外交家而不是费心问问在这种局面下外交家们如何能够工作。我们也可以提到他们的**私下**会谈，但那将是一个漫长的故事，而且在煽动家们看来并不是多么体面的故事——这些煽动家正在激烈斥骂要求一种“饥饿的和平”的多数。[42]

在所有这些情况下，我们政府的表现都是不负责任的，而在任何其他大国都看不到类似的现象。除非政府愿意达成一致意见并且毫不拖延，否则就不能容许**公开的**对抗。我们并没有真的打算为支持布尔人，为反击“蒙古人”或者为支持摩洛哥苏丹而准备开战，况且，对于前两种情况，我们既没有使命，也没有足够的力量考虑进行武装干涉。然而，政府领袖却酿成了一种使君主本人公开卷入的局面，毁掉了我们与英国就南非的利益达成任何理性协议，与法国就北非的利益达成任何理性协议的可能性。我们的立场一开始看上去是在为荣誉而争，但后来又放弃了这一立场。无可避免的后果就是一系列外交失败，它实际上令每一个德国人都感到难堪，并将给我们的利益带来长期损害。我们给人种下了非常危险的印象：德国人始终是大肆咆哮之后就退却。看来正是这种印象在 1914 年 7 月晚些时候成了决定英国政策的因素之一。针对我们形成的反常的世界性联盟，很大程度上就是对这些不可思议的咆哮做出的反应，而且至今仍在对我们产生影响。目前国外关于德国“独裁政府”的胡说八道不过是骗人的鬼话，但是它能出现，在政治上就绝非无关紧要。是谁像对待其他有关德国的不实之词一样也不相信这种鬼话，却给我们的敌人提供了能够卓有成效地编造出这种鬼话的把柄？尽管从**现实政治**角度来看在若干时刻战争可能对我们有利，但德皇的态度对于维护和平曾多次发挥了引人注目的关键作用，那么是谁把整个世界这种在政治上非常有效的巨大憎恨带到了恰恰是这位君主头上？是谁让海外的大众有可能严肃地相信了德国人渴望“被解放”，只要战争能够继续打下去，这种受到压抑的渴望最终就会找到一个出口？是谁让这种空前荒谬的时局成为可能的？只要覆辙还有可能重蹈，这个民族就一定不会忘记，应当对这种事态负责的正是保守的官僚系统：它在一些关键时刻把官僚推到了政府的最高职位上，而运作这个政府的本来应该是政治家——那些在估量公开声明的效果方面富有经验的人，那些抱有政治家的责任感，而不是在适当位置恰到好处但在政治方面有害无益的官僚义务感和从属感的人。 1438

把两者隔离开的巨大鸿沟在这里可以看得极为清晰。公务员在被要求服从时必须牺牲自己的信念，而政治家则必须公开拒绝为那些不合他信念的政治行动承担责任，必须为信念牺牲自己的官职。但在德国，这种事情从来就没发生过。到现在为止我们还没有谈及事情最坏的一面呢：从可靠的来源已经知道，几乎所有在过去极为不幸的十二年间主管我们政策的人，都一再私下里否定了他们曾同意正式为之负责的那些庄重宣言。如果人们惊奇地打听为什么一个政治家在无力阻止某个有争议的声明被公开时却能继续执政，那么通常的答案是，“另外有人被安排”授权公开。也许情况的确如此，但还是表明了制度的致命缺陷。如果政府首脑必须作为一个强大议会的受托人承担责任，还能另外有人被安排吗？

二、议会与法律保障措施

在这个关键问题上，我们可以看到一个使官僚系统真正对其负责的议会是多么重要。它是根本不可替代的。或许存在什么替代物？这个问题必须要让所有仍然坚信自己有权斥骂议会制的人来回答。在同一个问题上已经变得非常清楚的是，公务员的责任感和政治家的责任感在各自的领域可以适得其所——用在其他地方就毫无结果。我们这里涉及的并非缺乏能力、缺少经验的公务员和外交家，而是那些出类拔萃的公务员和外交家，但他们尚未具备完全不同于私德的政治“人品”。不过，他们缺乏这种人品并非偶然，毋宁说，是因为国家的政治结构使它无用武之地。君主的个人顾问、廷臣或新闻界公开宣扬那些对于国际政治极为重要的事件，导致我们的对外政策陷入停滞与混乱达数十年之久，而政府首脑对于这些事件不过是耸耸肩，然后做出
1439 某种虚假的高贵姿态加以容忍，而在一个国家中，把**国内**行政的一切（根据行政首脑的权力利益）都作为“公务机密”，却成了文职官员的最高义务！这种显而易见的自相矛盾只能说明，官僚系统的利益就在于不受监督地担任官职。看到这种在任何其他大国都是闻所未闻的事态，人们还能说些什么？让那些违背自己的信念宽恕重大错误的政治家继续留任，对于这样的制度人们又能说些什么？最后，尽管这一切为众所周知，但仍有一些文人墨客竟毫不犹豫地断言，一个在极为重要的政治领域如此作为的国家有着“卓越的表现”，这让人如何接受？千真万确，我们的军官和文官在他们各自本分之内的表现堪称卓越。但在政治家的领域，官僚系统不仅失败了几十年，而且把它自身在政治上无所适从的表现所招来的憎恨转嫁给了君主以便拿他做盾牌。它就是以这种方式帮忙促成了一种与我们针锋相对的世界性格局，要是没有我们军队的辉煌表现，君主可能已经丧失了他的王位，德国可能已经丧失了她的全部政治未来。就国家利益和君主制的利益而言，任何阻止这种可能性的宪政选择都比目前的事态更好。**因此，无论付出何种代价，都必须结束这种事态。**毫无疑问（而且很容易证明），对于这些极为关键的发展，并不存在党见分歧。然而，右翼政

治家不是没有足够的政治人品，就是个人的利害考虑太多，以致不可能**公开**发表**私下里**极为坦率地表达过的观点。出于同样的原因，他们并不愿意得出任何具体结论。但是，没有实质性的保障，就不可能出现决定性的机遇。证明了这一点的是如下事实：对这些公开性事件负有责任的宫廷圈子已经绝对不可救药了。采取这样的保障性措施在政治上远比任何其他政治问题——包括议会制改革与选举权改革——都重要。对我们来说，使政府受议会控制完全是建立这种具体保障措施不可缺少的**手段**。**只有**存在一个强大的议会以及政府实际上对议会负责，才能防止以往的事件重蹈覆辙，这是无可怀疑的。

然而，数十年徒劳无功之后，确立真正有效的议会领导权仍然有待时日。在这期间，只要改革尚未实现或者仍未完成，我们能够做些什么呢？

有一个问题自不待言：无论何处，特别是在民主制条件下，重大
的外交决策都应由一个小群体做出。现在的美国与俄国就是最佳范例， 1440
没有任何文字游戏能够改变这一事实。一切改变这一事实的企图都将削弱责任压力，而关键恰恰在于增加这种压力。因此，宪法第十一条规定的皇帝特权将会一成不变，它在首相负责制的现实中是可以行使的。然而，必须立即采取法律措施以阻止那些不负责任、不为人知的廷臣和报人通过公开君主在对外政策方面的个人声明而制造的危险恶作剧。特别法必须对蓄意滥权发出威胁，即不论何人，只要事先没有明确得到适当授权就把君主的看法在国内外公之于众，都将受到严厉惩罚，包括刑事惩罚。首相对它们的公开必须**事先**承担责任，这是他的宪法义务。**关键问题就在于此**。如果首相在事后才对议会的抗议做出反应，保证对这种公开性事件承担责任，那就是空话。即便他做出

了事后保证，君主的声音遭到公开批评也不可能不危及君主的政治声望。然而，尤其是，如此保证不仅毫无意义，要是首相没有被事先咨询却又完全同意公开，它还是一种政治谎言。如果他确实没有被事先咨询，那么他的事后保证就意味着，尽管发生了这种公开性事件，他并没有感到应该拿着养老金退职，而是应该坚持继续留任。除了惩罚泄露君主言论的罪错之外，还必须有可能根据宪法“控告”首相同意或纵容这种泄露，这种“控告”最好是在某个议会委员会面前提出，目的是解除他的职务或宣告他永不适于担任政治官职。这种法律规定将对首相产生必要的压力，迫使他以最高度的谨慎态度着手行动。

君主的所有声明均应在经验丰富的下属广泛审议之后由首相予以批准。因此，如果顾问机构认为适于**公开**（因为这是唯一的争论点），它就是可取的。如果某个议会委员会并不合意，另一个机构也可以用于同样的目的。

迄今为止，由非普鲁士各王国［萨克森、符腾堡和巴伐利亚］代表组成的联邦参议院外交事务委员会仍是一个糟糕的宪政笑料，它不过是个装饰品，毫无正式的权力和实际的影响。首相无需当场向它解释自己的政策，实际上，宪法第十一条已经明确免除了他的这种义务。他除了消极听取意见表达之外无需再有其他作为。如果他［向该机构］
1441 提交了正式**陈述**，就像按照惯例公开提交给议会那样，那是他的优雅。至少表面上看这就是一直通行的实际做法，尽管在更紧密的圈子内部会更加充分地讨论政策的优劣。在这次大战期间，该委员会的重要性看来没有丝毫长进，这同样并非偶然。在君主的重要对外政策声明公开之前，这个委员会完全可以被指派给一种顾问功能。如果它能变成帝国御前会议，与责任部门的首脑和某些资深政治家一起在决策**之前**

讨论对外政策的取舍，如有可能则在君主御前讨论，情况甚至会更好。**帝国**层面尚不存在这种团契性质的机构，现在常常由普鲁士御前会议发挥这种功能，不仅在普鲁士的事务上，而且在整个**帝国**（因而涉及非普鲁士成员邦）的重大政治事务上都是如此。这种活动在形式上可能仅仅是顾问，因为首相的宪法责任就像皇帝对外代表**帝国**的宪法作用一样，几乎不可能被减弱。当然，任何这样的动议，都有可能从一开始就被败坏了名声——如果有人企图利用它去排斥或削弱议会的影响的话（很不幸，官僚系统就很容易有这样的倾向）。然而，它有助于依法迫使首相在**联邦参议院**面前充分说明他的政策。这种顾问机构和议会各专门委员会之间的关系可能就会出现难题，尤其是如果议员还拥有联邦参议院外交事务委员会席位的话。对此下面将会详谈。

不论这种动议是否能够成为现实，我们先前描述过的那些局面**决不应当继续**得到容忍。因此，我们必须毫不含糊地指出，用来为这些事件辩护的高度虚假的伪君主制传奇，乃是保守党在俾斯麦的鼓惑基础上虚构出来的。隐藏在这个传奇背后的则是纯粹的**国内**党派利益集团，如今它们正隐藏在战时的"**投石党运动**"背后。这种充满了利害考虑的传奇被用于诸多目的：继续把官职——从**县长**直到部长的官职——作为保守党的俸禄，利用国家官僚系统作为保守党的选举机器，从而长期保持普鲁士的选举特权［即三个等级的选举权］，诽谤并削弱**德国国会**——尽管这是迄今最好的德国议会。今天，在政治后果已经清晰可见之后，如果要求使议会作为行政监督机构和筛选有能力的领袖的机构得到加强，我们知道前面就会传来不受控制的官僚系统既得利益者已经准备妥当的口号声："君主制处在危险中"。但是， 1442
如果君主继续听信这些自私自利的谄媚者，君主制的未来就确实令人生疑，应付民主幽灵引起的恐慌肯定就是王朝自身的事情，而不是我们的事情了。

（五）议会政体与民主化

一、平等选举权和议会制

我们这里关心的不是社会领域的民主化问题，而仅仅是和议会制有关的民主选举权问题，亦即平等选举权问题。我们也不拟讨论当时［1871 年］在俾斯麦的沉重压力下德意志**帝国**引进平等选举权在体制上是否可取。毋宁说，我们认为平等选举权乃是理所当然，事实上，要想废除这种权利而又不产生严重后果，那是不可能的。我们这里唯一需要研究的是实现议会政体和民主选举权之间的关系。

议会政体和民主化未必是相互依存的，而且往往还彼此对立。最近又出现了一种时有所见的看法，认为它们必然是对立的。据认为，真正的议会制只有在两党制条件下才有可能，而且除非两党都是在贵族显要的支配之下。英国古老的议会制相称于它的封建起源，的确不是大陆意义上的真正“民主”议会制，甚至在改革法案之后直到这次大战期间仍是如此。只要看一下那里的选举制度就很清楚了。财产与收入条件的规定以及有效的一人多次投票权竟然到了这样的程度——如果把它们放在德国，大概只能允许社会民主党现有议员的一半进入德国国会，中央党能够进入**德国国会**的议员将更是少得多。（但是，德国并不存在像爱尔兰人在英国议会中那种相应的角色。）直到张伯

伦的考科斯会制度，两党显然还是由**显贵**俱乐部支配的。克伦威尔军
队中的平等派首次提出了“一人一票”的要求，如果这种要求现在真
正得到了满足，再加上（最初曾受到限制的）妇女选举权要求，英国 1443
议会的特性无疑就会发生重大变化。在爱尔兰已经被削弱的两党制，将随着社会党人的推进而进一步瓦解，两党的官僚化则会继续。众所周知的西班牙两党制乃是基于两党显贵达成的默契——利用投票为各自的谋官者提供定期轮换的任期，目前看来正在屈服于走向认真选举的初步努力。但是，这种变化将会消除议会制吗？议会的存在与正式的权力地位不会受到民主选举权的威胁，这已被法国及其他实现了平等选举的国家所证明，它们的内阁成员通常都是出自议会，而且要依赖于议会的多数。当然，法国议会的精神大不同于英国议会。然而，研究民主给议会制带来的**典型**结果，法国并不是个合适的国家。它的稳定的人口那种突出的小资产阶级特性，尤其是小**食利者**的特性，为一种独特的政党显贵统治模式和一种独特的**巨额融资**影响力创造了条件，而它们在那些主要的工业国家并不存在。法国的政党结构放在那些国家就是不可想象的，正如英国历史上的两党制放在那些国家也是不可想象的一样。

仅仅因为现代经济阶层分化为资产阶级和无产阶级，以及社会主义作为一种大众福音的意义，两党制在工业化国家也是不可能的。事实上，这造成了一种“宗派”屏障，在德国尤其如此。况且，德国天主教组织作为一个保护少数的政党，作为宗派分布的一个结果，几乎不可能被消除，尽管中央党把它现有议员的数量仅仅归因于既定的选区安排。因此，今后将有至少 4 个，也许是 5 个政党在德国长期并存，联合政府将继续是必需的，一个精心运作的君主制的权力仍将具有重大意义。

二、民主化对政党组织与领袖的影响

然而，在拥有家长制地产的孤立的农村地区以外，政党内部的显贵统治到处都已难以为继了，因为现代大众宣传的出现使得竞选成功
1444 要依赖于理性化的政党经营，即依赖于党的官僚、党的纪律、党的基金、党的媒体和党的广告业。政党的组织越来越紧密。它们甚至努力动员青少年成为追随者，教会机构自动地在这方面为中央党效力，保守党则是得助于社会环境。其他政党也有自己的青年组织，比如“民族自由青年”以及社会民主党的青年团。同样，政党也会利用一切经济利益。它们组织生产与消费合作社，组织工会，让适当的成员担任专门设立的党内职务。它们开办学校训练鼓动者、编辑和行政雇员，有时还能获得大量基金支持。浩繁的政党文学产生了，并得到同一些由利益集团捐助的基金用以收购报纸、开办广告公司以及类似的经营事业。由于竞选费用以及必需的带薪鼓动者的数量不断膨胀，党的预算也急剧增加。在争夺一个大选区的激烈对抗中，没有至少 2 万马克的开支就不可能获胜。（抱有政治关切的工商业者现在把他们的战争利润大规模投给了各种所谓爱国报纸，这是为战后第一次选举预做准备。）政党机器的重要性与日俱增，旧日**显贵**的分量则每况愈下。

事情仍在变动之中。资产阶级政党的组织在内部协调程度上大不相同，我们已经注意到，目前大体上是这样的画面：地方活动一般是由**显贵**在“业余时”负责管理，仅在大城市由党的官员负责。在中等规模的社区，党的官员都是报社编辑部或律师事务所的主管。只有较大的选区才有巡回的带薪书记。地方和地区联合体在不同程度上彼此合作提名候选人和拟订竞选口号。地区性联合体的参与特别要决

定于选举联盟和第二次预选的需要。地方组织的领袖会做出极为多样的努力去招募固定成员，其中公开集会发挥着主要作用。成员的活动非常有限，往往只是缴纳党费、捐助党报、参加大体上是定期的有党的演说家出席的集会，在选举期间自愿参加一定的工作。作为回报，他们至少可以有机会正式参与地方党的执行委员会和发言人（Vertrauensmänner）的选举，并根据地方的规模也有机会直接间接地参与选择党的代表大会的代表，不过一般来说，所有的候选人都是由 1445
常任领袖和官僚的核心层指定，而且多半也是从他们当中产生的，另外还会增补少数显贵，他们由于自身的名望、个人的社会影响或者乐于做出财政贡献而有用和有功。因此，普通党员的参与仅限于在相对较长的间隔之后举行的选举期间提供后援和投票，以及对将要形成的决议进行辩论，而辩论的结果大体上总是由领袖控制的。地方领袖和选区官员大换班的情况十分罕见，即使有，也几乎总是内部反抗的结果，而这种反抗大都与个人性质的纷争有关。并不属于任何组织但被各个政党争取的普通选民则是完全消极的，政党主要是在竞选期间才注意到他们，此外就只是通过宣传去影响他们。

一如前述，社会民主党的组织［比资产阶级政党组织］要紧密得多，也包括了大量现成的选民，民主的形式内部则是严格的纪律和集权。右翼政党的组织一般都比较松散，而且更多地依靠地方显贵，不过现在已经得到了农民协会——它拥有严密的群众组织——的支持。在中央党内，集权主义和威权主义领导权在形式上看已经极为发达，但事实却反复证明，神职人员的权力在所有非教会事务上都受到了限制。

目前的发展阶段已经明显结束了旧日的事态，其间选举已经习惯

于在意识形态专家阐述，经报端和公共集会宣传讨论的观念与口号基
础上举行，候选人由专门委员会提议，并且当选者联手组成其成员保
持灵活性的政党，最后，这些议会团体形成了对全国各地同声相应的
人们的领导权——尤其是制定下次选举议题的领导权。比较来说，现
在政党官员到处都在作为政党战略的动力而出现，尽管出现的速度不
尽相同。和他一起出现的还有日趋重要的有组织的筹资活动。长期的
财政困难需要固定的党费，这对于社会民主党那样建立在阶级基础上
的群众组织来说无疑发挥着极大的作用，然而，这种财政困难也一再
使得习惯于占据主导地位的政党赞助人重新坐大，即使在社会民主党
内，他们也从未完全缺席。在中央党内，一个单独的赞助人奥古斯
1446 特·蒂森（August Thyssen）先生，如今已可自信他的社会地位至少
相当于大主教。财政赞助人作为资产阶级左翼政党的收入来源，其重
要性并不太大，但是对于右翼政党来说就重要得多。他们对于民族自
由党以及老牌的自由保守党这样的温和路线政党必然有着最为重要的
作用，因此，这些资产阶级政党目前的中等实力，最适合作为大概的
尺度来衡量金钱本身——这意味着由个体赞助人提供的资金——在平
等选举权基础上的选举中的重要性。不过，即使就这些政党的情况而
言，也不能说是财政赞助人的支持给它们带来了选票，尽管这种支持
对于它们来说不可或缺。毋宁说，它们是靠财权与大批文人奇特的混
合婚姻而存在的，这些文人尤其包括在情感上念念不忘俾斯麦时代记
忆的学院派和非学院派教师。与它们的选票数量相比，把它们认作捐
助者的资产阶级媒体却多得不成比例，这些媒体的路线也被完全机会
主义的广告媒体以减弱了的形式所效仿，因为这碰巧都合乎政府和工
商业界的需要。

像在其他地方一样，在德国，与官僚化和理性的预算相伴的也是民主化，不论德国各政党内部社会结构的差别多么强烈。这使远比以往人们熟知的**显贵**领导的政党更连续，更紧张的选举活动成为必要。一个今天的候选人适合于在他的选区每个小村镇必须发表的竞选演说，他在地方的巡视和报告，党的媒体对于信息流通、老生常谈以及各种广告的需求，都在不断递增。可以说，政治搏斗手段的剧烈与无情也同样如此。这往往作为政党的特性之一而被人哀叹和谴责。然而，诉诸这些手段的并不仅仅是政党机器，掌握着权力的政府机器也毫无二致。俾斯麦时代从所谓“归尔甫基金”获得财政资助的媒体，特别是 1878 年以后，其手段之无耻和良心之匮乏，简直就是无与伦比。完全依靠支配性的政府机器开办媒体的努力至今仍未停止。这些搏斗手段的存在和品质，与议会政体的发展程度毫不相干，与选举权的发展阶段同样毫不相干；毋宁说，这些手段纯粹是产生于**大众**选举，而不论选举机构是不是政治上负责任的领袖的补充基地，也不论他们是不是只能像在德国这样热衷于利益集团代表和小庇护权的消极政治。[43] 在后一种情况下，党争尤其会采取低级的形式，因为推动党争 1447
的是纯粹的物质利益和个人利益。它有可能也必然会借助刑法手段以阻止对一个对手的个人荣誉和私生活的政治攻击，阻止情绪化虚言妄语的肆意扩散。然而，只要存在着决意追求物质利益的选举机构，政治斗争本身的实质就不可能改变。即使削弱议会的重要性和水准也几乎不可能改变这一点。人们所能做的只是必须承认这个事实。任何审美性的或者道德化的蔑视态度对于国内政治改革的争论都是毫无用处的。这里的政治问题仅仅在于：政治搏斗手段与组织形式的逐渐民主化会给议会内外的政治经营结构带来什么后果？刚刚提到的这项发展就与我们先前讨论的议会事务的经营密切相关。

在议会内外都需要一种典型人物：**职业**政治家，一种至少在观念上，但多数情况下是在物质上把政党政治视为生活内容的人物。[再说一次：]这种人物是大众选举基础上政党活动理性化和专业化不可避免的产物，不管我们对此是爱是憎。在这方面，无论政党由于议会制的推进能够发挥什么程度的政治影响和承担多大程度的责任，情况都没什么两样。

[我们已经看到]有两种类型的职业政治家：一种是在物质上“靠”政党和政治活动为生，在美国的条件下就是那些大大小小的政治“经营者”或者党老大，在德国的条件下则是政治“工作者”以及带薪的政党官员。另一种则是“为”政治而生，拥有独立的财产并受自身信念的驱策，政治已经成为他们的生活核心，比如保罗·辛格（Paul Singer）那样的社会民主党人，同时又是大家风范的党产资助人。[44] 这里应当澄清的是，我们并不否认政党官员中存在“理想主义”。至少就左翼政党而言，在它们的官员中可以看到大批无可指摘的人物，这在其他社会阶层中就很少见。然而，尽管理想主义远不是一个人的财力状况在发挥作用，但富裕党员却更有条件“为”政治而生。恰恰就是这个因素，即经济上独立于在上者与在下者的那些人，对于政党生活来说才是最合意的因素，但愿他们不会彻底消失，尤其
1448 是不会从激进政党中消失。当然，真正的政党经营在今天并不是单纯由他们操作的，在议会之外从事大量党务工作的始终是党的官僚。然而，由于专心致志从事这种经营，这些官员绝不总是最合适的议会候选人。社会民主党人是仅有的重要例外。但在大部分资产阶级政党中，受官职牵累的党书记并不会成为最佳候选人。在议会内部，政党

官员的主导地位不会带来有利影响，无论它的代表权多么合意，多么有用。但即使在最官僚化的政党——社会民主党内，也不存在这种主导地位。事实上，在“官僚精神”的支配导致损害实际领袖的地位方面，党的官员带来的危险相对最小。这种危险更多的是来自为了吸引选票而被迫照顾那些有关组织，由此会导致那些组织的雇员渗入政党候选人的名单，如果采取比例选举制，即要求对名单投赞成票，这种现象就会与日俱增。[45] 由这种雇员组成的议会在政治上毫无用处。不过确实，像政党本身与工会这样的组织，其雇员的精神根本不同于公务员的精神，前者是在与公众的斗争中受到训练的，后者则是在文件柜的包围中和平地工作。尤其在那些激进政党中，特别是社会民主党，官僚精神制造的这种危险相对来说是最小的，因为激烈的政治搏斗抵消了那种僵化为食禄者阶层的趋势（即使对这些政党来说也不容忽视）。然而，甚至在这些政党内，也只有少数真正的领袖是出自党的官僚。

在所有民主化的议会与政党中，今天对政治经营提出的要求所产生的结果是，一种职业作为补充议会成员的基础，正在上升为一个特别突出的角色，这就是律师。除了法律知识以外，更为重要的是，与受雇的法学家担任公职不同，这种职业就是要与对手进行斗争，为了进行这种准备，一个纯物质的因素就至为关键：拥有私人事务所——这在今天对于一个职业政治家来说乃是绝对必需。任何其他自由经营者，因受其自身经营活动的负担所累，都不可能满足日常政治活动不断增多的要求，他要变成一个职业政治家可能就不得不放弃他的本职。律师相对来说则比较容易回旋以给他的活动提供技术和心理基
础。常有人错误地悲叹说，议会民主制中的“律师支配”之所以那么 1449

便利，正是因为德国议会至今不能向它的成员提供适当的办公场所、信息服务和职员班子。[46]然而，我们这里不想讨论议会经营过程的种种技术方面的问题。我们更想知道的是，在民主化的压力下以及在职业政治家、党的官员和利益集团雇员与日俱增的重要性的压力下，政党**领袖**会朝着哪个方向发展，以及这对议会制生活将造成什么影响。

三、民主化与煽动主义

德国文人的流行观点匆匆忙忙就解答了民主化的影响问题：**煽动家**将崛起到最高地位，而成功的煽动家就是那种在争取大众时最无所顾忌的人物。把生活现实加以理想化是毫无益处的自欺欺人。断言煽动家越来越重要，就这个消极意义而言往往是正确的，如果恰当理解，则是完全正确的。从消极意义上说，同一断言也适用于民主制，正如几十年前一位著名将军就君主制的影响对一位专制君主所说："陛下很快就会仅仅被无赖所包围。"实事求是地考虑民主选择领袖，总是意味着与其他组织及其选择制度进行比较。只要看一下官僚制组织——包括出类拔萃的军官团——的人事事务就足以澄清以下事实：一个上司被下属们真正承认为"适得"其所，这并非常例，而是例外，一个迅速升迁的新上司尤其如此。无论对任命者的动机还是对那些特别走运的人为获得任命所使用的手段，绝大多数严肃的内部人都会抱有深刻的怀疑态度，且不说还有种种小肚鸡肠的流言蜚语。但是，这种多半是沉默的批评并不为毫不知情的公众注意。人人都能感同身受的无数经验告诉我们，最能确保提升的那些品质，就是对那部机器的顺从程度，就是下属对其上司感到"舒适"的程度。一般来说，这样选择出来的肯定不是天生的领袖之一。

在大学的任命方面，相当多的情况下在内部人当中也会出现同样
的怀疑态度，尽管学术成就的公开性质能够使公共控制发挥作用（这 1450
在通常情况下并不适用于政府官员）。然而，政治家，特别是正在获得公共权力的政党领袖，会由于对手和竞争者的批评而受到公众的仔细审视，他们在与他的斗争中肯定会无情地公开他向上攀升的动机和手段。因此，冷静的观察可以表明，总的来说，对政党煽动家进行选择所遵循的标准，决不会逊于官僚系统闭门选择时遵循的标准。只有美国这样的新兴国家提供了相反的事例，但在欧洲的日耳曼国家，否定这个说法显然是没有根据的。此外，即使世界大战之初出现的一个完全不称职的参谋部首脑［赫尔穆特·冯·毛奇（Helmuth von Moltke）］，也不会被认为是对君主制补充领袖的能力进行抨击的证据，所以，把补充领袖的过程中犯下的错误作为抨击民主派的证据同样是不可接受的。

然而，我们不想更多地进行这种在政治上徒劳无益的比较和指责。关键问题在于，就国家领导权的任务而言，只有那些在政治斗争过程中被选择出来的人物才能有备而来，因为政治的本质就是斗争，概莫能外。仅仅是碰巧出现的事实是，总的来说，更有效地完成这种准备靠的是广受诟病的“煽动手腕”，而不是职员们的办公室，这又为有效行政提供了极为优越的训练机会。当然，政治煽动可能会被惊人地滥用，一个缺乏非凡才智和政治品格而获得强大权力地位的雄辩家就会出现这种情况。但是，这个描述甚至不适用于奥古斯特·倍倍尔，[47]因为他有人品，尽管他缺乏非凡头脑。他经历了［1870年代的］迫害时期，虽然成为［社会民主党］最早的领袖之一是个意外，

但也是因为他的个人品质给他带来了群众的无条件信任，这是那些在才智上远更优越的党员无法匹敌的。欧根·李希特（Eugen Richter）、恩斯特·利贝尔（Ernst Lieber）、马蒂亚斯·埃茨贝格尔（Matthias Erzberger）也都属于相近的类型。[48] 他们都是成功的“煽动家”，与那些才智和气质远更优越的人形成了鲜明对照，尽管后者在群众面前的滔滔雄辩令人折服，但却不可能在党内获得权力，这并非偶然——但这不是民主化的结果，毋宁说，是有力抑制“消极政治”的结果。

民主化与煽动相辅相成，但是再说一遍，它们与体制的性质无关，而是仅仅意味着群众可能不再被看作纯粹被动的行政客体，这就意味着群众的态度有了某种主动的重要性。毕竟，现代君主制也在以
1451 它们各自的方式选择着通往煽动主义的道路。它们利用演说、电报以及各种各样的宣传手段提高自身的声望，没有人能够断言这种宣传比［政党领袖在］竞选时期最狂热的煽动对国家利益的危害更小。事实证明情况恰恰相反。这次战争期间我们甚至看到了一位海军上将热衷于煽动的现象。前首相［贝特曼－霍尔韦格］与海军上将冯·蒂尔皮茨（von Tirpitz）的管辖权之争在一场乱糟糟的竞选运动中被将军的追随者暴露在公众面前（正如**德国国会**正确强调的那样，这是在将军的默许下进行的）；卷入这场冲突的国内利益集团全都站到了将军一边，因为，一个只有对事实（即无限制潜艇战问题）具有最全面的知识才能加以解决的军事和外交问题，变成了在大众中间具有无比煽动性的目标，而大众对于这个情况又确实“无力鉴别”，就是说，他们没有任何判断手段。因此，没有人能够断言“煽动主义”是立宪民主政体的特性。1918 年 1 月殖民地总督之间令人厌恶的倾轧和内阁候选人之间的阴谋诡计也被端到了媒体和公众集会上。这些煽动活动都产

生了某种作用。在德国，我们有**煽动主义**和群氓的压力却**没有民主**，毋宁说正是**因为缺少**有序的民主所致。

然而，我们这里想要讨论的只是煽动主义对于政治领导权结构的实际重要性，因此，我们要提出的问题就是民主与议会制之间的关系。

四、平民表决基础上的领导权与议会控制权

能动的大众民主化意味着政治领袖不再因为他在某个**显贵**圈子中证明了自己而被宣布为候选人，然后因为他在议会中的业绩而成为领袖，而是意味着他借助于大众煽动手段赢得了大众对他个人的信任和忠诚并获得了权力。实质上，这意味着一种向**恺撒制**选择模式的转变。实际上，任何民主都会出现这种趋势。毕竟，平民表决就是一种特指的恺撒制技术。它不是寻常的投票或选举，而是一个人忠于天职的宣示，他需要这种拥戴。这种恺撒式领袖要么通过军事方式，作为拿破仑一世那样的军事独裁者而崛起，享有经平民表决得到确认的地
位，要么以市民方式而崛起：通过平民表决的确认并在军队的默认下 1452
作为非军事的政治家获得权力，比如拿破仑三世的情况。这两个途径都与议会制原则格格不入，正如它们（当然）与世袭君主制的正统性格格不入一样。任何方向上的由平民选举最高统治者，此外，任何依赖于大众信任而不是议会信任的政治权力，这也包括兴登堡那样深得民心的军事英雄的地位，都要取决于通往这些“纯粹的”恺撒制拥戴形式的道路。美国总统的地位尤其如此，他对议会的优势就是来自他（在形式上）获得的民主提名和选举。像俾斯麦那样的专制人物对普选所寄托的希望，以及他反议会的煽动方式，也是朝着同一个方向发

展，尽管它们在表述与措辞上适应了他的大臣地位的特定正统条件。俾斯麦去职的情形显示了世袭正统性对这些恺撒式权力的反应方式。任何议会制民主都会迫不及待地试图消除选择领袖的平民表决手段，因为它危及到了议会的权力。现行的法国宪法和法国选举法就是一个突出的范例，那里因为布朗热主义的威胁而［在 1889 年］废除了照单全选投票制（list voting）。然而，法国的议会制民主也为此付出了代价，那就是最高权力在大众当中缺乏权威，这是典型的法国现象，而且十分典型地有别于美国总统的地位。相比之下，在民主化的世袭君主制那里，恺撒制的平民表决因素总是大为削弱的，但并非不存在。实事求是地说，现任英国首相［劳合·乔治］的地位根本不是基于议会以及议会党团的信任，而是基于乡村大众和战场军队的信任。议会只是（内心相当勉强地）给予默认。

因此，通过平民表决选择领袖和由议会选择领袖，其间的反差是完全实在的。然而，这并不意味着议会的存在毫无益处。对于事实上的恺撒式大众代表，英国议会的存在可以保证 1）他的权力地位的连续性和 2）对他的权力的监督，3）维护公民权利，4）一个可供政治家争取大众信任的适当的政治试验场，5）一旦恺撒式独裁者丧失了大众的信任即可和平地淘汰他。不过，由于重大的政治决策——即使且尤其是在民主条件下——不可避免总是由少数人做出，大众民主自伯里克利时代以来所获得的成就，始终就是以对恺撒式的领袖选择原
1453 则做出重大让步为代价的。例如，在那些大规模的美国自治市，历来就是仅靠平民表决产生的市长遏制腐败，大众的信任赋予了他建立自己的行政机构的权利。而且无论何地，民主的群众性政党都会发现自己面临一些重大任务，它们不得不或多或少地无条件服从于得到大众

信任的领袖。

我们刚刚以英国为例说明了这种情况下在大众民主中保留议会的重要性。然而，不仅是那些主观上真挚的“社会主义者”，即使那些主观上真挚的“民主主义者”，对议会经营的憎恶也到了如此程度，乃至鼓吹什么“没有议会的社会主义”或者“没有议会的民主”。当然，谁都不可能“拒绝”极为强大的反感。但必须澄清在我们这样的君主政体国家它们会造成什么样的实际后果。在受到威权主义官僚系统左右的德国政治秩序中，如果没有任何议会制成分，那将会带来什么样的民主？这种纯粹是**被动的民主化**大概就是**不受控制的官僚支配**最纯粹的形式，我们对此再熟悉不过了，它自称是“君主政体”。或者，如果我们把这种民主化与这些“社会主义者”所希望的经济重建联系起来，那就是古代公益性派捐国家的一种现代理性翻版。由国家官僚系统给予正当性并（据说）加以控制的利益集团，从积极意义上说可能是些合作自治体，从消极意义上说则可能是些公共负担的载体。于是，公务员可能要由这些以利润为取向的联合体进行监督，但既不是由君主监督，也不是由公民监督，因为前者可能完全无能为力，后者又可能缺乏一切代表。

让我们更切近地看一下这个未来的景象。就可以预见的未来而言，这种被动的民主化不可能最终消除私人经营者，即便那时实现了影响深远的国有化；毋宁说，它可能意味着大大小小的资本家、无财产的小生产者以及工资收入者的工团化，由此，每一类别的经济机会全都会受到一定程度的调整，并且受到垄断性保护——这就是问题的关键所在。如果说这就是社会主义，古埃及的“新王国”早就以大体上同样的方式成为社会主义国家了。只有未雨绸缪让大众的意志对这种工团化的经济管理发挥决定性影响，那才可能谈得上民主。如果没有一个议会保障大众的权力和对辛迪加的持续控制，就是说，如果没有一个能够对这种行政的实质和人事进行干预的民主化议会，那就不
1454 可想象怎么才能实现这种民主。如果不存在现有类型的民意代表，大概就要指望这种产业联合体的经济发展出一种保护每个人生计的行会政策，从而走向一种静态经济并消除一切对经济理性化的关切。凡是没有或极少资本的经济群体，一旦被垄断性组织起来，对合作**保障**生计的考虑就变得至关重要。凡是把这一点看作一种“民主”或“社会主义”未来的理想的人，都会欢迎这么做。但是，抱着文人墨客极为浅薄的半吊子态度，就会一再出现一种混淆，即误把利润和工资权益的卡特尔化当作一种理想，按照这种如今正在被大肆鼓吹的理想，货物的生产在未来将是为了满足需求，而不是像现在这样为了追求利润。要想实现这个最终理想，必需的开端显然不是利润权益的卡特尔化与垄断化，完全相反，是对消费者权益的组织。未来必须建立的这种经济组织将不是国家控制的强制性生产卡特尔、行会及工会，而是国家控制的庞大的强制性消费合作社，后者又会按照需求去调整生产活动，就像某些消费合作社（通过自己的生产）已经做过的那样。于是问题再次出现了：如果没有一个也能持续控制国民生产的议会，那就无法想象“民主”权益——即消费者大众的权益——如何才能得到保护。

不过，这种白日梦该做够了。任何一个民主主义者都不会严肃要求彻底废除议会，无论他多么反对目前的议会形式。大概任何一个民主主义者都愿意保留议会作为强化**对行政的公共控制**，作为决定**预算**，以及作为审议和通过**法律**的机构——就这些功能而言，议会在任

何民主制度中都是不可替代的。反对者如果是真诚的民主主义者而不是像常见的那样不正派地掩护官僚的权力利益，那么他实际上想要的是两个东西：1）不应通过议会的决定，而是通过强制性的公民复决投票去制定法律；2）议会**制度**不应存在，意思是指议会不应成为国家领袖的补充基地，议会的信任不应成为他们任职期限的决定因素。一如众所周知，这是美国民主的公认规则，它部分是源于对国家首脑及其他官员的直接民选，部分则是源于所谓“三权分立”原则。然而，美
国的民主也足够清晰地得出了教训：以这种方式消灭议会制并不能比 1455
议会制本身更多地保证行政的公正廉洁，而且事实恰恰相反。诚然，国家首脑的民选结果总的来说并不算糟糕，最近几十年间确实不胜任的总统，至少不比世袭君主制的不合格君主更多。然而，对于公务员的民选原则，美国人自身也仅仅满足于非常有限的程度。如果普遍适用这项原则，就不仅会消灭在技术上使官僚机器与众不同的官僚制纪律，而且还不能在一个大国中提供任何保障以维持官员的品质。它会让某个无形的小集团控制候选人的选择，与议会党团及其领袖相比，这种小集团完全不用对公众负责。候选人则被提交给没有技术判断能力的选民。用这种形式填补需要专业技术素养的行政职位是最不合适的。显然，在美国，不论涉及的是最现代的行政功能还是法官的职位，由国家首脑任命的训练有素的官员，在技术和廉洁方面的优势都堪称无可比拟。毕竟，选择训练有素的公务员和选择政治领袖是两个不同的事情。相比之下，美国有的州议会无权无势，**因而**腐败公行，对它们的不信任就导致了民众直接立法的发展。

作为选举和立法手段的平民表决有其内在的技术局限，因为它的答案只有两个：“同意”或“反对”。在任何一个大规模的国家，它都

不可能接手一个最重要的议会功能：决定预算。在这样的国家，平民表决还会严重阻碍由彼此冲突的利益集团达成妥协而形成的法案得以通过，因为，如果没有通过谈判调停利益冲突的手段，那么绝大多数见仁见智的理由都会导致“反对”。公民复决投票并不懂得妥协，而在任何一个大规模国家，多数法律都是由于根深蒂固的地区、社会、宗教以及其他分裂而建立在妥协基础上的。在一个存在严重的阶级紧张关系的大规模国家，除了导致财产被充公与“国有化”的累进所得税，很难想象平民投票还能接受别的税法。这些困境大概不会引起一个社会主义者的注意。然而，我们迄未听说有哪个面临公民复决投票压力的国家机器曾有效地强制实施过这种往往在名义上很高的，一定程度上是没收性的财产税；美国不是这样，瑞士的州也不是这样，它
1456 们那里的条件非常有利，因为人民会凭借古老的传统从实质问题的角度进行思考，而且在政治事务方面具有良好素养。此外，平民表决原则还会削弱政党领袖的自治性作用和公务员的责任。否决主管官员提案的平民表决进而否决这些官员本身，并不会也不可能像议会制国家的不信任投票那样迫使他们辞职，因为这种否决投票不像针对政府的议会多数票一样，看不出理由也帮不上投否决票的大众什么忙，使他们能用自己的负责任领袖取代被否决的官员。

最后，国家官僚系统越是直接管理经济经营活动，就越是会出现一种危险的情形：没有一个独立的控制机构能够像议会那样有权公开要求从全能的官员那里得到信息并对他们进行问责。纯粹平民表决的民主有一个专门手段，即直接民选和公民复决投票，在罢免问题上更其如此，这完全不适用于在一个大规模国家选择训练有素的官员和评判他们的业绩。由于既得利益集团的货币对于政党竞选——甚至在议

会选举中——的重要性不容忽视，如果一个大规模国家的民众选举和公民复决投票完全占了上风，这种货币的权力以及它为煽动机器提供的动力可能会愈加巨大。

当然，强制性投票和公民复决投票确实与下面这种经常遭到强烈谴责的情形截然对立：议会制国家的公民履行政治功能，无非就是每隔几年把各个政党给他准备好了的选票投进票箱。有人质疑这是否真的是一种政治教育手段。毫无疑问，只有在前面讨论过的条件下，即只有在对行政进行公共监督与控制——这使公民习惯于持续观察自己的事务如何被管理——的条件下，它才是真正的政治教育手段。然而，强制性公民复决投票却可以在几个月之内频繁地把公民召到投票箱前以决定法案；强制性选举则会迫使公民为漫长的候选人名单投票，而他对这些候选人却根本一无所知，也无从判断他们任职的**技术**资格。诚然，缺乏技术资格（君主本人同样没有这种资格）本身并不是反对民主选举官员的论据。要想知道一双鞋子是否合脚，当然不必先成为一个鞋匠。但是，如果专业官员由民众选举，那么不仅会出现一个极大的危险，即民众的日益冷漠，而且他们还会做出极大的误判，
即无法辨别谁应对弊政负责，但在议会制度下，选民就会直接要求政 1457
党领袖为他们任命的官员业绩负责。如果事涉技术上比较复杂的法案，公民复决投票的结果将会再容易不过地受到隐藏在幕后但却游刃有余的利益集团的操纵。在这方面，欧洲各国的条件因其高度发达、训练有素的官员群体而从根本上不同于美国，在美国，公民复决投票被认为是对付下级立法机关不可避免的腐败的唯一矫正办法。

这些论据和在适当情况下利用公民复决投票作为**最后手段**并不矛盾，尽管大规模国家的条件不同于［适用这种办法的］瑞士。但是，

大国的平民表决并不会使强大的议会成为多余。作为对官员进行公共控制和真正实行“公共”行政的机关，作为淘汰不胜任的最高官员的手段，作为一个决定预算和对各个政党进行比较的中心，议会对于选举式民主来说始终是不可或缺的。在世袭君主制条件下，议会尤其不可或缺，因为君主不可能只与民选官员共事，如果由他任命官员，他也不可能给予袒护，以免连累他在国内的特殊功能：在政治气氛与权力平衡不明朗的情况下使平和的解决方案成为可能。除了对“恺撒式”领袖的牵制以外，议会在世袭君主制条件下也是必需的，因为那里有可能长期不会出现得到大众普遍信任的人物。继承问题在任何地方都是纯恺撒式支配的阿喀琉斯之踵。如果各个强有力的代表团体有效的共同支配能够维护政治连续性和国内秩序的宪法保障，即便出现了一个恺撒式领袖，他也极容易遭到抵制和淘汰又不会带来国内政治灾变的危险。

显然，真正使敌视议会的民主主义者感到不快的关键问题，是党派政治追求的，因而还有议会党团的高度自愿性质。我们已经看到，“能动”与“被动”的政治参与者的确处在这个制度的对立两极。政治经营是**既得利益者的事业**。（我们不是指的在任何国家形态中都会对政治产生影响的物质意义上的既得利益者，而是指的那些政治上的既得利益者，他们追求的是政治权力和责任以实现某些政治观念。）恰恰是这种利益追求，才是问题的实质所在。因为，不是政治上被动的“大众”产生了他们的领袖，而是政治领袖招募追随者并通过“煽动”赢
1458 得了大众。即使在最民主的国家形态中也是如此。所以，提出相反的问题就更有针对性：高度发达的大众民主中的政党，在任何情况下都会允许富有领导能力的人物掌握权力吗？它们在任何情况下都会吸收

新观念吗？因为它们已经完全像国家机器那样走向了官僚化。要想建立一个拥有必需的组织机构和媒体的全新政党，在今天需要大量劳务和资金的投入，而且现有媒体的牢固权力表明，做到这一点非常困难，实际上几乎是不可能的。[在目前十分特殊的战时条件下，只有发了战争财的财阀才能在这方面（随着祖国党的建立）获得成功。]

现有的政党已经定型。它们的官僚职位给任职者提供了“养分”。它们的观念库大都已经固定于宣传文献和党的媒体中。出版商与作者的物质利益通过观念的变革阻止了这些文献的贬值。最后，必须靠党为“生”的职业政治家都不想看到他的智力工具——观念与口号——过时。因此，只有在政党完全回避原则，仅仅热衷于官职庇护权，并且把它们认为能够获得最多选票的“政纲条目”统统添加到它们“论坛”中去的地方，比如在美国，都会相对迅速地接受新观念。

新领袖的崛起看上去甚至更为困难。德国的各个政党由同一些领袖掌舵已经很长时间了，这些领袖的人品绝大多数都值得给予崇高的敬意，但他们的才智或者他们政治气质的实力却往往并无过人之处。我们已经提到了针对新人的典型的行会式怨恨——这是势所必然。就此而论，各政党的情形也像美国的政党一样存在某些差异。美国政党的统治者是党老大，他们有着非常稳固的地位。他们只想要权力，不在乎荣誉或责任。为了保住自己的权力，他们不会公开插手候选人地位的变动，否则将会导致对他们的政治惯例的公开讨论，从而危及本党的机遇。因此，他们往往会——尽管是不大情愿地——提出“新人”作为候选人。只要这些候选人在他们看来是“可靠的”，别的他们就不介意了。如果这些人凭借自身的“新颖”，因而凭借某些特殊的成就可以大力吸引选票，就是说，如果这些候选人的出现为竞选胜

利所需，党老大即使不情愿，也必须为他们提名。这些在直接选举条
件下形成的做法，根本就不可能移植到德国，而且在德国几乎没有人
会向往。同样不可移植的还有法国、意大利的条件，即这些国家政党
1459 结构的影响，在它们的条件下，只有非常有限的政治人物被认为适合
于担任内阁职位（ministrable），偶然也会补充一些新人，按照时有不
同的组合轮流担任领导职务。

英国的条件就更为不同。足够数量具有政治气质和领袖资质的人物是沿着议会职业路线（这里不可能对此叙述），也是在严格按照考科斯会制度组织起来的政党内部出现和上升的。一方面，议会职业为怀有政治抱负、权力意志和责任感的人物提供了大好机会；另一方面，只要这些具有政治气质和天赋的人物证明自己能够赢得大众的信任，大众民主的“恺撒制”特征就会迫使政党屈从于这些人物。正如事实一再证明的那样，一个潜在的领袖获得成功的机会，其作用就是政党获得权力的机会。对于领袖的崛起来说，严重的障碍既不在于党的恺撒制性质和群众煽动，也不在于它们的官僚化和日趋刻板的公共形象本身。尤其是组织良好、真正希望行使国家权力的政党，必定会**服从**于那些赢得了大众信任的人物——**如果**这种人具有领导能力的话；相比之下，法国议会中的松散追随者却是纯议会阴谋的真正中心，这已是众所周知的事情。不过，团结一致的政党组织，尤其是领袖必须按照惯例的规定通过议会委员会的工作以训练和证明自己，又会充分保证这些恺撒式的大众受托人尊重既定的宪法安排，对他们的选择不是出于纯粹的情感因素，不是仅仅因为贬义上的“煽动家”品质。特别是在选择领袖的当代条件下，一个强有力的议会和负责任的议会党团，因而还有它们的这一功能——作为政治家的大众领袖的补充基地

和实验场，就是保持政策的连续性和一致性的基本条件。

五、战后德国的有效领导权展望

对于德国来说，大众民主的政治危险首先在于情感因素将主导政治这样的可能性。“大众”本身（且不论特定情况下构成大众的是哪些社会阶层）只是考虑当下。全部经验都在告诉我们，大众总是容易受到纯粹情感的和无理性的直接影响。（顺便说说，“自我治理”的现 1460
代君主制也是一样，也会产生同样的现象。）成功的政治——尤其是成功的民主政治——毕竟要依赖于冷静而清醒的头脑，进行负责任的决策时保持这样的头脑就更需要 1）决策者的人数更少，2）每个决策者以及他们所领导的每个人的责任更清晰。例如，美国参议院对众议院的优势，很大程度上就是因为参议员的人数更少；英国议会的杰出政治成就则是明确责任的产物。只要缺少这种明确的责任，政党制度也会像任何其他支配一样失灵。从国家利益的角度来看，坚定组织起来的利益集团，其政治功效也要依赖同样的基础。还是从国家利益角度来看，无组织的“大众”——街头民主！——则是完全无理性的。在议会要么无权无势，要么政治上不可信任的国家，这种无理性最为强烈，而且尤其说明这种国家不存在**理性组织起来的政党**。在德国，不仅拉丁国家的咖啡馆文化阙如，而且存在着更为平和的气质，此外还有工会——但也包括社会民主党——这样的组织，一起构成了极为重要的抗衡力量，抵消了典型的平民表决民族那种无理性的直接暴民统治。从［1892 年的］汉堡霍乱流行以来，凡是国家机器捉襟见肘之时，总是一再求助于这些组织。绝不该一熬过了艰难时世就把这一点置之脑后。

还是在德国，战后的艰难岁月将是对大众纪律的严峻考验。尤其是工会，无疑将面临空前的困难。积极进取的年轻工人，现在的收入是和平时期的十倍以上，而且享受到了从未有过的短暂自由，他们正在变得不习惯任何意义上的团结感，不习惯培养任何适应并有益于有组织的经济斗争的能力。到这一代青年面对和平的常态时，将会爆发“未成年人的工团主义”。无疑，我们将会遭遇大量这种纯粹情感上的“激进主义”。在人口密集的中心地区完全有可能出现工团主义暴动的企图，像李卜克内西集团所代表的那种政治倾向也会由于严峻的经济局势而剧烈发作。我们必须要问，大众是否会**坚持不懈地**对国家抱有那种可以预料是毫无作用的否定态度。这是个胆略问题。结果将首先取决于“德国人的心中找不到恐惧的回音”*这种大话能否**在君主们那**
1461 **里得到证明**。此外，结果还将取决于这种爆炸性局面是否会再次引起有产者熟悉的那种恐惧，就是说，大众盲目愤怒的情绪化影响是否会造成资产阶级同样情绪化的盲目怯懦，一如不受控制的官僚统治受益者所希望的那样。

面对在任何国家都会出现——尽管在德国出现的频率要低于其他地方——的暴动、破坏以及类似的政治上毫无意义的暴乱，任何政府，包括最民主的与最社会主义的政府，如果不想看到俄国目前这样的后果，恐怕都会不得不宣布军事管制。就此而论，已无需再多置一辞。**但是**，政治上成熟且摆脱了怯懦的民族，其骄傲的传统总是会让他们在这种局面下证明自己的胆略和冷静的头脑，用暴力平定暴力，

---

* 韦伯的引语出自俾斯麦 1868 年对关税同盟议会发表的演说。

但其后则会尽力清醒地化解导致了暴乱的紧张关系——尤其是立即恢复对**公民自由**的保障，并且大体上不让这些事件干扰政治决策的方式。但在德国却完全可以肯定，旧秩序的受益者以及不受控制的官僚统治的受益者，将会利用工团主义者煽惑暴动的一切突发事件——不管它多么无足轻重——以恐吓我们那个平庸的资产阶级，不幸的是，那个阶级至今仍然非常地神经衰弱。在米夏埃利斯首相任期内那些最不光彩的经验中，我们必须看到利用资产阶级的**怯懦进行的投机**，它试图以制造轰动效应的方式，为了纯粹的党派目的利用少数人的和平主义狂热表现，全然不顾对我们的敌人——还有对我们的盟友——会带来什么影响。同样的阴谋在很大程度上还会在战后重现。彼时，德国民族的反应将会表明它是否达到了政治上的成熟。如果这些阴谋诡计竟然能够得逞，我们将不得不对我们的政治未来感到绝望——不幸的是，某些经验使这种前景显得很有可能。

德国左翼和右翼政党的民主化都是一个不可逆转的事实。右翼政党采取了肆无忌惮的煽动方式，这是哪怕在法国也看不到的现象。然而，选举的民主化已是刻不容缓的要求，再也不能继续延宕，德国的霸主邦［普鲁士］更其如此。除了其他种种考虑之外，国家的理由还要求，（1）由于平等选举权是今天结束选举权斗争的唯一途径，必须在前线士兵回来重建国家**之前**把导致了深切痛苦却又毫无结果的斗争的旷日持久性清除出政治舞台，（2）必须认识到，把复员士兵置于相对以下阶层来说是不利的选举地位，在政治上是不可接受的：那些阶 1462
层的社会地位、财产和顾客在士兵们为了待在国内的人们流血牺牲时却能够依然如故甚至与日俱增。当然，这种政治上的迫切需要是有可能受到阻碍的，但那将造成可怕的后果。一旦面临 1914 年 8 月那样的外来威胁时，这个民族将**绝无可能再次**团结一致。我们将被迫成为一个无关紧要的守旧国家，也许在纯技术方面还能保留非常出色的公共行政，但终归将是一个没有机会参与世界政治舞台的外省民族——而且还没有任何**道德**权利去参与。

（六）联邦制与引进议会政体*

在先前的一个场合笔者曾提出一项建议：[49] 为了帝国的利益，应当这样调整各邦国的选举权问题——在所有存在不同选举权等级的联邦成员邦，授予**所有参战者**以**最优**等选举权或选举权类型。从形式上说，这仅仅意味着帝国宪法的一个临时变革，因此联邦制原则仍原封未动。这项提议一旦付诸实施，求助普鲁士议会的做法将再无必要。对这个方案的抵制应是预料中事。

然而，笔者在柏林的一些报纸上却惊讶地读到了这样的说法：**普鲁士公民权**问题是纯粹的普鲁士内部事务，帝国的任何其他成员邦纠缠这一问题都是“干涉”普鲁士内政，甚至是企图把普鲁士“变成附庸”。[50] 我们可以完全忽略这一事实：必须就这项法律做出决定的德国国会，乃是**普鲁士**议会成员占压倒多数的国会，尽管他们无可否认并非普鲁士财阀统治的议员。为了阐明刚刚引述的这个说法的措辞价值，唯需澄清的问题就是**普鲁士议会**在**德意志帝国**中的地位。诚然，

* 本节在《经济与社会》英译本中因英译者认为“较多技术性质”而被删略，现据《剑桥政治思想史原著系列》英文本补译，原文的脚注均按上文注释顺序号改为章末注。

它被蒙上了一层薄薄的宪法套话的面纱。正如我们所知，皇帝兼普鲁士国王行使的权利，部分是他作为皇帝在帝国首相负责的条件下由帝国授予的，部分则是他作为普鲁士国王在普鲁士内阁负责的条件下指示普鲁士代表团由联邦参议院授予的。形式上说，帝国首相仅对德国国会负责，普鲁士大臣仅对普鲁士议会负责。一切都显得井然有序，也与联邦其他邦国的法律地位协调一致。相应于普鲁士的版图规模，它控制的联邦参议院选票也就是一半左右，于是，我们似乎看到了一个非同寻常的自我牺牲范例。只有比较切近的观察才能清楚地看到，普鲁士议会和某些纯普鲁士的当局占据了一种特殊的地位，与各邦国**所有**其他议会和当局的地位相比，基本上是一种完全不同的罕见的特权地位。

除了拥有“联邦主席”的权利以外，普鲁士在帝国中还享有一种特殊地位，这首先是得自宪法的要求（第五条，以及第七条第二款）：只需普鲁士在联邦参议院的投票就可以否决任何立法变革，不仅是在陆军和海军事务上，而且根据第三十五条还包括所有关税和消费税问题，因而也包括**贸易政策**以及所有与普鲁士有关的帝国行政措施。即便联邦中的**所有**其他邦国政府和整个德国国会全体一致决定支持变革，普鲁士也有权予以否决。在财政问题上，这种普鲁士特权在北德意志联邦并不存在，而这是《凡尔赛条约》——**巴登**第一个同意了该条约——的创新。从形式上说，普鲁士政府仅对普鲁士议会负责，因为是后者向联邦参议院中被赋予了这些特权权力的受托人发出指示。正如普鲁士保守派提出的著名税收动议所表明的，在利用这些权力时，普鲁士议会是毫不犹豫的。

此外，普鲁士还有权投出决定性一票（a casting vote）。它在联邦参议院有 61 票。然而，阿尔萨斯－洛林却要根据总督的指示投票，而总督是按照皇帝兼普鲁士国王的决定予以任免的。小邦国之一（瓦尔德克）早已由于财政原因被普鲁士管理和代表。因此，如果普鲁士除了阿尔萨斯－洛林的票数以外还把其余小邦国的票数控制在自己手中，那么所有三个王国、所有六个大公国、所有三个汉萨同盟城市以及那个最大的公国（不伦瑞克），加在一起也不可能构成一个多数。如果保守派关于未来依靠对联邦各邦国征税以弥补帝国赤字的建议被接受，那么未来所有中小规模的邦国实际上都将陷入瓦尔德克那样的境地。除此以外，普鲁士铁道部长还可以随时利用权力手段迫使这些政府屈从于他的意志。因此，只要不是纯粹的王朝事务或者绝对的邦国自主利益，在完全是帝国政治的问题上，普鲁士就始终拥有牢固的多数，因为在某种意义上说，各小邦国都是普鲁士指令的接受者，将来出于财政原因会更其如此。所以，这不是对**德国国会**负责，而是对**普鲁士议会**负责，根据宪法，普鲁士议会始终决定着普鲁士作为联邦参议院主席投出决定性一票时的态度，因而也决定着帝国的政策。

事情至此并没有结束。一如众所周知，宪法上的安排是，我们没有一支一元化的军队，而是一支皇帝作为最高统帅，由分遣部队构成的军队。然而，这种安排已被普鲁士国王与负责提供分遣部队的联邦各小邦国之间协议形成的军事公约所改变，后者的绝大多数已经在事实上把自己的军事主权转让给了前者。例如，与巴登的协议使“巴登”军队变成了**普鲁士**皇家陆军第十六团。在巴登的每一个较大城镇都能看到一个普鲁士派驻的地区指挥官，卡尔斯鲁厄则是普军的巴登总司令部驻地。一个普鲁士军事行政监察官，普鲁士食品供应局，以及经管要塞、医院和其他开支领域的普鲁士各行政当局，负责控制一切经济获利活动，巴登的商人和生意人在战争期间便尝到了他们权力的滋味。巴登的子弟则在普鲁士军事顾问推荐授予了普鲁士军衔的军官们率领下投入战争，而巴登当局与这种推荐毫无关系，甚至巴登君主也被排除在外。联邦其他邦国的局面也与此类似，只有那几个最大的邦国例外。

形式上说，在这些公约基础上的措置**根本不用**对议会负责，除非预算权利受到了影响，那时帝国首相必须至少是会签人之一。在其他情况下则是由国防大臣签署并在普鲁士陆军的条例公告上公布。然而，国防大臣既不受帝国首相指挥，也（在形式上）不对德国国会负责，因为他是**普鲁士**官员。然而，在普鲁士也不存在要求他作出回应的实质性反对意见，而且不存在有效提出实质性反对意见的手段，因为决定普鲁士军事预算的不是德国国会，而是普鲁士议会。

即使这种令人吃惊的事态，也还没有道尽普鲁士的特权。对德国国会负责的帝国首相，只是在形式上以首相资格管理联邦参议院。由于他作为普鲁士全权代表的身份，他在联邦参议院仅仅拥有一票（按照宪法第十五条，再加上第十一条，肯定就会出现这种情况）。然而，就其本身来说，他在形式上严格受制于普鲁士政府的指示，结果就是他的投票并不对德国国会负责。毋宁说，是**普鲁士**政府在为他的投票向**普鲁士**议会承担责任，因此，只要普鲁士议会决意行使权力，它对帝国的任何重大政治行动都有决定性的发言权。不可避免，帝国首相必须同时也是普鲁士外交部长。他未必也会担任普鲁士宰相，的确，情况并不始终如此。然而，如果他不是普鲁士宰相，他在联邦参议院就没有政治权力，因为他只是普鲁士的一个受托人并**服从于**普鲁士内阁。不过，如果他**兼任**普鲁士宰相，他就必须留意他的普鲁士阁员们的看法，尤其是要留意**普鲁士议会**的态度，尽管他同时还是帝国首相。

只有他作为“帝国大臣”的身份，才是为了“皇帝的”决定，因此也是为了表达他的意志而对德国国会负责的帝国首相，不论那是根据宪法还是根据单项法律需要他会签做出的决定。就帝国的立法而言，皇帝在原则上只是联邦参议院决定的发布者，没有自己的投票权。然而，有诸多法律却规定，制定特别法令应“由皇帝与联邦参议院达成一致意见”。还有些情况，法律则宣布在帝国首相负责的条件下只有皇帝拥有决定性权威。重大政策事务之一的对外政策就被宪法划入了这一范畴。国际条约、宣战与媾和就只能根据皇帝的意志去完成，他的决定也是独立于联邦参议院的（宪法第十一条）。解散德国国会是重大的国内政策事务，根据宪法，也需要皇帝做出决定（第二十四条）。权且搁置不论宣战问题，绝大多数条约以及解散德国国会，都需要联邦参议院（因而就是普鲁士）的同意，绝大多数德国重大政策的决定也几乎始终要迁就这样的奇特因素：帝国至今没有可与普鲁士御前会议相比的制度进行事前协商。由于联邦参议院是个投票机器，如何才能给予施瓦尔茨堡－鲁多尔施塔特（Schwarzburg-Rudolstadt）的政治家任何有分量的“建议”呢？由于御前会议的构成是个普鲁士事务，那么帝国首相被要求事后对德国国会作出答辩，就不可能改变那个纯普鲁士制度对政治进程发挥的往往是决定性的影响，尤其是在帝国首相缺少使他对德国国会有效负责的法律手段时。不存在帝国各部首脑之间举行团契讨论的规定。帝国各部都是一些彼此独立的部门，它们之间的关系表现为一种“部门”霸主之间长期斗争的形式。未来的历史学家大概会从档案文献中发现帝国各部就（比利时、波兰）战争期间出现的每一个问题留下的大量不同凡响而相互矛盾的备忘录。这些对抗只有一部分是出于客观原因，它们背后多是行政首脑之间的个人斗争。然而，一旦事态开始出现政治性质，所有这些备忘录通常都会变得像一堆废纸；按照公开声明的说法，1916 年 11 月对波兰的政策开始实施的那种方式是由军队统帅部决定的，但普鲁士议会及其大臣的影响无疑也应当对政策的实施方式承担责任。

不必继续开列这个清单了。我这里完全忽略了皇帝本身那种影响深远的、**纯**个人的权力，尽管普鲁士政府的构成方式当然会考虑普鲁士议会对所有这些决定也有影响。现在，如果普鲁士议会是在不同于德国国会的选举权基础上构成的，柏林政府就必须开始一种双重说明；它在德国国会提出了"能者之路畅通无阻"的口号，[51] 但在普鲁士议会又提议，应当使创造限定继承土地的财产权变得更容易，以便使战争财变得更受尊敬。然而，不得不用这样一种欺人之谈发言所招来的憎恶，毫无疑问会落在**君主**头上。帝国政府的许多举措表现出来的那种致命的半心半意，很大程度上就是来自同一根源。完全撇开这一点不谈，上述一切也可以使人清楚地看到以下问题:（1）纯粹的普鲁士当局不仅在经常插手帝国的重大事务，而且还不断干预联邦其他邦国及其公民的事务;（2）即使完全不谈普鲁士的事实霸权，形式上仅对**普鲁士**议会负责的普鲁士政府却又合法地享有那么多特权，以致普鲁士议会与帝国的关系完全**不像**其他邦国与帝国的关系，而且往往**毫无**政治补偿，只有联邦的个别邦国——尤其是巴伐利亚——纯粹是消极地通过"保留权利"能够面对普鲁士做到自我保护。因此，就政治事实而言，完全适合把处于这种境地的邦国——尤其是巴登——描述为被普鲁士及其各个机关，特别是被普鲁士议会变成了附庸的邦国。笔者对这一事实的公开陈述并不含有任何“反普鲁士”的意味。这些文字的作者并没有放弃自己的普鲁士公民权。《凡尔赛条约》以及与普鲁士的军事公约都是由一位巴登政治家缔结的，笔者对他抱有崇高的敬意。笔者也很乐意只字不谈军事公约在过去产生的有害影响。没有人想要废除它，因为它有利于统一帝国国防力量这一**客观**目的。我们的政治是以**客观**考虑，而不是以虚夸的考虑为指引。但是，如果享有普鲁士选举特权的那些人的小集团宣称，普鲁士选举权的性质“与我们的无关”，这就是非常鲁莽的挑战，令人不得不十分清晰地给予回应。帝国内部没有谁打算触动普鲁士霸权的一根毫毛，但是，如果我们要继续忍受这种事态，那么我们的要求是：普鲁士在联邦参议院发出的对于帝国政策的所有问题具有关键影响的声音，应当对普鲁士人民的议会负责，而不是对某个特权阶层负责，无论这个阶层是如何构成的。我们绝对不愿成为普鲁士特权阶层的臣仆。

普鲁士议会处理普鲁士内部事务时的安排，当然完全是普鲁士的问题，一个与普鲁士**贵族院**的构成有关的问题。然而，因为普鲁士的实际权力远远超过了它在帝国中的形式地位，又因为这本身就是非同寻常的特权，既然它在绝对是一切重大政策问题上都具有决定性影响，那么它对帝国来说就是一个至关重要的问题，就像影响到投票支持普鲁士议会的任何人一样会影响到我们几乎所有人，即普鲁士上议院如何构成，因为它掌握着**预算决定权**，因而对于由普鲁士决定的，左右**帝国发展方向**的重大政策具有关键影响。如果目前这种局面继续下去，大车前面一匹马，后面则是另一匹马，一个享有普鲁士**特权**的议会挫败德国国会又能着手推翻帝国首相，那么不可避免，从公众舆论角度来看，**君主**将不得不为此承受代价。这一点不妨深长思之。

当然，必须清楚认识到这一事实：普鲁士与帝国之间的关系，以及必须通过妥协在它们之间达成平衡，这是一个旷日持久的难题，即使在期待中的普鲁士选举权改革之后，这个难题也会继续存在，因为改革只是消除它们内部结构之间的冲突，只要德国还在维持现状，德国联邦参议院就绝无可能像——比如说——美国参议院那样构建起来，后者的成员都是各州人民选举产生的代表，因此，他们是按照自己的信念以及他们政党的信念投票。相比之下，德国联邦参议院的代表则是由各自的政府授权，由政府向他们发布指示，而这些指示具有“绝对命令”的约束力。即使发布那些指示的政府完全实现了议会化并受到民主制议会的有效控制，情况也会依然如故。那时，我们面临的难题则是各邦国（尤其是普鲁士）的议会政体与帝国政府议会政体之间的关系。为了阐明这个问题，就必须放大以上勾勒的普鲁士与帝国之间的关系这幅画面，因为到目前为止所描述的形式上的法律地位，还不是对政治事实的详尽说明。

如果说，普鲁士左右帝国政治的程度远远超过了帝国宪法表面上的规定，那么同样，反过来说，普鲁士政府的态度也受到了帝国局势的左右。数十年来，保守党在普鲁士可谓无所不能，因为那里的选举权有利于财阀统治。一个行政官员抱有与保守党不同的政治观点又被保守党认为无碍大局，这是根本不可能的事情。所有官员绝对必须成为保守派，否则就可能仕进无望，甚至在社会上也无以伸展。撇开少数乏味的“象征性自由主义者”不谈，即使大臣们也不得不在进入内阁之后接着就设法把自己的过去隐藏到身后去。我们那些文人墨客的花言巧语总是喜欢隐瞒这一事实：支配普鲁士的是在世界上任何一个议会制国家都能看到的那种**政党统治**。只要统治的政党背后那些圈子的社会与物质利益受到了威胁，即使君主也根本没有权力和能力坚持自己的愿望——如果它们和那些具有实际影响的愿望背道而驰的话。[52]

资产阶级财阀们相信，帝国的选举权和德国国会就是“民主”的具体化，他们对“民主”的恐惧支持了普鲁士的这些政党利益。无可否认，如果把中央党的大部分和民族自由党的右翼看作右派的话，也还是存在一个反对左派的多数。但是至少，这个多数实际上并不属于保守党，就许多重大问题而言，实际上都是在左派基础上形成多数的。然而，如果普鲁士议会的多数明确左右了普鲁士在联邦参议院主席票的决定（这不会受到宪法措辞的妨碍），同时也明确左右了帝国首相（他始终还是一个普鲁士大臣，实际上通常还是普鲁士宰相）在处理帝国政策时的决定，那么帝国就可能纯粹是由保守党统治了。但是，普鲁士议会中的多数不可能做到这一点，因为它依靠的是财阀的选举。这种环境使普鲁士议会相比民主选举产生的德国国会来说是遭到了削弱，并使德国国会在帝国政策问题上占了优势，而且至少使帝国首相可以在有限程度上对德国国会有效“负责”。

德国国会批准预算的权利会迫使帝国首相——不仅作为帝国大臣，而且作为联邦参议院主席票的持有人和那个霸主邦的代表——就处理受到普鲁士影响的帝国政策问题向德国国会进行答辩，而这实际上意味着必须勇敢地面对质问。这同样适用于国防大臣，而且是出于同样的原因：军事预算是帝国的事务。这尤其适用于普鲁士国防大臣，因为他实际上是作为帝国的一个机关出现在德国国会的。无可否认，德国国会强化自身地位所拥有的唯一权力手段，就是它的预算批准权。自普鲁士宪法冲突时期以来，德国（巴伐利亚除外）迄未习惯于直接利用这种权利罢黜某个反对党的帝国首相或者国防大臣，那将有可能——特别是在文人墨客中间——激起“爱国”义愤。但是，有起码的可能性去阻挠一个反对党强硬派政治领袖的政治作用，就足以使一个首相或者国防大臣遭到坚持自己的信念且没有被新的选举所消除的德国国会多数强烈反对时不可能**最终**继续留任。然而，如果保守党在普鲁士事实上的统治以在普鲁士内部常见的那种冷酷无情适用于帝国的政治领导权，德国国会与［联邦参议院］主席票持有人帝国首相的合作就是根本不可能的事情。出于同样的原因，即便一个担任帝国首相的普鲁士宰相在他的普鲁士政策中彻头彻尾、彻里彻外地支持保守党，他也很难维持自己的地位。重视德国国会在指引帝国政治时的构成成分，甚至重视它处理普鲁士政治的方式，对于普鲁士来说都是至关重要的。

帝国政治能够在一定程度上独立于普鲁士，这还有另外一个原因——帝国本身有一个独立的官员机器。帝国官员并非仅由处于主导地位的普鲁士官员充任。当然，帝国官僚系统的特别虚弱，都是由于这一事实：帝国的多数中央当局，尤其是迄今具有极大政治重要性的当局，帝国内务部，并不像任何一个邦国的内务部那样拥有自己的被赋予了强制性权力的完整的官员班子。帝国的官僚系统是在德国国会中寻求支持以独立于普鲁士。从政党的角度来说，它由此感到了德国国会与普鲁士议会构成成分之间的差异所带来的影响：中央党的庇护权发挥了一种并非不足称道的作用。但是，笔者不想在这里探究帝国行政机器的全部问题，只想谈谈它根据法律和行政规章做出决定的方式，对此需要负责的是联邦参议院。

一般来说，联邦参议院的法案均由帝国各部起草。这时就要与普鲁士各部门谈判拉普鲁士的选票。经过妥协或者满足普鲁士的愿望而达成协议（并不总是那么容易）之后，通常要和巴伐利亚就最终草案举行讨论。一般来说，联邦的所有其他邦国看到的联邦参议院法案已是既成事实。为了比较容易地争取到普鲁士的投票，某些最重要的帝国国务秘书照例会被任命为普鲁士的不管部大臣。如果重大政策的决定非同小可，需要某个普鲁士国务大臣的投票，这也可能对普鲁士的**内部政治**情势产生影响。根据媒体的报道（就我所知，该报道的真实性从未被否认），王室内阁承诺平等选举的命令就是被仅有一票之差的多数接受的，而即使这种情况也是绝无仅有，因为除了帝国首相以外，还有两位帝国国务秘书以普鲁士大臣的身份投了赞成票，他们认为后一种身份是附属于前者的。另一方面，有一个迄今仍是牢固确立的规则，即所有帝国国务秘书都是普鲁士在联邦参议院的全权代表。同一规则也适用于普鲁士国务大臣，尤其包括国防大臣，他在政治上的功能犹如帝国的一个机关，但在法律上却是一个普鲁士官员，而且，如果他没有被委派为联邦参议院代表，就根本不能根据他自身作为行政首脑的权利在德国国会代表他的部门。向德国国会答辩时，国防大臣自然只是按照这种政治情势必定会要求的限度去做。为了确保他能在很大程度上摆脱控制，他始终要随意利用皇帝的“统帅权”这一范围不明的概念，这是一种特权，议会不可侵犯，而且在它背后的一切都可以隐藏起来以免受议会的审查。

所有这一切的结果就是，普鲁士的内政始终不受帝国的影响，除非对重大政策的考虑使这种影响成为绝对必要。作为普鲁士在帝国内部霸权政策的组成部分，（受德国国会影响的）帝国的官僚制发展方向与（受普鲁士议会影响的）普鲁士政府，在人事问题和实质问题上都是相互影响的。这个霸权邦对待帝国政策的态度是由帝国的机关所决定，还是相反，帝国由“大普鲁士”领导，端赖哪种方式在起决定性作用——是帝国领导权控制的机构（它们要服从德国国会的压力）还是普鲁士的领导权（它要服从普鲁士议会的压力）。然而，帝国及其各邦国的内部结构却在保证后一种趋势——帝国的大普鲁士性质——成为普遍的主流。是什么利害关系在推动事态朝着这个方向发展呢？

除了汉萨同盟各城市以外，各邦国都是君主制邦国，都有一个官僚系统，其重要性和素养都在稳定成长。在帝国建立之前，有不少邦国已经在议会政体和议会制行政的道路上大有进展，结果令人十分满意。总之，就当时的条件来说，我们那些文人墨客断言的议会制政府制度在德国是舶来品，至今未能“证明自己的价值”云云，完全是荒诞不经的说法。帝国的建立使局面为之一变。各邦国的小朝廷和行政当局情不自禁地尤其把帝国看作是保护它们自身地位的保险机构，认为它们的王座就是由帝国予以保障的俸禄，并且把它们与普鲁士的关系视为在所有其他邦国维持不受控制的官僚统治的手段。尽管俾斯麦有时会认为保留德国国会是对某些顽抗的邦国政府施加压力的手段，但他还是利用了各邦国朝廷和行政官员的这种倾向，以致他似乎成了它们的保护人。这种传统至今还能令人感受到它的后果，因为曾经而且至今仍然隐藏在“联邦的保护”这一口号背后的，始终就是对王朝与官僚系统俸禄的保护政策，这在实践中造成的后果就是保证了官僚系统始终在很大程度上不受控制。尤其是，这还意味着各邦国的行政也始终不受控制。就在帝国建立之后不久，各邦国的官僚系统就开始尽可能地排斥议会对它们的工作审查，以便能够代之以“凭借朝廷特权”进行治理。对此，只要考察一下 70 年代以来各邦国的内部政治发展，就不难发现令人信服的证据。由此，它们成功地促成了各邦国绝大多数议会的重要性每况愈下，从而还有智力品质的每况愈下，就像德国国会发生的情况一样。然而，这种互相保险的制度说明了与普鲁士的情势相比各邦国官僚系统的表现，反过来也说明了普鲁士对待各邦国情势的表现。最近 20 年间，各邦国都开始了一种渐进的选举民主化，但在同时，官僚系统不受控制的地位却依然如故。它在普鲁士的政治环境和普鲁士对帝国的影响中找到了内在支持。尤其是，各邦国的官僚系统只能抱着最强烈的忧虑看待普鲁士三级选举权的消失。毕竟，保守派的硕大警棍已经在柏林准备就绪，以防它们自己的自由——免于各邦国议会控制的自由——受到任何威胁，由此它们才能放心没什么了不起的事态会落到官僚系统本身的权力地位头上。同时，支持保守党的普鲁士官僚系统以及普鲁士选举特权制度下的既得利益者，也乐于让各邦国的官僚系统多少“玩玩民主”，但条件不仅是不容帝国之内的任何人企图冒犯普鲁士那种难以置信的内部政治结构，而且各邦国的官僚系统（充其量巴伐利亚政府除外）必须弃绝任何有效分享帝国权力的念头，这实质上就是把帝国交给大普鲁士的利益集团去治理。这种安排决定了联邦参议院事务的整个经营方式，如果谁想了解迄今为止“联邦制”在德国究竟意味着什么，了解这个概念背后的利害关系，就必须始终记住这种默契的妥协。

作为所有这一切的结果，联邦参议院这个代表了各小朝廷和大臣的机构，便过上了一种大体来说令人惬意而和谐的“静止生活”[53]。由于联邦参议院的议事录尚未解密，所以还不可能评论它的审议活动的性质。因为，根据宪法，只有绝对指令才有重要意义，而成员的个人立场必定始终是无关紧要的，而且必须服从他们自己政府的看法，就是说，服从那些无关宏旨的看法。因此，联邦参议院从来就不是一个能让政治家有效从政而且变得训练有素的地方（这与法兰克福议会形成了鲜明对照）。当然，各邦国政府有时也会让它们的全权代表在他们认为合适的问题上自由投票。有时，这样做仅仅是为了摆脱他们在某个尴尬问题上的看法广为人知之后招来的憎恶，比如在利珀邦的继承问题上发生争论时。在名副其实的政治问题上，普鲁士会用铁腕保持它的霸权地位，这有诸小邦的选票作为保障。在其他重大事务上，投票基本上是走形式（尽管俾斯麦曾利用表决的可能性作为对付各邦国政府的最后手段），因为已经事先通过与各小朝廷和大臣们——尤其是与巴伐利亚——的谈判与妥协敲定了局面。俾斯麦以这些外交和内阁政治手段为基础营造了对外政治和对内政治。大体上说，后来的情况一仍旧贯，虽然方法有变，但各邦国未必喜闻乐见。如果联邦参议院不过是偶尔偏离轨道，俾斯麦也明白如何让它调头跟上。他（根据某种形式上无关紧要的托词）提出辞职就是他能够凭借的一个手段：联邦参议院这时就会撤销自己的决议。有时他仅以默不作声对联邦参议院的决议表示忽略不计并继续进行后边的议程，而联邦参议院没有任何人敢于诉诸帝国宪法。自他那个时代以来一直就没有只言片语表示出现了严重的冲突。自然而然，业已存在的任何困难都很少通过公开冲突体现出来，因为事实上并不存在关于某些问题的运动。

必须清楚地看到这一事实：这种“静止生活”今后必将终结。正如俾斯麦利用的——尤其是在彼得堡和维也纳——君主集会和内阁政治手段的重要性每况愈下一样，国内政治也将发生同样的情形。一旦我们面临和平带来的财政与经济政策问题，旧制度那种松松垮垮的面貌就会不复存在。未来的所有各邦国议会，以普鲁士为首，将会越来越多地要求它们的正式权利以影响联邦参议院的投票，并将努力行使这种权利向联邦参议院提交法案。这样，普鲁士议会就能把握主动权并借助它对北德意志诸小邦国的经济权力——未来这将是继续膨胀的权力——以支配帝国政治。迄今为止，普鲁士的克制仅仅是由于它的虚弱，而这种虚弱又是产生于普鲁士三级选举权和民主选举的德国国会之间的对抗。一旦普鲁士的公民权实现了民主化，普鲁士的巨大分量使它远更敏锐地感觉到了它的分量，这种情形大概就会消失。诚然，所有各邦国的官僚系统都会感到需要团结一致反对这个趋势，正如反对议会政体的任何其他成果一样。帝国、普鲁士以及各邦国团结一致的官僚系统无疑是一股力量，一股得到各小朝廷支持、能够阻挠议会政体之发展的力量。但是，我们不妨澄清一个问题：如果发生了这种情况，那就可能阻塞国内政治的和平发展道路，阻塞能够支持帝国对外权力地位的国民政治教育与合作的道路。无论谁想避免这种后果，都必须从提出以下问题开始：**德国的议会政体如何才能与健康的——也就是说——能动的联邦制结合起来**？

原则似乎很清楚：（1）至关重要的是，议会政体的潮流必须导入帝国的航道；（2）联邦各邦国而不是普鲁士对帝国政治的影响必须增强。这一点应当如何实现？我们再次遇到了前面已经谈到的帝国宪法第九条（最后一句）的机械障碍，它在形式上妨害第一个基本条件，在事实上妨害第二个基本条件，这将变得显而易见。在实践中，这个宪法要求的含义如下：各邦国派往联邦参议院的全权代表，包括帝国首相和国务秘书，可以是各邦国议会——尤其是普鲁士议会——的成员。此外，根据牢固确立的规则，帝国首相**必须**是——

国务秘书则应该是——普鲁士在联邦参议院的代表，因此在任何情况下都会受到普鲁士议会的影响。反过来，各邦国政府则被禁止将任何保留议会成员委任的德国国会成员提名为帝国首相或者联邦参议院全权代表。由此，属于联邦参议院的帝国首相和国务秘书就被排除在德国国会之外了。

让这项规则不复存在，实际上不是议会政体本身的前提，而是健康的德国国会政体的前提。也可以仅仅为了帝国首相和国务秘书（至少为了政治上最为重要的国务秘书，尤其是内务国务秘书和财政国务秘书）而中止该规则——实际上这可能是最有效的办法。这将使政党领袖本身承担负责任的帝国政治领导权成为可能，同时——这对德国来说乃是要务——可以使他们的党在德国国会承担责任压力，因为他们将保留在本党内部的地位和影响。显然，这是结束德国国会党团纯粹的“消极”政治的唯一途径。或者，为了联邦各邦国的“对等”，可以彻底废除该规则，以便不仅普鲁士的全权代表，还有联邦其他邦国的全权代表都能出自德国国会但又始终是它的成员。这就是被德国国会宪法委员会所接受的提议，它一直是遭受强烈抨击的靶子。

保守党为发出这些抨击而提出的形式上的理由是，德国国会成员又是联邦参议院全权代表，将会经历“良心的冲突”，因为他们在德国国会投票是出于个人信念，而在联邦参议院却不得不按照他们接到的指令投票。这种论据并不值得严肃对待。充其量它可以适用于普鲁士下议院中的县长们，按照普特卡默的饬令，他们作为官员的义务就是“体现政府的政策”。不过，他们的情况并不能作为这种“良心冲突”的证据，而且总的来说保守党始终都没有担心过会出现这种可能性。但至关重要的是，身兼联邦参议院普鲁士全权代表的普鲁士大臣和帝国国务秘书，却能够成为**普鲁士下议院**议员，而且至今依然如此。作为普鲁士下议院议员，他们不仅有权利，而且有义务按照自己的信念**批评他们的政府**向作为联邦参议院全权代表的他们**发出的指令**。保守党同样没有把这些“良心的冲突”视为可悲。实际上，这种天真的道德说教，唯一的目的就是愚弄庸人，因为从道理上说，一个作为联邦参议院全权代表的政治家接到了指令而他的信念又不容他对此表示支持，那么他就必须辞职。他的**荣誉**和他的**政治责任**要求他这么做，这与官员的情况不同。否则他就是一个“恋”栈之徒。的确，废除该规则的政治目的之一就是要对领导官员——尤其是帝国首相——反复告诫这一点。这正是官僚系统痛恨废除该规则的原因所在。

然而，比这更大得多的枪炮也已经造了出来。在《巴伐利亚邦日报》上，议会政体被攻击为“中央集权制”，巴伐利亚的部分媒体，随后还有那些保守派文人则非常严肃地设想“巴伐利亚应当回归帝国”。从根本上说，这种恫吓很愚蠢，因为巴伐利亚并没有摆脱关税同盟的可行途径，而提醒真正的集权主义者想到这一事实也很鲁莽，如果事态趋于严重，它会立即（在巴伐利亚本身）给他们提供机会强行游戏。

从未来的角度看，为宪法第九条第二句而奋斗，也是非常短视的。该规则的继续存在要比任何其他因素更能为中央集权制推波助澜，而且会表现为比议会政体在帝国的拓展远更令人焦虑的形式。我们不妨澄清一下这种局面。按照帝国宪法的最后一条，没有联邦各邦国的同意，它们的保留权利和宪法单一权利（Singularrechte）是绝对不可变动的。所有其他的宪法权限，包括目前的内部自治程度，只要有十四张选票——三个或两个王国及两个大公国的选票——一致反对变动，那么变动就不可能发生，如果有谁威胁要凭借压倒性力量强行变动，就总会遭到这种一致反对。因此，这就保证了它们能够适当地**摆脱**帝国。它们缺少的是在帝国**内部**对帝国政治领导权的影响。正是这种影响，在未来将会变得举足轻重，当然，如果没有它，帝国就可以通过财政与经济政策窒息它们，不论它们的权利保存得多么完整。然而，如果由于废除了第九条第二句的禁例而使联邦各邦国得以获准提名有影响的德国国会议员成为联邦参议院全权代表，这种在帝国内部的影响就不可能被削弱！如果冯·弗兰肯斯坦男爵当时保留他在德国国会党团中的职位，同时又取代某个官员成为联邦参议院的巴伐利亚代表，巴伐利亚在帝国的影响肯定就不至于被压缩。反对废除该条款的文人墨客把未来的普鲁士设想成了幽灵：它在联邦参议院被诸小邦国——利珀、罗伊斯以及其他这种收买大的德国国会党团领袖作为联邦参议院全权代表的联邦成员——的多数所击败，他们（同时）还对这种前景补充了一个荒谬的告诫，说普鲁士以外的联邦各邦国将会屈从于集权主义者的强大压力。对于这种胡说八道，笔者后面将会稍做评论。我们必须首先弄清楚在这些明显的空谈背后隐藏着的真正焦虑是什么。其中至关重要的是官僚系统为它如何**垄断官职**而忧虑。巴伐利亚议会中就传出了这样的说法："如果议会成员成了大臣，有抱负的官员将来就会到大工业中寻求出路。"然而，即使现在的宪法第九条，也并不妨碍各邦国议会成员被提名为联邦参议院全权代表而又不会失去他们在议会的委任。同样，它也没有阻止把获得邦国大臣或者帝国国务秘书的职位（包括联邦参议院成员资格）作为议会生涯的顶点。这在过去，直到最近都是一再发生的事情。该条款的意思仅仅是，这些有关的议会成员必须立即离开德国国会。担任德国国会成员可以成为一种“生涯”、一条谋官之道，官职可能会突然之间向“有能力”“有抱负”的议会成员开放——恰恰是这种想法让那些反对撤销禁例的文人墨客感到非常可取！他们认为，这样一来，和一个向成员提供这些机会的德国国会共事就可能“更加有效”得多。的确，如果解决德国议会政体的问题只是**让野心家和谋取官职者充斥议会**，一切都会完全井然有序了，那时，我们现在已有的小恩小惠式庇护权便会加上一个慷慨大度式的庇护权！但这充其量只是官僚的理想，甚至还不算让他们满意的理想。这种制度已在德国运作良久了，我们从早先直到比较晚近的经验中得知，我们并没有因此而取得任何进步。毕竟，议会政体的政治目标是把议会变成一个选择**领袖**的地方。然而，一个政治领袖追求的不是官职和伴随而来的养老金，也不是为了尽量不受控制地行使他的官职权能。毋宁说，他追求的是政治权力，这意味着一种在政治上**承担责任的权力**，他在一个政党的信任和追随者中寻求支持，因此，他在成为一个大臣时必定需要留在党内以便能够保持他对党的影响力。最后这一点至少也像其他因素一样重要。所以，撤除第九条第二句这个机械障碍，目的不仅是使政党对政府事务的正当性影响成为可能（即使在目前的情况下，影响同样会很大，但却是不负责任的非正当性影响），而且反过来——至少是在同样程度上——也便利了政府对议会的正当性影响（目前则是通过小庇护权发挥非正当性影响）。然而，**反对改革**完全是出于一种习惯性愿望，就是要把德国国会的政治地位贬到最小化，为官僚系统维护自身声望的利益服务。当然，从这个角度来看，联邦参议院和德国国会之间的屏障就必须保留，因为那个妄自尊大的固定说法“联邦政府根本不会……等等”属于官员统治用来滋养它对自身作用和重要性的传统理解的“姿态”库，一旦德国国会和联邦参议院不再被一道屏障隔离开，这个姿态库也就变得多余了。

我们不妨更切近地看一下正在引进联邦参议院的议会制原则这个幽灵，以便澄清各种可能性，从而认识废除第九条第二句的积极意义。从根本上说，废除它仅仅是扫清了一个机械障碍，那将产生种种发展的可能性，舍此无他。那样就会始终便于各邦国政府不再利用新的许可使联邦参议院代表成为德国国会成员，除非它们由此看到了某种政治利益，否则将不会利用这种机会。采取一种一劳永逸的图解式办法是远不可取的。即便议会政体实现到了最大可能的程度，完全排他性地由议会成员填充领袖职位，把具有领袖资质的官员排斥在外，也是根本不可取的（况且也不会发生这种情况）。[54]但是据说，废除第九条第二句无论如何都会放纵使联邦参议院议会化的努力，而且据认为，这样一来就会危及帝国的联邦结构。我们不妨看一下这种形势。假设大势所趋，议会政体最终在某个时刻完全获胜，包括在各邦国和帝国。还可以进一步假设（尽管这毫无可能）这个过程——包括它的理论结果——是以这种方式实现的，即事实上只有议会成员才能被指派到领袖职位，包括联邦参议院的席位。那么，废除或者保留第九条第二句能使政治权力的分配方式产生什么差异呢？

如果这项规定继续生效，那么结果将是帝国首相绝无可能同时又是某个德国国会党团的成员或领袖，因而绝无可能在某个政党内部拥有确凿的影响力。它还进一步意味着，打算为自己确保这种影响力，从而入席德国国会的国务秘书，将不得不始终待在联邦参议院之外。另一方面，如果议会政体在各邦国得以实现，普鲁士就要向联邦参议院委派普鲁士的统治政党的代表，其他各邦国将委派各自的统治政党的代表。那时，入席联邦参议院的帝国首相与所有国务秘书都将是普鲁士的政党政治家，而联邦其他邦国的代表则是各邦国议会的政党政治家。由此，第九条对联邦参议院的议会化将不再产生丝毫的阻碍作用。不可避免，那时的联邦参议院将被引向一条导致各邦国坚持自主独立的道路。但是，这种自主独立绝不意味着增强了各邦国在联邦参议院的正面影响，也不会保护它们免于被多数票击败，因为普鲁士的经济与财政权力地位还会像过去一样把诸小邦国变成普鲁士的“走廊政客”（lobby fodder）。只有德国国会的权力能够提供一个砝码以平衡普鲁士控制的联邦参议院多数。一如前述，帝国首相目前还不能成为德国国会成员。但没有被宪法要求入席联邦参议院的国务秘书，则不会受阻成为德国国会成员，除非他们像冯·派尔议员最初似乎考虑过的那样始终置身联邦参议院之外。如果第九条继续生效，大概就会发生这种情况，因为被指派到国务秘书职位上的德国国会政治家不会放弃他们在德国国会党团中的地位，原因非常简单：他们需要他们党的支持作为必要的砝码，以平衡帝国首相在议会和联邦参议院全权代表在各邦国议会——特别是在普鲁士议会——得到的支持。否则，发生在议员席弗尔和施潘那里的同样情形也会发生在他们身上。[55]因此，德国国会可以把那些仍然留在联邦参议院之外的国务秘书职位提供给他们自己的面对联邦参议院时可能会团结一致采取行动的信托人。这样不会减少德国国会对帝国政府的压力，而这种压力可能仅仅是因为国务秘书被排除在联邦参议院之外而被用于一种**不信任**的关系，这将阻止入席联邦参议院的政府成员对德国国会党团施加任何正当性影响。作为德国国会成员的国务秘书不能进入联邦参议院，他们在法律上隶属于帝国首相，仅仅是他的“副手”，但在政治上他们却是德国国会的代表。作为普鲁士议会代表的帝国首相，将不得不把他们看作独立的政治力量，不管结果怎样都要和他们磋商并与他们进行交易，因为，倘不如此，他的政府就可能失去有关德国国会党团的支持。帝国宪法没有为团契式“帝国内阁”作出规定，就像英国的官方法律语言并不包含“内阁”概念一样。但是，帝国宪法绝没有禁止帝国首相和国务秘书实际上集合在一起进行团契式磋商。这种团契制度肯定在事实上能够从这些关系中得到发展并担负政府权力。在任何这样的安排中，国务秘书代表的是德国国会，帝国首相代表的是普鲁士议会，双方依靠的是相互妥协。然而，联邦参议院将会迎面遭遇这种作为它本身之外的政治力量的团契制度，而且既会受制于普鲁士的多数，还会被宣告为无足轻重。至此，非普鲁士各邦国的联邦主义影响即告消除。

然而，如果废除了第九条第二句包含的禁律，联邦参议院的议会化大概就会走上另一条道路。帝国首相总的来说将会出自德国国会，某些国务秘书也是如此，而且他们将保留议会的委任。形式上他们会作为普鲁士的代表属于联邦参议院，但在政治上他们却是德国国会的代表。其他国务秘书，偶尔大概还有帝国首相，将是普鲁士议会的成员。其他各邦国将派出自己的议会代表进入联邦参议院，但是，如果它们拥有许多可以自己支配的选票，也许还会派出德国国会议员；大概它们会极为倾向于派出自己的议会中也是德国国会成员的议员。可以肯定，非普鲁士各邦国议会将会越来越热衷于看到自己的成员在联邦参议院的代表中占据主导地位。[56]

因此，如果第九条第二句继续有效，我们面临的局势就是各邦国政党代表在联邦参议院切齿相向、彼此为敌，他们将在那里同时代表各自邦国自主独立的利益。相比之下，撤除第九条这一屏障，就可以通过联邦参议院对帝国统一的影响而缓和自主独立的倾向。如果联邦参议院**也**包括了**德国国会**党团的代表而不光是各邦国议会的成员，这些贯穿于帝国境内的政党的内聚力就有可能抵消党内的地方性分歧。

如果三大权力集团（帝国政府与德国国会、普鲁士王室政府与普鲁士议会、联邦诸侯与各小邦国议会）的代表尽可能在联邦**范围**内寻求权力平衡，那至少也是为了各邦国与帝国的利益。这只有在德国国会化的最高级官员进入联邦参议院时才是可能的。那时，议会化潮流将被引入帝国统一的河床，而各邦国对帝国事务的生气勃勃的影响同时也就得到了保障。如果说帝国由此可以对各邦国予取予夺，**这并非实情**。毋宁说，这是各邦国在帝国中能够发挥多大影响的问题。如果议会化过程的航向正确，这种影响就只能是越来越大。俾斯麦在一次演讲中曾警告不要低估联邦参议院，并且着重强调了这一事实：萨克森的使者作为个人并没什么了不起，但他是萨克森"所有政治力量"的产物和代表。无可否认，如果那是个官员统治的制度，他提到的那些"力量"不过就是指的那里的小朝廷加上官僚系统。但恰恰是议会化使那里产生了变革。如果巴伐利亚议会中一个可以预计是持久存在的强大多数的代表就某个问题发表了一项声明，在一个议会化的联邦参议院中要想对它置之不理恐怕就很不容易，更可取的倒是在诉诸投票表决这个最后手段之前就寻求一项解决办法，因为任何无情坚持表决的政党都有可能招来意想不到的憎恶。自然，整个帝国的各大政党内部都会为这种解决办法进行准备。即使在过去几十年间，中央党内部的争论也已经一再导致了帝国利益和各邦国利益之间的妥协，类似的事态在其他政党那里也有发生。如果保留第九条这个屏障，做到这一点就会更加困难，因为那将把议会化引入"大普鲁士"的发展过程，从而迫使其他各邦国打出“最大限度地摆脱帝国”——实际上是摆脱大普鲁士——这种口号走上自主独立之路。对此应当善加斟酌。

以上对第九条的存废将来**可能**产生的影响的全部说明，预示着某种尚未存在的前景，即无论在帝国还是在各邦国，事实上都会出现彻底的议会政体。不过这还完全不确定，因为这种假设需要事件的证明。首先，正如已经指出的那样，达到这个目标的关键在于，即便在塑造负责任的**政党**政治过程中完全引进了议会制度，帝国的联邦体制也有它应受尊重的权利，而且不仅如此，实际上，只有充分实现那些权利也才能达到目标。现在可以非常肯定的是，这里所做的假设，即帝国本身及各邦国的彻底议会化，无疑不可能一蹴而就。目前的整个建构毫无直接的实用性，因为先决条件是各政党的内部重构，而在现阶段，它们无论如何都还没有立即“从政的能力”。但是，应当清楚一个问题：议会化道路上的每一步都是既有可能走向大普鲁士的解决方案，也有可能走向真正的联邦制解决方案。我们已经看到，并不显眼的第九条最后一句在这个问题上却发挥着非常显眼的作用。这就是为什么应当弄清楚即使迈出了第一步也还会产生两种解决方案的原因。

需要考虑的另一个关键问题是，联邦参议院的议会化是否能像反对德国沿着自由主义路线发展的那些人坚持认为的那样必需“使普鲁士成为附庸”？与这种说法交替使用的还有一个指控，即议会化是一种对帝国的联邦制基础的威胁。谈论“普鲁士被吸收进德国”的年头已经过去了。现在将要发生的唯一事态就是向平等选举权的过渡，尽管这完全是帝国的强大压力所致——毫无疑问这是正确的。我相信，正如我在这里论证过的那样，这种压力已被证明还不充分，对于帝国来说，以临时的宪法变革形式，通过紧急立法进行直接干预，将是不可避免的政治需要——这同样是正确的。成问题的是完全不同的“使普鲁士成为附庸”。为了在帝国行使**领导权**，普鲁士政府必须为自己创造一个相应来说**广泛的内部基础**（正如任何一个国家以同样方式必须使它的内部结构适应它的对外政策目标一样）。这种**适应领导角色**的必要性意味着，普鲁士的选举改革是个卓越的德国问题而不光是普鲁士的问题。下面这个原则对于世界上的每一个联邦制国家都是适用的：某些完全是根本性的结构基础必须为了联邦而存在于每个成员邦之中。因此，这些基础被认为是联邦的实质，尽管存在着广泛的自治以及联邦与各邦之间的权限划分。这个联邦政治的原则——而且**只有**这个原则——正在德国适用于普鲁士这个霸主邦。除此以外，普鲁士的内部问题当然也仅与普鲁士有关，不可能存在，也从来没有过联邦其他邦国干预普鲁士内部事务这个意义上的把它“变成附庸”的问题。问题是从普鲁士与**帝国政治**的关系上开始出现的。这些问题完全是产生于如下事实：普鲁士在帝国内部占据了一种高度**特权化**的地位，本文开始时已经指出了这一点，扼要重述已经描绘过的这些特权就会澄清问题。在某些情况下，这种特权地位可能导致普鲁士必须承认没有某些资格。因此，指定帝国国务秘书进入普鲁士内阁已经成为必要。未来议会化了的普鲁士邦大概会抵制这种做法。但即便到了那时，也会继续存在普鲁士的霸权与帝国首相的权力进行妥协的需求。未来的帝国首相仍将不得不是一个普鲁士大臣，但这将不再可能纯粹从普鲁士内部的政党格局着眼以决定对主席票的指示而又不至于在德国国会造成严重冲突。

今天的实际政治局面可做如下描述：对联邦参议院主席票的指示包含着双重压力，一是来自普鲁士，一是来自德国国会，帝国首相则要服从——事实上是尽力满足——来自这两个方向的要求，就是说，他应当对这些指示负责（而它们形式上仅仅在普鲁士议会的论坛上适用）。有约束力的宪法实践无论如何都会把他对德国国会的"责任"规定为题中应有之意，相反的做法在政治上是完全不可能的，将来也不会有什么两样。如果普鲁士议会不断试图系统地对抗德国国会、夺取对主席票指示的控制权，那么可能出现的局面就是，君主和帝国首相将被迫明确地或者在实际上按照"对主席票的指示唯有在帝国首相对德国国会负责的条件下才能产生"这一原则解释宪法，从而撇开普鲁士当局。那并不是把普鲁士变成附庸，尽管那会降低它的地位；所幸的是这种事态尚未发生。然而，在一定程度上说，这无疑是未言明的相互担保政策的结果，因而也是三级选举权和不存在议会政体的结果。假如我们设想普鲁士和帝国两者都存在平等选举权，从而导致德国国会和普鲁士议会权力的增大，未来的事态将会如何？

未来的帝国政治进程，尤其是完全实现了议会政体之后，也仍将依赖于普鲁士在联邦参议院的投票权（它有普鲁士议会的支持）与帝国政府的权力（它有德国国会的支持）之间达成的妥协。问题在于，如果完全实现了议会政体，达成这样的妥协将会遇到多大的困难。从一开始就很清楚，那将比目前以等级为基础的普鲁士议会掌握普鲁士选票的控制权更容易达成，后者带来的结果实际上是不可预见的，将来的情况会更其如此。如果平等选举权不仅在表面上，而且在现实中得以确立，未来德国国会和普鲁士议会的构成将越来越相似，无论其他方面会发生什么情况。当然，如果说两者在细节上也彼此相像，那是不可能的，更有可能的似乎是以下现象：普鲁士议会内部的党派冲突最初大概要比德国国会那里更激烈。普鲁士意义上的"保守派"在普鲁士和梅克伦堡以外几乎不可能存在，因为普鲁士以外并没有以大土地所有者为一方与工人和资产者为另一方之间的尖锐对立，也不存在（不是一概但事实上如此）普鲁士那样的重工业及其对普鲁士中产阶级政党打上的烙印，不存在中央党内部的重工业特色以及与波兰的民族冲突。而且，在普鲁士以外，社会民主党那种极为激进的气质也只在萨克森得到了强烈体现。但恰恰是社会民主党的这个分支，目前已在普鲁士议会中有了代表。反君主制倾向在南德意志诸邦国更加微弱。平等选举权很可能使得德国国会的统治比普鲁士议会的统治更容易，既然它那么令人向往而且（要有点儿耐心！）肯定指日可待，一旦受到憎恶的选举特权被最终废除，冲突的严重性即使在普鲁士也会减弱。然而，直到那时，德国国会大概都将在纯粹的全民政治方面占据优势。如果是为了安抚既得利益者，情况会更其如此，而他们犯下的政治错误是把普鲁士上议院建构为一个上层建筑，以利那些享有选举特权的既得利益者控制一个平等选举权基础上选举产生的议院，更严重的错误则是给予两个议院同等的地位。这将导致再次以上下两院对峙的形式爆发激烈冲突，而且有可能培育出激进主义。如果选举权形式上平等但实际上（因要求长期居住资格而）剥夺了下层社会的公民权，议会的地位将会遭到更严重的削弱。另一方面，如果引进了平等选举权，那就不再会出现同一个政党的内部冲突了，比如目前德国国会中的民族自由党和普鲁士的民族自由党之间关系中存在的冲突。

如果完全实现了议会政体，帝国与普鲁士有时必须达成的妥协，当然就会在帝国与普鲁士共有的各大**政党**内部进行准备。如果废除了第九条第二句这一屏障，这些妥协就会正式在**联邦参议院**达成。即使完全实现了议会政体，有两个人物——他们既属于帝国又属于普鲁士——也将始终发挥关键作用：一个是**皇帝**，他同时还是普鲁士国王；另一个是**帝国首相**，他必须同时又是普鲁士选民的领袖和普鲁士内阁成员，实际上通常是内阁首脑。

只要德国的内部结构还没有被彻底颠覆并沿着一元化路线进行重构（这在目前看来尚遥遥无期），那么帝国与普鲁士的二元性就意味着，王朝对于帝国来说是不可缺少的，一如（出于完全不同的原因）它对奥匈的二元结构是不可缺少的一样。即使在纯粹的议会制条件下，皇帝兼国王作为军队（亦即军官团）的统帅，作为对外政策的最终决策者，最后，作为普鲁士和帝国当局不能达成一致意见时进行仲裁的国内政治权威，他也会掌握巨大的实际权力。如果他恪守职责，仅仅以严格的议会制形式发挥作用，如果他以最近逝去的哈布斯堡君主——他在他的帝国中是最有权势的人物——的方式发挥作用，如果他像后者一样，更好的是还像爱德华七世国王那样知道如何操作现代国家机器这个手段而又并不总是显得像个实际操作者，情况就更其如此。对此不必再作任何进一步的阐述了。另一方面，我们应当争取，也希望议会政体能够做到的是，在内政外交两个方面减少对政治的纯**军事**影响。德国许多最恶劣的政治败笔都是源自这一事实：军事当局对纯粹的政治决策发挥了关键影响，尽管政治战略与策略需要利用大不相同的手段而不光是军事战略与策略。尤其是对外政策方面的一个问题，对我们来说生死攸关的波兰问题，就是以最令人焦虑的方式造成了损害的。[57] 在国内政治中，米夏埃利斯博士成为帝国首相时德国国会令人悲哀的事态即可证明，如果任意利用政党政治，同时又抱有“民族”与“保守党”是同一回事这种旧观念，一个很容易因出身而成为军官的先入之见的观念，那么军事当局就是极不明智的。在军事领域，世界上还没有哪个当局能够像我们的军队领袖那样——而且振振有辞地——自吹自擂得到了一个民族的无限信任。但他们应当注意，今后没有人会不得不这样对他们说：“**好在你们使用刀剑的任务完成了，你们在政治薄冰上多余的胡作非为没有完成**。”[58] 对于军事当局来说，在所有政治事务上服从政治领导是绝对重要的。当然，在进行政治决策时，军事专家的意见必须在军事局势问题上发挥关键作用，但他们的意见绝不应该是唯一决定性的因素。这是俾斯麦为之艰苦斗争并长期支持的原则。

未来的**帝国首相**仍将是帝国的**政治**领袖，并将在各种政治力量的相互作用中保持核心地位。同样毫无疑问的是，他将或多或少仍像目前这样——与其他国务秘书相比——是一个卓尔不群的**单独**的大臣，没有形式上处于平等地位的同僚。诚然，今天在形式上并不隶属于帝国首相的国防大臣以及（万一帝国首相没有外交背景的出身）外交国务秘书仍将不可避免地保持很大程度的独立性。然而，尤其是在充分实现了议会政体时，真正的“团契式”帝国内阁就没有容身之地了。至少，第九条第二句这一屏障消失之后就会如此。必须清楚，事情将与自由主义者曾经钟爱的这个观念截然相反。毕竟，所有议会制国家的大势所趋都是内阁首脑的权力**越来越大**，这并非巧合。英法的情况就显而易见。在俄国，废除独裁统治立即就产生了位居首要的总理职务。一如我们所知，在普鲁士，也是宰相控制着他的同僚与国王的所有来往，这个规定在卡普里维时期应国王要求被临时中止，后来又不得不再次恢复执行。在帝国中，帝国首相的特殊地位和卓尔不群，完全是源于帝国宪法规定的他在联邦参议院的领导权，源于他在普鲁士内阁必然享有的地位，相反，国务秘书的地位却只是运气和权宜的结果，并非不可或缺。如果议会化（假定保留第九条第二句）过程被导入了各邦国自主独立的方向，那么国务秘书发展出政治上独立于帝国首相的权力也许就不可避免，因为，那时他们将以各邦国议会权力载体的身份变成德国国会党团的代言人与帝国首相和联邦参议院作对。即便那时，谈判的强制力也会产生某种以投票形成决策的“团契机构”，但不是必需，甚或是一种权宜之计。无论如何，对这种事态的渴望实质上要依赖于目前联邦参议院和议会的机械隔离，一旦这个屏障消失，它也就成了幻想。不可否认，在联邦参议院之外出现一个投票解决问题的团契式内阁机构，将是削弱联邦参议院重要性的一个适当手段，因此，从联邦制观点来看，联邦参议院的议会化将更为可取，以便帝国所依赖的各种力量之间的妥协实际上在它的序列中达成。

如果今天这种在重大政治决策之前导致各部门之间权力斗争的程序，被一种首相和全体国务秘书之间就政治问题举行常规的团契式共同讨论的制度所取代，那当然很令人惬意了。[59] 然而，上面提到的联邦主义者的焦虑却意味着，在形式上削弱帝国首相总揽全局的责任，实际上就是削弱他的特殊地位，这是不可能的，而且几乎无法证明有益无害。尤其是从联邦制观点来看，必须考虑的是帝国应不应该创造一种团契制度，能够**事先讨论**帝国的重大政治决策，征求国内政治中最重要的权力因素的代表们以及被知会了有关问题的行政首脑的意见。政党领袖在德国国会的公开演说就是党向国家详陈的官方宣言，只有在党决定了自己的立场后才予以发表。决定性的党内讨论，以及必要时各政党之间的谈判，都无需和各邦国代表磋商。最终，联邦参议院——那是一个表决机构——全体大会上的讨论将没有约束力，而且根本就是浪费时间。我们应当使这一点成为可能：在作出重大决策之前，富有经验的政治家可以自由地、不抱偏见地对最后结论性的正式决议表达**个人**观点，而不必考虑在国内的公共影响。我们已经一再遇到了这个难题，只希望就此提出两个问题。哪个现有的或者新出现的组织能够坚持这种制度？任何一个组织都是一个特有的候选者还是我们应当考虑若干竞争的可能性？

这次战争产生了以下新的协商机构:（1）大委员会，它是扩大了的德国国会预算委员会;（2）七人委员会，原先是由政府任命，现在则是由各政党派出代表组成;（3）“党际协议会”，在最近的危机期间，它们都派出了代表为现政府铺平道路，包括民族自由党、中央党、独立自由党和社会民主党。我们已经讨论过前两个组织。德国国会官方的大委员会及其未来的小组委员会，也许会被选来在和平时期对行政当局进行持续控制。随着议会化的推进，任何特定时刻在支持政府的各政党之间进行的党际讨论，无疑会发展为政府与各有关政党保持接触的手段。只要第九条第二句还在阻止政党领袖加入政府，这些手段就是必需的；一旦他们能够加入政府了，它们随即就会变得多余。它们在未来重要与否要取决于还不可预见的环境因素。在这里它们还表明了一个事实，即现有的政党中找不到不同凡响的领袖。我们必须要求，未来更换帝国首相或者国务秘书时，所有政党的领袖都应**由君主而不光是王储**亲自接见，而且应当不是复制文职内阁首脑曾经扮演的角色。[60]不过，议会党团将在多大范围内举行会商还不可预料，而且这种会议当然不可能具有“官方”性质。“七人委员会”应被舍弃，事实上它现在已经休眠，它的存在仅仅是因为帝国首相米夏埃利斯的任职**并没有**事先与各政党进行协商，而且发表的观点又含糊其辞，于是各政党便要求设立一个看门狗机构以控制他在媾和问题上的作为。

我们已经谈到了这个委员会当时形成时不切实际的一些方面。如果各政党领袖入席联邦参议院，该委员会也就变得完全多余了。问题一再使这一结论呼之欲出：应当容许目前支持政府的帝国各政党领袖以及各主要邦国议会的领袖作为全权代表入席联邦参议院，从而使它实现议会化。联邦参议院本身则必须有可能使一些团体形成为它的一个或多个委员会的副手，这些团体将提前就重大政治问题与军事和行政首脑举行讨论，恰如一个帝国国务委员会。比较可取的是以御前会议的形式出现，就是说，是在皇帝和联邦中至少还保留着对自己的分遣部队的主权（任命军官并有自己的国防大臣）的那些君主们面前召开的会议。我们已经谈到了它的起码权限，即事先磋商将君主的声明——尤其是影响对外政策的声明——**予以公开**是否适宜。宪法已经规定了联邦参议院外交事务委员会应当有中等邦国的代表；可以像已经建议过的那样联系这个委员会的重构问题进行新的讨论。如果第九条第二句被撤销，就可能建立这个新的实体而又不必进行任何宪法变革。唯一必需的法律革新是这一要求：所有这样的公开声明只有在证明经过了会签**之后**才是可以容许的，而且只应在听取了联邦参议院组成的国务委员会的意见之后才能会签，否则就应处以惩罚。

假如这些团体适当建立了起来，联邦制将会通过议会化的组合而得到它需要的一切，因为这些协商团体是在联邦中形成的：这不是单纯**从**帝国那里得到了自由，而是确保了在帝国**内部**发挥影响。复活过时的一元化倾向可能是极为有害的。我们已经把特赖奇克的理想远远抛到了身后。和他不同，我们认为，各王朝的继续存在，不仅从纯粹民族政治的角度来看是有益的，而且出于一般的文化—政治原因也是可取的。特别是在许多历史性的德国文化生活中心，它们的存在促进了艺术素养，这使德国有别于法国，各王朝的生活与各自的首府密切相关，如果像现在这样让它们继续在那里保留一个宫廷，如果每一个这样的城市都变成了中央权力的行政长官驻地，情况可能会更加令人满意。[61] 当然，不可否认，德国的多数小朝廷中也有一股力量反对这种天然的文化贡献，它的表现形式就是纯粹军事类型的教育，这是诸侯们想望成为将军并占据一个军事巡查官位置的产物（从民族政治的角度来看，这种愿望毫无价值）。他们当中只有少数人具备有教养的品味。尽管各王朝的未来几代主人在军事事务上消息灵通、训练有素也许非常可取，然而，一旦出现严峻局势，让他们在这些事务上处于绝对举足轻重的地位，就只会招致难堪。如果缺少天赋的亲王成为他们军队名义上的最高统帅（像弗里德里希·卡尔亲王一类的人物是这方面罕见的例外），那是浪费时间而且限制了实际统帅的活动自由，一旦他们把这种形式上的权利当了真，他们就成了危险人物。另一方面，一个具有真正的军事关切与天赋的亲王，应当占据一个适合于他的年龄和能力的职位。我们希望，未来在这方面发生某种变化，比如奥地利新王储所实现的那种变化。但是，亲王们至少仍有可能对我们的文化—政治生活做出贡献，而且在某些情况下已经变成了现实。毫无疑问，随着议会化的重要性与日俱增，各王朝的关切将越来越多地被导入这个适得其所的进程。假设德国的政党制度分崩离析，一个超然于政党斗争之上的王朝首脑存在于各邦国之中就弥足珍贵，其中原因非常近似于奠定了普鲁士与帝国之间关系的那些原因（尽管在这个情况下论据更加令人信服）。

因此，即便有人对德意志民族及其未来的评价远远高于国家形态的问题，他也不会乐于挑战王朝的存在——尽管这个问题已经出现。

但是，他肯定会不得不坚称，一个重建后的德国的前程，不会受阻于对旧制度统治实践那种毫无用处的怀旧情感，也不会受阻于对某种特殊的“德国”国家形态的任何理论追求。毫无疑问，德国的议会制看上去将不同于任何其他国家。但是，文人墨客们主要关心的是德意志国家不应当类似于世界上的其他议会制国家（这包括几乎所有日耳曼民族的议会制国家），这种虚夸并不适合我们未来面临的重大任务。[62]这些任务——只能是这些任务——必须决定这个国家的形态。祖国不是躺在我们祖先墓穴中的一具木乃伊，它应当，也必须作为**我们子孙后代**的家园而生机勃勃。

未来议会制的权力分配所采取的实际形式，将要依赖于**具备领袖品质的政治人物**的出现以及他们所发挥的作用。我们无疑需要耐心，我们也会等待，直到我们挺过了这个不可避免的暂时困难时期。迄今为止，我们的议会中还完全没有天然领袖的容身之地。“你看，这个国家还没有准备好呢”，这种兴高采烈的喧嚣不过是学院派文人墨客徒劳的廉价消遣，他们对于未经他们**考验**过的任何人都充满了怨恨，对于中断了 30 年之后重新开始缓慢推进的议会制已经发生过以及尚未发生的任何一个失误都要幸灾乐祸。我们将会一再看到这种表现，对此，我们必须作出以下回应：（1）拒绝给予德国各地的议会能够获得事实信息、获得必需的专业信息的权力手段——“质询权”，同时又抱怨这些议会“外行”和低能，这在政治上是不诚实的；（2）暗地里抱怨这些议会的纯“消极”政治，同时又为天然领袖在议会追随者支持下积极工作并行使负责任的权力设置障碍，这在政治上同样是不诚实的。今天的德国文人实在是可以用来判断什么叫作政治“成熟”的最新一批人物。他们同声相应为战前德国政策的**几乎一切错误**，为战争期间不负责任的煽动主义造成的判断力缺失拍手叫好。**当旧制度犯下严重错误时他们在哪里呢**？人们还会记得，这些明摆着的严重错误就是，普鲁士的**保守派**代表们曾联合向君主发出了公开要求，让他根据他所指定的顾问的建议进行决策。**那时**已经是恰逢其时；人人都能看到发生了什么以及错误何在。人人都同意这一点，政党之间并无歧见。**那么他们又在哪里呢**？当时有几千名学校教师完全适时地发表了一份公开声明，它无疑令人印象深刻，而且符合古老传统。的确，国家的受俸者对德国国会党团的斥骂要便宜得多，就像现在发生的情形。所有这些先生们当时都保持了沉默。因此，现在他们最好还是继续保持沉默："你们敲钟的时代结束了，因此钟楼也没落了。"其他的社会阶层不得不照料德国的政治未来。毕业文凭或者物理学、生物学以及其他任何学科的教授头衔，绝对不会赋予持有者以政治资质，更不会成为政治人品的保证。只要陷入了对他们那个社会阶层（那些获得大学学位的阶层）之声望的敬畏——这就是反对"民主"和"议会外行"的一切夸夸其谈的理由——这样的社会阶层就始终是盲目的，而且总是会继续盲目下去，因为它是在根据本能而不是冷静的思索行事，这就是德国的大学人总体上来说将会继续下去的表现。

议会制不会自动产生，它的产生需要各方面都表现出**善意**。如果旧制度在战后复辟，就不可能指望外部世界对德国的大量批判性压力会有变化。民族自豪感不过是一个民族的成员——至少潜在地——**积极**参与塑造国家政治时的地位所发挥的功能。

德国人如果竟被完全剥去了官僚统治的甲壳，就会丧失所有的方向感和安全感——因为德国人已经习惯于在国内仅仅把自己看作被安排妥当的生活方式的客体，而不是认为应当亲自对它承担责任。这就是以不自然的危险方式公开出丑的原因所在，而这种方式当然就成了德国人饱受诟病的过度放肆的根源。就是由于它的存在，德国人在政治上的“不成熟”便从不受控制的官员统治和被统治者习惯于服从那种统治中产生了，因为被统治者并不分担责任，也不关心官员的工作状况和程序。**只有一个政治上成熟的民族才能成为“主宰者民族”**（“*Herrenvolk*”），这意味着人民控制着对自身事务的行政管理，通过自己选举产生的代表果断地共同选择自己的政治领袖。我们的民族把这个机会抛在了一旁，这是它对俾斯麦作为政治统治者的伟大所做出的反应。一个议会一旦停止了运转，短期内就不可能再次启动，甚至宪法的某些条款也不可能启动。当然，毫无疑问的是，任何这种条款，比如说帝国首相的任免必须经由议会投票表决这样的条款，也许会在“领袖”由于议会的无能而被排斥出议会数十年之后突然间无中生有地被召唤了回来。但是，这要为领袖的出现创造组织前提才是完全可能的，而实际上现在的一切都要依赖于这种情况的发生。

只有主宰者民族才会受到召唤去把握世界发展之舵。如果没有这种品质的民族也打算这样去做，那么不仅会遭到其他民族可靠本能的反抗，而且就其内在因素来说也会以失败告终。我们所说的“主宰者民族”并不是指一个民族的民族尊严感容许他们表现出丑陋的暴发户嘴脸，而他们的国民却被休斯敦·斯图尔特·张伯伦先生[63]这样的英国叛徒告知那就是指的“德国人”。当然，一个仅仅能产生优秀的官员、值得钦佩的职员、诚实的商人、能干的学者和技师、忠心耿耿的仆人而在其他方面却服从于伪君主制口号掩盖下**不受控制的官员统治**——这样的民族**不可能是一个主宰者民族**，它能把日常事务干得更好，但不会为了世界的命运多费脑子。如果这种故态得以复萌，那就

不必再对我们谈论什么“世界政治”了。惯于对**保守派的陈词滥调**随声附和的文人们等待着德国在世界面前发展出一种真正的民族尊严感，但如果他们在国内仍然仅仅是纯粹的**官员**统治活动的对象（不论这种统治在纯技术意义上多么有效），甚至满足于端着谋来的肥差讨论一个民族适合哪种统治形式才算足够“成熟”的问题，那么他们的等待就是徒劳的。

文人们鼓吹的在国内事务上的“无权力意志”，与某些人大肆夸耀的在世界上的“权力意志”并不相符。这个民族是否感到已经准备好承担一个7000万人的民族对子孙后代承担的责任，将要取决于我们解决德国内部重建问题的方式。假如这个民族不敢解决这个问题，其他问题就不必再谈了，因为那在政治上毫无结果。**由此**，这场本来也能使我们这个民族为争取对世界的未来承担责任而奋斗的战争，实际上将会变成一场“毫无意义”的纯粹的大屠杀，而德国未来的任何战争就更其如此。我们将不得不到别处寻找我们的任务，并在**这个**意义上“重新定向”。

许多文人（即便是些非常聪明的文人）都抱着典型的势利态度把这些严肃的议会与政党改革问题看作细枝末节，看作“转瞬即逝的术语”，他们用来比较的是形形色色关于“1914年观念”和“真正的社会主义”之类文人们感兴趣的遐想。好吧，战争一结束我们就要解决这样一个“转瞬即逝的问题”。不管谁作为胜利者出现，经济秩序的重建都是题中应有之义。因为在这方面，必需的条件既不是德国成为战胜国，也不是帝国实现新的自由主义政治秩序。一个民族主义的政治家肯定会密切关注那些未来将左右大众生计和命运之表面秩序的普遍趋势。但是，当他作为一个政治家被他的人民的命运感动时（对此，那些普遍趋势则完全无动于衷），他就会从今后两三代人的角度去思考问题，因为正是那些人将决定**他的**民族会变成什么样的民族，即便那时会有新的政治形态产生。如果他另有打算，他就不是个政治家，而是文人墨客之一，既然如此，他就不妨去关心那些永恒真理的问题并埋头于书卷之中，不该涉足聚讼纷纭的当代问题领域，因为这里的斗争关系到**我们的**民族在普遍进程中是否享有决定性发言权。这个民族的内部结构，包括它的政治结构，都必须适应这个任务。我们先前的结构与这个任务并不相称，而是仅仅适合于完成技术优良的**行政管理**和令人瞩目的**军事业绩**，它们对于纯粹的防守性政治形态来说已经足够了，但却无法应对这个世界提出的政治挑战——这就是我们从吞噬了我们的可怕命运中得到的教训。

注　释

1　除非另有说明，本文注释与校订均为英文编者所加，例如第一到第五节中的小标题，只是为了给读者一个更好的导向。

本文选自 Max Weber, *Gesammelte politische Schriften*, ed. Johannes Winckelmann（2d ed.; Tübinge: Mohr, 1958），294—394，第一次全文发表时收于丛书“Die innere Politik”，edited by Siegmund Hellmann（München and Leipzig: Duncker & Humblot, 1918）。韦伯在某些段落中利用了当时尚未出版的《经济与社会》第二部分。因此，读者在韦伯对显贵统治与官僚统治的说明中会看到一些重复的内容，但同时也会看到韦伯的政治观点与他对长期变革的学术理解之间的联系。不过，正如韦伯本人在序言中指出的，他并未声称有什么科学权威在支撑着他的政治观点。此外，读者应当谨记，本文最初是发表在报端的系列文章，它们以宣传上的持续性重复了这些主要观点。韦伯的“以政治为业”——美国人最熟悉的政论文——又吸收了他战时著述的某些主题；诚然，它是韦伯政治观点的概括，但与韦伯早先的政治著述相比更像是一篇急就章，因此需要本文这样更广泛更具体的阐述。

近些年来，韦伯的政治学引起了很大的关注。本文作为他的政治著述的阅读背景很有助益；这里也要提及许多其他有关文献：Arnold Bergsträsser，“Max Webers

Antrittsvorlesung in zeitgeschichtlicher Perspektive," *Vierteljahrshefte für Zeitgeschichte*, vol. 5, 1957, 209—19; Golo Mann, "Max Weber als Politiker," *Neue Rundschau*. Vol. 75, 1964, 380—400; Wolfgang Mommsen, *Max Weber und die deutsche Politik, 1890—1920* (Tübinge: Mohr. 1959); id., "Max Weber's Political Sociology and His Philosophy of World History," *Internotional Social Science Journal*, vol. 7, 1965, 23—45; 此文扩展后见于"Universalgeschichtliches und politisches Denken bei Max Weber," *Historische Zeitschirft*, vol. 201, 1965, 557—612; Guenther Roth, "Political Critiques of Max Weber: some Implications for Political Sociology," *American Sociological Review*, vol. 30, 1965, 213—223; Gustav Schmidt, *Deutscher Historismus und der Übergang zur*
1463 *parlamentarischen Demokratie* ("Historische Studien," vol. 398; Lübeck: Matthiesen, 1964); Gerhard Schulz, "Geschichtliche Theorie und politisches Denken bei Max Weber," *Vierteljahrshefte für Zeitgeschichte*, vol. 12, 1964, 325—350。

2 第一到第三节最初发表于1917年5月27日、6月5/6日和6月24日的《法兰克福报》,题为"过去和未来的德国议会制"。参阅Eduard Baumgarten, ed., *Max Weber-Werk und Person* (Tübinge: Mohr, 1964), 711, 文献目录; 另见Winckelmann's introduction to *GPS*, 2d ed., XXXV. 关于贝特曼－霍尔韦格首相在1917年7月14日下台以及米夏埃利斯首相(止于1917年10月30日)的短命统治,见注27、29。

3 Moritz Busch (1821—1899) 是俾斯麦的首席宣传员和官方赞颂人,他的回忆录*Bismarck: Some Secret Pages of his History* (London: Macmillan. 1898) 因估计在德国会遇到诽谤罪问题而在英国首发。

4 俾斯麦为争夺对天主教会的控制权(1873—1887年的所谓"文化斗争",它得到了自由主义政党的有力支持)采取了最初的举措之后,一个叫作库尔曼的失业制桶工人于1874年7月曾试图在巴特基辛根(Bad Kissingen)对他谋刺。当1878年社会民主党被迫为赫德尔与诺比林(Hödel and Nobiling)谋刺老皇帝承担责任时,俾斯麦立即试图利用这个事件再次作为他与中央党冲突的政治良机,他在接下来的预算辩论中(非常活灵活现地)大声喊叫说,"你们也许想尽可能拒绝承认与这名刺客的关系,可是他却紧紧抓住了你们的燕尾服下摆不放,他把你们叫作他的党!"见Karl Bachem, *Vorgeschichte, Geschichte und Politik der deutschen Zentrumspartei*, Ⅲ (Köln: Bachem, 1927); 219f。

5 Friedrich Julius Stahl (1802—1861) 与Ludwig von Gerlach (1795—1877),均为传奇人物普鲁士国王腓特烈·威廉四世的顾问,19世纪中叶普鲁士新教农民保守主义领袖。Stahl, 1848年革命以后王权神授说最令人折服的代言人之一,影响了1850年普鲁士宪法沿着保守主义路线成型。Gerlach,《十字架报》(*the Kreuzzeitung*)创办人之一,至死与俾斯麦势不两立,得到1870年后的德国国会中央党代表们的支持。关于基督教社会党运动的总体情况,见W. O. Shanahan, *German Protestants Face the Social Question: The Conservative Phase, 1815—1871* (Notre Dame: University of Notre Dame Press, 1954)。

6 Rudolf von Bennigsen (1824—1902), Joseph Völk (1819—1882) 与Franz August Freiherr

（Schenk von）Stauffenberg（1834—1901），均为民族自由党领袖。Bennigsen 自 1866 至 1898 年为该党首脑，1877 年曾拒绝入阁；由于感到不再可能与俾斯麦合作，1883 至 1887 年从德国国会引退。右翼的 Völk 在 1878 年关税立法的第一次争论中弃该党而去。南德人 Stauffenberg 是 1881 年左翼脱离派领袖之一。Benedikt Franz Leo Waldeck（1802—1870）是 1848 年普鲁士国民议会的民主派左翼领袖，1861—1869 年宪法冲突期间再次成为普鲁士议会中的民主派左翼领袖。

7 韦伯的父亲，老马克斯·韦伯，在俾斯麦时代曾作为一名市政官员在柏林的民族自由党内扮演过重要角色，是普鲁士议会议员，一度还是德国国会议员。Bennigsen、Miquel 以及该党的其他领袖都是韦伯家的常客，“已经半大不小的儿子们获准……偷听政治辩论，并且记住了他们所能理解的一切。”［Marianne Weber，*Max Weber*（Tübinge：Mohr，1926），42］尽管 1878 年时韦伯年仅 14 岁，但这个早熟的大男孩 1464
已经对政治问题深感兴趣（参阅 *Max Weber*，*op. cit.* 6—13）；因此，这里以及下面的陈述大概的确是基于那个时期的记忆。

8 俾斯麦把帝国建成了各统治王朝的联邦，它们在联邦参议院都有代表，形式上控制着一切立法并通过由国王任命的首相进行“统治”，首相通常也是普鲁士宰相。德国国会是唯一的“一元化”机构，即代表全体德国人民的机构，但它只有协商权和预算权，对联邦政府没有控制权。许多国家功能——教会、教育、铁路、邮政、在巴伐利亚甚至包括军队——始终都归各个邦国管辖。已经存在的各中央机构均由普鲁士支配。

9 关于普鲁士宪法冲突——它把俾斯麦送上了权力宝座——的背景，见 Eugene N. Anderson，*The Social and Political Conflict in Prussia*：*1858—1864*（Lincoln：The University of Nebraska Press，1954）。

10 Ludwig Windthorst（1812—1891），前汉诺威司法部长，天主教中央党领袖，俾斯麦的主要议会对手，尽管在议会的整个任职期间有时也是俾斯麦的合作者。

11 关于俾斯麦与反社会党人立法，见 Guenther Roth，*The Social Democrats in Imperial Germany*（Totowa，N. J.：The Bedminster Press，1963），ch. Ⅲ；Vernon L. Lidtke，The Outlawed：*Social Democracy in Germany*，*1878—1890*（Princeton：Princeton University Press，1966）。

12 1879 年时俾斯麦打算提高关税以减少帝国对各成员邦的财政依赖，但俾斯麦需要其选票的中央党却坚持各邦独立原则（还有贸易保护主义原则），认为超过 1. 3 亿马克的新税收应当转给各邦国，如果帝国想要分享这笔收入，问题将再次被提交给邦议会，由它投票决定年度许可上缴额度。该党著名的巴伐利亚党员 Georg von und zu Franckenstein（1825—1890）是这一条款的动议者。普鲁士更是以赫恩法案进行了补充（1885—1893），该法案是中央党议员、西里西亚大地主 Karl Huene Baron von Hoiningen（1837—1900）之作，要求普鲁士邦把 1. 5 亿马克以外的几乎全部弗兰肯斯坦意外之财都转拨给各县与自治市，“以防刺激普鲁士邦预算的不良开支”。参阅 Ernst Rudolf Huber，*Deutsche Verfassungsgeschichte seit. 1789*，Ⅲ（Stuttgart：Kohlhammer，1963），951；Bachem，*Zentrumspartei*，*op. cit.*，Ⅲ，394ff。

13 Herbert von Bismarck（1849—1904），1886 年起担任其父的外交事务国务秘书至后者于

1890 年下台。

14 认为罗马法促进了资本主义，实属幼稚文人的幼儿园见识：任何学者必定都知道，一切典型的现代资本主义法律制度（从股票、债券、现代抵押权、汇票以及所有交易形式直到工业、矿业、商业的资本主义联合体形式），都是罗马法完全闻所未闻的，它们都是中世纪的产物，而且一定程度上都是产生于日耳曼。此外，罗马法从未在现代资本主义的发源地英国立足。罗马法的继受之所以在日耳曼成为可能，是因为在日耳
1465 曼缺少在英国抵制了这项发展的名副其实的全国性法律人行会，还因为法律和行政的官僚化。早期的现代资本主义并非源自官僚政治的楷模国家，那里的官僚系统是国家理性主义的产物。先进的资本主义最初也并非限于这些国家，事实上甚至主要不是落户于这些国家，它是在由法律人阶层补充法官的地方兴起的。但在今天，资本主义和官僚系统已经是相辅相成、密不可分了。（韦伯脚注）

15 关于**脱离派**及其与进步党的合并，见本书第二部分第十四章注 9。帝国时期德国政党组织的总体情况，见 Thomas Nipperdey，*Die Organization der deutschen Parteien vor 1918*（Düsseldorf：Droste. 1961）。

16 另请比较韦伯对**社会政治协会** 1909 年维也纳大会的评论，重印于 *GAzSS*，412ff，他在那里遭遇了老一代成员，后者颂扬了官僚统治对“曼彻斯特主义”的优越性。

17 由于来自俄国方面的消息声称，克伦斯基先生利用《法兰克福报》的这段文字在公开会议上表示需要把进攻作为“实力”的证据，我不妨在这里明确告诉这位给俄国稚嫩的自由掘墓的人：发动进攻的人只能是那些处置必需的资源的人——例如，用来把对方士兵压制在战壕里的足够的大炮，以及足够的运输和补给手段以使自己的士兵们在战壕里感到依靠他才能得到食品。然而，正如已在别处说过的，克伦斯基先生的所谓“社会革命”政府，其“弱点”就在于缺乏可信度［参阅“Russlands Übergang zur Scheindemokratie,” in *Die Hilfe*，April 26，1917，重印于 *GPS*，192—210］，以及为了获得维持权力所需的**国内**信任而否定自己的理想主义，与资产阶级的帝国主义协约国结为盟友，这将把自己的千百万国民变成外国利益集团的雇佣军。我相信，犹如我在其他地方就俄国的预期态势发表的言论一样，这个预言很不幸也是正确的。（我看不出有什么理由修改许多个月之前写下的这段文字。）（韦伯脚注）

18 德文为 Nachtwächterstaat，自由放任主义学说的批评家用以通称自由主义国家的绰号，意指国家功能的最小化。当然，这里指的是“自由贸易主义”的英国。

19 Eugen Schiffer（1860—1954），民族自由党议员，1917 年任帝国财政部次长。

20 有趣的是，所有地方［极端保守主义］的《十字架报》都有一位匿名作者从形式主义的法律考虑得出结论认为，这两个地位是不相容的，就是说，议会议员应该按照自己的信念去投票，而**联邦参议院**成员则是根据指令投票。自普特卡默（Robert von Puttkamer，1828—1900，普鲁士政治家，1881—1888 年任内政大臣。——译注）时期以来，许多**县长**都是为了“体现政府的政治路线”而加入普鲁士议会的，这并没有让《十字架报》泄气；作为普鲁士议会议员的帝国国务大臣们可能会批评他们作为**联邦参议院**成员从普鲁士政府那里接到的指令，而这个政府要对普鲁士议会负责，这也没有让《十字架报》心烦意乱。如果一个同时又是**联邦参议院**成员的政党领袖不能得到

符合他的信念的指令，他就必须辞职。事实上，这是**每个**［不能得到所需授权的］政治家都应该做到的。下文还会详谈。（韦伯脚注）

21 Matthias Erzberger（1875—1921），战时最著名的中央党成员，民主派左翼领袖，在 1466
推进议会政体的过程中以及在战后初期的政府中都发挥了关键作用，1921年被民族主义狂热分子刺杀。参阅 Klaus Epstein，*Matthias Erzberger and Dilemma of German Democracy*（Princeton：Princeton University Press，1959）。

22 指阿尔弗莱德·胡根贝格（Alfred Hugenberg），1918年之后他实际上变成了两个人：他在报纸和电影业的宣传基础上进而在1928年成为右翼**德国民族党**的首领，1933年又抱着他能操纵希特勒这一完全错误的期望加入了最初的希特勒内阁，任经济部长。

23 这是指的一个被广泛使用的说法："要赚钱就别想**贪图安逸**（Gemütlichkeit）"，此话最早出自实业家和自由主义领袖达维德·汉斯曼（David Hansemann）1847年6月8日在普鲁士议会的发言。

24 俾斯麦曾是在法兰克福松散组织起来的联邦议会中的普鲁士大臣，从1851年直到1859年仍是奥地利在这个议会中发挥着支配作用。参阅 Arnold Oskar Meyer，*Bismarcks Kampf mit Österreich am Bundestag zu Frankfurt*（*1851—1859*）（Berlin：Koehler，1927）。

25 Richard von Kühlmann（1873—1948），职业外交家，1917年8月被任命为国务秘书，12月底因在布列斯特－里托夫斯克和谈的某些程序问题上表示了相对调和的立场而激怒了军方（鲁登道夫），这招致了一场由大本营指使的新闻大战和其他压力要求把他撤职，但鲁登道夫直到1918年7月才达到了这个目标，Kühlmann 被迫辞职并由海军上将 Paul von Hintze 取代。参阅 Erich Matthias and Rudolf Morsey（eds.），*Der Interfraktionelle Ausschuss 1917/18*（2 vols.；"Quellen zur Geschichte des Parlamentarismus und der politischen Parteien，" first series，vols. I/I—II；Düsseldorf：Droste，1959），II，77ff。

26 大委员会组成于1916年10月，它实际上是个预算委员会，但受权在德国国会休会期间专门辩论外交事务和战争问题；在比例基础上由所有政党的代表组成。参阅 Matthias and Morsey（eds.），*op. cit.*，I，xivff。

27 Bethmann-Hollweg 首相下台（见下面注29）之后，满腹狐疑的**德国国会**把一个由七名议员组成的顾问委员会强加给了新首相格奥尔格·米夏埃利斯，以和他商讨德国如何对1917年8月教皇的和平照会做出反应。这是议会首次明确参与外交政策的制定，因而成为走向议会政体的重要一步。参阅 Epstein，*Erzberger*，*op. cit.*，216ff。另请参阅 Matthias and Morsey（eds.），*op. cit.*，I，119—213，那里大量引证了委员会会议备忘录以说明谈判的背景与过程。

28 1917年12月到1918年3月间，托洛茨基与德国外交和军事代表在布列斯特－里托夫斯克进行谈判。威尔逊的十四点建议发表于1918年1月。

29 1917年7月6日埃茨贝格尔在**大委员会**一次感人的演说中透露了无限制潜艇战的失败，并在新的议会联盟（韦伯通常称之为"多数党"）支持下催促**德国国会**拿出和谈方案并加速议会改革。由于得到了打着自己小算盘的军方的支持，这些动议导致了贝
特曼－霍尔韦格首相在几天后辞职。然而，对于选择普鲁士食品供应部长格奥尔格·米 1467
夏埃利斯任新首相，议会没有产生任何影响；即使对于它含糊表述的"但求和平，不

求暴力获得领土"，新首相也只是以"按照我的解释"这样的保留态度勉强表示接受。

由此，**德国国会**对这位新首相丧失了信心，到8月教皇发出和平照会时便出现了第二次危机，这导致了七人委员会的建立以监督起草德国的答复。

终于，当10月份由于传闻（但没有书面证据证明）左翼独立社会党煽动海军哗变，政府宣布要对它进行镇压后，多数党的联合委员会（the Interfraktionelle Ausschuss）便要求并成功罢免了米夏埃利斯。在此后的一系列谈判中，由于德国国会卓有成效的不懈坚持，米夏埃利斯年老体弱的继任者、巴伐利亚总理赫特林伯爵——中央党的保守派成员、本人曾是德国国会议员——最终在上任之前就政策与人事问题在11月与德国国会达成协议。关于1917年这些"政体议会化"进程的概览，见 Epstein，*Matthias Erzberger*，*op. cit.* chs. Ⅷ—Ⅸ。

30 1917年8月，两个重要议员加入了米夏埃利斯内阁，即普鲁士议会的民族自由党议员保罗·冯·克劳斯（Paul von Krause），被任命为帝国司法大臣，另一个是德国国会的中央党党团领袖彼得·施帕恩（Peter Spahn），成为普鲁士司法部长。到10月，民族自由党议员 Eugen Schiffer 被任命为帝国财政部次长。

31 在赫特林政府中，议会议员第一次获得了决策地位。**德国国会**中的进步党党团领袖弗里德利希·冯·派尔（Friedrich von Payer）成为帝国副首相，左翼民族自由党人罗伯特·弗里德贝格（Robert Friedberg）成为普鲁士副总理。

32 1918年1月危机源于文官领导层和军方领导层之间在处理与俄国人的布列斯特－里托夫斯特和谈问题上的争端。另请参阅注25。

33 1896年1月初，威廉二世发给南非德兰士瓦总统保罗·克吕格尔（Paul Krüger）一封电报，祝贺他击退了由塞西尔·罗得斯（Cecil Rhodes）支持的詹姆森的袭击。这位皇帝是按照国务秘书巴隆·马沙尔·冯·比贝施坦因（Baron Marschall von Bieberstein）的建议行事，后者是想防止皇帝受到不明智的干扰。这是德国试图从外交上孤立英国的一个策略，但实际上却使德国更加孤立。——在1905/6年的第一次摩洛哥危机期间，德国政府竭力反对法国对摩洛哥的殖民图谋，威廉二世访问了丹吉尔，但后来的阿尔赫西拉斯国际会议却以德国的外交惨败收场。1911年的第二次摩洛哥危机中，德国派遣"黑豹号"炮舰前往阿加迪尔，但最后德国在外交上又输了一个回合。

34 威廉二世曾表示他是"违心地"同意了1905年的丹吉尔之行，关于他对此行是否明智的疑虑，见他的 *Ereignisse und Gestalten*，*1878—1918*（Leipzig：Koehler，1922），90f。

35 关于罗得斯与威廉二世之间相当和解的会谈，见 *op. cit.*，72f。

36 关于皇帝所说的他反对拍发这封电报以及他所预计的英国的公开抗议，见 *op. cit.*，69f。

37 当时，俄国、法国与公开声称要警惕"黄祸"的德国曾阻止日本在取得对中国的军
1468 事胜利之后吞并辽东半岛（1905年4月的《马关条约》）。关于这些谈判中德国方面的情况，请参阅威廉二世皇帝的自传 *op. cit.*，68，以及 Johannes Ziekursch，*Das Zeitalter Wilhelms II*，vol. Ⅲ of *Poliitlsche des neuen deutschen Kaiserreiches*（Frankfurt：Xozietatsverzlay，1930），92ff。

38 德皇 1895 年赠给沙皇尼古拉的圣诞礼物是一幅寓言画，由画家科纳克夫（Knackfus）根据皇帝的构思完成，但被说成是皇帝本人的作品。此画描绘的是天使长米迦勒率领一批铠甲巾帼抵抗黄祸，后者的形象是一个盘旋在欧洲和平城市上空云端的嗜血的摩洛神。这件礼品和它的标题“欧洲各民族，捍卫你们最神圣的财富”很快就广为人知并遭到了普遍嘲弄，但这位皇帝却相信自己实现了一个外交成就，当他的使节发回报告说那位不幸的受礼者将此艺术品加上画框悬挂在墙上时，他在报告页边写道：“堪称杰作！太令人满意了！”参阅 Erich Eyck，*Das persönliche Regiment Wilhelms II.*（Zürich：Rentsch. 1948），119；Emil Ludwig，*Kaiser Wilhelm II*，trans. Ethel C. Mayne（London：Putnam's 1926），223f。

39 1900 年 7 月 27 日，威廉二世发表了声名狼藉的“匈奴人”演说，由此，第一次世界大战期间的盎格鲁－撒克逊国家便用匈奴人这个绰号通称德国士兵。在派遣军队——瓦德西伯爵是这支由俄国、日本和英国军队组成的国际远征军名义总司令——参与镇压拳乱时，威廉二世在讲话中说，“不要宽恕，也不要俘虏。谁落入你们手中都任由你们发落。像一千年前匈奴人在他们的国王阿提拉统帅下声威远播，至今仍在传说和故事中令我们敬畏一样，德国人的名声也要靠你们在中国流传千年，使中国人永远不敢再对德国人**侧目而视**。”——堪称一个蹩脚的双关语。在对海军的致辞中，威廉二世使用了德国打算在世界上运用“威慑力”（“mailed fist”）这样的说法。参阅 Eyck，*op. cit.*，200，272。

40 1906 年 4 月 13 日，威廉二世给奥地利外交大臣戈武霍夫斯基伯爵拍发了一份电报，其中说道：“您在这次决斗中已经证明您是一位杰出的助手，可以肯定，我将在必要时致以酬答。”此话反而导致戈武霍夫斯基在几个月之后下台。德国驻巴黎大使拉多林亲王（Prince Radolin）1906 年 5 月 8 日致信弗里德利希·冯·霍尔施坦因（Friedrich von Holstein）抱怨说：“毕竟我们已在世界上完全孤立了，人人都憎恨我们，甚至奥地利人也憎恨我们，他们对于戈武霍夫斯基电报绝对怒不可遏。”见 Norman Rich and M. H. Fisher（eds.），*The Holstein Papers*，IV（Cambridge：At the University Press，1963），421f。

41 见上文注 34。关于每日电报事件，见 Wilhelm Schüssler，*Die Daily-Telegraph-Affaire. Fürst Bülow，Kaiser Wilhelm und die Krise des Zweiten Reiches 1908*（Göttingen：Musterschmidt，1952）。

42 显然是对**德国国会**的进步党多数、社会民主党多数和中央党成员的一种轻蔑说法，他们在 1917 年夏天接受了一个没有领土扩张也没有政治、经济和财政利用机会的和平方案。民族自由党议员古斯塔夫·施特莱斯曼（Gustav Stresemann），后来成为魏玛共和国出色的外交部长，但在大战期间的绝大多数时候都是一个强硬的兼并主义者，他在 1917 年的一封通信为这种遭到韦伯此文嘲弄的表里不一提供了一个例证，信中说道：“如果今天甚至保守派国务秘书们也在紧闭的大门后面告诉我们说，他们向往议会 1469
政体是因为担忧皇帝的个人政治行为可能造成对德国的极大伤害，那么你是可以在私密的圈子里谈论这个问题的，但作为君主的仆人你决不能把这个为议会政体辩护的最严重的理由暴露在公众面前。”参阅 Matthias and Morsey（eds.），*Der Interfraktionelle*

Ausschuss, *op. cit.* , I, 157n. 10。

43 被大财团全部买下的那些报纸，曾在 1917 年底指控《法兰克福报》和一位**德国国会**议员接受了英国的金钱贿赂。笔者和一位民族自由党同道的名字同样被列入了劳合·乔治的受贿人名单。文学圈子对这样的说辞是信以为真的！这一事实的确足以用来判断这个阶层的政治成熟度了。这些趋炎附势者的做法证明，在德国，**没有**议会制**也没有**民主的煽动主义完全是在法国人的水平上操作的。（韦伯脚注）

44 Paul Singer（1844—1911），一位柏林工厂主，社会民主党的领导成员，1885 年以来为该党的**德国国会**代表团首脑。

45 这正是魏玛共和国后来发生的事情，那里的比例代表制也导致了纯粹在特殊群体的利益代表基础上的政党的激增。

46 迟至 1967 年，德意志联邦共和国的**联邦参议院**仍不得不让两个议员共用一个小房间；各议会派别的研究班子也太小，工作负担绝对超载。议会及各个议会党团仍然很难招募到大学里和其他方面的“临时”雇员，而这在美国的国会委员会中却是寻常之事。

47 August Bebel（1840—1913），1869 年社会民主党建党时的领袖。

48 关于 Richter 和 Erzberger，见前面的注释。Ernst Lieber（1838—1902），中央党的自由派成员，1891 年温特霍斯特去世后接手领导该党的议会代表团。

49 指韦伯的文章“帝国非常时期选举法：复员士兵的权利”（“Ein Wahlrechtsnotgesetz des Reichs. Das Recht der heimkehrenden Krieger”），发表于 1917 年 3 月 28 日《法兰克福报》。

50 在神圣罗马帝国，把一个邦国“变成附庸”就是把它的某些权力转移给更强大的另一邦国以限制前者的主权，由此它在帝国中的地位就变成了“间接”成员而不是“直接”成员。这是韦伯习惯使用中世纪术语讨论当代问题的又一个范例。不过在这里，由于“德意志第二帝国”要求成为神圣罗马帝国的继承者，也可以说明该术语的连续性用法。

51 帝国首相贝特曼·霍尔韦格 1916 年 9 月在德国国会宣称，德国人的人生座右铭现在必须是“freie Bahn fur alle Tuchtigen”（能者之路畅通无阻）。然而，他又允许重新提出法案以创造新的限定继承土地的财产权，这可能仅仅使拥有已被承认的财产的那些人获利。

52 尽管十分可笑，但米克尔（Miquel）的所得税仍被援引为普鲁士邦并非财阀统治的证据。但这不过是财阀统治内部大土地所有者占据了主导地位的一个经典表述。引进所得税的代价是以所谓的“过户”形式放弃了一种针对土地所有者的可靠而重要的国税——土地税，这意味着相对来说大大减少了土地所有者由于抵押借款而承担的税负，同时增加了动产的税负。对于乡村既得利益者来说，既然对大土地所有者的财产评估决定于当局，而当局又在政治和经济上完全依赖于他们，那么引进所得税就根本不包含什么威胁。米克尔的高明手腕就在于利用一个技术上非常卓越的税种来控制这些乡村利益集团。没有给统治的政党中享有既得利益的那些人带来这种小恩小惠的所有改革均告失败。（韦伯脚注）

53 “静止生活”与“静物”是同一个词“still life”，这是有意使用（并非韦伯发明）的双关语，把德国政治生活的停滞状态比作这种类型的绘画。

54 同样，人们只能同意施特雷泽曼（Gustav Stresemann）议员的希望，即普鲁士的**专家**内阁**不应**议会化。但迄今为止，德国的问题恰恰不是专家资格，而是个人在**政党**中的地位。（韦伯脚注）

55 这两位议员成为大臣时便失去了他们党的支持，这是实施宪法第九条第二句的范例。

56 正是由于这个原因，才绝对不存在这样的危险，即一旦完全实现了议会政体并废除第九条第二句，普鲁士的幽灵被代表某些小邦国的政党领袖多数选票所击败就会成为现实。如果认为在联邦参议院建立政党这一可怕后果正如今天这样已经成为可能，那么这种反对理由的愚钝无知就变得显而易见了。今天，任一邦国的政府都可以把它合意的任一邦国的任一政党领袖派往联邦参议院，宪法对此并无任何异议，比如，巴伐利亚可以派出一个中央党成员而不是一个自由党的帝国首相，或者罗伊斯可以派出一个社会民主党人。这种局面恰如卡普里维（Caprivi）统治时期保守党顶住了俾斯麦亲王本人可能被梅克伦堡－史特雷利茨公国（Mecklenburg-Strelitz）委派为联邦参议院代表的威胁。如果保留第九条第二句的结果是联邦参议院沿着各邦国"自主独立"的路线实现议会化，那不可避免就会在某种程度上出现类似事态。（韦伯脚注）

57 错误完全在于尚未通过与能够合法代表波兰的某个当局达成明确协议，因而波兰对德国的态度尚未充分明朗之前德国军方便要求建立一支波兰军队（即军官团）。认为由君主宣布承认"荣誉担保"就可以水到渠成，这也是典型的武夫意识。波兰人以他们的方式对这种严重错误做出反应，就是完全可以理解的了。（韦伯脚注）

58 据说，陆军元帅布吕歇尔（Field Marshal Blücher）1815 年在滑铁卢战役后说，"外交家的笔可能不会再次毁掉凭军队的刀剑耗费大量努力达到的目标了。" 1917 年 12 月，韦伯在一次演讲中使用此句批评了"祖国党"。然而，他的话被错误地报道成了相反的意思："用笔恢复了刀剑毁掉的东西。"韦伯这里是在引用自己的回答反驳这种错误批评。见 Weber 'Schwert und Parteikampf'，Heidelberger Tageblatt，10 December 1917，reprinted in Max Weber，*Gesamtausgabe*，vol. xv pp. 399—400。

59 如果不是这样，就会出现利用媒体煽动进行的彼此争斗，一如我们在 1916 年初以及在 1917 年和 1918 年初再次见识过的那样。当时那些事件使人人都清楚了，连民主都不存在的地方——实际上正是因为缺少有序的民主，才能看到最恶劣的"煽动主义"，即诽谤盛行的暴民统治。（韦伯脚注）

60 当然，如果这种官员被控系统地"阻挠"自由接近君主，"施图姆时期"和"监禁演说"则能让我们明白，从"自由接近"和影响君主中受益的**那些圈子**并不承担任何责任。只有承担责任的**政治家**和承担责任的**政党领袖**（**他们全体**）才应该得到君主的垂询。（韦伯脚注）

61 另一方面，科学与学术也有望尽量少地遭受君主的干预和议会的卷入。但凡君主亲自干预学术职位的任命时，从中受益的实际上只是那些驯顺的庸才。（韦伯脚注）

62 笔者在本文中一再提到了英国，为的是防止竟然向无知的"街头"仇恨做出这种让步。（韦伯脚注）

63 H. S. Chamberlain（1855—1927），英国流亡作家，以种族依据为泛日耳曼民族主义辩护的宣传者。他的《19 世纪的基础》（*Die Grundlagen des 19. Jahrhunderts*，1899）以及其他著作曾在德国引起广泛争论。

索　　引

（索引页码为原书页码，即本书的边码）

一、学者

二、历史名称

三、主题

译后记

这个中译本出版之际，适值马克斯·韦伯去世九十周年，无疑是对这位思想大师一种不可多得的纪念方式，就笔者个人来说，更是一个值得纪念的人生事件。

总起来说，和以往的体系思想家们不同，韦伯从来没有打算建构一个价值体系以充当一位不堪重负的道德先知，他毕生的努力都是在开辟一条富有客观意义的方法论途径，以求在这个价值多元化的世界上提供一个普适性的理性主义经验知识系统，以此为基础，庶几有助于对已经、正在和将要发生的历史作出“头脑清明”的因果解释。《经济与社会》的重要性之所以能够在世界范围形成思想史上罕见的学术共识，主要原因大概就在于此。正如京特·罗特在导读中所论，“《经济与社会》第一次从世界历史的深度对社会结构与规范性秩序进行了经验比较。如此说来，它超越了始终在冥思苦想要建立某种社会科学的大量‘体系’。”从这个角度看上去，在同样面对现代性困境和变局的思想家当中，韦伯的清醒、冷静、深邃和远见，实在是少有人能出其右。

这部巨著在中文读者中的盛名已无需赘言。十多年来，大陆已相继有了不同版本的全译和选译。不过最终，我也不得不像许多读者一样认为，面对韦伯严肃严谨的学术态度和大陆读者对翻译文本的质感语感要求，这部经典理应有一个还算交代得过去的重译本。但始料未及的是，这种对他者的期盼，最后竟落实为我自己的志业。大体上，这是主客观两个方面的原因促成的。从客观上说，一些令我十分敬重的师友曾反复鼓励我做这件事情，对我产生了极为有力的驱策与激励作用。终于，这使我决定审视一下自己能否配得上做好这件事情。有两个心理上的压力曾迫使我几乎要放弃这项已经基本确定了的计划。首先，我当时差不多还是个德文文盲，完全从英译本转译这部巨著，无论如何都是一个必定会始终让我愧疚难当的严重缺陷；其次但更重要的是，从英译文本来看，《经济与社会》的文字虽然并不艰涩，但其中蕴含的知识密度，特别是德国学术传统背景下的思想训练在韦伯那里达到的空前境界，很有可能因为我的译笔之肤浅和孟浪而遭到亵渎。相比之下，我的有利条件却乏善可陈，唯一丰富但又不可再生的现成资源，就是能让我静心伏案的大量闲暇。恰在这个犹豫不决的关口，中国社科院渠敬东先生和商务印书馆王明毅先生，再次给了我十分真挚敦厚的鼓励，上海世纪出版集团则以无条件的信任邀我签订了翻译出版合同。至此，我不再寻找退缩的理由了。

开始翻译之前的几个月预览过程中，首先得到的却是一个意外的收获，就是非常清晰地领悟到了韦伯在《新教伦理与资本主义精神》和《学术与政治》中提炼并释放出来的一种历史动力的深长意味，即从新教徒的天职观到现代知识人和政治人的志业观在世俗生活中的理性价值。这使我接着意识到，如果我并没有这种内生的信念却又奢望重译《经济与社会》，其荒唐和危险将无异于一个类人猿要去扮演哈姆雷特。还算幸运的是，我已经可以确定，自己有了这样的信念。

然而，接下来则是一个既紧迫又必须面对的实际问题：这个任务绝不是——至少绝不单纯是——对翻译技巧的考验。英译本的译者都是具有深厚造诣的韦伯研究专家，这本身或许意味着，在我们现有的学术条件下，如果做不到研究性翻译，至少也应在研读中斟酌译笔，庶几才有可能不至于让读者过分失望。我深知自己学养之匮乏，但事已至此，看来唯一可行的弥补办法，就是随着韦伯的笔底韬略去用心阅读、用心思考，以勤补拙，以求忠实于英译文本。就在这种信念坚定但信心不足的紧张关系中，从翻译第一个句子开始，到 2010 年 1 月 16 日校订完毕第二卷大样，我在战战兢兢如履薄冰的感觉中度过了五年多来的每一个工作日。现在，木已成舟，而我能够鼓足勇气说出来的自我评价也仅仅是，我尽力了。为了不至于抱憾终生，我已做好了充分准备，愿意真诚接受无论如何都会出现的正当批评，不管那是多么严苛的批评；同时我也希望，若干年后，自己能够锤炼出相称的学力，如果需要，可以直接根据德文原著重新修订这个译本。我相信，这是出于对思想的敬畏，也是为了个人灵魂的安宁。

如果没有众多学者朋友的慷慨相助，即使完成这样水平的译事也几乎是不可想象的。使我受益的重要方式之一，就是他们都会无条件地允许我随时就翻译过程中的任何问题占用他们的时间进行无拘无束的讨论。在这些朋友当中，我应当特别感谢方慧容博士和学兄冯克利先生，应我的请求，她 / 他们各自挤出专门的时间对初稿的部分内容进行了修改校订，方老师是第一部分第一、第二章，克利先生是第二部分第八章，这些修订意见的细致、严谨和精准，都在我对全书译稿进行校订时发挥了范文性的作用，借这个机会向她/他们表达最深切的谢意使我感到了一种特殊的荣幸。

还应当特别感谢的是本书的责任编辑姚映然女士和周运先生，她/他们表现出了如今并不多见的文字编辑水平，尤其是先后就译文中的二十多处堪称标准的错误提出了修订意见，而如果没有足够认真的态度和敏锐的眼光，这些并非无关紧要的错误几乎是难以觉察的，这表明了她/他们的知识背景和业务素养实在无愧于责任二字。

最后，我应该向我的所有家人表示由衷的感谢，她/他们为我创造、提供或者帮助我保持了一种自由与安详的工作环境却几乎毫无怨言，这使我的工作乐趣变得更为真实。

阎克文　谨识

2010 年 1 月 20 日

中译本重印刍言

十分感谢读者的批评和激励，给了我修订这个中译本的机会。原本计划再用两三年时间细心雕琢一遍译文，不料去年年底突患重病，短期似难以正常伏案工作，只好尽目前气力所能及，抓紧通读译文，着重校订了那些明显有异，甚至连译者本人都不大容易看明白的地方。由于篇幅所限，日后会将这些败笔在其他场合（包括个人博客）示众以谢读者并自省。

阎克文　谨识

2011 年 7 月

文
景

社科新知　文艺新潮

Horizon

经济与社会（第二卷）
[德] 马克斯·韦伯 著
阎克文 译

出 品 人：姚映然
责任编辑：单　琪
营销编辑：胡珍珍
装帧设计：陆智昌
美术编辑：安克晨

出　　品：北京世纪文景文化传播有限责任公司
（北京朝阳区东土城路8号林达大厦A座4A　100013）
出版发行：上海人民出版社
印　　刷：山东临沂新华印刷物流集团有限责任公司
制　　版：北京大观世纪文化传媒有限公司

开 本：820mm × 1280mm　1/32
印 张：38　　字 数：788,000　　插 页：8
2020年1月第1版　　2024年3月第8次印刷
定 价：128.00元
ISBN：978-7-208-16077-4 / C · 595

图书在版编目（CIP）数据

经济与社会. 第2卷 /（德）马克斯·韦伯著；阎克文译. —上海：上海人民出版社，2019
书名原文：Economy and Society
ISBN 978-7-208-16077-4

Ⅰ.①经… Ⅱ.①马…②阎… Ⅲ.①经济社会学 Ⅳ.①F069.9

中国版本图书馆CIP数据核字（2019）第195719号

中文版译自

Economy and Society by Max Weber

Edited by Guenther Roth and Claus Wittich, Introduction by Guenther Roth

University of California Press 1978